NIPPERDEY
DEUTSCHE GESCHICHTE
1800–1866

THOMAS NIPPERDEY

Deutsche Geschichte
1800–1866

Bürgerwelt
und starker Staat

VERLAG C. H. BECK MÜNCHEN

Mit 36 Tabellen im Text

CIP-Kurztitelaufnahme der Deutschen Bibliothek

Nipperdey, Thomas:
Deutsche Geschichte : 1800–1866 ; Bürgerwelt u.
starker Staat / Thomas Nipperdey. – München : Beck, 1983.
ISBN 3 406 09354 X

ISBN 3 406 09354 X
Zweite, unveränderte Auflage · 1984
© C. H. Beck'sche Verlagsbuchhandlung (Oscar Beck), München 1983
Satz : Georg Appl, Wemding
Printed in Germany

Für Vigdis
Für Harald, Kezia,
Justus, Elisabeth

Inhalt

I. Der große Umbruch

1. Das Ende des Reiches.
Deutschland unter der Herrschaft Napoleons

Am Anfang war Napoleon. Die Geschichte der Deutschen, ihr Leben und ihre Erfahrungen in den ersten eineinhalb Jahrzehnten des 19. Jahrhunderts, in denen die ersten Grundlagen eines modernen Deutschland gelegt worden sind, steht unter seinem überwältigenden Einfluß. Die Politik war das Schicksal, und sie war seine Politik: Krieg und Eroberung, Ausbeutung und Unterdrückung, Imperium und Neuordnung. Zwischen Anpassung und Widerstand verliefen die Handlungsmöglichkeiten der Völker und der anderen Staaten. Selten haben alle Bereiche des Lebens so sehr im Zeichen der Machtpolitik und des Drucks von außen gestanden; auch die großen Reformen, die Staat und Gesellschaft umprägten, sind, freiwillig oder unfreiwillig, davon geprägt worden. Gewiß, die Grundprinzipien der modernen Welt sind mit der Französischen Revolution ins Leben (und ins Bewußtsein der Zeitgenossen) getreten, sie hat in der Weltgeschichte Epoche gemacht. Aber für die Deutschen ist der Umsturz der alten Ordnung reale Erfahrung erst unter Napoleon und in der Form des Militär-Imperiums geworden. Nur wer ideologisch blind geworden ist gegenüber dem Phänomen der Macht und alle Aufmerksamkeit auf die Bewegungen der Gesellschaft und der „inneren" Politik und auf die Strukturen konzentriert, kann diese Grundtatsache gering achten.

Die große Politik zuerst also bestimmt das Schicksal. Die Revolutionskriege – seit 1792 – hatten mit der Niederlage der deutschen wie der europäischen Mächte geendet; Napoleon, General der Revolution und ihr Bändiger zugleich, war der große, schier beispiellose Sieger. Seit 1801 waren die linksrheinischen Gebiete endgültig französisch geworden. 1803 wurde Deutschland territorial neu organisiert: die Territorialfürsten sollten für ihre linksrheinischen Verluste „entschädigt" werden. Daraus wurde eine Fürstenrevolution des alten Deutschland. Die geistlichen Herrschaftsgebiete wurden „säkularisiert"; die meisten bis dahin „reichsunmittelbaren" Reichsstädte und eine Reihe kleinerer weltlicher Herrschaften (dazu der Rest der Kurpfalz) wurden „mediatisiert", d.h. als politische Einheiten aufgehoben und den größeren und mittleren Territorialstaaten zugeschlagen; die deutsche Landkarte wurde vereinfacht: das war der „Reichsdeputationshauptschluß". Die Neuerwerbungen gingen zumeist gewaltig über die Verluste hinaus. Die territoriale Neuordnung lief unter dem Protektorat der beiden kontinentalen Großmächte, Frankreich und Rußland, und nach ihrem Plan und Entwurf ab; dazu spielten manche persönlichen Beziehungen und viel Bestechung eine maßgebliche Rolle. Politisch entscheidend für diese Fürstenrevolution waren Machtposition und Interesse Frankreichs, es war zum eigentlichen Lenker der deutschen Dinge geworden. Das hatte zwei unmittelbare Folgen: einmal wurde die Auflösung des alten Reiches dadurch eingeleitet, denn dessen Macht- und Rechtsordnung hatte gerade auf Reichskirche und Reichsadel außerhalb der größeren Territorien beruht. Zum anderen wurden jetzt im Süden und Südwesten lebensfähige, geschlossene Mittelstaaten durch enorme territoriale Vergrößerung geschaffen oder konsolidiert: Baden, Württemberg, Bayern, Hessen-Darmstadt und die nassauischen Fürstentümer waren die großen Gewinner dieser Neuordnung, und die Fürsten wie die leitenden Minister dieser Staaten haben, geleitet von einer beinahe reinen Machträson, durch keine legitimistischen, reichspatriotischen oder nationalen Skrupel gehemmt, diese Expansionsmöglichkeit mit vollen Händen ergriffen. Die Mittelstaaten standen jetzt mehr als vorher zwischen den deutschen Großmächten Preußen und Österreich und sie waren entschlossene Gegner der alten Reichsstruktur. Denn erst jetzt konnten sie eine reale Souveränität wirklich durchsetzen, und darin wollten sie sich von keinem Kaiser, keinem Reich hindern lassen. Die Tendenz der frühneuzeitlichen deutschen Staatsentwicklung, die auf volle Souveränität der Partikularstaaten zielte, hatte sich durchgesetzt. Aber diese neue Souveränität der Mittelstaaten war aus sich nicht lebensfähig, sie war machtpolitisch auf Frankreich angewiesen. Und sie lag zugleich im Interesse des napoleonischen Frankreich: sie sollte eine andere, alte oder neue, nationale Organisation Deutschlands gerade unmöglich machen. Insofern waren die neuen Mittelstaaten nicht einfach ein Ergebnis der deutschen Geschichte, sondern zunächst ein Ergebnis der Politik, mit der Napoleon seine Hegemonie zu errichten suchte. Und die Machträson der Fürsten und Minister war darum notwendig mit der Anpassung an die französische Politik verbunden.

Letzte Versuche, das Reich zu reformieren, blieben kraftlos oder scheiterten, wie der des letzten Erzkanzlers und einzig verbliebenen geistlichen Kurfürsten Dalberg, über ein Reichskonkordat Reichskirche und Reich zu konsolidieren, am Kaiser, an den neuen Souveränen und am Papst. Das Reich stand zum Konkurs an, es hatte nur noch ein Schattendasein. Als Napoleon sich 1804 zum Kaiser der Franzosen krönte, nahm der deutsche Kaiser Franz II. die Würde eines Kaisers von Österreich an; nur das, und nicht der verblaßte Reichstitel schien wenigstens Parität zu gewährleisten.

Aber noch war über die Suprematie Frankreichs in Europa nicht entschieden. Österreich und Preußen schienen ohnmächtig. Aber seit 1803 war England wieder im Krieg mit Napoleon, und dieser hatte sofort das mit England in Personalunion verbundene Hannover besetzt; damit war es mit der von Preußen geschützten norddeutschen Neutralität im Grunde zu Ende. Gegen die ständig weitergehende Expansion der hegemonialen Macht Napoleons – in Holland, in der Schweiz, in Italien –, gegen den Wirtschaftskrieg und seine Despotie (das Kidnapping des Herzogs von Enghien in Baden und seine Erschießung 1804) bildete sich ein neues Bündnis der Flügelmächte England und Rußland ("Dritte Koalition"), das Frankreich eindämmen, seine Eroberungen rückgängig machen, das europäische Gleichgewicht wieder herstellen sollte. Österreich, obwohl seit den früheren Revolutionskriegen noch tief geschwächt und in seiner Politik wenig entschieden und wenig klug, schloß sich 1805 diesem Bündnis an. Anlaß zum Krieg gab die immer weitergehende französische Ausdehnung in Italien bis zur Errichtung eines napoleonischen Königreiches Italien. Napoleon, der seine Truppen bei Boulogne gesammelt hatte, um entweder die Invasion in England vorzubereiten oder den Kontinentalkrieg gegen die östlichen Mächte, warf seine Truppen im September 1805 wider Erwarten der Österreicher nicht nach Italien, sondern in atemberaubender Schnelligkeit nach Süddeutschland, schloß Bündnisse mit den süddeutschen Staaten und erzwang die Kapitulation einer österreichischen Armee unter dem unfähigen Oberbefehlshaber Mack in Ulm (17. Oktober 1805). Seine Aufforderung an Österreich (21. Oktober), nicht länger Englands Krieg – für dessen Monopol auf Meere, Kolonien und Handel – zu führen, war vergeblich, und die gleichzeitige Vernichtung der französischen Flotte durch Nelson bei Trafalgar ließ ihm keine andere Wahl mehr als den Kontinentalkrieg. Die Österreicher waren nicht genügend vorbereitet; die Koalition war unkoordiniert, sie hatte beinahe von Anfang an die Initiative verloren. Ehe die russischen Truppen präsent waren, zog Napoleon am 13. November in Wien ein, und am 2. Dezember siegte er glanzvoll bei Austerlitz (Drei-Kaiser-Schlacht), auch deshalb, weil der ehrgeizige Zar zu früh, ehe alle Koalitionstruppen sich vereint hatten, losgeschlagen hatte. Die Russen zogen sich eilends zurück; Österreich mußte in Preßburg Frieden schließen. Es verlor die habsburgischen oberrheinischen und oberschwäbischen Besitzungen an Baden und Württemberg, Tirol, Lindau, Vorarlberg an Bayern, Venetien, Istrien und Dalmatien an das napoleonische Italien, es wurde auf den Donauraum reduziert; dazu mußte es eine enorme Kriegsentschädigung (40 Millionen Franken) zahlen.

Der Krieg hatte Napoleon den Weg zur Hegemonie auch über Mitteleuropa endgültig frei gemacht. Frankreich begnügte sich jetzt endgültig nicht mehr mit den sogenannten natürlichen Grenzen und seinen Satellitenstaaten (in den Niederlanden, der Schweiz und Italien), sondern begann, den Aufbau eines den europäischen Kontinent beherrschenden „Grand Empire". Bayern und Württemberg wurden Königreiche, Baden und Hessen-Darmstadt Großherzogtümer. Napoleon wollte das Reich, auch wenn es nur noch ein Schatten war, endgültig vernichten, und niemand hatte noch ein reales und wirksames Interesse an diesem altertümlichen Gebilde, im Grunde nicht einmal die Kaisermacht Österreich. Dalbergs Plan, das Reich mit dem Kaisertum Napoleons zu verbinden und so unabhängig von Österreich und Preußen zu erhalten – er setzte sogar Napoleons Onkel als seinen Koadjutor und Nachfolger ein –, blieb ohne Aussichten. Im Sommer 1806 schloß Napoleon die süddeutschen Staaten in einem Defensiv- und Offensivbündnis zum Rheinbund zusammen (16. Juli 1806). Napoleon war der oberste „Protektor" dieses Bundes, und die angeschlossenen Staaten waren verpflichtet, ihm Truppen zu stellen. Noch einmal wurden eine ganze Reihe von kleineren Herrschaften, dazu die Reichsritter, von den Mittelstaaten mediatisiert und aufgesogen. Die größeren Staaten Süddeutschlands hätten lieber nur Militärallianzen mit Frankreich geschlossen, aber Napoleon setzte die Organisation eines Bundes durch. Für die deutschen Staaten war der Anschluß zum einen eine Frage der Selbsterhaltung gegenüber der stärksten Macht des Kontinents, zumal Preußen an seiner Neutralität festhielt und Österreich mindestens Bayern in seiner staatlichen Existenz noch immer bedrohte. Zum anderen war die Durchsetzung ihrer realen Souveränität gegenüber den kleinen Feudalherrschaften eine Lebensfrage. Das verlangte die endgültige Lösung vom alten Reich, die aber war nur um den Preis der Abhängigkeit von der neuen Hegemonialmacht zu erreichen; die Drohung Napoleons, diese Gebiete französisch zu organisieren, war das wirksamste Mittel, ihre Vorbehalte zu überwinden. Der Anschluß an den Rheinbund fand die Zustimmung aller maßgeblichen wie auch der populären Kräfte. Damals erst hat sich eigentlich Süddeutschland im politischen Sinne gebildet.

Französische Hegemonie, mittelstaatliche Souveränität und Auflösung des alten Reiches hingen unlöslich zusammen. Die Rheinbundstaaten erklärten, das Reich bestehe in ihren Augen nicht mehr und traten förmlich aus. Der Kaiser legte am 6. August 1806, zuletzt unter dem ultimativen Druck Napoleons, die Krone des Reiches nieder und erklärte mit einer recht papierenen Proklamation das Reich für beendet. Es war damit sang- und klanglos fast und ohne viel Aufhebens auch formal untergegangen, der Totenschein war ausgestellt. Bekannt ist die Bemerkung Goethes, ein Streit seines Postkutschers habe ihn mehr interessiert als diese Nachricht.

Die fast tausendjährige Geschichte des Heiligen Römischen Reiches deutscher Nation war zu Ende. Altmodisch, schwerfällig, ohne wirkliche Macht war es der Revolutionierung der europäischen Verhältnisse nicht gewachsen; der ungeheure Machtdruck der französischen Armeen der Revolution wie Napoleons, die Sprengkraft der inneren Gegensätze, des preußisch-österreichischen Dualismus wie des Souveränitätsstrebens der Territorialfürsten, die Überlebtheit der zersplitterten Herrschaftsorganisation von Reichskirche, Reichsadel und Reichsstädten – das vernichtete seine Existenz. Es hatte bestehende Zustände stabilisiert, das Gleichgewicht in Europa, die Koexistenz der Partikulargewalten in Deutschland, deren Konflikte es regelte oder eindämmte, die feudale Herrschafts- und Gesellschaftsordnung. Damit war es nun vorbei. Das Ende der bestehenden Ordnung, durchdringende Veränderungen, Neuordnung – das stand jetzt auf der Tagesordnung. „Deutschland" schien einstweilen zum geographischen Begriff herabzusinken. Freilich, das politische Ende dieses alten Reiches hat auf die Dauer etwas höchst Merkwürdiges bewirkt: es hat dieses Reich aus der Wirklichkeit in die Welt von Traum und Symbol versetzt; der Traum vom „Reich" hat seither in der Geschichte der Deutschen eine ungeheure Dynamik entfaltet; gerade das Unwirkliche, das unwirklich Gewordene bewegte die Wirklichkeit.

Preußen hatte in der 10jährigen Neutralität von 1795 bis 1805 zwar territoriale Gewinne gemacht, aber an Macht und Handlungsfähigkeit entscheidend verloren. 1805 war seine Politik, auf die Illusion der Neutralität festgelegt, zögernd. Napoleons Durchmarsch durch Ansbach führte zwar zur Annäherung an die Koalition, aber bei seinem zunächst eingeleiteten Vermittlungsversuch hatte es sich von Napoleon bis nach der Schlacht von Austerlitz hinhalten lassen und übernahm dann, sich seinem Diktat unterwerfend, als Kompensation für Kleve und Ansbach das englische Hannover; aus einem potentiellen Gegner war es zum kleinlauten Bundesgenossen, ja Komplizen des Imperators geworden, es mußte sich – wider seine politischen wie ökonomischen Interessen – in die antienglische Front einreihen. England erklärte ihm den Krieg und begann die Blockade. Zugleich war Preußen jeder Drohung und Erpressung Napoleons fast hilflos ausgeliefert, hatte fast jegliche Handlungsfreiheit verloren. 1806 verhandelte es sowohl mit dem letzten kontinentalen Gegner Napoleons, mit Rußland, wie auch mit Napoleon, z. B. über ein preußisch geführtes norddeutsches Kaisertum. Als man im August 1806 erfuhr, daß Napoleon Hannover wieder England angeboten habe, also der Preis für die Unterwerfung unter die französische Kontinentalpolitik gefährdet schien, und als König und Außenminister unter erheblichen Druck einer antifranzösischen „patriotischen" Opposition in der Öffentlichkeit und im herrschenden Establishment gerieten, wurde die Armee mobilisiert. Als Napoleon die Demobilisierung forderte, verlangte Preußen Ende September ultimativ den Rückzug der französischen Truppen aus Süddeutschland und die Bildung eines norddeutschen Bundes. Das war eine verzweifelte Flucht nach vorn, obschon man keineswegs zum wenig aussichtsreichen Krieg entschlossen war.

Freilich, so unentschlossen und töricht die Politik Preußens war – nicht einmal konkrete Koalitionsabreden mit Rußland hatte man abgewartet –, zum Krieg kam es, weil der Anspruch Napoleons auf Hegemonie und der Anspruch Preußens auf eine auch nur annähernd selbständige Rolle als Partner eines Bündnisses unversöhnlich einander gegenüberstanden. Napoleon marschierte; am 9. Oktober erklärte Preußen den Krieg. Napoleon hat die preußische Armee – schlecht ausgerüstet, schlecht vorbereitet, ohne Kampfgeist, vor allem unbeweglich und von überalterten, initiativelosen und unfähigen Generalen geleitet – bei Jena und Auerstedt am 14. Oktober vernichtend geschlagen. Der Großteil der anderen Armeekorps und Festungen kapitulierte sang- und klanglos, die Mehrheit auch der alten zivilen Führungsschicht gab auf – flüchtete, verließ die Positionen oder kooperierte mit der Besatzung. Der alte preußische Staat brach zusammen. Der Anschlag des Berliner Polizeipräsidenten: „Der König hat eine Bataille verloren, die erste Bürgerpflicht ist Ruhe" ist der klassische Ausdruck dieses Zusammenbruchs; noch im Untergang bestand das Regiment darauf, dynastisch-militärische Politik vom Schicksal der Untertanen strikt zu trennen. Blücher und Scharnhorst, die sich nach Lübeck durchschlugen, Gneisenau, der mit dem Major Schill und dem Bürger Joachim Nettelbeck zusammen die Verteidigung von Kolberg erfolgreich organisierte, und ein paar andere waren die Ausnahmen. Dennoch, der König entschied auch auf Drängen der Gegner des bisherigen Kurses gegen einen schon paraphierten Waffenstillstand und für die

Fortsetzung des Krieges im Bunde mit Rußland. Das war nach diesem Zusammenbruch erstaunlich, eine erste Regung entschiedener Widerstandspolitik;
Hardenberg wurde leitender Minister, Stein allerdings – wegen seiner Hartnäk-
kigkeit im Kampf gegen die Reste des königlichen Kabinetts – entlassen. Napoleons Versuch, die Russen durch einen militärischen Sieg friedensbereit zu machen, hatte zunächst keinen Erfolg, die Schlacht von Preußisch-Eylau (8. Februar 1807) blieb unentschieden; auch Napoleons politische Versuche, Österreich oder auch Preußen zum Bundesgenossen zu gewinnen, schlugen fehl. Immerhin mobilisierte er einen polnischen Aufstand gegen Preußen und die Türkei
gegen den Zaren; das band einen Teil des russischen Heeres. Sein Sieg bei Friedland (14. Juni 1807) machte Rußland verhandlungsbereit. Auf einem Floß in der
Memel trafen sich die beiden Kaiser, und Napoleon hat den Zaren damals tief
beeindruckt. Der Friede von Tilsit beendete den Krieg. Preußen blieb zwar als
Staat erhalten, der Zar rettete die Existenz seines bisherigen Bundesgenossen,
und auch Napoleon hatte an einem Pufferstaat ein gewisses Interesse; aber es
wurde auf etwa die Hälfte seines Gebietes reduziert, es verlor die Territorien
westlich der Elbe – sie kamen zu dem neuen Königreich „Westphalen" – und die
letzten polnischen Erwerbungen; daraus wurden das französisch dominierte
Großherzogtum Warschau, in Personalunion mit dem Königreich Sachsen, und
eine Freie Stadt Danzig. Darüber hinaus wurde ihm eine nicht näher definierte
Kriegskontribution auferlegt, die Räumung der besetzten Provinzen war von
der Zahlung dieser Gelder abhängig. Hardenberg mußte abtreten. Preußen war
als europäische, ja als deutsche Großmacht ausgeschieden, war zu einer Macht
dritten Ranges herabgesunken. Nach dem spätabsolutistischen Österreich, nach
dem feudal geprägten alten Reich war auch der Modellstaat des aufgeklärten
Absolutismus, die jüngste, modernste und dynamischste Großmacht im europäischen 18. Jahrhundert, der stärkste deutsche Militärstaat, Preußen eben, dem
Schlag des Vollenders und Bändigers der Revolution, dem Schlag Napoleons
erlegen.

Napoleon und der Zar schlossen einen Freundschaftspakt und etablierten
eine, wenn auch labile, Partnerschaft in der Kontrolle Europas. Napoleon überließ dem Zaren freie Hand gegenüber Finnland und – wenn auch eingeschränk-
ter – gegenüber den Balkanchristen; der Zar stellte in Aussicht, sich dem Kampf
gegen England anzuschließen. Napoleons Imperium schien auf seinem Höhepunkt zu stehen. Seine direkte oder indirekte Herrschaft über West-, Mittel-
und Südeuropa schien endgültig etabliert, Deutschland fest ins französische System integriert, allein Österreich hatte noch eine halbe Unabhängigkeit. Das
Reich Karls des Großen schien unter französischer Hegemonie wiedererstanden
und Europa zur Einheit zusammenzufassen. Die Praxis des Kunstraubs – die
Sammlung gewaltiger Kunstschätze aus den eroberten Ländern in Paris – war
ein Symbol des neuen Imperiums. Rußland war zum Partner des Imperiums geworden, und bei der Begegnung Napoleons mit dem Zaren in Erfurt im September 1808 wurde diese Partnerschaft – gegenüber England, dem spanischen Aufstand, einem möglichen Ausbrechen Österreichs – erneut besiegelt. Englands

Möglichkeiten auf dem Kontinent waren begrenzt. Auf der anderen Seite freilich war die Stellung des Imperiums doch nicht so stabil: England blieb, unversöhnt, eine ständige Gefahr, Rußland war ein Bundesgenosse auf Zeit, in Skandinavien, im östlichen Mittelmeer und in Polen drohten erhebliche Spannungen, in die Front gegen England war das Zarenreich nicht einzugliedern; als es England schließlich den Krieg erklärte, hat es ihn nicht geführt. Das Imperium blieb Fremdherrschaft und Unterdrückung und provozierte den Widerstand der entstehenden Nationen – der Volksaufstand in Spanien war ein erstes Signal, und er fesselte große französische Truppenteile auf Dauer.

Wir fragen, wie die Deutschen und die deutschen Staaten in dieses Imperium eingeordnet waren. Alle waren dem imperialen Wirtschaftssystem unterworfen. Das hieß zunächst, alle waren abhängig von der „Kontinentalsperre", der Wirtschaftsblockade gegen England, die Napoleon 1806, und verschärft 1807, verkündet hatte: England sollte immerhin von seinen kontinentalen Rohstoffbasen und Absatzmärkten abgeschnitten werden; Import aus und Exporte nach England waren – auch auf neutralen Schiffen – verboten. Das war gegenüber dem traditionellen Krieg, der nur die Kombattanten betraf, ein Schritt zur Ausweitung des Krieges aufs Bürgerlich-Zivile, ein Schritt zum totalen Krieg – revolutionär und modern: zum letzten und umfassenden Einsatz aller Mittel für das Ziel der Politik. Die unmittelbare Folge war ein gewaltiger Schmuggel, über Nord- und Ostsee, Dänemark, Schweden, das 1808 von England besetzte Helgoland, über Bremen, Hamburg und Lübeck bis nach Frankfurt und Leipzig. Vor allem überseeische (Kolonial)Waren fanden ihren Weg auf den Kontinent und nach Deutschland. Die Logik des Wirtschaftskrieges forderte die enge Kooperation zumal der Küstenländer mit der Hegemoniemacht, und angesichts immer neuer Lücken und Widerstände trieb sie Napoleon immer weiter auf den Weg direkter Intervention und Annexion; angesichts der weitverbreiteten Bestechlichkeit schien die Überwachung nur zu funktionieren, wo französische Truppen eingesetzt wurden. Nach Maßnahmen gegen Spanien und Portugal und gegen Mittelitalien annektierte Napoleon, um den Widerstand gegen die Blockade zu brechen, 1810 Holland und die deutschen Küstenregionen bis nach Lübeck; zuletzt hat ihn das Jagen nach dem Sieg im Wirtschaftskrieg mit England in die russische Katastrophe getrieben. Ebenfalls 1810 hat Napoleon die Modalitäten der Blockade geändert: an die Stelle des Einfuhrverbots trat ein 40–50%iger Wertzoll; Polizeikontrolle und Strafen wurden erheblich verschärft. Am 18./19. 10. 1810 z. B. rückten französische Truppen in Frankfurt ein, konfiszierten die großen Lager englischer Waren und verbrannten sie. Aber der Schmuggel florierte weiter; durch Freiburg z. B. rollten im August 1810 täglich 300–400 Wagen mit Kolonialwaren; die preußische Verwaltung konfiszierte zwar Waren, gab sie aber gegen hohe Gebühr wieder frei und nahm so zwischen 1810 und 1812 ca. 12 Millionen Taler ein, mit denen die Heeresreform finanziert wurde.

Neben der Kontinentalsperre stand das „Kontinentalsystem", das gerade die deutschen Gebiete erheblich belastete: das französische Gebiet wurde gegen deutsche Exporte durch Zölle abgeschlossen, ebenso Holland und Italien, wo die Franzosen ein Monopol hatten; Deutschland dagegen war für französische Exporte offen. Schließlich wurde der Transithandel Deutschlands schikanösen Zollbestimmungen unterworfen, auch das zu Gunsten der französischen Wirtschaft. Das System diente in erster Linie den französischen Wirtschaftsinteressen und verhinderte eine Wirtschaftseinheit des Kontinents, ja unterminierte den Zusammenhalt des Imperiums, indem es die Eigeninteressen der Satellitenstaaten gerade provozierte.

Die ökonomischen Konsequenzen waren ambivalent. Auf der einen Seite verlor vor allem Norddeutschland seine Absatzmärkte für Getreide, Holz und Leinen, das führte zu Krisen; allgemein ergaben sich eine erhebliche Teuerung (zumal natürlich für Kolonia
verschärfte die kriegsbedin
zumal im Textilsektor – im
schen Konkurrenz befreit
schwung (in Sachsen hat
1815 auf 256 000 fast verzw
vom Anschluß an das fran
weniger streng als in Frank
ringer. Zu einer Vorherrs
deutschen Exporte nach
auch der Osteuropahandel
Handelszentrum noch an
den bei den hohen Risiken
sten war die politisch-psycl
trollen und Schikanen betr
ten hingen mit Maßnahme
Not und Teuerung vor all
französische Herrschaft, sie tra
fänglichen, profranzösischen oder gleichgültigen Stimmung. Insofern hat gerade die imperiale Wirtschaftspolitik – zusammen mit der Militär- und Steuerpolitik – verursacht, daß die Parolen der „Befreiung" schließlich Resonanz fanden.

Das „dritte Deutschland" außerhalb Österreichs und Restpreußens, und natürlich ohne das französisch gewordene linksrheinische Gebiet, war im Rheinbund organisiert; auch die nord- und mitteldeutschen Staaten mußten sich ihm anschließen – eigentlich war er ein Rhein-Elbe-Donaubund. Neben den alten Staaten des Nordens und der Mitte, den vergrößerten und darum neuen Staaten des Südens, und neben einer Reihe übrig gebliebener Zwergterritorien (die ihre Fortexistenz vor allem persönlichen Beziehungen verdankten) gehörten dazu die neuen napoleonischen Kunststaaten: das Großherzogtum Frankfurt, das nach dem Tode seines Großherzogs, des früheren Erzkanzlers Dalberg, an Napoleons Stiefsohn fallen sollte; das Königreich Westphalen – aus Hessen-Kassel, Braunschweig, den westelbischen Gebieten Preußens und großen Teilen

Hannovers – mit der Hauptstadt Kassel, das Napoleon seinem Bruder Jerome übertrug; das Großherzogtum Berg am rechten Niederrhein, zuerst unter Napoleons Schwager Murat und nach dessen „Versetzung" nach Neapel unter einem minderjährigen Neffen, für den ein französischer Kommissar regierte – das waren die eigentlichen Satellitenstaaten. Auch die süddeutschen Dynastien wurden durch eine Reihe von Ehen mit der Familie Napoleons verbunden. Es lohnt nicht, die zahlreichen territorialen Veränderungen in diesen Jahren hier auszubreiten: wesentlich daran ist nur, daß noch immer der Wechsel staatlicher Zugehörigkeit und Herrschaft, durch bürokratische Inbesitznahme – Patente – vollzogen, eine Grunderfahrung vieler Deutscher blieb.

Der Rheinbund war auf der einen Seite eine lose Föderation der deutschen Staaten. Versuche und Pläne, ihn straffer und mit gemeinsamen Institutionen, also bundesstaatlich, zu organisieren – wie sie Dalberg, das Außenministerium in Paris und zeitweise auch der Imperator selbst betrieben –, sind schon 1807/08 am Widerstand Bayerns und Württembergs, die ihre neue Souveränität nicht antasten lassen wollten, gescheitert. Für Napoleon lohnte es sich nicht, Spannungen zu riskieren, wenn er seine imperialen Ziele auch anders durchsetzen konnte; zudem wuchs seine Abneigung gegen jede spezifisch deutsche Organisation. Der Rheinbund war darum, auf der anderen Seite, vor allem das Instrument französischer Hegemonie. Napoleon war militär- und außenpolitisch de facto der souveräne Herr des Bundes: er entschied über Krieg und Frieden und den Bündnisfall wie über die Rüstung. Insofern war der Bund nicht ein Staatenbund sondern ein Protektorat. Seine Staaten waren militärisches Glacis, Aufmarschgebiet gegen potentielle Gegner. Sie hatten, das war das wichtigste, pünktlich die festgesetzte Zahl von Soldaten im Rahmen der Armee des Empire zu stellen: 1806 waren es 63000, 1808 119000 (bei ca. 14,6 Millionen Bevölkerung und ca. 200000 Mann der französischen Armee); gerade Bayern und Württemberg mußten, das war der Preis ihrer Eigenständigkeit, übergroße Armeen unterhalten, die sie bis an den Rand der Erschöpfung belasteten. In all den neuen Kriegen wurde die militärische Leistung immer neu angespannt, zudem mußten die Staaten während der Kriege und oft lange danach die sehr erheblichen Kosten und Lasten auch für die französischen Truppen tragen. Die Rheinbundstaaten waren fest in Kontinentalsystem und Kontinentalsperre eingefügt; sie hatten für Ruhe und Gehorsam der Untertanen gegenüber dem Imperator zu sorgen. Westfalen und zum Teil auch Berg mußten überdies aus den Domänen der enteigneten Landesherren den neugeschaffenen französischen Militär- und Verdienstadel mit großen Landgütern ausstatten und so auf einen großen Teil ihrer normalen Einnahmen verzichten. All das erzwang maximale Steuerleistungen – im Dienste des Imperiums. Insofern war das Rheinbundsystem, daran ändert alle Distanz zur älteren nationalistischen Geschichtsschreibung nichts, primär ein System der Ausbeutung und Unterdrückung.

Daneben dann gehört zu diesem System der Versuch, innere Reformen durchzusetzen: die Errungenschaften der Revolution, die Auflösung des feudalständischen Systems, so wie Napoleon sie konsolidiert hatte, zu übernehmen.

Das hatte für Frankreich einen dreifachen, vor allem machtpolitischen Sinn. Die Gleichförmigkeit von Verwaltung, Rechtsnormen und Verfassung, die Gleichschaltung mit Frankreich, sollte die Einheit des Imperiums festigen und sichern. Die Reformen sollten die Staaten effektiver machen und alle ihre Kräfte zugunsten des Imperiums mobilisieren. Die Reformen sollten schließlich – im Sinne moralischer Eroberung – die Anziehungskraft des Systems und damit seine Stabilität erhöhen. „Welches Volk wird unter die preußische Willkürherrschaft zurückkehren wollen, wenn es einmal die Wohltaten einer weisen und liberalen Verwaltung gekostet hat?" „Die Völker Deutschlands verlangen staatsbürgerliche Gleichheit und liberale Ideen" – das war das Programm Napoleons; und gerade die neuen Napoleonstaaten sollten in diesem Sinn „Modellstaaten" sein. Modernisierung und Machtsicherung hingen eng zusammen, aber wir werden sehen, daß im Konfliktfall die Machtsicherung Vorrang hatte – in Westfalen war die Ausstattung des neuen Adels wichtiger als die Bauernbefreiung. Machtpolitik und Reformimpuls Napoleons haben sich mit dem Eigeninteresse der neuen Rheinbundstaaten verbunden und die Welle der großen Reformen ausgelöst. Napoleon hatte die Fürsten über die Aufsaugung der kleinen Territorien und ihre neue Souveränität zu Revolutionären gemacht; darum entsprachen die Reformvorstellungen des Imperators zum guten Teil ihrer eigenen Staatsräson.

Die Rheinbundstaaten – und keineswegs nur die von seiner Familie oder seinen Beamten regierten – waren jenseits der formellen Verpflichtungen in vielfacher Weise dem ständigen Druck Napoleons unterworfen; der französische Gesandte war in allen Hauptstädten ein Zentrum der Macht. Wünsche, Forderungen und das Veto des Kaisers konnten alle Fragen der Innen-, ja auch der Personalpolitik berühren, dem konnte man sich nur sehr schwer entziehen. Manche Befehle ergingen, wie etwa die Ächtung Steins 1808, über den Kopf der Bundesgenossen hinweg. Mit der wachsenden Krise des Imperiums zog der Kaiser, im Norden mehr als im Süden, die Zügel an: jede abweichende Meinung, geschweige denn Opposition, wurde unterdrückt, die Zensur verschärft; seit den spanischen Ereignissen fürchtete er jede Regung von Widerstand und Befreiungsbewegung. Freiheit oder Nationalität verfolgte er mit wachsendem Haß; das Deutsche überhaupt erregte sein Mißtrauen und wurde bekämpft. Sein System wurde zu einem oft despotischen Befehlssystem. Die Regierungen blieben – auch wo sich die Volksstimmung, wie wir sehen werden, änderte – an Napoleon gebunden, alles andere wäre politischer Selbstmord gewesen. Aber geheime Kritik und die Erwägungen über eine Änderung der europäischen Verhältnisse nahmen doch – etwa 1812 – durchaus zu.

Die linksrheinischen Gebiete waren ein Teil Frankreichs geworden – hier haben die großen Reformen von Verwaltung, Recht und Gesellschaft am stärksten durchgeschlagen; davon ist später zu berichten. Aber zu einer vollen Integration kam es nicht. Trotz aller Freiheiten und allem Beglückungspathos verlor das neue Herrschaftssystem nicht den Charakter der Fremdherrschaft: es waren die Franzosen, die herrschten, die Rheinländer und Pfälzer waren nicht wirklich gleich; sie sollten Franzosen werden, Verwaltungs- und Gerichtssprache war französisch, die zentralistische Gleichschaltung wirkte zumal im Erziehungswesen in derselben Richtung. Seit dem spanischen Aufstand von 1808 wuchs die polizeiliche Kontrolle und Unterdrückung – wie überall, aber hier verschärft durch das Mißtrauen gegen einen nichtfranzösischen Bevölkerungsteil und seine möglichen Verbindungen jenseits des Rheines.

Preußen mußte nach dem Frieden von Tilsit zwar nicht dem Rheinbund beitreten. Aber es war doch weitgehend dem Willen Napoleons ausgeliefert, und zwar vor allem wegen der ihm auferlegten Kriegskontributionen. Napoleon hatte zunächst 154,5 Millionen Francs gefordert, die Preußen hatten mit 20 gerechnet; er wußte, daß diese Summe nicht aufzubringen war, zumal die Staatseinnahmen zum großen Teil zur Deckung der Besatzungskosten dienten, aber er wollte die Besatzung möglichst lange aufrechterhalten, schon um von Oder und Weichsel aus einen gewissen Druck auf den noch nicht ganz sicheren russischen Bundesgenossen auszuüben, und er wollte Preußen in der eisernen Klammer militärischen und finanziellen Drucks als politisch selbständige Macht auf Dauer ausschalten. Der leitende preußische Minister, Stein, wollte zunächst, 1807/08, Erfüllungs- und Koexistenzpolitik betreiben und in diesem Rahmen den Wiederaufbau des zerstörten Landes. Napoleon zog die Verhandlungen über Kontribution und Räumung durch immer neue und andere Forderungen hin. Darüber – und unter dem Eindruck des spanischen Aufstandes, der eine antinapoleonische Wende in Europa einzuleiten schien – wurde Stein im August 1808 zum Widerstandspolitiker: wie die Militärreformer glaubte er jetzt, daß eine Koexistenz mit Frankreich zu irgend erträglichen Bedingungen unmöglich sei und daher nur der Krieg – im Bund mit Österreich und einer allgemeinen Volkserhebung – als Möglichkeit übrigbleibe; ihn müsse man vorbereiten.

Scharnhorst und Gneisenau und andere Militärs plädierten für eine Volkserhebung in ganz (Nord)Deutschland; Bauernbefreiung und Verfassung sollte man verkünden und die Entthronung und Enteignung der Gegner. Das war freilich noch keineswegs die Politik der preußischen Staatsführung. Ein Brief Steins vom 15. August, in dem solche Dinge angedeutet waren, geriet in die Hände der französischen Polizei; Napoleon ließ ihn in seiner Regierungszeitung drucken und zwang eben dadurch den preußischen Unterhändler zur Unterschrift unter den Pariser Vertrag (8. September 1808): die Kontribution wurde auf 140 Millionen Francs, auf Fürsprache des Zaren 2 Monate später auf 120, festgelegt, die in dreißig Monatsraten zu zahlen war. Die besetzten Gebiete sollten zwar geräumt werden, aber die Oderfestungen sowie Militärstraßen zu ihnen blieben mit 10000 Mann und auf Kosten des preußischen Staates besetzt; im Falle des Zahlungsverzugs drohte die militärische Wiederbesetzung; Preußen mußte im Kriegsfall ein Hilfskorps stellen, die Stärke seines Heeres wurde auf 42000 Mann begrenzt. Napoleon hatte, ehe er Truppen nach Spanien abziehen mußte oder der Zar intervenieren konnte, diesen Unterwerfungsvertrag zu den für ihn günstigsten Bedingungen durchgesetzt. Als der Zar in Erfurt die Partnerschaft mit Napoleon erneut bestätigte, war die Idee der „Patrioten" vom Befreiungskrieg einstweilen gescheitert. Diese Krise Preußens endete mit der Entlassung

Steins (24. November). Reaktionäre Opposition und Verärgerung des Königs über die Selbstherrlichkeit der Patrioten spielten dabei mit, wie auch das Ungeschick Steins; letzten Endes aber war das die Konsequenz der Einsicht, daß jetzt und nach Erfurt die Koexistenz mit Napoleon, die geduckte Existenz die einzige Möglichkeit preußischer Politik war. Für die preußischen Reformen ist das ein Unglück gewesen, denn Stein war doch in besonderer Weise deren Seele und Motor, und ihre Stunde verstrich mit der Befreiung. Am 16. Dezember hat Napoleon Stein ächten lassen, „den namens Stein" zum Feind Frankreichs erklärt, seine Güter beschlagnahmt, seine Verhaftung überall, wo er erreichbar sei, angedroht, ja seine Erschießung. Diese Aktion, jenseits allen zwischenstaatlichen Rechts und aller deutschen Souveränitäten, entsprang unmittelbar der Furcht Napoleons vor einer Konspiration, aber zugleich der Witterung für einen großen Gegner. Aufgrund von Warnungen des französischen Gesandten konnte Stein nach Böhmen entkommen. Diese persönliche Ächtung hat die Zeitgenossen erregt; sie hat wesentlich dazu beigetragen, daß Stein in den folgenden Jahren eine so führende Stellung im deutschen und europäischen Widerstand gegen Napoleon einnahm; er war zum Symbol geworden.

Das halbierte Restpreußen mußte die gesamten Schulden des alten Staates übernehmen und auf alle Ansprüche in den abgetretenen Gebieten verzichten. Es war durch Krieg und Besatzung ausgeblutet – 216 Millionen Francs sollen die Besatzungskosten betragen haben – und geriet überdies durch die Kontinentalsperre, die den Agrarexport nach England verhinderte, in eine tiefe ökonomische Krise. Die Güter waren enorm verschuldet; das begrenzte die staatlichen Kreditmöglichkeiten. Die Tributzahlungen waren angesichts dieser Lage eine untragbare Belastung, zudem stellte der Transfer der vereinbarten Summen ein schier unlösbares Problem dar. Ausländische Anleihen waren illusionär; Verpfändung der Domänen, Zwangsanleihen, Ausgabe verzinslicher Wechsel reichten – soweit diese Maßnahmen funktionierten – nicht aus. Schon 1808/09 geriet Preußen mit seinen Zahlungen ganz erheblich in Rückstand, und die Atempause, die Napoleon während des österreichischen Krieges de facto gelassen hatte, war bald vorbei; Verhandlungen über Tilgungsaufschub etc. scheiterten vollständig, Napoleon bestand drohend und voll tiefem Mißtrauen im Hinblick auf die anlaufende Heeresreform auf der vertragsgemäßen Zahlung. Die Regierung war schon entschlossen, in Verhandlungen über die Abtretung Schlesiens einzutreten, aber das lehnte der König ab. Jetzt (im Juni 1810) wurde Hardenberg, der gegen den Willen Napoleons 1808 nicht Steins Nachfolger hatte werden können, zum Staatskanzler ernannt; er sollte mit einem Bündel finanzpolitischer Maßnahmen die Krise meistern. Davon werden wir im Zusammenhang mit den Reformen erzählen. Hardenbergs Politik gegenüber Napoleon war zwar langfristig von der Hoffnung auf einen Zusammenbruch des napoleonischen Systems geleitet, aber für die Gegenwart realistisch aufs bloße Überleben, auf Anpassung an das Imperium und allenfalls Ausnutzung günstiger Konjunkturen gerichtet, nicht auf heroischen Widerstand, nicht auf Befreiung. Es war die – altmodische – Außenpolitik eines Diplomaten der Staatsräson, nicht eines Nationalrevolutionärs – das ist dann für den Krieg und die Neuordnung Deutschlands beim Sturz des Imperators von großer Bedeutung geworden. Auch der König war 1810–1812 unter dem Druck Napoleons in eine Art Apathie verfallen, die durch den Tod seiner bedeutenden und tatkräftigen Frau, der Königin Luise, die Rauchs Denkmal mehr noch als die preußische Legende unsterblich gemacht hat, noch gesteigert war.

Es bleibt erstaunlich, daß auch unter Hardenberg die Zins- und Kontributionszahlungen an Frankreich nicht wesentlich über das Niveau von 1808/09 anstiegen. Die zunehmende französisch-russische Spannung und die Eingliederung Preußens in die antirussische Front haben die Frage der Reparationen ein wenig in den Hintergrund gedrängt. Der französische Druck freilich blieb die beherrschende Realität. Preußen, durch die Kontinentalsperre schwer geschädigt, blieb finanziell ausgepreßt und militärisch unter Kontrolle der französischen Truppen an der Oder und der stark gerüsteten Rheinbundarmeen.

Schließlich Österreich. Es hatte sein Gewicht als europäische Großmacht eingebüßt, aber es war noch immer relativ selbständig. Nach 1805 schwankte es, im Versuch diese Selbständigkeit zu bewahren, zwischen Anpassung und Eindämmungsversuchen hin und her; 1807 nach Tilsit schien es ganz isoliert und mußte sich – im Mittelmeer – auch der Kontinentalsperre anschließen. Napoleons Vorgehen in Spanien 1808 nun schien zu beweisen, daß eine Verständigung der alten Mächte mit dem Imperium nicht möglich sei. Man lebte in der Furcht, jetzt komme Österreich „dran"; selbst Metternich, Botschafter in Paris, verließ die Linie der Anpassung und kam zu dem Schluß, daß Widerstand die einzige Alternative zur bevorstehenden Vernichtung sei. Im Herbst faßte man in Wien den endgültigen Entschluß zum Krieg. Man glaubte, Napoleon sei durch den Widerstand in Spanien und eine innerfranzösische Opposition geschwächt und Rußland, in Finnland und Rumänien engagiert, nicht zum Krieg gegen Österreich bereit. Dazu kam etwas Neues, die Idee vom Volks- und Nationalkrieg. Der leitende österreichische Minister war seit 1805 der süddeutsche Reichsgraf Philipp Stadion, ein konservativer Reichspatriot, der, wir werden später davon erzählen, den Staat stärker auf die Nation gründen wollte. Er suchte zumal 1808 über die Presse einen neuen Patriotismus zu mobilisieren, die Sache der Regierung zur Sache des Volkes zu machen; darum ließ er auch an die „Freiheit" appellieren. Mehr noch: der Krieg Österreichs sollte ein nationaler Krieg der Deutschen für Befreiung und Wiedergeburt des Reiches werden. Man wollte in den deutschen Staaten, vor allem im Norden, wenn die österreichischen Truppen einmarschierten, Aufstände entfesseln – „die Völker selbst müssen unsere Bundesgenossen werden" –, um so die zögernden Regierungen mitzureißen. Gentz und Friedrich Schlegel traten in den Dienst der amtlichen Publizistik, wie im Norden Adam Müller und Kleist – im Winter 1808/09 war Österreich von einer Welle patriotisch deutscher Stimmung erfüllt, die sogar den Kaiser ergriff. Der Kriegsaufruf des Oberbefehlshabers, des Erzherzog Karl, war an die Völker Deutschlands, an die deutschen Brüder adressiert, implizit gegen die – unfreien – Rheinbundfürsten, und warb für die Befreiung – das waren nationalre-

volutionäre Töne. Die Österreicher rechneten mit alten Reichssympathien und
mit der Sympathie für die gestürzten Dynastien (in Braunschweig und Hessen-
Kassel etwa); sie rechneten auf Freikorps und auf Hilfe der preußischen Patrioten, die mit der Vorbereitung von Volkserhebungen, ja dem Übertritt von Truppen umgingen.

Das ganze Unternehmen ist gescheitert. Es beruhte auf einer Fehleinschät-
zung der österreichischen, der deutschen, der internationalen Wirklichkeit, so
gewiß auch ein Moment des Schlachtenglücks für Napoleon in die Waage fiel.
Weder Stadion noch irgendein anderer konnte in Österreich einen Nationalkrieg entfesseln. Die neue Landwehr war nicht mehr als Heimatverteidigung; es
blieb vor allem ein Krieg des Staates und der regulären Armee. Dieser Armee gelang es nicht, das Überraschungsmoment auszunutzen, Kräfte zu konzentrieren, die Gegner einzeln zu schlagen; der Krieg begann mit Niederlagen und der
Einnahme Wiens durch Napoleon; der österreichische Sieg von Aspern, moralisch eindrucksvoll für die Zeitgenossen, weil es der erste klare Sieg über Napoleon in einer Schlacht war, blieb Episode; mit Napoleons Sieg bei Wagram war
der Krieg verloren. Die Hoffnung, den Krieg zu internationalisieren, trog; weder leistete England unmittelbare Hilfe, noch trat Preußen in den Krieg ein – die
Vorsicht des Königs setzte sich gegen das Drängen der „Kriegspartei", Scharnhorsts und Gneisenaus, durch –, noch kam es zu einer Vereinbarung mit Rußland. Stadion hatte die Kräfte des österreichischen Staatswesens wie die europäische Lage verkannt. Die Aufstandsaktionen im außerösterreichischen Gebiet,
wie die Züge des preußischen Majors Schill, des westfälischen Obersten Dörn-
berg in Kassel oder des Herzog von Braunschweig, blieben vereinzelt – die hessischen Aufständischen, zum Teil waffenlose Bauern, stoben beim ersten Ge-
fecht vor Kassel auseinander; die Masse der westfälischen Truppen blieb dem
neuen König gegenüber loyal. Das lag gewiß auch daran, daß die auslösenden
österreichischen Erfolge und eine englische Landung im Norden ausgeblieben
waren, aber vor allem doch daran, daß diese Aktionen ohne wirklich breiten, jedenfalls aktiven Widerhall in der Bevölkerung blieben, ja zum Teil auf passive Re-
sistenz stießen. Der Druck Napoleons und die Verletzung geheiligter, unmittelbar erlebter Traditionen waren nicht, noch nicht so stark, das Volk, – das doch
durch Absolutismus, Feudalismus und bürokratische Regime an die Passivität
gewöhnt war – in einen revolutionären Partisanen- und Guerillakrieg zu treiben.

Nur ein erstaunliches Beispiel bleibt zu berichten, der Volkskrieg in Tirol.
Seitdem das Land 1805 bayerisch geworden war, unterstand es der rheinbün-
disch-bayerischen Bürokratie; die ständische Verfassung war aufgehoben, neue
Steuern und die Konskription hatten das alte Recht verletzt, selbst der Name Tirol war abgeschafft, das Schloß Tirol versteigert worden. Die Fürstbischöfe von
Trient und Chur waren des Landes verwiesen worden, der Kultus wurde staatlich geregelt. Diese antiklerikale und extrem bürokratische Praxis einer
Besatzungsmacht stieß zusammen mit der Verteidigung alter Rechte, religiöser
und dynastischer Loyalitäten, der Tradition freier Bauern; dazu kam die Nähe
zu Österreich, das den Bauernaufstand hier planmäßig vorbereitet hatte, kamen

die Vorteile des Hochgebirges für einen Volkskrieg. In fünf Tagen war das Land befreit; viermal siegten die Bauern, von Andreas Hofer und anderen geführt, über Franzosen und Bayern am Berge Isel. Das war ein schon den Zeitgenossen denkwürdiges Ereignis, ein Volksaufstand und Befreiungskampf aus dem Geiste eines konservativen Regionalismus, diesseits noch der nationalrevolutionären und demokratischen Bewegungen, die man im Zeitalter der Revolution erwarten könnte.

Es sind diese Bewegungen, zumal dann ihre Opfer, der erschossene Major Schill und der in Mantua erschossene Andreas Hofer, die – obschon sie noch im Namen ihrer alten Dynastien und nicht im Namen der Deutschen gegen Napoleon aufstanden, ähnlich wie der schon 1806 auf Geheiß Napoleons wegen der Verbreitung der Schrift ,Deutschland in seiner tiefsten Erniedrigung' hingerichtete Buchhändler Palm – als die ersten Märtyrer unverlierbar in die Erinnerung der nationalen und freiheitlichen Bewegung des 19. Jahrhunderts, in die Mythen- und Legendenbildung eingegangen sind. Damals ist auch Uhlands Lied vom Guten Kameraden entstanden, das Krieg und Kriegstod in Deutschland über 150 Jahre begleitet hat.

Der Krieg endete mit dem Frieden von Schönbrunn, in dem Österreich noch einmal große Gebiete, zumal die südwestlichen Provinzen von Villach bis nach Kroatien und Istrien, dann Salzburg, Berchtesgaden und das Innviertel und einen wesentlichen Teil seiner polnischen Gebiete abtreten mußte und eine enorme Kriegsentschädigung zu leisten hatte. Freilich, zu einer durchaus möglichen Auflösung Österreichs oder zu noch größeren Abtretungen kam es nicht; das hätte, so kalkulierte Napoleon, ein schwer organisierbares Vakuum geschaffen, die Konkurrenz der Rheinbundfürsten begünstigt und Rußland noch stärker entfremdet.

Wenn man sich die Reihe der großen Niederlagen der antinapoleonischen Mächte von Austerlitz über Jena und Friedland bis Wagram vergegenwärtigt, so sieht man, wie unfähig das immer noch alte Europa war, auf die revolutionäre Politik des Erben der Revolution sich einzustellen, wie es zu keiner wirklichen Koalition mit letztem Einsatz kam, wie die Mächte einzeln und nacheinander geschlagen wurden. Die Idee, den Eroberer durch Appeasement zu zähmen und auf den Boden der Vernunft und Normalität zu ziehen, oder die Idee, im Windschatten der scheinbar normalen Machtkonflikte herkömmlicher Art einzelstaatliche Politik zu machen und nicht für andere Mächte, die „zufällig" auch Napoleongegner waren, die Kastanien aus dem Feuer zu holen, das waren noch Denk- und Handlungsmöglichkeiten. Das erklärt die Gebrochenheit des Handelns, die Schwäche aller Koalitionen, erklärt Kollaboration und Appeasement.

Wichtig für den Fortgang der deutschen Geschichte ist an diesen Ereignissen zweierlei. Zum einen: der Versuch Österreichs, sich an die Spitze der nationalen Befreiung zu setzen, hat in der Zeit der entstehenden nationalen Bewegung sein Ansehen als deutsche Macht auf der Basis eines alten Reichspatriotismus neu begründet und ihm in gewisser Weise eine moderne Resonanz geschaffen. Das wirkt bis 1848 nach, als die Paulskirche den Erzherzog Johann, der den Krieg und den Tiroler Aufstand mitorganisierte, zum Reichsverweser wählte. Hier schien ein Stück der „besseren", der deutschen Tradition Österreichs begründet, an die die großdeutschen Gegner Metternichs in den folgenden Jahrzehnten anknüpfen konnten. Zum andern: der schwache Versuch, das österreichische Gemeinwesen über einen Befreiungskampf auf das Bündnis von Regierung und Nation zu gründen, war mit dem Ende des Krieges gescheitert und wurde nicht wieder aufgenommen. Die Anziehungskraft, die der Militärstaat Preußen über die großen Reformen und ihren Träger, das Beamtentum, im 19. Jahrhundert bei den Deutschen gewann, hatte darum kein österreichisches Gegenstück. Das ist für die Geschichte der nationalen Frage eminent wichtig geworden.

Die österreichische Politik des Widerstands war gescheitert, der Staat war tief geschwächt, Metternich, der nun der neue leitende Minister wurde und es fast 40 Jahre blieb, hat daraus die Konsequenz gezogen. Die einzig mögliche Politik war die der Entspannung, ja der Kollaboration mit Frankreich; nur so konnte man hoffen, einigermaßen ungeschoren und selbständig zu überleben und bei der irgendwann zu erwartenden Neuordnung Europas wieder stark und handlungsfähig zu werden. Außenpolitisch war Österreich gegenüber Preußen im Vorteil. Denn am 1. Februar 1810 heiratete Napoleon die Tochter des österreichischen Kaisers. Der Sohn der Revolution suchte – mit dem archaisch vorrevolutionären Mittel der Politik: der Heirat – die dynastische Legitimität des alten Europa, die ihm und seinem Reich mehr Sicherheit und eine Existenz über sein Leben hinaus sichern sollte. Und da er die Schwester des Zaren nicht hatte bekommen können, nahm er die Tochter des Kaisers. Metternich – Realist und nicht Legitimist – hat mit großem Geschick diese Heirat betrieben, denn auch ohne direkte „Kompensationen" war sie eine Garantie der Existenz Österreichs. Und es gelang ihm, sich sowohl einem profranzösischen Engagement gegen Rußland – in Polen oder auf dem Balkan – wie irgendwelchen antifranzösischen Abreden mit Rußland zu entziehen.

Der Höhepunkt der napoleonischen Herrschaft über Deutschland und den Kontinent und der Beginn ihres Sturzes zugleich kam, als die labile Partnerschaft zwischen Frankreich und Rußland zerfiel, ein Ereignis, auf das alle Gegner Napoleons, die engagierten Patrioten wie die abwartenden Diplomaten, gerechnet hatten. Die mannigfachen Spannungen – wegen der Türkei, wegen Schweden und seinem neuen König Bernadotte, wegen der polnischen Frage, wegen des Scheiterns der Heirat mit der Zarenschwester, wegen der französischen Annexion der Nordseeländer und des mit dem Zaren verwandtschaftlich verbundenen Oldenburg, und vor allem wegen der Kontinentalsperre – flossen zusammen und steigerten sich. Das napoleonische System bedurfte der Erfolge, um sich gegen zunehmende Krisen zu stabilisieren. Letzten Endes blieb der Zar für Napoleon als potentieller Bundesgenosse Englands die latente Bedrohung seines Systems; sein Jagen nach dem wirtschaftlichen Sieg über England mußte ihn in die Konfrontation mit Rußland treiben. Und der Zar mußte letzten Endes realisieren, daß mit dem Revolutionär der europäischen Verhältnisse kein dauerhaftes Arrangement möglich war.

In dieser Lage mußten die beiden deutschen Mächte zwischen einer russischen und einer französischen Allianz wählen, denn Neutralität war angesichts der Machtstellung Napoleons unmöglich. Die Entscheidung lag zunächst bei Österreich. Metternich lehnte ein Bündnis mit Rußland ab, weil er weder von der russischen Entschlossenheit und Bündnistreue noch von den Siegeschancen einer neuen Koalition überzeugt war; Preußens Position hielt er in jedem Falle für so prekär und bedroht, daß er jede engere Verbindung vermied. Es gelang ihm, ein volles Bündnis mit Frankreich, das Österreich zum Satelliten gemacht hätte, zu vermeiden; Österreich mußte sich nur verpflichten, ein einigermaßen eigenständiges und vornehmlich „observierendes" Hilfskorps zu stellen, gleichsam eine symbolische Präsenz für den Fall, daß Napoleon siegen sollte (und er konnte den Russen österreichische „Passivität" signalisieren). Dafür wurden ihm territoriale Kompensationen (bei einem möglichen Zerfall oder einer territorialen „Verschiebung" Preußens, gegebenenfalls Schlesien!) zugesichert.

In Preußen forderten die „Patrioten" den Anschluß an Rußland – denn Napoleon werde, auch wenn er siege, Preußen vernichten; man betrieb mit einiger Energie (und englischer Hilfe) die heimliche Aufrüstung. Gneisenau schlug im August 1811 wieder einen Volksaufstand in Norddeutschland vor; er setzte auf die Begeisterungsfähigkeit und Opferbereitschaft der Nation, auf den totalen Widerstand, und er wollte die bürgerlichen Rechte, Wählen und Ämterzugang, ja Erbfolge und Grunderwerb an die Teilnahme und Aktivität in solchem Kampf binden; auf die kühle Bemerkung des Königs „als Poesie gut", antwortete er, für einen der obersten Militärs merkwürdig und charakteristisch zugleich: „auf Poesie" – „Herzenserhebung" – „ist die Sicherheit der Throne begründet". Hardenberg trug zunächst, als sich klare Bündnisabmachungen mit England und Österreich als unmöglich erwiesen, Napoleon ein Bündnis an, das die militärische und finanzielle Einengung Preußens aufgehoben hätte, ja ihm territoriale Kompensation in Aussicht stellte. Aber Napoleon verlangte vollen Anschluß, Truppenstellung und Durchmarschrecht ohne jede Kompensation. Hardenberg sah darin die Abdankung Preußens als souveräner Staat und war jetzt für das russische Bündnis. Dem König war, im Blick auf Rußland, Österreich und die zum Einmarsch bereiten französischen Truppen das Risiko zu groß; am 24. Februar unterwarf sich Preußen. Es mußte ein Hilfskorps von 20000 Mann stellen und es wurde zum Auf- und Durchmarschgebiet der großen Armee, ja mußte enorme Leistungen für ihre Versorgung erbringen. Schon vorher wurde es gezwungen, die Aufrüstung einzustellen. Noch einmal hatte Napoleon 1812 ganz Deutschland seinem Willen unterworfen.

Viele der Patrioten resignierten angesichts dieses „Defaitismus" des Königs und der Mehrheit des Establishments, etwa ein Viertel der Offiziere, etwa 500, nahmen ihren Abschied, Boyen und Clausewitz gingen nach Rußland. Das war ein umstürzender Wandel der Loyalität: nicht mehr der König, sondern eine Sache: Vaterland und Nation, ihr – offenkundiges – Interesse bestimmte das Pflichtgefühl. Gneisenau ging – offiziell beurlaubt – nach England. Der Leiter der preußischen Polizei, Justus Gruner, trat in russische Dienste und begann von

Prag aus eine Spionage- und Sabotageorganisation aufzubauen, die zugleich den aktiven Widerstand im napoleonischen Deutschland mobilisieren sollte. Er wurde freilich im August 1812 von der österreichischen Polizei verhaftet, ehe seine Organisation recht zum Tragen kam.

Wir fragen schließlich nach der öffentlichen Meinung, der Einstellung und Stimmung der Deutschen gegenüber Napoleon. Zunächst: es gab einen großen Kreis von Anhängern und Bewunderern Napoleons und des Rheinbundes, eine profranzösische „Partei" sozusagen, nicht nur in den Rheinbundstaaten, sondern auch in Österreich und in Preußen; in Berlin gab sie, nicht nur vor 1806, sondern auch in der Besatzungszeit und beim Sturz Steins 1807/08 eigentlich den Ton an, antiösterreichische und antienglische Sentiments und Berliner Aufklärung in merkwürdigem Gemisch. Die beiden größten Deutschen der Epoche, Goethe und Hegel, waren 1805/06 und in den Jahren danach Bewunderer Napoleons und seiner Größe; er war der Weltgeist zu Pferde, der Mann der Gegenwart und der Zukunft, und ähnlich dachten viele. Für die einen war er der Repräsentant des Fortschritts, des gebildeten Zeitgeists, der Freiheit, der Todfeind des Feudalismus und des Ancien Régime, so für den Bayern J.Christoph von Aretin. Für andere war er der Retter aus dem Chaos, der Bändiger der Revolution, der doch ihre Errungenschaften bewahrte. Oder er war der Einiger Europas, der Protagonist des wahren Gleichgewichts, ja – hier schlug seine eigene Propaganda durch – der Friedenbringer (so Nicolaus Vogt, Johannes v. Müller), so jedenfalls tönten Hoffnung und Erwartung. Es gab gerade in den ersten Jahren nach 1806 eine ganze Rheinbundpublizistik, die dem Rheinbund eine große fortschrittlich-ideale Idee zusprach. Die Argumentation war zum Teil vornational partikularstaatlich, zum Teil übernational, europäisch und kosmopolitisch, zum Teil eigentümlich deutsch und reichspatriotisch; der Rheinbund z.B. sollte, im Sinne Dalbergs etwa, die deutsche Nationaleinheit im universalistischen neuen Karlsreich darstellen. Aus solchen Motiven haben sich viele bedeutende Männer Napoleon oder den Rheinbundstaaten zur Verfügung gestellt. Dann gab es die Realisten, betont partikularstaatlich oder auch nicht, für die die Zusammenarbeit mit Napoleon die einzige Möglichkeit war, mochten sie sich nun mit seinem System voll identifizieren oder nicht, dem entstehenden Nationalgefühl fern oder näher stehen, denn Rheinbundpolitik und nationales Gefühl schlossen sich nicht aus. Und am Rande gab es natürlich die Opportunisten, die ihren Vorteil in der Nähe der Macht suchten – wie manche preußische Reaktionäre, die, um Stein loszuwerden, selbst mit den Franzosen zu kooperieren bereit waren. In den besetzten und ausgebeuteten Gebieten verhinderte zudem auch die Not und die Sorge ums Tägliche jeden Gedanken an Widerstand.

Die Masse des Volkes war duldend und passiv. Anfangs hat es, wie in Bayern und in anderen Teilen Süddeutschlands, eine klare antiösterreichische und profranzösische Stimmung gegeben: der Abschluß der Rheinbundverträge ist davon getragen. Die eingeleitete Neuordnung stieß auf breite Zustimmung; in den nordwestdeutschen Kunststaaten hat auch das Beglückungs- und Befreiungspa-

thos positive Resonanz ausgelöst. Aber das verflog. Die Aushebung von Soldaten, der Steuerdruck und die Kontinentalsperre vor allem, Gewaltmaßnahmen
der Polizei und der Besatzung, das Ausbleiben oder die Verzögerung der Gesellschaftsreform, die Härte des bürokratischen Zugriffs ließen spätestens seit
1810 und besonders dann 1812 die Unzufriedenheit mit der französischen Herrschaft stark anwachsen. Daraus ergab sich kaum aktiver Widerstand und kaum
eine nationale Stimmung – 1813 war die Loyalität der Rheinbunduntertanen gegenüber Napoleon immer noch gegeben –, wohl aber eine Art passiver Resi-
stenz, zumal im Nordwesten, wo Desertion und Steuerstreik zunahmen. Interessant und ambivalent ist die Entwicklung in den annektierten linksrheinischen
Gebieten: einerseits hat die hier voll durchschlagende Modernisierungspolitik
Sympathien erregt, und der wirtschaftliche Aufstieg innerhalb des französischen
Wirtschaftsraumes hat das unterstützt. Die Zugehörigkeit zu einem Großreich
schien mehr Sicherheit und Stabilität zu bieten, als das im anderen Deutschland
damals der Fall war – und es gab natürlich auch einen Prozeß der Gewöhnung
an eine scheinbar dauerhafte Macht. Auf der anderen Seite aber haben, zumal
nach 1808, Rekrutierung und Steuerpolitik, nationaler Egoismus und Überheb-
lichkeit der Franzosen, der nicht zu tilgende Zug der „Fremdherrschaft", die
antikirchliche Politik oder die Indienstnahme der Kirche durch den Imperator,
Pressezensur und Meinungsdiktatur ein wachsendes Gefühl des Druckes, ein
Schwinden der Zustimmung erzeugt. Auch bei der geistigen Führungsschicht,
und hier politischer, finden wir diese Ambivalenz: die Anziehung von Freiheit
und Modernität im französischen Rechtsraum, ja zeitweise der Glaube an Völ-
kereinheit und Friedensreich – und die republikanische Distanz gegenüber der
Tyrannei, die moderne und nationale gegenüber der Fremdherrschaft, gegen-
über dem neuen „Vaterland", die romantische Neuentdeckung von nationaler
Identität, deutscher Geschichte und Kultur, die gerade am Rhein eine große
Rolle spielte. Der Koblenzer Jakobiner Josef Görres ist zum entschiedensten
Gegner Napoleons und zum Anwalt einer romantisch getönten nationalen De-
mokratie geworden, während der progressive Dichter des Vormärz, der 1797 in
Düsseldorf geborene Heinrich Heine, zeitlebens vom positiven Eindruck Napo-
leons bestimmt gewesen ist.

Am anderen Ende der Skala stehen die entschiedenen Gegner Napoleons.
Das sind die Gegner des Gewaltmenschen, seiner Despotie und seiner Amorali-
tät, wie sie seit der Ermordung des Herzogs von Enghien offenkundig war, die
Gegner dessen, der Europa und seine Gleichgewichts- und Friedensordnung
zerstört hatte, am großartigsten Friedrich Gentz, Kantianer erst und dann Anhänger des englischen Reformkonservativen und Revolutionsfeindes Edmund
Burke und schließlich Sekretär Metternichs. Wichtiger und auf Dauer wirksamer als diese moralische und europäische Gegnerschaft ist die der „Patrioten" –
so sehr sie jene Motive aufnehmen. Das Entscheidende ist, daß der Widerstand
gegen Napoleon, der Wille zur Unabhängigkeit des eigenen Landes und dann
zu seiner „Befreiung" nationaler Patriotismus wird, d.h. einmal den Staat auf
das politisch organisierte und aktive Volk, die Nation eben gründet und zum

zweiten diese Nation nicht mehr partikular, preußisch oder österreichisch z. B., sondern gesamtdeutsch versteht: aus dem alten Landespatriotismus wird der nationaldeutsche Patriotismus, wird die deutsche Nationalbewegung. Es ist gerade der Widerstand gegen die Weltdiktatur, der die nationale Bewegung als politische und revolutionäre mobilisiert hat. Die Patrioten, das sind zunächst Beamte, Offiziere und Gebildete, vor allem in Preußen nach 1806, und dann auch in Österreich; dazu treten dann Philosophen, Journalisten und Literaten. Es gab zwar Unterschiede zwischen Reformern und Patrioten – der General Yorck z. B. war ein preußischer Patriot und ein Feind der Reformen, Theodor von Schön war anfangs primär Reformer ohne großes außenpolitisches Interesse, Hardenbergs Politik hielt immer Distanz zu den Patrioten, aber im ganzen wurde das Streben nach innerer Erneuerung und nach Befreiung von Diktatur und Fremdherrschaft identisch. Es entstand eine neue nationale Ideologie, wie sie vor allem der Philosoph Fichte seit seinen Berliner ‚Reden an die deutsche Nation' 1806/07 und der Publizist Ernst Moritz Arndt, Sohn eines Leibeigenen aus Rügen, verkündet und propagiert haben: sie haben – wir werden davon später im Zusammenhang mit der Nationalbewegung noch genauer erzählen – die gleichsam vorpolitischen Ideen einer Kultur- und Volksnation der Deutschen mit der nationaldemokratischen Tendenz der Französischen Revolution verbunden und politisiert; der Wille zur Nation und zum Nationalstaat wurde jetzt als ein höchstes Ziel deklariert, die Nation auf das Volk gegründet; aus einer Denkkategorie wurde ein Handlungsziel; und Fichte wie Arndt haben eine Art nationalen Messianismus, mit kollektiv-sozialistischen Ideen, aber vor allem mit einem imperialen Sendungsbewußtsein versetzt entwickelt. Das war eine intellektuelle Extremposition, aber sie hat auf Gebildete wie Jugend zunächst in Preußen Einfluß gewonnen; idealistische Philosophie und nationaler Patriotismus liefen zusammen. Arndt wurde der Prophet des Kreuzzugs gegen den Weltfeind und Dämon Napoleon. 1808/09 hat diese Bewegung in der Berliner Publizistik (etwa bei Kleist und Adam Müller) wie in der Wiener (Schlegel und Gentz) eine große Rolle gespielt. Auch die romantische Wendung zur Identität der Deutschen, ihrer Geschichte und ihrer Kultur, bei Arnim und Brentano, den Schlegels und den Grimms, bei Görres kam der entstehenden nationalen Opposition zugute, mündete in sie. Görres wurde 1813 neben Arndt der wirkungsmächtigste nationaldemokratische Publizist. Zu den Publizisten und Philosophen, zu den entschiedenen Reformern um Stein und Scharnhorst traten bald die ersten zum Teil halb geheimen Organisationen der entstehenden nationalen Opposition – früh schon in Königsberg der vielberedete und überschätzte „Tugendbund", der „Sittlich-wissenschaftliche Verein", wie er eigentlich hieß, eine erste mehr rhetorisch als praktisch wirksame Keimzelle der patriotischen Bewegung. 1811 wurde in Berlin von Friesen und Jahn ein Deutscher Bund zur Befreiung, inneren Erneuerung und endlicher Einigung des deutschen Volkes gegründet; 1812 hatte er 80 Mitglieder in Berlin, 7 preußische und 4 andere Zweigvereine und vielfältige Kontakte. Hierher gehört auch die von Jahn ausgehende Turnbewegung, nationaldemokratisch, an Volk und Volkstum orientiert

und auf die Befreiung gerichtet. Dazu gehören die Anfänge der deutschen Burschenschaft, der Idee nach eine Gesamtorganisation aller deutscher Studenten,
auf die Leitwerte von deutschem Volk und Vaterland, von Deutschsein in Wor-
ten und Wirken eingeschworen. Das strahlte auch über Preußen hinaus, zumal
auf die akademische Jugend, in Jena, in Heidelberg, in Landshut. Und auch in
den Führungskreisen der Rheinbundstaaten gab es, wie beim bayerischen Kronprinzen Ludwig, starke nationalpatriotische, antinapoleonische Regungen.

Man wird das Gewicht dieser Bewegungen nicht überschätzen; es war eine
klare Minderheit, es war ein Teil der adlig-bürgerlichen Bildungsschicht und
zumal der Jugend, es waren die Beamten und Offiziere der Reformpartei in
Preußen. Aber über ihre Positionen im preußischen Staat und über den Emigranten Stein haben sie doch politisch Einfluß gehabt, und 1813 konnten ihre
Wortführer bei einer weitgehend schweigenden Masse und bei der Diskreditie-
rung des napoleonischen Systems eine Weile Führer der öffentlichen Meinung
werden. Insofern spielt diese Bewegung 1813 dann eine bedeutende geschichtliche Rolle, auch wenn die Ergebnisse von 1815 ganz anders waren; und im
Rückblick war sie der Anfang der für unsere Geschichte so entscheidenden Nationalbewegung.

2. Die großen Reformen

Das Zeitalter der napoleonischen Herrschaft in Deutschland ist zugleich das
Zeitalter der großen Reformen, in Preußen wie in den Rheinbundstaaten. Damals sind die Grundlagen des modernen Staates und der modernen Gesellschaft
in Deutschland geschaffen worden; Erfolg und Mißerfolg der Reformen haben
die Geschichte der Deutschen bis 1848, ja bis in die 6oer Jahre hin bestimmt; aus
der Unterschiedlichkeit der Reformen haben sich unterschiedliche Linien der
deutschen Geschichte, haben sich der preußische, der österreichische, der süddeutsche Weg entwickelt.

Diese Reformen waren zuerst Antworten auf einen Anstoß von außen, auf die
Französische Revolution und die napoleonische Herausforderung und Neuordnung der deutschen Welt. Die Welt des Ancien Régime war zusammengebrochen, sie war den neuen und revolutionären politischen Machtbedingungen
nicht gewachsen. Die Anforderungen an einen Staat hatten sich geändert. Wer
überleben wollte, leistungs- und konkurrenzfähig bleiben wollte, mußte sich auf
diese neuen Anforderungen einstellen, mußte sich erneuern. Aber es waren nicht
nur die Erfolge der Revolution, die neuen Anforderungen, und also die Gebote
der Machträson, die die Reform erheischten, sondern auch, und fast untrennbar, die neuen Normen; die neuen Ideen einer bürgerlichen Gesellschaft, die auf
bürgerlicher Freiheit und rechtlicher Gleichheit sich aufbaute, hatten dem feudal-ständischen System seine Legitimität genommen. Diese neuen Normen hatten, wie immer man sonst zur Revolution stehen mochte, auch in Deutschland
Geltung und Resonanz gewonnen, auch in weiten Kreisen des Herrschaftsesta-
blishments. Die Gewalt dieser Grundsätze, so meinte Hardenberg in seiner Ri-

gaer Denkschrift 1807, „ist so groß und sie sind so allgemein anerkannt und verbreitet, daß der Staat, der sie nicht annimmt, entweder seinem Untergang oder
der erzwungenen Annahme derselben entgegensehen muß"; gegen Grundtendenzen der Zeit könne man nicht mehr regieren, so glaubten fast alle leitenden
Politiker, auch wo sie sich nur halbherzig mit ihnen identifizierten. Erneuerung
also auch, weil sie der Sache nach und angesichts der veränderten Normen notwendig war. Der Modernisierungszwang von außen nun mobilisierte den vorhandenen Modernisierungswillen von innen und gab ihm seine eigentliche
Schub- und Durchsetzungskraft: man griff auf die Reformen von Absolutismus
und Aufklärung zurück, um sie fortzusetzen, zu vollenden und moderner weiterzuentwickeln und umzuwandeln. Die Reformen waren, wie schon die Zeitgenossen sagten, eine Revolution von oben, eine Revolution „im guten Sinne":
„demokratische Grundsätze in einer monarchischen Regierung" (Hardenberg),
Revolutionierung der Verhältnisse in den Bahnen von Ordnung und Evolution
und durch die starke Autorität eines monarchisch-bürokratischen Staates.

Diese Revolution von oben sollte die alten Ordnungen, die weder den neuen
Anforderungen noch den neuen Normen entsprachen, abschaffen, sollte Staat
und Gesellschaft modernisieren. Sie sollte 1. Macht und Durchsetzungskraft des
Staates konzentrieren und intensivieren, sollte ihn gegen alle feudale und partikulare Herrschaft rationaler und effektiver machen, sollte seine Souveränität
auch nach innen und bis zum letzten Einwohner erst eigentlich etablieren. Sie
sollte 2. seine Teilgebiete zur Einheit zusammenfassen, ihn integrieren. Sie sollte
3. an die Stelle der Ständegesellschaft eine Gesellschaft rechtsgleicher Bürger
setzen und die Kräfte des Einzelnen im Interesse gerade der Gesamtheit von
feudal-korporativen Bindungen (und staatlicher Bevormundung) emanzipieren.
Dabei ging es auch darum, aus Untertanen Bürger zu machen, die Trennung
von Staat und Gesellschaft, Regierung und Volk zu überbrücken – die Franzosen waren eine politische Nation geworden, das gerade machte ihre Stärke aus.
Bürgerliche Gleichheit und bürgerliche Teilhabe an politischen Entscheidungen,
das waren die beiden, wenn auch nicht notwendig zusammengehörenden Elemente dieses Konzeptes. Freilich, Teilhabe der Nation, des Volkes am Staat
konnte es erst geben, wenn die Ständegesellschaft zur bürgerlichen Gesellschaft
geworden war – insofern bestand zwischen den gesellschaftlich-politischen Zielen und Möglichkeiten eine deutliche Spannung.

Träger der revolutionären Reform waren nicht Massen, nicht eine bürgerliche Gesellschaft, sondern die Beamten; sie waren die Protagonisten der Modernität – gegen die feudal-ständische Welt wie die absolutistisch-dynastische –, sie
fühlten sich gegen alle Partikularinteressen als der „allgemeine Stand", dem
Recht, der Vernunft, dem Gemeinwohl, der wahren Staatsräson verpflichtet. Sie
wollten die neue Gesellschaft der Bürger und den neuen Staat schaffen, an die
Stelle absolutistischer und feudaler Herrschaft sollte bürokratische Herrschaft
treten, und nur in diesem Rahmen, wieder ein Element der Spannung, konnte es
Teilhabe der Nation geben.

a) Die preußischen Reformen

Wir wenden uns zunächst den preußischen Reformen zu, mit einiger Ausführlichkeit, weil wir an ihnen die allgemeinen Umstrukturierungsprobleme der Zeit zeigen können. Zunächst versuchen wir, allgemeine Voraussetzungen, Motive und Tendenzen dieser Reformen zu bestimmen und dabei insbesondere das, was sie spezifisch charakterisiert und von anderen unterscheidet.

1. Am Anfang der Reformen steht – trotz aller Kontinuitäten – das factum brutum: die Katastrophe von 1806, der Zusammenbruch des alten Preußen; und alle Reformen dann stehen im Schatten der existenzbedrohenden Finanznot des Staates, der Aufbringung der Kontributionen. Es geht nicht, wie im Süden und Westen, um die Konsolidierung eines neuen und vergrößerten Staates und die Integration vieler und neuer Gebiete, sondern um Überleben und Wiederaufbau eines besiegten, halbierten, ausblutenden Staates.

2. Aber natürlich waren die Reformen dennoch geprägt vom Erbe Preußens, von Absolutismus und Aufklärung und zumal deren Spätphasen. Preußen war ein Land des Absolutismus und der Zentralisierung, in dem die Vielfalt der partikularen Gewalten und Ordnungen, wie es sie im Süden und Westen noch gab, lange eingeebnet war. Es gab darum weniger Nachholbedarf an Absolutismus. Statt dessen war die Problematik des erstarrenden absolutistischen Systems, dessen, was die kritischen Zeitgenossen den Maschinenstaat nannten, sehr viel deutlicher als anderswo. Zur Zeit Friedrichs des Großen war dieses Preußen eines der klassischen Länder der Reformen, ein fortschrittliches Land gewesen. Der Impuls der aufgeklärten Reformen hatte zwar weitergewirkt, aber war doch zugleich steckengeblieben. Zu einer sozialen Modernisierung war es nicht gekommen; die feudale Autonomie blieb bestehen. Das Allgemeine Landrecht war für diese Ambivalenz typisch. Es hatte das Programm des an Recht und Gesetz gebundenen Staates und der staatsbürgerlichen Gesellschaft auf die Tagesordnung gesetzt, aber zugleich die ständisch-regionale Ordnung fixiert und legalisiert. Reformen wurden auf vielen Gebieten vorbereitet, wie die Aufhebung der Leibeigenschaft, oder gar durchgesetzt, wie die Befreiung der Domänenbauern – wir sprechen in dieser Hinsicht von den Vorreformen –, aber es fehlte ihnen an Energie wie innerem Zusammenhang und an Gewicht für die Gesamtordnung. Die überlieferte Ordnung war stark, die Durchsetzungskraft des Staates begrenzt. Die Reformer sind in dieser Periode der Vorreformen aufgestiegen, gewiß, aber sie hatten noch nicht das Sagen; die Frage nach der Macht im Staat war zwischen Monarchie, Feudalität und Bürokratie noch unentschieden.

3. Die preußische Reform steht unter dem prägenden Einfluß der Philosophie, sie ist eine idealistisch-moralische Bewegung; das ist mehr als Rhetorik, Ton oder Überbau, das prägt auch ihre konkreten Ziele, das gibt ihr ihren Rang. Und so sehr wir gegenüber vielfältigen idealisierenden Verklärungen preußischdeutscher Geschichtslegende kritisch und nüchtern geworden sind, dieses idealistisch-metapolitische Ethos bleibt ein Kernstück der Wirklichkeit. Die Reform ist nicht mehr wie anderswo vom Geist der Aufklärung bestimmt, sie hat die

Aufklärung sozusagen schon hinter sich, steht auf dem Boden der kantischen Philosophie. Der Mensch ist mehr als Mittel, Rädchen einer Maschine, er ist auch Selbstzweck, er ist auch autonom, sich selbst bestimmend, selbsttätig; jenseits von Befehl und Gehorsam und jenseits von bloßer Tradition kommt es darauf an, daß er innengeleitet die Dinge von selber, aus eigener Vernunft und eigenem Willen tut und daß er über das geläuterte Selbstinteresse und die Nützlichkeits- und Wohlfahrtsmoral der Aufklärung hinaus auf das Gute, auf die Pflicht aus ist. Dieses kantische Ethos ist durch den Fortgang der Philosophie, durch Fichte zumal, durch die Erziehungslehre Pestalozzis, ja insgesamt durch die deutsche Bildungsidee, von der später noch die Rede sein wird, die Basis der Reform gewesen. Ideen- und moralpolitisch geht es der Reform um Autonomie und Verantwortung, um einen neuen Menschen, um die „Wiedergeburt", um die „Veredlung" des Menschen. Dieser neue Mensch ist die Voraussetzung wie das Ziel der Reform; insofern ist sie weit mehr als eine institutionelle Reform, sie ist – im allgemeinsten Sinne – eine erziehende Reform. Eine der wesentlichen konkreten Konsequenzen dieses Ansatzes ist die politische Fassung der bürgerlichen Freiheit. Freiheit ist nicht nur die individuelle Freiheit vom Staat und den feudal-korporativen Mächten, Freiheit zur Entfaltung der eigenen Kräfte – das ist der etatistisch-liberale Freiheitsbegriff der spezifisch napoleonischen Reform. Sondern Freiheit ist „Teilhabe", Teilnahme der Bürger am Staat, ist Mitwirkung am Staat; das ist gewiß nicht Volkssouveränität, nicht demokratische Selbst- oder Mitbestimmung, das ist vielmehr der Versuch, aus den Untertanen Bürger zu machen, die Sache des Staates zu ihrer Sache zu machen, den Staat auf die selbständigen und freien Bürger, auf Volk und Nation zu gründen. Das Volk soll nicht mehr einfach Objekt bürokratischer Fürsorge, bürokratischen Besserwissens sein. Das Ganze ist stärker vom Staat her gedacht als vom Individuum, mehr von den Pflichten als von den Rechten; es ist die eigentümlich idealistische Fassung der Freiheit als Freiheit zum Staat. Von daher stammt Steins Idee der politischen Erziehung, die durch Mitwirkung Gemeingeist bilden will. Dieser philosophisch-politische Freiheitsgedanke ist charakteristisch für die preußische Reform. – Die idealistische Wendung gegen die Aufklärung führt bei den preußischen Reformen zu einer gewissen Distanz gegenüber den französischen und rheinbündischen Vorbildern und zusammen mit anderen Gründen bei manchen zu einer stärkeren Vorliebe für englische Modelle. Dazu kommt ein stärker historischer Zug, der Versuch, mit Burke an Traditionen anzuknüpfen oder, wie bei dem Antiabsolutisten Stein, auf alteuropäische Theorien und Institutionen, auf Stände, intermediäre Gewalten und Gewaltenteilung z. B. zurückzugreifen.

4. Neben der Philosophie steht für viele Reformer die liberale Wirtschaftstheorie des Adam Smith, wie sie durch den Königsberger Professor Kraus vor allem verbreitet worden war: die Überzeugung, daß die entfesselte Wirtschaftsaktivität des Individuums und der Wettbewerb die eigentlichen Triebkräfte wachsender Produktivität seien, daß das Gesamtwohl gerade durch die Energie der einzelnen Egoismen gefördert werde. Nirgends hat die Idee von der Freisetzung der ökonomischen Kräfte eine so starke Rolle gespielt wie in Preußen.

5. Anders als in den Rheinbundstaaten war die preußische Reform immer auch auf Befreiung ausgerichtet. Dieses außen- und militärpolitische Ziel stand bei allen Reformen wie bei den nationalpädagogischen Grundideen Pate. Aus dieser Perspektive stammt der patriotische, der nationale Ton der Reformen, der sich sehr rasch von der spezifisch preußisch-partikularen Tendenz zur national-deutschen Tendenz entfaltet.

Wir sprechen von den preußischen Reformen im Plural, weil es sich um eine Reihe von gleichzeitigen und aufeinander folgenden Teilreformen handelt. Sie sind gewiß nicht nach einem Generalplan entwickelt worden oder gar abgelaufen, aber sie sind im Ansatz wie im Ziel ein Ganzes gewesen, die Erneuerung der einzelnen Sektoren stand in einem Gesamtzusammenhang: sie sollten einen neuen Staat und eine neue Gesellschaft zusammenhängend konstituieren. Gneisenaus Wort vom dreifachen Primat der Waffen, der Wissenschaft und der Verfassung, zu dem die Bauernbefreiung gehört, gibt diesen Zusammenhang durchaus richtig an. Man kann von den Prioritäten der Reform sprechen. Höchste Priorität hatte die Reform von Regierung und Verwaltung. Die Ohnmacht des Staates und die teils chaotische, teils autokratische Regierungsorganisation hatten die früheren Reformen auflaufen und scheitern lassen. Die Organisation einer rationalen Verwaltung und die Konzentration der öffentlichen Gewalt bei dieser Verwaltung sollte die Herrschaft des Beamtentums etablieren; es war die eigentliche Seele des Staates, Protagonist der vernünftigen Einsicht, des Rechtes, des Gemeinwohls, des Fortschritts, der Modernität. Die nächste Priorität war die soziale und ökonomische Emanzipation und Mobilisierung, die Begründung einer modernen neuen Gesellschaft freier und möglichst rechtsgleicher Eigentümer, auf der sich dann eine politische Nation bilden konnte. Schließlich das Dritte: die Verfassung; sie sollte die Herrschaft der Verwaltung sichern und konsolidieren und sie zugleich an das Recht binden, sie sollte die Grundrechte der Bürger sichern und sie sollte Teilhabe an den öffentlichen Angelegenheiten gewähren, um gerade damit Staat und Verwaltung zu stärken und zu legitimieren. Organisation der Verwaltung und Freisetzung der Gesellschaft standen am Anfang, Verfassung am Ende dieses Bemühens, Teilhabe sollte mehr Ergebnis als Instrument der Modernisierung sein. Darin lag die immanente Spannung der Reformen.

Wie überall ist auch in Preußen die Reform eine Reform der Bürokratie gewesen. Der Reformflügel innerhalb der Beamtenschaft und des Offizierskorps gewann eine Weile die Führung gegenüber der Aristokratie wie der „Partei" der restaurativen Bürokraten und prägte die Monarchie. Innerhalb der Reformpartei gab es unterschiedliche Tendenzen; zwei Hauptpositionen werden durch die Namen der leitenden Minister markiert, durch Stein, der 1807/08 als leitender Minister die preußischen Reformen beginnt, und Hardenberg, der nach einer Zwischenregierung 1810 Staatskanzler wird und es bis zu seinem Tode 1822 bleibt, die Reformen weiterführt, bis sie 1819/20 endgültig abbrechen. Bei Stein spielt die ständische Orientierung, die Tradition des Reichsritters, der Rückgriff auf alte Institutionen des Reiches eine große Rolle; er ist Antiabsolutist und

Antietatist, mißtrauisch gegen die alles regulierenden zentralistischen Staaten
und Bürokratien, für Dezentralisierung und Kollegialität; er ist konservativer
Reformer, insofern er gern an Traditionen, an Stände und korporative Freiheiten anzuknüpfen versucht, insofern er dem exzessiven Wirtschaftsliberalismus
distanziert gegenübersteht, aber er ist zugleich modern als Protagonist der Teil-
nahme der Bürger an den öffentlichen Angelegenheiten; er ist mehr auf den
Staatsbürger als den Wirtschaftsbürger gerichtet; er ist der Moralist, der die
Ideen der Selbsttätigkeit, der Bildung, der Nation auch in seinen praktischen
Maßnahmen zu verwirklichen sucht. Hardenberg, vom Lebensstil ein Grand-
seigneur des 18. Jahrhunderts, ist zuerst Etatist, dem es um die Stärkung des
Staates und um eine straffe und zentralistische Verwaltung geht; er ist liberaler
Individualist, dem es um die Freisetzung der Wirtschaftsgesellschaft geht, um
Chancengleichheit und freie Entfaltung für alle, um die Achtung des Eigentums
und die Gleichheit der Gesetze und der Besteuerung, mehr um bürgerliche,
ökonomische und individuelle Freiheit als um politische, weniger um die Philosophie, die moralischen Kräfte, um Volk und Nation und deren Teilhabe am
Staat. Er ist mehr Realist und Rationalist, stärker an französischen Modellen
orientiert, insoweit moderner, autoritärer, radikaler und dynamischer, wohl
auch pragmatischer, weniger prinzipiell. Und so kann man fortfahren. Aber solche Gegenüberstellung täuscht. In Wahrheit handelt es sich nur um Akzentunterschiede innerhalb einer Reform„partei". Wir sprechen zu Recht von den
Stein-Hardenbergschen Reformen und meinen damit nicht nur den zeitlichen
Zusammenhang, sondern auch die Gemeinsamkeit der Motive und Ziele.

Ein erster Hauptbereich der Reformen war also die Modernisierung von Regierung und Verwaltung. Weil die Reformen insgesamt Sache der Verwaltung
waren, hatte die Binnenreform der Verwaltung hohe Priorität, und sie war von
der Neuordnung der Struktur und der Machtverteilung im Staat nicht zu trennen. Wie es auch im Spätabsolutismus noch keinen einheitlichen Staat gab – es
gab nur Seiner Majestät Staaten, Provinzen und Lande –, so gab es auch keine
einheitliche Regierung, sondern ein Gewirr teils sachbezogener, teils provinzia-
ler Oberbehörden – ohne gemeinsame Organisation und Information, ohne Ge-
samtüberblick z. B. über die Finanzen; neben den Ministern stand das Kabinett
des Königs, seine persönlichen Berater und Räte, in deren Kreis er zumeist die
eigentlichen Entscheidungen traf. Dieses anarchisch-irrationale und zugleich
autokratische System hatte schon lange den Protest der hohen Bürokraten herausgefordert. Stein verlor noch 1806 deswegen sein Ministeramt, aber mit Beginn der Reformära 1807 war es mit diesem System vorbei. Das Kabinettssystem
verschwand endgültig – der letzte, obschon reformerische Kabinettsrat, Beyme,
wurde versetzt; an die Stelle der bisherigen Oberbehörden trat ein nach dem
Ressortprinzip gegliedertes Ministerium, das – ohne Störung durch Neben-
behörden – dem König direkt verantwortlich war. Das war weit mehr als eine
rationalere Organisation. Vielmehr trat an die Stelle der bisherigen Autokratie
eine bürokratisch-monarchische Doppelführung, in der die Minister eine starke
Stellung, in der Reformzeit das Übergewicht hatten. Der König konnte nur

noch mit seinen Ministern und durch sie regieren; aus dem autokratischen wurde der bürokratische Obrigkeitsstaat. Das war ein außerordentlicher Machtgewinn der hohen Bürokratie – auch gegenüber dem dritten Machtfaktor im Staat, gegenüber der Feudalität.

Das Ministerium war, so wollte es Stein, ein kollegiales Organ, es gab keinen formal herausgehobenen Premier. Das wurde freilich 1810, als Hardenberg ins Amt kam, anders; er nahm die Stellung eines Staatskanzlers ein, er beherrschte den Zugang zum Monarchen. In Steins Plänen spielte die Errichtung eines Staatsrates – aus den amtierenden und ehemaligen Ministern, den Sektionschefs, dazu den Prinzen und vom König berufenen Leuten – eine wesentliche Rolle; er sollte ein Organ für Gesetzgebung und Verwaltungsgrundsätze, eine oberste Leitung der Regierungsgeschäfte und eine Kontrolle der Verwaltung mit Entscheidungsbefugnissen darstellen – eine Art Ersatzparlament, stark von der Bürokratie bestimmt, als Gegengewicht gegen einen Rückfall in absolutistisch-autokratische Willkür wie die Einflüsse feudal-militärischer Kreise und Günstlinge auf den König, ein Element des erstrebten Rechts- und Verfassungsstaates. Ob das realisierbar war – schon die Gleichberechtigung von Ministern und Sektionschefs stellte ein schwer lösbares Problem dar –, ist eine Frage, aber noch 1808 wurde die Errichtung des Staatsrates suspendiert, und Hardenberg hat ihn 1810 zu einem beratenden Gremium zurückgestuft und weiter vertagt.

Neben der Regierung wurde die Verwaltung reformiert. Der ganze Staat hieß im Zuge der modernisierenden Integration seit 1807 Preußen. Das Land wurde in, weitgehend künstliche, Regierungsbezirke eingeteilt, an deren Spitze dem Ministerium unterstellte ressortgegliederte „Regierungen" standen. Diese Regierungen waren nicht – das war ein Spezifikum der preußischen Reform – nach französischem Muster einem allgewaltigen Präfekten unterstellt, sondern – unter einem Präsidenten als primus inter pares – kollegial organisiert; Diskussion und Konsensfindung, das war Steins Idee, die die preußische Bürokratie prägte. Mit diesen Regierungen wurden – eine alte Reformforderung – Verwaltung und Justiz endgültig getrennt; gegen finanzielle Verfügung stand Betroffenen das Recht des Einspruchs zu, über den innerhalb der Verwaltung selbst entschieden wurde; zu einer Kontrolle der Verwaltung durch die Justiz kam es nicht, weil – das war die Dialektik der Reformen – das zu einer Blockade der Reformfähigkeit der Verwaltung durch die damals konservativere Justiz geführt hätte.

Das letzten Endes zentrale Problem der preußischen Verwaltungsorganisation, ja Staatsverfassung blieb die Organisation der unteren Ebenen, der Kreise. Hier ging es um das Durchdringen der Staatsmacht auf dem „platten Lande". Nach mancherlei Vorentwürfen hat Hardenberg mit dem sogenannten „Gendarmerie-Edikt" (30. Juli 1812) eine tiefgreifende Neuordnung verfügt. Die Kreise wurden eine einheitliche Verwaltungsinstanz – über Bauerndörfern, Domänen, Gutsbezirken und kleinen Städten, und diese Verwaltung wurde verstaatlicht. Ein staatlicher Kreisdirektor sollte an die Stelle des vom Adel gewählten ansässigen Landrats treten, also eine bürokratische statt einer feudalen Kreisverwaltung. Dieser Kreisdirektor hatte eine präfektenähnliche Stellung,

Kontroll- und Weisungsbefugnis gegen alle lokalen Autoritäten. Eine eigene Landpolizei (Gendarmerie) sollte die gutsherrlichen Polizeirechte weitgehend überflüssig machen. Auch die gutsherrliche Patrimonialgerichtsbarkeit wurde durch die staatliche Gerichtsverwaltung abgelöst. Neben dem Kreisdirektor standen sechs Kreisdeputierte, von Bauern, Städtern und Gutsbesitzern zu je einem Drittel gewählt; sie sollten mit dem Direktor und dem Richter zusammen die „Kreisverwaltung" bilden und für alle wichtigen Sachen, zumal die Finanzfragen, Beschlußkompetenz haben; insofern waren in dem System Administration, Repräsentation und Justiz auf eigentümliche Weise verbunden („amalgamiert") und vermischt worden; das war zum Teil Steins Idee der Teilhabe der Bürger an der Verwaltung gewesen. Diese Kreisreform, eine der radikalsten Reformen gegen den Adel, ist gescheitert. Sie löste wilde Proteste der Adelsopposition aus und ist, kaum ausgeführt, schon 1814 suspendiert worden; 1816 wurde verfügt, daß der Landrat „in der Regel", das hieß im Osten, aus 3 von den „Kreisständen" vorgeschlagenen Gutsbesitzern ernannt werde. Das war für lange Zeit die Konsolidierung der lokalen Machtstellung der Junker – wider den bürokratischen Staat wie die sich bildende bürgerlich-bäuerliche Gesellschaft auf dem Lande.

Schließlich die Kommunalreform, chronologisch nach der Bauernbefreiung das zweite große Reformgesetz, die Steinsche Städteordnung (19. November 1808), die Neuordnung städtischer Selbstverwaltung – die im liberalen Deutschland seither am tiefsten mit dem Namen Stein verbunden ist. In ihr kommt die Steinsche Idee der Reform, Staat und Gesellschaft, Staat und Nation zu verbinden, das Gemeinwesen auf bürgerliche Freiheit zu gründen, als Teilhabe an den öffentlichen Angelegenheiten am eindeutigsten zum Tragen. Denn der Sinn der Selbstverwaltung war es, Teil und Stufe einer Verfassung des Gesamtstaates zu sein, den Staat von unten her, von der Mitbestimmung und Autonomie im nahen und überschaubaren Bereich aufzubauen; hier waren die Wurzeln von so etwas wie Demokratie. Darin schlug sich einerseits Steins alteuropäisches Mißtrauen gegen den zentralistischen Staat und gegen die lähmende Herrschaft der alles reglementierenden Bürokratie nieder: Selbstverwaltung war Gegengewicht und Korrekturinstanz gegen die Bürokratisierung der Welt durch den absolutistisch modernen Staat. Zum anderen kam darin Steins Zukunftsperspektive, seine Tendenz zur politischen Erziehung zum Ausdruck. Die Selbstverwaltung sollte als Mitbestimmung das Interesse an den öffentlichen Dingen und den Einsatz für sie (wieder) beleben. „Man muß die Nation daran gewöhnen, die Geschäfte selbst zu führen und aus diesem Zustand der Kindheit herauszukommen." Mit dem „Anteil an den öffentlichen Angelegenheiten" „wächst das Interesse für das Gemeinwohl und der Reiz zur öffentlichen Tätigkeit, welche den Geist der Nation erhebt", so Steins Mitarbeiter Johann Gottfried Frey, der eigentliche Autor der Städteordnung. Der Einzelne sollte so über seine Passivität wie seine Interessen und seinen privaten Egoismus hinaus „veredelt" werden, und letzten Endes sollte das den Staat stärken. Schließlich stand dahinter die alteuropäisch-ständische und durch das englische Vorbild lebendig gehaltene Überzeugung, daß die politische Ordnung nicht auf der simplen Gegenüberstellung von Staat und Individuum beruhe, sondern auf einer Fülle von intermediären Gewalten, deren Basis eben die Kommunen waren. Damit traten neben die bis dahin bestimmenden Kräfte des Staates – Monarchie, Adel, Bürokratie – die Bürger. Insofern war das Programm der Selbstverwaltung ebenso mit der Staats-, Verwaltungs- und Verfassungsreform wie mit der Emanzipation der Bürgergesellschaft verbunden.

Es bleibt eigentümlich, daß Steins Neuordnung der kommunalen Selbstverwaltung gerade vom städtearmen deutschen Osten ausgegangen ist. Denn hier gerade unterstanden die Städte vollständig der staatlichen Verwaltung, und was es noch an Selbstverwaltung gab, war sinnentleert; die Magistrate etwa ergänzten sich vielfach durch Militärpensionäre. Aber auch Steins Idee (und Rhetorik) des Rückgriffs auf alte Traditionen war wenig realistisch; denn die alten Ordnungen und ihre noch bestehenden Überreste beruhten auf Immunitäten und partikularen Interessen, auf erstarrten Zünften und Korporationen, auf Vetternwirtschaft und Privilegien; sie waren unmodern und sie waren fortschrittsfeindlich. Insofern handelte es sich doch eigentlich um eine Neugründung. Auf der einen Seite hat darum die Städteordnung die überlieferten Reste ständisch-partikularen Wesens aufgehoben. Sonderrechte der Regionen wie der Einzelstädte fielen dahin; es gab eine einheitliche gesamtstaatliche Stadtverfassung. Die partikularen Resthoheiten der Städte, im Gerichts- und Polizeiwesen, wurden verstaatlicht; die Städte wurden generell der Aufsicht des Staates unterstellt, sie konnten nicht länger kleine Republiken, Staat im Staate sein. Insofern vollendete die Reform das Werk des Absolutismus. Aber entscheidend und neu war die Begründung der kommunalen Autonomie, die Befreiung der Städte von der staatlichen Vormundschaft und den Ein- und Übergriffen des Militärs und die Übertragung der ungeteilten Verwaltung auf sie. Dazu gehörte vor allem das Recht, über Steuern und Ausgaben zu entscheiden; auch die Polizeisachen wurden den Städten als staatliche Auftragsangelegenheiten wieder übertragen. Und diese Autonomie wurde auf eine neue nicht mehr ständisch-korporative innere Ordnung der Städte aufgebaut. Die Stadtbürger wurden nicht mehr nach Geburtsständen, nach Groß- und Kleinbürgern, unterteilt; sie wählten nicht mehr in Korporationen, sondern in Distrikten, und ihre Repräsentanten hatten ein freies, nicht mehr an Weisungen gebundenes Mandat. Dennoch blieben freilich Unterschiede erhalten. Nicht jeder Einwohner war Bürger; das Bürgerrecht sollte auch im Sinn von Bürgerstolz und Bürgerbewußtsein etwas Besonderes bleiben, man mußte es beantragen; es war zwar nicht mehr an Geburt oder Zunftzugehörigkeit, wohl aber an Fristen der Ansässigkeit, an Hausbesitz oder Gewerbebetrieb gebunden. Bei Stein spielte dabei auch das Mißtrauen gegen die Beamten und die gelehrten Berufe, die ihm vom praktischen Sinn des „normalen" Bürgers zu weit entfernt schienen, eine Rolle: diese Gruppe blieb im allgemeinen bei den Nicht-Bürgern unter den Einwohnern, den „Schutzverwandten", zu denen sonst die Besitzlosen, die Soldaten, die Juden gehörten. So dauerten Reste der ständischen Gliederung der Gesellschaft fort, während zugleich eine neue Klassengliederung sich anbahnte. Für das aktive Wahlrecht gab es einen niedrigen Zensus, der aber keinesfalls die kleinen Bürger ausschloß; beim passiven Wahlrecht war der Grundbesitz bevorzugt. Das war im Grund eine Selbstverständlichkeit der Zeit: Mitbestimmung war an den Mittelstand, an die Eigentümer und/oder an die „gebildeten Klassen" gebunden. Die städtische Selbstverwaltung schließlich war auf dem Prinzip der Gewaltenteilung aufgebaut, der Stadtverordnetenversammlung und dem gewählten Magistrat aus für 12 Jahre gewählten besoldeten und für 6 Jahre gewählten unbesoldeten Mitgliedern, kommunalen Berufsbeamten und ehrenamtlich Tätigen. Auch hier spielten die Abneigung gegen die Bürokratie und die Sorge vor einer neuen Kommunalbürokratie eine Rolle, ähnlich wie bei der Einrichtung von Deputationen – etwa für das Armenwesen – aus Vertretern der Bürgerschaft und des Magistrats. An der Spitze stand der Bürgermeister, der ebenso wie die besoldeten Magistrate vom Staat bestätigt werden mußte. Mitwirkung an der Selbstverwaltung war Pflicht, denn es wurde „dem Volk nicht gestattet, sondern befohlen, sich selbst zu regieren", und die Bürger hatten nicht danach verlangt; das war die Paradoxie der Revolution von oben. Darum hat die Verwirklichung der neuen Ordnung große Schwierigkeiten gemacht – vielfach griff man auf Amtsinhaber zurück, die man sonst hätte pensionieren müssen, in Königsberg fiel Frey, der Verfasser der Ordnung, durch. Vielleicht war der Apparat des kommunalen Konstitutionalismus für die preußischen Landstädte etwas zu anspruchsvoll, aber die Modellwirkung war mittel- und langfristig doch groß: die Stadt wurde gerade in Preußen zur Heimstätte sich entwickelnder Freiheit und Mitbestimmung.

Freilich, die Reform blieb Fragment, blieb in ihrer eigentlichen Intention unerfüllt. Man hatte mit den Städten begonnen, weil hier der Widerstand etablierter Interessen gering, jedenfalls überwindbar war. Aber die Reform sollte auch auf die Landgemeinden ausgedehnt werden; die strenge Scheidung von Stadt und Land, die zu den Strukturprinzipien des absolutistischen wie feudalen Preußen gehörte, sollte gerade überwunden werden. Aber die Kommunalreform auf dem Lande, die an die Stelle der feudalen Übermacht der Guts- und Grundherren auch über die Bauerndörfer eine lebensfähige dörfliche Selbstverwaltung schaffen sollte, ist über das Stadium von Entwürfen nicht hinausgekommen; sie ist im Strudel des Kampfes um Kreisreform und Verfassung untergegangen, am Wiedererstarken des alten Adels gescheitert. Das ist die tragische Kehrseite der gelungenen Städteordnung: sie hat den Unterschied zwischen Stadt und Land als eine Grundtatsache der preußischen Geschichte für das 19. Jahrhundert neu konsolidiert.

Der zweite große Sachbereich der Reformen war die Reform der Gesellschaft, und zwar zunächst und vor allem der Agrarverfassung, das, was die Historiker die „Bauernbefreiung" nennen. Die Bauernbefreiung – ein in unterschiedlichen Phasen ablaufender gesamteuropäischer Vorgang – löste die alte, die feudale, herrschaftlich-genossenschaftliche Agrarstruktur auf. Die Bauern sollten frei werden von Abgaben, Diensten, Verpflichtungen, die sie den Herren bis dahin schuldeten; sie sollten persönliche Freiheit, volles Eigentum am Boden, freie Verfügung über ihre Arbeitskraft erlangen. Und damit sollten auch der Boden wie die Arbeit frei von bisherigen nicht-ökonomischen, nicht-sachlichen, personalen Bindungen werden. Zugleich sollten die Bauern aus der genossenschaftlichen Bindung – dem Gemeinbesitz an Wiese und Wald und dem „Flurzwang" – herausgelöst, auch hier freie Individuen werden. Die Bauernbefreiung war keine partielle Reform, das „Land" war ja die dominierende ökonomische wie soziale Wirklichkeit; sie ist die große und fundamentale Reform der Gesellschaft überhaupt, die das bürgerliche Zeitalter eröffnet. Darum müssen wir etwas ausführlicher auf sie eingehen. Dabei ist für die deutsche Geschichte dieser Vorgang in Preußen von besonderer Wichtigkeit, weil in Preußen zuerst die alte Sozialordnung durchgreifend aufgelöst worden ist, weil hier im Osten, im Gebiet der überwiegenden Gutsherrschaft, die Reform tiefer eingriff als anderswo und weil die neue Ordnung auf dem Lande für die Machtverhältnisse in Preußen und Deutschland so eminent wichtig geworden ist.

Die preußische Agrarverfassung – ihre feudalen Grundlagen wie ihre merkantilistisch-absolutistischen Einsprengsel – galt, wie die ganze überlieferte Agrarverfassung, um 1800 bei den Beamten, dem gebildeten Publikum, den Landwirtschafts„experten", ja bei einem Teil des Adels als rückständig, als „Barbarei" und „Überbleibsel eines finsteren Zeitalters" (Schön). Reform stand auf der Tagesordnung. Dafür gab es unterschiedliche Gründe und Motive. Politisch wollte die aufgeklärt absolutistische Bürokratie den Zugriff des Staates bis zum Untertan gegen alle feudalen Zwischengewalten endlich durchsetzen. Die Bauernbefreiung ist ein Stück im Kampf der Bürokratie gegen den Adel. Moralisch, im Sinne der humanitären Aufklärung und des ethischen Rigorismus Kants, sollten Menschenrecht und -würde des Bauern anerkannt werden, sollte er nicht länger Sklave und Lasttier der Gesellschaft sein und so aus seiner Rohheit und Indolenz heraustreten. „Leibeigenschaft" war moralisch absolut anstößig geworden. Aber mehr noch: im späten 18. Jahrhundert, zwischen Rousseau und Justus Möser, wurde der Bauer neubewertet, idealisiert, und dabei trat neben die naturrechtliche eine neue historische Begründung. Der Bauer, so heißt es dann von Möser bis Arndt und dem Freiherrn von Stein, vor allem im Blick auf „altgermanische" Zustände, ist das Mark der Nation, ist als freier Mann und Eigentümer der eigentliche Träger eines freiheitlichen Gemeinwesens. Hier schwingt die Kritik am Adel mit. Der Hof eines Junkers in Mecklenburg, wo die Bauern von den Gutsherren „gelegt" worden waren, liege, so bemerkte Stein 1802 ingrimmig, wie die „Höhle eines Raubtieres" in der Wüste. Der Bauer soll nicht nur Mensch sein dürfen, sondern auch Staatsbürger werden. Nur auf der Basis bäuerlicher Freiheit konnte man Staat und Gesellschaft „veredeln" und „versittlichen", darin lag das Pathos der Reform.

Ökonomisch sodann stellten schon Physiokraten und Kameralisten in Frage, ob die Agrarverfassung „zweckmäßig" für die „Wohlfahrt des Landes" sei, und zogen so das bis dahin Selbstverständliche in Zweifel. Der ökonomische Liberalismus von Adam Smith, der über den Kant-Schüler Kraus in Königsberg einen außerordentlichen Einfluß zumal auf die angehenden Beamten gewann, lehrte,

daß gerade und nur das ungehinderte Verfolgen des Eigeninteresses, und das
hieß: nur der freie Eigentümer von Boden und Arbeitskraft produktiv und effektiv sei, seine Leistungen steigere, „rationeller Landwirt" sei. Im Lichte dieser
Theorie waren auch die Frondienste – sie waren langsam und schlecht – unökonomisch gegenüber der freien Lohnarbeit; scheiterte jede produktionssteigernde
Neuerung, z. B. der Sommeranbau der „Brache", an der Festlegung von Abgaben und Diensten und am Flurzwang; verhinderte das Adelsprivileg für die Rittergüter den Zustrom des notwendigen Kredits, der Bauernschutz die Bildung
rationeller Betriebseinheiten, die Fürsorgepflicht der Herren eine rationellere
Arbeitsorganisation. In dieser Hinsicht ging es dann nicht nur um die Befreiung
der Bauern, sondern auch um die Befreiung der Herren von außerökonomischen Bindungen und um die Schaffung freier Arbeiter. England, das fortge-
schrittenste Agrarland der Zeit, wo der Großbesitz endgültig dominierte, war
ökonomisch das große Beispiel. Die Entlastung der Bauern sollte schließlich die
„Wohlfahrt" der Untertanen und die Steuerkraft des Staates fördern. „Freiheit
und Eigentum" und „rationelle Landwirtschaft" – das waren die Parolen dieser
von Absolutismus, Aufklärung und Frühliberalismus geprägten Bürokratie; Modernisierung, nicht nur des Landes, sondern der Gesellschaft – das war der Kern
der Reform.

Nun änderten sich nicht nur die Normen, sondern die Verhältnisse hatten
sich geändert. Die Großlandwirtschaft wurde kommerzialisiert und rentabili-
tätsorientiert. Die Domänenpächter wurden bürgerlich. Der schwunghafte Gü-
terhandel löste die patriarchalische Verbundenheit von Adelsfamilie und Hin-
tersassen auf und brachte – über Ausnahmegenehmigungen – bürgerliche Käufer auch in die Gruppe der Ritter; Hoheitsrechte wurden so käuflich. Die Mehrheit der Adelsfamilien verlor ihre Landbasis. Naturale Abgaben wurden in Geld
umgewandelt, auf den Domänen auch Dienste. Die Bevölkerungszunahme
machte Gesindezwangsdienst und Abzugsverbot weniger wichtig; die wachsende landlose Unterschicht stellte ein neues Problem dar. Die Rationalisierungs-
und Modernisierungsinteressen des Großbesitzes stießen sich an Bauernschutz
und Fürsorgepflicht, am Ausschluß des Adels von der Domänepacht, des Gewerbes vom Lande. Der Adel verschärfte in einer Art Adelsreaktion, von den
Gewinnaussichten angetrieben, den Druck der Dienste und Lasten über das
Herkommen hinaus. Kurz, die wirtschaftliche und die soziale Entwicklung stießen an die rechtlichen Grenzen des Systems und unterhöhlten sie. Freilich, nur
ein kleiner Teil der Gutsherren war vorerst bereit, auf Dienste und Obereigentum zu verzichten, um für sich selbst volle Entfaltungsfreiheit zu gewinnen; die
Mehrheit dachte vorkapitalistisch. Investitionen waren ein Verlust, aber Fron-
arbeit war kein Kostenfaktor.

Träger der Bauernbefreiung waren die Reformbeamten. Es waren nicht die
Bauern. Es gab mancherlei Unruhen seit der Französischen Revolution und der
Verkündung des Allgemeinen Landrechts (1794), zumal in Sachsen und Schlesien, aber sie waren eher gegen Mißbräuche, gegen verschärften Adelsdruck als
gegen das System gerichtet, oder sie nahmen die Reformankündigungen unmit-

telbar; und aus Mittel- und Westdeutschland gibt es Beispiele von Bauern, die die Befreiung, die ihnen auch herrschaftliche Leistungen entzog, ablehnten; eine Modernisierung – das war nicht die Sache der Bauern. Die Reform ist im ganzen an den Bauern vollzogen, nicht von ihnen erkämpft worden; sie waren zu lange aus der geschichtlichen Welt der forttreibenden Bewegungen ausgeschlossen gewesen.

Aber vor 1806 hat es im Rahmen dieser Tendenzen in Preußen nur „Vorreformen" gegeben, vor allem die Befreiung der Bauern auf den staatlichen Domänen (in Ostpreußen immerhin 55% der Bauern, in Schlesien freilich nur 7%), die 1807, auch weil sie wegen des Krieges eine finanzielle Last für den Staat bedeuteten, endlich abgeschlossen wurde. Schon die, wie überall in Deutschland, so auch im ostelbischen Preußen, ganz unterschiedlichen Rechts- und Besitzverhältnisse der Bauern legten ein schrittweises Vorgehen – Provinz nach Provinz – nahe; die Verhältnisse in Schlesien und in Ostpreußen oder in der Mark waren kaum über einen Kamm zu scheren (und noch heute muß man dem Vorurteil von der Einheitlichkeit Ostelbiens entgegentreten). Die Befreiung der „Privatbauern" aber kam – angesichts der Macht des Adels nicht verwunderlich – nicht voran. Erst der Zusammenbruch 1806/07 änderte die Lage. Einmal: der Staat geriet unter einen gewaltigen finanziellen Druck und mußte alle Anstrengung machen, die Einnahmen und die Produktivität zu steigern – von einer Entfesselung der Wirtschaftssubjekte erwartete man sich, auch kurzfristig, Wunderdinge. Zum anderen: jetzt war die Stunde der Reformbeamten, etwa Theodor von Schöns, endlich gekommen. Hier gehört dann auch das Individuelle in unsere Geschichte: die Person des Freiherrn von Stein und seine Ernennung zum leitenden Minister. Er hatte zunächst genügend Freiheit und genügend Durchsetzungskraft zu regieren, und – als Nicht-Preuße – genügend Distanz zur östlichen Agrarordnung. Er hat den ihm vorgelegten Entwurf für den ersten Schritt der Befreiung statt für einzelne Provinzen für den ganzen preußischen Reststaat erlassen, und er hat auf jede Befragung des Adels verzichtet: eine radikale Reform der Gesellschaft war nur als strikte Reform von oben möglich. Zehn Tage nach seiner Regierungsübernahme erging das berühmte Oktoberedikt (9. Oktober 1807), die Fanfare der Reform.

Drei Dinge sind wichtig. 1. „Mit dem Martinitage 1810 hört alle Gutsuntertänigkeit in unseren sämtlichen Staaten auf. Nach dem Martinitage 1810 gibt es nur freie Leute." Und für die Bauern mit besserem Besitzrecht trat das schon vorher in Kraft. Die Bauern wurden persönlich frei, frei, wegzuziehen oder zu heiraten; der Zwang für die Bauernkinder, der Herrschaft als Gesinde zu dienen, fiel weg. Mit dieser Freiheit wurde der Bauer erst eigentlich zum Rechtssubjekt, er wurde wirtschafts- und eigentumsfähig. Die Frage des Bodeneigentums und der Frondienste, die am Boden hingen, war noch nicht entschieden, aber hier wurde Freiheit in Aussicht gestellt – das war Verheißung und Programm. 2. Das Edikt führte die „Freiheit des Güterverkehrs" ein; jeder – Adliger, Bürgerlicher, Bauer – konnte Boden kaufen und verkaufen, frei den Boden teilen oder sich verschulden. Damit entfiel grundsätzlich auch der Bauernschutz.

Stein hatte ihn einstweilen weitgehend erhalten wollen, das Edikt und die an-
schließenden Verordnungen haben ihn aber eingeschränkt. Einziehung von
Bauernland war jetzt möglich, wenn auch an staatliche Genehmigung gebunden; gerade Kleinbauernland kam an die Güter. 3. Schließlich wurde die Freiheit der Berufswahl eingeführt; „jeder Edelmann ist ohne allen Nachteil seines
Standes befugt, bürgerliche Gewerbe zu betreiben"; Bauern waren nicht mehr
an bäuerliche, Bürger nicht mehr an bürgerliche Tätigkeiten gebunden. Freizügigkeit, freier Güterverkehr, freie Berufswahl – das löste in der Konsequenz die
ständische, die gebundene Gesellschaft, in der Geburt über die soziale Position
entschied, auf; Entschluß, Befähigung, Leistung, Mobilität rückten an deren
Stelle. Damit wurde die Gesellschaft zur Leistungs- und Berufsgesellschaft, die
Rechtsgleichheit ihrer Mitglieder wenigstens im Grundsatz eingeleitet. Diese
Rechtsgleichheit der modernen Wirtschaftsgesellschaft (die Aufhebung des
– rechtlichen – Geburtsprivilegs) ermöglichte es dann freilich gerade, daß die
ökonomische Ungleichheit des Besitzes zum schichtbildenden Prinzip wurde;
denn Leistung hing von den Chancen auf Grund von Eigentum ab. Chancengleichheit war nicht gegeben. Aus der Leistungs- und Berufsgesellschaft wurde
darum zunächst die Klassengesellschaft, und auch sie war lange Zeit noch überlagert von Resten ständisch-feudaler Schichtung.

Zu dieser neuen Gesellschaft, wie sie mit dem Oktoberedikt eingeleitet wurde, gehörten also neben der Freiheit der Person der freie Geld- und Güterverkehr, der in Aussicht gestellte freie Arbeitsmarkt und der freie Wettbewerb.
Kurz, rechtlich wurde hier der Übergang zur modernen Marktgesellschaft eingeleitet. Gerade in dieser Hinsicht ist dieser erste Akt der Bauernbefreiung eine
wirklich gesamtgesellschaftliche Revolution von oben gewesen.

Die Fortführung der Reform, die Eigentumsverleihung und die Abschaffung
der Dienste, erwies sich, wie nicht anders zu erwarten, als Problem. Die Reformer waren natürlich keine einheitliche Gruppe, die planvoll handelte; die einzelnen Beamten setzten gemäß den unterschiedlichen Motiven unterschiedliche
Akzente, verfolgten unterschiedliche Ziele: ökonomisch-fiskalistisch eine effi-
ziente Landwirtschaft, oder politisch-sozial ein starkes Bauerntum, mehr adels-
und großbesitzfreundlich oder mehr bauern- und mittelbesitzfreundlich, und
vielerlei andere, auch taktische Zwischenpositionen. Gegen die Reform erhob
sich die Opposition der Mehrheit des grundbesitzenden Adels, der Junker. Da
war einerseits die ideologische Opposition, für die der märkische Junker Friedrich August von der Marwitz Wortführer und Symbolfigur geworden ist, im
Sinne des aufkommenden romantischen Konservativismus: die Verwandlung
der personalen (herrschaftlichen) Bindungen in sachlich vertragsmäßige bringe
den Bauern in die Fesseln des anonymen Kapitals und des Wuchers („der Gläu-
biger war ein weit gestrengerer Herr als der ehemalige Gutsherr"); in die Fesseln
auch der modernen Bürokratie, denn der Staat werde nach diesem Anfang immer mehr soziales Leben regeln; die Reform führe, können wir sagen, in ein
„entfremdetes" Leben. Da war andererseits – verbreiteter und massiver – die In-
teressenopposition: „Lieber noch drei verlorene Auerstädter Schlachten als ein

Oktoberedikt" – so charakterisierte Schön diese Gruppe, die aus schlichtem Egoismus den status quo verteidigte und jede „Konzession" von hohen Kompensationen, zumal auch der Freiheit des Bauernlegens abhängig machen wollte. Die Adelsopposition war über die Landschaften, die Kreditinstitute der Ritter, über die noch verbliebenen regionalen Ständeorgane und über ihre persönlich-familiären Beziehungen leicht und schnell organisierbar. Und diese Interessen reichten natürlich auch in Regierung und Beamtentum hinein. Die Reform mußte mit dem Widerstand der bis dahin mächtigsten Schicht in Preußen rechnen.

Sachlich galt einmal, gemäß der einhelligen Rechtsüberzeugung der Zeitgenossen, die Aufhebung des gutsherrlichen Obereigentums und der Frondienste – nicht aber die Aufhebung der persönlichen Unfreiheit durch das Edikt – als Eingriff in bestehende Eigentumsrechte, als Enteignung. Die feudale Herrschaft wurde als ein System von Eigentumsrechten gedeutet. Auf dem Wege zum Rechtsstaat hatte Preußen im Allgemeinen Landrecht gerade das Eigentum garantiert; dieses Prinzip der bürgerlichen Welt kam jetzt zunächst den feudalen Rechten zugute. Enteignung war nur möglich bei Entschädigung. Darum rückte die Entschädigung ins Zentrum. Diese Entschädigung war nach der überwiegenden Meinung der Zeitgenossen kaum radikal und kurzfristig für alle gleich festzusetzen, sondern mußte nach der konkreten Lage, den überall anders gelagerten Rechten und Pflichten der Betroffenen – auch den Fürsorgepflichten der Herren gegenüber in Not geratenen Bauern, den sogenannten „Präbenden" – ermittelt und aufgerechnet werden. Das verhinderte eine schnelle und einfache Lösung. Die Revolution von oben war an die Legalität der Verfahren gebunden. Freilich, Entschädigung war ein dehnbarer Begriff; einer der Reformbeamten meinte, viele Bauern brauchten wegen der Entlastung der Herren keine Entschädigung zu leisten, andere meinten, das Obereigentum der Herren sei wenig oder gar nichts wert – und das von anderen vorgeschlagene eine Viertel des Landes Entschädigung sei darum jedenfalls zu hoch. Ob die Entschädigung in Geldrenten (wie bei den Domänenbauern) oder in Land geleistet werden sollte, war ebenso die Frage. Das andere Sachproblem, jedenfalls in den Augen der ökonomisch denkenden Reformer war, die Güter nach dem Fortfall der Frondienste mit Arbeitskräften zu versorgen, ja überhaupt die Güter als die ökonomisch rationellen und produktiven und volkswirtschaftlich für Markt und Versorgung wichtigsten Betriebe nicht zu schwächen, kurz, neben der sozialen Neuordnung der Agrargesellschaft die ökonomische Effizienz zu betonen.

Angesichts dieser Kräfteverhältnisse und Probleme entwickelte sich die Reform gleichsam abgebremst: Zugeständnisse an den Adel bestimmten den Gang, den „Preis" der Reform. Und je länger die Reform sich hinzog, desto mehr gewann der 1807 politisch und auch ökonomisch stark diskreditierte Adel wieder an Gewicht: die Reform wurde schwieriger. Der Staat tat vieles für die Gutsherren; er schützte die überschuldeten Güter vor dem infolge des Agrarpreisverfalls drohenden Bankrott; er erließ 1810 eine Gesindeordnung, die zwar gegenüber dem Landrecht einen Fortschritt darstellte, aber gegenüber der Tendenz des Oktoberedikts konservativer wirkte und die Rechte der Dienstherren gegenüber dem Gesinde, das Recht auf körperliche Strafen und das Verbot des Widerstands, rechtlich fixierte. Bei Provinzial- und Bezirksverwaltungen – etwa in Schlesien – fanden die Gutsherren, auch wenn sie die Befreiung zu verzögern und die weitere Reform zu hintertreiben suchten, viel Entgegenkommen. Erst 1811 kam es zum zweiten entscheidenden Schritt der Reform, zum sogenannten Regulierungsedikt, für die sogenannten „Lassiten", die Gutsbauern mit schlechterem Besitzrecht. Frondienste und Obereigentum und die daraus stammenden Lasten sollten – ebenso wie die Fürsorgepflichten der Herren – aufgehoben werden; die Bauern hatten den Herren dafür als Entschädigung in der Regel Land zu überlassen, bei besserem Besitzrecht: ein Drittel, bei schlechterem: die Hälfte. Damit wurde ein großer Aufrechnungsprozeß angeordnet, dessen Dauer man damals auf vier Jahre ansetzte. Am Ende sollte das freie Eigentum für alle „entfesselten Hände" stehen.

Die Bestimmungen über Art und Höhe der Entschädigung waren bei den Beteiligten heftig umstritten, und sie sind es noch bei den Historikern. Eine Entschädigung in Geld – wie man sie von den Domänenbauern gefordert hatte und wie sie viele Ritter wohl gern gesehen hätten – blieb die Ausnahme (auf Antrag und bei gegenseitigem Konsens): allein die Armut der Bauern und die Finanzmisere des Staates, der nicht einen Teil der bäuerlichen Belastung auch nur vorschießen, geschweige denn übernehmen konnte, verhinderten schon eine solche Lösung. Die Einführung einer Verschuldungsbegrenzung für bäuerlichen Besitz (25%) – eine Art pädagogischer Fürsorge für die noch marktungewohnten Bauern, im strikten Widerspruch zum sonstigen Wirtschaftsliberalismus – und der Mangel an Krediten behinderte darüber hinaus die Aufnahme von Ablösungskapitalien durch die Bauern. Ein Teil der politisch mächtigen Junker bevorzugte auch die Landentschädigung, weil die Geldentschädigung mit Risiken verbunden war. Die Vorgeschichte des Edikts zeigt, daß sich die Bestimmungen, wie sie die Beamten planten, zu ungunsten der Bauern verschlechtert haben. Der erste Entwurf, den einer der Reformbeamten, Scharnweber, angefertigt hatte, sah vor, zuerst das Eigentum zu gewähren, dann die Entschädigung zu vollziehen, und sah nur die Aufrechnung, nicht aber eine Regelentschädigung vor. Hardenberg gab den Pressionen der Opposition und einer von ihm berufenen Notabelnversammlung in manchen Stücken nach. Er sah die Agrarreform stark im Zusammenhang der Gesamtreform, der Durchsetzung des Staates gegen den Adel, 1811/12 auch im Zusammenhang der Verstaatlichung der Kreisverwaltung und der Steuerreform. Das relativierte für ihn das Gewicht der Regulierung um einiges und er rechnete mit der Macht und dem Einfluß der Junker auf den König. Auch er wollte die Bauernbefreiung, die Abschaffung der Feudalrechte, auch er wollte eine liberale Leistungs- und Wirtschaftsgesellschaft; freilich, ihm ging es mehr um Produktivität und Steuerkraft, um eine kapitalistische Landwirtschaft, um Kreditfähigkeit, um erleichterte Parzellierung als um das politisch-soziale Ziel einer möglichst breiten Schicht selbständiger Mittel- und Großbauern, das eine Reihe der Reformbeamten im Gefolge Steins anstrebte, jedenfalls im Konfliktfall. Aus diesen Gründen glaubte er, der die Führer der

Adelsopposition verhaften ließ, in der endgültigen Gestaltung des Edikts dem Adel manches und nicht Unwichtiges nachgeben zu können, ja zu müssen. Dennoch, es war primär eine Maßnahme, um die Bauern zu befreien, und nicht, um den Adel zu beruhigen, und es erregte ja auch den wilden und lautstarken Zorn der Adelsopposition.

Die begonnene Regulierung der bäuerlichen Verhältnisse nach diesem Edikt ist durch den Krieg aufgeschoben worden. 1816 wurde es durch eine „Deklaration" „erläutert", de facto zu ungunsten der Bauern verschlechtert. Der Bauernschutz fiel jetzt schon während der Regulierungsphase weg. Die nicht „spannfähigen" Bauern, Kleinbauern ohne Zugvieh, wurden ebenso wie die nach 1763, einem schlechten Jahr für das Bauerntum ingsgesamt, erst entstandenen und katastrierten Stellen von der Regulierung ausgeschlossen. Die Erwartung, in vier Jahren sei die Regulierung durchzuführen, wurde – resigniert – aufgegeben; man richtete sich darauf ein, daß die neugegründeten Sonderbehörden, die „Generalkommissionen", lange Zeit brauchen würden. Die heraufziehende Restauration, der noch wachsende Widerstand der Junker, die in jeder Reform nun das „Jakobinische" sahen, ein gewisses Maß von Opportunismus und Desinteresse bei Hardenberg, die Sorge der stärker ökonomisch orientierten Räte um die Produktivität und den Arbeitskräftebedarf des Großbesitzes – das waren die Ursachen dieser Verschlechterung. Freilich scheint es mir, angesichts der seither üblichen Klage über diese Bestimmungen, doch fraglich, ob die kleinen Stellen eine Regulierung – Landabtretung, Wegfall von herrschaftlicher Fürsorge und Bauernschutz – hätten überstehen können, ob sie lebensfähig gewesen wären, ob ihre „Regulierung" nicht auch letzten Endes dem Großbesitz zugute gekommen wäre oder ein neues Landproblem, den Landhunger von Kleinbauern, wie später in Rußland, geschaffen hätte. Auch der bauernfreundlichere Stein zielte auf große und mittlere, auf auskömmliche Bauernstellen, nicht auf Kleinbesitz: das Symbol einer neuen Agrargesellschaft war für die Reformer nicht die Hütte, sondern das Haus. Aber davon werden wir später sprechen.

1821 dann wurde die „Ablösung" der Bauern mit besseren erblichen Eigentumsrechten, die über die „Nutzungsrechte" hinausgingen, verfügt: das waren nicht nur die Bauern der – auch im Osten durchaus vorhandenen – Grundherrschaft, sondern auch ein erheblicher und oft überwiegender Teil der Bauern im Bereich der Gutsherrschaft (ca. 60% in Preußen und Brandenburg, 47% in Pommern). Frondienste wurden in Land oder Geld, andere Abgaben in Geldrenten abgelöst. Schließlich wurde die Agrarreform ergänzt durch die Separation, die Aufteilung des Gemeinbesitzes (der Gemeinheiten oder Allmenden) vor allem an Wiese und Wald (und der Weiderechte auf herrschaftlichem wie bäuerlichem Land), den Fortfall des Flurzwangs, Zusammenlegung von Fluren, Aussiedlung von Höfen etc. und die Anfänge einer Flurbereinigung. Mit der herrschaftlichen war die genossenschaftliche Agrarverfassung, die in den Augen der liberalen Ökonomen jeder intensiven Nutzung und jeder Produktivitätssteigerung entgegenstand, aufgelöst.

In den neu- oder wiedererworbenen Provinzen Posen, Westfalen und der

Rheinprovinz blieben nach 1815 die napoleonischen Gesetze (zumal die Aufhebung der persönlichen Unfreiheit) in Kraft. Die weiteren Maßnahmen richteten sich in etwa nach der gesamtstaatlichen Regelung; in Posen wurden die Bauern, zum Teil mittels des zeitweise wieder in Kraft gesetzten Bauernschutzes, stärker als sonst begünstigt, denn der Adel war hier polnisch; in der Provinz Sachsen begann die Befreiung überhaupt erst; in Schwedisch-Vorpommern, wo es kaum noch Bauern gab, verzichtete man auf weitere Maßnahmen.

Über die konkreten Ergebnisse der Bauernbefreiung werden wir später sprechen. Zunächst kann man festhalten: Preußen übernahm (wenn man von den linksrheinischen Gebieten absieht) bei der Auflösung der feudalen Agrarordnung in Deutschland eine Vorreiterfunktion. Es ist der deutsche Staat gewesen, der die moderne Eigentumsidee gegen eine tausendjährige Tradition zuerst durchgesetzt hat; gerade damit hat er an Macht gewaltig zugenommen, indirekt ist er einer der großen Gewinner der Reform. Damit siegt zugleich die individualistisch-kapitalistische Wirtschaftsweise auf dem Lande, der „Agrar-Kapitalismus" und der mit ihm gegebene Produktivitätsfortschritt. Was das Verhältnis von Bauern und Adel betraf, so war die Reform – zum guten Teil gerade, weil sie so früh erfolgte – abgebremst. Der Widerstand des Adels war zu stark, die Position der Reformbeamten, ohne Rückhalt an gesellschaftlichen Kräften, zu schwach. Zudem war der wirtschaftspolitische Glaube der Reformer an die „Wanderung des Bodens zum besten Wirt", an die freie Konkurrenz im Agrarbereich stärker als das sozial- und nationalpolitische Interesse an einem starken Bauernstand auf Kosten des Großbesitzes; daß dieses Dogma nur galt, wenn es eine annähernde Chancengleichheit am Markt gab, hat man nicht (oder nicht genügend) beachtet, wie denn überhaupt die sozialen Folgen der neuen „Freiheit" wenig bedacht waren und – wie so häufig – jenseits von Absicht und Plan sich entwickelten. Junker ohne Güter – wie der grundherrliche Adel in Altdeutschland – das wäre eine Alternative gewesen, die die politische Macht des Adels gegenüber der Bürokratie entschieden gemindert hätte, aber dergleichen war nicht nur 1816 und 1821, sondern schon 1807 irreal. Immerhin wurde Preußen nicht, wie das fortschrittliche England, ein Land des Großgrundbesitzes allein. Viel wichtiger als die Regelung der Entschädigung war das Steckenbleiben der Reform: wichtige Privilegien der Guts„herren" – Patrimonialgericht, Polizei, Kirchen- und Schulpatronat, Jagdrechte und Steuerfreiheiten – blieben entgegen den Absichten Steins und Hardenbergs erhalten; die lokal- und regionalpolitische Reduktion adliger Macht und Herrschaft, die Verstaatlichung der Kreisverwaltung, die Entstaatlichung des Adels, mißlang; damit entfiel die Basis für eine kommunalbäuerliche Selbstverwaltung. Die Reform endete mit einem Kompromiß zwischen Bürokratie und Adel. In Preußen entstand ein freies Bauerntum; aber die Macht der Rittergüter wurde unter modernen Bedingungen zugleich ökonomisch wie politisch neu konsolidiert.

Die Bauernbefreiung war, wenn auch nicht ausschließlich, so doch wesentlich an den Ideen des wirtschaftlichen Liberalismus orientiert. Das war nun für die Reformen in Preußen überhaupt besonders charakteristisch. Die Entfesselung aller produktiven, aller individuellen Kräfte, das war ein Hauptziel aller Reformer, und gerade Hardenberg hat das mit besonderer Energie vertreten. Gerichtet war das gegen alle feudalen und korporativen Bindungen des Eigentums und der Aktivität wie gegen die absolutistisch-bürokratische Lenkung und Regelung des Wirtschaftens. An Stelle beider Arten von Bindungen sollte Freiheit treten, Freiheit und freie Bahn für jeden Tüchtigen; jeder sollte aus freiem Entschluß seinen Platz im Wirtschaftsleben einnehmen und ihn nach Kräften ausfüllen. Zu dieser Freiheit gehörte die Konkurrenz, und konkret der Wegfall aller Beschränkungen der Konkurrenz. Freier Wettbewerb galt als Instrument und Bedingung, den Einzelnen zu höchsten Leistungen anzuspornen und zugleich den größten Nutzen für die Gesamtheit zu produzieren. Fortschritt war notwendig, und er war nur durch Freiheit möglich, aber Freiheit, so meinte man überwiegend, bewirkte auch nichts anderes als Fortschritt. Aufgabe des Staates war es dann – gerade im eigenen Interesse – die Wirtschaft freizusetzen und die Rahmenbedingungen dieser Freiheit festzulegen. Darum also ging es der Reform. Nach der Befreiung der Bauern, der Freigabe der Orts- und Berufswahl und des Grundstücksverkehrs war der zweite große Schritt in dieser Richtung die Einführung der Gewerbefreiheit, wie sie in Hardenbergs Gewerbeedikt (20. Oktober 1810) verkündet wurde. Monopole und Privilegien wurden aufgehoben; jedermann war nach Lösung eines Gewerbescheins ohne Befähigungsnachweis oder Konzession und ohne Zulassung einer Zunft berechtigt, ein Gewerbe zu betreiben; zwischen Stadt und Land gab es keinen Unterschied mehr; seit 1811 durfte auch jeder Gewerbetreibende Lehrlinge und Gesellen anstellen; die Zunft wurde aus einem Zwangsverband ein Privatverein. Nur bei wenigen Gewerben – Apotheker, Schornsteinfeger etc. – wurden im Interesse der öffentlichen Sicherheit weiterhin bestimmte Nachweise gefordert.

Auch die Gewerbefreiheit ist dem städtischen Bürgertum aufgezwungen und gegen eine Flut von Protesten und apokalyptischen Prognosen – Verödung der Städte oder Überfüllung mit Landproletariat, Pfuscherei und Betrug und Moralverfall – durchgesetzt worden. Die Auswirkungen waren in den Städten zunächst geringer als man angenommen hatte. Auf dem Lande waren sie, was man lange nicht beachtet hat, groß; ländliches Handwerk und handwerklicher Nebenerwerb waren eine der entscheidenden – und durchaus eingeplanten – Voraussetzungen für die Existenz der kleinen und unterbäuerlichen Schichten. Aber mittel- und langfristig hat die Gewerbefreiheit auch im ganzen für die Umgestaltung und Modernisierung der Gesellschaft und die Industrialisierung eine ganz entscheidende Bedeutung gewonnen. Sie wurde – wie die Freiheit des Heiratens – zum Palladium der liberalen Gesellschaftspolitik in Preußen, im Gegensatz zum konservativen Kurs der süddeutschen Länder.

Am Schnittpunkt von Staats- und Gesellschaftsverfassung und ihrer Reform standen Steuerverfassung und Steuerreform. Das Finanzproblem – die Aufbringung der Kontributionen – war in der Reformzeit der Angelpunkt aller konkreten Politik; Amtsübernahme und erste Amtsjahre Hardenbergs sind ganz davon bestimmt. Wir können das im einzelnen hier nicht erzählen; es ist Hardenberg jedenfalls gelungen, den Staat über Steuererhöhungen, Domänenverkäufe, Säkularisierung von geistlichem Besitz, wachsende Verschuldung zumal über Zwangsanleihen und mancherlei zweifelhafte Maßnahmen durch die Finanznöte hindurchzumanövrieren, ohne daß es zum Staatsbankrott oder zur Papiergeldinflation kam. Aus der Finanznot entsteht der Versuch Hardenbergs zu einer großen und generellen Steuerreform. Diese Reform hatte drei Ziele: 1. Vereinheitlichung der Steuern, Geltung für den ganzen Staat, alle Provinzen, Stadt und Land; 2. Vereinfachung, Ersatz zahlloser Einzelsteuern durch wenige leicht zu verwaltende Hauptsteuern; 3. steuerrechtliche Gleichbehandlung aller Bürger, de facto Abbau der adligen Steuerprivilegien. Insofern hing die Steuerreform aufs engste mit der Reform von Staat und Gesellschaft zusammen. Diese Steuerreform ist freilich nur in Ansätzen erfolgreich gewesen; in wesentlichen Stücken ist sie gescheitert. Die Verbrauchssteuern – die es bis dahin nur in den Städten gab – wurden einheitlich aufs ganze Land ausgedehnt und auf wenige Hauptartikel beschränkt; freilich ist die Regierung 1811 zunächst vor den Protesten zurückgewichen, erst 1819 wurde dieses System nun endgültig. An die Stelle zahlreicher bisheriger Abgaben trat die Gewerbesteuer, gleichmäßig für Stadt und Land und alle Stände und progressiv nach der Größe des Betriebes gestaffelt. Die Pläne zur Reform der Grundsteuer, das hieß praktisch zur gleichmäßigen Besteuerung auch des Adels, sind gescheitert; hier wich die Regierung vor dem Widerstand der Junker zurück. 1811/12 wurde, nach dem Vorpreschen einzelner Provinzen, eine einheitliche Einkommensteuer – mit gestaffelter Belastung von 1–3% – eingeführt, dazu eine einmalige Vermögenssteuer nach dem Prinzip der Selbsteinschätzung. Dagegen erhob sich Widerstand – nicht nur wegen der Steuerunlust des Adels und der besitzenden Schichten –; das Eindringen des Staates und der öffentlichen Organe in die Privat- und Freiheitssphäre – für uns Bürger des Steuerstaates eine Selbstverständlichkeit – war ja ein revolutionärer Akt. 1820 wurde die Einkommensteuer durch eine Klassensteuer ersetzt, ein Mittelding zwischen Einkommen- und Kopfsteuer; jeder wurde in eine Klasse eingestuft und zahlte dann einen festen Satz. Freilich, die Städte konnten statt dessen bei einer indirekten Steuer, der Mahl- und Schlachtsteuer, bleiben, und sie taten es auch vielfach. Insofern ist weder die steuerliche Vereinheitlichung und Integration noch die Steuergleichheit erreicht worden; über Konsum- und Klassensteuer waren die Armen verhältnismäßig stärker belastet als die Wohlhabenderen.

Ein zentrales und besonders charakteristisches Stück gerade der preußischen Reform war die Heeresreform. Politisch-soziale Verfassung und Militärverfassung stehen immer in Wechselwirkung. Das gilt für den damals entstehenden modernen Staat in besonderem Maße, denn über die allgemeine Wehrpflicht hat er wie nie zuvor in das Leben des Einzelnen eingegriffen und damit zugleich Tendenzen der nationalen Integration und der Demokratie – denn die allgemeine Wehrpflicht war ja ein demokratisches Prinzip – entbunden; das gilt zumal für Preußen, das in spezifischer Weise als Militärstaat Schicksalsland der Deutschen geworden ist.

Die preußische Reform war, wir sagten es, auf die Befreiung orientiert; darum spielte die Reform der Armee, selbst angesichts der Katastrophenlage, eine so entscheidende Rolle. Führende Offiziere bildeten eine Kerngruppe der entschiedenen Reformer, darunter gerade solche, die nicht aus dem altpreußischen Milieu, sondern aus anderen Staaten und Diensten und aus bürgerlichem Hintergrund kamen, wie der hannoversche Bauernsohn Scharnhorst, wie Gneisenau, wie Grolman. Sie gehörten mit Clausewitz und Boyen, dem einzigen Reformer aus altpreußisch-adligem Milieu, zur militärischen Reorganisationskommission, die der König 1807 einsetzte. Scharnhorst war der führende Mann, in enger Verbindung mit Stein, dem es gelang, den zögernden König wieder und wieder mitzuziehen. Ausgangspunkt der Reform war die Erfahrung von 1806. Die Armee hatte versagt, sie war den Franzosen nicht gewachsen. Das lag an der inneren Struktur; die preußische Armee erschien als Maschine, unbeweglich, ohne Selbständigkeit der einzelnen Kämpfer und Kampfverbände (im Gegensatz zur Schützen- oder Tirailleurtaktik der Franzosen), mit privilegierten Offizieren und Soldaten als willenlosen Objekten, einem harten System von Befehl und Strafe unterworfen, ein Drittel von ihnen ausländische Söldner; eine Armee schließlich, die, quasi ein Berufsheer, mit eigenen Institutionen – Polizei, Kirche, Gericht – einen Staat im Staate darstellte, isoliert von der Bürgergesellschaft, ja ob ihrer Sonderstellung und ihres Sondergeistes verhaßt, gefürchtet und verachtet bei den Bürgern. Dagegen die französische Armee der Revolution, nicht mehr Untertanen, sondern Bürger, voll innerer Motivation, voll Kampfgeist, voll patriotischen Enthusiasmus', und die allgemeine Wehrpflicht von 1792/93 hatte nicht nur schier unerschöpfliche Reserven geschaffen, sondern die Einheit von Nation und Armee, das Volk in Waffen. Eine neue, eine moderne Armee brauchte einen neuen Geist, eine neue Organisation, eine neue militärische und politische Verfassung. Die Kernidee der Heeresreformer war, die Armee auf die Kräfte der Nation, auf patriotische Motivation zu gründen und die Sonderstellung der Armee gegenüber der Gesellschaft zu beseitigen. Das hieß aber, das Verhältnis von Staat und Untertan reformieren; es komme darauf an, daß „die Regierung gleichsam mit der Nation ein Bündnis schließt", daß man „der Nation das Gefühl der Selbständigkeit einflöße" (Scharnhorst). Aus Untertanen müsse man Bürger machen, frei, unabhängig, edel, mit gleichen Rechten. Preußen müsse sich auf „den dreifachen Primat der Waffen, der Wissenschaft und der Verfassung" gründen (Gneisenau); darum gehörten Bauernbefreiung, Abschaffung der Standesprivilegien, Selbstverwaltung und Bildungsreform in den Kontext der Militärreform – all das hing miteinander zusammen, und die Heeresreform, die so dringlich vor Augen lag, konnte eine Vorreiterfunktion gewinnen; sie sollte die anderen Reformen nach sich ziehen.

Konkret ging es zuerst darum, die innere Ordnung der Armee und ihr Verhältnis zur Gesellschaft zu reformieren. Die Armee sollte 1. auf ein neues Menschenbild, die Achtung der Ehre und Menschenwürde des Soldaten gegründet und damit an das bürgerliche Rechtsempfinden angeglichen werden. Das drakonische Strafsystem der alten Armee und vor allem die Prügelstrafe wurden im wesentlichen abgeschafft. Die „Freiheit der Rücken" (Gneisenau) und eine entsprechende „innere Führung" sollten die Voraussetzung dafür schaffen, auch die Bürger in die Armee zu integrieren. Sodann 2. wurde das Offizierskorps reformiert. Es gab eine Säuberung: 17 Generale, 50 höhere, 141 niedere Offiziere wurden ausgestoßen. Wichtiger war, daß die Offizierslaufbahn für Bürgerliche geöffnet, das bis dahin geltende Adelsprivileg abgeschafft wurde. Kenntnisse, Bildung und praktische Fähigkeit, Leistung und Prüfung sollten ausschlaggebend sein; niemand sollte mehr qua Geburt zum Kriegsdienst und zum Befehlen bestimmt und geeignet sein. Es ist, schrieb Gneisenau 1808 in einer Zeitung, „dem Erleuchteten Monarchen nicht entgangen, daß alle Kräfte geweckt und jeder Kraft ein ihr angemessener Wirkungskreis gegeben werden müssen. Die Geburt gibt kein Monopol für Verdienste. Räumt man dieser zuviel Rechte ein, so schlafen im Schoße einer Nation eine Menge Kräfte unentwickelt und der aufstrebende Flügel des Genies wird durch drückende Verhältnisse gelähmt. Während dann ein Reich in seiner Schwäche und Schmach vergeht, folgt vielleicht in dem elendesten Dorfe ein Cäsar dem Pfluge und ein Epaminondas nährt sich karg vom Ertrag seiner Hände. Man greife daher zu dem einfachen und sicheren Mittel, dem Genie, wie immer es sich auch befindet, eine Laufbahn zu öffnen. Man schließe ebenfalls den Bürgerlichen die Triumphpforte auf, durch die das Vorurteil nur den Adeligen einziehen lassen will. Die neue Zeit braucht mehr als nur alte Titel und Pergamente, sie braucht frische Tat und Kraft." Gegen die damit angestrebte Verbürgerlichung des Offizierskorps setzte sich die Opposition des konservativen Adels zur Wehr: Yorck ironisierte die Sucht, nur ja keinen talentierten göttlichen Schweinehirten unbeachtet zu lassen, meinte, der Offiziers„stand" werde zum Erwerbszweig für Weltbürger, Theoretiker und Streber gemacht, ja gegenüber dem Prinzen Wilhelm: „wenn Eure Königliche Hoheit mir und meinen Kindern unsere Rechte nehmen (das Monopol auf die Offiziersstellen, die den Adel versorgten), worauf ruhen dann die Euren?" Aber der König ließ an dieser Entscheidung nicht mehr rütteln. Freilich waren die Folgen nicht so weitreichend, wie man zunächst erwartet hatte. Denn – gemäß den Ideen von Selbstverwaltung und Gemeingeist – erhielt das Offizierskorps eines Regiments das Recht, aus den geprüften Fähnrichen auszuwählen; das war eine Art Kooptation in das eigentliche Offizierskorps. Damit hatten die bisherigen Offiziere ein entscheidendes Wort; das konservierte alte und aristokratische Normen. Auch blieben, gegen den Wunsch der Reformer, adlige Kadettenschulen, wenn auch eingeschränkt, erhalten. Und kurzfristig hatte man genug Offiziere aus dem alten Korps. Sodann agierte natürlich unter dem Diktat der Rüstungsbeschränkung trotz Reinigung das alte Offizierskorps weiter – so schnell ließ sich ein neues nicht schaffen. Wie für die Aufnahme sollte auch für Beförderungen das Leistungsprinzip gelten, und nicht mehr das der Anciennität, künftig allerdings nur bei den höheren Rängen. Militärakademien sollten eine bessere Bildung der Offiziere vermitteln. Ehrengerichte sollten über einen neuen, idealisch-reformerischen Ehrenkodex einen neuen Offizierstyp schaffen; auch das freilich fand am vorhandenen Offizierskorps seine

Grenzen. 3. Die der zivilen Gesellschaft so anstößigen Vorrechte der Militär-justiz, die auch bei Beteiligung von Zivilisten zuständig war, wurden einge-schränkt; freilich blieben ihr die für das Verhältnis von Militär und Zivil emotio-nal besonders wichtigen Beleidigungssachen.

Andere Reformen sollten die Effizienz des Heeres steigern. Die Beweglich-keit wurde durch eine neue Gliederung, die Förderung der neuen Taktik des „kleinen Krieges", der Jäger und Schützenschwärme gesteigert. Vor allem wur-de die Vielheit militärischer Oberbehörden vereinheitlicht: 1809 wurde das Kriegsministerium (und eine seiner Abteilungen als Generalstab) eingerichtet. Zwar blieb das Ministerium bis zur Ernennung Boyens 1814 ohne Minister – Scharnhorst war der maßgebliche Mann –, zwar behielten die Leiter der Abtei-lungen den unmittelbaren Zugang zum König und der König die oberste Kom-mandogewalt, dennoch war die Stellung des Ministeriums zwischen König und Armee der Anfang ihrer Konstitutionalisierung.

Das A und O der Militärreform war die allgemeine Wehrpflicht. „Alle Be-wohner des Staates sind geborene Verteidiger desselben", das war die „ganz ein-fache, jedem einleuchtende Maxime". Nur dann war der Wehrdienst, so der Idealismus der Zeit, eine freudig erfüllte Pflicht und eine Ehre, nur dann konnte man die Armee auf Patriotismus gründen. An die Stelle der Unterscheidung von privilegierten und nicht-privilegierten Untertanen im bisherigen Wehrersatz-system, das ein Spiegel der ständischen Sozialordnung und der absolutistischen Wirtschafts- und Steuerverfassung gewesen war, sollte die ganze Nation treten. Das war das „sittliche Prinzip" und zugleich eine bis dahin unbekannte (und bil-ligere) Ausschöpfung der militärischen Reserven. Es gab eine Reihe von Plänen und Versuchen, z.B. das sogenannte „Krümpersystem" – vorzeitige Beurlau-bungen und Neueinstellungen –, das die Zahl der ausgebildeten Soldaten über die von Napoleon erlaubten 42 000 Mann hinaus erhöhte. Aber eingeführt wur-de die allgemeine Wehrpflicht nicht; der König zögerte aus außen- wie allge-meinpolitischen Gründen, und die politische Führung war nicht einer Meinung. Auf der einen Seite stand die konservative traditionalistische und adlige Opposi-tion: Miliz und allgemeine Wehrpflicht, Bewaffnung der Nation, das war gegen die Vorrechte des Adels und die Autorität des stehenden Heeres, war revolutio-närer Schwindel von Freiheit und Gleichheit. Auf der anderen Seite standen die Bürger und die Gebildeten selbst. Niebuhr, ein Reformer gewiß, fand die Idee „an sich so verderblich, indem bloß der Körper und nicht der Geist gezählt und der Gebildete wie der Roheste nur durch sein physisches Leben gelten", eine Ausgeburt von Schwärmern und „rohen Hauptleuten. Adieu Kultur, adieu Fi-nanzen". Vincke sprach vom „Grab der Kultur, der Wissenschaft, des Handels, der Gewerbe", der Freiheit und des Glücks, und ähnlich Altenstein; aber die be-sitzenden Bürger und Bauern fühlten ähnlich: die vorrevolutionär aufgeklärte Abneigung gegen das – unmenschliche, unproduktive, unbürgerliche – Heer schlug hier durch wie die moderne Sorge, daß der Geist der Egalität die indivi-duelle Freiheit vernichte. Die französisch-süddeutsche Lösung, hier zwischen Bürger und Soldat zu vermitteln, war sehr bürgerlich: man konnte sich vertreten

lassen, einen Stellvertreter kaufen. Die Reformer verwarfen das: das würde die
Armee der wahren moralischen Energie, der richtigen Begriffe und der Intelligenz berauben; sie wollten das Problem durch eine Verkürzung der Dienstzeit
für Gebildete und Besitzende mildern. So blieb die Entscheidung aufgeschoben.
Und die Träume und Pläne militärischer Patrioten zwischen 1808 und 1812,
Gneisenaus zumal, die nationalrevolutionären Ideen von Volkskrieg und Insur-
rektion, fanden nie die Zustimmung des Königs, das war „Poesie".

Erst in der einmaligen Situation des Krieges sind die Reformer dann zum
Zuge gekommen. Am 9. Februar 1813 wurden die Ausnahmen vom Wehrdienst
abgeschafft; damit wurde die allgemeine Wehrpflicht eingeführt. Das gebildete
und besitzende Bürgertum konnte sich statt dessen auch selbst ausrüsten und
freiwillig zu eigenen Einheiten melden. Im März wurde aus Ungedienten und
nicht Einberufenen die „Landwehr" zur Verteidigung der Heimat und als Reserve des Feldheeres gebildet; Kreisausschüsse organisierten die Aufstellung; gebildete Bürger konnten zu Offizieren gewählt werden: das war die Truppe, in
der sich die Philosophie der Reformer am stärksten realisierte, Volk und Armee
zu verbinden. Mit ihrem Wahlspruch: „Mit Gott für König und Vaterland" ist
sie in die tiefe Erinnerung der Deutschen ein Jahrhundert lang eingegangen.
Schließlich wurde der Landsturm, die totale Mobilmachung der 15- bis 60jähri-
gen, Volksaufgebot und Guerillamiliz, ohne Uniformen, mit Offizierswahlen,
auf die Strategie der verbrannten Erde ausgerichtet, organisiert. Freilich, hier
gab es bei Adel wie Städten größte Vorbehalte gegen eine solche nationalrevolutionäre, jakobinisch egalitäre Truppe des institutionalisierten patriotischen Enthusiasmus – schon im Juli wurde die totale Mobilmachung zurückgenommen
und, was vom Landsturm blieb, streng und hierarchisch diszipliniert. Obschon
die – ungeliebte – faktische allgemeine Wehrpflicht im Mai 1814 zurückgenommen wurde, ist sie unter der Federführung des Kriegsministers Boyen im September mit einem allgemeinen Wehrgesetz endgültig doch eingeführt worden.
Das war erstaunlich. Aber nun spielte die große Politik herein. Der bis dahin immer zögernde König wollte damit eine neue, größere und relativ billige Armee
schaffen, um Preußens Stellung bei den Friedensverhandlungen zu stärken.
Boyen benutzte die Situation, um seine Reform durchzusetzen. Alle Wehrfähigen (ab 20) waren dienstpflichtig und sollten – grundsätzlich – 3 Jahre im Heer
(der „Linie") dienen, dann 2 Jahre in der Reserve. Dann gehörten sie – wie auch
die Ungedienten ab 20 – zur Landwehr (ersten Aufgebots bis 32, zweiten Aufgebots bis 39) und im Falle des feindlichen Eindringens bis zum 50. Jahr zum
Landsturm. Der Kern des Konzeptes war die Landwehr – das Volk in Waffen;
sie war militärisch die Reserve des regulären Heeres, aber organisatorisch selbständig, mit eigenen Einheiten – auf der Ebene der Kreise –, eigenen Übungen,
eigenen Offizieren; sie sollte nicht militärische Sondereinheit sein, sondern
volkstümlich-bürgerlich, Teil des zivilen Lebens, getragen von der lebendigen
Anteilnahme und vom Patriotismus aller Stände. Gerade weil die „Linie" (noch)
militärischer, abgesonderter, feudaler war, sollte die Landwehr zur Vermittlung
von Bürgergeist und Soldatengeist selbständige Institution sein. Für die Gebilde-

ten und Vermögenden wurde die Möglichkeit der freiwilligen, nur einjährigen Dienstzeit eingeführt, danach hatten sie die Möglichkeit, Landwehroffiziere zu werden; das war der preußische Kompromiß zwischen Militär und individualistischer oberer Mittelschicht, letzten Endes nicht primär Vermögensprivileg, sondern Bildungsprivileg, das sehr bald an ein Bildungszertifikat, den Besuch bestimmter Schulklassen gekoppelt wurde. Militärstatus, Schulbesuch und soziale Schichtung sind darüber in die eigentümlich preußische und später preußisch-deutsche Koppelung getreten. Das Neue war, daß die Masse der Soldaten nicht mehr Berufssoldaten war; der Wehrdienst wurde ein Durchgangsstadium im Leben des einzelnen; alle traten jetzt über die Wehrpflicht, den Militäranspruch des Staates in unmittelbare Beziehung zum Staat. Nach 1815 freilich geriet die Neuordnung der Militärverfassung und gerade ihr politisch-bürgerliches Kernstück, die Landwehr, in den Strudel der Reaktion.

Fragt man nach den Wirkungen der Reform auf den Zustand der Armee 1813/15, so muß man drei gegensätzliche Feststellungen treffen. Auf der einen Seite: das Heer war auf die neue Art der Kriegsführung eingestellt, wesentlich besser geführt, zum ersten Mal spielten jetzt Generalstabsoffiziere eine wichtige Rolle; und das Heer verfügte über andere und bessere Reserven als früher, ohne die Reform hätte Preußen niemals zuletzt 280 000 Mann aufbieten können. Zum zweiten: die Masse der Armee war nicht „begeistert"; Desertion und Nichtbefolgung von Einberufung waren durchaus nicht selten; die Masse des Offizierskorps war eher altmodisch-konservativ, royalistisch und nicht nationalpatriotisch. Bei den städtischen Bürgern stieß die allgemeine Wehrpflicht noch auf starken Widerstand; die Reformer sprachen vom „Egoismus der Bürger"; auch bei der Landwehr gab es Desertionen. Schließlich: dennoch griff der Patriotismus des Befreiungs- und Freiheitskampfes, zumal in den Schichten der Gebildeten und der Jugend, auch auf Landwehr und Linie über; Arndts ‚Katechismus für den deutschen Landwehrmann' war weit verbreitet. Der Krieg gewann ein Element von National- und Volkskrieg, wenn auch die Erwartungen Arndts, der Volkskrieg werde den Kastengeist der Armee und ihre Funktion als Instrument der Tyrannen zerstören, oder seine Forderung, die nationalen Ziele müßten über der militärischen Disziplin rangieren, unerfüllt blieben. Aber die hochgestimmten Erwartungen der Gebildeten und der Jugend zumal an die Neugestaltung der deutschen Dinge gründeten in der Erfahrung des Krieges als nationalem Aufbruch. Und für die Reaktion war gerade das unheimlich; sie wollte solch revolutionäre Kräfte wieder ins Gehäuse etablierter und hierarchischer Ordnung zurückbinden.

Im Nachhinein hat man sagen können, die Reform sei gescheitert, weil die Wehrverfassung nicht auf die Miliz gegründet wurde, die Bildungsschicht Sonderprivilegien erhielt, die Linie Königsheer blieb, die Militärmonarchie erhalten blieb, ja durch die Militarisierung der Nation gestärkt worden sei. Das sind Halbwahrheiten, unhistorisch und ungerecht. Die Reform war an die Situation – an Königtum, Adel und ein bestehendes Offizierskorps, an ein wenig militärgeneigtes Bürgertum, an die Notwendigkeit einer starken Armee gebunden. Die

Reform war ein Anfang. Sie wollte das Heer modernisieren und auf die Kräfte der Nation gründen, den Militärgeist stärken und in die Nation einbinden. Das mußte die Nation mobilisieren und die Armee konstitutionalisieren: neben die Loyalität gegenüber dem Monarchen trat, noch ohne Widerspruch, die Loyalität zu Staat und Nation, zum Vaterland. Das war der demokratisch konstitutionelle, der egalitäre und partizipatorische Treibsatz der Reform; das konnte den Staat umstrukturieren – das war die Angst der Konservativen. Freilich, der Ansatz war ambivalent. Die Verbürgerlichung des Heeres konnte nicht auf einen Schlag erfolgen, und erst recht nicht eine parallele Modernisierung von Staat und Gesellschaft. Natürlich blieb auch die moderne Wehrverfassung in die monarchisch-autoritäre Ordnung eingebunden. Die nationaldemokratische Legitimation des Militärs und die demokratische „Militarisierung" der Nation konnten demokratisierende wie militarisierende Wirkungen haben; beides konnte sich, im Gegensatz zum Ansatz der Reform voneinander lösen: das neue Militär konnte sich auch gegen die bürgerliche Demokratie wenden oder konnte die Gesellschaft – mehr noch als Jakobiner und Napoleon – militarisieren. Aber das gerade war offen. Die Reform war ein Wechsel auf die Zukunft, sie eröffnete Entwicklungsmöglichkeiten, und gerade die Institution der Landwehr war eine Institution der Zukunft, eine Chance; sie war – so gewiß idealistische und illusionäre Erwartungen eine Rolle spielten – die zeitgemäße Lösung zwischen der bestehenden preußischen Monarchie und der entstehenden bürgerlichen Nation.

Ein weiterer Zentralbereich war die große Bildungsreform. Auch hier liegen die Anfänge in der Zeit des Spätabsolutismus. Die Diskussion der Aufklärung über die Verbesserung der Erziehung greift auf die Verwaltung über; die Öffentlichkeit ruft nach dem Staat; der Staat nimmt diesen Ruf auf. Daraus entsteht die sogenannte Staatspädagogik: es geht um die „Verbesserung" der Untertanen durch staatliche Erziehung, um höhere Produktivität und Steuerleistung, mehr Rationalität, größere Loyalität, geringere Kriminalität, bessere Beamtenbildung. Die Schule soll nützlich sein, nicht primär kirchlich, sondern weltlich, und sie soll mit dem Staatszweck und mit der ständischen Gliederung im Einklang stehen. Aber die Frage, welche Erziehung für welchen Stand zweckmäßig ist, führt zur Frage nach den Übergängen. Für das Talent, den begabten Abiturienten auch „niederer" Herkunft z. B., soll freie Bahn geschaffen werden, soll die Freistellung vom Militärdienst gelten; Bildung macht frei, das soll wenigstens als Ausnahmeregel gelten. Erziehung setzt eine Veränderung der auf Geburt und Stand gegründeten Gesellschaft in Gang. Dazu kommt die Tendenz, die Staatssouveränität durchzusetzen: die unendlich partikularen, lokalen, feudalen, korporativen Schulen zu verstaatlichen oder staatlich zu kontrollieren: Organisation und Finanzen, Inhalte und Abschlüsse, Lehrpersonal. Aus dem Vielerlei soll ein systematisches einheitliches Schulwesen werden; dazu gehört eine funktionsfähige Schulverwaltung und Schulaufsicht, die jetzt erst entsteht. Die kirchliche Verfügung über die Schule wird gelockert oder als staatlicher Auftrag interpretiert. Der Staat will über die Schule in ein unmittelbares Verhältnis zu den Bürgern treten.

Die Universitäten waren im späten 18. Jahrhundert im allgemeinen erstarrt und verfallen, in korporativem Zunftgeist, ständischen Privilegien und Patronage versunken; die Gelehrsamkeit und Ausbildung waren vielfach scholastisch, pedantisch, allenfalls enzyklopädisch; die Studenten, viele Ungeeignete darunter, lebten vielfach in einer grobianischen „Halbstarken"-Subkultur und moralischer Verwahrlosung, wie sie sich in Krawallen und der Terrorisierung der Bürger äußerte. Eine der wenigen Ausnahmen war Göttingen. Für das Finden und Diskutieren neuer Wahrheiten waren Akademien und Gesellschaften, Journale und Salons interessanter als die Universitäten; es ist kein Zufall, daß Lessing und Winckelmann zu ihren schärfsten Kritikern gehörten. Insofern stand eine Reform der Universitäten auf der Tagesordnung – Aufhebung der vielen Kümmeruniversitäten, Umwandlung in Fachhochschulen, staatliche Regelung der Ausbildung, nationale Neuorganisation und Verstaatlichung der chaotisch partikularen Gebilde, Disziplinierung und Modernisierung zu effektiven Institutionen.

Das war zu Beginn des Jahrhunderts die Problemlage in fast allen deutschen Ländern, und es ist erstaunlich, wie kräftig auch in der turbulenten Zeit Napoleons überall die spätaufklärerisch-bürokratischen Reformen weitergehen. In Preußen aber geht die Reform über diese Tendenzen hinaus.

Die Erneuerung von Staat und Gesellschaft setzte, wir sagten es, nach Meinung der Reformer eine neue Gesinnung, eine Erneuerung der Menschen voraus, und dazu bedurfte es einer neuen Erziehung. Insofern gewann Erziehung (und Wissenschaft) einen zentralen Stellenwert und hing mit Bauernbefreiung, allgemeiner Wehrpflicht und Verfassung aufs engste zusammen. Zugleich setzte sich eine neue Auffassung von Erziehung und Wissenschaft durch, die des Idealismus und Neuhumanismus. Auf diese für die Reformzeit wie für das Schicksal des deutschen Geistes eminent wichtige Bewegung müssen wir hier zunächst etwas näher eingehen.

Fichte hat im Anschluß an Kant die idealistische Theorie am einprägsamsten entwickelt. Der Mensch ist „Selbsttätigkeit", ist das Werk seiner selbst, Gestalter seiner Welt, autonom, frei, mündig. Erziehung muß darum zur Selbstbestimmung erziehen, nicht zur Einpassung in die Traditionswelt, nicht zum Nützlichen „abrichten", nicht primär Kenntnisse und Fertigkeiten vermitteln, sondern „Kräfte" wecken, Spontaneität und abstrahierende Einsicht, so daß der Mensch gerade in unvorhergesehenen Lagen das Sinnvolle selbsttätig wählt. Erziehung ist darum primär nicht material, sondern formal; und sie ist nicht auf Beruf und Stand bezogen: sie ist „allgemein". Ja, sie ist, bei dem Republikaner Fichte, national, ist Erziehung des ganzen Volkes. Darum übernimmt man Pestalozzi: er hat auf eigenen Wegen die Idee der Selbsttätigkeit gefunden und daraus eine praktikable Volkserziehung entwickelt; er wird zum geistigen Vater der Reform gemacht. Dazu kommen nun die Ideen des Neuhumanismus, wie sie sich auf dem Boden der deutschen Klassik entfaltet haben und zumal über Wilhelm von Humboldt in der preußischen Reform wirksam werden. Die neuhumanistische Idee der Bildung richtet sich negativ gegen die leicht trivial gewordenen Ideale der Aufklärung: Verständigkeit und Nützlichkeit, Wohlfahrt und Glückseligkeit. Im Zentrum des neuen Konzepts steht positiv die Individualität. Bildung ist die allseitige und harmonische Entfaltung der individuellen Anlagen – von innen heraus und durch Aneignung der Welt – zu einem Ganzen und Eigentümlichen, der Persönlichkeit; Individualität, Universalität, Totalität (Ganzheit) sind die Leitkategorien. Damit verwirklicht der Einzelne die Humanität, die Idee der Menschheit. Diese Bildung ist – anders als Schule – ein lebenslanger und unabschließbarer Prozeß und wird darum auch zum Selbstzweck, zu einem höchsten Wert. Wir können auch von Selbstkultivierung sprechen. Diese Bildung ist abgehoben von der Welt der Praxis, der Arbeit, der Wirtschaft, des Geldverdienens, sie bekommt etwas Esoterisches: Bildung ist nicht Ausbildung. Und diese Bildung ist nicht ungestörte Entfaltung einer ursprünglichen Natur, sondern vollzieht sich im Medium der Kultur und des Buches: in der Aneignung fremden Geistes und seiner Werke wird der eigene Geist geweckt und erzogen. Dazu gehört die – von Schiller neu gefundene – Theorie der Klassik, daß die Kunst eine fundamentale und moralische Bedeutung für das Leben habe: Kunst wird ein Teil der Bildung; die für die Mentalität der Gebildeten dann so wichtige Idee vom Dichter als Lebensführer entstammt dieser Überzeugung.

Das Ideal der vollendeten Humanität nun finden wir, das ist die spezifische Wendung, bei den Griechen. Die Römer haben das Individuum, die Christen das Natürliche unterdrückt, die Modernen sind dem Nützlichen und dem Speziellen verfallen. Demgegenüber sind die Griechen nicht nur die Gründer unserer Kultur, sondern sie verkörpern das Ideal der entfalteten Allseitigkeit. Die Beschäftigung mit dieser großen Nation in all ihren Verhältnissen ist es dann, die allein unsere „intellektuellen, moralischen und ästhetischen Seelenkräfte" allseitig übt (Friedrich August Wolf). Durch Humboldt vor allem bekommt dann das Lernen des Griechischen eine neue Bedeutung: Sprache ist die eigentliche Form der menschlichen Weltaneignung; die analytische Durchdringung einer so durchgebildeten Sprache entfaltet erst die eigene Sprachkompetenz. Nicht allein was, sondern wie die Griechen dachten: das ist entscheidend. Darum kann er dann gar sagen: „Dem Tischler kann auch Griechisch gelernt zu haben ebenso wenig unnützlich seyn, als Tische zu machen dem Gelehrten."

Die Idee der allgemeinen und formalen Bildung verbindet die scheinbar so esoterischen Neuhumanisten mit dem idealistischen Konzept der Selbsttätigkeit und dem Fichte-Pestalozzischen Programm der Volksbildung: die Neuhumanisten Humboldt und Süvern sind auch die Väter der neuen Volksschule geworden.

Schließlich gehört dazu die neue Idee der Wissenschaft, wie sie an einer Reihe von deutschen Universitäten, im Kreise der idealistischen Philosophie und der klassischen Philologie vor allem, entstanden ist und in den Debatten über die Gründung der Universität Berlin ihren klassischen Ausdruck gefunden hat. Wissenschaft wird bestimmt als 1. etwas Unabgeschlossenes, ein „noch nicht ganz Gefundenes und nie ganz Aufzufindendes" (Humboldt); es kommt in ihr auf das Suchen und Finden neuer Wahrheit und Erkenntnis an, auf Forschung also, und auch in der Übermittlung der Erkenntnis geht es nicht um die Weitergabe von Gegebenem, sondern um produktive, „selbsttätige" Reflexion auf Prinzipien. Sodann 2. Wissenschaft ist ein Ganzes; jedem Fach ist die Reflexion auf das Ganze der Welt und des Lebens, auf Sinn und Synthese und auf die Normen des Handelns vorgeordnet, und das heißt konkret auf Philosophie und klassische Humanität. Forschung und Reflexion auf das Ganze unterscheiden die Wissenschaft vom bloßen „Handwerk". Weiterhin 3. Wissenschaft ist primär Selbstzweck; ihr praktischer Nutzen, ihre Relevanz ist sekundär. Gerade das zweckfreie Suchen nach Wahrheit führt zu den wichtigsten nützlichen Erkenntnissen und dient so letzten Endes auch der Gesellschaft. 4. Wissenschaft ist an Hochschulen gebunden, Forschen an Lehren; gerade der zweckfrei forschende Umgang mit Wissenschaft und die Reflexion auf das Ganze vermitteln Bildung wie gute Ausbildung. Nur dann werden die Studenten nicht Stoffe lernen, sondern ihren Verstand, ihr selbständiges Urteil, ja ihre Individualität bilden, nur dann werden „die Geschicklichkeit, die Freiheit, die Kraft erreicht werden, die nötig sind, um jeden Beruf aus freier Neigung und um seiner selbst willen, und nicht um das Leben damit zu fristen, zu ergreifen." Bildung und Ausbildung durch reine Wissenschaft: darum geht es, und das ist ein neues Ethos, eine „normative Grundeinstimmung des Lebens" (Schelsky), auf Sachlichkeit im Umgang mit der Welt, auf das Handeln nach Ideen. Darum schließlich sind „Einsamkeit und Freiheit" (Humboldt) gegenüber den Zwängen von Staat und Gesellschaft, sozialer Herkunft und beruflicher Zukunft Lebensbedingungen der wissenschaftlichen Hochschule.

Bildung und Bildung durch Wissenschaft, das war ein neues Lebensideal. Zwei Momente sind daran hervorzuheben. Zum einen: Bildung gewann den Charakter eines Glaubens, einer säkularen Religion; von daher stammt ihr außerordentlicher Rang im Haushalt des Lebens. Dieser religiöse Zug wurde durch die Verehrung der Griechen noch gesteigert. Universität und Gymnasium werden Quasi-Tempel, die Philosophen und Philologen eine Art neue Priester und Lebensführer, die Gnade des Geistes löst die Gnade Gottes, das Wort der Griechen Sein Wort ab; die Griechenreligion verdrängt die alten Bestände: Kreuz und Sünde, Erlösung und Jenseits, und ersetzt sie durch den Glauben an das Diesseits, an die Würde, Schönheit und die Vollkommenheit des Menschen. Freilich, in der Realität der Gesellschaft und unter dem Einfluß des Idealismus ist diese achristliche Tendenz der neuen Bildungsreligion zunächst noch einmal christlich überformt worden. Zum anderen: diese Bildung hatte durchaus kontemplative, ästhetische und betont individualistische Züge; die Freiheit, die sie vermittelte, war eine geistige, innere Freiheit – gleichsam jenseits der politisch-sozialen Umstände. Solche Freiheit wird heute oft als „Flucht in die Innerlichkeit" diskreditiert. Das ist banausisch. Solche Freiheit jenseits der Politik hat ihren Sinn darin, Korrektiv zu sein gegen alle Übermacht von Politik und Gesellschaft, die über die Menschen hinweg Selbstzweck werden. Und die Wortführer und Träger dieser Bewegung haben sich ja keineswegs aus der Politik zurückgezogen, sondern sie sahen in dieser metapolitischen Bildung gerade den stärksten Antrieb zu einer neuen Politik.

Daß diese Bildungsidee um 1800 entstanden ist und sich durchgesetzt hat, bleibt ein erstaunliches Faktum – weder die Mächte des 18. Jahrhunderts: Feudalität, Absolutismus und städtisches Bürgertum, Aufklärung, Philosophie und Naturwissenschaften, noch die Schicksalslinie des 19. Jahrhunderts, die Heraufkunft der Industriegesellschaft, scheinen dazu zu passen. Es scheint beinahe wie eine autonome Entwicklung. Geistesgeschichtlich ist wichtig, daß die neue Philosophie der Zeit sich nicht mehr auf Physik und Mathematik, sondern auf Geschichte, auf Sprache und Kultur gründet; religionsgeschichtlich, daß die neue Bildung eine Antwort auf die Krise des Christentums wie die Krise der Aufklärung bietet. Am wichtigsten sind der soziale Hintergrund und die sozialen Konsequenzen. Die Idee der neuen Bildung entstammte der kleinen Schicht der Gebildeten, der Beamten und der freien Berufe, die doch, da ein starkes Wirtschaftsbürgertum fehlte, die einzige war, die neben dem Adel Führungsansprüche anmelden konnte und die im Zuge der kulturell-sozialen Differenzierung langsam in die Funktion einer sinnvermittelnden Intelligenz jenseits der Kirche aufrückte. Und die neue Bildungsidee zielte auf eine neue Gesellschaft. Sie richtete sich gegen die alte Welt der Stände und der Aristokratie: nicht Geburt, sondern Talent und Leistung sollten den sozialen Status des Menschen bestimmen; Bildung war das eigentliche Qualifikationsmerkmal, das wahre und neue Adelsprädikat, und das Griechische war dabei gegen die französische Kultur von Hof und Adel das neue Signum bürgerlicher Vornehmheit. Daß Bildung allgemein und formal sein sollte, zweckfreie Menschenbildung und nicht Ausbildung zum Beruf, bedeutete, daß sie den Menschen aus den bestehenden gesellschaftlichen Zwängen herausnehmen, ihn freimachen sollte von Herkunft und Stand, von der „Abrichtung" für einen bestimmten Beruf, der in der Wirklichkeit der Zeit doch fast immer nur der Bindung an die Geburt entsprach, freimachen sollte von den ständischen „Rollen" wie von den einseitig spezialisierten modernen Berufsrollen. Die eigentümliche Distanz der neuen Bildung zur Arbeitswelt hatte insofern einen freiheitsstiftenden Sinn. Bildung macht frei, das sollte aus einer Ausnahmeregel zur Norm werden; das sollte die Gesellschaft mobilisieren und zur Leistungsgesellschaft umformen. Bildung und Freiheit der Berufswahl standen darum in engster Wechselbeziehung. Anders gewendet: eine Bildung, die auf Selbstdenken und Selbsttätigkeit zielte, löste Autorität und Tradition durch Reflexion und Innenleitung ab, veränderte so die Gesellschaft. In diesem Sinne sollte die neue Bildung allgemeine Menschenbildung sein – „denn der gemeinste Tagelöhner und der am feinsten Ausgebildete muß in seinem Gemüt ursprünglich gleich gestimmt werden, wenn jener nicht unter der Menschenwürde roh und dieser nicht unter der Menschenkraft sentimental, chimärisch und verschroben werden soll" (Humboldt). Bildung war darum für alle da, war Nationalerziehung. Insofern wurde die neuhumanistisch-idealistische Bildungsidee keine Angelegenheit einer Luxusklasse, kein Rückfall hinter eine angeblich „demokratischere" Linie der Aufklärung, sie hatte vielmehr den moralisch-politischen Sinn, eine bürgerliche, freie Gesellschaft zu begründen und letzten Endes einen bürgerlichen Verfassungsstaat.

Aber natürlich, diese Bildungsidee war nicht egalitär. Sie zielte auf eine neue Elite des Verdienstes, eine meritokratische Elite, sie zielte auch auf eine neue staatstragende Führungsschicht, die Herrschaft der philosophisch-wissenschaftlich Gebildeten. Die Bildung sollte nach unten offen sein, aber das akademisch geschulte Beamtentum stand an der Spitze der Bildungshierarchie. Anders gewendet, die bürgerliche Leistungselite war ausgezeichnet durch zweckfreie geistige Tätigkeit, eine fast asketische Hingabe an die Bildung, losgelöst von der Praxis, dem unmittelbaren Nutzen. Das war ein soziales Ideal, das in eigentümlicher Distanz zu bürgerlich-bourgeoisen Werten stand; es war auf Wissen und Geist, nicht auf Besitz und Arbeit, Erfolg und praktische Tüchtigkeit gegründet. Bildung geschah gleichsam jenseits von Wirtschaft, Arbeit und Herrschaft; diese Distanz war ihr eingeboren. Das war gegenüber der Ständegesellschaft modern, aber zugleich auf die vorindustrielle und vorkapitalistische Gesellschaft des damaligen Deutschland bezogen. Es ist für die deutsche Geschichte von nachhaltiger Wirkung gewesen, daß diese Idee sich am Beginn des Jahrhunderts, vor dem Aufstieg der Industrie, der Technik, der Wirtschaft, des Bürgertums als Klasse so tief und dauerhaft in das deutsche Leben eingeprägt hat. Man kann natürlich nicht übersehen, daß zwischen der Idee einer durch Talent und Leistung bestimmten Gesellschaft und der Idee der gebildeten Elite Spannungen bestanden. Die Aneignung der griechischen Humanität war trotz allem unübersehbar ein Ideal der höheren Bildung. Die soziale Herkunft blieb auch weiterhin für das Bildungsschicksal des Einzelnen von wesentlicher Bedeutung; die zweckfreie Bildung setzte gute Schulen, einen kultivierten Lebensstil, Möglichkeit zur Muße voraus; nur dann konnte man z. B. das „Brotstudium" verachten. Hier lag das soziale Problem der Zukunft der Bildung.

Schließlich: das neue Bildungskonzept war auf den Staat bezogen. Der Staat sollte es durchsetzen; nur er konnte die ständische und partikulare Fesselung und Lähmung der Bildung aufbrechen und ihre Freiheit von unmittelbaren Zwecken, von den Nützlichkeitsinteressen und -forderungen der Gesellschaft herstellen und bewahren. Auf der Basis einer Selbstorganisation der Gesellschaft, an die Humboldt in jüngeren Jahren gedacht hatte, war das nicht möglich. Bildung hing mit Freiheit zusammen, aber der Staat war der Agent und der Garant der Freiheit und der Modernität. Darum wollte man die Erziehungs- und Kulturhoheit des Staates, den Schul- und Kulturstaat. Dahinter stand die ideale Annahme, der Staat schütze und fördere Bildung und Wissenschaft um ihrer selbst willen, er bewahre deren Freiheit, ohne in sie einzugreifen; die Vertreter der neuen Bildungs- und Wissenschaftsidee selbst könnten dem Staat die Normen und Inhalte vorgeben, die er dann durchsetzen werde. Denn Bildung und Wissenschaft galten als ein letzter Zweck des Staates, und zwar deshalb, weil sie den Staat auf Freiheit und Gesittung gründen und erneuern und dadurch stark machen würden. Es war das Ansinnen an den Staat, Freiheit und Bildung zu seinem eigenen Zweck zu machen, weil das in seinem eigenen Interesse liege. Staat und Bildung waren aufeinander angewiesen; der Staat diente der Bildung, und die Bildung diente – letzten Endes – dem wahren, freien, vernünftigen Staat. Das waren natürlich ideale Annahmen, die Macht wurde gleichsam spiritualisiert; aber sie waren in der konkreten Situation nicht so abwegig, in der nur der Staat Reformen durchsetzen konnte und in der die beamteten Reformer sich anschickten, diesen Staat zu ihrem Staat zu machen. Freilich, wenn Bildung und Wissenschaft Sache des Staates wurden, wurden sie auch von den Veränderungen der Machtverhältnisse im Staat abhängig. Gerade die Schule bekam über ihren eigentlichen idealen Zweck auch eine Funktion zur Herrschaftssicherung – das wurde das schulpolitische Problem des Jahrhunderts.

Die Idee der Bildungselite und die Organisation der Bildung durch den Staat verwiesen auf die Notwendigkeit, ein effektives Prüfungswesen auf- und auszubauen. Zum Nachweis der Bildungsleistung bedurfte es der Prüfung; das ist die Kehrseite der bürgerlich-humanistischen Bildungsidee. Seitdem sind Prüfungen in Deutschland zu einem für den Lebensgang des Einzelnen wie für die Schichtung der Gesellschaft entscheidenden Faktum geworden; die Verbindung von Bildung, Prüfung, Militärstatus und Amt, ja Sozialstatus wurde eine spezifisch deutsche Wirklichkeit. Von diesen Konsequenzen werden wir noch zu reden haben.

Zurück zu den preußischen Reformen. Diese Ideen waren kein preußisches Monopol, aber sie haben sich wie nirgends sonst in Preußen gebündelt und durchgesetzt. Es bleibt erstaunlich, wie die Anwälte der neuen Ideen, die Professoren und Neuhumanisten, mit den Reformbeamten zusammenwirken. Gewiß, die utopisch hochfliegenden Ideen, Menschheit und Nation durch Erziehung zu erneuern, wurden so nicht übernommen. Stein war davon überzeugt, daß Leben und Umstände den Menschen mehr bildeten als die Schule und daß man den Staat nicht auf die Schule gründen könne. Aber die neue Erziehung zur Selbsttätigkeit und zur Entfaltung von Kräften – fern vom „Abrichten" zum bloß Nützlichen und zum passiven Gehorsam –, zum Gemeinsinn, das sollte den Staat stützen, das brauchte der Staat. Humboldt, Süvern und Nicolovius wurden Ministerialbeamte, Schleiermacher einer der maßgeblichen Berater; es gab einen ständigen Konnex zwischen Verwaltung und Wissenschaft; die neuen Ideen wurden Verwaltungsgrundsätze und prägten den Neuaufbau eines modernen Bildungswesens.

Das Gymnasium wird auf der Grundlage des neuhumanistischen Programms neu begründet; die alten Lateinschulen, geistlos, vom Auswendiglernen und vom Stock geprägt, überfüllt, ohne qualifizierte Abschlüsse, finanziell ungesichert, werden aufgelöst oder reorganisiert; anstelle von 60 Lateinschulen in Ostpreußen vor der Reform gibt es 1818 noch 12 Gymnasien, und anstelle der etwa 400 Lateinschulen von 1750 gibt es 1816 im fast doppelt so großen Preußen 91 Gymnasien. Diese Gymnasien werden organisatorisch und finanziell konsolidiert. 1810 wird das Staatsexamen für die neuen Gymnasiallehrer geschaffen; damit sollen die Lehrer aus der feudalen und kommunalen Patronage befreit werden. Indem der Staat durch eine Prüfung über ihre Anstellbarkeit entscheidet, treten sie in ein unmittelbares Verhältnis zum Staat; ein neuer Berufsstand mit eigenen Standards und Karrieren wird begründet: die „Philologen", getrennt von den Theologen – ein anderes Stück Emanzipation der Schule von der Kirche. Lehrerprüfung, Modell-Lehrplan und eine erste Abiturregelung (1812) – noch nicht für jede Zulassung zur Universität, wohl aber für die der künftigen Lehrer verbindlich – normieren die Anforderungen der neuen Schule.

Im Volksschulwesen wird der Aufbau eines „flächendeckenden" Netzes finanziell konsolidierter Schulen vorangetrieben, die die Durchführung der allgemeinen Schulpflicht erst ermöglichen; und der innere Schulbetrieb wird durch die Einführung zum Teil noch der Aufklärungspädagogik, vor allem aber schon der Pestalozzi-Methoden reformiert. Die Hauptsache ist die Einführung einer neuen Lehrerbildung durch „Normalschulen" und durch neu gegründete oder umgeformte „Seminare", an die Pestalozzi-Schüler oder vom Staat zu Pestalozzi entsandte Lehrer berufen werden; der aus zufälligen und hergelaufenen Randexistenzen zusammengesetzte Stand der Lehrer, ungeschult und oft grob ungebildet, soll ein systematisch ausgebildeter Stand von Fachleuten werden, in dem gerade der reformerische Enthusiasmus von der erneuernden Umformung des Menschen seinen Ort hat. Gewiß, in den wenigen Jahren zwischen 1807 und 1813 hat sich die Realität gerade der Volksschulen noch wenig und nur sehr langsam geändert; entscheidend war, daß die Weichen für die neue Richtung gestellt waren und man im Ansatz mit ihrer Verwirklichung begann.

Die Bildungsreformer gingen von der Unterscheidung von elementarer und höherer Bildung aus; sie wollten die Schule grundsätzlich in den beiden Typen Gymnasium und Volksschule organisieren und nur in ihnen. Die Masse der Zwischenformen sollte verschwinden; sie galten als unqualifiziert und als nützlichkeitsorientiert; sie widersprachen dem klaren Aufbau eines einheitlichen nationalen Schulwesens. Freilich ganz so rigide war die Zweiteilung nicht: zu den Gymnasien sollten nach Humboldts Plan auch „Bürgerklassen" gehören, die in kürzerem Zeitraum und ohne Abitur eine vollwertige, stärker mathematisch-naturwissenschaftliche Bildung vermitteln, auf den Eintritt „ins Leben" vorbereiten sollten; insofern wurde die soziale Basis der höheren Bildung nicht, noch nicht verengt. Und es war selbstverständlich, daß städtische Volksschulen differenzierter waren als die dörflichen. Vor allem aber, Volksschule und Gymnasium waren aufeinander bezogen; sie waren in sich abgeschlossene, aber aufeinander aufbauende Schulstufen in einem einheitlichen nationalen Schulsystem. Süvern hat dieses Kernstück der Reform noch 1819 im Entwurf eines allgemeinen Schulgesetzes niedergelegt. Das Bildungssystem sollte – und konnte – die soziale Schichtung nicht aufheben, der Zugang zur höheren Bildung war nicht gleich; aber es sollte sie überlagern, ein Gegengewicht bilden; es sollte die Chancengleichheit für das Talent und eine mobilere, freiere Gesellschaft auf lange Sicht doch ermöglichen und entwickeln. Auch die höhere Bildung hatte einen solchen antizipatorischen Zug. Sie war allgemeine Menschenbildung jenseits der Berufswelt für eine Gesellschaft der Zukunft und zugleich Bildung der Staatsdiener, die jene Gesellschaft herbeiführen sollten: die Beamten waren die Vorreiter des neuen Bürgertums.

Weiter gehört zur Bildungsreform, wir sagten es, die Durchorganisation einer funktionierenden Schulverwaltung und Schulaufsicht. Ihre Spitze wurde zunächst als eigene Sektion für Unterricht und Kultus – und seit 1817 durch Abtrennung vom Innen- (und Polizei!)ministerium als eigenes Ministerium – organisiert; die Doppelung war zwar umstritten, aber sie entsprach doch der traditionellen Nähe der Bereiche und den vielfältigen personalen Verflechtungen; fast alle aufgeklärten Schul- und Schulverwaltungsmänner, zumal im Volksschulbereich, waren Theologen. Der neu eingeführten städtischen Selbstverwaltung wurde jedenfalls im Bereich der höheren Schule nur ein beschränktes Mitverwaltungsrecht eingeräumt; die Direktoren waren staatlich ernannt und hatten eine starke Stellung; der Fachverstand sollte vor lokaler Mitbestimmung rangieren. An der Spitze freilich versuchte man, die Bürokratie durch Beiräte („Deputationen") mit teils besoldeten, teils ehrenamtlichen Mitgliedern auszubalancieren; sie sollten den wissenschaftlichen Sachverstand zur Geltung bringen, ja Kritik und Reformimpuls sozusagen institutionalisieren.

Schließlich die Reform der Universität. Preußen hatte 1807 nicht nur seine westdeutschen und fränkischen Universitäten verloren, sondern auch seine Hauptuniversität Halle. Das war der Anlaß, über die Neugründung einer Universität nachzudenken. Es bleibt erstaunlich genug, daß der niedergeschlagene, halbierte, finanziell ausblutende Staat, für den es doch ums schiere Überleben ging, nicht nur Finanzen, Militär und Staat, Agrarverfassung und Städtewesen neu zu organisieren anfing, sondern gleichrangig eine neue Universität gründete. „Der Staat muß durch geistige Kraft ersetzen, was er an physischer verloren hat", erklärte der nicht eben philosophische König 1807. Humboldt und andere wandten die Sache ins Außen- und Nationalpolitische; die Universität sei „eines der vorzüglichsten Mittel, durch welches Preußen die Aufmerksamkeit und Achtung Deutschlands für sich gewinnen", die Führung in „wahrer Aufklärung" und „Geistesbildung" beanspruchen, später sagte man: moralische Eroberungen machen könne. Das war wie selbstverständlich die Überzeugung im Establishment des preußischen Militär- und Verwaltungsstaates, das ist charakteristisch für den „Geist" dieser Reform. 1810 ist die neue Universität – endgültig, vor allem aus praktisch-finanziellen Gründen, in Berlin – gegründet worden. Das war zunächst keine große Institution: je 3 theologische und juristische Professuren, 6 medizinische und 12 philosophische und 250 Studenten. Aber es war ein neuer Typ von Universität, der die institutionellen Konsequenzen aus den neuen Ideen zog und der für das ganze Jahrhundert dann exemplarisch wurde. 1. Man gründete keine Fachhochschulen, sondern hielt an der Universität fest, sie sollte die Gesamtheit der Wissenszweige vereinen; die Anwendungswissenschaften freilich (Bau-, Forst- und Bergwesen z.B., Technik, ja ein Teil der alten Kameralistik) wurden ausgeschlossen. Der vereinigende Mittelpunkt, und nicht mehr die Vorschule, sollte die „Philosophische Fakultät", Philosophie und Altertumswissenschaften vor allem, sein; sie verkörperte am reinsten die neuen Ideen und band die Ausbildungsfakultäten in sie ein, sie war das Zentrum der neuen Weltauslegung und der säkularen Sinnvermittlung. 2. Die Professoren wurden dem neuen Imperativ der Forschung und der sokratischen Lehre unterstellt, eingebunden in die philosophische Reflexion auf das Ganze. 3. Den Studenten wurde eine neue Motivation zugemutet – Neugier und Interesse an Stelle von Karriereerwartungen oder Gentlemankultur; „Brotstudium" wurde ein herabsetzender Terminus. Das Studium war frei, nicht mit dem Curriculum oder der Festsetzung von Studienjahren schulmäßig organisiert; das Leben mit der Wissenschaft, im mitforschenden Dialog mit den Meistern und im selbständigen Arbeiten – erst jetzt hatten sie freien Zugang zu den Bibliotheken –, das war ihre einzige Pflicht. Der Einzelne und die Wissenschaft, das stand im Mittelpunkt; alte oder neue gemeinschaftliche Lebensformen, nach Art des Klosters oder des englischen College, entwickelten sich nicht. Intellektualität, Wissenschaftlichkeit, darauf sollte es ankommen, nicht auf andere, vielleicht vitalere oder weltläufigere Fähigkeiten. 4. Die Universität war Staatsanstalt; der Staat organisierte, finanzierte und kontrollierte sie. Die Idee, die Universität mit eigenem Vermögen auszustatten oder gar sie sozusagen als ein Verein freier Geister zu organisieren, scheiterte aus finanziellen wie politischen Gründen. Das Modell nichtstaatlicher Hochschulen lag außerhalb bildungspolitischer Vorstellungen, das Staatsmonopol war fest etabliert; das hieß auch, daß es keine kirchliche Bestimmungsmacht mehr gab, daß die Universitäten säkulare Institutionen waren. Neben der Verwaltung der äußeren Angelegenheiten hatte der Staat die Personalhoheit; die Professoren waren Staatsbeamte, der Staat ernannte sie – für Humboldt die einzige Garantie von Freiheit und Wettbewerb gegen Zunftgeist und Nepotismus. Als Abnehmer der Absolventen schließlich hatte der Staat über staatlich kontrollierte Prüfungen Einfluß auf den Lehrbetrieb. 5. Die traditionellen Korporations- und Autonomierechte wurden zur modernen Selbstverwaltung umgestaltet; die Universität sollte ihre inneren Angelegenheiten, Forschung und Lehre, die Entscheidung über wissenschaftliche Leistungen und das Recht, Vorlesungen zu halten, selbst entscheiden und an der Ergänzung des Lehrkörpers mitwirken. Im Mit- und Gegeneinander von Staat und Selbstverwaltung entwickelte sich die neue Universität. Sie wurde schnell zum Vorbild der anderen deutschen Universitäten.

Eines der zentralen Probleme der Gesamtreform, an dem sich schließlich ihr Schicksal entschied, war das Problem der Verfassung. Im Ansatz zielten alle Reformer und alle Reformen auf eine Verfassung, auf Beteiligung der Regierten durch Repräsentanten an der politischen Willensbildung; das sollte den Staat integrieren, die Trennung von Staat und Gesellschaft, Regierung und Nation aufheben, den Staat stärken. Die Denkschriften und Debatten der Reformer sind davon erfüllt. Bei Stein spielte dabei seine Abneigung gegen Bürokratie und Zentralismus ebenso eine Rolle wie die Idee, die Nation durch Teilnahme an den Geschäften zu erziehen; die kommunale Selbstverwaltung hatte ihren Sinn eigentlich darin, die erste Stufe eines Repräsentativsystems für den Gesamtstaat zu sein; zudem griff Stein gerne auf alteuropäisch ständische Vorstellungen zurück, an die er anknüpfen wollte. Andere dachten etatistischer, weniger nationalpädagogisch und griffen weniger auf Traditionen zurück, aber auch sie wollten eine repräsentative Verfassung, um das Volk an die Verwaltung zu binden und den Staat zu stärken. Alle dachten dabei an ein gestuftes System von Repräsentativorganen, das sich von unteren Ebenen bis zu einer Nationalrepräsentation aufbauen sollte. Seit 1808 hat die Regierung mit Zustimmung des Königs immer wieder ein solches System, „welches der Nation eine wirksame Teilnahme an der Gesetzgebung zusichert", angekündigt. Ein wesentlicher Motor dabei war die Finanznot – die Fragen von Kredit und Schulden, Domänenverkauf, Zwangsanleihen und Besteuerung; sie ließen sich schwerlich ohne Teilnahme von Repräsentanten des Landes regeln. Zugleich war die Frage der Verfassung immer an den Fortgang der großen gesellschaftlichen Reformen geknüpft und in beiden Hinsichten also stark von der jeweils aktuellen Situation abhängig. Es gab darum keine einheitliche und zielgerichtete konkrete Verfassungsplanung, vielmehr nur ein Neben- und Nacheinander unterschiedlicher Experimente.

Dazu gehörte einmal der Versuch, die Behörden mit der Nation „in nähere Verbindung zu setzen", in den Bezirken jeder Regierung ständische Repräsentanten – mit Gehalt und vollem Stimmrecht – zuzuordnen, ein Verfahren, das in der alten ständischen Welt seine Vorbilder hatte. Stein wollte ein Wahlbeamtentum neben dem Berufsbeamtentum, ein Zusammenwirken von Staats- und Selbstverwaltung in kollegialen Organen; die mehr bürokratisch gesonnenen Reformer sahen darin eher ein Ventil, Unmut über die Bürokratie abzufangen. Das Experiment, nur in Königsberg wirklich durchgeführt, ist gescheitert und wurde 1812 aufgegeben; aber noch bei der Reform der Kreisverwaltung spielten solche Ideen, wie wir gesehen haben, eine Rolle. Zum zweiten hat man versucht, Regional- oder Provinzialstände wieder zu beleben oder neu zu schaffen; ohne sie schienen die Finanz- und Steuerfragen – die Kontribution war auf die Provinzen umgelegt – nicht lösbar. In Ostpreußen schien das Experiment, bei dem auch Bürger und Bauern zugezogen wurden, 1808 zu gelingen, aber dann erwiesen sich diese Gremien als Bastionen der junkerlichen Gegnerschaft gegen die Reformen, z. B. gegen die Zulassung der Bauern wie gegen eine Einkommensteuer. Die Mehrheit der Reformbeamten sah 1810 in solchen Ständeorganen eine Blockade der Reformen und tendierte dahin, die Verfassungsfrage überhaupt zu vertagen. Hardenberg schlug einen anderen, dritten Weg ein. Schon Stein hatte im Herbst 1808 Entwürfe zur Einberufung eines Reichstags erarbeiten lassen; zeitweise wollten er und andere entschiedene Reformer den Pariser Unterwerfungsvertrag, also eine grundlegende außenpolitische Frage, einer solchen Versammlung zur Entscheidung vorlegen. Nach seinem Sturz wurden solche Pläne vertagt, nun griff Hardenberg darauf zurück. Er berief im Februar 1811 – einstweilen provisorisch – eine „Notabelnversammlung" ein. Er wollte den „Nationalismus" einer gesamtstaatlichen Versammlung gegen den Provinzialismus der alten Organe mobilisieren, er wollte die provinzialen Schulden nationalisieren und auch so ein Nationalinteresse begründen; er appellierte an eine nationale Solidarität; die Versammelten sollten sich als Bürger eines Staates betrachten, in dem die Gleichheit der Lasten wie die Gleichheit der Gesetze gelten müsse, und in den Provinzen das Vertrauen zur Regierung begründen und fördern. Diese Politik hatte nur halben Erfolg. Die Versammlung sollte nur über vorher bestimmte Themen beraten und nur über die Modalitäten der Regierungsentwürfe; in Hardenbergs Augen erwies sie sich noch immer eher als Vertretung der regionalen und auch ständischen Interessen und nicht des „Gemeingeistes", aber er konnte sich ihren Bedenken nicht entziehen und kam einigermaßen mit ihr aus. Als sie im September 1811 auseinanderging, wurde eine neue „interimistische" Nationalrepräsentation angekündigt. Gegen diese Politik mit der Notabelnversammlung erhob sich nun die Opposition der alten Stände. Verfassungs- und Finanzreform, so ihre These, könnten nur über Vereinbarungen mit den einzelnen Provinzialständen wirksam werden. Ihr herausragender Sprecher war der märkische Junker Friedrich August von der Marwitz. Sie verteidigten das „alte Recht", die Autonomie der alten Landesteile; Hardenbergs Politik breche das Recht und die Heiligkeit der Verträge und verletze das Eigentum, ja löse den Staat auf und bringe Unheil über das Land; sie beklagten die Gleichmachung der Stände und die Mobilisierung des Bodens – zugunsten der Juden und des Kapitals (‚Letzte Vorstellung der Stände des Kreises Lebus'). In Rechtsverwahrungen an den König verkündeten sie gar ein Widerstandsrecht. Hardenberg ließ zwei der Wortführer, Marwitz und Finckenstein, verhaften und fünf Wochen auf Festung setzen, ohne daß der übrige Adel protestierte; der Mehrheit der Junker freilich ging es weniger um konservative Grundsätze als um die egoistische Verteidigung ihrer Privilegien.

Im April 1812 trat die neue interimistische Nationalversammlung zur Regulierung der Schulden und des Staatskredits zusammen. Die Abgeordneten hatten ein „freies Mandat", sie waren ausdrücklich von den bisher üblichen Weisungen der Wähler entbunden; das sollte sie von den partikularen Interessen lösen. Aber sie waren noch nach Adel, Bürgern und Bauern zusammengesetzt, das modernstaatsbürgerliche Repräsentationsprinzip war vom Ständischen noch nicht klar unterschieden; hier gab es auch in allen Vorentwürfen viele Mischformen. Stein z.B. wollte verhindern, daß die bäuerlichen oder bürgerlichen Grundbesitzer Männer anderer Stände, Advokaten etwa, wählten; das hätte seiner Absicht, den praktischen Sinn zur Geltung kommen zu lassen, widersprochen. Daß Eigentum und Grundbesitz Voraussetzung des Wahlrechts waren, war der Zeit weitgehend selbstverständlich. Die Zuständigkeit der Versammlung blieb unklar, und Hardenberg konnte sie auch nicht als Druckmittel für seine Politik benutzen, da sie gegen die Kreisordnung eingestellt war; er regierte mit seinen wesentlichen Gesetzen an der Versammlung vorbei. Immerhin kam es dann dazu, daß ihr Präsident mit einigen Vertrauten Hardenbergs eine Art Verfassungsgesetz über Wahl und Zuständigkeit einer künftigen Nationalversammlung ausarbeitete. Ehe die Versammlung 1815 aufgelöst wurde, hatte Hardenberg beim König eine Verordnung erreicht (22. Mai 1815), die erneut eine Verfassung versprach und für September die Berufung eines auf Provinzialständen gegründeten allgemeinen Landtags vorsah. Dazu ist es bekanntlich nicht gekommen. Die Auflösung der interimistischen Versammlung, ehe sie einen definitiven Nachfolger hatte, erwies sich für die Verfassungsfrage als Verhängnis.

Bei Hardenbergs Verfassungspolitik spielte sicherlich viel, zumal finanzpolitische Taktik eine Rolle. Er wollte gewiß kein Parlament, dem die Regierung in irgendeiner Form verantwortlich war. Seine Verfassungsidee war in seinen bürokratischen Etatismus eingefügt und insofern begrenzt. Aber es ging ihm um mehr als einen napoleonischen Scheinkonstitutionalismus. Ohne Teilnahme der höheren und mittleren Schichten der Nation schien ihm nach 1789 Regierung nicht mehr möglich; er wollte eine Repräsentation, die die Regierung beraten und unterstützen, die Verwaltung kontrollieren sollte und ihre Resonanz in der Öffentlichkeit verbreiten und die Integration des Gesamtstaates gegen den Sondergeist der Regionen verstärken sollte. Auch der Rekurs auf die Provinzen hatte bei ihm einen modernen Sinn; er wollte neue Provinzen und neue Provinzialorgane, die die Vorrechte des Adels einschränkten, eine antipreußische Opposition verhinderten, die Provinzen in sich und in den Gesamtstaat integrierten. Insofern waren die Ankündigungen und Versprechen von Nationalversammlung und Verfassung 1810 und 1815 durchaus ernst gemeint. Aber die Durchsetzung der Reform von Staat und Gesellschaft hatte sachlich wie zeitlich Vorrang vor der Verfassung. Zuletzt ging Hardenbergs Kampf mit der Opposition um alle Kernbereiche der Reform: die Steuern, die Agrarreform und die Kreisordnung, und gerade darum auch um die Verfassung. Dahinter steht, unabhängig von Hardenbergs Motiven und Absichten, eine tragische Dialektik der Reform. Die Verfassung setzte eine bürgerliche und gesamtstaatliche Gesellschaft voraus, nicht mehr ständisch und nicht mehr partikular, aber diese Gesellschaft mußte erst geschaffen werden; sie war eine antizipierte Gesellschaft, eine Gesellschaft der Zukunft. Insofern schien der Weg zu einer solchen Gesellschaft und zur Teilnahme der Nation an der Politik gerade der einer bürokratischen Erziehungsdiktatur. Mit den Repräsentanten der alten Gesellschaft konnte man die Politik der Modernisierung nicht vorantreiben, ja sie erwiesen sich als Hindernis. Aber ohne sie konnte man aus finanz- wie nationalpolitischen Gründen nicht auskommen. Das war das Dilemma. Man war auf sie angewiesen – und zugleich sollten ihnen doch ihre Privilegien genommen werden. Die ständische Wirklichkeit der Gesellschaft hatte zur Folge, daß jede Repräsentation mit Macht und Einfluß den Fortgang der Reform und den Abbau der adligen Privilegien wie der partikularen Sonderrechte – Agrar-, Steuer-, Kreis- und Gemeindereform vor allem – blockierte. Darum blieben die Versuche mit Repräsentativorganen dosiert und gehemmt; Wirtschaft und Verwaltung sollten zuerst reformiert werden. Als die Reformer realisierten, daß Repräsentation nicht unmittelbar der Abstützung der Reform zugute kam, wurde ihr Interesse geringer. Aber die Finanznot verwies auf die Stände und gab den konservativ-restaurativen Kräften gerade in den Provinzen stärkeres Gewicht. Weil man zudem vieles erprobte und vieles in der Schwebe ließ und ganz radikale Maßnahmen scheute, bekam die Opposition die Möglichkeit, die Reformen in einem dauernden Kleinkrieg abzuschwächen oder gar zu Fall zu bringen. Noch einmal anders gewendet: die Reform war der Versuch der Bürokratie, sich gegen die Feudalität durchzusetzen, den Staat zum Staat der Bürokratie umzuformen und die Gesellschaft zu modernisieren. Der Adel aber war noch ein bestimmender Teil der Gesellschaft. Seine Teilhabe an den zentralen politischen Entscheidungen mußte, obwohl sie zu den Zielen der Reform gehörte, die Reform erschweren. Die Modernität der gesellschafts- und staatspolitischen Zielsetzung stand im Gegensatz zu einer modernen Verfassungspolitik; deshalb kam es bis 1815 noch zu keinen endgültigen Entscheidungen.

b) Die rheinbündischen Reformen

Auch die Rheinbundstaaten sind wie Preußen im Zeitalter Napoleons in einen beschleunigten Prozeß der Modernisierung von Staat und Gesellschaft eingetreten; es ist die Periode der großen Reformen. Wie für Preußen, so galten auch hier besondere Bedingungen, die das allgemeine Problem der Zeit spezifisch ausprägten. Das war zum einen der unmittelbare Einfluß Napoleons: er wollte durch die cäsaristisch gezähmten Errungenschaften der Revolution die inneren Verhältnisse und den Zusammenhang seines Imperiums konsolidieren und das finanzielle und militärische Machtpotential stärken. Im Konfliktfall hatte das unmittelbare Macht- und Ausbeutungsinteresse, z. B. die Ausstattung des französischen Militäradels mit Landgütern aus den Domänen eroberter deutscher Länder, zumal Westfalens, klare Priorität vor allen freiheitsbegründenden Reformen; hier war nicht nur ein Widerspruch, hier war eine klare Grenze. Neben dem Anstoß von außen stehen die inneren Antriebskräfte der Reform. Die süd- und westdeutschen Staaten waren anders als Preußen „neu"; sie mußten nach Säkularisierung und Mediatisierung aus zahllosen kleinen und größeren Herrschaftsgebieten mit eigenen und ganz unterschiedlichen politischen und rechtlichen und konfessionellen Traditionen, aus Kernland und Neuerwerbungen, einen Staat schaffen, den Staat integrieren. Baden hatte sich etwa vervierfacht, Württemberg verdoppelt, das neue Bayern umfaßte etwa 80 bisher selbständige Gebiete. Die süddeutschen Länder wurden konfessionell paritätisch; Baden mit einer protestantischen Dynastie hatte gar zwei Drittel katholische Einwohner. Die neuen Staaten hatten die Landkarte revolutioniert und mußten das nun mit Leben erfüllen. Zugleich mußten sie die Staatsmacht konzentrieren, die Staatssouveränität gegen das Gewirr feudaler, kirchlicher, kommunaler und korporativer Privilegien und Immunitäten durchsetzen; sie mußten zum guten Teil zentralisierende und bürokratisierende Reformen mindestens des späten Absolutismus nachholen; gerade die Territorialtrümmer des alten Reiches kamen erst jetzt in Bezug zum modernen bürokratischen Staat. Nur dann konnten sie im rauhem Wind der großen Politik überleben, Steuern und Soldaten aufbringen. Auch in diesen Staaten spielt der Finanzdruck eine wichtige Rolle, wenn auch nicht als ständige Katastrophendrohung wie in Preußen; immerhin wuchs die Verschuldung überall stark an, in Württemberg zwischen 1806 und 1819 von 15 auf 22 Millionen Gulden, in Baden (bis 1818) von 8 auf 18, in Bayern betrugen die Schulden 1811 118 Millionen Gulden; überall lagen sie weit über den jährlichen Staatseinnahmen. Das Problem der Integration, Neuformierung der erwei-

terten Territorien zum Staat, war nun kaum so zu lösen, daß man die Rechts-
und Verwaltungsordnung des Kernlandes auf die neuen Gebiete ausdehnte; das
hätte gewaltige Widerstände ausgelöst. Vielmehr war eine gänzliche Neuordnung, der Bruch mit dem Bestehenden und gerade nicht eine „organische" Fortbildung das Tunliche – gerade deshalb haben die rheinbündischen Reformen einen rational-konstruktiven Charakter, gerade deshalb wurden sie mit einer fast
rücksichtslosen Energie durchgesetzt. Die Staaten waren neu und insofern revolutionär, und ebenso die Ansprüche Napoleons – das machte den revolutionären
scharfen Wind gegen alle etablierten Mächte gerade möglich.

Der Geist dieser Reformen war zunächst der des aufgeklärten Absolutismus;
dessen Impetus war hier, wo er sich nicht voll hatte durchsetzen können, wo es
noch keine Erstarrung eines vollendeten Absolutismus, noch kein Altern aufgeklärter Überzeugungen und keinen tieferen Zweifel an ihnen gab, noch ungebrochen, die von Kant und den frühen Idealisten bestimmte Philosophie der
preußischen Reformen mit ihren antiabsolutistischen und antirationalistischen,
ihren modernen und traditionalistischen Zügen stand hier nicht auf der Tagesordnung und war nicht gefragt. Der Glaube an die rationale Planung und
Durchdringung, an Staatsräson und allgemeine Wohlfahrt, der Optimismus des
Machen- und Neumachenkönnens prägte die Reformen noch im Geiste des
18. Jahrhunderts. Was moderner an den rheinbündischen Reformen war, war
die Übernahme der obrigkeitlich gezähmten Ideen von 1789, der Idee, den
neuen Staat auf der Emanzipation gleicher und freier Individuen und Eigentümer in einer bürgerlichen Gesellschaft aufzubauen. Diese Ideen, bei den Reformbeamten unterschiedlich ausgeprägt, standen freilich auch in Spannung zu
den bürokratisch-absolutistischen Zielen und Mitteln der Reformen. Durchsetzung des Staates gegen das Ancien Régime und Grundlegung einer bürgerlichen
Gesellschaft, ein Stück Gleichheit und ein Stück Freiheit der Untertanen, das
gehörte zusammen, aber das machte auch die Dialektik der Reformen aus. Im
Konfliktfall hatte die administrative Integration, die obrigkeitliche Zentralisierung, kurz, der etatistisch-bürokratische Zug Vorrang vor der liberalen Modernisierung der Gesellschaft, vor einer Mobilisierung der Nation und ihrer Teilhabe am Staat. Die gesellschaftlichen Errungenschaften der Revolution sollten
eingebaut bleiben in das modernisierte Herrschaftssystem.

Auch die süd- und westdeutschen Reformen schließlich waren Reformen der
Bürokratie, insofern eine Etappe im Machtkampf der Bürokratie mit der Feudalität. Dabei spielen bürgerliche Beamte, oft später geadelt, und auswärtige, wie
die Pfälzer in Bayern, die Franzosen in den Staaten der Napoleoniden, eine besondere Rolle; die Neukommer vor allem waren die Beweger und Macher, die
die alte Ordnung umstürzten. Aber anders als in Preußen mußten die Reformer
das Korps einer effektiven Bürokratie oft erst eigentlich aufbauen oder doch an
die neuen Größenverhältnisse anpassen.

Das erste Hauptstück aller Reformen war die Neuorganisation einer einheitlichen und effektiven Verwaltung und die Durchsetzung der Staatssouveränität
durch diese Verwaltung. Überall wurden neue Verwaltungsbezirke gebildet,

geographisch in der Größe ähnlich, künstlich gegenüber vielen alten Regional-
bezirken; man schuf zwischen Gemeinden und den ministeriellen Zentralen eine
untere und eine mittlere Ebene, Kreise und Regierungsbezirke nach unserem
Sprachgebrauch (die Chefs der Mittelbehörden hießen in Baden Kreisdirekto-
ren, in Bayern Generalkommissare, in Württemberg Landvögte). Die Verwaltung war einheitlich; konkurrierende Behörden wurden abgeschafft; Kompetenzen wurden rational und klar abgegrenzt. Die Verwaltung war hierarchisch
und straff organisiert; Weisungsgebundenheit und klare Verantwortung bestimmten jede Position; die Mittelbehörden unterstanden relativ selbständigen
Beamten mit der Macht französischer Präfekten; die Unterbehörden waren
mehr ausführende Organe. Es gab keine Kollegialorgane wie in Preußen, sondern es herrschte das bürokratisch-direktoriale Prinzip der Ein-Mann-Entschei-
dung. Die ständisch-korporative Selbstverwaltung in den Kommunen wurde abgeschafft, die Gemeindeverwaltung verstaatlicht, die Bürgermeister wurden
staatlich eingesetzt. Diese Verwaltung war mit umfassenden Kompetenzen ausgestattet: sie hat die Fülle der feudalen und kirchlichen, kommunalen und korporativen und der unterschiedlichen territorialen Sonderverwaltungen und
-kompetenzen, die Privilegien und Immunitäten aufgehoben und an ihre Stelle
die einheitliche staatliche Regelung oder Beaufsichtigung aller als öffentlich geltenden Angelegenheiten – Heirat, Zuzug, Bürgerrecht, Gewerbe, Schule,
Wohlfahrt, Kirchen, Abgabenwesen etc. – durchgesetzt. Überall entstand aus
der Menge alter Territorien und Rechtssphären ein moderner zentralistischer
Einheitsstaat. Wie nie zuvor griff jetzt der Staat unmittelbar und ohne Zwischengewalten in alle Lebensbereiche und alle Lebensabläufe ein, und zwar eben
als Verwaltung. Das war eine grundstürzend neue Erfahrung für jeden Untertan.

Dazu gehörte auch der Aufbau und die Vereinheitlichung der modernen, rational arbeitenden Sonderverwaltungen, von Schule und Kirche, Zöllen und
Steuern etc., und deren Modernisierungsmaßnahmen; in Bayern z. B. leitete die
neu organisierte Steuerverwaltung die neue Veranlagung zur Grundsteuer und
darum das große Werk der Landvermessung ein; hier ist auch am frühesten die
Einheitlichkeit des Staates als Zollgebiet durchgesetzt worden. Das Schulwesen
wurde im Zuge der Verstaatlichung reorganisiert, freilich waren Impetus und
Energie hier geringer als in Preußen; die politisch-soziale Funktion der Bildung
wurde vornehmlich im Sinne der späten Aufklärung verstanden; das idealistisch-
neuhumanistische Bildungskonzept klang eher stellenweise, etwa bei der bayerischen Gymnasialreform, an. Auch die Reorganisation einiger Universitäten –
Heidelberg, Würzburg, Landshut – war eine modernisierende Reform, blieb
aber noch im Vorfeld des Humboldtschen Wissenschaftskonzepts. Die Militärverfassung schließlich richtete sich nach französischem Vorbild und knüpfte an
die Regeln des 18. Jahrhunderts an: Konskription und lange Dienstzeiten zum
einen, die Möglichkeit der bürgerlich gebildeten Schicht, sich vor allem durch
Stellung eines Ersatzmannes freizukaufen zum anderen. Anders als in Preußen
gingen von diesem System und seinen Verwaltern keine wesentlichen Anstöße
zur Gesamtreform aus.

Zu diesen Reformen gehörte auch, am deutlichsten in Bayern, daß die Rechte
und Pflichten der Träger des neuen Staates, der Beamten, genau, einschließlich
Ausbildung, Prüfung und Besoldung, festgelegt wurden, in Bayern schon 1805
durch die sogenannte „Dienstpragmatik"; das war im Verwaltungsstaat schon
ein Element von grundgesetzlicher Bedeutung.

Zu der Verwaltungsreform gehörte weiter die Reform der Gerichtsverfas-
sung, die rationale Organisation der Gerichte und des Instanzenzugs. Justiz und
Verwaltung wurden, bei Ober- und Mittelbehörden zumindest, voneinander
getrennt; die Justiz wurde „unabhängig", die Bindung an das Gesetz und die
Unabsetzbarkeit der Richter wurden ausdrücklich oder unausdrücklich die
Normen des neuen Gesetzesstaates. In einigen Ländern wurde auch das Recht,
zumal durch die Übernahme des Code Napoléon (Westfalen, Berg) oder einer
modifizierten Fassung wie in Baden und Frankfurt, vereinheitlicht und reformiert; in anderen Ländern blieb das stecken, so in Bayern; hier ist aber die Reform des Strafrechts durch ein einheitliches neues Gesetzbuch epochemachend
gewesen.

Der Staat hat durch Verwaltung und Rechtssetzung seine volle Souveränität
durchgesetzt, durch bürokratische Herrschaft Land und Bevölkerung einheitlich organisiert. Es entsteht der rechtlich einheitliche Verband von Staatsunter-
tanen. Mit dieser Unterwerfung unter den einheitlichen bürokratisch-obrigkeitlichen Staat ist verbunden die Vernichtung der korporativ-ständischen Freiheiten und Privilegien, das heißt aber auch die Befreiung oder Emanzipation des
Einzelnen von den korporativ-ständischen Bindungen und den partikularen Gewalten. Die Verstaatlichung aller öffentlichen Angelegenheiten durch den
Obrigkeitsstaat entbindet zugleich ein gutes Stück individueller Freiheit. Das gilt
vor allem deshalb und ist mehr als Ersatz einer Herrschaft durch eine andere,
weil die neue Staats- und Rechtsordnung in den rheinbündischen Reformstaaten das staatliche Handeln an Gesetze und gesetzliche Verfahren bindet und
weil, jedenfalls im Grundsatz, die Gleichheit des Untertanen vor dem Gesetz,
die Gleichheit der Besteuerung, die Gleichheit des Zugangs zu Ämtern und die
Garantie von Sicherheit und Eigentum für jeden gelten sollten.

Zur Verwaltungsreform gehörte die Regierungsreform. Wie in Preußen wurde der Wirrwarr von Oberbehörden und unklaren Kompetenzen durch Ressort-
ministerien mit klarer Verantwortung abgelöst. Zu kollegialen Regierungen
kam es nicht; in Bayern und Baden kann man eher vom ministeriellen Absolutismus von Montgelas und Reitzenstein sprechen. Mit der neuen Regierungsorganisation änderte sich das Verhältnis von Regierung und Monarch; das Kabinettssystem wurde abgeschafft, die Rolle der unverantwortlichen Berater des
Monarchen wesentlich eingeschränkt. Das Zusammenwirken von Monarch und
Minister, bei Gesetzen und Verordnungen das Prinzip der „Gegenzeichnung",
wurde, außer im absolutistischen Württemberg, üblich. Der Staat wurde versachlicht: aus den Ländern des Fürsten, eine Art Fideikommiß, wurde jetzt ein
moderner Staat. In Finanz- und Eigentumsangelegenheiten wurde – wiederum
nicht in Württemberg – zwischen Dynastie und Staat unterschieden; man kann

von einer Überordnung des Staates über den Fürsten sprechen; der Monarch wurde zum Funktionär der Monarchie. Die gerade in dieser Zeit auffallende Verbürgerlichung des Lebensstils der Monarchen ist eine Parallelerscheinung zu dieser Verfassungsverschiebung.

Ganz wichtig sind die Reformen der Religions- und Kirchenverfassung. Alle Staaten hatten jetzt Untertanen verschiedener Konfession; in Baden und Württemberg kamen große katholische Bevölkerungsteile unter protestantische Monarchen (und eine protestantische Beamtenschaft), in Baden sogar eine Mehrheit von zwei Dritteln, und in Bayern traten wiederum die protestantischen Reichsstädter und Franken in einen Staat katholischer Tradition. Überall wurde die Toleranz eingeführt und vielfach auch die Gleichberechtigung, die Parität der Konfessionen, bei der Zulassung zu Ämtern, der Niederlassungsfreiheit oder der Einrichtung von protestantischen Kirchen in katholischen Städten wie in München, katholischen in protestantischen Städten. Die Verwandlung des so protestantischen Altwürttemberg und des so katholischen Altbayern in moderne paritätische Staaten ist besonders charakteristisch. Im Sinne der Staatssouveränität (und des Spätabsolutismus) tendierte der Staat dahin, kirchlich dominierte Einrichtungen wie Schulen, Gymnasien und Universitäten oder das Armen- und Fürsorgewesen zu verstaatlichen, wenn da auch vieles wie im Bereich der Volksschule mehr Programm blieb als Wirklichkeit wurde. Neben dem Prinzip der Parität stand die staatliche Kirchenhoheit. Die Kirchen sollten als Mächte, die doch das soziale Leben und den sozialen Frieden noch prägten und trugen, den Grundsätzen des neuen Staates unterworfen werden. Überall wurde die Aufsicht über die Kirchen straff angezogen, die Wahrnehmung staatlicher Hoheitsrechte verschärft. Die Sonderrechte der Geistlichkeit wurden im Sinne der allgemeinen Rechtsgleichheit aufgehoben. Der Staat nahm erheblichen Einfluß auf die Besetzung geistlicher Stellen, zumal im Bereich des Katholizismus auf die Bischofsstellen; Geistliche konnten gegen kirchliche Entscheidungen an den Staat appellieren. Hinsichtlich der Ehe wurde zum Teil eine zivile Eheordnung neben der kirchlichen eingeführt, vor allem für konfessionsgemischte Ehen, für die Frage der Konfession der Kinder und die Scheidung; die Ausbildung der Geistlichen galt als Staatssache; die Finanzen der Kirche wurden staatlich geordnet; kirchliche Anordnungen waren genehmigungspflichtig. Kurz, die Kirche regierte sich nicht selbst, sondern wurde vom Staat über eine eigene Kirchenverwaltung und einen zuständigen Minister regiert. Ja, der Staat wollte die Kirche auch im eigentlich Kirchlichen für seine Zwecke in Dienst nehmen; die Kirche war ein Institut der Volkserziehung; die Geistlichen, „religiöse Volkslehrer" oder „Offiziere der Moral", waren eigentlich Staatsbeamte. Im Interesse des Friedens sollten radikal konfessionalistische Positionen – Mystizismus und Fanatismus, wie man sagte – ausgeschaltet werden. In Bayern und zum Teil in Württemberg war das begleitet vom spätaufklärerischen Kampf gegen „Mißstände" – gegen Wallfahrten, Prozessionen und Bittgänge; der Staat entschied über Zahl und Zeit von Gottesdiensten und Prozessionen, verbot, bei Gewitter zu läuten, Weihnachtskrippen aufzustellen, über Wunder zu predigen. In Württemberg wurde den Pfarrern Bart- und Haartracht vorgeschrieben; gegen die „Pest" des Pietismus führte der König eine neue Liturgie ein, rationalistisch und orthodox gemischt, in der der Teufel nicht mehr vorkommen durfte. Kurz, die Kirche war politisch der obrigkeitlich aufgeklärten Staatsräson unterworfen, sie war ein Instrument zur Schaffung einer einheitlichen Staatsgesellschaft.

Aber am wichtigsten war der große Vorgang der Säkularisierung. 1803 waren, wir haben es erzählt, die alten geistlichen Herrschaftsgebiete von den neuen Staaten säkularisiert worden, aber sie übernahmen nicht nur deren Hoheitsrechte, sondern auch deren Kirchengut. Gleichzeitig wurden sie ermächtigt, auch die Vermögenswerte aller anderen geistlichen Institutionen, die nicht reichsunmittelbar, sondern immer schon den Territorialstaaten unterstellt gewesen waren, zu säkularisieren, d.h. ihren Besitz zu verstaatlichen; das betraf vor allem die Klöster und daneben die geistlichen Stiftungen. Die Motive dazu lagen in der akuten Finanznot der Staaten, im Willen zur politischen Integration und in der spätaufklärerischen Klosterfeindschaft – der Gegnerschaft gegen den unproduktiven Besitz der Toten Hand, der antiklerikalen Feindschaft gegen die „Hindernisse der Kultur", gegen das Mönchtum überhaupt. Am radikalsten ist diese innerstaatliche Säkularisierung außer im linksrheinischen Gebiet in Bayern durchgeführt worden; anderswo ging es, wie in Württemberg, schon weil die Dynastie protestantisch war, etwas vorsichtiger zu. 1803 schon wurden in Bayern sämtliche Klöster – sie besaßen mehr als die Hälfte des Bodens, und 56% der Bauernhöfe unterstanden ihnen – aufgehoben, verstaatlicht, verkauft; ihre Bibliotheken und Kunstschätze wurden beschlagnahmt. Dieser Klostersturm, das Ende der alten geistlichen Einrichtungen, hat sich tief ins Bewußtsein gerade des bayerischen Volkes eingegraben. Die Säkularisierung hat wesentliche Folgen für den Staat, für die Gesellschaft, für die Kirche gehabt. Mit den Klöstern war im Süden und Westen die stärkste vormoderne, nichtstaatliche Machtbastion vernichtet und damit erst die Durchsetzung der Staatssouveränität, die Begründung des modernen Staates ermöglicht. Die Aufhebung all der autonomen Institutionen mit ihren eigenen Rechten, Abgaben, Immunitäten und Privilegien, dieser Zwischengewalten zwischen Untertan und Staat, stärkte den Staat im Kampf gegen die Feudalität. Die Kirche war Teil der feudal-partikularen Ordnung gewesen. Der moderne Staat, der diese Ordnung überwinden wollte, mußte säkularisieren; so sehr die Fürsten von Land- und Besitzgier geleitet waren, das alte Recht brachen, Revolution machten – das war die weltgeschichtliche Legitimation des modernen Staates. Die Konsequenz für die Kirche: der Staat mußte Gebäude, Einrichtung und Personal der Kirche jetzt finanziell sichern, die Kirche wurde damals (bis heute) zur Geldempfängerin des Staates; aber die Kirche wurde auch entfeudalisiert, aus ihrer Verflechtung in das weltliche Herrschaftssystem freigesetzt, das gab ihr erst die Möglichkeit, wieder zu einer rein geistlichen Institution zu werden: mit der Säkularisation beginnt eine neue Spiritualisierung der Kirche. Entfeudalisierung der Institution hieß auch, daß der hohe Klerus nicht länger Domäne des Adels war, die Domkapitel nicht länger Versorgungsinstitut der jüngeren Söhne des Adels waren; der Klerus wird seither, mit einer gewissen zeitlichen Verzögerung, egalisiert und verbürgerlicht. Schließlich: die Säkularisierung war eine große Besitzumschichtung und hatte insofern bedeutende soziale Auswirkungen. Gebäude, Betriebe und Eigenland der Klöster wurden, mit Ausnahme der Wälder, verkauft. In Bayern waren die Käufer teils kleine Bürger und Gewerbetreibende, teils die bisher direkt vom Kloster abhängigen Leute; das Land wurde parzelliert. Eine Umverteilung zugunsten stadtbürgerlicher und kapitalkräftiger Gruppen hat hier nicht stattgefunden. Die Bauern unterstanden nun dem Obereigentum des Staates. Der Staat hat aus diesen Verkäufen – die Güter wurden schnell auf den Markt geworfen, vielfach weit unter Wert verkauft – nur beschränkt und kurzfristig Vorteil gezogen; nur die ausgedehnten Klosterwälder wurden jetzt auf Dauer Staatsbesitz. Anders war es in den linksrheinischen Gebieten – hier sind die großen Güterverkäufe dem städtischen Bürgertum zugute gekommen und haben über große Gewinne Spekulation und Kapitalbildung stark angeregt. Freilich ist auch hier das Land später, über Weiterverkäufe, wieder im wesentlichen an Bauern oder eine neu entstehende bäuerlich-bürgerliche Gutsbesitzerschicht gefallen.

Bei der Einordnung der Territorien, Kommunen, Korporationen, der Institutionen und Gruppen in den neuen monarchisch-bürokratischen Staat stellte neben der Kirche der Adel ein besonderes Problem dar. Der Adel verlor eine Reihe seiner Privilegien: z.B. das Monopol auf bestimmte Ämter und Offiziersstellen, den besonderen Gerichtsstand, obschon z.B. in Bayern und Baden Adel, Beamte und Gebildete zusammen eine gewisse Sonderstellung behielten; grundsätzlich wurde auch der Adel der allgemeinen Steuerpflicht unterworfen, faktisch freilich mit Einschränkungen: die Mediatisierten in Bayern und Württemberg wurden dafür entschädigt. Die grundherrliche Gerichtsbarkeit und die lokale Polizeihoheit wurden in einigen Staaten aufgehoben; in anderen freilich blieben sie erhalten, so in Bayern, und wurden nur der staatlichen Kontrolle unterworfen. Wo öffentlich-rechtliche Privilegien nicht abgebaut wurden, wurden sie in privatrechtliche Eigentumstitel verwandelt. Freilich, die Unterwerfung des Adels unter das Prinzip der Gleichheit vor dem Gesetz blieb unvollendet. Denn durch die Mediatisierung des ehemals reichsunmittelbaren Adels und der Ritter war gerade im Süden ein neues Adelsproblem entstanden; Reichsverfassung bis 1806 und napoleonische Rheinbundverfassung danach garantierten ihnen Sonderrechte, von denen indirekt auch der landsässige Adel profitierte. Darum blieb die volle Einordnung des Adels in eine moderne staatsbürgerliche Gesellschaft aufgeschoben.

Das hing nun auch damit zusammen, daß die großen gesellschaftlichen Reformen steckenblieben. Das Programm Napoleons war die Umformung der feudalen Gesellschaft zur Gesellschaft freier Eigentümer, vor allem die Aufhebung der Grundherrschaft. Das war gesellschaftspolitisch der Sinn des neuen Rechtes, des Code Napoléon. Aber die Aufhebung der feudalen Rechte und Einkünfte war unter der Eigentumsgarantie des Code an eine Entschädigung gebunden; die Rechte der Mediatisierten waren ausdrücklich garantiert; der französische Militäradel durfte durch keine Reform in seinen grundherrlichen Einkünften geschädigt werden, – es ist gerade Napoleons Adelspolitik gewesen, die eine durchgreifende Gesellschaftsreform blockiert hat. Dazu kam die Schwierigkeit, zwischen privatrechtlichen und öffentlich-rechtlichen Ansprüchen der Herren zu unterscheiden und die unendlichen lokalen Besonderheiten unter einheitliche Regeln zu bringen. Die Grundsätze der geplanten Agrarreform wurden restriktiv ausgelegt; das Ganze wurde in Einzelschritte geteilt, aber in der Praxis funktionierten die Gesetze nicht. Im Großherzogtum Berg z. B. wurden zwar im Herbst 1811 alle nicht-privatrechtlichen Eigentumstitel entschädigungslos aufgehoben, aber das blieb angesichts der Opposition des Adels und dann wegen des Krieges Papier. Natürlich wurde überall, soweit das noch nicht erfolgt war, die Leibeigenschaft aufgehoben, aber das hatte im Westen und Süden keine große Bedeutung. Natürlich, Abgaben wurden genauer fixiert und zusammengefaßt und die Ablösung der Grundlasten durch die Bauern wurde gemeinhin ermöglicht – in Bayern freilich nicht für die Adelsbauern, das war etwa ein Viertel der Bauern –, aber sie wurde nicht durchgeführt: sie war an Übereinkunft gebunden, weder konnten die Bauern sie finanzieren, noch konnte der Staat sie mit Krediten unterstützen, und auf seine Einnahmen als Domänengrundherr konnte er nicht verzichten. Die Bauernbefreiung kam über Ansätze nicht hinaus. Freilich, infolgedessen, und weil im Süden und Westen die rentenbeziehende Grundherrschaft dominierte, kam es auch nicht zu einem ökonomischen Machtgewinn des Adels wie in Preußen, der sich dann auch aufs politische Machtgewicht entscheidend auswirkte. Nur im linksrheinischen Gebiet ist die Bauernbefreiung, entschädigungslose Aufhebung der meisten Abgaben, Ablösung der Grundrenten, gelungen; freilich, der finanzielle Druck der Herren wurde durch den staatlichen Steuerdruck ersetzt.

Auch in den rheinbündischen Reformstaaten spielte schließlich die Idee einer Verfassung eine Rolle. Überall wurden noch vorhandene ständische Organe abgeschafft. Aber daneben stand die Idee einer Nationalrepräsentation (Montgelas 1796), die Überzeugung, daß neben der administrativ-obrigkeitlichen Integration ein Nationalgeist, eine Verbindung von Nation und Staat treten müsse. Die Reform-Juristen, z. B. Anselm Feuerbach, haben nicht ohne Grund betont, daß die rechtliche Umformung der Gesellschaft und die Herstellung bürgerlicher Freiheit letzten Endes eine konstitutionelle Monarchie, Teilnahme der Bürger an der Gesetzgebung, bedinge. Freilich, bei den maßgebenden Politikern treten solche Ideen in ihrem Handeln sehr bald ganz zurück. Nur zwei Verfassungen sind zustande gekommen, eine in Paris vorbereitete für Westfalen (1807) und die bayerische von 1808. Sie sahen eine Nationalrepräsentation vor – von einem kleinen Wählerkreis auf der Basis der Steuerleistung, nicht mehr der Ständezugehörigkeit, gewählt; in Bayern sollte freilich der König schon bei der Berufung der Wahlmänner mitwirken. Diese Versammlung sollte nur über Gesetze und das Budget beschließen, so wie sie die Regierung vorlegte. Der Kern der monarchischen Souveränität, die das staatliche Handeln und das Setzen von Recht bestimmte, blieb unangetastet; insofern handelte es sich um einen Scheinkonstitutionalismus. Persönliche Sicherheit, Eigentum, Herrschaft des Gesetzes, Gleichheit aller vor dem Gesetz und Unabhängigkeit der Justiz – die de-facto-Grundlagen der neuen Gesetzesstaaten wurden garantiert. Aber funktioniert haben diese Verfassungen nicht; die westfälische Kammer wurde nur zweimal, die bayerische nie einberufen. Im Grunde lag das Problem ähnlich wie in Preußen. Die Wahlberechtigten, de facto doch zum großen Teil Adel, waren Gegner einer modernisierenden Gesellschafts- und Steuerreform; die Verfassung setzte ein wohlhabendes und gebildetes Bürgertum voraus, das es noch nicht gab. Die Reform schien nur bürokratisch möglich, nicht konstitutionell, solange das Volk noch ständisch organisiert und gesinnt war.

Die Reformen haben im ganzen das lebens- und aktionsunfähige Ancien Régime überwunden und an seine Stelle den modernen, zentralistisch-einheitlichen, säkularen und bürokratischen Staat gesetzt; sie haben den Einzelnen erst eigentlich und unmittelbar zum Staat in Beziehung gesetzt und zugleich die ungeheure und lebensbestimmende Macht des modernen Staates begründet. Die Verwaltung war es, die eigentlich den Staat zusammenhielt und die das gemeinsame Leben, obrigkeitlich und bevormundend durchaus, zu regeln suchte und regelte. Unter dem Druck Napoleons und teils auch aus eigenem Verlangen haben die Rheinbundstaaten auch polizeistaatliche Züge entwickelt; eine Tendenz zur Staatsomnipotenz war unverkennbar. Dieser unterwerfende Staat aber ist zugleich befreiend. Er befreit und emanzipiert den Einzelnen von den korporativen Bindungen und auch den korporativen Libertäten, und er beseitigt die Partikularisierung der Gesellschaft, die unendlichen Ungleichheiten. Indem er alle dem Staate unterwirft, macht er sie gleich und begründet ein Mehr an bürgerlich-individueller, zunächst privater Freiheit. Es ist die Dialektik der Reform, daß der Aufstieg des bürokratisch-obrigkeitlichen Reformstaates das Individuum freisetzt, so sehr er es seiner eigenen Herrschaft unterwirft. Dieser moderne Staat ist versachlicht, ist Gesetzesstaat; Sicherheit und Eigentum und die Gleichheit vor dem Gesetz sind im Grundsatz immerhin garantiert. Die Gesellschaft ist nicht revolutioniert worden; das Prinzip der Gleichheit vor dem Gesetz war mehr Programm, hatte nur relative Geltung, aber die ständische Sozialordnung und ihre Hierarchie ist wesentlich aufgelockert worden, auch wenn die aristokratische Oligarchie immer noch mächtig blieb und die Bürokratie eine Zeit lang zur herrschenden Klasse im Lande aufstieg. Die auf Gleichheit gegründete Gesellschaft und alte und neue oligarchische Herrschaftsstrukturen überlagerten sich noch; die Modernisierung der Gesellschaft hatte erst angefangen.

Wir müssen noch einen Blick auf die Unterschiede der Rheinbundstaaten werfen. Hier muß man drei Gebiete unterscheiden. Die mittel- und norddeutschen Staaten blieben von den Reformen fast unberührt. In Sachsen und den beiden Mecklenburg dauerte die vorrevolutionäre Ordnung von Staat und Gesellschaft fort; in den nord- und mitteldeutschen Kleinstaaten blieben die Reformen bescheiden. Sodann die napoleonischen Kunststaaten, „Westphalen" und Berg, in gewisser Weise auch Frankfurt. Sie sollten „Modell"staaten der entschiedenen Reformen sein; die französischen Errungenschaften, die Neuordnung von Recht und Gesetz spielten hier eine besondere Rolle. Aber diese Reformen sind weitgehend gescheitert oder blieben Rhetorik. Es handelte sich um eine Fremdherrschaft: der Imperator konnte ständig in alles eingreifen; Französisch war Staatssprache; Kontribution, Militärpflicht und enorm gesteigerte Steuerlasten saugten das Land aus; ein Großteil der Domänen fiel an den französischen Militäradel – das trieb z. B. Westfalen an den Rand des Bankrotts und verhinderte den Fortgang der Bauernbefreiung. Kurz, die Verheißung des liberalen Rechtsstaates blieb nicht nur unerfüllt, sondern in schneidender Diskrepanz zu dem System der fremden Ausbeutung, ja es gab über Zensur, politische Polizei und Allmacht der Verwaltung gerade in Westfalen durchaus eine Tendenz zum diktatorischen Unrechtsstaat. In Berg war alles etwas moderater und wohlmeinender, aber auch hier war das Dilemma nicht zu überbrücken. Schließlich hat der Untergang dieser Staaten 1813/1815 zur Folge gehabt, daß die Reformansätze dort nur wenig nachgewirkt haben. Endlich, die klassischen Länder der rheinbündischen Reformen sind die süddeutschen Staaten; hier haben sie Dauer gewonnen. In Bayern ist die Reform über die ganze Periode aufs engste mit dem leitenden Minister, mit Montgelas (und seinem Helfer Zentner) verknüpft, am einheitlichsten, aus einem Guß sozusagen, und mit der größten Energie vorangetrieben worden, freilich auch in einem gewissen hektischen Fieber gipfelnd und in einer bürokratischen, etatistischen Überzentralisation. In Baden haben der bedächtige Brauer und der stürmische Reitzenstein, in Nassau Gagern und Marschall die Reformen im ganzen mit Erfolg durchgesetzt. Ein Sonderfall war Württemberg, hier war der neue König, Friedrich, der Motor der Reformen; sie waren absolutistisch, auf Selbstherrschaft des Monarchen gerichtet, ja geradezu gewalttätig gegen Stände und Adel, Volkskräfte und freiheitliche Ideen.

Eine Sonderrolle spielen die linksrheinischen Gebiete, die von 1801 bis 1814 aus dem Kreis der deutschen Staaten ausgeschieden waren und zu Frankreich gehörten. Hier hatte ein besonders altmodisches, vorabsolutistisches, feudalständisches System bestanden, hier war der Modernitätsumbruch am schärfsten, die Reform am radikalsten. Kirche und Adel wurden enteignet; das straffe, rationale und effektive französische Verwaltungssystem wurde eingeführt, vor allem das französische Rechts- und Gerichtssystem, das auf Freiheit des Individuums und des Eigentums, sozialer Mobilität und Gleichheit vor dem Gesetz beruhte, dazu Schwurgerichte und öffentliches mündliches Verfahren: diese Rechtsrevolution hat in Verbindung mit der guten Konjunktur im Rahmen der französischen Kriegswirtschaft den Aufstieg der bürgerlichen Eigentümergesellschaft und die Entfesselung der Wirtschaft besonders begünstigt. Die rheinischen Gebiete waren sozial gesehen dem restlichen Deutschland weit voraus.

Die rheinbündischen Reformen haben lange im Schatten der preußischen gestanden, sie galten als Produkte der Fremdherrschaft oder als rationalistischaufklärerische, nicht „organische" Reformen. Heute werden sie gelegentlich gerade deshalb, weil sie stärker von der Aufklärung und den – domestizierten – Ideen von 1789 bestimmt gewesen seien, gegen die preußischen ausgespielt. Beide Betrachtungsweisen sind Ideologie, und man sollte sie getrost beiseite lassen. Beide Reformtypen sind – im Rahmen der Reformperiode – eigenständig und gleichgewichtig, beide haben ihre spezifische, aber unterschiedliche Modernität. Die rheinbündischen Reformen sind im Vergleich zu den preußischen stärker etatistisch gerichtet gewesen; die Idee der Mobilisierung von Volkskräften, der Beteiligung der Nation, wie sie in Preußen Heeres- und Bildungsreform, Selbstverwaltung und Verfassungsplanung bestimmten, spielte hier keine wesentliche Rolle – der Staat, nicht Staat und Nation, das stand im Mittelpunkt. Die rheinbündischen Reformen waren nicht so entschieden wie die preußischen auf die liberale wirtschafts- und gesellschaftspolitische Entbindung des Individualismus und der Konkurrenz bezogen, und die wichtigste Gesellschaftsreform, die Agrarreform, ist über Ansätze nicht hinausgekommen. Die rheinbündischen Reformen andererseits sind, in der Idee wenigstens, stärker auf die Überwindung der ständischen Gesellschaft, auf das revolutionäre Prinzip der Gleichheit bezogen. Aber historisch geht es nicht nur um Absichten, Ideen und Ziele, sondern auch um die Ergebnisse und Wirkungen, von daher bestimmt sich Ort und Rang der Reformen.

In Süddeutschland hat die Reformzeit eine Tradition der Reform geschaffen, einen Stachel zur Reform, der das ganze Jahrhundert weiterwirkte. Der Staat war der Agent und Motor der Modernisierung gewesen. Das hat zunächst – und das wird oft übersehen – zu einer außerordentlichen Stärkung der Monarchie geführt: sie hat nach dem Ende des Absolutismus, über die Brüche und Stürme der Revolution hin und unter dem Patronat des neuen Cäsar Napoleon sich neu und modern befestigt und für ein weiteres, ein bürgerliches Jahrhundert Legitimität, Autorität und Prestige auch und gerade in der öffentlichen Meinung gewonnen. Für das aufstrebende Bürgertum, für den Liberalismus boten sich Staat und Monarchie – trotz feudaler Restpositionen, trotz obrigkeitlicher Struktur – als Partner beim Fortgang der Reformen an; das hat den süddeutschen Liberalismus geprägt. Zugleich haben die Reformen bürgerliche Bewegung wie einen Teil der Bürokratie mit dem Geist des französischen Rechts und seiner Idee einer Gesellschaft freier und gleicher Eigentümer tief durchdrungen. Die Tatsache, daß die süddeutschen Länder nach 1815 Verfassungen erhielten, war zwar keineswegs die Konsequenz der früheren Reformen, aber sie gab ihnen nachträglich einen veränderten und neuen Charakter. Der Rückstand der Agrarreform hat eine so starke Restauration und Modernisierung der Adelsmacht wie in Preußen überflüssig gemacht und sich darum auf die Dauer für den Übergang zu einer eher bürgerlichen Gesellschaft, die auf rechtlicher Gleichheit und Freiheit beruhte, nicht so nachteilig ausgewirkt. Das Ergebnis der Reformen ist darum anders als ihre Ideen und ihr ursprünglicher Charakter: im Süden entsteht die politisch-konstitutionelle Modernität der frühen Verfassungen, in Preußen die ökonomisch-soziale der liberalen und dynamischen Wirtschaftsgesellschaft; wegen des Fehlens des Gutsadels hat sich dann langfristig die Gesellschaft im Süden stärker verbürgerlichen können.

c) Blick auf Österreich

In Österreich hat es in diesem Jahrzehnt nicht wie in Preußen und in den süd- und westdeutschen Rheinbundstaaten eine große Reformwelle, eine Revolution von oben gegeben, und das ist für den Fortgang der deutschen Geschichte von großer Bedeutung gewesen. Es gibt dafür eine Reihe von Gründen. Zunächst: Österreich war im späten 18. Jahrhundert zumal unter Joseph II. das Land der entschiedensten aufgeklärt-absolutistischen Reformen gewesen: Aufhebung der Leibeigenschaft, Freiheit der Berufswahl für Bauernsöhne, Freiheit zum Erwerb adliger Güter auch für Bürger, Toleranz, Integration der Kirche in den Staat, Volkserziehung, Modernisierung der Justiz, Zentralisierung und Bürokratisierung der Verwaltung. Aber die Erfahrungen der Reformer mit der Reform, ihrem Übermaß und ihrer Hektik, waren nicht die besten gewesen. Die Reform war, zumal sie gewaltige Widerstände provoziert hatte, zum guten Teil aufgelaufen und abgeblockt worden, Österreich blieb wenig zentralisiert, altmodisch, ein Konglomerat von Reichen im Besitz der Dynastie; es gab keine einheitliche Regierungsverfassung; die Rücksicht auf die Interessen des großen Adels blieb ein Grundzug des Systems. Sodann: Revolutionsereignisse und Jakobinerverschwörung hatten bei dem Kaiser und anderen leitenden Männern nicht nur die dauernde Furcht vor der Revolution erregt, sondern zur Gleichsetzung von Reform und Revolution und zum starren Festhalten am Absolutismus geführt. Der Kaiser war gegen alle Freisetzung gesellschaftlicher Kräfte, gegen alles Eingehen auf neue Bewegungen; er suchte die Staatsautorität stärker anzuziehen. Weiterhin: es gab in Österreich keine den anderen deutschen Staaten vergleichbare Nötigung zur Reform: weder eine solche Existenzbedrohung wie in Preußen noch die Notwendigkeit, eine zersplitterte Territorialwelt zu integrieren und den Absolutismus in der Durchsetzung der Staatssouveränität nachzuholen oder zu vollenden. Weder die feudalen noch die bürokratisch-absolutistischen Strukturen waren so erschüttert wie anderswo; das Arrangement zwischen Absolutismus und Feudalismus war besser eingespielt. Selbst eine permanente Finanzkrise hat nicht genügend Reformdruck mobilisiert. Schließlich: es gab nicht die pressure-group von Beamtentum und hohem Militär, die aus Staatsräson und moderner Überzeugung sich selbst zu Repräsentanten des Gemeinwohls machten und die Reformen durchzusetzen suchten.

Eine Reihe der spätabsolutistisch-josephinischen Reformen sind zu Ende geführt worden, zumal im Bereich des Rechtswesens: ein neues Zivilprozeßrecht, ein neues Strafrecht kamen zustande und vor allem ein neues Zivilrecht, das Allgemeine Bürgerliche Gesetzbuch von 1811, eine der letzten großen naturrechtlichen Kodifikationen: hier wurden die Grundrechte auf Freiheit und Eigentum, die privatrechtliche Gleichheit und die Autonomie der privatrechtlichen Beziehungen gegenüber dem Staat fixiert, freilich nur im Grundsatz, ohne Konkretion für die sozialen und wirtschaftlichen Beziehungen; es war eine Antizipation einer Gesellschaft freier und gleicher Eigentümer, auf Leistung und Talent gegründet, ohne staatliche Bevormundung. Justiz und Verwaltung wurden, jeden-

falls auf mittlerer Ebene, getrennt; die städtische Verwaltung wurde verstaatlicht, das Volksschulwesen weiter ausgebaut, freilich im Gegensatz zu dem
preußischen Pestalozzi-Ideal auf den gehorsamen Untertan, die nützlichen
Kenntnisse, die kirchlich kontrollierte Religion konzentriert. Die Kirchenpolitik
blieb zwar josephinisch-etatistisch, aber die Gesetze wurden sehr viel kirchen-
und ordensfreundlicher ausgelegt. Aber in den großen Fragen stagnierte die Reform: die Bauernbefreiung, also die Ablösung der Lasten und Dienste, kam
nicht voran, ebensowenig eine Wirtschafts- und Steuerreform – der Adel war
zwar, außer in Ungarn, nicht von den Steuern befreit, wohl aber bevorzugt, und
das blieb so. Bestehen blieb eine chaotische Regierungsverfassung, bei der die
Integration der Politik allein in der Hand des Kaisers lag; das Problem von
Reichseinheit und Regionalautonomie blieb ausgespart; die bürokratischen Institutionen wurden nicht mehr gegen die Aristokratie, sondern eher für sie eingesetzt.

Philipp Stadion, von 1805 bis 1809 leitender Minister, hatte 1805 die Mitwirkung aller Volksklassen und aller Nationalitäten am Wiederaufbau des Staates
in Aussicht gestellt, Fortführung der Bauernbefreiung, Lockerung der staatlichen Bürokratie, Wiederbelebung der adlig-ständischen Vertretungen in den
national ja unterschiedlichen Ländern und Provinzen, also eine gewisse Föderal-
lisierung. Aber das war durch die Norm von Autorität und Obrigkeit klar begrenzt, blieb reformkonservative und nationalpatriotische Theorie (ähnlich wie
die Reformpläne seiner Gegner, rheinbündisch-absolutistisch mit einem zeitgemäßen Zusatz an individueller Freiheit, sich nicht durchsetzten); der Ansatz
hatte Ähnlichkeit mit dem der Preußen, aber zu einer inneren Erneuerung kam
es nicht – die Kräfte, die darauf zielten, waren viel zu schwach. Konkret wurden
solche Ideen eigentlich nur im Militärwesen, das der Erzherzog Karl reorganisierte, unter Mitwirkung seines Bruders, des Erzherzogs Johann (des Reichsverwesers von 1848!). Gegen die Trennung von Armee und Gesellschaft sollte die
Verteidigung des Vaterlandes Sache aller werden; die Befreiung von der Dienstpflicht sollte eingeschränkt, die Dienstzeit begrenzt, Militärstrafen und Ausbildung sollten humanisiert und reformiert werden, vor allem wurde neben dem
stehenden Heer eine Miliz, eine Landwehr aufgestellt, regional ausgehoben und
finanziert, die zu Hause und am Sonntag übt, populär und erfolgreich – das war
eine erste Form der allgemeinen Wehrpflicht, wennschon roh und mit vielen
Ausnahmen, zumal für Stadtbürger. Aber das blieb eher Episode und hatte keine
weiteren Folgen für die Politik oder das öffentliche Bewußtsein. Die patriotische
Woge von 1808/09 verebbte; als der Friede von Schönbrunn geschlossen war,
umarmten sich die Wiener voller Begeisterung. Mit der Niederlage waren die
Versuche zu einer größeren und allgemeinen Reform zu Ende. Die Innenpolitik
konzentrierte sich gänzlich auf die Finanznot des Staates, auf die gewaltigen
Schulden, die die Gebietsverluste und die verlorenen Kriege nur noch gewaltig
vermehrt hatten, und auf die wachsende Inflation, zu der es kam, weil die
Staatsführung weder die Einnahmen hinreichend steigern, noch die Ausgaben
hinreichend kürzen konnte und ihr Heil in der Ausgabe von Papiergeld suchte.

1811 führte diese Finanzkrise zu einer Art Staatsbankrott, einer Abwertung des Papiergeldes auf ein Fünftel. Aber zu einer durchgreifenden reformierenden Konsolidierung kam es nicht. Der Krieg von 1813 ist – trotz gegenteiliger Versprechungen – wieder vor allem mit Papiergeld finanziert worden, das 1817 bei der Errichtung einer quasi unabhängigen Notenbank noch einmal stark abgewertet worden ist. Beamte, Lohnempfänger und andere Festgeldbezieher waren die Geschädigten der Inflation, die Steuerzahler aus Landwirtschaft und Gewerbe vor allem dann umgekehrt der folgenden Deflation. Die so ausgelösten Krisen und Unruhen bestimmten das innere Klima; die psychologische Folge war eine wachsende Glaubwürdigkeitslücke zwischen Regierung und Volk. Der Handlungsspielraum von Staat und Regierung blieb unter diesen Umständen, innen- wie außenpolitisch, dauernd begrenzt.

3. Der große Krieg und der schwierige Friede

Napoleon setzte Ende Mai 1812 nach einem prunkvollen Fürstentag in Dresden die Grande Armée, mehr als 600000 Mann, darunter beinahe ein Drittel Deutsche, in Marsch. Sein Feldzug gegen Rußland endete für jedermann unerwartet, denn auch seine Gegner hatten mit einem langen Ringen gerechnet, mit dem Untergang dieser Armee. Der Vormarsch stieß angesichts der Defensivtaktik der Russen ohne Entscheidungsschlacht ins Leere; Krankheiten dezimierten die Armee; der Zar, vom nationalen und religiösen Widerstand des russischen Volkes getragen, verweigerte einen Frieden; der Brand von Moskau und der Winter zwangen zum Rückzug; Kälte und Hunger, Kämpfe und immer wieder Krankheiten taten ein übriges – vielleicht 100000 Mann, außer dem österreichischen und dem preußischen Korps, ohne Ausrüstung, krank, verwundet, zersprengt, haben Ende 1812 wieder die polnisch-ostpreußischen Grenzen erreicht. Der Zar nun entschloß sich gegen die Mehrheit seiner Generale zur Weiterführung des Krieges. Aus dem russischen Verteidigungskrieg wurde ein Krieg nicht nur zur Wiederherstellung des Gleichgewichts, sondern zur Befreiung Europas von dem – verbrecherischen – Tyrannen. Deutsche Emigranten bildeten eine deutsch-russische Legion und bereiteten, wie Arndt und Gruner, die Kriegspropaganda vor.

Während der preußische König und seine Regierung noch im Bewußtsein ihrer Schwäche vorsichtig taktierten, schloß der Befehlshaber des preußischen Hilfskorps, General Yorck, mit dem russischen Armeeführer einen Vertrag, die Konvention von Tauroggen (30. Dezember 1812): das preußische Korps wurde in Ostpreußen neutralisiert, schied also aus der französischen Allianz aus; den Russen war der Weg nach Ostpreußen geöffnet. Die Konvention war ohne Wissen des Königs – und mit einem entsprechenden Vorbehalt – abgeschlossen; als der König sie für ungültig erklärte und York absetzte, hat dieser doch daran festgehalten, ja er wollte seine Truppen auch gegen den Willen des Königs gegen Napoleon führen. Eine denkwürdige Situation. Der keineswegs reformfreundliche General des auf Gehorsam gegründeten Militärstaats Preußen nahm das Recht zum selbständigen Handeln, ja zum Ungehorsam in Anspruch; er stellte die patriotisch-nationale Legitimität höher als die dynastisch-militärische Autorität und bestimmte damit ein Stück Weltgeschichte. Tauroggen ist dann in der liberalen wie konservativen nationalen Tradition bis 1933, ja bis in die Frühgeschichte der DDR hinein zu einem Mythos geworden, zum Symbol preußisch(deutsch)-russischer Verbundenheit, zum Symbol auch für ein Widerstandsrecht. In Ostpreußen organisierte Stein eine Landesversammlung, die – wiederum gegen ihren königlichen Souverän – Truppen aufstellte und den Krieg gegen die Franzosen proklamierte.

Der preußische König zögerte und verhandelte zuerst mit Napoleon, dann mit Österreich und natürlich mit Rußland; Hof und Regierung gingen ins unbesetzte Breslau (22. Januar 1813); man begann mit der Aufrüstung. Aber erst am 26./27. Februar schloß Preußen nach langwierigen Verhandlungen die Kriegsallianz mit Rußland – auf der Basis, daß Preußen einen Teil seiner polnischen Gebiete an Rußland abtreten und dafür in Deutschland territoriale Kompensationen erhalten sollte. König und Regierung standen unter einem gewissen Druck der Patrioten, die anti-napoleonisch und prorussisch den Befreiungskampf forderten. Sie bestimmten jetzt die öffentliche Meinung, zumal der Bildungsschicht; es gab antifranzösische Aktionen und Demonstrationen, ja die Möglichkeit spontaner Erhebung. Der König ist über sein Zögern, seine diplomatische Besorgnis, seine Abneigung gegen den Enthusiasmus der Patrioten hinaus auf die Bahn des patriotischen Befreiungskampfes gedrängt worden: alle, alle riefen, bis der König kam, wie E. Kehr in Umkehr der preußischen Legende zu Recht gesagt hat. Am 10. März stiftete er den neuen Orden des Eisernen Kreuzes, am 16. erklärte er den Krieg und am 17. erging der berühmte Aufruf: „An mein Volk" – in dem er an die früheren Kämpfe unterdrückter Völker für ihre Befreiung erinnerte und an die Opferbereitschaft des Volkes für den entscheidenden Kampf um die Unabhängigkeit, für König, Vaterland und Ehre appellierte. Es sollte ein patriotischer Krieg, ein Krieg des Volkes sein – das war durchaus neu. Freiwilligenverbände wurden gebildet; die Wehrpflicht wurde, indem fast alle Ausnahmen aufgehoben wurden, allgemein – jeder sei zur Verteidigung des Vaterlandes verpflichtet, das ihm Sicherheit, Schutz des Eigentums und „gesetzliche bürgerliche Freiheit" gewähre –; wer sich ihr zu entziehen suchte, mußte mit erheblichen Einschränkungen seiner bürgerlichen Rechte rechnen. Insofern war die Freiwilligkeit nicht ganz so freiwillig. Wir wissen heute auch, daß die Freikorps zwar durchaus aus Stadtbürgern, aber keineswegs überwiegend aus der gebildeten Jugend bestanden – die machte 12% aus –, nur bei den Lützowschen Jägern war das etwa ein Drittel. Aber gerade die gebildete Jugend folgte dem Aufruf zur Freiwilligkeit, und diese Formationen – anfangs 10% des Kriegsheeres, am Ende 12,5% (20000) – wurden für den Krieg charakteristisch. Im Korps Lützow dienten auch Freiwillige aus anderen deutschen Staaten; sie waren nicht auf den König, sondern auf das Vaterland vereidigt. Die Landwehr ist, im großen und ganzen, ohne Widerstand aufgestellt worden;

freilich mangelte es an Ausrüstung und Führern; die Disziplin war lange Zeit schlecht und die Kampfkraft gering. Die Opferbereitschaft der Bürger war beträchtlich: 6,5 Millionen Taler wurden in dem verarmten Land gesammelt; „Gold gab ich für Eisen", wurde zum Wahlspruch. Kurz, der Krieg hatte in Preußen – so sehr die spätere Legende übertrieb – auch bei nüchtern kritischem Urteil immerhin Züge einer Volkserhebung; das Volk schien ihn als seine Sache zu betrachten. Der preußisch-deutsche Patriotismus drang auch ins öffentliche Bewußtsein vor, die Kriegslieder der Körner und Schenckendorff, Eichendorff und Rückert wurden populär. Theodor Körners, des sächsischen Lützowschen Jägers ‚Leier und Schwert' wurde das eigentliche Kriegsbuch: „Es ist kein Krieg, von dem die Kronen wissen, es ist ein Kreuzzug, 's ist ein heil'ger Krieg" – das gab die Stimmung jedenfalls der Gebildeten und der Jugend wieder. Unter den Publizisten ist es vor allem Ernst Moritz Arndt gewesen, der mit seinen vielen Schriften (z. B. ‚Katechismus für den deutschen Landwehrmann') diesen Geist popularisiert hat und der vor allem den Kampf als gesamtdeutschen, als nationalen Kampf propagierte: „nicht Bayern, nicht Hannoveraner, nicht Holsteiner – nicht Österreicher, nicht Preußen, nicht Schwaben, nicht Westfälinger, alles, was sich Deutsche nennen darf, nicht gegeneinander, sondern Deutsche für Deutsche".

Aber nun, zu solcher „deutschen Erhebung" kam es außerhalb der freien Provinzen Preußens zunächst gerade nicht. Die Bevölkerung der Rheinbundstaaten blieb dem System gegenüber im großen und ganzen loyal oder doch passiv; in Westfalen, Berg und den Küstenländern kam es zwar zu Steuerverweigerungen, Desertionen und einzelnen Unruhen, zumal als Napoleon neue Truppen ausheben ließ, aber solche Unruhen wurden schnell, und z. T. mit Hilfe der Bürgergarden niedergeschlagen; in Süddeutschland blieb alles ruhig. Napoleon hatte in den von ihm beherrschten Gebieten nichts Ernsthaftes zu befürchten. Von Wien aus wurde zwar ein Volksaufstand in den Alpenländern – von Kärnten über Tirol bis zur Schweiz – geplant, und die Vorbereitungen waren weit gediehen, aber Metternich, der sich seine Kabinettspolitik nicht stören lassen wollte, ließ die Initiatoren verhaften oder kaltstellen; die Vorbereitungen wurden abgebrochen.

Der Krieg hatte einen eigentümlichen Doppelcharakter. Für die Patrioten, die in Preußen jetzt die öffentliche Stimmung beherrschten, war es ein Krieg der Völker und Nationen, eine Erhebung der Deutschen zumal, ein Kreuzzug gegen die Tyrannei; es ging um Befreiung und Freiheit. Stein sprach davon, daß die Völker ihre Fesseln brechen müßten; er wollte „bewaffnete Massen" im Rükken Napoleons organisieren; die mit Napoleon verbündeten Fürsten betrachtete er als Usurpatoren, sie seien „vollkommen gleichgültig" und hätten keinerlei Anspruch auf Wiederherstellung ihrer Herrschaft; das Vaterland sei dort, wo sich die „Ehre und Unabhängigkeit" finde. Und Arndt schrieb, wenn „Fürsten tun und gebieten, was gegen das Vaterland ist oder wenn sie sich gebärden, als wollten sie solches tun, so sind die Untertanen von ihrem Eid erlöst". Das war der Ton der nationalen Revolution. Denn das Ziel der Befreiung war die Begründung eines unabhängigen, einigen und starken Deutschlands unter Führung

Österreichs und Preußens, waren Glück und Freiheit der deutschen Nation. Das gab durchaus die Vorstellungen wieder. Aber zugleich war der Krieg ein Krieg der Monarchen und Regierungen, der Staaten und Mächte, ein Krieg, in dem es um dynastische Rechte und Ansprüche, Machtinteressen und Gleichgewicht ging, um Wiederherstellung der Stabilität und nicht um ein neues Zeitalter der Nation und der Freiheit. In der preußischen Politik nun, die von den Patrioten in Regierung und Armee stark bestimmt wurde, und in der russischen – hier traf sich die Befreiungsidee des Zaren mit den Tendenzen Steins und anderer seiner Berater – spielten beide Elemente eine Rolle. Charakteristisch dafür ist die Proklamation von Kalisch, dem russischen Hauptquartier (25. März), in der Kutusow, der russische Oberbefehlshaber, die Kriegsziele der Verbündeten verkündete. Stein hatte den Text redigiert. Ziel des Krieges war die Wiederherstellung des Rechtes, der Freiheit, der Unabhängigkeit der Fürsten und Völker Deutschlands und Europas, die Auflösung des Rheinbundes und die Wiederbegründung eines verjüngten einigen Reiches mit einer Verfassung „aus dem ureigensten Geiste des deutschen Volkes". Die Fürsten, die Völker, ja jeder einzelne wurden aufgefordert, den Rheinbund zu verlassen; den Fürsten, die weiter mit Napoleon gingen, wurde der Verlust ihres Thrones angedroht. Befreiung unterdrückter Völker und die Wiederherstellung entthronter Fürsten wie die Fortexistenz der Einzelstaaten, Nation und Legitimität und Staatsinteresse standen gleichgewichtig nebeneinander. Der Zar stilisierte sich in der Rolle des Befreiers, aber das war mit den russischen Machtinteressen verflochten: Kompensation für Preußen aus den Gebieten napoleonischer Fürsten, eine föderative Verfassung Deutschlands, die es ordnete und seine potentielle Stärke einschränkte, Rußland als Garant der Neuordnung, als Vormacht in Europa. Kein Politiker konnte voraussagen, wie sich russische Machträson und Befreiungsideologie – zumal angesichts der Unberechenbarkeit des Zaren – weiter entwickeln würden.

Zunächst waren die Aussichten der Verbündeten nicht günstig; sie waren allein zu schwach, den immer noch mächtigen Napoleon niederzuringen. Im Frühjahr 1813 hatte er eine neue französisch-rheinbündische Armee aufgestellt; im Mai siegte er über seine Gegner (Großgörschen, Bautzen), vertrieb sie aus Sachsen zurück nach Schlesien. Aber er nutzte seine günstige Lage nicht aus, sondern bot einen Waffenstillstand an; er wollte seine Armee konsolidieren und gleichzeitig die Koalition seiner Gegner durch Verständigung mit Österreich oder Rußland bei Preisgabe Polens sprengen. Nun schlossen sich alle Gegner Napoleons in Europa, außer Preußen und Rußland vor allem natürlich der Dauer- und Hauptgegner England, dazu Schweden und dann Spanien und Portugal zu einer großen Koalition zusammen. Aber alles kam doch auf Österreich an. Napoleon wie die Koalition waren auf es angewiesen. Metternich trieb eine hinhaltende Politik, er war – wie der Kaiser – keineswegs kriegsentschlossen. Er wollte, zunächst jedenfalls, nicht alles auf eine Karte setzen. Er wollte nicht vor Abschluß der Rüstungen in den Krieg eintreten und die österreichischen Kräfte schonen und den Krieg vom eigenen Lande fernhalten. Er wollte nicht den Vertrag mit Frankreich brechen, nicht nur weil die Tochter des Kaisers die Frau Na-

poleons war, sondern weil Österreichs ganze Existenz auf der „Heiligkeit" von
Verträgen beruhte. Er wollte Österreich nicht zum Anhängsel der bestehenden
Koalition machen: er wollte den Charakter des Krieges bestimmen. Es sollte
kein Krieg der Völker, kein nationalrevolutionärer Krieg der Patrioten und Be-
freier sein und schon gar nicht ein Kreuzzug, sondern ein Krieg der Staaten für
die Wiederherstellung von europäischem Gleichgewicht und legitimer Ordnung
und Stabilität, ein Krieg der Politiker und Diplomaten mit rationalen und begrenzten Zielen. Eine Volkserhebung in den Alpen oder die Entthronung der
Rheinbundfürsten, das paßte nicht in dieses Konzept; die nationalrevolutionären Elemente mußten kanalisiert und abgefangen werden. Nur das entsprach
den Sicherheits- und Machtinteressen des dynastischen Kunststaates Österreich.
Darum war die Verständigung über Kriegsziele und Friedensordnung im Grunde noch wichtiger als der Sieg. Es kam darauf an, neue Revolutionen zu verhindern; und es kam vor allem darauf an, eine Hegemonie Rußlands über Europa
zu verhindern, die groß-polnischen Ambitionen Rußlands zu begrenzen, Preußen nicht zum Satelliten Rußlands werden zu lassen. Frankreich sollte ein starkes Gegengewicht bleiben und darum geschont werden. Metternich hat, im Gegensatz zu den meisten Napoleonfeinden, lange ein auf Frankreich beschränktes und in die europäische Ordnung eingefügtes Kaisertum Napoleons für die
beste und stabilste Lösung gehalten, die Frankreich und Europa vor neuen Revolutionen bewahren werde. Schließlich: weder in Deutschland noch Italien
sollte ein Nationalstaat entstehen, der den übernationalen Staat Österreich wie
das europäische Gleichgewicht hätte sprengen müssen; in Italien sollte Österreich, primär europäische, nicht deutsche Macht, zur Vormacht werden; in
Deutschland sollte Österreich auf territoriale Positionen wie auf eine süddeutsche Hegemonie verzichten, Preußen mit seinen norddeutschen Hegemo-
nie- und Protektoratsansprüchen entschieden eingedämmt in ein innerdeutsches
Gleichgewicht gebunden werden, eine föderative Ordnung das Ganze konsolidieren. Es ist stets als Meisterstück der Diplomatie betrachtet worden, wie Metternich ganz langsam die Verbindung mit Napoleon gelöst hat, über Neutralität
und Vermittlung zur Koalition übergegangen ist und diese zugleich, im Grundsatz wenigstens, auf seine Kriegsziele festgelegt hat. Rußland verzichtete auf das
österreichische Polen und stimmte Metternichs italienischem und deutschem
Neuordnungsplan – wenn auch wiederum nur im Grundsatz – zu. Preußen
mußte schon wegen der Koalition mit England, das sein Nebenland Hannover
garantierte, auf eine quasi revolutionäre Neuordnung Norddeutschlands verzichten. Napoleon gegenüber versuchte Österreich nach einer Vereinbarung mit
der Koalition (Konvention von Reichenbach, 27. Juni 1813) zunächst eine Vermittlung auf der Basis eines selbst für Metternich wahrhaft minimalen Programms, auf das freilich die Koalitionsmächte nicht festgelegt waren; Napoleon
sollte auf seine polnische Herrschaft, auf Illyrien und die Hansestädte, auf die
Besetzung der preußischen Festungen verzichten und der Vergrößerung Preußens im Osten zustimmen. Napoleon lehnte de facto, wie die Koalitionsmächte
erwartet hatten, ab; in einem berühmten neunstündigen Gespräch in Dresden

bekannte er Metternich, daß er als Sohn der Revolution, als nicht-legitimer Monarch, nicht als Besiegter vor sein Volk treten könne. Daraufhin trat Österreich wie vereinbart in den Krieg ein (11. August). Im Bündnisvertrag von Teplitz (9. September) wurde die Wiederherstellung des europäischen Gleichgewichts auf dem Stande von 1805 als Kriegsziel deklariert – für Deutschland wurden insbesondere die Unabhängigkeit der deutschen Staaten, die Wiederherstellung der territorialen Ordnung (von 1803) in Nordwestdeutschland und die Rheingrenze festgeschrieben.

Das schwache Österreich war – sozusagen in der Hinterhand geblieben – zum Zentrum der Koalition geworden und Metternich ihr Quasi-Ministerpräsident. Er hatte endgültig aus dem Krieg der Völker den Krieg der Mächte gemacht; nicht Befreiung, Freiheit und gar nationale Einheit, sondern Ordnung und Wiederherstellung eines Gleichgewichts waren das Ziel des Krieges. Das war möglich, weil natürlich auch Rußland und Preußen letzten Endes antirevolutionäre Mächte waren.

500 000 Mann der Verbündeten, in drei Armeen, standen jetzt den – wieder – 440 000 Mann Napoleons gegenüber. Durch geschickte hinhaltende und elastische Taktik gelang es den Verbündeten, Napoleon die Initiative zu entwinden und nach Vereinigung der Armeen seine Rückzugslinie zu bedrohen. In der „Völkerschlacht" bei Leipzig (16./19. Oktober) wurde Napoleon entscheidend geschlagen; er konnte sich zwar den Rückzug noch freikämpfen, aber nach dem Verlust von etwa einem Drittel seiner Armee mußte er hinter den Rhein zurück.

Ehe Napoleon geschlagen war, hatte Metternich in Ried (8. Oktober) einen für die Zukunft Deutschlands höchst bedeutsamen Vertrag mit Bayern geschlossen: Bayern trat zur Koalition über; dafür garantierte Österreich territorialen Besitzstand (mit der Möglichkeit des Tausches) und Souveränität. Damit war die Territorial- und Staatenordnung Napoleons, jedenfalls im Süden, im Grundsatz festgeschrieben. Die Auflösung der Rheinbundstaaten – auf Grund des Eroberungsrechtes – war damit ebenso ausgeschlossen wie die Rückkehr zu den Zuständen des alten Reiches; die aus dem pulverisierten alten Reich unter dem Protektorat Napoleons neu organisierten Mittelstaaten wurden zu Elementen auch der nachnapoleonischen Neuordnung Deutschlands. Die später staatenbündische Lösung der deutschen Frage wurde durch die Souveränitätsgarantie weitgehend präjudiziert. Darum ist dieser Vertrag später von der national-deutschen Geschichtsschreibung scharf angegriffen, als ein von Metternich verschuldetes Hauptunglück der deutschen Geschichte angesehen worden. Es ist gewiß fraglich, ob die Koalition Bayern und die anderen süddeutschen Staaten so notwendig brauchte und ob nicht ihr Übertritt auch unter viel weniger weitgehenden Bedingungen in der Logik der Ereignisse gelegen hätte. Aber Metternichs Gründe waren andere. Preußen hatte ein gemeinsames Vorgehen mit Österreich im Süden abgelehnt und seine eigenen Interessen verfolgt; insofern war Österreichs Vorgehen auch eine Reaktion auf preußische Ambitionen. Aber vor allem entsprach die Garantie für Bayern dem Grundkonzept der Metternichschen Politik. Metternich wollte Stabilität; jeder Rückgang hinter die territoriale Neuordnung Napoleons hätte ein Chaos alter und neuer Ansprüche in Bewegung gesetzt. Er wollte die jahrhundertealte Konkurrenz zwischen Bayern und Österreich beenden und Bayern zum Bundesgenossen Österreichs, etwa gegenüber Preußen machen. Ein starkes Bayern sollte das föderative Gleichgewicht in Deutschland unter dem indirekten Patronat Österreichs befestigen. Dem Vertrag von Ried, dem im November auch Preußen und Rußland beitraten, folgten ähnliche Verträge mit Württemberg und den anderen Rheinbundstaaten; Steins Pläne, sie der für die eroberten Gebiete eingerichteten „Zentralverwaltung" unter seinem Vorsitz zu unterwerfen, kamen nicht zum Zuge. Zwar wurden in diesen Verträgen Einschränkungen der Souveränität zugunsten einer künftigen deutschen Bundesorganisation vorbehalten, aber das änderte an der eingeschlagenen Richtung nichts Grundsätzliches. Die eigentlich napoleonischen Staaten wurden aufgelöst und ihren früheren Landesherren wieder zugeteilt, oder – wie Sachsen, Berg, Frankfurt, Teile Westfalens und das linksrheinische Gebiet – der Zentralverwaltung unterstellt. Stein hoffte, wenigstens damit ein Faustpfand in die Hand zu bekommen, mit dem man die Einzelstaaten in eine gesamtnationale Verbindung hineinzwingen könne.

Nach dem Sieg über Napoleon stellte sich die Frage, ob der Krieg weitergeführt werden sollte. Metternich wollte im Interesse des Gleichgewichts den Frieden auf der Basis der Rheingrenze; die Ansprüche der Partner sollten nicht wachsen, der Krieg sollte nicht total werden. Die Falken dagegen wollten die vollständige Befreiung Europas und den Sturz Napoleons – Stein und ein großer Teil der preußischen Armee, das Hauptquartier Blüchers mit Gneisenau, das Jakobinernest, wie es in der Umgebung des Königs schon genannt wurde, dazu die lautstarke nationale Publizistik; Arndt schrieb eine seiner wirksamsten Flugschriften: ‚Der Rhein, Deutschlands Strom, nicht Deutschlands Grenze', und Görres machte seine neue Zeitung, den ‚Rheinischen Merkur', zum eigentlichen Kampforgan gegen Napoleon. Ein Friedensangebot Metternichs blieb ohne Antwort; darauf überschritten die Alliierten Neujahr 1814 den Rhein. Aber die Spannungen innerhalb der Koalition dauerten fort. Die Falken – die Mehrheit der preußischen Generalität und der Zar – wollten eine schnelle und entscheidende Offensive gegen Paris; Metternich und die Tauben wollten langsame Kriegführung und Verhandlungen. Dazu kamen Gegensätze über die innere Neuordnung Frankreichs; Metternich hätte am liebsten Napoleon gehalten, der Zar den Marschall und schwedischen König Bernadotte eingesetzt. Darum zog sich der Krieg trotz der Übermacht der Alliierten in die Länge; Drohungen mit selbständigem Vorgehen oder Sonderfrieden bestimmten die Atmosphäre. Es gelang schließlich dem englischen Außenminister Castlereagh, im Verein mit Metternich die Koalition wieder auf eine gemeinsame Politik festzulegen. Die Alliierten erneuerten ihr Bündnis. Frankreich sollte auf die Grenze von 1792 beschränkt werden und auf jedes Einflußgebiet in den Niederlanden, Deutschland, der Schweiz und Italien verzichten. England hatte sein territoriales Hauptinteresse, die Unabhängigkeit der vergrößerten Niederlande, ebenso durchgesetzt wie Österreich seine Dominanz in Ober- und Mittelitalien und die föderative Organisation Deutschlands. Die Alliierten verpflichteten sich, die künftige Friedensordnung mindestens 20 Jahre gemeinsam aufrechtzuerhalten. Aber ein entsprechendes Friedensangebot wurde von Napoleon noch einmal abgelehnt; der Sohn der Revolution konnte auf die Eroberungen eben dieser Revolution nicht verzichten. Metternichs Versuch, den Krieg vor einem „Endsieg" zu beenden, war gescheitert. Aber, der Krieg war diplomatisch eingehegt. Erst jetzt wurde Ende März Paris eingenommen; Napoleon mußte abdanken. Der Pariser Friede (30. Mai 1814) ließ Frankreich als Großmacht in den Grenzen von 1792 bestehen; es war ein Versöhnungsfrieden, wie er wohl nur unter vordemokratischen Bedingungen, fern von populärem Druck, als Friede der Herrscher möglich war; in die Rationalität des Gleichgewichts waren auch die Besiegten noch eingeschlossen.

Die Neuordnung Europas nach 25 revolutionären Jahren der Erschütterungen und der Kriege war die Aufgabe des Wiener Kongresses. Eine merkwürdige Versammlung von Monarchen, Ministern, Diplomaten, Aristokraten, Literaten und Glücksrittern, ins populäre Bewußtsein eingegangen auch als eine Folge von Intrigen und Liebesaffären, von Bällen und Festen, in denen die europäische Aristokratie sich selbst und das Ende der Bedrohung ihrer Welt feierte: „Der Kongreß tanzt". Der Kongreß selbst hat nicht verhandelt; die Geschäfte wurden in den Besprechungen zwischen den vier Hauptsiegermächten und Frankreich vor allem und in zahllosen Einzelverhandlungen vorangetrieben. Es ging um die Herstellung, und viele meinten: die Wiederherstellung, einer stabilen, einer dauerhaften Ordnung Europas, die von allen grundsätzlich akzeptiert werden konnte, um einen neuen internationalen Rechtszustand. Man wollte eine Ordnung des Gleichgewichts, und man wollte eine Ordnung, die nicht auf Freiheit und Selbstbestimmung der Völker, sondern auf der Legitimität von Staaten und Dynastien beruhte. Das hieß freilich nicht, die vorrevolutionären Zustände wiederherzustellen – die großen Veränderungen der Staatenwelt waren Tatbestände, die nicht mehr rückgängig zu machen waren –, wohl aber, die Staaten, die Anspruch auf politische Fortexistenz erworben hatten, nun durch die internationale Gemeinschaft der Staaten völkerrechtlich zu legitimieren. Dies war der Rahmen, in dem die Mächte ihre gegensätzlichen Interessen, in Konflikt oder Ausgleich, durchzusetzen suchten. Dabei ging es vor allem darum, Grenzen festzulegen und Land – nach dem Kriterium der „Seelenzahl" – zuzuteilen, alte Herrschaft zu bestätigen oder neue einzusetzen. Man mag heute die Obsession, sich auf den Erwerb von Ländern zu konzentrieren, verwunderlich oder abscheulich finden, damals war sie, keineswegs auf die Fürsten beschränkt, allgemein, sie war die klassische Form der Sicherung oder des Erwerbes von Macht.

Die Neuordnung Deutschlands, um die es uns hier geht, hing eng mit der Neuordnung Europas und den Interessen der europäischen Großmächte zusammen. England und Österreich waren die eigentlichen Promotoren der Gleichgewichtspolitik; sie entsprach ihren Interessen. Das hieß, wir sahen es, Eindämmung Rußlands, Zügelung, aber auch Selbständigkeit Frankreichs, Konsolidieren einer vom Osten wie Westen unabhängigen Mitte Europas, dominierende Stellung Österreichs in Italien – die Sicherheit Europas mußte notfalls am Po verteidigt werden –, Befriedigung, aber auch Einbindung Preußens in eine von Österreich und Preußen gemeinsam geführte deutsche Föderation. Beide Mächte hatten im Grunde ihre besonderen Interessen schon in den Kriegsverträgen gesichert. Rußland wollte sein Gewicht in Europa durch den Ausbau seiner polnischen Position, ja die Errichtung eines polnischen Königtums des Zaren verstärken – dafür hatte er gewisse Zusagen seiner Partner –, zugleich trat es für eine starke Stellung seines speziellen Bundesgenossen Preußen ein. Preußen schließlich war am wenigsten saturiert: es mußte, schon wenn es weiter die Rolle einer erstrangigen Macht spielen wollte, auf Vergrößerung drängen; allein für Preußen war die Organisation Deutschlands eine Sicherheitsfrage ersten Ranges. Es war früh und unbedingt in den Krieg eingetreten und besaß kaum verbindliche Zusagen für den Frieden – und nicht die Macht, Druck auf seine Bundesgenossen auszuüben.

Das Hauptproblem der territorialen Neugliederung Deutschlands wie der deutschen und europäischen Machtverteilung war das Problem der Ost-West-Verschiebung Preußens. Rußland beanspruchte den Großteil der polnischen Gebiete, die in den letzten beiden polnischen Teilungen zu Preußen gekommen waren. Dafür mußte Preußen Kompensationen erhalten; es wurde zu einer expansiven Wendung nach Deutschland gedrängt, ohne daß die im einzelnen schon festgelegt war. Die Wiederherstellung des englischen Hannover begrenzte jede Expansion im Nordwesten. Preußen nun wünschte die Annexion Sachsens – das sich nicht von Napoleon gelöst hatte und insofern erobert war. Mit Sachsen, Nachbarland und ähnlich strukturiert, hätte Preußen einen geschlossenen Staat bilden können; es wäre vom Gegensatz zu Polen und Rußland entlastet worden und hätte seine Stellung und sein Machtgewicht in Deutschland und vielleicht seine hegemonialen Aussichten befestigt und ausgebaut. Gegebenenfalls sollte das sächsische Königshaus nach Westen versetzt werden; die Idee einer Herrschaft im Elsaß scheiterte freilich früh schon am Widerspruch Englands, das das neue Frankreich nicht mit einer solchen Hypothek belasten wollte. Die polnisch-sächsische Frage wurde im Winter 1814/15 zur Schicksalsfrage des Kongresses. Metternich und Castlereagh wollten die polnischen Ambitionen des Zaren – seine Territorialforderungen und die Errichtung eines polnischen Königreiches – eindämmen und zogen Preußen in ihre Front. Dafür waren sie nach langem Zögern und unter mancherlei Kautelen bereit, Preußen ganz Sachsen zu überlassen. Aber der Zar blieb unnachgiebig, und Hardenberg mußte auf Geheiß seines Königs aus der antirussischen Blockbildung wieder ausscheiden. Damit wurde aber das Angebot Sachsens hinfällig, Metternich griff auf die dynastische Argumentation zurück; indem er jetzt die Existenz Sachsens verteidigte, wurde er wieder zum Protektor der Mittelstaaten. Preußen drohte mit selbständigem Vorgehen, ja mit Krieg; Österreich, England und Frankreich schlossen sich zu einer geheimen Allianz zusammen (3. Januar 1815). Preußen mußte nachgeben, zumal auch der Zar, der seine polnischen Ansprüche gesichert sah, es nicht mehr mit aller Kraft unterstützte.

Der größte Teil Polens, das seither sogenannte Kongreßpolen, fiel an Rußland und sollte als Königreich in Personalunion mit dem Zarenreich organisiert werden. Preußen erhielt bei kleinen Konzessionen des Zaren das „Großherzogtum Posen" und einige zu Westpreußen geschlagene Gebiete, einschließlich Thorns. Die Hypothek der polnischen Teilungen hat die deutsche Politik damals – und seither – ganz entscheidend bestimmt; jetzt wurde Preußen tiefer nach Deutschland gedrängt. Sachsen wurde geteilt; Preußen erhielt etwa die Hälfte des Landes, zwei Fünftel der Bevölkerung. Die neue Kompensation für Preußen waren die Rheinlande bis zur Saar und zur Nahe. Preußen wurde an den Rhein versetzt; es bekam die Verteidigung des deutschen Mitteleuropa an der Westgrenze aufgeladen. Anfangs hatte es nur gemeinsam mit Österreich ein solches Engagement im Westen übernehmen wollen, und, als Österreich sich zurückzog, zunächst andere Kompensationen, z. B. Ansbach, favorisiert. Aber das erwies sich als unrealistisch. England wünschte, im Blick auf die militärische Schwäche der Niederlande, das preußische Engagement am Rhein, und Österreich sah darin geradezu eine Entlastung. Die Versetzung Preußens an den Rhein ist eine der fundamentalen Tatsachen der deutschen Geschichte, eine der Grundlagen der Reichsgründung von 1866/1871. Mit der Rheinprovinz war die künstliche Existenz Preußens, die Spaltung in eine Ost- und eine Westhälfte neu befestigt und schärfer als je zuvor ausgeprägt. Das wurde zur stärksten Antriebskraft preußischer Machtpolitik; letzten Endes ging es darum, diese Spaltung zu überwinden. Preußens Rolle als Schutzmacht Deutschlands an der Westgrenze – in Verbindung mit der Zweiteilung – führte dazu, daß seine eigene Sicherheit unzertrennlich mit seiner Stellung in Deutschland verbunden war; sein Streben nach einer hegemonialen Stellung jedenfalls im Norden war von daher fast eine Notwendigkeit. Wenn die Kleindeutschen später von einer „Mission Preußens" zum Schutz und darum zur Einigung Deutschlands gesprochen haben, so muß man sagen, daß Preußen strategisch und geopolitisch in diese „Mission" hineingedrängt worden ist. Schließlich – die Verteidigungsaufgabe hat den preußischen Militarismus neu stabilisiert und legitimiert; zugleich hat gerade die Rheinprovinz Preußen zur stärksten deutschen Wirtschaftsmacht gemacht und seine eigentümliche Modernität weiter ausgeprägt: auch die innere Struktur ist von dieser Entscheidung von 1815 grundlegend geprägt worden.

Die vielen anderen Konflikte über die endgültige territoriale Gliederung Deutschlands brauchen wir nicht im einzelnen erörtern. Österreich verzichtete letzten Endes auf seine früheren niederländischen und oberdeutschen Gebiete und nach längerem Hin und Her auch auf den Aufbau einer neuen Position am Mittelrhein (Mainz und Pfalz). Es schied als Macht im Süden und Westen aus und konzentrierte sich auf den deutschen Südosten, wo es Tirol zurück- und Salzburg neu gewann. Seine europäische Machtstellung hat es auf Kosten seiner deutschen gerade in Italien ausgebaut. Österreich war seither weniger als Preußen eine deutsche Macht; das hat für die nationale Geschichte der Deutschen tiefgreifende Folgen gehabt. Bayern erhielt als Entschädigung, vor allem für Tirol und Salzburg: Ansbach und Bayreuth, Würzburg und Aschaffenburg und die linksrheinische Pfalz. Sein Bestreben, über den Erwerb von Frankfurt und Mainz, Heidelberg und Mannheim und Teilen Württembergs zur beherrschenden Macht Süddeutschlands, gleichsam zwischen Österreich und Preußen, zu werden, ist am Widerstand der süddeutschen Konkurrenten wie der deutschen Großmächte gescheitert: Mainz kam zu Hessen-Darmstadt, Frankfurt wurde neben den drei Hansestädten freie Stadt. Ostfriesland kam zu Hannover, so daß die ganze Nordseeküste de facto unter englischem Protektorat stand. Lauenburg kam als deutsches Herzogtum an den dänischen König, Schwedisch-Vorpommern mit Rügen an Preußen; Luxemburg wurde deutsches Großherzogtum des holländischen Königs. Die Mediatisierung der Ritter, aber auch der größeren Herren, wurde nicht rückgängig gemacht; aber die meisten noch vorhandenen Kleinstaaten, im mitteldeutschen und thüringischen Raum, in Nassau, in Waldeck und Lippe, blieben erhalten; Absurditäten, wie das oldenburgische Gebiet Birkenfeld im Hunsrück und manche andere, wurden aus Kompensationsgründen neu geschaffen. Im ganzen aber ist die große Revision der deutschen Landkarte im Zeitalter von Revolution und Eroberung, die Begründung der Mittelstaaten in Süddeutschland vor allem, konsolidiert worden. Die Territorialgliederung Deutschlands ist damals, wenn man von den preußischen Annexionen von 1864/1866 absieht, bis 1945 festgeschrieben worden.

Neben den Territorialfragen war die Frage einer deutschen Gesamtorganisation von entscheidender Bedeutung. Daß Deutschland als ganzes in irgendeiner Form staatlich organisiert werden müsse, darüber gab es einen relativ allgemeinen Konsens. Die europäischen Mächte wünschten eine staatliche Konsolidierung: ein Machtvakuum hätte ständig Interventionen provoziert und den Frieden gestört. Preußen und Österreich waren schon aus Machträson und im Interesse des Gleichgewichts an einer institutionellen Kontrolle der kleinen und mittleren Staaten interessiert. Dazu kam das Zusammengehörigkeitsgefühl der Deutschen, Tradition und Erinnerung an das alte Reich wie das neue Nationalbewußtsein. Daß die Nation eine Grundtatsache des gemeinsamen Lebens sei und eine politische zumal, daß sie ein Recht auf Einheit, Selbstbestimmung und Selbstentfaltung habe, diese Überzeugung breitete sich mit der patriotischen Publizistik und der Erfahrung der kriegerischen Erhebung und Befreiung weiter aus und bestimmte in beachtlichem Maße die Erwartungen. Arndt und Görres waren nur die am stärksten herausragenden Vertreter einer breiten Publizistik; am Mittelrhein vor allem hatten sich – auf Vorschlag von Arndt – Deutsche Gesellschaften gebildet, die den „Geist" von 1813 in eine nationale und konstitutionelle Neuordnung Deutschlands einbringen wollten. Von den Turnern und den Anfängen der Burschenschaften haben wir gesprochen. Diese Tendenzen erreichten auch die handelnden Politiker; sie haben Stein und die preußischen Patrioten bestimmt, kaum jemand konnte sich ihnen gänzlich entziehen. Die Kriegsproklamationen und die Bündnisverträge hatten eine Neuorganisation Gesamtdeutschlands in Aussicht gestellt.

Aber wie sollte die Vielheit der deutschen Staaten und die Einheit Deutschlands verbunden werden? Ein Teil der Patrioten, Arndt und Jahn, Gruner und

Gneisenau und viele andere, wollte im Grunde Entmachtung der Rheinbundfürsten und einen Nationalstaat, womöglich unter preußischer Führung, denn allein die preußische Politik schien der nationalpatriotischen Tendenz offen; preußische und nationale Interessen schienen sich – in ihren Augen – zu entsprechen. Auch außerhalb Preußens, im Südwesten oder im Kreis um Karl August von Weimar, gab es solche Meinungen. Aber das war eine Minderheit, ohne konkrete Vorstellungen über Ziele und Wege, kaum an den Entscheidungen beteiligt. Ein Nationalstaat hatte 1815 keine Chance: weder waren die europäischen Mächte für eine solche Lösung – sie hätte die deutschen Kräfte, statt sie in einem Gleichgewichtssystem ruhig zu stellen, gebündelt und dynamisiert und zu einer Gefahr für Europa gemacht – noch die deutschen Groß- wie Mittelstaaten noch auch die Massen des Volkes. Dennoch war diese Vorstellung nicht wirkungslos; Stein, Arndt und Görres z. B., in gewisser Weise auch Humboldt, haben sie, als ihre Unrealisierbarkeit deutlich war, in das realistischere Konzept von einem starken Bundesstaat umgeformt; Hardenberg hat sie und ihre Vertreter und ihre Resonanz für seine preußische Politik benutzt.

Auf der anderen Seite gab es die Vorstellung einer Erneuerung des alten Reiches und des habsburgischen Kaisertums, vor allem im Süden und Westen, bei Regionalisten, Mediatisierten und kleinen Fürsten, bei den Gegnern des Rheinbundabsolutismus, aber auch in Österreich, auch bei Stein. Alter Reichspatriotismus und neuer nationaler Sinn verbanden sich da. Aber das alte Reich war gescheitert, war tot; es war weder in der Realität noch im Bewußtsein einfach zu erneuern. Die Mittelstaaten waren dagegen. Preußen hielt ein Kaisertum, das Macht habe, für unerträglich, eines, das keine Macht habe, für unnütz; Vermittlungsideen wie die, Preußen zum deutschen oder norddeutschen Bundesfeldherrn unter dem österreichischen Kaiser zu machen, erwiesen sich als irreal: ein neues Kaisertum scheiterte am preußisch-österreichischen Dualismus. Schließlich und vor allem: Metternich und der Kaiser entschieden sich nach einigem Zögern gegen solche Wiederherstellung. Das Kaisertum würde Österreich mit dem Dauerkonflikt von Reichsgewalt und Partikularstaaten und mit der Opposition der Mittelstaaten belasten und sei darum schädlich; das Problem des deutschen Dualismus sei mit solchem Kaisertum nicht zu lösen; eine hegemoniale Dominanz Österreichs in Deutschland sei nur indirekt und mit der quasi natürlichen Bundesgenossenschaft der Mittelstaaten, aber gerade nicht über ein Kaisertum zu erreichen. Freilich, und das war eine wichtige Folge, damit hat Österreich viele nationale Erwartungen enttäuscht und an gesamtdeutscher Resonanz, die es noch oder – im historisch-nationalen Bewußtsein – wieder hatte, eingebüßt. Dennoch, auch diese Idee hat, in einer realpolitischeren Version der Verbindung von Bundesstaat und Kaisertum, wie sie Stein, die Mediatisierten, die kleineren Fürsten 1815 noch einmal aufgriffen, auf dem Kongreß eine erhebliche Rolle gespielt.

Was als Möglichkeit übrig blieb, war eine föderalistische Organisation mehr staatenbündischer oder mehr bundesstaatlicher Art. Jede derartige Organisation mußte damals drei Probleme lösen. Sie mußte 1. regeln, wie die Stellung der beiden deutschen Großmächte zu den anderen Staaten und untereinander sein sollte, die Frage also von Hegemonie und Dualismus. Sie mußte 2. das Verhältnis von Bund und Einzelstaaten bestimmen, die Teilung der Souveränität, die Verteilung der Kompetenzen und die Konstruktion einer handlungsfähigen Bundesgewalt: Oberhaupt, Regierung, Gesetzgebung und Gericht. Daran entschied sich, ob das neue Gebilde stärker bundesstaatlich oder stärker staatenbündisch sein werde. Schließlich gehörte zu den Problemen der Neuordnung 3. die Frage der Verfassung. Niemand dachte an eine Wiederherstellung des Absolutismus. Reformer und patriotisch-nationale Bewegungen wollten Verfassungen. „Indem man dem Volke seinen billigen Teil an seiner eigenen Regierung gestattet, kann ihm auch allein jene lebendige Teilnahme an dem allgemeinen Wohle angemutet werden, die zum ferneren Bestand Deutschlands schlechterdings erfordert wird" (Görres). Und die bürgerlich-konstitutionellen Kräfte wollten Grundrechte. Etatistische Reformer und selbst Konservative wollten Verfassungen, um den Staat zu integrieren und zu stärken oder um die gesellschaftlichen Bewegungen durch Konzessionen abzufangen. Dazu kam das besondere Problem des Adels, des mediatisierten Reichsadels wie der Adelsopposition gegen die bürokratisch-obrigkeitlichen Reformstaaten; eine Verfassung sollte die Mitwirkung des Adels sichern oder ihn in den Staat integrieren. Die modernen bürgerlich-konstitutionellen und die traditionellen ständisch-aristokratischen Momente all solcher Verfassungsforderungen lagen dabei vielfach noch ungeschieden nebeneinander. Verfassung konnte einen liberalen wie einen konservativen, etatistischen oder ständischen Sinn haben; deshalb konnte die Forderung so allgemein aufgegriffen werden. Allgemein sprach man von ständischer oder landständischer Verfassung. Auch die europäischen Großmächte befürworteten eine Verfassung, und die europäischen Vorbilder England, die neue französische „Charte" von 1814, die Verfassungspläne des Zaren spielten eine große Rolle.

Das Ergebnis der Wiener Verhandlungen ist bekanntlich der locker gefügte „Deutsche Bund" gewesen. Aber zunächst gab es andere, anscheinend realistische Alternativen. Aus der Geschichte der vielfältigen Pläne und Überlegungen greifen wir nur ganz weniges heraus. Stein hat seit 1812 eine ganze Reihe von Verfassungsplänen vorgelegt und die Realisierungschancen abgetastet; sie zeigen schon sehr deutlich die Schwierigkeiten der „deutschen Frage". Im November 1812 z. B. hat er eine Teilung Deutschlands in zwei Hegemonialsphären erwogen, im August 1813 die Organisation des dritten Deutschland als „Reich" mit dem österreichischen Kaiser in Personalunion verbunden und mit Preußen durch feste und dauernde Verträge. Humboldt hat versucht, die nationalstaatliche Idee mit der Realität der deutschen Staatenwelt und dem preußischen Interesse, gleiches Gewicht wie Österreich zu erhalten, zu versöhnen und dazu Zwischenformen zwischen Staatenbund und Bundesstaat entwickelt; Hardenberg hat davon vieles übernommen.

Daraus entsteht dann im Oktober 1814 ein gemeinsamer Entwurf Preußens und Österreichs. Deutschland sollte in Kreise eingeteilt werden – das war ein

Rückgriff auf die alte Reichsverfassung –, an deren Spitze Österreich, Preußen, Hannover, Bayern und Württemberg stehen sollten. Der Rat der „Kreisoberen" sollte das Exekutivorgan des Bundes sein, mit einem nur noch geschäftsführenden Direktorium Österreichs, und zusammen mit einem Fürsten- und Städterat auch für die Gesetzgebung zuständig sein. Dazu sollte es ein oberstes Bundesgericht geben. Die Kompetenz des Bundes war weit gefaßt; sie betraf nicht nur Militär- und Außenpolitik, sondern „alle Angelegenheiten der inneren Wohlfahrt", Wirtschaft und Recht vor allem – nur die Steuerhoheit blieb bei den Einzelstaaten. Der Bund sollte Rahmenbedingungen für die einzelstaatlichen Verfassungen setzen und, so einigte man sich später, den „Landständen" Mitwirkung an der Gesetzgebung und der Steuerbewilligung, wie das Recht zur Ministeranklage garantieren. Den Mediatisierten (und zum Teil auch dem Adel) wurden in den Landständen besondere Rechte und eine privilegierte Stellung garantiert; Hardenberg hatte ihnen sogar Sitz und Stimme im Rat der Fürsten und Städte geben wollen, und das wurde später noch einmal wieder aufgenommen. Das Bundesgericht war für die Einhaltung der Verfassungsnormen und für die Sonderrechte der Mediatisierten zuständig. Preußen und Österreich waren herausgehoben; sie waren den Bundesnormen über die Verfassung nicht voll unterworfen, durften eine eigene Außenpolitik treiben und waren nicht mit all ihren Territorien Mitglieder des Bundes. Der geplante Bund beruhte erstens auf der Vorherrschaft der fünf Groß- und Mittelmächte, der Königreiche über die anderen und der Abgrenzung ihrer Einflußsphären; zweitens auf der Doppelhegemonie Preußens und Österreichs im Bund und auch in der Exekutive, wo sie je zwei Stimmen, die drei anderen je eine hatten – ihr Übergewicht bestand freilich nur, sofern sie einig waren –; drittens auf der Einschränkung der mittel- und kleinstaatlichen Souveränität durch die Bundesorgane einerseits, die neu ins Leben gerufenen und vom Bundesgericht geschützten inneren Gegenkräfte, Stände und Mediatisierte, andererseits. Diese Bestimmungen hätten zu einer „stillen Mediatisierung" der Rheinbundstaaten, zu einer Stärkung des Bundes wie der Hegemonialmächte geführt. Auf dieser Basis hatte man einen Kompromiß zwischen Bundesstaat und Staatenbund gefunden, mit einer handlungsfähigen Exekutive, einer Legislative mit ausreichenden Zuständigkeiten und einem obersten Gericht. Daß es keine nationalen Repräsentationsorgane geben sollte, war für die Anhänger der nationalen und konstitutionellen Bewegung schmerzlich, unter den gegebenen Umständen aber nicht verwunderlich. Es ist der Erinnerung wert, daß Österreich und Preußen, Hardenberg, der Mann der Reform, und Metternich, der Mann der Restauration, sich auf diesen Kompromiß geeinigt haben. Metternich wollte zu dieser Zeit im Interesse der Stabilität durchaus die Einzelstaaten an Österreich und Preußen binden, Preußen befriedigen und an die Kooperation mit Österreich binden, um gerade so seine hegemonialen, deutschen oder norddeutschen, Ambitionen einzudämmen und einzuhegen. Preußen blieb im Grunde, da es die Mittelstaaten nicht für sich mobilisieren konnte, auf den Konsens mit Österreich angewiesen.

Diese Pläne sind gescheitert. Bayern und Württemberg hatten zwar kaum etwas gegen die Hegemonie der Königreiche, aber sie wandten sich vehement gegen jede Einschränkung ihrer Souveränität und gegen die preußisch-österreichische Hegemonie. Österreich, Preußen und Hannover waren zwar zu bedeutenden Konzessionen bereit, aber sie hielten an einer funktionsfähigen und gegenüber der Souveränität der Einzelstaaten nicht zu schwachen Bundesorganisation und der Bundesgarantie der Verfassungen fest, ja sie erwogen, vom Zaren unterstützt, den Bund notfalls – und zunächst einmal – ohne die süddeutschen Königreiche abzuschließen. Dazu trat die ganz anders gerichtete Opposition des „nicht-königlichen Deutschland", die Stein auch mit publizistischer Hilfe von Görres organisierte: diese Staaten traten für Gleichheit der Bundesglieder ein; nur dann waren sie zum Souveränitätsverzicht bereit, und sie traten jetzt noch einmal für ein erneuertes Kaisertum ein. Entscheidend wurde dann, daß die sächsische Krise den Konsens zwischen Österreich und Preußen zerstörte. Metternich schwenkte auf die eher staatenbündische Linie um, suchte einen Kompromiß, bei dem die volle innere und äußere Souveränität der Mittelstaaten möglichst weitgehend bestehen blieb; er wollte auf die institutionelle Hegemonie der deutschen Großmächte ganz verzichten, weil sie nur Konflikte erzeuge, und statt dessen ihr nun einmal vorhandenes Machtübergewicht nur noch indirekt zur Geltung kommen lassen. Preußen konnte eine mehr bundesstaatliche Lösung nicht gegen die süddeutschen Staaten und Österreich durchsetzen; es war weiterhin auf Österreich angewiesen, schwenkte, zögernder freilich und mehr notgedrungen, ebenfalls auf mehr staatenbündische Lösungen ein. Es ging jetzt nur noch um ein Minimum an Bund. Dennoch schienen die Verhandlungen blockiert. Metternich wollte gegen die süddeutschen Widerstände nicht mit diplomatischem Druck oder gar ultimativ vorgehen; das hätte seiner Konsens- und Gleichgewichtspolitik in Deutschland nicht entsprochen. Er hat dann die Rückkehr Napoleons und den Neuausbruch des Krieges dazu benutzt, alle Beteiligten zum Anschluß an eine Minimalregelung zu bringen, eine Rahmenvereinbarung, die man später ausfüllen mochte; und Preußen nahm das als Basis für eine künftige Entwicklung, während die süddeutschen Regierungen darin im Grunde schon das äußerste Zugeständnis sahen. Am 8. Juni 1815 kam daraufhin die Deutsche Bundesakte endlich zustande, die einen unauflöslichen Bund der 39 – dann 41 – souveränen Staaten und Städte konstituierte. Preußen und Österreich gehörten dem Bund nur mit den ehemaligen Reichsteilen an; die Könige von England, Dänemark und der Niederlande waren als deutsche Landesherren Mitglieder. Die Hauptmächte hatten auf das Direktorium verzichtet, also auf eine handlungsfähige Exekutive, auf die Kreiseinteilung und die darauf basierende Militärverfassung, auf eine gemeinsame Kirchenverfassung, auf die Bundesgarantie für die einzelstaatlichen Verfassungen, zuletzt, auf Betreiben Bayerns, auch auf das Bundesgericht, ja sie räumten schließlich ein, daß die wesentlichen Beschlüsse über Grundgesetze und Einrichtungen des Bundes, über Religionsfragen und über Angelegenheiten einzelner Staaten nur einstimmig, sonst mit Zwei-Drittel-Mehrheit gefaßt werden durften. Das einzige Organ des Bundes war die Bundesversammlung, bald Bundestag genannt, ein Gesandtenkongreß, bei dem die größeren Staaten im Höchstfall 4 von insgesamt 69 Stimmen erhielten, und darin ein engerer Rat mit 17 Stimmen, von denen die 11 größeren Staaten je eine führten; er bereitete die Entscheidungen vor, hier galt die einfache Mehrheit. Der Bund sollte alle für die äußere und innere Sicherheit Deutschlands notwendigen Maßnahmen treffen; das war seine Zweckbestimmung, darauf war er beschränkt. Nur die Gleichberechtigung der Konfessionen, eine relative Freizügigkeit und die Freiheit zum Grunderwerb unabhängig von der Staatsangehörigkeit war den Untertanen gleichsam grundrechtlich garantiert, den Mediatisierten zudem bestimmte Sonderrechte; über die Verfassungen hieß es nur noch: „In allen Bundesstaaten wird eine landständische Verfassung stattfinden."

Der Bund war nur noch eine relativ schwache und wenig handlungsfähige Föderation, ein Staatenbund mit einigen bundesstaatlichen Elementen, ohne Exekutive, Justiz und Verfassungsschutz, mit geringen Kompetenzen. Die Souveränität der Einzelstaaten und ihre Gleichberechtigung hatten sich durchgesetzt. Eine straffere Bundesorganisation, wie sie zunächst möglich schien, war gescheitert, als der preußisch-österreichische Konsens zerfiel und Metternich dem Widerstand der süddeutschen Königreiche nachgab. Der Bund war die Absage an die moderate Form eines nationalen Bundesstaates, wie sie die nationale Bewegung, aber auch Preußen und eine Reihe von Kleinstaaten gewollt hatten. Stein formulierte die Enttäuschung: der Bund entspreche nicht den Erwartungen der Nation, der Größe ihrer Anstrengungen, ihrer Leiden, ihrer Tatkraft, sie finde in ihm weder Gewähr ihrer bürgerlichen und politischen Freiheit, noch ihrer äußeren Sicherheit im Kriegsfalle.

Gewiß ist es abwegig und anachronistisch, die Souveränitätspolitik der süddeutschen Regierungen und Fürsten oder die Gleichgewichts- und Stabilitätspolitik Metternichs an der Elle nationaler Maßstäbe zu messen oder sie zu verurteilen – solche Maßstäbe galten für diese Politiker nicht: ein Nationalstaat, gegründet auf die Selbstbestimmung der Nation, war zu diesem Zeitpunkt unmöglich. Und der Bund war für ein halbes Jahrhundert ein Instrument einer deutschen und europäischen Friedensordnung; er hat die deutschen Staaten untereinander befriedet und ihre Kräfte in Europa zugleich neutralisiert und beruhigt, für Europa erträglich gehalten, ja er hat – passiv von der Machtlage Europas begünstigt – auch die deutschen Grenzen vor dem Druck von außen gesichert; er wurde ein Faktor der Stabilität. Dennoch, der Bund war keine Ordnung der Freiheit und keine der nationalen Einheit; er war eine Barriere gegen die liberal-nationale Bewegung der Zukunft, war ein Sieg der partikularstaatlichen Restauration. Gerade deshalb ist er die Basis für die beiden deutschen Revolutionen gewesen, die von 1848 wie die von 1866/1871. Von hinterher gesehen war das Ergebnis der Gründungsverhandlungen, der lockere Bund von 1815, vielleicht ein Unglück für die deutsche Geschichte. Man kann sich fragen, ob nicht ein strafferer Bund, wie er ursprünglich auf der Tagesordnung stand, ein Bund, der mehr Raum für eine gemeinsame Politik geboten hätte, eine andere, weniger eruptive, stärker liberale und stärker gesamtdeutsche Entwicklung

ermöglicht hätte. Wir wissen es nicht. Man kann zweifeln, ob die Fünferhege-
monie funktionsfähig gewesen wäre und das Einverständnis der Hauptmächte
von Dauer, ob der politische Wille der entstehenden Nation sich nicht auch unter solchen Bedingungen gegen die landesstaatlich dynastische Ordnung ge-
kehrt hätte oder er sie hätte umformen können. Und man kann fragen, ob für
die Menschen, die aus dem regional-partikularen und ständischen alten Reich
kamen, der nationale Bundesstaat nicht etwas Unzeitgemäßes war, der moderne
Partikularstaat dagegen, der trotz aller Bürokratie dem Einzelnen noch nah und
anschaulich war, eine notwendige Übergangsstufe zum modernen Staat, ob die
partikulare und egoistische Souveränitätsräson der süddeutschen Fürsten nicht,
jenseits ihrer Absicht, eine allein zeitgemäße Entwicklungsstufe hervorbrachte,
ob hier eine List der Vernunft waltete. Wir können es überlegen. Wissen können
wir es nicht.

Wir kehren noch einmal zur großen Politik und zum Friedensschluß zurück.
Während der Kongreß noch verhandelte – das gehört noch zur Erinnerung der
Völker –, kam die Nachricht von Napoleons erneuter Landung in Frankreich
(März 1815). Das stellte die Einheit der vier Siegermächte zunächst wieder her:
alle Ouvertüren Napoleons wiesen sie zurück; der Krieg wurde wieder eröffnet
und endete im Sommer dann mit dem englisch-preußischen Entscheidungssieg
von Waterloo; der letzte Versuch Napoleons war gescheitert. In dieser Situation
regten sich noch einmal Bestrebungen und Hoffnungen, die gefundene Neuordnung radikal zu revidieren. Deutschland, „das von allen die härtesten Anstrengungen gemacht und das Härteste erduldet hatte, war von allen überlistet und
allen preisgegeben worden", hieß es am 1./2. Juli 1815 in Joseph Görres' ‚Rheinischem Merkur'; nichts sei „wohl beendet", dem „Reich" sei keine Sicherheit
zuteil geworden, nicht gegen Frankreich, „wo alle Grenzen offen liegen", nicht
gegen Rußland, „das in Polen den mächtigsten Keil schon tief in Teutschland
hineingetrieben", nicht gegen England, „das von der Elbe bis zur Schelde alle
Küsten aufgefressen". Das war der Protest des werdenden deutschen Nationalismus. Der Wiener Kongreß hatte hier Empörung ausgelöst, weil das deutsche
Volk und die Freiheit in seinen Verhandlungen keine Rolle spielten und statt eines neuen Reiches nur der enttäuschende Deutsche Bund zustande kam. Hardenberg hatte den preußischen und preußisch orientierten Patrioten (Arndt,
Gruner, Niebuhr) im Interesse seiner preußischen Politik (und als Druckmittel
gegen die Mittelstaaten) freie Hand für ihre Propaganda gelassen. Arndt schrieb
in einer scharfen Flugschrift, England – „der Krämer, der unsere Meere und
Ströme beherrscht und ganz Deutschland womöglich in ein englisches Warenla-
ger verwandeln will" – und die deutschen Fürsten hätten schon das Entstehen eines neuen mächtigen „Germaniens" verhindert; Österreich habe seinen alten
Beruf, Deutschland zu führen und zu schützen, abgegeben; das Volk sei nicht
für die Fürsten da, diese seien überflüssig, wenn das Volk ihrer nicht mehr bedürfe; Europa komme nicht aus dem Gleichgewicht, wenn Deutschland und
Italien einige und mächtige Reiche seien; jetzt sei es an Preußen, „Ehre, Macht
und Eintracht mit starken Händen zu stiften und zu erhalten".

Im Blick auf die nationale Organisation Deutschlands blieben solche Regungen vage und, wir sahen es, erfolglos. Konkreter wurden sie in der Forderung nach einer Grenzrevision gegenüber Frankreich, die zugleich die Stellung Preußens im Sinne einer nationalen Politik stärken sollte. Man sprach vom Elsaß und von Lothringen im Sinne eines alten Reichspatriotismus wie der neuen Kategorien der Volks- und Sprachnation; Görres forderte gar „das burgundische Erbe", alte Besitztümer, „ehe sie uns durch Gewalt und Betrug das unsere abgezwungen". Die patriotische Moralisierung des Krieges mündete zum Teil in die Idee der Bestrafung der Franzosen, das Streben nach absoluter Sicherheit in die Idee weitreichender Annexionen. Nicht nur ein paar Publizisten, sondern Fürsten und Politiker, zumal aus dem Reichsadel, in Württemberg, in Hannover, in den Niederlanden, in Österreich (Stadion, Erzherzog Karl), äußerten solche Ideen. Selbst Hardenberg forderte, aus macht- und sicherheitspolitischen Gründen freilich, daß Frankreich den Festungsgürtel entlang seiner Ostgrenze, von Belgien bis Italien, preisgeben müsse. Aus all dem ist fast nichts geworden. Die erneute Restauration der Bourbonen hatte die Stellung Frankreichs schnell wieder verbessert; weder England noch Rußland wollten im Interesse der Versöhnung, des Gleichgewichts wie der innerfranzösischen Stabilität eine wesentliche Schwächung Frankreichs, und Metternich überdies keine „nationale" Bewegung – wie die der preußischen „Jakobiner", keine neuen Konflikte, die die Pentarchie im Streit um neue „Beute" zerstören würden. Hardenberg mußte einlenken. Blücher und Gneisenau, die Führer der preußischen Armee in Frankreich, haben in den Verhandlungen über Waffenstillstand und Besatzung versucht, solche Politik zu realisieren, ein fait accompli zu schaffen, die Armee (und gar den König) gegen Regierung und Diplomaten auszuspielen, und sie gingen bis an die Grenze der Insubordination; Castlereagh, Metternich und der Zar hielten diese Armee für einen potentiell revolutionären Faktor. Aber endgültig setzte sich Hardenberg gegen die politisierende Generalität durch. Es blieb – im zweiten Pariser Frieden – bei wenigen Grenzkorrekturen (Landau und Saarbrücken) an der neuen deutsch-französischen Grenze.

Die Kongreßphase endet mit zwei internationalen Verträgen. Zum einen wurde die Allianz der vier siegreichen Großmächte, die sogenannte Quadrupel-Allianz, erneuert; sie sollte Europa vor neuen Angriffen Frankreichs sichern und den Pariser Frieden garantieren, und sie sah europäische Konferenzen zur Klärung anstehender internationaler Fragen vor. Zum anderen schlossen sich die europäischen Mächte – mit Ausnahme des Papstes, des Sultans und, im strengen Sinne, Englands – zu der berühmt-berüchtigten Heiligen Allianz zusammen. Der Zar, von religiösen Motiven und Einflüssen geleitet, hatte in einer großen Erklärung einen neuen Geist der Politik, jenseits der Kabinettsdiplomatie und der machiavellistischen Machträson, einen neuen Äon der Brüderlichkeit der Fürsten und Völker verkünden wollen; sie seien eine einzige Familie, eine einzige Nation, in der die Monarchen ihre Völker väterlich, christlich, friedlich regieren würden. Metternich hatte den Entwurf „redigiert"; er hat den prophetischen Ton herausgestrichen: die Verurteilung der früheren Zeiten, die Ankün-

digung eines fundamentalen Gesinnungswechsels, das Reden von einer einheitlichen christlichen Nation, und hat die Brüderlichkeit der Monarchen statt die
der Völker in den Mittelpunkt gestellt. Aus einer Proklamation von Kreuzzug
und neuem Äon war eine Erklärung über das Ende der Revolutionszeit und den
Wiedereintritt in die normale Geschichte geworden. An die Stelle einer universalen Gemeinschaft (deren Protektor der Zar gewesen wäre) waren wieder die
Großmächte getreten; Metternich benutzte die christlich-theokratischen Formeln, um den Zaren einzubinden. Die Heilige Allianz ist kein Instrument realer
Politik der europäischen Mächte, aber sie wird ein Symbol der konservativen,
der antirevolutionären Restauration und Stabilisierungspolitik.

Faßt man die Neuordnung Europas im ganzen ins Auge, so muß man wohl
drei Dinge hervorheben. Zunächst eine neue Konstellation der Großmächte.
Der eigentliche Sieger der Epoche ist nach dem Zusammenbruch der französischen Hegemonie England; seine Welt- und Seemacht ist gerade durch das europäische Gleichgewicht konsolidiert, zugleich ist es die Macht, die dieses
Gleichgewicht garantiert; es hat seine kontinentalen Glacis-Stellungen, und es
beherrscht den europäischen Absatzmarkt. Rußland hat mit dem Löwenanteil
an Polen, mit Finnland und der Grenze an der Donaumündung eine stärkere
Stellung als je vorher in Europa, aber die faktische Hegemonie auf dem Kontinent hat es nicht errungen; hier war die englisch-österreichische Eindämmung
erfolgreich. Frankreich ist als Großmacht, wenn auch in seiner Aktivität eingeschränkt, wiederhergestellt. Österreich ist, obschon es sich in Polen (Galizien)
behauptet, in Italien dominiert, auf Grund seiner inneren Struktur an sich keine
starke Macht; dennoch hat es politisch erhebliches Gewicht, weil es in jeder europäischen Kombination die Balance hält, weil es Rußland in Europa und Preußen in Deutschland eingedämmt hat, ohne sich prinzipiell mit diesen Mächten
zu verfeinden. Es lebt in besonderem Maße vom Gleichgewichtssystem, das seinen Einfluß wie seine übernationale Ordnung stabilisiert. Preußen hat seine
Stellung in Deutschland verstärkt, aber seine eigentlichen Ziele nicht erreicht, es
ist – auf Grund der geographischen Lage – auf Dauer nicht saturiert; als europäische Macht ist es fast zweitrangig, steht im Schatten Österreichs wie Rußlands.

Sodann: die Neuordnung ist, wie die des Deutschen Bundes, eine Ordnung
der Restauration, eine Ordnung der Fürsten und Staaten gegen die liberalen und
nationalen Bewegungen, gegen das Selbstbestimmungsrecht der Völker. Die bestehende Machtordnung der Staaten, ja die Legitimität der Dynastien scheinen
völkerrechtlich zementiert. Jede Veränderung stößt seither mit dem System Europas zusammen. Der liberale und der nationale Protest des 19. wie des 20. Jahrhunderts gegen die Wiener Ordnung ist gut begründet.

Schließlich aber, und im Gegensatz dazu: Aufgabe wie Ergebnis der Neuordnung war die Herstellung von Stabilität. Nach der Revolutionierung aller internationalen Verhältnisse sollte europäische Ordnung auf Vertrag und Verpflichtung, auf Konsens und Anerkennung gegründet werden: das war der Kern der
neuen Legitimität, das sollte die ungebändigte Dynamik einzelstaatlicher Macht

und imperialistischer Ansprüche wie die der modernen nationalen und revolutionären Bewegungen und ihrer messianischen Ideologien bändigen. Diese Friedensordnung hat Konflikte begrenzt; sie ist ein Stück europäischer Selbstverständlichkeit – noch in allen Umbildungen – geworden; sie hat – relative – Dauer gewonnen, bis zu den italienischen und deutschen Einigungskriegen, ja in gewisser Weise bis 1914: darum hat sie alle späteren Beurteiler auch immer wieder fasziniert. Die Friedensregelungen im Zeitalter von Nationalismus und Demokratie sind im ganzen weniger rational, weniger versöhnend, weniger ausgleichend und weniger stabil gewesen.

Es ist das Wesen großer geschichtlicher Erscheinungen, daß das, was wir mögen, und das, was wir nicht mögen, ihnen zugleich eigen ist, daß sie sich unserem Verlangen, das Positive auf derselben Seite zu finden: Freiheit und Friede, gerade nicht fügen – das macht ihre Größe und ihr Unglück aus.

II. Leben, Arbeiten, Wirtschaften

1. Bevölkerung

Die Bevölkerung der deutschen Länder – der Gebiete des Reiches von 1871 ohne Elsaß-Lothringen, aber mit den österreichischen Ländern im Deutschen Bund, wozu auch Böhmen und Mähren zählten, – beträgt um 1800 etwa 30 Millionen. 1816, nach den napoleonischen Kriegen beträgt sie mit etwa 32,7 Millionen erst unwesentlich mehr. Bis 1865 steigt sie auf über 52 Millionen an. Sie ist also in diesem Zeitraum, solange der Deutsche Bund bestand, um 60% gewachsen, das entspricht einem durchschnittlichen jährlichen Wachstum von etwa 0,94%. Freilich, solche Durchschnittszahlen besagen nicht sehr viel. Wie unsere Tabelle zeigt, steigt die Bevölkerung regional sehr ungleichmäßig. Im landwirtschaftlichen preußischen Nordosten ebenso wie in den Gewerbegebieten der Rheinprovinz und Westfalen, in der Provinz und im Königreich Sachsen, in Böhmen und im Rhein-Main-Gebiet steigt sie wesentlich stärker als im deutschen Durchschnitt, in Nordwest- und Süddeutschland und den österreichischen Alpenländern wesentlich schwächer. Während das Gesamtwachstum bei etwa 60% liegt, liegt es in der ersten Regionengruppe zwischen 75 und 100%, in der zweiten knapp über 30%, in den österreichischen Hochgebirgsländern unter 25%. Außer einer regionalen Differenzierung ist auch eine zeitliche nötig: in den ersten 25 Jahren des Zeitraums 1816 bis 1865 steigt die Bevölkerungszahl viel schneller als in den zweiten fünfundzwanzig Jahren. An der Bevölkerungsdichte, die ja an die Bevölkerungszunahme gebunden ist, läßt sich diese zeitliche Differenzierung deutlich zeigen. Die Bevölkerungsdichte steigt in Preußen von 49 über 60 auf 71 Einwohner/km², in den preußischen Bundesgebieten von 44 über 62 auf 80, im Deutschen Bund ohne Österreich von 49 über 65 auf 78, in den österreichischen Bundesgebieten von 47 über 60 auf 71; und die regionale Differenzierung bleibt natürlich erhalten: in den Industrie- und Realteilungsgebieten, in Sachsen, Böhmen, Oberschlesien, dem Wiener Becken, Baden, Württemberg, dem Niederrhein ist sie besonders hoch, in der norddeutschen Tiefebene mit Ausnahme Schleswig-Holsteins bis zur Weser und in den Alpengebieten ist sie deutlich geringer als im Durchschnitt.

Unser Zeitraum ist die Hoch-Zeit der demographischen Revolution, jenes staunenswerten Grundfaktums, das die europäische wie die deutsche Geschichte von der Mitte des 18. bis ins frühe 20. Jahrhundert hin bewegt. Diese Revolution vollzieht sich, indem sich die Art ändert, in der sich die Bevölkerung im ganzen fortpflanzt, die „Bevölkerungsweise". In der alten Welt sind Ehen an Arbeit und Nahrung, an „Stellen" gebunden; nur ein Teil der Fortpflanzungsfähigen kommt zur Ehe, die anderen werden rechtlich und ökonomisch und durch die

1. Bevölkerung der Staaten des Deutschen Bundes in Tausend

	1816	1865	Zuwachs in % 1816–65	Jährl. Zuwachsrate in %
Kgr. Preußen (incl. Westpreußen, Ostpreußen, Posen, Hohenzollern)	10400	19445	87	1,3
davon: Westpreußen ⎱	571	1261	121	1,6
Ostpreußen ⎰ nicht im Dt. Bund	886	1775	100	1,4
Posen	820	1532	87	1,3
Kgr. Preußen, soweit im Dt. Bund (incl. Hohenzollern, 1849 preußisch)	8093	14785	83	1,2
davon: Berlin	198	646	226	2,4
Brandenburg (ohne Berlin)	1086	1992	83	1,2
Pommern	683	1442	111	1,5
Schlesien	1942	3532	82	1,2
Prov. Sachsen	1197	2053	72	1,1
Westfalen	1066	1676	57	0,9
Rheinprovinz	1871	3379	81	1,2
Schleswig-Holstein (Schleswig nicht im Dt. Bund)	681	1017	49	0,8
Hamburg	146	269	84	1,2
Mecklenburg-Schwerin	308	555	80	1,2
Hannover	1328	1928	45	0,7
Oldenburg	220	302	37	0,6
Braunschweig	225	295	31	0,5
Kurfürstentum Hessen (-Kassel)	568	754	33	0,6
Großherzogtum Hessen (-Darmstadt)	622	854	37	0,6
Nassau	299	466	56	0,9
Thüringische Staaten	700	1037	48	0,8
Sachsen	1193	2354	97	1,4
Baden	1006	1429	42	0,7
Württemberg	1410	1752	24	0,4
Bayern (incl. Pfalz)	3560	4815	35	0,6
Luxemburg/Limburg (soweit im Dt. Bund)	254	395	56	0,9
Sonstige Bundesstaaten außer Österreich	543	817	51	0,8
Dt. Bund ohne Österreich	21156	33824	60	0,9
Kaisertum Österreich, soweit im Dt. Bund	9290	13865	49	0,8
davon: Alpenländer	4291	~5870	37	0,6
davon: Nieder-Österreich (incl. Wien)	1045	~1900	82	1,2
Ober-Österreich (incl. Salzburg)	760	~880	15	0,3

Fortsetzung Tabelle 1

	1816	1865	Zuwachs in % 1816–65	Jährl. Zuwachsrate in %
Tirol und Vorarlberg	726	~ 875	21	0,4
Steiermark (incl. Südsteiermark)	765	~1115	46	0,8
Küstenland (nur Triest u. Kreis Görz)	158	~ 290	84	1,2
Kärnten und Krain	642	~ 810	26	0,5
davon: Sudetenländer	4853	~7485	54	0,9
davon: Böhmen	3163	~5015	59	0,9
Mähren und Schlesien	1690	~2470	46	0,8
davon: Hztm. Auschwitz (verwaltet v. Galizien)	335	(510; nicht mehr ausgewiesen, geschätzt)		
Dt. Bund insgesamt	30446	47689	57	0,9
Dt. Bund und nicht zum Bund gehörige Teile Preußens	32723	52257	60	0,94

Militärverfassung in ein Zwangszölibat gedrängt; angesichts der Sanktionen gegen Unehelichkeit sind sie nur ganz vermindert zeugungsfähig. Dazu kommt – einer der erstaunlichsten universalgeschichtlichen Unterschiede des Westens zu allen anderen Kulturen – das relativ hohe Heiratsalter zwischen Mitte und Ende 20, das die Reproduktionsphase verkürzte. Wenn eine Ehe geschlossen war, gab es in ihr keine Beschränkung der Kinderzahl, also hohe Geburtenzahlen. Dem stand gegenüber eine hohe Sterblichkeit, zumal der Säuglinge, Kinder und Jugendlichen, ein Drittel bis die Hälfte. Normalerweise gab es trotzdem einen leichten Geburtenüberschuß, aber periodische Krisen, Seuchen, Kriege, Hungersnöte infolge von Mißernten führten zu tiefen Einbrüchen in die Bevölkerungsbilanz und stellten langfristig das Gleichgewicht zwischen Bevölkerungszahl und Nahrungsspielraum wieder her.

Diese Situation ändert sich in West- und Mitteleuropa seit dem späteren 18. Jahrhundert, und statistisch zeigt sich das in einem permanent hohen, zeitweise auch wachsenden Geburtenüberschuß. Das hat eine doppelte Ursache: einmal gibt es, zumal im späten 18. Jahrhundert, leichte Veränderungen der Sterblichkeit, für die man Klima, Immunisierung, größere Widerstandsfähigkeit bei besserer Ernährung, Fortschritte der persönlichen Hygiene, die Pockenimpfung, das Ausbleiben der großen Seuchen – die letzte Pest tritt 1709/1711 auf, die Cholera des 19. Jahrhunderts ist in ihrer Wirkung begrenzter – und den Rückgang der Kriegsverheerungen verantwortlich macht. Auch nur leichte

2. Ausgewählte Bevölkerungsdichten in Einwohner pro km²

	1816	1840	1865
Kgr. Preußen (incl. Westpreußen, Ostpreußen, Posen, Hohenzollern)	38	54	71
davon: Westpreußen	22	36	49
Ostpreußen	24	38	48
Posen	28	43	53
Kgr. Preußen, soweit im Dt. Bund (incl. Hohenzollern, 1849 preußisch)	44	62	80
davon: Berlin	3100	5200	10200
Brandenburg (ohne Berlin)	27	38	50
Pommern	23	35	48
Schlesien	48	71	88
Prov. Sachsen	47	65	81
Westfalen	53	68	83
Rheinprovinz	69	96	125
Mecklenburg-Schwerin	23	38	42
Braunschweig	61	72	80
Thüringische Staaten	57	72	84
Sachsen	80	114	157
Baden	67	86	95
Württemberg	72	84	90
Bayern	47	58	63
Dt. Bund ohne Österreich	49	65	78
Kaisertum Österreich. soweit im Dt. Bund	47	60	71
davon: Alpenländer	38	45	53
davon: Nieder-Österreich (incl. Wien)	53	71	96
Ober-Österreich (incl. Salzburg)	40	45	46
Tirol und Vorarlberg	26	30	31
Steiermark (incl. Südsteiermark)	34	43	49
Küstenland (nur Triest u. Görz)	102	142	186
Kärnten und Krain	32	38	40
davon: Sudetenländer	61	79	93
davon: Böhmen	60	80	96
Mähren und Schlesien	61	78	89

Zum Vergleich: in einer Reihe europäischer Regionen, z.B. Venetien, Lombardei, Toskana, Oberelsaß, französisch und belgisch Flandern und in den englischen Industriegebieten lag die Bevölkerungsdichte um 1816 über 150.

Rückgänge der Sterblichkeit schlagen stark auf die Bevölkerungsbilanz durch, in Böhmen z.B. sinkt die Mortalität von 33,3 p.T. (1784–1814) auf 29,4 (1815–1838); das erhöht den Geburtenüberschuß um ein Drittel. In unserem Zeitraum stagniert nach 1815 – erst dann haben wir kontinuierliche Statistiken –

3. Lebendgeborene, Gestorbene, Geburtenüberschuß pro Jahr (25-Jahres-Durchschnitte) in Promille

	1816–1840			1841–1865		
	L. geb.	Gest.	Übersch.	L. geb.	Gest.	Übersch.
Preußen insges.	39,4	27,5	11,9	38,0	26,0	12,0
Westpreußen	46,0	32,4	13,6	44,4	32,5	11,9
Berlin	33,6	30,6	3,0	33,4	27,3	6,1
Rheinprovinz	35,2	24,6	10,6	34,5	23,9	10,6
Westfalen	35,2	25,7	9,5	34,0	24,4	9,6
Mecklenburg-Schwerin	37,3	20,2	17,1	33,9	21,9	12,0
Großherzogt. Hessen (Darmstadt)	(keine Daten)			32,6	22,9	9,7
Sachsen	38,8	(ab 1827) 28,3	10,5	39,4	27,8	11,6
Bayern	33,8	(ab 1826) 27,7	6,1	34,2	28,0	6,2
Österreich; incl. Galizien, Bukowina, Dalmatien	28,7	(ab 1819) 30,1	8,6	37,7	31,5	6,2

die Sterberate, mit deutlichen zeitlichen Schwankungen und zumal mit regionalen Unterschieden; am Ende unserer Periode ist sie im ganzen nicht niedriger als nach 1815. Je nachdem welche Jahre und Perioden man auswählt, mag man auch eine leicht sinkende Tendenz konstatieren – so in unseren 25-Jahresdurchschnitten, so wenn man ein „Tief" um 1860 betont und den Wiederanstieg der Kurve in den 6oer Jahren auf „Ausnahme"bedingungen zurückführt –, aber wie dem auch sei, einen deutlichen oder gar dramatischen Rückgang gibt es nicht. Die großen Fortschritte der Medizin wirken sich noch nicht aus. Die Lebenserwartung bleibt bis in die 6oer Jahre relativ konstant, z. B. liegt sie 1816–1860 in Ost- und Westpreußen bei 24,7, in der Rheinprovinz bei 29,8, in Westfalen bei 31,3 Jahren. Erst im Jahrzehnt 1871/1880 ist eine deutliche Erhöhung zu konstatieren; im Deutschen Reich liegt sie jetzt bei Männern bei 35,6, bei Frauen bei 38,5 Jahren. Neben den regionalen (und mit ihnen verbunden) gibt es altersspezifische und soziale Unterschiede. Die Sterblichkeit z. B. der 10–14jährigen sinkt seit etwa 1845, nicht die der Älteren; in der Ober- und Mittelschicht ist die Lebenserwartung, zumal auf Grund besserer Ernährung, im ganzen etwas höher, die Kindersterblichkeit geht hier eher zurück, in einem Sample aus Nordwestdeutschland immerhin zwischen 1800 und 1850 von 25% auf 12,3% bis zum 15. Jahr. Generell aber geht die Säuglings- (und Kleinkinder)sterblichkeit nicht zurück. Sie pendelt zwischen 1820 und 1870 in Bayern zwischen 28 und 33, in Österreich 1800–1870 zwischen 23 und 25, in Sachsen um 26, in Preußen zwischen 17 und 21%. Am höchsten ist sie bei Unehelichen und Pflegekindern und dann in den Unterschichten – bei Mütterarbeit und schlechter und falscher Ernährung: in Erfurt zum Beispiel ist sie 1848/1869 bei Arbeitern mit 30,5% doppelt so hoch wie in der Mittelschicht, viermal so hoch wie bei der Oberschicht.

Wichtiger als die Bewegungen der „normalen" Sterblichkeit ist der im Vergleich zu alten Zeiten stärkere Rückgang der „Krisen"sterblichkeit – trotz Cholera, Hungerjahren, Grippeepidemien –, es sind das nicht mehr katastrophenähnliche Einbrüche, die Zahlen verstetigen sich.

Wenn der hohe Geburtenüberschuß kaum aus sinkenden Sterbeziffern zu erklären ist, dann um so mehr durch die Steigerung der Geburtenziffern. Geburtenziffern und Geburtenüberschuß haben sich freilich nicht gleichmäßig entwickelt, sie schwanken auf Grund der Stärke der Altersjahrgänge wie auch der wirtschaftlichen Konjunkturen stark; grob gesagt sind sie bis 1830 hoch, dann flachen sie ab. 1847/1849 gibt es einen deutlichen Einbruch, danach 1849/1851 und ab 1857 steigen die Zahlen wieder, freilich auf ein etwas niedrigeres Niveau als zu Beginn des Jahrhunderts. Der Geburtenüberschuß liegt im Durchschnitt unseres Zeitraums in Deutschland bei 0,9%, in Preußen bei 1,2%, er konzentriert sich auf die Frühphase bis 1830 und die Zeit seit den 50er Jahren. Aber viel aufregender als diese Schwankungen ist die regionale Ungleichheit, der hohe Überschuß im preußischen Nordosten und in den Gewerbegebieten, der geringe in den anderen Regionen. Das führt uns zu den Ursachen der Entwicklung. Hoher Geburtenüberschuß beruht auf Vermehrung der Eheschließungen oder geringerem Heiratsalter in den betreffenden Gebieten. Dafür ist zunächst wichtig die Freigabe der Ehe. Wo, wie in Preußen, keine behördliche, herrschaftliche, kommunale Genehmigung, kein Nahrungsnachweis erforderlich war – und zudem der 12jährige Militärdienst weggefallen war –, wurde mehr geheiratet. Im Süden und Nordwesten blieben teils kommunale Heiratsbeschränkungen erhalten, teils wurden sie neu eingeführt. Die Bevölkerungszunahme hatte eine große Diskussion entfacht, bei der die pessimistische Annahme von Malthus, die Bevölkerung wachse in geometrischer, die Nahrungsproduktion nur in arithmetischer Progression, eine große Rolle spielte. Die einen, eher konservativ Gesonnenen, suchten der Gefahr der „Pöbelerzeugung" zu begegnen. „Aus der Familie jedes ehrsamen Handwerksmeisters, der eine Anzahl Gesellen beschäftigt, ernährt und zur sittlichen Ordnung anhält, solle eine Anzahl kleiner Familien hervorgehen, indem jeder Geselle seine Dirne heiratet und der Stifter eines neuen Ge-

4. Geburtenziffer, Sterbeziffer, Geburtenüberschuß in ausgewählten
5-Jahres-Durchschnitten (in Promille)

	1821–25			1841–45			1861–69		
	Geb.	St.	Üb.	Geb.	St.	Üb.	Geb.	St.	Üb.
Preußen inges.	41,38	25,06	16,32	38,28	26,06	12,22	39,54	25,80	13,74
Westpreußen	50,44	27,46	22,98	44,58	28,56	16,02	45,24	29,74	15,50
Berlin	33,62	27,20	6,42	32,28	24,54	7,74	36,40	27,72	8,68
Rheinprovinz	35,54	22,10	13,44	36,02	24,64	11,38	35,10	23,46	11,64
Westfalen	35,80	22,88	12,92	34,88	25,22	9,66	35,26	24,82	10,44
Mecklenburg-Schwerin	36,66	17,30	19,36	33,28	21,60	11,68	31,26	21,54	9,72
Ghztm. Hessen (Darmstadt)	(keine Daten)			35,40	23,66	11,74	33,62	23,76	9,86
Sachsen	(1827–31) 40,08	28,38	11,70	39,10	28,76	10,34	40,22	27,80	12,42
Bayern insges.	(1827–31) 33,26	26,40	6,66	34,36	28,20	6,16	36,20	28,94	7,26
Österreich (Reichshälfte, d.h. incl. Galizien, Bukowina, Dalmatien)	39,78	26,84	12,94	39,16	29,55	9,61	38,19	29,38	8,81

Zum Vergleich

	Geburtenrate	Sterberate	Überschuß
Bundesrepublik 1979	9,5	11,6	– 2,1
DDR 1977	13,5	13,4	0,1
Österreich 1979	11,5	12,3	– 0,8

schlechtes von Hungerleidern wird", wetterte der General York gegen die Reformen. Und in den Kommunen war das fast durchweg die Stimmung der Vertreter der alten gebundenen Ordnung. Für diese Position waren Heirats- und Niederlassungsbeschränkungen dann das gegebene Auskunftsmittel (z.B. Hannover 1827, Baden 1831/1851, Württemberg 1833/1852, Bayern (1808) 1825/1834). Zwar war unter solchen Gesetzen die Quote der Unehelichen doppelt so hoch wie anderswo, aber das – ein Kind einer Endzwanzigerin im Normalfall – konnte mit einer insgesamt niedrigen Geburtenrate gut einhergehen. Der Geburtenüberschuß im rechtsrheinischen Bayern z.B. lag (1816–1855) mit 5,4% weniger als halb so hoch wie in Preußen. Die anderen, Gegner solcher Beschränkungen, sahen aus Aufklärungsüberzeugung und christlicher Familienmoral in Kindern einen Reichtum; das hielt sich gerade in Preußen durch;

die großen Statistiker Hoffmann und Dieterici lehnten, gesellschaftspolitisch liberal, mit der Bürokratie jeden staatlichen Eingriff ab. Und die ostelbische Erfahrung, daß wachsende Bevölkerung mit wachsender Produktivität einherging, schien dem Pessimismus der Malthusianer deutlich zu widersprechen.

Denn das war nun der andere Grund für den Anstieg der Eheschließungen und damit die Geburtenüberschüsse: neue „Stellen", neue Arbeitsplätze. In Ostelbien hat der sogenannte Landesausbau eine riesige Stellenvermehrung gebracht und damit die ökonomische Möglichkeit zur Familiengründung. Es sind vor allem die verschiedenen Gruppen der Landarbeiter, die Unterschichten und die in sie aufgehenden jüngeren Bauernsöhne gewesen, die dieses Wachstum eigentlich trugen, die weit überproportional um das 2- bis 3½fache gewachsen sind. Bis um 1840 fing das Land zunächst diesen Zuwachs noch auf. In den Gewerbegebieten – wie im späten 18. Jahrhundert schon in den Gebieten der Hausindustrie – entfällt die alte bäuerlich-zünftlerische Beschränkung des Heiratens auf die, die in eine „Stelle" einrücken, entfällt die soziale Kontrolle der „Ehrbarkeit" über die Unterschichten, und die der Eltern über die Kinder schwächt sich ab. Die faktische Möglichkeit zur bis dahin versagten Eheschließung nimmt stark zu. Im Regierungsbezirk Münster z. B., einem groß- und mittelbäuerlichen Anerbengebiet ohne viel Gewerbe, also mit geringer Möglichkeit der Familiengründung, liegt die Geburtenziffer bis 1870 bei etwa 30 p. T. (in Preußen bei 40–44) – es gibt wenig Uneheliche, proportional weniger Frauen schließen eine Ehe, das Heiratsalter liegt höher –, während sie in den gewerblichen Nachbarbezirken Minden und Arnsberg bei 37–40 liegt. Immer freilich handelt es sich bei der Zunahme der Eheschließungen um eine Kombination eherechtlicher, ökonomischer und erbrechtlicher Gegebenheiten; darum zum Beispiel hat in den Realteilungsländern Hessen-Darmstadt und Nassau die Heiratsbeschränkung weniger gegriffen als in Bayern. Die Analyse der regionalen Unterschiede zeigt die Bedeutung der sozialökonomischen Verhältnisse.

Es gibt darüber hinaus bei Heirat und Geburten schichtenspezifische Unterschiede. In dem erwähnten nordwestdeutschen Sample gibt es einen leichten Rückgang der Kinderzahlen: bei Beamten und Angestellten liegt die Zahl in vor 1825 geschlossenen Ehen bei 6,4, in denen vor 1849 bei 5,1, in denen vor 1874 bei 4,4; Unternehmer und Handwerker folgen im Abstand von 25 Jahren; auch bei den Bauern zeigt sich ein Rückgang: 1750–1799: 7,11; 1800–1849: 6,3; 1850–1874: 5,5. Bei den Gebildeten kann man, am Abstand von letztem und vorletztem Kind, Ansätze der bewußten Geburtenbeschränkung feststellen. Das Heiratsalter (nach denselben Quellen) steigt bei den gebildeten Männern von 32 auf 33 Jahre, den Frauen von 22 auf 25; bei Unternehmern und Handwerkern liegt es bei den Männern um 3, bei Bauern um 4 Jahre, den Kleinbauern um 3 Jahre darunter. Bei den Oberschichten steigt auch das Heiratsalter der Frauen; vor 1800 sind 34% unter 20, 1825–1874 nur 9,3%; das der Bauernfrauen steigt von 22,7 (vor 1800) auf 25,1 nach 1850; das der Unterschicht liegt im ganzen deutlich höher.

5. Durchschnittlicher Anteil unehelicher Geburten an der Gesamtzahl der Geburten 1830–69 in Prozent

Länder ohne Heiratsbeschränkungen:

Preußen	7,5
davon Westfalen (1841–69)	3,2
davon Rheinprovinz (1841–69)	3,6

Länder mit Heiratsbeschränkungen:

Hannover	9,7
Württemberg	13,2
Baden	15,2
Österreich	15,6
Bayern	21,1

Die geringere Wachstumsrate zwischen 1840 und 1865 ist nur zum kleinen Teil auf die etwas niedrigeren Geburtenzahlen (und Eheschließungen) zurückzuführen; wichtiger ist hier der zweite Faktor, der neben Gebürtigkeit und Sterblichkeit die Bevölkerungsbilanz beeinflußt: die Wanderungsbilanz, und das hieß in diesen Jahren, der Bevölkerungsverlust durch Abwanderung (etwa in Mecklenburg, wo trotz hoher Geburtenüberschüsse die Bevölkerung beinahe stagniert). Davon wird gleich zu reden sein. Die Stadt- und Industrieregionen wachsen vor allem infolge von Wanderungsgewinnen deutlich überdurchschnittlich.

Zunächst müssen wir noch zwei Dinge, die aus diesen Bewegungen folgen, betonen, weil sie für die Gesamtgeschichte besonders wichtig sind. Zum einen: die Gesellschaft ist eine jugendliche Gesellschaft, durchschnittlich ein Drittel der Bevölkerung ist unter 15, nur 5–8% über 61; dabei spiegelt die regionale Verteilung die unterschiedlichen Geburtenüberschüsse und die Wanderungsgewinne. Von daher kann man dann auch – bei Schätzung der üblichen Arbeit von Frauen – das Arbeitskräftepotential mit etwa 45% der Bevölkerung berechnen. Zum anderen: das Gewicht der deutschen Staaten verschob sich: 1815 hatten Preußen knapp und Österreich gut zwei Siebtel der Bundesbevölkerung und die fünf größeren Bundesstaaten ebenso; Preußen insgesamt lag etwas unter der Einwohnerzahl der Mittel- und Kleinstaaten, während das Habsburgerreich insgesamt etwa doppelt so stark war. 1865 übertraf Preußens Bevölkerung im Bund bereits die Österreichs um rund 1 Million, die der fünf größeren Mittelstaaten um 2,5 Millionen, und mit all seinen Provinzen war es um 0,75 Millionen stärker als die deutschen Mittel- und Kleinstaaten. Nach den Grenzverschiebungen von 1866 lebten fast zwei Drittel der Menschen des Reiches von 1871 in Preußen.

6 a. Anteil der unter 14 Jahre Alten an der Gesamtbevölkerung (in Prozent)

	1822	1840	1864
Ostpreußen	38,5	34,6	37,1
Westpreußen	38,4	35,8	38,8
Posen	40,7	36,7	36,7
zusammen: Nordosten	39,2	35,7	37,1
Rheinprovinz	35,7	34,7	35,1
Stadt Berlin	25,1	25,6	28,3
Preußen insgesamt	36,1	34,5	35,8
Baden	...	(29,7)	(29,4)
Württemberg (Altersgrenze bei 15 Jahren; deshalb nur Schätzwerte)	(29,5)	(29,4)	(27,0)
Sachsen	(30,2)	(29,7)	(30,3)
Bayern	29,6 (1834)	28,6	28,3

6 b. Anteil der über 60 Jahre Alten in Prozent

Ostpreußen	6,0	5,9	5,4
Westpreußen	5,4	4,9	5,0
Posen	5,1	4,3	4,8
zusammen: Nordosten	5,5	5,1	5,1
Rheinprovinz	6,8	6,5	6,4
Preußen insgesamt	6,2	6,1	6,1
Berlin	6,1	5,2	4,9
Baden	...	...	7,0
Württemberg	...	...	...
Sachsen	6,1	6,8	6,7 (1871)
Bayern	...	...	9,4 (1871)

7. Anteil von Einwohnern in Gemeinden über 5000 Einwohnern in Prozent

	1815	1870
Sachsen	15,0	26,1
Preußen	13,3	21,5
Württemberg	11,4	14,3
Baden	11,0	17,1
Bayern	9,7	12,1
späteres Deutsches Reich	9,5	19,9
Österr. Alpenländer mit Wien	10,9 (1816)	20,7 (1869)
ohne Wien	5,7	8,5 (1869)
Österr. Sudetenländer	4,1	5,9 (1869)

Und auch in Europa war es – 1867 mit 24 Millionen gegenüber England 23,2, Frankreich 37,4 Millionen – wesentlich stärker geworden.

Zur Bevölkerungsgeschichte des Jahrhunderts gehören schließlich die großen Wanderungsbewegungen, zuerst die Binnenwanderung, und das heißt in unserem Zeitraum vornehmlich die Verstädterung. Um 1800/1815 lebten etwa 9,3–9,5% der Deutschen in Gemeinden mit über 5 000 Einwohnern (sie können wir – trotz der „Ackerbürger" – einigermaßen gewiß als „Städte" bezeichnen), und zwar 5% in Städten bis 20000, 3,8% in solchen bis 100000 und 1,5% in „Großstädten" über 100000 Einwohnern, der Rest auf dem Lande und in kleinen Städten unter 5 000 Einwohnern. Von 1016 preußischen Städten um 1800 hatten 400 weniger als 1 000, weitere 500 weniger als 3 000 Einwohner. 1870 lebten im Deutschen Reich 11,2% in Städten von 5–10000, 7,74% in solchen zwischen 10 und 100000, 4,8% in solchen über 100000, insgesamt 23,7% in Orten über 5 000 Einwohner; 63,9% lebten in Gemeinden unter 2 000 Einwohnern (1852 in Preußen noch 67,3%); in den Alpenländern lebten 20,7 (1869), in den Sudetenländern 5,9% in Orten über 5 000 Einwohnern. In Preußen hatte sich die Stadtbevölkerung von 3 auf 6,3 Millionen mehr als verdoppelt. Unterschiede der regionalen Ausgangslage und Entwicklung und das Wachstum einzelner Städte zeigen die nebenstehenden Tabellen. Dabei darf man die hohen Wachstumsraten der kleineren Städte, so wichtig sie sind, nicht allein ins Auge fassen; bei den Großstädten ist das Ausgangsniveau natürlich viel höher, selbst in Berlin bedeutet 1,8% um 1800 3 000 mehr, 1850 waren 3,5% fast 15 000. Im Vormärz geht die Verstädterung noch vergleichsweise langsam vor sich, der Bevölkerungsanstieg bleibt überwiegend auf dem Lande. Aber das Städtewachstum beruht, da sich wegen der hygienischen Verhältnisse die Bevölkerung der Städte kaum selbst reproduziert, hauptsächlich auf Zuwanderung, und zwar aus dem Umland. Es sind vor allem Haupt-, Residenz- und Verwaltungsstädte wie Berlin und Wien, München, Stuttgart und Dresden; einige der alten Wirtschaftszentren (Breslau, Köln, Leipzig, Magdeburg) und die mittleren und kleinen Städte der frühen gewerblichen Verdichtungsgebiete – Krefeld, Elberfeld, Barmen , Aachen; die alten Städte und Städtchen an Rhein und Ruhr (Dortmund, Düsseldorf, Duisburg) und in Sachsen, Chemnitz z. B. Wo die frühe Industrialisierung vor allem auf dem Lande bleibt – in den Sudetenländern etwa –, ist die Verstädterung entsprechend geringer. Während das Bevölkerungswachstum nach der Jahrhundertmitte geringer wird, intensiviert sich der Prozeß der Verstädterung. Die Industrialisierung, die Verkehrserschließung, die erreichte „Auffüllung" des Landes bis zur Grenze des Nahrungsspielraums schlagen sich darin nieder. Das Wandern in die Stadt ist noch immer hauptsächliche Wanderung aus nahen und näheren Regionen. Die schlesisch-ostdeutsche Wanderung nach Berlin ist eher eine Ausnahme. Die Leute der gebildeten und modernen mittleren Berufe – auch für sie wird das Wandern der Arbeit nach allmählich ein Schicksal, ihre Mobilität nimmt erheblich zu – wandern auch über größere Entfernung, aber statistisch fallen sie natürlich nicht ins Gewicht.

Es gibt verschiedene Typen der Städte und des Städtewachstums; die alten

8. Bevölkerung deutscher Städte in Tausend

	1800	durchschnittl. Jahreszuwachs in % 1800–1850/51	1850/51	durschnittl. Jahreszuwachs in % 1850/51– 1860/61	1860/61	durchschnittl. Jahreszuwachs in % 1860/61– 1870/71	1870/71	durchschnittl. Jahreszuwachs 1850–70
Aachen	27	1,5	53[7]	1,4	60	2,1	74	1,9
Altona	23[1]	0,9	32[8]	2,7	53[9]	4,9	74	3,4
Augsburg	26	0,8	39	1,4	45	1,3	51	1,4
Barmen	16	2,0	36	2,5	46	4,9	74	3,7
Berlin	172	1,8	419	2,7	548	4,2	826	3,5
Bremen	40	0,6	53	2,4	67	2,2	83	2,3
Breslau	60	1,3	114	2,5	146	3,6	208	3,1
Brünn	26[2]	...	...	...	...	...	74	1,9
Chemnitz	11[3]	2,6	34	2,8	45	4,2	68	3,5
Danzig	41	0,7	58	1,9	70	2,4	89	2,2
Dortmund	4	2,0	11	7,6	23	6,7	44	7,2
Dresden	60	1,0	97	2,8	128	3,3	177	3,1
Düsseldorf	10	2,0	27	4,3	41	5,3	69	4,8
Duisburg	4	1,6	9	3,8	13	9,1	31	6,4
Elberfeld	19[4]	2,3	47	1,4	54	2,8	71	2,1
Essen	4	1,6	9	8,9	21	9,5	52	9,2
Frankfurt/M.	48	0,6	65	1,6	76	1,8	91	1,7
Graz	31	1,2	55	...	...	...	84	2,1
Hamburg	130	0,6	175	1,3	200	3,8	290	2,6
Hannover	18	1,0	29	9,4	71	2,2	88	5,7
Kiel	7	1,7	16	...	...	...	32	3,5
Köln	50	1,3	97	2,2	121	0,6	129	1,4
Königsberg	55[5]	0,6	73	2,7	95	1,6	112	2,2
Krefeld	8[6]	3,4	40[7]	2,3	48	1,7	57	2,0
Leipzig	30	1,5	63	2,2	78	3,2	107	2,7
Magdeburg	23	1,6	52	2,6	67	4,5	104	3,5
Mannheim	19	0,5	24[7]	2,8	30[9]	4,0	46[11]	2,9
München	40	1,9	107[7]	3,6	148	1,3	169	2,6
Nürnberg	30	1,2	54	1,6	63	2,8	83	2,2
Prag	75	0,9	118	2,8	143[10]	0,7	157	1,4
Stettin	18	1,8	44	2,8	58	2,2	72	2,5
Stuttgart	18	1,9	47[7]	2,2	56	5,9	92	3,8
Triest	29	2,1	83	...	...	...	123	2,0
Wien	247	1,2	444	1,0	476[10]	4,4	834	3,2

[1] 1809 [2] 1815 [3] 1806 [4] 1810 [5] 1802 [6] 1804
[7] 1852 [8] 1845 [9] 1864 [10] 1857 [11] 1875

Städte mit Verwaltungs- und Versorgungscharakter werden Eisenbahnzentren und Industrieorte oder nehmen wie die Hafen- und Handelsstädte am Aufschwung des Verkehrs- und Dienstleistungssektors teil (Hannover, Mannheim, Nürnberg, Königsberg, Hamburg neben den früher genannten etwa); die alten Textil- und Gewerbestädte wachsen weiter; im Ruhrgebiet entstehen ganz neue Städte und die älteren – Essen, Dortmund und Duisburg – wachsen gewaltig. Zu den drei deutschen „Groß"städten mit über 100000 Einwohnern von 1800: Berlin, Wien und Hamburg, sind 1870 acht neue getreten: Breslau, Dresden, München, Prag, Köln, Königsberg, Leipzig, Magdeburg. Zum Städtewachstum der 50er und vor allem der 60er Jahre gehört nach der „Entfestigung", dem Fall der Mauern, ihr Zusammenwachsen mit Vororten, die ebenfalls anwachsen und „verstädtern". Ein Teil des Städtewachstums geht auf Eingemeindungen (zumal in den 60er Jahren) zurück, die Bevölkerungsverdichtung in den „Vororten" führt zu Eingemeindung und Wachstum; neben der Bevölkerungszahl nimmt darum die Stadtfläche zu. Territoriale Grenzen und politische Rücksichten,

Angst vor zu großen Städten, zu starken Verwaltungen haben mancherorts zusammenwachsende Städte getrennt gehalten – das holsteinische Altona und das
hannoversche Harburg von Hamburg oder Charlottenburg, Spandau, Schöne-
berg von Berlin.

Neben der Binnenwanderung steht die Auswanderung. In der ersten Jahrhunderthälfte ist es vor allem der deutsche Südwesten, der die Auswanderer stellt,
hier ist auch die Auswanderungsquote am höchsten. Übervölkerung, Pauperismuskrise und Ablösung vom heimatlichen Sozialverband sind die wesentlichen
Ursachen, die durch akute allgemeine (1816/17, 1846/1848) oder private Krisen
aktualisiert werden. Dazu tritt die Attraktion der Einwanderungsländer, der
USA zumal, die durch vage Erwartungen wie konkrete Berichte von Auswande-
rern gespeist wird, neben den Push-Effekt der Pull-Effekt. Die Auswanderung
aus Gewissensgründen – württembergische Pietisten oder schlesische Altluthe-
raner – und aus politischen Gründen – Opfer der Reaktion wie Karl Follen,
Franz Lieber oder Friedrich List und 48er wie Karl Schurz – ist demgegenüber
quantitativ gering, so groß ihre Bedeutung für das Bewußtsein der Deutschen
wie der Amerikaner gewesen ist. Seit Ende der 40er Jahre steigt die Auswande-
rungswelle mit dem Bevölkerungsdruck gewaltig an. Der Anteil der Südwest-

9. Auswanderung

	aus Gebieten des Dt. Reichs von 1871	aus österreich. Anteil am Dt. Bund (hohe Dunkelziffer)
1820–29	50000	14000
1830–39	210000	8000
1840–49	480000	?
1850–59	1161000	28000
1860–69	782000	42000

deutschen sinkt (1845/1849: 29%, 1860/1864: 17%), der der Westdeutschen
und, zumal seit den 60er Jahren, der Nordostdeutschen, wo das Land die zweite
Generation des Bevölkerungszuwachses nicht mehr auffing, steigt (1871/1875:
396000 aus dem Nordosten, 154000 aus dem Nordwesten, 256000 aus dem
Südwesten, 194000 aus anderen Regionen). Auch in diesen Jahrzehnten ging
die große Masse noch in die USA. Es gab viele besorgte Debatten um diese Auswanderer, in Erinnerung und Mythos viel sentimentale Verklärung über alle
Not, in der sie begann: der Onkel aus Amerika ist damals zur volkstümlichen Figur geworden.

2. Familie, Geschlechter, Generationen

Das Verhältnis der Geschlechter wie der Generationen und die Institution Familie sind trotz aller naturhaften Grundlagen historische Wirklichkeiten. Sie haben
sich in der Neuzeit, zuerst im England des 18. Jahrhunderts, grundlegend verän-

dert. In Deutschland setzt sich dieser revolutionäre Wandel in unserem Zeitraum, und zunächst im Bürgertum, durch: es entsteht die moderne Familie. Ihre Geschichte ist nicht gut erforscht; darum hat, was wir erzählen, etwas Vorläufiges. Aber es ist so wenig bekannt, daß sich auch das lohnt.

Einige Grundfakten der alten Welt gelten in unserer Zeit noch fort: hohe Geburtenzahlen und hohe Sterblichkeit der Kinder – ein Drittel bis ein Viertel stirbt vor der Mündigkeit –, höhere Sterblichkeit auch der Ehepartner. Die durchschnittliche Ehe dauert 20 Jahre (1800): der Tod verkürzt die lebenslange Ehe wie heute die Scheidung. Die Familie ist unbeständig, der Tod ist als Ereignis und Erwartung präsent, Waisenkinder und zweite Ehen (Stiefmutter und -vater) sind etwas Normales. Die Tradition des relativ hohen Heiratsalters – nach Mitte und eher Ende 20 bei den Männern, 1–2 Jahre jünger bei den Frauen – hält sich durch, ja erhöht sich leicht. Daher ist die Zeit der Gebärfähigkeit auf 15–20 Jahre begrenzt und ebenso die Zahl der Kinder: alle 2–3 Jahre ein Kind. Endlich: die Ehe ist an Selbständigkeit, eine „Stelle", ein Haus gekoppelt und wird darum aufgeschoben; das gilt auch im bürgerlichen und im Arbeiterbereich – vor der Ehe steht eine Zeit des Sparens.

Auf dieser Basis können wir im 19. Jahrhundert verschiedene Familientypen unterscheiden – nach Tradition oder Modernität und nach sozialer Schicht. Da ist zunächst der traditionelle Familientypus, der mit gewissen Veränderungen bei den Bauern und kleinen Bürgern weiterlebt. Die ältere Meinung, die vormoderne Familie sei generell die Großfamilie mit drei Generationen und unverheirateten Geschwistern gewesen, ist inzwischen stark relativiert. Die durchschnittlichen Haushaltsgrößen lagen nicht über 5 Personen. Aber der Durchschnitt täuscht; denn in seiner Lebensgeschichte durchlief jeder große und kleine Familien. Der Normaltyp der alten Welt war der um nur ein Gattenpaar herumgebaute Haushalt. Die Kinder verließen zu Lehre und Dienst früh, mit 14 Jahren, das Haus, nicht nur in der Unterschicht, sondern auch bei Handwerkern und Bauern; freilich, bei den armen und kleinen Leuten lag diese „Abstoß"quote früher, und sie war höher. In der Stadt war auch die Wiederverheiratung nicht so schier unabdingbar wie auf dem Land. Aber bei den Bauern, gelegentlich auch beim städtischen Handwerk, lebten vielfach verwitwete Großelternteile oder ledige Geschwister mit. Bei den mittleren und größeren Bauern lebten erwachsene Kinder (Erben wie Geschwister) mit; ihnen war die Selbständigkeit vorenthalten, die Erben immerhin warteten auf sie. Vor allem aber gehörten Gesinde, Gesellen und Lehrlinge, also dienende, mitarbeitende, lernende Fremde zur „Familie" als Haus- und Lebensgemeinschaft. Die Familie war in die Rechtsordnung des „Hauses" eingebunden. Diese Familie war Lebens- und Produktionsgemeinschaft in einem; sie war über das Haus als Institution Teil der Gesellschaft, Teil auch der politischen Gemeinde. Und sie war die Institution der sozialen Sicherungen, gegen Krankheit und für das Alter – kurz, sie hatte vielfältige Funktionen, war nicht auf das Private im Gegensatz zum Öffentlichen beschränkt. Für die Bauern und die Mehrheit der Handwerker (und kleinen Händler) bleibt in unserem Zeitraum die alte Einheit von Haus und Betrieb noch erhalten. Freilich sind auch hier Züge zur Konzentration auf die Kernfamilie zu beobachten: die Abstoßung der Alten und Unverheirateten in der Stadt und in den Realteilungsgebieten; der allmähliche Auszug der Gesellen und später der Lehrlinge aus der handwerklichen Haushaltsgemeinschaft; die Trennung von Herr und Gesinde bei großen Bauern.

Nach außen ist die Bauern- und Handwerkerfamilie noch wenig „privat", sie ist „offen", dem Blick der Nachbarn, der Zunftgenossen, des Pfarrers ausgesetzt; das Familiendasein – von der weißen Wäsche bis zum „gehörigen" Betragen der Ehepartner zueinander – steht unter sozialer Kontrolle, die auf dem Dorf oft als Sittengericht, Katzenmusik, Charivari noch aktuell ist. Ein Mann konnte seine „Rollen" als Hausvater, Bürger, Nachbar, Kirchenglied, Produzent, Konsument nicht voneinander trennen; das dauert noch lange fort, auch als die rechtliche Verknüpfung von Bürger- und Hausvaterstatus längst aufgehoben war. Erst wo die große Stadt die soziale Kontrolle lockert, gewinnt die Familie Privatheit, Abgeschlossenheit und übernimmt die neue „bürgerliche", individualistische Familienmentalität.

Die Wahl des Ehepartners war – seit dem späteren 18. Jahrhundert – auch bei Bauern und Handwerkern nicht mehr auf die Entscheidung der Eltern gestellt. Die Wahl der Kinder und das elterliche Vorschlags- und Vetorecht ergänzten sich. Romantische Liebe, individuelle Leidenschaft und Zuneigung spielten in diesem Lebenskreise als Motiv für die Eheschließung keine besondere Rolle: praktische Tüchtigkeit, Besitz, Versorgung, Miteinander-Auskommen-Können waren entscheidend; der Beschluß, „eine Frau zu suchen" stand oft am Anfang. Unter diesem Aspekt ist z. B. die Zahl der Ehen mit älteren Frauen um 1800 noch hoch (25–30% in den Untersuchungsorten), und sie nimmt bis zur Jahrhundertmitte nur langsam ab. Die Liebe komme nicht vor, sondern mit der Ehe, so war die altmodische Ansicht gewesen. Auf dem Land gab es zu Anfang noch die alten Formen der Geschlechterbegegnung: Spinnstube und Fest, Kiltgang und Burschenschaft, in denen Wahl, feste Ritualisierung der Rollen und soziale Kontrolle der Altersgenossen verwoben waren; sie wurden freilich von Kirche und Bürokratie, die das Archaische nicht mehr verstanden, als Unordnung und Unsittlichkeit bekämpft, von Schule, Mobilität und Industrie schließlich entmachtet.

Das Ziel der Ehe war die Bewältigung des Lebens im gegebenen Status durch gegenseitige Hilfe und Arbeitsteilung, Aufbringen der Kinder, Befriedigung der Sexualität. Die Ehe war eine fraglose Selbstverständlichkeit des Lebens, vor jeder Dogmatik, jedem Recht, über allem Zweifel; auch die Ehelosen, die Verwitweten wie die Unverheirateten, blieben wenigstens in den konsolidierten Ständen auf sie bezogen. Sie war religiös sanktioniert – durch Aufgebot, Einsegnung, Eintrag ins Kirchenbuch, Familiengebet –; in ihr gerade hatte der Mensch an dem lebensumspannenden Hintergrund der christlichen Sinnerfüllung des Lebens teil. Die Ehe beruhte nicht auf einem „Gefühl" (Liebe), sie war ein soziales und selbstverständliches „Amt". Die Beziehungen der Familienglieder untereinander waren nicht sonderlich warm und nicht emotional geprägt, sondern eher kühl, distanziert, durch „gegenseitige Achtung" charakterisiert, waren wenig spontan und variabel, für die Modernen: steif und hölzern. Ältere Männer wußten nicht, wie viele Kinder sie gehabt hatten oder gar, wie viele Fehl- und Totgeburten ihre Frauen. Die „Ersetzung" eines Ehepartners nach dessen Tod war darum kein großes emotionales Problem. Freilich, diese not- und todbedingte Sprödigkeit und das konservative Verständnis der Familie und ihrer Glieder unter der Kategorie des Amtes ist seit Luther auch mit der Predigt von einer unromantischen, aber gemüthaften Liebe der Eheleute, von der Idylle, dem „Fröhlichen" und der „Süße" der Ehe überbaut worden, und das wirkt fort, nimmt die moderne subjektive Liebe in sich auf und institutionalisiert sie zugleich. In der Stadt entwickelt sich um und seit 1800 auch bei den kleinen Bürgern stärker die Gefühlsbindung. Die Anredeform der Ehepartner wandelt sich zum Du, wenn man auch nicht durchweg zur Benutzung der Vornamen übergeht. Zwischen Mann und Frau sind die Geschlechterrollen und die Arbeit streng geteilt, das ist selbstverständlich. Das Leben der Frauen ist zunächst von ihrem familialen Status geprägt: Jungfrau, Frau und Mutter, Witwe; noch in der Mitte des Jahrhunderts unterscheiden sie sich auf dem Lande durch die Tracht, die sie länger als die Männer noch tragen. Die „innerhäuslichen Geschäfte" – auf dem Hof ist sie zuständig auch für das Geflügel, den Gemüsegarten und den Milchsektor – leitet die Frau; sie arbeitet da, hat ihren „Beruf". Aber das Verhältnis der Geschlechter ist ganz patriarchalisch, die männlich-väterliche Autorität steht fest, ist von Kind an eingeübt, wird von allen Lebensmächten gestützt und getragen. Der Mann fällt alle wesentlichen Entscheidungen und bestimmt die Außenbeziehung der Familie, er ist das „Haupt", sie „Werkzeug", Demut und Gehorsam gelten als ihre Tugenden. Daß dem Bauern das Leben der Kuh wichtiger als das der Frau sei, wie aus bestimmten Regionen Frankreichs berichtet wird, trifft man freilich in Deutschland nicht. Und die eigene Arbeitssphäre gibt der Frau de facto doch auch eine gewisse Selbständigkeit.

Das Verhältnis zu den Kindern ist unsentimental, kurz, streng, distanziert, von Disziplin und Gehorsam, Arbeit und Prügel bestimmt. Der Widerstand der Bauern gegen die Schule entstammt ihrem elterlichen Autoritätsanspruch gegen den Staat. Um 1800 sagen die Kinder der kleinen Bürger und der Bauern noch Er, um 1850 noch sehr häufig Ihr und Sie. Freilich, das neue „bürgerliche" Familienleben dringt – in der städtischen Mittelschicht zuerst – auch in die traditionellen Bereiche vor: das Gefühl für die elterliche Verantwortung für die Kinder – für Schule, Berufsausbildung z. B. – nimmt zu.

Schließlich: die traditionelle Familie gewährt ihren Gliedern eigentlich keine individuelle Privatheit – alles spielt sich gemeinsam und in wenigen Räumen ab; nur langsam kommt die bürgerliche Moral mit der Kritik am Zusammenschlafen von Eltern und Kindern, Jugendlichen, Gesinde voran.

Diesem Typus steht nun die „moderne" Familie gegenüber – in England entstanden, in Deutschland seit dem späten 18. Jahrhundert sich im gebildeten Bürgertum entwickelnd und dann vom Adel übernommen. Sie wird im 19. Jahrhundert beherrschend. Zunächst: hier ist Produktion und Arbeit vom Haus getrennt; mit dem Rückgang der Eigenproduktion auch im bürgerlichen Haus während unseres Zeitraums verstärkt sich diese Tendenz. Die „Fortschritte" der Technik auch im Hause – gelackte Dielen oder Petroleum- oder gar Gaslampen – haben einen die Frau entlastenden Effekt. Die Familie wird eine Konsumgemeinschaft. Für diejenigen, die nicht in der eigentlichen Produktion tätig sind, ist das zunächst scheinbar nicht so aufregend – aber im Zusammenhang mit der Modernisierung der Gesellschaft gilt jetzt: der gesellschaftliche Status des Menschen ist außerhalb der Familie, außerhalb von Geburt und Stand angesiedelt, ist individuell erworben. Sodann: die moderne Familie wird klar die „Kern-", die Eltern-Kinderfamilie, mit deutlichen Grenzen an den Rändern; die Bindung an die Großfamilie wird gelockert. Das drückt sich z.B. auch darin aus, daß die Wahl der Vornamen stärker individualisiert wird. Weiter: die Familie wird „privat", abgeschlossen nach außen, dem öffentlichen, gesellschaftlichen, wirtschaftlichen Bereich wie der sozialen Kontrolle gegenüber; sie grenzt sich aus der kommunalen Öffentlichkeit aus; sie bekommt einen ganz eigenen Innenraum. Feste z.B. verlieren ihre öffentlichen Züge, werden Familienfeste – so Hochzeit, Taufe und Leichenbegängnis, so das Weihnachtsfest, das erst im frühen 19. Jahrhundert zum spezifischen Familienfest wird. Auf der anderen Seite gewinnt diese neue „private" Familie gegenüber Alters-, Standes-, Berufs-, Kirchen- und Gemeindegenossen als soziale Einheit an Gewicht; Geselligkeit und Freundschaft werden in die Familien gezogen, es entsteht eine neue Familienkultur. Kompensatorisch offenbar entwickelt sich zugleich eine neue Trennung von Männer- und Frauengeselligkeit, Herrengesellschaft und Damentee, die Absonderung der rauchenden und kartenspielenden Männer nach dem Abendessen; Verein und Stammtisch sind ein anderer und unterschiedlicher Ausdruck solcher Kompensation.

Die Ehe wird grundsätzlich auf eigenen Entschluß begründet, nicht primär auf Besitz, Arbeit, Lebensbehauptung, sondern auf personalisierte Liebe, was natürlich nur in einer materiell weniger belasteten „Ober"klasse möglich ist. Dazu gehört das Element der romantischen Liebe: die Begegnung des Paares hat, so meint man, etwas Schicksalhaftes, Unausweichliches, Einmaliges; die Liebe auf den ersten Blick, das Füreinander-Bestimmtsein, die absolute Wichtigkeit dieser Liebe, ja die Fehlerlosigkeit des geliebten Wesens, das gehört dazu oder auch die Idee der großen Leidenschaft, die erotische Attraktion. Das waren ursprünglich Romanideen, nicht die Wirklichkeit, aber diese Ideen beflügelten die Phantasie, änderten die Wirklichkeit. Die allgemeine Meinung hielt freilich das Bewußtsein fest, daß solche Liebe und Leidenschaft vergänglich seien; die Ehe müsse auch oder stattdessen auf Sympathie, auf gefühlsbestimmte Gefährtenschaft gegründet werden. Aber das war eben auch neu. Der Sinn der Ehe war nicht mehr Amt, Hilfe, die Erfüllung gesellschaftlicher Rollen, sondern – schrecklich neu – „Selbsterfüllung", persönliches, individuelles Glück. In die Praxis der Eheschließung flossen natürlich traditionelle Elemente, flossen Konventionen und Interessen, ein Veto- oder Aufschubrecht der Eltern ein. Die Freiheit der Begegnung und Erprobung war durch Sitte, schichtenspezifischen geselligen Umgang eingeengt; Liebe und Klassenstatus traten darum selten in Konflikt; für Mädchen war direkte Initiative sowieso ausgeschlossen und ein zu hohes Maß der Ablehnung von Werbungen minderte ihre Heiratschancen unerträglich. Aber es dominierte doch (und bei den Mädchen zumal) das Bewußtsein, daß eine Ehe auf „Liebe" und gegenseitiger Zuneigung gegründet sein müsse. Die Ehe war auf die eigene, subjektive Entscheidung gestellt, nicht mehr auf etwas „Objektives" – Eltern, Umstände, Gott –, das einem den andern gleichsam zuteilte.

Solche Ehe, personalisiert und affektiv, hatte, auch wenn das Ideal sich in der Wirklichkeit stark relativierte, einen neuen Stil: statt der Distanz Wärme und Herzlichkeit, statt fester Rollen Informalität und Spontaneität. Die Anrede mit „Du" und dem Vornamen setzte sich hier durch.

Charakteristisch ist auch die Verschiebung der Todeserfahrung: der Tod wird nicht mehr primär erfahren als unser aller Tod, auch nicht – die Urerfahrung der Christen – als „mein Tod" in Blick auf Gericht und Heil, sondern als der Tod des anderen, „Dein Tod" – der Tod des geliebten, des unersetzlichen Familiengliedes. Der Akzent verschiebt sich dabei vom Sterbenden und Gestorbenen auf die Trauernden, vom Öffentlichen aufs Private, von der Hinnahme des natürlich und göttlich Bestimmten zur Erfahrung eines tiefsten Einbruchs, zum Unglück der Verlassenheit, vom Ritual zur nicht mehr formalisierbaren Trauer. Das alte fromme Vorsterben in der Familie kommt ab (wie dann nach 1830 die Gerichts-Demonstration des öffentlichen Hängens). Nicht Gericht und Auferstehung und nicht zuerst das Gedenken der Welt an den Repräsentanten eines „Amtes", sondern Erinnern der Familie, Verlassen und „Wiedersehen" in einem noch geglaubten Himmel werden zum Inhalt einer neuen Eschatologie. Die neue Kultur des Friedhofs als romantisches Ensemble individualisierter Familiengrabstätten und beschrifteter Grabsteine von langer Dauer, vor denen sich die Familienglieder hin und wieder erinnernd sammeln – das wird das Neue, das hält sich auch bei allen Agnostikern durch.

Das Moment der individualisierten und affektiven Gefährtenschaft blieb zunächst im Rahmen des traditionellen Patriarchalismus, ja – in merkwürdiger Dialektik – erneuerte und verstärkte ihn. Zunächst gewinnt die bürgerliche Frau – um 1800 – eine freiere Stellung. Empfindsamkeit wie das klassisch-romantische Ideal weisen, etwa gegenüber der streng paternalistischen deutschen Aufklärung (Campe), moderne Züge auf; die Frau wird in stärkerem Maße Partnerin; Rücksicht wird ihr gegenüber eine – neue – Tugend; sie gewinnt eine wichtigere Rolle in Haus und Geselligkeit: das Patriarchalische geht zurück, und das prägt auch Lebensläufe und Lebenswirklichkeit. Die Frauen sind ökonomisch entlastet, haben mehr Freizeit, sind besser gebildet, sind Gesprächspartner, nicht Lasttier und Mutter, sondern Person. Die Romantiker betonen die Individualität der Frau, neigen in ihrem Spott über den prosaischen Schiller und seinem Ideal der züchtigen „Haus-Frau" geradezu zu einer mystifizierenden (und irrealen) Vergötterung der Frau. Aber nach 1815 verändert sich der Stil. Das Gewicht, das man auf Bildung und Erziehung als Basis für Verständnis und Gefährtenschaft legt, verschärft auch die Unterschiede, weil die Bildung der Männer für Beruf und Politik eine andere ist und bleibt als die der Mädchen. Die Reflexion auf die Polarität der Geschlechter in der Gefährtenschaft führt zu einer neuen Ideologie. Die Frauen haben an Wert gewonnen, sie gelten als „kostbar", aber anders als die Männer – und darum in einem neuen Sinne ihnen untergeordnet. Die Frau lebt, so die Meinung, nach innen gewandt, für andere, für die Familie, nicht in die Welt ausgreifend, ohne die „kalte" Rationalität des Mannes, ist naiv, nicht reflektiert. Innigkeit und Gemüt – das realisiert sie im Hause, und daraus folgen dann die Normen: häuslich, fleißig, reinlich und sanft, fügsam, nachgiebig, friedlich. Wilhelm von Humboldt, dem Geist von 1800 zugehörig, war hochverwundert über die demütige Mein-hoher-Herr-Attitüde, die seine Tochter Gabriele bei und nach ihrer Heirat zeigte. Solche Auffassungen werden dann durch die ökonomisch sich entwickelnde neue Rollenverteilung verstärkt. Mit der Auflösung der Haus- und Arbeitsverfassung wird der Mann zum Ernährer und Geldverdiener, die Frau konzentriert sich auf die „Familie". In der Phase der Hochindustrialisierung entwickelt sich daraus die Entgegensetzung von Lebenskampf und „trautem Heim"; die Rolle der Frau wird es, diese Kompensation gegenüber der Welt des Lebenskampfes zu leisten. So entsteht oder befestigt sich nach dem Umbruch um 1800 nach 1815 ein neuer Patriarchalismus.

Pendant dieses neuen Patriarchalismus ist dann der Prozeß der „Feminisierung der Frau", der für das 19. Jahrhundert typisch ist. In der gebildeten Oberschicht, in der die Frauen und die jungen Mädchen noch mehr durch Personal von Hausarbeit und der vollen Last der Kinderaufzucht entlastet sind, entsteht eine weibliche Freizeitkultur: Musik, Französisch, Theater, Literatur – das sind etwa Hauptgegenstände; Kultur und Wissenschaft werden – da der „Blaustrumpf" ein Schreckbild bleibt – in besonderer Weise für die Frauen bearbeitet und popularisiert. Zumal nach 1815 blühen die mittleren und höheren Töchterschulen auf, Folge des neuen Bildungsstrebens wie der Idee einer spezifisch weiblichen Bildung. Die Elemente dieser neuen Kultur werden zu Statussymbolen und -ornamenten, die klavierspielende „höhere Tochter" eines ihrer bekanntesten Produkte. Dazu gehört dann eine eigentümliche Verschärfung aller Regeln für das Schickliche, für Arbeit und Aktivität, das Verbot, allein zu reisen, etwas selbst zu tragen, gelegentlich: schnell zu laufen, zu arbeiten, es sei denn an den obligaten „Handarbeiten" ohne eigentlichen Zweck; dazu gehört ferner das Überfeinerte: die Frauen sind zart, schwach, delikat, nervös, leicht kränklich, leiden zumal an Kopfschmerzen – und weil sie so angesehen werden, werden manche oder viele auch wirklich so. Der konservative Riehl hat das als „Überweiblichkeit", eine veräußerlichte und übertriebene Unterscheidung der Geschlechter kritisiert und gemeint, dem Philistertum der Männer im Wirtshaus entspreche das der Frauen bei Kaffee oder Tee. Die Entlastung von Arbeit und der Fortfall einer stabilisierenden Rolle neben der Kernfamilie, wie sie bei Adel, Bauern, Handwerkern, Arbeitern und evangelischen Pfarrern gegeben war, waren die Basis für solche viktorianischen Züge im Leben der Frau in der Familie.

Natürlich, das war eine Tendenz, nicht die ganz bürgerliche Wirklichkeit: Haushaltsorganisation, Kinderaufzucht, Knappheit der Mittel, Aufeinanderangewiesensein beschränkten ihre Wirksamkeit. Seitdem die Männer beruflich aus dem Hause gehen, werde die Entscheidungskompetenz und der Einfluß der Frauen gegenüber den Kindern und damit ihre Selbständigkeit auch größer, die Wirklichkeit überholt die Theorie ein Stück weit. Und zum Patriarchalismus gehört als Kehrseite auch das Gegenteil, etwa das Pantoffelheldentum, wie es Wilhelm Busch zeittypisch satirisch verewigt hat. Im ganzen: von heute her fällt gewiß der neue Paternalismus der „viktorianischen" Ehe und Familie auf; aber historisch viel entscheidender ist die Revolution der Ehe- und Familienbeziehungen, die die Familie modern gemacht hat.

Die andere große Änderung der Innenbeziehung der Familie ist die des Verhältnisses zum Kind. An die Stelle von Gleichgültigkeit, Distanz oder Strenge treten affektive Beziehungen, Wärme und Kinderorientierung; Kinder werden Objekt spontaner Zuwendung, von Vergnügen und Entspannung. Der Erfolg von Rousseaus Appell an die Mütter der oberen Klasse zum Selberstillen war ein Anfang, ähnlich das Aufhören des Steckwickelns. Für die arbeitsmäßig entlasteten Frauen wird Kindererziehung zur ersten Aufgabe. Lob, Ermunterung und Liebe bestimmten mehr als die Strafe den Erziehungsstil, der Stock wird weitgehend aus der Bildungsschicht verbannt. Es gibt mehr Liberalität, man geht einfühlsam und verständnisvoll auf Kinder ein. Kritiker sprechen zu Beginn des Jahrhunderts von einer neuen „Affenliebe" der Mütter zu ihren Kindern. Kinder dürfen die Eltern in intimeren Formen (Du, Mama, Papa) anreden. Die Trauer beim Tod eines Kindes stammt jetzt aus der neuen Erfahrung seiner Nicht-Ersetzbarkeit. Wir finden eine gewaltige Ausbreitung von spezifischer Literatur und spezifischen Spielen und spezifischen Kleidern für Kinder und Jugendliche; ‚Der Struwelpeter' des Doktor Hoffmann ist ein klassisches Beispiel. 1841 hat Fröbel den ersten Kindergarten eingerichtet – die Anwendung neuer Kindorientierung in einer Institution, zumal da, wo die Familie nicht ausreicht. Kinder gewinnen neue, sentimentalische Prädikate wie süß, einfach, unschuldig, sie werden mit Engeln verglichen, in der Frömmigkeit wird Jesus und die Kinder ein neues Hauptthema. Die Sorge um Gesundheit und Erziehung und die „Zivilisierung" des Menschen, die Moralisierung der Erziehung scheiden die Kinderwelt von der (auch sexuell geprägten) Erwachsenenwelt; die „Entdeckung" der Kindheit oder die neue Aufmerksamkeit auf sie und eine neue Überwachung des Kindes entsprechen sich im Konzept des wohlerzogenen Kindes. Neben die Kleinkinderphase (bis etwa 6) tritt die neue Kinder- und Jugendphase, in der die Kinder nicht mehr als kleine Erwachsene, sondern als Angehörige einer Altersstufe eigener Art behandelt werden. Wünsche und Entscheidungen der Kinder bei der Berufswahl und Eheschließung finden Berücksichtigung. Die Eltern, die Väter zumal, widmen sich bei Fest, Spaziergang, Spiel, Essen, Belehrung mehr den Kindern. Diese Orientierung auf die Kinder enthält Spannungen: Freigabe und mehr sich kümmernde Sorge, Zuwendung und mehr Erziehung, Kontrolle und Autorität. Aus dieser Spannung zwischen individueller Freiheit und autoritärer Zuwendung und Verantwortung entsteht der scharfe Vater-Sohn-Konflikt am Ende des Jahrhunderts. Objektiv ändert sich die Stellung der Kinder ebenso: die Familie, die nicht mehr Produktionsgemeinschaft war, wurde nicht nur Konsum-, sondern auch Ausbildungsgemeinschaft; der gesellschaftliche Status der Kinder wurde außerhalb der Familie auf Grund der Ausbildung erworben. Das stellte eine ganz neue Anforderung an die Familie, sie hatte die zunehmend ökonomisch empfundene Last der Ausbildung zu tragen und investierte damit zugleich höhere moralisch-emotionale Erwartungen. Dabei verschärft sich die Unterscheidung der Geschlechter: die Ausbildung der Söhne ist wichtiger als die Mitgift der Töchter, diese muß in den zahlreichen Konfliktfällen zurückstehen, d. h. aber auch oft mit der Eheschließung – das vermehrt die Zahl der unverheirateten bürgerlichen Frauen.

Gefährtenehe und Zuwendung zu den Kindern, Privatisierung nach außen und Verstärkung der familialen Intensität spiegeln sich in der Familienkultur des Biedermeier: der neuen verstärkten Gemeinsamkeit der Familie – um die Mitte des runden Tisches herum –, dem gemeinsamen Musizieren, Wandern, Spielen, dem Mitleben und -fühlen auch des Vaters (leger im Haus- oder Schlafrock) mit den Kindern; und in diese Familienkultur ist auch die Geselligkeit – vom Tee bis zum Hausball – als Geselligkeit zwischen Familien einbezogen. Die heiterbesinnliche Familie und das häusliche Glück sind das Ideal. Ein anschauliches Dokument dieser innig-gemüthaften Familie sind die zur Idylle stilisierten Bilder Ludwig Richters: die ungeheure Popularität dieser Bilder zeigt, wie sehr dies gemalte Ideal den Glücksvorstellungen der Menschen, ja einem Stück Realität entsprach. Nach 1850 freilich ändert sich das: die Väter werden ernster und strenger; sie jauchzen und weinen nicht mehr mit den Kindern, denn solcher Gefühlsausdruck wird „unmännlich"; nicht der Haus(Schlaf)rock, sondern der dunkle Anzug wird charakteristisch; das in aller Sorgfalt und Pedanterie vorhandene Element der Ungezwungenheit, etwa auch in der Erziehung, geht zurück; die familiale Geselligkeit wird durch stärker konventionelle und formale, repräsentierende Geselligkeit zurückgedrängt; die – in großen Häusern schon früher übliche – Trennung der (Zigarre) rauchenden oder Karten spielenden Männer von den „Damen" setzt sich in der abendlichen Geselligkeit durch.

Die neue Haltung zu den Kindern hat sich von der – stärker entlasteten – Bildungsschicht auch auf die Mittelschichten und die respektable Arbeiterschaft ausgedehnt. Verantwortung, mehr mütterliche Zuwendung, Priorität des Kindes vor der Behauptung im Lebenskampf, mehr Erziehungsinteresse – das ist doch in dem strengeren, distanzierteren, autoritären und zum Teil auch brutalen, not- und arbeitsgeprägten Erziehungsstil dieser Schichten in durchweg steigendem Maße zu beobachten.

Ein letztes Merkmal der neuen bürgerlichen Familie ist die sich ausbildende innerfamiliäre Privatheit. Die Kernfamilie wird auch von den – früher allgegenwärtigen – Dienstboten stärker getrennt. Die Familienglieder – Eltern, Mann, Frau, Kinder – bekommen mehr Privatheit zugebilligt: Kinder-, Herrenzimmer, Damen„salon", der Korridor, der das Durchgehen durch die anderen Räume erübrigt, das sind charakteristische Erscheinungen, die auch im kleinen Bürgertum, wo möglich, gern übernommen werden.

Schließlich gehört zu der bürgerlichen Familie etwas, was eigentlich gerade außerhalb ihrer steht, was jeder aus Literatur, Legende, Überlieferung weiß, wovon die Historiker meist schweigen: das Dienstpersonal oder klassisch: das „Dienstmädchen". Das ist in gewisser Weise nicht neu – wir sprachen bei der Großfamilie des ganzen Hauses davon –, aber in der neuen bürgerlichen Kernfamilie, die nicht mehr Produktions- und Repräsentationsgemeinschaft ist, sondern Konsum- und Ausbildungsgemeinschaft, ist das doch neu: das Mädchen anstelle der Magd, die Hausangestellte anstelle des Gesindes. Haushaltsführung und Lebensstil und auch Kindererziehung einer breiten bis tief in die mittleren Bürgergruppen reichenden Schicht ist von dieser Tatsache bestimmt. 1871 hatten in Berlin immerhin 17,3% der Haushalte Dienstpersonal, in Hamburg 21,6%, in Bremen 24%, 1882 jeder vierte Lehrerhaushalt (also einschließlich der Masse der wenig verdienenden Volksschullehrer), und in der Jahrhundertmitte hat der besser verdienende Handwerker wie Krämer Dienstmädchen. Im Vormärz machen in den wohlhabenderen Städten Dienstboten (einschließlich der ca. 25% Männer, der Kutscher etc.) 10–14% der Bevölkerung aus – in der Wiener Altstadt 1822/1825 sogar 45,3%, 1869 noch 25% –, in den kleineren oder ärmeren 4–9%, um 1870 dann zwischen 5 und 9%. Aber dieser Rückgang liegt vor allem am proportionalen Rückgang von Zwei- und Mehrdienstboten-Haushalten. Städtische „Herrschaft" und Mädchen vom Lande, bürgerliche Kinder und Kindermädchen, die „gnädige Frau" und „ihr" Mädchen, das werden ganz typische, lebensprägende wichtige Sozialbeziehungen, und eine gewisse „Verbürgerlichung" des Landes, der kleinen Leute, der respektablen Arbeiterschaft – über Koch- und Eßsitten, Haushaltsführung, Verhaltenskodex, Phantasien – geht über diese „Dienstmädchen" (und nebenbei: ihre Lektüre) und ihre Heiraten. Natürlich war die Familie in ihrer Privatheit abgeschlossener als in alten Zeiten, aber die verbliebene Existenz eines einzigen (und selten zweier) Fremder in der Familie schuf doch auch eine besondere Nähe. Gewiß ging das nach Befehl und Gehorsam, Annahme und fristloser Kündigung. Knapper Lohn, ungemessene Arbeitszeit, wenig Freiheit und Freizeit, separiertes Essen in der Küche, schmale Kammer – das war das Übliche. Aber es gab eben auch viel Patriarchalismus, gesicherte Versorgung in den Jahren des Dienstes, Lehre und Erziehung, Zugehörigkeitsgefühl zur Herrschaft und der Familie (manchmal bis ins Alter), Kooperation und Vertrauen (bei der Kinderaufzucht), ein Verhältnis, das weder mit alten „Herren"- noch neuen Arbeitgeberverhältnissen identisch war. Die arbeitsentlastete (nicht -lose) Existenz der Frauen wie die Familiengeselligkeit wie das Aufbringen der Kinder beruhte auf dieser „Institution". Bei der bürgerlichen Familie waren die „niederen Dienste" delegiert, die Kinder wuchsen in einer Atmosphäre des Bedientwerdens und des Anordnens und Befehlens auf.

Wir müssen hier etwas über die Anfänge einer Emanzipation der Frau einfügen, denn sie ist als Revolte ein Produkt der neuen bürgerlichen Familienverfassung. Um 1800 treten Frauen in den Berliner und Wiener Salons führend, gleichberechtigt, anerkannt mit intellektuellem Anspruch auf, man redet über emanzipierte Frauen, auch wenn man ein „Zuviel" (an Gelehrsamkeit etwa) abwehrt; seit den 20er Jahren spielt der Kult von Sängerinnen und Schauspielerinnen – Ausnahmen selbständiger Frauenexistenz – eine besondere Rolle, seit den 30er Jahren wächst die Zahl der Schriftstellerinnen enorm. In Vereinen – Wohltätigkeit, Fürsorge, Bildung, Kirche – gewinnen Frauen ein quasi-öffentliches Betätigungsfeld; ein neuer bürgerlich-weiblicher Beruf, der der Diakonisse, entsteht. Seit den 40er Jahren ist – von Frankreich herkommend – „Emanzipation", die Unterdrückung der Frau und deren Aufhebung, ein Thema, gelegentlich wie bei George Sand, beim „Jungen Deutschland" ergänzt durch die Kritik der Ehe im Namen der freien Liebe. Frauen wie die Pfarrerstochter Luise Aston laufen in Männerkleidung herum, rauchen Zigarren und propagieren – bescheidene – feministische Ziele. Reale Probleme entstanden. Unverheiratete berufslose Frauen wurden nicht mehr in der städtischen Familie mitgetragen, vereinsamten, suchten Tätigkeit. Im Zusammenhang mit der Mädchenbildung entstand der wichtigste bürgerliche Frauenberuf, der die spätere Frauenbewegung zunächst geprägt hat: die Lehrerin. 1848/49 hat Louise Otto-Peters (nebenbei: die Frau eines demokratischen Journalisten und Deutsch-Katholiken) mit einer ersten Frauenzeitung (1849–1852) zuerst öffentlich eine Frauenbewegung initiiert, 1865 wurde dann auf einer ersten deutschen Frauenkonferenz der Allgemeine Deutsche Frauenverein gegründet. Bildung und „Befreiung der Arbeit", d. h. gleiche Arbeitschancen für Frauen, das sind die bescheidenen Forderungen: wirkliche Gefährtenschaft und größere Selbständigkeit durch Bildung zum einen, Ausdehnung der als typisch geltenden weiblichen Qualitäten: Fürsorge und Erziehung auf die außerhäusliche Gesellschaft der Berufe zum anderen. Kurz vorher (1865/66) ist der ideologisch konservativere, praktisch gerichtete (Lette) Verein zur Förderung der Erwerbstätigkeit des weiblichen Geschlechts, eine Keimzelle aller Sozialarbeit, in Berlin entstanden. Diese Anfänge der Frauenbewegung sind bescheiden, aber ihre Auswirkungen haben in 50, in 100 Jahren Gesellschaft, Welt und Leben mehr als jede andere „Bewegung" verwandelt.

Für alle Familientypen gilt, daß die Scheidung, obwohl sie rechtlich und bei Protestanten auch kirchenrechtlich möglich war, unüblich blieb. Noch war die Familie als Institution eine stabile Größe; die Außenhalte und die Internalisierung der Ehemoral dämmten die mit dem affektiven Individualismus und der „romantischen" Liebe gesetzte Wandelbarkeit der Subjektivität und ihre Anfälligkeit ein. Die Familie war eine Selbstverständlichkeit, noch nicht ein Problem.

Der dritte „Typus" der Familie ist der der in sich wieder sehr unterschiedlichen Unterschichten. In der „Alten" Welt, die ja bis in den Vormärz hineinreicht, gab es hier einerseits rechtliche und ökonomische Hindernisse der Familiengründung, und nach 1815 ist ja in bestimmten Ländern der gemeindlich-obrigkeitliche Heiratskonsens erheblich erschwert worden. Andererseits war die „Haushalts"-, die Familiengründung nicht an Erbe, Besitz, Übernahme, eine „Vollstelle" gebunden wie bei Bauern und Handwerkern, und weil die Familie nicht Grundlage der Arbeitsorganisation war, gab es in dieser Schicht immer mehr unvollständige Familien. Das ländliche Hausgewerbe zuerst und später die große Expansion der Landarbeiterstellen haben neue Möglichkeiten der Familienexistenz geschaffen – den alten Typ der Tagelöhner- und Häuslerfamilie ausgedehnt. Und anfangs bedeuteten Kinder nicht nur mehr Esser, sondern noch mehr Produzenten. In diesen Schichten spielten die Eltern für das Heiratsverhalten kaum eine Rolle – wer heiratete, war oft nicht mehr zu Hause, oder der Vater war tot –, für die Wahl der Männer spielten Besitz und Haushaltungsfähigkeit eine geringe Rolle; die Eheschließung war individualisierter – oft auch schneller und unüberlegter, sexuelle Attraktion und Überwindung von Isolation spielten eine wichtige Rolle (wenn auch die gutverdienende Textilarbeiterin immer eine „gute Partie" war). Aber für die individualisierte Gefühlskultur, für Selbstfindung und Ergänzung, Privatheit gar – diese typischen Bildungs- und Entlastungsprodukte – war in dieser von Not und Arbeit, Hunger und Enge bestimmten Lebenswelt so wenig Raum wie für die traditionelle bäuerlich-handwerkliche Arbeits- und Rollenteilung der Geschlechter. Die Feldarbeit und erst recht die Heimarbeit machten die Geschlechter gleich; beide mußten durch Verdienst zum Unterhalt beitragen. Aus der Produktionsgemeinschaft wurde eine Erwerbsgemeinschaft. Die Kinder wurden – mehr noch als bei den Bauern – so früh wie möglich abgestoßen, denn die Maxime: so viele von ihnen wie nötig zu halten, galt hier nicht (nur im textilen Hausgewerbe war es zum Teil anders); sie mußten Stellung und Status außerhalb der Familie suchen. Die innerfamiliären Beziehungen waren hart, „roh", wie die bürgerlichen Beobachter sagen: patriarchalisch-tyrannische Männer, oft brutal gegen Frau und Kinder – hier spielte der Alkoholkonsum eine erhebliche Rolle –; sich unterordnende Frauen; Gehorsam, viel und zum Teil wüste Prügel und Arbeit (und zuwenig Zuwendung) für die Kinder. In den vor- und frühindustriellen Unterschichten der Städte war es ähnlich. Auf dem Lande funktionierte freilich länger noch und zugleich ein Stück sozialer Kontrolle durch Kirche, Ämter, Herrschaft und Nachbarschaft, das Dorf. Es ist die Industrialisierung gewesen, die die Zahl und die Möglichkeiten der Familiengründung dann stark vermehrt hat. Während bei den ungelernten Arbeitern ähnliche Verhältnisse herrschten wie die eben beschriebenen – die Frau oder die größeren Kinder müssen mit Geld verdienen; man mag von „Kümmerfamilien" sprechen –, entwickelte sich bei den gelernten Arbeitern die Tendenz zur „respektablen" Arbeiterfamilie. Selbstbehauptungs-, Bildungs- und Aufstiegswille einerseits, kirchlicher und bürgerlicher Einfluß andererseits führten zur Übernahme der Familienwerte des kleinen „anständigen" Bürgertums zur Sorge für die Kinder, Einschränkung von Arbeitszwang und Brutalität oder Indifferenz. Nach Möglichkeit sollte die Mutter die Kinder erziehen. Andere moderne Züge wie das Gefühl für ein eigenes Recht der Familienglieder – außer dem des Mannes und Vaters –, z. B. der Tochter auf selbstverdientes Geld, sind hier freilich am spätesten vorgedrungen.

Hierher gehört die Frage der Frauen- und Kinderarbeit. In der vorindustriellen ländlichen wie städtischen Welt war beides selbstverständlich, war nicht ein

Problem, sondern simpel eine Tatsache. Die „mithelfenden" Familienangehörigen bleiben in unserer Zeit eine Größe der Statistik wie der Wirklichkeit. Dieses Arbeitsmodell setzt sich in der „Erwerbstätigkeit" von Frauen fort: 1848 sind etwas über ein Viertel der Frauen erwerbstätig, 50% als Gesinde und Dienstboten, der Rest als Tagelöhnerinnen, Heim- und Fabrikarbeiterinnen; 36% der Industriearbeiter in Sachsen (1846), 30% in Baden (1840) sind Frauen. In der Fabrik arbeiten sie für etwa den halben Lohn der Männer, aber das war immer mehr als in der verdeckten Arbeitslosigkeit des ländlichen Pauperismus. Leider unterscheidet die ältere Statistik nicht zwischen ledigen und verheirateten Frauen und solchen mit Kindern. Man kann mit guten Gründen (und gegen die landläufige Meinung) vermuten, daß die Mädchen in die Industrie- und Lohnarbeit eintraten, aber nach Heirat und Geburt von Kind oder Kindern im allgemeinen ausschieden und nur kurzfristig in Notsituationen wieder ins Arbeitsleben eintraten. (1907 stehen in Deutschland 7–10% der verheirateten Frauen und Witwen in Lohn und Gehalt.) Mütterarbeit war eher episodisch und irregulär, am ehesten noch in der Textilindustrie, vermutlich in der Stadt geringer als auf dem Lande. Die Familiensituation bestimmte in gewisser Weise wie in der vorindustriellen Welt die Arbeitsteilung: Brot verdienen – Kinder aufziehen – Haushalt besorgen.

Die Kinder der alten Unterschichten (wie der Bauern) mußten durch Arbeit zum Lebensunterhalt beitragen; der Widerstand gegen die Schule auf dem Land ist darin begründet. Der Pauperismus hat die Situation der Kinder verschlechtert: neben Hunger und Arbeit nahm das Betteln und Streunen zu. Dieses Massenelend war der Hintergrund des „anderen" – manchmal nicht ganz so schlimmen – Massenelends, der Fabrikarbeit der Kinder, zumal in den Textilfabriken, war der Hintergrund auch der Mentalität von Eltern, Unternehmern und Öffentlichkeit, der positiven, nicht-kritischen Einstellung zur Kinderarbeit: 6–8 Stunden waren „normal". Die absoluten Zahlen sind nicht besonders hoch (und verdecken die Arbeit der Kinder auf dem Land); der Anteil der Kinder an der kleinen Minderheit der Fabrikarbeiter in den 30er/40er Jahren freilich war hoch (in Chemnitz 1840: 17% der Arbeiter), wenn auch die Verhältnisse nie so waren wie im frühindustriellen England. Die ersten Kinderschutzgesetze – Preußen 1839 – wurden in den 50er Jahren verschärft und griffen nach Einrichtung einer Gewerbeaufsicht nun auch relativ: 1853 wurde die Fabrikarbeit für Kinder unter 12 Jahren verboten, für 12–14jährige auf 6 Stunden beschränkt. Kinderarbeit verschwand nicht, zumal im Hausgewerbe, aber ging wesentlich zurück und stand doch eher am Rande der sozialen Frage.

Für die alte Unterschicht, erst recht die massenhafte Armut des sogenannten „Pauperismus" und das entstehende Proletariat muß man neben der Familie auch die erzwungene Familienlosigkeit als Lebensform sehen. Das galt zumal für die Gebiete der Ehebeschränkung, der Realteilung und für die städtische Armut. Riehl spricht geradezu von der Familienlosigkeit des vierten Standes. In der Stadt, wo die Ehelosigkeit oder die unvollständige Ehe immer stärker war als auf dem Land, weil die ökonomische und soziale Existenz nicht so an Ehe und Haushalt hing, spielen dann auch die Möglichkeiten junger Arbeitskräfte und

Arbeiter, als Schlafgänger, Untermieter, Einlieger ohne Familie zu existieren, eine Rolle, und anderswo auf dem Lande hat die Wanderarbeit die Familie wesentlich verändert. Ein Symptom dieser Lage ist der Anstieg der Unehelichenquoten. Wesentlich ist die starke Steigerung dieser Quote und die ungleichmäßige Verteilung. Die Verteilung ist zum größten Teil auf Ehegesetzgebung und auf die Erweiterung des Nahrungsspielraums und der Stellen zurückzuführen. Die Steigerung generell und die dahinter stehende Abschwächung der sexuellen Abstinenz hängt mit der Lockerung der familiären, kommunalen, kirchlichen Kontrolle und Tradition zusammen, die beim Wegfall von Besitz, stärkerer Verarmung, Übergang zur Hausindustrie, eintrat, in den Städten mit der steigenden Mobilität und Anonymität, in der der Mann sich bei Schwangerschaft leicht der „Verpflichtung" entziehen konnte, das Mädchen isolierter und weniger stabilisiert existierte. Die „Notsituation" zeigt sich wohl auch daran, daß das Alter der unehelichen Mütter relativ hoch, bei Mitte 20, lag. Mehrere uneheliche Kinder waren eine große Ausnahme. Die Kindersterblichkeit war bei den unehelichen Müttern besonders hoch. Im bäuerlichen Bereich wurde die Mutter meist mitgetragen, im handwerklichen und im Unterschichtmilieu sank sie, wenn ihr nicht eine Ehe noch glückte, leicht ab: uneheliche Töchter hatten fast gemeinhin wieder uneheliche Kinder.

10. Prozentsatz der unehelichen Geburten

	1750	1800	1825	1850	1870
Preußen				7–8	
Steiermark				26	
Salzburg				25	
Bayern (ohne Pfalz)				24	
Württemberg				20	
Hessen				18	
Leipzig	4	20			
Frankfurt	3	7			20
Hamburg		10		12	
Stuttgart	7		17–20		

Zur Geschichte von Familie, Geschlechtern, Generationen gehört auch die Geschichte der Sexualität. Um 1800 ist in Deutschland die sexuelle Permissivität außerhalb der Ehe bei der höfisch-adligen Oberschicht und bei der Unterschicht groß. In der alten Welt der Zünfte und kleinen Gemeinden bleiben Sitte und Moral der Ehrbarkeit gerade im Sexuellen dominierend, die Kontrolle ist streng, sexuelle „Freiheit" oder „Selbsterfüllung" spielen keine Rolle, die Ehe ist nicht auf Sexualität gegründet. Wie weit in der neuen „bürgerlichen" Familie die Sexualität emotionalisiert wird und wichtiger, wissen wir nicht; manches deutet darauf hin. Die romantische Liebesauffassung suchte den Dualismus von Freundschaft und Sinnlichkeit in der erotischen Ehe aufzulösen. Aber Wilhelm von Humboldt zum Beispiel, der der Bildungswelt des Jahrhunderts eine ideale Gefährtenehe vorlebte, war ein regelmäßiger Bordellbesucher, für ihn – wie die alte Oberschicht – fielen Liebe und Sexualität noch auseinander. Die empfindsame Revolutionierung der Familie, die Entdeckung von Liebe und Partnerschaft hat in Sitte und öffentlicher Rede wenigstens das Bild der Frau auch „entsinnlicht". Gemeinbürgerlich seit dem späten 18. Jahrhundert ist der zornige Kampf gegen die adlige Libertinage. Dieser Moralismus steigert sich bis zur Jahrhundertmitte ins Viktorianische. Es sei jetzt (1830) unmöglich geworden, meint ein Zeitgenosse, daß ein Mann sich – wie vor Jahrzehnten – seiner erotischen Abenteuer in Gesellschaft rühme, ja man schäme sich, ihrer öffentlich geziehen zu werden. Das „Reinheits"ideal der Burschenschaften seit 1815 hat hier durchaus Wirkung gehabt. Die Amouren der Metternich und Hardenberg und die Maitressen der Fürsten wollten die Bürger um 1850 nicht mehr hinnehmen. Das Mißtrauen gegen Goethe, die Irritation durch sein Verhältnis zur Sinnlichkeit bei Börne wie Menzel, die Tatsache, daß Wieland wie Kotzebue um 1850 als „schlüpfrig" galten, der Enthusiasmus für den idealistisch reinen Schiller – all das weist in dieselbe Richtung. Die Normen wurden strenger, die offene Libertinage verschwand. Sexualität war an die Ehe gebunden, sie war fürs Gespräch tabu, ja sie wurde nach Kräften unterdrückt; die Gesellschaft wurde prüde. Die Prüderie verhinderte oft noch die sexuelle Aufklärung der Mädchen vor Antritt der Ehe. Gerade die Idealisierung der Frau und die Konzentration auf die Familie haben diese neue Sittlichkeit wesentlich durchgesetzt. Die negativ besetzte Sexualität wurde von der Frau strikt geschieden. Selbst die sublimierten Töne der Leidenschaft galten für Frauen auch im privaten Liebesbrief an den Mann oder Bräutigam als unschicklich, ja anstößig, so ein Briefsteller vor 1837. Eine der wenigen Ausnahmen ist die Entstehung der weiblichen Krankenpflege; bis in die 30er/40er Jahre galt die Tätigkeit von Krankenpflegerinnen in Männerkrankenhäusern als ganz unmöglich – erst die Diakonissen und die Orden haben hier die Anschauungen verändert. Die Knaben erfuhren Sexualität zunächst mit Schrecken und Scham – die merkwürdige Obsession von Pädagogen und Ärzten durch den Kampf gegen das „Laster" der Onanie verschärfte das. Freilich galt hier eine gewisse doppelte Moral. Die Ehre, d. h. die soziale Existenz der Frau beruhte auf vorehelicher Keuschheit und ehelicher Treue, beim Mann galten Verstöße gegen diese Normen eher als läßlich. Daß es in dieser hochbürgerlichen Welt auch anderes gab – „Verhältnisse" von Männern mit sozial „tiefer" stehenden Mädchen und die dunkle Welt der Prostitution – ist gewiß. Aber, im Unterschied zu Frankreich etwa, wo Familienmoral und Liaison nebeneinander existierten: das Charakteristische und Dominierende wurde doch das „viktorianische" Denken und Verhalten. Noch die Sozialdemokraten des Jahrhundertendes waren – etwa als sie den unehelichen Sohn von Marx verleugneten – ganz diesen Normen der Respektabilität ergeben. Die bürgerliche Mittelklassenmoral hat sich gegen den Hedonismus der Aristokratie und der unteren

Schichten durchgesetzt, ohne daß man das wie in England auf eine evangelikale Erweckungsbewegung zurückführen könnte.

Auf dem Lande waren die Dinge anders, wie eh und je, überschießende Sexualität war sozusagen in der bäuerlichen Ordnung noch eingefangen, die voreheliche Konzeption war häufig und durch Sitte legitimiert. Am wenigsten hielten sich die Unterschichten an die generellen Normen. Voreheliche Konzeptionen und uneheliche Geburten, wir sahen es, stiegen erheblich an. Es gab hier eine Entbindung der Sexualität – wohl weniger aus einem imaginären Wunsch, „frei" zu sein, als aus der Lockerung der sozialen Kontrolle.

Die Frage nach den Ursachen, die zur Entstehung der modernen Familie geführt haben, ist sehr komplex. Gewiß spielen ökonomische Veränderungen eine wichtige Rolle – das Schwinden des Haushalts als Produktionseinheit hat häusliche Intimität und emotionale Bindung sozusagen freigesetzt. Kapitalistische Produktion, Heim- und Fabrikindustrie haben die soziale Ordnung und Kontrolle gelockert, Jugendliche selbständiger und sexuell ungebundener, weniger selbstverleugnend gemacht. Die individualistische Berufs- und Marktgesellschaft verstärkte die Sorge um Kinder und Ausbildung, und über das Lesen wurde die Ausbreitung des neuen Familienideals gefördert. Aber die moderne Familie ist in England wie in Deutschland vor Kapitalismus und Industrialisierung und gerade nicht bei den Trägern oder Opfern des Kapitalismus entstanden. Die Änderung der Mentalität hat andere und eigene Wurzeln; die Individualisierung und Moralisierung der Religion, der Verfall des Sünden- und Satansglaubens, die Freisetzung und Kultivierung der Natürlichkeit und des Gefühls in der Literatur, ein neuer Humanitarismus gegenüber Kindern, das Schwinden passiver Hinnahme der Welt und ihrer Übel und die Suche nach innerweltlichem Glück – das sind Tendenzen und Motive, die wesentlich zur Entstehung der modernen Familie der bürgerlichen Bildung beigetragen haben. Es bleibt erstaunlich und weltgeschichtlich unerhört, daß sich ein soziales System bildet, welches sich den Luxus leistet, individuelle Autonomie, Privatheit, Sichselbstausdrücken als Werte anzuerkennen, und damit die Gemeinschaft, die auf Bindung und Distanz, Autorität und Heiligkeit beruht und so Identität und Stabilität und Nicht-Entfremdung erhält, annagt und untergräbt. Aber in unserem Zeitraum war die soziale Disziplin – der Kinder, der Frauen, der unteren Schichten – noch so in der Sitte fixiert oder wurde durch neue Moralisierung so eingeprägt, daß die Kohäsion der Gesellschaft nicht litt.

Die Entwicklung der Familienwirklichkeit wird begleitet, nicht immer gleichläufig, von der Entwicklung von Familienrecht und -ideologie. Die Rechtsbildung der späten Aufklärung individualisiert die Familie, indem sie sie als Vertrag interpretiert: Kündbarkeit, also Scheidung, und definierte Rechte der Frauen und Kinder gegenüber dem gleichzeitig fixierten Patriarchat des Mannes (er vertritt z. B. allein seine Frau vor Gericht), Rechte, die der Staat zu schützen beansprucht, gewinnen an Bedeutung. Zugleich wird bis zur Reformzeit die alte Bindung der Familie an die Rechtsordnung des „Hauses", ja die rechtlich-politische, die öffentliche Natur des „Hauses" – der „Hausvater" als Träger öffentlicher Rechte und Pflichten – aufgelöst. Das Recht individualisiert und privatisiert die Familie, die Familie wird staatsfrei, steht als das „Private" Staat und Gesellschaft gegenüber, so aber, daß es der Staat gerade ist, der ihre Privatheit schützt. Die liberale Rechtsentwicklung, die Eigentum, Erbanspruch, Vertrag betont, entwickelt jene Individualisierung, zumal vermögensrechtlich, weiter. Die Romantiker haben die Ehe als Verbindung von Seelen zwar auch individualisiert, aber jenseits des Rechtes angesiedelt, sie ist ein Internum, keine soziale Institution. Aber das hält sich nicht. Hegel gibt der bürgerlichen Welt den rechten Begriff: die Ehe ist ein auf subjektive Innerlichkeit gegründetes Verhältnis, aber sie ist „sittlich", das heißt sie ist Institution. Die Scheidung wird, in der preußischen Restauration der 40er Jahre, wesentlich erschwert. Ganz allgemein wird die Familie zu einem höchsten und letzten Wert des bürgerlichen Lebens erhoben, in hymnischen Tönen und mit religiösen Vokabeln wird sie glorifiziert, als heilig angesehen. 1775 gibt es in den Lexika 5, 1862 90 Zusammensetzungen mit „Familie". Konservative und Liberale geben sich darin nichts nach. Die Familie sei – so meint der aufklärerische Liberale Rotteck 1837 – die „Grundlage der Staaten und alles edleren menschlichen und bürgerlichen Lebens (und) Glücks". Der Staat darf deshalb nicht in die Familie, „nicht in das Heiligtum der häuslichen Erziehung eingreifen"; öffentliche Erziehung wird hingenommen, weil es selbstverständlich ist, daß sie nicht gegen die Familie benutzt wird. Die Familie wird öffentlich hochgeachtet, gerade weil sie die Bastion der privaten Existenz ist. In der Spannung von Lebenskampf und trautem Heim erhöht sich die Bedeutung der Familie. Das Leben in der Familie, die Arbeit für sie wird Teil des Lebenssinnes, die das eigene Leben transzendierenden Hoffnungen richten sich auf die Kinder, sie und die Fortexistenz im Andenken der Familie werden ein wesentliches Element bürgerlicher Unsterblichkeit, je mehr sich die christliche Eschatologie abschwächt. Das gerade gibt der Familie wie dem Einzelnen – gegenüber Politik und Ökonomie – ein Stück Stabilität und Identität.

3. Das tägliche Leben

Auch die elementaren täglichen Lebensumstände und -gewohnheiten sind historisch geprägt, und gerade in unserem Zeitraum haben sie sich wesentlich gewandelt. Wir können freilich der so berechtigten wie reizvollen nostalgisch-antiquarischen Neugier hier nicht nachgeben und müssen uns darauf beschränken, das Allgemeine und das Neue im täglichen Leben der verschiedenen sozialen Gruppen hervorzuheben.

Das Wohnen zuerst. Drei Dinge gelten für alle. 1. Die Produktionssphäre wird, wir sagten es im Blick auf die Familie, von der häuslichen Konsum- und Lebenssphäre getrennt, – nur in Ansätzen bei den Bauern, aber durchaus bei den Handwerkern und bei allen anderen erst recht: Wohnen wird im Unterschied zum Arbeiten ein eigener Bereich. Und damit wird zugleich ein Teil des Lebens – die leiblichen Vitalfunktionen, die unmittelbaren Sozialbeziehungen – verhäuslicht, wird privat. 2. Das lange Zeit Normale, das Wohnen der Familie im eigenen Haus, in eigener Hütte, geht langsam zurück; in den großen, zum Teil und später auch in mittleren Städten wird das Wohnen zur Miete, wird die Mietwohnung dominierend (in Berlin sind schon um 1800 nur ⅓ der Haushalte Hausbesitzer): das Mietersein wird in Deutschland – anders als zum Beispiel in England – ein konstitutiver, ja schließlich vorherrschender Zug des modernen städtischen Lebens; soweit wir sehen, ist das vor allem eine Folge des Bau- und noch mehr des Bodenrechts und der Kreditpraxis. Mietersein, das gilt keineswegs nur für die Arbeiter, sondern auch für Bürger – die beamteten und die gebildeten etwa, die Unselbständigen, die künftigen Angestellten. Während anfangs die Mietwohnung in einem vom Hausbesitzer bewohnten Haus das Normale war, dringen in den 60er Jahren auch im bürgerlichen Bereich die reinen „Mietshäuser" vor. Es entsteht eine neue Gewalt – eine neue „Klasse", die Haus„herren" (und ihre Beauftragten, die Hausmeister) bildet sich heraus –, realer und unausweichlicher als viele andere mehr beredete „Klassenherrschaft", weil der städtische Boden knapp ist. „Hausordnungen" machen diese neue Herrschaft täglich sinnfällig und zeigen zudem die neue Notwendigkeit und Schwierigkeit, Kooperation und Rücksichtnahme bis dahin unabhängiger Menschen – in Häusern mit gemeinsamen Fluren, Kellern, Böden und Toiletten – zu organisieren. Mieterhöhung oder Kündigung wird eine drohende Alternative, die über der Alltagswirklichkeit des Mieters hängt. Die Mieter sind – gegenüber Hausbesitzern wie gegenüber ihren Nachfahren in Zeiten des Mieterschutzes – auch innerstädtisch mobiler; Kündigung, Arbeitsplatzwechsel, veränderte Familienlage machen Umziehen, notgedrungen und freiwillig, zu einer Wirklichkeit städtischen Daseins. Die „Produktion" von Wohnungen ist in der liberalen Gesellschaft des Jahrhunderts nicht Sache öffentlicher Instanzen oder patriarchalischer Gewalten, und selbst am Ende unseres Zeitraums kaum von Genossenschaften, sondern Sache des Marktes und der individuellen Eigentümer, ist Kapitalanlage. Darum wird der Boden maximal ausgenutzt. – Endlich 3. technische, industrielle Fortschritte beeinflussen auch das Wohnen, erleichtern – allmählich – das Leben: die Erfindung des Briketts das Heizen; des Linoleums das Putzen; des Spar(koch)herdes – anstelle meist des offenen Feuers – das Kochen; der Rüböl- und Petroleumlampen und des Gaslichts anstelle der Kerzen und Talglichter (und der dazugehörigen Lichtscheren), die bis zur Jahrhundertmitte das Normale sind, die Beleuchtung, – von Zündhölzern, man denke an Paulinchen im ‚Struwwelpeter‘, und anderen „Kleinigkeiten", die den Haushalt erleichtern, nicht zu reden. Badezimmer sind vor der Jahrhundertmitte ganz selten, Aborte in Mietshäusern sind vielfach gemeinschaftlich, im Treppenhaus; die entscheidende Verbesserung der Hygiene, das Wasserklosett, setzt sich erst in den 60er Jahren durch.

Wohnen ist siedlungs- und klassenspezifisch. Modell der gesamten späteren Entwicklung wird das bürgerliche Wohnen. Hier finden wir – parallel zur Familienentwicklung – seit dem späten 18. Jahrhundert die Abtrennung des „Privatbereiches" vom Dienstbotenbereich (und darum die Klingel im Wohnzimmer), die Aufteilung der bisherigen Allzweckräume für alle in Lebensbereiche, zumal den Schlaf- und Wohnbereich; das Bett im Salon des 18. Jahrhunderts verschwindet aus dem Zentrum, bekommt seinen intimen Eigenbereich; die Glieder der Familie bekommen – bei den Reichen – eigene Räume, Kinderzimmer entstehen (zum Schlafen, Spielen und Leben zusammen), der Flur trennt die Räume; Repräsentationsräume werden – in der ersten Jahrhunderthälfte – zurückgedrängt und spielen nur eine geringe Rolle. Im großbürgerlichen Bereich der Unternehmer entsteht die Villa, beeindruckend wohl, aber auch mit Mauern oder Hecken den Privatbereich deutlich abgrenzend. Der Stil dieses bürgerlichen Wohnens ist, bis 1830, und bis 1850 nachklingend, der letzte einheitliche Stil des Jahrhunderts, das Biedermeier: einfach, gediegen und dauerhaft, praktisch und zweckmäßig, bequem, material- und funktionsgerecht, belebt und einfallsreich im Detail. Das Behaglich-Gemütliche, das Trauliche wird das Charakteristische; drapierte und geraffte Gardinen schirmen die Familienwelt nach außen ab; der Sekretär – als neues Generalmöbel – dient dem Briefeschreiben, dem neuen, übernachbarschaftlichen Kontakt. Sofa und ovaler Tisch an einer Seite des Zimmers werden Lebensmittelpunkt; Arbeits- und Nähtische dienen der weiblichen Arbeit; die Vitrine zeigt kostbare, und oft kaum benutzte, Porzellan-, Glas-, Silbersachen; Vogelbauer, geblümte Möbelbezüge, Blumen, Kupferstiche und Bilder, Figuren und Nippsachen, und bei viel Wandfläche Bücherschränke, bestimmen die Atmosphäre, bezeugen die Bildung. Nach 1830 zerfällt dieser Stil langsam, und nach 1850 setzt dann – in der großbürgerlichen Wohnung zuerst – die Entwicklung ein, die in die „Gründerzeit" mündet: zunehmende Fülle bestimmt jetzt das Bild: Teppiche, bodenlange Vorhänge, Spiegel und Bilder – Landschaften, Historien, vor allem Genre, und bald Drucke –, hohe und ausladende Bücherschränke und Vitrinen, Polster und Plüsch, alles in schweren dunklen Farben, Dekor, Luxus und Repräsentation, Eindringen des Orients (Perser, Diwan, neue Pflanzen, Bilder vom Orient). Der Biedermeierstil wird von den historisierenden Stilen, einem neuen Rokoko und dann der – deutschen – Renaissance, verdrängt. Eigene Repräsentationsräume nehmen wieder zu; die frühere Geselligkeit von Freunden und Familien formalisiert sich zum „Gesellschaft geben", zum „Absolvieren" von „Besuchen" etc.

Nicht in den Einzelheiten, wohl aber im Charakter wird das frühere wie spätere bürgerliche Wohnen stilbildend, vor allem für das „Wohnzimmer" mit Sofa, Sesseln und Tisch; die kleinbürgerliche „gute Stube", das Zimmer für den Sonntag, ist schon früh davon geprägt.

Auf dem Land bleiben im bäuerlichen Bereich ältere Wohngewohnheiten erhalten, nur bei reichen Bauern dringt das Bürgerliche in die gute Stube vor. In der Mitte des Jahrhunderts finden wir hier auch besondere Gesindestuben. Im ganzen wohnt das Gesinde – in Dachboden und Ställen – miserabel. Und mit der Zunahme der ländlichen Unterschicht und ihrer Verarmung verschärft sich auch deren Wohnungs„elend"; oft leben diese Menschen zusammengedrängt nahe den Tieren in recht primitiven, dunklen, unhygienischen Ein-Stuben-, Eine-Kammer-Hütten.

Raumnot und elende Einrichtung charakterisierten auch das Wohnen der städtischen Unterschichten in der Zeit des Pauperismus – mit den berüchtigten Sonderfällen schrecklicher Elendsquartiere in Berlin und Wien, in denen mehrere Familien in einem großen Raum hausten – und dann der Industrialisierung: Wohnen wird ein Problem, die Wohnungs„frage" Teil der sozialen Frage. Es gab für die Arbeiter (und die arbeitenden Unterschichten) verschiedene Typen des Wohnens: in den alten Städten in Dach-, Keller- und Hintergeschoßwohnungen des Zentrums, sozial noch durchmischt; dann nahe den Fabriken in neuen Stadtteilen und Vororten, in neuen Städten oder Industriedörfern. In den Großstädten und eher im Osten war die Verdichtung in Mietshäusern sehr hoch, vor allem in Berlin in den berühmten Mietskasernen mit bis zu 6 Vollgeschossen, 6 Hinterhöfen, 100 Kleinwohnungen. Im Ruhrgebiet und im Westen und Südwesten wohnte man gestreuter, im Revier, ohne alte Stadtkerne, in einer industriellen „Agglomeration", und weil hier das Bürgertum schwach war, gab es keine soziale Mischbebauung und überhaupt wenig Wohnungsbau. Neben altem Eigentum wie den Kotten der frühen Bergleute im Ruhrgebiet gab es den Cottage-Typ, Reihenhäuser (Doppel- und Vierspänner) mit kleinen Gärten und Ställen für Kleintiere und einem Dachboden (oft für Schlafgänger), der vor allem beim Bau von Arbeiterkolonien in den 6oer Jahren aufkam; das entsprach der sozialen Politik wie dem Interesse von Unternehmern am „Stammpersonal", einer „Oberschicht" der Arbeiter. Aber im ganzen wurde auch außerhalb der Großstädte die Mietwohnung doch vorherrschend. Die Wohnungen waren beengt und überfüllt, meist vom 1- (allenfalls 2-)Stuben-, 1-Kammerstandard mit Gemeinschaftstoilette; sie waren, und zwar gerade die kleinen, unverhältnismäßig teuer, das lag bei den Berliner Mietskasernen vor allem an der hohen Grundrente und der enormen Hypothekenverschuldung der Besitzer; Wohnungen waren – aus vielen ökonomischen und psychologischen Gründen – knapp, der Wohnungsmarkt blieb eng. Eine Folge von Preis und Knappheit vor allem war die weite Verbreitung von Untermietern und Schlafgängern, zumal seit den 6oer Jahren. Für 20–30/35jährige Arbeiter wurde das zu einer normalen Lebensform, die Vermieter finanzierten so ihr Wohnen mit. Wo wir ausnahmsweise etwas mehr als nur von Enge und Kosten wissen, nämlich von der Einrichtung, finden wir, z.B. bei Maschinenarbeitern in Esslingen, etwas Erstaunliches (und vermutlich viel weiter Verbreitetes): die Wohnzimmereinrichtung: Sofa, Sessel, Tisch, Spiegel, Bild waren das Paradestück beim Heiraten, für das man in den Jahren davor, denen mit dem höchsten Verdienst im Arbeiterleben, gespart hatte. Das handwerksbürgerliche Ideal setzte sich hier in die Arbeiterschaft fort; beide Gruppen waren nicht grundsätzlich, sondern nach „Mehr" und „Weniger" geschieden; mit der „normalen" Altersverarmung der Arbeiter dann freilich verschärfte sich der Unterschied.

Mit den neuen Wohnformen und der Industrie, wie sie mit der Verstädterung einhergehen, ändert sich eine der großen Lebenswelten des Menschen, die bald die typisch moderne wird, grundlegend: die Stadt. Sie gewinnt ein neues Aussehen, einen neuen Charakter. Bis ins erste Drittel des Jahrhunderts haben die meisten deutschen Städte einen noch altertümlichen, fast mittelalterlichen Charakter bewahrt, mit Wall und Graben, Mauern und Toren, alten kleinen Häusern und wenigen großen, mit Gärten, Feldern und Scheunen im Stadtareal, mit winkligen Gassen, Gras auf den vielfach nagelgepflasterten Straßen, sandigen Plätzen. Vor den Toren begann gleich das Land. Nachts wurden sie geschlossen und nur gegen ein Aufgeld geöffnet; der Nachtwächter gehörte zur nächtlichen Stadt. In Berlin begann man erst in den 20er Jahren, Trottoirs anzulegen, 1837 machte man die ersten Versuche mit Asphalt, seit den späten 20er Jahren begann in den großen Städten der Bau von Gasbeleuchtungen, für die Winternächte zunächst. Die Friedhöfe werden früh schon aus dem Umkreis von Kirche und Altstadt nach draußen verlegt, Vororte entstehen – meist aus alten Randdörfern – aber noch getrennt von der alten Stadt, und dann schnell zunehmend die frühen Fabriken. Die Stadt dehnt sich aus in die Breite, sie verdichtet sich, und sie wächst zugleich auch nach oben, der Himmel weicht aus ihr zurück. Nach und nach, verstärkt seit der Jahrhundertmitte, beginnt man die Stadt zu „entfestigen", Mauern und Tore abzureißen, das für das Schießen freie Glacis vor den Mauern zu bebauen, alte Häuser durch neue höhere und größere zu ersetzen – alles unter dem Diktat von Wachstum und Verkehrsbedürfnissen. Das ist ein langwieriger Prozeß, viele Beobachter beklagen den Gegensatz von Altem und Neuem, das Unfertige und Wüste der neuen Stadtlandschaften (nur Berlin galt um 1840 schon als gelungen, als „modern") und ein städtisches „Leben" auf den Straßen, etwa am Abend, gab es in den 40er Jahren noch nicht, die meisten Residenz- wie „Groß"städte – außer Berlin und Leipzig, Wien und vielleicht Hamburg – galten den Besuchern als „langweilig" oder „öde". Wichtiger: in der ersten Jahrhunderthälfte etwa waren Wohnung, Produktionsstätte, Amt und Handel noch relativ nah beieinander, die Stadt war ja noch eine Fußgängerstadt (und Pferdedroschken waren selten, Kutschen ein Luxus). Und darum lagen auch die Quartiere und Wohnungen der Reichen, der Armen und der vielen dazwischen noch nahe zusammen; die frühen Mietshäuser hatten – über dem Hausmeistersouterrain – herrschaftliche, gutbürgerliche, bürgerliche und einfache (Dach- und Hinterhaus-)Wohnungen; die sozialen Schichten lebten hier – noch – zusammen. Langsam, noch nicht überall und nicht überall gleichmäßig, entsteht, zuerst mit den neuen Stadtvierteln an den bisherigen Stadtgrenzen und den Vororten, im Umkreis der Fabriken, etwa in den 60er Jahren eine soziale Abschichtung der Stadt in großbürgerliche, bürgerliche und proletarische Viertel oder doch Quartiere – in die industriellen Ost- und Nord-, die „feineren" Westviertel großer Städte. In Berlin entwickelt sich im Westen die vornehme Potsdamer Vorstadt, im Südwesten das sogenannte „Geheimratsviertel"; in Hamburg entsteht 1865 in Wandsbek das erste Villenviertel. In zentralen Geschäftsstraßen entstehen die Anfänge einer City. Aber noch ist der innerstädtische allgemeine Verkehr, die Pferdebahn, selten und dürftig.

Fabriken und Mietshausbau, wir sagten es, haben Aussehen und Charakter der Städte, der großen zumal, verändert und bestimmt, haben die fürstlichkirchliche wie die handwerklich-patrizische Prägung aus ihrer dominierenden

Rolle verdrängt. Freilich, noch zwei andere Mächte sind für diese Verwandlung entscheidend wichtig. Die eine ist die Eisenbahn: ihre Streckenführung bestimmt neue gewerbliche Gebiete, Fabriken und Lager, und formt die ärmeren Wohngebiete an den Gleisen; ihre Endpunkte, die Bahnhöfe, werden die neuen Stadttore, zunächst getrennt in Empfangsgebäude für große Menschenmengen, Salons, Wartesäle für bestimmte Gruppen, etwa die Damen, und die – technischen – Teile mit den langen überdeckten Bahnsteigen. Sie werden zu neuen platz- und straßenbildenden Stadtzentren, an denen sich Hotels und andere neue Prachtbauten ankristallisieren und dann die weniger „schönen" neuen oder neustrukturierten Bahnhofsviertel. In der Stadt werden die Gleise auch zum Hindernis; Kreuzungen, Bahnschranken und Unterführungen werden charakteristisch, und zugleich entstehen, wo beides nicht gebaut wird, abgeschnittene Stadtviertel „jenseits der Bahn". Das andere: ehe es die „Paläste" der Banken und der großen Wirtschaftsunternehmen und – in Deutschland jedenfalls – Warenhäuser gab, werden die Städte des 19. Jahrhunderts geprägt durch die große Expansion der öffentlichen Bauten, der staatlichen und städtischen Ämter und Einrichtungen, Zeugnissen des universalen Prozesses der Funktionsdifferenzierung und Bürokratisierung des Lebens: der Regierungsgebäude, Finanz- und Zollämter, Postämter und erweiterten Rathäuser; der Schulen, Gymnasien zumal, und Universitäten; Kliniken, der Gerichtsgebäude, „Justizpaläste", die der Verrechtlichung des Lebens und dem bürgerlichen Ideal des Rechtsstaates entsprechen – mit Wandelhallen und breiten Gängen, weil die Justiz nun öffentlich, bürgerlich wird – und der Bauten des neuen staatlich-bürgerlichen Kulturbetriebes: Museen, Theater, Konzertsäle. Von den Bauten der „Wirtschaft" sind allenfalls die Börsen an den großen Plätzen zu nennen und dann die ersten Passagen, geschlossene Ladenstraßen im Übergang vom Markt zum Warenhaus. Solche Bauten, die sie umgebenden Anlagen und die von ihnen bestimmten Plätze prägen bestimmte Teile der (neuen) inneren Städte.

Das räumliche Wachstum der Städte, bestimmt von den neuen Bauaufgaben wie der Zunahme und Verdichtung der Stadtbevölkerung, ging weitgehend selbstläufig und ungeplant vor sich. Das hing vor allem mit dem Bodenrecht und den beschränkten Kompetenzen der Kommunen und des Staates zusammen und schließlich damit, daß der Sektor des öffentlichen Bauens im Unterschied zu späteren Zeiten begrenzt war: Eisenbahnbau und Wohnungsbau waren privat, waren eine Sache des Marktes. Mit den großen Reformen des beginnenden Jahrhunderts wurde überall nicht nur die Agrarverfassung, sondern das Bodenrecht der Städte liberalisiert. Der städtische Grund wurde – im Prinzip – frei von herrschaftlichen und genossenschaftlichen Bindungen, von der Fülle sich überlagernder partieller und oft unablösbarer Verfügungs- und Nutzungsrechte, wurde einheitliches, individuelles Eigentum in freier Verfügung; damit wurde es erst möglich, Grund und Boden wirklich als Ware anzusehen, ihn hypothekarisch zu belasten, ihn voll in den Markt und Wirtschaftskreislauf einzubeziehen, zu mobilisieren. Der Aufschwung des Grundstücksmarktes und der Hypothekenbanken sind eine Folge dieser Entwicklung. Diese Neuordnung des Bodenrechts auf der Basis des individuellen Eigentums wirkte sich auch auf das Baurecht aus: städtisches Obereigentum und Baupflicht – Tatbestände des 18. Jahrhunderts – verschwinden, Bauaufsicht und Planungsrecht unseres Jahrhunderts entwickeln sich noch nicht. Die Rechtsordnungen, die ein baupolizeiliches Eingreifen im Gemeininteresse vorsahen, wurden in der liberalen Auslegung der ersten Jahrhunderthälfte auf die bloße Gefahrenabwehr beschränkt. Grundsätzlich also galt die Baufreiheit, und erst sekundär war sie von Bauordnungen eingeschränkt. Freilich, diese Bauordnungen nehmen in unserem Zeitraum zu, werden ausführlicher und, im Vergleich zum Jahrhundertbeginn (nicht zur Gegenwart!) restriktiver. Zu Vorschriften über Feuersicherheit und Abständen zu den Nachbarn treten im zweiten Jahrhundertdrittel Normen der Gesundheit hinzu, bis hin zu den ersten Normen über Höhen und Abstände innerhalb eines Baues. Was jedoch im Verhältnis von Nachbar-Eigentümern durchsetzbar war, hat sich in unserem Zeitraum in Bezug auf Vorder- und Rückgebäude eines Eigentümers (also zum Schutz von Mieterinteressen) kaum durchsetzen lassen. Im ganzen blieb die Eigentümerposition gegen gemeindliche Auflagen und Eingriffe sehr stark. Die Marktbedingungen – Knappheit des Bodens, Begrenzung des Spielraums für Mietsteigerungen wegen der begrenzten Masseneinkommen – nötigten jedenfalls den Mietshausbau zur maximalen Ausnutzung der Grundstücksflächen.

Ein Ansatz freilich zur Planung ergab sich schon früh aus der Tatsache, daß die Kommunen für den Bau und Unterhalt der Straßen-Pflasterung und -Beleuchtung zuständig waren und daß sie, nachdem die alle gleichermaßen, arm und reich, betreffende und nicht individuell zu regelnde Gesundheitsvorsorge, die Hygiene, in den Blickpunkt trat, für die entstehende Kanalisation und die bessere Wasserversorgung die Kompetenz und Regelung übernahmen: Wasserleitungen in Wien 1803, Hamburg 1848, Berlin 1852; Sielsystem der Hamburger Innenstadt 1842; Berlin, Danzig, Breslau, Frankfurt und München: Schwemmkanalisation in den 60er Jahren. Hier entsteht öffentliche Daseinsvorsorge und eine kommunale Leistungsverwaltung. Erschließungskostenbeiträge der Grundbesitzer gab es nicht, zum Teil mußten die Städte den Straßenboden den Besitzern abkaufen; das hatte dann z. B. große Baublockabmessungen zur Folge. Immerhin, über den Straßenbau hatten die Kommunen auf die Stadterweiterung einen regulierenden Einfluß; über die Wasser- und Kanalbauten auch auf eine gewisse Umstrukturierung der alten Städte und des Verhältnisses von Individualeigentum und Gemeinwohl, Marktmechanismus und kommunaler Planung. Dazu treten Sonderbedingungen, die Planung ermöglichen und erfordern: Neuanlage von Städten oder Neuaufbau nach Katastrophen, und – weit häufiger – die Entfestigung der Städte und die Bebauung des vorher freien Glacis. Der Wiederaufbau Hamburgs nach dem großen Brand von 1842 ging von der technischen Ingenieurplanung breiterer Straßen und einer moderneren Kanalisation aus, in die sich dann architektonische Planungen Sempers, die ineinandergreifenden Platzräume an der Alster einfügten – das ganze auf Grund einer stark normierenden, Einheitlichkeit und Verzicht auf Rentabilität erzwingenden Bauordnung für dieses Neubaugebiet. Wo kein genialer Architekt wie Semper mitwirkte, setzte sich in solchen Fällen die Ingenieuranlage, geometrisch, rechtwinklig, symmetrisch durch, so bei einer Neuanlage wie Bremerhaven und in den meisten Fällen der Entfestigung. Hier gab es freilich manche Variationen. Zum Teil legte man gern Grünanlagen an oder alleeartige Straßenzüge (Ausfallstraßen), anfangs bei geringem Bedarf freistehende Häuser in „ländlicher" Bauweise wie in München am Maximiliansplatz oder an der „Sonnen"straße; häufiger war die Anlage der Geometer, rechtwinklig und dichtbebaut (so in der Münchener Maxvorstadt). In München gab es zu Beginn des Jahrhunderts bei den ersten Erweiterungen relativ viel Planung, aber das blieb Episode einer zentralistischen Administration und endete schon 1818 mit dem Sturz Montgelas' und der Wiedereinführung der städtischen Selbstverwaltung. Nur ein Monarch konnte unter besonderen Bedingungen noch einzelne Prachtstraßen durchplanen und anlegen: der Grund mußte in einer Hand sein, und es wurden im wesentlichen staatliche Monumentalbauten errichtet; die Ludwig- und die Maximilianstraße in München sind die großen Beispiele. Gerade die Maximilianstraße – mit wechselnden Breiten, forumartiger Erweiterung, Alleen, Grünanlagen, Denkmälern und der Richtung auf Isarufer und Maximilianeum – war ein Versuch, der Diktatur der Raster zu entkommen; aber eine Festlegung der bürgerlichen Bauherren auf den „Maximilianstil" und seine Fassaden war nicht möglich.

Als Wien 1857 seinen Festungscharakter verlor, wurde das freie Glacis zwischen der Innenstadt und den Vorstädten, ohne bestehendes Eigentum zu berühren (zwischen 1859 und 1865) planmäßig bebaut, mit der berühmten 57 m breiten und 4 km langen Ringstraße und einer parallelen Lastenstraße für Waren und Passanten. In Köln wurde auch eine Ringstraße – zwischen den Mauern und den weiter draußen liegenden Vororten – angelegt, aber hier zunächst als vornehmer Villenstraßenzug.

In Berlin, ein letztes Beispiel, gab es seit 1862 einen Bebauungsplan, den der im Kanalbau renommierte Ingenieur James Hobrecht entworfen hatte; er legte im Grunde nur das Gerippe des rechteckig rasterartigen Straßen- und Kanalisationsnetzes fest, bis weit ins unbebaute Umland, und ließ eine Bauordnung, die 5–6geschossige Blocks mit engsten Hinterhöfen (Platz zum Wenden einer Feuerspritze) zuließ, unberührt – das Ideal des Geometers: die Rechteckblöcke, wie auch der Gemeinde, die Straßenkosten gering halten mußte und darum tiefe Grundstücke wollte, und diese durften dann von den Eigentümern nach herrschender Rechtsüberzeugung unter individuell-ökonomischen Gesichtspunkten bebaut werden. Das „Stadtbild" kam bei dieser Planung, die von der Hygiene und dem Verkehr und vom Einzelgrundstück ausging, sozusagen nicht vor.

Über die Geschichte der Kleidung genügt sozialgeschichtlich Weniges. Für die Männerkleidung, zunächst der oberen Schichten, ist der Trend zur Bürgerlichkeit, zum Einfach-Praktischen, zum „Natürlichen", zum Unauffälligen beherrschend; hier setzt sich der Einfluß der englischen Mode durch. Das Haar bleibt kurz und ungepudert. Die lange Hose (Pantalon) verdrängt auch bei Hofe die adlige Kniehose, der Rock (Gehrock) mit Schößen und die Weste –

das einzig variable und schmückende Stück – werden Normalkleidung, für feierliche Anlässe gibt es den Frack, dazu den – zylinderähnlichen – Hut, die Stiefel, der steife Kragen, die modern breite Krawatte. Bis auf die Weste wurde die männliche Kleidung, nach manchen Rückfällen ins „Farbige", bis 1848 dunkelgrau. Die Parolen des englischen „Dandy" Brummel: nicht auffallen und eine gewisse Lässigkeit ist die wahre Eleganz, nur Schnitt und Sitz bestimmten die Qualität der Kleidung, haben sich durchgesetzt. Bestimmte Gruppen suchten Opposition durch Abweichen von der „normalen" Kleidung zu demonstrieren. Die vor allem von Jahn vertretene Idee einer „alt"-nationaldeutschen Tracht zwar war mit den Karlsbader Beschlüssen dahin, aber in den Bartmoden spielte Politisches eine wichtige Rolle; bis 1848 z.B. hatte der Bart etwas oppositionell Demokratisches, seit den 50er Jahren wurde dann der Demokratenbart höfisch gestutzt zum Knebelbart Napoleons III., zum „Kaiserbart" mit ausrasiertem Kinn Franz Josephs und Wilhelms von Preußen und wurde so vielfach Mode. Die bürgerliche Kleidung grenzte zwar Bürger und Adel von den bäuerlichen und städtischen Massen ab, der Arbeitsrock war ein Klassensymptom; aber als Idealmodell setzt sie sich auch für diese Schichten durch. Auf dem Lande geht, bei den Männern jedenfalls, die (Feiertags-)Tracht zurück und wird dann gelegentlich, wie im Alpenländischen, romantisch-künstlich wieder erneuert.

Die weibliche Mode, in allen Wechseln, ist, seitdem das Empire – mit Dekolletés und freiem Fuß – etwa in den 30er Jahren verschwindet, bestimmt von Verhüllungen des Körpers, ob nun Schmalheit oder Breite betont wird; die in der Jahrhundertmitte herrschende Krinoline betont die Mutterschaft der Frau und, mag man sagen, (französisch) die Legitimität der Ehefrau gegenüber der Illegitimität der Geliebten. Dazu kommen, mindestens bis zur Jahrhundertmitte, die kunstvoll arrangierten Locken – halblang zur Seite bei glattem Scheitel und hinten aufgestecktem Haar – und dazu die Vielfalt von Hauben und Hüten, und sie wie die Röcke sind mit Bändern und Spitzen geschmückt – es ist die große Zeit der Putzmacherinnen –, und neu dann das Universalzubehör, die Schals. Paris bleibt die bestimmende Stadt der Damenmode. Seit den 50er Jahren kommt die Konfektion auf, zuerst für die Männer, später für die Frauen, und führt dann – nur im bürgerlichen Bereich zunächst – zu einer gewissen Demokratisierung des Luxus.

Das tägliche Leben war mehr noch als in früheren Zeiten und mehr als im nächsten Jahrhundert gewiß für die ganz überwiegende Mehrheit, auch der Bürgerlichen, von Arbeit bestimmt. Freie Zeit, Freizeit, Vergnügen und Geselligkeit spielen eine bescheidene Rolle im Haushalt des Lebens. Für das einfache Volk (und die kleinen Bürger) spielen Schützenfest, Jahrmarkt, Kirmes, Kirchweih, Messe, die lokalen Volksfeste – im Rheinland der groß wieder auflebende Karneval – eine wichtige Rolle; Schießen und Kegeln, Kartenspiel und Tanzen, Wirtshaus, für alle Schichten abgestuft Bier- und Weinstuben (volkstümlich nur in den Weingebieten), Garten- und Tanzlokale, das gibt etwa den Umkreis an. Für die „gebildeten", „höheren" Schichten war auch das Fest, etwa das neue bürgerlich-künstlerische Maskenfest, der Ball, öffentlich oder häuslich, in Konkurrenz mit dem traditionellen Hofball, und der Tanz (zumal der Walzer) wichtig; die „Herrengesellschaft" im Freien, mit Essen und Trinken; das „Promenadenkonzert"; der Besuch von Kaffeehaus und Konditorei; das gemeinsame private oder öffentliche Essen, wozu die sich ausbreitende Sitte der Tischreden und Trinksprüche gehört. Daß sich die „Fraktionen" der Paulskirche in Cafés und Gaststätten bilden und nach ihnen heißen, ist für den geselligen Stil und Betrieb des höheren Bürgertums in den 40er Jahren nicht untypisch. Im Hause sind es dann Schach und Kartenspiel und die spezifischen Formen ästhetisch-biedermeierlicher Geselligkeit: Gesellschaftsspiele, lebende Bilder, Theater, Stegreifdichten, Musizieren und Singen. Und auch für den einzelnen spielt das Dilettieren als „Liebhaber" in Musik und Künsten – Musizieren, Aquarellieren, Silhouettenzeichnen oder Dichten (und Tagebuchschreiben) – eine große Rolle. Zum Kreis der eigentlich Gebildeten gehört auch das intellektuelle Gespräch, die Diskussion; Künstler und Literaten verkehren, etwa seit den 30er Jahren, nicht mehr vor allem in der Hofgesellschaft, sondern in den Bürgerhäusern. Auf eine ganz wichtige und neue Form des bürgerlichen und kleinbürgerlichen Miteinanderlebens, der „Freizeitkultur" komme ich später zurück: auf den Verein, und ebenso auf die Rolle von Kunst, Musik und Literatur.

Ein neues Element der Freizeitkultur, weil es erst mit der Eisenbahn und besserer Straßenpost sich weiter ausbreitet, ist das Reisen. Neben die alte Bildungsreise treten andere Formen: Messe-, Ausstellungs- und Kongreßreise; für die Oberschicht vor allem die Badereise in die europäisch mondänen großen Badeorte mit ihren Alleen, Wandelhallen, Sälen, Theatern und mit ihren Spielbanken. Man reist nach Baden-Baden oder Wiesbaden (1850 z. B. je 30000 Besucher), nach Homburg oder Karlsbad, Ems oder Kissingen oder in neue Badeorte wie nach Neuenahr, das 1857 durch eine Aktiengesellschaft entwickelt wurde. Dann kommt um die Jahrhundertmitte die – meist kleine – Sommerreise auch der Mittelschicht auf, aus dem postromantischen bürgerlichen Verhältnis zur Natur geboren; dazu gehört dann die Entwicklung von Seebädern und Gebirgsorten. 1842 erscheint der erste ‚Baedecker' für Deutschland; 1863/64 gibt es die erste Gesellschaftsreise in Deutschland (in den Orient); 1862 wird der Österreichische Alpenverein – und wenig später der Deutsche – gegründet.

Der Wandel von Wirtschaft und Arbeit, Gesellschaft und Mentalität hat auch einen so vitalen, ja quasi-naturalen Bereich wie den der Ernährung, des Essens und Trinkens, tiefgreifend verändert. Der um 1800 mindestens ländliche und landstädtische Normaltypus der überwiegenden Selbstversorgung, geht mit Verstädterung und Auflösung der Produktionseinheit „ganzes Haus" wesentlich zurück. Zwar spielt die Selbstversorgung um 1860 auf dem Lande noch immer eine wichtige Rolle: zwei Drittel allen Brotes soll noch zu Hause gebacken worden sein, zu den ländlichen Industriegebieten gehören Kleintierhaltung und sogar Gartenland, der Lebensmittelhandel ist noch – vor allem – „Kolonialwaren"handel. Aber dennoch werden Handel und Kauf entscheidend. Das löst die häusliche Versorgung aus dem langen Rhythmus des Jahres und stellt sie eher auf wöchentliche Versorgung; die Versorgung mittels Kauf und Geld ermöglicht rascheren Wechsel, der Handel größeres Angebot. Gewiß bleiben die Produkte der Saison und des Umlandes (gegenüber heutigen Verhältnissen) noch ausschlaggebend, aber der Handel verändert doch die Rolle mancher Produkte fundamental. Reis wird von einem Fest- und Luxusgut um 1800 zum Element des Massenkonsums (Reissuppe) um 1850, Honig von etwas Normalem bei steigendem Zuckerangebot zum Seltenen. Mit Liebigs Fleischextrakt und den ersten Fleisch- und Wurstwarenfabriken noch in unserem Zeitraum dringt die industrielle Lebensmittelproduktion vor. Die Kaufversorgung hat den tief eingewurzelten Traditionalismus der Eßgewohnheiten (und die dazu gehörende Spannung von Fest- und Alltagsessen) stark aufgelockert, zumal auch die Ständemoral und ihr Einfluß auf die Fixierung des Essens, die Luxusgesetze z. B., weggefallen waren. Die Verstädterung, der Beruf außer Haus und die Fabrik ändern Ort und Zeit des Essens. In der Stadt treten, auch unter dem Einfluß des Kaffees, die Zwischenmahlzeiten, das zweite Frühstück und Vesper, zurück. In den höheren und mittleren bürgerlichen Kreisen dringen Konditorei und vor allem Kaffeehaus, das Café, vor, in dem man gesellig redet und die Zeitungen liest, zumal in den Großstädten, in Berlin (Kranzler z. B.) und vor allem in Wien, wo es schon in den 40er Jahren 75 Kaffeehäuser gibt. Und in der Mitte des Jahrhunderts gewinnt dann das Restaurant an Bedeutung, wo man sich ohne eigenen Koch und den neuen bürgerlichen Normen gemäß schnell und bequem den Luxus eines „feinen" Essens leisten kann. Für die Masse der armen Leute entstehen gelegentlich Volksküchen (Leipzig 1849), in den Fabriken Menagen und Kantinen (Krupp 1860), sonst wird das im „Henkelmann" mitgenommene (Eintopf)Essen verzehrt. Überall in der städtischen Welt wird das Essen schneller. Erstaunlicherweise setzt sich aber in Deutschland – trotz Fabrik (und dem „Mittagsbrot") und trotz der Tendenz der feinen Leute zum späten Essen – nach 1850 das Alte: das Mittagessen als Hauptmahlzeit, die Sitte der kleinen Bürger, doch wieder durch.

Um 1800 hat sich die Modernisierung der Küche – vor allen ökonomisch-technischen Änderungen – in Gestalt der feinen, zwischen höfischer und bäuerlicher stehenden bürgerlichen Küche und in Form der guten Tischmanieren und -geräte (Teller und Besteck) in der Ober- und oberen Mittelschicht schon durchgesetzt – französisch geprägt vor allem, dann (in Bezug auf Fleischgerichte) auch englisch, wenn auch noch mit starken Unterschieden zwischen einfacher Alltagskost und der des Luxus und der Feste. Daneben steht die stark regionale und traditionelle bäuerliche Kost und die der Unterschichten. Die beiden großen Neuerungen: Kaffee und Kartoffel sind schon weit verbreitet. Generell in allen Schichten, wenn auch regional verschieden, dringen Kartoffel und Brot gegenüber Hülsenfrüchten, Suppe, Brei und Mus vor, mit dem Kaffee auch die Brot- und Butter-(Käse- oder Wurst-)brot-Mahlzeit in Nord- und Mitteldeutschland. Sonst sind die Geschichten zuerst verschieden: Die Unterschichten, ländliche wie städtische, leben am Rande des Existenzminimums, des Hungers, der chronischen Unterernährung. Und die schrecklichen Not- und Hungerberichte aus den hungrigen 40er Jahren sind Legion. Kartoffeln und Kohl,

Grützen, Hülsenfrüchte, Suppen, das sind die Hauptnahrungsmittel, Kohlehydrate, wenig Fett und Eiweiß, gelegentlich Kochfleisch – Braten ist Herren-(und Bürger-)fleisch – oder am Meer der Hering – im ganzen eine eintönige karge Kost. Dann, Ergebnis wohl eines merkwürdigen Imitationstrends: Kaffee, in Gestalt eines Surrogates: des Zichorienkaffees, und Schnaps, dessen Konsum mit den Kartoffelbrennereien und ihrer billigen Produktion – zumal in den 30er Jahren – gewaltig zunimmt und jetzt zu einem Volksgetränk und einem Element der sozialen Frage wird, vielleicht in einer Art vitaler Reaktion auf die Eintönigkeit von Kost und Arbeit. Aus dem textilen Hausgewerbe kennt man – bei gutem Verdienst – den Hang zur „Leckerhaftigkeit", dem Süßen, – eine ähnliche Erscheinung. Der Hunger, der Kalorienmangel, wird in den 50er Jahren, mit dem Ende des Pauperismus, dem Anstieg der Reallöhne, überwunden. Jetzt verstärkt sich auch in den Unterschichten der Zucker- (1840: 2,4 kg – 1873: 7,3 kg pro Kopf) und Fleischkonsum (1816: 13,6 kg, 1830/1840: 20 kg – das war der Stand von 1800, die Durchschnittszahl wird von den stärker konsumierenden Mittelklassen nach oben gedrückt – 1873: 29,5 kg). Beim Fleisch verschiebt sich das Gewicht auf das billigere Schweinefleisch. Dazu kommen jetzt Fett, Brot und Teigwaren, eine Verschiebung von Kohlehydraten zu Fetten, von pflanzlichem zu tierischem Eiweiß. Das bürgerliche Essen wird jetzt, in einfachen Formen, auch bei breiteren Schichten übernommen, Schnitzel, Kotelett, Gulasch z. B.; die bürgerlichen Kochbücher (Henriette Davidis 1845, Katharina v. Prato 1858) mit ihren fast alljährlichen Neuauflagen sind gewaltige Bucherfolge. Gewiß sind das bis zum Ende unseres Zeitraums erst Ansätze, die Arbeiterkost liegt am unteren Rand der bürgerlichen wie der ausgewogenen Ernährung. Es gibt zahlreiche Hemmnisse: der Arbeiterhaushalt muß noch 50–80% für Ernährung ausgeben (1850 noch ca. 58% für Grundnahrungsmittel); die Tradition der ländlich schweren „Hausmannskost" hält sich durch, die Arbeiterfrauen sind nur zum Teil in bürgerlichen Küchen geschult, elastisch und assimilationsfähig; im Bauern- wie im Arbeiterhaushalt steht dem „Mann" mehr und besseres zu als den anderen Familiengliedern. Aber entscheidend bleibt (und das gilt auch für das Land) die Umwandlung der alten Land- und Unterschichtkost in die städtisch-bürgerliche, die Angleichung des ehedem ausgeprägten Gegensatzes. Ähnliches kann man bei der Geschichte des Tabaks, des Vordringens von Zigarillo und Zigarre unter den Männern beobachten.

In einer Zeit niedriger Lebenserwartung und hoher Sterberaten, zumal bei Säuglingen und Kindern, war nicht nur der Tod gegenwärtiger als heute, vielmehr war auch das gemeinmenschliche Schicksal der Krankheit bedrohlicher, stärker auf Sterben und Tod bezogen. Trotz vieler Verbesserungen wirkt sich der überwältigende Fortschritt der naturwissenschaftlichen Medizin erst nach unserem Zeitraum durchgreifend aus. Neben den „individuellen" Krankheiten stehen die großen Volkskrankheiten und Seuchen. Zwar, die Pest ist nicht mehr aufgetreten; die Pocken – zu Beginn des Jahrhunderts gab es noch schätzungsweise 600000 Fälle pro Jahr und 75000 Tote – sind durch Impfung, Impfzwang und Wiederimpfung (Bayern 1807, Württemberg 1818, Preußen 1816/1834) entscheidend zurückgedrängt worden. Aber 1831 kam die Cholera – in Berlin starben 63,1% der Kranken – und verheerte in den nächsten Jahrzehnten epidemisch immer wieder Teile von Deutschland. Der Typhus spielte, zumal in den Hungerjahren vor 1848, eine große Rolle. Geschlechtskrankheiten, vor allem die Syphilis, blieben – wenn auch geringer als in Frankreich – Volkskrankheit (beim preußischen Militär zwischen 2,2 und 3,8%, in den Großstädten 4,9%); das war eine Realität des Lebens, der Verbot, Genehmigung oder Kontrolle von Bordellen und Dirnen nichts anhaben konnte. In Hamburg, der Hafenstadt, wuchs die Zahl der Bordelle zwischen 1840 und 1870 von 100 auf 150. Die große Volkskrankheit des Jahrhunderts, zumal der zweiten Hälfte, wurde dann die Schwindsucht, die Tuberkulose; Virchow schätzte 1860, daß 15–18% aller Todesfälle auf sie zurückzuführen seien.

Für das Heilen der Krankheit gab es zunächst die Ärzte. In den ersten Jahrzehnten des Jahrhunderts gab es auf Grund staatlicher Regelung von Studium, Prüfung und Zulassung noch durchaus unterschiedliche Klassen, promovierte Ärzte, Wundärzte (Chirurgen), handwerklich gebildete „Wundärzte 2. Klasse" oder „niedere" Landärzte; nur die Grenze zu den niederen Heilberufen war schon um 1800 klar gezogen. Diese Klassen sind dann bis zur Mitte des Jahrhunderts (Preußen 1852) zu einer einheitlichen, akademisch ausgebildeten Ärzteschaft zusammengewachsen. Nur zum Teil gab es Niederlassungsfreiheit, anderswo beschränkte Zulassung für einen Bezirk (Bayern bis 1865), in Nassau waren die Ärzte Quasi-Beamte. Überall gab es Amtsärzte, Kreisphysici etc., die auch die Apotheken beaufsichtigten; 1827 waren 48%, 1842 36% der Ärzte öffentlich angestellt; der Staat regelte Honorare und verpflichtete (gegebenenfalls mit Polizei!) zur Behandlung von Armen. Eine große Ärzte- und Medizinalreformbewegung hat sich 1848/49 für die Einheit der Ärzteschaft, für Selbstbestimmung und -verwaltung gegen staatliche Gängelung eingesetzt. Für die Professionalisierung spielten ärztliche Vereine und medizinische Presse eine große Rolle; zugleich traten die Ärzte aus der alten ständischen Absonderung heraus und wurden ganz in die neue – höhere – bürgerliche Gesellschaft integriert. Die Zahl der Ärzte ist nur knapp proportional zur Bevölkerung gewachsen; in Preußen kam 1825 ein Arzt auf 2955, 1876 auf 3453 Einwohner – aber im Bezirk Gumbinnen war das Verhältnis 1:10011 und 1:9931, in Berlin dagegen 1:1153 und 1:1251, im Bezirk Köln 1817 1:2900, 1842 1:2150, in der Stadt Köln 1:1140 und 1:1041. Ursprünglich waren die Ärzte vornehmlich für die gehobenen Schichten da; um 1800 ging das einfache Volk nicht zum Arzt, sondern zum Bader oder Quacksalber. In den Städten änderte sich das bis in die 60er Jahre, dabei spielte der Armenarzt eine Rolle. Auf dem Lande war auch jetzt die Verbindung von Arzt und Krankheit noch keineswegs selbstverständlich. In den 1850er Jahren schätzt ein Arzt aus dem Landkreis Cloppenburg, daß kaum ein Fünftel der Kranken, Alte und Kinder schon gar nicht, zum Arzt komme; im Landkreis Köln waren 1820/1824 nur 20% der Gestorbenen mit ärztlicher Hilfe versorgt. Dennoch, die medizinische Volksaufklärung, Gesundheitskatechismen und -ratgeber, populäre Belehrung in Zeitschriften (‚Gartenlaube') und Illustrierten wie den Kalendern, nahm zu; die „Volksmedizin" ging zurück. „Kurpfuscher", wie es jetzt hieß, wurden bekämpft. In der Gewerbeordnung des Norddeutschen Bundes 1869 freilich wurde – auf Betreiben liberaler Ärzte, die kein Behandlungsprivileg und keine staatliche Kuratel über die Kranken wollten – das „Pfuschverbot" gestrichen.

Die „Praxis" des Arztes, des „Doktors", war Allgemeinpraxis, nicht auf Sprechstunde, sondern auf Besuch orientiert. Im bürgerlichen Milieu zahlte man noch in den 40er Jahren mancherorts zu Neujahr ein freies Honorar – das war ein ständisches Relikt. Die neuen Errungenschaften und Hilfsmittel der Diagnose, Auskultation, Perkussion, genaue Anamnese, regelmäßiges Fiebermessen, Stethoskop drangen nur langsam bis nach der Mitte des Jahrhunderts in die Praxis ein. Die Ergebnisse der Wissenschaft, die für die Therapie noch nichts erbrachte, ja sich von ihr distanzierte, hatten keinen großen Einfluß, wenn auch ihre Schüler, die jungen Ärzte, besser diagnostizieren konnten. Aderlaß, Schwitzen, Zugpflaster, Diät, Abführmittel blieben in Gebrauch; die Praktiker betonten die Bedeutung des individuellen Falles und der Gesamtkonstitution des Patienten, die Tatsache, daß die Medizin eine „Kunst" sei; sie waren noch lange der Humoralpathologie verpflichtet, die Krankheit als Störung der „Säfte" beschrieb. Die Fortschritte in der Bekämpfung von Krankheiten beruhten darum eher auf systematisierter Erfahrung und vernünftiger Lebensführung, auf Säuglings- und Wochenbettpflege, auf der ‚Kunst, das menschliche Leben zu verlängern' wie der Bestseller des Arztes Hufeland von 1797 hieß, als auf den neuen naturwissenschaftlichen Errungenschaften. Im Nachklang von Rousseau wie Romantik entwickelten sich neben der Wissenschaft Naturheilverfahren: das Bäderwesen, Seeluft- und Luftkuren – letztere bei Tuberkulose –, Hydrotherapien, wie sie vom Bauer Prießnitz und vom Pfarrer Kneipp entwickelt und popularisiert wurden, Gymnastik, wie die des Leipziger Arztes Schreber. Zu Beginn des Jahrhunderts spielten Magnetismus (Messmer) und Hypnose – die Geisterbeschwörung der Ärzte Jung-Stilling oder Justinus Kerner – eine Rolle. Die romantischen Ärzte nahmen die „Seele", das Unbewußte und seine Bedeutung für Krankheiten in den Blick (Carus, Feuchtersleben). Die Homöopathie Samuel Hahnemanns gewann erst nach ihrem Aufstieg in den USA in Deutschland Bedeutung, ein frühes Beispiel für eine „Bewegung", die von einer medizinischen Lehre ausgehend das „Leben" reformieren wollte.

Neben den sich stärker professionalisierenden Ärzten war für das Kranksein wichtig die Entstehung des modernen Krankenhauses. Das alte Hospital hatte, eine Art Sozialasyl, Arme, Alte, Sieche und Kranke vereint, eine eigentliche Krankenbehandlung gab es kaum. Erst um 1800 entstanden spezielle, öffentliche Institutionen zur stationären Krankenbehandlung. Dahinter stand eine veränderte Mentalität, ein anderer Blick auf die Krankheit und auch ein neuer Philanthropismus. Der Zusammenbruch der gewachsenen städtischen Spitäler und Stiftungen und die rationalistisch-revolutionäre Säkularisierung und Zentralisierung der Wohlfahrt, zumal im napoleonischen Bereich, einerseits, das Verlangen der medizinischen Professoren nach Unterricht am Krankenbett („mitnichten ist das Entbindungshospital der Gebärenden wegen da" meinte ein Göttinger Gynäkologe) und das Interesse des Staates an guter ärztlicher Ausbildung andererseits – das führte zur Gründung der „allgemeinen", meist städtischen, Krankenhäuser (z. B. Wien 1784, München 1813–1818), der Universitätskliniken, der öffentlichen Entbindungsanstalten und später eigener Kinderkrankenhäuser (1830 Berlin, 1837 Wien). Dazu kamen dann die von humanitären, meist konfessionellen Vereinen gegründeten Krankenhäuser (z. B. das Katholische Bürgerhospital in Bonn 1840). 1822 hat es in Preußen 155, 1855 684 öffentliche Krankenhäuser gegeben; das bedeutete: das Verhältnis von Krankenhaus zu Einwohner sank von 1 : 75 000 auf 1 : 25 000. Seit den 50er Jahren erhielten sie Gas, Licht und WC. Im Lauf der Jahrzehnte vollzog sich eine „Sozialisierung" nach oben; waren es anfangs die Armen, die Patienten, bei denen die Familie als Pflegeinstitution ausfiel, so kamen dann, von berühmten Ärzten angezogen, auch gebildete und vermögende Patienten. Dazu gehörte die Professionalisierung der bis dahin desolaten Krankenpflege durch die Schwestern der Orden (Barmherzige Schwestern, Vinzentinerinnen, ausgehend vom Mutterhaus München 1832) und die Diakonissen (seit 1836 Kaiserswerth, 1864: 32 Mutterhäuser, 1600 Diakonissen), seit den 50er Jahren auch durch eine kleine Zahl „freier" Schwestern.

Ähnlich war es mit der Behandlung der Geisteskranken. An die Stelle der Zucht- und Tollhäuser für Sozialübel, für Asoziale und Irre, traten nach französischem Vorbild allmählich spezielle Heil- und Pflegeanstalten, in denen man ohne Kette und Brutalität auf die als Kranke jetzt in ihrer Menschenwürde respektierten und medizinisch-psychologisch aufgefaßten Patienten einzuwirken suchte. Die großen Anstalten waren staatlich; Bayreuth (1805), Siegburg oder Illenau, Baden (1842) waren besonders berühmt; in den 40er Jahren traten kleine Privatanstalten – wie die Bonner, in der Robert Schumann endete – hinzu. Taubstummen- und Blindenanstalten (Schulen) haben eine ähnliche Geschichte.

In all diesen Bereichen (auch dem der Apotheken) hatte der Staat eine Art Rahmenkompetenz. Es gab eine Medizinalverwaltung und auf dem Weg von der spätabsolutistischen Medizinalpolizei zur Gesundheitspolitik des 20. Jahrhunderts entstand im 19. Jahrhundert ein eigentliches „Gesundheitswesen". Seit dem spätaufklärerischen Monumentalwerk von J. P. Frank ‚System einer vollständigen medizinischen Polizey' (1779–1788) und ‚Medicinalwesen' (1817/1819) gab es eine Theorie über die sozialen und politischen Voraussetzungen von Krankheit und Gesundheit und ein Programm für die staatliche Pflicht, mehr Gesundheit mit Aufklärung und Zwang durchzusetzen – eine Ansicht freilich, der die liberalen Ideen des Jahrhunderts über die Rolle des Staates entgegenstanden. Virchow hat bei seinen Untersuchungen über den Hungertyphus in Oberschlesien die sozialen Krankheitsursachen betont und Abhilfe durch den Staat gefordert. Das mündete in die „Medizinalreform"bewegung von 1848: die Medizin sei eine „sociale Wissenschaft", der Arzt der „natürliche Anwalt der Armen", es gebe ein Recht auf Gesundheit, für das der Staat zu sorgen habe. Seit den 60er Jahren ist öffentliche Gesundheitspflege als Thema selbstverständlich.

Lorenz Stein schreibt in seiner Verwaltungslehre 1867 einen eigenen Band über das Gesundheitswesen und die Pflicht der Gemeinschaft, für die Bedingungen der Gesundheit, unabhängig vom Besitz des einzelnen, zu sorgen. Dahin gehören die großen Errungenschaften der Hygiene, die Versorgung mit sauberem Wasser und die Kanalisation der Städte. Max von Pettenkofer, ein physiologischer Chemiker in München, ist über die Untersuchung der Cholera-Epidemie der Begründer der modernen Hygiene, der modernen Ver- und Entsorgung und der entsprechenden Gesetze (1858, 1867 in Bayern) geworden. Neue Wasserleitungen waren 1840 in Wien, 1848 in Hamburg, 1852 in Berlin angelegt worden, aber erst in den 60er/70er Jahren wurden die Großstädte mit „sauberem" Wasser versorgt, Kanalisation und geordnete Abfallbeseitigung eingeführt (1870 die Berliner Rieselfelder); die kleineren Städte folgten erst später (1869 in Danzig). Schließlich führten Beobachtungen über Trichinenerkrankungen in den 60er Jahren zur obligatorischen Fleischbeschau und zur Anlage von kommunalen Schlachthöfen. Das veränderte auch die Funktion der Stadtverwaltungen; sie übernahmen – trotz liberaler Prinzipien – neue, mit hohen Steuerausgaben verbundene öffentliche Aufgaben, soziale Funktionen. Daraus entwickelte sich die kommunale Gesundheitspolitik, für die einer der Medizinalreformer von 1848, Salomon Neumann, seit 1853 Stadtverordneter in Berlin, prototypisch ist. Und über die Hygiene trat der Zusammenhang von Armut und Krankheit allmählich stärker ins Bewußtsein.

4. Landwirtschaft und ländliche Gesellschaft

Wir wenden uns den großen Wirtschaftsbereichen und den mit ihnen zusammenhängenden sozialen Gruppen zu.

Deutschland ist in unserem Zeitraum, auch nach der seit den 40er Jahren mit Macht einsetzenden Industrialisierung, noch immer ein überwiegend agrarisches Land. Zwar, die ökonomische, soziale, politische und kulturelle Dynamik ist von den Städten, den Bürgern, den Beamten getragen, aber die ländlichen Verhältnisse bestimmen die Art, in der die wirtschaftlich-soziale Modernisierung sich durchsetzt, die politische Ordnung sich entwickelt. Das gilt für die vor- und frühindustrielle Phase – bis zur Mitte des Jahrhunderts – natürlich erst recht. Die alte Welt ist agrarisch geprägt, die Gesamtwirtschaft hängt von der Landwirtschaft ab, Herrschafts- und Lebensordnung, ja Normensysteme existieren im Rahmen und auf der Basis der Agrarwelt. Darum ist deren Entwicklung von entscheidender Bedeutung für die Gesamtgeschichte unserer Periode.

Diese Entwicklung ist wesentlich bestimmt von vier Faktoren: der Agrarkonjunktur; den technisch-ökonomischen Fortschritten; den sozialen Entwicklungen auf Grund der Bauernbefreiung, der Herrschafts- und Eigentumsverhältnisse und der Bevölkerungsvermehrung; schließlich von der Mentalität des Landvolkes. Alle diese Faktoren beeinflussen sich gegenseitig und machen erst in ihrer Wechselwirkung die wirkliche Geschichte aus.

Zunächst die Konjunkturen und Krisen. Die Zeit um 1800 war, speziell für Norddeutschland, eine Zeit guter Konjunktur, die Getreidepreise stiegen (zwischen 1730/1740 und 1800/1810, zumal seit 1790, um 110%) infolge der Bevölkerungsvermehrung und der englischen Exporte, ohne daß Löhne und gewerbliche Produkte sich wesentlich verteuerten. Der Wert der Güter stieg infolgedessen allein zwischen 1780/1790 und 1803 um 100% – darin spiegelte sich eine vorweggenommene Einnahmeerwartung; diese hohen Preise führten freilich zu einer erheblichen Verschuldung. Die politischen Ereignisse und die Kontinentalsperre lösten einen raschen Preisverfall aus, aber ab 1812 schien er wieder aufgefangen. Nun aber kam es zu einer ersten großen Agrarkrise. Ab 1817 brachen die Getreidepreise infolge guter Ernten wie der Einführung der englischen Kornzölle zusammen; 1825 betrugen sie in den Häfen nur noch 28% der Preise von 1817. Es handelte sich um eine Überproduktions- (und sekundär eine Unterkonsumtions-)Krise. Die Bodenpreise fielen, in Schleswig auf 25%, in Holstein auf 33%, in Ostdeutschland auf weniger als die Hälfte. Hier brach der Grundstücksmarkt infolge des Überangebots von Gütern zeitweilig völlig zusammen. Ein Teil der Betriebe geriet in Konkurs – bäuerliche Betriebe, die in Renten abgelöst hatten (in der ostfriesischen Marsch bis zu 50%), und die überschuldeten, überbewerteten und exportabhängigen Großbetriebe; Kriegsschäden, Kriegsfolgelasten und die allgemeine Kapitalknappheit verschärften die Krise. In Ostpreußen z. B. sind etwa 40% der Rittergüter zwangsversteigert oder zwangsverkauft worden, anderswo lagen die Zahlen noch höher: die Krise brachte den adligen Großgrundbesitz wahrhaft in Bewegung. Seit Ende der 20er Jahre – als Schulden und Bodenbewertung reduziert sind, der Absatz infolge des Bevölkerungswachstums steigt und später nach Wegfall der englischen Zölle auch die Exporte – setzt eine neue Konjunktur ein, die bis in die 70er Jahre fortdauert. Zumal in den 30er/60er Jahren stiegen die Produkten- wie die Bodenpreise erheblich (in Preußen etwa stieg die dafür kennzeichnende Domänenpacht von 18,90 Taler pro ha im Jahre 1849 auf – 1869 – 31,18, der Anstieg der Bodenpreise vom Ende der 20er Jahre bis 1870 wird auf das 3–4fache geschätzt). Eine der Folgen war wiederum Überbewertung und hohe Verschuldung und häufiger Besitzwechsel. In Ostpreußen z. B. wechselte zwischen 1835 und 1864 statistisch jedes Rittergut 2,14mal den Besitzer, und zwar nur in 34,7% der Fälle durch Erbgang, in 60,2% durch Verkauf, in 5,1% durch Konkurs. Auch in Gesamtpreußen lag die Zahl der Besitzwechsel durch Verkauf fast doppelt so hoch wie die durch Erbgang – kurz, die Mobilität der Güter blieb ein wichtiges Faktum. Auch die Bauern hatten an der Erhöhung der Bodenpreise und später auch an der der Produktenpreise Anteil. Zu diesem Zusammenhang gehörte schließlich, daß die Produktionskosten (Löhne und nicht landwirtschaftliche Produkte) relativ unelastisch waren, also in Zeiten sinkender Preise kaum sanken, in Zeiten steigender Preise kaum stiegen, insofern also die Einkommen vor allem von den Preisen der Produkte abhängig waren.

Man muß freilich, zumal für die erste Jahrhunderthälfte, davon ausgehen, daß die langfristigen Konjunktur- und Preistrends von kurzfristigen, ganz erheblichen Schwankungen, je nach Ernteausfall von Jahr zu Jahr, aber auch innerhalb des Zwischenraums zwischen den Ernten überlagert waren; das spielte für die einzelnen Betriebe – späterer „Verstetigung" der Preise gegenüber – noch eine gewaltige Rolle; kleine und verschuldete Betriebe waren davon besonders betroffen.

Für die Durchführung der Bauernbefreiung hat die Konjunktur insofern große Bedeutung, als die Stichzeiträume für die Berechnung der bäuerlichen Zahlungen die Höhe der Ablösungen beeinflussen und natürlich die Preiskonjunktur die Belastbarkeit der Bauern; unterschiedliche Ergebnisse der Reformen in Deutschland hängen darum auch mit dem Zeitpunkt zusammen, zu dem die Reformen verwirklicht wurden.

Es gab noch eine andere Art von Agrarkrisen. Die gesamte Volkswirtschaft und das Leben der Menschen, das der Armen zumal, hing vom Ausfall der Ernten, zum guten Teil auch der regionalen Ernten ab. Schlechte Ernten führten zu gewaltigen Teuerungen, von denen bei den Produzenten nur die mit großem Marktanteil Vorteile hatten – und zum Hunger. Angesichts des Mangels an nationalen und internationalen Verkehrsverbindungen und der merkantilistischen Außenhandelspolitik – bei Teuerung andernorts sperrte man zum Teil die Grenzen – konnte man solche Ausfälle kaum kompensieren. Bis in die Phase der Frühindustrialisierung gehören die Hungerkrisen zum Schicksal, und ihre Auswirkungen gehen weit über die uns seither bekannten industriellen Krisen hinaus. 1816/17 und 1845/1847 ist Deutschland (wie Europa) von solchen Katastrophen, Mißernten, vor allem noch dazu 1845/1846 der Kartoffelfäule heimgesucht, die zumal 1845/1847 die Massenarmut zum schrecklichen Elend verschärfen – das gehört in die soziale Vorgeschichte der Revolution von 1848 hinein.

Mit diesen Krisen und Konjunkturen eng verflochten ist die Modernisierung der Landwirtschaft, die man als Rationalisierung, Intensivierung und Ökonomisierung beschreiben kann. Natürlich hat diese Entwicklung mehrere Ursachen: die steigende Nachfrage bei wachsender Bevölkerung und die Entbindung produktiver Kräfte durch die Agrarreformen vor allem, aber auch einem neuen Trend zur Rationalität in Ideen und Mentalitäten und eine Reihe von Veränderungen der institutionellen Rahmenbedingungen. Von den zuletzt genannten Dingen soll zunächst die Rede sein.

Albrecht Thaer, ursprünglich Arzt in Celle, in der Tradition der Aufklärung, bewegt von der Revolutionierung der Landwirtschaft in England und ihren gewaltigen Erfolgen, 1806 vom preußischen Staat nach Möglin geholt, wo er ein Muster- und Versuchsgut und eine Landwirtschaftsakademie aufbaut, Staatsrat und Professor dann, wollte den Ackerbau wissenschaftlich begründen und entwickeln. Sein Buch ‚Grundsätze der rationellen Landwirtschaft' (1809–1812) im Titel ein Programm, wurde zum klassischen Werk einer neuen Wissenschaft der Landwirtschaft. Dabei ging es einmal um die Überwindung der bloß handwerksmäßigen Tradition durch die Systematisierung und Quantifizierung von Erfahrung und durch Experimente, um die Überwindung der bloß „nachahmen-

den" Landwirtschaft durch die „kunstmäßige", Gesetze anwendende und zuletzt „wissenschaftliche" Gesetze begründende Landwirtschaft, durch das „den-
kende", wissenschaftlich angeleitete praktische Handeln, und das betraf etwa
den Fruchtwechsel, die systematische Viehzüchtung, die physikalische Boden-
kunde. Zum zweiten ging es im Geiste von Adam Smith um die Ökonomisierung, die landwirtschaftliche Betriebslehre. „Die Landwirtschaft ist ein Gewerbe, welches zum Zweck hat, durch Produktion vegetabilischer und tierischer
Substanzen Gewinn zu erzeugen oder Geld zu erwerben. Je höher dieser Gewinn nachhaltig ist, desto vollständiger wird dieser Zweck erfüllt." Das war die
moderne kapitalistische Wirtschaftsgesinnung mit ihren neuen Normen: Erwerb, Rentabilität, Maximierung des Gewinnes, Versachlichung und Rechen-
haftigkeit; und Unterscheidung von Roh- und Reingewinn, Buchhaltung, Kal-
kulation von Marktchancen waren die betriebswissenschaftlich ableitbaren Folgen. „Landwirt", das war nicht mehr – wie Bauer und Gutsherr – eine Gegebenheit und ein Erbe, sondern eine wählbare Profession. Das war eine Provokation
der Tradition, und es ist kein Zufall, daß der Theoretiker der Adelsopposition,
Adam Müller, den verbreiteten Widerstand literarisch zuspitzte: die Landwirtschaft, eigentlich Dienst am Staat, an der Gemeinschaft, von der Wirtschafts-
maxime geleitet, sein Auskommen, seine „Nahrung" zu finden, solle „durchaus
zum Gewerbe herabgewürdigt und dem großen Mechanismus der Industrie
(‚der Universalfabrik des städtischen Lebens', dem Markt als „Lohnarbeiter")
einverleibt werden". Der Eigentümer werde, ohne die primär erbliche Beziehung von Boden und Besitzer, „zum Repräsentanten der Ertragsfähigkeit seiner
Plantagen". Nicht auf das „schimmernde Kunststück" vom Jahresertrag, sondern auf den „Jahrhundertertrag" komme es in der Landwirtschaft an. Das war
in dieser Form gewiß Ideologie – aber die entsprach doch einer breiten unreflek-
tierten Überzeugung (ganz Europas!). Der Ackerbau war nicht Gewerbe und
Kalkül, nicht „fabrikmäßiger Industrieackerbau", sondern moralische Verpflichtung, Ordnung Gottes, Tradition und darum auch der erste Gegenstand
der Staatswirtschaft. Für den Landwirt, so meinte der in solchen Fragen gewiß
progressive Hegel doch, sei die Natur und nicht Fleiß und Verstand die Hauptsache, und selbst Thaer sprach von den moralischen Voraussetzungen des Land-
baus, Ruhe des Gemüts, Liebe zur Schöpfung, Fähigkeit, das Walten der Natur
zu erkennen.

Dennoch ist im 19. Jahrhundert der Geist der Rationalisierung und Ökonomisierung der Landwirtschaft, aufhaltsam und unvollkommen gewiß, stärker vorgedrungen. Die Agrarwissenschaft entwickelte sich; ein Schüler Thaers, Johann
Heinrich von Thünen, hat – auf der empirischen Basis genauer Buchführung
seines Gutes – in schon mathematischen Formeln herausgearbeitet, wie die Entfernung vom Absatzort die Gewinnchancen unterschiedlicher Produktionen unterschiedlich beeinflußt (Standortlehre). Justus von Liebig dann hat die Agrarwissenschaft auf die Basis der modernen quantifizierenden und kausal erklären-
den Naturwissenschaften gestellt. Die Wirkung des Düngers und die Erschöpfung des Bodens waren bis dahin unerklärt geblieben; wie die Biologen an die

Lebenskraft, so glaubte man an eine „Bodenkraft" im Humus. Liebig hat in ‚Die organische Chemie in ihrer Anwendung auf Agrikulturchemie und Physiologie' (1840) den Stoffwechsel der Pflanze im Verhältnis zu Boden und Luft, Stickstoff und Mineralien, analysiert, die Auslaugung des Bodens erklärt und die Möglichkeit des „(Stoff)Ersatzes" von Mineralien nachgewiesen. Das war mehr als eine methodisch revolutionäre Analyse. Damit waren auch die Ansicht von der Zeugungskraft der Erde und das „Gesetz" vom abnehmenden Bodenertrag dahin; eine bis dahin ungeahnte Steigerung der Erträge wurde möglich; die Landwirtschaft emanzipierte sich ein Stück von der Natur, der Landwirt „folgte" nicht mehr der Natur, sondern er vermochte sie umzugestalten, ihre Kräfte zu organisieren. Statt des jahrtausendelangen unbewußten „Raubbaus" sollte jetzt die „selbstbewußte Herrschaft des Landwirts über seine Felder" beginnen. Der Landwirt wurde zu einer Art chemischem Fabrikanten, die Landwirtschaft eine Technologie (und nicht eine Kunst), die Erde eine Retorte. Und konkret wurde die Landwirtschaft von den knappen organischen Düngstoffen unabhängiger, die anorganischen Stoffe konnten sie ersetzen. Liebigs traditionskritisches Selbstbewußtsein, wissenschaftliche Einseitigkeiten und Fehler, technisches Mißlingen freilich verwickelten ihn und seine Lehre noch in einen langdauernden Streit mit der keineswegs mehr romantischen Zunft der Agrarexperten. Zur praktischen Anwendung kam die neue Entdeckung erst, als 1862 die erfolgreiche Produktion von Kunstdünger gelungen war. Auf die damit einsetzende revolutionäre Erweiterung des menschlichen Nahrungsspielraums brauche ich nur gerade hinzuweisen, jeder kennt das.

Die wissenschaftlich-technische Rationalisierung der Landwirtschaft wurde vorangetrieben durch die landwirtschaftlichen Hochschulen, Akademien, Fakultäten: Weihenstephan bei München 1803, Möglin 1806, Hohenheim bei Stuttgart 1818, Idstein/Nassau 1818, Darmstadt 1823, Jena 1826, Tharandt/ Sachsen 1829, Eldena/Greifswald 1835, Regenwalde/Hinterpommern 1842, Proskau/Schlesien 1842, Poppelsdorf/Bonn 1847, Weende/Göttingen 1851, Waldau/Königsberg 1858, mit ihren Versuchsgütern und den von ihren Lehrern verfaßten Anleitungen und Lehrbüchern des praktischen Ackerbaus (Johann Burger für Österreich, Johann Nepomuk Schwerz für Südwestdeutschland, Max Schönleutner für Bayern, Johann Gottlieb Koppe). Mittlere, mehr praxisbezogene landwirtschaftliche Schulen für Bauern – von sehr unterschiedlichem Niveau und Anspruch – entstanden erst Jahrzehnte später. 1857 gab es je 19 in Preußen und im außerpreußischen Deutschland. Jetzt entstand auch eine Fachliteratur für Bauern: Lehrbücher für Feiertagsschulen, Lehrhefte, Bauernromane, -kalender und -wochenblätter; an ihrem Inhalt und ihrer Verbreitung läßt sich das langsame Vordringen der Modernisierung ablesen. Gewiß hat in den beiden ersten Dritteln des Jahrhunderts die rationelle, technisch und betriebswirtschaftlich moderne Landwirtschaft die traditionelle nicht einfach abgelöst; es gab Reserven und Kommunikationsprobleme gegenüber den „wissenschaftlichen" Einsichten. Die Subsistenzmoral des alten Wirtschaftens und die Idee einer nicht vom Markt und Wachstum, sondern von gegenseitiger Hilfe und

„Moral" bestimmten Wirtschaft spielte bei den Bauern ebenso eine Rolle wie die Traditionen des Prestigekonsums, die Priorität des sozialen Status und seiner Lebensformen vor betrieblichen Erfordernissen beim gutsbesitzenden Adel; kurz, keineswegs traten die Landwirte schon alle in die kapitalistische und technische Wirtschaftsweise ein (wie das zum Teil in anderen Ländern unter den Bedingungen eines Pachtsystems der Fall war). Man wird von einer gebremsten und ungleichmäßigen Modernisierung sprechen können.

Schließlich gehört in diesen Zusammenhang die schnelle Entwicklung der landwirtschaftlichen Vereine, die im späten 18. Jahrhundert anfängt. 1820 gab es in Preußen 15, 1852 361 Vereine. Die Staaten förderten diese Gründungen nach Kräften und regten die Organisation zentraler landwirtschaftlicher Gesellschaften (zuerst 1809 in Bayern) an. Preußen begünstigte die Organisation auf Regierungsbezirks- und Provinzebene und faßte 1842 die Provinzialorganisation im „Landesökonomiekollegium" zusammen, Organisationen, die zwischen freien gesellschaftlichen Verbänden und halbstaatlicher Organisation sich bewegten. 1837 bildet sich der erste gesamtdeutsche Verein deutscher Landwirte, dessen Kongresse große Bedeutung gewannen (1863 in Königsberg 3 307 Teilnehmer). Alle Vereine sollten und wollten den landwirtschaftlichen Fortschritt fördern durch Verbreitung von Kenntnissen und Neuerungen, Ausstellungen, Zeitschriften, Preise und Beratungswesen, durch Organisation auch der damals aufkommenden landwirtschaftlichen Feste. Das Münchener Oktoberfest (seit 1810/11) ist das berühmteste von ihnen geworden. Die zentralen Organisationen vertraten darüber hinaus Interessen der Landwirtschaft gegenüber den Regierungen und wurden von diesen als Experten und Sachbearbeiter herangezogen. Dieses Vereinswesen war zumeist von Beamten, Gutsbesitzern und Landwirtschafts„freunden" getragen; nur sehr langsam griff es im Laufe der Jahrzehnte auch auf zumeist größere Bauern über und trug dann dazu bei, sie aus ihrer lokalen und geistigen Isolierung herauszuführen. 1860 waren von 21 352 Mitgliedern des „Landwirtschaftlichen Vereins" in Bayern nur und doch auch schon 9 556 Bauern. Politische Vereine hat es – kurzlebig – nur 1848 gegeben. Am Ende unserer Periode erst änderte sich das. 1862 gründete Freiherr von Schorlemer-Alst den christlichen (katholischen) Westfälischen Bauernverein – dem es nicht mehr primär um technischen Fortschritt ging, sondern um wirtschaftspolitische Interessenvertretung, genossenschaftliche Selbsthilfe und Stabilisierung eines christlich-ständischen „sittlichen" Bewußtseins –, und andere (katholische) Landschaften folgten dem Beispiel.

Der Staat hat durch Hochschulen, Versuchsgüter und Vereine, durch die technische Abwehr schicksalhafter Katastrophen – der Überschwemmungen etwa durch Wasserbau und Flußregulierung, der Viehseuchen durch gesundheitspolizeiliche Maßnahmen – (und indirekt natürlich durch die Schule) die Modernisierung der Landwirtschaft gefördert. Dem diente auch die Steuerpolitik, etwa die Neubewertung des Bodens nach Qualität und Ertrag, die teils im Vormärz, teils in den 50er und 60er Jahren durchgeführt wurde: sie hat das ökonomisch-rationale Denken bei den Betroffenen durchaus gefördert.

Eine wichtige Voraussetzung der Modernisierung war schließlich die Kredit-organisation. Denn im Prozeß der Modernisierung gewann das Investitionska-pital für Neuerungen (Anschaffung von Tieren, Geräten, Gebäuden, Wegebau etc.) zunehmend an Bedeutung. Die Verbürgerlichung und Verrechtlichung des Lebens führte dazu, daß Erbteil, Mitgift, Altenteil in Geld festgelegt wurden, bei steigenden Bodenpreisen stiegen diese Geldleistungen. Diese Einsaugung des Agrarsektors in das kapitalistische Geld- und Rechtssystem erhöhte – auch ohne Investitionen – die Bedeutung des Kapitals. Überall wurde das Hypotheken-und Kreditwesen durch staatliche Gesetze, meist im Geiste des ökonomischen Liberalismus, neu geordnet. Für den Großgrundbesitz gab es in den oft staatlich privilegierten „Landschaften", wie sie im 18. Jahrhundert entstanden waren und im 19. Jahrhundert weiterhin gegründet wurden, günstige Kreditmöglichkeiten. Für die Bauern dagegen sah es zunächst schlecht aus. Darum spielten Wucher und Güterzertrümmerung durch gezieltes Geldleihen („Hofschlächterei") in klein- und mittelbäuerlichen Gebieten eine große Rolle. Erst im Zuge der „Ablö-sung" der bäuerlichen Lasten wurden seit den 30er Jahren in einigen Mittelstaa-ten (Kassel z. B. 1832) und nach 1850 fast überall Rentenbanken geschaffen, die nicht nur Ablösungs-, sondern auch allgemeine Kredite an die Bauern gaben. Schließlich hat Friedrich Wilhelm Raiffeisen, von der Not der Jahre 1846/47 be-wegt, die Gründung von dörflichen Spar- und Darlehenskassen auf genossen-schaftlicher Grundlage seit 1848 begonnen und vorangetrieben; sie haben sich im kleinbäuerlichen Gebiet des Westens zunächst rasch ausgebreitet und zu-gleich einen Teil des Warenhandels auf dem Dorf übernommen: Genossen-schaft und Selbsthilfe, das war das liberale (und christliche) Programm, das – gegenüber der konservativen Schreckensvision der Herrschaft der Geldmächte auf dem Lande – Freiheit und Effektivität der Bauern in einer noch patriarchali-schen Zeit sichern sollte.

In diesem Prozeß der Rationalisierung und Modernisierung der Landwirt-schaft war der Großgrundbesitz ökonomisch und institutionell durch Bildung und Initiative begünstigt. Gerade die ostdeutsche Gutswirtschaft übernahm Thaers Rentabilitätsprogramm und wuchs am schnellsten in den Agrarkapitalis-mus hinein – in ihrer Praxis freilich nur, während in der „Weltanschauung" eine ältere ständische Ansicht von der Landwirtschaft fortdauerte, die so zur Ideolo-gie wurde. Die Bauern sind auf diesem Weg in eine moderne kapitalistisch-rationale Landwirtschaft nur sehr viel langsamer gefolgt, und dieser Prozeß war am Ende unseres Zeitraums noch keineswegs abgeschlossen.

Wir fragen nach der ökonomischen Wirklichkeit. Man muß sich deutlich vor Augen halten, daß alle Aussagen über „die deutsche Landwirtschaft" unzuläng-liche Abstraktionen sind, weil sie vom ostdeutschen Rittergut über einen nieder-bayerischen oder einen Marschbauernhof bis zum armen Gebirgs- und Wald-bauern oder zum pfälzischen Winzer reichen, Abstraktionen freilich, ohne die wir nicht auskommen.

Die Geschichte der Landwirtschaft im 19. Jahrhundert ist durch einen gewal-tigen Fortschritt in Produktion und Produktivität charakterisiert. Der Anteil der landwirtschaftlich genutzten Fläche (gegenüber dem Wald, vor allem gegenüber Öd- und Unland, Moor und Heide, Strauchland – die oft von dem Allmendeland nicht abzugrenzen sind –) und zumal der Ackerfläche (gegenüber Wiese und Weide) nahm noch einmal außerordentlich zu. Nicht oder kaum und nur ganz extensiv genutzte Flächen wurden unter den Pflug genommen. Das gilt zumal für den dünner besiedelten Osten, wo man geradezu von einem neuen „Landesausbau" sprechen kann. Zudem wird die alte Dreifelderwirtschaft, bei der ein Drittel des Ackers „brach"liegt (und ähnlich 4- und 5-Felderwirtschaften) langsam aufgegeben; eine verbesserte Dreifelderwirtschaft mit Nutzung der Brache durch Blattfrüchte, der mehrjährige Wechsel zwischen Feld- und Graswirtschaft (sog. Koppelwirtschaft) und schließlich die Fruchtwechselwirtschaft (Halm und Blatt) drängen das Brachland bis nach der Jahrhundertmitte wesentlich zurück. Die Auflösung von Gemeinheiten und Flurzwang (zu dessen Folgen auch die gemeinsame Beweidung der Brache gehört hatte), also die individuelle Nutzung des Bodens, hat wesentlich den Übergang zu den neuen Systemen ermöglicht und gefördert.

Dazu ein paar Zahlen (mit allen Unsicherheiten von Schätzungen). Um 1800 gab es in Deutschland (ohne Österreich) ca. 18 Millionen ha Ackerland, davon mehr als 4 Millionen Brache, also 13–14 Millionen ha genutzte Ackerfläche. In der Mitte des Jahrhunderts kann man 25 Millionen ha Ackerfläche annehmen: das wäre fast eine Verdoppelung; auch wenn damals die Brache noch nicht ganz verschwunden war, bis 1870 kann man damit rechnen. 7 Millionen ha des neuen Ackers kamen aus der Kultivierung und der Intensivierung bisheriger Gemeinheiten und bisherigen „Unlands"; das Verhältnis von Grünland zu Acker verschob sich von 1800 (1:1,6) bis 1878 auf 1:2,3. In Preußen nahm das Ackerland zwischen 1816 und 1864 um 94% (oder 7 Millionen ha) zu, davon 6,5 Millionen ha in den ostelbischen Provinzen. Hier stieg sein Anteil an der landwirtschaftlichen Nutzfläche von 26,5% auf 51,4%, in Pommern sogar von 15,5% auf 52,3%, und der Anteil des Unlandes sank von 40,3% auf 7,1%. Insgesamt stieg natürlich auch in Deutschland überhaupt die landwirtschaftlich genutzte Fläche, und zwar von 55% (um 1800) auf 75%. In Österreich wächst die Ackerfläche vom Ende des 18. Jahrhunderts bis zur Mitte des 19. Jahrhunderts von 8,7 auf 10,1 Millionen ha, also um ca. 16%; die Brache machte 1830/1850 immer noch 25% aus, um 1870 waren es dann nur noch 14,5%.

Neben der Ausweitung der Nutz- und Ackerflächen ist für die Intensivierung und Produktionssteigerung der Landwirtschaft wichtig, daß der Anteil der den Boden besser nutzenden sogenannten Blattfrüchte: Kartoffel, Zuckerrübe, Klee etc. an der Gesamtproduktion stark anstieg, während der Anteil des Getreides zurückging (von drei Viertel zu Beginn des Jahrhunderts auf ein Halb der Gesamtproduktion 1883), und das obwohl mehr Getreide zur Verfütterung angebaut wurde. Es waren die Aufhebung des Flurzwangs und die Bebauung der Brache, die diese Veränderungen überhaupt erst ermöglichten. Die Brache war zunächst auch der Boden für die „neuen" Produkte. In Preußen wuchs der Anteil der Hackfrüchte am Ackerland von 1816 bis 1861 von 5,2% auf 13,2%; in

Deutschland von 2,3% (1800) auf 11%; in Österreich zwischen 1830/1850 und 1868/1873 noch von 8,1% auf 12,3%. Nach Henning stieg die Kartoffelanbaufläche von 300000 (1800) auf 1,4 Millionen ha (um 1850) bis auf mehr als 3 Millionen ha am Ende des Jahrhunderts, in Preußen schon bis zur Mitte des Jahrhunderts auf einen Anteil von 10%. Der Kalorienwert der von 1 ha geernteten Kartoffeln war 3,6mal so hoch wie der des Getreides (der sog. Getreidewert), insofern stieg der Anteil der Hackfrüchte an der Gesamtproduktion noch stärker von vielleicht 3 auf 24% (1883: 29,9%) – in Österreich von (1783) 7,7% auf (1869) 18,4%. Die Kartoffel hat die Nahrungsbasis der wachsenden Bevölkerung revolutionär verändert, sie hat die Existenz der Massen der armen Leute auf dem Land wie in der Stadt erst ermöglicht – und es ist charakteristisch, daß die große Hungerkrise 1846 zunächst durch die Kartoffelfäule ausgelöst wird –, sie ist eine der Voraussetzungen der industriellen Revolution. Der Kartoffelkonsum stieg weit schneller als die Bevölkerung, zumal die Kartoffel seit den 60er Jahren auch der Haltung von Schweinen, dem Fleisch der ärmeren Klassen, diente. Das zweite wichtige neue Produkt war die Zuckerrübe, die – nach der napoleonischen Zeit – seit den 30er Jahren wieder rentabel, mit 6% Zuckergehalt, angebaut werden konnte. Die Produktion an Rübenzucker wuchs im nichtösterreichischen Deutschland von 1836/37: 1000 t über 1840/41: 12200 t, 1850/51: 49300 t auf 1870/71: 244100 t, von 1850: 1,5 kg pro Einwohner auf 1880: 13,0 kg; in Österreich war die Entwicklung ähnlich (von 1232 auf 90863 von 1831/1835 bis 1865/1869). In bestimmten Regionen gewannen der Zuckerrübenanbau und die Zuckerindustrie, als landwirtschaftliche Nebenindustrie, zum Teil auf genossenschaftlicher Basis, eine Schlüsselrolle; sie war arbeitsintensiv, warf erhebliche Gewinne ab und stützte zugleich – über ihre Nebenprodukte – die Viehzucht. Weiterhin wurde überall der Kleeanbau eingeführt, der die Viehproduktion (im Stall) steigerte und über mehr tierischen Dung wie über höhere Erträge anderer Pflanzen (im Fruchtwechsel) auch die sonstige Produktion erhöhte.

Schließlich wurde die veränderte Produktion auf ausgeweiteter Fläche ertragreicher. Maschinen, die menschliche oder tierische Arbeitskräfte ersetzten, spielten noch keine Rolle, aber die traditionellen Geräte – Pflug und Egge – wurden wesentlich verbessert und durch ein neues Gerät, den Kultivator, ergänzt. Die Pflüge z. B. griffen tiefer, bis zu 25 cm statt 10 cm; die „fortschrittliche" Sense verdrängte außerhalb der Regionen des Kleinbesitzes die Sichel, und die maschinelle Herstellung der Ackergeräte setzte die neuen Typen rasch durch. Nach der Londoner Weltausstellung drangen auch brauchbare Dresch- und Mähmaschinen vor; jetzt entstanden große Landmaschinenfabriken, wie seit 1859 Lanz, der 1860 schon 50 Typen anbot. Vor dem Durchbruch des Kunstdüngers – seit Ende der 60er Jahre – wurde die natürliche Düngung wegen der Vermehrung der Viehbestände verdoppelt. Endlich vermehrte sich der Arbeitsaufwand, die Zahl der in der Landwirtschaft Tätigen (bis 1850 um ca. 20%) und – auch pro Fläche – die Arbeitsleistung pro Kopf (bis 1850 ca. 65%; in Österreich 1790–1850 um 20,7%, bis 1869 noch einmal um 16,9%), obschon die Landwirt-

11 a. Geschätzte Hektarerträge in 100 kg pro ha
(Deutsches Reich von 1871)

	1800	1848/52	1870/75
Roggen	9	10,7	12,7
Weizen	10,3	12,3	15
Gerste	8,1	11,2	13
Hafer	6,8	10,9	13
Kartoffel	80		90
Klee etc.	30		40

In Österreich liegen die Schätzungen etwas niedriger, die Tendenz ist dieselbe.

11 b. Gesamterträge in Millionen Tonnen

	1800	1870/75	Zunahme in %
Brotgetreide	5,3	9,8	85%
Futtergetreide	3,9	8,2	110%
Kartoffel	2,2	28,0	1173%
Futterpflanzen	1,0	6,5	550%

Um 1800 werden ca. 50,8% der pflanzlichen Produktion zur menschlichen Ernährung verwandt, 31% zur Verfütterung, 17,6% zur Aussaat, 1883 liegt das Verhältnis 30,4–49,2–11,9.

schaft, zumindest bis 1860, noch übersetzt war, eine partielle Unterbeschäftigung wegen des Mangels anderer Arbeit herrschte. Auf diesen Faktoren beruhte die Steigerung der Flächenerträge, wie sie aus der Tabelle 11 ersichtlich ist. Man muß dabei sich vor Augen halten, daß diese durchschnittliche Steigerung erreicht wurde, obwohl große Flächen marginaler Böden in die Bebauung einbezogen wurden. Faßt man die Steigerung der ha-Erträge und die Ausweitung der genutzten Flächen und die Verschiebung der Produktion (Kartoffel) zusammen, so kann man in Getreidewerten (zwischen 1780/1800 und 1870/1875) von einer Verdreifachung, bis zur Jahrhundertmitte von einer Verdoppelung der pflanzlichen Produktion ausgehen; zumal in den Jahrzehnten nach der Jahrhundertmitte wirkten sich alle genannten Faktoren voll aus.

Zu der Produktionssteigerung im Ackerbau kommt schließlich die Ausdehnung der tierischen Produktion – obwohl das Weideland abnahm. Verstärkter Futteranbau, Übergang zur Stallfütterung – das Schwein wird aus dem Weidetier zum Stalltier –, systematische Züchtung und Einführung produktiverer Rassen und verstärkte Produktion für den Markt – nicht mehr primär für Selbstversorgung und Mistgewinnung – das sind die wesentlichen Gründe. Die Zahl der

12 a. Anstieg der Viehzahlen in Millionen Stück und Prozent

Deutsches Reich in den Grenzen von 1871

	1800	1870/75	Steigerung in %
Schafe[1]	16,2	25	54%
Rinder	10	16,8	58%
Pferde	2,7	3,6	34%
Schweine	3,8	7,1	86%

Österreich

	1800	1837	1850	1857	1869
Schafe	4,7		7,5 (+ 61,2%)		5,02 (− 33,1%)
Rinder	5,9		7,4 (+ 26,3%)		7,4 (−)
Pferde		1,04	1,20 (+ 15,7%)	1,4 (+ 15,1%)	
Schweine		2,9		3,4 (+ 17,2%)	

12 b. Leistungen

	1800	1818	1835	1869	1870/75	%
Schlachtgewicht						
der Rinder in kg	100		160		190	+ 90
der Schweine in kg	40		50		75	+ 85
Milchleistung je Kuh in l[2]	6/700		900		1150	+ 75
in Österreich		900	−	950		+ 5,5
Wolle pro Schaf und Jahr in kg	0.75−1		−		2	+ 100
in Österreich	1				1,20	+ 20

[1] Die eigentlichen Wollproduzenten, die Merinos nehmen um 600% zu.
[2] Mit großem Unterschied zwischen „normalen" Bauernhöfen und milchwirt-
schaftlichen Spezialbetrieben (um 1800 zwischen 600 und 1500 l).

12 c. Indexzahlen tierische Produktion für das
spätere Deutsche Reich (1872 = 100)

	1816	1840	1864
Fleischproduktion	27,2	53,5	99,8
Milchproduktion	41,7	65,3	94,2
Wollproduktion	32,4	76,5	108,8

Tiere nahm nach 1830 – bis dahin waren die Kriegsverluste auszugleichen – zu, zumal die der Schweine; sie wuchs überproportional zur Bevölkerung; nur die Schafhaltung ging wegen der überseeischen Wollimporte ab 1860 wieder zurück; gleichzeitig verbesserte sich die Leistung der Tiere, zumal in den ursprünglich weniger entwickelten Gebieten, wie in Preußen. Zudem wurde die Aufbringungszeit bei der Fleischproduktion verkürzt. Nimmt man die Steigerung von Stückzahlen und Ertrag zusammen, so kann man bis 1850 von einer Verdoppelung, bis 1870/1875 von einer Verdreifachung der tierischen Produktion ausgehen. Auch hier finden wir also, verglichen mit dem Bevölkerungswachstum, eine überproportionale Steigerung der Produktion.

Im Ergebnis hat die Landwirtschaft die Bevölkerungsvermehrung getragen und eine bessere Versorgung, genauer einen Abbau der permanenten Unterversorgung ermöglicht. Während wir für die Zeit vor 1850 bei weiten Bevölkerungsteilen von einem Kartoffel- und Kohlstandard in der Ernährung ausgehen müssen, verbessert sich die Situation seither. Der Fleischverbrauch pro Kopf steigt von 1850–1870 von unter 20 auf knapp 30 kg (andere Schätzungen liegen bei 37 kg) – das ist eine beachtliche Steigerung, auch wenn sich solche Durchschnittswerte natürlich sehr unterschiedlich auf die einzelnen Schichten verteilen. Ebenso verbessert sich der Butter- und Milchverbrauch pro Kopf.

Insgesamt ist der Produktionszuwachs im Osten und Norden höher als im Süden und Westen. Hier gab es einerseits mehr Reserven, zum anderen wirkte sich die Bauernbefreiung nur hier durchgreifend aus. Die Auflösung der genossenschaftlichen und herrschaftlichen Bindungen setzte ökonomische Aktivitäten frei und zugleich – auf Grund der preußischen Ehegesetzgebung – wuchs die Bevölkerung überproportional, die Zahl der Arbeitskräfte wie der Nahrungssuchenden. Im Süden sind Allmenden und Hutungsrechte – Hemmnisse der neuen Produktivität – später aufgelöst, ist der Zehnt, der Veränderung und Zuwachs „bestrafte", später abgelöst worden. In den dichtbesiedelten Realteilungsgebieten, z. B. in Württemberg, sind die Produktivitätszuwächse gering. In Österreich ging die Produktivitätssteigerung im ganzen langsamer vor sich, auch nachdem seit 1850 Ablösungskapitalien in die Technisierung und Intensivierung des Großbesitzes flossen.

Es ist eminent wichtig, unseren von Klassen- und Herrschaftsverhältnissen auf dem Lande, von Not und Armut faszinierten Blick auf diese enorme ökonomische Entwicklung, die das Landvolk ebenso wie die Gesamtgesellschaft stärkte, hinzulenken. Der Wachstumserfolg hat die Ungleichheiten auf dem Lande, von denen wir gleich reden werden, gewiß nicht aufgehoben, aber doch überlagert. Gewiß kamen die Steigerungsgewinne den größeren Besitzern stärker zugute als den mittleren und kleinen Bauern, die Chancen der kräftigen Gutsbetriebe, vom Zuwachs zu profitieren, waren durchaus höher; aber allein das überproportionale Ansteigen der Bodenpreise beim bäuerlichen Besitz zeigt doch, daß auch die Bauern Anteil an diesem Fortschritt gehabt haben.

Insgesamt hat sich infolge des Produktivitätsfortschritts die Einkommenslage der selbständigen Landwirte verbessert, zumal die Agrarpreise stiegen, während die Kosten einigermaßen stabil blieben (oder sogar sanken). Freilich drückten Feudallasten und Ablösungs- und Hypothekenzahlungen das Einkommen erheblich. Erst in den beiden Jahrzehnten nach 1850 hat sich, bei besserer Ablösungsregelung und steigenden Erlösen, die Einkommenslage generell verbessert, mit Ausnahme der zu kleinen Höfe, wenn auch die Einkommenssteigerung regional und personal (nach Betriebsgröße, Bodenart, Fähigkeit, Verkehrslage) sehr unterschiedlich war.

Man kann angesichts des Produktivitätszuwachses auch hier einschränken, er sei im Vergleich zu späteren Zeiten und zu anderen kapitalistisch intensivierten Agrargebieten der Zeit nicht so erheblich, ja gering gewesen. Gewiß ist die Zunahme der Arbeitsproduktivität pro Kopf mäßig gewesen, das in der Landwirtschaft investierte Kapital geringer gewesen, als man hätte erwarten können: der Kapitaltransfer der Ablösung kam nur zum Teil den modernisierenden Investitionen zugute; Konsumausgaben und Erbauseinandersetzungen bei hoch bewerteten Grundstücken, die bessere Verzinsung von in Eisenbahn und Industrie angelegten Geldern verminderten die Investitionen, ja zogen zum Teil (etwa bei den entschädigten Grundherren) Geld aus der Landwirtschaft ab. Gewiß war der Zuwachs im Süden und Westen geringer als im Osten und vermutlich bei den Bauern geringer als beim Großbesitz. Man mag darum debattieren, ob es sich wie im England des späten 18. Jahrhunderts um eine Agrar„revolution" oder nur um einen (im Grunde langsamen) Produktivitätsfortschritt gehandelt hat. Das ist eine Frage unterschiedlicher Perspektiven. Für die deutsche Agrargesellschaft, die schon aus sozialen, mentalen und politischen Gründen nicht in eine Phase des bürgerlich-kapitalistischen industriellen Ackerbaus eintreten konnte (das wäre das Modell des rasanten Wachstums) ist doch der enorme Zuwachs – und nicht sein Zurückbleiben hinter anderen Zuwachsraten – entscheidend.

Ein Wort noch über den Wald, weil es unsere Anschauung belehrt. Auch hier setzt sich, bei den großen Staats- und Herrenwäldern, die wissenschaftlich-ökonomische Holzproduktion durch. Damals vor allem sind die vielen langlebigen und leicht wilden Laubwälder in die kurzlebigen und ordentlichen, ertragreicheren Nadelwälder umgewandelt worden.

Zur Modernisierung gehört schließlich die Einbindung in kapitalistische Beziehungen und Institutionen, davon haben wir gehört, und in den Markt. Die landwirtschaftlichen Betriebe orientieren sich langsam, aber zunehmend auf den Markt. Das gilt zunächst natürlich für den Großbesitz, dann aber auch für die großen Bauern, obwohl hier der Marktanteil noch selten über 40% hinausgeht. Das gilt sodann im Umkreis städtischer Ballungsgebiete, hier entwickeln sich aus den neuen Absatzchancen neue Marktproduktionen – Milch, Gemüse, Eier, Pferdehaltung (Fuhrgewerbe); schon zwischen 1830 und 1850 steigt im Umland der rheinisch-westfälischen Industrie die Zahl der Hühner pro Hof von 12 auf 80–100. Insgesamt kann man bis 1870 von einer Verdoppelung der Marktquote ausgehen. Freilich, die Einbeziehung in den Markt war ein langsamer Prozeß und hing auch von der erst allmählich durchdringenden Erschließung durch Eisenbahn (und Straße) ab; am Ende unseres Zeitraums war die Mehrzahl der bäuerlichen Betriebe nicht spezialisiert, sie waren Allroundbetriebe mit einem hohen Anteil an Eigenversorgung; die Subsistenzmoral spielte noch eine wichtige Rolle, das ökonomisch betriebswirtschaftlich rationale Verhalten drang nur langsam vor.

Eine bedeutende ökonomisch-rationale Modernisierung freilich in Verhalten und Institutionen war die Einführung der Versicherung. Bei strohgedeckten Häusern und offenen Feuerstellen war das Feuer eines der immer gegenwärtigen Risiken, dazu kamen Hagel und Seuchen. Bis dahin war das alles als Schickung Gottes angesehen worden, der man sich fügen mußte und gegen die man Hilfe von Herrschaft und Staat anrief. Seit den 20er/30er Jahren entstanden, vielfach staatlich angeregt, gefördert oder auch organisiert, die großen Feuerversicherungen und dann auch Hagel- und Viehseuchen-Versicherungen. Die Risiken wurden kalkulierbar gemacht. Der Widerstand der Frommen, in Pommern z. B., dagegen, daß man Gott eine „Zuchtrute" nahm, konnte diesen säkularen Prozeß nicht aufhalten.

Vergleicht man freilich die deutsche Landwirtschaft mit der englischen und mit dem Urteil, das z. B. Mary auf Grund des englischen Beispiels über die Landwirtschaft in der industriell-kapitalistischen Wirtschaft formuliert hat, oder auch mit den konservativen Befürchtungen, dann ist die deutsche Landwirtschaft nur partiell in den bürgerlich-industriellen Kapitalismus einbezogen worden. Weder spielt die Pacht eine nennenswerte Rolle, noch sind Hypothekenwesen oder kapitalistisch-monopolitische Organisation der Absatz- und Verkehrswege so dominierend, daß sie die Landwirtschaft den „Geldmächten" und der Stadt unterworfen hätten.

Obschon die Landwirtschaft ein „rationelles Gewerbe" in einer kapitalistischen Marktgesellschaft wurde und obschon ihre gesamtwirtschaftliche Bedeutung im Zuge der Industrialisierung abnahm, war ihre Geltung in der Lebensauffassung der Landwirte selbst wie der regierenden Schichten noch durchaus anders und viel traditioneller. Die Idee von der fundamentalen, der primären, der außerökonomischen Bedeutung der Landwirtschaft hielt sich durch – wie in England und den USA, einem Adels- und einem Bauernland –, ihr politisches und ihr soziales Gewicht war größer als ihr (nicht geringes) ökonomisches. Das war auch einer der Gründe für die Stärke der ländlich-unbürgerlichen, militäradligen Machtordnung und politischen Kultur in Deutschland, zumal in Preußen.

Die sozialen Verhältnisse auf dem Lande, Schichtung und Klassenbildung, hängen eng mit der Durchführung und den Ergebnissen der Bauernbefreiung zusammen. Das gilt insbesondere für das ostelbische Preußen, dem wir uns, angesichts seiner Bedeutung für den Fortgang der deutschen Geschichte, zuerst zuwenden müssen. Hier hat die Reform zunächst einen großen Prozeß der Umverteilung von Land ausgelöst, wie ihn die nebenstehende Tabelle trotz der großen Unsicherheit fast aller Zahlen – die zum Teil auf bezweifelbaren Statistiken, zum Teil auf Schätzungen (etwa über den Umfang der Gemeinheiten vor der

13 a. Landverluste und -gewinne der Bauern in ha in Preußen

durch Entschädigung	400000/580000
durch Einziehung (Bauernlegen)	300000/(500000)
(in die Maximalzahlen scheinen Schätzungen über die Einziehung von Kleinstellen eingegangen zu sein.)	
durch Verkauf an Kleinstellen	323000/325000
durch Verkauf an Güter u.a.	117100/175000
Gesamtverlust	1140000/1580000
Landgewinn aus Separation	600000/630000
Saldo Verlust	510000/(980000)
Akzeptable Schätzung	700000

Das sind 8,2% der bäuerlichen Betriebsflächen von 1816.

Nach den bisherigen Schätzungen hat die Zahl der Bauernhöfe nur um 1,99% abgenommen; nach neueren Berechnungen von DDR-Historikern für Brandenburg, Sachsen und Pommern dagegen um 4–8%, bei den Betriebsgrößen um 8–2–22%. Die Zahl der Kleinstellen hat sich jedenfalls stark erhöht – nach den DDR-Historikern zwischen 73 und (Pommern) 216%, ihr Flächenanteil in Brandenburg sogar um 126% (bis 1867).

13 b. Landgewinn des Großgrundbesitzes

aus Regulierung	400000/580000
aus Einziehung	300000/500000
aus freiem Verkehr	117000/175000
Gesamtgewinn	817000/1255000
Akzeptable Schätzung	1000000
Gewinn aus der Separation von 4,237 Mio. ha Gemeinheiten (das waren 1,636 Mio. ha *mehr*, als dem ursprünglichen Nutzungsanteil der Gutsherren von ca. 48% entsprach)	3670000
Saldogewinn	4670000

Nach einer anderen Schätzung sind etwa 5% des individuellen Landes und 25% der gesamten Nutzfläche der Bauern und der unterbäuerlichen Schicht in die Hände des Großbesitzes übergegangen. – In die enorme Vermehrung von Kleinstellen und deren Flächen muß auch ein Teil Gutsland eingegangen sein, er ist hier nicht ausgewiesen.

Reform) beruhen – sichtbar machen soll. Die Bauern haben in erheblichem Maße Land verloren. Dieser Verlust ist allerdings durchaus geringer, als man bei der konventionell oberflächlichen Kenntnis der Dinge erwarten möchte. Die Domänenbauern und die „freien" Bauern waren nicht betroffen; die Bauern, für die die „Ablösung" galt, haben kaum in Land abgelöst (durchschnittlich nur 0,375 ha); das aber war durchaus die Mehrheit der Bauern. Viel stärker waren die der Regulierung unterworfenen Laßbauern betroffen; sie haben durch-

14. Großgrundbesitz und andere Besitzformen in den preußischen
Provinzen 1878/1893 in Prozent der Flächen

	über 100 ha	unter 100 ha
Ostpreußen	35	65
Westpreußen	45	55
Brandenburg	43	57
Pommern	61	39
Posen	58	42
Schlesien	51	49
Sachsen	38	62
(Schleswig-Holstein)	30	70
(Hannover)	13	87
Westfalen	19	81
(Hessen-Nassau)	12	88
Rheinland	15	85
Preußen	38	62

1869 wird die Bodenverteilung zwischen Gutsland und Land der selbständigen
Bauerngemeinden wie folgt angegeben:

Gesamtpreußen	38	:	56
Ostprovinzen	45	:	49

schnittlich 5,5 ha abgegeben, etwa 32,4% des gesamten der Regulierung unterworfenen Landes. Der Einzelne hat allerdings weniger an Land abgetreten, als
1811/1816 vorgesehen – zum Teil deshalb, weil die Gutswirtschaft nur soviel an
Land in Anspruch nahm, wie sie Kapital zu sinnvoller Nutzung hatte, und daneben auf Geldabfindung ausweichen konnte. Gravierender aber wird der Land-
verlust des Bauerntums, weil die Bauern statt etwa 52% der Gemeinheiten nur
14% erhielten, der Gutsbesitz hier also den Löwenanteil bekam, und weil die
Bauern bei der Umverteilung von den besseren auf die ärmeren Böden gedrängt
wurden.

Neben die Abtretung von Land traten die Geldablösungen, die auch in Preußen eine große und für viele Bauern sogar vorrangige Rolle spielten. Bei den Re-
gulierungsbauern betrug sie durchschnittlich 39, den Ablösungsbauern durchschnittlich 36 Taler; man mag sie für ganz Preußen auf mindestens 642 Millionen Mark (ohne Zinsen) schätzen, vermutlich wird es mehr gewesen sein. Das
belastete die befreiten Bauern und kam der Produktions- und Expansionskraft
des Großbesitzes, der Entschuldung, dem Landerwerb, den Investitionen, freilich auch der Spekulation, dem Konsum, dem Erwerb von Renten erheblich zugute. Versucht man, die Umstrukturierung der Einkommen (einschließlich der
sich ändernden Steuerbelastungen) abzuschätzen, so hat der Adel, wenn man

von den Feudaleinnahmen die Entschädigungen abzieht (Feudalquote), vielleicht 10–20% verloren, aber das wurde von den gewaltigen Startvorteilen bei der Produktionssteigerung weit überkompensiert. Denn der Gutsbesitz verfügte über Land, Kredit und – von der Agrarkrise der 20er Jahre abgesehen – Geld und -noch- über Dienste, er hatte darum einen uneinholbaren Vorsprung. Die Bauern haben – bis zur Jahrhundertmitte zumindest – ihr verfügbares Einkommen nicht verbessern können. Aber der Gewinn an Freiheit und der Möglichkeit, sich ökonomisch erfolgreich selbst zu behaupten, ist hier doch inkommensurabel.

Der Landgewinn des Gutsbesitzers ist eines der Hauptergebnisse der Reform, Ostdeutschland ist dadurch in einigen Provinzen überwiegend, aber in jedem Fall maßgeblich Guts-, nicht Bauernland geworden. Andererseits aber hat sich – das ist das zweite Hauptergebnis – das mittlere Bauerntum, die spann- d. h. selbständig existenzfähigen Bauern, in Ostdeutschland behauptet; es hat Opfer gebracht, aber es ist nicht das Opfer der Reform geworden, und es konnte jene Opfer zum Teil durch erhöhte Produktion kompensieren.

Hinsichtlich der nicht spannfähigen Kleinbauern hatte der Gutsbesitzer die Möglichkeit, weiterhin Dienste zu beanspruchen oder aber Stellen einzuziehen oder aufzukaufen, nach Bedarf, Kapital und Konjunktur zwischen Arbeit und Land zu wählen. Die Kleinbauern sind – trotz der Vermehrung von Stellen und Land, zum Teil aus bäuerlichen Übertragungen z. B. an jüngere Söhne – zum guten Teil in die Landarbeiterschaft gedrängt worden; sie insbesondere waren das Opfer der Reform und als Schicht im ganzen die Basis des sozial-ökonomischen Machtgewinns der Gutsbesitzer. Das ist das dritte Hauptergebnis der Reform.

Die Durchführung der Reform – die Aufrechnung der Dienste, Abgaben, Leistungen, die Neuverteilung, die besonderen „Generalkommissionen" oblag – hat sich lange hingezogen, unterschiedlich im Tempo für einzelne Gruppen wie für einzelne Provinzen; sie hat zahllose Konflikte (über 5 000 Prozesse) ausgelöst, und sie hat den Kredit einer sozial und ökonomisch geradezu existentiell regulierenden Bürokratie bis 1848 weitgehend aufgezehrt. Die bäuerlichen Unruhen von 1848 auch in Preußen, in Schlesien vor allem, sind eine Folge von Verzögerungen der Reform, dem Überhang von Feudalrechten und dem Ausschluß bestimmter Gruppen von der Reform.

Die Revolution hat wie überall in Deutschland auch in Preußen den Abschluß der Bauernbefreiung bewirkt, und auch die Reaktion hat diesen überfälligen Abschluß, zum Teil gewiß aus taktischen Gründen, fort- und durchgeführt. Ein abschließendes Gesetz von 1850 ermöglichte nun für alle Regulierung und Ablösung, und zwar zu besseren Bedingungen: nicht mehr primär in Land, sondern in Geldrenten, die durch eine staatliche Rentenbank finanziert und subventioniert wurden. Bis 1865 und im wesentlichen bis 1860 haben noch 12 706 spanndienstfähige Bauern, aber 624 914 Kleinstellenbesitzer (78% der damals noch Dienstpflichtigen) abgelöst. Damit war die Bauernbefreiung abgeschlossen.

Sozialgeschichtlich ist das Ergebnis der Reform die Ausbildung einer neuen

3-Klassenstruktur auf dem Lande: Gutsbesitz – Bauern – Landarbeiter, und diese Klassenstruktur wird durch die politische Herrschaftsordnung auf dem Lande überlagert und verschärft. Zumal Gutsbesitzer und Landarbeiter verdienen unsere Aufmerksamkeit.

Die Rittergüter gehören zu den Gewinnern der Reform, sie haben ökonomisch ihre Macht und damit ihre Position im Kampf mit dem Bürgertum um die Führung, der das Jahrhundert erfüllt, gestärkt. Ob die Junker, wenn sie weniger Gewinn aus der Bauernbefreiung und den Produktionsfortschritten gezogen hätten, politisch der Bürokratie unterlegen wären, scheint mir zweifelhaft – gerade ökonomisch bedrohte Klassen kämpfen um ihre Macht; auch der landlose Adel – die Mehrheit – hielt in Offizierskorps und Beamtenschaft seine Macht. Und die Vorstellung, Großgrundbesitz und die ökonomische Basis der Junker überhaupt aufzulösen, war auch für die bauernfeindlichsten Reformer ganz illusionär, lag jenseits der Geschichte.

Prinzipiell sind die Gutsherren zu Gutsbesitzern, zu landwirtschaftlichen Unternehmern, aus einem durch Geburt konstituierten Stand zu einer durch Besitz konstituierten Klasse geworden. Am deutlichsten kann man das an der Verbürgerlichung der Rittergutsbesitzer sehen. Krisen und Konjunkturen, Überschuldung und überhöhter Konsum, Versteigerung und Verkauf haben die Güter auch faktisch mobilisiert; Abstieg aus der Gutsbesitzerschicht und der Aufstieg in sie wurde, gerade in der ersten Jahrhunderthälfte, zu einem wesentlichen Phänomen. Man schätzt, daß mehr als zwei Drittel der Güter von den 20er bis in die 70er Jahre durch Versteigerung oder Verkauf den Eigentümer gewechselt haben. Bis zur Mitte des Jahrhunderts sind fast 50% des Rittergutsbesitzes bürgerlich (1856: 43,1% der 12 339 Rittergüter, 1880: 64%), wenn auch nicht die „Latifundien" über 5 000 ha. Das hat in Betriebs- und Wirtschaftsweise zu einer „Verbürgerlichung" der ganzen neuen Klasse geführt; zudem war ein Viertel des Großgrundbesitzes nicht ritterschaftlich. Im Bereich der Normen und des Verhaltens umgekehrt übernahmen die Neukommer adlige Traditionen; der Adel hat allerdings, bis 1848 jedenfalls, versucht, die Bürgerlichen aus den politischen Institutionen – Kreis- und Landtagen – fernzuhalten; nur sehr langsam wurden sie integriert, in gewissen Graden auch akzeptiert, zum Teil später dann geadelt. Die Liebe reicher Bürger zum Landbesitz und zum adligen Landleben ist ein gemeineuropäisches, nicht auffälliges Phänomen; aber daraus ist in Preußen nicht generell eine Amalgamierung der Oberklassen geworden, zumal die jüngeren Söhne des Adels nicht wie in England Bürger wurden, vielmehr dauerte die fast kastenmäßige Absonderung und Abgrenzung der Junker gegen die Bürgerlichen im großen und ganzen fort, auch wenn bürgerliche Rittergutsbesitzer akzeptiert werden mochten.

Die neuen landwirtschaftlichen Unternehmer blieben dennoch „Ritter"; es gab einen Überhang feudaler Restprivilegien, zumal im Bereich öffentlicher Hoheit, staatlicher Herrschaft. Dazu gehörte das Jagdrecht auch auf bäuerlichem Grund, ein ökonomisch wichtiges, aber vor allem symbolisches Herrenrecht, das das Machtgefälle ständig sichtbar machte. Dazu gehörte die Steuerfreiheit für einen Teil (etwa 50%) des ritterlichen Besitzes, und diese Steuerfreiheit wurde ergänzt durch die Steuerpolitik, auf dem Land das System einer „Klassensteuer", die die Oberschicht mehr als schonte – nur 20% der Steuer wurde von denen, die ca. 50% des Bodens besaßen, geleistet. Dazu gehörte dann die Gerichtshoheit der Ritter im lokalen Bezirk, die sogenannte „Patrimonialgerichtsbarkeit", und die lokale Polizeihoheit; die Gerichtsbarkeit verlor freilich – staatlich kontrolliert und, wegen der Anstellung von Rechtskundigen, zu teuer – an Gewicht. Immerhin, 1837 war noch ein Drittel der Bevölkerung solchen Gerichten unterstellt, war also in dieser Hinsicht nicht staatsunmittelbar. Dazu gehörten, neben dem Schul- und Kirchen„patronat", d. h. vor allem dem Recht zur Personalauswahl, die dominierende Stellung der Gutsbesitzer in der unreformierten Landgemeindeverfassung; sie blieben Ortsobrigkeit, die Ernennung des Schulzen lag in ihrer Hand. Bauerndörfer außerhalb des Gutseinflusses blieben schwach, in und aus ihnen konnte sich eine funktionierende bäuerliche Selbstverwaltung nicht entwickeln. Steins Idee, die lokale Selbstverwaltung analog der Städteordnung aufs Land auszudehnen – auch weil das die Bauern unabhängig gemacht hätte –, kam nicht zum Tragen. Schließlich beherrschten die Ritter die Kreisverwaltungen. Hardenberg hatte seit dem Gendarmerieedikt versucht, diese Macht einzuschränken: ihnen in den Kreistagen nur noch ein Drittel der Stimmen zuzuweisen, zumal aber den Landrat zu „verstaatlichen", zum reinen, ernannten Staatsbeamten zu machen, während er bis dahin aus 3 vom eingesessenen Adel präsentierten Leuten der eigenen Couleur zu nehmen war. Das ist, endgültig 1821, gescheitert. Die Kreisordnungen der verschiedenen Provinzen (1825/1828) sicherten den Rittern die überwältigende Mehrheit in den Kreistagen und damit verbunden das Vorschlagsrecht für den Landrat. Und mit einer ganzen Reihe von Maßnahmen suchte die Regierung, die Macht der Rittergutsbesitzer zu stärken, ja, unter Friedrich Wilhelm IV., z. B. durch Beschränkung von Bodenbewegung und Teilbarkeit oder Festsetzung von Einkommensgrößen, exklusive Adelsrechte wiederherzustellen oder neu zu schaffen. Nur in Posen wurde 1831, nach dem Aufstand, dem polnischen Adel Ortspolizei und das Recht der Landratswahl genommen. Die Reform, die auch darauf zielte, die Bauern über die verschiedenen Stufen der Selbstverwaltung zu Staatsbürgern zu machen, ist insofern gescheitert. Ein gutes Stück rechtlicher, administrativer, politischer Herrschaft blieb dem Adel; noch kam es häufig vor, daß der Herr zum Stock griff, wenn einer nicht parierte oder etwas tat, was ihm nicht paßte. Zum Prozessieren hätten Unabhängigkeit und Geld und auch größeres Vertrauen zur Justiz gehört. Diese Herrschaft – zumal über Kreistag und Polizei – hatte z. B. über Straßen- und Wegebau, die Fülle von Genehmigungen und Konzessionen, erhebliche ökonomische Vorteile; sie ergänzte den Startvorsprung und den Vorteil des Großbesitzes. Sie etablierte die soziale Kontrolle der Gutsbesitzer über die Bauern, die Dorfhandwerker und natürlich die Landarbeiter. Feudale und kapitalistische Überlegenheit und die entsprechenden Gewinnchancen verbanden sich.

Gewiß kann man das Verhältnis der ehemaligen (und neuen) „Herren" zum übrigen Landvolk nicht nur unter dem Gesichtspunkt von Konflikt und Machtdruck sehen: überall gab es ein traditionelles Prestige und eine gleichsam natürliche Führungsrolle der Herren – etwa im Fortschritt der Landwirtschaft, in den landwirtschaftlichen Organisationen, als Arbeit- und Auftraggeber, als Verhandler gegenüber der Zentrale, als die Gebildeten, die öffentlich Handlungsfähigen. Aber im Osten ist dieser soziale Vorrang über ein öffentliches Gewaltverhältnis etabliert worden; das verschärfte die Situation und machte sie anders. Dieses Machtgefälle hat zunächst, bis 1848 zumal, aber noch bis in die 60er Jahre, den Gegensatz der Bauern zum Adel wachgehalten. Langfristig freilich hat es Autorität und Dominanz der Junker befestigt: Haltungen der Unabhängigkeit, die sich im „freien" Bauerntum des Nordwestens und Südens entwickeln konnten, wurden im Osten, im Bereich der Güter, eher hintangehalten.

Die Revolution von 1848 hat einen Teil der feudalen Überhangprivilegien beseitigt, das Jagdrecht und die Patrimonialgerichte etwa, und vorübergehend – bis 1856 – auch die gutsherrliche Polizei. Die liberale Regierung plante eine Reform der Kommunal- und Landkreisverfassung nach rheinischem Muster, die die Dörfer und Kreise aus der Herrschaft der Rittergüter befreien sollte, und noch 1850 hat die Regierung der bürokratischen Reaktion eine solche Entfeudalisierung der Landverfassung, wenn auch mit mehr plutokratischen Elementen, angezielt; aber auch das fiel der gesteigerten Reaktion, der Rückkehr zum vormärzlichen Zustand zum Opfer. Die Grundsteuerfreiheit wurde nicht abgeschafft, erst während der liberalen Neuen Ära 1860/61 ist das – und nur mit Hilfe eines Pairsschubs – gelungen. Während vor 1848 die Stellung des Adels auf dem Lande überall in Deutschland stark war – weil die Reformen stagnierten –, wurde die soziale Macht des Adels auf dem Lande jetzt eine ostelbisch-preußische Besonderheit.

Ökonomischer Erfolg, politische Privilegierung, soziale Macht, kapitalistische Verfahren, traditionale Nähe zur Macht, zum König, und traditionales – antibürokratisches – Selbstbewußtsein verhalfen dem Landadel einschließlich seiner bürgerlichen Klassengenossen wie seiner nicht mehr landbesitzenden Standesgenossen dazu, weiterhin den Anspruch auf politische Führung jedenfalls stellen, mit Aussicht auf Erfolg stellen zu können. Der Adel verlor infolge der Reform „Boden" – an die Bürger –, aber er behauptete Macht, er überstand den bürokratischen Angriff der Reform.

Natürlich sieht sich auch der ostelbische Landadel aus der Nahsicht sehr viel weniger homogen, sehr viel differenzierter an. Zwischen Hochadel und gewöhnlichen Junkern, Leuten mit diplomatischen oder anderen staatlichen Ämtern (wie Bismarck) und „schlichten" Landwirten, Leuten mit und ohne Hofbeziehungen, schlesischen Magnaten und Latifundienbesitzern, die in der Industrialisierungsgeschichte eine Rolle spielten, reichen Besitzern großer und auch mehrerer Güter und armen „Krautjunkern", rationellen Landwirten und traditionellen status- und konsumorientierten Adligen, kapitalistischen Unternehmern und sozial patriarchalischen Guts„herren" – und den Massen paternalistischer Zwischentypen –, zwischen kultivierten und unkultivierten, verfeinerten und grobschlächtigen „Herren", zwischen konventionellen und originellen Typen, zwischen Konservativen und (in Ostpreußen zumal) Liberalen, zwischen Orthodoxen, Pietisten und Atheisten gab es jeweils ein breites Spektrum. Nicht nur das robuste Interesse an Macht und Profit sondern auch das Ethos von Pflicht, Dienst und Recht, auch ein mächtiger Strang des Widerstands gegen Hitler, stammen aus dieser Welt, nicht nur der brutale oder dumme Herrenmensch, der feudal-kapitalistische Ausbeuter oder der kastenbewußte Verächter der bürgerlichen Plebejer, wie ihn Polemik und Satire unvergeßlich zeichnen, sondern auch der Stechlin und andere Gestalten des gewiß kritisch distanzierten Fontane; das verfeinert Liebenswerte einer alten Herrenwelt gehört ins Bild. Das historische Urteil, das vom Kampf um ökonomischen Erfolg wie sozialer und politischer Macht fasziniert ist, wird leicht einseitig, und nach dem Ausscheiden dieser Schicht aus der Geschichte mag ihr Leben seinen diskreten Charme zurückgewinnen. Für die deutsche Geschichte des 19. und 20. Jahrhunderts bleiben Erfolg, Privilegien, Macht, bleiben das Un- und Antibürgerliche, das Kastenmäßige die Hauptsache, fällt das Reaktionäre und Robuste der Mehrheit dieser Schicht als Typus mehr ins Gewicht als die bedeutenden Gegenbilder und alle Nuancen, die gerechtere Individualisierungen einbringen.

Neben Gutsbesitzern und Bauern steht als dritte große Klasse auf dem Lande die Landarbeiterschaft. Diese Klasse ist nicht, wie die sozialliberale Historie des 19. Jahrhunderts annahm, ein Produkt der Reform; um 1800 hat es schon einen erheblichen Anteil der „unterbäuerlichen" Schichten, Landlose und Kleinstelleninhaber mit Nebenerwerb, gegeben. Aber das verstärkte sich jetzt. Es gab in dieser Schicht wiederum verschiedene Gruppen. Etwas gewalttätig typisierend kann man sie nennen: die „Eigenkätner", die auf einer kleinen Land„stelle" (Garten und Kartoffelfeld) saßen und zusätzlich im Tagelohn und Nebenerwerb verdienen mußten; die „Instleute" (Inste), die auf Gutsland (3 bis 8 Morgen Getreideland, 1 Morgen Kartoffel, Futter für eine Kuh) saßen und fest für die Gutswirtschaft arbeiteten, zumeist durch Deputate und Marktanteile entlohnt, bei ihnen war auch die Familie zur Saisonarbeit verpflichtet; die Tagelöhner, Einlieger, Heuerlinge – ohne eigenen Boden, ohne festen Dienst, oft ohne eigene Wohnung, ganz den Konjunkturen des Arbeitsmarktes ausgesetzt; schließlich das – zumeist unverheiratete – dienende Gesinde auf Gütern wie Höfen, zum Teil als Durchgangsexistenz im Lebenszyklus, zum Teil aber auch lebenslang. Am günstigsten waren – im Vormärz – die Inste dran, sie lebten jedenfalls relativ gesichert und in gewisser Weise weniger elend als vor der Reform; die Güter scheuten noch Wohnungsbau und Unterbringung für Saison- und „reine" Landarbeiter. Schon vor der Jahrhundertmitte ändert sich freilich ihre Position; die Landausstattung wird auf Gärten und Kartoffelland reduziert, die Ernteanteile werden durch Deputate abgelöst, schließlich dringt – regional sehr unterschiedlich – anstelle des naturalen Lohnes der Geldlohn vor.

Die Lage der Eigenkätner und der Tagelöhner hat sich durch die Reform we-

15. Naturallohn/Geldlohn in Prozent

	1849	1873
Ostpreußen	89,2 : 10,8	86,5 : 13,5
Brandenburg	76,2 : 23,8	71,7 : 28,3
Provinz Sachsen	35,6 : 64,4	18,0 : 82,0
Schlesien		17,5 : 82,5
Pommern		80,2 : 19,8

16. Bevölkerungszunahme Ostpreußen
nach sozialen Schichten
pro Jahr in Prozent 1805–67

Bauern	3
Gutsbesitzer (Teilungen)	14
Eigenkätner	21
Inste, Tagelöhner	16
Dorfgewerbe	19
Gesinde	5

sentlich verschlechtert. Während bis dahin die Allmende und das Abweiden der Äcker auch den klein- und unterbäuerlichen Schichten die Kuh, das Schwein oder die Ziege wenigstens ermöglichte (und dazu das Holz), fiel diese Subsistenzgrundlage nach der Gemeinheitsteilung zugunsten der Bauern und der Güter weg – die arme Frau, die wir alle aus dem Märchen kennen, verlor, nicht nur im Osten, ein wichtiges Stück Lebensmöglichkeit –, die Dorfgemeinschaft trug sie nicht mehr. Die Gemeinheitsteilung habe, so sagte man, die Bauern zu Edelleuten und die anderen Dörfler zu Bettlern gemacht. Die enorme Bedeutung des Holzdiebstahls in der Kriminalität der 40er Jahre ist ein klassisches Indiz dieser Lage.

Diese unterbäuerlichen Schichten wuchsen außerordentlich stark an, unterschiedlich nach Gruppen, aber den Bauern gegenüber überproportional; sie waren die Hauptträger des Bevölkerungsanstiegs auf dem Lande in Ostelbien. Während die Zahl der Bauernstellen zwischen 1805 und 1867 etwa konstant bleibt, wächst die der Gutsleute auf das Zweieinhalbfache, die der Dorfleute (Eigenkätner und Handwerk) auf das Dreieinhalbfache. Diese Schichten stellen die Mehrheit der Bevölkerung. Das hatte vor allem drei Gründe. Die preußische Ehegesetzgebung gab Heirat und Familiengründung frei. Der Arbeitskräftebedarf der Güter und zumal der Landesausbau und die Intensivierung (Kartoffel), also die Vermehrung von Boden, Nahrungsspielraum und Arbeit schufen für einige Jahrzehnte neue „Stellen", neue Subsistenzmöglichkeiten, und fingen das Bevölkerungswachstum – ja auch noch Zuwanderer – auf. Und schließlich sinken die nicht regulierungsfähigen, gespannlosen Kleinbauern und ein Teil der jüngeren Bauernsöhne – vor Auswanderung und Stadtzug – in diese Schichten ab.

Seit den 40er Jahren war – trotz des enorm gewachsenen Nahrungsspielraums – der Bevölkerungsdruck fühlbar, die ländliche Armut, die bei schlechter Ernte in katastrophale Not umschlug, wurde, zumal natürlich in den Heimarbeitsgebieten (der Weber in Schlesien z. B.), aber keineswegs nur da, zu einem beherrschenden Phänomen. Überangebot an Arbeitskräften und Unterbeschäftigung – das waren die ökonomischen Kennzeichen der Krise. Fritz Reuter hat – außerhalb Preußens im extrem feudalen Mecklenburg, aber doch nicht unvergleichbar – in ‚Kein Hüsung' (keine Hausung) die erschütternde Not auf dem Lande geschildert, und aus den Hungerjahren vor 1848 gibt es Mengen von objektiven Berichten über die Not der landlosen Massen am Rande oder jenseits des Existenzminimums. Bevölkerungszahl und Arbeitsgelegenheit waren in ein Mißverhältnis geraten. Der Eisenbahnbau, der zuerst Heere von Arbeitern zusammenzog, schuf nur vorübergehende Entlastung; erst Industrialisierung und Stadtwanderung der 50er/60er Jahre (und die Auswanderung seit den 70er Jahren) änderten die Lage.

Es ist freilich eine naive Legende, die Bildung eines Landproletariats sei ein vermeidbarer Fehler einer „liberalistischen" oder feudalen Politik ohne Blick oder Rücksicht auf die sozialen Folgen gewesen. In Wahrheit gab es dieses Proletariat schon vor der Reform, und es ist in allen europäischen Agrarsystemen entstanden. Es war die demographische Revolution bei gesamtwirtschaftlicher Stagnation, die sich in diesem Vorgang niederschlug. Weder eine mittelständisch bauernfreundliche Agrarreform und -politik noch eine, die die Landwirtschaft vor der Freiheit und Mobilität des Marktes hätte schützen wollen, hätte an diesem Ergebnis, das muß man deutlich sagen, viel geändert.

Endlich die Bauern: sie haben es schwer gehabt, marktungewohnt, in der Agrarkrise selbständig werdend, mit hohen – zur Zeit guter Preise festgelegten – Leistungen belastet, aber sie haben sich behauptet. Nach 1850 dauert die Belastung zwar fort, aber im Einkommen wird eine gewisse Entlastung jetzt spürbar. Wenn auch die Masse der bäuerlichen Betriebe im Osten eher klein und nicht reich war (unter 8 ha, bei mäßigem Boden), so setzt doch nach dem Wegfall des existenzbestimmenden Gegenüber zum Herren eine innerdörfliche, innerbäuerliche Differenzierung in größere und kleinere Bauern ein.

Anders haben sich die Dinge im westelbischen und im außerpreußischen Deutschland entwickelt. Es gibt – im positiven wie negativen – Sonderfälle; Mecklenburg, wo es in den Adelsgebieten nicht mehr viel zu befreien gab und die Regulierungen (1824 in Strelitz, in Schwerin erst 1862) ganz im Interesse der Junker erfolgten; Schleswig-Holstein, wo eine frühe und einschneidende Reform (zumal 1805), die weit fortgeschrittene Ökonomisierung der Gutsbetriebe und die gute Konjunktur zu bauernfreundlichen Ergebnissen und einer sozial sehr ausgeglichenen Agrarstruktur führte. In den linksrheinischen Gebieten galt die revolutionäre Aufhebung der Herrenrechte und die den Bauern günstige Ablösung fort, in den rechtsrheinischen und westfälischen Gebieten übernahm Preußen die eingeleitete, aber steckengebliebene Ablösung und führte sie nach dem preußischen Modell von 1821 durch. In der Masse der anderen deutschen Staaten, in denen die Leibeigenschaft aufgehoben, aber die Ablösung der grundherrschaftlichen Lasten und Dienste nicht vorangekommen war, verzögerte sich die Bauernbefreiung nach 1815 erheblich. Antifranzösische Reaktion (Hannover, Kurhessen), altmodische Regierungsform (Sachsen), Reformmüdigkeit und -furcht (Österreich) spielten dabei eine Rolle. In den süd- und zum Teil mitteldeutschen Staaten war es vor allem die politisch-rechtliche Erstarkung des Adels. Der Wiener Kongreß und das deutsche Bundesrecht stellten wie schon Napoleon die „mediatisierten" Herren, ihr Eigentum und ihre Rechte, unter eine besondere Garantie und entzogen sie in gewisser Weise der einzelstaatlichen Gesetzgebung; an sie kristallisierten sich die Interessen der anderen Grundherren an. Die Adelskammern der Verfassungsstaaten gaben den Grundherren die Möglichkeit, die Gesetze zur Agrarreform zu blockieren oder adelsfreundlich zu gestalten; die Reformer in Preußen hatten sehr wohl gewußt, warum sie zuerst die Gesellschaft reformieren und dann erst Repräsentativorgane einführen wollten. Dann hatte der Fiskus, Nutznießer der verflossenen Umverteilungen, zumal der Säkularisierung, in einer Zeit knapper Mittel ein erhebliches Interesse an den grundherrlichen Einnahmen aus Staatsbesitz, zumal sie von parlamentarischer Bewilligung unabhängig waren. Er war darum ebenfalls ein retardierender Faktor. Schließlich hatten die Grundherren kaum ökonomisches Interesse an einer Reform, der Rentabilität freier Arbeit z.B.; sie waren patriarchalische Rentiers, ökonomisch unmodern, an „historischen" Rechten orientiert. Erst im Gefolge der Julirevolution ist die Ablösungsgesetzgebung fast überall wieder in Gang gekommen, in Sachsen (1832) und Kurhessen (1831) schon mit Hilfe von Rentenbanken. Besonders „gelungen" sind die Reformen in Sachsen und in Hannover unter Führung des liberal-konservativen Stüve (1831/1833); hier konnte sich, ohne große Besitzverschiebungen, eine starke bäuerliche Mittelschicht konsolidieren. Im allgemeinen aber war (auch in Kurhessen) der Prozeß der Bauernbefreiung sehr aufhaltsam. Wegen der verwirrenden Vielfalt der Rechte und Pflichten suchte man einzelne Komplexe in Teilreformen nach und nach zu lösen; die Frage nach der Rechtsnatur einzelner Leistungen konnte zu ganzen Prozeßlawinen führen. Die Ablösung der Bauern aus staatlicher (zum Teil ehemals kirchlicher) Grundherrschaft ging wesentlich schneller als die der „Privat"bauern oder gar der „Untertanen" der Mediatisierten; wo die Ablösung auf Freiwilligkeit gestellt war, funktionierte sie vielfach nicht; Gesetze erwiesen sich als unpraktikabel oder ließen sich nicht in überschaubaren Zeiträumen und also nur außerordentlich langsam realisieren. In Bayern und Österreich blieb die Ablösung der Privatbauern (in den östlichen Gebieten Österreichs mit Gutsherrschaft auch der Robot, der Frondienste) im Vormärz überhaupt liegen. Ungleichmäßigkeit und Langsamkeit verschärften die Schere zwischen Erwartung und Wirklichkeit, schienen einen Überhang von Feudalrechten geradezu zu konservieren. Fast überall außerhalb des napoleonisch revolutionierten Westens dauerten die feudalen Jagdprivilegien fort: Dienstpflichten der Bauern für Botengänge, Jagd und – besonders unbeliebt – Straßenbau; besonders in Österreich und Bayern und in den Standesherrschaften Patrimonialgericht, Polizeihoheit, Kirchen- und Schulpatronat und die Dominanz in der Kommunal- und Kreisverwaltung. Ein Eindringen von Bürgern in den „Herrenstand" wurde im Gebiet der Grundherrschaft im Vormärz rechtlich verhindert.

Die Bauernbefreiung ist so auch im Gebiet der Grundherrschaft keine jakobinische Revolution, sondern eine meist zögernde Reform gewesen. Ihr Hauptträger war zunächst die Bürokratie, die die Staatssouveränität endgültig gegen den Adel (und die Mediatisierten zumal) durchsetzen wollte. Neben (und manchmal vor) die Bürokratie traten in den Verfassungsstaaten die bürgerlich-liberalen Kammermehrheiten. Bei den Liberalen spielt dabei nicht so sehr das Interesse an der rationellen Landwirtschaft eine Rolle – Friedrich List ist einer der wenigen, der ökonomisch für die Reform argumentiert – und auch nicht ein generell emanzipatorisches Interesse an der Egalität, sondern vor allem die Überzeugung von der Bedeutung des befestigten Grundeigentums, eben der Bauern, für den liberalen Staat; die Bauern, und keineswegs die unterbäuerlichen Schichten, sind „Könige der Freiheit" – das ist eine Art liberaler Bauernromantik. Die Bauern selbst waren nicht die eigentlichen Initiatoren und Promotoren, aber Unruhen nach 1830 – mehr konkreter Protest als Programm – und die potentielle „Agrarrevolution" haben die Reform doch beeinflußt.

Der Reformstau im Süden – von Österreich bis Baden und Nassau – hat dann 1848 im Frühjahr schließlich zur bäuerlichen Revolution geführt. Im Südwesten war auch das politische Bewußtsein der Bauern – durch die napoleonische Revolutionierung von Territorien und Legitimitäten, durch Verfassungen und durch das Fehlen geschlossener Feudalbezirke – schärfer ausgeprägt, die Revolution überholte die Reform – für eine kurze Weile. Denn die Antwort der neuen – liberalen – Regierungen war überall, daß die Befreiung, Grundentlastung, Ablösung und die Aufhebung der öffentlichen Rechte des Adels schnell durchgeführt wurde, und zwar zu für die Bauern günstigen Bedingungen. Ein Teil der Ablösungskosten wurde, in Bayern und Württemberg z. B., vom Staat übernommen, in Österreich ein ganzes Drittel, ein weiteres Drittel wurde gestrichen (ging also zu Lasten der Grundherren); fast überall wurden staatliche Ablösungsbanken eingeschaltet. Gegenüber Preußen kann man trotz allem von einer „Verspätung der Entfeudalisierung" sprechen, das war 1848 ein revolutionäres Moment; dann aber erwies es sich als Vorteil: in den rückständigen Ländern waren die Reformen schneller, umfassender, bauernfreundlicher, als das vier Jahrzehnte vorher möglich gewesen wäre. Auch die politische Macht des Adels auf dem Lande ging jetzt – anders als in Preußen – zu Ende und ist auch in der Reaktion nicht wiederhergestellt worden: Gutsobrigkeit und Exemption der Güter von den Dörfern in Österreich fielen 1849 weg; in Hannover beseitigte die Landgemeindeordnung von 1852 die Dominanz des Adels.

Die Bauern haben die Grundlasten nicht durch Land, sondern durch Geld,

zumeist in der Form von Renten, abgelöst. Henning schätzt die Höhe der Ablö-
sungsgelder – für Deutschland einschließlich Preußen, aber ohne Österreich –
sehr hoch auf 4,5 Milliarden; statistische Berechnungen freilich bleiben stark
darunter (1,5 Milliarden). Ein großer Teil dieser Summen ging im Süden und
Südwesten an den Fiskus; der Adel profitierte sehr unterschiedlich: die Standesherren in Württemberg erhielten durchschnittlich 394 000, der alte ritterschaftli-
che Adel 55 460, der landsässige 24 280 Gulden; die Thurn und Taxis 5,4 Millionen, die Hohenlohe in Württemberg 4,4, die Öttingen-Wallerstein 2,8, die Fürstenberg 2,3 (und ähnlich war es bei den Magnatenfamilien Österreichs). Der
Adel mußte unterschiedliche Einbußen an seinen Einnahmen hinnehmen. Freilich ist der unterschiedliche Erfolg der Reform für die Bauern – z. B. in Hannover – keineswegs aus diesen Zahlen allein abzulesen.

*17. Einbußen der Feudaleinnahmen (geschätzt) in Prozent
(Frühere Einnahmen minus Entschädigung)*

Hannover	0
Baden	5–15
Braunschweig Kurhessen	15
Hessen-Darmstadt	14–16
Sachsen	17
Bayern und Preußen	10–20
Nassau	20–28
Württemberg	47–48
(nach einer weiteren Adelsentschädigung 1865:)	35
Österreich (mindestens)	30–35

Teils vor, teils mit der Ablösung kommt es (wie auch in Preußen) – mit geringen Ausnahmen – zur Aufteilung der Gemeinheiten an die Bauern und zur Einbeziehung des Bodens in das allgemeine Eigentumsrecht, er wird frei teilbar,
veräußerbar, belastbar; rechtlich wird das Prinzip der Teilung des Erbes und der
Geldabfindung der „weichenden Erben" die Norm; in den Anerbengebieten
freilich hält sich die Sitte, in Hannover ausdrücklich normiert, aber die Auszah-
lung von Erben (und die hypothekarische Belastung) dringt auch hier vor.
    Der grundherrschaftliche Adel verliert seine politisch-rechtlichen Funktionen
als autonomer und dominierender Stand. Er behält seine – proportional nicht ins
Gewicht fallenden – Eigen- und Nebenbetriebe (z. B. Brauereien) und erweitert
sie etwas, zumal die Wälder spielen eine Rolle, oder gibt Land im Pachtsystem
aus. Im großen gesehen hat sich die Grundherrschaft, anders als die Gutsherrschaft im Osten, nicht ausgedehnt. Die Entschädigungsgelder sind nur zum kleinen Teil in Landerwerb geflossen (mit einer gewissen Ausnahme in Böhmen),
zum größeren Teil in Entschuldung und in Staats- und Eisenbahnpapiere (und
nur in Ausnahmefällen, z. B. bei den Hohenlohe-Öhringen in die – hier ober-
schlesische – Industrie). Der Adel lebte teils vom Land und von Nebenbetrieben,

teils als Rentier vom Geldvermögen, auf die Dauer mußte sich jedenfalls ein Teil seiner Angehörigen ein Arbeitseinkommen in bürgerlichen Berufen suchen. Trotz des Verlustes öffentlicher Funktionen bedeutete natürlich die Nähe zum Hof und der überlieferte, jetzt freilich an Examen und Leistung gebundene Vorrang in den hohen Rängen von Militär und Beamtenschaft und in der Diplomatie eine faktische Privilegierung und die Beteiligung an der Politik über die ersten Kammern desgleichen. Ebenso wichtig war die Möglichkeit des Grundadels, sich über Landwirtschaft, Kirchen, Vereine etc. und über Parlamentsvertretung zu einer regionalen ländlichen Elite zu entwickeln, den Vorsprung an Bildung, Vermögen und der Fähigkeit zu öffentlichem Wirken mit einem neu gewonnenen Vertrauen des Landvolkes – und dem gemeinsamen Gegensatz gegen die Stadt – zu verbinden. Das waren Wege, auf denen auch der süd- und westdeutsche Adel – weniger schroff und weniger machtbewußt und erfolgreich als der ostdeutsche – eine Rolle in den Führungsschichten spielte, oder – wie in Österreich – seine dominierende Stelle behauptete. Im ganzen gelang es dem Adel in unserem Zeitraum auch, Familien und Besitz und „Stand" durch formelle und informelle Regelungen, Erb- oder Heiratsverzicht und Sanktionen gegen „bürgerliche" Heiraten z. B., zusammenzuhalten.

Die Bauern sind im ganzen, zumal seit 1848, entlastet worden. Zwar ist überall die Steuerbelastung gestiegen, so daß sich im Vormärz bei nicht abgelösten Bauern die Lasten zeitweise steigerten, dazu kamen Separationskosten und Hypothekenlasten; aber seit 1850 jedenfalls ist auch der verfügbare Anteil am Einkommen – und das zudem bei steigenden Agrarpreisen – gestiegen, bei günstigen Reformen waren die Ablösungszahlungen steuerlich „absetzbar", öffentliche Lasten kamen den Bauern auch – über Wegebau und Flußregulierung z. B. – selbst zugute. Die Gemeindeverfassungen entwickelten und stärkten eine dörflich-bäuerliche Selbstverwaltung (die „Despotie der Bauern", der sich der bayerische Adel nach 1848 unterworfen sah).

Freilich, das Verhältnis zum Adel und die unterschiedlichen Modalitäten der Befreiung bestimmen nicht allein, ja nicht einmal in erster Linie Lage und Schicksal dieses Bauerntums. Wichtiger waren – und wurden erst recht – die Unterschiede von Agrarstruktur, Betriebsgröße und Bodenqualität: zwischen den großen und mittleren Bauernhöfen der Anerbengebiete im Nordwesten (wo 45% aller Flächen großbäuerlich waren) oder in Altbayern; den Kleinbauern im Gebiet der Realteilung im Südwesten, in Hessen, in der Rheinprovinz (80% aller Betriebe hatten hier weniger als 5 ha und nahmen doch nur ein Drittel der Gesamtfläche in Anspruch); den Pächtern und Teilpächtern im Rheinland; zwischen den großen Bauern auf gutem Boden und den armen Geest-, Heide-, Wald- und Gebirgsbauern in der gleichen Region; zwischen überwiegend Marktabhängigen (z. B. den Winzern) und den Selbstversorgern. Wichtiger war die Bevölkerungsentwicklung, die Knappheit an Boden, an Arbeit, an Kredit. In den Gebieten der Realteilung, den beiden Hessen, Teilen Thüringens und der Rheinprovinz, in der Pfalz, in Baden, Württemberg und Franken, breitet sich im Vormärz die klein- (und unter)bäuerliche Armut aus: der Bevölkerungsdruck steigt, trotz der Versuche zur Heiratsbeschränkung, die Landwirtschaft kann kaum neue Stellen schaffen, das Haus- und Verlagsgewerbe gerät in die Krise, Industrie gibt es zunächst noch nicht. In den armen Waldgebirgen ist die bäuerliche Wirtschaft mit Nebenarbeit – Forst, Köhlerei, Eisen- und Metallwarenherstellung, Salinen, Haus„industrie": Schüsseln, Spielzeug, Uhren – verbunden. List hat die Kümmerexistenzen im Gebiet der Güterzersplitterung, der „Pulverisierung", ohne Futter- und Streubasis für lohnende Viehhaltung beschrieben: „Die Mehrzahl der Landwirte, (die) ihr Leben damit zubringt, Kartoffeln zu bauen und Kartoffeln zu essen" und die dabei unproduktiv und unterbeschäftigt „im Schlendrian verkommen". Unterbeschäftigung und Not werden charakteristisch, das ist der ländliche Pauperismus der 40er Jahre auch und gerade im alten Deutschland. In Kurhessen gilt ein Drittel der Landbevölkerung als verarmt, im Spessart leben die Gebirgsbauern von Brotwassersuppe mit etwas Milch geschmälzt zum Frühstück, gequellten Kartoffeln mit Sauermilch zum Mittag, Brotwassersuppe zur Nacht; oder im Südwesten (List 1844): „Kartoffeln ohne Salz, eine Suppe mit Schwarzbrot, Haferbrei, hie und da schwarze Klösse. Die, welche besser stehen, sehen kaum einmal in der Woche ein bescheidenes Stück Fleisch auf dem Tisch und Braten kennen die meisten nur vom Hörensagen." Die Grundentlastung der kleinen Bauern ist, vor 1848 allemal, in diesem Prozeß der Verarmung aufgezehrt, ja überboten worden. Die Grenzen zwischen klein- und unterbäuerlicher Armut – Handwerkern, Heimarbeitern, Tagelöhnern, alle von der Gemeinheitsteilung, dem Verlust von Weide und Holz zusätzlich betroffen – sind hier fließend. Auch im Westen und Süden hat sich überall die Schicht der Tagelöhner verstärkt, freilich im allgemeinen noch mit Hütte und Gartenland. Und da die Bauernkinder vielfach zeitweise als Gesinde arbeiteten, war die Kluft zwischen Gesinde und Bauern geringer als im Osten. Auch im Süden und Westen ist der Holz- und Jagdfrevel, das „Wildern", bei den Kleinen weit verbreitet; auch der Kleinbauer, der Kartoffeln baute, hatte kein Stroh mehr und war wegen der Streu auf den Wald angewiesen. Die Erinnerung an altes Gemeinrecht und die anarchische Aufsässigkeit gegen den neumodisch bürokratischen Staat, verkörpert im Förster, gehen hier zusammen, und der Wilderer ist dem Volk lieb und nah, wird in Lied und Legende, etwa in den Alpenländern, verklärt. Erst die nach 1850 mit Macht einsetzende Auswanderung, vor allem aber natürlich die Industrialisierung sowie die Absatz- und Produktivitätsfortschritte der Landwirtschaft und die zunehmende Verkehrserschließung haben den Pauperismus überwunden.

Wenn auch die Gegnerschaft gegen Herren (und Staat) und die gemeinsame Not eine zusammenschließende Kraft hatte, so waren die Ansätze zu einer dörflichen Klassenbildung doch deutlich. Nicht die „Hütte" im Gegensatz zum „Palast", so mußte Büchner erfahren, sondern das bäuerliche Haus war die Norm auch der kleinen Bauern, und im Konfliktfall kehrte sich, wie 1848 gelegentlich, die Gemeinschaft der Häuser gegen die der Hütten.

Die Bauern haben bis 1850 nur einen begrenzten und je nach Größe und Lage unterschiedlichen Anteil am Produktivitätsfortschritt und der Ausnutzung der

Marktchancen gehabt. Immerhin, während um 1800 die Existenzfähigkeit der Höfe – je nach Bodenqualität – im Westen bei 4 ha, im Osten bei 8 ha beginnt, rechnet man 1850 – auf Grund des Kartoffelbaus – schon Höfe ab 2–3 ha zu dieser Kategorie. Nach 1850 haben die großen und mittleren, kaum die kleinen Bauern stärkeren Anteil am Wachstum. Jetzt differenziert sich Dorf und Bauerntum stärker nach größeren und kleineren Betrieben. Die Löhne für Landarbeiter und Gesinde, bis 1850 wegen des Überangebots fast durchweg stabil, steigen infolge der industriellen Konkurrenz um 50–100% bis zu 200 Talern, liegen allerdings durchschnittlich 20% unter den Löhnen der Industriearbeiter. Auch außerhalb Preußens haben Gesindeordnungen – mit Bestimmungen, die den Stellenwechsel erschweren, Koalitionen verbieten und ungemessene Arbeitszeit ermöglichen – die schlechte soziale Lage von Gesinde und Landarbeitern fixiert; ihre Wohnverhältnisse auch im bäuerlichen Bereich, unterm Dach, im Stall, in Gängen, waren fast immer miserabel.

Trotz aller Fortschritte (und jenseits der Statistik) muß man sich nicht nur für die kleinen, sondern auch für die mittleren Bauern, auch wenn deren Land ein kleines Vermögen darstellte, die Härte und Kargheit des Lebens, die Arbeitslast der bäuerlichen Familie, die stadtferne Isolierung, die langen Wege zum Notar, zum Gericht, zum Arzt (und das schlug auf die Sterbeziffer durch) deutlich vor Augen führen.

Die sozialen Gegensätze und Spannungen auf dem Lande – im Osten wie im Westen, zwischen Herren und Bauern, großen und kleinen Bauern, Besitzern und Besitzlosen – werden nun freilich von zwei nach 1848 entscheidenden Gemeinsamkeiten überlagert: dem ökonomischen Interesse der Landwirtschaft, das Groß- wie Kleinproduzenten gleich scheint und gleich gilt – Adel und Bauern arbeiten da zusammen –; und – fundamentaler noch – der Gemeinsamkeit der Leute „des Landes" im Gegensatz zur Welt der Stadt. Die Gemeinsamkeit des Landes umschließt auch die Nichtlandwirte, Dorfhandwerker unterscheiden sich stärker von städtischen Handwerkern als von anderen Dörflern, sie sind eigentlich gewerbetreibende Bauern. Das führt uns zu unserer letzten Frage nach der Mentalität der Bauern – sie war neben den physischen Bedingungen, den Konjunkturen und Produktionsformen und der Stellung im Herrschafts- und Schichtungsgefüge ein bestimmender Faktor ihrer Existenz und ihres Handelns. Der Volkskundler Jeggle hat das gut beschrieben.

Wie für alle Menschen älterer Gesellschaften jenseits der Oberschichten ist auch für den Bauern das Leben zunächst bestimmt durch andrängende oder – bei den größeren – doch immer mögliche Not, durch die Sorge um den Lebensunterhalt und seine Sicherung, und alles durchdringend durch Arbeit. Leben war arbeiten, den Boden bebauen, um sich selbst und eine Familie durchzubringen. Der Bauer war spezifisch auf die Natur angewiesen, sie gab das Notwendige (was Arbeit und Fleiß nicht garantieren konnten) und war doch auch feindlich, fremd, unheimlich, unverfügbar – das Hinnehmen schicksalhafter wie geregelter Natur ist ein Grundbestand; der Acker, das Tier (und die Geräte), das sind die nahen Dingwelten, deren Notwendigkeiten ihn bestimmen. Der Bauer empfindet, denkt und handelt darum gebundener und beständiger als der (beweglichere) Städter. Spezifisch für den Bauern war dann der Besitz an Land, an Akker, das war die Basis seiner Existenz, darum, um Erhaltung oder Vermehrung, kreiste sein Denken und Tun; der große, mittlere, kleine Besitz bestimmte das individuelle Schicksal, die soziale Position des Menschen. Das hieß zuvörderst und am stärksten der ererbte Besitz, das Erben. Erbe und Besitz waren das Stück Sicherheit gegen Not, gegen Unglück, gegen die mögliche Mißgunst der Natur. Zu Arbeit und Besitz gehörten Haus und Familie, das war selbstverständlich, ohne sie war der Mensch ein Nichts; unverheiratet sein war fast ein sozialer Makel, denn dann fiel man im Alter den anderen und der Gemeinde zur Last. Haus und Familie waren primär Arbeits- und Produktionseinheit, Besitzeinheit, Sicherungseinheit für Not, Krankheit und Alter; die Familie gehörte zum Besitz, zum Haus: von ihm hatte sie ihren Namen. Heiraten war eine Verbindung von Besitz und Arbeitskräften, war eine Form von Grunderwerb und Altersversorgung, ein ökonomisch-rechtlicher Akt; Kinder waren Arbeitskräfte und wiederum Alterssicherung. Selbst der Ausbruch der Sexualität aus solchen Normen war über die unehelichen Kinder bei den mittleren und größeren Bauern in dieses System noch eingefangen. Ob man Mann oder Frau und ob man Kind, Erwachsener oder Alter war – und drei Generationen lebten zusammen –, welchen Platz man also in der Familie hatte, das bestimmte ganz vorrangig das Leben. So wichtig wie die eigengegründete Familie war die Herkunftsfamilie, und das auch im Sinne der weiteren dörflichen Verwandtschaft, die ein dichtes Netz von Kommunikation und Kontrolle darstellte: in welcher Familie man geboren war, das bestimmte Erbchancen und Heiratskreis, bestimmte mehr als alle individuelle Fähigkeit, mehr als in jedem städtischen Lebenskreis soziale Position und soziales Schicksal; Verwandtschaft definierte Schicht. Dieser Arbeits-Besitz-Familienzusammenhang war eingebettet in das Dorf. Am Anfang unserer Zeit noch vielfach Zwangs- und Notgemeinschaft hatte das „Dorf" elementar Lebensnotwendiges zu besorgen: Brunnen und Backhaus, Wald und Bullen, Schule und Hebamme und Feuerwehr, und das, was alle zugleich trennte und verband, Zäune, Grenzen und Wege. Überschaubar, praktisch, alltäglich, unausweichlich, mit Sym- und Antipathien durchdrungen – das Dorf war eine Gemeinschaft, nicht harmonisch, glücklich, beileibe nicht, aber nicht die von Kontrakt oder Delegation oder Anonymität bestimmte Gesellschaft. Jeder kannte den anderen und keiner konnte aus. Und dieses Dorf war zugleich und trotz aller Spannungen die Welt, in der man lebte, die Welt, die von aller Welt „draußen" geschieden war. Endlich, bäuerliches, dörfliches Dasein war überbaut von der Religion, eingebettet in sie: Gottvertrauen und Gebet, Prozession und Umgang im Katholischen begegnen der Unheimlichkeit und Unverfügbarkeit der Natur; die Kirche repräsentiert die Dimension des Sinnes im Dorf, über den Sonntag und die individuellen wie gemeindlichen Feste, die Lebensdimension jenseits der Arbeit; Pfarrer und Priester (der letztere so fremd durch das Zölibat) repräsentieren ein – anerkanntes – Anderes im Dorf. Daß Bauern katholisch oder protestantisch – sei es auch in der Form von Sitte und Konvention – sind, ist deshalb so wichtig wie die Agrarverfassung einer Region oder die ökonomische und soziale Position.

Besitzen, Besitz verbinden oder erwerben, und teilen, beim Erben, das sind Grundkategorien dieses Lebens. Die Beziehungen zwischen den, zumal nahen, Menschen sind ambivalent. Man pflügt mit seinem Bruder und muß ihn hindern, Erbvorteile zu erlangen; das Leben verläuft zwischen Kooperation, auf die man in Familie und Nachbarschaft angewiesen ist, und Konkurrenz um Erbe und Mitgift zwischen Geschwistern, um das Sagen zwischen Alten und Jungen. Da ist der Wunsch, die Eltern zu entmachten und dann von den eigenen Kindern im Alter „gut", d. h. zunächst einfach auskömmlich behandelt zu werden; der Konflikt der Generationen: wann dürfen die „Jungen" heiraten, wann „übergeben" die Alten; Streit und Prozesse um die Versorgung der Alten sind dafür typisch. Die Beziehungen sind nicht besonders personal, individualisiert, liebevoll, eher latent mißtrauisch, vom Übervorteilen und der Sorge vor dem Übervorteilt-Werden geprägt, aber von rituellen Formalisierungen oder den Gepflogenheiten der Wirtshausgemeinsamkeit überlagert. Die Sitte, was man tut und immer getan hat und worüber das Auge des Dorfes wacht, prägt das Verhalten stark: das macht das Konservative wie das wenig Individualisierte, das Unsentimental-Sachliche aus. Sitte, Familie und Besitz schränken das Ausscheren der Individualität aus den Normen ein. Auch die unterschiedliche Marktposition (oder Steuerleistung) individualisiert die Menschen weniger als in der Stadt. Am ehesten markiert der Rechtsbrecher stärkere Individualität. Zum Statischen, der Abneigung gegen Neuerer, Beweger und Macher, gehört das Partikularistische: Hof und Dorf und bäuerliches lokales Interesse stehen im Mittelpunkt der Weltorientierung, nicht Ideen, Prinzipien, etwas Allgemeines; von daher rührt die Kritik der wortgewaltigen Intelligenz am Hinterwäldlerischen, dem Kirchturmhorizont der Bauern.

Das Besitzdenken hat, zumal in der Zeit des Pauperismus, die Armen, Arbeitslosen, Unehelichen und zum Teil auch die Alten gedrückt; das Dorf als Gesamtheit sah alles als Unterhalts- und potentiellen Versorgungsfall und suchte soviel wie möglich abzuwälzen: Waisenkinder bekam, wer am wenigsten Kostgeld verlangte – der Alltag war voller sozialer Härten. Dennoch, und trotz scharfer innerdörflicher Spannungen, jene Werte und Normen wurden auch von den ganz oder fast Besitzlosen, sofern sie nicht in Aus- und Abwanderung ausbrachen, übernommen, oder – was den Besitz betraf – anerkannt. Das Zugehörigkeitsgefühl, durch mancherlei Abhängigkeiten und Bindungen und Vergünstigungen der Bessergestellten unterstützt, überwog und überspannte die Trennlinien der sozialen Schichtung und zumal nach außen (und im Vergleich zu außen) reagierte das Landvolk bäuerlich-dörflich.

Gewiß gab es auch in der Mentalität – wie wir sie typisierend beschreiben – starke gruppenspezifische Differenzierungen; der Komplex Erben – Besitzen – Teilen hatte in Anerbengebieten eine etwas andere (wenn auch nicht harmonischere) Struktur, als ich sie gerade beschrieben habe. Der Zeitgenosse Riehl beschreibt z. B. die Einödbauern im Gebirge, der Heide, an der See als der „Welt" gegenüber verschlossener, starrer, zurückgebliebener, die armen Waldbauern als Männer „des Herzens und der Faust", bei denen es roher und zugleich „lustiger" und letzten Endes „sittlicher" zugehe als bei den reichen Bauern im „Feldland", wo herzlose Geizhälse und mißvergnügtes Landproletariat schroffer nebeneinanderstünden. In Teilen von Mittel- und Südwestdeutschland, am Mittelrhein z. B. sind die Grenzen von Stadt und Land fließender, hier ist die ländliche Mentalität dann viel weniger ausgeprägt.

Erfahrungen der Außenwelt wirken im Laufe des Jahrhunderts langsam stärker in die dörflich-bäuerliche Lebenswelt hinein. Die technischen und ökonomischen Wandlungen und Fortschritte ändern allmählich, wenn auch sehr ungleichmäßig, das Verhalten im Wirtschaften, aber das bleibt sektoral noch eingekapselt, ändert – noch – nicht die Mentalität überhaupt. Der Umsturz von Territorial- und Rechtsordnungen relativiert Herrschaft und Legitimität. Wehrpflicht und Schule und später die Presse bringen ein Stück Welt ins Dorf. Die Auflösung des Feudalsystems, von außen gekommen, differenziert das Dorf neu und macht es zugleich selbständiger. „Der Staat", die Bürokratie wird stärker erfahren, mit rechtsstaatlicher Rechtsprechung, mit den vielen Prozessen, Steueransprüchen, Verwaltungsvorschriften, mit den Enteignungen (beim Straßen- und Eisenbahnbau z. B.) – aber auch anderes: Flußregulierungen oder Verkehrsausbau kommen einem mittelbar zugute, „Gemeinwohl" gilt vielleicht doch nicht nur für Regierung und Stadt, Verwaltung ist mehr als Herrschaft. Man wehrt sich in alter Tradition gegen Leistungen und Opfer an eine anonyme „Instanz" jenseits des unmittelbaren Interessenhorizontes und will doch haben, was dabei Vorteilhaftes entsteht: im Trotz gegen die Welt des Staates wird man doch mit ihr stärker verflochten. Weil die Welt das Dorf ist, schlägt die liberale Einrichtung oder Neubelebung der dörflichen Selbstverwaltung im Westen und Süden ein: Bauern sind stolz auf ein Gemeindeamt, und Gemeindepolitik wird der Erfahrungsraum von Politik überhaupt. In manchen Gebieten, städtisch durchmischten Realteilungsgebieten in der Pfalz, am Mittelrhein, in Thüringen, bröckelt die religiöse Substanz – man lehnt z. B. den ungebetenen Besuch des Pfarrers ab. Allgemein gehen – nach der Jahrhundertmitte – nicht nur nach Ansicht nostalgischer Romantiker Volksbrauch, Trachten, Volkskunst zurück. Aber wo die nachbarschaftlich-gemeinschaftlichen Bindungen des Dorfes schwächer werden, werden sie gleichzeitig durch „moderne" Neubildungen, in den 50er/60er Jahren die freiwilligen Feuerwehren und dörfliche Gesangvereine z. B., wieder verstärkt.

Trotz solcher Erfahrungen und neu aufkommender Verhaltensweisen bleibt in unserem Zeitraum das oben beschriebene Verhaltensmodell, die Macht von Tradition und Sitte, die Partikularität von Interesse und Orientierung dominierend. Bauern und Landvolk fühlen sich nicht als Produzentenklasse, sondern als „Stand" mit eigenen Werten und Normen, sie fühlen sich im Gegensatz zu denen in der Stadt, seien die Bürger, Arbeiter, Gebildete, Beamte. Das ist ihr Eigensinn. Und sie sind viel weniger individualisiert und differenziert, weniger abstrakt und rational, weniger spezialisiert, aber ungleich mehr partikularistisch als die Städter. In diesem zunächst durchaus vor- und unpolitischen Sinn sind sie altmodisch, sind sie konservativ.

Hier stellt sich nun die Frage nach der politischen Mentalität und Orientierung der Bauern und damit nach ihrer Bedeutung für die politische Geschichte der Deutschen. Gewiß gibt es den Gegensatz zum feudal-herrschaftlichen und auch zum obrigkeitlich-bürokratischen System, gibt es Bauernunruhen und die wirkliche Bauernrevolution von 1848, darin steckt etwas Demokratisches, Emanzipatorisches, Egalitäres. Aber solche Worte sind doch ganz schief. Die radikale Agitation von Städtern stößt in den 30er Jahren in Hessen auf eine Mauer bäuerlicher Ablehnung. Die bäuerlichen Forderungen sind nicht abstrakt, kein Programm, sie richten sich konkret und lokal gegen ihre Peiniger, gegen Beamte, gegen Mißstände, sie argumentieren lange mit altem Recht, z. B. am Wald oder an den Leistungen der Herren, oder biblizistisch-fundamentalistisch. 1848 freilich richtet sich der Aufstand gegen das ganze feudale System, ja zum Teil gegen die Ablösungsprozedur, nun ohne Rekurs auf altes Recht – hier war die größte Nähe zur Demokratie. Aber ökonomisch-sozial waren die Forderungen doch konservativ: keine kapitalistische Wirtschaft der Produktivitätssteigerung und Konkurrenz, sondern die moralistische Wirtschaft des „gerechten Existenzminimums" – die Bauern waren darum antijüdisch und im Grunde antistädtisch. Politisch waren sie auf die Dorfgemeinschaft, die Autonomie der Gemeinde unter – einem König ausgerichtet. Die liberalen oder demokratischen Parolen – Bürgerrechte, Konstitution, Nation – berührten sie nicht; sie vertraten kein emanzipatorisches Gesellschaftsprogramm eines „allgemeinen" Standes, sondern Interessen. In gewisser Weise standen sie jenseits der Klassifizierung von links oder rechts. Daran und an der schnellen Erfüllung ihrer Forderungen zerfiel 1848 die Gemeinsamkeit mit den Demokraten. Riehl hat die Bauern „als konservative Großmacht" der Zeit beschrieben, sie seien 1848 vor den Thronen stehen geblieben und hätten diese dadurch gerettet, sie seien konservativ nicht aus Theorie, sondern aus Instinkt und Sitte, gegen die bürokratische wie liberale Nivellierung der Gesellschaft nach abstrakten Prinzipien. Und – auf der anderen Seite – Marx und Engels haben die Bauern wegen ihrer partikularistischen Beschränktheit als konservativ angesehen. Gewiß, die Bauern waren antifeudal und antietatistisch, mißtrauisch gegen Obrigkeit und Bürokratie, von der man den fernen König, die geheiligte Symbolperson freilich ausnahm, sie standen latent in Opposition zu jedem Establishment, ihr Konservativismus hatte immer etwas Populistisches. Aber der Gegensatz zur kapitalistischen und industriellen und intellektuellen Stadtwelt, ihrem rationalistischen Antiklerikalismus zudem, war doch ein Grundphänomen. Die Bauern waren keine Partei (und sie bildeten auch keine), sie ließen sich kaum auf Dauer in die Politik hineinziehen. Aber sie waren eine latent konservative Macht. Die Konservativen, Partikularisten, Patrioten, Orthodoxen, Katholiken, Royalisten – kurz, die Antiliberalen haben in den 60er Jahren auf dem Lande Stärke und Rückhalt gefunden. Gewiß gab es auch politisch liberale Landregionen – in Mitteldeutschland, in Teilen Südwestdeutschlands z. B. –; hier spielte entweder der Wegbruch kon-

servativer Substanz oder die Konfessionsspaltung – gegenüber einer „katholischen" Partei wählten protestantische Bauern liberal – oder andere Gegensätze
– wie der der Pfalz zu Altbayern – oder die Einwurzelung liberaler Gutsbesitzer
auf dem Lande oder die provozierend feudal-obrigkeitliche Struktur des Konservativismus eine Rolle. Im preußischen Verfassungskonflikt haben die Liberalen in weiten Landbezirken Ostelbiens zwar nicht in der dritten, wohl aber in der
zweiten (groß- und mittelbäuerlichen) Wählerklasse zeitweise die Mehrheit er-
zielt. Dennoch, das waren eher Sonderbedingungen, der Liberalismus hat auf
dem Lande nicht über große Massen „natürlicher Anhänger" verfügen können;
das hat seine Chancen in Deutschland mit einer noch 1871 überwiegend landbe-
stimmten Gesellschaft erheblich gemindert. Das radikal demokratische Potential, das es trotz der konservativen Lebensformen auch bei den Bauern gab, ist
kaum mobilisiert worden; es gab kein genügend starkes konservatives Stadtbür-
gertum wie in Skandinavien und der Schweiz, das einen linken bäuerlichen Protest provoziert hätte. Und es gab – auch wegen der Jahrzehnte zwischen Säkularisation und Bauernbefreiung – keinen massiven bäuerlichen Antiklerikalismus,
der in Antikirchlichkeit umschlug wie in Frankreich, oder eine Tradition derer,
die die Gewinner der Revolution waren. Trotz der Klassenspannungen auf dem
Land wurde „das Land" nach dem Ende der feudalen Agrarverfassung, was
Wertsystem, Lebensformen, Religion und Politik betraf, eher ein stabilisierender Faktor gegenüber den mobilisierenden Tendenzen der Stadt; die mobilisierenden Effekte von Technik und Ökonomie auf dem Lande wurden von der Sozialordnung, der Mentalität und der politischen Orientierung aufgefangen.

5. Die Industrialisierung

Die epochale Leistung des Jahrhunderts und das epochale Schicksal ist auch in
Deutschland die industrielle Revolution, die technologische Revolutionierung
der Produktionsverhältnisse, die kapitalistische Revolutionierung der Wirtschaftsweisen und -beziehungen, die Maschine, die Fabrik, der Markt, das
Wachstum – und die daran sich knüpfenden sozialen, politischen und mentalen
Folgen. Die Technik löst sich von der Natur und ihren Bedingungen und Möglichkeiten, produziert nicht mehr Imitationen oder Perfektionen der Natur, sondern Neues, Ungegebenes: Werkzeug- und Antriebsmaschinen. An die Stelle
des Universalrohstoffes Holz treten Kohle und Eisen, schon Produkte menschlicher Tätigkeit; Kohle ersetzt über die Dampfmaschine die natürlichen Kraft-
quellen: Mensch und Pferd, Wasser und Wind. Die Verfahrensweisen, etwa das
exakte Messen, überschreiten die natürlichen menschlichen Möglichkeiten; die
Arbeitsvorgänge werden zerlegt, das altmodische „Können" wird dann – eine
Weile – gleichgültiger, Erfindung ist nicht mehr Zufall, sondern Plan, sie beruht
auf Quantifizierung und systematisch-methodischer Bearbeitung, letzten Endes
schließlich auf Wissenschaft. Der Mensch wird Herr der Natur, bemächtigt sich
ihrer. Arbeit wird durch neu entbundene mechanische Kräfte ersetzt, die nicht

gegeben sind, sondern hergestellt werden, aber überall und beliebig verfügbar sind. Und diese Technologie wird dann nicht nur auf die Produktion, sondern auch auf das Transportwesen angewandt. In der Produktion wird die Fabrik der Ort, wo Arbeits- oder Werkzeug- mit Kraft- oder Antriebsmaschinen verbunden werden, die Teilung und die Kooperation der Arbeitsvorgänge organisiert wird. Gleichzeitig setzt sich eine Wirtschaftsweise durch, die nicht mehr auf standesgemäßes Auskommen, auf „Nahrung" zielt, sondern auf die Maximierung des Gewinnes und die Verwertung des gesamten Geld- und Sachvermögens in diesem Sinne, des Kapitals; und weil das Kapital abstrakt, d. h. vertretbar ist, ist diese Vermehrung unbegrenzt; das setzt ihre Dynamik in Gang. Dieses Wirtschaften ist rational, rechenhaft, quantifizierend, nicht mehr personal, sondern ganz versachlicht; im Modellfall bezieht es sich auf den anonymen, den unbekannten Markt. Wer so wirtschaftet, steht zu den anderen Wirtschaftssubjekten im Verhältnis der Konkurrenz – nicht in harmonischer Solidarität oder in partikularen, isolierten, geschützten Wirtschaftssphären jedes Subjektes; ja diese Konkurrenz schafft überhaupt erst den modernen „Markt". Dieses Wirtschaftsverhalten, das wir kapitalistisch nennen, setzt sich, nach Handel und Bankwesen, jetzt, im 19. Jahrhundert, in der gewerblichen Produktion durch, und es ist zumal die Mechanisierung der Verfahren, die die neue Wirtschaftsweise vorantreibt. Beides, Mechanisierung einerseits, Kapitalismus, Markt und Konkurrenz andererseits, machen die Innovation und den Fortschritt zu einem neuen entscheidenden Kriterium der Produktion. Alles dieses bewirkt schließlich einmal den „Sprung" zur modernen Wirtschaft, zum Wachstum des Sozialprodukts, und zwar zum sich selbst erhaltenden Wachstum, und sodann zur Vorherrschaft der Industrie gegenüber der Landwirtschaft oder anderen Sektoren der Wirtschaft. Man kann diese Faktoren – gerade unter wirtschaftstheoretischem Aspekt – auch anders und stringenter einander zuordnen, aber darauf kommt es hier nicht an; wichtig ist, daß sie alle miteinander in Wechselwirkung stehen. Wir verfolgen die Industrialisierung, also die Umwandlung der Produktion, und die industrielle „Revolution", also die Voraussetzungen, Parallelphänomene und Konsequenzen dieser neuen Produktionstechnik, in der Gesellschaft in Deutschland.

Wie stand es mit den Voraussetzungen der Industrialisierung in Deutschland? Natürlich hatte es Teil an dem europäischen Erbe, das zu diesen Voraussetzungen gehört: Rationalität und Wissenschaft, Rechtsordnung und Städtewesen, Neugier und Tendenz zur Meisterung der Natur, Askese und Arbeitsethos. Wichtig ist hier das Spezifische. Es gab in Deutschland Eisen und, wenn auch noch nicht erschlossen, Kohle. Es gab alte Gewerbelandschaften wie, um nur zwei Beispiele zu nennen, das Bergische mit seinem Metallgewerbe, das Wuppertal mit seinem Textilgewerbe, handwerklich, hausindustriell noch, aber exportorientiert, mit hoher Verdichtung der im Gewerbe tätigen Bevölkerung, mit einem Reservoir geschulter Arbeitskräfte. Es gab die Bergwerks-, Hütten- und Eisenhammerregionen, weit gestreut, im Mittelgebirge zumal, wo Erz, Holz, Kohle und Wasserkraft zugleich vorhanden waren. Es gab ein ausgeprägtes Arbeits-, Pflicht- und Berufsethos und eine soziale Disziplin konfessioneller Prägung; Wissenschaft und Schule hatten sozial einen hohen Rang und nahmen in der Praxis zu; die protestantische Entsakralisierung der Welt begünstigte auf Dauer das innovatorische Potential der Techniker und Unternehmer. Der aufgeklärte Absolutismus trennte Amt von Interesse, schuf ein Mehr an bürokratischer Rationalität, die kontinuierliches, kalkulierendes Wirtschaften erst ermöglichte, und durchbrach mit zahlreichen Ausnahmeregelungen die alte innovationsfeindliche Zunftordnung. Der Adel, wo er über Mineralien, Forste, Arbeitskräfte und Geld verfügte und den Zugang zur Macht, gründete zum Teil Unternehmen. Der Bevölkerungsanstieg vergrößerte das Arbeitskräftepotential und konnte den Antrieb des einzelnen, seine Kräfte zu entfalten, begünstigen. Deutschland war auch nach Infrastruktur, Lebensstandard und Kapital nicht mit einem heutigen Entwicklungsland zu vergleichen.

Aber die Hemmnisse einer Industrialisierung waren, im Vergleich mit England, doch weit stärker. Verkehrsgeographisch war Deutschland wenig zugänglich, kein zusammenhängender Markt. Es fehlte an Rohstoffen, an Wolle und an zugänglicher und bekannter Kohle. Deutschland war gewerblich zurückgeblieben, weltwirtschaftlich an den Rand gedrängt, ohne die stimulierende Wirkung der Kolonialexpansion; es war ein bevorzugter Schauplatz der Kriege und ihrer Verwüstungen. Es war politisch, steuer- und zollrechtlich (selbst innerhalb der Großstaaten) partikularisiert; Arbeitsteilung und marktwirtschaftliche Verflechtung waren kaum entwickelt. Die schroffe Scheidung der Stände, die geringe Mobilität und die Zunftmentalität machten die Bewahrung des sozialen Status und die Sicherheit zu den leitenden Maximen, engten Initiative, Innovation, freie Tätigkeit erheblich ein. Unternehmertum wurde nicht prämiiert, homines novi hatten es schwer, zu Anfangskapital zu kommen, Adel und Landbesitz führten die Prestigeskala an. Auch die bestehenden Unternehmen waren primär an Erhaltung und Tradition, nicht an Expansion und Profit, an Sicherheit, nicht an Risiko orientiert. Sparen – nicht investieren – war die herrschende Maxime. Konkurrenz war in einer moralisch-harmonischen Wirtschaftsauffassung sozial verfemt. Der Preismechanismus war darum in seiner rationalisierenden und innovationsfördernden Wirkung abgeschwächt. Fürsten und Adel haben neben dem Zunftgeist die Stagnation der alten Gewerbe- und Handelsstädte bewirkt, neue Gewerbe aufs unbürgerliche Land getrieben. Feudallasten und Steuern haben die Massenkaufkraft gemindert, Luxus- und Militärkonsum waren wenig wachstumsfördernd. Die kraß unterschiedliche Wohlstandsverteilung wie die Partikularisierung haben die Nachfrage nach standardisierten Industriegütern beschränkt. Armut – geringe Nachfrage – fehlende Industrie, das bildete einen Zirkel. Produktionskapazitäten waren nirgends ausgenutzt, Arbeitskräfte kaum je vollbeschäftigt.

Im letzten Jahrzehnt des 18. Jahrhunderts gab es erste Schritte der Mechanisierung: 1784 die erste mechanische Baumwollspinnerei in Ratingen, 1794 die erste Arkwright-Wasserdampfmaschine, 1785 die erste Dampfmaschine im Bergbau (Mansfeld), seit 1794 wurden Kokshochofen, Eisenguß und Dampfmaschinen im oberschlesischen Bergbaugebiet eingeführt. Die preußischen Bergbaubeamten und die Magnaten, die die Bergbaurechte okkupierten und ihre feudale Arbeitsverfassung in den sich industrialisierenden Bergbau überführten, waren hier die Innovatoren. Aber im ganzen waren das marginale Errungenschaften, die keine technische Revolution anzeigten oder einleiteten. Konjunktur, Export und Bevölkerungsanstieg regten in manchen Gewerben einen gewissen Boom an, aber der Zwang zur technologischen Neuerung, der davon hätte ausgehen können, wurde durch den Überfluß an Arbeitskräften noch abgefangen.

Die napoleonische Zeit hat auch in diesem Zusammenhang eine neue Lage geschaffen. Einerseits: die Reformen haben die Rahmenbedingungen für die Industrialisierung teils erst geschaffen, teils wesentlich verbessert. Gegen die feudalen und partikularen Gewalten wurden Staatssouveränität und Staatsbürgerschaft durchgesetzt; der zentralistisch-bürokratische Staat war rationaler, kalkulierbarer Staat. Die neuen Rechtsordnungen waren an Freiheit und Sicherheit des Eigentums orientiert; sie lösten, im Prinzip wenigstens, die Ständegesellschaft auf. Freie Orts- und Berufswahl schufen im Ansatz immerhin eine mobile Leistungs- und Berufsgesellschaft. Eigentum, Mobilität, Rechtssicherheit und Begrenzung der Staatstätigkeit aber waren die Voraussetzungen für das Entstehen einer Marktgesellschaft. Gewiß gab es Unterschiede – die linksrheinischen Gebiete, wo französisches Recht und französische Institutionen die Entwicklung der Industrie besonders begünstigten; Preußen mit einem, trotz wichtiger Einschränkungen, liberalen und progressiven, die anderen Staaten mit einem eher konservativen Kurs der Wirtschafts- und Gesellschaftspolitik –, aber entscheidender war der Unterschied zur Zeit vor den Reformen. Die Bauernbefreiung leitete die Revolutionierung der Landwirtschaft ein; das sicherte während der Hochindustrialisierung die Subsistenz der Bevölkerung, ja glich die gewerbliche Handelsbilanz aus; das verstärkte allmählich die Nachfrage und setzte, zum Teil über die gleichzeitig fortgehende demographische Revolution das Arbeitskräftepotential für die künftige Industrie frei. Die territoriale Neugliederung hat die kleinräumigen Gebilde doch wenigstens in größere Einheiten zusammengefaßt. Die Erfahrung, daß überlieferte Zugehörigkeit und Legalität sich ständig änderten, mobilisierte Mentalität und Erwartungen, nagte auf Dauer am Traditionalismus. Für das wirtschaftliche Verhalten galt das auch sehr unmittelbar. Die Haupterfahrung war der dauernde Wechsel politischer, wirtschaftspolitischer und wirtschaftlicher Lagen in der Zeit Napoleons. Besitz und wirtschaftliche Chancen wurden heftig durcheinandergewürfelt, Aufstieg bei Sonderchancen, etwa durch die Kontinentalsperre, und Niedergang folgten sich rasch oder bestanden gar gleichzeitig: das mobilisierte noch einmal die Mentalität und die Risikobereitschaft.

Auf der anderen Seite aber nun fundamentale Nachteile: Kriege und Verheerungen, unproduktive Ausgaben, die ungeheure Aussaugung durch Napoleon – das führte generell zu einer wirtschaftlichen Depression, sinkender Kaufkraft, Produktionsstockungen, sinkenden Erträgen, Kapitalarmut, ja allgemeiner Verarmung. Die überwiegende Stagnation der Gewerbe in dieser Zeit hat den Abstand Deutschlands zur englischen Industrie und Technologie vergrößert: wo es Maschinen gab, waren sie 1815 veraltet; nach dem Ende der Kontinentalsperre war der deutsche Markt dem übermächtigen Druck billigster englischer Exportgüter ausgesetzt, das brachte viele Gewerbe in die Krise und verlangsamte ihre Entwicklung. Schließlich haben Kontinentalsperre und die darauf folgende englische Konkurrenz das regionale Wirtschaftsgefüge Deutschlands wesentlich geändert. Die linksrheinischen Gebiete nahmen an der Konjunktur des französischen Wirtschaftsimperiums teil. Die nordostdeutschen und zum Teil die schlesischen Textilgewerbe haben den Verlust der Exportmärkte und das Absinken der Kaufkraft nicht überstanden: erst jetzt ist Ostdeutschland zum überwiegenden Agrarland geworden, erst jetzt wird der Gegensatz zwischen einem gewerblichen Westen (und der Mitte) Deutschlands zum agrarischen Osten zu einem Grundfaktum der deutschen Geschichte. Unter diesem Aspekt ist die Kontinentalsperre ein Ereignis von eminenter Folgewirkung für die deutsche Geschichte.

Nach 1815 wirkten diese Erschwernisse und neue zudem fort. Der Abstand des Nachfolgelandes Deutschland gegenüber England vergrößerte sich noch, weil die deutschen Exportmärkte weitgehend an England gefallen waren und England gleichzeitig sich mit Zöllen gegen den deutschen Getreideexport sperrte und damit das Ungleichgewicht noch erhöhte. Die Investitionskosten für Maschinen – bei Beginn der Industrialisierung unbedeutend – waren jetzt sehr viel höher, das hemmte, wie die geringe Nachfrage, die Investitionsneigung; man kaufte gebrauchte, altmodische Maschinen, das erhielt den englischen Vorsprung. Die Inlandsnachfrage war, während der Agrarkrise zumal, gedrosselt, die verschuldeten Staaten trieben Deflationspolitik, keine Inflation oder Geldausweitung reizte neue Unternehmen an. Das Arbeitskräftepotential war noch größer als der Bedarf. Die territoriale Neugliederung hatte nicht zu einem gesamtdeutschen Zollgebiet und Markt geführt, darum war der Anreiz zu industrieller Massenproduktion begrenzt. Schließlich war Deutschland technologisch ein Entwicklungsland, man brauchte nicht nur englische Maschinen, sondern auch zunächst englische Mechaniker. Solche „Exporte" suchten die Engländer zu verhindern, die Deutschen umgingen das; englische Werkmeister, Mechaniker, die man als Monopolisten wie rohe Eier behandeln mußte, haben in der Frühgeschichte der deutschen Industrie (und der Ausbildung deutscher Mechaniker) eine hervorragende Rolle gespielt; manche von ihnen wurden große Unternehmer, wie Mulvany an der Ruhr oder Douglas und Thomas in Österreich.

Trotz all dieser Hemmnisse hat sich seit der Mitte der 30er Jahre und mit Macht seit 1850 die Industrialisierung durchgesetzt. Ehe wir einen Blick auf die einzelnen Sektoren werfen, in denen dieser Prozeß sich vollzog, fragen wir zunächst nach der Rolle des Staates. Man hat diese früher oft übertrieben. Im Vergleich zu heutigen Entwicklungsländern wird sofort deutlich, daß der Staat in Deutschland die Industrialisierung nicht geschaffen, nicht initiiert, nicht à tout prix begünstigt hat. Er hat sie toleriert, er hat institutionelle Rahmenbedingungen geschaffen, er hat sie indirekt und sogar unbeabsichtigt, mit manchen, wenn schon beschränkten Maßnahmen auch direkt gefördert. Zu den indirekten Förderungen gehört – aus gesamtwirtschaftlichen wie militärischen Erwägungen – der Ausbau der Verkehrsverbindungen, der Chausseen, Kanäle und Flüsse und später der Eisenbahnen; gehört – sicherlich weitaus am wichtigsten – die Schaffung eines großen Zoll- und damit Wirtschaftsgebietes durch die Gründung des deutschen Zollvereins 1834, davon erzählen wir später. Dazu gehört das altmodische Steuersystem, das vornehmlich Verbrauch und Grundbesitz belastete; selbst die preußische Kopf- und Klassensteuer, eine rohe Vorform der Einkommensteuer, schonte, ohne daß das Absicht war, die Einkommen aus Industrie und Handel besonders. Direkte staatliche Investitionen sind selten. Berühmt ist die „Preußische Seehandlung" (bis 1855), eine Bank und Holding, die unter Führung ihres Präsidenten Rother industrielle Entwicklungsprojekte auf einer non-profit Basis gründete oder förderte (z. B. die erste preußische mechanische Kammgarnweberei in Wüste-Giersdorf oder die Maschinenfabrik Egells in Berlin), nicht immer mit Erfolg. Auch die staatlichen Bergwerksverwaltungen in den preußischen Westprovinzen, im Saargebiet, in Bayern (Maximilian- und Laurahütte) suchten im ganzen den technologischen Fortschritt zu fördern.

Der umfangreichste Komplex von staatlichen Maßnahmen betrifft das, was wir Gewerbe- und Industrieförderung nennen. Die Weckung privater Initiative, die Entbindung von wirtschaftlichen Kräften, Unternehmensgeist und Risikobereitschaft durch Überwindung von Traditionalismus und Indolenz, die Förderung von Mobilität, Produktivität und Konkurrenz, die „Erziehung zur Industrie" und zur Maschine, das wurde für eine Gruppe von Reformbeamten, in Preußen z. B. die Staatsräte Kunth und Beuth und manche Oberpräsidenten, in Baden den Staatsrat Nebenius, und für Publizisten wie Friedrich List zum politischen Imperativ. Das Maschinenwesen sollte die wirtschaftliche Not bei wachsender Bevölkerung auffangen, ja den Fortschritt herbeiführen. Man wandte sich – propagandistisch sozusagen – gegen die damals aufkommende sentimentale Ideologisierung der Tradition: so wenig „ein menschenfreundlicher Feldherr aus Abneigung gegen das Schießpulver mit Bogen und Pfeilen große Erfolge erringen" werde, ebensowenig könnten „Phantasien über das häusliche Glück der Hausspinner und die Poesie der Spinnstube den Gang der Dinge aufhalten oder dem Erfindungsgeist Grenzen setzen" (Beuth). Die Beamten wollten die Wirtschaft modernisieren, und das hieß häufig auch, die Gesellschaft im Sinne des individualistischen Marktmodells zu liberalisieren (wie in Preußen) oder den Staat (wie in Baden z. B.) auf eine „Konstitution", eine Verfassung zu gründen, weil sie in politischer Mitbestimmung ein wichtiges Motiv der Produktivität sahen. Aber im Zentrum der Gewerbeförderung stand für diese Reformbeamten die Bildung. „Nur der gebildete Mensch weiß die Kraft der Trägheit in sich zu überwinden und findet an Tätigkeit Vergnügen"; gegen andere Fabrikländer, gegen England also, helfe nur „Bildung" (Kunth 1816); „wo die Wissenschaft nicht in die Gewerbe eingeführt ist, da gibt es kein sicher gegründetes Gewerbe, da gibt es keinen Fortschritt" (Beuth 1824). Der Aufbau eines technischen Bildungswesens – Gewerbeschulen, Polytechnika, Technische Hochschulen – war darum ein, wenn nicht das Hauptgebiet dieser staatlichen Gewerbeförderung. Wir werden davon in anderem Zusammenhang sprechen. Diese Maßnahmen haben sich freilich eigentlich erst seit den 50er/60er Jahren voll ausgewirkt, erst dann wurde die Technik voll „verwissenschaftlicht", wurde technischer Fortschritt stärker von Wissenschaft und Schule abhängig; Krupp und Siemens waren noch ungelehrte große Erfinder und Neuerer gewesen. Erst jetzt, als der Prozeß der Hochindustrialisierung voll lief, wurden Wissenschaft und Bildungssystem ein gewichtiger Faktor beim Aufbau der Industrie, erst jetzt schlug die allgemeine Volksschulbildung bei Facharbeitern und Anzulernenden erkennbar zu Buche. Für die Frühindustrialisierung spielt die technische Bildung zwar eine Rolle, sie hat aber noch nicht das Gewicht gehabt, das ihre Promotoren ihr zumaßen.

Neben den Bildungseinrichtungen organisierte die staatliche Gewerbeförderung Auslandsreisen jüngerer Techniker und Beamter, nach England zumal und selbst in die USA, organisierte periodische Industrieausstellungen (mit neuen, oft aus England geschmuggelten Maschinen) und Preisverleihungen. Egells z. B., ein Schlosser, wurde von Beuth nach England geschickt und erhielt später von ihm englische Drehbänke für seine Maschinenfabrik; der spätere Lokomotivenbauer Borsig, ein Zögling des Berliner Gewerbeinstituts, war sein Werkmeister. Überall wurden auf Initiative der Beamten – nach englisch-französischem Vorbild – Vereine „zur Beförderung des Gewerbefleißes", polytechnische oder Gewerbevereine gegründet, die informierten und belehrten, Arbeiten anregten, Stipendien verteilten, Fortschritt und Selbsthilfe, die Verbindung von Handwerkern, Fabrikanten, Technikern und Technikförderern, Theoretikern und Praktikern organisierten – überall lange Zeit unter Führung von Beamten und Lehrern. Dieses halbstaatliche Vereinswesen hat für die Durchsetzung des technischen Fortschritts große Bedeutung gehabt.

Aus den Publikationsorganen der größeren Vereine, der polytechnischen Lehranstalten und aus unabhängigen Organen entwickelte sich schon in den 20er/30er Jahren ein technisches Zeitschriftenwesen, das die Fortschritte der Technologie verbreitete; 1856 gab es mehr als 30 solche Zeitschriften. Es bildete sich aus Staatstätigkeit und privater Initiative eine Kommunität der Techniker und Technik-Interessierten, eine Art technischer Bewegung, die das jeweils Neue verbreitete und gelegentlich die Funktion einer technologischen Lobby übernahm. Dazu gehört dann auch die Professionalisierung des neuen Technikerberufs, Parvenus zwischen Gelehrten, Künstlern, Kaufleuten, Industriellen, wie sie z. B. in der Gründung des österreichischen Architekten- und Ingenieurvereins (1846) und des Vereins Deutscher Ingenieure (1856) zum Ausdruck kam. Berufsinteresse, Streben nach sozialer Geltung, Regelung technischer Normen oder des Patentwesens, Eintreten für technische Bildung und die Anerkennung der technischen Kultur und ihrer „Mission", das ging hier eine eigentümliche Verbindung ein.

Schließlich muß als Organisationshilfe des Staates noch die Einrichtung der

18. Baumwollspinnerei

	1800	1828	1830	1850
Spindeln im späteren Reichsgebiet	22 000		436 000	940 000
in Östereich (Gesamtmonarchie incl. Lombardei)		435 000		1 346 000

	1815	1844/48
Anstieg der Produktion im späteren Reichsgebiet in Tonnen	1963	11 615
	Anstieg um 491,7%	

	1815	1849
Produktion pro Spindel	5,1 kg	17,1 kg

	1841
Spindeln pro Betrieb z.B. in Böhmen in Niederösterreich	5 571 9 788

Industrie- und Handelskammer erwähnt werden. Französische Gründungen am Rhein, halbstaatlich, Interessenvertretung, Selbst„verwaltung" und staatliche Beratungsorgane zugleich, fungierten sie als Integrationsgremien für Kaufleute und Unternehmer, die in ihnen zu gemeinsamem Handeln, gemeinsamem Bewußtsein einer neuen Klasse zusammenwuchsen. Seit den 30er Jahren wird diese Einrichtung in andere Provinzen und Länder übernommen, 1861 schließen sie sich zum Deutschen Handelstag zusammen. Die neue Macht, „die Wirtschaft", hat auf der Basis staatlich eingerichteter Organe eine Vertretung.

Der Staat schuf, wie gesagt, Rahmenbedingungen. Die Industrialisierung selbst war ein autonomer Vorgang. Weil er in den verschiedenen Sektoren sehr unterschiedlich ablief, müssen wir unsere Aufmerksamkeit zunächst auf einige dieser Sektoren – in der ersten Phase der Industrialisierung bis 1850 – richten. Im Ursprungsland der Industrie, in England, ist bekanntlich der Textilbereich der klassische Sektor gewesen, wo zuerst Werkzeugmaschinen eingesetzt und

mit den neuen Antriebsmaschinen verbunden wurden, die Produktion fabrik-
mäßig organisiert wurde und sich die enormen Wachstumsraten ergaben. In
Deutschland hat sich etwas ähnliches zuerst in der Baumwollspinnerei durchgesetzt. Die Zahl der Spindeln wuchs – über alle Krisen – schnell, vor allem in den
30er Jahren wurde der Betrieb vom Handspinnen auf Wasser-, und dann vor allem Dampfantrieb umgestellt. Die Mechanisierung war relativ leicht, und sie
hatte einen hohen Effekt auf die Preise, das trieb sie voran. Meist waren es kleine Fabriken – wenn ein Bauer oder Müller sich zu wohl fühlte, baute er eine
Spinnerei, sagte man in Preußen –, aber es entstanden auch schon in Augsburg,
Mönchen-Gladbach und Rheydt, in Sachsen, Böhmen und im Wiener Becken
große Betriebe. Der Verbrauch an Rohbaumwolle hat sich zwischen 1830 und
1850 im Gebiet des Zollvereins etwa verachtfacht. Aber die Selbstversorgung mit
Baumwollgarn betrug nur 25–35%. Und die gesamtdeutsche Fabrikation betrug
1850 ein Viertel oder ein Drittel der französischen, mit der englischen war sie
gar nicht zu vergleichen. Die Mechanisierung des Spinnens übertrug sich noch
nicht auf das Weben. Die Zahl der Webstühle stieg zwar – im späteren Reich –
von 35000 um 1800 auf 150000 1846 (Steigerung um 328,6%), die Produktion
noch mehr, von 1800 Tonnen auf 31000 Tonnen (Steigerung 1627,8%), weil die
Produktivität pro Webstuhl von 54 auf 253 kg (368,5%) zunahm; andere Berechnungen kommen auf 39000 Tonnen. Aber 1846 waren in Preußen erst
3,79% der Webstühle (im späteren Reich nur 2,2%) mechanisch. In der Wollspinnerei erfolgte der Übergang zur Mechanisierung und von der Werkstatt zur
kleinen Fabrik später und langsamer – 1835 waren erst 30%, 1850 etwa 50% der
Produktion mechanisiert –, vor allem weil Absatz und Verbrauch nur langsam
stiegen. In der Woll-Weberei herrscht wiederum der Hand- und Hausbetrieb
vor; um 1850 waren erst etwa 6% der Webstühle mechanisch, in Mähren 1841
12,3%; in Mähren und Böhmen entstanden seit den 30er Jahren schon Großbetriebe, die die gesamte Wollproduktion organisierten. Die Leinenindustrie
schließlich wurde kaum mechanisiert: 5% der Spinnereiproduktion (1850), 3%
der Weberei (1855), sie blieb Hand- und ländliches Hausgewerbe. Sie geriet unter dem Druck der Konkurrenz der englischen Produktion und der Baumwolle
in eine lebensgefährliche Krise; 1840–1850 betrugen die Preise noch 57% der
Preise von 1800/1810, das – und nicht die Mechanisierung – war die ökonomische Ursache des schrecklichen Weberelends der 40er Jahre etwa in Schlesien.
Im gesamten Textilbereich nahm die handwerklich-hausgewerblich betriebene
Weberei noch zu. 1800 gab es im späteren Deutschland ca. 315000 Weber,
1846/47 520000 im Haupt- und 50000 im Nebenberuf; das war eine Steigerung
von 67,6%, eine Steigerung des Anteils an den Berufstätigen von 3,3% auf 3,8%
– das zeigt, wie die billige Arbeitskraft und zum Teil speziell billige Produk-
tionsweisen und die Vorreiterrolle Englands die Mechanisierung und Industrialisierung noch wesentlich hemmten.

Der zweite Sektor von Interesse ist das Berg- und Hüttenwesen. In der Eisenindustrie können wir seit dem Ende der 20er Jahre eine starke technologische
Modernisierung und beschleunigtes Wachstum beobachten. Die erste technolo-

gische Neuerung, die – aus England – durchdrang, war das Puddelverfahren zur Herstellung schmiedbaren Eisens, das nur ein Siebtel des Zeit- und Arbeitsaufwandes des alten „Frischens" erforderte. Seit den 20er Jahren dringt das Verfahren zunächst im Westen vor (1824 Puddelwerk Rasselstein/Neuwied, Hoesch bei Düren). 1842 werden 39%, 1847 70% des Stabeisens im Puddelverfahren hergestellt. Seit den 30er Jahren entstehen dann moderne Walzwerke, zum Walzen der Eisenbahnschienen vor allem (Rasselstein 1835). Alle diese Betriebe verarbeiten auch große Mengen importierten Roheisens. 1841 wird ein neues Verfahren zur billigeren Stahlherstellung entwickelt. Krupp konnte mit einem neuen Verfahren einen Zweitonnenstahlblock herstellen und damit einen der ganz wenigen industriellen Erfolge Deutschlands auf der Londoner Weltausstellung von 1851 erzielen. Weil die neuen Verfahren nicht mehr auf Holz, sondern auf Steinkohle beruhten, zogen die Hütten in die Nähe der verkehrsgünstigen Ströme oder in die Kohlegebiete, z. B. aus der Eifel nach Eschweiler. Die andere technologische Neuerung, der wesentlich leistungsfähigere Kokshochofen, drang erst in den 30er/40er Jahren vor; 1837 wurden in Preußen noch 90,5%, 1850 immer noch 75,2% der Eisenproduktion mit Holzkohle hergestellt, 1853 dann nur noch 37,2%. Immerhin, ähnlich wie beim Puddelverfahren überlappten sich alte und neue Technologie noch eine ganze Zeitlang. Wiederum zwang das die Hütten, sich bei der Kohle oder an verkehrsgünstigen Stellen anzusiedeln; die Hütten im Gebirge, in den österreichischen Alpenländern, in der Eifel und im Hunsrück werden unproduktiv, die ersten großen Hütten im Ruhrgebiet entstehen (1847/1849 Friedrich-Wilhelm-Hütte, Mülheim). Puddelverfahren und Kokshochöfen haben zu den ersten Konzentrationen in der rheinischen Eisenindustrie – Stumm an der Saar (1840), Hoesch in Eschweiler (1846) – geführt. Die Eisenproduktion steigt enorm an; zwischen 1823 und 1837 verdoppelt sich die Produktion und nimmt bis 1847 noch um 35% zu (von 85 über 175 auf 230 Tausend Tonnen) – langsamer jetzt, weil die alten Techniken und Produktionsstätten noch überdauern, ja bei steigender Nachfrage auch ihre Produktion noch erweitern (Eisen auf Holzkohlebasis 1837–1850: plus 12,66%, Schmiedeeisen: plus 17,28%). Im bundeszugehörigen Österreich hat sich die Eisenproduktion von 1823/1827 bis 1843/1847 mehr als verdoppelt (von 55 000 auf 119 500 Tonnen pro Jahr). Zwischen 1819 und 1847 hat sich – freilich in der Gesamtmonarchie – die Produktion sogar fast verdreieinhalbfacht, obwohl Puddelverfahren und Kokshochofen wenigstens in den Alpenländern erst in ganz geringem Maße eingeführt wurden – die Alpenländer fielen, zumal wegen der ungünstigen Verkehrslage, bis 1850 wesentlich zurück. Ein guter Teil des sprunghaft steigenden Bedarfs, für den Eisenbahnbau vor allem, wurde durch Importe gedeckt, das verzögerte bis zu einem gewissen Grade den technischen Fortschritt; zwischen 1837 und 1844 hat sich der Import von Eisen und Stahl, einschließlich der Fertigprodukte, verzehnfacht.

Der Kohlebergbau wurde durch zwei Prozesse weitergetrieben: ökonomisch durch die Steigerung der Nachfrage der Eisenproduzenten, technologisch durch den Übergang zum Tiefbau (erster Tiefbauschacht von Haniel 1839) mit

Hilfe des Einsatzes von Dampfmaschinen. 1840 gab es in Preußen im Bergbau 174 Dampfmaschinen mit 5 400 PS, 1849 332 mit 13 200 PS. In den 40er Jahren gab es eine Welle neuer Kohleerschließungen im Tiefbau, zuerst am linken Niederrhein, später im Ruhrgebiet. Essen wurde ins Kohlenrevier einbezogen, die Verkokung entwickelt, Duisburg zum Zentrum der Kohleverschiffung. Die Kohlenhändler Haniel und Stinnes waren die Promotoren der Fortschritte. Die (Stein-)Kohleproduktion im späteren Reichsgebiet stieg von 1815 bis 1830/1834 langsam um 50%, bis 1835/1839 erneut um 50%, und bis 1845/1849 gegenüber 1830/1834 um 110%, in Österreich (nicht recht vergleichbar, weil einschließlich Braunkohle) bis 1830/1834 um 100%, zwischen 1830 und 1848/1850 bei Steinkohle aber um 440%.

Nimmt man Bergwerke und Hüttenindustrie zusammen, so hat sich die Zahl der Beschäftigten bis 1848 annähernd verdreifacht. Produktionsmethoden und -leistungen sind aber gegenüber England und Belgien noch rückständig. Vor allem ist es der Nachfrageboom des Eisenbahnbaus, der erst die Eisen-, dann die Kohleproduktion in die Höhe schnellen läßt und zur Einführung neuer Technologien veranlaßt. Die Wachstumsraten und die technischen Fortschritte zeigen den Übergang zur Industrialisierung an; nicht mehr die Textilindustrie, sondern – aus technologischen wie ökonomischen Gründen – die Montan- und Eisenindustrie ist hier der führende Sektor.

Weiterhin die Maschinenindustrie. Hier spielen zunächst die Geschichten einzelner Unternehmer eine größere Rolle als das statistische Wachstum. Als auf Betreiben Napoleons eine topographische Aufnahme und Vermessung in Bayern eingeleitet wurde, fehlte es an den, bis dahin aus England bezogenen, Meßinstrumenten. Joseph Utzschneider begründete in München mit dem Militärtechniker Reichenbach und dem Optiker Fraunhofer zwei „Institute" zum Bau von Meßinstrumenten auf wissenschaftlich-mathematischer Grundlage; das war der Anfang der feinmechanischen Industrie in Deutschland. Reichenbach hat in den 20er Jahren eines der Wunderwerke der damaligen Technik geschaffen, die Soleleitung von Berchtesgaden nach Reichenhall – mit der die Salzgewinnung in eine holzreichere Gegend verlegt wurde –, deren hydraulische Maschinen die Sole fast 400 Meter hoch pumpten. Friedrich König hat die erste moderne Druckmaschine entwickelt – in England (1810–1814), da er in Deutschland kein Kapital fand. 1817 hat er dann in einer säkularisierten Prämonstratenserabtei bei Würzburg seine Druckmaschinenfabrik gegründet, die nach langen Jahren und erst, als Zeitungs- und Lexikaverleger wie Cotta und Brockhaus die neue Technologie für ein Massenpublikum übernahmen, sich konsolidierte. Friedrich Harkort, der berühmteste der frühen Unternehmer, Propagandist der Industrie und der „socialen" Politik zugleich, hat 1819 in der Burg von Wetter (Ruhr) seine „Mechanischen Werkstätten" eröffnet, Dampf- und Textilmaschinen gebaut, der Fabrik ein Puddel- und Walzwerk angegliedert; unternehmerisch freilich scheiterte er, er mußte (1832) aus der Firma mit erheblichen Schulden ausscheiden. Die Geschichten dieser und anderer Unternehmen machen die ungeheuren Schwierigkeiten anschaulich. Man arbeitete mit englischen Maschinen und Mechanikern; die Arbeiter waren nur langsam an die Disziplin der Maschine, die Lebensform und die Arbeitsintensität der Fabrik zu gewöhnen; der Unternehmer mußte Bestellungen und Absatz, Transport, Aufstellung und Betriebsanleitung organisieren und konnte Lieferfristen wegen Pannen, ausbleibender Materialien etc. kaum einhalten. Zudem war der Widerstand gegen die Maschine noch stark. König z. B. berichtet von der Aufstellung der ersten Druckmaschine in Augsburg: „Der Chefredakteur war ein vorsichtiger Mann und wußte seine Gefühle zu verbergen, aber der zweite Redakteur erklärte, lieber künftig unter freiem Himmel zu schreiben, als mit der Dampfmaschine unter einem Dache; der Hausknecht kündigte, sein Leben sei ihm lieber. Vorsichtige Leute passierten nicht mehr die Straße. Cotta ordnete an, daß alles genau untersucht werde, damit wir auf keinen Fall eine Explosion erlebten und damit man ehrlich versichern kann, daß die Dampfmaschine das unschuldigste und gefahrloseste Kind der Welt sei". Die Existenz der Betriebe war in den Anfangsjahren immer bedroht.

Dampf- und Textilmaschinen, vor allem aber die Eisenbahn, gaben der Maschinenindustrie seit Mitte der 30er Jahre Auftrieb. 1846/47 gab es im Zollverein 423 Maschinenfabriken mit 12 518 Arbeitern, die berühmtesten im Lokomotiv- und Eisenbahnbau: August Borsig und Schwartzkopff in Berlin, Henschel in Kassel, Egerstorff in Hannover, Hartmann in Chemnitz, Keßler in Esslingen und Karlsruhe, Maffei und Kraus in München, Clett in Nürnberg, Schichau in Elbing, die Maschinenfabrik in Augsburg. 1839 wurde die erste deutsche Lokomotive gebaut, 1842/43 waren 15,5% der 245 Lokomotiven in Deutschland hergestellt, 1851 62,6% von 1 084, Borsig, der größte Betrieb dieser Art, baute 1854 seine 500. Lokomotive.

Erwähnenswert noch sind die Gasindustrie: 1826 war in Hannover, 1829 in Berlin, 1836 in Dresden die Gasbeleuchtung eingeführt worden; 1850 gab es über 35 Gasanstalten („helle Straßen, lichtes Heim"), die Fabriken konnten auch nachts arbeiten, die Abhängigkeit von der Naturzeit, von Tag und Nacht, wurde ein lebensbestimmendes Stück zurückgedrängt; die Chemikalienindustrie der 40er Jahre, die für die Textilindustrie Soda, Chlor, Schwefelsäure herstellte; die landwirtschaftlichen Nebenindustrien: Ziegeleien, Brauereien, Mühlen, Zukker- und Spritfabriken – auch hier nahm der Maschineneinsatz zu.

Vermutlich der wichtigste Treib- und Leitsektor für die Industrialisierung war der Eisenbahnsektor; überspitzt gesagt, geht die „Transportrevolution in Deutschland" – umgekehrt wie in England – der industriellen Revolution voraus. Um 1800 waren die Transportverhältnisse in Deutschland ganz unzulänglich, die Klagen über das Elend der miserablen Straßen, der Langsamkeit von Postkutschen und Wagen, über Unternehmer, Arbeiter, Wirte, Behörden, die daran verdienten, über Grenzstationen, sind Legion. Vor Beginn des Eisenbahnbaus sind zwei Dinge wichtig. Einmal der Ausbau der Wasserstraßen, der Kanäle und Flüsse in diesen Jahrzehnten. Am berühmtesten die Korrektur des Oberrheins seit den 20er Jahren, primär im Interesse der Landwirtschaft und der Uferbewohner, ein Werk des badischen Baubeamten Tulla, auf der Grundlage wissenschaftlich genauer Berechnungen: er wurde der „Bändiger" des wilden Rheins; ähnlich sind Teile der Donau und z. B. der Isar reguliert worden. Die Zähmung der Wildwasser machte sie dann auch zu Wasserstraßen, emanzipiert von den natürlichen Bedingungen der Flußläufe; 1832 ist die Breite des Rheins beim Binger (Felsen) Loch von 9 auf 23–30 Meter erweitert worden. Daneben machte man kleine Flüsse, wie Ruhr und Lippe, überhaupt erst schiffbar und baute Kanäle, wie den berühmten Ludwigskanal, der Main und Donau verband. Um 1800 gab es in Deutschland, zumal in Preußen, rund 490 km Kanäle und 670 km schiffbar gemachte Flüsse, um 1850 waren es im späteren Reich 3 528 km künstliche Wasserstraßen. Dazu setzte sich die Revolution der Verkehrsmittel durch. An die Stelle der geruderten und segelnden und stromauf von Menschen und Tieren gezogenen Schiffe trat das Dampfschiff, wissenschaftlich konstruiert, aus Eisen, mit Rad und dann mit Schraube. 1816 kam das erste (englische) nach Köln; 1826 wurde die preußisch-rheinische Dampfschiffahrtsgesellschaft gegründet und ein regelmäßiger Verkehr von Rotterdam bis Köln, 1827 bis Mainz, eingerichtet. 1829 wurde in Wien die Donaudampfschiffahrtsgesellschaft gegründet; ähnlich ging es auf der Elbe, der Weser, der Oder. Nach dem Personenverkehr wurde auch der Güternahverkehr durch die Dampfschlepper und Lastkähne revolutioniert. 1841 gründete Camphausen eine entsprechende Gesellschaft in Köln. Mit dem Ersatz der Handarbeit durch Maschinen war die Ablösung der Zunftorganisation der Schiffer durch kapitalistische Unternehmen, Aktiengesellschaften, verbunden. Die traditionellen Rechtsverhältnisse – Zölle, Stapelrechte, Frachtmonopole – und die Grenzen haben diese Verkehrsentwicklung erheblich erschwert, erst 1831 z. B. wurde mit der Rheinschiffahrtsakte die Freiheit der Rheinschiffahrt hergestellt. Die neuen Verkehrsgegebenheiten schufen neue Zentren: die neue Stadt Duisburg-Ruhrort wird, noch vor der Erschließung des Ruhrgebiets, einer der größten Häfen Europas, mit einer eigenen Schiffswerft; Köln steigt wieder auf; am Mittelrhein wird Mainz von Mannheim (mit einem neuen Hafen 1840) und der bayerischen Gegengründung Ludwigshafen (1845) verdrängt; selbst Berlin wird seit 1830 in ein Netz von Wasserstraßen einbezogen. Der Güterverkehr wird für 1850 im späteren deutschen Reich auf 900 Millionen Tonnenkilometer (1835 schon 700 Millionen) geschätzt, in Österreich – eine andere Meßgröße! – auf 263 000 Tonnen, 1835 waren es hier erst 2 000 Tonnen gewesen.

Die andere Entwicklung vor dem Eisenbahnbau war der Bau steinerner Straßen, Chausseen. Napoleon ist aus militärischen Gründen einer seiner Promotoren gewesen, die Pappelchausseen im links- und zum Teil auch rechtsrheinischen Gebiet zeugen noch heute davon. Nach 1815 ging das weiter, zumal in Preußen, wo neben landwirtschaftlichen auch militärische und im Kampf um den Zollverein politisch-strategische Interessen eine Rolle spielten. 1816 gab es dort 3 836 km Chausseen, 1843 sind es 12 817 km gewesen. Ähnlich ging es dann in den anderen Staaten. Zollvereinsgründung (1834) und Eisenbahnbau, der auch Zubringerverkehr verlangte, haben den Straßenbau noch stärker vorangetrieben. 1850 gab es im späteren Reich etwa 50 000 km Chausseen, den größeren

Teil im Westen (in Preußen 1852: 16689), im Gesamtgebiet Österreichs 11842 Meilen Staats- und Bezirksstraßen, 1859: 12683.

Nun endlich die Eisenbahn, die Verbindung der eisernen Kunststraße, der Schiene, mit der neuen Antriebskraft, der Dampfmaschine und Lokomotive. In England war sie aufgrund einer gewaltigen Nachfrage nach Transportmöglichkeit entwickelt worden, in Deutschland hat sie ein solches Bedürfnis eigentlich erst geschaffen. Unternehmer – wie Harkort und Camphausen – haben (1830, 1833) Bahnbauten propagiert, dann der gerade aus den USA zurückgekehrte Friedrich List (,Über ein sächsisches Eisenbahnsystem als Grundlage eines allgemeinen deutschen Eisenbahnsystems und besonders über die Anlegung einer Eisenbahn von Leipzig nach Dresden', 1833). List hat die ökonomischen Vorteile des billigen, schnellen und regelmäßigen Massentransportes – Arbeitsteilung, Standortwahl, erhöhter Absatz – dargelegt und ein neues praktisches Modell angeregt: Werbung im Publikum, Versammlung und Wahl eines Komitees, das Kosten- und Rentabilitätsrechnungen erarbeiten und mit der Regierung über Konzessionen oder Zinsgarantien verhandeln soll, Gründung einer Gesellschaft und Auflegung von Aktien zur Subskription. So verfuhr man fast überall. 1834 war zwischen Nürnberg und Fürth unter günstigen geographischen und ökonomischen Bedingungen die erste 6 km lange Eisenbahn eröffnet worden; nachts fuhr man noch – in Rücksicht auf Eisenbahnfeinde, die „Grünen" von damals – mit Pferden. 1839 wurde die 1837 begonnene Strecke Leipzig-Dresden mit dem ersten deutschen Eisenbahntunnel fertig, 1838 Berlin-Potsdam, 1841 Berlin-Anhalt, 1842 Berlin-Stettin. 1836 begann unter Führung der Wiener Rothschilds der Bau der österreichischen Nordbahn, von Wien nach Brünn zunächst; später wurde sie durch die Südbahn nach Triest – die Durchquerung der Alpen brachte die großen technischen Fortschritte – ergänzt. Im Westen hat Camphausen 1837, bald mit Mevissen und Hansemann, die Bahn von Köln über Aachen nach Antwerpen begonnen; 1847 war die Linie Köln-Minden (Hannover-Berlin), 1843 die Linie Elberfeld-Dortmund fertig, im Süden 1839 die Bahn München-Augsburg, seit 1838 die Oberrheinbahn von Mannheim nach Basel. 1840 gab es im späteren Reich 468 km Eisenbahn, 1850 5859, in Österreich 1841 473 km, hingegen 1850 erst 1357. Das preußische Netz wuchs in den 40er Jahren um 20% per Jahr, das Anlagekapital, d.h. der Wert des Kapitalstocks zu Anschaffungspreisen, von 23,03 Millionen Mark 1840 auf 435,79 Millionen Mark 1849, im späteren Deutschland von 58,8 auf 850,5 Millionen Mark. Die beschleunigte Expansion läßt sich an der durchschnittlichen jährlichen Wachstumsrate der Leistungen der deutschen Eisenbahnen ersehen, die zwischen 1841–1849 bei den Tonnenkilometern 65,5% und bei den Personenkilometern 31,0 betrug. (1850: 302,7 Millionen Tonnen/km, 782,7 Millionen Personen/km im späteren Deutschland; und 1,441 Millionen Tonnen Fracht, und 6,5 Millionen Passagiere in Österreich).

Die Mehrzahl der Bahnen waren Privatbahnen auf Aktienbasis. Immerhin, der Staat gab Konzessionen und konnte dabei auf die Linienführung Einfluß nehmen; bei der staatlichen Oberrheinbahn wurden z.B. die oppositionellen

Städte Mannheim und Heidelberg durch den Bau des zwischen ihnen liegenden Kunstortes Mannheim-Friedrichsfeld „bestraft". Der Staat ermöglichte notwendige Enteignungen und gewährte Zinsgarantien und konnte – anders als z. B. in den USA – Aufsichtsrechte wahrnehmen; die indirekte Finanzierung des Staates war nicht gering. Auf der Basis der Privatinitiative und der Gewinnerwartung wie wegen der Souveränität der Partikularstaaten gab es kein „System" der Eisenbahn unter volkswirtschaftlichen, gar gesamtdeutschen Gesichtspunkten; in Baden gab es bis in die 50er Jahre sogar eine andere Spurweite als in den anderen Ländern. Preußen stellte 1842 wenigstens eine Art Rahmenplanung auf. Freilich, „Entwicklungsbahnen", wie die „Ostbahn" nach West- und Ostpreußen, waren privatwirtschaftlich nicht zu bauen, hier brauchte man eine staatliche Eisenbahnanleihe; darum mußte man, nach langem Zögern, 1847 die Vereinigten Provinzialstände einberufen, und das mündete dann in die Revolution. Die staatliche Aufsicht hat auch den eigentümlichen Charakter des Betriebes, Uniformierung und Hierarchisierung des Personals, eine „der Natur des Verkehrslebens nicht ganz entsprechende Polizeilichkeit" der Vorschriften, wie ein englischer Beobachter meinte, geprägt.

Die Eisenbahn hat sich nur gegen große Widerstände durchgesetzt, gegen Fuhrinteressenten und Kanalbesitzer, gegen Furcht und Mißtrauen (und Aberglauben) gegenüber den „feuerspeienden Ungetümen" – das Feuer der Lokomotive werde Felder und Wälder in Brand setzen, der Lärm Herden rasend und Wohnstätten unbewohnbar machen –, gegen nostalgische Sorge vor dem neuen Tempo: „alles soll Karriere gehen, die Ruhe und Gemütlichkeit leiden darunter. Kann mir keine große Seligkeit davon versprechen, ein paar Stunden früher von Berlin in Potsdam zu sein. Zeit wird's lehren." (Friedrich Wilhelm III.). In einer voll demokratischen Ordnung wäre die Eisenbahn damals kaum gebaut worden. Auf der anderen Seite standen gegen solche Emotionen auch Hoffnungen und ein neues Lebensgefühl: die Eisenbahnen, die die Räume verbinden, die Distanzen verringern, würden Deutschland zusammenbinden, sie seien „Wechsel, ausgestellt auf Deutschlands Einheit", die Schienen „Hochzeitsbänder und Trauungsringe", sie würden den freien Gedankenaustausch befördern, ja demokratisch wirken, weil Arm und Reich sich – trotz der Klasseneinteilung – gleich und gleich schnell fortbewegten. Die Eisenbahn war das mächtigste und erregendste Symbol der neuen Zeit.

Kurzfristig war die wichtigste Wirkung des Eisenbahnbaus der enorme Nachfragestoß nach Maschinen, Schienen, nach Eisen und Kohle. Wenn auch anfangs viel davon durch Importe befriedigt wurde, so trieb das vor allem die Modernisierung und Expansion der deutschen Industrie gewaltig voran. Mittel- und langfristig waren die wichtigsten Folgen der Transportrevolution die gewaltige Ausdehnung des Transportvolumens und die Verbilligung der Transportkosten, vor allem aber die Tatsache, daß Rohstoffe und Energie, Erze und Kohle vor allem, generell und unabhängig von natürlichen Gegebenheiten an der gewählten Produktionsstätte verfügbar waren; jetzt erst wurden die Herrschaft der Kohle, die Verbreitung der Dampfmaschine, die Konzentration der Produktion in Großbetrieben, die regionale und lokale Arbeitsteilung, die Wanderung der Hüttenindustrie zur Kohle, die Konzentration von Fabriken in Eisenbahnknotenpunkten möglich. Die Eisenbahn hat die Mobilität der Arbeitskräfte erhöht und ihre Konzentration weiter erleichtert; sie hat den Absatz der Industrie entscheidend verbilligt, einen deutschen und europäischen Markt geschaffen, damit Massenproduktion und Konkurrenz begünstigt und dadurch die technologische Modernisierung wiederum vorangetrieben.

Schließlich ist hier die Revolutionierung der Nachrichtenübermittlung durch den Telegraphen, die Kommunikationsrevolution des Jahrhunderts, zu erwähnen. Die elektrischen Telegraphen (Gaus und Weber 1833), der Nadeltelegraph und das Morsesystem (1837) und die industrielle Verwendung auf Grund einer ausgebildeten Schwachstromtechnik (Werner Siemens 1847), das sind die Stationen. 1847 entstand die erste öffentliche Telegraphenlinie (Bremen–Vegesack); in wenigen Jahren waren alle Zentren miteinander verbunden – entlang der Eisenbahn und unter Regie der Post. Jetzt wurde die Welt gleichzeitig präsent, jetzt erst, als alle Nachrichten gleichzeitig wurden, gab es einen national und international funktionierenden Markt.

Regional führend war zunächst die Rheinprovinz – ein altes Gewerbegebiet, rohstoffreich, verkehrserschlossen, mit einem dem liberalen Wirtschaften günstigen Recht. Oberschlesien und die österreichischen Alpenländer fielen in der Montan- und Metallindustrie zurück. Die Textilindustrie hatte viele Zentren, am konzentriertesten in Sachsen. Die Maschinenindustrie siedelte sich an den Eisenbahnknotenpunkten an.

Wenn industrielle Revolution nicht nur Maschine und Fabrik, sondern auch Kommerzialisierung, Durchdringen des kapitalistischen Wirtschaftens und des Marktes bedeutet, dann müssen wir einen Blick noch auf Bereiche des „tertiären Sektors" werfen. Die Banken zunächst waren, jenseits des normalen Devisen- und Wechselgeschäfts und des Personalkredits, Hof- und Staatsbanken, vorindustriell, vielfach den jüdischen Hoffaktoren verbunden. Sie haben die Kriege und den fürstlichen wie staatlichen Geldbedarf durch Unterbringung von Anleihen am Markt finanziert. Das Haus Rothschild – in der Zeit Napoleons aufgestiegen, mit Sitzen in Frankfurt, Wien, Paris, London und Neapel – ist das berühmteste solcher Unternehmen, eine internationale Geldmacht, wie es sie seit den Fuggern nicht gegeben hatte; sie finanzierten die Restaurationspolitik Metternichs, seit 1822 waren sie in Wien Barone. Aber neben ihnen gab es eine ganze Reihe anderer wichtiger Häuser. Für die frühe Industrialisierung waren kaum sie, sondern einzelne Privatbankiers wichtig, wie Salomon Oppenheim und Abraham Schaafhausen in Köln oder Schaezler in Augsburg, die durch Kredit und Darlehen Unternehmensgründungen (mit)finanziert haben. Freilich waren die Möglichkeiten dieser Banken noch begrenzt, und Versicherungen, Schifffahrt und Eisenbahn waren attraktiver als Industrieunternehmen. Sparkassen, Kreditinstitutionen des kleinen Mittelstandes, werden in dieser Zeit gegründet, aber ökonomisch spielen sie noch keine Rolle. Moderner war das Versicherungswesen – Rationalisierung des Risikos und Entlastung von Schicksal –, das seit den 20er Jahren – gegen die Dominanz englischer Unternehmen – sich rapide ausbreitete. Ernst Wilhelm Arnoldi hat 1819/1821 die erste große deutsche Feuerversicherung und 1827 eine Lebensversicherung, die „Gothaer", die wir alle noch kennen, gegründet, auf Gegenseitigkeit, d. h. auf genossenschaftlicher Grundlage, Hansemann 1825 die Aachener (und Münchener) Feuerversicherungsgesellschaft, und diesen Gründungen schlossen sich in den 30er/40er Jahren viele weitere – Hagel- und Vieh-, See- und endlich Rückversicherungen – an, wichtige Institutionen der Kapitalbildung auch.

Auch der Groß- und Außenhandel wurde in seiner Organisation und Praxis kapitalistisch moderner. Ähnliches gilt für die Seeschiffahrt. Der Linienverkehr wurde eingerichtet, wobei freilich die Dampfer gegenüber neuen großen und schnellen Segelschiffen noch nicht das Übergewicht gewannen; die Reederei wurde langsam in Aktiengesellschaften organisiert (HAPAG 1847, Norddeutscher Lloyd 1857). Für die Seestädte wirkte sich auch die ständige Steigerung des Außenhandels aus: Hamburg stieg nach langer Stagnation als der Hafen des englischen Importes wieder auf, Bremen als Tabak- wie Auswandererhafen; als es wegen der Vergrößerung der Schiffe mit dem Ausschluß vom Meer bedroht war, gründete es 1827 das neue Bremerhaven; Geeste (Weser)münde 1847, und Wilhelmshaven 1853 waren hannoversche Neu- (und Gegen)gründungen. Erst nach 1850 freilich verschoben sich dann auch die Gewichte von Seeschiffahrt und Außenhandel eindeutig von den Ostsee- zu den Nordseehäfen.

Ehe wir Bilanz ziehen, fragen wir noch nach dem Kapital, mit dem die Frühindustrialisierung finanziert wurde. Weder aus Kolonien noch aus dem Außenhandel noch aus der Landwirtschaft floß Kapital in größerem Maße in die Industrie. Zwar war Deutschland nicht so kapitalarm, wie man früher meinte. Die Ablösungssummen standen zur Verfügung; Staatspapiere rentierten in den 30er/40er Jahren relativ niedrig, Kapital war also nicht so knapp; Rentenpapiere der Landwirtschaft gingen gut, die Eisenbahnpapiere waren sofort untergebracht; teilweise wurde Kapital im Ausland angelegt. Dennoch war die Kapitaldecke, im Vergleich zu England oder Frankreich, dünn. Und, wichtiger, das vorhandene Kapital wurde kaum in der Industrie festgelegt. Die Gewinne und Risiken waren zu schwankend, das Kreditsystem war darauf nicht eingestellt, und die Unternehmer waren Fremdkapital gegenüber zurückhaltend (eine starke Hemmung gegen Expansion und Modernisierung). Die moderne Form der Kapitalorganisation, die Aktiengesellschaft, wurde außerhalb des linksrheinischen Gebietes französischen Rechts von den Regierungen nicht begünstigt; die traten vielmehr – gemäß der alten Wirtschaftsmoral – für persönliche Verantwortung, Überblickbarkeit der Teilnehmer, unbeschränkte Haftung ein – und wollten die Kreditbedürfnisse von Staat und Landwirtschaft keineswegs gefährden. Erst Dampfschiff und Eisenbahn verlangten dringlich nach Aktiengesellschaften; das preußische Aktiengesetz von 1843 erleichterte zwar ihre Gründung, aber gab sie noch keineswegs frei. Es gab schließlich Auslandskapital und die Kredite privater Bankiers. Aber im wesentlichen hat die Industrie sich selbst finanziert: zunächst mit dem Eigenkapital der Unternehmer (oft Kaufleute, wie die Kohlen- und Wollhändler), ihrer Familien und Freunde, dann mit den Gewinnen, obwohl die Gewinne, entsprechend den hohen Risiken, sehr schwankend gewesen sind. Investitionen in der Textil- und Maschinenindustrie waren noch relativ billig, während sie freilich in der Hütten- und Bergwerksindustrie spätestens seit den technologischen Modernisierungen außerordentlich teuer wurden.

Im ganzen: Mechanisierung, Fabrikgründung oder Übergang zu neuen Technologien, die Verdrängung der Handspinnerei, die Modernisierung des Berg- und Hüttenwesens, die Entfaltung des Maschinenbaus, das war kein kontinuierlicher und bruchloser Prozeß, aber seit Mitte der 30er und Anfang der 40er Jahre beschleunigt und intensiviert er sich. Die Zahl der Dampfmaschinen und PS wuchs, zumal im Berg- und Hüttenwesen und im Textil- und Mühlenbereich. Von 1840 bis 1850 stieg die Zahl der PS im späteren Reich von ca. 40000 auf 260000, in Österreich von 20000 auf 100000 (in England 1850: 1290000, in den USA: 1680000). 1845/46 gab es im Zollverein, ohne Eisenbahnen und Schiffe, 1318 Dampfmaschinen mit 26192 PS, in Preußen stieg die Zahl zwischen 1837 und 1846 von 423 auf 1139. 1841 gab es in Preußen 608 Maschinen mit 11641 PS, davon 21,3% im Textilbereich, 64,1 im Berg- und Hüttenwesen, der Eisen- und Maschinenindustrie; in Österreich im selben Jahr 223 Maschinen mit 2798 PS, davon 49% im Textilsektor und nur 24,3% im Montan- und Metallsektor. Die Zahl der Patente stieg in Preußen von 1822–1837: 17 auf 1838–1848: 59 pro Jahr. Die Größe der Fabriken nahm zu, in Baden z.B. von 18 Beschäftigten (1809) auf 50,7 (1850) mit einem deutlichen Sprung seit 1833. Die Frage nach der Beschäftigtenzahl ist, angesichts der Probleme der älteren Statistik und der Definition von Fabrik schwer zu beantworten. Im Zollverein wurden 1846/47 – ohne Berg- und Hüttenwesen und ohne Textilgewerbe, wo zwischen Heimindustrie und Fabrikindustrie keine Unterschiede angegeben sind – 13600 Fabrikanstalten mit etwa 170000 Arbeitern gezählt; das sind ca. 1,1% der Erwerbstätigen. Die Zahl der in Handwerk und Industrie Beschäftigten ingesamt nahm zwischen 1800 und 1846 in den deutschen Staaten, ohne Österreich, überproportional zur Bevölkerung zu; um 1800 betrug ihr Anteil an den Erwerbstätigen bei einer geschätzten Erwerbsquote von 45% mindestens 16%, 1846/1848 19,7%. Dabei hat sich der Anteil des Handwerks (ohne Textilgewerbe) von 75% 1800 auf 68,4% verringert, während die Zahl der im Großgewerbe Beschäftigten von 1,8% auf 6,8% zunahm. Nimmt man die Zahl der in Spinnereien und im Sektor Verkehr Beschäftigten hinzu (und gleicht gewisse statistische Fehler aus), so wird man sagen können, daß 1800 20%, 1850 etwa 25% der Erwerbstätigen in Handwerk und Industrie Arbeit fanden. Diese Zahlen sind Schätzwerte, da vor 1846 zuverlässiges statistisches Material fehlt. Im gesamten Bundesgebiet waren um die Jahrhundertmitte etwa 60% der Gesamtzahl der Beschäftigten in der Landwirtschaft, 25% im Gewerbe und 15% in Dienstleistungsberufen und sonstigen Berufen tätig und nichttätig (Rentner, Tagelöhner, Gesinde, Armenunterstützte). In Preußen wie überhaupt den deutschen Staaten

19. Die Beschäftigung in Handwerk und Industrie
im späteren Reich[1] um 1800 und 1846/48 (Schätzwerte)

Gewerbegruppe	Zahl der Beschäftigten			
	um 1800		1846/48	
	absolut (in 1 000)	in v.H.	absolut (in 1 000)	in v.H.
Handwerk	1 230	75,0	2 000	68,4
Textilgewerbe[2]	340	20,7	570	19,5
Berg- und Hüttenwesen[3]	40	2,4	155	5,3
Großgewerbe[3,4]	30	1,8	200	6,8
Insgesamt	1 640	99,9	2 925	100,0

[1] In den Grenzen von 1870 (ohne Elsaß-Lothringen).
[2] Ohne Spinner und Beschäftigte in Maschinenspinnereien.
[3] Werte für 1800 geschätzt nach den preußischen Anteilen, Werte für 1846/48 geschätzt.
[4] Ohne Großbetriebe im Textilgewerbe und im Berg- und Hüttenwesen.

20. Kohleförderung im Ruhrgebiet

	1850	1860	1870
Zahl der Schachtanlagen	198	277	215
Steinkohleförderung in 1 000 t	1 961	4 274	11 571
Beschäftigte	12 741	28 657	50 749
Beschäftigte je Zeche	64	103	236
Förderung je Beschäftigten in Tonnen	154	149	228
Förderung je Zeche	9 904	15 437	53 819

21. Eisenerzeugung in 1 000 Tonnen in Preußen

	Holzkohlenbasis	Koksbasis
1850	95	33
1855	123	158
1860	96	399
1866	54	756

ohne Österreich lag der Prozentsatz der landwirtschaftlich Tätigen um einige (1–3) Punkte niedriger, der der in Gewerbe und Dienstleistungen Tätigen entsprechend höher. In Österreich, wo wir keine brauchbaren Zahlen haben, war der Industrialisierungsgrad deutlich geringer; noch 1869 waren – bei einer hier anders geschätzten Erwerbsquote von 54,8% – erst 19,6% der Beschäftigten im gewerblichen Sektor tätig. In Preußen spiegelt sich die beginnende Industrialisierung – vor allem des Raumes um Berlin – im Anwachsen der Zahl der Fabrikarbeiter von 2,5% 1822 auf 4,2% 1846, der Bergarbeiter von 0,6% auf 1,1% der männlichen Personen über 14 Jahre. Allein in Sachsen, dem am stärksten industrialisierten Land, liegen die Verhältnisse schon anders. Hier waren 1849 63,9% im Gewerbe und nur 25,1% in der Landwirtschaft tätig.

Auch die Frage nach dem gesamtwirtschaftlichen Wachstum ist beim Mangel verläßlicher Zahlen schwer zu beantworten; hier ist ja neben der industriellen die gesamte gewerbliche und die agrarische Produktion zu berücksichtigen. Wie die agrarische ist auch die gewerbliche Produktion schneller gewachsen als die Bevölkerung. Schätzungen für die industrielle Produktion vermuten zwischen 1800/1815 und 1850 eine Versechs- bis -siebenfachung. Das gesamte Wachstum in den 30er/40er Jahren wird kaum höher als ein halbes Prozent pro Kopf und Jahr betragen haben, vermutlich ist es in den 40er Jahren abgesunken, und auch die Investitionen pro Kopf haben nicht zugenommen. Daß die Wachstumsgewinne unterschiedlich verteilt waren, versteht sich, angesichts des Pauperismus, der Massenverarmung, von selbst. Das Prokopfwachstum war – trotz Bevölkerungsvermehrung und Pauperismus – vorhanden, aber es war nicht groß.

Der Anteil der Industrie an der Gesamtwirtschaft war noch sehr gering. Noch war Deutschland ein Agrarland – nach Wohnsitz, Beschäftigtenzahl und Produktion. Noch dominierte im Gewerbe – neben dem Handwerk – das Verlagssystem, ja dehnte sich bei Übervölkerung und Unterbeschäftigung auf dem Lande und bei der Verbilligung des Halbzeugs noch aus. Auch in den 40er Jahren waren erst ca. 18% des deutschen Exports Fertigwaren; auch das zeigt die wirtschaftliche Rückständigkeit Deutschlands. In der Industrie existierten alte und neue Technologien nebeneinander; neue Maschinen ersetzten im allgemeinen nicht alte, sondern erweiterten die Produktion. Das mäßige und unsichere Wachstum, die starken Schwankungen der Gewinne, die Kapitalknappheit dämpften die Investitionsneigung und beförderten die Tendenz der Wirtschaft zur Stagnation. Die Arbeitsverhältnisse – wir werden davon sprechen – waren noch stark paternalistisch und außerökonomisch geprägt. Der Aufschwung der 40er Jahre endete 1846/47 in einer großen Krise. Diese war zwar auch, zumal von England her, eine industrielle Rezession, aber doch vor allem die große Agrar- und Hungerkrise. Es zeigte sich, wie sehr die Gesamtwirtschaft noch vom Agrarsektor bestimmt war; der gewerbliche Absatz ging zurück; das Wachstum stockte; alte wie neue Unternehmer waren vom Zusammenbruch bedroht. Vom großen Sprung in die industrielle Produktion und ein sich selbst erhaltendes Wachstum konnte noch nicht die Rede sein. Aber, und das ist genauso wichtig, die entscheidenden institutionellen, technologischen und strukturellen

Neuerungen waren da, die Grundlagen des Wachstums und der Hochindustrialisierung waren gelegt.

Nach 1850 tritt Deutschland in die Phase der Hochindustrialisierung ein und gewinnt den Anschluß an die fortgeschrittenen Industrieländer. Der neue Universalrohstoff Kohle, die klassischen Technologien der Werkzeugs- und Antriebsmaschinen wie auch neuentwickelte Maschinen – Dampfhammer und Maschinenkamm z. B. – werden zur Grundlage der Produktion. Deutschland erreicht das Stadium des gesteigerten und permanenten Wachstums; die Industrie wird aus einem eher marginalen zum führenden Sektor der Wirtschaft, Fabrik, Arbeiterschaft und Industriestadt werden die neuen, die gesellschaftsprägenden Wirklichkeiten.

Führend ist jetzt die Montan- und Eisenindustrie. Die Steinkohleförderung im späteren Reich steigt zwischen 1850 und 1869 von 3,5 auf 26,3 Millionen Tonnen, die Braunkohlenförderung von 1,5 auf 7,6 Millionen Tonnen, in Österreich von 540000 und 340000 auf 3,5 und 3,1 Millionen. Im Ruhrgebiet ist der Anstieg am ausgeprägtesten – der Übergang zum Tiefbau und die Entdeckung und Erschließung der Ruhrkohle spiegeln sich in diesen Zahlen. Zwischen 1860 und 1870 beträgt der Förderzuwachs 170%; der – wenn auch nur vorübergehende – Anstieg der Kohlepreise um 45% zwischen 1852 und 1856 war geradezu eine Prämie zur Anlage neuer Schächte. Aus der Tabelle kann man zugleich die betriebliche Konzentration und die Zunahme der Produktivität in den 60er Jahren ablesen; 1870 wurden schon 71% aller Kohle auf Zechen mit einer Produktion von über 100000 Tonnen gefördert. Die Produktion des Bergbaus hat sich, zumal im Eisenerzabbau, der eine kurze Hochkonjunktur hatte, (in Preisen von 1913) in den beiden Jahrzehnten vervierfacht. Die Roheisenproduktion steigt im späteren Reich von 184000 (1845/1849) auf 1012000 (1865/1869), oder von 222000 (1850) auf 1413000 Tonnen (1869), versiebenfacht sich knapp – in Österreich von 130000 (1848) auf 405112 (1865) Tonnen –; die Wachstumsrate der gesamten Eisenproduktion liegt bei 40,2% pro Jahr (und in den 50er Jahren noch höher); nach Indexziffern hat sich die Metallerzeugung verfünffacht. Die Stahlerzeugung steigt – im späteren Reich – von 196500 Tonnen 1850 auf 1068000 Tonnen 1869, das ist eine Wachstumsrate von 8,7%.

Noch eklatanter war das wiederum in der Ruhrindustrie. Im Bezirk Dortmund stieg die Roheisenproduktion 1851–1871 um das 35fache; hier wurde 1871 fast doppelt soviel erzeugt wie 1843 in ganz Deutschland. Auch die Weiterverarbeitung, Walz- und Stahlwerkproduktion, nahm erheblich zu. Die Kohle verdrängte das Holz. 1842 wurden in Preußen noch 82% des Eisens mit Holzkohle gewonnen, 1862 nur noch 12,3%; 1849 arbeiten von 247 Hochöfen erst 32 auf Koksbasis. Die Produktionskapazität eines Hochofens hat sich zwischen 1850 und 1870 von 720 auf über 5000 Tonnen versiebenfacht. Zugleich wurde die Eisenproduktion zur Kohle hinten verlagert; so entstand das neue Gebiet schwerindustrieller Konzentration, das Ruhrgebiet, bis dahin keineswegs überwiegend gewerblich, jetzt einer der größten industriellen Ballungsräume Europas. 1851/1857 wurden hier 57 Kokshochöfen errichtet, mehr als vorher im ganzen Zollverein; die großen Eisenhütten wurden vor allem in den 50er Jahren begründet. Gerade in der Hüttenindustrie wurden die Betriebe – im Zuge der Rationalisierung der Produktion – größer. 1853 wurde die Borbecker Hütte in Essen mit 3 Hochöfen, 252 PS und 450 Beschäftigten und einer Produktion von 19 800 Tonnen Roheisen die größte Hütte der Zeit. 1870 waren 12 Hütten größer; die des Hörder Vereins produzierte dreimal soviel; freilich, die 10 größten Unternehmer stellten 1871 doch nur 35,9% des Roheisens her.

Anderswo sind Mechanisierung und Wachstum nicht so dramatisch verlaufen, aber doch deutlich genug. In der Textilindustrie expandiert die mechanisierte Baumwollspinnerei – mit neuen Maschinen – noch gewaltig; der Anteil der Garneinfuhren geht von 70,6% (1836/1840) über 52,6% (1851/1855) auf 22% (1867/1869) zurück, obwohl der Gesamtverbrauch noch erheblich ansteigt. Der Baumwollverbrauch im ganzen steigt von 17 100 auf 64 000 Tonnen. Die Zahl der Spindeln im späteren Reich wuchs von 940 000 (1850) auf 5 Millionen (1867), in Österreich wegen des Verlustes von Norditalien nur von 1 400 auf 1 500. Auch die Leinenspinnerei wurde langsam mechanisiert (1850 5%, 1861 10%). Bielefeld wurde ein neues Fabrikzentrum. Die Mechanisierung der Wollspinnerei wird fast abgeschlossen (1861 schon über 50%). Aber gegenüber der gewaltig vordringenden Baumwollindustrie geht die Leinenindustrie stark zurück; die Wollindustrie stabilisiert sich bei einem Drittel der Textilproduktion. Die Weberei expandiert weiter, sowohl die Zahl der Webstühle wie die Produktivität (z. B. Baumwolle zwischen 1840 und 1861 von 220 kg auf 385 kg pro Webstuhl). Aber die Mechanisierung geht nur langsam voran: in der Baumwoll- und Wollindustrie waren um 1870 immer noch nur ein Drittel aller Webstühle mechanisch. Im Vergleich zu England und im Vergleich zur Montan- und Hüttenindustrie ging die Modernisierung langsamer; alte Methoden dauerten neben den neuen fort; bis in die 80er Jahre umfaßt die alte Verlags- und Hausindustrie noch ein Drittel der Produktion. In den vollmechanischen Fabriken freilich stieg die Zahl der Spindeln und Webstühle wie die der Beschäftigten. Seit der Einführung der Nähmaschine entsteht daneben – klein- und hausindustriell – eine Konfektionsindustrie.

Die Maschinenindustrie entwickelt sich im Zuge der neuen Industrialisierungswelle rasch. In Indexzahlen hat sich die Metallverarbeitung (das reicht natürlich weiter) vervierfacht. Borsig, der 1854 seine 500. Lokomotive gebaut hat, baut 1858 schon die 1 000. Die durchschnittliche Betriebsgröße verachtfacht sich zwischen 1849 und 1871 – aus der Werkstatt wird die Fabrik; 60% der Betriebe sind mittlere Betriebe mit 50–400 Arbeitern; 33% der Arbeiter sind in diesen Betrieben beschäftigt. Neben den Verkehrszentren und Hauptstädten werden auch die Gebiete der Schwerindustrie – Ruhr und Böhmen – Zentren der Maschinenindustrie. In alten Gewerben – der Nahrungsmittel- und der Feineisenindustrie – dringt die Dampfmaschine vor, die Gasindustrie wächst weiter – von 35 Gasanstalten (1850) auf 340 im späteren Reichsgebiet (1869) –, und in ihrem Gefolge entsteht die neue Röhrenindustrie. Ein Anfang der Elektroindustrie ist die Telegraphenindustrie (Siemens und Halske 1847), die wiederum die Entwicklung einer Kabel- und Gummiindustrie vorantreibt. Die chemische Industrie steigert einerseits die Produktion der für die Textilindustrie wichtigen Schwerchemikalien, andererseits führt die Entdeckung des Benzolrings und die Entwicklung der organischen Chemie zu dem neuen und später so berühmten Typ der chemischen Werke auf der Basis der Wissenschaft: die Teer- und Anilinfarbenwerke Bayer in Barmen 1861/1863, Hoechst 1863, die Badische Anilin- und Sodafabrik in Mannheim 1865. Nur das Baugewerbe bleibt, trotz der Erfindung des Zements, handwerklich, nicht-mechanisiert.

Insgesamt ist in diesen Jahrzehnten das Wachstum der Schwer-, Grundstoff- und Investitionsgüterindustrie durchaus überproportional gegenüber der Konsumgüter-, Leicht- (und Klein-)industrie. Ein Index für die Mechanisierung insgesamt ist die Zahl der verfügbaren PS. Sie wird in Deutschland auf 260000 (1850) geschätzt, 1860 beträgt sie 850000, 1870 2480000; in Österreich steigt sie von 100000 PS (1850) über 330000 (1860) auf 800000 (1870). Ein anderer Index: die Zahl der Patente in Preußen steigt von 59 (1838–1848) auf 74 (1848–1870) pro Jahr.

Diese Hochindustrialisierung ist zumal durch den Fortgang des Eisenbahnbaus vorangetrieben worden – er nahm Eisen und Maschinen ab und machte die Kohle allverfügbar. Das deutsche Eisenbahnnetz nimmt von 5859 km 1850 auf 18876 km 1870 zu, das österreichische von 1357 km auf 6112 (9673 km 1872), das deutsch-österreichische von 135 auf 3698 (1865). Die Leistungssteigerung läßt sich an den Zahlen des Personen- und Güterverkehrs auf deutschen und österreichischen Eisenbahnen ablesen. Die Personenkilometer stiegen in Deutschland von 782,7 1856 auf 3533,8 Millionen 1869; in der gleichen Zeit steigerte sich die Zahl der beförderten Passagiere in Österreich von 6,5 auf 16,8 Millionen. Die Güterbeförderung stieg in Deutschland von 302,7 Millionen Tonnenkilometer auf 5520,4, in Österreich von 1,442 auf 17,194 Millionen Tonnen (andere Meßgrößen!). Die Eisenbahn stand an der Spitze der Investitionen (15–25%), die Dividenden der Gesellschaften stiegen von 5% in den 40er auf 7,5% in den 60er Jahren. Freilich wuchs auch der Staatseinfluß; 1870 waren ca. 43% der Eisenbahn in Staatsbesitz.

Man kann zwischen 1850 und 1870 mit einer Verdoppelung des Sozialprodukts (in Indexzahlen 1913: 9,5 : 18,8) rechnen, (andere Berechnungen kommen freilich nur zu einer 50%igen Steigerung), bis 1873 mit einem Wachstum von 2,6% pro Jahr; das ist pro Kopf immer noch mehr als 1% pro Jahr. Dabei ist die industrielle Produktion im ganzen, und in den modernen Schlüsselindustrien erst recht, noch schneller gewachsen. Die (Netto-)Investitionen steigen im Verhältnis zur gesamten Produktion erheblich an, von 7–9% in den 50er auf über 10% in den 60er Jahren, in Boomjahren wie 1860 und 1863 auf 13% und 14%. Der Anteil der Landwirtschaft an den Investitionen sinkt dabei von zwei Drittel in den 20er, ein Drittel bis ein Viertel in den 50er, 60er Jahren; Industrie und Verkehr steigern ihren Anteil auf gut zwei Fünftel (21% Industrie, 15–25% Verkehr); der Rest sind vor allem Wohnungen. Der Außenhandel verdreifacht sich etwa, und zwar in der für ein Industrieland typischen Richtung: der Import von

Rohstoffen und der Export von Fertigwaren steigen besonders. Der Anteil der in der Landwirtschaft Beschäftigten sinkt langsam, aber kontinuierlich, der von Gewerbe und Industrie und der von Verkehr und Dienstleistungen steigt entsprechend. Während wir für 1850 dieses Verhältnis auf etwa bei 60 : 25 : 15 berechnen können, liegt es in den 60er Jahren (1861–1871) bei 51 : 28 : 21 (im Gebiet des Deutschen Reiches), in Österreich 1869 noch etwa bei 67 : 20 : 13. Freilich überwiegen bei den gewerblich Tätigen zunächst noch die im Handwerk, im Kleinbetrieb Tätigen, aber der Anteil des Handwerks geht zurück, die Industrie ist dabei, das Handwerk im gewerblichen Sektor zu überflügeln. Ebenso verschiebt sich der Anteil der Sektoren am Nettoinlandsprodukt: 1850 47% Landwirtschaft, 21% Industrie und Handwerk, 1% Verkehr, 7% Handel und 1870: 40 – 28 – 2 – 8, (Rest: Dienstleistungen), und diese Entwicklung dauert an: Deutschland ist auf dem Weg zum Industriestaat.

Deutschland hat bis 1870 seine industrielle Rückständigkeit gegenüber den westeuropäischen Ländern überwunden, Frankreich und Belgien zum Teil eingeholt. Der Nachteil des Spätkommers hatte jetzt auch Vorteile: man übernahm schon fortgeschrittene technologische und betriebswirtschaftliche Errungenschaften, Halbzeug und Investitionsgüter, konnte größere Betriebsformen entwickeln, hatte weniger Kapital und Arbeitskräfte vom Land in die alten Gewerbe investiert, konnte mit einem industriefreundlicheren Staat rechnen und konnte doch die vorhandenen Wettbewerbsnachteile noch durch niedrigere Löhne ausgleichen. Bei diesem Prozeß der Hochindustrialisierung haben verschiedene Antriebs- und Beschleunigungsfaktoren zusammengewirkt. Dazu gehört zunächst der kumulative Effekt der technologisch-ökonomischen Entwicklung der 40er Jahre, zumal des Eisenbahnbaus. Auf Grund der neuen Verkehrsbedingungen entsteht ein funktionierender Markt. Ineffiziente Produktionsmethoden unterliegen der Konkurrenz, selbst billige Arbeitskraft und wachsende Nachfrage können sie nicht halten. Die Preiskonkurrenz, gegen die es in Deutschland viele mentale Widerstände gab, setzt sich auf dem funktionierenden Markt durch und diktiert die Modernisierung – Krisen, wie die von 1857, wirkten in dieser Hinsicht als Reinigungskrisen. Verkehr und wachsende Nachfrage führten zur Erschließung neuer Rohstoffquellen, wie der Ruhrkohle. Die Industrialisierung schuf immer neue Nachfrage – die Textilindustrie z. B. brauchte Maschinen und Chemikalien –, stimulierte den Fortgang der Industrialisierung. Endlich, die Industrialisierung führte nicht, wie befürchtet, zum Verlust von Arbeitsplätzen, sondern zu ihrer Umschichtung und Vermehrung, die den Bevölkerungszuwachs und die auf dem Land freigesetzten Kräfte auffangen konnte. Der Pauperismus wurde überwunden, der Lebensstandard hat sich erhöht – so gering er beim entstehenden Proletariat war –, die Kaufkraft hat sich, weit über den Bevölkerungszuwachs hinaus erhöht – man denke an den Textilkonsum oder den neuen Bedarf der Landwirtschaft an Maschinen und Chemikalien. Es entstand ein Kreislauf von größerer Nachfrage, höherer Produktion, höheren Profiten, höheren Investitionen, mehr verfügbarem Geld, der an jeder Stelle durch Verstärker neu angeregt wurde.

Zu den Antriebsfaktoren gehörten dann Änderungen der rechtlichen Rahmenbedingungen, die bis dahin Wettbewerb, Markt und industriell-kapitalistische Produktion behindert hatten. Das bürgerliche Recht löste sich von bestimmten agrarischen, traditionellen, korporativen Zügen; Kapitalgüter, Industrie, individualistisches Verhalten wurden wichtiger. Das Allgemeine Deutsche Handelsgesetzbuch von 1861 ist ein Zeugnis dafür – und ebenso die liberale Anwendung des preußischen Aktiengesetzes von 1843. Obwohl man noch eine Konzession brauchte, war die Bildung neuer, die Erweiterung bestehender Firmen in Form der „AG" wesentlich erleichtert. Zu den veränderten Rahmenbedingungen gehört die Neuordnung des Bergrechts, zumal in Preußen. Auch wo es keinen Staatsbesitz (wie an der Saar und in Oberschlesien) gab, galt bis 1851, jedenfalls im Westen, das „Direktionsprinzip"; der Staat bestimmte über Betriebsführung und -politik, über Preise und Löhne. Manche Innovationen – wie der Übergang zum Tiefbau – wurden so erschwert, vor allem aber waren Kapitalinvestitionen so nicht attraktiv. Seit 1851 wurde das Bergrecht liberalisiert, den Eigentümern Betriebsführung, größere Gewinnchancen und Risiko überlassen – ein Oberaufsichtsrat über Sicherheit, Gemeinwohlinteressen und soziale Rechte der Bergleute blieb erhalten. Allgemein hat auch in den Staaten ohne gesetzlich fixierte Gewerbefreiheit die bürokratische Praxis die Industrie nicht weiter behindert. In anderer Weise hat die Politik des Zollvereins – Münzvereinheitlichung (1857 Zollvereinstaler, 1858 österreichischer Florin) und Freihandelsverträge der 60er Jahre, die den Außenhandel erleichterten und den Konkurrenzdruck wirksamer machten – die Entfaltung der Industrie begünstigt. Schließlich gehört zu diesen Antrieben die außerordentliche Erhöhung des Geldumlaufs. Die preußische Bank erhöhte ihren Notenumlauf zwischen 1850 und 1870 von 18,37 auf 103,26 Millionen Taler. Im nichtösterreichischen Deutschland lauten die Zahlen 30,8 und 284,7, das ist fast eine Verzehnfachung; einschließlich des Münzgeldes steigen die Werte von 372,6 auf 864,8 Millionen Taler, von 43,1 auf 100 Indexpunkte. Die Kreditzinsen waren darum relativ niedrig, etwas über 3%. Die Gründe für die Vermehrung der Geldmenge sind überaus kompliziert, auslösend war die – freilich keineswegs so starke – Vermehrung der Goldmenge in der Welt durch die Entdeckung des kalifornischen Goldes.

Eine andere, nicht staatliche institutionelle Bedingung für die gewaltige Expansion war das, was wir die Finanzrevolution nennen, die Schaffung eines neuen Bankentyps. Der private Reichtum – in Handel und Industrie – und die herkömmlichen Methoden reichten zur Finanzierung der teuren Kapitalgüter in der Industrie nicht mehr aus. Man gründete Depositenbanken auf Aktienbasis; das erweiterte die Kundschaft auch auf kleine Anleger und Besitzer, sammelte und mobilisierte Kapital; der Geldmarkt wurde „demokratisiert". Und diese Banken widmeten sich einem ganz neuen Geschäft, der langfristigen Anlage von Kapital in der Industrie, der Gründung von Aktiengesellschaften und dem Vertrieb der Aktien am Markt und der Kreditfinanzierung von Unternehmen. Der Typus kam aus Frankreich, der berühmte Crédit mobilier, und aus Belgien und wurde schnell nach Deutschland übernommen. Auch die „alten" Privatbankiers spielten bei dieser Neuentwicklung eine Rolle; 1848 wurde der Schaaffhausensche Bankverein durch Umstellung auf Aktien – von der liberalen Märzregierung in Berlin jetzt unterstützt – vor dem Zusammenbruch gerettet. 1835 gründete Mevissen – wegen der günstigeren Gesetzeslage in Hessen – die Darmstädter Bank für Handel und Industrie, 1856 entstand die Berliner Handelsgesellschaft, 1856 (endgültig) die Diskontogesellschaft, 1855 wurde – unter Führung von Rothschild – die Österreichische Kreditanstalt für Handel und Gewerbe gegründet, alle überlokal und überregional tätig. 1857 schon waren über 200 Millionen Taler in Banken angelegt (gegenüber etwa 140 in Eisenbahnen). Diese Kreditbanken wirkten als Geldschöpfer. Sie haben die Finanzierung des Aufschwungs und die Organisation der ihn tragenden Aktiengesellschaften ermöglicht. Gerade weil in Deutschland einerseits die kapitalintensive Schwerindustrie und die Eisenbahn Leitsektoren der Industrialisierung und Investition wurden, andererseits es an ausgebreitetem privaten Reichtum fehlte, wurde die Aktiengesellschaft der Prototyp der Industrialisierung. Mit der Gründung des Kölner Bergwerksvereins von 1849 durch Mevissen beginnt die große – industrielle – Gründungswelle, 1853 waren es 8 Gesellschaften im Ruhrgebiet. Während in all den Jahren vor 1850 in Preußen 123 Unternehmen mit einem Gesamtkapital von 225 Millionen Talern gegründet worden waren, so waren es zwischen 1851 und 1870 295 mit einem Gesamtkapital von 802 Millionen Talern.

Institutionelle Reformen und die Erfolge der Industrie haben endgültig Leistungsmotivation, Gewinnstreben, Wettbewerb freigesetzt. Die Daseinsvorsorge – die Moral der alten Welt – war unter den neuen Bedingungen nicht zusammengebrochen, weil etwas bis dahin fast Unbekanntes eingetreten war: das Wachstum. Individuelle Bereicherung ging nicht simpel auf Kosten anderer – sondern auf den Anteil am Wachstumsgewinn. Das änderte die Wirtschaftsmoral. Freilich, obschon die Industrialisierung ein langwieriger Prozeß, mehr als eine „Revolution" und ein „take off", war, war doch die eigentliche Phase der Hochindustrialisierung, 1850–1873, relativ kurz. Die Mentalität, die Seele der Menschen, konnte sich kaum so schnell an die umstürzenden Veränderungen der Industriezeit anpassen; gerade dieses Tempo hat auch Hindernisse und Widerstände gegen die „neue" Welt, Verwerfungen, die Gleichzeitigkeit ungleichzeitiger Seelenlagen ausgelöst. Das ist in der weiteren deutschen Geschichte dann eminent wichtig geworden.

Industrialisierung, Wachstum und Steigerung des Lebensstandards verliefen – das muß man sich eindringlich klarmachen, darum haben wir auch einzelne „Sektoren" vorgeführt – ungleichgewichtig. Die sozialen Klassen waren nicht gleichmäßig betroffen, aber noch weniger die Sparten – es gab immer Verlierer, Opfer, Zurückbleibende. Und weil die Entwicklung dynamisch permanenten Wandel produzierte, war damit ein Element von Unruhe, Unsicherheit und Spannung gegeben. Auch regional war die Entwicklung ungleichgewichtig; vom Vorsprung des Westens und Nordens vor dem Osten und Süden, genauer West- und Mitteldeutschlands, den Südwesten mag man hinzufügen, haben wir ge-

22. *Wirtschaftsvergleich Österreich/Deutsches Reich von 1871*

		Österreich	Deutschland außer Österreich
Roheisenproduktion	1850	155	210
in 1000 t	1870	279	1261
Steinkohlenproduktion	1850	665 (1851)	5100
in 1000 t	1870	3759	26398
Dampfmaschinenkapazität	1850	100	260
PS (tausend)	1870	800	2480
Eisenbahnkilometer	1850	1357	5856
(km)	1870	6112	18876
Baumwollspindeln	1850	1400	940
in 1000	1870	1500	2600

sprochen. Schlesien z. B. fällt schon transportgeographisch zurück. Politisch wichtiger ist vor allem das Zurückbleiben Österreichs geworden; trotz vieler Parallelitäten sind die Wachstumsraten, jedenfalls bis 1867, mit denen im Zollverein nicht zu vergleichen; sie reichten nicht aus, um eine Industriewirtschaft zu entwickeln; die expandierte und auch mechanisierte Textilindustrie blieb hier der führende Sektor, veraltete Technologie (Holzkohlenbasis) spielten trotz Steigerung von Kohlen- und Eisenkonsum und -produktion noch eine außerordentliche Rolle. Diese „Rückständigkeit" beruhte auf dem Mangel an Rohstoffen, vor allem an Kohle, auf der staatlichen Finanzmisere und der daraus folgenden Deflationspolitik mit hohen Zinsen, auf der schutzzöllnerischen Abschirmung gegen äußere Konkurrenz und ihren Innovationsdruck, auf einem gewissen sozialkulturell bedingten Rückstand des Unternehmertums. Ein Vergleich zwischen dem späteren Deutschen Reich und Österreich zeigt die ökonomische Disparität. Das heißt nicht, daß wirtschaftliches Wachstum oder wirtschaftliche Bedürfnisse die Reichsgründung notwendig machten – das Wachstum lief auch so –, das erklärt auch nicht einfach, daß Preußen das Reich gründete; wohl aber war es eine sehr wesentliche Teilvoraussetzung der preußischen Reichsgründung.

Es gibt neben den sozialen, sektoralen und regionalen Ungleichmäßigkeiten auch zeitliche. Industrialisierung, überregionaler Markt, Wachstum und außenwirtschaftliche Verflechtung machen Wechsellagen, Konjunktur, Rezessionen und Krisen zunehmend wichtig; sie werden zu einem neuen Schicksalsfaktor der Gesamtgesellschaft, nicht mehr lebensvernichtend wie die Agrar- und Hungerkrisen bis dahin, aber doch die Existenz des Einzelnen, die Stabilität der Gesellschaft bedrohend. Für die Erfahrung der Menschen waren diese neuen, nicht mehr „natürlich" vorgegebenen, schwerer erklärbaren Krisen von großer Bedeutung. Während wir in den 30er/40er Jahren kurzfristige Krisenzyklen beobachten können, mit der von der Agrar-Hunger-Krise überlagerten Rezession von 1846/1849, setzt dann 1850 der bis dahin unerhörte Boom ein, 1857 eine weltwirtschaftlich ausgelöste Krise – mit Preisrückgängen, Zusammenbrüchen nicht nur spekulativer Unternehmen, einem scharfen Rückgang von Investitionen und Wachstum –, darauf folgt dann eine neue die 60er Jahre (bis 1873) dauernde Hochkonjunktur.

Die Bilanz der Industrialisierung muß zunächst auch in Deutschland positiv ausfallen. Sie hat nicht nur die Gesellschaft und das Land und schließlich die Welt wie nichts seit dem jungsteinzeitlichen Übergang zur Seßhaftigkeit verändert, unsere moderne Welt geschaffen. Sie hat das Problem des Bevölkerungswachstums, der Unterbeschäftigung und des Pauperismus in einer stagnierenden Wirtschaft gelöst, die Abhängigkeit von den Naturbedingungen der Landwirtschaft, den Hunger zuletzt, aufgehoben. Sie hat gewaltige Leistungssteigerungen und kurz- wie langfristig wachsenden Lebensstandard geschaffen; selbst im Blick auf soziale Ungleichheit kann man annehmen, daß sie die Quote des Arbeitseinkommens nicht verändert hat; wenn man einen Unternehmer-Arbeitsanteil einsetzt, lag sie in statistischen Durchschnitten zwischen 1815 und 1873 bei etwa 77%. Auf der anderen Seite stehen die neuen Probleme: Wachstumsstörungen und neue Krisen, Verstädterung, „Entfremdung", stehen die neuen sozialen Probleme: Klassenbildung, Proletariat und proletarisches Elend, neue Ungerechtigkeit und neue Herrschaft, Klassenkampf. Davon ist noch ausführlich zu reden.

Zur Industrialisierung gehören die Unternehmer: unternehmerische Mentalität und Initiative waren eine Voraussetzung der Industrialisierung; Unternehmer haben sie vorangetrieben; als Klasse sind sie zugleich ihr Produkt. Organisation des Betriebes (Kapital, Rohstoffe, Maschinen, Arbeiter, Produktions- und Arbeitsabläufe, Absatz), das Treffen von Entscheidungen, die Einführung von Innovationen, die Übernahme des Risikos – das waren in unserer Zeit die Funktionen der Unternehmer. Sie waren, anders als die Handwerker, primär am Markt und am Gewinn orientiert, an der rational organisierten und kontrollierten Rentabilität der Betriebe. Ihrer Herkunft nach (und ihrer Karriere) kamen die neuen Unternehmer aus verschiedenen Gruppen. Ein guter Teil – die Mehrheit im Montan-, Eisen- und Textilbereich – kam aus den alten Gewerbefamilien: Eisenhüttenleute (Stumm, Wendel, Krupp, Hoesch, Poensgen und Schöller), Verleger zumal – der eigentliche „Unternehmertyp" der vorindustriellen Periode – und reine Kaufleute im entsprechenden Sektor, Woll- oder Kohlehändler (Mannesmann, Stinnes, Haniel) etwa; manchmal stammten sie auch von Leuten mittlerer Position in diesen Bereichen, der Vater des Großindustriellen Hermann v. Beckerath war noch Bandwebermeister mit 6–8 Gesellen gewesen. In der Maschinenindustrie kamen die Gründer vor allem aus dem eisen- und holzverarbeitenden Handwerk (Dinnendahl, Egells, Borsig, Henschel, König). Adlige, wie die böhmischen Industriellen und die oberschlesischen Magnaten, waren eine Ausnahme; aber wer „zufällig" Bodenschätze besaß, konnte einsteigen. In der Phase der Hochindustrialisierung konnten auch Leute aus den mittleren Rängen der neuen Industrie, wie der Techniker Mulvany oder der Eisenbahnoberinspektor Louis Baare, zu Unternehmern aufsteigen. Schließlich die Kinder aus anderen, landwirtschaftlichen, bürgerlichen, gebildeten Berufen: der Artillerieoffizier Siemens, Sohn eines Gutspächters, der Pfarrerssohn Hansemann, der Arztsohn Röchling. In der Bildungsschicht freilich erschwerte Mißachtung der „Wirtschaft" den Zugang; der Vater des Direktors der Deutschen Bank, Georg von Siemens, ein Beamter, nannte diesen noch „mein Sohn, der Kommis". Aus Unterschicht und kleinen Leuten – außer den Maschinenhandwerkern – rekrutierten sich kaum je Unternehmer, hier waren die Aufstiegsschranken, etwa über technische oder kaufmännische Vorbildung, zu stark; der Kölner Großindustrielle und Präsident der Handelskammer Johann Jakob Langen immerhin kam aus der Volksschullehrerschaft, aber das galt als ungewöhnlich. Der Aufstieg über drei Generationen war vermutlich eher möglich. In der großen Industrie – etwa im Ruhrgebiet – spielen die Kaufleute eine Hauptrolle. Hier gibt es auch den Typ des in vielen Unternehmungen tätigen „Geschäftsmannes", die rheinischen Kaufleute Camphausen und Mevissen etwa, die Dampfschiffahrts- und Eisenbahngesellschaften wie Versicherungen und Banken wie Ölmühlen und Bergwerke gründeten und betrieben. In den kleinen Unternehmen überwogen vermutlich die Handwerker; dabei war der Normalfall aber nicht die Umwandlung eines Handwerksbetriebs in eine Fabrik, sondern ihre Neugründung nach langen Gesellenjahren. Trotz des faktischen Ausschlusses unterer Schichten war der neue „Beruf" für das Talent relativ offen, vom überkommenen Status unabhängig; insofern wurden die Unternehmer zunächst auch Sprecher für neue Werte, eine neue Gesellschaft, eine neue Mentalität. Nach der Mitte des Jahrhunderts treten dann zu den homines novi der Industrie, den Gründern, die Unternehmersöhne, die Erben, und sie werden die Mehrheit.

Die Vorbildung der Unternehmer ist in unserem Zeitraum noch wesentlich empirisch-praktisch, kaufmännisch, seltener technisch, das Abitur ist – vor dem Aufstieg des Realgymnasiums – selten, nur das „Einjährige" nimmt zu; nach 1830 kann man in der Regel schon von einer „höheren Erziehung" sprechen, nur im Bergbau und, seit den 60er Jahren in der Chemie, spielt ein Studium eine gewisse Rolle.

Wichtig von der Herkunft her ist schließlich der ganz überproportional hohe Anteil von Protestanten, zumal im mehrheitlich katholischen Westen oder in der gemischt konfessionellen Pfalz, ja selbst ihre Rolle in Österreich. In den katholischen Reichs- (und Bischofs)städten gerade sind es nicht die ansässigen Bürger, sondern zuwandernde Protestanten, die – z. B. in Köln – Industrien gründen. Gelegentlich spielt die Reserve gegen Fabrikgründungen auf säkularisiertem Kirchengut eine Rolle, aber vor allem scheint es die andere Mentalität zu sein, die die Nähe der Protestanten zu Technik, Industrie und Kapitalismus begründete, innerweltliche Askese, die starke Akzentuierung von Arbeit, Lernen und Leistung, Planen und Sparen, die Abneigung gegen die einfacheren Vergnügen des Daseins, das Kartenspiel z. B., die protestantische Unruhe und ein Ethos, für das Armut Schande, Vermögen die Basis der Ehre wurde. Diese Mentalität hat sich so erst im 18. Jahrhundert – mit dem Ausbruch der Beamten und Gebildeten aus der Ständewelt – im protestantischen Bereich ausgebildet. Und im deutschen Katholizismus hat sich eine Abneigung gegen die aktive Dynamik der neuen Wirtschaftskultur, gegen Ehrgeiz und Mobilität, Liberalismus und „Materialismus" entwickelt; das katholische Sozialmilieu ermunterte nicht zu ökonomisch-kommerzieller und nicht zu technischer Aktivität – es mag sein, daß das Leben in den geistlichen Staaten diese Mentalität mitgeprägt hat. Der Anteil der Juden war im Textilsektor, im oberschlesischen Kohlehandel, in bestimmten Branchen in Österreich hoch; hier spielen die historisch bedingte Konzentration auf den Handel und die ökonomische Mentalität einer nicht-gleichberechtigten Minderheit die Hauptrolle.

Die frühen Unternehmer waren meist Einzelunternehmer, ganz oder – mit Familienkapital oder Teilhabern – teilweise Eigentümer und Unternehmensleiter zugleich. Erst in der großen Montan- und Hüttenindustrie und in der Chemie, die als Aktiengesellschaften organisiert waren, waren die Gründer und Unternehmer von den Eigentümern grundsätzlich jedenfalls unterschieden; darum konnten jetzt auch neben die einem Werk verbundenen Industriellen (wie Krupp oder Stumm) die erwähnten Multiunternehmer treten, die vieles und verschiedenes gründeten und leiteten, die Meister kühner Börsenunternehmen waren, wie Mevissen und Hansemann, oder am Ende unserer Periode der legendäre Eisenbahn„könig" Stroußberg. Aber auch die großen Montan- und Hüttenunternehmen auf Aktienbasis waren doch meist von einem inneren Zirkel von Kaufleuten und Unternehmerfamilien bestimmt. In den bis 1870 vorherrschenden kleinen und mittleren Unternehmen leitete der Unternehmer den Betrieb selbst, mitarbeitend, aufsichtführend, anordnend; erst mit zunehmender Größe und Vielfalt wurden Leitungsfunktionen delegiert und geteilt, auch das Technische und das Kaufmännische traten auseinander. Es entsteht ein Management. Kocka hat für Siemens (1855–1867) berechnet, daß ein sogenannter „Beamter" einschließlich der Werkmeister auf 10–15 Arbeiter kam. Die Eisenbahn entwickelte sich geradezu zu einer bürokratischen Großorganisation.

Für die Frühzeit, bis gegen Ende der 50er Jahre, kann man innerhalb der noch überschaubaren Betriebe von einem gewissen Paternalismus in der Betriebsführung, einer betrieblichen „Sozial"politik – Unterstützung bei Alter und Krankheit, Wohnungsfürsorge und Weihnachtsgeld bei langjährig Beschäftigten – sprechen; die vorindustrielle Moral und das Interesse an einem „festen" Arbeiterstamm hat die rein ökonomische hire-und-fire-Mentalität anfangs in gewissen Schranken gehalten. Aber die großen Konjunkturwellen setzten den Zwang zu Entlassung und Neueinstellung doch endgültig durch.

Die Mentalität der Unternehmer ist zunächst durch ein spezifisches Arbeits- und Berufsethos bestimmt: harte, konsequente, rastlose Arbeit, in der der Mensch sich bewährt, das Leben sich erfüllt, Arbeit als Glück, Pflicht, Gottes Gebot, Arbeit als rationales Ausnutzen der Zeit auch, gerichtet gegen alles Vergeuden und Verschwenden von Zeit. Dazu tritt, ebenso entscheidend, der ange-spannte Wille zum Erfolg, zur Expansion, zum Gewinn, zum Neuen, und damit auch der Mut zum Risiko; Entschlossenheit, Tatkraft, Mut, „rastloser Ge-schäftsgeist", das werden gängige Charakteristika. Neuerung, nicht Bewahrung, Gewinn, nicht Nahrung, Investition, und nicht Genuß, Arbeit, nicht Muße – das sind Normen, die die Unternehmer spezifisch modern machen. Der Wille zum Erfolg drückt sich in der durch keine Skrupel eingeschränkten Freude am Geld-verdienen aus. Später, nach der Jahrhundertmitte, setzt sich auch die Rück-sichtslosigkeit im Verfolgen eigener Interessen und Vorteile gegen traditionelle Bedenken stärker durch; das Gewinnstreben kann sich in Gestalt der Spekula-tion von der Arbeit abheben, die Trennung von privater Tugend und unpersön-lich abstrakter Geschäftsmaxime gewinnt Vorrang. Und der pekuniäre Erfolg ist gleichsam überindividuell gerechtfertigt: er steht im „Dienst" an der Sache, an dem gleichsam verselbständigten (und mit der Familie gekoppelten) Unterneh-men, ja ist – nach dem Rückgang der starken religiösen Bindungen, der die Un-ternehmer in der ersten Jahrhunderthälfte prägte –, in sehr subjektiver Anwen-dung Adam Smith', ein Beitrag zur Besserung der menschlichen Verhältnisse, zum Fortschritt der Kultur. Die bürgerliche Ehre des Unternehmers ist mit Geld und Besitz untrennbar verflochten. Dazu gehört die auf moralische Tugenden – Fleiß und Sparsamkeit – gegründete Kreditfähigkeit; Bankrott ist Folge von Un-fähigkeit oder Minderwertigkeit, ist Ehrverlust. Zum Erfolgserlebnis gehört mit dem Besitz dann auch Ansehen und vor allem Unabhängigkeit von anderen; sie wird im Vergleich mit den Beamten etwa immer wieder als außerordentlicher Vorzug, als Freiheit empfunden.

Lebensführung, Familie und Haus richten sich nach dem Stand des Geschäf-tes. Der Aufwand ist im Vormärz zunächst eher sparsam, gediegen, bürgerlich, man vermeidet allen „Schein". Die Familie ist – hier über die Kernfamilie hinaus – eine zentrale Institution, bis in die Geschäfte hinein, ein Mittelpunkt des Le-bens. Der andere Lebensmittelpunkt ist im Vormärz weitgehend noch die Kir-che. Die Kultur der Bildungswelt dagegen dringt nur langsam in diese Häuser vor; Theater ist meist verpönt, aber die Musik spielt ihre Rolle; die bürgerliche Vereinskultur hat das Leben dann differenziert und verfeinert. Unternehmer, Kaufleute und Bankiers beginnen sich als bürgerliche Honoratioren zu fühlen. Und über ein distanziertes Mißtrauen gegen die Beamten- und Gebildetenwelt – nur die Pfarrer werden anerkannt – sind sich auch Wirtschafts- und Bildungs-bürgertum dann langsam nähergekommen. Stark ist, etwa im Rheinland, die Abneigung gegen die alte Elite, gegen die Offiziere und gegen den Adel, gegen deren Exklusivität, gegen den irrationalen Vorrang einer „Geburt", gegen den Mangel an bürgerlichen Tugenden, gegen deren Müßiggang und deren Präten-tionen. Gegen den Adel entwickeln die Wirtschaftsbürger die Ehre der produk-tiven Arbeit und ihren eigenen neuen Anspruch, die Elite eines neuen – und bes-seren – weltgeschichtlichen Zeitalters zu sein. Titel, Paläste, Einheiraten in den Adel – das hätte dem eigenen Selbstgefühl widersprochen, und man entzieht auch seine Söhne nach Kräften dem Militärdienst. Es gibt zwar auch Abschließungstendenzen nach unten, gegen Aufsteiger etwa, aber im ganzen ist die Offenheit, die Einheirat von homines novi, noch stärker.

Seit den 50er Jahren ändert sich das langsam. Der Zorn und die selbstbewußte Distanzierung gegenüber dem Adel bleiben stark. Bei den Großen wächst die Neigung zu selbstbewußter Repräsentation, zur Konkurrenz mit der alten Oberschicht, in deren Formen – ein Vorgang, der aus England ganz geläufig ist: die herrschaftliche Villa des Unternehmers mit großen Repräsentationsräumen entsteht, Kutschefahren und feine Kleidung, Reiten und Jagen werden übernommen; in den 60er Jahren gibt es in großen Industriestädten eine Art jeunesse dorée. Krupp hält auf seinem Besitz Hof und empfängt wie ein Herrscher – aber, und darauf kommt es an, einen Adelstitel lehnt er ab; Adel und Industrie paßten nicht zusammen. Daneben gibt es das Streben nach Anerkennung durch die alte Herrschaftswelt und Einfügung in sie: das Streben nach Orden, Kommerzienrats- und Geheimratstiteln und Nobilitierung oder nach Eintritt der Söhne in vornehme Regimenter, und zwar um den Preis eines regierungsfrommen Verhaltens: eine „Feudalisierung der Bourgeoisie" beginnt. 1861 gibt es im Regierungsbezirk Düsseldorf unter Unternehmern 4 geheime und 36 einfache Kommerzienräte, 50 Ordensträger, zwischen 1850 und 1870: 5 Nobilitierungen – aber die Zahl der Ablehnungen wegen „regierungsfeindlicher Haltung" ist weit höher. Adel und Bürger, konservative wie progressive Literaten spotten über den neuen Typ. Der größere und bedeutendere Teil der Unternehmer, durch Aufsteiger immer noch ergänzt, aber hält vor den 70er Jahren an den bürgerlichen und antifeudalen Normen – zum Teil auch an einfachem Lebensstil wie August Thyssen – fest. Krupp ist für die bürgerlich-antifeudale ‚Gartenlaube' ein Vorbild. Der Adel ist unfähig, unmoralisch, hochmütig, willkürlich und reaktionär, der Unternehmer tüchtig, tugendhaft, aufgeklärt und national.

Eine annähernd parallele Entwicklung zeigt die politische Orientierung. Im Vormärz sind die Unternehmer liberal, gegen die feudalen Vorrechte, für eine Konstitution. Als 1843 ein Strafgesetzentwurf den Verlust des Adels als Strafe vorsieht, empören sich die Unternehmer auf dem rheinischen Landtag dagegen, das Bürgertum „zur Kolonie adliger Verbrecher" zu machen. Und zugleich wehrt man sich entschieden gegen die politische und wirtschaftspolitische Bevormundung durch eine „kenntnislose" Bürokratie, die Interesse wie Sachverstand der Unternehmer nur als „beschränkten Untertanenverstand" ansieht – etwa bei der langen Behinderung von Aktiengesellschaften. Spezielle Unternehmerforderungen mündeten in die allgemeinen Bürgerforderungen der Liberalen. Daß der Unternehmer auch dem Gemeinnutz zu dienen habe, war aus christlichen und humanitären Motiven selbstverständlich; die rheinischen Unternehmer waren sich der Gefahren des Pauperismus, der Polarisierung zwischen „Geldaristokratie" und Besitzlosen sehr bewußt und haben versucht, z. B. durch das Programm von Konstitution und Assoziation, dieser Gefahr zu begegnen. Die Anstellung von Karl Marx am Oppositionsorgan der Industrie, der Rheinischen Zeitung, war kein Zufall. In der Revolution standen die Unternehmer im konstitutionell-rechtsliberalen Lager. Sie wollten die liberalen Forderungen durchsetzen und eine erneuerte Regierung dann als Ordnungsmacht gegen den andrängenden Umsturz stabilisieren. In der Zeit der Hochindustrialisierung verringerte sich mit der liberalen Gesetzgebung der wirtschaftspolitische Gegensatz zwischen Unternehmern und Regierungen. Wirtschaftliche Interessen konnten in eigenen Organisationen artikuliert werden (1860 Preußischer, 1861 Deutscher Industrie- und Handelstag, 1858 Verein für die bergbaulichen Interessen im Oberbergamtsbezirk Dortmund, 1852 der Zollvereinsländische Eisenhüttenverein). Manche Unternehmer gaben politische Prinzipien auf, die mit dem „Courszettel in keinem unmittelbaren Rapport" standen. Aber die große Mehrheit blieb noch liberal: im preußischen Verfassungs-Konflikt war sie gegen die Vermehrung der Militärlast und gegen den Verfassungsbruch, auf seiten der Opposition. Erst als sich die Schere zwischen radikal „doktrinärer" Opposition und der Suche nach einem realistischen Kompromiß öffnete, fanden sich die Unternehmer auf seiten der pragmatischen, der konservativeren Liberalen. Aktiv freilich waren die Unternehmer in der Politik kaum, 8% z. B. waren es 1866 im preußischen Landtag; ihre Abkömmlichkeit war gering, die rhetorisch versierten Gebildeten behielten die Führung der Liberalen.

6. Das Handwerk

Das vorindustrielle Gewerbe war – abgesehen von Manufaktur und Bergwerk – kleingewerblich organisiert, es war Handwerk. Sozial gesehen ist das Handwerk, mit dem Kleinhandel zusammen, das tragende Element des „alten Mittelstandes", im Grunde, trotz Landhandwerk und handwerklicher Hausindustrie auf dem Lande, das tragende Element des „alten" städtisch-bürgerlichen Wesens, der alten Stadtbürger. Im 19. Jahrhundert wird es dann oft zu der neu erfundenen soziologischen Kategorie „Kleinbürger" gerechnet. Wie hat sich das Handwerk im Zeitalter von Modernisierung, Industrialisierung und Liberalismus entwickelt?

Fassen wir zunächst die Zahlen ins Auge. Das Handwerk nimmt – wie der gewerbliche Sektor überhaupt – zu, und zwar zumal seit den 30er Jahren überproportional zur Bevölkerung. Erst gegen Ende unseres Zeitraumes flacht die überproportionale Zunahme ab. Gewiß nehmen Industrie und Fabrikarbeiterschaft noch schneller zu, so daß der Anteil des Handwerks am Gewerbe leicht sinkt; die Industrie fängt an, dem Handwerk in der gewerblichen Produktion den Rang abzulaufen. Aber der Aufstieg der Industrie geht statistisch zunächst nicht auf Kosten des Handwerks. Dieses überproportionale Wachstum hat freilich unterschiedliche Gründe und Phasen. In den 30er und zumal den 40er Jahren kann man bei ökonomischer Stagnation von einer Überbesetzung des Handwerks sprechen: die steigenden Zahlen beruhen nicht auf Wachstums-, sondern auf „Zuflucht"gewinn, auf einer wachsenden Bevölkerung bei stagnierendem Arbeitskräftebedarf und stagnierendem Wirtschaftswachstum. Der Überbesetzung entsprechen Unterbeschäftigung, Einkommensverluste (ca. 25%), Not: ein

23. Handwerksbeschäftigte in den Grenzen des späteren Deutschen Reichs

	1800 absolut	Index	1850 absolut	Index
insgesamt	1 230 000	100	2 000 000	163
Meister	820 000	100	1 070 000	130
Hilfskräfte	410 000	100	930 000	227

	1800	1850
Bei Erwerbsquote von 45% betrug Anteil des Handwerks Anteil an Gesamtbevölkerung:	12,0% 17,0%	13,4% 16,0%

24. Entwicklung des Handwerks in Preußen

Jahr	Bevölkerung in Millionen	Beschäftigte im Handwerk Meister	Gehilfen	zusammen	Meister und Gehilfen in Prozent d. Bevölkerung
1801	10	ca. 330 000	ca. 110 000	440 000	4,4
1816	10,4	258 830	145 459	404 289	3,8
1831	13	334 346	187 565	521 911	3,9
1837	14,1	375 097	244 875	619 972	4,3
1840	14,9	396 016	280 089	676 105	4,5
1843	15,5	408 825	311 458	720 283	4,6
1846	15,9	ca. 457 000	ca. 385 000	829 000	5,3
1849	16,3	535 232	407 141	942 373	5,7
1858	17,7	545 034	597 198	1 052 232	5,9
1861	18,4	534 556	558 321	1 092 877	5,9

*25. Indexziffern zur Entwicklung des Handwerks in Preußen 1816–1849
(25 wichtigste und größte Berufe)*

Jahr	Meister	Hilfskräfte	Anteil an der Bevölkerung in Prozent Meister	Hilfskräfte
1816	100	100	2,3	3,7
1831	126	127	2,3	3,7
1849	165	224	2,4	4,3

26. Strukturelle Verschiebung innerhalb der einzelnen Sektoren in Preußen

	Meister		Hilfskräfte		Zusammen	
	1816	1846	1816	1846	1816	1846
Bekleidungshandwerk	45,5%	45,5%	40,9%	31,1%	43,8%	38,9%
Metallhandwerk	17,7%	16,7%	17,0%	15,3%	17,4%	16,1%
Holzhandwerk	14,4%	18,9%	10,8%	13,9%	13,1%	16,6%
Nahrungshandwerk	13,2%	11,4%	8,4%	7,1%	11,4%	9,4%
Bauhandwerk	7,4%	6,2%	20,8%	30,8%	12,4%	17,5%

27. Regionale Verteilung des Handwerks
in einigen Staaten des deutschen
Zollvereins 1846/49

	(Anteile in Prozent d. Bevölkerung)	
	Meister	Gehilfen
Preußen		
Östliche Provinzen	2,4	4,2
Mittlere Provinzen	3,3	7,0
Westliche Provinzen	4,0	6,4
Schlesien	2,7	5,2
Hessen-Nassau	3,8	6,1
Thüringen	1,9	3,6
Kgr. Sachsen	3,6	8,4
Baden	4,5	7,0
Bayern	3,4	7,0

Viertel bis die Hälfte lebt am Rande oder unter dem Existenzminimum, die Masse zahlt keine Gewerbesteuer; viele, in Großstädten wie Berlin z. B., sind auf Armenunterstützung angewiesen; die Zahl der Alleinmeister, die sich keine Gesellen leisten können, steigt sprunghaft; die Weber, Tuchmacher, Strumpfwirker, arme Leute am Rande des Existenzminimums und Opfer der künftigen Mechanisierung der Textilindustrie, nehmen besonders stark zu (in Sachsen z. B. hat sich die Zahl der Tuchmacher zwischen 1836 und 1849 verdoppelt, die der Strumpfwirker und Weber gar vervierfacht). Das war der vor-industrielle Rückgriff auf billige Arbeitskraft. Kurz, das Handwerk war in diesen Jahren ökonomisch nicht ein Wachstumssektor, es war – wie die Unterschichten auf dem Lande – vielmehr bedroht vom Pauperismus, der massenhaften Verarmung, die sich aus der Schere zwischen wachsender Bevölkerung und stagnierender Wirtschaft ergab. Nach 1848 absorbiert die Industrie den – unterbeschäftigten – Zuflucts-

28. Handwerkerdichte

Gebiet	Bevölkerungsdichte pro km^2	Handwerkerdichte pro 1000 Einwohner
Sachsen	124	133
Baden	93	130
Württemberg	87	94
Hessen-Kassel	65	75
Hessen-Darmstadt	78	74
Bayern	57	72
Rheinland	122	70
Westfalen	70	66
Niedersachsen	51	63
Pfalz	109	59
Schlesien	79	58
Hessen-Nassau	125	52
Pommern	34	52
Ostpreußen	47	41
Deutschland	69	59

gewinn; jetzt kann man von einem ökonomisch begründeten Wachstum sprechen, die erste große Krise scheint überwunden.

Man muß freilich dieses zahlenmäßige Wachstum in mehrfacher Hinsicht aufschlüsseln. Zunächst, im ganzen und nach 1830 insbesondere wächst die Zahl der Gesellen und Gehilfen weit schneller als die der Meister (mit Ausnahme der Krisenperiode der 40er Jahre). Während um 1800 durchschnittlich jeder dritte und 1816/1819 jeder zweite Meister einen Gesellen hat, gibt es 1861 schon mehr Gesellen als Meister, und das trotz einer gewissen Abwanderung in die Industrie. Diese Relationen sind freilich geographisch und sektoral sehr unterschiedlich; auf dem Land, im Westen und Südwesten, im Nahrungs- und Bekleidungssektor, gibt es mehr Meister als Gesellen, in Berlin, in Sachsen, im Bau-, Holz- und Metallsektor ist die Zahl der Gesellen (pro Betrieb) viel höher. Ja, im ganzen wachsen die durch die Durchschnittszahlen verdeckten Extreme, wächst die Zahl sowohl der Alleinmeister wie der großen Handwerksbetriebe. Eine wichtige soziale Folge dieser Entwicklung ist, daß der Geselle nicht mehr wie ehedem im Normalfall erwarten kann, Meister zu werden, das erklärt, zusammen mit der Pauperisierung, viel vom Radikalismus der Gesellen in den 40er Jahren. Sodann ist das Wachstum regional unterschiedlich. In Preußen und im Osten zumal ist es besonders hoch, wegen des hohen Bevölkerungswachstums, vielleicht wegen der Gewerbefreiheit und weil es am Anfang prozentual viel weniger Handwerker gab als im Süden und Westen; in den großen Städten, außerhalb der schwerindustriellen Zentren, ist er höher, in Bayern dagegen niedriger als

das Wachstum der Bevölkerung. Das Verhältnis zwischen Land- und Stadt-
handwerk war und blieb zwischen 1805 und 1850 etwa gleich. Schließlich gibt es
sektorale Unterschiede. Die Massenhandwerke, die für Nahrung, Kleidung und
Wohnung sorgen, steigen leicht an, bleiben also proportional relativ stabil, zumal Bauhandwerk, Tischler und Schlosser wachsen nach 1850. Das hausindu-
strielle Textilgewerbe geht am Ende unserer Periode zurück. Bestimmte Handwerke – Seifensieder oder Kerzenzieher – verschwinden fast ganz, andere –
Glaser, Böttcher, Seiler, Gerber, Kürschner, Drechsler, Stellmacher – gehen,
zumal nach 1850, wesentlich zurück: sie werden von der Industrie verdrängt.
Wieder andere, wie die Schuster – deren Zahl noch wächst, wenn auch weniger
als das Handwerk im ganzen –, verändern ihre Funktion und werden vornehmlich Reparaturhandwerker. Das Handwerk ist nicht, wie die Propheten der
Jahrhundertmitte, Marx oder die Konservativen, annahmen, dem Siegeszug der
großbetrieblichen Produktion erlegen, sondern es erhält sich, erfährt aber eine
große Verschiebung und Umschichtung – mit allen Härten natürlich, die für die
Opfer damit verbunden waren. Auch die stabilen und wachsenden Handwerke
übernahmen zwar Fabrikprodukte, z. B. Halbfabrikate, aber sie konnten sich
auf dieser neuen Basis – erstaunlicherweise – dennoch behaupten.

Ökonomisch blieb die Produktionsweise in unserem Zeitraum noch traditionell und statisch, es gab keine kapitalintensive Modernisierung, die Produktivität stieg nicht an. Gearbeitet wurde für den lokalen Absatz, wo angemessen nach
dem Bestellprinzip; nur das Aufkommen von Magazinen – für Kleidung und
Möbel – änderte diese Lage, aber die Klagen über die neue Konkurrenz dieser
Magazine können nicht verdecken, daß es sich hier doch auch um neue Auftraggeber handelte. Neben die Produktion trat, wie gesagt, die Reparatur, zum Teil
auch schon der Ladenhandel. Eine betriebswirtschaftliche Modernisierung stellten die von dem Liberaldemokraten Schulze-Delitzsch gegründeten Kreditge-
nossenschaften, die „Vorschußvereine" dar, die Einkauf, Absatz und Kredit in
die Hand nahmen und sich seit den 50er Jahren ausdehnten.

Bei der Einkommensentwicklung sind Versuche zur Ermittlung eines Durch-
schnittseinkommens – jenseits der Krisenperiode der 40er Jahre – problematisch. Die Unterschiede nach Regionen und Sparten, Betriebsgrößen, Hausbesitz etc. sind groß, Nahrungs- und Bauhandwerker z. B. sind im allgemeinen gut
dran. Eine Untersuchung für Göttingen zeigt zwischen 1829 und 1861 einen Anstieg der oberen Einkommensgruppe von 7,3% auf 10,6%, der unteren von
17,6% auf 34,1%, einen Abstieg der mittleren von 75,1% auf 55,3%. Das ließe auf
eine relative Verarmung schließen. Im ganzen aber wird man die Frage, ob das
Handwerk seinen „goldenen Boden" verlor, nicht pauschal beantworten können.

Wie waren die wirtschafts-, die gewerbepolitischen Rahmenbedingungen für
Existenz und Entwicklung des Handwerks? Zu Beginn unseres Zeitraums war
das Handwerk in Zünften organisiert, diesen polyfunktionalen, das Wirtschaften wie das Leben umgreifenden und regelnden Verbänden mit ihrem prägenden Traditionalismus der „Ehrbarkeit", die soziale Identität und Heimat ge-

währten und Konkurrenz und Außenseiter ausschlossen. Daneben gab es freilich, von der Obrigkeit zugelassen oder gar gefördert, das nicht-zünftige Handwerk und die Anfänge des Großgewerbes, zumal auf dem Lande. In der Reformzeit ist in den französischen Gebieten und in Preußen (1810) die Gewerbefreiheit eingeführt worden; die Zünfte verloren jedes Recht auf Zulassung zu einem Gewerbe, auf dessen Abgrenzung, auf Lehrlingsausbildung. Nach 1815 galt das im alten Preußen von 1807 (ohne Posen, Sachsen und Vorpommern), im Rheinland und in Teilen Westfalens, weiter ebenso in der Pfalz und in Nassau; 1845 wurde die Gewerbefreiheit in ganz Preußen generell eingeführt, freilich auch ein wenig modifiziert: für bestimmte Branchen – z. B. das Bauhandwerk – wurde ein Befähigungsnachweis verlangt. Anderswo, in Norddeutschland, galt die alte Zunftverfassung fort, oder sie wurde, wie im Süden und in Österreich, ohne daß man die Gewerbefreiheit einführte, durch staatliche Konzessionen und Herausnahme der Industrie reformiert; überall wurde die Autonomie oder das Monopol der Zünfte durch staatliche Kontrolle eingeschränkt; mit der kommunal-politischen Macht der Zünfte war es vorbei.

Die Handwerker nun sahen in der Gewerbefreiheit – wie der Industrie – ihren eigentlichen Feind, die schlechthinnige Bedrohung ihrer gegenwärtigen oder zukünftigen Existenz. In der Wirklichkeit waren freilich die Wirkungen der Gewerbefreiheit viel weniger aufregend, die Unterschiede zwischen ihren Geltungsbereichen und denen der Zunftverfassung viel geringer; die Zahl der Niederlassungen, die Konkurrenz, die Not entwickelten sich eher unabhängig von diesen Unterschieden. Denn: die Länder ohne Gewerbefreiheit legalisierten das unzünftige Handwerk, in den Ländern der Gewerbefreiheit aber dauerte die jetzt informelle Wirkung der Zünfte auf Betriebsführung, Ausbildungspraxis, ja Verhalten fort. Bevölkerungszunahme und wirtschaftliche Stagnation waren darum für das Schicksal des Handwerks wichtiger als die Unterschiede der Gewerbepolitik. Ob nun Gewerbefreiheit oder Aufweichung des Zunftmonopols: Sicherheit und Versorgung der Zunftmeister gingen dahin. Freilich, im Süden gab es wegen der starken Besetzung des Handwerks eine quasi natürliche Wachstumsgrenze und eine Pauperisierungsgefahr, in Preußen war beides primär eine Folge der Gewerbefreiheit. In Preußen hat auch das freie Überwechseln von Handwerkern in die Industrie die Industrialisierung erleichtert.

Die konservativen Regierungen der Zeit nach 1848/49 haben versucht, dem Protest der Handwerker Rechnung zu tragen, die Gewerbefreiheit einzuschränken und die Zünfte zu begünstigen, um den wirtschaftspolitischen Konservativismus des Handwerks für sich auszunutzen: so in Preußen 1849, wo fast überall der „Befähigungsnachweis" eingeführt, Lehrlings- und Prüfungsfragen den Zünften zugewiesen wurden, in Hannover, in Nassau, in Baden, wo man die Einführung der Gewerbefreiheit aussetzte. Diese Politik ist gescheitert. Überbesetzung und Unterbeschäftigung hörten nicht auf, das Problem der Handwerker war so, zumal angesichts des Aufstiegs der Industrie, nicht zu lösen. Seit Ende der 50er Jahre (Österreich 1859) gingen fast alle Staaten doch endgültig zur Gewerbefreiheit über. Das liberale Konzept der Handwerkspolitik – Fortschritt durch Konkurrenz und Selbsthilfe durch Genossenschaften – setzte sich jetzt gesamtpolitisch und auch bei einem Teil der Handwerker durch.

Die Mentalität der Handwerker, ihr Verhalten, ihr Wertsystem war stark traditionell, war vom Ehrbarkeitsethos der Zunft geprägt. Sie lebten in ihrem Stand, stolz auf ihren „Beruf", der alles andere war als ein „Job", auf seine Sitte, seinen korporativen Zusammenhang. Die „Ehre" des Standes – uns heute ein unbekanntes Phänomen – hatten sie internalisiert; Ehrgeiz, Mehrseinwollen, Neuerung – das war im Interesse von Solidarität und Sicherheit verpönt. Man wußte, was sich für einen in seinem Stande „schickte" und was nicht (z. B. mit der Kutsche fahren), das gab ihnen etwas „Altväterisches". Arbeitsamkeit, Sparsamkeit, Ehrenhaftigkeit, eine spröde und rigide, etwas autoritäre Rechtlichkeit und Moral, ein manchmal leicht sentimentalisierter Familiensinn – das ist charakteristisch. Berufs(Arbeits)- und Haus- und Familienwelt sind einander noch nah; darum sind die Handwerker noch mit sich identisch, nicht entfremdet. Freilich verharrt man auch in Abwehr gegen das Fremde und Neue, die Macher und Beweger, fest im Partikularen, der Gemeinde z. B. und dem eigenen Bereich, dem Kirchturmhorizont; das ist all das, was man dann boshaft den Biedermeier oder gar den Spießer (oder „Kleinbürger") genannt hat. Dazu gehört – bis 1848 gewiß –, wo man es sich leisten konnte, auch die kleinstädtische Behaglichkeit, der Früh- oder Dämmerschoppen z. B. Und dazu gehörte eine vornehmlich statische Wirtschaftsmoral. Warum sollte man sich mehr regen, als zum Auskommen nötig, Risiken eingehen, neue Wege einschlagen, Kapital einsetzen, Chancen ausnutzen, Arbeitsverhältnisse umkrempeln, Konkurrenz üben und erleiden, Schulden ausnutzen und Ausbildungen ändern? Unruhe und Dynamik waren nicht primär Sache der Handwerker – der Wechsel war für sie stärkste Bedrohung. Man war gegen die Freigabe des Heiratens, des Zuzugs, die Aufhebung der Zölle, die Gleichstellung von Stadt und Land. Mehr als andere z. B. hielten die Handwerker am einmal ergriffenen Beruf fest, auch wenn Industrie und Markt dessen Chancen, wie im ländlichen Textilgewerbe, drastisch verminderten. Die Weber wollten Weber bleiben.

Andererseits muß man aber – gegen diese Typisierung – auch die Auflockerung dieser Lebenswelt in den Städten durch moderne Tendenzen sehen. Ökonomische wie familiäre Gründe führen, in den Großstädten zuerst, zum Ende des patriarchalischen Meisterhaushalts; die Gesellen ziehen aus, und das bedeutet für sie eine fundamentale Änderung der Lebensform, ein Ende der alten Erziehung zu Autorität und Korporation. Die Handwerker – und nicht nur die unruhigen Gesellen – nehmen am literarischen, geistigen Leben, den politischen, religiösen Auseinandersetzungen der Nation teil, Schiller ist auch und gerade bei ihnen populär; sie treten – jenseits von Zunft und Stand – ein in die neuen, die bürgerlichen Organisationen der Geselligung – die Gesangs-, Turn- und Schützenvereine, die Musik- und Theatergesellschaften und die Ressourcen. Not und Konkurrenz, die wachsende Macht des Marktes und des Geldnexus führen – zuerst im Wirtschaftsverhalten – auch zu einem Vordringen individualistischer statt korporativer Normen, lockern Zunftleben und Zunftgesinnung allmählich auf.

Die Zeiterfahrung der Handwerker, die auch ihre politische Mentalität prägte, war die der Bedrohung durch Wandel: man fürchtete das Aufbrechen der Zunft- und Kleinstadtwelt, den Einbruch der Konkurrenz durch den neuen Bevölkerungsüberschuß wie die Industrie, den Verlust von Sicherheit, die Möglichkeit der Proletarisierung – wie sie die Not der proletaroiden Allein- und Kleinmeister aber auch der Gesellen in der Krise der 40er Jahre so eindrücklich machte. Die positiven Erscheinungen, die wir von hinterher und statistisch feststellen: Selbstbehauptung und Wachstum, Umschichtung und Differenzierung schlugen in der Erfahrungswelt wenig und erst spät zu Buche. Und da zumal die klugen sozialistischen wie konservativen Beobachter seit den 40er Jahren den Nieder-, ja Untergang des Handwerks durch die Industrie prophezeiten, wird dieses Bedrohungsgefühl um so verständlicher. Gegen die wirkliche Ursache des Pauperismus der 40er Jahre, Bevölkerungsvermehrung und stagnierende Wirtschaft, konnte man – abstrakt und ungreifbar wie das war – nicht oder schwer protestieren. Der Protest hatte greifbarere Gegner: die Industrie und die Gewerbefreiheit vor allem, ferner alles, was sonst das Zunftwesen einschränkte, der freie Zuzug, das Bürgerrecht und die Ehefreiheit in den Städten; ganz besonders war man gegen die Bürokratie, denn die war es, die so abstrakt, rational, allgemein verfuhr und einen modernen Staat und zum Teil immerhin eine moderne Gesellschaft gegen die partikulare Sicherheitswelt der Handwerker durchsetzte. Das Handwerk stand, im Vormärz zumal, im ständigen Protest gegen die Gewerbefreiheit – die wirkliche in Preußen, die drohende anderswo. Sie war das eigentliche Böse, die Wurzel allen Übels, das Prinzip des anonymen und entfesselten Marktes, der schrankenlosen egoistischen Konkurrenz, des Kampfes aller gegen alle, einer Welt, in der nicht die „Ehre" von Person und Arbeit, sondern der Markterfolg den sozialen Status bestimmte, sie war das Ende der Moral. Darum hatte der Protest den moralischen Ton. Die Handwerker wollten dagegen Schutz der „Nahrung", gesetzliche Regelung von Produktion und Absatz, Verbot der Landkonkurrenz, des Hausierens, progressive Besteuerung der Fabriken. Die Antwort der preußischen Bürokratie, mit faszinierender Konsequenz über 38 Jahre hin, lautete, das Gewerbe sei für das Publikum, nicht das Publikum für das Gewerbe da, jede Beschränkung verhindere Neuerung und Wachstum und schade zuletzt den Handwerkern selbst. Aber das konnte die Gemüter nicht beruhigen; und der Verweis auf die Absurditäten der Zunftabgrenzung – der Tischler durfte keinen Nagel benutzen, nur die Zimmerleute etc. etc. – erbitterte zusätzlich. Die Beamten maßen dem Einzelnen und seiner „Indolenz" den Hauptteil der Schuld am Niedergang des Handwerks zu, das Strukturproblem nahmen sie zu leicht. Das andere Übel war für die Handwerker, daß es zu viele – englische wie eigene – Fabriken gab (daß es volkswirtschaftlich umgekehrt zu wenige gab, lag jenseits möglicher Einsicht). Das verband sich mit dem Protest gegen die „reichen" Fabrikherren und Kapitalisten – beim untergehenden ländlichen Textilhandwerk etwa, aber auch sonst – und mit dem Protest gegen den fabrikfreundlichen und die Importkonkurrenz nicht hindernden Staat. Und es sind keineswegs nur die krisenbetroffenen Handwerker gewesen, die den Protest artikulierten, sondern durchaus auch die, denen es – wie den Bauhandwerkern – gut ging.

Verschärft hat sich, wiederum in der Krise der 40er Jahre, dieser Protest bei den Gesellen; sie wollten Handwerker sein, Meister werden – und das konnten sie zu annehmbaren Bedingungen kaum; ihnen drohte der Übergang in die lebenslange Lohnabhängigkeit der Fabrik. Aber sie mußten sich auch neben den Meistern und gegen sie und die Zunftmonopole, gegen die polizeilichen Kontrollen und Schikanen, die gerade die Arbeitsverhältnisse der Gesellen betrafen, wehren. Sie wollten Tradition, und sie wollten Fortschritt. Zum Teil waren sie aus der Herkunftswelt entwurzelt, ohne neu einwurzeln zu können. Darum waren sie für die aufklärerische, die radikaldemokratische, die frühsozialistische Gesellschaftskritik besonders empfänglich, wurden das eigentlich unruhige Element der Gesellschaft im Vormärz.

1848 im Frühjahr kam es in Mitteldeutschland wie im Rheinland zu vorwiegend von Handwerkern ausgehenden Unruhen, die sich gegen Fabriken und Maschinen, mancherorts auch gegen Dampfschiffahrt und Eisenbahn richten, in Solingen z. B. gegen die „schlechten" Maschinenprodukte, die den qualitätsvollen handgeschmiedeten Scheren Konkurrenz machten; in Krefeld setzten die Weber die Abschaffung des Großbetriebs durch, sie wollten wieder selbständig und als Innung ihre Webstühle betreiben – niemand sollte mehr als vier haben –; anderswo wurde Einschränkung der Fabrikproduktion (oder der Dampfschiffahrt) und Preisstabilisierung gefordert – das waren die Ideale. Und überall haben die Handwerker in Deutschland, in Versammlungen, Petitionen und Vereinen die Rückkehr zur alten Gewerbeverfassung gefordert. Die Stärke der traditionellen Mentalität zeigt sich am deutlichsten darin, daß die Gesellen, die unabhängig von den Meistern und radikaler als die ihr „Revolutionsparlament" abhielten, in dieser Hinsicht mit den Meistern völlig übereinstimmten. Alle wehrten sich gegen Deklassierung und Entbürgerlichung, die vom Pauperismus wie von der Industrie und der entfesselten Konkurrenz drohten. Zu den protektionistischen Forderungen aber traten die liberal-demokratischen und sozialen: nach progressiver Besteuerung und freier Erziehung, nach Arbeitsbeschaffung und Wohlfahrtsunterstützung durch den Staat; und radikaler waren sie bei den Gesellen: gegen die Willkür des Kapitals, für die Ehre der Arbeit, ja den Anspruch auf Arbeit und Lebensunterhalt, aber gegen ein „kommunistisches" System, für die Freiheit von Talent und Leistung, auch gegen das Zunftmonopol und zugleich für die Garantie der Versorgung – das Beste aus zwei gegensätzlichen Welten zugleich.

Im ganzen waren die Handwerker also politisch ambivalent. Sie gehörten auf die Seite des Volkes, gegen die da oben, die den kleinen Mann plagten, gegen die Bürokratie, den Adel, die Reichen – gehörten zur Opposition, liberal oder demokratisch, waren für Volksrechte, Mitbestimmung, Verfassung. Sie waren Bürger und verhielten sich als Bürger. Aber sozial- und wirtschaftspolitisch wa-

ren sie konservativ, gegen den Liberalismus, für eine gebundene Ordnung, die
sie vor Kapitalismus wie Proletariat schützte. Zwar waren die Liberalen im Vormärz, und die Abgeordneten zumal, keineswegs Promotoren der Gewerbefreiheit, aber in der Paulskirche erwies sich, daß sie letzten Endes sich zum Prinzip
der individuellen Wirtschaftsfreiheit, der Konkurrenz, zur Überwindung der
Krise durch Modernisierung bekennen mußten und damit auch die Interessen
der Unternehmer und großen Kaufleute vertraten. Wirtschafts- und sozialpolitische Gegensätze standen quer zu den verfassungs- und nationalpolitischen Gegensätzen. Das machte die latente Spannung zwischen Handwerk, „Kleinbürgertum" und Liberalismus aus, das ist ein Teil der Tragik der deutschen Revolution, im Grunde die Folge der Tatsache, daß sie in der Endkrise der vorindustriellen Welt ablief.

Die Konservativen haben wie die Regierungen seit der Revolution versucht,
den Gegensatz zwischen Handwerk und Liberalen auszunutzen, mit einer
„volkskonservativen" Gewerbepolitik das Handwerk für sich zu mobilisieren. In
den 60er Jahren kam gewiß ein Teil des konservativen Anhangs in den Städten
aus dem Gewerbe; in die Bildung katholischer Parteien gingen Elemente des
Protestes gegen die Gewerbefreiheit ein; die Sprecher des organisierten Handwerks, zumal in Norddeutschland, betonten eher den Gegensatz zu den Liberalen. Aber von einer einheitlichen Orientierung des Handwerks kann doch nicht
die Rede sein. Große Teile des Handwerks im protestantischen Bereich waren –
aus anderen als handwerkspolitischen Gründen – eben doch liberal. Die Überwindung der Pauperismuskrise, die Selbstbehauptung von Teilen des Handwerks und sein Anteil am Konjunkturaufschwung, die liberalen Konzepte von
Selbsthilfe und technischer Modernisierung und Assoziation gewannen auch bei
den Betroffenen Resonanz. Handwerker waren nicht konservativ nach Art der
Bauern, dazu waren sie zu städtisch, zu bürgerlich, zu wenig distanziert vom
„Zeitgeist". Oder: während beim Bauern die „Berufs"- und die Bürgerrolle noch
fest identisch waren, fingen sie beim Handwerk an, sich zu trennen, politische
und ökonomisch-soziale Orientierung konnten auseinandertreten. Die radikale
Opposition der Gesellen verebbt nach der Revolution, obschon ihre Zahl die der
Meister bald übertrifft: der Übergang in die Fabrik(fach)arbeiterschaft und zum
Teil in die Anfänge der Arbeiterbewegung wie auch die relative Konsolidierung
des Handwerks lassen, selbst als die Unterdrückung jeder Regung der Gesellen
in den 60er Jahren aufgegeben wird, das Problem zurücktreten.

7. Unterschichten – Fabrik – Industriearbeiter – soziale Frage

Unterhalb der Handwerker und Bauern, der Gebildeten, Unternehmer und Beamten steht in der alten ständischen wie der sich verbürgerlichenden und dann
frühindustriellen Gesellschaft eine Masse von Leuten, die wir angesichts ihrer
Uneinheitlichkeit nur mit dem recht formalen Begriff der Unterschichten be-

zeichnen können, es sind die unterständischen Existenzen, ist der „Stand der Standlosen". Das sind die Leute, die unselbständig, abhängig arbeiten, von ihrer Arbeitskraft leben, ohne feste Einnahmen meist, ohne Vermögen und zumeist ohne nennenswerten Besitz, die, wenn sie denn Grund besitzen, in Hütten und Katen leben, die die in der alten Stadt ohne Grundbesitz auch kein Bürgerrecht haben, arm oder am Rande der Armut (der „Stand der Armen"). Auf dem Land sind das das Gesinde, die verschiedenen Gruppen der Landarbeiter von den Kleinhäuslern bis zu den Einliegern ohne Feuerstelle, ferner die in der ländlichen Proto-Industrie, zumal im Textilgewerbe und seiner Verlagsorganisation, tätigen Heimarbeiter; in der Stadt sind es die Dienstboten, Tagelöhner, Transport-, Manufaktur-, Fabrik- und Gelegenheitsarbeiter – die Nichtbürger; und dazu kommen – besonders in der Stadt – die im alten Sinne Armen: die Nichtarbeitenden, die von Armenfürsorge leben, die Bettler und Vagabunden und Arbeitsscheuen, Invaliden, Asozialen. Dazu gibt es Grenzgruppen: Soldaten, kleine „Subaltern"beamte, kleine Handlungsgehilfen. Und schließlich gibt es die Gruppen, die ihrem Status oder ihren Erwartungen, ihrem Besitz oder ihrer Position im Arbeitsprozeß nach nicht dahin gehören – Kleinbauern, kleine Handwerker, Handwerksgesellen –, die aber in Krisenzeiten an den Rand des Existenzminimums und darunter gedrückt werden und sich nach Lebenslage und -führung dann wenig von den eigentlichen Unterschichten unterscheiden: die von der „Pauperisierung" oder „Proletarisierung" unmittelbar bedrohten Gruppen. In diese Schichten wird man hineingeboren, weil die Eltern schon dazu gehörten, oder man sinkt in sie ab, teils aus objektiven Zwängen – wie bei nichterbenden Söhnen oder bei Gesellen, die keine Meisterstelle finden –, teils aus subjektivem Verschulden – wie bei Versagern und Arbeitsscheuen –; von dieser letzten Gruppe her leitet sich, zumal im protestantischen Bereich die moralisch negative Wertung der Armut – faul und böse – her, das Heilmittel gegen sie heißt dann Erziehung (und Zwang) zur Arbeit.

Unterschichten und Arme hat es seit Menschengedenken gegeben, um 1800 eine beträchtliche und im 18. Jahrhundert angewachsene Gruppe. Wir sprachen von den unterbäuerlichen, teils „protoindustriellen" hausgewerblichen Schichten auf dem Lande. In den Städten war das Phänomen noch auffallender. In Frankfurt a. M. waren 1811 nur noch ein Drittel der Einwohner Bürger (1723: drei Viertel!), in Hamburg weniger als die Hälfte, in Bremen waren 1816 54,1% aller Berufstätigen Handarbeiter und Bedienstete, zählt man Gesellen und Lehrlinge dazu, 64,7%. Das 19. Jahrhundert nun ist, zunächst in seiner ersten Hälfte, durch ein enormes Anwachsen der Unterschichten, der Unselbständigen und der Armut gekennzeichnet. Armut wurde ab etwa 1830 ein Massenphänomen, nicht mehr individuelles, sondern kollektives Schicksal; dieses Überhandnehmen der Armen, der „Pauper", nannten die Zeitgenossen Pauperismus. Die Ursache war nicht die Industrie, sondern die Bevölkerungsvermehrung bei stagnierender Wirtschaft, bei stagnierendem oder jedenfalls unterproportionalem Arbeitskräftebedarf. In den 40er Jahren ist gerade da, wo die Industrie fehlt, die Not am größten; und das schnelle Ende des krisenhaften Pauperismus nach

1850 ist gerade auf die Industrialisierung und die von ihr geschaffenen neuen Arbeitsplätze zurückzuführen. Teils wegen der Liberalisierung der Eheschliessung, teils wegen der durch Landesausbau und Hausindustrie gebotenen Möglichkeiten, teils wegen Änderungen von Sitte und Mentalität kamen die Angehörigen traditioneller Unterschichten und die früher „überschüssigen" Bevölkerungsteile nun entweder überhaupt erst oder doch früher zur Familiengründung; die Bevölkerungsvermehrung hat – wir sahen es am Verhältnis von Bauern und Landarbeitern im Osten – gerade die Unterschichten verstärkt. Die ostelbischen Kleinbauern wurden in die Unterschicht gedrückt. Und die unterbäuerlichen Schichten verloren mit der Allmende ein wesentliches Stück sozialer Sicherheit. Zuerst in den Städten und Realteilungsgebieten, dann, als landwirtschaftliche Intensivierung und Hausindustrie keine neuen Stellen mehr schufen, auch sonst, vermehrte sich die Zahl der Kümmerexistenzen; der Überschuß der mittleren (handwerklich-bäuerlichen) Schichten sank in sie ab. Auswanderung war für die Armen, die nichts hatten, um die Überfahrt zu bezahlen, kein Ventil. In Preußen kann man 1846 45% der Männer über 14 zu den abhängigen Handarbeitern zählen, von denen die Mehrheit arm und ungesichert lebt, 10–15% sind proletaroide Grenzexistenzen. Der preußische Statistiker Dieterici schätzte, daß 50–60% der Bevölkerung knapp, ja dürftig, in Krisenzeiten elend und gefährdet lebten; bei sehr enger Auslegung muß man mindestens ein Drittel der Bevölkerung als Vorproletariat ansehen. In der Mitte der 40er Jahre wird die strukturelle Krise durch eine akute Krise überlagert. Mißernten bei Kartoffel und Getreide 1845/1847 und ein Preisanstieg um annähernd 100%, dazu eine industriell-gesamtwirtschaftliche Rezession führen zu Hungersnöten und gesteigertem Elend. In den Städten sind vor allem die ungelernten Tagelöhner, aber auch gelernte Arbeiter und Handwerker betroffen: in Solingen und Pforzheim sind zwei Drittel arbeitslos, in Berlin zahlen nur noch 5% Steuern. Die Zahl der eigentlich Armen, die für ihren Unterhalt nicht mehr aufkommen können, wächst in den Städten der 40er Jahre generell auf 5–6%, in Hamburg auf 10–12%, in Köln auf zeitweise 25%, in bayerischen Städten bis zu 33%. Überall wachsen unter solchen Bedingungen Kriminalität und Prostitution. Überschlägig kann man rechnen, daß nur für 80% des vorhandenen Arbeitskräftepotentials (ca. 45% der Bevölkerung) Stellen vorhanden waren. Dieses Mißverhältnis führte nicht zu massenhafter Arbeitslosigkeit (das war unmöglich), sondern zu einer weit verbreiteten Unterbeschäftigung und/oder Entlohnung unterhalb des Existenzminimums. Straßen- und Eisenbahnbau zogen zeitweise – zumal ländliche – arbeitende Massen an, ja mobilisierten sie eigentlich erst aus der Landwirtschaft, aber sie konnten solche Massen nicht auf Dauer binden und beschäftigen.

Im großen hat die Industrie die Zahl der Arbeitsplätze nicht vermindert, sondern vermehrt. Aber sie hat einzelne Handwerkszweige bedrängt, Opfer gefordert, Arbeitsplätze vernichtet, man denke an die Rheinschiffer und Treidler. Ein herausragendes und schreckliches Beispiel des um sich greifenden Massenelends war das der hausindustriellen Weber (und Spinner), wie es durch den Aufstand der schlesischen Weber von 1844 – es gab in den 40er Jahren auch andere Hungerunruhen und -revolten – und die daran anschließende publizistische und poetische Diskussion und Erschütterung in das Bewußtsein der Zeitgenossen wie der Nachgeborenen getreten ist. Das altmodische handwerkliche Hausgewerbe geriet unter den Doppeldruck einer konkurrierenden Industrieproduktion und der Importe und eines Überangebotes an Arbeitskraft. Angesichts sinkender Konkurrenzfähigkeit und gefährdeter Absatzmöglichkeiten reagierten die dort Tätigen nicht mit Wechsel des Arbeitsplatzes oder neuen Methoden, sondern mit erhöhter Produktivität, durch vermehrte Arbeitszeit, verstärkte Familien (Kinder)arbeit und Kürzung von Löhnen und Verdiensten um fast 40%, aber das verstärkte nur den existenzvernichtenden Preisdruck. Dazu kam in Schlesien die unvollendete Agrarreform: die Häusler-Weber waren noch mit feudalen Abgaben erheblich belastet. Die Weber waren in aussichtsloser Lage; sie symbolisierte sich ihnen in den Gestalten der Verleger und Fabrikanten, der „Kapitalisten", von denen sie abhängig waren. Einer von ihnen, der neureiche Zwanziger, wurde das Opfer. Mobiliar, Kleider, Staatskarossen, Vorräte, Geschäftspapiere, ein älteres Anwesen wurden von einem Zug von 300 Webern zerstört, aber keine Person wurde angegriffen, kein Feuer gelegt. Militär hat den „Aufstand" niedergeschlagen, schwere Strafen wurden verhängt, aber der Eindruck dieses Verzweiflungsausbruches auf die gesamte Öffentlichkeit war nachhaltig, nicht nur bei Radikalen wie Heine, dessen Gedicht wir hier abdrukken, sondern auch und gerade bei den Konservativen.

Heinrich Heine
Die Schlesischen Weber

Im düstern Auge keine Thräne,
Sie sitzen am Webstuhl und fletschen die Zähne:
Deutschland, wir weben Dein Leichentuch,
Wir weben hinein den dreifachen Fluch –
　　Wir weben, wir weben!

Ein Fluch dem Gotte, zu dem wir gebeten
In Winterskälte und Hungernöthen;
Wir haben vergebens gehofft und geharrt,
Er hat uns geäfft und gefoppt und genarrt –
　　Wir weben, wir weben!

Ein Fluch dem König, dem König der Reichen,
Den unser Elend nicht konnte erweichen,
Der den letzten Groschen von uns erpreßt,
Und uns wie Hunde erschießen läßt –
　　Wir weben, wir weben!

Ein Fluch dem falschen Vaterlande,
Wo nur gedeihen Schmach und Schande,

Wo jede Blume früh geknickt,
Wo Fäulniß und Moder den Wurm erquickt –
Wir weben, wir weben!

Das Schiffchen fliegt, der Webstuhl kracht,
Wir weben emsig Tag und Nacht –
Altdeutschland, wir weben Dein Leichentuch,
Wir weben hinein den dreifachen Fluch,
Wir weben, wir weben!

Seit 1845 kam es in der Hungerkrise noch öfter zu Unruhen, am 21.4. 1847
z. B. in Berlin zur „Kartoffelrevolution", oder in Oberschlesien, wo 80 000 Menschen am Hungertyphus erkrankten und 16 000 starben. Überall wurden solche Unruhen militärisch unterdrückt. Aber Berichte und nachfolgende Untersuchungen – wie die von Virchow z. B. – machten die Dimension des Pauperismus aller Öffentlichkeit deutlich.

Das Leben dieser Unterschichten war durch drei Dinge vornehmlich bestimmt, zunächst natürlich durch ökonomische Lage und Lebensstandard. Da wir das reale Wachstum der Wirtschaft nicht genau kennen und noch weniger die Verteilung des Zuwachses und die Entwicklung des Lebensstandards, muß offen bleiben, ob die Lage der Unterschichten sich – abgesehen von der Hungerkrise – wesentlich verschlechtert hat, ob Armut schärfer empfunden wurde oder ob die Ungleichheit gegenüber bäuerlich-kleinbürgerlichem (bescheidenem) Wohlstand zugenommen hat. Am Ende des 18. Jahrhunderts war die Lage vermutlich schlechter. Aber die Massenhaftigkeit der Armut war etwas Neues. Für die Frage nach dem Einkommen dieser Schichten hat man versucht, Material über Löhne und Preise von Handwerkern und Fabrikarbeitern zusammenzustellen. Am Jahrhundertbeginn sind die Reallöhne bei steigenden Agrarpreisen am niedrigsten, bis 1817 schwanken sie stark, in den 20er und 30er Jahren – bei fallenden Agrarpreisen – verbessern sie sich, um dann in den 40er Jahren bis zu einem Tief von 1847 – aber über dem von 1800 – zu sinken. Die Mehrheit der Löhne liegt im größeren Teil der ersten Jahrhunderthälfte für eine 5köpfige Familie unter dem Existenzminimum und zu Zeiten unter dem Nahrungsbedarf. Freilich, mehr als einen Trend geben solche Daten nicht wieder. Löhne waren lokal wie nach Branchen und Positionen außerordentlich verschieden; die Lebenshaltungskosten waren in einer partikularisierten Wirtschaft noch sehr ungleichmäßig; Handspinner und Leinenweber verdienten besonders schlecht, Bauhandwerker eher gut, Fabrikarbeiter besser als Handarbeiter (Tagelöhner). Vielfach gab es noch einen gewissen Anteil von Selbstversorgung – Kartoffelland, Ziege, Kuh oder Schwein – einen Anteil, den wir nicht kennen; auf dem Lande war der Naturalanteil am Lohn hoch. Die Masse der Unterschichten war nicht schon einfach Lohnempfänger. Die Arbeitsverfassung war nach dem Modell der vorindustriellen Welt eine Familienarbeitsverfassung: Familienmitglieder verdienen mit. Was einzelnen aus der kirchlichen oder privaten Wohltätig-

29. *Wochenlöhne in verschiedenen Gewerbezweigen aus der Zeit 1840–1849 (in Mark v. 1873)*

Gewerbe/Beruf	Wochenlohn in Mark	Ort/Region
Handwerk		
Maurer	10,17	Rostock
Steinhauer	11,58	Schopfheim/Baden
Zimmerleute	12,24	Durchschnitt Hamburg u. Rostock
Schmiede u. Schlosser	7,20	Württemberg
Tischler	7,20	Württemberg
Schneider	6,00	Schopfheim/Baden
Durchschnitt der Handwerker (ohne Bauhandwerker)	7,72	Baden
Textilgewerbe		
Spinnerei		
Handspinnerei in		
Flachs	0,75	ohne Ortsangabe
Kammgarn	1,05	verschiedene Orte
Maschinenspinnerei in		
Baumwolle	7,80	Württemberg
männl. Arbeiter	6,86	Steinen/Baden
weibl. Arbeiter	4,98	Steinen/Baden
Wolle	7,50	Württemberg
Handweberei in		
Leinen	2,00	Schlesien
Baumwolle	6,78	Württemberg
Streichgarn	7,30	Württemberg u. Chemnitz
Kammgarn	10,50	Sachsen
Bergbau		
Steinkohle	11,10	Saar
Eisenerz	8,16	linksrheinisches Gebiet
Kupfererz	7,20	Mansfeld
„Fabriken"		
Achatknopffabrik		
Mechaniker	28,83	Baden
Maschinenarbeiter	8,24	Baden
Frauen	4,98	Baden
Maschinenfabrik (Akkordarb.)	14,25	ohne Ortsangabe
dt. Lohnarbeit	7,90	ohne Ortsangabe
Eisengießerei	8,22	Essen (Krupp)
Chemie	9,01	Hamburg
Papierfabrik		
männl. Arbeiter	6,86	Freiburg/Baden
weibl. Arbeiter	4,12	Freiburg/Baden

30. Das Realeinkommen von Arbeitnehmern in Deutschland 1810–1850

Jahr	Nominaleinkommen		Index der Lebens-haltungskosten (1913 = 100)	Realeinkommen Index (1913 = 100)
	absolut in Mark	Index (1913 = 100)		
1810	278	26	45	58
1811	275	25	44	57
1812	288	27	51	53
1813	277	26	51	51
1814	279	26	50	52
1815	281	26	54	48
1816	283	26	67	39
1817	284	26	95	27
1818	289	27	66	41
1819	290	27	51	53
1820	293	27	42	64
1821	287	27	46	59
1822	287	27	48	56
1823	287	27	44	61
1824	288	27	40	68
1825	284	26	44	59
1826	284	26	39	67
1827	285	26	40	65
1828	286	26	49	53
1829	287	27	46	59
1830	288	27	51	53
1831	292	27	50	54
1832	293	27	50	54
1833	294	27	48	56
1834	295	27	46	59
1835	296	27	46	59
1836	297	27	49	55
1837	301	28	48	58
1838	301	28	53	53
1839	303	28	54	52
1840	303	28	49	57
1841	304	28	47	60
1842	305	28	50	56
1843	305	28	59	47
1844	306	28	57	49
1845	307	28	57	49
1846	313	29	63	46
1847	311	29	61	48
1848	312	29	47	62
1849	310	29	44	66
1850	313	29	45	64

keit zufloß, können wir nicht schätzen. Darum waren die Subsistenzmittel einer Familie mehr als der Lohn eines Einzelnen, von einem Lohn allein konnte man als Familie nicht leben. Schließlich war bei einem guten Teil der Unterschichten die Arbeitsgelegenheit unsicher, Wochenlöhne sagen nichts über Jahresverdienste. Der Begriff Arbeitslosigkeit macht unter diesen Umständen keinen rechten Sinn, man wird von unstetiger Beschäftigung und auch chronischer Unterbeschäftigung sprechen müssen. Im ganzen wird man aber sagen können, daß die Mehrheit der Unterschichten am Rande eines niedrig angesetzten Existenzminimums laborierte. Zwei Drittel bis vier Fünftel der Einnahmen mußten die Haushalte dieser Gruppen für Lebensmittel aufwenden. Der Nahrungs- und Konsumstandard wie der Wohnungsstandard waren gering, wir sahen es, elend oder am Rande des Elends.

Neben der Armut war es zweitens die Unsicherheit, die die Existenz großer Teile der Unterschichten bestimmte: die Unsicherheit von Beschäftigung und Einkommen, die Unsicherheit in jeder allgemeinen wie individuellen Krise – Krankheit, Alter, Tod eines Familienangehörigen, des Vaters, der Mutter zumal. Ersparnisse für Notfälle waren nach der Einkommenslage unmöglich. Daß die Unterschichten von der Hand in den Mund lebten und angesichts ihrer Massen den Krisenbedrohungen stärker ausgesetzt waren als in alten Zeiten, das wurde ihre wie ihrer Zeitgenossen neue Erfahrung. Und dazu gehörte dann, daß diese Schichten generell ohne Aussicht waren, aus dieser Lage herauszukommen. Ihre soziale Lage war zum kollektiven Schicksal geworden.

Drittens gewann das Dasein der Unterschichten im Zeichen des Pauperismus eine neue sozialmoralische Qualität. Sie fielen aus der ständisch traditionalen Ordnung, an deren Rand und nach deren Normen sie doch gelebt hatten, heraus, als sich die agrarischen und gewerblichen, die rechtlichen und familialen Strukturen wandelten und sie zugleich an Quantität so zunahmen. Die alte Gesellschaft wurde desintegriert, und die Unterschichten – stand-, land-, zunftlos – waren die ersten, die herausfielen. Sie wurden sozial heimatlos, entwurzelt (zumal in der Stadt); die alten Normen galten nicht mehr oder wurden nicht mehr befolgt. Die Zeitgenossen haben dergleichen als Demoralisierung, psychische Verlotterung beschrieben, und die radikalen Philosophen haben das unter den Begriff der Entfremdung gebracht. Die Unsicherheit, die schwindende Aussicht, daß etwas sich lohne, wie die konjunkturellen Wechsellagen führten z.B. zu einem In-den-Tag-hinein-leben, zum Verschwenden des jeweils Verdienten, zur Schwächung von Lebensplanung, Aufstiegsenergie, Arbeitsmoral und Disziplin. Die Ausgrenzung aus dem ganzen Haus – der Auszug in die Heimarbeit zuerst, der Gesellen und Lehrlinge aus dem Meisterhaushalt sodann – hatte zunächst gewiß stark demoralisierende Folgen; in den Gesellenhäusern z.B. herrschte ein enormer Gruppenzwang, in dem die „übleren Elemente" den Ton angaben. Auch der zunehmende Alkoholismus gehört hierher. Die Entbindung aus der Tradition, Dekorporierung und Befreiung zugleich, und die Not hatten einen moralverzehrenden Zug (und das nicht nur am Maßstab „bürgerlicher" Moral). Aber zugleich wurde das auch subjektiv als Desintegration und Isolierung, als soziale Heimatlosigkeit, Ungeborgenheit und Ausgesetztheit erfahren und erlitten.

Freilich, trotz solcher gemeinsamen Züge stellen die Unterschichten keine Einheit dar; schon objektiv bestehen zwischen den Leuten auf dem Lande und in der Stadt, zwischen Gesellen und Tagelöhnern und Dienstmägden enorme Unterschiede; der Fabrikarbeiter z. B. ist weit besser dran als der arme Tagelöhner auf dem Dorf. Eigenkätner, Inste und ländliches Gesinde sind zum Teil sozial sicherer und auch besser versorgt als städtische Unterschichten. Subjektiv sind diese Unterschiede, ja Abgrenzungen noch weit schärfer. Man fühlte sich dem Dorf oder der Stadt zugehörig und ferner der Region. Jeder fand es zu Hause, so empörend die „Mißstände" sein mochten, noch besser als anderswo. Man fühlte sich dem Beruf und Wirtschaftszweig, ja – bei Dienstboten etwa – dem Arbeits- und Dienstherren zugehörig, lebte in Haushalten und Betrieben, nicht in einer Öffentlichkeit. Es gab kein Gefühl einer Zusammengehörigkeit, kein politisches Bewußtsein oder Klassengefühl. Zudem war vorherrschend noch eine traditionelle Einstellung, in der Unter- und Einordnung in der sozialen Hierarchie selbstverständlich waren, Vorstellung und Normen waren noch stark christlich geprägt; für aufstrebende Einzelne war das liberale Konzept, Lösung der sozialen Frage durch Bildung, durchaus einleuchtend. Sozialkritik und ihre revolutionären Schlagworte waren Sache bürgerlicher Intellektueller und dann der Handwerksgesellen, die ins Ausland gekommen waren, nicht Sache der Unterschichten.

Aus diesen Unterschichten hat sich bekanntlich im Zuge der Industrialisierung die Industriearbeiterschaft herausgebildet. Ehe wir diesen Vorgang beschreiben, wenden wir uns zunächst der neuen Organisation der Industriearbeit, der Fabrik, zu. Die Fabrik ist der Ort der neuen Produktion, die durch den Einsatz von Maschinen, durch Arbeitsteilung und Kooperation bestimmt ist. Die Fabrik hat auf revolutionäre Weise das Verhältnis des Menschen zur Zeit geändert. In der vorindustriellen Welt gilt die naturale Zeit: Tages- und Jahreszeiten, Wetter und „natürliche" Aufgaben: die Ernte, das Melken der Kühe, das Bewachen des Kohlenmeilers gliedern sie, geben ihr ihren Rhythmus. Flächenmaße werden von Zeitbegriffen – „Tagwerken" – her gedacht. Was an der Zeit ist, liegt unmittelbar vor Augen; je nach Aufgabe ist der Tag länger oder kürzer; mitmenschlicher Umgang ist in diese Zeit eingelagert, Arbeit und Leben sind in ihr kaum getrennt; Zeit ist noch nicht Geld, im modernen Sinne wird Zeit auch verschwendet. Die Kirche hat mit dem Läuten der Glocken die Tageszeit und mit den Festen das Jahr gegliedert, aber das ist mit der natürlichen Zeit der Aufgaben, des Wechsels von Arbeit und Pause, der arbeitenden und feiernden Gruppe (nicht des Einzelnen) verflochten. Der Zeitgebrauch in der Landwirtschaft und im Handwerk ist elastisch. Im Verlags- und Heimarbeitssystem ging viel Zeit mit Warten, Holen und Bringen dahin, die Arbeit war unregelmäßig lang oder kurz, schnell oder langsam, frei bestimmt – wenn nur das Ganze fertig wurde. Dazu gehörte auch der Wechsel zwischen handwerklicher und, zumal zur Erntezeit, landwirtschaftlicher Tätigkeit oder anderen häuslichen Tätigkeiten – kurz, man wechselte zwischen verschiedenen Arbeiten, zwischen Arbeit und Müßiggang; der „blaue Montag" war dafür ein Symbol. Das Vordringen der Uhr in der frühen Neuzeit, der Versuch der rationalistischen Einschränkung der Feiertage im 18. Jahrhundert sind Anzeichen für eine Änderung. Aber es ist die Maschine, die eine neue Zeit schafft. Sie läuft regelmäßig, sie erfordert Teilung und Synchronisation der Arbeit, der Fabrikant kauft und bezahlt Arbeitskraft pro Zeiteinheit. Die Zeit wird die technisch-industrielle, die gleichmäßige und abstrakte Zeit, die primär nicht erlebt, sondern gemessen wird. Die neue Zeit erfordert Pünktlichkeit, Konstanz und Gleichmäßigkeit der Arbeit, Beschränkung und Fixierung von Pausen. Arbeitszeit wird etwas ganz anderes als gelebte Zeit. Die Zeit wird rationalisiert – in der Fabrik (und ganz ähnlich in einer anderen modernen Institution: der Schule), sie wird mit Uhren und Signalen gemessen. Zeit wird Geld. Solche neue Zeitdisziplin – die von der Fabrik, vom Büro, der Schule aus die ganze Welt durchdringt – hat den Menschen verändert. Sie hat die eigentümliche Dynamik des Industrie-Menschen geschaffen, wie jeder noch heute in Entwicklungsländern erfahren kann. Die neue Zeit hat auch die eigentümlich moderne Trennung von Arbeit und Leben durchgesetzt. Daran setzen dann Kritik wie Nostalgie an – die Vorstellung einer Welt der erfüllten Zeit, der die nagende Unruhe des modernen Menschen fehlt, seine Zeit ausnutzen zu müssen, immer im Wettlauf mit der Zeit zu sein.

Die Periode der Frühindustrialisierung, die frühen Fabriken sind geprägt vom Konflikt der Menschen naturaler Zeit mit der neuen Zeitnorm, von ihrer Gewöhnung an sie, ihrer Disziplinierung. Die Arbeiter mußten sich widerstrebend der festen Arbeitszeit und der gleichmäßigen Arbeitsintensität fügen, die sie als widernatürlichen, harten Zwang empfanden, und sie mußten auf die Wahl freier Tage verzichten, sich fest an eine Folge ununterbrochener Arbeitstage binden: Feiern, wenn man für ein paar Tage genug Geld hatte, oder nach Hause zur Ernte gehen, übliche Praktiken der frühen Fabrikarbeiter – das sollte im Interesse rationaler Organisation abgestellt werden. Dem dienten einmal die strengen Fabrikordnungen, die mit Anweisungen, Kontrollen und Strafen Disziplin durchzusetzen suchten, zum anderen die Kontrakte, die das regellose Fernbleiben verhindern sollten, schließlich die Lohngestaltung, die durch niedrige Löhne wie Lohnanreize die Konstanz von Arbeitsverhältnissen durchzusetzen suchten. Die arbeitsmoralische Erziehung zu Fleiß, Pünktlichkeit (und Frühaufstehen) war davon geprägt. Unternehmer und Fabrik haben – gegen Widerstände und mit großen Schwierigkeiten – dieses neue Prinzip durchgesetzt; die Arbeiter aus der alten Welt haben es übernommen. Erst danach wurde ein Kampf um die Verkürzung von Arbeitszeit oder die Bezahlung von Überstunden möglich.

Nicht identisch mit der neuen Zeitorientierung, aber doch im engen Zusammenhang damit, ist das Problem der Leistungsmotivation und ihrer Veränderung. Bei den neu in die Fabrik Eintretenden, den Ungelernten zumal, findet sich in der Zeit der Frühindustrialisierung ein hohes Maß von Indolenz und Lethargie, Unlust, sich anzustrengen und (um) zu lernen, eine geringe Arbeitsmoral. Da die Bedürfnisse bescheiden waren und lange blieben, griffen Lohnanreize nur schwer und nicht bei allen. Erst die Not des Pauperismus und der Wegfall ländlicher Rückhalte einerseits, die Gewöhnung an neue industrielle Leistungsstandards und ein relatives Maß von individuellem Ehrgeiz andererseits haben die neue Motivation und Disziplin durchgesetzt, wenn auch – z. B. in der hohen Mobilität eines Teils der Arbeiterschaft – diese ältere, nicht leistungsorientierte Mentalität weiter zum Ausdruck kommt.

Die Fabrikarbeit impliziert – darüber sind Seiten und Aberseiten geschrieben worden – eine Teilung der Arbeit und gleichzeitig ihre Synchronisation; der Arbeitsgang des einzelnen und das Produkt, das Ergebnis des gesamten Prozesses, werden voneinander getrennt, und man vermutet, daß diese Ablösung des Arbeiters von dem sichtbaren Werk, dem Endprodukt, einen Verlust an Befriedigung, eine „Entfremdung" im Verhältnis von Mensch, Arbeit und Werk bedeutet. Inhalt der Arbeit ist nicht eigentlich das Umformen von Rohstoffen, sondern Versorgung und Steuerung von Maschinen; und Konzentration, Aufmerksamkeit, Fähigkeit zu regelmäßiger Wiederholung werden jetzt wichtige Tugenden. Die körperliche Belastung der Arbeiter ist durch die Maschinen – in einer Gesamtbilanz, die das Anwachsen der Arbeit miteinbezieht – nicht verringert worden, Handarbeit blieb oder wurde anderswohin verlagert, Maschinen ersetzten und schufen Arbeit zugleich. Gewiß ist eine neue Form von Arbeit und ein neues Verhältnis des Menschen zu Produktion und Produkt dadurch entstanden, aber für unseren Zeitraum wissen wir im Grunde nicht genug, wie sich das konkret entwickelt hat, wie es erfahren wurde. Es gab große Unterschiede: die „eintönige" Textilfabrik – aber das textile Hausgewerbe war schon nicht viel anders gewesen – und die Maschinenfabrik, in der das Endprodukt fast allen anschaulich war und viele nebeneinander an mehreren Arbeitsgängen und an verschiedenen Produktionen beteiligt waren, und viele Zwischenformen. Bergbau und Hüttenindustrie, nicht eigentlich handwerklich geprägt, setzen doch erhebliches fachliches Können und konkret durchaus wechselnde „Lagen" voraus. Im ganzen hat wohl erst die spät entstehende Großindustrie und die mit der Hochindustrialisierung seit den 60er Jahren verstärkte Spezialisierung die neue Weise von Arbeit endgültig zur Grunderfahrung gemacht. Freilich, die Versachlichung der Fabrikarbeit, die um die Maschine herumorganisiert ist, setzt schon früh ein. Sie macht den Durchschnittsarbeiter, den Un- und Angelernten, ohne weiteres ersetzbar. Diese Ersetzbarkeit des Arbeiters, die Entpersonalisierung der Arbeit sind eine neue Arbeitswirklichkeit, eine neue Erfahrung.

Damit sind wir bei der sozialen Wirklichkeit der frühen Fabrikorganisation. Sowohl die maschinenbestimmte Arbeit wie Größe und Arbeitsteilung machten die Beziehungen am Arbeitsplatz unpersönlicher und anonymer (ehe sich neue Sozialbeziehungen entwickelten), abstrakter. Die Arbeitsatmosphäre des ganzen Hauses war in der Fabrik nicht wiederholbar und je größer der Betrieb war, desto weniger. Beim Übergang des Bergbaus zum Großbetrieb kann man deutlich sehen, wie Distanz und Entfremdung zwischen Werksleitung und Arbeitern wachsen.

Die andere Seite der Sozialform Fabrik war ihr Herrschaftscharakter, ihre hierarchische Struktur. Auch der ländliche oder gewerbliche „Haushalt"sbetrieb war Herrschaft, aber jetzt, mit der Trennung von Arbeit und Leben, Arbeit und Produktionsmittel, mit der Tatsache, daß der Arbeiter an fremdem Ort mit fremdem Material und fremden Werkzeugen arbeitete, gewann die Herrschaft einen anderen Charakter: sie wurde moderner, kälter, formaler. An die Stelle patriarchalischer Autorität trat die rein ökonomisch-rechtliche Bestimmungsmacht. Ein Betrieb war keine Lebensgemeinschaft, die den ganzen Menschen beanspruchte und ihm ein Stück – bergender – Gemeinschaft bot, der Arbeiter wurde im Prinzip zum Produktionsfaktor, zur „Arbeitskraft". Formal beruhte das Arbeitsverhältnis auf dem freien, jederzeit kündbaren Kontrakt zwischen Arbeiter und Unternehmer. Unter den herrschenden ökonomischen und rechtlichen Bedingungen war der Unternehmer der Sache nach, das ist hundertmal gesagt worden, weit überlegen – von den handwerklich ausgebildeten Facharbeitern der frühen Industrialisierung abgesehen, die knapp, begehrt, umworben waren. Der Unternehmer also setzte Vertrags- und Arbeitsbedingungen und Arbeitslohn fest. Arbeiter waren nicht Vertragspartner sondern Quasi-Untergebene. Anordnung und Befehl, Härte und Androhung von Strafen sicherten zunächst den Gehorsam – gegen die stille Opposition von Arbeitern gegen den neuen Rhythmus und die Zerlegung der Arbeit wie ihre mögliche Unzufriedenheit mit Löhnen und Arbeitszeiten. Die Praxis, auf Konjunkturschwankungen sofort mit Entlassungen zu reagieren, mochte zwar Unwillen erregen, aber die drohende Entlassung war, neben Lohnabzügen, das sicherste Mittel, Gehorsam durchzusetzen. In größeren Fabriken, wo personale Beziehungen nicht mehr hinreichten, regelten Arbeits- und Fabrikordnungen die Pflichten der Beschäftigten, Befehlsgewalt und Kompetenz wurden damit freilich bürokratisch rationalisiert; wenn man von Stellen und Funktionen statt von Personen sprach, wurde die Organisation – zaghaft zunächst und nur allmählich – formalisiert. Zugleich ergab sich in den mittleren Betrieben, in denen der Unternehmer nicht oder nicht mehr selbst mitarbeitete, eine innerbetriebliche Hierarchie von Werkstattleitern, Werkmeistern und Vorarbeitern (bis zu Gelernten und Ungelernten), die die Anordnungen durchsetzten, die Effektivität der Arbeit kontrollierten; in Großbetrieben waren oft gerade die unteren Hierarchiestufen, z. B. das Verhältnis von Steiger und Bergarbeiter im Bergbau, die eigentlichen Reibungspunkte. Positive Mittel zur Durchsetzung von Ordnung, Disziplin, Effektivität – und all das war ja noch neu, fremd, fern aller Selbstverständlichkeit – waren finanzielle Anreize und Modalitäten der Entlohnung: die Einführung des Stück- oder Akkordlohns seit den 40er Jahren, wöchentliche Lohnzahlung oder längerfristige Verträge, die vor einfachem Wegbleiben von Arbeitern sichern sollten und eine bessere Auswahl des Personals ermöglichten.

Im ganzen war es auch diese Versachlichung und Entpersönlichung der Arbeitsbeziehungen, die Auflösung des „moralischen Bandes" zwischen Unternehmer und Arbeiter, die die „Ausbeutung" und Verletzung der Menschenwürde zur neuen Erfahrung der Arbeiter machte und zu Protest und sozialer Unruhe in den Betrieben führen konnte.

Weil nun aber die soziale Ordnung in Deutschland nicht, wie in England, feststand, selbstverständlich war, mußte ein Unternehmer den Betrieb nicht nur ökonomisch-rational, sondern bis zu einem gewissen Grade „sozial" organisieren. Das Herrschaftsverhältnis der Fabrik war gerade in Deutschland überlagert von patriarchalischen Zügen. Das lag teils an der Tradition geltender sozialer Normen. Sie stammten aus dem agrarisch-handwerklichen und staatlichen Umkreis. Vor ihnen waren die Unternehmer und gar eine bloße Hire-and-fire-Mentalität nicht voll akzeptiert, so wenig wie Klassenkampf, Ausbeutung und schneller Reichtum, und angesichts einer drohenden sozialen Revolution verstärkten sich diese Tendenzen. Angst vor der Revolution und die moralischen Erwartungen der Gesellschaft stellten darum Arbeitskonflikte und -bedingungen unter nicht-rationale, nicht-ökonomische Bedingungen. Patriarchalismus, die Pflicht zu einer gewissen sozialen Fürsorge, das war ein akzeptiertes Leitbild, das den homo novus Unternehmer kompensatorisch moralisch legitimieren konnte; dazu kam das christliche Ethos der Nächstenliebe. Die Disziplinierung der Arbeiter zum neuen Arbeitsrhythmus stärkte das Gefühl von Unternehmern, Erzieher und Vormünd ihrer Arbeiter zu sein.

Teils entstand dieser Patriarchalismus aus neuen rational-funktionalen Erwägungen. Jenseits der Tradition ging es vielen Unternehmern darum, sich einen festen Arbeiterstamm zu sichern – dessen Fehlen war ein Hauptproblem der frühen Industrialisierung – und gegebenenfalls die Loyalität und Anhänglichkeit, die Treue von Arbeitern als leistungsförderndes Moment jenseits von Kontrakt und Gehorsam zu mobilisieren, also Arbeiter an das Unternehmen zu binden und zusätzlich zu motivieren. Beide Arten des Patriarchalismus, der alte und traditionale wie der neue funktionale, überlagerten sich in der Früh- und Hochindustrialisierung, wobei natürlich auch religiöse, ethische, sozialreformerische Ziele eine Rolle spielten. Daraus ergab sich eine bestimmte betriebliche Sozialpolitik. Dazu gehörten z. B. (Unterstützungs)kassen für Krankheit, Invalidität, Hinterbliebenenversorgung, Begräbnis – gelegentlich auch Sparkassen –, die ganz oder teilweise von Unternehmern finanziert, teils neugegründet, teils aus Handwerks-, Berg- und Hüttentraditionen übernommen wurden, also die Form von Betriebskassen hatten, die – natürlich – nur den langjährigen Dauerbeschäftigten des Betriebs zugute kamen; wo die Arbeiter solche Kassen mitverwalteten, stellten sie im allerersten Ansatz eine betriebliche Vertretung der Arbeiter dar. Dann setzte nach 1850 – zaghaft – der Bau von Werkswohnungen ein, angesichts von Wohnungsnot und -elend dringlich –, Miet- und Arbeitsvertrag waren dann gekoppelt –, und die Einrichtung von Konsumanstalten und Kantinen. Dazu kamen – älter zumeist – Unterstützung in Notfällen, Weihnachtsgratifikationen (zum Teil aus zurückgehaltenen Lohnanteilen) oder gar Ausschüttung aus Gewinnen, Ehrung langjähriger Betriebszugehöriger, gelegentlich gar, wie bei Siemens, Besprechung geschäftlicher Angelegenheiten und der Wünsche der Beschäftigten auf Betriebsversammlungen, persönlicher Verkehr mit „allen tüchtigen Leuten", etwas längere Kündigungsfristen oder zurückhaltende Entlassungspolitik in Krisenzeiten. In Extremfällen – wie bei A. Krupp – ging die

Tendenz solcher „Fürsorge" auf eine paternalistische Kontrolle auch des Privat-
lebens der Arbeiter. Wie immer die Motive und Zielsetzungen waren, diese
Maßnahmen banden natürlich Arbeiter auch an ein Unternehmen, und sie kamen im wesentlichen nur einer Oberschicht von Gelernten, Ortsfesten zugute.
In unserem Zeitraum ist diese Betriebspolitik noch patriarchalisch bevormundend. Sie will manches oder gar vieles für die Arbeiter, aber nichts durch sie und
mit ihnen erreichen. Erst seit den 60er Jahren tritt daneben gelegentlich ein
neuer „protektoraler" Typ, bei dem es auch um Erziehung der Arbeiter durch
freiwillige Mitarbeit und Assoziierung geht, etwa in Kassen oder in noch ganz
vereinzelten Arbeiterausschüssen.

Solche Sozialpolitik, solche freiwilligen Leistungen der Fürsorge, die über das
Vertragsverhältnis hinausgingen, gehören in die Geschichte der deutschen Fa-
brikverfassung hinein – aber man darf sich das natürlich keineswegs zu idyllisch
vorstellen. Solche Fürsorge war ein Ideal, war auch, zumal in den spezialisierten
Betrieben, verbreitet, aber doch keineswegs vorherrschend; die Härte der frühindustriellen Arbeits- und Lebensbedingungen ist davon nur wenig (und nur für
wenige) gemildert worden, die Konkurrenz schränkte den finanziellen Spielraum solcher Maßnahmen, sobald sie auf die Preise durchschlugen, erheblich
ein, und sie zwang dazu, auf Konjunkturabschwächungen mit Entlassungen zu
reagieren. Nachdem der Mangel an qualifizierten Kräften überwunden und ein
Stamm gebildet war, wuchs – in den 50er/60er Jahren – die Tendenz zur Elastizität, die Hire-and-fire-Mentalität; der Übergang vom Wochen- zum Stunden-
lohn in vielen Betrieben ist dafür ein Indiz. Bei genügendem Arbeitsangebot war
es im einzelnen Betrieb wichtiger, Arbeitskraft ökonomisch einzusetzen oder zu
entlassen als sie – zeitweise unökonomisch – zu erhalten. Größere und florierende Unternehmen mit Bedarf an spezialisierten Arbeitskräften freilich benutzten seit den 60er Jahren sozialpolitische Maßnahmen auch schon im Kampf um
die „Seelen der Arbeiter", ohne freilich die Ausbildung eines oppositionellen
proletarischen Klassenbewußtseins dauerhaft verhindern zu können.

Wir wenden uns der sich herausbildenden Fabrikarbeiterschaft selbst zu. Hier
muß man zunächst dem falschen Eindruck von der Einheitlichkeit dieser neuen
Schicht widersprechen. Das auffallende Merkmal ist vielmehr ihre starke Differenzierung, und diese Differenzierung ist objektiv, in realen Abstufungen, wie
subjektiv, im Selbstbewußtsein und der Fremdeinschätzung gegenwärtig. Es gibt
die Unterschiede der Herkunft und der Ausbildung, die Alten und die Neukommer, die Einheimischen und die Zuwanderer aus der Nähe – und die aus der
Ferne –, landschaftliche und Dialektunterschiede spielen eine Rolle, die Einheimischen haben eher die bessere Position und das höhere Prestige –; es gibt die
Heimatberechtigten und diejenigen ohne Kommunalbürger- und Unterstützungsrecht, die überlegenen Städter und die Leute vom Lande; es gibt die
Handwerker und die anderen – die ersteren arbeiten in einem eigenen Raum, in
der Papierfabrik tragen allein sie einen Schurz –, ja Zunftunterschiede werden
in die Fabrik übernommen, der Kupferschmied rangiert z. B. vor dem Huf-
schmied; im Bergbau schließlich gibt es bis zur liberalen Reform die rechtlich

Privilegierten und die Neuen. Kurz, wo einer herkommt, was einer war, das bleibt noch lange wichtig. Es gibt die Unterschiede des Geschlechts: Fabriken mit weiblicher oder gemischter Arbeiterschaft rangieren unter denen, in denen nur Männer arbeiten. Ein Teil solcher Unterschiede mochte sich auf die Dauer abschleifen, obwohl die vertikalen Berufsunterschiede sich immer neu ausdifferenzierten; die Maschine nivellierte und differenzierte die Arbeiten in fast gleichem Maße. In der Frühphase hatten z. B. die handwerklich ausgebildeten Arbeiter eine große Dispositionsfreiheit, die mit steigender Mechanisierung eingeschränkt wurde, ja verlorenging. Entscheidend war und blieb die Unterscheidung nach der Arbeiterfunktion, letzten Endes die horizontale Unterscheidung zwischen solchen, die etwas gelernt hatten (wenn auch nicht immer den Umgang mit Maschinen), und denen, die das nicht hatten: zwischen Gelernten und Ungelernten; dazu kamen dann die anstelligen Angelernten, die den Umgang mit bestimmten Maschinen verstanden. Es gibt eine sehr differenzierte Lohnskala, selbst bei 30 Arbeitern 6–8 Gruppen; Spezialarbeiter verdienen anfangs 4–5 mal soviel wie Ungelernte. 1848 liegen in Baden die Unterschiede im Extrem: Frauen-Spezialarbeiter (Mechaniker) bei 1:11,5, innerhalb der männlichen Arbeiterschaft bei 1:2,5, einschließlich der Meister und Mechaniker bei 1:5, bei Krupp 1845 1:5, 1855 1:6,6. Nimmt man gar die „Arbeiterschaft" einer Region in den Blick, so ist das Verhältnis zwischen dem Strohflechter im Schwarzwald und dem bestbezahlten Fabrikmeister wie 1:50. Natürlich verdichten sich die Löhne in den unteren Rängen der Skala, und die Tendenz geht auf eine Verminderung der Spanne; die starke Untergruppe und die schwächere Obergruppe gleichen sich der Mittelgruppe, die nun die stärkste wird, an. Es gibt die Tendenz der Homogenisierung der Arbeiterschaft, und damit zur stärkeren Abgrenzung vom Aufsichtspersonal. Zwischen den Gelernten und Ungelernten nimmt mit der steigenden Zerlegung von Arbeitsvorgängen die Zahl der „Fabrikspezialisten", der Angelernten zu; auch die Zahl der Ungelernten wächst, aber, wie bei den Angelernten nicht durch Abstieg der „Fach"arbeiter, sondern durch Eingliederung neuer Arbeitskräfte. Aber der wesentliche Unterschied zwischen gelernten – sei es im Handwerk, sei es in der Fabrik, – und un- oder angelernten, zwischen Fach- und Hilfsarbeitern blieb bestehen, und diese Unterscheidung war den Arbeitern selbst sehr gegenwärtig und hat auch ihr Gesellschaftsbild bestimmt. Die Erfahrung der gemeinsamen Abhängigkeit, der ähnlichen Lage, die Erfahrung der Gemeinsamkeit einer Klasse und die daraus folgende Solidarität haben sich erst langsam ausgebildet.

Eine Sondergruppe stellten – mindestens bis zur Jahrhundertmitte – die Berg- (und zum Teil auch die Hütten)arbeiter dar. Sie waren ein staatlich privilegierter „Stand" – mit alten Rechten und Sitten, einer zunftähnlichen Organisation. Sie unterstanden vielfach – in Preußen in der Zeit des sogenannten Direktionsprinzips – der staatlichen Verwaltung oder doch Kontrolle und Bevormundung, sie waren „Untertanen", aber durch Für- und Vorsorge fast beamtenähnlich privilegiert und geschützt, und infolgedessen bestimmten Gehorsam wie Vertrauen und Selbstbewußtsein ihr Verhältnis zu den Behörden. Ihr Arbeitsplatz war gesichert, ihr nicht schlechter Lohn staatlich reguliert, Staat und traditionelle Knappschaften sicherten sie gegen die Risiken des Lebens und Arbeiterlebens, ihre Häuser (Kotten) waren zumeist mit Land ausgestattet, sie hoben sich nach Lage wie aus sehr ausgeprägtem Bewußtsein von der Masse der anderen „Arbeiter", auch etwa von den „neuen" landlosen Bergtagelöhnern, ab. Erst die Liberalisierung des Bergrechts, in Preußen nach 1851, der Übergang zur privat-kapitalistischen Organisation und dann der ökonomisch-technische Übergang zum Großbetrieb haben den Stand verwandelt, aus Bergleuten Bergarbeiter gemacht und sie den Industriearbeitern stark, wenn auch nicht vollständig, angeglichen. Gerade die Bergarbeiter haben dann gegen die disziplinierenden Strafbestimmungen der „neuen" Betriebspolitik, von denen wir oben sprachen, auch wenn sie eher gegen Neue und Angelernte gerichtet waren, protestiert und opponiert.

Mit der Phase der Hochindustrialisierung beginnt der „Aufstieg" der Fabrikarbeiterschaft, erst jetzt wird sie zum dominierenden Typ (wenn auch noch nicht zur Mehrheit) der „handarbeitenden Klassen", zugleich trennten sie sich wieder deutlicher von den eigentlichen „Armen". Da die Statistiken noch zu undifferenziert sind, können wir ihre Zahl und ihren Anteil nur schätzen. Er mag im Gebiet des Deutschen Reiches 1873 etwas weniger (nämlich abzüglich der kleinen Zahl der Unternehmer und Angestellten) als 1,8 Millionen oder 10% der Erwerbstätigen betragen haben. Nimmt man Heim(Verlags)arbeiter, Transportarbeiter, Handwerksgesellen, von denen freilich ein Teil später selbständig wird, Landarbeiter und Dienstboten dazu, so mag – in äußerst roher Schätzung – der Anteil der Unterschichten oder der abhängig in Handarbeit Beschäftigten an den Erwerbstätigen bei vielleicht 55% gelegen haben. Aber die Fabrikarbeiter wurden jetzt für die Unterschichten und den Trend der Entwicklung charakteristisch und bei der Sprachlosigkeit anderer Gruppen dominierend. Erst jetzt wurde darum der Nichtbesitz von Produktionsmitteln zu einem wichtigen Thema.

Über die Herkunft der Fabrikarbeiter läßt sich folgendes sagen. Sozial gesehen gab es 4 Herkunftsgruppen nach Ausbildung und/oder väterlichem Beruf. Einmal waren da die Handwerker, meist Gesellen, in der holzverarbeitenden, der Metall- und Maschinenindustrie vor allem, die zum Teil – keineswegs immer – ihr erlerntes Handwerk unter den neuen Fabrikbedingungen fortsetzten. Subjektiv war der Übergang in die Fabrik, das Aufgeben der überlieferten Erwartung auf Selbständigkeit oft schwer, objektiv freilich war das oft eine Befreiung und eine größere Sicherheit. Selbständige traten weniger leicht in die Fabrik ein, Selbständigkeit schränkte die Arbeitsmobilität erheblich ein. Zum zweiten gab es die Heimarbeiter, zumal im Textilbereich; hier waren es einerseits Frauen (und Kinder), andererseits diejenigen, die weniger befähigt waren und der Konkurrenz der Maschinen nicht mit speziellerer, feinerer, schnellerer Produktion begegnen konnten; das quasi handwerkliche Prestige der Hausindustrie lag freilich lange über dem der in schlechtem Ansehen stehenden Fabriken. Nicht nur in der Textil- und Feineisenindustrie, der Tabak- oder Zuckerindustrie ist diese Gruppe beachtlich, bestimmte Handwerke – Schuhmacher, Bekleidungshandwerk, Tischler – machten vielfach vor dem Übergang in die Fabrik eine Phase hausgewerblicher Arbeit durch. Drittens ist zu nennen die große Gruppe der landwirtschaftlichen Arbeiter, Tagelöhner, nachgeborenen Kleinbauernsöhne, bei denen der Übergang vom vorindustriellen Dasein zur Fabrikarbeit am schroffsten ist. Krupp hat seine Arbeiter weitgehend aus solcher ländlichen Überschußbevölkerung rekrutiert, und ähnlich war es in der entstehenden Großindustrie der Ruhr. Und schließlich gab es diejenigen, die aus den alten Bergbau- und Hüttenbetrieben kontinuierlich in die neuen hineinwuchsen. Gelegentlich waren Eisenbahn- und Chausseebau Übergangsstadien für die ländliche und hausgewerbliche Armut.

Geographisch kamen die Arbeiter vor allem aus dem städtischen oder dörflichen Fabrikort und aus dem näheren Umland, zumal die im Überfluß vorhandenen Ungelernten, erst vereinzelt und fast nur bei Städtern und den hochbegehrten Gelernten aus einem ferneren Umkreis. Wer in die Stadt wanderte, war im allgemeinen risikofreudiger und anpassungsfähiger, qualifizierter und erfolgreicher als der, der – vom Land oder gar der Stadt – in ländliche Industrieregionen zog. Die ländlichen Zuwanderer stellten überwiegend die ungelernte Arbeiterschaft; vielfach handelte es sich bei ihnen auch um Saisonarbeiter und Pendler, die nur zeitweise in der Fabrik tätig wurden. Die Fabrikarbeit ersetzte frühere Nebenarbeit oder diente als eine Art Wartestellung, die dann nach und nach freilich zur Dauerstellung wurde. Der Grund für den Eintritt in die Fabrik war vor allem der Zusammenbruch traditioneller Sicherungen, die Übersetzung traditioneller Wirtschaftszweige – also mehr die Not, als die Ausnutzung von günstigen Arbeitsplätzen und Aufstiegschancen; nur bei den handwerklich Gelernten, den Ausgebildeten spielte das eine Rolle. Landbesitz hinderte die Arbeitsmobilität und hielt die Leute auf dem Lande, im Handwerk oder im Hausgewerbe fest. In nicht ganz wenigen Fällen sind Fabriken auf dem Lande gegründet worden, weil dort, nicht aber in der Stadt, genügend Arbeitskräfte vorhanden waren. Schließlich stellte in Süddeutschland das Heimat- und Unterstützungsrecht, das zugleich immer Erschwerung der Eheschließung war, ein Hindernis bei der Mobilisierung der Unterschichten für die Fabrikarbeit dar; mental gehörte dazu auch die starke Fremdenfeindlichkeit, die wir vielfach antreffen und die sich erst nach 1850, aber noch vor der Freigabe von Eheschließung und Gemeindebürgerrecht, abschwächte. Mit der Zeit gab es in Fabrikstädten natürlich auch eine Selbstergänzung der Fabrikarbeiter, wobei zum Teil frühe Industriezweige als Rekrutierungsreservoir für andere dienten – aus der Textilarbeiterschaft z. B. kamen viele andere Gruppen von Arbeitern. Wichtig aber bleibt die handwerkliche Ausbildung, das Handwerk bleibt die Schule der Fabrik. Es ist klar, daß der Übergang in die Fabrik dort, wo er mit Land-Stadt-Wanderung verbunden war, erhebliche menschliche Probleme der Entwurzelung oder Anpassung stellte.

Mit der Wanderung in die Fabriken hängt nun die Mobilität und Fluktuation der Fabrikarbeiter zusammen. Die Wanderung – Zuzug und Abzug – ist gewaltig, viel größer als die Saldobilanzen etwa für die Verstädterung ausweisen. Aber sie ist unterschiedlich und unterschiedlich motiviert. Auf der einen Seite haben wir die „Chancenwanderung" der Leute, die Konjunktur und Arbeitsmarkt, regional wie über weite Distanzen hin nutzen, vor allem die gelernten Arbeiter, nach denen immer eine hohe Nachfrage bestand (etwa nach Schlossern in der Maschinenindustrie). Dann haben wir in den Anfängen der Industrie und bei den Neueintretenden noch lange die „Zeitarbeiter", für die Fabrikarbeit keine wirkliche, ökonomisch stabile und sozial anerkannte Alternative zur Land- und Heimarbeit und zum Tagelöhnerdasein war, sondern Saison- und Nebentätigkeit, die daher in der ländlichen Arbeitssaison oder, wenn sie für einige Zeit zu leben hatten, ausschieden. Schließlich gibt es seit den 50er/60er Jahren, zum Teil damit zusammenhängend, die „Flugsand"mobilität: bei den wenig Qualifizierten, die anfällig für Kündigungen sind, bei den Leuten vom Lande, die unter dem „Schock" der Fabrik stehen, bei den Jungen, bei den Wander- und Wechsellustigen; manchmal eine schier irrationale Fluktuation, einerseits in der Gruppe der 20–35jährigen Unverheirateten, andererseits lebenslang bei bestimmten Familien- und Besitzlosen. Die fluktuierenden, „flottierenden" Arbeiter werden ein Teil der neuen industriestädtischen Wirklichkeit; bei der Maschinenfabrik Augsburg z. B. verlassen zwischen 1844 und 1853 73% aller Eintretenden die Fabrik innerhalb eines Jahres, anderswo ein Drittel bis die Hälfte. Trotz der hohen Fluktuationsraten bildet sich unter den älteren, verheirateten (und zumal qualifizierten) Arbeitern auch ein fester Stamm mit oft vielen Arbeitsjahren im gleichen Betrieb; es stellt sich ein Gleichgewicht zwischen festbesetzten und häufig wechselnden Stellen, zwischen ortsfesten und „flottierenden" Arbeitern her.

Wir fragen nach Lebensstandard und Lebenslage der Arbeiter. Für die Zeit der Frühindustrialisierung wird man im ganzen wohl sagen können, daß die Fabrikarbeiter – am wenigsten noch die der starken Schwankungen unterworfenen Textilindustrie –, und die Facharbeiter besonders, etwas mehr Sicherheit und ein etwas höheres Einkommen hatten als andere Angehörige der „handarbeitenden Klassen", zumal als die Heimarbeiter und die gewöhnlichen „Handarbeiter" (Tagelöhner); über die Schwierigkeiten, die wirkliche Bedeutung der Reallöhne zu erfassen, haben wir gesprochen. Freilich, wenn man von der Industrie in ländlichen Gebieten und von den Pendel- und Saisonarbeitern absieht, steigt mit der Verstädterung, der Landlosigkeit der Arbeiter und der abnehmenden Bedeutung der Arbeit von Kindern und von verheirateten Frauen und Müttern vor allem, die Bedeutung der Reallöhne als Grundlage der Arbeiterexistenz; die Arbeiter verlieren, sieht man von den Mischgebieten Württembergs und ähnlichen Regionen ab, den vorindustriellen kargen Rückhalt der ländlich-dörflichen Familien. Die Reallöhne sind mit der Hochindustrialisierung – auch wenn man nicht von dem Tief von 1847 ausgeht – seit den späten 50er Jahren gestiegen, sie erreichen 1871 die Indexziffer 69 (1900:100; 1845:43), auch die Sparraten steigen in dieser Zeit. Der „vorindustrielle" Druck auf die Löhne, die Unterbietung durch Heimarbeit, die Frauen- und Kinderarbeit und der englische Konkurrenzdruck ließen nach; mit Expansion und guter Konjunktur stieg die Nachfrage nach Arbeitskraft; der Pauperismusdruck wurde abgebaut. Die Industrielöh-

31. Das Realeinkommen von Arbeitnehmern im späteren
Deutschen Reich 1850–1870

Jahr	Nominaleinkommen		Index der Lebens-haltungskosten (1913 = 100)	Realeinkommen Index (1913 = 100)
	absolut in Mark	Index (1913 = 100)		
1850	313	29	45	64
1851	323	30	52	58
1852	305	28	62	45
1853	320	30	57	53
1854	338	31	70	44
1855	348	32	75	43
1856	357	33	63	52
1857	385	36	63	57
1858	387	36	56	64
1859	386	36	58	66
1860	396	37	62	60
1861	400	37	67	55
1862	400	37	65	57
1863	413	38	62	61
1864	414	38	63	60
1865	414	38	60	63
1866	434	40	62	65
1867	445	41	71	58
1868	457	42	68	62
1869	480	44	66	67
1870	487	45	69	65

ne differierten nicht nur nach Qualifikation, sondern auch zwischen den Wirtschaftszweigen; Bau- und Metallgewerbe lagen in der Mitte, Bergbau, Druck, Maschinenindustrie höher, Textil- und Holzindustrie darunter. Wichtig für den einzelnen war, daß es eine wohl typische Kurve des Lebensverdienstes gab: nach geringen Einnahmen in der Lern- und Anlernzeit hatte sie – nach Berufen unterschiedlich – ihren Höhepunkt von Mitte/Ende 20 bis etwa 40 (55) und sank dann ab, zum Teil wegen abnehmender Leistungen im Akkord oder weniger Überstunden, zum Teil auch durch Umsetzung in andere Lohngruppen, etwa den (Zeit)Tagelohn. Setzt man diese Kurve in Beziehung zum Lebens- und Familienzyklus, so ergibt sich: 1. relativ „gute" Einnahmen von Mann und Frau vor der Heirat, bei geringeren Ausgaben, 2. Absinken der Einnahmen und Erhöhung der Ausgaben nach der Familiengründung und während der Aufzucht der Kinder, und 3. eine Art relativ typischer Altersverarmung. Es kam im ganzen nicht so auf die Höhe der Löhne wie auf die Länge der Periode des Höchstlohnes an. Wo die Hochverdienstphase über die Expansion der Familie hinausreichte, konnte man ein kleines häusliches Vermögen bilden, ein Stück weit

32. *Die Löhne im Bergbau 1850–1870 (in Mark)*

Jahr	Ruhrkohlebergbau		Bergbau und Salinen	
	durchschnittl. Nettojahreslohn	durchschnittl. Nettoschichtlohn	Barlöhne der Arbeiter	Arbeitseinkommen aller Beschäftigen
1850	334	.	439	457
1851	406	.	477	496
1852	376	.	460	478
1853	366	1,72	445	463
1854	436	1,78	534	555
1855	490	1,99	555	577
1856	568	2,27	580	603
1857	559	2,27	619	644
1858	552	2,50	616	641
1859	479	1,82	545	567
1860	493	1,77	554	576
1861	457	2,03	523	544
1862	520	1,93	563	586
1863	550	2,05	612	636
1864	611	2,18	641	667
1865	702	2,33	667	694
1866	647	2,32	687	714
1867	682	2,37	698	726
1868	748	2,46	720	749
1869	829	2,54	735	764
1870	793	2,67	767	798

(selbst oder durch die Kinder) sozial aufsteigen. Bis um 1870 waren die Lohnverdienste noch stark von den individuellen (wenig standardisierten) Ausbildungsgängen abhängig.

Die Arbeitsbedingungen blieben hart wie die Lebensbedingungen dürftig – aber gewiß nicht wie in den Schreckensberichten aus dem frühindustriellen England und gewiß besser als im Elend des im Grunde vorindustriellen Pauperismus. Freilich hängen solche Urteile von den sich wandelnden Kriterien ab: die Ansprüche an Lebens- und Arbeitsbedingungen sind in dem Maße, wie sie sich besserten, gestiegen. Aber „hart" und „dürftig" bleiben auch in solcher Relativierung adäquate Ausdrücke. Das berüchtigte Trucksystem-Lohnzahlung mit überteuerten und nicht benötigten Waren, ein alter, vorindustrieller Brauch, spielte vor 1848 im Westen, zumal gegenüber den Heimarbeitern, eine schlimme Rolle; die Mehrzahl der Industriellen freilich lehnte es ab, nach 1848 verschwindet es (Verbot in Preußen 1849). Die Arbeitszeiten lagen zumeist bei 12–14 Stunden (einschließlich der Pausen von 1½ bis 2 Stunden), 1870 nach einer Schätzung durchschnittlich bei 78 Wochenstunden (einer 6-Tagewoche);

33. Durchschnittslohn der Arbeiter der Maschinenfabrik Eßlingen 1848–1870

Jahr	Zahl der Arbeiter	Nominallohn		Lebens-haltung	Reallohn	
		Mark	1848 = 100	1848 = 100	1848 = 100	Mark
1848	491	467	100	100	100	467
1849	382	533	114	89	128	598
1850	283	491	105	88	119	556
1851	328	561	120	100	120	560
1852	420	620	133	117	114	532
1853	512	617	132	129	102	476
1854	642	640	137	133	103	481
1855	645	685	147	143	103	481
1856	823	681	146	142	103	481
1857	1076	726	155	140	111	518
1858	1065	715	153	136	113	528
1859	1120	699	150	131	115	537
1860	713	670	143	111	129	602
1861	753	667	143	124	115	537
1862	947	700	150	139	108	504
1863	919	733	157	132	119	556
1864	920	708	152	125	122	570
1865	847	731	157	136	115	537
1866	958	735	157	157	100	467
1867	1038	759	163	160	102	476
1868	1157	775	166	151	110	514
1869	1117	763	163	144	113	528
1870	1211	798	171	147	116	542

mit Zunahme der Fabriken und ihrer Größe und bei noch fast fehlendem Nahverkehr wuchs die Länge der Wege. Lärm, Staub, Enge, schlechtes Licht, Unfall- und Krankheitsrisiken bestimmten vielfach die Situation am Arbeitsplatz. Lange Arbeitszeiten und geringe Sicherheitsmaßnahmen führten zu hoher Unfallhäufigkeit. Der Konsumstandard stieg zwar über die Hungerdrohung und über das Existenzminimum – wir haben auf den steigenden Fleischverbrauch hingewiesen –, und er war, man kann es nicht oft genug sagen, bei den Gelernten und Ungelernten oder den anderen unterschiedlichen Gruppen durchaus unterschiedlich; aber 65–70% der Einnahmen gingen auf Lebensmittel (in Sachsen z. B. 1857: Nahrung 65, Kleidung 10, Wohnung, Heizung, Licht 17, Rest 5%; beim Mittelstand: Nahrung 55, Kleidung 18, Wohnung, Heizung, Licht 17, Rest 10%). Die Wohnverhältnisse blieben ärmlich, unendlich bescheiden, jenseits aller bürgerlichen Normen. Die Zunahme der Fabrikarbeiterschaft wie das Wachstum der Städte schlug sich in enormen Steigerungen der Mieten nieder, wie auch darin, daß Mieten Grundform des Lebens wurde; der Besitz von Arbeiterhäuschen ging prozentual einschneidend zurück. Die Arbeiter lebten anders, dürftiger als Handwerker oder Bauern. Absolut hat sich ihre Lage zwar verbessert, aber im Vergleich zur Mittelschicht, und nach der Übernahme „normalerer" Konsumnormen, laborierte der Arbeiterhaushalt doch immer am Rande der Not.

Aber das wichtigste Moment für Lebenslage und Lebenserfahrung war wohl die lebenslängliche Ungesichertheit, gemessen natürlich nicht am Maße des modernen Sozialstaates, wohl aber an der normalen Betroffenheit von Lebensrisiken in der vorindustriellen wie in der bürgerlichen Gesellschaft. Krankheit, die eigene wie die von Frau oder Kindern, Invalidität, Alter, Tod des „Ernährers", das waren kaum aufzufangende Einbrüche in Lebensplanung und „Auskommen". Und gewiß ebenso bedrohlich war der unfreiwillige kurz- oder längerfristige Verlust von Arbeit – bei konjunkturellen Schwankungen wie individuellem Leistungsabfall. Keine der Krücken der alten Zeit, keine größere Familie, keine ländlichen Ressourcen und kein – ausreichendes – Sparguthaben waren als Auffangnetz in solchen Notlagen verfügbar. In der Hochverdienstphase vor der Verheiratung konnte man sparen, und die Zielstrebigen taten es, danach war die Sparmöglichkeit fortlaufend geringer; Erspartes und Dinge, die man versetzen konnte, reichten nur für nach Zahl und Maß begrenzte Krisen hin. Die Unsicherheit als bestimmender Faktor der Arbeiterexistenz blieb, ja verschärfte sich in gewisser Weise, trotz der steigenden Reallöhne und der Überwindung der Pauperismuskrise. Dazu kam endlich das „mental-emotionale" Problem, die Entwurzelung aus einer alten gefestigten Ordnung in Land und Stadt, die Umsetzung in eine neue Existenz – beim Land-Großstadtwechsel am deutlichsten –, ohne daß man schon eine neue soziale „Heimat" bilden konnte; die Nicht-Integration, die Separierung von den bürgerlichen und alten Lebensformen, das Abseits- und Außerhalbstehen in der Stadt, der anderen Gesellschaft, wie sie symbolisch und leibhaft in den Arbeitervierteln und -straßen der 6oer Jahr faßbar wird. Die Erfahrungen und Erscheinungen der Entwurzelung aus alten und familialen, ländlichen, kleinstädtisch-gewerblichen Verhältnissen, von der wir bei den Unterschichten überhaupt gesprochen haben, die seelische und moralische Proletarisierung, dauerten fort; die Rolle des Trinkens etwa und des Wirtshauses, so sehr es auch sozialer Mittelpunkt werden kann, bezeugt das. Es dauerte lange, bis sich in dem neuen sozial-kulturellen Milieu der Arbeiter neue Bindungen entwickeln konnten. Auf der anderen Seite und gleichzeitig muß man aber feststellen, daß zumindest bei den gelernten und angelernten Arbeitern, bei denen, die Familien gründeten, die bürgerlichen Normen – aus Herkunftstradition und wohl christlichen Überhängen, wie im Blick auf die „anerkannte" Bezugsgruppe – stark waren: der Drang zur „Respektabilität", die Normen von Bildung und Leistung und Arbeit. Dieser Teil der Nicht-Eingebürgerten wollte doch im Grunde Bürger sein. Auch der Zug der Arbeiter zur Vereinsbildung in den 5oer/6oer Jahren ist dafür typisch.

Die Frage nach der Schicksalhaftigkeit, der Unabänderlichkeit der Arbeiterexistenz, die Frage, ob der einzelne objektiv an seine soziale Position gebunden war und das auch subjektiv so als aussichtslos erfuhr, ist schwer zu beantworten.

Im großen gesehen ist die Möglichkeit, Eigentum zu erwerben, geschwunden, der Herrschaftscharakter der Fabrik hat sich verfestigt, die soziale Aufstiegsmobilität ins Bürgertum ist nicht hoch; Mangel an Bildung, Mangel an Kapital sind kaum überwindbare Barrieren. Überlieferte Selbstzeugnisse wie Deutungen weisen auf die Unabänderlichkeit des Arbeiterseins, wie die Tatsache, daß sich auf Dauer die Arbeiterbewegung durchsetzt, die Mentalität der Arbeiter ausdrückt und formt. Das Bild ist freilich einseitig. Wenn man die starken Differenzierungen der Arbeiterschaft und der angrenzenden Gruppen bedenkt und zudem versucht, verschiedene Kriterien für den sozialen Status (Beruf, Einkommen, Vermögen, Prestige) zu kombinieren, dann ist der innerbetriebliche Aufstieg des Arbeiters (des Schlossers zum Werkmeister), der außerbetriebliche der Söhne (zum Lokomotivführer) stärker als man gemeinhin annahm. Bei den gut untersuchten Textil- wie Maschinenarbeitern in Esslingen hat man hohe Aufstiegsquoten (40–50%) ermittelt, das hing freilich mit einer besonders günstigen Sozialstruktur zusammen; anderswo, im Ruhrgebiet, in Großstädten bei geringerer Diversifikation sind vergleichbare Zahlen niedriger. Es scheint übertrieben, die Arbeiterschaft gleichzeitig als Bassin der „Absteiger" und Basis der Aufsteiger zu definieren; aber das Faktum von Aufstieg – mählich und begrenzt durchaus – muß man wohl mehr als bisher, jedenfalls für die Zeit bis 1870, anerkennen.

Der Herrschaftsordnung Betrieb stand der Arbeiter isoliert und wenig geschützt gegenüber: nur dort wo seine Arbeitskraft gebraucht wurde, war er in einer stärkeren Position. Die Vertrags(Kontrakt)freiheit war gesetzlich in unserem Zeitraum im allgemeinen mit dem Verbot von Koalitionen (Gewerkschaften) gekoppelt; insofern blieb die Position der Arbeiter schwach. Die Praxis der Behörden und Gerichte freilich war nach Zeiten und Staaten unterschiedlich; nach der Reaktionszeit wurden Koalitionen (und vereinzelte Streiks) im allgemeinen toleriert. Die Möglichkeit, die zahlreichen Streitigkeiten, die sich aus dem Arbeitsverhältnis ergeben konnten, vor Gericht zu verfolgen, aber war dem Arbeiter de facto verschlossen.

Das Bewußtsein der Fabrikarbeiter hat sich im ganzen nach 1850 vereinheitlicht. Das gilt trotz der Fortdauer alter Unterschiede und der Entstehung neuer, trotz der Grenzlinie zwischen Gelernt und Ungelernt, trotz alter ständisch-handwerklicher oder bergmännischer Mentalitäten, die immer wieder durchschlagen. Zumal bei den Handwerksgesellen finden wir zunehmend die Selbstbezeichnung „Arbeiter", und zwar im Sinne eines neuen Stolzes. Die Gemeinsamkeit von Lebenslage und Erfahrung, zumal in der Ausgrenzung gegenüber den Unternehmern, dem Staat und der bürgerlichen Gesellschaft der Städte, wird deutlicher. Dieses sich bildende Gruppengefühl und -bewußtsein schon als „Klassenbewußtsein" zu bezeichnen, scheint mir freilich in unserem Zeitraum – außerhalb der entstehenden Arbeiterbewegung – noch nicht angemessen. Das wird sich vor allem zeigen, wenn wir später von der politischen Mentalität „der" Arbeiter handeln.

Das Phänomen der Massenverarmung, des Pauperismus, hat im Vormärz eine ausgebreitete Diskussion dessen, was man später die soziale Frage nannte, ausgelöst. Dazu gehörte auch, nicht immer klar unterschieden, das Thema Fabrikarbeiter, Industrieproletariat und im weiteren Rahmen dann natürlich: Fabriksystem und kapitalistische Konkurrenzwirtschaft. Obwohl Industrie und Fabrikarbeiter in Deutschland im Vormärz noch keine starke oder gar dominierende anschauliche Realität waren, war die Frage für alle Interessierten brennend; es gab ein waches antizipatorisches Bewußtsein für die kommenden Entwicklungen, in das sowohl das theoretisch-analytische Interesse an der Gesellschaft mündete, wie die Wahrnehmung dessen, was in England und Frankreich geschah und diskutiert wurde. Lorenz Steins epochemachendes Buch von 1842 (,Geschichte der sozialen Bewegungen in Frankreich von 1789 bis auf unsere Tage') und nicht minder Friedrich Engels ,Lage der arbeitenden Klassen in England' (1845) stehen in einem großen Zusammenhang der Kenntnisnahme und Diskussion westeuropäischer Sozialverhältnisse in Deutschland. Das Phänomen der Verarmung, der Zunahme der arbeitenden Klassen, ihres Herausfallens aus alter ständischer Einhegung und Begrenzung, die Entstehung des „Proletariats" (der katholische Philosoph Franz von Baader hat zuerst die Bezeichnung „Proletair" in Deutschland verbreitet) waren aufdringlich genug und konnten auch nach den neuen Maßstäben der Zeit nicht mehr, wie die alte Armut, als natur- und gottgegeben angesehen werden, man sprach von einer Krankheit der Gesellschaft. Dazu kam, wiederum auch mit Blick auf Westeuropa, das Bewußtsein, daß Unterschichten und Arbeiter das soziale Gleichgewicht, Ordnung und Bestand der bürgerlichen Gesellschaft und des Staates bedrohten, zumal wenn in ihrer elenden Lage und ihrer Unzufriedenheit kommunistische Ideen Raum gewannen; kurz, die Sorge vor Revolution und Zusammenbruch der Gesellschaft prägte die Diskussion mit. Die Beobachter und Kommentatoren beschrieben die Lage, die Schutz-, Hilfs- und Rechtlosigkeit, die „Vogelfreiheit" (Baader) des entstehenden Proletariats, die Tatsache, daß die Reichen reicher und die Armen ärmer wurden; neben den objektiven Fakten betonten sie fast alle sehr stark die Gesinnungen, den Verfall von Sitte und Moral, die seelisch-moralische Verwahrlosung und die neuen Gefühlsreaktionen, Aufsässigkeit und Neid angesichts der Hoffnungslosigkeit der eigenen Situation und der sich vergrößernden Schere zwischen Arm und Reich. Seit Hegel war das Problem der Entfremdung – die geistlose, mechanische, abstumpfende Arbeit in der arbeitsteilig maschinellen Produktion – aktuell; sein Schüler Gans fragte sich 1830, ob die Emanzipation aus der Korporation nicht in die Despotie der Fabrik führe, und List sprach später von der „Entwürdigung" der arbeitenden Klassen. Die Erklärungen waren immer vielfältig, nach Beobachtungskraft und politischer Perspektive auch unterschiedlich. Das Spektrum der angenommenen Ursachen war breit: Bevölkerungsvermehrung und/oder Stagnation des Arbeitsplatzangebots; die Emanzipationsgesetze: Bauernbefreiung, Gewerbefreiheit etc.; die Dekorporierung der Gesellschaft durch Individualismus und Konkurrenzprinzip, der darauf gegründete moderne Rechtsstaat; die Mobilisierung von Menschen, Boden und Normen; die Entfesselung des Egoismus, die Aufhebung personaler

Sozialbeziehungen; die Versachlichung und Ökonomisierung der Arbeit; Entwurzelung, Heimatlosigkeit, Desorientierung; die entfesselte Herrschaft des Geldes; die Ausbildung einer Geldaristokratie; die kapitalistische Produktion der Fabriken (Lohndruck, Ausbeutung und Überproduktion); gelegentlich überhaupt Fabrik und Maschine; aber dagegen auch: Mangel an Industrie, Mangel an ökonomischer und rationaler Aktivität; zuviel Schule und zu wenig Schule, der Verfall der Religion. Die Konservativen neigten dazu, die „Bourgeoisie" anzuklagen, die Liberalen den versagenden Staat oder die feudalen Verhältnisse. Gewiß konnte so gegen das Neue, das Unheil, nostalgisch die „gute alte Zeit" gestellt werden, in der auch der Ärmste noch seinen Platz in einer festen, hierarchischen, harmonischen Ordnung hatte, die Gemeinschaft gegen die Gesellschaft, wie man später sagte, aber die ernsthaftere Debatte geht doch von der Unwiderruflichkeit der technischen und ökonomischen Änderungen aus.

Am wichtigsten sind schließlich die Vorschläge, wie man das Problem bewältigen, die Lage meistern könne. Von der revolutionären Theorie der Arbeiterbewegung werden wir sprechen; hier geht es um die „bürgerlichen", die nicht-revolutionären Antworten auf die Herausforderung des Proletariats. Es gab allgemeine und wirtschaftspolitische Rezepte: Förderung der Auswanderung oder – konservativ – Eindämmen der Bevölkerungszunahme, der Freizügigkeit, der Gewerbefreiheit; oder – progressiv – Ausbau und Entfaltung der Industrie, deren Wachstum allein, so meinte etwa Bruno Hildebrand, die Krise lösen könne, die „Entfesselung" der Arbeit, der Konkurrenz, der individuellen Aufstiegschancen, kurz der Selbstheilungskräfte einer modernen Wirtschaftsgesellschaft. Aber für uns hier wichtiger: die spezifische Antwort hieß Sozialreform. Bürgerliche Sozialreform, Sozialpolitik wurde in den 40er Jahren zuerst zu einem der großen Themen des Jahrhunderts. Worum es allen dabei ging, das war – nachdem die bisherige Armenpflege und -fürsorge vor dem neuen Problem versagte – die Entproletarisierung des Proletariats, die (Wieder)Einbürgerung, Einhausung der Arbeiter in die Gesellschaft, und zwar vor allem durch Neuschaffung von verlorengegangenen sozialen Sicherungen, gegebenenfalls von Eigentum, und die Wiederbelebung von moralischen Normen und Gesinnungen und deren institutionelle Abstützung. Gewichte und Prioritäten waren dann unterschiedlich: die Möglichkeiten lagen zwischen Gesinnungsbildung und Institutionen. Je nach eigener Position dachte man an staatliche Maßnahmen, karitative und paternalistische Anstrengungen der bürgerlichen Gesellschaft, Selbsthilfe und -organisation der Arbeiter; Versicherungen, Bildungsbemühen, Gewerkschaften; Wiederherstellung einer quasi-ständischen Gesellschaft von obligatorischen Korporationen oder Neuorganisation der Gesellschaft auf der Basis freier Assoziationen. Man diskutierte staatliche Maßnahmen zur „Organisation der Arbeit" wie das Verbot der Kinderarbeit, des Trucksystems und ähnlicher Praktiken, Festsetzung einer Höchstarbeitszeit (73 Stunden), ja eines Mindestlohnes, Gewinnbeteiligung und, ansatzweise, Mitbestimmung (so der Liberale Robert Mohl), oder staatliche Arbeitsbeschaffungsprogramme. Lorenz Stein, der das

Problem in den Kategorien des Klassenkampfes sah, meinte, daß es allein der Staat des „sozialen Königtums" sein könne, der zwischen Bourgeoisie und Proletariat vermitteln und Gerechtigkeit üben könne, und auch der Konservative Hermann Wagener meinte, daß allein Staat und Regierung die Interessen der Arbeiter vertreten könnten.

Bei diesen vielfältigen und unterschiedlichen Antworten lassen sich konservative und liberale Antworten nicht säuberlich trennen, sie überlappen sich; den Ruf nach staatlicher Intervention wie die Abneigung dagegen gibt es bei Konservativen wie Liberalen; gelegentlich kommen sich die Vorschläge aus den gegensätzlichen Lagern doch recht nahe. Dennoch kann man den Typus einer „sozialkonservativen" und einer „sozialliberalen" Antwort unterscheiden. Die Sozialkonservativen, katholisch oder protestantisch, gingen, wie schon angedeutet, von einer romantischen, antiliberalen Gesellschaftsauffassung, wie sie etwa Adam Müller und Franz von Baader entwickelt hatten, aus. Der „Liberalismus", der die Bindungen auflöst und selbst bindungslos ist, der die Gesellschaft mechanisch atomisiert, dessen Glaube an individuelle Autonomie und Freiheit Selbstbetrug ist und nur zu neuer Despotie und Sklaverei führt, dessen – geheimer – Atheismus den Egoismus entfesselt, er ist der Ursprung des sozialen Problems. Es kommt dann darauf an, daß der Staat die Freisetzung der mobilen bürgerlichen Leistungs- und Klassengesellschaft rückgängig macht oder sie doch zumindest eindämmt, daß er die agrarische, die handwerkliche Gesellschaft stärkt oder doch bewahrt. Aber solche Orientierung an einer vergehenden Welt hatte natürlich etwas Utopisches. Für die konkrete soziale Frage brauchte man, auch unter diesem Modell, andere Antworten. Die eine war die Bewahrung, Wiederherstellung und Intensivierung der Religion – auch in neuen Vereinen und Institutionen von Arbeitern und für Arbeiter –, Religion (und die „religiöse Not", wie Johann Hinrich Wichern, der Begründer der Inneren Mission, das nannte) war das Kernstück der Entproletarisierung und Humanität. Und dazu gehörten natürlich auch allgemeinere sozialmoralische Rezepte der Gesinnungsbildung: die Arbeiter wieder mit dem Ethos „des Dienstes" zu erfüllen (H. Wagener), sie durch „Sitte" und „Fleiß" zu befestigen, vor „Veränderungssucht" zu bewahren, sie vom „Stand der Standlosen", diesem „Abfall der Gesellschaft" zu unterscheiden und sie zum wirklichen Stand in (und nicht außer) der Gesellschaft zu machen (Wilhelm Heinrich Riehl). Das zweite, fast immer damit gekoppelt, war eine korporative Organisation der Arbeiterschaft: Franz v. Baader wollte z. B. obligatorische Korporationen unter der Führung von Priestern, die die Arbeiter dann auch auf den Landtagen mit Sitz und Stimme vertreten sollten; und bei dem eigentlichen Begründer des „Sozialkatholizismus", dem badischen Abgeordneten Franz Joseph Buß findet sich ähnliches. Daran schloß sich schließlich, langsam und zögernd, aber doch mit einer wachsenden Konsequenz von Baader und Buß oder Wichern bis zu Ketteler, Victor Aymé Huber und H. Wagener die Forderung nach korrigierenden Staatsmaßnahmen, nach Sozialpolitik an, vor allem zugunsten des Arbeiterschutzes, gelegentlich, wenn auch ökonomisch meist unklar, nach einem gewissen staatlichen Einfluß auf materielle Lebensbedingungen und Löhne; der protestantische Konservative V. A. Huber forderte sogar „Produktionsgenossenschaften", die aus „eigentumslosen Arbeitern" „arbeitende Eigentümer" machen sollten. Wo staatliche Maßnahmen und Selbstorganisation gefordert werden, da durchbrechen die Konservativen und die Kirchlichen das überlieferte karitativ-patriarchalische und rein religiös-moralische Rezept und das vorindustrielle Gesellschaftsmodell, da fangen sie an, „moderner" zu werden.

Die Antwort der Liberalen geht von der modernen Freiheit und Mobilität, der Freisetzung der Gesellschaft und des Individuums von staatlichen wie korporativen Bindungen aus, von der Markt- und Konkurrenzwirtschaft, von der Industrie und dem Fortgang der Industrialisierung. Ihr Rezept zur Lösung der sozialen Frage, zur „Entproletarisierung" ist ein dreifaches. Zunächst Bildung: sie qualifiziert den einzelnen in seinem Arbeitsleben und erhöht die Produktivität; sie ermöglicht individuelle Aufstiegschancen; sie soll zur rationalen Lebens- und Haushaltsführung, zu Selbstbewußtsein und Selbständigkeit gegen die feudal-obrigkeitliche Tradition der Untertänigkeit, zur Einsicht in die ökonomische und soziale Wirklichkeit gegen die demagogischen Utopien der Kommunisten führen. Der Staat muß darum, so der wichtigste liberal-soziale Wortführer im Vormärz, der Unternehmer Friedrich Harkort, vor allem die Schulen für die Unterschichten wesentlich verbessern, auf mehr Realität und mehr Selbständigkeit abzielen. Daß Bildung frei macht, war nicht nur der Glaube des Bürgertums, sondern auch der aller nachdenklichen Gesellen und Arbeiter. Sodann, Assoziation und damit eng verbunden schließlich: Selbsthilfe. Nicht eine neue Organisation der „Arbeit", sondern Organisation der Arbeiter zur Selbsthilfe: Sparkassen, Unterstützungs-, Versicherungs-, Konsumvereine, Vereine von der Wiege bis zur Bahre, Bildungsvereine daneben, darauf kam es an; der Staat, aber lieber noch die Bürger sollten Hilfe zur Selbsthilfe und ihren Organisationen leisten. Das ist das Programm von Harkort bis zu Schulze-Delitzsch, ein Programm, das in der Aufschwungphase noch Resonanz bei den Arbeitern fand und mit dem der Liberalismus in die Auseinandersetzung mit der sozialistischen Arbeiterbewegung eintrat. Selten, und eigentlich erst in den 6oer Jahren, gehört zum Assoziationsprogramm die Bildung von Gewerkschaften, die die nur potentielle Gleichheit zwischen Arbeit und Kapital auch wirklich machen sollten.

Schließlich gehört zu diesen konservativen wie liberalen Rezepten die Organisation von sozialer und sozialreformerischer Aktivität in der bürgerlichen Gesellschaft selbst, die Einrichtung kleiner und großer kirchlicher und humanitärer Verbände und Institutionen für Sozialarbeit und Armenpflege und die Organisation sozialreformerisch Interessierter, die Reformen diskutieren, propagieren, anregen sollten – ein frühes Beispiel etwa der von David Hansemann 1825/1833 gegründete Aachener „Verein zur Beförderung der Arbeitsamkeit", der Sparkassen einrichtete und Sparen mit Prämien belohnte. 1845 wird in Preußen unter dem Patronat des Königs der „Zentralverein für das Wohl der arbeitenden Klassen" mit Dependancen über ganz Preußen gegründet, die erste Organisation der bürgerlichen Sozialreform. Zu den Ergebnissen praktischer Reformen gehören sodann z. B. Änderungen der Armenpflege. An Stelle der Fürsorge trat die Arbeitsbeschaffung, der „Arme" mußte im „Elberfelder System" 1853 die gebotene Arbeit annehmen.

Schließlich: der Staat und die soziale Frage. Natürlich setzt der Staat durch die Reformen, durch Niederlassungs- und Ehegesetze, Gewerbe- und Berufswahlfreiheit, Steuer- und Vereinsgesetze, Gesindeordnung und vieles mehr die Rahmenbedingungen und beeinflußt mit Straßen- und Eisenbahnbaumaßnahmen natürlich auch den Arbeitsmarkt. Aber generell muß man sagen, daß der Staat nicht direkt in die Lage der arbeitenden Klassen, der Pauper und der Fabrikarbeiter eingreift; die liberale Maxime der Nicht-Intervention dominiert, die sozialen Verhältnisse bleiben sich selbst und den Auseinandersetzungen der Klassen überlassen. Wo der Staat eine aktive sozialgestaltende Rolle noch spielte, im rheinisch-westfälischen Bergbau, wo er Löhne und Arbeitsbedingungen, das Kassenwesen, ja die Sicherheit der Arbeitsplätze regelte, hat er sich mit der Liberalisierung des Bergrechts 1851/1865 zurückgezogen. Freilich, diese Enthaltsamkeit bedeutete, daß z. B. der preußische Staat auf die Unruhen, die in den 40er Jahren aus der sozialen Krise erwuchsen, nur als Ordnungsmacht, mit Gewalt, Militär, Polizei und Justiz reagieren konnte.

Nun gibt es von dieser Enthaltsamkeit freilich einige Ausnahmen, die als Frühgeschichte der staatlichen Sozialpolitik unser Interesse beanspruchen. Die liberale Wirtschafts- und Gesellschaftspolitik in Preußen wurde an bestimmten Punkten, in der Mitte des Jahrhunderts von der christlich-konservativen patriarchalischen Staatsauffassung geleitet, durchbrochen. Hardenberg hat schon 1817 eine berühmte Umfrage über die Fabrikarbeit von Kindern gestartet, weil die „Erziehung zum Fabrikarbeiter auf Kosten der Erziehung zum Staatsbürger und Menschen" gehe, ja durch Einseitigkeit den Menschen unfähig mache, sich auf wechselnde Lagen einzustellen und darum ihn in jeder Wirtschaftsstockung dem tiefsten Elend preisgebe. Aber im Ergebnis wurde bei der Kinderarbeit auf eine staatliche Intervention – gegen den Widerstand der Unternehmer wie vor allem auch der Eltern! – verzichtet. Der Kultusminister versuchte im Interesse der Realisierung der Schulpflicht die Kinderarbeit gesetzlich einzuschränken, aber er scheiterte und verzichtete de facto auch auf eine Einschränkung der Kinderarbeit durch die Verwaltung. Ein Barmer Fabrikant Schuchard forderte über den rheinischen Provinziallandtag 1837 erneut die gesetzliche Einschränkung der Kinderarbeit und entfachte eine öffentliche Diskussion. Inzwischen wurde das auch aus Sorge um die Wehrpflichtigen von den Militärbehörden unterstützt, und das war wohl entscheidend. 1839 wurde in einem „Regulativ" Kinderarbeit für unter Neunjährige verboten, für die über Neunjährigen auf maximal 10 Stunden (einschließlich Pausen) festgelegt. Die Bestimmungen waren mit manchen Ausnahmeregelungen durchsetzt und waren ohne Kontrolle schwer zu realisieren. Dennoch war hier ein prinzipieller Schritt, der Anfang staatlicher Arbeiterschutzpolitik, getan. 1853 wurde, nicht mehr allein in Rücksicht auf Schul- und Wehrpflicht, sondern im Interesse der sozialen Stabilität, das Mindestalter auf 12 Jahre und die Arbeitszeit für unter Vierzehnjährige auf 6 Stunden festgelegt und vor allem mit der Einführung der staatlichen Fabrikinspektion ein Instrument zur Realisierung dieser Schutzmaßnahmen geschaffen. Inzwischen war die Kinderarbeit auch aus technischen und ökonomischen Gründen stark zurückgegangen (von 1846 bis 1858 von 31064 auf 12592). Einige andere deutsche Länder sind mit ähnlichen Maßnahmen gefolgt: Baden 1840/1862, Bayern 1840/1854, Sachsen 1861/1865 (hier war bei den Fabriken mit über 20 Beschäftigten die Arbeitszeit von Kindern unter 14 auf 10 Stunden beschränkt), und in ersten und schwachen Ansätzen zur Arbeitszeitbegrenzung auch Österreich 1859. Sodann ergaben sich bei den Reformen des Gewerberechts, 1845 und 1849 in Preußen, die auf eine Konsolidierung des Handwerks zielten, auch gewisse sozialpolitische Bestimmungen: das Truckverbot (so auch in Sachsen), Bestimmungen, nach denen Verträge über Sonntagsarbeit ungültig waren, nach denen Unterstützungskassen auf Ortsebene obligatorisch gemacht und die Arbeitgeber zu Beiträgen verpflichtet werden konnten, nach denen Arbeiter in einem örtlichen Gewerberat mitwirkten, und bestimmte gesundheitspolizeiliche Vorschriften. In den Berggesetzen hielt sich fast überall eine ältere sozialpolitische Fürsorgehaltung auch bei liberaler Neufassung noch abgeschwächt weiter; bei der Liberalisierung des Bergrechts (1851/1861) wurde die Knappschaftsversicherung zu einer paritätischen Selbstverwaltungsorganisation mit obligatorischem Charakter. Die anderen deutschen Länder waren im allgemeinen noch zurückhaltender.

Schließlich, das war eine Zentralfrage des Arbeitsverhältnisses: es galt – in Preußen formal seit 1845 – das Koalitionsverbot (für Arbeitskämpfe). Der Kampf der Reaktion gegen jede mögliche revolutionäre Regung richtete sich gegen alle handlungsfähigen Organisationen und Vereine und ihre Zusammenschlüsse, insbesondere unter den Arbeitern. Die Gesindeordnung von 1854 verschärfte das Koalitionsverbot für Landarbeiter. Die Rechtsprechung freilich interpretierte diese Bestimmungen im Gewerbe zurückhaltend. Bis 1865 wurden nur in 26 Fällen (viel weniger als es „wirklich" gab) Strafen ausgesprochen. In den 60er Jahren griff die liberal-demokratische Fortschrittspartei in Preußen das Thema auf: gemäß dem wirtschaftsliberalen Credo wie dem Werben um die Arbeiterschaft sollten „hemmende Faktoren im natürlichen Prozeß der Lohngestaltung" beseitigt werden. Es war jetzt der optimistische Glaube der Sozial-Liberalen, daß die Arbeiter durch Streiks und durch Zusammenschluß ihre Position und Lage verbessern könnten, und dazu kam dann das Bemühen, den Bruch zwischen Liberalismus und Arbeiterschaft, der bei Verweigerung des Koalitionsrechts zwangsläufig war, aufzuhalten. Wagener und Bismarck haben unter den Konservativen die Frage positiv aufgegriffen, um die Arbeiter für die Monarchie zu gewinnen, in Korporationen zusammenzuschließen, die Bourgeoisie zurückzudämmen und anzugreifen. Der Krieg von 1866 hat diese neue Gesetzgebung verzögert, 1869 schließlich wurde die Koalitionsfreiheit (mit starken Vorbehalten gegen Druck und Zwang) gesetzlich verankert. In den anderen deutschen Staaten galt zunächst die repressive Politik des Deutschen Bundes gegen Verbindungen von Handwerksgesellen entsprechend für „Arbeiter", 1847 ausdrücklich als Koalitionsverbot in Hannover, 1852 in Österreich. Aber schon 1861 wurde in Sachsen die Koalitionsfreiheit beschlossen, 1862 ähnlich in den thüringischen Staaten, in Baden und Württemberg und 1870 dann in Österreich.

8. Das Problem der Minderheit: die Juden

Für jede Gesellschaft ist es charakteristisch, wie sie mit Minderheiten verfährt, wie Minderheiten sich in ihr entwickeln. Von dem in unserem Zeitraum entstehenden Problem der nationalen Minderheiten und von christlich konfessionellen „Minderheiten" werden wir in anderen Zusammenhängen sprechen; hier geht es um die Juden. Diese Geschichte hat durch Hitler und die Judenvernichtung nachträglich eine so eminente Bedeutung erlangt, daß wir ihr auch im Rahmen einer deutschen Geschichte der ersten beiden Drittel des 19. Jahrhunderts nachgehen müssen.

In der alten Welt lebten die Juden als eigene Gruppe, als besondere Glaubens-, Rechts-, Kultur- und Volksgemeinschaft, als „Nation" außerhalb und neben der ständischen Ordnung, geduldet, unter Fremdenrecht, ganz stark eingeschränkt in ihrer Berufswahl wie im Aufenthaltsrecht, abgeschlossen in ihrer Sonderart, mittelalterlich, fast ghettomäßig. Daran hat auch der Aufstieg einzelner fürstlicher Geldmänner und haben die um sie herum sich bildenden Zirkel privilegierter und gebildeter Juden, etwa in Berlin oder Wien, grundsätzlich nichts geändert.

Die deutsche Aufklärung hat mit Lessing und Dohm die Toleranz, die „bürgerliche Verbesserung" der Juden, die „Emanzipation", die bürgerliche Gleichberechtigung und Anerkennung, und damit auch die Befreiung des einzelnen Juden aus der Bindung an ein jüdisches Kollektiv, auf die Tagesordnung gesetzt. Der Zustand der Juden galt als unerträglich, für sie selbst wie für die Christen und das Gemeinwesen überhaupt. Das Mensch-Sein der Juden wurde vor ihr Jude-Sein gesetzt, ihre Sonderart als Produkt traditioneller Judenpolitik erklärt. Die Emanzipation sollte diese Sonderart letzten Endes aufheben, die Juden in die bürgerliche Gesellschaft integrieren. Der Staat galt als der Protagonist und Hüter dieses Prozesses. Gegen die Aufnahme der Juden in die bürgerliche Gesellschaft und gegen die Auflösung ihrer eigenen abgeschlossenen Ordnung, die Aufhebung des jüdischen Mittelalters, mußten sich Widerstände der traditionellen christlichen wie jüdischen Welt richten.

Die Französische Revolution hat die Juden mit einem Gesetzgebungsakt auf einen Schlag rechtlich voll emanzipiert. Das wurde auf die linksrheinischen Gebiete, die napoleonischen Satellitenstaaten in West- und Norddeutschland und das Dalbergsche Frankfurt übertragen. Es gab nun in Deutschland zwei Modelle der Emanzipation. Einmal das französische, die sofortige Gewährung der Freiheit, die Emanzipation auf einen Schlag. Zum anderen und viel verbreiteter die langsame, stückweise Emanzipation, die von der allmählichen Überwindung der Vorurteile der Nicht-Juden und vor allem der korrigierenden Erziehung der Juden begleitet werden sollte, deren Fortschritte sich an den Erziehungsfortschritten, der „Besserung" der Juden messen sollte, ein Modell, das den aufklärerischen Vorstellungen von der Erziehungsfunktion des bürokratischen Staates sehr entsprach. Die Gleichzeitigkeit von Fürsorge und Abwehr verband sich unter der Vorstellung, daß eine schädliche Gruppe – wie die gegenwärtigen Juden – nur langsam in eine nützliche zu verwandeln sei, der plötzliche Sprung aus der Unterdrückung in die Freiheit hingegen die Ordnung erschüttere. Emanzipation war dann Sache der Bürokraten, war etatistisch; an eine integrierende Kraft der Gesellschaft glaubten die Anhänger dieses Modells nicht. Im rheinbündischen Deutschland kam es im Zuge der Integration der neuen Staaten auch zu neuen Judengesetzen, die die unendlich unterschiedlichen Rechtsordnungen vereinheitlichen sollten; der Emanzipation gegenüber blieben sie außerordentlich zurückhaltend. Anders war es in Preußen. Schon die Städteordnung von 1808 hatte den Juden das kommunale Bürgerrecht gewährt. Ein Edikt von 1812, von Hardenberg und Humboldt vorangetrieben, stellte – im Sinne der preußischen Reform – die bürgerliche Gleichberechtigung der Juden, dazu gehörte auch die Aufhebung der besonderen Gerichte, her, gewährte also Bürgerrecht, Freizügigkeit, Freiheit der Berufswahl, der Eheschließung, des Grunderwerbs – bei Annahme eines Familiennamens und Gebrauch der deutschen Sprache; aber es blieb eine wichtige Ausnahme: der Zugang zu staatlichen Ämtern, außer den Lehrämtern, zu denen Juden zugelassen wurden – das sollte später geregelt werden. Die bürgerliche Freiheit galt zunächst für die Wirtschaftsgesellschaft – freilich nur für das kleine preußische Staatsgebiet von 1812 und also nur für eine kleine Zahl von Juden. Humboldt hat – gegen das vorhin beschriebene Konzept der Teilmaßnahmen und der Erziehung – den Grundsatz der Emanzipation durchgesetzt: nur so sei sie – gleiche Pflichten, gleiche Rechte – gerecht, nur so wirksam, denn alle Vorbehalte würden das gegenseitige Absonderungsbewußtsein immer weiter nähren. Der Versuch Preußens und Österreichs, Metternichs, Hardenbergs, Humboldts, die Judenemanzipation auf dem Wiener Kongreß auch für den Deutschen Bund durchzusetzen, aus der Einsicht, daß nur eine relativ einheitliche Lösung in Deutschland die Hindernisse in den Einzelstaaten überwinden könnte, ist gescheitert; nicht einmal die Garantie der bisherigen – napoleonischen – Regelungen war, gegen den Widerstand der freien Städte vor allem, durchzusetzen; sie hoben sofort die Reformen wieder auf. Die erste Phase der Emanzipation war zu Ende.

Die Restaurationszeit stellte die älteren Bestrebungen gleichsam still. Nach 1815 tritt jetzt erstmals eine Kritik an der Emanzipation an die Öffentlichkeit und wird zu einem Faktor im politischen und geistigen Prozeß. Traditionelle Antipathie gegen Juden und neue, die sich an bestimmte Tendenzen im radikalen, neuen demokratischen Nationalismus anschließt, Fremdenhaß und Identitätsangst im „christlich-teutschen" Kreis, bei den dort führenden Professoren Ruehs und Fries und einem Teil der frühen Burschenschaft, sind dafür so charakteristisch wie judenfeindliche (Hepp, Hepp!) Krawalle von Bauern und kleinen Bürgern 1819, eine Art Revolte der alten gegen die neue Zeit, Kehrseite der sozialen Wandlungen in einer Krise und auch Ausdruck der Unzufriedenheit gegenüber den Regierungen. Diese Bewegungen belasteten den Fortgang der Emanzipation mit dem „Damoklesschwert" des Volkszorns. In Preußen wurde das Edikt nicht auf die „neuen" Provinzen ausgedehnt; in der hierfür wichtigsten Provinz, Posen, galten noch Berufs-, Grunderwerbs- und Freizügigkeitsbeschränkungen, erst 1833 gab es dort überhaupt ein – nur individuelles – Naturalisierungsverfahren. Der Ausschluß von Staatsämtern wurde durch die Verwaltung extensiv gehandhabt, auf Provinziallandtage und Kommunalämter ausgedehnt, bestehende Möglichkeiten in Schulen und Universitäten wurden aufgehoben; die Trennung zwischen Juden und Christen, nicht die Gleichberechtigung, stand im Vordergrund. Die bürokratisch-liberale Gesellschaftspolitik freilich bot den Juden bessere Möglichkeiten als im Süden. Immerhin: 1846 lebten noch 36,7% der Juden in Preußen ohne bürgerliche Rechte in einer Art Schutzbürgerschaft, zumal in Posen. Der Versuch freilich, die Juden im Zuge der Politik des „Christlichen Staates" neu zu einer Korporation zu machen und damit de facto gegen die Gesellschaft abzuschließen, scheiterte vor 1848; auch zum Ausschluß vom Militärdienst kam es gegen einmütigen Protest der Juden nicht. Das preußische Judengesetz von 1847 wurde zu einem konservativ-liberalen Kompromiß; es schloß die Juden weiterhin von obrigkeitlichen Ämtern aus, und für Posen gab es weiter viele Ausnahmen.

Im Süden stagnierte die Emanzipation lange Zeit, weil die Beamten sie an die Erziehungsfortschritte, die „Besserung" der Juden banden, Gesetze und Verwaltungspraxis auf „Korrektur" der Juden zielten und zudem allgemein die konservative Sozial-Politik, die Gesellschaft nicht oder nur eingeschränkt freizusetzen, dominierte. Bürgerliche Rechte waren von der Ausübung eines bürgerlichen Berufes abhängig, aber kommunale und staatliche Rechte wurden den Juden nicht gewährt. In Baden verlangte auch der Landtag die Aufgabe einer Reihe von religiösen Bräuchen, der „Nationalität", wie man sagte, als Voraussetzung wirklicher Staatsbürgerschaft. Auch die Liberalen hingen eher dem Erziehungsmodell an, dazu kamen Angst vor dem Volkszorn, aufklärerischer Antijudaismus gegen das Versteinerte und Fanatische, das Antisoziale und borniert Nationale der Juden, kam die typisch frühliberale Forderung nach voller Eingliederung der Juden wie jeder anderen Gruppe in die deutsch-liberale Gesellschaft.

In Preußen war es eher die Idee des christlichen Staates, im Süden und außerpreußischen Norden waren es die Wirtschafts- und Sicherheitsinteressen des agrarisch-handwerklichen Volkes, die der Emanzipation im Wege standen. In Hannover, Sachsen oder Mecklenburg herrschten noch ganz altertümliche Beschränkungen; Eheschließung und Freizügigkeit waren z. B. in Bayern, Österreich oder Frankfurt stark eingeschränkt; in Prag bestand noch das Ghetto; das Ortsbürgerrecht gab es gerade im liberalen Baden nicht, nur in Kurhessen war die Emanzipation weiter fortgeschritten.

Trotz solcher Hemmnisse und Rückschritte und aller Unterschiede haben sich doch im ganzen die rechtlichen Bedingungen für eine wachsende Zahl von Juden – Wegfall von Erwerbsbeschränkungen, Zulassung zu Schulen, Heimatrechte – verbessert. Die Emanzipation war gehemmt, aber sie kam auch weiter. In den 40er Jahren traten dann auch die Liberalen, die Mehrheit des gebildeten und besitzenden Bürgertums und ein guter Teil des Adels deutlicher für eine uneingeschränkte, eine volle Emanzipation ein. Erst 1848 aber setzt sich mit der allgemeinen Freisetzung und dem Ende diskriminierender Unterscheidungen, mit Bürgerfreiheit und Gleichheit vor dem Gesetz auch die Judenemanzipation als bürgerliche Gleichberechtigung prinzipiell durch; in der Paulskirche wie den Landtagen der Revolutionszeit ist sie fast unbestritten. Gewiß, auch 1848 gibt es im Südwesten auf dem Lande, in Hamburg, im Osten und Südosten (Prag) antijüdische Exzesse, stark von der bäuerlich-kleingewerblichen sozialen Unruhe geprägt; es sind vormoderne Bewegungen traditionellen, mittelalterlichen Typs. Aber für die politische, die bürgerliche Welt war dergleichen ein Relikt. Die Reaktion versuchte zwar durch Rücknahmen und Verwaltungseinschränkungen noch einmal eine Revision – die Abnahme des Eides z. B., damit aber das Richteramt, wurde auf Christen beschränkt –, aber den Grundsatz der Emanzipation konnte sie nicht mehr tilgen. Jetzt ist die Liberalisierung im Vormarsch. Seit der Neuen Ära ist sie auch von den Regierungen nicht mehr bestritten, und man setzt das Prinzip, Freiheit zu gewähren, vor alle Rücksicht auf Erziehungsmaßnahmen und -erfolge wie auf Volksstimmungen. 1861/1864 ist in Württemberg, 1861 in Bayern, 1862 in Baden, 1867 in Österreich, 1869 im norddeutschen Bund die rechtliche Gleichstellung der Juden abgeschlossen.

Die Aufhaltsamkeit der stufenweisen Emanzipation und das Nebeneinander unterschiedlicher Vorgänge schufen natürlich auch ständig die Spannungen neu und haben den Erfolg der Emanzipation nicht eben begünstigt. Wie haben sich unter diesen Umständen die Juden in Deutschland und wie hat sich das Verhältnis zwischen Deutschen und Juden entwickelt? Man kann das zunächst mit den Begriffen Verbürgerlichung und Assimilation beschreiben.

1820 gibt es im späteren Reich 270000 Juden, davon über die Hälfte in Preussen, von diesen 40% in Posen und weitere 20% in Westpreußen und Oberschlesien, in den Bundesgebieten Österreichs (Prag und Böhmen zumal) 85000. 1850 sind es 400000 und 130000, 1871 (1869) 512000 und knapp 200000. Das sind 1870 1,25% der Bevölkerung im Deutschen Reich und 1,5% der Bevölkerung der österreichischen Bundesländer. Die süd- und westdeutschen Juden nehmen bis nach der Jahrhundertmitte stark an der Amerika-Auswanderung teil. Erst nach der Jahrhundertmitte setzt die Verstädterung, der enorme Zug vor allem in die Großstadt ein (Berlin 1837: 5645, 1866: 36000; Köln 615 – 3172; Frankfurt 3300 – 7600; Wien 2873 und (1869) 40230). 1880 waren in den alten Judenstädten Posen, Fürth und Frankfurt über 10% der Einwohner Juden, in Wien (1869) 6,1%, in Prag (1857) 10,7%, in Beuthen, Mannheim, Breslau und Mainz (1880) über 5%, in Berlin 4,8%, in München, Dresden oder Hannover entstanden überhaupt erst Judengemeinden.

Sozial gesehen können wir um 1815 drei Typen ausmachen, vor allem 1. länd-

34. Jüdische Sozialstruktur (im späteren Deutschen Reich)

	1848	1871/74
Bürgerlich gesicherte Existenzen (obere und mittlere Steuerstufen)	15–33%	60%
Kleinbürgerliche und knapp am Minimum	25–40%	35–15%
Arme, marginale, nicht verbürgerte Existenzen	40–50%	5–25%

Für 1848 treffen die ersten Zahlen z.B. auf Preußen, die zweiten auf Bayern (ähnlich Württemberg) zu. In Österreich ist mindestens die Tendenz ähnlich, obwohl nach Gewährung der Freizügigkeit die Zahl der armen Juden aus den Ostgebieten der Monarchie besonders hoch ist.

liche Juden, die vom Hausier- und Not-, vom Geld- und Viehhandel leben, im Südwesten und Süden; im Osten denselben Typus, dazu aber 2. ländliches und städtisches Klein- und Hausgewerbe; und schließlich 3. die eigentlichen Stadtjuden: Händler und Geldleute, auch sie zunächst meist arm. Die Zahl der reichen und gebildeten, der „bürgerlichen" Juden, die sich um die fürstlichen Geldmänner, die Bankiers wie die Rothschilds bildeten, war ganz gering. Das erstaunliche Phänomen unserer Jahrzehnte nun ist die Entpauperisierung, die Verbürgerlichung und der relativ starke Aufstieg in die wirtschaftlichen und geistigen Ober- oder oberen Mittelschichten, zumal seit den 40er Jahren. Die Großstädte waren bei dieser Entwicklung begünstigt, Landbezirke und der Osten hinkten nach. Dieser Aufstiegsprozeß ist phänomenal und unterscheidet sich durchaus von der generellen Überwindung des Pauperismus. Den Grund wird man wohl in der jahrhundertelang eingeübten Wirtschaftsmoral und -praxis – Leistungszwang, Anpassung und Innovationsfähigkeit, nicht-zünftlerische, kapitalistische Wirtschaftsweisen – sehen, dazu vielleicht in der jüdischen Familienstruktur, die es ermöglichte, auch viele winzige Kapitalmengen dem einzelnen Aufsteiger zur Verfügung zu stellen. Die innere Sozialstruktur der verbürgerlichten Juden war anders als die der Nicht-Juden, der Sektor des Handels und des Geldgeschäftes blieb dominierend (über 50% der Beschäftigten 1870). In der Industrie spielen Juden, zumal in der entstehenden Konfektionsindustrie, dann überhaupt in der Textilindustrie, dazu der Nahrungs- und Druckindustrie eine große Rolle. Mit diesem bürgerlichen Aufstieg hängt dann der Eintritt in die Bildung zusammen. Der Anteil der jüdischen Gymnasiasten in Preußen stieg seit 1852 von 5,9% auf 8,4% (1866), während ihr Anteil an der Bevölkerung höchstens bei 1,34% lag, und bei den Studenten war der Anteil noch höher, in Wien und Prag waren 1872/73 11,6% der Studenten jüdisch. Der Einstieg in die Bildungsberufe war lange Zeit durch die Gesetzgebung behindert, kaum für Mediziner – seit dem späten 18. Jahrhundert wurden Juden zum Medizinstudium zugelassen – wohl aber für Juristen und Lehrberufe. Jüdische Privatdozenten (ohne Gehalt) gab es seit 1814, später in den 50er und 60er Jahren auch außerordentliche Professoren; ordentliche Professoren waren – von getauften Juden abgesehen – noch Ausnahmen (zuerst 1858).

Dieser Prozeß der Verbürgerlichung nun ist begleitet von dem der Eindeutschung, dem Eintritt in die deutsche Kultur, ihrer Übernahme. Um 1800 war die Zahl der Juden, die Aufklärung, Bildung, kulturelle Geselligkeit der Nicht-Juden begehrten, noch gering – so sehr diese Gruppe freilich Protagonist und Pionier der weiteren Entwicklung war. Die Mauern des Ghettos fielen, die Macht der Tradition schwand. Schule und Gesellschaft zogen die Juden in eine moderne Welt. Auch für die abnehmende Zahl der traditionsgebundenen Juden läßt sich dieser kulturelle Anschluß an das Deutschtum nachweisen. In Posen nehmen die Juden 1848 für die Deutschen und gegen die Polen Partei. Für die Masse des oberen und mittleren Bürgertums wurde die Assimilation zum Ziel. Das hieß nicht die Taufe. Sie war nicht das „Entrebillet" (Heine) für die europäische Kultur, sondern allenfalls zu Staatsämtern und Professuren; der Anteil der Getauften beträgt in Preußen 1848 nur 1,5%, vor 1840 war er ganz gering. Worum es ging, das war der national und liberal gesinnte Bürger mosaischer Konfession, der bewußt „deutsche Staatsbürger jüdischen Glaubens". Gabriel Riesser, einer der Männer der Paulskirche und einer der Wortführer der jüdischen Emanzipation, ist mit seinem emphatischen Eintreten für die deutsche, die liberal-nationale Sache durchaus repräsentativ, so wie der Schriftsteller Berthold Auerbach oder der Journalist Julius Rodenberg. Zudem nahmen Juden jetzt, in steigendem Maße, auch aktiv an der deutschen Kultur teil.

Dabei richtet sich diese Assimilation auf die mittelständischen Normen und Verhaltensweisen. Diese Art von Assimilation bedeutete freilich einen Bruch mit der jüdischen Tradition; denn das Judentum war, historisch bedingt, mehr als eine Religion oder gar „Konfession", es war eine abgeschlossene Lebens- und Sozialform; die Trennung von Weltlichem und Geistlichem (Religiösem) war ein Ergebnis der christlichen Tradition. Für das Judentum bedeutete das ein Stück Säkularisierung, war das Auseinandertreten von Volks- und Glaubensgemeinschaft eine Krise. Für viele Juden jedoch war die Assimilation Befreiung aus dem sozial-kulturellen Ghetto. Die Probleme eines solchen Bruches beantwortete für die Mehrheit der bürgerlichen Juden das sogenannte Reformjudentum, der Versuch einer Erneuerung auf der Basis „reiner", kantisch interpretierter Religion, der Trennung von überkommenen Sozial- und Lebensformen, der Verabschiedung des jüdischen Mittelalters, der eigentümlichen „Nationalität" der Juden. Die damals entstehende „Wissenschaft des Judentums", die Historisierung und Verwissenschaftlichung der Tradition war die Kehrseite dieses Bruches. Für die bürgerlichen Juden wurde ihr Glaube philosophisch-liberal ausgelegt, zu einer Sonderprovinz, einer Konfession innerhalb einer übergreifenden nationalen und bürgerlichen Kultur.

Von diesen Voraussetzungen bestimmt sich die politische Orientierung der Juden: im Vormärz in der Masse eher unpolitisch-loyal, konservativ bis abwartend – Toury schätzt den Anteil der Liberalen unter den Juden auf nur ein Drittel –, nach 1848, besonders seit Ende der 50er Jahre liberal. Man spricht für die Zeit bis in die 70er Jahre von einer jüdisch-liberalen Weggemeinschaft; Gleichberechtigung und Überwindung des Ständestaates, dieses Programm der Liberalen erhob die jüdischen Gruppenforderungen ins Universale; aber die assimilierten Juden waren nicht als Juden politisch aktiv, sondern als Bürger und Deutsche. Unter den politisch aktiven deutschen Juden freilich war der Anteil der Linken, der Radikalen und dann der Sozialisten, immer erheblich höher, von Heine bis zu Lassalle; vor 1848 waren ein Drittel radikal, 12% „sozialistisch". Das hängt gewiß mit der rechtlich-sozialen Diskriminierung der Juden, mit dem Bruch dieser Aktiven mit der eigenen jüdischen Tradition und mit ihrem sozialen Status als freier Intelligenz zusammen, von daher die Schärfe der Kritik und die utopische Radikalität der Forderung totaler Emanzipation.

Die aufhaltsame, aber vordringende Emanzipation und Assimilation hat die Isolierung und Fremdheit zwischen Deutschen und Juden abgebaut – bis zu einem gewissen Grade. Um 1800 wachsen die gesellschaftlichen Beziehungen in der Bildungsschicht; die Berliner und Wiener Salons der Rahel Levin, Henriette Hertz, Fanny Arnstein sind berühmt, Stätten intensiver deutsch-jüdischer wie bürgerlich-adliger, militärisch-ziviler Kontakte im Milieu des Reformbeamtentums und auf der Basis der Gleichberechtigung. Man kann in der Ober- und Bildungsschicht schon vor den 40er Jahren, dann im Bürgertum überhaupt eine breite und sich verbreiternde Zone gesellschaftlicher Kontakte – in Vereinen zumal und in kommunalen Organisationen – feststellen, in Groß- und Mittelstädten jedenfalls, den eigentlichen Plätzen der Assimilation. Darüber hinaus hat auch der gemeinsame Militärdienst eine integrative Wirkung gehabt. Zugleich, in den ganz persönlichen Beziehungen vor allem, dauert die Distanz, das – gegenseitige – Gefühl der Andersartigkeit fort; Richard Wagner, in dieser Sache kein unverdächtiger Zeuge freilich, ist wohl nicht ganz unrepräsentativ, wenn er meint, 1848 habe er mit Radikalen und Liberalen mehr für das abstrakte Judentum und dessen Emanzipation als für konkrete Juden gestritten. Gemischte Ehen gar sind selten und führen noch oft zum Ausschluß aus der jüdischen Familie.

Historische, politische, sozial-ökonomische, „nationale", religiöse Trennungskriterien und Vorurteile, das Bewußtsein, es mit „anderen" zu tun zu haben, blieben erhalten; die Distanz der Nicht-Juden gegenüber den Juden hielt diese auch weiterhin zusammen und produzierte so neue Distanz. Man hat auf der Suche nach der Vorgeschichte des späteren Antisemitismus viele judenfeindliche Zeugnisse aus dem Vor- wie Nachmärz gesammelt, und die Abneigung gegen die jüdischen radikalen Journalisten, nach der Jahrhundertmitte auch gegen den Typus des Großstadtliteraten, ist gewiß beachtlich, ebenso wie das Faktum, daß die Satire gegen Bourgeois-Kapitalismus, Neureiche, Geldorientierung – etwa in der Zeitschrift ‚Fliegende Blätter' – sich vornehmlich jüdischer Stereotype bediente. Die Nähe der Juden zur Modernität – von Großstadt und Kapitalismus und traditionskritischer Intelligenz – nährte in einer Gesellschaft, die sich mit der Modernität noch nicht wirklich eingerichtet hatte, distanzierende, negative, kritische Gefühle und eine Überschätzung auffälliger, aber kleiner Gruppen – und darin lebten die alten Stimmungen weiter. Daß die Negativhelden in bürgerlichen Romanen, in ,Soll und Haben' oder im ,Hungerpastor', Juden sind, obwohl weder Raabe noch der überzeugte (und pro-emanzipatorische) Liberale Freytag Judenfeinde (oder Antisemiten) waren, ist kein Zufall. Dennoch: die Hauptlinie ist das nicht. Die Hauptlinie ist die Durchsetzung der Gleichberechtigung, der Gemeinsamkeit. Die antijüdischen Begleiterscheinungen der Frühjahrsunruhen von 1848, in denen sich wirtschaftlich-sozialer Protest mit Fremdenhaß und Religion mischte, galten als altmodisch, überholt, unschön – sie sollten die Annäherung zwischen Deutschen und Juden nicht stören. Die ,Gartenlaube', das Massenblatt der Mittelklassen, und ihre Starautorin Marlitt schrieben im Geist liberaler Emanzipation, der Zugehörigkeit der Juden zur deutschen Kultur und Gesellschaft. Am Ende der 60er Jahre schien das Hineinwachsen der Juden in die deutsche Gesellschaft und Kultur – trotz ganz selbstverständlicher Spannungen – auf gutem Wege, so sah es auch die große Mehrheit der bürgerlichen Welt wie der Juden selbst.

9. Die bürgerliche Gesellschaft

Fassen wir die Geschichte der Gesellschaft und ihrer Gliederung im ganzen ins Auge. Am Anfang steht die alte, die ständische Gesellschaft. Aus ihr bildet sich – nach dem Vorlauf des späten 18. Jahrhunderts – im Ansatz seit der Reformzeit bis zur Jahrhundertmitte und durch die Revolution ausgeformt die bürgerliche Gesellschaft. Das bedeutete ein Dreifaches. 1. Die vom Staat durch das Recht fixierte Ungleichheit der ständischen Gesellschaft geht – langsam und mit Überhängen ständischer Relikte – in die rechtliche Gleichheit der staatsbürgerlichen Gesellschaft über. 2. Das den sozialen Status bestimmende ständische Merkmal der Geburt wird durch das moderne Prinzip der Leistung und des Berufes abgelöst: die Berufs- und Leistungsgesellschaft entsteht. 3. Diese wird in der spezifischen Weise des 19. Jahrhunderts eine Klassengesellschaft, d.h. der Besitz, die ökonomische Lage und die Stellung in der Produktion bestimmen zusammen mit dem meist anders begründeten sozialen Prestige die Schichtung der Gesellschaft. Für diesen Prozeß sind ebensosehr die ökonomisch-sozialen wie die sozial-kulturellen Wandlungen wie die staatlichen Maßnahmen und die spezifisch politischen Tendenzen entscheidend. Anfangs ist die politisch-staatliche Umformung auslösend, später gewinnt der ökonomisch-soziale Prozeß Eigengewicht.

Mit der Reformzeit wird grundsätzlich, wir haben es gesehen, die bürgerliche Gesellschaft heraufgeführt. Aber es bleibt doch ein starker Überhang der ständischen Gesellschaft erhalten. Das wird vor allem deutlich am Adel; er bleibt politisch und sozial noch lange ein Stand. Zwar waren die Vorrechte des Adels in der Reformzeit stark eingeschränkt worden, das Prinzip der Rechtsgleichheit der Staatsbürger sollte das ständische System ungleicher Rechte ablösen. Der

Adelige mußte sich fortan als Landwirt, als Offizier, als Beamter der bürgerlichen Konkurrenz stellen, mußte sich den bürgerlichen Leistungs- und Ausbildungsforderungen unterwerfen. Das Vordringen der staatlichen Verwaltung und Justiz gegen die feudalen Zwischengewalten auf dem Lande, das unmittelbare Durchgreifen des Staates auf die Untertanen löste die Teilhabe des Adels an der Herrschaftsorganisation allmählich auf. Aber ein Teil der ständischen Adels(vor)rechte blieb erhalten, ja wurde zwischen 1815 und 1848 noch einmal verstärkt. Vor allem behielt der Adel – fast überall –, soweit er auf Landgütern saß, die niedere, die „Patrimonial-Gerichtsbarkeit". Und er hatte einen eigenen „Gerichtsstand", war also von den normalen niederen Gerichten ausgenommen. Bei der Einrichtung repräsentativer Organe – der ersten Kammern in den Parlamenten der Verfassungsstaaten, der Kreis- und Provinziallandtage, und später des Herrenhauses, in Preußen – wurde der Adel politisch neu privilegiert, gewann sogar eine neue Funktion. Dazu kam anderes, in Preußen z. B. die gesetzliche Festlegung ständischer Eheschranken: nicht standesgemäße Ehen unterlagen der königlichen Genehmigung, und die wurde oft versagt, das merkwürdige Institut der „Ehe zur linken Hand" sollte wiederum den Adel als Stand aufrechterhalten; strafrechtlich wurde die Ehre des Adligen anders gewertet als die der anderen sozialen Schichten, die Wahrung der Ehre im Duell faktisch zugelassen; der adlige große Landbesitz wurde durch die Möglichkeit, Fideikommisse zu errichten, d. h. einen Familienbesitz weitgehend gegen Teilung und Überschuldung zu sichern, zivilrechtlich bevorzugt. Friedrich Wilhelm IV. hat nach 1840 sogar versucht, innerhalb der adlig-bürgerlichen neuen Rittergutsbesitzer„klasse" den Adel erneut zu privilegieren; daß der Verlust des Adels, also der Eintritt in das Bürgertum, eine Kriminalstrafe sein sollte, erregte dann den flammenden Protest der rheinischen Bürger. Schließlich gab es weiterhin besondere dem Adel ganz oder vornehmlich vorbehaltene Ausbildungsinstitutionen – wie die Kadettenanstalten in Preußen oder die Pagerie in Bayern.

Im Süden hat sich auch die Privilegierung der mediatisierten „Standesherren", also der vor 1803 reichsunmittelbaren Fürsten und Herren, durch Rheinbund und Wiener Kongreß, die ihnen eine Sonderstellung in den neuen Staaten wie in ihren alten Besitzungen – eine Art „Unterlandesherrschaft" mit öffentlichen Rechten – sicherte, auf die Stellung des gesamten Adels ausgewirkt. Während in Preußen der bürokratische Angriff der Reform auf den Adel bis 1848 von einer Adelsrestauration, jedenfalls in der Staats- und Regierungsspitze, abgelöst wurde, blieb in Süddeutschland zwar die antifeudale Tendenz der Bürokratie stark, wurde aber durch die Rechts- und Machtlage blockiert, so daß die Stellung des Adels bis 1848 erhalten blieb. Erst 1848 und dann in den 60er Jahren ist der größere und besonders anstößige Teil dieser Privilegierungen weggefallen. Aber auch jenseits rechtlich-ständischer Privilegierung und nach ihrem Ende bleibt die soziale Sonderstellung des Adels, seine Präponderanz in bestimmten Bereichen erhalten. Das liegt einmal an einer praktischen Bevorzugung durch den Staat, der politischen Nähe zur Herrschaft, davon werden wir noch erzählen. Bei den Spitzenstellungen, im Offizierskorps und bei den höheren selbständig handelnden Exekutivbeamten verbindet sich noch durch Leistung, Bildung, Laufbahn erworbener Status mit dem durch Geburt und Erbe, Heirat und gesellschaftliche Verbindung „zugewiesenen" Status. In Preußen, zumal in den östlichen Provinzen, behielt der Adel im wesentlichen Landratsämter, und insgesamt blieb er in den leitenden Verwaltungsstellen, bei den Regierungs- und Oberpräsidenten und den Ministern spezifisch „politischer Stand". Ähnlich war es auch in Österreich oder in Hannover, aber auch anderswo waren seine Chancen für politische Ämter größer als die von Bürgerlichen. Das hing auch mit dem monarchischen System in Deutschland zusammen; die (1818) 34 Fürsten und ihre Höfe standen in der Tradition der Adelswelt und sicherten dem Adel seine führende Stellung – bei den Hofämtern, der Hofgesellschaft, der „hoffähigen" Gesellschaft, deren Kern eben der Adel war: in den Residenzstädten bestimmte sich die gesellschaftliche Rangordnung in erster Linie von daher. Ja, die Monarchie hielt für das ganze Land, ob Untertanen, ob Bürger, adlige Werte und adlige Formen durch Orden, Titel und Adelsverleihungen in Geltung. Darüber hinaus aber: es war, nachdem es keine Revolution gegeben hatte, nur natürlich, und der Vergleich mit England zeigt das sehr plastisch, daß der traditionelle soziale Vorrang des Adels auch unter den veränderten Bedingungen der bürgerlichen Gesellschaft in neuen Formen fortdauerte: Bildung, Besitz, Kompetenz im Umgang mit öffentlichen Dingen und Bürokratien; der Zugang des Adels zu Adel; die Verbindung von Amtspflicht und Geselligkeit bei entsprechendem Einkommen und entsprechender Lebensführung; Ansehen und Weltläufigkeit, das alles sicherte dem Adel auch weiterhin überproportionalen Zugang zu Führungspositionen, am meisten in seiner Domäne, dem diplomatischen Dienst. Oder er übernahm die neue Funktion einer landwirtschaftlich-regionalen Elite, die die freiwillige Zustimmung der Bauern (nach Abschluß der Grundentlastung) gewinnen konnte; das galt gerade nach dem Verlust lokal-öffentlicher Funktionen oder – wie beim katholischen Adel in Preußen – wenn es keine spezifische Nähe zur Staatsspitze gab. Der Adel blieb, trotz der großen Einbuße an politischen Funktionen im bürokratischen und dann im konstitutionellen Staat, auch nach dem stärkeren Durchdringen bürgerlicher Gleichberechtigung seit der Revolution und dann in den 60er Jahren die bevorzugte Ausgangsgruppe der politischen Führungsschicht, konnte sich als Kern der politischen Elite, national oder regional, unter neuen Bedingungen behaupten oder neu etablieren. Gewiß hat vermutlich die größere Zahl der Adligen auf den Verlust der alten politischen Funktionen mit einer Abkehr von Politik als Beruf reagiert, mit der Konzentration auf das professionelle Dasein, etwa als Agrarunternehmer oder in neuen städtischen Berufen, mit dem Rückzug ins Private überlieferten adligen Landlebens oder, seltener, einer verfeinerten Kultur. Gewiß fühlte sich ein Teil zurückgedrängt, in Verteidigung gegen das vordringende Bürgertum. Aber historisch bleibt für die Geschichte der Deutschen entscheidend die starke Bedeutung des Adels für die sich umbildende politische Elite, sein fortdauernder Machtanspruch.

Der Adel war an sich keineswegs eine Einheit, sondern mannigfach differenziert und gegliedert, von der Herkunft wie der sozialen und ökonomischen Lage her: Standesherren – mit einer herausgehobenen Position, den regierenden Familien ebenbürtig; ehemals reichsunmittelbare Ritter und landsässiger Adel; hoher und niederer Adel: Grafen, Freiherrn und Barone und die einfachen „von", wie die meisten preußischen Junker; Uradel, frühneuzeitlicher Adel und die Neugeadelten der eigenen Zeit; Adel mit Landbesitz und solcher in Offiziers- und Beamtenstellen, reicher Adel (wie die schlesischen Magnaten und der süddeutsche Hochadel), Adel mit standesgemäß auskömmlichen Einnahmen und armer, verarmter Adel. Die nachgeborenen Söhne füllten, nachdem im katholischen Reich die alten Versorgungsinstitutionen weggefallen waren, die Gruppe des nicht mehr landbesitzenden Adels, wenn auch die Verbindung mit dem ländlichen „Familienbesitz" noch lange aufrechterhalten blieb. Hoch- und Kleinadel, landbesitzender und in Generationen landloser Adel, alter Geburts- und neuer Verdienstadel, das waren in unserem Zeitraum die wichtigen Unterschiede, die zum Teil, am stärksten in Wien und in Österreich, schroffe soziale Scheidungen bedingten. Gegenüber dem modernen bürokratischen Staat freilich gab es eine ansteigende Nivellierung des Adels. Und vor allem gegenüber der bürgerlichen Welt gab es trotz Konnubium und Nobilitierungen auch eine Einheit des Adels. Die politische, ökonomische und soziale Privilegierung des Adels kam indirekt auch dem armen Adel, auch den nicht-erbenden Kindern, zugute.

Grundsätzlich war der Adel gesellschaftlich relativ exklusiv, trotz der Beziehungen zur bürgerlichen hohen Beamtenschaft, zum bürgerlichen Großgrundbesitz; unter den Studenten waren die feudalen Corps von bürgerlichen Verbindungen geschieden. Man suchte und fand vornehmlich Kontakt mit seinesgleichen. Gewiß hat sich der Adel in mancher Hinsicht – in Kleidung, Familienmoral, Regeln des zivilisierten Betragens, Ausbildung und Teilnahme an der Kultur, und zumal in der Wirtschaftsführung – „verbürgerlicht". Aber wichtiger war, wieviel Normen und Lebensformen, wieviel Stil auch im bürgerlichen Zeitalter, zum Teil bewußt gegen das Gegenbild des Bourgeois, erhalten blieb: die Ideale des Vornehmen und Herrenhaften vor allem, die Kultur des Landsitzes – auch wo nach den politischen Rechten die ökonomische Basis des Herrentums dahinschwand. Auf den Gütern z. B. blieb trotz aller Ökonomisierung das patriarchalische Verhaltensmodell der Herren im Gegensatz zu bürgerlichen Pächtern stilprägend.

Der Adel also behauptet sich als Lebensform und politische Elite. Die um 1800 vieldiskutierte Adelsreform, Beschränkung der Erblichkeit der Titel auf die ältesten Söhne und kontinuierliche Ergänzung des Adels aus aufsteigenden Bürgern, ist schon nach 1815 kein Thema mehr. Der Adel entläßt seine jüngeren Söhne nicht und bleibt – grundsätzlich – unter sich. Die Liberalen der Paulskirche wollten die Vorrechte des Adels abschaffen, nicht seine soziale Existenz, nicht die Adelstitel. Die adlige Lebensform bleibt im bürgerlichen Zeitalter – ähnlich wie in England – attraktiv für aufsteigende Bürger. Die Monarchie hat das – in alter Tradition – genutzt. Sie hat Bürger geadelt und gerade damit den grundsätzlichen Vorrang des Adels, das Gefälle an Sozialprestige, aufrechtzuerhalten, ja zu stärken gesucht. Bürgerliche, die in die Spitzen der Verwaltung einrückten, wurden fast regelmäßig geadelt: die Schicht einer adlig-bürgerlichen Amtsaristokratie hielt sich in Deutschland im 19. Jahrhundert durch. Jenseits der hohen Verwaltungsposten war die Nobilitierungspraxis unterschiedlich; in Bayern oder Württemberg z. B. wurde sehr viel mehr nobilitiert als im vormärzlichen Preußen, in den süddeutschen Ländern wurde dabei auch vom persönlichen, nicht erblichen Adel Gebrauch gemacht. In Preußen wurden – mit gewissen Höhepunkten nach 1815 und nach 1840 – zwischen 1807 und 1848 95 Offiziere, 82 Beamte, 50 Rittergutsbesitzer, 10 Kaufleute und 4 andere, im ganzen 241 Personen nobilitiert. Insgesamt kam zwar die Mehrheit des Adels aus dem eigenen Stand, aber die nicht ganz unbeträchtliche Gruppe der Neugeadelten frischte ihn auf, ohne die Standesgrenzen doch wirklich durchlässig zu machen. Der alte Adel hat mit gewissen Zeitverzögerungen die Neuzugänge akzeptiert. Die Söhne der Nobilitierten gehörten in Preußen sehr schnell zu den Kreisen des alten Adels, sozial wie ihren Gesinnungen nach, die Nobilitierten konnten in den alten Adel einheiraten. Ähnlich war es generell mit dem Konnubium. In Preußen gab es beim Überwiegen des Kleinadels mehr adlig-bürgerliche Heiraten als in Süddeutschland, zumal bürgerliche Beamte konnten Töchter des alten Adels heiraten. Kurz, die Möglichkeit, bürgerliche Existenzen auf Grund von Leistung oder Besitz in begrenzter Zahl in die Adelselite zu integrieren, war gegeben und wurde genutzt.

Trotz Privilegierung und sozialer Distanz und obwohl die Mehrheit des Adels dem konservativen Lager zugehörte, darf man den beachtlichen Teil des Adels nicht übersehen, der sich zum Liberalismus bekannte, und zwar nicht nur zu einem aristokratischen „Whig"-Liberalismus (wie etwa beim bayerischen Fürsten Öttingen-Wallerstein), sondern zum bürgerlichen Liberalismus. Nicht nur die starke liberale Gruppe des ostpreußischen Adels, der „Junker", ist hier zu erwähnen, sondern – repräsentativ und symbolisch – einer der volkstümlichsten Führer der liberalen 48er, Heinrich von Gagern, oder einer der maßgebenden Führer des Nationalvereins und später der nationalliberalen Partei, Rudolf von Bennigsen, und viele andere mehr. Das war ein Stück Einbürgerung des Adels in die deutsche Politik nach englischem Modell – nicht dominierend, aber auch keineswegs beiläufig, und sehr charakteristisch.

Auf die besondere Situation und Rolle der beiden anderen „politischen Stände" des Beamtentums und des Militärs, der Offiziere zumal, werden wir im Zusammenhang mit der Staatsorganisation noch zurückkommen. Die akademisch gebildeten Beamten – eigentlich Überwinder der ständisch-korporativen Ordnung und ausgelesen auf Grund des demokratischen Prinzips von Examen und Leistung und nicht mehr des feudalen von Geburt und Konnektion – wurden auf Grund rechtlicher Privilegierung selbst zu einem Stand; das entsprach ihrem Selbstverständnis wie der Einschätzung aller anderen Stände. Manche Zeitgenossen meinten sogar, der Unterschied zwischen Beamten und Nicht-Beamten sei größer als der zwischen Adel und Nicht-Adel. Die Beamten waren gemeinsam mit der bürgerlichen gebildeten Oberschicht am Ende des Ancien Régime aus der Ständeordnung herausgenommen. Bis 1848 erhielten sie aber quasiständische Privilegien, die sie aus der allgemeinen Staatsbürgerschaft heraushoben. Sie hatten, wie der Adel, einen eigenen Gerichtsstand; für sie galten, zumal bei Ehrensachen, andere Strafnormen und -maße; die Ehe mit Adeligen war nicht oder kaum behindert; zum Teil gab es steuerrechtliche Privilegierung, kommunal- und wahlrechtliche Sonderstellung. Examen und Titel waren Nachund Ausweis der besonderen Berechtigung – gleichsam das Adelsprädikat der Beamten- und Bildungsschicht, Ränge und – gelegentlich – Uniformen hoben dieses Element hervor. Die soziale Prestigeordnung setzte den Beamten hoch, nach Adel und Offizier, und weit über Unternehmer und Techniker; das entsprach wiederum auch der Selbsteinschätzung. Die Nähe zur Macht und die Bildung gaben den Beamten ihren Rang, nicht der Besitz, und ihr Rang war durchweg höher als der durch bürgerlichen Reichtum erworbene. In unserem Zeitraum, und jedenfalls im Vormärz, ist das Vermögen oder das Einkommen für den sozialen Status noch nicht entscheidend. Obwohl diese Gruppe in ihrer Rekrutierung – wenn man sich nicht nur auf die Verwaltungsbeamten oder Juristen beschränkt – nach unten offen war, wir werden davon im Zusammenhang mit dem Universitätswesen erzählen, tendierte sie in ihrer Lebenspraxis zu einer gewissen Abschließung im Kreis der akademisch Gebildeten. Es gab gelegentlich in der hohen Verwaltung die Tendenz zur Anlehnung an den Adel, aber dominierend war doch in unserem Zeitraum eher ein anti-aristokratisches Sentiment, der Protest der Leute des Leistungsprinzips gegen Geburtsvorrechte. Im ganzen war – mindestens im Vormärz – Distanz zu Bürgern wie Adel relativ typisch für die Beamtenschaft. Erst nach der Revolution hat sich – mit dem Aufhören bestimmter Rechtsprivilegierungen – die Distanz der Beamten zur übrigen bürgerlichen Gesellschaft abgeschliffen.

Die freien Berufe – Ärzte, Apotheker, Anwälte und Notare – waren durch die staatliche Regelung ihrer Ausbildung, Examina, Berufsausübung oder Niederlassung in einem halböffentlich rechtlichen Status. Sie hatten am Bildungsprivileg teil, nicht eigentlich aber am Amtsprivileg. Die eigentümliche soziale Gruppe der Akademiker – mit gemeinsamen Standards, gemeinsamem Selbstbewußtsein und der Distanz zu den Nicht-Akademikern – ist ein Produkt der deutschen Bildungstradition und ihrer Rolle in der deutschen Gesellschaft und im Staat: Bildung bestimmte hier Sozialstatus und Schichtung.

Mit den Beamten und den evangelischen Pfarrern zusammen stellte diese Gruppe das „Bildungsbürgertum" dar, noch abgehoben vom „Besitzbürgertum".

Sehr wichtig schließlich war ein quasi ständisches Element, das in die deutsche Gesellschaftsverfassung durch den dritten politischen Stand, das Militär, einfloß, und zwar durch die Offiziersfähigkeit. Wir werden von der Koppelung von Bildungsabschluß und verkürzter Militärdienstzeit in Preußen durch das Institut des „Einjährigen" sprechen, das zugleich die Voraussetzung der „mittleren Reife" für den Rang von Landwehr- und Reserveoffizier wurde; und von der süddeutschen Lösung, die die Leute von Bildung und Besitz vom Militärdienst bei Stellung eines Ersatzmannes befreite. Diese Lösung gab der bürgerlichen Schicht von Bildung und Besitz gewisse Sonderrechte. Die obere Mittelklasse wurde in gewisser Weise durch die Militärorganisation, den neuen Offizierstyp und die dabei vorausgesetzte Bildung erst eigentlich konstituiert (und die nicht nur rechtliche, sondern sozial durchsetzbare Chance, aktiver Offizier zu sein, war eine noch höhere Stufe des Sozialprestiges). Militärpositionen und Bildungsabschlüsse wirkten so wie der rechtlich-politische Sonderstatus der Offiziere und ihr Nahverhältnis zum Adel auf die Hierarchie der Gesellschaft zurück, trennten die offiziersfähigen Schichten generell von denen des kleinen Mittelstandes, der Bauern und aller Abhängigen und Arbeiter, erhielten ein vormodernes, ein unbürgerliches, anti-egalitäres Element in der entstehenden bürgerlichen Gesellschaft.

Die politischen Stände: Adel, Beamtentum und Heer, die bürgerliche Bildungsschicht und dann die früher besprochenen Schichten: industrielles und kaufmännisches Unternehmertum, also das Wirtschafts- und Besitzbürgertum, Geld„patriziat" oder Bourgeoisie, die Handwerker (und ähnlich die Kleinkaufleute), die Bauern, die Industriearbeiter und die anderen „Unterschichten", das sind die sozialen Gruppen der werdenden bürgerlichen und Wirtschaftsgesellschaft. Die Neben- und Sondergruppen wie zuerst die „Bürgerlichen", die gebildeten Beamten, dann die Unternehmer oder – auf unterer Ebene – die Volksschullehrer nahmen zu, die alten ständischen Gruppen differenzierten sich noch weiter, die Unterschichten wuchsen; die wirtschaftlichen Veränderungen, die Bevölkerungsvermehrung, die steigende Mobilität lösten auch jenseits staatlicher Politik und, trotz des erwähnten Überhanges alter oder neuer ständischer Elemente, die ständische Gesellschaft auf. Ein kompliziertes System von Berufen, eine Berufs- und Leistungsgesellschaft, eine moderne Wirtschaftsgesellschaft, trat an deren Stelle. Entgegen den idealistischen Annahmen liberaler Gesellschaftsreform setzt sich eben nicht die Gesellschaft des Leistungsprinzips und der Chancengleichheit – freie Bahn dem Tüchtigen, dem Talent – durch. Besitz, wirtschaftliche Lage, Stellung im Produktionsprozeß, ja Besitz von Produktionsmitteln – aber auch von Haus- und Wohnungseigentum –, werden für den sozialen Status des einzelnen und die Schichtung der Gesellschaft wichtiger und formen neue soziale Gruppen, denen der einzelne nicht erst durch Leistung und Beruf und Erwerb, sondern durch seine über Bildungschancen und Besitz weitgehend entscheidende Herkunft zugehört. Gesellschaftliche Schichten bilden sich in gewisser Weise zu Klassen um, die Gesellschaft nimmt, zumal in der Phase der Hochindustrialisierung, die Struktur einer Klassengesellschaft an.

Freilich, jede Gliederung der Gesellschaft nach Gruppen, Schichten, „Ständen" oder „Klassen" hat ihre Schwierigkeiten und Grenzen, sie muß ökonomische Situation, Lebenslage und Lebenserwartung, sozialen Status im eigenen wie fremden Urteil, Bewußtsein und Lebensstil, Bildungsvoraussetzungen, Traditionen und Normen, und endlich politische Funktionen (und vielleicht anderes mehr) berücksichtigen, diese Faktoren angemessen kombinieren und gewichten, die vielen Grenz- und Übergangsgruppen und die Binnendifferenzierungen der größeren Gruppen miterfassen. An einem oder an nur wenigen Kriterien orientierte Schichtungsmodelle versagen darum meist vor der Wirklichkeit, man denke z. B. nur an die Spannung zwischen Hausbesitz und Mieterdasein im bürgerlichen „Milieu". Der Klassenbegriff ist nur zu gebrauchen, wenn man ihn von seiner gängigen Trivialisierung löst und ihm eine komplexere und differenziertere Bedeutung gibt.

Die strengen ständischen Scheidungen der sozialen Gruppen haben sich in unserem Zeitraum aufgelöst; an ihre Stelle sind neue – nicht mehr ständische – Scheidungen und Abgrenzungen getreten, die von der wirtschaftlichen Lage (Besitz und Einkommen), Bildung und Sozialprestige und der Mentalität bestimmt und geformt sind und die die Tendenz haben, sich neu zu verfestigen. Es gibt gleichzeitig ein Neben- wie ein Übereinander solcher Schichten.

Die Gesellschaft ist in unserem Zeitraum, gerade im Übergang zur bürgerlichen Gesellschaft, durch hohe soziale Mobilität gekennzeichnet. Der Umbruch der Berufsstrukturen, die Umschichtung auf dem Lande, bei Kleinbauern und jüngeren Bauernsöhnen zumal, die Land- und Stadtmobilität, die Ablösung des Hausgewerbes, die Zunahme des sekundären und später des tertiären Sektors im Produktionsbereich sind dafür charakteristisch. Wie weit aber die Aufstiegsmobilität reichte, welche Chancen insbesondere für Angehörige der Unterschichten, der Arbeiterschaft und der Bauernschaft bestanden, ist schwieriger zu sagen, zumal wir nur wenig Daten haben. Sicher war diese Mobilität geringer als in einem prinzipiell egalitären Land wie Amerika, aber sicher hat es solche Mobilität in mehr als marginalem Ausmaß auch gegeben, freilich weniger in großen „Sprüngen". Bei näherer Betrachtung löst sich diese Mobilität in kleinere Schritte auf, etwa vom Facharbeiter zum Werkmeister, und in den Auf(oder Ab)stieg über drei oder mehr Generationen. Zwischengruppen wie Volksschullehrer, Werkmeister, Eisenbahnpersonal oder kleine Beamte sind dabei besonders wichtig. Die Barrieren waren stark, weil die entstehende bürgerliche Leistungsgesellschaft in Deutschland so eng mit einer Schichtung nach Bildung und Bildungsabschlüssen gekoppelt war, Entscheidungen über Karrieren und Lebensstatus vorwiegend früh und in der Ausbildungsphase fielen. Bildung wiederum war – bei der Knappheit von Stipendien und zumal der Schwierigkeit der Familien, auf Einkommen der jungen Generation zu verzichten – an den ökonomischen Status der Eltern gebunden und natürlich an die Mentalität, die im bäuerlichen, im Unterschichten- und Arbeitermilieu nicht bildungsgeneigt war. Unmittelbares Verdienen und Sicherheit rangierten im allgemeinen vor Aufschub und Risiko, das die ungewissen Bildungskarrieren bedeuteten. Für Landvolk, Unterschichten, ungelernte Arbeiter waren die Aufstiegsmöglichkeiten daher aus diesen objektiven wie subjektiven Gründen sehr gering, in der Pauperismuskrise noch geringer als in der Phase der Hochindustrialisierung; bei den gelernten Arbeitern und der unteren Mittelschicht, Handwerkern und kleinen Beamten dagegen ist sie – über kleine Schritte oder drei Generationen – nicht unbeachtlich.

Die sozialen Gruppen und Klassen waren in Deutschland einerseits relativ stark „segmentiert", gegeneinander abgeschottet: Gefühle der Distanz und Versuche der Distanzierung gegen andere, Zusammenschließen der eigenen Gruppe – davon wird häufig berichtet – und die Verbindung von ökonomischem Status, Bildung, politischen Rechten und Berufs- oder Traditionsmentalität verstärkten die Tendenzen zur Abgrenzung. Diese Abgrenzung ist wohl in Norddeutschland – wo die Grenze zwischen Dialekt und Hochsprache schärfer ist – und zumal im Osten, in Preußen, wo feudaler und militärischer Überhang größer, bürokratisch autoritärer Stil ausgeprägter ist, stärker als im Westen, Südwesten und Süden. Wo der Umgangsstil bürgerlicher ist, ist die Abgrenzung weniger entschieden. Zu den sozialen kamen andere Gegensätze, zumal die religiösen zwischen Katholiken, orthodox-pietistischen und liberalen Protestanten, Juden, freireligiösen und entchristianisierten Gruppen. Und es gab die regionalen Gegensätze. Der deutsche Partikularismus setzte sich in dem sozialen Zusammenhalt der Gesellschaft, der Mentalität von Gruppen noch lange fort, gerade darum gab es – auch jenseits der Ökonomie und Klassenlage – eine Vielzahl unterschiedlicher, gegensätzlicher gesellschaftlicher „Milieus". Konfessionelle und regionale Unterschiede waren zum Teil wichtiger als soziale, als Klassengegensätze. Es ist eines der tieferliegenden politischen wie sozialen Probleme der deutschen Geschichte im 19. Jahrhundert gewesen, wie aus diesen relativ gegensätzlichen Milieus einzelne große Klassen und eine politische Nation von relativer Homogenität und Identität, eine deutsche Gesellschaft entstehen sollte. Natürlich gab es auch partiell integrative Tendenzen: die Lage der Industriearbeiterschaft und die entstehende Arbeiterbewegung hat die Arbeiterschaft – wenn auch nicht vollständig – zusammengeschlossen; der Gegensatz zum Adel, der politische Liberalismus, die bürgerlichen Vereine haben das städtische Bürgertum, das gehobene wie das „kleine", und auch (1848 etwa) eine Einheit von beidem, geschaffen. Mobilität und entstehendes Klassenbewußtsein der Arbeiterschaft, Gemeinsamkeit der Universitätsbildung, des Kulturbewußtseins, der liberal-nationalen Ideen im Bürgertum haben gemeindeutsche, nicht-regionalisierte Gruppenzusammenhänge – im Bereich der Städter jedenfalls – entstehen lassen.

Fragen wir nach den dominanten sozialen – also nicht regionalen, religiösen und politischen – Gegensätzen. Objektiv ist sicherlich der Gegensatz zwischen Land und Stadt noch ganz zentral, daran ändert der Übergang der agrarischen Überschußbevölkerung in die Städte gar nichts, das langsame Eindringen städtischer Denk- und Lebensformen – ökonomische Rationalität, Bürokratie, politische Programme – auf dem Land nur wenig; freilich ist dieser Gegensatz eher latent und potentiell, ist „schweigend" und kaum ausgesprochen.

Der zweite soziale Hauptgegensatz ist der zwischen Bürgertum und Adel, er wird – auf seiten der Bürger – am schärfsten empfunden und integriert das Bürgertum ein Stück weit. Der Zorn über Privilegierung und Exklusivität des Adels, über seinen Vorrang im Offizierskorps und in der höheren Verwaltung, über sein Stehen jenseits der Arbeits- und Leistungswelt, die Kritik an seinen Prätentionen und Lebensformen, das füllt die bürgerliche Literatur wie die Journale, auch die ‚Gartenlaube' etwa, das treibt die Opposition der Konfliktzeit. Das Bewußtsein des Liberalismus im Vor- wie Nachmärz kulminiert darin, daß man eine „bürgerliche" Bewegung ist, mit dem Anspruch, die eigentlichen Kräfte der Gesellschaft: Arbeit, Leistung, Fortschritt zu vertreten. Unter diesem Aspekt gerade ist das mittlere und höhere Bürgertum ganz einig, und die Mehrheit des kleines Bürgertums folgt ihm. Hier bildet sich eine Art Klassengefühl, das Gefühl einer aufsteigenden, anspruchsberechtigten Klasse, der eigentlichen Nation. Diesem Gefühl entspricht das langsame Zusammenwachsen von Bildungs- und Wirtschaftsbürgertum im Zeichen des nachmärzlichen Liberalismus, auch im Bereich gesellschaftlicher Beziehungen. Innerhalb des „Bürgertums" stehen Spannung und Einheit in einem komplexen Zusammenhang: die Spannung zwischen Besitz- und Bildungsbürgertum, zwischen beidem und dem Kleinbürgertum, zwischen den Beamten und der Mehrheit, die sich von den Beamten bevormundet und gegängelt fühlt; aber es sind Beamte und Gebildete, die den Liberalismus anführen, die für das Volk als das Volk der Selbständigen, die großen und die kleinen Bürger sprechen. Die sozialen Unterschiede werden politisch überbaut. Das gilt übrigens auch im Bereich des Katholizismus, ja in gewisser Weise selbst im konservativen Lager.

Die dritte große Grenzlinie läuft – unklar und ausgefranst – zwischen Bürgertum und Unterschichten. Gewiß stellen die Unterschichten keine Einheit dar, aber die Grenze zwischen den Armen und Unselbständigen und ihrer Lebenslage und den Bürgerlichen, den Hauseigentümern, Selbständigen, eher Gesicherten ist doch deutlich. In der Pauperismuskrise des Vormärz und in der Revolution wird diese Scheidelinie zeitweise von der zwischen den „kleinen Leuten" und dem „Geld- und Titel- (Bildungs)Patriziat" überlagert, aber auf die Dauer und gerade in der Hochindustrialisierung ist die Grenze zwischen auch kleinen, mäßig gesicherten Bürgern und wenig gesicherten Arbeitern und Unterschichten deutlicher markiert, auch wenn sie vor dem Durchbruch der sozialistischen Arbeiterbewegung noch politisch und konfessionell überbaut ist. Lebensstil, Normen und Zielsetzungen wie Anspruch nach außen unterscheiden sich auch bei sehr ähnlicher ökonomischer Lage doch zwischen beiden Gruppen sehr deutlich.

Gleichzeitig bildet sich aber doch viertens auch der andere Gegensatz durch, zumal innerhalb des Bürgertums, der Gegensatz von Herrschaften, feinen Leuten und kleinen Leuten, der Gegensatz der Gebildeten, zu denen jetzt die Industriebürger gehören, zum „Volk", der Gegensatz, sozialpsychologisch ganz zentral, von Leuten mit Dienstpersonal (oder -mädchen) und ohne, eine Trennlinie, die gerade die „mittlere Mittelschicht" und in ihr ganze Berufe wie Handwerker und Ladenbesitzer unterscheidet.

Wenn wir von der bürgerlichen Gesellschaft sprechen, die sich in unserem Zeitraum voll entfaltet, müssen wir neben Schichtung und Mobilität, neben den Gegensätzen und den Beziehungen der sozialen Gruppen noch anderes bedenken. Die bürgerliche Gesellschaft ist in einem spezifischen Gegensatz zur alten Welt eine Gesellschaft der Einzelnen, der Individuen. Das Vordringen des Individuums, des Individualismus ist charakteristisch. Atomisierung der Gesellschaft oder Befreiung und Lösung des Einzelnen von Bindungen und Fesseln, das sind die konservativen und liberalen Parolen, die diesen Prozeß begleiten. Der Mensch der alten Welt lebte in den Bindungen des ganzen Hauses, der korporativen Organisationen, der Zünfte und der Dorfgenossenschaft, der lokalen Herrschaft, der Nachbarschaft, des Heimatortes, der Kirchengemeinde, der Region – der überschaubaren Welt. Die Familie war, wir sahen es, nicht auf die Einzelnen gegründet, sondern ihnen vor- und übergeordnet. Eine Korporation, wie z. B. die Zunft, umfaßte den ganzen Lebenskreis des Menschen außerhalb von Haus und Kirche, bündelte – sozusagen unspezifiziert – seine Interessen mit denen der Zunftgenossen; ihre Werte waren nicht individualistisch, sondern „kollektiv", und sie waren die Werte der eigenen Gruppe, diese war „partikularistisch" orientiert, nicht universal auf die Gesamtgesellschaft hin. Darüber stand die Kirche als der Ort der Lebensinterpretation; ihr gehörte man von Geburt an, sie war anstaltlich organisiert; die christliche Betonung des Einzelnen war in dieser Einbindung weitgehend abgefangen. „Kultur" war in soziale Funktionen, in Kirche und Hof zumal, eingebunden, keine Wirklichkeit, die den Einzelnen herausforderte und bildete. In dieser Welt waren Initiativen und Zwecke, war Sinn weitgehend vorgegeben. Sitte und Brauch, Tradition – nicht die individualisierende Reflexion – bestimmten durch Anschauung und Symbole zumeist Lebensauffassung und Verhalten, gaben die Muster. Im Normalfall deckte sich das Selbstverständnis des Einzelnen mit dem seiner Gruppe, er lebte mit seiner Gruppe konform, lebte aus ihr. Die sozialen Organisationen, denen man zugehörte, hatten den Charakter vorgegebener, umfangender Gemeinschaft. Das Gefüge der Gesellschaft war statisch, die Rollen des Einzelnen waren festgelegt, und sie waren nicht so vielfältig, daß es zu großen Spannungen und damit zu stärkerer Individualisierung kommen mußte. Die Subjektivität des Menschen war durch diese Bindungen von vornherein begrenzt, und so war es auch mit ihrer Geltung.

Diese Ordnungen des Lebens lösen sich seit dem späteren 18. Jahrhundert zunehmend auf. Der Mensch hat sein Leben nicht mehr traditionsgeleitet in seinem Geburtsstand, sondern er wird „innengeleitet", gewinnt „persönlichen Stand", aus Leistung und Bildung. Der Einzelne erhebt gegen die Welt der vorgegebenen Bindungen Anspruch auf einen freien Raum der Betätigung wie der Selbstvergewisserung, der Zwecksetzung, der Reflexion. Der Mensch stellt sich auf sich selbst. Er tritt aus den konkreten – und auch begrenzten – sozialen Gebilden seiner Herkunftswelt heraus, an denen er sich orientiert hatte. Dieser Prozeß der Individualisierung beginnt im 18. Jahrhundert in der oberen Mittelschicht der Gebildeten, der Bürgerlichen, und strahlt von dort auf Adel und altes, zuerst großes, dann auch kleines Bürgertum aus. Wir haben das etwa bei der Geschichte der Familie zu schildern versucht. Dieser Prozeß hatte mehrfältige Ursachen und Antriebe, religiöse und geistesgeschichtliche: den Pietismus, die ersten Säkularisierungstendenzen, die Aufklärung; sozialgeschichtliche und politische; die Zunahme der neuen, von den ursprünglichen „Ständen" verschiedenen, „eximierten" Schicht, der Bürgerlichen, und ihre Förderung durch den sich bürokratisierenden Staat; schließlich (und zumeist erst später) ökonomische: die neuen Wirtschaftsweisen in Landwirtschaft und Gewerbe, die die alten traditions- und korporationsbestimmten Ordnungen annagten. Die Politik der bürokratischen Reformen, der steigende Druck der ökonomischen (und sozialen) Veränderungen, die sich ausbreitende neue Mentalität und die Verschulung der Gesellschaft, die konkurrierende Autoritäten neben das „Haus" setzt und Reflexion gegen Tradition, die ansteigende Mobilität, das Vordringen der Macher und Tuer in die gewachsenen Heimatwelten, all das stellt, seit Beginn unseres Zeitraums, einen deutlichen Schub zur Dekorporierung der Gesellschaft, damit zur Individualisierung dar. Die – aufhaltsame – Auflösung des ländlichen Herrschafts- und Genossenschaftsgefüges, die Freisetzung der Unterschichten aus Bindung und Sicherung, die Krise der Zünfte haben diese Dekorporierung und Individualisierung auch in einem ganz unesoterischen und handfesten Sinn zu einem Massenphänomen gemacht. Gewiß war der Mensch nicht das Kunstprodukt aufklärerisch-liberaler Theorie: der Einzelne, der „dem Staat" und „der Gesellschaft" gegenüberstand, sondern durch seine sozialen Rollen und Einbindungen durchaus konkreter bestimmt. Gewiß war die Prägung von Person und Verhalten durch Tradition und soziale Bindungen im vorigen Jahrhundert ungleich stärker als in der von Großstadt und Wandel bestimmten traditionskritischen und libertären westlichen Zivilisation von heute. Aber im Vergleich zur traditionellen Welt ist die Abschwächung der vorgegebenen Gemeinschaftsbindungen, die Individualisierung von Person und Lebensführung, Lebenslauf und Bewußtsein doch mit Händen zu greifen. Grundsätzlich dringt das moderne Verhältnis von Individuum und Gemeinschaft/Gesellschaft gegen das Traditionelle vor. In allen Schichten z. B. tritt an die Stelle der altertümlichen kollektiven Ehre das Prinzip der individuellen, der persönlichen Ehre.

Auf eine wesentliche Konsequenz der Individualisierung müssen wir hier schon hinweisen. Der Mensch trat aus den begrenzten sozialen Gebilden seiner Herkunftswelt, aus ihren Traditionen, aus der unmittelbar anschaulichen Präsenz von Normen und Sinn heraus. Er geriet so in eine gewisse Isolierung, die oft als Entwurzelung, als Entfremdung, und konkreter gerade anfangs als Generationenbruch beschrieben worden ist. Die Sicherheit der Orientierungen wurde im Zeitalter der Bewegung erschüttert. In dieser Lage haben sich relativ schnell neue und spezifisch moderne Orientierungen gebildet. Der Einzelne orientierte sich an großen und abstrakten Gruppen, an der Menschheit oder der Nation, an den Aufgeklärten oder Gebildeten, an den Gleichgesinnten. Ihnen fühlte er sich zugehörig, sie nahmen seine Loyalität in Anspruch und boten ihm Selbstgewißheit und Identifikationsmöglichkeit. Sie waren freilich nicht mehr unmittelbar, nicht mehr anschaulich gegenwärtig; sie waren durch Ideen und Prinzipien repräsentiert. Diese neue Art der Orientierung und Identifizierung an säkularen Großgruppen und Ideen prägt das, was ich den „politischen Glauben" nenne; er hat im Liberalismus, im Nationalismus, im Sozialismus die Lebensbilanz des Einzelnen in einem bis dahin unerhörten Maße bestimmt.

Zu diesem Prozeß der Individualisierung gehört die zunehmende Bedeutung einer Eigensphäre Kultur und ihre Verbürgerlichung. Kunst und Wissenschaft wurden aus festen Funktionen in der ständischen Gesellschaft herausgelöst und grundsätzlich allgemein zugänglich. Welt- und Lebensinterpretation waren nicht mehr allein an die Kirche gebunden, wurden eine Sache auch der Laien, der Öffentlichkeit, des Publikums. Im Medium der Kultur wurden Sinn und Praxis des Lebens und der Gesellschaft diskutiert: das individualisierte die Menschen und war Ausdruck der Individualisierung zugleich. Weil die Normen nicht mehr anschaulich und symbolisch gegenwärtig waren, wie in der Traditionswelt, sondern Sache der Reflexion, des Einzelnen, der sich auf sich selbst stellte, deshalb wurde das Medium der Reflexion, Sprache und sprachliche Kultur, jetzt so außerordentlich wichtig.

Schließlich gehört zu der Individualisierung der neue – aufgeklärt-bürgerliche – Glaube an Bildung und Fortschritt, an die Veränderung (und Veränderbarkeit) der Welt, ja die Emanzipation vom obrigkeitlichen Staat, der Anspruch auf freies Zusammenwirken von Bürgern auch in und für öffentliche Angelegenheiten.

Zu dieser Individualisierung des Lebens gehört nun zugleich eine wesentliche Veränderung der sozialen Organisation der Gesellschaft. In der alten Gesellschaft war die Organisation der Individuen zunächst die Korporation, der man durch Geburt und Stand zugehörte, die das Ganze des Lebens unspezifisch übergriff, die den Status und die Rechte ihrer Mitglieder bestimmte. Solche Organisationen werden, wir sagten es, aufgelöst, die Gesellschaft wird dekorporiert. Aber an ihre Stelle tritt nicht ein Vakuum, sondern eine neue Organisation: die Assoziation, der Verein, d. h. der freie Zusammenschluß von Personen, die ein- und austreten, unabhängig vom Rechtsstatus ihrer Mitglieder und ohne diesen zu beeinflussen, die auf selbst gesetzte, nicht auf vorgegebene Zwecke sich richten, die spezifische Zwecke (und nicht wie die Zunft das ganze Leben) angehen. Aus kleinen Anfängen im späten 18. Jahrhundert wird das „Vereinswesen" bis zur Jahrhundertmitte zu einer sozial gestaltenden, Leben und Aktivität der Menschen prägenden Macht. Das Jahrhundert wird das Jahrhundert der Vereine, jeder steht – oft mehrfach – in ihrem Netzwerk. Selbst in einer alten Institution wie der Kirche mit ihrem Amts- und Anstaltscharakter setzt sich das Vereinswesen durch, ja selbst die Zwangsorganisation Staat fördert die freien Vereine zu öffentlichen Zwecken. Geselligkeit, Bildung, „Dienst" an Kunst und Wissenschaft, öffentliches Wirken, Verändern und Verbessern, das waren die selbst gesetzten Ziele der Vereine – von den „Casinos" und „Ressourcen", den Lesegesellschaften und „Museumsvereinen", von den Freimaurern, von wissenschaftlichen Vereinen, den Kunst- und Musikvereinen, den beruflichen bis zu den wirtschaftlichen Vereinen, den halb und ganz politischen, von den Burschenschaften, den Sänger- und Turnvereinen bis zu den Wohltätigkeitsvereinen und den Arbeiterassoziationen. Die alte Welt bot keinen Raum für die hier sich äußernden neuen Bedürfnisse von Individuen nach diskutierender Selbstverständigung und gemeinsamem Handeln. Die Individualisierung und der freie

Zusammenschluß der Individuen entsprachen sich. An die Stelle vorgegebener quasi-natürlicher Ordnungen trat eine Ordnung, die auf der Freiheit des auf sich gestellten Menschen beruhte, eben die Assoziation. Und weil die Intensität der Zugehörigkeit zur Assoziation geringer war als die zur Korporation, ließ die erstere dem Individuum mehr Freiheit.

Die Vereine haben zunächst erhebliche Bedeutung für die neue soziale Gliederung, Differenzierung und Integration der Gesellschaft gehabt. Die Assoziationen sind ursprünglich gerichtet gegen die Stände. Man kann, man soll ihnen zugehören ohne Rücksicht auf Geburt und Stand, allein auf Grund von Bildung und Leistung; das „rein Menschliche" soll über die Standes„schranken" greifen; die Vereine sollen Angehörige verschiedener Stände zusammenführen, und das heißt konkret: sie richten sich gegen die Absonderung des Adels, sie fordern, daß auch der Adel sich auf den Boden der bürgerlichen Werte – Bildung und Humanität – stellt, in die prinzipiell bürgerlichen Vereine eintritt. In den Vereinen um 1800 finden sich Beamtenschaft, akademisch Gebildete und Adel zusammen und bilden die neue Oberschicht der ersten Jahrzehnte des Jahrhunderts. Und obschon sich nach 1815 die partielle Kooperation zwischen Bürgern und Adel wieder abschwächt, die Position des Adels sich noch einmal befestigt, hat das Vereinswesen wesentlich zur Einbürgerung des Adels in die neue bürgerliche Gesellschaft beigetragen. Wichtiger aber: die Vereine sind eines der entscheidenden Medien, in denen sich das neue Bürgertum aus Bürgerlichen und altständischen Bürgern, aus den verschiedenen Berufen, der Bildung und der Wirtschaft, den Beamten und den freien Berufen allmählich als ein Ganzes, aus einem abstrakten Begriff zur konkreten Wirklichkeit gemeinsamer Lebensformen konstituiert. Der Austausch von Lebens- und Welterfahrung in einem Ganzen, die „arbeitende Geselligkeit" soll dieses Zusammenwachsen bewirken. Die „Burschenschaft" als allgemeine Organisation der Studenten – nach den ständischen Landsmannschaften und den gesinnungsbezogenen Orden – entspricht diesen Vorstellungen. Neben die antiaristokratische und die gemeinbürgerlich egalitäre Tendenz tritt freilich dann eine elitäre Tendenz: die ständische Differenzierung wird durch die Bildungsdifferenzierung abgelöst, das Bedürfnis nach einer gewissen Homogenität des Lebensstils im Umgang schlägt hier quasi-natürlich durch. Die allgemeinen Bildungs- und Geselligkeitsvereine – Museum, Casino, Harmonie, Ressource – scheiden sich, zumal nach 1815, nach höherem oder mittlerem oder kleinerem Bürgertum; Bildung, Besitz und Lebensstil führen zu einer neuen Differenzierung. Daneben freilich bleiben die Vereine mit „demokratischem", gemeinbürgerlichem Charakter, vor allem, wenn man von den kirchlichen Vereinen absieht, die Turn- und die (Männer-)Gesangsvereine, volkstümlich liberal, über alle bürgerlichen und bäuerlichen Schichten bis zum Adel: das ganze Volk. Kurz, Schichtendistanzierung und Schichtenintegration und -solidarität stehen nebeneinander. Und die Liberalen übertragen das Modell der Assoziation, das ihren Aufstieg gegen das korporative und obrigkeitliche Wesen begleitet und mitträgt, auf das soziale Problem: Assoziation auch der Arbeiter ist – wir sahen es – das Rezept, ist das Selbstheilungsmittel der Gesellschaft; die Assoziation soll auch den nicht besitzenden Schichten die Selbsthilfe ermöglichen, die Wahrung realer Freiheit, die Vorteile einer liberalen Gesellschaft. Die Assoziation ist das Mittel, das Proletariat zu entproletarisieren, einzubürgern. Dieser Versuch führt dann freilich auch zur artikulierten Selbständigkeit der neuen Schichten gegen die Integration in eine liberale Gesellschaft. Der Verein wird schließlich zum Vehikel der Organisation einer neuen Klasse – gegen das Bürgertum. Diese drei Tendenzen, Differenzierung des Bürgertums, Integration des ganzen Volkes, Klassenbildung der Arbeiterschaft, bestimmen gerade im zweiten Drittel des Jahrhunderts nebeneinander noch das Vereinswesen.

Eine zweite Entwicklung der modernen Gesellschaft ist ebenso Ursache wie Folge einer Entwicklung des Vereinswesens, das ist der Prozeß der Spezialisierung. Die frühen Vereine hatten vielfach noch eine Mehrzahl von Zwecken; Naturforschung und Industrie, Kultur, Gewerbe und Sittlichkeit – sie hatten eine Richtung auf das Allgemeine des Lebens. Die Universalität von Welt- und Lebenserfahrung sollte gegen die Partikularisierung der alten Ständewelt zur Geltung gebracht werden, aber auch gegen die – früh bemerkte – neu aufkommende Spezialisierung der modernen Berufs- und Arbeitswelt; der Einseitigkeit von Ausbildung und Arbeit, der „Prosa" des Berufes sollte mit der Universalität der neuen Bildung und der zweckfreien Kultur begegnet werden: die Humanität gegen die Beschränktheit des bürgerlichen Daseins, die Entfremdung der Arbeitswelt. Hier hat noch einmal die Entstehung der Eigenwelt der Kultur als eines wesentlichen Stückes des bürgerlichen, gebildeten Lebens ihren Grund. Kultur war individuell und universal zugleich, noch die einfachen Mitglieder der Gesangsvereine fühlten sich von dem Abglanz einer „höheren" Welt durchstrahlt. Der eigentliche Typus dieser universal gemeinten frühen bürgerlichen Kultur war der Dilettant, der Liebhaber, Kenner, Sammler, der Natur-, Kunst- und Geschichtsfreund, der gebildete Laie. Hier tritt nun ein erster Umschlag ein. Je intensiver man sich der „Kultur" zuwandte, desto eher konnte sie vom allgemeinen Leben abgelöst erscheinen; im 19. Jahrhundert wird für einen bestimmten Typus des bürgerlichen Menschen das Leben in und mit der Kultur zu einer eigenen „Provinz" neben Arbeit und Politik. Freie Zeit wird jetzt durch Bildung, durch zweckfreies Sich-Einlassen auf Kultur, wird durch ernsthafte Tätigkeit, dispensiert von unmittelbarer Praxis, erfüllt. Weil Kultur um ihrer selbst willen da ist, kann sie aus dem Leben ausgegliedert, gleichsam neben es treten: die Aktivitäten des Menschen spalten sich auf. Die Vereine sind dafür charakteristisch. Nach 1815 ist die Ausgliederung „kultureller Vereine" aus dem allgemeinen Vereinswesen häufig. Vereine spezialisieren sich. Das bedeutete nicht, noch nicht, eine Aufspaltung oder Vereinseitigung des Lebens selbst; denn das Individuum verfolgt verschiedene Interessen in verschiedenen Formen, Organisationen, Rollen, die es in sich selbst doch noch integriert. Die hier offenkundige Autonomie der Kultur hatte eine komplementäre und kompensatorische Bedeutung. Gegenüber der vita activa in Ökonomie und Politik, gegenüber der Herrschaft des Leistungsprinzips stand die vita contemplativa in einer modernen

Form, eben der Eigenständigkeit und Zweckfreiheit der Kultur. Gerade so war sie in das Leben hineingenommen.

Die bürgerliche Gesellschaft (und mit ihr die moderne Welt), die die Partikularität der alten Gesellschaft mit ihren universalen Normen überwindet, geht nun aber überhaupt, auch jenseits der „Autonomisierung" der Kultur, den Weg der Spezialisierung und Differenzierung. Ansprüche und Zwecke, wirtschaftliche wie berufliche Interessen werden vielfältiger, komplizierter, differenzierter; dieser Prozeß der Spezialisierung begleitet die Gesellschaft und ist in der Vervielfachung und Vervielfältigung des Vereinswesens aufs genaueste abzulesen: Vereine teilen sich oder werden neu gegründet – bis in die Mitte des Jahrhunderts schon fast jedem speziellen Zweck ein eigener Verein entspricht. Demgegenüber aber bleiben in den großen Vereinen der Bildung, der Geselligkeit, des Gesangs – bis lang nach der Jahrhundertmitte – auch die unspezialisierten allgemeinen Integrationstendenzen der Gesellschaft noch erhalten. Entpartikularisierung und Spezialisierung bleiben zwei gegenläufig komplementäre Tendenzen unseres Zeitraums. Die Möglichkeiten und Rollen des Einzelnen differenzieren und erweitern sich, ohne schon Integration und Identität zu gefährden.

Schließlich; die Vereine sind charakteristisch dafür, wie sich in der bürgerlichen Gesellschaft das Verhältnis von Individuum und Staat neu formt. Zunächst beanspruchen sie einen Raum privater und autonomer, vom Staat freigelassener Aktivität. Der Freiheitsraum des Individuums ist auch der Freiheitsraum gemeinsamer, aber zunächst unpolitischer Aktivitäten. Freilich, indem hier in einer Art Öffentlichkeit über öffentliche Dinge diskutiert wird, schlagen diese Vereine ins Politische zurück. Indem die Vereine sodann gemeinnützig tätig werden, nehmen sie bis dahin öffentliche Angelegenheiten in Anspruch, wirken an ihnen mit – und die Summe begrenzter Angelegenheiten verschiebt doch die Grenze zwischen bürgerlicher und staatlicher Tätigkeit, die Selbsttätigkeit der Bürger im öffentlichen Bereich gewinnt über die Vereine an Gewicht. Darum entwickeln sich dann die Ansätze zu Vereinen, die, im eigentlichen Sinn politisch, auf Einflußnahme und politische Mitbestimmung zielen. Vereine und Staat verstehen sich dabei zunächst als kooperierende, ergänzende Faktoren – darum fördert der Staat Landwirtschafts- und Gewerbe-, Geschichts-, Lehrer- oder Sozialreform- und Wohltätigkeitsvereine: sie sollen Aufgaben übernehmen, die bürokratisch nicht zu erfüllen sind. Der reformerische Erziehungsstaat, der bürokratische Liberalismus bedient sich der Vereine, gesellschaftliche Selbstorganisation stärkt die staatliche Leistungsfähigkeit. Für die modernen Individuen und ihre Organisation ist der Staat, der die Korporation und traditionellen Lebensformen auflöst, ein Bundesgenosse, ist Agent der Freiheit. Freilich, spätestens seit dem Ende der Reformära, seit 1819, wird die Selbstorganisation der Gesellschaft im öffentlichen Bereich auf das Unpolitische beschränkt: der Anspruch auf Mitbestimmung in der eigentlichen Politik soll abgewehrt werden. Politische Vereine werden verboten, den Vereinen wird Politik verboten. „Es ist eine ebenso unvernünftige wie gesetzwidrige Idee, wenn Privatpersonen glauben mögen, berufen zu sein, einzeln oder in Verbindung mit anderen, an den großen Nationalangelegenheiten Deutschlands mitzuwirken", so der nassauische Staatsrat Ibell 1819. Es gilt ein striktes Parteiverbot, auch wenn die Überwachung der Vereine zwischen Rigidität und Tauwetter erheblich schwankt. Die Folge ist zwar einerseits eine Entpolitisierung des Vereinswesens, andererseits aber eine Kryptopolitisierung, wie wir sie an Gesang- und Turnvereinen etwa beobachten können und in den 40er Jahren dann an den Lese-, Kasino- und Bürgervereinen, ja den Lehrer- und Ärzte-, den Gesellen- und Arbeitervereinen. Mit der Revolution und nach der Unterbrechung durch die Reaktion der 50er Jahre, seit den 60er Jahren mündet diese Entwicklung in den modernen Betrieb von Parteien und politischen Organisationen.

Die bürgerliche Gesellschaft also entfaltet sich als eine sehr differenzierte und stark zerklüftete Berufs- und Klassengesellschaft mit manchen ständischen Überhängen; als Gesellschaft der Einzelnen; als Gesellschaft der Vereine und Organisationen.

III. Restauration und Vormärz (1815–1848)

1. Das Ende der Reformen:
Verfassungen und Restauration

Das Problem des Jahrfünfts nach 1815 war, ob und inwieweit die Reformen der napoleonischen Zeit weitergeführt oder wenigstens konsolidiert oder ob sie im Gegenteil abgestoppt oder gar zurückgenommen würden. Und dieses Problem spitzte sich zu zur Frage, ob es in den Einzelstaaten zu einer Verfassung kommen würde. Das Ergebnis dieser Jahre ist ein doppeltes: nur die süddeutschen Staaten werden Verfassungsstaaten, nicht Preußen und schon gar nicht Österreich; aber für ganz Deutschland gilt, daß die „Restauration" zum beherrschenden Prinzip der Epoche wird und die Reformära ablöst.

Die Verfassungsfrage hatte in den einzelnen Ländern und Ländergruppen ihre eigene Geschichte; aber so eminent politische Entscheidungen wie die über eine Verfassung berührten natürlich die Interessen aller Mächte und der großen zumal, sie waren von der europäischen wie der gesamtdeutschen Machtlage mit abhängig. Sie gehörten in den Zusammenhang der europäischen Verfassungsdiskussion seit der französischen Charte von 1814; vor allem der russische Zar hat diese Diskussion mit seinem „Beglückungs"programm, nicht nur in Polen, sondern in allen Ländern Repräsentativverfassungen einzuführen, bis 1818 in Bewegung gehalten. Und der Deutsche Bund war an die – auf dem Wiener Kongreß praktisch schon entschärfte – Bestimmung gebunden: in allen Bundesstaaten „werden landständische Verfassungen stattfinden". Die Frage war zunächst, ob sich daraus eine Kompetenz des Bundes ergab. Metternich wollte sich nicht von einer quasi selbstläufigen Entwicklung überrollen lassen, der Bund oder die Hauptstaaten sollten darum einen Rahmen setzen. 1816 wünschte Sachsen-Weimar vom Bund eine Garantie seiner neuen Verfassung, die lippischen Stände das Verbot einer neuen Verfassung, Württemberg eine Entscheidung über Verfassungsgrundsätze. Metternich versuchte, seine Idee – „Stände" in den Provinzen und einen beratenden Staatsrat bei der Zentrale, die für das übernationale Österreich so gut paßte – auch Preußen und den süddeutschen Königreichen nahezulegen. Aber damit scheiterte er zunächst. Die süddeutschen Staaten wollten keine bundeseinheitliche, und gar altständische, Normierung, und obwohl der Bundestag sich schließlich (25. Mai 1819) für unzuständig erklärte, war diese Möglichkeit für sie Grund genug, ihre eigenen Wege zu gehen. Und auch Preußen steuerte auf einen Alleingang zu. Österreich war in Gefahr, sich verfassungspolitisch zu isolieren; darum verstärkte es seinen Druck auf Preußen und die übrigen Staaten. In einer viel beachteten Schrift ‚Über den Unterschied zwischen den landständischen und Repräsentativverfassungen' entwickelte Metternichs Sekretär Gentz 1819 ganz in dessen Sinne die These, nur altständische Verfassungen entsprächen der Bundesakte, die Mitglieder ständischer Versammlungen verträten allein den eigenen Stand, niemals aber das ganze Volk. Die Radikalisierung der Burschenschaft und die Ermordung Kotzebues schufen dann 1819 ein gesamtpolitisches Klima, in dem es Metternich gelang, Preußen endgültig auf seine Seite zu ziehen und die Verfassungsbewegungen abzustoppen. Davon werden wir gleich erzählen. Aber zunächst müssen wir uns den Entwicklungen in Süddeutschland und Preußen zuwenden.

Die süddeutschen Länder haben sich zwischen 1818 und 1820 Verfassungen gegeben. In Nassau kam es schon 1814 zu einer Verfassung und auch in einer Reihe von Kleinstaaten, darunter vor allem Sachsen-Weimar (1816); aber entscheidend waren Bayern und Baden, Württemberg und Hessen-Darmstadt. Daß es hier so schnell zu Verfassungen kam, war nach der Geschichte der Rheinbundzeit nicht vorauszusehen. Es gab dafür eine komplexe Reihe von Gründen. 1. Da war zunächst das Kernproblem dieser Staaten, nämlich das der Integration. 1815 gab es noch einmal neue territoriale Veränderungen; der Druck Napoleons wie der Kriegslage fiel weg; die „Mediatisierten", die ehemals reichsunmittelbaren Herren, verlangten, wo nicht ihre Wiederherstellung, so doch Autonomie und Sonderrechte. Um die „neuen" Staaten zu konsolidieren, bot sich der Weg der Verfassung an: er setzte neben die administrative Integration die parlamentarisch-repräsentative, machte aus einer Verwaltungseinheit eine nationale, eine staatsbürgerliche; erst durch eine Verfassung wurde aus Baden-Badenern, Durlachern, Breisgauern oder Pfälzern ein badisches Volk, erst durch eine Verfassung eroberte sich der bayerische König Ansbach und Bayreuth, Würzburg und Bamberg. Indem man die Mediatisierten über die ersten Kammern am politischen Prozeß beteiligte, integrierte man sie auch; aber als Gegengewicht gegen die Aristokratie brauchte man gerade dann auch die bürgerliche Repräsentation einer zweiten Kammer. 2. Ganz konkret brauchte man, um Schulden zu konsolidieren und den Staatskredit zu sichern, eine handlungsfähige und repräsentative Vertretung der Steuerzahler; die finanzielle Ausblutung wurde ein treibender Faktor der Verfassungspolitik. 3. Natürlich spielten auch die ideenpolitischen Erwartungen der Zeit eine Rolle, die bis ins regierende Establishment hineinreichten; die Bürokratie wollte die Verfassung, um die Monarchie durch Gesetze und Institutionen zu binden, der Adel wollte alte Rechte sichern, die bürgerliche Öffentlichkeit moderne Repräsentation und Mitbestimmung. Trotz der generellen Schwäche dieser bürgerlichen Öffentlichkeit – in Hessen-Darmstadt und, altmodischer, in Württemberg kam es direkt zu einer Verfassungsbewegung, mit Publizistik, mit Petitionen, mit Versammlungen, die eine Art Druck auf die Regierung organisierten. 4. Gerade der Partikularismus war ein Motor der Konstitution: man wollte einer Regelung durch den Bund zuvorkommen, darum intensivierte sich, von der Ausnahme Württemberg abgesehen, gerade 1818 die verfassungspolitische Aktivität. 5. Schließlich spielen für die einzelnen Staaten jeweils auch besondere Gründe der jeweiligen Staatsräson ihre Rolle.

In Bayern hatte man 1814/15 eine Verfassung beraten, aber das blieb dann liegen. Erst der Sturz des allgewaltigen Ministers Montgelas im Februar 1817 – Ergebnis eines Zusammenspiels des Generals Wrede, des Kronprinzen und des Ministerialdirektors Zentner – eröffnete diese Frage neu. Eine Verfassung wurde angekündigt und am 26. Mai 1818 erlassen; sie hatte für Süddeutschland eine gewisse Modellfunktion. Neben den allgemeinen Gesichtspunkten spielten zwei besondere eine Rolle: man wollte kirchenpolitische Zugeständnisse eines Konkordates mit Hilfe einer Verfassung wieder revidieren, und man wollte die Attraktivität Bayerns in einem Streit mit Baden um die rechtsrheinische Kurpfalz erhöhen. In Baden wurde eine Verfassung am 22. August 1818 verkündet; auch sie sollte zusätzlich die Ansprüche auf die rechtsrheinische Pfalz bekräftigen und zudem die Erbfolge einer Nebenlinie und die Unteilbarkeit des Landes, wiederum gegen bayerische Ansprüche, sichern. Eigentümlich war die Lage in Württemberg, wo es zu einem langjährigen „Verfassungskampf" kam. Hier stand das Königtum, absolutistisch, modern, gegen die Feudalität und die bürgerlichen alten Stände, die die traditionelle Stände- und Privilegienverfassung als „altes Recht" verteidigten, dazwischen eine kleine Gruppe modern konstitutioneller Liberaler. Hier gab es wechselvolle Koalitionen, 1817 hat der König sogar versucht, einen Verfassungsentwurf gegen die Stände durch Volksabstimmung zu sanktionieren – vergeblich. Schließlich kommt, am 29. September 1819, ein Kompromiß zwischen dem monarchischen Etatismus der Regierung und den altständischen Kräften des „Landes" zustande: die Verfassung ist hier ein Verfassungsvertrag; das alte Verhältnis von König und Ständen wird übernommen, aber im Sinne einer modernen Konstitution uminterpretiert. 1820 endlich kommt auch in Hessen-Darmstadt noch eine Verfassung zustande, de facto, wenn auch nicht formal, auf Grund einer Vereinbarung zwischen Monarch und Ständen. Es gelang den süddeutschen Ländern, erstaunlich genug, ihre Verfassungspolitik auch gegen Metternich zu behaupten. Vom Inhalt dieser Verfassungen berichten wir später. Jetzt wenden wir uns zunächst Preußen zu.

In Preußen ist die Verfassung gescheitert. Das ist für die deutsche Geschichte des Jahrhunderts von epochaler Bedeutung. Auch das aber war 1815 noch nicht vorauszusehen. Die Lage Preußens nach 1815 ist durch drei Grundgegebenheiten charakterisiert. 1. Das Preußen von 1815 ist ein neuer Staat mit teils wiedergewonnenen, teils aber auch ganz neuen weiten Gebieten mit eigener, ganz unterschiedlicher politischer, rechtlicher und sozialer Verfassung, traditionell oder durch den Reformschub der Napoleonzeit grundlegend umgestaltet: dem Rheinland, Westfalen, der Provinz Sachsen, Schwedisch-Vorpommern, Posen; zwei Fünftel der Bevölkerung waren Katholiken, fast ein Fünftel Polen; und der Staat war geographisch wie strukturell in eine West- und eine Osthälfte geteilt. 1817 sprachen die Oberpräsidenten von unserem „so bunt wie neu und verschiedenartig zusammengesetzten Staat", der durch nichts Natürliches und keinen Instinkt zusammengehalten werde. Dieser Staat – von Memel bis Aachen – stand jetzt erst wirklich, und stärker als alle süddeutschen Staaten, vor dem Problem der Integration, und das nun ohne den Druck von Krieg und Imperium. Die Inhomogenität dieses Staates war für alle Reform des Staates Anstoß und Hemmnis zugleich. 2. Die Reform der alten Staaten und der alten Gesellschaft war unabgeschlossen; die gleichmäßige Verstaatlichung der öffentlichen Gewalten, die Entbindung zur bürgerlichen Gesellschaft, der auf Teilnahme seiner Bürger gegründete Verfassungsstaat – das war noch nicht erreicht. Die Reformbewegung, durch Krieg und Sieg beflügelt, schien stark, der „Staatskanzler" und wichtige Minister, die große Mehrheit der Oberpräsidenten und die Mehrheit der Regierungspräsidenten und der Ministerialbürokraten zählten zu ihr. 3. Auf der anderen Seite nun gewannen die Gegner der Reform, altständisch-feudal oder bürokratisch-absolutistisch, an Gewicht und drangen in die Umgebung des Königs und die Zentren der Macht vor: der Schwager des Königs (und 1816 Kommandeur der Gardekorps), Herzog Karl von Mecklenburg, der Fürst Wittgenstein, Polizeiminister bis 1818 und dann Minister des königlichen Hauses, und eine Reihe anderer Minister vertraten diese „Partei", seit 1817 sammelten sich die Gegner der Reform zudem um den Kronprinzen. Der Wegfall des Kriegs und des Außendruckes stärkte diese sogenannte „Restauration". Der König, Friedrich Wilhelm III., brav und nicht sehr selbständig, hatte die Reformpolitik mehr geschehen lassen, jetzt geriet er zusehends in den Bannkreis ihrer Gegner. Und natürlich versteifte sich gleichzeitig der adlige Widerstand auf dem Lande gegen all die neumodischen Reformen.

Dennoch, nach 1815 geht eine Reihe von Reformen zunächst auch weiter. Das galt – neben Finanz- und Steuerreformen, neben Schul- und Gewerbereformen, von denen wir früher erzählt haben – vor allem für die Verwaltungsreform. Ehe man an eine Verfassung denken konnte, sollten die neuen Landesteile einheitlich organisiert und in den Staat integriert werden: Regierungsbezirke, neu und künstlich, und darüber nun die 1807 auf dem Papier gebliebene Institution der Provinzen mit den Oberpräsidenten an ihrer Spitze. Die Oberpräsidenten waren nicht Mittelinstanz, sondern Kommissare und Repräsentanten der Zentrale in der Provinz, sehr selbständig, und sie wurden zu Repräsentanten ihrer Provinzen auch gegenüber der Zentrale. Die Provinzen waren mehr als dezentralisierte Verwaltungseinheiten, sie gewannen eine relative Selbständigkeit, sie wurden zu quasi föderativen Einheiten des preußischen Staates; seine Bürger wuchsen als Rheinländer, Westfalen oder Brandenburger zusammen und in den preußischen Staat hinein. In der Zentrale wurde der schon von Stein geplante Staatsrat 1817 schließlich eingerichtet, ein Organ zur Beratung der Gesetzgebung: aus hohen Beamten, Prinzen und Generalen und vom König Berufenen, ein Beamten- und Aristokraten„parlament", das die potentielle Selbstherrlichkeit des Monarchen durch seinen zwar nicht rechtsverbindlichen, aber doch maßgeblichen Rat in die Strukturen eines Beamten- und Gesetzesstaates einband, ein Stück Ersatzverfassung. Zu den Erfolgen der Reformpartei gehörte es auch, daß 1818 die Einführung des preußischen Rechtes im Rheinland bis zu einer Gesamtreform, das hieß aber auf unabsehbare Zeit, vertagt wurde; die Reformbeamten wollten die liberalen und modernen Elemente des französischen

Rechtes nicht aufgeben, dahinter mußte selbst das Ziel der rechtlichen Integration des Gesamtstaates jetzt zurückstehen. Andere Reformen wurden konservativ revidiert oder gerieten ins Stocken. Die Bauernbefreiung lief zwar weiter, aber die Regelungen von 1816 über Landabtretung der bäuerlichen Besitzer schlechteren Rechts und der Ausschluß der Kleinststellen begünstigten den adligen Gutsbesitz. Für die Ostprovinzen wurde die Kreisreform schon 1815, die Landgemeindereform endgültig 1820 aufgegeben. Der Landrat im Osten blieb ein eingesessener Repräsentant der Gutsbesitzer, den der König aus drei vorgeschlagenen Kandidaten auswählte, die Landgemeinde blieb im Herrschaftsbereich der Junker. Die staatliche Durchdringung des platten Landes war an den feudalen Machtverhältnissen aufgelaufen. Damit war auch die Integrationspolitik der Reformer, diesmal nun an den konservativen Kräften, gescheitert: die Verwaltungsverfassung Preußens war in Westen und Osten gespalten.

Dennoch und trotz solcher Rückschläge, die entscheidende Frage, an der das Schicksal der Reformen auf Dauer hing, war die Verfassungsfrage. Die Reformer, Stein wie Hardenberg, strebten letzten Endes eine repräsentative Verfassung an, und seit der Ankündigung von 1810 war das, über die verschiedenen und nicht eben geglückten Experimente hin, ein Zentralthema der preußischen Politik. Hardenberg erreichte, daß der König in einer Verordnung vom 22. Mai 1815 eine schriftliche Verfassungsurkunde versprach und eine „Repräsentation des Volkes", die freilich nur indirekt aus „Provinzialständen" gebildet werden und über Gesetzgebung und Besteuerung nur beraten sollte. Immerhin: die Verfassung sollte die „bürgerliche Freiheit" fester begründen und eine auf Ordnung und Vernunft gegründete Verwaltung, sie sollte das Modernisierungsprogramm der Reformer durch die Teilnahme der Nation absichern und vollenden. Aber gerade darin lag das immanente Problem der Verfassungsgründung. Denn die Gesellschaft war inhomogen, von territorialen und partikularen Sonderinteressen bestimmt, traditionalistisch und zum Teil noch ständisch. Auch die Reformbeamten hatten darum Zweifel, ob eine Nationalrepräsentation die Einheit des Staates und die Maximen von Freiheit und Vernunft besser schützen und befördern werde als die Herrschaft des Beamtentums.

Die Erwartungen an eine Verfassung waren ganz unterschiedlich. Der Adel wollte in seiner Mehrheit Wiederherstellung der alten regionalen Stände mit ihrem feudalen Schwergewicht, Autonomie der Regionen, Föderalisierung des Gesamtstaates, feudale Mitbestimmung. Aber die Bauern und Bürger auch der weniger modernisierten Gebiete wandten sich gerade dagegen und verlangten endlich ein angemessenes Mitspracherecht, verlangten Parität; die Posener Polen erwarteten ein Stück nationaler Autonomie. Im Westen, wo die moderne Eigentümergesellschaft schon ausgeprägter war, wollte man Sicherung der individuellen Freiheit, des Eigentums und der Rechtsgleichheit durch Mitbestimmung. Hier gab es direkt eine bürgerliche publizistische Bewegung für eine liberale Verfassung; der Rheinländer Benzenberg z.B. hat 1815/16 in zwei Flugschriften die Verfassungsforderung vorgetragen, in Westfalen waren es Mallinckrodt und viele andere mehr. Im Rheinland gipfelte das 1817/18 in einer großen Adressenbewegung. Joseph Görres überreichte im Februar 1818 mit einer rheinischen Deputation Hardenberg eine solche von ihm verfaßte Adresse mit vielen Unterschriften, und in einer Schrift forderte er kurz darauf, Preußen solle sich an die Spitze der konstitutionellen Staaten in Deutschland stellen. Im einzelnen waren all diese Forderungen unterschiedlich, traditioneller oder moderner, aber die bürgerlich-konstitutionelle Tendenz war doch eindeutig. Sah man aber auf den Staat und die gesellschaftlichen Kräfte im ganzen, so waren die Verfassungsbestrebungen eben durchaus antagonistische.

Im Juli 1815 wurde die bestehende Nationalrepräsentation, die ja nur aus Vertretern der alten Provinzen bestand, aufgelöst. Die Neuordnung der Verwaltung und die Integration der neuen Provinzen gewannen Vorrang vor der Verfassungsfrage. Das war sachlich gut begründet. Und die Verfassung selbst war ja bei ihren Planern an die Idee von Provinzialständen gekoppelt – die Teilhabe sollte von unten nach oben aufgebaut werden; der Großstaat, so schien es, bedurfte der Dezentralisierung; die altständisch-partikularistische Feudalpartei verlangte Konzessionen. Aber im Ergebnis verstrichen die beiden folgenden Jahre, in denen eine Verfassung gesamtpolitisch – in Preußen, in Deutschland, in Europa – noch möglich gewesen wäre, ungenutzt. Erst nach Abschluß der Verwaltungsreform berief Hardenberg 1817 eine Kommission zur Beratung der Verfassung, aber angesichts der divergierenden Vorstellungen geriet deren Arbeit ins Stocken. Dann versuchten Hardenberg selbst und der neuernannte Minister für ständische Angelegenheiten, Wilhelm v. Humboldt, ein wenig entschiedener noch, die Sache kräftig voranzutreiben. Beider Denkschriften – gestuftes Repräsentativsystem, Beratung der Gesetze, Sicherung von Grundrechten – lagen im Herbst einer neuen, in ihrer Mehrheit noch immer verfassungsfreundlichen Kommission vor. Aber nun kam es zu einer Krise im Ministerium. Humboldt wurde zum Rivalen Hardenbergs, er opponierte – mit anderen Ministern – gegen das Kanzlersystem und wollte es durch ein kollegial handelndes Ministerium ersetzen. Im Herbst 1819 wandte sich diese Opposition auch gegen die neuen antirevolutionären Bundesgesetze, die Karlsbader Beschlüsse; sie wollte deren Gültigkeit auf zwei Jahre begrenzen. Hardenberg hatte, wohl gerade um seiner Verfassungspolitik Spielraum zu verschaffen, diese Beschlüsse entschieden vertreten und durchgeführt; im Herbst 1819 z. B. hatte er gegen Görres wegen der Schrift ‚Teutschland und die Revolution‘ Polizeimaßnahmen eingeleitet und diesen so ins Exil gezwungen. Er konnte seine Gegner im Ministerium beschuldigen, gemeinsame Sache mit der Revolution zu machen. Hinzu kam schließlich ein Sonderkonflikt des Kriegsministers Boyen mit der am Hof mächtigen Restaurationspartei. Es ging um die Sonderstellung der Landwehr. Sie galt der Reaktion als Konkurrenz der eigentlichen Armee, als Truppe der Nation und nicht des Königs, als Truppe potentieller Revolutionäre, unzuverlässig, ohne Korpsgeist, ohne „Ehre" – das eigentliche Kunstprodukt feudal-militärischer Kultur. Die Reformer mit ihrer liberalen Tendenz, das Heer zu verbürgerlichen, und der demokratischen, die Armee zum Volk in Waffen zu machen, kamen in den Geruch, Jakobiner zu sein. Die Reaktion benutzte militärtechnische Einwände – der Ausbildungsstand der Landwehr und ihre organisatorische Verklammerung mit der „Linie" waren mangelhaft – und gewann den König, gegen den Kriegsminister und General. Als der König gewisse Änderungen der Landwehrorganisation verlangte, nahm Boyen seinen Abschied; zwar war der Anlaß gewiß weniger wichtig, als Boyen meinte, aber entscheidend war, daß er das Vertrauen verloren hatte, das Militär in eine Verfassung einzubinden, politisch gesehen hing die Landwehr ohne Verfassung in der Luft.

Die opponierenden Minister – Humboldt, Boyen, Beyme – wurden am 31. Dezember 1819 entlassen. Das war ein Sieg Hardenbergs, aber ein Pyrrhussieg, denn jetzt hatten die Verfassungs- und Reformgegner in der Regierung endgültig die Mehrheit. Die Entlassung Humboldts markiert das Ende der Reformära in Preußen. Natürlich kann man fragen, ob Preußen im Spätjahr 1819 – als Großmacht ganz anders unter dem Druck Metternichs und des Zaren und ihrer jetzt entschiedenen Reaktionspolitik als irgendeiner der kleinen deutschen Staaten – sich eine Verfassung noch hätte „leisten" können. Wir wissen es nicht; ganz außerordentlich schwierig wäre es auf jeden Fall gewesen. Und gewiß waren die Gegner von Reform und Verfassung gerade in der Umgebung des Königs stärker und stärker geworden; die Reformer standen mit dem Rücken zur Wand – ja die nationalradikale Bewegung der Burschenschaften hat auch bei manchen Reformern die Reserve gegenüber der Verfassung erhöht. Generell wurde die Furcht vor dem Mißbrauch der Verfassung stärker, und daraus wurde eine Waffe gegen die Verfassung überhaupt. Aber es bleibt das harte Faktum, daß der Bruch zwischen den Reformministern die letzte und kleine Chance für eine Verfassung zunichte gemacht hat.

Zwar ist es Hardenberg gelungen, in ein Gesetz über die Staatsschulden (17. Januar 1820) noch einmal eine Absicherung der Verfassung einzubauen: neue Schulden durften nur unter Mitwirkung und Garantie von „Reichsständen" aufgenommen werden. Das wurde für die preußische Politik im Vormärz dann ganz zentral, aber unmittelbar änderte es nichts. Hardenbergs Versuche, 1820 noch eine Art Minimalverfassung zu retten, scheiterten. Demagogenfurcht und die romantisch-restaurativen Ideen der Kronprinzenpartei beherrschten das Feld: zwischen Monarchie und Demokratie konnte es keinen Kompromiß geben, Hardenberg selbst galt schließlich als Demokrat und Jakobiner. Im Juni 1821 wurde die Bildung einer Nationalrepräsentation endgültig abgeblasen. Hardenbergs Tod im November 1822 beendete diese Phase der Verfassungspolitik endgültig. Nur die Provinzen erhielten 1823/24 „ständische" Verfassungen, stark feudal bestimmte „Ständeversammlungen" mit geringen Kompetenzen. Das war eine konservativ-etatistische Kompromißlösung. Aber im Entscheidenden änderte sie nichts. Preußen blieb bis 1848 ein Staat ohne Verfassung – das wurde ein Grundfaktum der deutschen Geschichte.

In die gesamtdeutsche Auseinandersetzung um Verfassung und Restauration schießt die national-radikale Bewegung der Burschenschaften ein. Am Anfang steht, zumal in der jungen Generation, die Erwartung von 1813 und die tiefsitzende Enttäuschung von 1815: der freiheitliche, volkstümliche, nationale Aufbruch und die Neuordnung von Wien, Staatenbund und Partikularismus, Legitimismus, Bürokratie, ja Despotie. Das war eine Generation, die nach einer inneren „sittlichen" Rechtfertigung der politischen Ordnung fragte, die sich irgendwo mit solcher Ordnung identifizieren wollte. Gerade das konnte sie nicht. Die enttäuschten Hoffnungen endeten im Protest. Es gab drei organisierte Gruppen solch national-freiheitlichen Protestes. Da waren einmal die Turner, von Jahn und Friesen vor 1813 schon gegründet. Mit ihrer pädagogisch-moralischen Idee der Körper- und Gemeinschaftserziehung verbanden sich von vornherein auch politische Ziele. Hinter aller groben und lärmenden Formlosigkeit in Sprache und Gehabe, Bart und Tracht, hinter aller „Deutschtümelei", der germanischen Draperie und der teutonischen Verachtung des Fremden, stand das doppelte Ziel: die Nation zu einem willensfähigen Ganzen zu machen und zu einer demokratisch-egalitären, nicht mehr ständischen Gesellschaft. Darum waren die Turner keine lebensreformerische Sekte, sondern Vorform einer politischen Partei. Ihr Geist hat, auch unmittelbar nach 1815, eine ganze Generation von Schülern und Studenten ergriffen, sie waren – über alle deutschen Staatsgrenzen hinweg – eine Bewegung, ja – man sprach vom „Turnstaat" – ein Staat im Staat. Freilich, allerlei lärmendes Unwesen dieser Organisationen löste auch heftige Kontroversen aus und provozierte erhebliches öffentliches Mißtrauen. Sodann: seit 1814 entstanden im Rhein-Main-Gebiet Deutsche Gesellschaften, darunter besonders der sogenannte Hoffmannsche Bund, national-freiheitliche Organisationen, die diese ihre Ziele propagierten und auch Verfassungspetitionen organisierten, freilich bald schon in den Untergrund abgedrängt wurden. Vor allem aber nun die Burschenschaften; sie waren der eigentliche Träger dieser politischen Jugendbewegung. Am 12. Juni 1815 wurde in Jena die erste, die Ur„Burschenschaft" gegründet, und andere Universitäten folgten rasch. Burschenschaft, das war der Idee nach eine Organisation aller – „ehrlichen und wehrlichen" – Studenten einer Universität; das war eine Organisation zur Reform des studentischen Lebens: gegen das rohe, autoritäre, bildungsunwillige Studententum der alten Welt brachte sie die moralisierenden und zivilisierenden Ideen der neuen verinnerlichten Bildung und des neuen idealistischen Ethos zur Geltung, den neuen Geist der Freundschaft und Gemeinschaft, den Begriff einer verinnerlichten „Ehre". Die Burschenschaft war „demokratisch", insofern sie von aller ständischen Herkunft absah, und sie war „national", gegen den Provinzialismus der alten „Landsmannschaften" wie gegen den Kosmopolitismus der studentischen „Orden" des späten 18. Jahrhunderts. Die Burschenschaften waren deutsch, gesamtdeutsch – und in der Stimmung von 1815 war das mit dem Christlichen verflochten (deshalb waren ungetaufte Juden zumeist ausgeschlossen). Diese nationale Orientierung war mit der liberalen Idee der Freiheit eng verflochten. „Ehre, Freiheit, Vaterland" – das war der Wahlspruch, und die Farben des Lützowschen Freiwilligenkorps Schwarz-Rot-Gold, die man bald für „die" alten Reichsfarben hielt, wurden die Symbolfarben der neuen Bewegung. Diese Studentenbewegung wurde – über alle Staatsgrenzen hinweg – gesamtdeutsche Erlebnis- und Bewußtseinsgemeinschaft, ein „Studentenstaat", der den erstrebten Nationalstaat im eigenen Bereich gleichsam vorwegnahm. Freilich, tatsächlich blieb sie vornehmlich auf den protestantischen Raum beschränkt, und mehr als ein Fünftel der Studenten hat ihr kaum zugehört. Aber das waren die politisch aktiven. Und eine Reihe akademischer Lehrer, Luden, Fries, Oken und Steffens, Arndt, Schleiermacher, Hegewisch und Karl Theodor Welcker und manche anderen waren ihr verbunden.

Am 18./19. Oktober 1817 feierten die Burschenschaften ein großes nationales Fest auf der Wartburg, 300-Jahrfeier der Reformation und Gedenken an die Leipziger Schlacht von 1815 zugleich, Erinnerung an die Befreiung des Vaterlands von der fremden Tyrannei, an die Befreiung der Innerlichkeit und des Geistes von römisch-päpstlicher Tyrannei und äußerer Kirchlichkeit – so die merkwürdige und zeittypische Verkoppelung von nationalem und protestantischem Geist. 500 Studenten etwa aus mindestens 11 Universitäten nahmen teil. Unter den Rednern waren die Professoren Oken und Fries; die studentische Festrede beschwor, durchaus gemäßigt im Ton, die nationalen Hoffnungen und Enttäuschungen. Das Fest war eine neue Form politischer Aktion. Unabhängig von aller Obrigkeit wurde aus einer „privaten" Zusammenkunft eine öffentliche Demonstration; sie erfüllte ihre Träger mit dem Glanz des Tages und der Energie der erfahrenen Gemeinschaft und sie provozierte ihre Gegner: sie gewann öffentliche Wirkung und wurde zu einer Bekundung von Macht. Das war eine neue Form von Politik. Am Abend des ersten Festtages organisierten radikale Schüler Jahns die Verbrennung „undeutscher", reaktionärer Bücher – Karl Ludwig von Hallers und Kotzebues, der Preußischen Polizeigesetze von Schmalz und des Code Napoléon z.B. –, dazu von Korporalstock und Zopf, der Symbole des stehenden Heeres. Gerade darauf reagierten Metternich und die Konservativen: man nahm das nicht als Dumme-Jungen-Streich, sondern als revolutionäre Haupt- und Staatsaktion. Freilich, zunächst noch ohne großen Erfolg. Der Großherzog von Weimar, Landesherr der Wartburg wie der Universität Jena, blieb bei seiner wohlwollend abwartenden Politik gegenüber dieser Studentenbewegung. Am 18. Oktober 1818 wurde die „allgemeine deutsche Burschenschaft" als Gesamtorganisation der deutschen Studenten gegründet; sie sollte auf dem Verhältnis der deutschen Jugend zur „werdenden Einheit des deutschen Volkes" beruhen. In den ‚Grundsätzen der Wartburgfeier' faßte der Student Riemann die Zielsetzungen zusammen: nationale Einheit und konstitutionelle Freiheit, Verfassung und nationale Repräsentation gegen den Partikular- und den Polizeistaat und gegen die feudale Gesellschaft. Darüber war man sich einig. Dabei verbanden sich – nicht immer stimmig – Ideen der Französischen Revolution von Freiheit, Gleichheit, Brüderlichkeit, von Demokratie und aggressivem Rationalismus mit romantischen Vorstellungen von organischer Gemeinschaft, christlichem Charakter, mittelalterlichem Kaisertum und Enthusiasmus des Gemüts. Aber der Rückgriff auf die Vergangenheit diente der Kritik der Gegenwart und der Rechtfertigung der eigenen Zukunftsziele. In aller Widersprüchlichkeit ist die Burschenschaft eine der ersten Bewegungen des politischen

Glaubens in Deutschland: der Einzelne identifiziert sich persönlich mit der Sache der Nation und setzt sich für sie in Tat und Opfer ein. Das macht ihre spezifische und neue Radikalität aus.

Innerhalb der Burschenschaft nun bildet sich ein radikaler Flügel, die „Altdeutschen" in Jena, der Bund der „Schwarzen" und sein Kern, die „Unbedingten", in Gießen, geleitet von dem Privatdozenten und Juristen Karl Follen. Einerseits werden die Ziele radikaler: nationale Demokratie und unitarische Republik, Volkswahlen, Plebiszite, volonté générale und straffe Zentralisierung – alle Kirchen werden in einer Nationalkirche zusammengefaßt –, das ist der jakobinisch-totalitäre Zug. Vor allem aber wird die Vorstellung von den Mitteln radikaler: der Zweck heiligt die Mittel, man muß die deutsche Einheit auch durch direkte Aktion und gegebenenfalls durch Gewalt und Tyrannenmord vorantreiben. Ein neuer leitender Begriff tritt, vor allem von dem Philosophen Fries entwickelt, hervor, der Begriff der Überzeugung. Überzeugung, das ist ein subjektiver Glaube, das frei gewonnene, aufs Gefühl gegründete Innesein einer moralischen Wahrheit. Solche Überzeugung ist unbedingt, sie erhebt einen absoluten Verpflichtungs- und Geltungsanspruch, andere Überzeugung ist demgegenüber verwerflich, ist Gegenstand der Verachtung und des Hasses. Solche Überzeugung, emotional-voluntaristisch gegründet, ist nicht eigentlich durch Argumente gefährdet, wohl aber durch Stimmung und Umstimmung. Aber das Wechseln der Überzeugung ist Verrat, und worauf es ankommt, ist: der eigenen Überzeugung treu zu sein, es geht um die Überzeugungstreue. Schließlich: solche Überzeugung fordert die Tat und rechtfertigt sie, die unbedingte Überzeugung die unbedingte Tat. Die höchste Tat ist die Überzeugungstat, der Täter im emphatischen Sinne ist: Überzeugungstäter und im Extremfall Märtyrer seiner Überzeugung. Überall, so meint Follen, wo eine sittliche Notwendigkeit vorliegt, sind für die von ihr Überzeugten alle Mittel recht. So entsteht, knapp 25 Jahre nach der *terreur* des Robespierre aus dem ethischen Rigorismus der Subjektivität eine neue Philosophie, die auch Gewalt und Terror rechtfertigt.

Metternich sah in den Burschenschaften die Vorhut einer revolutionären Bewegung. Um ihr zu begegnen, wollte er, im Verein mit russischen Regierungskreisen, auf dem europäischen Kongreß in Aachen (1818) die Freiheit der Universitäten einschränken. Das scheiterte zunächst, auch und gerade am Widerstand Humboldts und Hardenbergs. Am 23. März 1819 ermordete Karl Ludwig Sand in Mannheim den Schriftsteller August von Kotzebue. Kotzebue hatte, wie man wußte, die russische Regierung mit Berichten über deutsche Universitäten und ihre jakobinischen Tendenzen versorgt, er war Mithelfer der geplanten Unterdrückung, er hatte in seiner Zeitschrift die Ideale der Burschenschaft verspottet; ansonsten war er ein erfolgreicher Vielschreiber, „eine in Weimar ausgehaltene deutsche Schmeißfliege von alles befleckender und beschmutzender Beweglichkeit", eine „Fratze der Reaktion", eine unbedeutende Figur, allenfalls ein Symbol für die terroristische Demonstration. Der Attentäter war 23 Jahre alt, aus dem ansbachischen Fichtelgebirge, dem Wunsiedel Jean Pauls, Zwangsbayer geworden, Freiwilliger von 1814, Theologiestudent in Erlangen und Jena und dort unter dem Einfluß Follens, schwerfällig, nicht eben klar, emotional und fanatisch. In einer Schrift, die er bei sich trägt, begründet er das Attentat: Todesstoß dem August von Kotzebue; das Opfer ist „ruchlosester Verführer, zum völligen Verderben unseres Volkes"; das Attentat soll die Flammen des Volksgefühls, dieses „schönen Strebens für Gottes Sache in der Menschheit, wieder anfachen"; die Überzeugung des Attentäters wird mit dem Evangelium identifiziert, sie fordert den Mord – wie das Opfer des Mörders. Wenige Wochen später verübte der Apotheker Loening, der den „Schwarzen" nahestand, ein Attentat auf den nassauischen Regierungsdirektor Ibell. Gewiß waren beide Einzelgänger, und die große Mehrheit der Burschenschaften hatte mit solchen Aktionen nichts gemein. Aber man darf den burschenschaftlichen Radikalismus auch nicht so harmlos nehmen, daß man beide als pathologische Fälle ansieht; dieser Radikalismus hatte revolutionäre Züge und enthielt ein Potential zur terroristischen direkten Aktion, wie es seither die neuere Geschichte begleitet. Merkwürdig war die öffentliche Reaktion, ambivalent und verwirrt. Die Liberalen und Gebildeten machten sich ans Differenzieren, sie billigten dem Täter edle Motive zu; Görres führte die Tat auf den „bestehenden Despotismus" zurück; der Berliner Theologieprofessor de Wette schrieb, an Sands Mutter freilich: „der Irrtum wird aufgewogen durch die Lauterkeit der Überzeugung, er hielt es für recht und so hat er recht getan; so wie die Tat geschehen ist durch diesen reinen frommen Jüngling, mit diesem Glauben, dieser Zuversicht, ist sie ein schönes Zeichen der Zeit". Das mußte die herrschenden Gewalten erst recht beunruhigen. Sand wurde zum Tode verurteilt; er beging seine Hinrichtung feierlich, als Märtyrer und Held; die Menge schluchzte und tauchte Tücher in sein Blut und versuchte, die abgeschnittenen Locken und die Späne vom Gerüst zu erlangen, Blumen und Trauerweiden wurden noch lange zum Richtplatz gebracht, der Henker, ein Pfälzer Demokrat, baute aus dem Schafott in einem Heidelberger Weinberg ein Gartenhaus, in dem dann die geheime Burschenschaft tagte: in Sands Schafott als Gast seines Henkers.

Metternich suchte die Attentate in seinem Sinne zu benutzen. Die Burschenschaft war für ihn nur ein Teil der verschwörerischen Revolutionsbewegung Europas, die Universität und die freie Presse waren ihr Nährboden. Er sah davon die innere Sicherheit, das monarchische wie das staatenbündische Prinzip, ja die Ordnung bedroht. Sie zu schützen war Aufgabe des Bundes. Ihn wollte er nun gegen die „demagogischen Umtriebe" mobilisieren. Als das auf Schwierigkeiten stieß, suchte Metternich zunächst in geheimen Verhandlungen ein Einverständnis mit Preußen und anderen größeren Mächten zu erreichen. Preußen ging im Juli gegen einige der „Demagogen" vor: Jahn, Arndt und die Brüder Welcker in Bonn wurden verhaftet, Schleiermachers Predigten wurden überwacht. Der König hatte Angst, und Hardenberg wollte seine eigene Verfassungspolitik durch forsches Vorgehen gegen die Radikalen absichern. In Teplitz gelang es Metternich Ende Juli, den preußischen König auf eine gemeinsame Politik festzulegen. Auf einer Konferenz in Karlsbad (6.–31. August) wurde dieses Programm mit den Ministern der größeren deutschen Staaten abgestimmt. Unter dem Druck der Hauptmächte – und in einem mehr als fragwürdigen Eilverfahren – nahm die Bundesversammlung am 20. September die „Karlsbader Beschlüsse" an und besiegelte ihr Wohlgefallen durch den ambrosianischen Lobgesang.

Das war nicht nur wegen des Verfahrens fast ein Bundesstaatsstreich; denn die Natur des Bundes wurde verändert: im Kampf gegen die radikale Bewegung wurde die Souveränität der Einzelstaaten zugunsten des Bundes beschränkt; als Institution der Reaktion gewann er größeres Eigengewicht, neben den staatenbündischen auch bundesstaatliche Züge. Die Beschlüsse bezogen sich zunächst 1. auf die Universitäten. Alle Lehrer, die „der öffentlichen Ordnung feindselige oder die Grundlagen der bestehenden Staatseinrichtungen untergrabende Lehren" verbreiteten, sollten entlassen werden. Die Burschenschaft wurde verboten, denn die „fortdauernde Gemeinschaft und Correspondenz unter den Universitäten" sei „schlechterdings unzulässig"; ihre bisherigen Mitglieder wurden von öffentlichen Ämtern ausgeschlossen. Ja der Universitätswechsel setzte ein Zeugnis des Wohlverhaltens voraus; an jeder Universität wurde ein Überwachungskommissar eingesetzt. 2. Ein Pressegesetz unterwarf alle Zeitungen, Zeitschriften und Broschüren der Vor-, alle Bücher der Nachzensur; das Verbot einer Einzelnummer konnte auf das ganze Organ ausgedehnt werden, den Redakteuren drohte ein Tätigkeitsverbot. Der Bundestag selbst konnte, auch auf Verlangen eines Bundesstaates, Verbote verhängen. 3. Zur Untersuchung der „revolutionären Umtriebe" wurde in Mainz eine zentrale Kommission eingesetzt, eine Art erster Bundesexekutive mit der Funktion von Verfassungsschutz und Geheimpolizei. 4. Schließlich wurde die Exekutionskompetenz gegen widerspenstige oder revolutionsbedrohte Gliedstaaten konsolidiert.

Metternich versuchte gleichzeitig, die Verfassungsbewegung zu stoppen. Er wollte die Thesen von Gentz – jede Repräsentativverfassung mit Volksvertretung, öffentlichen Verhandlungen, Ministerverantwortlichkeit, Petitionsrecht usw. sei revolutionär, „Stände" könnten nur bestimmte Körperschaften vertreten – zur Verfassungsnorm im Bund machen; er zog den preußischen König weitgehend auf seine Seite, der bayerische schien bereit, die Verfassung zurückzunehmen. Aber dieser Versuch scheiterte am Widerspruche Württembergs und – von seinem Außenminister vertreten – Bayerns. „Die Partie ist angefangen, die Partie muß gespielt werden." Die Verfassungen seien – ob weise oder unweise – gegeben, darum müsse man an ihnen festhalten. Metternich gab – trotz des Drängens der badischen und nassauischen Regierungen, den gegenrevolutionären Staatsstreich, die Abschaffung der Verfassungen, auf; sie waren, weil sie bestanden, ein Stück Stabilität und Ordnung, das hatte zuletzt Vorrang vor aller Doktrin und aller Tendenz zur Gleichschaltung. Eine zwischen Monarch und Landesvertretung ausgehandelte, vereinbarte Verfassung freilich sollte es nicht geben. Auf den Wiener Konferenzen, auf denen 1819/20 die Ausführungsbestimmungen der Bundesakte festgelegt wurden, wurde einerseits festgelegt, daß bestehende Verfassungen nur auf verfassungsmäßige Weise abgeändert werden könnten; andererseits wurde das „monarchische Prinzip" als Norm definiert: die gesamte Staatsgewalt müsse im Staatsoberhaupt vereinigt bleiben, und die

Fürsten dürften an die Mitwirkung der Stände nur in der Ausübung einzelner und bestimmter Rechte gebunden sein. Das war eine restriktive Regel, die jede expansive Auslegung von Verfassungen blockierte. Darum, und weil Preußen nicht ins Lager der Verfassungsstaaten übergegangen war, konnte die Restaurationspolitik Metternichs und des Deutschen Bundes mit diesem Ergebnis leben. Gesamtpolitisch war die Konstitutionalisierung Deutschlands verhindert.

Die Karlsbader Beschlüsse wurden in den einzelnen Ländern mit sehr unterschiedlicher Energie durchgeführt – in Bayern, Württemberg und Sachsen-Weimar nur lässig und widerstrebend, in Österreich, Baden, Nassau und zumal in Preußen dagegen sehr scharf. Es kam zur „Demagogenverfolgung"; verdächtigte Professoren wurden – wie Arndt – suspendiert oder – wie Fries, Oken oder de Wette – entlassen, erhielten freilich dann bald anderswo Professuren. Die Burschenschaftler wurden, besonders in Preußen, mit Härte verfolgt, relegiert und zum Teil jahrelang gefangengesetzt. Später gab es dann freilich auch Gnadenerweise, die das Weiterstudium und den Eintritt in öffentliche Ämter ermöglichten, so bei den später konservativen Professoren Leo und Stahl. Die Zensur war, zumal in Österreich und Preußen, scharf: alles, was den Grundsätzen der Religion und Moral und der Würde oder Sicherheit der Staaten abträglich war, was revolutionäre Bewegungen in günstigem Licht erscheinen ließ oder Mißvergnügen hervorrufen konnte, sollte unter die Zensur fallen; Fichtes ‚Reden an die deutsche Nation' durften nicht neu erscheinen, Schleiermachers Predigten wurden weiter überwacht. Das Turnen, Kniebeugen und Bauchwellen, wurde verboten, es gefährdete offenbar die Sicherheit des Staates. Die Untersuchungskommission freilich war, trotz umfangreicher Verhöre, nicht sehr effektiv: 1827 erstattete sie einen Bericht, in dem z. B. Fichte, Schleiermacher und Arndt zu den intellektuellen Urhebern, Stein, Gneisenau, ja Hardenberg zu den Förderern und Beschützern gerechnet wurden: dieser Konservativismus war antipreußisch. Aber Dauer und Ertrag der Untersuchung standen in keinem Verhältnis; soweit es noch eine Öffentlichkeit gab, wurde die Kommission zur Zielscheibe des Spottes.

Die Karlsbader Beschlüsse sind 1824 erneuert worden, formal haben sie bis 1848 gegolten; sie kennzeichnen die 20er Jahre, ja im weiteren Sinne die Zeit bis 1848 als Zeitalter der Restauration. Metternich und die Konservativen waren keine Narren, sie fühlten ihre Sache wirklich bedroht. Der Radikalismus schien ihnen ihre Annahme zu bestätigen, daß es nur ein Entweder/Oder zwischen Ordnung und Anarchie gebe und keine „mittlere Linie", keine Befriedung durch liberales Gewährenlassen, durch Trennung zwischen den Attentätern und Extremisten und dem Rest der „Bewegung". Man mußte hart und unnachgiebig den Anfängen wehren, man mußte nicht nur die Revolution abwehren, das war sozusagen normal, sondern man mußte vorbeugend-präventiv auch alle Bewegungsideen ausschalten. Die Furcht vor den Gefahren von gestern regierte diese Politik. Es hat keinen Sinn zu spekulieren, wie die deutschen Dinge ohne Burschenschaft und Attentate sich entwickelt hätten, das Aufflammen radikaler Regungen jedenfalls hat die Restauration auf ihren Höhepunkt getrieben.

Zwar, das System der Restauration hat nicht voll funktioniert, dazu waren die Mittel des Staates und des Bundes gar nicht stark genug; es war nicht totalitär. Im Establishment, zwischen den Ministern wie den Beamten, aber auch unter den Einzelstaaten gab es zu viele unterschiedliche Meinungen. Der Föderalismus ließ immer wieder genügend Lücken im Zensursystem; was anderswo gedruckt war, kam doch über die Grenzen. Die Staaten hatten auch andere Ziele, die ihnen wichtig waren; mit der Zeit ließen Elan und Energie der Politik von Karlsbad nach. Auch die Burschenschaften haben geheim weiter bestanden und um 1830 auch wieder einigermaßen offen. Kurz, die Restauration war nicht die ganze Wirklichkeit. Aber sie hat doch Klima und Geist der Zeit entscheidend und nachhaltig geprägt. Das politische System befestigte und verschärfte seinen Charakter als Obrigkeits- und Beamtenregiment, als Vormundschaft und Kontrolle, es wurde – zugespitzt – zum Polizeiregime. Das Herrschaftssystem wurde ein System der Repression. So jedenfalls erlebten es alle die, die zu politischem Bewußtsein erwachten. Indem jede freie Bewegung abgewürgt und unterdrückt wurde, konnten sich kein politisches Leben, Öffentlichkeit und Verantwortung bilden, keine großen Ziele und keine konkreten Aufgaben, kein freies Wechselspiel der verschiedenen Kräfte. Das war die Tendenz der Zeit, aber sie wurde zurückgestaut. Und das hat, wie kritische Zeitgenossen seit den 30er Jahren bemerken, in Deutschland eine Art pathologischen Zustand bewirkt. Das deutsche Leben wird zum einen ins Innerliche abgedrängt: ins Biedermeierlich-Philiströse, in die „Gemütlichkeit", manchmal auch in Indolenz oder Resignation, oder in die Kunstreligion, die Wissenschaft, das Reich des Gedankens, ins Historische, ins Apolitische jedenfalls. Aber wer sich nicht abfinden mochte, auf den wirkte das System provozierend, verbitternd, ja infam. Opposition wurde, wo sie sich nicht anpaßte, in Untergrund und Protest gedrängt. Hier bildete sich eine spezifische Intellektualität, idealisch, antizipatorisch, utopisch, abstrakt – jedenfalls ohne ein normales Verhältnis zur konkreten Wirklichkeit. Die Theoriesucht der Deutschen und ihre Neigung zum Grundsätzlichen wurden bestärkt. In diesem Klima gedieh der Radikalismus der Intelligenz in besonderer Weise. Das war auf die Dauer ein anderes Resultat der repressiven Restauration. Deutschland war zwischen 1819 und 1848 (ja auch nur bis 1830) keineswegs ein großes Gefängnis, auch politisch nicht. Und es war gewiß kein revolutionärer Vulkan. Es gab genügend Ventile, es gab genügend Wechselspiel zwischen Fortschritten und Beharrung in der einzelstaatlichen Politik. Die modernen Bewegungen des Liberalismus wie des Nationalismus sind in dieser Zeit groß geworden. Aber das generelle System der Restauration hat die natürlichen politischen und sozialen Spannungen immer wieder verschärft und hat die Ausbildung pragmatischer Elemente innerhalb der deutschen politischen Kultur, ja diese selbst erheblich behindert.

2. Die großen Bewegungen

Das 19. Jahrhundert ist das Zeitalter der großen politischen Bewegungen: Liberalismus, Nationalismus, Sozialismus und auch Konservativismus, aus denen sich dann die typisch moderne Form der politischen Parteien entwickelt. Politik hört auf, eine Sache nur von Hof und Regierung, von ständischen und kirchlichen Institutionen zu sein, von der die Bürger ausgeschlossen sind. Die Gesellschaft selbst wird politisch, artikuliert sich in unterschiedlichen Richtungen und sucht die politischen Entscheidungen zu beeinflussen. Diese Bewegungen haben es gewiß mit Interessen zu tun, und es geht in ihnen immer um konkrete Sachverhalte und Maßnahmen, aber sie orientieren sich doch an Ideen. Der politische Kampf ist zunächst – und im Bewußtsein der Zeitgenossen gar – ein Kampf der Ideen davon, wie Staat und Gesellschaft aussehen sollen. Diese Ideen freilich sind in unserem Jahrhundert nicht mehr einfach philosophische Theorien, aus Natur oder Vernunft hergeleitet, sondern sie sind durch historische Erfahrungen geprägt und interpretieren diese. Die neuen Erfahrungen der Geschichte – der Brüche, der Veränderungen, der Bewegungen und der offenen Zukunft –, sie werden jetzt typisch für die politischen Ideen. Die Entwürfe von Zukunft sind Bilder der Vergangenheit und Deutungen der Gegenwart zugleich.

a) Der Liberalismus

Die erste große Bewegung, die eigentliche Partei der Bewegung und des Fortschritts ist der Liberalismus. Er hat die politisch-soziale Welt wie überall in Europa auch bei uns auf Dauer umgestaltet, aber seine Schwierigkeiten und Niederlagen stellen zugleich eines der Kernprobleme der neueren deutschen Geschichte, der Demokratie in Deutschland dar. „Liberal" – als Wort zuerst für die Anhänger der spanischen Verfassung von 1812 geprägt – das geht übers Politische hinaus, kann sich auf die Kirche, die Wirtschaft, das zwischenmenschliche Verhalten beziehen; die Grenzen sind gerade im 19. Jahrhundert fließend. Uns geht es hier primär um die politische Bewegung; wir versuchen, ihre Grundlinien zu bestimmen.

In einem ganz allgemeinen „metapolitischen" Sinn geht der Liberalismus aus von der Autonomie, der Selbstgesetzgebung des Individuums und der Vernunft: das ist das Erbe der Aufklärung, in Deutschland zumal das Erbe Kants. Autonomie: das richtet sich gegen die bloß faktischen Gegebenheiten, die bloßen Traditionen; sie alle müssen sich vor dem Forum der kritischen Vernunft und nach dem Kriterium der freien Selbstbestimmung des Menschen rechtfertigen, sie müssen verändert werden. Autonomie: das richtet sich gegen die überlieferten Bindungen in Stand und Korporation wie gegen die bürokratische, herrschaftliche Bevormundung des einzelnen, Autonomie heißt darum Emanzipation. Die doppelte Frontstellung gegen die feudal-korporative Gesellschaft wie gegen den obrigkeitlichen Staat ist für den Liberalismus charakteristisch. Das Individuum und die Entfaltung seiner Möglichkeiten und Kräfte, das steht im Mittelpunkt der Lebensanschauung, von daher erst bestimmen sich Sinn und Zweck des Staates und der Gesellschaft. Freilich, Autonomie und Freiheit des einzelnen sind nicht antistaatlich, nicht anarchisch gemeint, sie meinen, wiederum gerade unter dem Einfluß Kants, gesetzliche Freiheit – nicht so sehr vom Staat wie im Staat und zu ihm. Das ist eine typisch deutsche Variation. Freiheit und Autonomie sind schließlich in doppelter Weise auf Zukunft bezogen. Sie zielen auf Veränderung der Welt, auf etwas noch nicht Gegebenes, sie stellen die Wirklichkeit unter den Primat des Sollens, der Normen, des Ideals. Und sie entspringen einem eigentümlichen anthropologischen Optimismus; sie gehen von der Erwartung aus, daß jeder seine Freiheit entfalten will und vernünftig benutzen kann, daß ein Mehr an Freiheit mehr Glück bedeutet. Die Zukunft ist Fortschritt zu Freiheit und Vernunft: das ist jenseits aller Beweisbarkeiten der eigentliche Glaube des Liberalismus.

Der kontinentale, und also auch der deutsche Liberalismus steht gewiß in der Tradition der angelsächsischen Ideen, Bewegungen und Institutionen des 18. Jahrhunderts. Aber in einem spezifischen Sinne ist er doch zunächst Erbe und Repräsentant der Ideen der Französischen Revolution, der Ideen von 1789. Das bedeutet zweierlei: Inhalt und Methoden der Staatstätigkeit sollen begrenzt, und so soll die Freiheit des einzelnen vor der Übermacht des Staates gesichert werden; darum Menschen- und Bürgerrechte, Gewaltenteilung, Rechtsstaat. Zum anderen geht es um den Besitz der Staatsmacht selbst; die Nation will sich selbst bestimmen und regieren – das ist das Prinzip der Volkssouveränität –, oder sie will doch mitbestimmen, will ihren Anteil an der Regierung. Regierung ist nur mit Zustimmung der Regierten legitim. Neben das eigentlich liberale Prinzip – Schutz des einzelnen vor zuviel Staat – tritt das demokratische Prinzip, zuletzt konsequent zugespitzt zur Forderung der Mehrheitsherrschaft. Liberales und demokratisches Prinzip sind nicht, weder logisch noch historisch, identisch; zwischen den Freiheitsrechten und dem Recht der Mehrheit gibt es Spannungen und Widersprüche – man kann die Jesuiten ausweisen, weil die Mehrheit es will, und man kann ihre Freiheits- und Minderheitenrechte verteidigen –, das wird eines der großen Probleme des späteren Jahrhunderts. Aber zunächst gilt für den frühen Liberalismus gerade auch in Deutschland, daß die beiden Verfassungsprinzipien in einem inneren und untrennbaren Zusammenhang stehen – gerade weil man die Konsequenz der reinen Volkssouveränität und der reinen Mehrheitsherrschaft zu vermeiden sucht. Es gibt Leute, die mehr das liberale, und solche, die mehr das demokratische Prinzip betonen, aber beide gehören selbstverständlich zu der einen großen Bewegung, die die bestehenden Zustände verändern will.

Das hängt nun auch damit zusammen, daß der Liberalismus eine postrevolutionäre Bewegung ist. Der Umschlag der großen Revolution in die totalitäre Demokratie, die Diktatur und den Terror der Jakobiner, in die Herrschaft des „Pöbels", der Demagogen und in die Militärdespotie – das ist die große Erfahrung, der Schock noch der ganzen ersten Hälfte des 19. Jahrhunderts. Die Liberalen sehen in den Ereignissen von 1793 freilich, anders als die Konservativen, keine notwendige Konsequenz der Revolution. Man muß Freiheit und Recht und die gewaltenteilige Verfassung stärker und besser gegen die Gefahren einer radikalen Mehrheitsherrschaft absichern, Egalität und Volkssouveränität durch *cheques and balances* eingrenzen. Aber die Revolution behält seither etwas Unheimliches – sie ist unplanbar, sie ist ein Unglück –, man setzt lieber auf Reform und Evolution. Der Aufbruch der Freiheit steht im Schatten des Schreckens, das mindert den Elan, das macht ihn vorsichtig.

Der Liberalismus ist bekanntlich vor allem eine Bewegung des aufsteigenden Bürgertums gewesen. Vernunft, Autonomie, individuelle Freiheit, Freiheit und Sicherheit des Privateigentums, Gleichheit vor dem Gesetz und Rechtssicherheit – der Kernbestand der Grundrechte –, die Gegnerschaft gegen den bevormundenden Polizeistaat und die feudale Gesellschaft – das sind bürgerliche Prinzipien, bürgerliche Interessen. Der Mensch soll nicht mehr von Herkunft und Blut, sondern von Talent und Leistung, Bildung und Eigentum seinen sozialen Status haben, der Staat soll ihm nicht dreinreden, und das geht nur, wenn er selbst im Staat mitbestimmt. Der Bürgerstand war, wie Sieyès gesagt hat, nichts, und er beansprucht jetzt, alles zu sein, allgemeiner Stand.

Wir fragen nach den historischen Voraussetzungen, die nun das Schicksal des Liberalismus in Deutschland geprägt haben. Der Liberalismus in Deutschland ist nicht die Bewegung eines starken aufsteigenden Wirtschaftsbürgertums oder – wie in England – einer bedeutenden Adelsfaktion, er entsteht in einer noch altmodischen Gesellschaft, in der die Menge des Volkes traditional und unpolitisch in der Welt der Stände, der Partikularität, der Untertanen lebt; er ist die Sache einer schmalen Schicht, der Gebildeten, der „Bürgerlichen", des schmalen „Publikums", das sich – an öffentlichen Dingen interessiert – im späten 18. Jahrhundert gebildet hat; seine Ideen sind der sozialen und politischen Realität der deutschen Staaten und „Gesellschaften" durchaus voraus. Die Gegner – Feudalsystem und absolutistischer Staat – sind stark. Das Protestpotential ist schwächer als in Frankreich; es gibt keine vorrevolutionäre Situation, und der Protest ist schwer zu mobilisieren. Die Mißstände waren nicht so groß. Der Staat des aufgeklärten Absolutismus zeigte Ansätze, das feudale wie das absolutistische System zu reformieren. Die katholische Kirche, weniger absolutistisch und im ganzen milder, wurde weniger drückend empfunden als in Frankreich; es fehlte in Deutschland noch der aggressive Antiklerikalismus, der – wie in den romanischen Ländern – Emotionen und Massen für den Liberalismus mobilisierte. Gewiß erregten die „Kleinstaaterei" und die „Duodezfürstentümer" die Erbitterung der neuen Bildungsschicht, aber auf der anderen Seite befestigten die kleinen Staaten, überschaubar und mit der Nähe des Landesherrn, auch die traditionalen Bindungen. Die Möglichkeit, von einem deutschen Staat in den anderen auszuweichen – Schicksal der deutschen Intelligenz von Schiller über Görres bis zu den Göttinger Sieben –, minderte den Obrigkeitsdruck, wie die Konkurrenz der Einzelstaaten um gute Verwaltung und gute Universitäten. Die Tatsache, daß es überall in Deutschland anders war, daß jeder andere Erfahrungen hatte, daß es keinen Mittelpunkt gab, machte es für die Liberalen schwer, jenseits der reinen Theorie eine gemeinsame Linie zu finden, und trug zu ihrer Heterogenität bei. Und schließlich: das Problem des deutschen Partikularismus belastete die Liberalen mit der Doppelaufgabe, Freiheit und Einheit zugleich zu realisieren, und mit dem tragischen Dilemma, das sich daraus ergab. Die Liberalen hatten es unter den gegebenen historischen Voraussetzungen schwer. Gewiß haben die territorialen Neuordnungen alte Loyalitäten mobilisiert und Revolution und Reformen die Geister – aber es dauerte, bis sich das auswirkte.

Besonders wichtig ist sodann das eigentümliche Verhältnis, in dem die deutschen Liberalen zum Staat standen. Sie wollten den Obrigkeitsstaat überwinden. Aber der Staat selbst war auch und zuletzt in der napoleonischen Zeit Reformstaat, der sich gegen die Strukturen der feudal-ständischen Gesellschaft wandte, die Emanzipation der Bürger aus dieser Ordnung in Angriff genommen hatte und die staatliche Herrschaft selbst zu versachlichen und zu verrechtlichen begann. Die Revolution von oben – das entsprach doch zum guten Teil den Zielen der Liberalen; der Staat war zur Selbstkorrektur fähig, war ein Agent der Modernität, des Fortschritts, ja der Freiheit. Das war das Janusgesicht des bürokratischen Obrigkeitsstaates in Deutschland. Und in dem Kampf der Liberalen gegen die feudal-ständische Gesellschaft war der Staat für sie, schwach wie sie waren, ein potentieller Bundesgenosse. Die Liberalen waren eher zaghaft, waren nicht selbstbewußt und aggressiv, konnten das in den deutschen politischen und sozialen Verhältnissen nicht sein. Sie standen in der Kontinuität der staatlichen Reformen. Von daher erklärt sich ihre Ambivalenz gegenüber dem Staat. Kooperation mit dem Staat, um die Gesellschaft zu reformieren und ihn selbst von innen zu verwandeln, die eigenen Ziele in ihn hineinzubilden – das war für sie eine Möglichkeit, und die war so unrealistisch nicht, wie sie später scheinen mochte. Und andere Gemeinsamkeiten kamen im Lauf der Zeit dazu: die gemeinsame Gegnerschaft gegen kirchlich-klerikale Orthodoxie, die gemeinsame Sorge vor einem sozialrevolutionären Chaos und zuletzt der Versuch, die nationale Frage nicht gegen die bestehenden Staaten, sondern mit ihnen zu lösen. Daß das die Gefahr der Anpassung, der Preisgabe anderer liberaler Ziele, des konservativen Arrangements in sich schloß, ist evident – aber das mußte nicht so sein, keineswegs. Freilich, auf der anderen Seite stand die Opposition gegen das obrigkeitliche System, gegen Kontrolle, Zensur, Verfolgung, gegen das Festhalten am politischen status quo, am monarchischen Herrschaftsmonopol; stand die Konfrontation gegen den illiberalen Staat. Und sollte letzten Endes nicht doch die Gesellschaft sich selbst befreien, anstatt von staatlichen Beamten befreit zu werden? Das Schwanken zwischen Kooperation und Konfrontation, beides legitime politische Möglichkeiten, ist zum eigentlichen Problem des deutschen Liberalismus geworden.

Weiterhin: der deutsche Liberalismus ist zunächst und lange Zeit in besonderem Maße an Ideen, Theorien, Prinzipien orientiert gewesen; er hat etwas Doktrinäres, es fehlt ihm an Pragmatismus. Man dachte über Politik stark in moralisch-spirituellen Kategorien. Volksfreiheit war eng mit Bildung verknüpft; das, was die Liberalen einte, war zuerst eine gemeinsame Gesinnung und Weltanschauung, erst dann kamen konkrete politische Ziele. Das konnte kaum anders sein, solange sie politisch ohnmächtig waren, keinen maßgeblichen Einfluß auf politische Entscheidungen hatten. Und nur Ideen, nur ein politischer Glaube konnte die alte gesellschaftliche Wirklichkeit aufbrechen, die unterschiedlichen Interessen und Oppositionen bündeln. Freilich, das ist auch ein Stück deutscher Mentalität, wie sie durch Religions- und Geistesgeschichte geformt worden ist. Luther hat das Gewissen an das Buch und seine gelehrte Auslegung, wie sie vor allem an den Universitäten geübt wird, gebunden. Das hält sich durch die Säkularisierung durch: die rechte Lehre, die Theorie und ihre professorale und quasi-professorale Auslegung – sie bleiben ein entscheidendes und spezifisches Moment deutscher auch politischer Kultur. Und Luther hat dem deutschen Bewußtsein die Unterscheidung der beiden Reiche scharf eingeprägt: Seele und Welt, Innen und Außen, Freiheit und Zwang, Ethos und Politik, und solcher Dualismus dauert auch im säkularisierten Bewußtsein fort; Kant – einer der geistigen Väter des Liberalismus – hat ihn neu eingeschärft: die Freiheit gehört zum Reich der Idee und des Sollens, und sie steht der Wirklichkeit der politisch-sozialen Welt gegenüber. Das gibt dem politischen Denken und Handeln der Deutschen seinen philosophischen, seinen unpragmatischen Zug, das macht das Verhältnis zur Wirklichkeit zum Problem.

Der Liberalismus des 19. Jahrhunderts ist schließlich gerade in Deutschland auch durch die großen geistigen Bewegungen der ersten Jahrzehnte des Jahrhunderts geprägt, durch Romantik und Historismus. Neben die naturrechtlich-rationalistische und individualistische Begründung traten die historische Begründung der Freiheit – nicht aus französischen Vorbildern, sondern aus germanisch-deutschen Traditionen –, der Ton auf der genossenschaftlichen Selbstorganisation, die Wendung zum Volk. Man knüpfte z. B. an die Tatsache der ständischen Vertretungen und der ständischen Freiheiten an und suchte sie liberal zu interpretieren; das mochte die liberalen Vorstellungen leicht konservativ einfärben. Aber zugleich legitimierte man die eigenen Ziele durch die Berufung auf den Fortschritt der Geschichte; das war die progressive Wendung. Das Bündnis mit den neuen Bewegungen der Zeit, mit Romantik und Historismus hat den Liberalismus auch gestärkt.

„Der deutsche Liberalismus" in der ersten Hälfte des Jahrhunderts ist eine vielgestaltige, fast proteusartige Bewegung mit gegensätzlichen Richtungen und unscharfen Grenzen, aber der Historiker muß für die Nachgeborenen aus den vielen Geschichten und Figuren und Meinungen das Gemeinsame, den Typus herausarbeiten. Dieser Liberalismus ist zunächst und vor allem eine politische Bewegung, die den Staat umgestalten will, er will den Rechts- und Verfassungsstaat. Das ist uns so selbstverständlich geworden, daß man sich den geschichtlichen Sinn dieser Forderung vor Augen führen muß. Machtbeziehungen sollen Rechtsbeziehungen werden, Herrschaft soll versachlicht werden, der Staat ein System von Rechtssätzen; nicht Menschen sollen herrschen, sondern Normen:

das ist der erste Sinn der Forderung nach einer Verfassung. Eigentlich ist es die Verfassung, die die Einheit des Staates konstituiert, aus den Einzelwillen den Gesamtwillen; im Idealfall liegt die Souveränität im Staat eigentlich weder beim Monarchen noch beim Volk noch beim Parlament (oder bei allen diesen gemeinsam), sondern bei der Verfassung. Und diese Verfassung muß geschrieben sein – ein Stück Papier, wie Friedrich Wilhelm IV. verächtlich gesagt hat –, dadurch erst ist sie stabil und beweisbar, ist sie eben – Recht.

Woher kommt die Verfassung? Sie wird, so hat ein badischer Bürger 1848 seinem Großherzog gesagt, nicht „gegeben", sondern „genommen". Eigentlich sind es die Repräsentanten der Nation, die eine „Nationalversammlung" bilden, die die Verfassung geben. Eine Verfassung, die der Monarch gibt, die er „oktroyiert", ist keine richtige Verfassung, denn hier bleibt der Monarch, wenn es einen Konflikt über die Auslegung gibt, Herr der Verfassung. In Anbetracht der Machtlage geht es den Frühliberalen konkret dann darum, die Verfassung zwischen Monarch und „Ständen" (Volksvertretern) auszuhandeln, zu vereinbaren, auch das ist eine echte „Konstitution" – hier ist auch für die gemäßigten Liberalen das unverzichtbare Stück Volkssouveränität aufgehoben.

Zum Inhalt einer wirklichen Verfassung gehörten nun zunächst wesentlich die Grundrechte, der Sinn der Verfassung war es ja gerade, die freie Entfaltung des Einzelnen zu ermöglichen und zu sichern. Grundrechte – das war mehr als eine Garantie schon bestehender Rechte, und es war mehr als eine programmatische Deklaration –, das war eine dynamische konkrete Umgestaltung des Verhältnisses von Einzelnem, Gesellschaft und Staat, das sollte nicht nur dem Einzelnen Rechte gewährleisten, sondern auch das Handeln der Verwaltung und der Justiz, ja die Gesetzgebung bestimmen und begrenzen. Das Prinzip war neu: künftig sollte die Freiheitssphäre des Einzelnen – und, heute muß man es laut sagen: die Privatsphäre jenseits aller Politik – grundsätzlich unbegrenzt sein, nur ein Gesetz durfte sie einschränken. Bis dahin galt: was nicht erlaubt ist, ist verboten („Es ist erlaubt, diesen Weg zu begehen", wie man im Vormärz ironisch zitierte). Jetzt sollte gelten: was nicht verboten ist, ist erlaubt. Das machte einen gewaltigen Unterschied.

Von den liberalen Grundrechtsforderungen wollen wir vier wegen ihrer besonderen Bedeutung und Problematik eigens erwähnen. Zunächst das Recht auf Meinungsfreiheit. Die Konservativen meinten, daß es nur eine Freiheit zur Wahrheit geben dürfe – die Liberalen plädierten für die Freiheit auch zum Irrtum und zur Unwahrheit, denn niemand habe ein Monopol auf die Wahrheit, sie komme nur im Prozeß der Diskussion widerstreitender und auch irriger Meinungen heraus – das hat der Liberalismus unverlierbar in unser Bewußtsein eingegraben. Dahinter steht die optimistische Annahme, daß die vernünftige Wahrheit sich gegen Vorurteil und Irrtum, Phrase und Verführung, Dummheit und Unbildung durchsetzen werde, daher dann auch der Antrieb, die Volksbildung zu verbessern. Freie Meinungsäußerung aber war mehr als ein individuelles Recht, sie zielte auf öffentliche Meinung und konkret auf Pressefreiheit. Sie war der Eckstein aller freiheitlichen Ordnung. Das zweite neue Freiheitsrecht war das Recht der freien Vereinigung. Das war deshalb so wichtig, weil der Verein die neue Gesellschaftsform war – gegen Stand und Korporation wie gegen bürokratische Bevormundung –, mit deren Hilfe die Liberalen sich zutrauten, die wesentlichen politischen, sozialen, ökonomischen und kulturellen Probleme der Zeit zu lösen; der freie Verein, das war ein Kernbestand des Liberalismus. Natürlich dann – zentral für die bürgerliche Gesellschaft – die Freiheit (und Sicherheit) des individuellen Eigentums, der Bildung, der Vererbung, des Gebrauchs von Eigentum – gegen staatliche Eingriffe wie korporative Einschränkungen. Eigentum sollte volles Eigentum werden und frei verfügbar. Eigentum sollte rechtlich und formal gleich sein – Boden, Kapital, mobile Güter –, Eigentum sollte mobil sein und, wo es das nicht war, mobilisiert werden. Die Erwartung lief auf eine Gesellschaft von Eigentümern hinaus – aber die Eigentumsgarantie sollte auch die jeweils erreichte Ungleichheit des Eigentums garantieren, daran zweifelte niemand. Ansonsten aber gehörten wirtschaftliche Freiheiten nicht zum Kanon liberaler Grundrechtsvorstellungen; es galt zwar die Freiheit der Berufswahl, aber keinerwegs das Recht auf freie Berufsausübung, also die Gewerbefreiheit, und die Niederlassungsfreiheit war durch die Rechte der Gemeinden eingeschränkt. Schließlich – neben den Freiheitsrechten – das Prinzip der – rechtlichen – Gleichheit und der Gleichheit der Gesetze für alle und aller vor dem Gesetz: gleicher Zugang zu öffentlichen Ämtern, Gleichheit der Besteuerung und eigentlich auch der Wehrpflicht. Solche Rechtsgleichheit und die durch sie begründete Chancengleichheit erst machte die Freiheit möglich und – so die hoffnungsvolle Erwartung – auch real. Die soziale Frage hat dann diesen Glauben an den Zusammenhang von rechtlicher Gleichheit und Freiheit tiefgreifend erschüttert. Aber das kam erst langsam heraus. Politisch freilich war die Gleichheitsforderung in diesen Jahrzehnten eingeschränkt: das Wahlrecht war kein Grundrecht; daß hier der Vorrang des Besitzes gelten sollte, war, wir werden es erörtern, ganz selbstverständlich.

Das zweite Prinzip einer „wirklichen" Verfassung war das Prinzip der Gewaltenteilung. Eine Verfassung sollte „gemischte" Verfassung sein, sollte die Macht der Exekutive begrenzen und kontrollieren, sollte ein System der *cheques and balances* installieren, um jeden Mißbrauch monarchischer wie demokratischer Macht zu verhindern. Das bedeutete, klassisch sozusagen, zunächst neben der Unabhängigkeit der Gerichte die Trennung von Legislative und Exekutive. Und das hieß historisch konkret, da man nicht wie die Amerikaner oder die Franzosen von 1793 in einer Republik lebte: neben die monarchisch-obrigkeitliche Regierung tritt eine Repräsentation von Land und Volk. Mitbestimmung der Nation, das war der demokratische Inhalt der Gewaltenteilung. Gewaltenteilung und dieses Stück Volkssouveränität gehörten, wie immer man das theoretisch begründete, wesentlich zusammen.

Die Nation also sollte am staatlichen Handeln, an der Gesetzgebung vor allem, teilnehmen, aber nicht in der Form des Plebiszites, der direkten Demokratie, sondern durch Repräsentation. Repräsentation des Volkes durch eine gebildete Elite – das galt als eine Institution der Vernunft, die die Entscheidungen vor den wechselnden Stimmungen der zum Teil unmündigen Massen, vor totalen Irrtümern sichern, Stabilität auch gegen Revolution garantieren sollte. Die Repräsentation war nicht mehr nach dem Prinzip der alten Stände gedacht. Die Abgeordneten waren nicht Beauftragte ihrer Wählergruppen und deren Interessen verpflichtet, sondern – der Idee nach – Träger eines „freien" Mandats, „nicht an Aufträge und Weisungen gebunden", Repräsentanten des gesamten Volkes. Das Parlament soll keine Einzelinteressen vertreten, sondern auf das Wohl des Ganzen zielen. Eigentlich soll es auch nicht in Parteien, die doch Vertreter „partikularer" Interessen sind, zerfallen. Parteien sind von Übel, auch die Liberalen sind keine Partei, kein Teil, sondern die Repräsentanten des ganzen Volkes – sofern es nicht von der Obrigkeit oder den Demagogen oder den Klerikalen „verführt" wird. Die Liberalen vertreten, so hat es Paul Pfizer ausgedrückt, was „die Gesamtheit in ihrem vernünftigen Interesse will oder wollen muß" (!). Im Idealfall soll sich in der Diskussion durch die Überzeugungskraft der vernünftigen Argumente die beste Lösung ergeben. Die liberale Idee des Parlamentes war ursprünglich wenigstens vor- und über- und darum antipluralistisch.

Die konkrete Frage war dann zuerst, ob das Parlament aus ein oder zwei Kammern bestehen sollte. Faktisch gab es in England wie in den frühen deutschen Verfassungen ein Oberhaus, das die alten, privilegierten Schichten, den Adel vor allem, repräsentierte. Ein Teil der Liberalen hat das akzeptiert – auch in der amerikanischen Republik gab es ja einen Senat –: zwei Kammern paßten ins System von *cheques and balances;* ein Oberhaus sollte, den Schwankungen der Volksmeinung weniger ausgesetzt, ein Faktor der Stabilität sein. Dahlmann hat gemeint, daß man mit einer ersten Kammer das soziale Faktum von großem Vermögen und großem Grundbesitz besser in den Staat einbauen könnte; man wollte letzten Endes ihre Zusammensetzung verbürgerlichen und vielleicht ihre Kompetenzen etwas einschränken. Die stärker demokratischen Liberalen hätten im Grunde die ersten Kammern gern abgeschafft, aber das Prinzip der *cheques and balances* dann durch Verfahrensregeln auch in der einen Volkskammer zur Geltung zu bringen gesucht.

Die eigentliche Volkskammer war gewählte Vertretung des Volkes. Die Frage des Wahlrechts ist zu einer der Schicksalsfragen des Liberalismus geworden. Die Liberalen wollten gemäß dem modernen Prinzip der Repräsentation natürlich nicht nach Ständen wählen und die Reste solcher „Wahl" – Sonderrechte von Adel und Klerus, Unterscheidung von Stadt und Land – beseitigen. Die frühen Liberalen waren aber – wie selbstverständlich – gegen das allgemeine Wahlrecht. Die Masse des Volkes galt ihnen – noch – als ungebildet und urteilslos, ohne Blick für das Wohl des Ganzen, verstrickt in partikulare Interessen. Die Unselbständigen galten als abhängig, die Besitzlosen als von Neid und Egoismus geleitet; erst Selbständigkeit und Besitz machte frei, erst Bildung fähig, verantwortlich für das Wohl des Ganzen einzutreten. Bildung und Besitz, das waren die Voraussetzungen für das politische Vorrecht, wählen zu dürfen und – zu können. Und weil das Bürgertum sich als „allgemeiner Stand" empfand, der das wahre Interesse aller vertrat, brauchte es bei dieser Definition des Wahlrechts kein schlechtes Gewissen zu haben. Allgemeines Wahlrecht – das war eine Sache der Revolution und der Demagogen, und, das wurde in der Mitte des Jahrhunderts ebenso wichtig, der gouvernementalen oder klerikalen Reaktion; der Verführung der Demagogen und dem Druck der Mächtigen würden die Massen nicht widerstehen können. Der radikal-demokratische Flügel der Liberalen hat sich in den 40er Jahren von dieser eher elitären Politik-Konzeption abgekehrt. Und die Geschichte ist über solcherlei Ansichten hinweggegangen. Sie gelten uns leicht als pure Ideologie, als Klassenangst besitzender Bürger vor den aufsteigenden Massen, und oft genug haben auch die Zeitgenossen selbst gesagt, daß man die Besitzlosen nicht auf dem Weg über Steuerbeschlüsse über den Besitz könne verfügen lassen. Aber solche Urteile sind historisch nicht ganz gerecht. Noch war die Idee eines Volkes selbständiger Eigentümer nicht unrealistisch, und ein Teil der Liberalen hat ernsthaft auf den Zusammenhang von verbesserter Volksbildung und erweitertem Wahlrecht gesetzt. Vor allem aber: die Sorgen der Liberalen waren nicht grundlos; Napoleon III. hat seine cäsaristische Herrschaft auf das allgemeine Wahlrecht gegründet, und in Deutschland war es Bismarck, der es als Kampfmittel gegen die Liberalen eingeführt hat. Zwei Dinge, die uns teuer sind, der Rechts- und Verfassungsstaat und das allgemeine Wahlrecht, lagen nicht in derselben Richtung, sie standen eine gute Zeitlang im Gegensatz zueinander; im übrigen war in Europa die Erweiterung des Wahlrechts ein langdauernder und aufhaltsamer Prozeß.

Das Wahlrecht sollte darum im allgemeinen an einen „Zensus", an Grundbesitz, Steuerleistung oder eine Beamtenposition gebunden sein; zudem bevorzugte man die indirekte Wahl: die Zwischenschaltung von „Wahlmännern" sollte die Auswahl vernünftiger Repräsentanten fördern. Es galt als selbstverständlich, daß es die bürgerlichen Honoratioren sein sollten, die das Volk repräsentierten; es sollte keine Berufspolitiker geben, und ohne Diäten konnte Abgeordneter nur sein, wer abkömmlich war, weil er Vermögen hatte, weil er als Beamter beurlaubt wurde, weil er – wie der Advokat – Beruf und Mandat verbinden konnte.

Die Funktion der Volksvertretung war zunächst – gemäß dem Prinzip der Gewaltenteilung – Teilnahme an der Gesetzgebung. Jedes Gesetz sollte ihrer Zustimmung bedürfen. Auch wo das, wie in den ersten deutschen Verfassungen, anerkannt war, hatte diese Forderung eine dreifache Stoßrichtung. 1. Man mußte definieren, was Gesetz sein sollte: jede generelle Norm, die Freiheit und Eigentum – also die Grundrechtssphäre – berührte; dafür beanspruchte das Parlament Zuständigkeit. Und das richtete sich gegen die andere Form staatlichen Handelns – gegen Verordnung und Notverordnung, die ganz in der Hand der Regierung lagen. Der Kampf um den Gesetzesbegriff war ein Kampf um Kompetenz und Macht des Parlamentes. 2. Man wollte auch das Budget in Gesetzesform bringen, das Recht zur Bewilligung von Steuern – diese Keimzelle parlamentarischer Mitbestimmung – zum Recht der Bewilligung der spezifizierten Ausgaben ausweiten. 3. Man wollte Gesetze nicht nur bewilligen oder verwerfen, sondern auch beantragen können: die Liberalen verlangten das Recht der Gesetzesinitiative.

Die andere Funktion des Parlamentes in der liberalen Theorie war die Kontrolle der Regierung. Da der Monarch nicht zur Verantwortung gezogen werden konnte und insofern „unverantwortlich" war, spitzte sich das zu in der Forderung nach der „Verantwortlichkeit" der Minister. Das bedeutete, sie sollten für das Handeln des Monarchen einstehen (und anderenfalls den Hut nehmen); sie sollten im Rahmen und im Geist der Verfassung handeln; sie sollten vor dem Parlament, und also vor der Öffentlichkeit – denn Öffentlichkeit der Parlamentsverhandlungen war ein Kernstück des liberalen Programms – Rede und Antwort stehen, und das Parlament sollte das Recht haben, sie bei Verstoß gegen die Verfassung anzuklagen („Ministeranklage") – wieder ein Beispiel für die Tendenz der Liberalen, Politik in juristische Institutionen und Prozesse zu überführen.

All das hängt nun mit dem Kernproblem der frühliberalen Verfassungstheorie zusammen, mit der Frage nach dem Verhältnis von Regierung und Parlament. Die Liberalen gehen von einem Gegenüber dieser beiden Faktoren aus, von einer Art Gleichgewicht; wir nennen das die Theorie des Dualismus. Die Regierung war nicht auf das Vertrauen des Parlamentes angewiesen; das Parlament war nicht dazu da, die Regierung zu legitimieren oder an ihrer Bildung mitzuwirken; das Parlament war – auch der Theorie nach – nicht dazu da, zu regieren, politisch zu entscheiden. Das Parlament sollte vielmehr, Anwalt der Nation und der Verfassung, die Regierung kontrollieren, auf die Wahrung von Verfassung, von Volksrechten, ja Vernunftsrecht verpflichten. Die Regierung, jede Regierung, stand unter Verdacht, Macht zu mißbrauchen, obrigkeitlich zu agieren, Volksrechte zu verletzen; die natürliche Haltung des Parlaments war Mißtrauen, Kontrolle, latente Opposition. Dieses Rollenverständnis, diese Verhaltensnorm ist damals dem deutschen Partei- und Parlamentswesen für ein ganzes Jahrhundert tief (und in gewisser Weise verhängnisvoll) eingeprägt worden. Man hat diese Theorie heutzutage viel kritisiert, ihr Inkonsequenz vorgeworfen und vom fehlenden Machtwillen der Liberalen gesprochen. Aber sie war natürlich historisches Erbe: der absolutistischen Staatstradition wie des ständischen Dualismus, und sie war Reflex der frühkonstitutionellen Wirklichkeit, in der sich Regierung und Kammern ja wirklich in einem institutionellen Dualismus gegenüberstanden. Freilich, man sah darin mehr. Es war auch ein Stück altmodischer Gewaltenteilungslehre – analog zum Verhältnis zwischen Präsident und Kongreß in den USA – und ein Stück metapolitischer Ideologie; man hat den Dualismus von Regierung und Parlament gern mit dem Gleichgewicht von Ordnung und Freiheit, Stabilität und Wandel, Einheit und Vielfalt parallelisiert. Schließlich überdeckte die idealisierende Theorie, daß die eigentliche Souveränität bei der Verfassung liegen solle, die Probleme des Dualismus. Die Frage, wie denn ein Konflikt zwischen beiden Faktoren entschieden werden solle, wurde im Grunde nur vage beantwortet; man wollte eine Zuspitzung der Macht- und Souveränitätsfrage gerade vermeiden. Auf der einen Seite erwartete man einen Zwang zum Kompromiß, eine harmonische Lösung vorübergehender Konflikte. Die Regierung werde, so eine der optimistischen Annahmen, den Debatten in Parlament und der öffentlichen und aufgeklärten Meinung auch ohne institutionellen Zwang folgen. Dazu mußte man freilich – und das wollte die Mehrheit – das faktische Übergewicht der Regierungen im frühkonstitutionellen System abbauen, das Gesetzgebungsrecht des Parlamentes verstärken, das Auflösungsrecht des Monarchen einschränken, die ultima ratio des Parlamentes: die Ministeranklage ausbauen. Die radikaleren Dualisten, wie z. B. Rotteck, glaubten, daß der Monarch bei einem dauernden Konflikt nicht anders könne, als mit Hilfe von Neuwahlen an das Volk zu appellieren. Aber er blieb wie die anderen der Meinung, daß der Monarch Herr der Exekutive sei; der Satz der französischen Liberalen, daß der König herrscht, aber nicht regiert, wurde in Deutschland gerade nicht aufgenommen. Das Modell des Parlamentarismus – die Regierung müsse vom Vertrauen des Parlamentes getragen sein – ist erst spät, 1845, von Robert v. Mohl (nach dem Vorgang des Staatsrechtlers Zachariae) als die einzig realistische Konsequenz entwickelt worden – vom englischen Beispiel beeinflußt und mit vielen „konservativen" Kautelen. Aber jenseits all solcher Theorien waren die Übergänge doch fließend. Auch in England ist ja das parlamentarische Regierungssystem nicht aus Theorie und Programm entstanden, sondern aus einer Vielzahl kleiner Machtverschiebungen und Präzedenzfälle, zu denen auch die Möglichkeit der Ministeranklage gehörte. Die Liberalen mochten auch der immanenten dynamischen Entwicklung einer „dualistischen" Verfassung vertrauen. 1848 wurde der „faktische" Parlamentarismus plötzlich selbstverständlich.

Zu der liberalen Idee des Rechts- und Verfassungsstaates gehörten schließlich zwei vitale Bereiche, die eine Verfassung erst wirklich konsolidieren und lebendig machen sollten. Das war zum einen die liberale Reform der Justiz: die Durchsetzung der staatlichen Gerichtshoheit, die Sicherung der Unabhängigkeit der Richter, die Sicherung der Rechte des Angeklagten, die endgültige Trennung von Justiz und Verwaltung und die justizförmige Kontrolle der Verwaltung – endgültig (Mohl) in Gestalt eines ausgebauten Verwaltungsrechtes und einer eigenen Verwaltungsjustiz –, die Sicherung und Fixierung der Rechte der „Staatsdiener". Schließlich gehörte dazu die Reform der Gerichtsverfahren: Öffentlichkeit, Mündlichkeit und Beteiligung von Laien durch Einführung von Schwurgerichten; das war keine Sache juristischer Experten – 1848 war es eine der drei Grundforderungen, für die man sein Leben wagte: die Laien sollten das Recht volkstümlich machen und, gerade weil sie für politische und Pressesachen zuständig sein sollten, den Einfluß der obrigkeitlichen Justizbürokratie eindämmen. Hinter all dem steht der tiefe Glaube der Liberalen, durch Recht und Justiz, durch liberales Recht und liberale Justiz, Freiheit zu ermöglichen und zu gewährleisten. Ebenso wichtig wie die Justizreform war zum andern der Ausbau der Selbstverwaltung als Korrektiv zur obrigkeitlich-bürokratischen Verwaltung, als Freiheits- und Teilhaberecht, als eine andere Form von Gewaltenteilung. Für die deutschen Liberalen war der Glaube typisch – gerichtet gegen den französischen Zentralismus –, eine liberale Verfassung sei nur im Zusammenhang mit einer liberalen Verwaltung und Selbstverwaltung möglich und beständig. Bei manchen hat sich daraus dann ein eigenartiger Vorrang der Verwaltungsfrage vor der letzten Endes doch entscheidenden Verfassungsfrage entwickelt.

Der Liberalismus war zuerst und zuletzt eine Verfassungsbewegung, das müssen wir, die wir so sehr auf gesellschaftliche Fragen fixiert sind, zur Kenntnis nehmen. Aber natürlich war die Umformung des Staates nicht von der der Gesellschaft zu trennen, die Emanzipation von der obrigkeitlichen Bevormundung nicht von der aus den ständisch-korporativen Bindungen. Es ging auch um die Errichtung der bürgerlichen Gesellschaft der individuellen Freiheit und der rechtlichen Gleichheit, und die liberale Rechtsidee war auch immer Umgestaltung der Gesellschaft. Die Reste der feudalen Ordnung und der feudalen Privilegien sollten beseitigt werden, die Bauernbefreiung sollte durchgeführt oder vollendet werden, die Freiheit des Eigentums – wo sie noch eingeschränkt war – hergestellt werden; Handel und Verkehr sollten erleichtert, die bürgerliche Arbeit sollte entwickelt und auf Bildung und Leistung gegründet werden. Insofern war der Liberalismus auch sozial gesehen eine Macht der Modernisierung. Die Mehrheit der Liberalen glaubte schon an den wirtschaftlichen und sozialen Fortschritt, die fortschreitende Verbürgerlichung der Gesellschaft. Aber den neuen Wirtschaftsmächten, der Industrie, dem Kapitalismus, dem Markt- und Konkurrenzprinzip stand die Mehrheit doch sehr ambivalent, ja mit einem gewissen Unbehagen gegenüber. Man sah die Gefährung der sozialen Stabilität, den Verlust der sozialen Sicherheit, Überhandnehmen des Pauperismus, schroffe Polarisierung der Klassen. Die Mehrheit der – zumal süddeutschen – Liberalen war nicht, wie Friedrich List, für forciertes industrielles Wachstum, sondern für den „Schutz" der kleinen Leute, gegen zuviel laisser-faire-Politik, volle Gewerbefreiheit, zumeist auch gegen Freihandel und den Abbau aller staatlichen Regulierungsmöglichkeiten. Mohl wollte gar – wie andere auch – die Heiratsfreiheit einschränken und die Emigration erzwingen. Kurz, die Liberalen waren nicht eigentlich Anhänger einer kapitalistisch-industriellen Markt- und Konkurrenzwirtschaft und jedenfalls in ihrer Mehrheit nicht Anhänger eines dezidierten Wirtschaftsliberalismus. Sie waren nicht einmal Repräsentanten des entstehenden neuen Wirtschaftsbürgertums; so sehr diese Gruppe, das rheinische Unternehmertum etwa, selbstverständlich zum Liberalismus gehörte. Auch von daher erklärt es sich, daß das konstitutionelle Süddeutschland gesellschaftspolitisch konservativer blieb als Preußen. Das Gesellschaftsbild der Liberalen war vorindustriell, nicht auf Wachstum und Dynamik, sondern auf Stabilität und Statik gerichtet, nicht auf Konkurrenz und Konflikt, sondern auf Harmonie unterschiedlicher Kräfte und Interessen. Das Ideal der Liberalen war eine Gesellschaft vieler kleiner Selbständiger, (Grund-)Eigentümer, Handwerker und Bauern, eine annähernd klassenlose Bürgergesellschaft, in der Talent und Leistung wie Herkunft und Erbe zum Ausgleich kamen; man hat mit Recht gesagt (Gall), daß das Ideal der Liberalen nicht die Gesellschaft des industriell-kommerziellen

England, sondern die ausgeglichenere Gesellschaft der Schweiz war. Das wirkliche Volk, das war die breite mittlere Schicht der Selbständigen, der Mittelklassen, man wollte keine antagonistische Gesellschaft, und die liberale Hoffnung war, daß die gesellschaftliche Entwicklung darauf zuliefe und man mit politischen Maßnahmen solchen Zustand erreichen oder stabilisieren könne. Aber man war natürlich auch nicht egalitär, die Sorge vor den besitzlosen und ungebildeten Massen, den Unterschichten, blieb ein Kontrapunkt des liberalen Denkens. Hierin steckt eine doppelte Problematik des deutschen Liberalismus, die 1848 dann sehr schnell herauskam. Sie lag zum einen in der Ambivalenz gegenüber der Modernität: für die bürgerliche Leistungsgesellschaft, aber distanziert gegenüber Industrie und Markt; das ließ sich auf Dauer nicht durchhalten, die traditionalistischen Elemente der Gesellschaftsvorstellung zergingen vor der Konsequenz der Prinzipien der Modernität: letzten Endes mußten die Liberalen Gewerbe- und Niederlassungsfreiheit wollen. Zum anderen: die Liberalen wollten sich nicht an konkrete gesellschaftliche Interessen binden, sondern hatten das allgemeine Interesse (der Eigentümer oder potentiellen Eigentümer) im Auge, sie vertraten solche Interessen, soweit sie sich verallgemeinern ließen, aber es fehlte ihnen eine feste Verankerung in wirtschaftlich-sozialen Interessen; zwischen ihren politischen Zielen, die so große Resonanz fanden, und den wirtschaftlichen Interessen ihrer Anhänger brach immer wieder eine Diskrepanz auf.

Der deutsche Liberalismus war in vielfältiger Hinsicht differenziert und unterschieden: nach der Art der Begründung, der Setzung der Prioritäten, der Wahl der Mittel, der radikaleren oder der gemäßigteren Opposition, einer Politik der kleinen Schritte oder der großen Konfrontation – und alle diese Unterscheidungen überkreuzen sich vielfach. Man kann idealtypisch zwei Hauptrichtungen unterscheiden. Die eine ist der Liberalismus, wie ihn Karl Rotteck klassisch vertreten hat: in der Tradition der Aufklärung, des Natur- und Vernunftrechts und der Sollensnormen, des Individualismus – an französischen Vorbildern orientiert –, durchaus dualistisch – auch die gern betonte Volkssouveränität ist ein Element der dualistischen Konstruktion des Staates –, aber mit einem stark egalitär-demokratischen Ton, gegen die feudale Privilegienordnung oder gegen plutokratische Tendenzen. Auf der anderen Seite Friedrich Christoph Dahlmann (‚Politik auf den Grund und das Maß der gegebenen Zustände zurückgeführt‘, 1835), der versucht, die normativ-vernunftrechtliche Begründung des liberalen Programms durch eine historisch-realistische zu ersetzen. Nicht um eine an sich und überhaupt beste Verfassung kann es gehen, sondern um eine gute, die den Gegebenheiten von Land und Geschichte adäquat ist. Er ist an der evolutionären Entwicklung Englands und seinem aristokratisch-großbürgerlichen Parlamentarismus orientiert, weniger egalitär und – neben dem liberalen Individualismus – stärker die Frage der Funktionsfähigkeit des Staates berücksichtigend, moderater und etwas konservativer, auf mähliche Umbildung des Bestehenden aus. Auch hier gibt es viele Überschneidungen – man kann die Rotteckschen Forderungen auch historisch begründen (Welcker) oder die

Dahlmannsche Idee vom Staat mit stärker parlamentarischen oder stärker egalitären Momenten versehen.

Der Liberalismus hat sich zunächst besonders stark in den Verfassungsstaaten
des Südens und Westens entwickelt; hier hatte er in den Landtagen ein Forum,
das auf die Öffentlichkeit ausstrahlte. In den zahlreichen Erörterungen über das
konstitutionelle Staatsrecht hat sich die liberale Theorie fort- und durchgebildet; das fünfzehnbändige ,Staatslexikon' der Freiburger Professoren Rotteck
und Welcker (seit 1834) wurde zum klassischen Hausbuch des gebildeten Liberalismus in Süddeutschland. Auch im Rheinland hat sich früh ein Zentrum des
Liberalismus gebildet, hier ging es – unter Führung der bürgerlichen Juristen –
um die vehemente Verteidigung des französischen Rechtes, dessen Errungenschaften man einer liberalen Verfassung fast gleichsetzte. In den 30er Jahren
entwickelt sich hier dann ein spezifisch großbürgerlicher Liberalismus der gros-
sen Unternehmer – der Mevissen und Beckerath, Camphausen und Hansemann
etwa –, in Westfalen ist ein Mann wie Friedrich Harkort dafür charakteristisch.
Österreich und die alten preußischen Provinzen stehen zurück; hier fehlt die Institution der Landtage, und die Restauration greift mit Zensur und Polizei
schärfer durch. Aber auch in Preußen entwickelt sich aus der städtischen Selbstverwaltung und den Universitäten und manchen der Provinziallandtage, jenseits
des Reformbeamtentums, ein eigenständiger Liberalismus. Wortführer sind
überall zuerst die Gebildeten: Professoren, Akademiker, zumal die Beamten;
langsam kommen auch die spezifisch politikfähigen bürgerlichen Berufe, Anwälte und Journalisten dazu, auch Adelige spielen in der liberalen Führungs-
gruppe eine wichtige Rolle; es gibt so etwas wie die deutschen Whigs. Diese
Kreise hatten – in einer noch hierarchisch strukturierten und gestimmten Gesellschaft – eine anerkannte und herausgehobene soziale Stellung, sie waren durch
Erziehung, Weltläufigkeit und Verbindungen am stärksten an den überlokalen
gesamtstaatlichen und nationalen Fragen engagiert. Im Rheinland kamen dann,
wie gesagt, die großen Unternehmer dazu. Aber solche Beobachtungen sind
doch auch einseitig. Aus der literarisch-publizistischen und intellektuellen Freiheitsbewegung ist bald eine allgemein-bürgerliche geworden. An der „Basis", in
den Kommunen, gehörten auch die mittelständischen Bürger – Handwerker,
Kaufleute, Gastwirte – zu ihren Trägern. In den 30er und 40er Jahren verbreitert sich dann die soziale Basis des Liberalismus mehr und mehr: über Vereine
und Feste, über Wahlen und Parlamentsverhandlungen und – trotz aller Zensur
– auch über die Presse wurde er zu einer bürgerlichen Volks-, ja Massenbewegung.

Damit hängt schließlich eine andere Verschiebung zusammen. Der Liberalismus als bürgerlich-politische Bewegung löst sich vom Liberalismus der Reformbeamten, mit dem er doch ursprünglich eng verbunden, ja fast identisch ist. Modernisierung des Staates und der Gesellschaft von oben und Modernisierung
durch Mit- und Selbstbestimmung der Gesellschaft treten auseinander, die Gesellschaft will nicht befreit werden, sondern sich selbst befreien. Die Bürokratie
verbraucht ihr Modernisierungsprestige, gerade auch unter dem Druck der so-

zialen Frage. Die Klage über Bevormundung und Regelungswut der Beamten-
kaste wird allgemein; die Politik der Restauration fordert auch von den liberal
gebliebenen Beamten ihren Tribut; die liberale Bewegung setzt endgültig auf
den Vorrang der Verfassung vor einer – noch so guten – Verwaltung. Der
Gegensatz zwischen Staat und Gesellschaft war selbst durch eine liberale Beamtenschaft allein nicht zu überbrücken. Das hieß nicht, daß die Liberalen
die Staatstätigkeit radikal einschränken wollten – Schule oder Kirche z.B.
aus der staatlichen Obhut entlassen wollten –, aber sie wollten die Bürokratie parlamentarischer Kontrolle unterstellen und verbürgerlichen. Man konnte mit dem Beamtenliberalismus zusammenarbeiten, aber er genügte nicht
mehr.

b) Der Nationalismus

Die andere große Bewegung des Jahrhunderts, vor dem Sozialismus, ist die nationale Bewegung, ist – sagen wir es unbefangen – der Nationalismus. Die Katastrophen des 20. Jahrhunderts haben uns hier mißtrauisch gemacht. Aber es ist
ungerecht, den Nationalismus, der die deutsche wie die europäische Geschichte
150 Jahre beherrscht hat und heute erst recht die ganze Welt organisiert, vor allem aus der Perspektive Hitler oder der Selbstzerstörung Europas zu sehen, das
verbaut jede tiefere Einsicht.

Wir sprechen von Nationalismus, wo die Nation die Großgruppe ist, der der
einzelne in erster Linie zugehört, wo die Bindung an die Nation und die Loyalität ihr gegenüber in der Skala der Bindungen und Loyalitäten obenan steht, Nation ein oberster innerweltlicher Wert wird. Nicht Stand und nicht Konfession,
nicht Region und nicht Stamm (und auch nicht die Bindung an eine Dynastie),
aber auch nicht Klasse und nicht politische Ideologie bestimmen primär die Zugehörigkeit zu einem überpersonalen Zusammenhang und die Trennlinien, sondern eben die Nation; und der Mensch ist auch nicht – wie in der Philosophie
der Aufklärung – in erster Linie Glied der Menschheit und Weltbürger, sondern
Glied seiner Nation; nicht die Egalität des Universalen, sondern die Pluralität
des national Individuellen steht im Vordergrund. Der Einzelne findet und hat
seine überindividuelle Identität, indem er sich mit der Nation, ihrem historisch-
kulturellen Erbe wie ihrer politischen Existenz identifiziert, und darin lebt die
Identität der Nation mit sich selbst. Für den Einzelnen ist die Nation der Raum
seiner Herkunft und der seiner Zukunft, Nation transzendiert die Welt der täglichen Anschauung auf etwas Ursprüngliches wie Zukünftiges hin. Nation vermittelt darum ein Stück Lebenssinn. Und Nation ist nicht eine Selbstverständlichkeit, sondern ein dynamisches Prinzip, das Handlungen und Emotionen
auslöst. In der Epoche des politischen Glaubens gewinnt Nation so einen religiösen Zug, religiöse Prädikate – Ewigkeit und erfüllte Zukunft, Heiligkeit, Brüderlichkeit, Opfer, Martyrium – werden mit ihr verbunden. Das Religiöse wird
im Nationalen säkularisiert, das Säkulare sakralisiert.

Das Bewußtsein, ein Deutscher zu sein und der deutschen Nation zuzugehören, hat es natürlich schon früh gegeben, aber das war eher ein naiv-unreflektiertes Gefühl einer Selbstverständlichkeit, da wo man sich mit anderen verglich. In der zweiten Hälfte des 18. Jahrhunderts entsteht in der Bildungsschicht das reflektierte Bewußtsein einer „Nationalkultur" – gerichtet gegen die Vorherrschaft des Französischen –, wird man sich des Zusammenhangs und des nationalen Charakters einer gemeinsamen deutschen Kultur bewußt; die Idee des „Nationaltheaters" ist dafür charakteristisch. Das ästhetisch-historische Verstehen von Kulturphänomenen, wie es sich in der Beschäftigung mit den Griechen entwickelt, bedient sich nationaler Kategorien: nur damit, so meint man, kann man den inneren Zusammenhang, den Geist einer Kultur erfassen. Kultur also ist immer etwas, was national geprägt ist; aber das alles ist noch durchaus, und in der Klassik wieder stärker, auf weltbürgerliche, menschheitliche Bildung bezogen.

Epoche in der Geistesgeschichte des Nationalismus macht dann Herder. 1. Die Sprache gewinnt eine ganz neue Bedeutung, sie ist das System menschlicher Weltaneignung und -auslegung, das den Menschen durch und durch formt; darum sind die Sprachunterschiede der Völker ein so zentrales Lebensfaktum. 2. Und das Volk wird nicht vornehmlich in der „hohen" Kultur der Eliten, sondern gerade in den elementaren vor-intellektuellen Lebens- und Ausdrucksformen der einfachen Menschen gesucht und gefunden. Volk ist nicht primär eine Kategorie des Geistes, sondern eine Lebenstatsache. 3. Gegenüber dem Allgemeinen hat das Singuläre und Besondere, das Charakteristische Vorrang und eigentlichen Wert. Die Menschheit existiert nur in Völkern, diese sind mit ihren unterschiedlichen Stimmen der vielfältige Ausdruck der einen göttlichen Ordnung. Jedes Volk leistet einen spezifischen Beitrag zur Entfaltung der Menschheit, das ist seine „Sendung"; und jeder einzelne entfaltet seine Humanität gerade, indem er seine Nationalität entfaltet. Das ist der menschheitliche Idealismus, der diese Form des Nationalismus trägt und bestimmt. Die Romantik hat dann diese Wendung zum Individuell-Besonderen und zum Eigenen, zur Vergangenheit und zu den Anfängen, zum Volkstümlich-Elementaren, zum unbewußten „Volksgeist" verstärkt, erweitert und eigentlich erst durchgebildet. Die Deutschen sind durch Sprache, Lebens- und Ausdrucksformen und Geschichte ein Volk, und dieses Faktum hat zentrale Bedeutung. Es kommt jetzt darauf an, die nationale Identität nicht nur festzustellen, sondern zu wollen, zu ergreifen, zu erhalten, fortzuentwickeln.

Die Tatsache, daß die Nation zu einem zentralen Wert zunächst für die Bildungsschicht wird, hat einen wichtigen sozialgeschichtlichen Hintergrund. Die alte Welt – wir haben schon davon gesprochen – löst sich auf: Haus und Stand, die traditionellen Bindungen, die partikularen (lokalen, ständischen) Gruppen, das personale Beziehungsgeflecht, die „Gemeinschaft" und die anschauliche Präsenz von Norm und Sinn in den Traditionen. Das Individuum tritt heraus und emanzipiert sich, es will sein Verhalten selbst bestimmen, sich individualisieren, es tritt ein in die entstehende Verkehrs- und Marktgesellschaft, in die großen und anonymen Gruppen mit ihren rationalen und abstrakten Strukturen.

Das Individuum wird zugleich selbständiger wie isolierter und vermittelter, jeder wird von vielen abhängig, die ihm fremd sind; Gruppen, Loyalitäten und Normen sind nicht mehr anschaulich präsent; das Selbstverständliche geht zurück, die Religion verliert für die Bestimmung innerweltlicher Werte an Bedeutung, sie stiftet nicht mehr soziale Kohäsion und nur noch begrenzt Lebenssinn. Die neue Bindungsweise – die individualisierte emphatische Freundschaft – reicht nicht aus. Darum lebt *dieser* neue Mensch viel stärker als vorher von Reflexion und Diskussion, d.h. aber im Medium von Sprache und Kultur. In der neuen Kommunikationsgesellschaft gewinnen Sprache und Kultur eine Bedeutung wie nie zuvor, über sie nur findet der Gebildete seine Identität. Die Gemeinsamkeit mit anderen, die bis dahin die Tradition trug, muß neu bestimmt werden. Darum wird die in der gemeinsamen Sprache und Kultur wurzelnde Nation jetzt so wichtig, sie ist es, die die desintegrierten Individuen in einer versachlichten und pluralistischen Gesellschaft eigentlich integriert und ihnen Identität vermittelt. Die Wendung zur Nation, das ist die Antwort auf ein inneres Bedürfnis. Und das erklärt, warum es gerade die mobilen Gruppen der Intelligenz und der studierenden Jugend sind, die sich zur Nation und schließlich zu dem neuen Glauben an die Nation bekennen.

Historisch hat nun der moderne Nationalismus auch in Deutschland freilich noch eine ganz andere und eminent politische Wurzel: die Französische Revolution. 1789 haben sich die Bewohner der Provinzen des Königs von Frankreich gegen alle regionalen, ständischen und religiösen Besonderungen als ein Staatsvolk zusammengeschlossen, als Nation eben konstituiert: sie wollen sich selbst bestimmen, Subjekt, nicht Objekt des politischen Willens sein. Indem das Volk Souveränität beansprucht, wird es zur Nation. Die Nation ist hier eine politische Wirklichkeit, und sie ist auf den Willen, auf politische Entscheidung gegründet, sie hat ihre Existenz im Staat, aber erst die Nation legitimiert Staat und Herrschaft. Nation – das ist das sich selbst bestimmende Staatsvolk oder das Volk, das einen Staat konstituieren will. In der liberalen Tradition entwickelt sich daraus das Selbstbestimmungsrecht der Völker und das Grundrecht des einzelnen, über seine Nationalität zu entscheiden, oder die Definition der Nation als eines „täglichen Plebiszits" (Renan). Der jakobinische, radikale Nationalismus dagegen nimmt totalitäre Züge an: der Kollektivwille der Nation muß auch mit Zwang gegen einzelne, gegen Minderheiten durchgesetzt werden; die Nation ist eins und unteilbar, egalitär und homogen, in ihrem Namen ist man gegen Dissens, gegen Pluralismus, gegen Föderalismus oder autonome Institutionen wie die Kirche, ist man militant; die Idee der Nation gibt dem Mehrheitsprinzip eine neue und unerhörte Schubkraft, und dieser Nationalismus kehrt sich schließlich aggressiv, missionarisch, imperial nach außen. Noch Napoleon ist ein Sohn der national-jakobinischen Demokratie.

Man hat aus dieser doppelten Wurzel des Nationalismus zwei Typen hergeleitet: einmal die Staatsnation, aus subjektivem und gemeinsamem Willen, aus Kontrakt, damit klar und geradezu juristisch fixiert (Nationalität ist gleich Staatsangehörigkeit), aus der Gegenwart geboren und auf die Zukunft gerichtet und an der Idee der Souveränität orientiert; und dagegen die Kultur- und Volksnation, objektiv vorgegeben durch Sprache und gemeinsame Herkunft, und so auch dem einzelnen vorgeordnet, mit fließenden offenen Grenzen, denn Volk ist gegenüber Staat ein offener Begriff. Dem einen sind die Elsässer Franzosen, weil sie Bürger des französischen Staates sein wollen, dem anderen Deutsche, weil Sprache, Kultur und Geschichte die Zugehörigkeit zum deutschen Volk definieren. Man kann eine Nation nur bilden, weil man schon Nation ist. Diese Typen lassen sich nicht, wie man es versucht hat, geographisch auf West- und auf Mittel- und Osteuropa verteilen. In der Realität überschneiden sie sich; es ist evident, daß auch die französische Nation von 1789 oder die Nation des Plebiszits auf sprachlichen, kulturellen, historischen Gemeinsamkeiten beruht. Immerhin: Völker, die keinen Staat haben oder die staatlich geteilt sind, sind es, die sich zunächst und vor allem an Sprache, Kultur und Geschichte, an der Volksnation orientieren. So die Deutschen.

Es ist die Herrschaft Napoleons gewesen, die das klassisch-romantische Nationalgefühl und -bewußtsein der Deutschen politisch gemacht hat, sie wurde – auf Dauer und von vielen – als Fremdherrschaft, als Unterdrückung und Ausbeutung, als Versuch der Uniformierung Europas erfahren. Der Widerstand gegen Napoleon wurde patriotischer Widerstand, und zwar immer weniger territorial und einzelstaatlich, sondern gesamtdeutsch; die Jahre zwischen 1806 und 1813 sind die Geburtsjahre der nationalen Bewegung, und zwar zunächst bei der intellektuellen Elite. Das Weltbürgertum der Bildung des späten 18. Jahrhunderts wird unter dem Druck der Ereignisse und Erfahrungen zu einem guten Teil national; die Napoleonsympathie Goethes oder Hegels wird untypisch. Görres, rheinischer Jakobiner, kosmopolitisch und frankophil, durch den Pariser Imperialismus enttäuscht, wendet sich – romantisch – dem deutschen Mittelalter zu, und 1813 wird er zum führenden Publizisten der nationalen Befreiung und Einheit und der Verfassung. Fichte wird vom Jakobiner zum national-revolutionären Propheten und Propagandisten. Er spricht vom Weltberuf der Deutschen, sie, ein „Urvolk", nicht durch die Römer und das Lateinische deformiert, sollen einen neuen und vollkommeneren Weltzustand heraufführen, das Zeitalter der mechanistischen Zerspaltung, des französischen Geistes ablösen. Im Deutschen ist der neue, der vollkommenere Mensch angelegt – es ist noch immer die Menschheit, um die es geht, aber die Deutschen sollen an der Spitze der Entwicklung stehen. Und hier werden nun Nation und Staat eng verbunden: Aufgabe des Staates ist Bildung und Kultur; weil die national sind, muß der Staat nationaler Staat sein. Erst wenn Staatsnation und Kulturnation identisch sind, ist das Leben des Menschen in der überindividuellen Gemeinschaft, das jetzt zu einem wesentlichen Element der idealistischen Ethik wird, wirklich gerechtfertigt und erfüllt. In der konkreten Situation wird daraus der nationalrevolutionäre Appell, alle Kräfte und Energien der Nation zu mobilisieren – nur so ist Befreiung, ist „Rettung" möglich. Und bei Fichte kommen dann die antiindividualistischen, tendenziell totalitären Elemente des jakobinischen Nationalismus gleichsam neu zum Tragen: nur im Staat wird der Mensch Mensch, der

Bürger rangiert vor dem Menschen, der Staat vor dem Individuum, der Staat soll „Zwingherr zur Deutschheit" sein, denn was objektiv ist, muß doch – gegen das falsche Bewußtsein einzelner Individuen – durchgesetzt und entwickelt werden. Nation ist nicht einfach Naturbestand, sondern Sache des Willens. Und indem Fichte den Begriff der „Gemeinschaft" als politischen Begriff durchsetzt, ergänzt er den jakobinischen kollektivistischen Nationalismus durch ein irrational-emotionales Element. Arndt, aus schwedisch-vorpommerscher Leibeigenenfamilie, wird der große Publizist dieses preußisch geprägten nationaldemokratischen Patriotismus. Jahn, der „Turnvater", prägt und entwickelt in diesem Zusammenhang den Begriff des „Deutschen Volkstums", der dann – nicht nur in Deutschland – eine einflußreiche Karriere machte. Aber auch Leute ganz anderer Tradition und anderer Zielsetzung werden Protagonisten der neuen nationalen Bewegung: Stein, aus seinem ständisch-ritterschaftlichen Reichspatriotismus; Humboldt, Repräsentant der klassisch-neuhumanistischen Bildungswelt und ursprünglich ausgesprochen antietatistischer und individualistischer Liberaler. Oder Schleiermacher, der große idealistische Theologe und Philosoph; er überträgt die pietistischen Vorstellungen von Opfer, Brüderlichkeit und Gemeinschaft auf Volk und Vaterland, begreift Volk als Schöpfung Gottes: „Volkstreue ist Gottestreue". Er will den Staat aus einer legalen zu einer ethischen („sittlichen") Wirklichkeit machen, und zwar dadurch, daß der Staat nicht einfach Institution von Herrschaft und Ordnung ist, sondern die Nation, die Gemeinschaft der mit uns Lebenden repräsentiert: Nation erst legitimiert den Staat; und nur in ihm existiert diese überindividuelle Gemeinschaft Nation, in der allein das Leben des einzelnen sich, so denkt man jetzt, sinnvoll erfüllt. Diese Frühphase des deutschen Nationalismus ist antifranzösisch geprägt – bis zu extremen und wilden Tönen, wie sie z. B. Kleist in seiner ‚Hermannsschlacht' und seinem ‚Katechismus' anschlägt. Es gibt die antiwelschen, antilateinischen, antirömischen Töne, nicht nur bei dem Teutomanen Jahn; den Rückgriff auf die alte germanische Freiheit (gegen alle Weltherrschaft und allen Despotismus); es gibt die Elemente eines Sendungsglaubens und einer nationalen Hybris; es gibt – zumal bei Stein und Arndt – den Haß gegen Fürsten und Partikularherrschaft, sie sind Verbündete des Despoten und Feinde der Nation. Die Nationalbewegung ist, durch die Situation ihrer Geburtsstunde geprägt, von vornherein auf ein Doppelziel gerichtet: Befreiung von Fremdherrschaft und Selbstbestimmung der Nation im Inneren, äußere und innere Freiheit; beides ist legitim, und beides ist, wie wir wissen, nicht identisch; die Last dieses Doppelproblems und seiner Spannungen hat die Geschichte und die Tragik der deutschen Nationalbewegung über mehr als ein Jahrhundert geprägt.

All die erwähnten Tendenzen gipfeln in dem „nationalen Aufbruch" und der nationalen Stimmung, jedenfalls eines Großteils der Gebildeten von 1813. Die Deutschen sind, so heißt es etwa in den patriotischen Predigten, ein „heiliges Volk", „Herz unseres Weltteils", und erfüllen im Kampf gegen den Despoten einen Auftrag Gottes, das Opfer für die Nation ist christliches Opfer; ein Volk zu sein, sei, so meint Arndt, „die Religion unserer Zeit". Nation ist religiös geweiht, ist sakralisiert, und von daher wird das Erlebnis dieses Aufbruchs dann als fast rauschhafte Erfahrung, als Solidarität und Gemeinschaft stilisiert. Selbst ein so zurückhaltender Mann wie Humboldt urteilt: in Millionen lebt das Gefühl, daß Deutschland ein Ganzes ausmacht, und es beruht nicht bloß auf „Gemeinsamkeit der Sitten, Sprache und Literatur, sondern auf der Erinnerung an gemeinsam genossene Rechte und Freiheiten, gemeinsam erkämpften Ruhm und bestandene Gefahren, auf dem Andenken einer engeren Verbindung, welche die Väter verknüpfte und die nur noch in der Sehnsucht der Enkel lebt".

1815 ändert sich die Lage, und die nationale Bewegung gewinnt einen anderen Charakter. Gewiß, auf der einen Seite reicht der nationale Enthusiasmus in seiner Verbindung mit Freiheitspathos und den Elementen eines religiösen Glaubens weiter, die frühe Geschichte der Burschenschaft bis zum Wartburgfest, bis zu Sand und Follen ist dafür Zeugnis. Und dazu gehört als Kehrseite die Enttäuschung gerade der jungen Generation, von der wir anderswo gesprochen haben. „Wo ist Deutschland", so läßt Steffens einen heimkehrenden Soldaten fragen, „für welches zu kämpfen wir aufgefordert wurden? Es lebt in unserem Inneren. Zeigt es uns, wo wir es finden, oder wir sind genötigt, es uns selbst zu suchen." Und Rückert dichtete vom Barbarossa, der in einen neuen hundertjährigen Schlaf sinke – seither begleitet die Kyffhäusersage die deutsche Nationalbewegung. Aber auf der anderen Seite ist ganz unverkennbar, daß die Intensität des Nationalismus der Aufbruchsphase – Franzosen- und Despotenhaß, Sendungsglaube und Sakralisierung, Prophetenton und Teutomanie – entschieden abebbt, nicht mehr die Reflexion, nicht mehr die Stimmung prägt. Die Dinge entwickeln sich anders.

Zunächst: die Jahre nach 1815 sind erfüllt von der Intensivierung des kulturell-historischen Nationalbewußtseins. Romantik und die aufblühenden Geisteswissenschaften haben das vorangetrieben. Sprache, Sitte und Recht, Märchen und Sagen, Literatur (Nationales Epos) und Geschichte (und die geschichtlichen Quellen zumal) der Deutschen, des Mittelalters und der Frühzeit vor allem, rücken ins Zentrum der Aufmerksamkeit; man ist auf der Suche nach Geist und Wesen der Nation, wie sie, so meint man, allen geschichtlichen Lebensäußerungen und Institutionen zugrunde liegen. Man fragt nach dem eigentlich deutschen Kunststil und glaubt, ihn in der Gotik oder im „Rundbogenstil" zu finden. Man fragt auch nach der spezifisch deutschen Ausprägung der eigentlich universalen Macht Europas, der Religion, der Kirche, der Frömmigkeit; für die Evangelischen rücken Luther und Deutschtum nahe zusammen. Kurz, Nation wird zum Schlüssel für das Verständnis von Kultur und Geschichte der eigenen Lebenswelt, der Identität. Und aus der Feststellung wird die Forderung: was national ist, soll erhalten und gepflegt, erinnert, entwickelt, befreit, gesteigert werden; man muß dem nationalen Charakter treu sein. Die Tradition soll vergegenwärtigt werden in Büchern, Editionen, Reihenwerken und Sammlungen, und in Kunstwerken, Historienbildern, restaurierten Bauwerken und – jahrhunderttypisch – in Denkmälern für die Großen der Nation: Dürer und Gutenberg und Schiller, Beethoven und Mozart, Goethe, Bonifatius und Luther und Hermann oder Arminius und viele mehr, die als „National"denkmäler gelten und unter der Anteilnahme aller Deutschen errichtet werden. Jubiläen werden gefeiert und feiern den Erinnerten als Großen der Nation, und das Unternehmen Walhalla, in dem die Großen der Nation versammelt sind, vom bayerischen Kronprinzen und späteren König Ludwig seit 1810 geplant und schließlich 1842 vollendet, entspricht ganz diesem Geist der Zeit. Im demonstrativen Erinnern wird sich die Nation ihres kollektiven Erbes bewußt. Auch was man neu baut, soll der Idee vom nationalen Stil entsprechen, und selbst die Musik erhält ihren nationalen Ton; die Oper soll – wie Webers „Freischütz" – nationale Oper sein. Über Schule und Lesebuch, Ballade und historischen Roman, über die volkstümlichen Denkmals- und Jubiläumsfeste, über Lieder und Gesangvereine reicht dieses kulturell-historische Nationalbewußtsein in wachsendem Maße in breitere Volksschichten hinein. Zugleich greift diese Art des Nationalbewußtseins auch auf das alte Establishment über: die beiden herausragenden Monarchen des Vormärz, Ludwig I. von Bayern und Friedrich Wilhelm IV. von Preußen, beide in der Zeit Napoleons groß geworden, sind im Unterschied zu ihren Vätern ganz davon erfüllt und fördern es öffentlich. Walhalla und Kelheimer Befreiungshalle in Bayern, das Kölner Dombaufest von 1842 in Preußen, mit dem die Vollendung des Domes eingeleitet wird, sind Beispiele dafür. Freilich, politisch ist diese Linie der Nationalbewegung, jedenfalls in den Augen der Monarchen und des einzelstaatlichen Establishments, auf den status quo des Deutschen Bundes und aufs Moralische beschränkt; es geht um die „Eintracht" der Deutschen, der Fürsten und Stämme, nicht die Einheit der Deutschen, um den „gemeinsamen Sinn", nicht die gemeinsamen Institutionen. Aber solche Begrenzung blieb letzten Endes Episode.

1815 war es noch keineswegs entschieden, ob aus der Kultur- und Volksnation eine Staatsnation und ein Nationalstaat werden müsse. Goethe etwa hatte für solche staatliche Organisation nichts übrig, und der Historiker und Diplomat Niebuhr, nur ein Beispiel für viele, sah die Deutschen in Analogie zu den Griechen der klassischen Zeit als intensive Gemeinschaft der Kultur, die der staatlichen Einheit nicht bedurften. Die Deutschen waren ja wirklich weniger als ihre westlichen Nachbarn eine Nation, sie waren partikularisiert, ohne wirksame gemeinsame Institutionen wie Kabinett, Parlament und Parteien oder Judikatur und Verwaltung, mit unterschiedlichen Erfahrungen. Die „Gesellschaft" war noch sehr heterogen; Land-, Stadtbürger und Gebildete, Protestanten und Katholiken und zum Teil auch Stände und Klassen lebten noch in ganz verschiedenen Welten und Kulturen. Und es gab nicht nur diese Schwierigkeit bei der Bildung einer Nation, sondern es gab durchaus Gegenkräfte. Es gab einen alten und neuen Universalismus, der die europäische Friedensordnung und die staatenbündische Struktur Deutschlands gegen die Entfesselung der nationalen Egoismen verteidigte, und es gab einen alten und neuen Etatismus, der im Staat (und eben nicht in der Nation) das eigentliche und geschichtlich legitimierte politische Ordnungsprinzip sah. Vor allem aber gab es die Wirklichkeit der deutschen Territorien, der Einzelstaaten, tief im Bewußtsein des Volkes verankert.

Das einzelstaatliche Bewußtsein – daß man Hannoveraner oder Württemberger war –, das war noch stark, es reichte über das einzelstaatliche Establishment, die Dynastie und einen Großteil von Adel, Bürokratie und Kirche tief ins Volk. Der Partikularismus – wie die Nationalen diese Gegenmacht polemisch-negativ bezeichneten – war insofern nicht nur der alte und jetzt modernisierte volle Souveränitätsanspruch, sondern etwas durchaus „Bodenständiges". Ja, es ist – wir werden davon sprechen – gerade den süddeutschen Staaten auch nach der napoleonischen Territorialrevolution gelungen, über Verwaltung und Verfassung, Geschichte und Dynastie ein neues partikularstaatliches Bewußtsein, eine neue Loyalität zu bilden. Das hat den alten Partikularismus modernisiert. Und die Liberalen haben mit Hilfe eines „Verfassungspatriotismus" auch partikularstaatliche Loyalität entwickelt. Und manche – sie waren freilich Ausnahmen – fingen an, den Kleinstaat als Hort von Kultur und Friedfertigkeit und liberalem Sinn auch gegen den nationalen Großstaat zu feiern.

Dennoch, die nationale Bewegung ist in Deutschland bis 1848 zu einer dominierenden politischen Bewegung geworden, die auf den Nationalstaat zielte. Voraussetzung dafür war zunächst und vor allem, daß sich in diesen Jahrzehnten im deutschen Sprach- und Kulturraum eine neue und intensive Kommunikationsgesellschaft entwickelte. Die Durchsetzung der Schule, die Gemeinsamkeit der neuen gymnasialen Bildung, der lebhafte Kontakt zwischen den Universitäten, den Professoren wie den Studenten – nur Österreich nahm eine Sonderstellung ein –, die enorme Zunahme der Produktion von Zeitschriften und Büchern auf einem gesamtdeutschen Markt, wissenschaftliche und berufspraktische Kongresse, das sich ausbildende kommunizierende Netz der Vereine und die überlokalen Feste, die Mobilität der Bildungsschicht bis hin zu den innerdeutschen Emigrationen – das schuf diesen Raum gemeinsamer Erfahrungen, gemeinsamer Probleme, gemeinsamer Vorstellungen. Und seit 1830 spätestens ist das ein politisches Faktum. Denn die Probleme, ob politisch, sozial oder ökonomisch, waren doch ähnlich und so die Konflikte. Politische Ereignisse in einzelnen Staaten – der Hannoversche Staatsstreich und der Protest der Göttinger Sieben oder die Verhaftung des Erzbischofs von Köln 1837 – waren von ihrer Resonanz her gesamtdeutsche Ereignisse; die radikalen Bewegungen der 30er und 40er Jahre, zumal im deutschen Südwesten, gingen über Staatsgrenzen hinweg, sie waren wie selbstverständlich gesamtdeutsch, und das Hambacher Fest von 1832 war so entschieden national wie liberal-demokratisch, das war gar nicht zu trennen. Und die anderen „Parteien" entwickelten sich ähnlich.

Das romantische Ideal der Kulturnation und die liberale Vorstellung von der Staatsnation wachsen zusammen, die kulturell-historische Gemeinsamkeit der Nation verweist die Mehrheit derer, die in dieser Vorstellung leben, mit der Zeit wie selbstverständlich auf die politische Einheit der Nation in einem Staat: Sprach- und Kulturgemeinschaft, Volk, soll mit dem Staat identisch werden. Für die Liberalen wird die Idee von 1789, daß die Nation das eigentlich politische Subjekt ist, der Staat Nationalstaat sein muß, wiederum zur Selbstverständlichkeit. Nation wird aus einer vorpolitischen Gegebenheit zu einer politischen

Forderung. Nationalismus und Liberalismus gehen in Deutschland nicht nur Hand in Hand, sondern sie sind eigentlich identisch. Daß es vornationale Liberale gibt (wie Kant) und konservative Nationale (wie den Freund des preußischen Königs, Radowitz), und daß es zwischen den großen Zielen, zwischen Einheit und Freiheit, Spannungen und Konflikte geben kann, ist demgegenüber sekundär. Liberalismus wie Nationalismus geht es um Autonomie und Selbstbestimmung, sie wenden sich gegen den dynastisch-partikularen Obrigkeitsstaat, sie sind progressive, „linke" Richtungen, sie sind die Bewegungspartei. In den Verfassungsstaaten und den Verfassungskämpfen mochten zeitweise – in den 20er Jahren z. B. – die liberalen Ziele mehr im Vordergrund der Aktivität wie der Theorie stehen – dafür boten Institutionen und Gegebenheiten konkrete Möglichkeiten und eine immerhin zugelassene Öffentlichkeit –, aber die nationalen Ziele gehörten, wenn auch zeitweise weniger lautstark, dazu, ihr Gewicht wuchs bis in die 30er Jahre auch zur gleichen öffentlichen Resonanz.

Zu dieser gleichsam selbstverständlichen Politisierung des romantischen Kulturnationalismus und zur Nationalisierung des konstitutionellen und demokratischen Liberalismus treten nun besondere Motivationen und Begründungen für die Forderung nach dem deutschen Nationalstaat. Dazu gehört zunächst die Wendung gegen den Kleinstaat (und der reichte vom Duodezfürstentum bis zu den mittelstaatlichen Königreichen). Kleine Staaten, so meinte die Mehrheit der Liberalnationalen, begünstigten das Enge, Dumpfe und Kleinliche, Eitelkeit und Intrige, und führten zum sittlichen Verfall, ja sie verdürben den Charakter; ohne die Macht und die Unabhängigkeit einer großen Nation könnten Würde und Selbständigkeit, ohne große Aufgaben könnte ein entwickeltes öffentliches Leben (wie in England etwa) nicht gedeihen. Paul Pfizer spricht von einer Überanstrengung, von dem „die Kräfte der Länder übersteigenden Aufwande, als ob geflissentlich ein mit der Beschränktheit der Mittel in keinem Verhältnis stehender Maßstab angelegt und der Staatseinrichtung der Zuschnitt großer Reiche gegeben würde". Wie der Nationalismus vor 1815 sich im Kampf gegen Napoleon entwickelt hat, so der vormärzlich-liberale im Kampf gegen den „Partikularismus" der Einzelstaaten und ihren staatenbündischen Zusammenschluß, den Deutschen Bund. Gegen die Legitimität der Fürsten und die Zufälligkeit ihrer territorialen Herrschaft war der Bezug auf die deutsche Nation eine starke Waffe, eine Gegenlegitimation. Aber auch die konkreten Konflikte um Freiheit und Verfassung mündeten immer in das nationale Problem. Die Aktivität und die Reform im Einzelstaat stießen an ihre Grenzen, das wurde nach 1830 besonders deutlich. Denn es war der Deutsche Bund, der jede Veränderung in den Einzelstaaten blockierte oder den antiliberalen Regierungen den Rücken stärkte; jede Frage der Freiheit war unter den gegebenen Bedingungen eine Frage der nationalen Neuorganisation Deutschlands. Die Freiheit bedurfte der Einheit, und daß die Einheit nur über die Repräsentation der Nation und also durch und in Freiheit zu begründen und zu erhalten sei, das galt als selbstverständlich. Die Problematik, die in dem Doppelziel Freiheit und Einheit ist, klingt gelegentlich an; der radikalliberale Wirth hat auf dem Hambacher Fest 1832 gesagt, daß im

Falle einer französischen Bedrohung die Einheit eine Zeitlang Vorrang haben müsse; Rotteck hat dagegen und für den hypothetischen Fall eines Zielkonflikts für die teilstaatliche Freiheit (und also gegen eine restaurative Einheit) plädiert – „lieber Freiheit ohne Einheit als Einheit ohne Freiheit", das war die Linie eines liberalen Partikularismus –, und bei anderen hatte das Freiheitsziel sozusagen einen Sympathievorrang; Paul Pfizer hat in seinem ‚Briefwechsel zweier Deutscher' mit großer Klarheit die Probleme dieses Zielkonflikts dargelegt; der eine der Briefpartner will „lieber den gewalttätigsten Despoten zum Beherrscher Deutschlands" gemacht sehen, „als die trefflichsten Verfassungen ohne nationalen Zusammenhang der einzelnen kleinen Staaten". Aber im ganzen sind das extreme und recht theoretische Konsequenzen. Im Grunde wollen alle Liberal-Nationalen eine Alternative, bei der es um die Priorität von Einheit oder Freiheit geht, gerade verhindern. Beides gehört doch ungeteilt zusammen.

Neben die Kritik am Kleinstaat und die Verknüpfung der Freiheits- mit der Einheitsfrage tritt dann die Kritik an der Untätigkeit des Deutschen Bundes in allen „praktischen" Fragen, die einer einheitlichen Regelung bedurften, wie das Zoll-, das Währungs- und das Verkehrswesen oder zumindest bestimmte Rechtsgebiete. Freilich, eine ökonomische Begründung für die Forderung nach dem Nationalstaat gewinnt nur langsam Bedeutung. Friedrich List, der in der Partikularisierung Deutschlands und der deutschen Volkswirtschaft eine der Hauptursachen des wirtschaftlichen Elends und der zurückgebliebenen Industrialisierung sieht und also den Nationalstaat will, um den Pauperismus zu überwinden und die Produktivität zu steigern, ist in dieser Hinsicht noch ein Einzelgänger.

Schließlich spielt die außenpolitische Situation für die Nationalbewegung eine wichtige Rolle. Zwar, das Verlangen nach Macht und Größe klingt in der vornehmlich ethisch-idealistisch gestimmten Nationalbewegung zunächst, vor 1848, nur vereinzelt an (Friedrich v. Gagern 1826); freilich, 1848 ist dieser Ton dann, scheinbar überraschend, voll da. Aber die Frage der Sicherheit und die Frage der Grenzen werden Faktoren, die den Nationalismus seit 1830 zunehmend mobilisieren und intensivieren, davon ist gleich zu reden.

Der Nationalismus, der nach politischer Einheit strebt, ist zunächst mehr Sehnsucht und Überzeugung als ein konkretes politisches Programm, das die realen Möglichkeiten und Schwierigkeiten der Nationalstaatsbildung in Betracht zieht. Das Problem des preußisch-österreichischen Dualismus wird weithin ausgeklammert. Österreich verliert als Vormacht der Restauration und als übernationales Reich ebenso an Resonanz wie Preußen als militärisch-bürokratischer Obrigkeitsstaat. Pfizer, ein württembergischer Liberaler, hat 1831 im ‚Briefwechsel zweier Deutscher' das Dilemma entfaltet und ist entschieden für die seiner Meinung nach allein realistische preußische, „kleindeutsche" Einigung eingetreten, der Österreich nur in völkerrechtlicher Konföderation zugeordnet sein sollte. Und manche norddeutschen Liberalen, wie der Sachse Karl Biedermann (1843), die dem realen Preußen der Gegenwart das ideale Preußen von Vernunft und Reform gegenüberstellten, dachten ähnlich. Aber im ganzen blieben die Fragen, wie das Machtverhältnis zwischen Preußen und Österreich gelöst werden könne, wie das übernationale Kaiserreich Teil eines Nationalstaates sein könne, ja wie die Diskrepanz zwischen Volksnation und historischem Staat in Mitteleuropa zu lösen sei (und ob also letzten Endes der Nationalstaat die „richtige" politische Organisationsform hier sei), unausgetragen oder beiseite geschoben. Daß Österreich deutsch war und daß Deutschland Österreich einschloß, von der Etsch bis an den Belt reichte, das war für die nationale Stimmung insgesamt und für die ganz große Mehrheit ihrer Wortführer doch selbstverständlich. Auch die Frage der Organisation eines künftigen Nationalstaates blieb einigermaßen offen; daß es sich um einen föderalistischen Staat, einen Bundesstaat der deutschen „Stämme" und Länder (oder „Kantone") handeln werde, war wiederum für die große Mehrheit wie selbstverständlich. Der zentralistische Staat, die eine und ungeteilte Republik, diese Vorstellung spielte in der nationalen Bewegung so gut wie keine Rolle. Die Einrichtung eines nationalen Parlamentes beim Deutschen Bund, wie sie Karl Theodor Welcker 1831 zuerst gefordert hat, das war wohl die einzige konkrete Vorstellung darüber, wie man den Nationalstaat voranbringen könne, über den sich die ganze Bewegung einig war.

Auch das andere ungeheure Problem der deutschen Nations- und Nationalstaatsbildung – die Frage nach den Grenzen der deutschen Nation, zumal dort, wo historisches Territorium und sprachlich-ethnische Nationalität sich nicht deckten, die Frage also, wer zu Deutschland gehören sollte – blieb lange ausgespart. Die nationale Bewegung war – in einem romantischen wie liberalen Idealismus – auf ein humanes Ethos von Recht und Freiheit bezogen, Nation war nicht Selbstzweck. Der Nationalismus war internationalistisch, die Nationalisten waren eine Internationale: alle Nationen hatten Anspruch auf nationale Selbstbestimmung, darin war man solidarisch; gerade ein Europa der Nationen, so glaubte man optimistisch, werde ein friedliches Europa sein. Die Deutschen begeisterten sich – wie andere Europäer auch – in den 20er Jahren für den Freiheitskampf der Griechen; in diesem Philhellenismus ging viel von der eigenen unterdrückten nationalen Sehnsucht ein, aber er griff auch – neuhumanistisch oder christlich akzentuiert – übers liberalnationale Lager weit hinaus. Und seit 1830/31 wurden dann die Polen, von denen nach der Unterdrückung ihres Aufstandes so viele nach Westen emigrieren mußten, die Vorkämpfer und Märtyrer nationaler und liberaler Freiheit; Polenbegeisterung und Polenfreundschaft wurden charakteristische Symptome des liberal-nationalen Deutschland. Das ist insofern auffallend, als sich gleichzeitig objektiv der kommende deutsch-polnische Konflikt vorbereitete. Die preußische Regierung hatte nach 1815 versucht, ihre polnischen Untertanen im „Großherzogtum" Posen durch Entgegenkommen und Gewährleistung ihrer Nationalität in den preußischen Staat zu integrieren. Aber deren Sympathien für den Aufstand von 1830/31 lösten eine scharfe Reaktion aus: Preußen fühlte sich in seiner Staatlichkeit bedroht. Ein neuer Oberpräsident, Flottwell, ging gegen die Wortführer des Polentums, gegen Adel und Klerus vor; seine Politik sollte zwar auch Bürger und Bauern begünstigen, aber sie sollte die polnischen „Besonderheiten" abbauen und lief so auf eine Assimilation und Germanisierung hinaus. Der Grundbesitz der Emigranten (und zum Teil auch säkularisierter Klöster) wurde versteigert und kam in deutsche Hände, Deutsch wurde zur alleinigen Amts-, wenn auch nicht zur Schulsprache erklärt. Auch wenn Friedrich Wilhelm IV. seit 1840 diesen Kurs zum Versöhnlicheren hin korrigierte: hier bereitete sich der Nationalitätenkampf vor. Aber einstweilen war das Sache von Regierung und Verwaltung, das dominierte selbst im Grenzraum noch nicht das Bewußtsein der Deutschen, und es blieb ganz auf die Region beschränkt. Die deutsche Nationalbewegung blieb davon unberührt, sie blieb propolnisch. Auch die nationalen Bestrebungen der nicht-deutschen Völker des Habsburgerreiches haben noch keine national-deutsche Reaktion ausgelöst; das hier entstehende Konfliktpotential blieb noch weitgehend verborgen.

Anders stand es mit dem französischen Nationalismus und dem deutsch-dänischen Konflikt; beides hat den deutschen Nationalismus wesentlich geprägt und auch intensiviert. Die antifranzösische Prägung des deutschen Nationalismus aus der Zeit Napoleons war in der Zeit des Frühliberalismus und des entstehenden Radikalismus wesentlich zurückgegangen: Frankreich war das Land der Aufklärung und – seit 1830 – einer freiheitlich bürgerlichen Verfassung. Hier macht nun, nach einer ersten Irritation über französische Ambitionen in Belgien 1830, und über Luxemburg, die Rheinkrise von 1840 Epoche; die französische Öffentlichkeit, von einer diplomatischen Niederlage im Orient enttäuscht, fordert plötzlich und mit großer Vehemenz die Rheingrenze. Eine gewaltige Welle patriotischer Erregung ergreift jetzt auch breite Schichten in Deutschland. Nikolaus Beckers Rheinlied – ‚Sie sollen ihn nicht haben, den freien deutschen Rhein' – erlangt sofort eine riesige Popularität, man schätzt, daß es zwischen 70 und 200 Vertonungen gab; aus der Flut der sonstigen Lyrik sind die ‚Wacht am Rhein' und das Deutschlandlied Hoffmann von Fallerslebens in unserer Erinnerung geblieben. Der nationale Patriotismus richtete sich nun auch wieder gegen einen äußeren Feind und gewann erneut einen antifranzösischen Grundton, der ihn nun fast ein Jahrhundert lang begleitet. Und das Gefühl der Bedrohtheit schuf ein neues Pathos emotionaler Solidarität. Auch konservative Regierungen und Fürsten schlossen sich dieser Aufwallung des Nationalgefühls an. Der Internationalismus gerade der Linken geriet ins Wanken, war es doch gerade die französische Linke, die den aggressiven Nationalismus vertrat, und zwischen entschieden liberalen und nationalen Forderungen zeigte sich ein potentieller Riß.

Dann war es der Konflikt um Schleswig-Holstein, der die deutsche Nationalbewegung intensivierte und nach außen lenkte. Das war zunächst eine regionale Sache, und wir müssen ein wenig zurückgreifen. Der Landespatriotismus dort, altständisch und frühkonstitutionell, wurde seit den 30er Jahren national umgeprägt. 1830 schon forderte Uwe Jens Lornssen, Landvogt von Sylt und ehemaliger Burschenschafter, eine gemeinsame Repräsentativverfassung für die beiden Herzogtümer und die Beschränkung der Bindung an Dänemark auf bloße Personalunion. Er fand nicht die breite Resonanz, die er erhofft hatte und mußte ins Exil gehen; die Regierung bewilligte nur getrennte Provinzialstände. Abgeordnete dieser Stände schlossen sich aber Mitte der 30er Jahre locker zusammen und ebenso Vertreter der Dänen in Schleswig, deren radikaler Flügel den vollen Anschluß Schleswigs an Dänemark (Eiderdänen) wollte. Aus der altmodischen Frage der Landesautonomie in einem dynastischen Gesamtstaat war eine nationale Frage geworden. Der Konflikt verschärfte sich – noch einmal altmodisch – wegen eines Problems der Thronfolge: der seit 1839 regierende dänische König war kinderlos, ebenso sein Bruder und Erbe, in Dänemark galt dann die weibliche, in Holstein die männliche Erbfolge, in Schleswig war die Sache umstritten. König und Regierung versuchten, Schleswig stärker in den dänischen Staat zu integrieren und auch die dänische Sprache dort aufzuwerten. Dagegen nun die neue nationaldeutsche Bewegung. Sie forderte, indem sie die Erbansprüche eines Herzogs von Augustenburg unterstützte, die untrennbare Zusammengehörigkeit Schleswigs mit Holstein – „up ewig ungedeelt", eine Vertragsformel von 1460, wurde zum Schlagwort –, Schleswig sollte ein deutsches Land bleiben. Das richtete sich auch gegen die dänische Minderheit der Nordschleswiger, deren Rechtsanspruch auf nationale Selbstbestimmung wurde abgewiesen: Selbstbestimmung gelte nur für das ganze Land, und das sei historisch – wenn auch nicht durchweg ethnisch – deutsch; das war ein Wechsel der Perspektive im Interesse der eigenen Nationalität. Petitionen und Demonstrationen, eine Verfassungsbeschwerde der Holsteiner beim Deutschen Bund und die Forderung der Schleswiger auf Aufnahme in ihn verschärften den Konflikt. Der Historiker Droysen, seit 1840 in Kiel, wurde neben den Anwälten Beseler und Samwer der wirkungsvollste Wortführer der Bewegung. Seit 1844 etwa gewann diese Bewegung Resonanz in ganz Deutschland; ihre Forderungen wurden gesamtdeutsche Forderungen; Landtage, Universitäten, Versammlungen und Vereine engagierten sich dafür, und das intensivierte die nationale Bewegung weiter. Wieder wurde ein Lied: ‚Schleswig-Holstein meerumschlungen‘ (1844) zum gesamtdeutschen nationalen Kampflied; das gesamtdeutsche Sängerfest von 1845 und der erste deutsche „Germanistentag" 1846 in Lübeck standen politisch stark im Zeichen der Schleswig-Holstein-Sache und des durch sie neu akzentuierten Nationalismus.

Zuletzt werfen wir noch einen Blick auf Träger und Organisationsformen der nationalen Bewegung. Im ganzen sind es die Formen der bürgerlich-liberalen Öffentlichkeit, in denen die nationale Bewegung zu Worte kommt, vorpolitisch und kryptopolitisch zuerst – denn die frühen Landtage sind zwar liberale, aber kaum nationale Foren –: in der Griechen- und Polenbegeisterung und dann deutlicher politisch in der Wissenschaft, der Literatur, der Publizistik, in gesamtdeutschen Kongressen und Vereinigungen von Gelehrten und auch Praktikern, in den volkstümlichen Vereinen, vor allem den Gesangvereinen, später auch wieder den Turnvereinen – sie geben der Nationalbewegung ihre populäre Basis – und dann in den volkstümlich-politischen Festen oder in den Bewegungen zum Bau nationaler Denkmäler. Gemeinsame Traditionen, Ausdrucksformen, Aufgaben – das wurde die allgemeine Basis des sich politisierenden Nationalismus. Auch die soziale Basis ist ganz ähnlich wie die der Liberalen: sie verbreitet sich von den Gebildeten (und der Jugend) auf weite Kreise, ja Massen des neuen und alten Bürgertums, weniger freilich ins Bauerntum und in die Unterschichten. Eine Rekrutierungsgruppe muß besonders genannt werden: das waren paradoxerweise die oppositionellen Regionalisten, die in den neuen Staaten nicht einwurzeln mochten. Wenn man schon nicht mehr einfach Rheinländer oder Pfälzer, Franke oder Osnabrücker sein durfte, sondern Preuße, Bayer oder Hannoveraner sein sollte, dann wollte man lieber – gleich – Deutscher sein. Die regionalistische Gegnerschaft gegen die neuen Partikularstaaten kam dem Aufstieg der Nationalbewegung zugute.

c) Der Konservativismus

Die dritte große politische Kraft der ersten Jahrhunderthälfte ist, wie überall in Europa, der Konservativismus. Wir leben in den Selbstverständlichkeiten der liberal-demokratischen Umgestaltung von Staat und Gesellschaft; darum ist es schwer, die Konservativen dieser Zeit überhaupt noch zu verstehen und sie nicht als hoffnungslos rückständig auf dem Schutthaufen der Geschichte zu belassen. Aber damit verbaute man sich den Zugang zur Geschichte und zu der Tatsache, daß der Konservativismus – die Rechte – sich über alle großen Verschiebungen als politische Kraft behauptet hat.

Wie der Liberalismus der Repräsentant der Ideen von 1789 ist, so der Konservativismus ihr eigentlicher Gegner. Der naive Traditionalismus, dem vor aller Politik Erhalten und Bewahren selbstverständliches Lebensprinzip sind, wird unmöglich, seitdem die Revolution Autonomie und Neugestaltung der Zukunft zum Programm erhebt, seitdem die Aufklärung alle traditionellen Begründungen relativiert und revolutioniert, seitdem die ökonomisch-soziale Entwicklung die überlieferten Verhältnisse auflöst. Der Traditionalismus wird reflektiert, wird zur Theorie auf dem Boden der neuen Erfahrungen: das ist die Geburt des modernen Konservativismus.

Es gibt Ansätze im späten 18. Jahrhundert in der Aufklärungskritik, etwa bei Justus Möser, von dem wir im Zusammenhang mit dem Historismus sprechen. Aber entscheidend für die Ausbildung einer konservativen Idee wird die Revolutionserfahrung, wird die Rezeption der großen westeuropäischen Theorien der Revolutionsgegner, Edmund Burkes, de Maistres und Bonalds; eine Zeitung, die Chateaubriand nach 1815 herausbringt, ‚Le Conservateur‘, gibt der Bewegung schließlich ihren Namen. Sie wird getragen von einer breiten Stimmung, die nach 25 Jahren unaufhörlicher Veränderungen, Umstürze und Kriege, nach Ruhe verlangt: „Wo alles wankt ... wo die ganze gesellschaftliche Existenz ein Spiel der Winde und Wellen ist, ist vor allem notwendig, daß irgend etwas beharre, wo das Suchende sich anschließe, das Verirrte seine Zuflucht nehmen könne" (Metternich). Die Revolution ist auslösend für das konservative Denken, und sie steht in seinem Zentrum. Das bedeutet zweierlei. Die Revolution ist nicht ein Ereignis, sondern sie ist ein Prinzip, das seit 1789 fort und fort wirkt und den Bestand der Welt bedroht: alle Revolutionen hängen darin zusammen, sind Stücke ein und desselben Vorgangs. Und die Revolution hat in Frankreich gezeigt: aus den liberalen Anfängen von 1789 entwickeln sich Terror und Diktatur und Militärdespotie, aus der Forderung nach Freiheit entwickelt sich über die nach Gleichheit die Unterdrückung der Freiheit oder das Chaos. Das ist kein Zufall, sondern innere Notwendigkeit, Konsequenz. Das ist extremes Denken: es gibt zwischen Revolution und Ordnung nur das Entweder – Oder, es gibt keinen dritten Weg, keine Mitte. Das ist nun die Stoßrichtung gegen die Liberalen: Grundrechte, Gewaltenteilung, Verfassung – das mündet alles in den Radikalismus der Volkssouveränität, in Demokratie, Anarchie, Sozialismus, den „Kampf der Haben-Wollenden gegen die Habenden" (Metternich). Die Liberalen können sich in jenem Entweder-Oder nicht behaupten. Doch sie sind die eigentliche Gefahr, weil sie die unaufhaltsame Konsequenz sich und anderen mit ihren Vermittlungen verschleiern. Aber man muß den Anfängen wehren.

Es gibt ein paar konservative Leitbegriffe: Ordnung, Stabilität, Bewahren zuerst. Nicht Freiheit kann der Ausgangspunkt sein, sondern Ordnung; sie verhütet das Chaos, sie allein ermöglicht „wahre" Freiheit; die kann nur ein Endpunkt sein. Denn, das ist die anthropologische Prämisse, ganz im Gegensatz zum Hauptstrom der Aufklärung: der Mensch ist nicht gut, sondern endlich und sündhaft; Freiheit entfesselt auch über die guten Absichten der Freiheitsfreunde hinweg seine destruktiven Kräfte; was er braucht, sind Institutionen, die Ordnung halten. Nicht das Pathos der Bewegung, sondern die Stabilität ist das, was die Zeit braucht.

Zur Erhaltung von Ordnung und Stabilität bedarf es der Autorität. Im ideologischen Bürgerkrieg, in dem man sich im Namen der Vernunft die Köpfe abschlägt, so hat de Maistre wie früher Hobbes gefolgert, muß es um des Friedens wie des Zusammenhaltes der Gesellschaft willen eine Autorität geben, die dem Streit der Meinungen und Parteiungen enthoben herrscht. Gesetz und Verfahren sind dazu zu schwach, das verkennen nur die liberalen Illusionisten; ihr Lieblingsrezept, die Diskussion, kann keine Autorität gründen, keine letzten Entscheidungen (vor die Frage, Christus oder Barrabas, gestellt, bilden die Liberalen ein Komitee, so hat Donoso Cortés gespottet); und die Mehrheit endlich bleibt schwankend, instabil, und daß sie „vernünftig" handele, eine abenteuerliche Erwartung. „Autorität, nicht Majorität" ist der Schlachtruf der preußischen Konservativen in der Mitte des Jahrhunderts. Autorität nun muß einheitlich sein, man kann die Staatsgewalt nicht teilen, das entbindet nur den permanenten Konflikt der heterogenen Elemente der Gesellschaft. Die eigentliche Autorität dann ist die Autorität des Monarchen. Sie ist gerechtfertigt – das ist das nächste Leitwort – durch das Prinzip der Legitimität. Alter, Kontinuität, rechtliche Geltung – das macht eine Herrschaft legitim; in der Monarchie heißt das Geburt und Erbe. Die traditionalistischen Legitimisten greifen auf Gott zurück, er setzt die Könige und Dynastien ein und erhält sie; darum bekommt die alte Demutsformel „von Gottes Gnaden" jetzt einen staatstheologischen Sinn; der König hat eine königliche Qualität, darum regiert er. Man stellt natürlich fest, daß alle Macht auf Usurpation beruht – aber hier gilt das Prinzip der Verjährung: indem Gott Dauer zuläßt, legitimiert er die Herrschaft; das Recht wächst aus dem Unrecht „wie die Blume aus dem Mistbeet" (Ernst Ludwig von Gerlach). In der konkreten Politik spielt daneben die funktionalistische Begründung eine Rolle: wer – von allen anerkannt – herrscht und Ordnung wahrt, ist auch darum legitim; das gilt für Napoleon oder für den Präsidenten der USA.

Autorität und Legitimität werden – anders als im Aufgeklärten Absolutismus – bekräftigt durch die Religion, durch das Bündnis von Thron und Altar; das ist nichts besonders Deutsches, das ist das Herzstück auch des französischen und englischen Konservativismus. „Wenn man den Himmel revolutioniert, kann die Erde nicht ruhig bleiben", hat Heine gemeint; und das hieß für die Konservativen: wenn die Erde ruhig bleiben soll, darf man den Himmel nicht revolutionieren. Die Tugenden der konservativen christlichen Tradition: Andacht, Ehrfurcht und Demut, Treue und Gehorsam gehören zum Lebensgrund der konservativen Welt. Und weil die Konservativen die religiöse Tradition gegen die Angriffe und Auszehrungen durch einen säkular antikirchlichen Rationalismus und auch Liberalismus verteidigten, gewannen sie ein gewaltiges Reservoir volkstümlicher Kräfte.

Die Konservativen wollen bewahren und entwickeln, nicht machen und neu machen. Es ist nach ihrer Ansicht der Wahn der Revolutionäre, der Progressisten, alles oder fast alles machen und planen zu können, gar die Welt ins Lot zu bringen oder zu vollenden. Das ist Hybris, das ist Utopie. Dagegen muß man die vorgegebene Wirklichkeit zur Geltung bringen – das ist das konservative Pathos des Realismus. Und dazu gehört die tiefe Skepsis gegen die Verheißungen des Fortschritts, der doch im besten Fall nur die bekannten Übel unbeabsichtigt – durch neue und unbekannte ersetzt. Dazu gehört, gegen die einseitige Konzentration auf Gegenwart und Zukunft seit Burke die Betonung der Tradition, des Gewordenen, der Vergangenheit. Eine Nation ist nicht die Summe ihrer jetzigen Bürger, wie die Demokraten meinen, sie ist die Gemeinschaft der Lebenden, der Toten, der Kommenden – das ist ein Herzton des Konservativismus. Was sich historisch gebildet hat, ist wertvoll, ist nicht zu überspringen. Neues ist nur – „organisch" – aus dem Gewordenen und Gegebenen zu entwickeln. Im Zweifel hat das historisch Gegebene Vorrang; die Zeit hat keinen Beruf zur Gesetzgebung.

Zu dieser Orientierung an der Tradition gehört das Beharren darauf, daß das konkrete Dasein mannigfach, verschieden, individuell ist und daß das gerade ein Wert ist. Die Progressiven wollen alles unter allgemeine Gesetze der Natur oder der Vernunft stellen, unter abstrakte Prinzipien, wollen nivellieren. Man muß das Besondere und Partikulare nicht abschaffen – im Namen abstrakter Freiheit und Gleichheit – sondern gerade erhalten; es ist der Boden der realen Freiheiten, gegen die eine egalisierte Freiheit unter dem Gesetz, die den einzelnen doch nur der Übermacht des Staates ausliefert. Und auch der Mensch ist nicht die abstrakte Konstruktion aufgeklärter Philosophen, nicht einfach Autonomie und

Vernunft, sondern ein geschichtliches, ein gesellschaftliches Wesen. Die Konservativen wenden sich gegen den Individualismus der Liberalen, den nennen sie „atomistisch". Staat und Gesellschaft sind nicht vom Individuum her zu konstruieren; das Ganze rangiert vor den Teilen, ist mehr als die Summe seiner Teile. Der Mensch lebt nicht als isoliertes Individuum, sondern in Bindungen und Korporationen, in Familie und Beruf: das ist seine wirkliche Existenz. Davon kann man nicht absehen, das soll man nicht auflösen. Die Befreiung des Individuums, die Emanzipation ist kein sinnvolles Programm; mehr individuelle Freiheit bringt nicht mehr Glück und zuletzt nur mehr Entfremdung. Die Gesellschaft soll nicht individualistisch sein, sondern korporativ, ständisch, gebunden. Und das heißt auch: ungleich, hierarchisch gegliedert. Vormundschaft und patriarchalische Fürsorge, das steht gegen die entfesselte Autonomie gleicher und isolierter Individuen.

Dem Anspruch der Liberalen auf Allgemeinheit begegnen die Konservativen mit scharfer Ideologiekritik. Träger all der „Bewegungen" ist nur der städtische Mittelstand, sind die Kapitalisten, und zumal die Intelligenz, das „gebildete Proletariat" der Professoren, Literaten und Beamten. Sie reden vom „Vernunftstaat", aber sie wollen nur selber herrschen; keineswegs repräsentieren sie, wie sie behaupten, das Volk. Denn das Volk will nicht Verfassung oder andere „Weltverbesserung", sondern Ruhe und Wohlfahrt. Dafür muß man sorgen; aber weil es verführbar ist, muß man es auch schützen. Der Angriff auf den Liberalismus als Ideologie der Bourgeoisie und der Intelligenz war eine scharfe Waffe des Konservativismus. Es ist nicht zufällig ein Konservativer, Bismarck, gewesen, der gegen die städtische Mittelklasse sogar das allgemeine Wahlrecht eingeführt hat.

Das war gemeinkonservativ: Ordnung und Autorität, status quo, Tradition und Bindung. Das waren die Kategorien, in denen Metternich, diese Inkarnation der Restauration, dachte und handelte. Und der gouvernementale Flügel der Konservativen, bürokratisch-etatistische, oft spätabsolutistische Vertreter des Obrigkeitsstaates, begnügte sich damit. Aber für den größeren Teil der Konservativen wurde nun noch ein neues Element, eine neue Frontstellung entscheidend: die Wendung gegen den absolutistischen Staat. Auch die Konservativen sind wie die Liberalen entstanden, in Opposition gegen den modernen und modernisierenden Staat des Absolutismus und der bürokratischen Reformen, sie sind eine Partei der Opposition. Der Absolutismus ist rationalistisch und atomistisch, er will abstrakt nivellierte Untertanen, er beseitigt alte partikulare und korporative Zwischengewalten, er zentralisiert, er bürokratisiert und versachlicht die personale Herrschaft, macht aus dem Monarchen und seinen Dienern Diener des abstrakten Staates. Der moderne Staat will omnipotent werden, er weitet seine Zwecke, seine Zuständigkeit, seine Fähigkeit immer weiter aus, er wird despotisch. Von daher stammt die eigentümliche konservative Parallelisierung von modernem Obrigkeitsstaat und Demokratie, Absolutismus von oben und von unten. Und wo der Staat sich selbst und die Gesellschaft unter die Norm der Revolution von oben stellt, sind die Konservativen natürlich erst recht

Opposition. Dagegen wollen die Konservativen wie die Liberalen: Begrenzung der Staatsmacht, Sicherung der „Freiheit", und zwar durch das Recht. Aber das hat natürlich einen ganz anderen Charakter als bei den Liberalen: korporative, ständische und regionale Verbände und Institutionen der Selbstverwaltung sollen die Herrschaft begrenzen und die erworbenen Rechte. Freiheit ist nicht ein Recht, sondern ein Privileg, sie ist nicht die Fanfare des Neuen, sondern die Bewahrung des Bestehenden, Freiheit ist nicht eine, sondern ist die Summe konkreter Freiheiten. Freiheit ist darum nicht mit dem Anspruch auf Rechts- und Chancengleichheit verschwistert, sondern ist Freiheit in gottgewollten Ungleichheiten. Die ständische-föderative Ordnung der Ungleichheiten sichert Freiheit vor dem übermächtigen bürokratischen Staat. Die Emanzipation der Bauern vom Patriarchalismus, so meint Marwitz, schafft gar keine wirkliche Freiheit, da sie nur die Macht der emanzipierenden Bürokratie vermehrt und die Entfremdung des Menschen in einer kälter werdenden Welt.

In diese Richtung nun gehört einmal, was wir den romantischen Konservativismus nennen – Friedrich Schlegel z.B. und Adam Müller (‚Elemente der Staatskunst', 1807, oder ‚Von der Notwendigkeit einer theologischen Grundlage der gesamten Staatswissenschaft und der Staatswirtschaft im besonderen', 1819), beide fruchtbare Schriftsteller und Publizisten, sind die klügsten Köpfe dieser Richtung. Müller polemisiert gegen die „Kopf-, Seelen- oder Geldrepräsentation" oder die „Chimäre eines souveränen Volkes", dem alle ererbten Erfahrungen, Institutionen und Rechte unterworfen werden sollen. Der Staat basiere nicht auf Verträgen, sei keine „Maschine" und keine „Assekuranzanstalt", sondern „eine organische Totalität", eine „innige Verbindung des gesamten inneren und äußeren Lebens der Nation", der Generationen, „zu einem bewegten und lebendigen Ganzen" von Abhängigkeiten, Rechten und Pflichten. Er polemisiert mit besonderer Schärfe gegen den Wirtschaftsliberalismus, gegen Markt und Konkurrenz, gegen die Trennung von Kapital und Arbeit, gegen die Ökonomisierung der Landwirtschaft – das Eigentum wird, sehr romantisch, als etwas Unsachliches, Persönliches, als „erweiterte Gliedmaßen" bestimmt. Der katholische Philosoph Franz von Baader hat diese Kritik dann (1837) auf das neue soziale Problem des Proletariats ausgeweitet. Joseph Görres ist auf seinem langen Weg vom Jakobiner und Nationaldemokraten, vom Straßburger Emigranten (1819) zum Geschichtsprofessor in München (1827) zu einem der Häupter des katholisch-romantischen Konservativismus geworden; die Zeitschrift ‚Eos' in München (bis 1832) war für diese Kreise charakteristisch. Alle diese romantischen Konservativen argumentierten historisch und theologisch, und sie sahen, von der modernen Nostalgie bewegt, im Mittelalter das Ideal der harmonischen Einheit von Staat, ständischer Gesellschaft und Religion; daran orientieren sich ihre Träume wie ihr Wollen.

Zum anderen gehört zum ständisch-antiabsolutistischen Konservativismus die Theorie des Schweizers Karl Ludwig von Haller: ‚Restauration der Staatswissenschaften. Theorie des natürlich geselligen Zustands der Chimäre des Künstlich-Bürgerlichen entgegengesetzt' (1816–1822). Haller, unromantisch und eher rationalistisch-naturalistisch, entwickelt gegen die modernen Vertrags- und Souveränitätstheorien die These vom Patrimonialstaat: der Staat ist ein Gefüge von Familien mit Grundeigentum; Macht entspricht dem Eigentum; alle öffentliche Gewalt beruht auf Eigentum, auf privaten Rechten und Vertrag. Der Landesherr ist der größte dieser Eigentümer, ist im Grunde Eigentümer des Staates, er ist pater familias; der Staat ist sein „patrimonium"; er ist niemandem, außer Gott, verantwortlich, aber seine Gewalt ist durch Vertrag und Recht, Eigentum und Autonomie der anderen beschränkt. Alle modernen Verhältnisse zwischen Staat und Untertan – wie Steuer-, Wehr- und Schulpflicht – sind verwerflich, Anmaßungen des Staates, weil sie die Eigentumspyramide durchbrechen. Es gibt keine sachlichen, es gibt nur personale Beziehungen. Das ist ein eigentümlicher Rückgriff hinter alle Modernisierung auf eine – jetzt konsequent durchkonstruierte – Feudalordnung; Macht wird durch das bloße Bestehen von Eigentum und zuletzt durch den göttlichen Willen gerechtfertigt. Diese merkwürdige Lehre hat vor allem beim ostelbischen Adel eine gewaltige Resonanz gefunden. Sie rechtfertigte ja die Gutsherrschaft und ihre öffentlichen Rechte ebenso wie die regionalistische und altständische Opposition gegen die Bürokratie, gegen die absolutistisch-antifeudale Tradition des preußischen Staates und gegen seine Tendenzen zur liberalen Modernität, gegen Friedrich den Großen und gegen den Freiherrn vom Stein. Aber man hat das naturalistische Machtdenken Hallers stärker verchristlicht, die Verträge als „sittlich-geistiges" Band gedeutet, dem romantischen Konservativismus angenähert. Gerade die preußischen Konservativen haben sich, in Berlin besonders, in Kreisen und Zirkeln zusammengefunden; der Kreis um den preußischen Kronprinzen, den späteren Friedrich Wilhelm IV., mit den Brüdern Leopold und Ernst Ludwig von Gerlach ist die einflußreichste Gruppe dieser preußischen „Hochkonservativen". 1831 gründen sie und andere das ‚Berliner Politische Wochenblatt', das für die 30er Jahre zum führenden Organ des deutschen Konservativismus wird.

Die Konservativen insgesamt sind nicht nur Gegner des Liberalismus, sondern auch Gegner des Nationalismus. Denn der Nationalismus steht gegen Tradition und Legitimität, gegen historische Staaten und Monarchien – ist im Grunde eine Erfindung von Intellektuellen. Noch zur Zeit Bismarcks konnte Ernst Ludwig von Gerlach von „Kronenraub und Nationalitätenschwindel" sprechen. Nationalismus war revolutionär. Und darüber hinaus verteidigten die Konservativen nicht nur den Regionalismus und Förderalismus, sondern auch den Universalismus einer – jede nationalstaatliche Organisation – übergreifenden europäischen Rechts- und Friedensordnung. Sie witterten die Sprengkraft des heraufziehenden Nationalismus.

Die konservativen Analysen und Ideen sind interessant, sie stellen die Probleme und Gefahren der Modernität – Bürokratie und Entfremdung, Traditions- und Identitätsverlust, die Dialektik von Freiheit und Gleichheit, Emanzipation und Anarchie, Parlament und „Volk", Markt und Moral – scharfsichtig heraus; die sozialistische Kritik der bürgerlichen Gesellschaft wird in vielem vorweggenommen. Aber es ist auch offenkundig, daß diese Ideen auf massiven Interessen aufruhten. Die Konservativen taten sich schwerer als alle anderen, das Insgesamt ihrer Werte und Ideen mit dem Anspruch auf Allgemeingültigkeit zu präsentieren. Sie stehen unter Ideologieverdacht. Konservativ, das waren die am status quo interessierten Kräfte: der größere Teil des Adels, der seine Privilegien verteidigte, der für das Königtum eintrat, aber nur, indem er es an Herkunft und Adelseinfluß band, und sein Gefolge, sowie ein Teil der Bürokratie; es waren Ordnungsgläubige, Revolutionsfürchtige und Opportunisten. Es waren aber auch andere, die bedroht waren oder sich bedroht fühlten: die Frommen, die vor den säkularen Tendenzen des Liberalismus bangen mußten, und die Partikularisten, die den Nationalstaat nicht wollten; potentiell waren es Teile der alten Stände, Bauern und Handwerker, die mit Modernisierung und Marktsystem und dem Bruch von Traditionen in ökonomische, soziale, mentale Schwierigkeiten kamen; und es war die protestantische Orthodoxie, die sich von der liberalen Umformung der Religion bedroht fühlte: Hengstenbergs ‚Evangelische Kirchenzeitung‘, seit 1827, wurde zu einem führenden Organ des norddeutschen Konservativismus. Das ist der Grund, warum auf die Dauer die Konservativen auch eine populäre Basis gewannen. Aber vor 1848 war das, da man in der Nähe der Macht war, noch einigermaßen irrelevant.

Interessant für diese Frühzeit ist, daß es eine konservative Intelligenz gibt: sie liefert, etwa in Preußen, den Junkern die ideelle Überhöhung, die es ihnen überhaupt ermöglicht, den wortgewaltigen Liberalen mit dem Bewußtsein auch intellektueller Redlichkeit standzuhalten. Karl Mannheim hat dieses Phänomen psychologisch erklärt. Die moderne Intelligenz ist sozial ohne feste Position, „freischwebend", sie lebt in angespannter Subjektivität ohne den Halt tragender Ursprünge und Ordnungen, sie lebt futuristisch auf etwas hin, aber nicht von etwas her, und darum ist sie in Gefahr, fremd in der Welt zu sein, ja sich selbst gegenüber, und daran zu leiden. In solcher Lage gewinnt das Objektive und Feste, die Ordnung, die Heimat gewährt, besondere Anziehungskraft – in unserem Jahrhundert war es mit der Geschlossenheit der kommunistischen Lehre ähnlich –; die Konversion so vieler romantischer Subjektivisten zur „Objektivität" des Katholizismus in den ersten Jahrzehnten des Jahrhunderts ist dafür ein klassisches Indiz. Das auch schuf die Disposition, daß kluge Intellektuelle gerade Wortführer des Konservativismus wurden. Und ein anderes Motiv: die romantischen, die modernen Intellektuellen waren (und sind) ambivalent und neigten dazu, sich je nach der Situation zu verhalten. Es komme, so hat Gentz das formuliert, auf das Gleichgewicht an, sei dies gestört, so müsse man die zurückgedrängte Tendenz bis zum äußersten stärken, gegen den Zeitgeist also die konservative Position.

3. Der Staat und die Staaten

Der Staat in Deutschland war in der ersten Hälfte des Jahrhunderts zunächst und vor allem bürokratischer Obrigkeitsstaat. Natürlich war der Staat, von den freien Städten abgesehen, Monarchie, das war unbestritten. Gewiß galt das monarchische Prinzip: Souveränität und letzte Entscheidung lagen beim Monarchen; er ernannte und entließ die Minister und hohen Beamten, er kommandierte die Armee, er berief ständische Versammlungen oder schickte sie nach Hause, er hatte ein letztes Wort bei der Gesetzgebung und den Richtlinien der Politik. Und wo es keine Verfassung gab, war seine Rechts- und Machtstellung natürlich stärker als in den Verfassungsstaaten. Aber der Monarch war überall doch nicht mehr einfach absolutistischer Herrscher, er herrschte nicht mehr primär dynastisch-patriarchalisch, und war nicht mehr allein traditional und religiös legitimiert, sondern funktional: er war Staatsorgan, Träger des monarchischen Prinzips, arbeitender Souverän. Der Stil hatte sich geändert. Gewiß, es gab autokratische Neigungen wie bei Ludwig I. von Bayern, es gab einen sehr persönlichen Herrschaftsstil wie bei Friedrich Wilhelm IV. von Preußen, aber das fiel schon auf, und mit den Herrschaftsweisen des 18. Jahrhunderts war das nicht zu vergleichen. Der Monarch hatte im allgemeinen im Haushalt ausgewiesene feste Einkünfte (in den konstitutionellen Staaten: die „Zivilliste"), er konnte zwar nicht zum Handeln gezwungen werden, aber positiv handeln konnte er nur mit Zustimmung anderer Staatsorgane. Gewiß gab es noch einen „Hof", aber im ganzen wurden die Monarchen, wie ihre Familien, bürgerlicher, fügten sich in die allgemeinen und zivilen Normen der Gesellschaft ein. Natürlich, der Adel war als Herrschaftsstand nicht durch eine Revolution entmachtet – die ehemals reichsunmittelbaren „Standesherren" hatten, zumal im Südwesten, noch eine Art Unterlandesherrschaft –, der Adel überhaupt hatte in der Umgebung des Monarchen, in den hohen Rängen von Militär und Bürokratie, in den „ständischen" Vertretungen, auf dem Lande noch einen ganz starken Einfluß, aber auch er war doch, anders als in dem vorrevolutionären System wesentlich feudaler Prägung, seit den Reformen fest in den modernen Staat eingegliedert. Kurz, der Staat war nicht mehr einfach Fürsten- und Adelsstaat, sondern eben vor allem bürokratischer Obrigkeitsstaat.

Der Staat von 1815 war sicher nicht mit dem Ausmaß von Staat zu vergleichen, das wir im Zeichen von Daseinsvorsorge und Umverteilung erfahren, und die Staatsquote am Volkseinkommen war vergleichsweise gering, in Preußen 1850 etwa 4,9%; heute liegt sie bei 30%. Aber historisch war es viel Staat, mehr als je zuvor. Indem der Staat seine eigene Souveränität gegen die feudalen und korporativen Gewalten durchsetzte, Justiz und Lokalverwaltung wenigstens prinzipiell verstaatlichte, Herrschaft konzentrierte, Gewalt monopolisierte, gewann er an Gewicht. Indem das Leben zunehmend verrechtlicht wurde und der Staat sich an Gesetze und gesetzähnliche Verordnungen band, womit Auslegung und Konfliktregelung wichtiger wurden, dehnte sich wiederum der Staat aus. Zwar, der Staat wollte auch die Gesellschaft freisetzen, nicht mehr im Stil der alten „Polizey" möglichst vieles selber regeln, nicht mehr „Glück" und Wohlfahrt und soziale Sicherheit. Aber gerade das forderte die Aktivität des Freisetzens, forderte Schutz, Einhegung und Kontrolle der neuen Freiheiten. Die Bauernbefreiung wurde staatlich durchgeführt, die Selbstverwaltung beaufsichtigt, die Gewerbefreiheit erweitert oder begrenzt. Der Staat übernahm neue Aufgaben, oder sie wuchsen ihm zu: Schule und Kultur, Verkehrsausbau und Gewerbeförderung, die Folgen des sozialen Wandels und seiner Dynamik – das, was dann Sozialpolitik wurde; ja der Staat fing mehr und zielstrebiger als je zuvor an, zukünftige Entwicklungen zu steuern oder zu planen. Anders gewendet, der Staat legte dem Bürger jetzt sehr unmittelbar drei der großen Pflichten des modernen Menschen auf: allgemeine Steuer-, Schul- und Wehrpflicht; das machte ihn durchdringend und mächtig. Und das alles, für uns heute erstaunlich genug, ohne daß das Personal des Staates nennenswert vermehrt wurde. Mit dem Umfang änderte sich auch der Charakter staatlicher Herrschaft; sie wurde – immer und allein im Vergleich zu alten Zeiten – unpersönlicher und sachlicher, rationaler und effektiver: auch wo weniger normiert wurde, war die Normierung intensiver; der Staat wurde ein Apparat, eine Anstalt – eben bürokratisch.

Träger dieses Staates war darum zuvorderst doch die Bürokratie, das Beamtentum. Die Beamten waren nicht mehr einfach Diener des Monarchen, sondern sie waren „Diener" des Staates; aber als Diener waren sie nicht nur ausführendes Organ, sondern sie waren in den höheren Rängen paradoxerweise zugleich diejenigen, die Willen und Entscheidungen dieses Staates wesentlich (mit)bestimmten. Die Beamten fühlten sich als „allgemeiner Stand", als Vertreter des allgemeinen, des öffentlichen Interesses, gegenüber allen partikularen Egoismen, als Anwälte des Sachverstands, ja der Vernunft – und bis zu einem gewissen Grade waren sie das auch. Was die Beamten schon im frühmodernen Staat hatten sein sollen, wurde jetzt intensiviert und modernisiert. Sie waren an keinen Ort gebunden, mobil und versetzbar; ihre Berichte mußten einen neuen Grad von überregionaler Allgemeinheit haben: in der Zentrale lesbar, kontroll- und gerichtsfähig. Sie lebten in der Welt systematischer Ordnung und Konsequenz, der Grundsätze und der Reflexion; das hatten sie auf der Universität gelernt, das hob sie ab von der Welt der partikularen Traditionen. Sie lebten nicht von ihrer Herkunft, sondern von ihrer Aufgabe her; der Beamte fand seine Identität in seinem Beruf, seinem Tun und Leisten, seiner Intelligenz und seiner Einsicht – darin war er ganz modern – und seinem Ort in der Hierarchie des Staatsdienstes. Der Beamte lebte nicht in der vertrauten kleinen Welt des lokalen Alltags, sondern in der großen und abstrakten Welt des Staates, der Unbarmherzigkeit des harten Rechtes. Seit dem späten 18. Jahrhundert waren die Beamten mehr als Administratoren, sie waren Beweger und Macher, sie wollten zentralisieren und rationalisieren, die alte Welt mit ihren partikularen Besonderheiten aufbrechen, sie wollten verändern, wollten mehr Wohlstand und mehr Macht schaffen. Die Welt sollte aufhören, nur bleiben zu wollen, was sie war. Sie wollten das feudal-korporative System auflösen oder doch „verstaatlichen", sie wollten alle Willkür ausschließen, sie wollten die Gleichheit der Bürger unter dem Gesetz. Die Konservativeren wollten die feudale Unordnung durch rationale und hierarchische Ordnung ersetzen – daß der Staat Ordnung sein solle, war für unsere Jahrzehnte die tiefe Überzeugung von allen. Und der Reformflügel des Beamtentums wollte mit dieser Bindung an Staat und Gesetz gerade Freiheit schaffen: Freiheit nicht vor allem durch Verfassung, sondern Freiheit durch Verwaltung, das war ihr materielles Ethos. Dazu gehörte auch, die mögliche Willkür eines Monarchen in dem rechtsförmigen System des beamteten Sachverstandes einzugrenzen und ebenso die geburtsständischen Privilegienansprüche des Adels. Die Beamten fühlten sich als eine neue Aristokratie von Intelligenz, Sachverstand und Leistung – gegen die alte Feudalwelt zuerst, aber dann auch gegen die neue kommerzielle unternehmerische Bourgeoisie wie gegen „demagogische" und populäre Bewegungen: denn gegenüber dem „Volk" stilisierten die Beamten einen wohlwollenden Paternalismus. Aus der neuen Funktion und dem neuen Selbstbewußtsein ergaben sich die „Tugenden" des Beamten: Kompetenz und Effektivität, Sachlichkeit und Objektivität, Pflichtbewußtsein und Loyalität, Verantwortlichkeit und Selbständigkeit. Natürlich, im Alltag wurde auch bei den Beamten nur mit Wasser gekocht, die Wirklichkeit entsprach nicht einfach solchem Idealtypus; aber das waren die Normen, und darauf kommt es hier an.

In der Zeit des späten Absolutismus und der großen Reformen ist das Beamtentum nach diesen Kriterien neu formiert worden. Die im Ancien Régime eingerissenen Mißstände: Korruption und Verstrickung ins Lokale, Abhängigkeit von Nebeneinnahmen und Gebühren, Desinteresse, Faulheit und Selbstsucht – der „Miethlingsgeist", wie der Freiherr vom Stein meinte – wurden, weitgehend, beseitigt. Das Beamtentum wurde professionalisiert. Zugang, Vorbildung und Prüfung, Karriere, Gehalt und Rechtsstatus, Amtstätigkeit und Disziplin, das wurde juristisch und einheitlich normiert. Das Beamtenverhältnis wird, im Unterschied von einem zivilrechtlichen Vertrag, als ein öffentlich-rechtliches Dienstverhältnis fixiert; überall entstehen seit der berühmten bayerischen „Dienstpragmatik" von 1805 Beamtengesetze; in Preußen hat das Allgemeine Landrecht von 1794 immerhin einen Teil dieser Fragen geregelt. Auch für die Beamten also gilt nicht mehr allein der individuelle Wille des Fürsten (oder seine Gnadenakte), sondern in erster Linie das Gesetz.

Prüfungen werden zur Eingangsnorm und für die höheren Ämter das Studium. Dabei hat sich auf Dauer und im ganzen, von den Spezialbeamten für Bau-, Kirchen-, Schul- oder Medizinalwesen z.B., abgesehen, das sogenannte Juristenmonopol, also die Forderung nach juristischer Ausbildung durchgesetzt. Für die spätabsolutistischen Zentralisierer wie für die neuhumanistischen Reformer galt das juristische Studium als Inbegriff allgemeiner formaler Bildung, für die Liberalen galt es als die Vorbedingung der Bindung der Beamten an die Normen des kommenden Rechtsstaates. Die ältere Tradition von Kameralistik und Polizei- (Verwaltungs-)wissenschaften, bei den Anhängern des Wirtschaftsliberalismus eher diskreditiert, hat sich nicht durchgehalten; Versuche, z.B. in

Württemberg, Staatswissenschaften oder Staatswirtschaft zur Grundlage der Beamtenlaufbahn zu machen, ließen sich nicht durchsetzen. Man versuchte freilich – in den einzelnen Staaten mit unterschiedlichem Akzent –, diese Gebiete in Studium oder Vorbereitung zu integrieren. Heute wird diese vorwiegend juristische Orientierung gern kritisiert, als formalistisch oder gar obrigkeitlich – aber das eigentlich Erstaunliche ist viel eher, was die juristisch geschulten Beamten in den Bereichen der Wirtschafts- und Verkehrspolitik, der Sozial- oder der Bildungspolitik gerade entwickelt haben, da stößt die Kritik ins Leere. – Der Universitätsausbildung schloß sich – in Preußen fast mit höherem Gewicht – die verwaltungsinterne Ausbildung – die unbezahlte Referendar- und Assessorenzeit etc. – an. Das war eine lange Phase, zumal es ein ständiges Überangebot an Kandidaten gab, in Preußen seit den 30er Jahren mehr als zehn Jahre. Die Prüfungen wurden verschärft; das bayerische System – Differenzierung der Prüfungsnoten bis auf zwei Stellen hinter dem Komma – betonte das Leistungsprinzip und sollte dem Talent gleiche Chancen einräumen; in Preußen war gerade die Assessorenzeit ein sozialer und politischer Filter: Hungerleider und Leute zweifelhafter Herkunft sollten abgeschreckt oder ausgeschlossen werden; die dienstliche Beurteilung und also die Einpassung ins Beamtenkorps spielte eine wichtigere Rolle; die endgültige Einstellung hatte ein Element von Kooptation.

Die Beamten gewannen einen privilegierten Status. Die Gehälter waren zwar, von Spitzenpositionen abgesehen, durchaus mäßig (in Preußen verdiente 1849 ein Regierungspräsident im Jahr 7000–10500 Mark, ein Vortragender Ministerialrat je nach Dienstalter 6000–9000, ein Regierungsrat 2400–4800, mittlere Beamte 1050–3000 Mark, Unterbeamte 540–900, im Ministerium bis 1350 Mark; Polizeiinspektoren und Sekretäre verdienten 1845 5mal soviel wie ein Polizeibote, Regierungsräte 8mal soviel, Vortragende Räte 15mal soviel; 1870 hatte sich das ein wenig nivelliert: 3,3 bzw. 6 bzw. 10mal soviel). Aber den Beamten war feste Besoldung, Pension einschließlich einer Witwen- und Waisenpension und weitgehende Unabsetzbarkeit garantiert, und – über das Beförderungssystem teils nach Alter, teils nach Leistung – auch eine gewisse Karriere. Als „Staatsstand" waren die Beamten, ehe die bürgerliche Gesellschaft voll durchgesetzt war, von Bauern und Stadtbürgern durch eine Reihe von Sonderrechten und -regelungen (Gerichtsstand, Ehrenschutz, Militärstatus, Ausnahme von bestimmten kommunalen Lasten und Pflichten, „Zivil-Uniformen", Titel) herausgehoben. Der Beamte lebte aus dem Ethos von Pflicht und Dienst – das unterschied ihn von anderen Bürgern und deren Privatmoral.

Die Beamten hatten – Staatsdiener und Gebildete zugleich – ein hohes Prestige; das kompensierte in der spezifischen Werthierarchie der deutschen Gesellschaft auch die kargen Gehälter, und ein Staat wie Preußen hat dem durch die Verleihung von Orden und Titeln durchaus nachgeholfen.

Schließlich wurde die Beamtenschaft streng und klar hierarchisch gegliedert; Disziplin, Instanz und Kompetenz, Autorität der Vorgesetzten (durch das Prinzip der Seniorität noch verstärkt) wurden streng fixiert; dienstliche Beurteilung, „Konduitenlisten", Beförderung und Versetzung waren Mittel dazu; die Bindung an Gesetze und Verordnungen wurde zur Selbstverständlichkeit. Diese Disziplinierung war sozusagen das Äquivalent der Privilegierung. Aber, der Loyalität gegenüber dem Monarchen, der Regierung und den Vorgesetzten korrespondierte andererseits die Pflicht zu selbständigem Handeln, zu persönlicher Verantwortung, zur eigenen Meinung über Gemeinwohl und Staatsinteresse. Das wurde erwartet. Aber beides stand auch in Spannung zueinander. Das war das Problem des „politischen Beamten". Die Beamten waren – weitgehend – unabsetzbar, das war die Basis einer gewissen Unabhängigkeit, und sie waren in Recht und Praxis ja auch Bürger: darin gründete das für den deutschen Vormärz so charakteristische Phänomen der Beamtenopposition. Gewiß wurde in der Zeit der Restauration die Disziplin angezogen: Vermahnung, Nicht-Beförderung und Versetzung – gegebenenfalls mit minderem Gehalt –, die Drohung mit vorzeitiger Pensionierung oder mit Disziplinarmaßnahmen bis hin zur Entlassung waren starke Mittel in der Hand einer Regierung. Aber es gab genügend *cheques and balances,* die es zu einer politischen Uniformierung der Beamtenschaft nicht kommen ließen. Die Verfolgung politischer Meinungen blieb eine Ausnahme, auch die Gerichte standen gemeinhin dagegen; viele der liberalen Reformbeamten hatten über Jahrzehnte hohe Positionen inne, auch das verhinderte eine straff konservative Ausrichtung des Beamtenapparats. Gewiß setzte sich über Einstellung und Beförderung langsam eine stärkere Anpassung an die Regierungslinie durch, kaum in der Justiz, wohl aber bei den Verwaltungsbeamten. Die politischen und sozialen Bewegungen taten manches, den ursprünglichen Reformliberalismus moderater werden zu lassen: das Ideal der Reformen von oben und innerhalb fester Ordnung trat in Spannung zu den neuen Reformforderungen von unten und zu den Gefahren, die die Ordnung zu erschüttern drohten. Aber 1848 zeigte sich, daß der Liberalismus eines guten Teils der Beamtenschaft überdauert hatte, ja daß gerade jüngere Beamte durchaus auf seiten der „Linken" aktiv waren. Erst nach der Revolution sind die Zügel überall schärfer angezogen worden. Bis 1848 war die Beamtenschaft, eigentümlich genug, trotz der konservativen Regierungen in sich einigermaßen pluralistisch.

Eine wesentliche Frage ist die nach der sozialen Herkunft der Beamten. Sie war unterschiedlich. Jurastudium und unbezahlte Vorbereitungszeit schlossen die unteren Schichten weitgehend aus; es gab zwar den sozialen Aufsteiger – aus dem kleineren Bürgertum –, aber die bürgerlichen Beamten kamen vor allem aus dem gebildeten Bürgertum und der Beamtenschaft selbst – das war eine Art Selbstrekrutierung. Vor allem aber gab es einen erheblichen Anteil des Adels. Seine Teilnahme an der Staatsmacht lief jetzt wesentlich auch über staatlich zivile Ämter, er besetzte Beamtenpositionen und wurde zugleich verbeamtet. Zugleich wurden die hohen Beamten häufig nobilitiert (zwischen 1790 und 1806 waren in Preußen 212 Personen nobilitiert worden, darunter 68 Beamte, zwischen 1807 und 1848 241, darunter 82 Beamte), und auch die Nachkommen solchen Beamtenadels traten vielfach wieder in die Beamtenschaft ein; insofern entstand eine gewisse Symbiose der zivilen Führungsschicht. In Preußen waren 1820 75% der Mitglieder der Regierungs- und Oberpräsidien bürgerlich, 25%

adlig, seit 1825 wirkte sich die Reaktion im Anstieg des Adelsanteils aus, 1848 war das Verhältnis 68% zu 32%. Aber die Führungspositionen waren sehr viel stärker altadlig besetzt, und das nahm seit 1825 wieder außerordentlich zu. Bei den Regierungs- und Vizepräsidenten war das Verhältnis 1840 nur noch 8 zu 20 (einschließlich der Geadelten allerdings), bei den Ministern war nur ein Viertel bürgerlich. Nur die Justiz machte eine Ausnahme, sie war bürgerlicher; bei den Oberlandesgerichtspräsidenten und ihren Vertretern waren 29 bürgerlich, 19 adlig. Nimmt man aber die Geadelten zu den Bürgern, waren 1835 etwa 60% der Präsidentenposten bürgerlich besetzt. Ganz anders war es jedoch auf dem Lande: die Landräte – von den adlig dominierten Kreistagen vorgeschlagen – waren in der großen Mehrheit adlig, 1818 im Verhältnis 74 zu 26, 1848 72 zu 28%; Preußen und Posen lagen mit bürgerlichem Anteil etwas über dem Durchschnitt; im Rheinland waren 45 bis 50% bürgerlich. In Süddeutschland war der Anteil der Leute bürgerlicher Herkunft nicht nur auf der Ratsebene, sondern auch bei den Ministern stärker; immerhin war in Bayern zwischen 1806 und 1848 doch die Mehrheit der Regierungspräsidenten adlig. In Österreich wieder dominierte der Dienst-, in den hohen Rängen der alte Adel. Auch wenn „der Adel" im Beamtentum keineswegs einfach konservativ war, so sind doch solche Zahlen ein Indikator für Bürgerlichkeit, Adelsprivileg oder bürgerlich-adlige Symbiose in den deutschen Staaten dieser Jahrzehnte.

Drei Dinge im Zusammenhang mit der Beamtenschaft sind schließlich zu erwähnen. Die Zahl der höheren Beamten war gering, und sie ist, trotz wachsender Aufgaben und wachsender Volkszahl im Vormärz, schon aus Gründen der sparsamen Finanzwirtschaft nicht gewachsen; in Preußen waren es 1825 insgesamt rund 1600, die Zahl der Räte pendelte zwischen 915 (1820) und 835 (1848), und das eigentliche Vollzugsorgan, die Gendarmen waren wenig über 1300. Die höheren Beamten, die Räte, waren durch Universität und Bildung eng mit den akademischen Berufen verbunden, waren Teil der Bildungsschicht; ein Teil dieser Schicht, Professoren, Gymnasiallehrer und Pastoren hatte mindestens einen beamtenähnlichen Status, wenn er auch im allgemeinen der staatlichen Disziplin etwas weniger unterworfen war; auch die anderen akademischen Berufe, die Ärzte etwa, unterstanden einer mehr oder minder ausgeprägten staatlichen Aufsicht. Schließlich, neben den hohen Beamten gab es, oft übersehen, die durchaus größere Menge der mittleren und unteren, der „Subalternbeamten", nach Klassen und Rängen unterschieden, auch sie ein wenig privilegiert, aber strenger diszipliniert und in den Staat eingefügt.

Die Tätigkeit und die Herrschaft der Beamten stießen nun in steigendem Maße auf Kritik; „Bürokratie" wurde mit der Zeit zu einem Kampfbegriff. Friedrich List schrieb schon 1820 – im Hinblick freilich auf die besondere württembergische „Schreiber"herrschaft – über eine „vom Volke ausgeschiedene, über das ganze Land ausgegossene und in den Ministerien sich konzentrierende Beamtenwelt, unbekannt mit den Bedürfnissen des Volkes und den Verhältnissen des bürgerlichen Lebens", „in endlosem Formenwesen kreisend, ... jeder Einwirkung des Bürgers, gleich als wäre sie staatsgefährlich, entgegenkämpfend" (und für diese Kritik mußte er mit Prozeß und Verbannung büßen), und der alte Stein klagte über die Wirklichkeitsferne der besoldeten interesse- und eigentumslosen, buchgelehrten „Schreiberkaste". Theodor von Schön, Oberpräsident immerhin, setzt solche Kritik Anfang der 40er Jahre fort, und jetzt wird sie allgemein. Bevormundung, Einengung, Aufsaugung des ganzen öffentlichen Lebens durch den Staat, Regulierungswut gegenüber Kirche und Schule, Gewerbe und Eisenbahn, Selbstverwaltung und sozialen Fragen, geistlose Mechanik, Selbstherrlichkeit, Besserwisserei, Arroganz und autoritär barscher Umgangsstil, das sind die Stichworte; daher dann: es gibt zu viele Beamte, sie sind zu teuer, sie sind entbehrlich. Konservative und Liberale, Katholiken und Protestanten, Arme und Reiche, Adel und Bürger und Bauern stimmten darin überein; die soziale Krise der 40er Jahre und die politische Stagnation, der Gegensatz, in den die Beamten zu den bürgerlichen wie populären Bewegungen der Gesellschaft, zum Fortschritt, gerieten, verschärften die Kritik, und wo es einen starken Regionalismus gab, wie im Rheinland, verband er sich mit der Bürokratiekritik. Im Jahrzehnt vor der Revolution sank das Prestige der Bürokratie wesentlich ab. Lothar Bucher, 1848 ein Radikaler, meinte, das Hauptmotiv der Revolution sei gewesen, „endlich von dem uns in das Gewissen und den Kochtopf hineinregierenden Beamtentum freizuwerden", und solche Stimmen gab es viele. Gewiß spielte Preußen als „Musterland" der Bürokratie eine besondere Rolle, aber die Kritik war doch ganz allgemein und etwa in Süddeutschland besonders massiv.

Die Konservativen wollten dagegen die ständisch-feudale Autonomie, die Katholiken die Autonomie der Kirche und kirchlicher Organisationen stärken. Für die Zukunft am wichtigsten wurden die Vorschläge der Liberalen. Sie wollten eine „volkstümliche" Verwaltung, das hieß Stärkung der parlamentarischen Kontrolle einerseits, der Selbstverwaltung – bis auf die Ebene der Kreise und Bezirke – andererseits. Selbstverwaltung – deren Tendenz zur Professionalisierung man ignorierte – galt als Gegenmittel gegen die Bürokratie, sie sollte eine freiheitliche Verfassung ergänzen und sichern, ja geradezu begründen. Sie wollten größere Unabhängigkeit der Beamten von der Zentrale, mehr liberale Freiheit für die Beamten. Und sie wollten justizförmige Kontrolle der Verwaltung, nicht mehr durch die Verwaltung selbst, sondern durch Gerichte, letzten Endes: Verwaltungsgerichte; sie sollten zwischen dem Ideal des Rechtsstaates und dem Faktum der Bürokratie vermitteln. Noch weiter gingen die Radikalen: sie sprachen von der „Selbstorganisation des Volkes", wollten statt der Berufsbeamten Wahlbeamte, Forderungen, die sie 1848 gleich auf die Tagesordnung setzten.

Unterhalb der staatlich-bürokratischen Verwaltung gab es überall, freilich in sehr verschiedener Form, kommunale Selbstverwaltung. In Preußen zunächst blieben, wir sagten es, Landgemeinden und Landkreise unter der Dominanz von Gutsadel und dem von diesem abhängigen Landrat. In den alten Ostprovinzen wurzelte die Steinsche Städteordnung langsam ein. Eine revidierte Städteordnung von 1831 – sie verstärkte die Staatsaufsicht und die Stellung der Magistrate gegenüber den Stadtverordneten, band das Wahlrecht stärker ans Vermögen und grenzte die Beamten weiter aus der Stadtbürgerschaft aus – wurde nur im westelbischen Sachsen, in Posen und in Westfalen eingeführt; die anderen Provinzen, denen die Einführung freigestellt war – ein eigentümliches Phänomen preußischer Dezentralisierung und Liberalität – blieben bei der alten Ordnung. Die Rheinländer schließlich – so wenig integriert war der Staat – behielten die französische Kommunalverfassung, sie wollten die moderne Einheitsgemeinde für Stadt und Land behalten und nahmen darum auch den starken staatlich eingesetzten Bürgermeister hin. 1845 erst wurden hier gewählte Gemeinderäte und ein Vorschlagsrecht für das Bürgermeisteramt eingeführt, zugleich wurde aus Baden ein Dreiklassenwahlrecht – diejenigen, die das erste Drittel der Gesamtsteuern aufbrachten, bildeten eine von drei Wählerklassen – übernommen.

Gesamtpolitisch sind drei Dinge wichtig. 1. Der Staat tendierte – modern und im Sinne des ökonomisch-sozialen Liberalismus – zur „Einwohnergemeinde": jeder Einwohner sollte ohne Erwerb eines besonderen Bürgerrechts Bürger sein, eine Beschränkung des Zuzugs sollte es nicht geben, das war im Grunde die Folge von Heirats- und Gewerbefreiheit. 1842 wurde – freilich auch jetzt nicht absolut – die Unterstützung der Armen, das war das zentrale Problem dieser Jahre, an den Wohnort – und nicht mehr an den Herkunftsort – gebunden. 2. Für die konservative Regierung war die Selbstverwaltung aufs Lokale beschränkt, jedes Ausgreifen darüber hinaus wurde den städtischen Gremien verboten, städtische Selbstverwaltung sollte unter dem Dach des obrigkeitlichen Verwaltungsstaates die Verfassungsforderungen abblocken. 3. Aber diese Absicht schlug fehl: die städtischen Institutionen gerade wurden Forum und Aktionsfeld des entstehenden Liberalismus in Preußen.

Auch in anderen Gebieten feudal-großbetrieblicher Struktur, in Mecklenburg, im größten Teil von Hannover, in den östlichen Ländern Österreichs, und – wenn schon weniger – in den grundherrschaftlichen Bezirken des Südens und Südwestens war die ländliche Kommunalverfassung weiterhin wesentlich vom Adel bestimmt.

Anders war die Lage in den Städten und Städtchen des Südens und Südwestens, im „individualisierten Land", wie Riehl das im Gegensatz zum zentralisierten Land genannt hat. Hier griff der moderne bürokratische und zentralisierende Staat tief in die partikularisierte, traditionalistische, statische alte Welt ein, in das Gehäuse aus Zunft und Bürgerrechten und das Netzwerk personaler Beziehungen, die Leben und Gemeinschaft bis dahin sicherten. In der Rheinbundzeit wurden die Städte verstaatlicht, verloren Autonomie, Privilegien und Abgeschlossenheit gegen alle „Neuen", die von außen kamen. Freilich, diese Zentralisierung geriet an ihre Grenzen; eine einzige Behörde in München konnte nicht mit ca. 9800 Zünften arbeiten; das soziale Gewebe der Stadtbürger und ihr Widerstand war durch bloße Anordnungen nicht effektiv und dauerhaft zu überwinden. Die Regierungen standen vor der Notwendigkeit der Dezentralisierung und des Kompromisses mit den Interessen der Stadtbürger. Das hieß Selbstverwaltung – ohne die Politik der gesamtstaatlichen Integration, der Rechtsgleichheit, der allgemeinen bürgerlichen und individuellen Freiheit aufzugeben, ohne die partikularistisch-traditionalistische alte Selbstregierung der Städte wiederherzustellen. Reform und liberaler Fortschritt standen hier, anders als in den ursprünglich machtlosen Städten des Nordostens, durchaus in Spannung zu dem Autonomiebegehren der Kommunen. In Süddeutschland wurden nach 1815 in unterschiedlichem Maße städtische Selbstverwaltung und kommunale Wahlen neu installiert, die alten Stadtoligarchien wuchsen in neue Funktionen hinein; nach 1830 wurde ähnliches auch z. B. in Kurhessen, Sachsen und Hannover eingeführt, in Baden im liberal-konstitutionellen Sinne erweitert. Der Konfliktpunkt zwischen Stadt und Staat lag in den Fragen der Niederlassungs-, Heirats- und Gewerbefreiheit und dem Erwerb des Bürgerrechts. Die Städte wehrten sich gegen alle Zuwanderer, eigensüchtig gewiß, aber auch ihre Selbstbestimmung und ihren Eigenbereich verteidigend; der Staat vertrat die Interessen der Gesamtheit, modernisierend, zentralisierend, bürokratisch. Nach 1815 haben die Städte viele Befugnisse dieser Art zurückgewonnen; sie konnten z. B. wegen „schlechten Rufes" oder der „Unfähigkeit", eine Familie zu erhalten, die Aufnahme ablehnen. In den 20er Jahren hat die staatliche Bürokratie solche Entscheidungen an sich gezogen, eingegrenzt oder – wie bei den Zunftprüfungen – ihrer Aufsicht unterstellt. Nach 1830 gab eine Reihe von Staaten – Bayern und Württemberg z. B. – den Gemeinden im Interesse allgemeiner Stabilität wieder nach. Aber unter dem Ansturm des Pauperismus brach das Armen- und Unterstützungsrecht, um das sich der Konflikt bewegte, zusammen. Liberale Selbstverwaltung gegen autoritäre Bürokratie, illiberaler Partikularismus der Kommunen gegen die mobile Gesellschaft und die modernisierenden Tendenzen der Bürokratie, das überkreuzte sich auf eigentümliche Weise – die Städte waren politisch liberal und sozial konservativ.

Der zweite Träger der staatlichen Macht neben der Bürokratie war, in diesen Jahrzehnten freilich weniger auffallend, das Militär. Drei Zusammenhänge sind für uns von Bedeutung. Zunächst Preußen. Hier blieb die allgemeine Wehrpflicht zwar erhalten, aber sie wurde nicht mehr durchgeführt. Zwar gab Preußen 38 bis 43% seines Budgets für Verteidigungsausgaben aus, aber die Finanzen blieben knapp; das verhinderte eine Anpassung der Armee an die wachsende Zahl der Wehrpflichtigen, und es gab auch keinen außenpolitischen Druck; die Folge war ein großes Maß von Wehrungerechtigkeit. 1837 ging man zwar faktisch zur zweijährigen Dienstzeit über, aber das änderte die Lage nicht auf Dauer. Die reguläre Armee, die „Linie", wurde nicht, wie die Reformer gewollt hatten, zum Volks- und Bürgerheer. Die Verbürgerlichung des Offizierskorps und die neue Offiziersbildung wurden, abgesehen vom Generalstab, abgestoppt; das Offizierskorps wurde feudaler und exklusiver, abgeschirmt vom Geist der Zeit, ja gegen ihn und streng royalistisch, und für die Unteroffiziere und die 25% länger dienenden Soldaten galt ähnliches. Die Armee war eine Profession, in Distanz zum zivilen Leben, war Staat im Staat und Garde des Königs, ihres obersten Kriegsherrn, der seine Kommandogewalt, im Kontakt mit den hohen Offizieren, ganz unmittelbar ausübte. Für den Fall des Ausnahmezustandes lag alle Gewalt beim Militär. Die „Landwehr", die nach den Vorstellungen der Reformer Nation und Heer versöhnen sollte, blieb ein Stiefkind der Politik; ihre Offiziere waren militärisch wenig geschult, und sie waren auch nicht die Gebildeten, an die Boyen gedacht hatte; es fehlte ihnen an bürgerlichem Selbstbewußtsein; daran hat auch die zweite Amtszeit Boyens nach 1840 nichts geändert. Die Armee, auf dem revolutionär demokratischen Prinzip der allgemeinen Wehrpflicht aufgebaut, wurde zum Instrument der vorkonstitutionellen Monarchie und geriet in Gegensatz zur Nation, die auf dem Wege zum Liberalismus war; und die militärische Unterdrückung sozialer Unruhen und harmloser Demonstrationen in den 40er Jahren verstärkte diesen Gegensatz zur tiefen Abneigung. Freilich, die Nation war auch nicht militarisiert, und die Militärs hatten auch auf die Regierung nicht den entscheidenden Einfluß; die Armee hatte keinen nach außen gerichteten großpreußischen oder nationalen Machtwillen; die Reformen waren stillgestellt, aber nicht zurückgenommen; die Frage nach dem Verhältnis von Armee, Nation und Staat war endgültig noch nicht entschieden.

In den Mittelstaaten waren die Armeen, gemäß der außenpolitischen Lage, den neutralisierten Machtambitionen, der Finanzlage, klein; oft schien nur die Pflicht gegenüber dem Bund die Existenz der Armee zu rechtfertigen, und unter dem Druck des Parlaments wurde erst recht an ihr gespart; Bayern und Baden z. B. gaben nur 20 bis 26% des Budgets dafür aus. Die „Wehrpflicht" war durch viele Ausnahmen eingeschränkt; dann wurde ausgelost, zum Teil wurde nur ein Sechstel der Pflichtigen wirklich eingezogen, und gegen Geld konnte man einen Stellvertreter („Einsteher") stellen, eine Möglichkeit, die durchschnittlich von einem Viertel der Ausgelosten genutzt wurde. Das Offizierskorps, anfangs stark adlig, ist zumal in den 40er Jahren über die Zöglinge der vielfach sehr guten Kadettenschulen stark verbürgerlicht worden; für den großen Adel waren nur die Spitzenstellen attraktiv, dort spielten er und die Prinzen eine wichtige Rolle. Die Armeen, Offiziere wie Soldaten, waren loyal und royalistisch – schon angesichts der Tatsache, daß die liberalen Bürger sich freikauften, ja das Militär überhaupt ablehnten –, wenn sie sich auch nicht wie Teile des preußischen Offizierskorps als Avantgarde der Gegenrevolution verstanden. Auch in den Verfassungsstaaten blieben die Armeen Armeen des Monarchen, nicht auf die Verfassung vereidigt, sondern allein auf ihn, den Souverän auch über die Verfassung. In Österreich war das System ähnlich, die Konskription noch etwas altmodischer, waren die höheren Offiziersstellen ganz in der Hand des Adels. Anciennität, Rang und Beziehung spielten hier oft noch eine größere Rolle als Leistung und Fähigkeit. Aber die Armee war trotz der Finanzmisere auch proportional größer und hatte politisch wie sozial mehr Gewicht.

Schließlich die Stellung der Liberalen. Karl v. Rotteck hat sie schon 1816 klassisch formuliert. Gewiß, so meinte er, seien zur Verteidigung des Landes mächtige Heere und eine allgemeine Dienstpflicht nötig. Aber nicht die Nation solle zum Heer werden, vielmehr, die Soldaten sollten zu Bürgern werden. Die allgemeine Wehrpflicht führe zur totalen Militarisierung der Völker, das stehende Heer stütze den Despotismus und den Übermut gegen das Volk, verleite zur Eroberung, sei der Tod von Geist und Kultur. Garantie der Freiheit sei allein die nationale Miliz, kommunal organisiert und immer nur kurz übend – die bürger-lich-zivile Abneigung gegen das Militär klammerte sich an die Illusion der Na-tionalmiliz. Wie man es mit der Verteidigung eines modernen Großstaates hal-ten sollte, das wußten die Liberalen nicht. Aus dem Mißtrauen gegen das Heer stammt ein Teil der Ambivalenz der Liberalen gegenüber Preußen, das nun doch ein Militärstaat war.

Fragen wir zuletzt, welches die Aufgaben und Probleme des Staates in diesen Jahrzehnten waren – jenseits der bloßen Selbsterhaltung. Der Staat war nicht, das muß man zuerst sagen, auf Machtentfaltung aus, die außenpolitische Lage und die Struktur des Deutschen Bundes haben das verhindert. Der Staat sollte Ordnung sein und Ordnung bleiben – das gab ihm in diesen Jahrzehnten einen defensiven Zug. Der Staat sollte das rational-bürokratische Herrschafts- und Verwaltungssystem, den Schulstaat, den Steuerstaat, den Justizstaat durchset-zen und sollte Einheit und Ganzheit gegen feudale und partikulare Gewalten in-tegrieren. Hier gab es Widerstände der alten Gewalten. Vor allem entstand jetzt als Erbe der Territorialrevision das neue Problem des Regionalismus. Zumal die „neuen" Landesteile entwickelten aus dem Sonderbewußtsein alter Territorien einen spezifischen antizentralistischen Regionalismus: die katholischen Fran-ken, und die protestantischen zumal, in Bayern, die katholischen Westfalen oder die Posener in Preußen z.B. und am stärksten die Rheinhessen, die Rheinpfäl-zer, die Rheinländer, die durch französisches Recht und französische Institutio-nen und Traditionen verbunden und gegen ihre neuen Gesamtstaaten abge-grenzt waren. Das Problem des Regionalismus ist ein Zentralproblem der Zeit, und die schließliche Integration in die neuen Staaten ist ein langer und aufhalt-samer und zum Teil nie abgeschlossener Prozeß gewesen. Weiter: der Staat mußte den wirtschaftlich-sozialen Wandel aktiv oder reagierend steuern, die Probleme der Agrarordnung, des Gewerbewesens, des Verkehrs in die Hand nehmen: auch hier mußte er in die schweren mit der sozialen Umschichtung ver-bundenen Konflikte geraten. Der Staat, bürokratisch und vereinheitlichend, wie er war, mußte sich mit der neuen Unabhängigkeitstendenz der katholischen Kirche auseinandersetzen, auch das war Folge der Territorialrevision, die die Konfessionen staatlich neu zugeteilt, den paritätischen Staat geschaffen hatte: das wurde ein neues Konfliktfeld. Schließlich: der Staat mußte sich mit der bür-gerlichen Verfassungsbewegung und ihren konservativen Gegnern auseinander-setzen, das wurde politisch zum Hauptproblem der Zeit, und die Antwort dar-auf war, wir haben es gezeigt: die Politik der Restauration, das Unterdrücken oder Abblocken der politischen Bewegungskräfte. Das gab ihm politisch seine Signatur. Wir sehen uns die unterschiedliche Struktur der wichtigsten Staaten und Staatengruppen näher an. Zunächst die beiden Führungsstaaten, Preußen und Österreich.

a) Preußen

Preußen war zunächst einmal der klassische moderne Verwaltungsstaat des Vormärz, kein Verfassungsstaat wie die süddeutschen Länder, aber nicht autokratisch oder altständisch wie manche der norddeutschen, kein altmodisches Staatenkonglomerat wie Österreich, jenseits der historischen Überlieferungen, der feudalen Partikularitäten. Preußen war gewiß ein Staat der Obrigkeit, der Autorität, der Ordnung, aber kein Staat der Willkür und der Polizei; die Beamtenschaft war der Kern dieses Staates. Und dieser Staat war – zunächst wiederum – ausgezeichnet organisiert, sachlich und effizient; die Ordnung von Haushalt und Schuldentilgung (1818–1822) und die rigorose Sparpolitik war nur ein Beispiel dafür. Preußen galt als der unbodenständige, als der auf Intelligenz und Einsicht gegründete Staat, fortschrittlich und modern, deshalb konnte Hegel es feiern, das bestimmte sein großes Ansehen in Deutschland wie in Europa. Dieser Staat hatte einen Teil wenigstens der bürgerlichen Errungenschaften übernommen, sich an Gesetz und gesetzliche Verfahren gebunden und weitgehend Freiheit und Eigentum wie die Unabhängigkeit der Justiz garantiert. Preußen war noch kein „Rechtsstaat" – es gab Ausnahmen, Staatsschutzmaßnahmen und Kabinettsordres; gerichtliche Kontrolle der Verwaltung galt nicht für alle Angelegenheiten, zumal nicht die Polizeisachen, und solche Ansätze wurden im Vormärz gerade eingeschränkt –, aber Preußen war ein Gesetzesstaat und ein Staat bürgerlichen Rechts. Gerade deshalb erregte ein Verstoß gegen diese Grundsätze, wie die „Verhaftung" des Kölner Erzbischofs 1837, so ungeheures Aufsehen. Das Beamtentum fühlte sich am Ausgang der Reformzeit in einem ganz ausgeprägten Sinn als allgemeiner Stand, als Garant bürgerlicher Freiheit und gesetzlicher Gleichheit, als Repräsentant der wahren Interessen der Nation und des Staates zugleich. Die preußischen Oberpräsidenten erklärten 1817/18, Preußen, heterogen wie es sei, könne nur durch den „Geist" zusammengehalten werden; die Verwaltung suche die „Macht des öffentlichen Geistes" zu repräsentieren und zu lenken, ein Kampf gegen den öffentlichen Geist sei nutzlos und führe zur Feindschaft zwischen Regierung und Volk. Das war das Erbe der Reform. Anders gesagt, die Beamten fühlten sich ebenso als Repräsentanten der Verwaltung wie der Verwalteten, als die wahren Vermittler zwischen Gesellschaft und Staat, Vormund der Gesellschaft und Anwalt des Allgemeinwohls und der vernünftigen Zukunft – gegen die partikularen und unmittelbaren Egoismen. Und ein Gegner wie Metternich sah Preußen „an der Spitze jener gespenstischen Assoziation des gebildeten Proletariats", der Beamten, Professoren und Literaten, die auf den „Vernunftstaat" aus seien. Die Verwaltung war zuerst ein Ersatz für die in Aussicht genommene Verfassung und war zugleich der Kern der realen Verfassung Preußens. Und paradoxerweise waren es die Staatsdiener, die den Willen des Staates wesentlich mitbestimmten, sie waren Mitinhaber der Macht.

Es gab eine Reihe von Institutionen und Regelungen, die den quasi konstitutionellen Charakter der Verwaltung verstärkten. Da waren zunächst die Oberpräsidenten. Preußen war, wir sagten es, vor das Problem gestellt, neue Gebiete mit ganz unterschiedlichen rechtlichen, politischen, sozialen, konfessionellen Verhältnissen, ja Nationalitäten, im Osten wie im Westen, zu integrieren: das Problem der süddeutschen Staaten von 1806 stellte sich in einer ganz neuen Dimension, und seine Lösung war nicht mehr durch Außendruck und Krieg erleichtert. In dieser Situation bildete man Provinzen – außer Schlesien und Ostpreußen neu oder neu abgegrenzt – mit eigenen Integrationsproblemen, aber doch überschaubarer und weniger heterogen: Preußen suchte das Problem von Integration und Regionalismus nicht durch Föderalisierung, aber durch Dezentralisierung zu lösen. An der Spitze der Provinz stand der Oberpräsident, nicht als Zwischeninstanz zwischen Ministerium und Bezirks„regierungen", sondern als Kommissar der Zentrale in seiner Provinz. Er hatte ein paar wenige direkte Kompetenzen – wie Landtage, Kirchen, Gymnasien, Medizinalsachen und Straßenbau –, vor allem aber sollte er die Bezirksregierungen (er selbst war zugleich Präsident einer solchen Regierung) koordinieren und kontrollieren, „Einheit, Leben und Tätigkeit" in die Verwaltung bringen. Das Amt war nicht administrativ, wohl aber politisch bedeutend; die Oberpräsidenten, politisch einigermaßen selbständig gegenüber den Ministerien, wurden zu Sachwaltern und Repräsentanten der Provinz. Zwar, ihre Tendenz, zu Provinzialministern zu werden, wurde abgeblockt, aber ihr Amt sicherte genügend Elastizität zwischen Zentrale und Region, Provinzialbewußtsein und langsamem Einwachsen in den Gesamtstaat. Das Amt blieb – auch als es 1825 etwas stärker formalisiert wurde – auf Personen zugeschnitten; unter dem Oberpräsidenten lebte die Tradition der Reform mit am stärksten fort, im (Ost- und West-)Preußen Theodor von Schöns, im Westfalen Vinckes etwa, aber auch anderswo. Die zweite Besonderheit war, daß die (Bezirks-)Regierungen, die in den – neuen und künstlichen – Bezirken die Masse der Geschäfte besorgten, nicht hierarchisch als eine Präfektur organisiert waren, sondern als Kollegialorgan. Kollegiale Beratung und Entscheidung sollte Unparteilichkeit und Rechtlichkeit, Liberalität, Ausgleich von Konflikten und die Einheit der Verwaltung sichern. Ja, die Regierung, die Gesetze und Verordnungen auf die so heterogene Wirklichkeit anwandte, war zur Unabhängigkeit verpflichtet, zum Widerspruch gegen ungesetzliche Anordnungen eines Ministeriums. Und zugleich war es ihre Funktion, gesamtstaatliche Gesetze mit zu beraten. Insofern hatten auch die Regierungen die Funktion, zwischen dem Gesamtstaat und den regionalen Interessen der Gesellschaft zu vermitteln, und sie stellten trotz der Verwaltungshierarchie ein Geflecht selbständiger und mitbestimmender Instanzen dar. Und dabei blieb es auch, als wiederum 1825 die Stellung der Präsidenten gestärkt und eine gewisse Arbeitsteilung eingeführt wurde und als die Verwaltung der indirekten Steuern, die Oberfinanzdirektionen, ausgegliedert wurde.

Schließlich, in Berlin wurde der „Staatsrat" etabliert: Prinzen, Minister, hohe Beamte, eine Art Sachverständigen- und Beamtenparlament, das für die Beratung wichtiger Gesetzesvorhaben zuständig war. Und obwohl der Monarch an seine Gutachten nicht gebunden war, ist kein Gesetz gegen ein ausdrückliches

Votum dieses Gremiums erlassen worden. Der König konnte zwar seine Zustimmung verweigern, den Punkt auf das i nicht setzen, wie er ironisch sagte, aber für jedes positive Handeln war er in Institutionen und Regeln eingebunden. Auch das Staatsministerium fungierte, als nach dem Tod Hardenbergs das Kanzleramt entfiel, als Kollegialorgan.

Insgesamt war diese Verwaltung in einem eigentümlichen Sinne eine diskutierende Verwaltung. Initiativen, Anfragen, Pläne, Gutachten, kritische Separatvoten, Anti-Gutachten wanderten – auch jenseits des Dienstweges – zwischen den Ministerien, den Regierungen, ja den Landräten hin und her, alle äußerten sich erstaunlich unabhängig und liberal und mit der Tendenz zur wechselseitigen Belehrung; da war eine Vielfalt von Meinungen, ein permanentes Quasiparlament der relativ unabhängigen Instanzen, freilich ohne Öffentlichkeit und wegen der jahrelangen Dauer und Mühsamkeit des Verfahrens nicht unbedingt effektiv. Im Grunde leistete eine solche Verwaltung zum Teil, was die Reformer von einer nationalen Repräsentation erwarteten, ohne daß man die ständisch partikulare Hemmung der Gesellschaftsreform befürchten mußte. Aber auf die Dauer genügte das nicht. Auf die Dauer wurde entscheidend, daß die Verfassung ausblieb, das königliche Versprechen nicht erfüllt wurde – darauf kommen wir gleich zurück.

Fragt man nun nach der Tätigkeit der Verwaltung, so zeigt sich das Janusgesicht Preußens. Auf der einen Seite: Reformen werden, wenn auch zum Teil abgebremst oder leicht revidiert, durchgeführt. Vor allem geht die liberal-progressive Entbindung von Wirtschaft und Gesellschaft weiter. Gegen alle Proteste hat die Verwaltung an der Gewerbefreiheit festgehalten, Unpopularität und soziale Krisen im Interesse einer zukünftigen freien Gesellschaft und des Wachstums hingenommen. Dazu gehörte das Durchhalten der Heirats- und Niederlassungsfreiheit, der Mobilität der Gesellschaft, gehörte freihändlerische Zollpolitik und die Bildung des Zollvereins, der einzige große Erfolg Preußens in diesen Jahrzehnten. Dazu dann Industrieförderung durch technische Bildung, Entwicklungsprojekte, Regulierung des Berg- und Hüttenwesens und der Ausbau des Verkehrswesens. Auch die Bauernbefreiung wurde, trotz aller konservativen Hemmungen, weiter durchgeführt. Trotz mancher Vorbehalte, gegen Aktiengesellschaften z. B., zielte diese Politik darauf, die alte Ständegesellschaft aufzulösen und in die bürgerliche Gesellschaft von Eigentum und Leistung, Konkurrenz und Wachstum, Markt und Klassenbildung zu überführen. Selbst die Schulpolitik ist, trotz erheblichen Gegenwindes gerade der Zentrale, halbwegs – nicht mehr, nicht weniger – im Sinne der Reform weitergeführt worden.

Freilich, mit den sozialen Problemen, die nun und gerade durch die modernisierende Gesellschaftspolitik gefördert entstanden, mit der Schere zwischen Bevölkerungswachstum und wirtschaftlicher Stagnation, wurden die Beamten nicht mehr fertig. Die entbundene Gesellschaft überholte die Beamtenreform. Aushilfen – Notstandsarbeiten, Lebensmittelhilfen und Steuernachlässe, die Ansätze zum Arbeiterschutz (Einschränkung der Kinderarbeit), neue Regelungen der Armenunterstützung, Kontrolle der Handwerksgesellen, drakonische Strafbestimmungen für Eisenbahnarbeiter und soziale Auflagen für Eisenbahnunternehmer – lösten die Probleme nicht, so wenig wie der Rückgriff auf die militärische Unterdrückung von Tumulten.

Nun aber und auf der anderen Seite ist der preußische Staat, gerade in Diskrepanz zu solcher Reformpolitik, auch der klassische Staat der Restauration. In der Umgebung des Königs setzte sich die „Partei" der staatskonservativen Bürokratie und der Feudalinteressen, die Antireformpartei durch und gewann in der Regierung, zumal etwa über Innen- und Justizministerium, die Oberhand; das Reformbeamtentum wurde eingezäunt, in die Defensive gedrängt. Der generelle Kurs war der der Restauration. Dazu gehörte einmal die Restauration der Sonderstellung und der Macht des Adels. Bei der Bauernbefreiung kam der Adel – seit 1816 – gut weg; Patrimonialgerichte und gutsherrliche Polizei blieben erhalten; die Landgemeinden im Osten blieben unter der Dominanz der Ritter; die Kreistage wurden geradezu zu deren Bastionen ausgebaut. Der Landrat, von ihnen nominiert, blieb weithin Exponent patriarchalisch-feudaler Herrschaft auf dem Lande – die geringe Zahl der Gendarmen, gut 1 300 für den ganzen Staat, hielt den Staat auf die alten Macht- und Autoritätsverhältnisse angewiesen. Von der Rolle des Adels in den „Provinzialständen" werden wir gleich reden. Der Adel behielt im wesentlichen seine Steuerprivilegien, und die Rolle des Landrats bei der Steuerveranlagung begünstigte ihn erneut; Kredite und Moratorien erleichterten ihm seine wirtschaftliche Lage. Er beherrschte weiter das Offizierskorps und sein Anteil an den höheren Beamtenposten nahm wieder leicht zu. Die Regierung betrieb bewußt eine Politik, die Stellung des Adels zu konsolidieren und vom Bürgertum abzuheben. Sondergerichtsbarkeit, besondere Normen in Ehren- und Ehesachen u. ä. sollten seine Exklusivität sichern. Die Konsequenzen der Mobilisierung der Gesellschaft sollten abgefangen werden: bürgerliche Rittergutsbesitzer wurden durch alle möglichen Maßnahmen von ständischer Vertretung und von Landratsämtern ausgeschlossen. Auch sonst wurde – gerade bei Kreis- und Provinziallandtagen – die Sonderung der Stände ständig neu eingeschärft; niemand durfte einen anderen Stand vertreten, und die Beamten und Gebildeten waren, es sei denn, sie fungierten als Grundbesitzer, eigentlich ausgeschlossen. Im Rheinland, wo die forcierte Wiederherstellung und Bevorzugung des Adels besonders künstlich war, führte das zu einem Dauerprotest; und spätestens seit 1840 war solcher Protest bei Bürgern und Bauern allgemein. Diese Politik hat im ganzen die Standesgegensätze wieder schärfer hervorgehoben als in Süddeutschland; die Politik der Reformbeamten, die auf eine bürgerliche Gesellschaft zielte, lief hier auf.

Zur Restauration gehörte zum anderen die Unterdrückung der politischen Bewegung, die Politik der Karlsbader Beschlüsse. Gewiß, das war überall so, war gesamtdeutsches Schicksal, aber in Preußen war diese Politik des Oppositions- und Kritikverbots besonders hart und konsequent. Die Zensur war strenger, bis 1842 galt sie auch für Bücher über 20 Bogen und auch für Universitätsschriften; die Strafen gegen die „Demagogen" – Professoren und Studenten – waren härter. Die Ausnahmemaßnahmen des Staatsschutzes begrenzten die

Normalität des Gesetzes- und Justizstaates für das bürgerliche Bewußtsein empfindlich; der Disziplinierungs- und Gesinnungsdruck auf die Beamten – über Beförderung und Versetzung, Tadel und Verdacht bis zur Entlassung, der ultima ratio der Disziplinarmaßnahmen – war erheblich. Zwar, diese Politik hatte nur sehr relativen Erfolg; die Zensur konnte die Oppositionsliteratur und -publizistik im gesamtdeutschen Kommunikationsnetz nicht wesentlich einschränken, es gab viele Nischen und Schutzzonen, wie die vom Kultusminister Altenstein begünstigte Hegelsche Philosophie, die rationalistische Theologie und die neue liberale Theologie z. B.; die Gerichte konnten weiterhin staatlichen Maßnahmen widersprechen und taten es auch: die Pluralität der Verwaltung nach Ressorts, Provinzen und Bezirken, der Grundsatz der lebenslänglichen Anstellung, das Prestige und die Selbständigkeit der Reformbeamten verhinderten eine konservativ-restaurative Gleichschaltung; der liberalreformerische Flügel lebte weiter, 1848 stellten die Beamten den größeren Teil der liberalen Abgeordneten. Aber, die Grenzen waren doch deutlich markiert. Die Beamtenschaft spaltete sich stärker, und der liberale Teil mußte nach außen vorsichtig und zurückhaltend agieren. Der Versuch der Gesinnungssteuerung und Disziplinierung führte zur Entfremdung der nichtbeamteten, ursprünglich staatsverbundenen Intelligenz: die Beamten waren nicht mehr die Repräsentanten der gebildeten Öffentlichkeit, sondern gerieten zu ihr in Gegensatz; der Staat verlor an moralischer Autorität. Die Reformer hatten „patriotische Gesinnung" erzeugen wollen, jetzt sollten die Beamten dergleichen zähmen oder gar hindern. Die Beamten verloren gegenüber den Bewegungen der bürgerlichen Öffentlichkeit ihre Rolle als Vorreiter von Vernunft und Gemeinwohl, und das konnte auch gar nicht anders sein; aber ihre Einfügung in das System der Restauration, auch wenn sie dem widerstrebten, hat diesen Prozeß beschleunigt.

Als „Ersatz" für die ausgesetzte, verhinderte Verfassung richtete die Regierung 1823/24 „Provinziallandtage" oder -stände ein. Das war ein Kompromiß zwischen altständischen, konstitutionellen und bürokratischen Verfassungsvorstellungen. Preußen sollte kein einheitlicher Staat werden, sondern aus Provinzen, und zwar mit eigentlich unterschiedlichen Verfassungen bestehen. Die „Integration" lief über die ja weithin neuen und künstlichen Provinzen. Der Ansatz zu einem „innerpreußischen Regionalismus" (Faber), dezentralisiert oder föderativ, wurde auch durch diese neuen Provinzialvertretungen verstärkt. Denn, auf die alten „Stände" griff man, gegen die Wünsche der Konservativen, nicht mehr zurück: sie waren untergegangen, regional zersplittert, ohne „ausreichende" Beteiligung von Bauern, Bürgern. Neue Stände waren nötig, aber der Beamtenstaat mußte sie schaffen. Aber es sollten Stände sein: Adel, Städter, Bauern; die Deputierten waren von ihren Gruppen gewählt und mußten dieser Gruppe zugehören, sie sollten deren Interessenvertreter sein – nicht Repräsentanten des Ganzen. Langjähriger Grundbesitz war Voraussetzung der Wählbarkeit, Beamte und Gebildete waren darum, sofern sie nicht Grundbesitzer waren, ausgeschlossen. Im Osten war das Verhältnis zwischen ritterschaftlichem Adel, also den Junkern, den Städtern und den Bauern in etwa 3:2:1 (in Ost- und Westpreußen etwas günstiger für die Bauern), im Westen 1:1:1; dazu kamen noch erbliche Mitglieder wie die Standesherren (in Westfalen 1827 immerhin 15,5%, in der Rheinprovinz 6,3%). Politisch schien damit die Ständegesellschaft festgeschrieben. In der Rheinprovinz mußte dies Ständesystem erst künstlich fest-, ja hergestellt werden. 4% des Grundbesitzes, der dem Adel gehörte, besetzte ein Drittel der Landtagssitze: das war die Angleichung der westlichen Verhältnisse an den Osten. Die Vorherrschaft des Adels war – stärker noch als in den Verfassungsstaaten mit ihren „Oberhäusern" – weitgehend abgesichert. Freilich, ein imperatives Mandat gab es nicht, und das Plenum konnte über die Ständegrenzen hinweg mit Mehrheit entscheiden – das war das Element konstitutioneller Repräsentation. Die Kompetenz der Landtage war gering, sie entschieden nur über einige wenige Provinzangelegenheiten; ansonsten waren sie Beratungsorgane, freilich auch und gerade für gesamtstaatliche Gesetzesvorhaben. Das ganze System war insofern eine Konzession an die ständische Restaurationspartei, aber die monarchisch-bürokratische Entscheidungsstruktur wurde dadurch gerade nicht verändert. Paradoxerweise war es gerade ihre geringe Entscheidungskompetenz, nämlich die Kompetenz zur Beratung gesamtstaatlicher Angelegenheiten, die verhinderte, daß die Provinzen sich auseinander entwickelten – wie das in der Konsequenz der altständischen Föderationsidee gelegen hätte –, und die dazu führte, daß diese unbedeutenden Landtage in der gesamtstaatlichen Politik eine Rolle spielen konnten. Zwar, zuerst waren sie im wesentlichen ständisch-konservativ und provinzial-partikularistisch. Aber auf die Dauer wurden sie doch zum Forum gesamtstaatlicher Politik und zum Forum liberaler Opposition, in den Westprovinzen, vor allem im Rheinland, zuerst und dann vor allem in (Ost- und West-)Preußen, wo ein großer Teil des Adels sich liberal orientierte, und später auch in Sachsen. Jetzt fungierten sie, auch gegen die restaurativ gezähmte Bürokratie, als Anwälte gesamtgesellschaftlicher Interessen, jenseits der ständischen Zwangsjacke.

Preußen bekam keine Verfassung; die Verwaltung, die als Quasi-Verfassung fungieren mochte, so gut sie war, – zuletzt scheiterte sie. Die Gesetzgebung stagnierte, die große Erneuerung des Allgemeinen Landrechts wurde in den 40er Jahren aufgegeben; die Integration zwischen West und Ost und all den Gebieten unterschiedlichen Rechtes, unterschiedlicher Gewerbe- oder Kommunalverfassung, gar zwischen Stadt und Land, kam nicht voran, ja Kreis- und Provinzialverfassung wurden bewußt unterschiedlich neu geregelt; zu einem Ausgleich zwischen Adel und Bürger kam es, gerade wegen der Adelsrestauration, nicht. Die Integration blieb allein Sache des Beamtentums, darum ist Preußen bis 1848 in besonderem Maße Beamtenstaat. Aber weder die Integration noch die anderen Staatsaufgaben ließen sich auf diese Weise noch bewältigen. Der Beamtenstaat im Zeichen der Restauration verlor das Vertrauen der bürgerlichen Gesellschaft, die machte sich selbständig, und die sozialen Probleme ließen sich nicht mehr steuern. Der Staat stellte sich gegen die Gesellschaft, die er selbst in Gang gesetzt hatte. Autorität und Modernität, die Elemente der Revolution von oben, traten auseinander; die Modernität wurde eingezäunt, auf bestimmte Bereiche beschränkt. Selbst mit der Kirche geriet der bürokratische Obrigkeitsstaat in die schwersten Konflikte.

Der Vorsprung der Reformzeit, so schien es, wurde abgebaut; Süddeutschland gewann, trotz aller Einschränkungen, an Bürgerlichkeit; eine neue Mainlinie zeichnete sich in der geistespolitischen Landkarte der Deutschen ab. Oder war all das nur ein retardierendes Moment auf dem Wege eines reformfähigen Staates zu einer modernen industriellen und bürgerlichen Gesellschaft, von Bildung und Leistung bestimmt, zu einem „vernünftigen" Ausgleich zwischen Staat und Gesellschaft? Das wurde zunächst die Frage von 1848.

b) Österreich

Nun der andere deutsche Großstaat, wie Preußen Führungsmacht der Restauration, Staat ohne Verfassung, aber doch ganz anders. Österreich ist nicht ein Staat wie andere, sondern ein alteuropäisch-dynastisches Reich, ein Kaisertum, „ein Aggregat von vielen Staatsorganisationen, die selbst königlich sind" (Hegel), von vielen Vaterländern. Freilich, der Gesamtstaat reicht weiter als die bloße Verbindung durch die gemeinsame Dynastie, der räumliche Zusammenhang, die gemeinsamen historischen Erfahrungen, eine Reihe von gemeinsamen Behörden und Institutionen. Daraus entwickelt sich bei der Herrschaftsschicht oder Bürokratie eine Art Staatsidee: Österreich, das ist nicht nur ein gemeinsames Schicksal, sondern zugleich der staatliche Rahmen, in dem allein die friedliche Existenz wie Koexistenz seiner Länder und Völker möglich ist. Dazu gehört, daß der Gesamtstaat vornehmlich durch die Deutschen geprägt ist – 1835 haben sie 60% der führenden Staatsämter inne –, auf Grund ihrer quasi-hegemonialen Stellung sind sie das integrative Element des Gesamtreiches.

Das erste Problem dieses Reiches war das Verhältnis von Gesamtstaat und Ländern. Die zentralistischen Versuche Josephs II. waren gescheitert. Metternich wollte eigentlich zwar die Zentrale von den Teilgebieten unabhängig halten, aber die Verwaltung – von oben her – dezentralisieren; doch dazu kam es zunächst nicht. Das Problem blieb in der Schwebe. Aber es komplizierte sich. Denn neben den historischen Ländern und in ihnen konstituierten sich die Völker, die Nationalitäten: Deutsche und Tschechen in Böhmen, oder Magyaren und Nicht-Magyaren, und das waren über 45%, in Ungarn; sie stellten Ansprüche gegeneinander, an den Gesamtstaat, an die historischen Länder. Das Problem der Nationalitäten wurde das Jahrhundertproblem der Monarchie, bis an ihren Untergang. Dieses Nationalitätenproblem aber stand quer zur Jahrhundertbewegung des Liberalismus, so sehr Liberalismus und Nationalismus zusammengehörten. Denn das Problem Österreichs war nicht das liberale Problem von Individuum und Staat, sondern das Problem von Nationalität und Staat; und Volkssouveränität war keine Antwort, wenn der Träger solcher Souveränität gar nicht vorhanden, nicht ein Volk war und es nicht sein, nicht werden wollte; ein Parlament, eine gesamtstaatliche Repräsentation bekam einen ganz anderen

Charakter, wenn es nicht ein Volk, sondern unterschiedliche, viele Völker ver-trat: das liberale Rezept des Parlaments paßte kaum auf dieses österreichische Problem und mußte fast sicher desintegrierend und staatssprengend wirken. Die Liberalen haben dieses Problem eigentlich erst seit 1848 wirklich erkannt; für Metternich war es lange schon gegenwärtig, es bestärkte ihn in seiner Ableh-nung jeder liberalen einzel- oder gesamtstaatlichen Verfassung, weil sie durch die Entfesselung des Nationalprinzipes die Existenz Österreichs gefährde. Österreich stand so, mehr noch als die anderen deutschen Staaten, in einem Ab-wehrkampf gegen die beiden Grundtendenzen der Epoche, gegen Nationalis-mus und Liberalismus; die Rigorosität, mit der Metternich den Staat auf diese Frontstellung festlegte, engte freilich die Kompromißmöglichkeiten wie die Möglichkeiten zur Modernisierung noch einmal ganz erheblich ein.

Dazu kam nun, daß auch die anderen Wege einer Modernisierung von Staat und Gesellschaft durch eine absolutistisch-bürokratische Revolution von oben, eine konsequente Reformpolitik nicht eingeschlagen wurden. Das Risiko schien übergroß, die Gegenkräfte, Adel und Regionalismus, schienen überstark, die Revolutionsfurcht dominierte alles. Metternichs Prinzipienpolitik verwarf jede mittlere Lösung; der Monarch, Franz I., war unsicher und autokratisch, ent-schlußschwer und schwunglos.

Die Erhaltung des Bestehenden, Stabilität, darauf kam alles an, Neuerungen schienen grundsätzlich von Übel; die Regierung versank jenseits von Plan und Tat mehr und mehr in einen allgemeinen Immobilismus, die großen Probleme blieben liegen, wurden vor sich hergeschoben oder mit Aushilfen umgangen.

Die Regierungsverfassung war altmodisch und ineffektiv. Es gab eine Viel-zahl teils gesamtstaatlicher, teils territorialer Hofstellen mit sich überschneiden-den Kompetenzen, aber kein modernes bürokratisch organisiertes Ministerium mit klarer Ressorteinteilung; die Koordination der Regierungsarbeit war kaum institutionalisiert, eine „Ministerkonferenz" konnte das nicht leisten. So gab es keine Regierung, die den Staat führte. Dazu kam ein Kernbestand des Absolu-tismus. Der Monarch war nicht in den Staat eingeordnet, er regierte nicht im Rat seiner Minister, sondern in seinem Kabinett. Der Kaiser, Franz I., zog gern alles an sich, aber er verlor sich im täglichen Kleinkram des Administrierens, es fehlte ihm der große politische Wille. Aber im Grunde konnte man nicht mehr absolutistisch regieren. Absolutismus, Bürokratie und Systemlosigkeit, das machte das österreichische Regierungssystem aus. Auch Metternich ist nicht der eigentlich Mächtige in Österreich gewesen, er hieß zwar seit 1821 Staatskanzler, aber bestimmenden Einfluß hatte er nur auf die Außenpolitik. Zwischen den Mi-nistern gab es, vom Kaiser durchaus genährt, viel Machtrivalität, viel Intrigen; seit 1826 war der böhmische Graf Kolowrat der wichtigste Gegenspieler Metter-nichs, daneben spielten Hofparteien und persönliche Gegensätze innerhalb der kaiserlichen Familie eine wesentliche Rolle. Diese Atmosphäre lähmte die Ent-scheidungen und ließ Versuche zur Änderung scheitern. Als Franz I. 1835 starb, verschärfte sich das Problem noch: sein Sohn und Nachfolger Ferdinand I. war geistesschwach, aber Metternich hatte aus Furcht, die legitime Thronfolgeordnung zu erschüttern, andere Lösungen oder eine Vormundschaft abgelehnt, nun hatte man eine absolute Monarchie ohne handlungsfähigen Monarchen. Die faktische Gewalt fiel einer Staatskonferenz zu, in der sich Metternich und Kolowrat und die wechselnden Hoffaktionen gegenseitig blockierten. Im Zentrum der Macht breitete sich Anarchie aus, und das in einem System, das dem Kampf gegen die demokratische und soziale Anarchie höchste Priorität einräumte. Natürlich lief die Staatsmaschine weiter, aber es wurde mehr administriert als wirklich regiert, die drängenden Probleme blieben ungelöst.

Unterhalb der Regierung stand die Verwaltung, und sie wurde wie überall zunehmend mächtiger. Es wurde viel verwaltet und verordnet, obrigkeitlich und zentralistisch, denn Selbstverwaltung und Eigeninitiative der Bürger waren nicht sonderlich gefragt. Die Verwaltung war nicht schlecht, nicht ungerecht, nicht besonders korrupt, bei starkem Aufwand und emsiger Tätigkeit aber war sie unendlich langsam und uneffektiv; der Bürger hatte mehr den Ärger als die Vorteile des Beamtenstaates. Kontrolle und Zentralisierung von Entscheidungen lähmten die Initiative der Bürokratie, interne Gegensätze die Entscheidungskraft, Nicht-Erledigung war häufig ein Mittel zur Selbstbehauptung in internen Konflikten. Etatistisch-aufklärerische Josephiner und konservativ-feudale oder klerikale Antijosephiner blockierten sich oft genug. In den hohen Positionen dominierte der Adel, gerade in der Restaurationszeit hat er seinen Einfluß vermehrt, zwischen 1830 und 1848 waren nur 10 bis 30% der höheren Positionen in den Händen von Bürgerlichen. In den mittleren Positionen drängten sich armer Adel und Dienstadel; Beziehungen spielten für Eintritt und Karriere eine große Rolle; die internen Spannungen waren groß. Der starke Anteil des Adels bestärkte eine gewisse Bürgerfremdheit der Bürokratie. Natürlich, auch die österreichische Bürokratie hat eine modernisierende Rolle gespielt. Die Justizreformen wurden jetzt durchgeführt, und damit wurde das Rechtswesen verstaatlicht oder staatlicher Kontrolle unterstellt, professionalisiert und modernisiert; die Durchführung der Schulpflicht war Sache der Verwaltung, und sie entschied im Streit zwischen Bauern und Herren; über die Verwaltung drang der Staat, langsam nur und allmählich, aber doch – am stärksten in den ehedem französischen oder bayerischen Provinzen – in die autonomen Herrschaften vor und arbeitete so an der Umbildung der feudalen zur bürgerlichen Gesellschaft.

Freilich, bis zur Revolution blieb die Gesellschaft stark feudal geprägt. Der Adel blieb, wie gesagt, im Besitz der höheren Positionen, im Besitz seiner Privilegien, seiner öffentlichen Funktionen im Gerichtswesen und der Lokalverwaltung, der Dienste und Abgaben der abhängigen Bauern, zumal im Bereich der Gutsherrschaft. Die Regierung ließ die Agrarreform liegen, obschon unter den Gutsherren die Tendenz wuchs, zu einer freien Arbeitsverfassung überzugehen. Der Adel war zahlreich, und er wurde durch Nobilitierungen ständig ergänzt; freilich, der eigentliche Hochadel war streng vom Offiziers- und Beamtenadel geschieden. Aber der Gegensatz zwischen Adel und Bürger war schroff. Die Städte blieben noch stark korporativ-zünftlerisch bestimmt; die Wirtschafts- und Gewerbepolitik war teils protektionistisch, teils unentschlossen, jedenfalls nicht liberal, wenn sie auch den Ausbau von Gewerbe, Industrie und Verkehr zu fördern suchte. Die ökonomisch-soziale Entwicklung allerdings, Kommerz und Industrie und Eisenbahn, die Entstehung einer Bourgeoisie und einer Massenarmut, begannen langsam, gegen die politische Zementierung der ständischen Ordnung, die Gesellschaft zu verwandeln.

Das zentrale Problem des Staates war die Sanierung der Finanzen; es ist unter diesen Umständen nicht gelöst worden. Trotz mancher Ansätze ist es zu einer grundlegenden Reform der altmodischen Besteuerung nicht gekommen, und die Wirtschaftspolitik hat auch die Steuerkraft nicht entscheidend erhöht. Die Staatsausgaben überstiegen die Einnahmen immer bei weitem, der Staat lebte mit einem wachsenden Defizit. Das führte zu ständig neuen Anleihen, zu immer schlechteren Bedingungen und zu einem wachsenden Schuldendienst und damit zur Verminderung investiver Ausgaben. Bis in die 40er Jahre haben sich die Staatsschulden verdreifacht. Der Staat geriet, mehr als anderswo, in immer stärkere Abhängigkeit von der Hochfinanz, etwa dem Bankhaus Rothschild, und damit auch von den Bankkonjunkturen. Das verschärfte in den 40er Jahren die ökonomische Krise, und das gab der populistischen Opposition später die eigentümliche Richtung gegen die absolutistische Monarchie und das jüdische Bankkapital zugleich. Man sparte an den Gehältern, und man sparte an der Armee. Die Großmachtpolitik Österreichs kam in eine kritische Phase, wenn schon die Mobilisierung der Armee an den Rand des finanziellen Zusammenbruchs führte. Selbst ein hervorragender Fachmann wie der spätere Finanzminister Kübeck konnte das strukturelle Problem nicht lösen; das System schien, selbst in einer Existenzkrise, unfähig zur Reform.

Wenn wir an das Österreich dieser Jahrzehnte denken, denken wir an das „Metternichsche System". Österreich war das klassische Land der Restauration. Ruhe und Ordnung und status quo, darum ging es, Verhinderung jeder politischen Bewegung, ja jeder Möglichkeit dazu. Es gab zwar in einzelnen Ländern provinziale Vertretungen, aber sie waren altständisch, von Adel und Klerus dominiert, und sie waren von der Regierung abhängig, sie konnten Wünsche äußern und sie hatten die von ihnen geforderten Steuern zu bewilligen. Dahlmann hat von ihnen gesagt, daß sie für die Freiheit „noch weniger bedeuteten als gemalte Gerichte gegen den Hunger". Im Zusammenhang mit den Karlsbader Beschlüssen wurden die Universitäten gereinigt, der berühmte Philosoph und Theologe Bernhard Bolzano war eines der Opfer; die staatliche Kontrolle wurde scharf angezogen, das Studium in anderen deutschen Ländern war faktisch unmöglich. Auch die Schulen, die höheren zumal, wurden wieder fest unter staatliche Aufsicht gestellt, auf konservative Inhalte festgelegt, von neuen Ideen abgeschirmt. Aber das wichtigste Instrument der Aufrechterhaltung des status quo war die Polizei. Alle Lebensregungen, alle Vereine, alle noch so harmlose Geselligkeit wurde überwacht; Spitzel und Denunzianten spielten eine entsprechende Rolle. Es herrschte der Verdacht. Der Briefverkehr etwa der ausländischen Gesandten, der höheren Beamten, ja der Mitglieder der kaiserlichen Familie, wurde ständig kontrolliert. Am berühmtesten wurde das System der Zensur, das von dem Polizeipräsidenten Josef Sedlnitzky organisiert und perfektioniert wurde. Die Zensur war präventiv, und sie erstreckte sich in Österreich auf alles und jedes Gedruckte. Sie betraf auch und gerade die schöne Literatur, und zumal das Theater; hier pflegte sie immer wieder bestimmte „Stellen" zu streichen. Ein so unrevolutionärer großer Dichter wie Grillparzer hatte dauernd Schwierigkeiten, die Mißgriffe und Lächerlichkeiten waren Legion, Schillers Dramen wurden gereinigt, eine Widmung Beethovens an den Polen Chopin zu publizieren wurde verboten.

Freilich, die liberale, kleindeutsche, antikatholische, „schwarze" Legende von der Kirchhofsruhe im Österreich dieser Jahrzehnte muß man relativieren. Zum einen: das System war nicht perfekt, nicht totalitär. Es gab Gegensätze im Establishment und ein Auf und Ab der Zensurpraxis; gewitzte Literaten entwickelten einen indirekten Stil und trieben mit den Behörden ein Katz-und-Maus-Spiel. Selbst Österreich war nicht ganz gegen Druckerzeugnisse anderer deutscher Länder abzuschirmen: Metternich brauchte die liberal-konservative ‚Augsburger Allgemeine Zeitung' in seiner Außenpolitik und mußte sie darum im Lande tolerieren; Gebildete konnten gegen Erlaubnis auch verbotene „ausländische" Bücher lesen, und es gab einen ausgebreiteten Schmuggel, bei dem Lesebedürfnis, Buchhändler- und Verlegerinteressen zusammenwirkten: die österreichkritische Publizistik der 40er Jahre war gerade in Österreich bestens bekannt. Zum anderen: das geistig-literarische Leben war durchaus rege, die romantischen Intellektuellen bildeten ihre Zirkel, an der Universität entwickelte sich z.B. die moderne Medizin wie die moderne Orientalistik, die großen Dramatiker – Grillparzer wie Raimund und Nestroy – waren öffentliche Figuren, ihre Stücke stammen nicht aus einer lähmend-erstickenden Atmosphäre. Schließlich: politische Reflexion und oppositionelle Meinung war doch zunächst nur Sache einer schmalen Schicht; die Masse des Volkes und die Mehrheit der städtischen Bürger lebten noch durchaus in patriarchalischen und unpolitischen Traditionen. Kritiker sprechen Anfang der 30er Jahre vom „Phäakendasein" der Österreicher, und zumal der Wiener; „was Verfassung, was Verwaltung, Wiener Wahlspruch Unterhaltung". Das ist nun freilich auch ein Ergebnis der Metternichschen Politik: er wollte die Gesellschaft ins Unpolitische und Private und in die Unterhaltung abdrängen. Die große Kultur des österreichischen Biedermeier von Schubert bis Stifter ist nicht das Produkt Metternichscher Unterdrückung, aber indirekt hat das System sie begünstigt. Dennoch – und darüber hinaus – die Auswirkungen des Polizei- und Zensursystems waren doch außerordentlich. Es hat jede Form eines öffentlichen Lebens verhindert; jede Möglichkeit der Gesellschaft, sich zu artikulieren; es erzeugte den Typus des „Raunzers", der sich in ständiger Kritik an allem und jedem zerreibt, ohne einer Gegenvorstellung fähig zu sein. Es hat auf Dauer die Gebildeten und dann auch das breitere Bürgertum, ja auch viele konservativ Gesinnte nachhaltig diesem Staat entfremdet. Alle, die vielleicht nur an Einzelmaßnahmen Anstoß nahmen, wurden auf Dauer in eine gemeinsame, wenn auch nur halb artikulierte Opposition gegen dieses Polizeisystem gedrängt. Die Politik der Verbote bewirkte Kritik und Protest. Es hat schließlich Österreich und das übrige Deutschland doch voneinander entfernt, obwohl Österreich den anderen deutschen Ländern gegenüber nie „geistiges Ausland" war, wie Kleindeutsche später meinten.

Das System der Restauration war nicht geschlossen und kompakt, es zeigte Spannungen und Risse. Im engeren Regierungskreis gab es, wie gesagt, persönliche und sachliche Gegensätze, z. B. darüber, ob die inneren Probleme oder die europäische Politik Österreichs Priorität haben sollten, oder über ökonomische Probleme. Schwierig war das Verhältnis zur Kirche. Metternich wollte das Bündnis mit der Kirche als konservativer Macht und vermied darum Konflikte – ja hieß selbst die Vertreibung der Zillertaler Protestanten aus Tirol 1837, gegen alle aufgeklärte Toleranz, gut. Aber dagegen standen in Bürokratie, Adel und Dynastie die Anhänger der josephinischen Tradition. Metternich galt ihnen als Anwalt ultramontaner Reaktion, sie hielten an den staatskirchlichen Rechten fest. Gerade darum blieb aber auch die Kirche dem System gegenüber reserviert. Auch im Adel entwickelte sich Opposition gegen das System, gegen das bürokratische Regiment, regionalistisch gegen den Zentralismus, wirtschaftspolitisch gegen die Verbindung der Regierung mit dem Finanzkapital oder gegen teure Verkehrsbauten. Ein Teil des Adels trat auch – so 1844 in Niederösterreich – gegen die konservative Regierung für Agrarreformen ein: die moderne und stärker kapitalistische Agrarwirtschaft verwies, ebenso wie der passive Widerstand der Bauern, auf eine freie Arbeitsverfassung. Aus dem Gefühl für die allgemeine Unhaltbarkeit der staatlichen Verhältnisse entstand ein gemäßigter aristokratischer Reformliberalismus (Montecúccoli, Doblhoff, Schmerling), so in den ober- und zumal den niederösterreichischen Ständen. 1841 forderte der Freiherr von Andrian-Werburg in einer Schrift ‚Österreich und dessen Zukunft' wirklich repräsentative, moderne Stände und ihre Zusammenfassung in einer gesamtstaatlichen Vertretung, dazu eine starke Selbstverwaltung, Liberalisierung der Justiz, der Erziehung, der Presse, Modernisierung der Wirtschaft und der Finanzen. Überall gebe es Fortschritt, nur Österreich sei zu einer leblosen Mumie erstarrt – und ähnlich hieß es in der Schrift zweier Prinzenerzieher unmittelbar vor der Revolution, Metternich möge Österreich die verlorenen 30 Jahre wiedergeben. Mit dieser Stimmung verband sich die nach vorn drängende bürgerliche Opposition gegen Absolutismus und Bürokratie, gegen „Obskurantismus" und Ineffizienz und gegen die Privilegien des Adels, kurz: gegen das ganze System. In Wien wurden der niederösterreichische Gewerbeverein (1839), der Schriftsteller- und Künstlerverein Concordia (1840), der „juridisch-politische Leseverein" (1843) Zentren von Kritik und Reformbewegung. Graf Auersperg druckte unter dem Pseudonym Anastasius Grün die zeitkritischen ‚Spaziergänge eines Wiener Poeten', und in den 40er Jahren gab es mehr und mehr systemkritische Publizistik (Schuselka, Großhoffiger, Tuvora u. a.), der der Schmuggel gerade in Österreich zu breiter Resonanz verhalf. Und diese Opposition wurde schärfer; Mitte der 40er Jahre galt Andrian vielfach schon als überholt und zu moderat. Bei Studenten und den vom Pauperismus bedrohten Handwerkern gab es auch schon sehr radikale Regungen. Dennoch, all diese

Opposition war zunächst aufs bürgerliche und städtische Milieu, auf Wien beschränkt.

Wir werfen zuletzt einen Blick auf die Entwicklung der nationalen Fragen, die für die österreichischen wie für alle Deutschen zu Schicksalsfragen geworden sind. Es gab den irredentistischen Nationalismus der Nationen, die eine eigene Führungsklasse und eine lange unabhängige Geschichte hatten und nun geteilt waren: der Italiener und Polen. 1815 war es vielleicht noch nicht ausgemacht, daß die Italiener eine politische Nation würden; die Regionalismen waren noch sehr stark, und die entstehende italienische Nationalbewegung wies sehr unterschiedliche Zielsetzungen auf. Aber die österreichische Politik hat die vielleicht noch vorhandenen Möglichkeiten einer Verständigung nicht erprobt; die österreichische Verwaltung war keineswegs schlecht, aber die Italiener, Bürger und Adlige vor allem, vereinten sich in der Opposition gegen die „Fremdherrschaft" – nach den ersten Revolutionsregungen um 1820 nicht sehr aktiv, aber potentiell auf Loslösung von Österreich aus. Die Polen wollten ihren eigenen Staat wiederhaben; eine Revolution 1846 in Galizien und Krakau scheiterte am Aufstand der ruthenischen Bauern (45% der Bevölkerung), die die polnischen Grundherren zu Hunderten erschlugen, voll Mißtrauen gegen deren Parole der Befreiung und noch voll Vertrauen zum fernen Kaiser; das konterkarierte zunächst die Gefahr der polnischen Nationalbewegung für den gesamten Staat; Krakau, bis dahin unabhängig, wurde von Österreich annektiert.

Ungarn war ein autonomer Staat unter der Dynastie und wollte es bleiben; es war nicht in den Gesamtstaat eingegliedert, 1846 zahlten die ungarischen Länder nur 36% der Steuern, die ihrem Bevölkerungsanteil entsprochen hätten. Es war ein Land mit einer altständischen Adelsverfassung und einer feudalen Gesellschaftsordnung. Die Autonomie der adligen Stände verhinderte eine Reform der gesamtstaatlichen Beziehungen wie auch der inneren Strukturen, und eine Reform mit konstitutionellen Kräften wollte Metternich nicht. Aus der alten Opposition der Stände und des Landes wurde eine liberal-nationale Bewegung, ja schließlich eine national-demokratische, die sich scharf gegen Wien und was immer von dort kommen mochte, wandte. Eine Gesamtstaatsreform war jetzt nicht mehr möglich. In Ungarn selbst entwickelte sich ein entschieden magyarischer Nationalismus, der sich nun – etwa in Sprachgesetzen – gegen die nichtmagyarischen Nationalitäten kehrte.

Schließlich der Nationalismus der entstehenden slawischen Nationen, der Südslawen und – am wichtigsten – der Tschechen. In Böhmen gab es einen vom Adel beherrschten Landtag, der seine Rechte und die Autonomie des Landes gegen Wien und seinen Statthalter verteidigen und ausweiten wollte. Das war der alte Landespatriotismus, der Deutsche und Tschechen einte. Die Mehrheit der Adligen wollte weder deutsch noch tschechisch sein, sondern böhmisch. In den 40er Jahren wurden die ständischen Forderungen schärfer, und zugleich modern, d. h. liberal und konstitutionell umgedeutet: die Stände fühlen sich als Anwälte liberaler Freiheit. Daneben entsteht ein tschechischer Nationalismus, zunächst als romantischer Kulturnationalismus auch von der Wiener Regierung und von den Deutschen – Prag war ja eine stark deutsche Stadt – gefördert; 1818 wurde das böhmische Nationalmuseum, 1830 das Komitee zur Pflege der tschechischen Sprache und Literatur gegründet. In den 30er Jahren politisiert sich diese Bewegung allmählich; der Leiter des Museums und Historiograph der Stände, Franz Palacky (,Geschichte Böhmens', seit 1836, zunächst noch in Deutsch) wird ihr Wortführer. Man fordert die Emanzipation vom Deutschen und die Gleichberechtigung mit den Deutschen, freilich noch im Rahmen des Habsburgerreiches. Der Journalist Havlicek, nun schon ein demokratischer Nationalist, organisiert in den 40er Jahren, nach irischem Vorbild, eine Bewegung des „Repeal" gegen Wien, der zunächst auch Deutsche zugehören. Aber der alte Landespatriotismus nationalisierte sich, man ist gegen die Wiener Regierung, weil sie zentralistisch, bürokratisch und absolutistisch ist, aber auch weil sie und der Gesamtstaat deutsch sind. Man will Landesautonomie, Verfassung und nationale Autonomie zugleich.

Auch die Deutschen Österreichs lebten, das konnte keine Zensur hindern, im Bewußtsein der nationalen Identität der Deutschen überhaupt. Aber das hatte zunächst keine aktuelle politische Konsequenz: an eine Auflösung des multinationalen Österreich zu Gunsten eines deutschen Nationalstaates hat eigentlich niemand gedacht; die Zugehörigkeit der deutschen und böhmischen Länder zum Deutschen Bund war eine Selbstverständlichkeit. Und innerhalb Österreichs schien es selbstverständlich, daß die Deutschen, die einzige Nation eines gebildeten Bürgertums, auch unter liberalen Auspizien die führende Rolle spielen würden. Dem Separatismus der Italiener und Polen und der Autonomiebewegungen der Ungarn stand man nicht ohne Sympathie gegenüber, aber das war fern und wenig aktuell. Die kulturnationalen Bestrebungen der Slawen förderte man, aber man erwartete keine politischen Konsequenzen. Daß das „souveräne Volk der slowakischen Besenbinder oder der galizischen Schnapsbauern" eine historisch-politische Rolle spielen könne, das war allenfalls Gegenstand ironischen Spottes. Welche Konsequenzen eine liberale Verfassung für den übernationalen Staat Österreich haben mußte, und welche Konsequenzen die Bildung eines deutschen Nationalstaats, darüber war man sich noch nicht klar. Nur wenige, wie etwa Franz Schuselka, äußerten Zweifel an dem Bestehen des Vielnationenstaates.

c) Die konstitutionellen Staaten des Südens

Auch die süddeutschen Staaten sind zunächst von monarchischer und bürokratischer Obrigkeit geprägt. Die Mehrzahl der Reformgesetze wird in die Praxis umgesetzt; indem Verwaltung und Rechtswesen durchorganisiert werden und die rechtliche Normierung von Lebenstatbeständen zunimmt, dringt der Staat weiter vor; Reglement und Mobilität und Zentralisierung sorgen für einen einheitlichen Geist der Verwaltung. Und es wächst die Einheitlichkeit der neuen Staaten selbst. Trotz regionalistischer Opposition – in der Pfalz und in Rheinhessen mit der Verteidigung der französischen Institutionen verflochten –, trotz der Sonderstellung der Mediatisierten: die Integration der neuen Staaten gelingt. Und die Verfassungen und die gemeinsamen Erfahrungen des Verfassungslebens tragen wesentlich dazu bei, daß sie auch freiwillige Integration, „von unten", ist; es entsteht – am deutlichsten in Baden – ein einzelstaatlicher Verfassungspatriotismus. Und auch die Regierungen taten das ihre, einen neuen Landespatriotismus zu erzeugen, etwa durch den Rückgriff auf regionale und gesamtbayerisch, badisch, württembergisch integrierte Geschichte – das wurde jetzt Mode; die „Ruhmeshalle" der Großen Bayerns hinter der Bavaria in München ist ein Beispiel dafür; und dergleichen war erfolgreich. Freilich, der Beamtenstaat erzeugte zugleich die zunehmenden Spannungen zwischen Staat und Volk.

Gesellschafts- und wirtschaftspolitisch sind die süddeutschen Staaten eher konservativ. Die Reformen, die auf eine bürgerliche Gesellschaft zielten, werden nicht zurückgenommen, aber sie werden kaum weitergeführt. Der Adel behält über Hof, erste Kammern und wenigstens einen Teil der höheren Positionen eine führende Stellung; eine eigentliche „Restauration" des Adels – wie in Preußen – gibt es nicht, aber seine noch vorhandenen Privilegien in Lokalverwaltung und Gerichtswesen, zum Teil auch bei der Besteuerung, bleiben mehr oder minder erhalten; die Grundentlastung, die Bauernbefreiung, kommt nur wenig vom Fleck. Die korporativ-zünftlerische Organisation des Gewerbes wird nur sehr vorsichtig reformiert, Heiratsfreiheit und allgemeines kommunales Bürgerrecht bleiben – oder werden – vielfach eingeschränkt. Die Politik zielt nicht, wie in Preußen, entschieden auf Mobilisierung und Modernisierung, auf Markt und Konkurrenz, auf Industrie gar (obwohl ein Mann wie der eigentliche Verfasser der badischen Verfassung, der Staatsrat und spätere Minister Nebenius, „Konstitution und Maschine" als die positiven Signaturen des Zeitalters begriff), sondern vor allem auf Stabilität und Auskommen; sie ist eher protektionistisch. Und seit den 30er Jahren hat die Sorge vor dem Pauperismus diese konservative Linie verstärkt. Es entwickelt sich die eigentümliche Spaltung und Überkreuzung der deutschen Gesellschaft: ein fortgeschrittenes Verfassungssystem, eine konservative Gesellschaftspolitik in Süddeutschland, ein fortgeschrittenes ökonomisches und zum Teil auch soziales System bei konservativ unmoderner politischer Struktur in Preußen. Freilich, die objektive Entwicklung – Eisenbahn, Kommerz, Industrie – untergrub auch in Süddeutschland allmählich die Basis solcher bewahrenden Gesellschaftspolitik.

Das für die Zeitgenossen Auffallende und für die künftige Geschichte der Deutschen Wichtigste war nun aber doch die Tatsache der Verfassung und die Entwicklung eines parlamentarischen Lebens. Die süddeutschen Verfassungen sind, trotz vieler Unterschiede, im Grunde ein Typus. Diese Verfassungen zogen, das übersieht man leicht, zunächst einmal die Konsequenz aus der Entwicklung der napoleonischen Zeit: sie waren Grundgesetze des Staates. Sie definierten die Einheit und Unteilbarkeit des Staates und seine sachlich-abstrakte, entpersonalisierte Souveränität nach innen und außen. Sie banden die Krone in

diesen Staat, seine Verfassung und seine Gesetze ein, der Fürst war nicht mehr
Eigentümer des Staates, sondern sein Organ, er konnte über den Staat und auch
über seine Verfassung nicht willkürlich verfügen. Staatssouveränität schob sich
vor die monarchische Souveränität; die Diener des Fürsten wurden zu Staatsdie-
nern. Der Fürst wurde zum Staatsoberhaupt; seine Macht lag zwar vor der Verfassung, aber er wurde zum Inhaber der Staatsgewalt, war an den vorgegebenen
Zweck des Staates gebunden, er konnte ihn nicht mehr setzen oder verändern.
An die Stelle des absolutistisch-dynastischen Staates trat hier nun auch ganz formell der bürokratisch-monarchische Obrigkeitsstaat. Gewiß, der Monarch blieb
der Herr des staatlichen Handelns, der Exekutive und der Initiative; er war nicht
Verfassungsorgan wie andere, sondern allen überlegen, er war der Schöpfer der
Verfassung und nicht ihr Geschöpf. Darum mochte der Monarch im Konflikt-
fall sich über die Verfassung setzen. Aber dazu ist es de facto nicht gekommen.
Die Selbstbindung funktionierte.

Die Verfassung also konstituierte auf neue Weise den Staat. Aber genauso
wichtig und für die Zukunft noch wichtiger war natürlich ihr liberaler, ihr konstitutioneller Gehalt. Die Verfassung führte eine Repräsentation des Volkes ein
– die „Stände", den Landtag, die Kammern – und band Gesetzgebung und Besteuerung an die Mitwirkung dieser Vertretung. Dualismus von monarchischer
Regierung und Landtag – das charakterisierte diese frühen Verfassungen. Die
neue parlamentarische Vertretung war insofern modern, als jedes ihrer Mitglieder ein freies Mandat hatte, als Vertreter des ganzen Volkes, nicht als Beauf-
tragter einer Gruppe fungierte. Dennoch waren diese Körperschaften zum Teil
noch mit ständischen Elementen durchsetzt; eine Gesellschaft gleichberechtigter
Staatsbürger jenseits der alten Ständegrenzen gab es ja noch nicht wirklich. Angesichts der sozial wie politisch starken Stellung des Adels und der Sonderrechte
der Mediatisierten war überall ein Oberhaus, eine erste Kammer, eingerichtet
worden, im wesentlichen eine Adelskammer, mit erblichen, in Baden auch gewählten, Mitgliedern und vom Monarchen Berufenen, darunter dann hohe Beamte und Militärs, zum Teil auch Vertreter der Kirchen und der Universitäten
(der große Führer der Liberalen in Baden, Rotteck, gehörte als Vertreter der
Universität Freiburg lange der ersten Kammer an). Der Adel war so an der staatlichen Willensbildung beteiligt, seine alten Rechte und Freiheiten waren in die
Form des Konstitutionalismus überführt. Auch die zweiten Kammern, die eigentlichen Volkshäuser, waren zum Teil noch nach ständischen Prinzipien zusammengesetzt; in Bayern stellten z. B. der niedere Adel und die Geistlichkeit je
ein Achtel, die Städte ein Viertel, das Land die Hälfte der Abgeordneten – die
Stände wurden sozusagen zu Wahlklassen umfunktioniert –; in Baden vertraten
die Abgeordneten einfach und modern die Städte und Ämter, wobei die Städte
durch eine Art Wahlkreisgeographie leicht bevorzugt waren. Das Wahlrecht
war beschränkt, war ein Zensuswahlrecht, es setzte Grundbesitz und/oder eine
bestimmte Steuerleistung voraus; in Baden waren auch die Beamten entsprechend privilegiert, das passive Wahlrecht war noch stärker eingeschränkt; das
Wahlverfahren war indirekt, „Urwähler" wählten Wahlmänner und diese dann

die Abgeordneten. In Baden und Württemberg wählten etwa 15 bis 17% der Einwohner (also einschließlich Frauen und Kinder), in Bayern mit einem konservativen Wahlrecht nur Gemeinderäte und Magistrate, nicht mehr als 6% der Steuerzahler.

Die Kammern tagten zwar nicht sehr oft, aber regelmäßig, „periodisch"; freilich allein der Monarch berief sie ein, vertagte sie oder löste sie auf. Die Kammern wirkten an der Gesetzgebung mit. Jedes Gesetz – und das hieß zunächst jede Norm, die sich auf Freiheit oder Eigentum bezog – bedurfte ihrer Zustimmung, ohne sie kam kein Gesetz zustande. Das galt auch für die Bewilligung von Steuern. Dagegen hatten die Kammern – außer in Württemberg – nicht das formelle Recht, über die Ausgaben des Staates, das Budget zu entscheiden, obwohl es bei der Steuerbewilligung zur Kenntnisnahme und Begründung vorgelegt wurde. Die Kammern hatten nicht das Recht, selbst Gesetze vorzuschlagen („Gesetzesinitiative"). Schließlich hatten sie das „Petitionsrecht", sie konnten Beschwerden und Wünsche vorbringen, das mochte sich auch auf die Gesetzgebung oder andere allgemeine politische Fragen beziehen. Einen irgendwie gearteten Einfluß auf die Bildung oder Fortdauer einer Regierung hatten die Kammern nicht – das war allein Sache des Monarchen. Freilich schrieben die Verfassungen die „Verantwortlichkeit" der Minister fest; das bedeutete, daß Akte des Monarchen nur mit Gegenzeichnung des Ministers möglich waren und der Minister öffentlich die Verantwortung für das Regierungshandeln übernahm. Aber die Kammern konnten daraus keine staatsrechtlichen Konsequenzen ziehen. In einigen Ländern gab es die Möglichkeit der Ministeranklage vor einem Staatsgerichtshof, aber das bezog sich nur auf den rechtlichen Fall des Verfassungsbruches.

Schließlich gehörte zu den Verfassungen ein Katalog von Grundrechten, die die Freiheit der Person, des Gewissens, der Meinung, der Berufswahl; das Eigentum und die Gleichheit vor dem Gesetz garantierten: im Prinzip wurde dem einzelnen eine staatsfreie Sphäre zugestanden, und im Ansatz steckte in den Grundrechten die Tendenz, die ältere Privilegiengesellschaft in eine Gesellschaft rechtsgleicher Staatsbürger umzuwandeln. Freilich, mehr als ein Ansatz war das zunächst nicht.

Die Verfassungen waren im ganzen Kompromisse zwischen alter Ordnung und neuen Prinzipien, zwischen Krone und Regierung einerseits, Landes-, und Volksvertretung andererseits, zwischen Adel und entstehender bürgerlicher Gesellschaft. Auf ihrer Basis haben sich die Anfänge des konstitutionellen Lebens in Deutschland entwickelt. Wir werfen zunächst einen Blick auf die Landtage, vor allem auf die „Volksvertretungen", die zweiten Kammern. Trotz ihrer zum Teil noch halbständischen Zusammensetzung entwickelten sie sich doch zur eigentlichen Vertretung des bürgerlichen Volkes. Daß die Abgeordneten Honoratioren waren, war bei den bürgerlichen und bäuerlichen Wählern, ja im Grunde auch bei der Masse der Nicht-Wahlberechtigten, selbstverständlich: als die 1848 wählen durften, wählten sie wiederum Honoratioren. Auch die entstehende neue bürgerliche Gesellschaft – antifeudal und nicht mehr ständisch – war eine hierarchisch gegliederte Gesellschaft, und diese Gliederung war, einstweilen jedenfalls, anerkannt. Die Abgeordneten kamen aus den Kreisen von Besitz und Bildung, nicht primär aus Industrie und Kommerz, sondern eher aus ländlichen und gewerblichen Kreisen und aus dem – akademisch gebildeten – Beamtentum. 1819 sind in Bayern 49% der Abgeordneten Beamte (einschließlich der Professoren und Bürgermeister); in Württemberg sind es zwischen 1833 und 1838 50%; in Baden sitzen 1834 in der Kammer: 32 Beamte (darunter 3 Pfarrer), 22 ländliche Bürgermeister, d. h. Landwirte oder Gewerbetreibende mit Beamtenfunktionen, 3 Gastwirte, 11 Kaufleute und Fabrikanten, 3 Rechtsanwälte, 1 Arzt und 1 Apotheker; 1846 sind es nur noch 24 Beamte, jetzt aber 9 Rechtsanwälte. Die Beamten waren schrift- und wortgewandt und verstanden sich auf die in den Landtagen zu verhandelnden Sachen; sie fühlten sich als „allgemeiner Stand"; sie waren teils konservativ und auf seiten der Regierung, teils aber auch gerade liberal, ja eigentlich die Wortführer des Liberalismus; sie besaßen, da ein unabhängiger und politisch gebildeter Mittelstand erst schwach entwickelt war, das Vertrauen breiter Wählerschichten – sie waren gleichsam prädestiniert zur Vertretung des Volkes. In „gouvernementalen" wie in „oppositionellen" Kammern spielten die Beamten gleichermaßen eine bedeutende Rolle. Es bleibt eines der eigentümlichen Charakteristika des frühen Parlamentarismus in Deutschland, daß die Diener der Regierungen zugleich der Kern der Opposition gegen diese Regierungen waren.

Die Abgeordneten waren unabhängig; sie waren einzelne, die unterschiedlich stimmten; nur langsam haben sich festere Kerne von politischen Gesinnungsgemeinschaften – gouvernemental und oppositionell – gebildet, Vorformen der späteren Parteien; in Württemberg z. B. gab es in den 30er Jahren Ansätze einer lockeren Wahlkreisorganisation auf beiden Seiten – aber es gab auch immer die nicht festgelegten, die von Fall zu Fall individuell abstimmenden Abgeordneten. Die Kammern blieben eher ein Diskussionsforum, in dem Mehrheiten sich jeweils bildeten; die eindeutig gouvernementalen oder liberalen Kammern – es gab sie durchaus – waren doch nicht die Norm.

Die im wesentlichen adligen ersten Kammern waren nicht einfach „regierungstreu"; es gab natürlich „Gouvernementale", aber vor allem den alten ständischen Widerstand gegen die bürokratische Regierung und ihre Tendenzen zur Nivellierung der Gesellschaft. Wo etwa die Regierungen mit den zweiten Kammern die Agrarreform weitertreiben wollten, stießen sie zumeist auf den Widerstand der ersten Kammern. Es gab in ihnen – wie z. B. in Württemberg – eine starke katholische Opposition gegen die Regierung, und es gab auch liberale Oppositionsgruppen. In Bayern z. B. haben zeitweise, zumal in den 30er/40er Jahren, liberal-konservative „Reichsräte" – unabhängig vom Wahldruck der Regierung – die eigentliche Opposition dargestellt. Aber im ganzen waren die ersten Kammern doch eher ein Faktor des status quo, eher auf seiten der Regierung oder blockierten doch jedenfalls die weitertreibenden Tendenzen der zweiten Kammern.

Die Hauptfrage war, ob und wie der Verfassungskompromiß funktionieren würde, wie sich das Verhältnis zwischen Regierung und Landtag einpendeln würde, ob der Dualismus zu einem haltbaren Funktionszusammenhang oder doch zu einem labilen Gleichgewicht führen würde, zu einer Stabilisierung zwischen Staat und Gesellschaft jedenfalls, wie es die Verfassungsgeber gehofft hatten. Oder aber ob er gerade zu immer neuen Spannungen und Konflikten, ja zu einer gegenseitigen Blockade führen würde. Oder ob sich schließlich ein allmählicher Übergang zu einem parlamentarischen System ergeben könnte. Dafür kam es zunächst auf das Rollenverständnis und die Machtmittel der beiden Kontrahenten an. Die Regierungen wollten über Verfassung und Kammern den Staat integrieren und finanziell konsolidieren, die Untertanen beruhigen und beglücken; die Kammern waren eine Art Hilfsorgan des Staates. Das Schwergewicht des Staates sollte weiterhin bei Monarch und Regierung liegen; die Verfassung war ein äußerstes Zugeständnis, sie sollte einen beruhigten Zustand konsolidieren; im Grunde wollte man sie restriktiv auslegen. Die Liberalen dagegen wollten einen Prozeß in Gang setzen, an der Politik eigenständig mitwirken, sie sahen sich als „Vertragspartner" der Regierungen, sie wollten die Rechte des Parlamentes erweitern, die Verfassung extensiv auslegen und fortentwickeln. Das waren konträre Positionen. Die Machtmittel der Regierung waren stark: sie konnte einen Landtag – der sowieso nur in langen Zeitabschnitten, in Bayern nach 2–3 Jahren, für einige Wochen tagte – jederzeit vertagen oder gar auflösen; sie konnte mit dem Druck des Staatsapparates die Wahlen beeinflussen; sie konnte unliebsame Abgeordnete disziplinarisch belangen – eine gesicherte „Immunität" gab es nicht –, und sie konnte den Beamten unter ihnen den notwendigen Urlaub verweigern, ja diese Praxis auch auf Kommunalbeamte ausdehnen. Friedrich List z. B. ist von der Regierung dreimal der Eintritt in die württembergische Kammer, zuletzt mit deren Zustimmung gar, versagt worden, bis er ins Exil gezwungen wurde. Der Monarch war der Herr der Exekutive – und die Regierung das Zentrum aller Initiative im Staat. Demgegenüber waren die Möglichkeiten einer parlamentarischen Opposition begrenzt. Ihre stärkste Waffe war, die Steuern abzulehnen – da war die Regierung auf sie angewiesen. Die Mitwirkung an der sonstigen Gesetzgebung war in einer Zeit, in der eine Regierung zur Not auch ohne neue Gesetze leben konnte oder Verordnungen zu Hilfe nahm, weniger gewichtig; das Instrument der Ministeranklage war – da es eine ausgebaute Verfassungsgerichtsbarkeit nicht gab – wenig wirksam. Dennoch war das Parlament nicht einfach ohnmächtig. Die Regierung wollte, wenn auch eingehegt und kontrolliert, modernisieren und integrieren, Gesetze durchbringen und die Finanzen ordnen, wollte öffentliche Meinung und bürgerliche Bewegung, die immer wichtiger wurden, in den Staat einbinden, wollte keine Dauerkonflikte, sondern Stabilität, und ein Teil der hohen Bürokratie wollte durchaus auch Reformen. Und die Liberalen mochten versuchen, durch Kompromisse mit der Regierung die feudalen Strukturen zu beseitigen, den sozialen Wandel zu steuern, Teilerfolge durchzusetzen. Das waren Ansatzpunkte für eine Verständigung. Gewiß, im ganzen erwiesen sich die Verfassungen als eine Art Waffenstillstand, in dessen Rahmen die grundsätzlichen Konflikte gerade weitergingen. Aber die Geschichte unseres frühen Parlamentarismus ist zunächst eine Abfolge von Phasen harter Konfrontation, Repression und Opposition einerseits, begrenzter Kooperation und liberaler Teilerfolge andererseits. Wir wollen das an zwei Beispielen verdeutlichen.

Zunächst Baden, das klassische Land des Frühliberalismus und der frühkonstitutionellen Verfassungsentwicklung, in dem alle Konflikte immer ganz grundsätzlich ausgetragen und so auch reflektiert wurden. Die Geschichte fängt sogleich beim ersten Zusammentreten der Kammern mit schweren Konflikten an. Die Liberalen versuchen, das Recht zur Gesetzesinitiative, das sie nicht haben, auf dem Wege über Petitionen doch zu realisieren: Pressefreiheit und Grundentlastung, Justiz- und Verwaltungsreform, das sind ihre Forderungen. Das aber was die Regierung von ihnen erwartete, ein dringend notwendiges Finanzgesetz, kam nicht zustande. Man benutzte vielmehr das Steuerbewilligungsrecht, um Abstriche am Militäretat durchzusetzen, und das hieß auch, ein eigentliches Budgetrecht des Parlamentes durchzusetzen. Schließlich forderte der Landtag, die Regierung möge ein auf Betreiben des Deutschen Bundes revidiertes Adelsedikt, das sie sechs Tage vor seiner Eröffnung verkündet hatte, zurücknehmen. Die Regierung hat darauf den Landtag nach Hause geschickt, „vertagt". Die in diesem Konflikt aufgekommene Idee freilich, die Verfassung durch einen Staatsstreich zurückzunehmen, ist, zuletzt am Widerspruch Metternichs, der auch darin eine Gefahr für Ordnung und Legitimität sah, gescheitert. Der Adelskonflikt endet sogar mit einem Kompromiß, denn Regierung wie zweite Kammer hatten ein gemeinsames Interesse, die standesherrlichen Rechte einzugrenzen und die Staatssouveränität gegenüber dem Bund zu behaupten. Das Adelsedikt trat nicht in Kraft und wurde durch Einzelvereinbarungen ersetzt, die die Rechte der Mediatisierten auf Dauer – und gegen Entschädigung – doch verstaatlichten. Vorübergehend, zwischen 1820 und 1822, schlug die Regierung einen Ausgleichskurs ein und lockerte auch die Zensurbestimmungen. Aber als der Landtag 1822 Mittel für den Militäretat verweigerte – und das hieß verfassungsrechtlich: sein Recht auf Steuerbewilligung zum vollen Budgetrecht zu erweitern suchte – ging die Regierung wieder zur Konfrontation über: sie suchte unter äußerster Anspannung der Legalität den Einfluß der Kammern einzuschränken, wirtschaftete ohne ihre Zustimmung weiter, löste den Landtag schließlich auf und beeinflußte die Wahlen so massiv, daß eine große gouvernementale Mehrheit zustande kam. Wahl- und Budgetperiode wurden verlängert; die Opposition unter Führung des großen Parlamentariers Johann Adam von Itzstein wurde schärfer und radikaler.

1830 kam der Großherzog Leopold zur Regierung – ein Thronwechsel hatte in dieser Zeit häufig genug politische Bedeutung –: er entließ, auch unter dem Eindruck der Bewegungen von 1830, 1831 das konservative Ministerium und übertrug Ludwig Winter, einem Reformbeamten, der zur Kammeropposition gehört hatte, das Innenministerium: der einzige Fall im Vormärz, daß ein Abgeordneter Minister wurde. Die Landtagswahlen im März 1831 wurden nicht mehr von der Regierung beeinflußt und ergaben eine starke liberale Mehrheit;

eine Kooperation zwischen Regierung und Parlament schien sich anzubahnen. Die Verlängerung der Haushaltsperioden wurde rückgängig gemacht; ein Ablösungsgesetz und ein Gesetz über die kommunale Selbstverwaltung kamen zustande, und zumal schließlich – als die Kammer drohte, das Budget abzulehnen – ein Pressegesetz, das die Zensur mindestens für die Erörterung badischer Fragen ganz aufhob. Das schlug eine Lücke in das Zensursystem des Deutschen Bundes; der Liberale Rotteck erklärte, der Bundesvertrag sei nur zwischen den Fürsten abgeschlossen, für das Volk gelte allein das ewige Vernunftsrecht und „unseres Landes Konstitution". Schließlich beantragte der Liberale Welcker, die Regierung möge in Frankfurt „auf die organische Entwicklung des Deutschen Bundes" und die Bildung einer Nationalrepräsentation hinwirken; die Regierung freilich lehnte schon eine Beratung dieses Antrages ab, und die Sache versandete in einem Ausschuß. Sogleich zeigte sich freilich die unübersteigbare Grenze solcher Politik: der Bundestag erklärte das Pressegesetz für bundeswidrig; notgedrungen hob der Großherzog es mittels einer Verordnung wieder auf; die Proteste an der Freiburger Universität z. B. endeten mit der Zwangspensionierung von Rotteck und Welcker. Die Frage eines Ausbaues der einzelstaatlichen Verfassung stieß mit dem restaurativen System des Bundes zusammen: ohne eine gesamtdeutsche Lösung waren liberale Erfolge auch in den Einzelstaaten unmöglich. Freiheit war auf Einheit angewiesen; liberale Politik war nur in nationaler Perspektive möglich; die gesamtdeutsche, die nationale Lösung der Verfassungsfrage gewann Vorrang. Das gleiche Problem ergab sich auch in Württemberg: als die Mehrheit der Kammer auf Betreiben von Paul Pfizer die reaktionären Bundesbeschlüsse vom Juni 1832 für unvereinbar mit der Landesverfassung erklärte, löste die Regierung den Landtag auf. Die badische Regierung wurde wieder konservativer, auch die Liberalen unter den Ministern, Winter und sein Nachfolger, der große Verwaltungsbeamte Nebenius, konnten daran nichts ändern. Beamtenliberalismus und Kammerliberalismus traten auseinander. 1841 erklärte die Kammer die Regierungspraxis – Zensur, Polizeimaßnahmen, Urlaubsverweigerung – für verfassungswidrig; als der Großherzog sie daraufhin vertagte, erklärte sie diese Vertagung für verfassungswidrig; darauf löste der Monarch sie auf. Bei den Wahlen 1843 siegten erneut die Liberalen; das Ministerium weigerte sich, an den Verhandlungen teilzunehmen; die Kammer sprach ihm ihre Mißbilligung aus, der erste Fall eines Mißtrauensvotums in der Geschichte des deutschen Parlamentarismus. Das hatte zwar staatsrechtlich keinerlei Bedeutung, wohl aber politisch; alle Kompetenzerweiterungen von Parlamenten, etwa in England, sind aus solchen Akten und Präzedenzfällen hervorgegangen. Auch in Baden löste der Großherzog den leitenden Minister von Blittersdorf bald darauf, 1843, ab. 1846 wurde nach einem neuen Wahlsieg der Liberalen ein gemäßigt liberaler Beamter, der Innenminister Bekk, leitender Minister, und es entwickelte sich zwischen Regierung und Kammermehrheit ein erträgliches Verhältnis der Kooperation; beide rückten angesichts des politischen Katholizismus wie der radikal demokratischen Linken aneinander. Die Möglichkeit einer kontinuierlichen Weiterentwicklung des Verfassungslebens

scheint hier auf; freilich, der wechselvolle Gang der badischen Verfassungsgeschichte und die Erfahrung, daß auch liberale Beamte als Minister nicht-liberale
Politik machen mußten, sprach nachhaltig dagegen.

Nun der andere Fall, Bayern. Auch hier begann das Verfassungsleben mit
scharfen Konflikten: Gesetzespetitionen der Kammer, Kürzung der Militäraus-
gaben durch Nichtbewilligung von Steuern, Forderung nach einem Verfassungseid des Heeres, um es der unbeschränkten Souveränität des Monarchen zu
entziehen, Urlaubsverweigerung für liberale Abgeordnete. Nach 1825 schien
sich das Verhältnis zu entspannen; der neue König, Ludwig I., wollte, so schien
es, eine neue Politik, freier, weniger im etatistischen Geist des Aufgeklärten Absolutismus und volkstümlicher, mehr im Zusammenhang mit dem Geist der Zeit.
Zwischen liberalen Regierungsbeamten und dem Führer des Kammerliberalismus Ignaz von Rudhart bahnt sich eine Kooperation an. Aber diese Erwartungen erfüllen sich nicht. Der König wendet sich bald und nach dem Schock der
Julirevolution und des Hambacher Festes von 1832 endgültig von liberalen Tendenzen ab; er will autokratisch selbst regieren und letzten Endes in einem konservativen Geist. Schon die Ernennung des konservativ und kirchlich orientierten Innen- und Kultusministers Schenk (1828) weist in diese Richtung. 1831 erläßt dieser Minister eine schärfere Zensur- und Presseverordnung: im „stürmi-
schen" Landtag wird er heftig angegriffen und mit einer Ministeranklage bedroht. Daraufhin läßt der König ihn schließlich nach einer Anstandsfrist fallen;
die Verordnung wird zurückgezogen. Das war nicht rechtlich, wohl aber politisch ein parlamentarischer Ministersturz, wiederum ein Ansatz für eine Weiterentwicklung der Verfassung, eine Stärkung des Parlaments. Auch ein Konservativer, der Innenminister Württembergs Schlayer, hat in den 30er Jahren gemeint,
ein Ministerium, das nicht das Vertrauen der Kammern habe, müsse auf die
Dauer zurücktreten; seine Konsequenz war dann freilich, sich eine Regierungs-
partei zu schaffen. Aber das bayerische Ereignis blieb Episode. Die Liberalen
wollten überhaupt kein Pressegesetz, und schon gar nicht über Kompromisse in
eine Art Mitregierung hineinwachsen; und König und Regierung wollten ge-
nausowenig auf die Dauer einen Kurs der Kooperation und der Konzessionen.
Vielfältige Konflikte, etwa über Einsparungen, die dann für die vielen Bauten
dieses Königs verwandt wurden, und über den Heeresetat verschärften die
Spannung. Seit 1837 steuerte nach dem moderat-konservativen (oder liberalen)
Fürsten Oettingen-Wallerstein das Ministerium Abel einen betont antiliberalen
und katholisch-klerikalen Kurs. Das Ende dieser Phase ergibt sich nicht aus
strukturellen oder großen politischen Veränderungen, sondern es ist, spezifisch
auch das für die Politik der Zeit, Ergebnis einer ganz individuellen, fast zufälligen Geschichte: durch seine Verbindung mit der Tänzerin Lola Montez gerät
der König in Konflikt mit den katholisch-konservativen Kreisen; die protestie-
renden Professoren läßt er pensionieren, und die Regierung entläßt er, aber die
beiden folgenden „lolamontanen" Regierungen können einen neuen Kurs der
Kooperation mit den Kammern angesichts der Empörung auch der liberalen
Öffentlichkeit über die Affäre nicht wirklich durchführen. Zu Beginn des Jahres

1848 ist Bayern im Grunde in eine Regierungs-, ja in eine Staatskrise hineingeraten.

Fragen wir nach dem Ergebnis dieser Verfassungsentwicklung. Die Landtage waren das Forum und die Schule des deutschen Liberalismus; in ihnen haben sich Programm und Argumentation der Liberalen allmählich konkretisiert, haben sich Richtungen und Flügel ausdifferenziert, ist der Liberalismus aus einer Idee zur Partei und über die öffentliche Resonanz zur Volksbewegung geworden. Die Erfahrung, die die Liberalen machten, war die einer Opposition, war die des Konfliktes; alle inhaltlichen Fragen mündeten immer wieder in die Verfassungsfragen nach dem Gewicht und der Rolle von Parlament und Regierung. Insofern hatten alle Auseinandersetzungen etwas Grundsätzliches; jede Frage gewann die Dimension eines Weltproblems – trotz der kleinstaatlichen Wirklichkeit, in der all das abspielte: diese Diskrepanz gehört zu den Eigenarten der Anfänge des deutschen Parlamentslebens. Diese Situation – und die Oppositionsrolle zumal – hat die Neigung zum Doktrinarismus, zur Politik der rechten Lehre tief in unsere entstehende politische Kultur eingeprägt. Und die Liberalen interpretierten diese Erfahrung im Lichte ihrer Lehre vom Dualismus und fühlten sich darin bestätigt: das Gegenüber von Regierung und Volksvertretung, das war offenbar das zentrale Faktum; und die Liberalen hielten an ihrem Selbstverständnis fest, Opposition, Verteidiger der Volksrechte, kontrollierendes Gegenüber zur Regierung zu sein. Die Rolle der regierenden Partei beanspruchten sie nicht.

Zu einem Funktionszusammenhang von Regierung und Parlament oder zu einem ausbalancierten Gleichgewicht ist es so im ganzen nicht gekommen. Die Verfassungen sind die Basis nicht für Konsens, sondern für Konflikt geworden. Sie haben die Spannungen zwischen dem bürokratisch-monarchischen Staat und der entstehenden bürgerlichen Gesellschaft nicht gemindert, sondern eher verstärkt. Restriktion und Repression auf seiten der Regierung, Obstruktion auf seiten der Opposition – das wurden typische Haltungen. Wenn jede konkrete Frage der Gesetzgebung oder der Steuerbewilligung zur Verfassungsfrage wurde, so erwies sich die Verfassung als Provisorium. Die Liberalen sind mit ihrer Idee, die Verfassung auch nur in bescheidenem Maße auszubauen – Gesetzesinitiative, Budgetrecht, Ministerverantwortlichkeit – und auf ihrem Boden einen liberalen Staat und eine liberale Gesellschaft zu errichten – mit Pressefreiheit, freiheitlicher Justiz und Selbstverwaltung, Bauernbefreiung –, gescheitert. Das Verfassungsleben mündete nach fast 30 Jahren in Stagnation und Enttäuschung. Auch in den Verfassungsstaaten hatte sich unter dem Druck von Zensur und Polizei ein freies öffentliches Leben nicht wirklich entwickeln können. Die politische Praxis war die von halben Konzessionen und Rücknahmen; das wirkte polarisierend, das verschärfte die Frontstellung. Der Konstitutionalismus wurde, so mußte es den Liberalen vorkommen, zu einem Scheinkonstitutionalismus zurückentwickelt. Kompromisse oder eine Verständigung mit der Regierung schienen sich auf die Dauer nicht auszuzahlen, auch in den 40er Jahren kamen die moderaten Ansprüche der Liberalen und die defensive Politik der Regierungsbürokratie nicht mehr zur Deckung. Konflikt, Stagnation, Enttäuschung –

das war das Resultat, darin konnte sich niemand einrichten. Darum gab es am Ende nicht nur in Österreich und Preußen, sondern auch in den Verfassungsstaaten, von der sozialen Unruhe einmal abgesehen, politisch eine vorrevolutionäre Situation.

d) Die kleineren Staaten

Wir werfen schließlich einen Blick auf die anderen Mittel- und Kleinstaaten in Nord- und Mitteldeutschland. Entscheidend ist zunächst, daß hier nicht im Grunde neue oder wesentlich vergrößerte Staaten entstanden sind; insofern stellte sich das Problem der Integration nicht, das anderswo modernisierende Reformen und Verfassungen vorantrieb. Die vier Freien Städte stellten ihre altständischen, patrizischen Verfassungen wieder her. In den beiden Mecklenburg hatte die altständische Verfassung überdauert; sie blieben die klassischen Länder der Junkerherrschaft; von hier erhielt ein bisweilen revolutionärer Antifeudalismus in Norddeutschland ständig Nahrung, Johann Heinrich Voss und Fritz Reuter sind seine großen Repräsentanten in der deutschen Literatur. Sachsen blieb, wie die reußischen und anhaltischen Kleinstaaten, einstweilen ein altständisch-aristokratischer Privilegienstaat; auch in Hannover, dessen König ja im fernen London saß, bestimmte der Adel, immerhin wurden seine regionalen Vertretungen in einem Landtag zusammengefaßt und durch Vertreter der städtischen Magistrate, endlich 1829 auch der Bauern, ergänzt. Dann gab es Staaten, die zu einem autokratisch-bürokratischen Absolutismus zurückkehrten, am wichtigsten Kurhessen, wo der zurückgekehrte Kurfürst, der Soldatenhändler des Ancien Régime, den Zopf wieder einführte und alle Maßnahmen und Reformen der französisch-westphälischen Zeit rückgängig machte, ja gegen alles Recht auch private Rechtsgeschäfte der Käufer von Domänen annullierte und diese de facto enteignete.

Interessant schließlich der Fall Holstein. Die Ritterschaft hier wehrte sich gegen die zentralistisch-etatistischen Tendenzen des dänischen Königs, z. B. gegen den Abbau von Steuerprivilegien, und sie wehrte sich dagegen, das mit Holstein vielfältig verbundene Herzogtum Schleswig, das freilich nicht zum Deutschen Bund gehörte, in den dänischen Staat zu integrieren. Sie forderte eine ständische Verfassung. Das war zunächst altmodisch und regionalistisch, ständische Libertät. Aber hier gab es nun Übergänge zur modernen, frühkonstitutionellen Repräsentation. Ein reformerischer Teil der Ritterschaft, Fritz Reventlow war ihr Wortführer, wollte die ständische Verfassung zur konstitutionellen fortbilden; der Historiker Dahlmann, seit 1815 Sekretär der Ritterschaft, und die ,Kieler Blätter' (1815) haben mit Argument und Propaganda diese Umbildung vorangetrieben; das Bürgertum, ursprünglich gegen die Stände, schloß sich in einer großen Petitionskampagne der Verfassungsbewegung an. Freilich, der dänische König gibt einstweilen weder eine altständische noch eine modernere Verfassung, die Klage der Ritter beim Deutschen Bund hat keinen Erfolg (1823), die Unruhe endet hier zunächst im status quo.

4. Deutsche und europäische Politik

a) Der Deutsche Bund

Auf dem Wiener Kongreß war Deutschland schließlich als Staatenbund der souveränen Einzelstaaten, als Deutscher Bund eben, organisiert worden. Der Abschluß der „Bundesakte" hatte unter Zeitdruck gestanden, und deshalb hatte man vieles – ganz im Sinne Metternichs – späterer Regelung und Ausgestaltung überlassen. Was die politische Wirklichkeit des Bundes werden sollte, darüber ist in den ersten Jahren nach 1815 entschieden worden. Zunächst: der Bund blieb eine betont lockere staatenbündische Organisation, die die Souveränität ihrer Glieder möglichst unangetastet ließ. Der Bund blieb – entgegen den Erwartungen der Öffentlichkeit und mancher Regierungen – in den wichtigsten Fragen, in denen er aktiv hätte werden können, untätig: weder in den Fragen der Wirtschaft – Handel, Verkehr, Geldwesen – noch in denen des Rechtes, noch in denen der Kirchenpolitik kam es zu irgendwelchen Übereinkünften und Regelungen. Der Versuch von Untertanen des hessischen Kurfürsten, den Bund gegen ihre rechtswidrige Enteignung anzurufen, wurde nach anfänglichem Zögern auf Betreiben Metternichs strikt zurückgewiesen. Und auch hinsichtlich der landständischen Verfassungen blieb der Bund letzten Endes stumm. Er wurde nicht zu einer Institution, die irgend etwas hätte weiterentwickeln können oder wollen. Das war die eine große Enttäuschungserfahrung der Nation. Selbst über die Minimalinstitutionen, die auch dieser „Bund" brauchte, konnte man sich nicht oder kaum einigen; eine Schiedsordnung zur Regelung zwischenstaatlicher Konflikte war fast das einzige, was zustande kam. Über das Eingreifen des Bundes in Einzelstaaten und über die Kriegsverfassung konnte man sich – mühsam – erst 1821 einigen; immer stand die Souveränität der Einzelstaaten gegen stärker gemeinsame Regelungen.

Sodann aber, im Zuge der Restauration, der Karlsbader Beschlüsse und der Wiener Schlußakte, wird der Bund nun aktiv, wird zum Instrument einer gesamtdeutschen Politik, wird einheitlicher; wird, wie schon der bayerische Minister Lerchenfeld bemerkte, weniger staatenbündisch und mehr bundesstaatlich. Das war paradox. Denn um die dynastische Legitimität und die territoriale Souveränität gegen die liberal-demokratische Bewegung, um die föderativ-staatenbündische Ordnung gegen die nationale Bewegung zu sichern, beschränkte er die Souveränität der Einzelstaaten und verstärkte seine eigene zentrale Handlungsfähigkeit. Einheit war nur Einheit der Reaktion gegen die Einheit der Nation. Der Bund verfügte die Maßnahmen der Repression, er schränkte die Verfassungshoheit entschieden ein, und er beanspruchte das Recht auf Intervention und Exekution gegen seine Glieder, sofern sie der Generallinie nicht mehr folgen konnten oder wollten. Gewiß blieb die Macht des Bundes in all diesen Hinsichten geringer, als Metternich wünschte; die Verfassungen, die Verschiedenheiten des Systems blieben gerade erhalten – das war auch Resultat des Föderalismus. Aber darauf kam es nicht an. Das wurde die zweite große Erfahrung der Zeitgenossen: der Bund war nichts anderes als das Instrument der Restauration, des Systems Metternich, der Gegnerschaft gegen den liberalen und nationalen Geist der Zeit. Der Bund verkörperte den Föderalismus der Restauration und des status quo, den Föderalismus der Regierungen – ganz im Gegensatz nun zum Föderalismus der Nation; der Bund war außerhalb des Establishments ganz und gar diskreditiert. Das Wort der Bewegung, der Opposition wurde dagegen das Wort vom Bundesstaat, das wurde die Parole der Hoffnung, die Parole der Zukunft.

Machtpolitisch war der Bund zunächst durch den Dualismus Österreich/ Preußen, durch ihre latente Konkurrenz und durch ihre faktische Doppelhegemonie charakterisiert. Darauf beruhte außenpolitisch und militärisch die Sicherheit und Existenz des Bundes. Gerade das war aber auch einer der wesentlichen Gründe, daß es keine handlungsfähige Zentrale gab. Und dieser Dualismus war stillgestellt. Darum nur konnte der Bund so existieren. Wäre der Bund handlungsfähiger gewesen, so hätte das Preußen dazu provoziert, hegemoniale Tendenzen zu verfolgen oder gar Österreich herauszudrängen. Darum war Österreich an einer allgemeinen Stärkung des Bundes nicht interessiert, und Preußen hatte, als das in Wien nicht erreichbar war, darauf verzichtet. Und jetzt war es nicht darauf aus, den Bund zu stärken oder zu aktivieren, es strebte allenfalls danach, Österreichs Vorrang vorsichtig einzudämmen. Metternich wiederum wollte vom Bund im Grund nur Sicherheit gegen die Kräfte der Bewegung. Da Österreich keine effektiven und direkten hegemonialen Ansprüche in Deutschland stellte und mit der lockeren Bundesorganisation zufrieden war, stand es eigentlich in keinem Gegensatz zu den Mittel- und Kleinstaaten, während Preußen nur zu leicht im Verdacht hegemonialer Ansprüche oder stärker bundesstaatlicher Tendenzen stand. Metternich sah sehr genau, daß das Einvernehmen der beiden Hauptmächte die Voraussetzung für das Funktionieren des Bundes sei; aber es war ihm durchaus recht, daß das nicht institutionell gesichert war, sondern eine Sache der jeweiligen diplomatischen Verhandlungen; denn dabei konnte er gegebenenfalls die Mittel- und Kleinstaaten und Preußen gegeneinander ausspielen und seinen Einfluß auf diese Staaten festigen. Im ganzen aber beruhte das, was im Deutschen Bund geschah, auf einer Vorverständigung zwischen Österreich und Preußen, und seitdem sich auch in Preußen die Restauration endgültig durchgesetzt hatte, kann man von einer Kooperation der Hauptmächte und ihrer relativen Einigkeit sprechen.

Gegen diese Dominanz der beiden Hauptmächte richteten sich Bestrebungen, die Mittel- und Kleinstaaten, das „dritte Deutschland" als eine selbständige Kraft zusammenzufassen, die den Dualismus wie das Übergewicht der Hauptmächte ausbalancieren oder überwinden könne. Wir nennen das das Programm der deutschen Trias – es hat bis 1866 eine wichtige Rolle für den Weg der Deutschen gespielt. Es gab freilich verschiedene und letztlich gegensätzliche Versionen einer solchen Trias-Idee. Die föderalistische Trias: der Zusammenschluß der mittleren und kleinen „rein deutschen" Staaten zu einem Bund im Bund, um wenigstens ihre relative Selbständigkeit zu erhalten, wie das etwa die Publizisten Vogt oder Murhard und auch der württembergische Minister von Wangenheim vertraten. Oder die hegemoniale Trias, die Organisation des dritten Deutschland unter Führung von einem oder zwei der stärksten Mittelstaaten; und das wurde dann mit Hilfe von allerlei Theorien über den Unterschied von Norden und Süden auf das Deutschland südlich der Mainlinie beschränkt. Der bayerische Publizist Johann Christoph von Aretin hat in der Zeitschrift ‚Alemannia‘ 1815 ein bayerisch geführtes Süddeutschland propagiert; 1820 veröffentlichte ein Vertrauter des württembergischen Königs unter Pseudonym ein ‚Manuskript aus Süddeutschland‘, das einen Zusammenschluß der „rein deutschen" Stämme des Südens unter Führung Bayerns und Württembergs forderte. Schließlich entwickelte sich bei den Liberalen eine konstitutionelle Trias-Idee: Süddeutschland als das Land des Liberalismus und der Verfassungen – im Gegensatz zu den beiden Großstaaten –; aber das war ein Ton, der bald wieder verging. Konkret wurden die ersten Versionen in der Politik, die der bayerische Bundestagsgesandte Johann Adam von Aretin und der württembergische von Wangenheim seit etwa 1817 einschlugen: sie versuchten, das dritte Deutschland als Opposition gegen die Hegemonialmächte zu organisieren und mit Hilfe der Bundesverfassung zur Geltung zu bringen. Die von Österreich und Preußen ausgearbeitete und deren Vormacht betonende Kriegsverfassung kam wegen dieses Widerstandes zu Fall – man wollte die militärischen Kräfte des dritten Deutschland in einem rein deutschen Bundesheer zusammenfassen. Erst 1821/ 22 kam eine Militärverfassung zustande; die Mittel- und Kleinstaaten stellten 4 von 10 Armeekorps; die Einheitlichkeit war freilich in jeder Beziehung gering. Aber eine solche Triaspolitik mußte scheitern. Aretin wollte die bayerische Hegemonie, Wangenheim eher eine wirkliche Föderation – daran scheiterten z.B. die Versuche eines süddeutschen Zollbundes. Als aber Wangenheim 1822 auch eine Opposition gegen die Mainzer Untersuchungskommission mobilisierte, erzwangen die Großmächte, von den konservativen Regierungen unterstützt, seine und zweier anderer Gesandter Abberufung, die „Epuration" des Bundestags. Gegen die Hauptmächte war im Zeichen der Restauration, zu der sich die große Mehrheit aller Staaten bekannte, keine Politik zu machen. Die Gesandten wurden jetzt streng an die Weisungen der Regierungen gebunden. Eine Triaspolitik hat es im Bund bis 1848 nicht mehr gegeben.

Die deutsche Politik beruhte seither auf dem Mehrheitskonsens der Restauration, in den abweichende Regierungen zurückgezwungen wurden, und auf der Vorverständigung zwischen Preußen und Österreich. Es gab mancherlei Spannungen in diesem Verhältnis – vor allem über die Zollvereinspolitik oder 1830 über den Versuch einer preußisch-süddeutschen Militärpolitik, die zum Sturz des preußischen Außenministers Bernstorff führte –, aber im ganzen war das eine tragfähige Kooperation. Der Dualismus blieb – jenseits der Zollfrage – fast stillgestellt.

b) Der Zollverein

Das einzig bewegende und große Ereignis in der gesamtdeutschen Politik dieser Jahrzehnte ist die Gründung des Deutschen Zollvereins. Sie hat in der Entwicklung einer deutschen Volkswirtschaft ebenso wie in der Geschichte der Nationalstaatsbildung und des Hegemonialkampfes zwischen Preußen und Österreich Epoche gemacht. Die wirtschaftliche Entwicklung tendierte auf Arbeitsteilung und steigende Verflechtung der Wirtschaftsgebiete, auf größere Märkte; die internationale Konkurrenz und die Existenz geschlossener Volkswirtschaften in Frankreich und Großbritannien drängte auch die Deutschen zum Zusammenschluß zu einer Volkswirtschaft. Zollgrenzen waren Hemmnisse und Widersinn. Wirtschaftlicher Fortschritt hing an einem einheitlichen Wirtschafts-, d. h. Zoll-, Verkehrs- und Währungsgebiet. Auch ökonomische Gründe also verwiesen auf eine nationale Einheit. Friedrich List, in jungen Jahren Professor in Tübingen, ist der frühe Propagandist solcher Ideen gewesen. Aber solche weitreichenden Perspektiven waren es nicht, die den konkreten Gang der Ereignisse bestimmten und die Handelnden motivierten.

Auf dem Wiener Kongreß war die Kompetenz des Bundes für eine gemeinsame Zollpolitik vor allem am Widerstand des souveränitätsbewußten Bayern gescheitert. Die in Aussicht genommenen Beratungen blieben angesichts des politischen und wirtschaftlichen Partikularismus der Einzelstaaten zunächst ohne Ergebnis. Letzten Endes waren die deutschen Teilgebiete in ihrem wirtschaftlichen Entwicklungsstand noch zu inhomogen. Die Anstöße zur Weiterentwicklung dieser Frage gingen von Preußen aus. Preußen hatte schon wegen der Trennung seiner beiden Westprovinzen von den Kerngebieten des Ostens (und einer 7500 km langen Zollgrenze mit vielen En- und Exklaven) ein vitales Interesse an einem größeren Zollraum. 1818 erließ Preußen ein neues Zollgesetz; es sollte das Zollsystem rationalisieren, den Staat zollpolitisch integrieren und die von Preußen umschlossenen Enklaven und Kleinstaaten zum Anschluß an das preußische System zwingen. Das Gesetz verlangte, um den Schmuggel zu verhindern, auch und gerade für den Durchgangsverkehr hohe Zölle, und es wurde – was bis dahin selten war – strikt durchgeführt. Dieses selbständige und rigorose Vorgehen erregte Aufsehen, Erbitterung und Protest, es galt als partikularistisch. Der „deutsche Handels- und Gewerbeverband", ein erster gesamtdeutscher Interessenverband vor allem süd- und mitteldeutscher Unternehmer, organisierte unter seinem „Konsulenten" Friedrich List eine große Petitionsbewegung für einen allgemeinen Zollverein und wandte sich an Bund und Regierungen – die sich freilich gegen derart demokratische und „überstaatliche" Zudringlichkeit verwahrten. Aber auch eine Reihe von Regierungen wandte sich gegen die preußische Sonderpolitik. Da eine bundeseinheitliche Zollpolitik offensichtlich auf Schwierigkeiten stieß, entwickelte der württembergische Bundestagsgesandte Wangenheim, der auch mit List Kontakt hatte, den Plan einer zollpolitischen Triaslösung – den Zusammenschluß der mittleren und kleineren, der „rein" deutschen, vor allem zunächst der süddeutschen Staaten –, und auch eine Reihe bayerischer Politiker war in dieser Hinsicht sehr aktiv. Im Mai 1820 schlossen Württemberg, Baden, Bayern, Hessen-Darmstadt, die Mehrheit der thüringischen Staaten einen Zollvorvertrag. Aber die langen Verhandlungen dieser Staaten, 1820–1825, scheiterten, zum einen an dem Gegensatz zwischen dem freihändlerisch orientierten Baden und dem schutzzöllnerischen Bayern, zum anderen, weil Bayern letzten Endes auch zollpolitisch keine Lösung einer gleichberechtigten Trias wollte, sondern entweder eine bayerische Hegemonie oder die Beibehaltung der vollen Souveränität – alles andere hätte für Bayern einen unzumutbaren Machtverlust bedeutet. Weder der Bund noch die süddeutschen Staaten also schienen zu einer gemeinsamen Zollpolitik in der Lage. Preußen führte in den Jahren 1819/20 geradezu einen Zollkrieg gegen die anhaltischen Fürstentümer; es mußte dann zwar, 1821/22, nachgeben, und es entwickelte sich, vor allem mit Hilfe der freien Elbschiffahrt, eine große Schmuggelzone – Anhalt importierte pro Kopf siebenmal soviel wie Preußen –, aber im ganzen blieb es in Mitteldeutschland bei einer Art zollpolitischen Stellungskriegs, der die Beliebtheit Preußens zunächst nicht eben erhöhte.

Aber die maßgebenden preußischen Politiker, der Leiter der deutschen und Zoll-Angelegenheiten im Außenministerium, Eichhorn, und vor allem Friedrich von Motz, Kurhesse von Hause, Oberpräsident der Provinz Sachsen und seit 1825 Finanzminister, verfolgten weiterreichende Pläne: sie erstrebten langfristig einen Zollsonderbund, mindestens für Nord- und Mitteldeutschland, in dem Preußen als stärkste Wirtschaftsmacht selbstverständlich die Führung beanspruchte. Für Motz, einen der wenigen politischen Köpfe dieser Jahre, einen „Staatsmann in einem Kabinett von Geschäftsmännern" (Treitschke), hatte das eindeutig eine gesamtpolitische Perspektive. Er war davon überzeugt, daß die Kleinstaaten zur Lösung der Zeitprobleme unfähig seien und daß deshalb, ganz unromantisch, Deutschland den Zusammenschluß zu einem großen und starken Staat brauche. Österreich könne, im Inneren brüchig und in die europäischen Dinge verstrickt, die deutsche Frage nicht lösen; Österreich müsse aus Deutschland ausscheiden, Preußen müsse es einigen. Die Zolleinigung war dann Vorstufe zur staatlichen Einigung; „wenn es staatswissenschaftliche Wahrheit ist, daß Zölle nur die Folge politischer Trennung verschiedener Staaten sind, so muß es auch Wahrheit sein, daß Einigung dieser Staaten zu einem Zoll- und Handelsverband zugleich auch Einigung zu ein und demselben politischen System mit sich führt" (1829). Zugleich war Motz, wie viele liberale Reformbeamte der Restaurationszeit, überzeugt, daß eine den Interessen der bürgerlichen Gesellschaft verpflichtete Wirtschaftspolitik letzten Endes auch eine Verfassung mit dem Staatsinteresse vereinbar machen werde. Zollpolitik war auch Verfassungspolitik. Man darf freilich diese Motive nicht generalisieren, das war nur eine Perspektive. Konkreter und durchschlagender war die Notwendigkeit für Preußen, seine beiden Staatshälften zusammenzubinden. Aber dieses preußische Partikularinteresse verband sich eben mit den objektiven Tendenzen, die auf eine nationale Wirtschaftseinheit zielten. Schließlich war für die preußische Politik wichtig, daß sie im Prinzip freihändlerisch war. Die Beamten waren Anhänger von Adam Smith, sie glaubten an die internationale Arbeitsteilung und sahen in der Konkurrenz die Peitsche zum wirtschaftlichen Fortschritt; und die Wirtschaftslage des Landes – Agrarexport, west- und mitteldeutsche und schlesische Industrie- und Gewerbegebiete – schien den Freihandel erträglich zu machen.

Ende der 20er Jahre intensivierte Preußen die Zollpolitik. Ein neuer Zollkrieg zwang Anhalt 1828 zum Anschluß an sein Zollgebiet. Aber Kurhessen und Hannover, die die Westprovinzen vom Reststaat trennten, waren nicht zu gewinnen; die Strategie, „von Grenze zu Grenze" vorzugehen, endete in einer Sackgasse. Die Lösung des preußischen Integrationsproblems verwies auf den größeren gesamtdeutschen Rahmen. Preußen schloß, ebenfalls 1828, ein Zollbündnis mit Hessen-Darmstadt; das war der zollpolitische „Sprung" über die Mainlinie, der die Nachbarstaaten auch durch Druck im Rücken gewinnen sollte. Preußen hatte Hessen finanziell außerordentlich günstige Bedingungen gewährt und ihm seine eigene Zollverwaltung belassen; das sollte das preußische System attraktiv machen. Die nichtpreußischen Staaten fühlten sich bedroht. Österreich freilich war – an seine partikulare Wirtschaftspolitik gebunden – nicht in der Lage, eigene zollpolitische Gegenaktivitäten zu entwickeln, und Metternich konnte gegen den deutschen Hauptbundesgenossen seiner Restaurationspolitik nicht mit allen Mitteln vorgehen. Aber die am stärksten betroffenen Staaten: Hannover, Kurhessen, Nassau, dazu Sachsen, einige thüringische Staaten, Braunschweig und Bremen, bildeten – unter wohlwollender Assistenz Frankreichs und Österreichs – einen Mitteldeutschen Zollverein. Hohe Durchgangszölle gegen Preußens West-Ost-Verkehr und die Verpflichtung, keinem anderen Zollsystem beizutreten: das charakterisierte diesen Verein als Produkt bloßer Negation. Seine Existenz führte Preußen und Hessen-Darmstadt mit dem, ebenfalls 1828, zustandegekommenen bayerisch-württembergischen System zusammen, zumal dieses System weder Aussicht auf Erweiterung noch nennenswerten Erfolg hatte. Preußen gelang es, zwei der thüringischen Staaten – mit Hilfe der Straßenbaupolitik – für sich zu gewinnen, damit eine Brücke nach Süddeutschland zu schlagen; und 1829 kam es zu einem Handelsvertrag zwischen dem preußischen und dem süddeutschen System, das Zollfreiheit und schrittweise Anpassung vorsah. Der mitteldeutsche Verein zerfiel, 1831 schloß sich Kurhessen dem preußischen System an, damit hatte Preußen endlich die Brücke zu den Westprovinzen geschlagen. Im März 1833 schlossen sich das preußisch-hessische und das bayerisch-württembergische System endgültig zu einer Organisation zusammen, für die sich der Name „Deutscher Zollverein" einbürgerte. Preußen hatte wiederum bei der Verteilung der Einnahmen beträchtliche Konzessionen gemacht; das spielte bei dem Zusammenschluß eine wichtige Rolle; Bayern z. B. konnte seine Zolleinnahmen um 100% steigern, Preußen nur um 25%. Kurz darauf traten auch Sachsen und die thüringischen Staaten bei: in der Neujahrsnacht 1834 fielen die Zollschranken, der Deutsche Zollverein trat ins Leben. 1835/36 sind Baden, Nassau und Frankfurt beigetreten, 1841 wurden die Verträge für weitere 12 Jahre erneuert, bis 1842 gehörten 28 der 39 Bundesstaaten dazu; die norddeutschen Flächenstaaten, Hannover, Braunschweig, Oldenburg, schlossen sich einstweilen zu einem ähnlich organisierten „Steuerverein" zusammen.

Der Zollverein ist von den Regierungen nicht aus „nationalem" Interesse und nicht aus politischen Motiven abgeschlossen worden; partikulare, zum guten Teil fiskalische Interessen waren maßgebend. Aber der Zollverein durchbrach das deutsche System, wie es der Wiener Kongreß 1815 installiert hatte, daran konnte kein Zweifel sein. Der Zollverein sei, so bemerkte Metternich scharfsichtig, ein „Staat im Staate", er ermögliche oder festige die „Präponderanz" Preußens und erschüttere das deutsche Gleichgewicht, ja er befördere die „höchst gefährliche Lehre der deutschen Einheit". Gewiß, der Zollverein verband objektiv nationalen Zusammenschluß und preußische Hegemonie, war ein Vorspiel des späteren kleindeutschen Nationalstaates. Objektiv mußte der Zollverein die Bildung eines solchen Nationalstaates fördern. Hier stand jedermann das Alternativmodell einer funktionierenden Föderation vor Augen. Freilich, die ältere Ansicht der Historiker, daß der Zollverein deswegen notwendig auf die kleindeutsche Reichsgründung zulaufen mußte, ist nicht haltbar; auch die Erfahrungen mit der Europäischen Gemeinschaft haben uns eines anderen belehrt. Preußen blieb wie die Mittelstaaten und wie Österreich entschiedener Träger und Verfechter der staatenbündischen Struktur Deutschlands, der einzelstaatlichen Souveränität, es blieb einstweilen ein Gegner aller Tendenzen zu nationalstaatlicher Einheit – das mochte manchmal unverbunden, ja gegensätzlich neben dem Engagement für die „kleindeutsche" Wirtschaftseinheit stehen, aber politisch war das doch die Hauptsache. Und weil Österreich als starke Bundesmacht außerhalb des Vereins blieb, hatten seine Mitglieder anscheinend immer die Option, mit Österreich zusammenzugehen: das gerade sicherte ihre Souveränität und damit die staatenbündische Struktur Deutschlands. Auch der Zollverein selbst war staatenbündisch organisiert; oberstes Organ war ein Gesandtenkongreß; jedes Mitglied hatte ein Vetorecht und die Möglichkeit zu Kündigung und Austritt. Freilich, bei aller sorglich gewahrten Gleichberechtigung konnte an der Hegemonie Preußens, der stärksten Wirtschaftsmacht, kein Zweifel sein; auf Dauer konnte Preußen durch Kündigungsdrohung den anderen eher seinen Willen aufzwingen als umgekehrt, aber so konfliktreich ging es zunächst nicht zu.

c) Deutschland in Europa

Im Rückblick scheint die Geschichte der Deutschen zwischen 1815 und 1848 von den inneren Entwicklungen bestimmt, beinahe in einer Art außenpolitischer Windstille, während sie seither so intensiv mit den europäischen Machtverhältnissen verflochten ist. Aber gleichgültig sind die internationalen Beziehungen auch in diesen Jahrzehnten keineswegs. Sie sind die Bedingung für einen lang dauernden Frieden, für die außenpolitische Absicherung der Restauration und für das Stillstehen des preußisch-österreichischen Dualismus. Sie sind, weil die Machtgewichte sich langsam verschieben, eine der Voraussetzungen für die

Stellung der beiden deutschen Hauptmächte im Kampf um die Lösung der deutschen Frage zwischen 1848 und 1866. Schließlich verflicht sich die Außenpolitik mit den inneren Bewegungen. Außenpolitik, ein Arkanum der Regierungen und der Diplomaten, fängt an, Sache der Völker zu werden. Die Deutschen begeistern sich in den 20er Jahren für den Unabhängigkeitskampf der Griechen, die Liberalen seit 1830/31 für die Polen – Polenfreundschaft ist geradezu ein Symbol des Liberalismus – und 1847/48 für die Liberaldemokraten im Schweizer Sonderbundskrieg. Natürlich, im tatenarmen Deutschland war das auch ein Ventil für die eigenen Wünsche nach Freiheit und Einheit, aber es war auch der genuine Internationalismus der liberalen wie nationalen Bewegung, der Glaube an die Solidarität der Nationen im Kampf um die Freiheit. Zugleich, und im Gegensatz dazu, wurden bestimmte außenpolitische Fragen, wie das französische Drängen nach der Rheingrenze 1840, das dänische nach der Eingliederung Schleswigs zum großen Thema nationaler, öffentlicher Erregung – das war nicht mehr Sache von Kabinetten.

Der Deutsche Bund war zwar über die europäischen Großmächte, Österreich und Preußen, die ja über das Bundesgebiet hinausreichten, wie über die Personalunionen deutscher Länder mit England, Dänemark und den Niederlanden auch unmittelbar in die europäische Politik einbezogen. Aber als Bund hat er in der Außenpolitik keine aktive Rolle gespielt, er hat auf eigene Diplomatie und Bündnispolitik ganz verzichtet. Seine europäische Bedeutung bestand vor allem darin, daß das innerdeutsche Gleichgewicht mögliche Machtambitionen der Deutschen neutralisierte; insofern war er ein Faktor des europäischen Friedens. Die Politik der beiden deutschen Großmächte und das Interesse Europas an der Stabilität Mitteleuropas genügte, seine Existenz zu sichern.

Aktive deutsche Außenpolitik in diesen Jahrzehnten war, da Preußen, der schwächste der europäischen Großstaaten, sich im großen und ganzen an Österreich anschloß, die Sache Österreichs, war die Politik Metternichs. Seine Politik war von drei Grundsätzen geleitet. Sie war 1. ideologisch, sie wollte die konservative Ordnung Europas bewahren, sie setzte auf die Solidarität der Mächte, die gegen jede Revolution gemeinsam intervenieren sollten. Sie war 2. an Stabilität und Gleichgewicht orientiert, sie wollte die Machtambitionen durch eine Ordnung der kollektiven Sicherheit bändigen. Metternich liebte es, sich in jeder konkreten Frage als Arzt der Revolution und als Garant der europäischen Ordnung zu stilisieren. Und diese Politik folgte natürlich 3. der österreichischen Staatsräson: jede Revolution bedrohte die Existenz dieses übernational dynastischen Reiches, und jede Veränderung der Machtlage mußte die Position Österreichs, das gerade als Balancefaktor, trotz seiner strukturellen Schwäche, eine überproportionale Machtposition behauptete und zudem gänzlich saturiert war, schwächen. Metternich hatte die Spannung zwischen diesen Zielen, die immer wieder aufbrachen, auszubalancieren, darauf kam es an. Wir verfolgen ein paar Stationen der außenpolitischen Entwicklung.

Aus der Kriegsallianz der vier Großmächte war 1815 eine Friedensallianz geworden, die die europäische Ordnung vor kriegerischen und revolutionären Bedrohungen, zumal von seiten Frankreichs, schützen sollte. Regelmäßige Konferenzen der Großmächte, zu denen seit 1818 schon auch Frankreich wieder gehörte, sollten Frieden und kollektive Sicherheit gewährleisten. Die Vorherrschaft und die Solidarität der Großmächte, des europäischen Areopag, sollte die Ordnung Europas garantieren. Die eigentlichen Vertreter des machtpolitischen status quo waren zunächst Österreich und England: sie wollten eine russische Hegemonie auf dem Kontinent verhindern; sie widersetzten sich der schwer deutbaren und sprunghaften Politik des Zaren, die auf eine moralisch-mystische Neuordnung der Menschenwelt hinauszulaufen schien und darauf, daß er zum Schirmherrn der Bewegungspartei und zum Schiedsrichter Europas sich zu stilisieren suchte. Aber diese Interessengleichheit hielt auf die Dauer nicht stand, auch nicht unter dem europäischsten der englischen Politiker, dem durchaus konservativen Außenminister Castlereagh (bis 1822). Englands Priorität war das Gleichgewicht und nicht die Restauration oder gar die konservative Legitimität; es wollte konkrete Fragen konkret entscheiden, aber sich nicht auf eine „Prinzipienpolitik" einlassen; es wollte keine Institutionalisierung der Konferenzen, keine Art von Völkerbund und keine irgendwie geartete Weltpolizeifunktion für die Großmächte; es wollte schon im Blick auf Parlament und Öffentlichkeit keine Politik der Regierungen gegen die Völker; es wollte seinen Weltgegner Rußland eindämmen, insofern war ihm nicht soviel daran gelegen, die Solidarität aller Großmächte herzustellen, und je mehr der Zweck, Frankreich zu kontrollieren, hinfällig wurde, desto isolationistischer wurde die englische Öffentlichkeit. Metternich wollte zwar – gegen alles russische Übergewicht – die Interessengemeinschaft mit England aufrechterhalten; aber als einem kontinentalen und konservativen Politiker und als einem Nachbarn Rußlands mußte ihm daran gelegen sein, die beunruhigende Politik des Zaren in einen realistischen Konservativismus, in eine wahrhafte Solidarität der monarchischen Regierungen einzubinden; und daß für ihn, im Gegensatz zu den Engländern, auf die Dauer der kompromißlose und international organisierte Kampf gegen die Revolution wo auch immer Priorität hatte, das ließ sich auf die Dauer nicht verkennen. Gleichgewicht und Restauration waren eben nicht dasselbe. Darum ist die große Politik der europäischen Kongresse zwischen 1818 und 1822: Aachen, Troppau, Laibach, Verona zu Ende gegangen. Im wesentlichen ging es darum, wie sich die Großmächte zu den ausgebrochenen Revolutionen in Südeuropa – in Spanien, Portugal und einigen der italienischen Staaten – stellen sollten. Es ging um die „Intervention": sollten die Mächte kollektiv gegen die Revolution vorgehen, sollte man eine Macht beauftragen, oder sollte man der am meisten interessierten und benachbarten Macht freie Hand lassen? Es gelang Metternich, 1820 in Troppau den Zaren an seine Linie zu binden und auf die Politik der Intervention festzulegen, aber eine kollektive Intervention mit russischer Teilnahme, etwa in Neapel oder Spanien, die für England unerträglich gewesen wäre, zu vermeiden. Seitdem freilich nahm England nur noch als Beobachter an den Konferenzen teil; in Verona 1822 wurde Frankreich mit der Intervention in Spanien beauftragt, aber England kehrte sich nun endgültig von dieser Politik ab. Der neue

Außenminister Canning stellte sich gegen das System Metternich, er erkannte die revolutionären Staaten Südamerikas an und begünstigte seither die national-bürgerlichen Bewegungen und die Unabhängigkeit der kleineren Länder Europas; das wurde die neue Klientel Englands.

Aber dann war es die orientalische Frage, die seither die Politik des Jahrhunderts begleitet, die die Bahnen ideologischer Außenpolitik noch stärker durchbrach. In den Donaufürstentümern, den Kerngebieten des späteren Rumäniens, und in Griechenland brach der Aufstand gegen die türkische Herrschaft aus. Metternich wollte keine Neuordnung auf dem Balkan; sie mußte das Habsburgerreich erschüttern und den russischen Einfluß ausdehnen; selbst der nichtchristliche Sultan war, so meinte er, vom Prinzip der Legitimität geschützt. England stellte sich, auch aus Furcht vor einem russischen Protektorat, auf die Seite der Griechen und ging nun – endgültig gegen die Restauration – zur liberalen Intervention über; Rußland, von Metternich zunächst zurückgehalten, ging nach der Thronbesteigung Nikolaus I. (1825) von der Legitimitätspolitik zur nationalrussischen Politik über und verband sich überraschend mit den Westmächten zur militärischen Intervention – das sicherte die griechische Unabhängigkeit. Metternichs Prinzipienpolitik war in dieser Frage gescheitert. Und nachdem er die indirekte Unterstützung Englands verloren hatte, ja nun auch, zeitweise wenigstens, im Gegensatz zu Rußland stand, war seine informelle Führungsrolle in Europa eigentlich vorbei.

Die Pariser Juli-Revolution von 1830 löste erneut eine Krise aus, die zumal die deutschen Mächte betraf. Nicht nur hatte sich die Revolution in einem Hauptland Europas erneut durchgesetzt, vielmehr, sie löste in ganz Europa revolutionäre Unruhen aus. Die belgische Revolution machte Belgien vom Königreich der Vereinigten Niederlande unabhängig; in Mittelitalien kam es zu Unruhen; in Polen brach im Herbst der große Aufstand gegen die zaristische Herrschaft aus. Die territoriale Ordnung von 1815 und das Gleichgewicht schienen bedroht. Eine Intervention der – konservativen – Ostmächte gegen die Revolution in Frankreich schied bei realistischer Beurteilung der Kräfte und Risiken aus. Eine Intervention zugunsten des niederländischen Königs schien eine Weile aktuell, die belgische Frage berührte ja direkt deutsch-preußische Sicherheitsinteressen; aber England, das in einem selbständigen Belgien keine Beeinträchtigung seiner Sicherheit sah, widersetzte sich jeder Intervention; Frankreich drohte für diesen Fall mit Krieg; Österreich, militärisch und finanziell schwach, war in Italien engagiert; Rußland, durch den polnischen Aufstand gebunden, und die deutschen Mächte waren darum ebenfalls nicht voll handlungsfähig. Die europäischen Krisen blockierten sich gegenseitig. Weder konnten die Ostmächte im Westen noch die Westmächte in Polen noch Frankreich in Italien intervenieren. Zwar spielten Kriegsüberlegungen auch während der Verhandlungen über die Unabhängigkeit Belgiens im Winter 1830/31 weiter eine Rolle, als Frankreich Kompensationen von Belgien oder einen französischen Kronprätendenten ins Spiel brachte, aber das war gegen die gemeinsame Front Englands und der Ostmächte nicht durchzusetzen. Im Ergebnis ist Belgien mit Hilfe der deutschen

Mächte begründet worden: sie konnten nichts dagegen tun, aber sie konnten ein französisch dominiertes Belgien oder eine belgische Republik verhindern, und sie konnten die Neutralität Belgiens international verankern. Metternichs System hatte eine schwere Niederlage erlitten, aber die Niederlage war aufgefangen. Die endgültige Regelung zog sich freilich noch bis 1839 hin, erst dann gab der holländische König seinen Widerstand auf; der größere Teil des bundeszugehörigen Luxemburg fiel an Belgien, dafür kam die niederländische Provinz Limburg zum Deutschen Bund.

Trotz der Verständigung über Belgien rückten die konservativen Ostmächte enger zusammen. Preußen hatte den polnischen Aufstand auch als Bedrohung seiner eigenen territorialen Existenz empfunden und durch Aufstellung eines „Observations"korps die Aufständischen im russischen Polen von jeder möglichen Unterstützung abgeschnitten; das hatte Rußland geholfen. Kurz, die Erben der polnischen Teilung bildeten schon aus Machträson einen gemeinsamen Block, das war jetzt neu deutlich geworden. An die Stelle der Pentarchie trat ein neuer Dualismus. Die drei Ostmächte standen den „liberalen" Westmächten gegenüber, wenn auch das gemeinsame Interesse an Frieden und Stabilität diesen Gegensatz ausbalancierte. 1833 kam es zu einer neuen formalen Verständigung zwischen Österreich und Rußland über Maßnahmen gegen die Revolution und – das war gerade aktuell – über die Erhaltung oder notfalls auch die Teilung der Türkei, und Preußen schloß sich dem an – das war sozusagen eine Bekräftigung der Heiligen Allianz und eine Einbindung der russischen Machtpolitik in die Gemeinsamkeit der konservativen Mächte Europas.

Eine neue Orientkrise änderte 1839 noch einmal die Mächtekonstellation. Mehmet Ali, der halbsouveräne Herr Ägyptens, bedrohte die Türkei. Er wurde dabei von Frankreich unterstützt. Dagegen engagierte sich England, ebenso wie Rußland und Österreich, aus unterschiedlichen Motiven für den Schutz der Türkei; es gelang Metternich, einen Ausgleich zwischen England und Rußland und eine kollektive Aktion zu arrangieren. Die vier Mächte zwangen die Ägypter zum Rückzug, Frankreich erlitt eine schwere diplomatische Niederlage. Das führte nun, wir sagten es, zu einer eigentümlichen und ganz modernen Reaktion der Öffentlichkeit. Das Land war in seinem „Nationalstolz" verletzt; die Regierung drohte mit Krieg und rüstete; gleichzeitig verschob sich der Konfliktgegenstand. Frankreich verlangte die Revision der Verträge von 1815 und – die Rheingrenze. Die deutschen Mächte einigten sich auf einen militärischen Operationsplan, der auch die österreichische Position in Italien einschloß. Aber die französische Politik scheiterte. Der leitende Minister Thiers mußte zurücktreten. Frankreich mußte nachgeben; gerade Metternich hat für eine Vermittlung gearbeitet. Die orientalisch-europäische Krise wurde durch einen neuen Meerengen-Vertrag der Großmächte überwunden. Es zeigt sich hier, daß Westen und Osten nicht als feste Blöcke einander gegenüberstanden, sondern daß die Interessenlinien sich überkreuzten. Die Prestigepolitik Frankreichs und ökonomische Gegensätze führten auch zu Spannungen mit England; das Gleichgewicht war wichtiger als ideologische Trennlinien. In den 40er Jahren näherte sich dann gerade die französische Regierung, auch von der Sorge vor der Revolution bestimmt, Österreich an. Die Unruhen in Galizien und Krakau 1846 wiederum befestigten erneut die Solidarität der Ostmächte.

Metternich ist es letzten Endes weder gelungen, die Revolution noch die Großmachtegoismen zu bändigen; er durchlief eine Kette von Niederlagen, aber er fing sie auf und blieb bis 1848 immer noch eine der entscheidenden Figuren im europäischen Kräftespiel. Doch das entsprach eigentlich nicht mehr der Machtlage. Dem tieferen Blick konnte der schleichende Machtverfall Österreichs nicht entgehen. Seitdem es nicht mehr durch einen – wenn auch indirekten – Gleichklang der Interessen mit England (oder durch eine Art englischer Option) abgesichert war, wuchs seine potentielle Abhängigkeit von Rußland. Und ob die Gemeinsamkeit der konservativen Interessen die Machtgegensätze in den Balkan- und Orientfragen auf die Dauer auffangen könnte, war nach den Ausbrüchen der 20er und 30er Jahre unsicher geworden.

5. Auswirkungen der Julirevolution

Es ist die französische Julirevolution von 1830 gewesen, die die Dinge in Deutschland in Bewegung gebracht hat. Gewiß, „die" europäische Revolution war keine Einheit, gar von einer Verschwörung getragen, wie die Konservativen wähnten. Aber es gab die großen europäischen Gemeinsamkeiten und die Ähnlichkeit der Konflikte. Die Revolution in Paris gewann sofort exemplarischen Charakter und gesamteuropäische Resonanz. Sie wurde als epochales Ereignis und als Ausdruck einer allgemeinen Krise erlebt: die restaurative Stabilisierung der europäischen Ordnung schien auf die Dauer doch nicht haltbar. Das erfüllt die Konservativen mit Angst und Sorge, die Liberalen mit Hoffnung und Erwartung und neuem Selbstgefühl, Protest und Unruhe greifen um sich. Die Revolution erfaßt einen Teil Italiens, erfaßt Belgien, erfaßt das russische Polen, also die Nachbarländer der Deutschen; gerade am Schicksal der Polen nehmen die liberalen Deutschen lebhaften Anteil, Begeisterung für sie zuerst und Mitgefühl dann werden Fermente der eigenen Bewegung.

Im partikularisierten Deutschland hat die Revolution zunächst in einer Reihe von Einzelheiten Bewegungen und Veränderungen ausgelöst; sie haben ihre eigene Geschichte, aber sie hängen doch auch zusammen. Sie zeigen im Grunde, wie das herrschende System seit 1830 in Frage gestellt wurde. Zunächst kam es in einigen der vorkonstitutionellen Staaten Nord- und Mitteldeutschlands zu Verfassungsbewegungen, zu einer zweiten Phase der Konstitutionalisierung in Deutschland.

In Braunschweig hatte der junge Herzog Karl 1827 die von seinem Vormund neu geregelte ständische Mitbestimmung aufgehoben – das war eine Art Staatsstreich –, Hannover rief dagegen den Bundestag an, aber ohne Erfolg. Der Herzog regierte „in voller fürstlicher Unverantwortlichkeit" (Treitschke) – Adel, Beamte und Bürger standen dagegen in Opposition. Im September 1830 kommt es in der Hauptstadt zu Unruhen, wie überall gemischt mit Elementen des sozialen Protestes von Handwerkern, Arbeitern, Jugend; als der Herzog die Einberufung der Stände ablehnt, wird am nächsten Tage das Schloß in Brand gesteckt, der Herzog flieht, eine Bürgermiliz hält die Ordnung aufrecht, ein Ausschuß des Landtags übernimmt de facto die Regierung, erklärt den Herzog für regierungsunfähig, setzt ihn also ab. Sein Versuch zurückzukehren, scheitert an der Bürgerwehr und auch am regulären Heer. Sein Bruder wird zum Regenten berufen. Die revolutionäre Gewalt war Sache des „Volkes", aber das adlig-bürgerliche Establishment, noch fest in den alten Bahnen des ständischen Widerstandes gegen einen monarchischen Umsturz, nahm den Aufstand gerne auf, um damit die eigenen Pläne zu realisieren. Der Konflikt endet, nachdem es auch zu bäuerlichen Unruhen kam, 1832 mit einer Übereinkunft über eine konstitutionelle Verfassung und eine verstärkte Repräsentation der Bürger und Bauern, die zugleich die Modernisierung der feudalen Gesellschaftsstruktur im Lande einleitet.

In gewisser Weise ähnlich lagen die Dinge in Kurhessen. Auch hier war die Normalopposition durch das despotisch-absolutistische Regiment und die Mißwirtschaft der Monarchen zugespitzt; der Kurfürst, Wilhelm II., beleidigte zudem die neue Bürgerlichkeit des Empfindens durch das Zusammenleben mit seiner Mätresse. Im September 1830 gab es in Kassel, in Hanau, in Fulda Bürgerversammlungen, die einen Landtag forderten und Bürgergarden bildeten, Arbeiterproteste und Aufruhr; eine soziale Protestbewegung ergriff große Teile auch des Landes: gegen Steuerlast und Feudalabgaben, Bürokratie, Polizeiregiment und Korruption, Zollgrenzen und -lasten in der Vorphase des Zollvereins richtete sich die Volkswut, die Zollhäuser gegenüber dem benachbarten Hessen-Darmstadt wurden vielfach gestürmt. Die Kasseler Bürgerschaft benutzte die Situation und erklärte, „um den drohenden Krieg der Armen gegen die Vermögenden" zu vermeiden, bedürfe es der Verfassung. Die Regierung lenkte ein und berief einen Landtag. Der Monarch verlegte – wegen der Mätresse – seinen Hof nach Hanau; als der Landtag 1831 seine Rückkehr – ohne jene Dame – forderte und eine Adresse aus Kassel andernfalls einen quasi-automatischen Thronverzicht, die Verwirkung der Herrschaftsrechte andeutete, wurde der Erbprinz zum Mitregenten ernannt und mit der eigentlichen Regierung beauftragt. Die Regierung vereinbarte 1831 mit dem Landtag eine konstitutionelle Verfassung; der liberale Staatsrechtslehrer Sylvester Jordan hat sie wesentlich mitgeprägt. Sie war die „liberalste" Verfassung der Zeit: Ein-Kammer-System mit bürgerlich-bäuerlicher Mehrheit, relativ demokratisches Wahlrecht, Vereidigung von Beamten und Heer auf die Verfassung und Verfassungsgelöbnis des Monarchen, Recht der Kammer zur Gesetzesinitiative, zur Budgetentscheidung, zur Bestätigung von „Notverordnungen" und zur Ministeranklage, Garantien der Grundrechte, der Justizverfassung, der Beamtenrechte, ja der Bürgergarde; zugleich freilich war die Verfassung im klassischen Sinne dualistisch: der Monarch blieb Herr der Exekutive, er berief den Landtag, und er löste ihn auf.

Auch in Sachsen, wo ein altständisches System mehr schlecht als recht funktionierte, kam es im Sommer 1830 zu Unruhen. Dabei spielten sowohl lutherisch
konfessionelle und antikatholische Momente eine Rolle wie soziale Spannungen, Handwerker- und Arbeiterproteste gegen Fabrik oder Fabrikanten, gegen
Polizei und versteinerte Kommunalverwaltung, die sich von den Städten bis in
die Textildörfer ausbreiteten. Das etablierte Bürgertum nahm diese Bewegung
auf, bildete Bürgergarden und forderte eine Reform des ständisch-altmodischen
Systems. Das wollte auch ein Teil des hohen Beamtentums. Das verhaßte Ministerium wurde durch ein Reformministerium unter von Lindenau abgelöst. Unter dem Druck neuer Unruhen 1831 gelang es der Regierung mit Mühe, dem
altständischen Landtag die Zustimmung zu einer Verfassung abzugewinnen.
Diese Verfassung war konservativer als die kurhessische, ein Kompromiß zwischen ständischem und repräsentativem Typ. Der Adel behielt sowohl in der ersten Kammer wie in der zweiten eine starke Position; in der zweiten Kammer
hatte neben Städten und Dörfern auch die Industrie eine besondere Position; die
Stellung der Regierung war stark, Haushalt und Gesetze, denen der König und
die erste Kammer zugestimmt hatten, konnte die zweite Kammer nur mit Zwei-
Drittel-Mehrheit verhindern. Aber im ganzen wurden seither Staat und Gesellschaft moderat fortschrittlich reformiert, etwa die Stadt- und die Selbstverwaltung; 1832 wurde die Ablösung der Grundlasten mit Hilfe einer staatlichen
Bank begonnen, 1843 sogar die adlige Steuerfreiheit aufgehoben.

Schließlich Hannover. Hier richtete sich der Protest nicht gegen den in London sitzenden König, sondern gegen das durchweg herrschende altständisch-
feudale System und gegen den leitenden Minister, den Grafen Münster. Im
Winter 1830/31 kam es in Südhannover zu Unruhen und Aufständen; in Göttingen übernahmen im Januar die von drei Privatdozenten angeführten Aufständischen die Macht, ehe der Aufstand vom Militär, immerhin der halben Armee des
Landes, unterdrückt wurde. Die Regierung suchte trotz ihres Sieges nach einem
Kompromiß, Münster wurde entlassen, man verhandelte mit dem Landtag, in
den die Städte nun mehr liberale Abgeordnete gesandt hatten, über eine Verfassung; 1833 kam sie, mit starken altständischen Relikten zwar, aber doch zustande. Die Steuern wurden reduziert, und vor allem kam endlich die Ablösung der
Bauern (1831/32) in Gang, ein Werk des altliberalen Osnabrücker Abgeordneten Stüve vor allem.

Mit dem Eintritt dieser vier Staaten in den Kreis der Verfassungsstaaten erweiterte sich zugleich die Arena eines öffentlichen politischen Lebens in
Deutschland; der nationale Kommunikationszusammenhang wurde dichter.

In Süddeutschland hat die Julirevolution zum einen die liberale Opposition
und ihren Kampf für die Ausgestaltung der Verfassung in den einzelnen Staaten
intensiviert. Zwar, zu eigentlichen Unruhen ist es nur in Oberhessen – gegen
Steuern, Zölle, feudale Verhältnisse – gekommen, aber überall wurde die Opposition vehementer, bei Wahlen und Petitionsbewegungen trat sie deutlicher
hervor; in Baden und Bayern hatte sie in den zweiten Kammern die Mehrheit
und konnte – wir haben davon erzählt – wichtige liberale Forderungen durch-

setzen. Vorübergehend lockerte sich das Polizeisystem. Vieles schien in Bewegung zu geraten. Aber dann setzte die verschärfte Gegenpolitik der Regierungen ein, und überall lief die liberale Politik an der Struktur des Deutschen Bundes auf, die Frontstellung zwischen Regierungen und Kammern wurde nach 1832 zusehends schroffer; Landtagsauflösungen und Vertagungen waren wieder üblich, in Nassau zog die Opposition bei Verabschiedung des Budgets demonstrativ aus.

Zum anderen entsteht, und das ist neu und auf die Dauer wichtiger, eine außerparlamentarische Opposition über die Grenzen der Einzelstaaten hinweg. Das reicht von der Burschenschaft, ihrem radikalen Flügel, der Germania, und den geheimen, revolutionär gestimmten Burschentagen von 1831/32, über eine ausgebreitete Publizistik bis zu einer allgemeinen Volks- und Bürgerbewegung des liberal-nationalen Protestes, mit Adressen- und Unterschriftensammlungen, den „Essen" mit den heimischen Abgeordneten, den Reden und Trinksprüchen, den vielerlei Festen, Revolutions-, Presse- und Polenfesten z. B., und mit einer latenten Tendenz zum zivilen Ungehorsam, zur allgemeinen Aufsässigkeit; reicht von der intellektuellen Avantgarde bis zu den wein- und biertrinkenden und manchmal philisterhaften Stammtischpolitikern und Regierungsfressern. In München gab es im Dezember 1830 Polenfeiern, bei denen auch die Marseillaise gesungen wurde und die in Zusammenstößen mit dem Militär endeten. Der Ton wird radikaler: neben Grundrechten und Mitbestimmung wird entschiedener Demokratie und Volkssouveränität akzentuiert und die Gegnerschaft gegen Fürsten und Partikularstaaten; nicht der Geist der bestehenden Verfassungen und der Umbau des Bestehenden wird eingeklagt, sondern eine wirkliche Neuordnung gefordert. Nicht mit Kompromissen, sondern mit dem Druck des Volkes und direkter Aktion will man weiterkommen. Und das Ganze steht auf einer breiten sozialen Basis auch der kleinen Bürger und Bauern, und überhaupt der kleinen Leute.

Diese ganze Bewegung gipfelte zunächst 1832 im Hambacher Fest. Zwei Journalisten, Wirth aus München und Siebenpfeiffer aus der Pfalz, in harten Konflikten mit der Zensur erfahren, begannen eine Pressekampagne gegen Fürsten und Regierungen in Deutschland, und zwar in der Pfalz; hier boten das französische Recht, eine liberale Justiz und die bis dahin laxere Zensur besseren Schutz, die pfälzischen Abgeordneten, wie z. B. der Advokat Schüler, waren durchaus radikaler als die „normale" Kammeropposition. Im Februar 1832 gründeten sie den Vaterlandsverein zur Unterstützung der freien Presse, bald Preß- und Vaterlandsverein geheißen, der sich vom Südwesten bis nach Süd- und Mitteldeutschland rasch ein Netz von 116 Zweigvereinen mit 5 000 Mitgliedern schuf, ohne Rücksicht auf Staatsgrenzen, die Vorform einer Partei. Auf der Basis der Pressefreiheit sollte die Macht des Geistes und der öffentlichen Meinung gegen die Macht der Fürsten mobilisiert werden, zur „Wiedergeburt Deutschlands" und seiner demokratischen Organisation. Der Verein wurde ebenso wie die Zeitschriften seiner Hauptinitiatoren (‚Westbote', ‚Deutsche Tribüne') schon im März verboten, aber die Kampagne ging – mit immer neuen pu-

blizistischen Mitteln – weiter. Im April lud man zu einem großen „friedlieben-
den, schönen" Fest auf der Ruine des Hambacher Schlosses bei Neustadt ein, einem „Nationalfest der Deutschen" (Wirth), einem Fest „zum Kampf für die Ab-
schüttelung innerer und äußerer Gewalt". Die pfälzische Bezirksregierung hat
die Sache schließlich zugelassen. Am 27. Mai versammelten sich 20 000 bis
30 000; es war die größte Massenveranstaltung in Deutschland vor 1848. Die
Teilnehmer kamen aus der Pfalz – hier spielte die Notlage infolge von Mißern-
te, Hunger und Zollquerelen bei Handwerkern und Bauern eine große Rolle, es
gab eine schwarze Fahne mit der Aufschrift „Weinbauern müssen trauern" –,
dann aus Hessen, Frankfurt, Baden, wenige aus der preußischen Rheinprovinz
und anderen Ländern, an die 300 Burschenschafter, vor allem aus Heidelberg,
und schließlich Polen und Franzosen. Es gab einen Festzug und Fahnen, das
Schwarz-Rot-Gold der Burschenschaft und ungefähr 20 Reden. Siebenpfeiffer
feierte den Tag, „an welchem die Fürsten die bunten Hermeline feudalistischer
Gottstatthalterschaft mit der männlichen Toga deutscher Nationalwürde ver-
tauschen, wo das deutsche Weib nicht mehr die dienstpflichtige Magd des herrschenden Mannes, sondern die freie Genossin des freien Bürgers unseren Söhnen und Töchtern schon als stammelnden Säuglingen die Freiheit einflößt, wo
die deutsche Jungfrau den Jüngling als den würdigsten erkennt, der am reinsten
für das Vaterland erglüht, wo der Beamte und der Krieger sich nicht mehr mit
der Binde des Herrn und Meisters, sondern mit der Volksjacke schmücken, den
Tag, wo ein gemeinsames deutsches Vaterland sich erheben wird, das alle Söhne
als Bürger begrüßt". Das war das demokratische Pathos der Zeit. Aber wir müssen uns deutlich machen: das Fest war in dieser Zeit ein „Akt der politischen Repräsentation" (Huber), das war etwas anderes als Diskussion oder Verschwörung; Idee und Bewegung stellten sich selbst dar und wurden gerade so zur öffentlichen Macht. Der gemeinsame Ton war der der nationalen Demokratie,
nicht mehr „teutsch" wie 1817, sondern westlich und aufgeklärt. Volkssouveränität gegen monarchische Legitimität und alle Vermittlungen, ja: „ohne Beseitigung der Fürstenthrone gibt es kein Heil für das Vaterland" (Wirth), die „vereinigten Freistaaten Deutschlands" sind das Ziel. Es gab die Distanz zum Liberalismus, zum *juste milieu:* die Verfassungen seien unzureichend, die Volksrechte zu wahren, deshalb „weg mit den Konstitutionen und Konstitutiönchen".
Man bewegte sich am Rande der Revolution: „Wenn die freie Presse vernichtet,
die Gesetze verhöhnt und die Mittel der Menschheitsbildung abgeschnitten werden, dann ist keine Wahl mehr ... dann ist der Kampf ein Kampf der Notwehr,
der alle Mittel heiligt, die schneidendsten sind die besten, denn sie beenden die
gerechte Sache am schnellsten", oder man sprach von der „gesetzlichen Revolution". Zu diesem liberal-republikanischen Ideal gehörte untrennbar die Forderung nach Nationalstaat und Völkerbund. Wirth zwar hat sich für den Fall einer
französischen Bedrohung für den zeitweiligen Vorrang der Einheit vor der Freiheit ausgesprochen, Brüggemann deutete die Möglichkeit an, daß das Elsaß
deutsch, Wallonien französisch werde – aber man glaubte an die internationale
Solidarität befreiter Nationen, an die Internationale der Nationalisten.

Am nächsten Tag diskutierten zwar 500 gewählte „Vertrauensmänner" über Aktionen gegen „die Tyrannei des Bundestages", aber sie lehnten es ab, sich „in Permanenz" zu konstituieren, also zum Revolutionsausschuß; sie hätten keine Kompetenz, Repräsentanten der Nation zu wählen. Der Spott der Radikalen, daß in Deutschland die Revolution an der Frage der Kompetenz scheitere, ist billig. Das war realistisch und das entsprach der Treue zum Gesetz der Demokratie, unter dem man doch gerade angetreten war. Und trotz der radikalen Rhetorik war die Mehrheit der Festteilnehmer und Redner nicht revolutionär, niemand hatte eine politische Strategie, und es gab noch keine kritische Masse der Revolution. Es war mehr radikal-liberaler Protest als der Beginn einer Revolution.

Nach dem Hambacher Fest gab es von Baden bis nach Franken und Kurhessen noch eine Reihe ähnlicher kleinerer Feste; in der Coburgischen Enklave Lichtenberg, am Mittelrhein, kam es beim Errichten eines Freiheitsbaumes zu einer Minirevolution, die von preußischen Truppen unterdrückt wurde. Aber die führenden Liberalen von Rotteck bis Gagern haben sich von dieser ganzen Bewegung distanziert: „Keiner der anwesenden ausgezeichneten Volksvertreter konnte sich vor dem wütenden Geschrei der Demagogen vernehmen lassen", so hieß es in einer von Rotteck bestimmten Zeitung.

Unmittelbar und einschneidend war die Reaktion der Regierungen. Die bayerische Regierung suchte mit Einquartierungen (den sogenannten „Strafbayern") und der zeitweiligen Ausrufung des Belagerungszustandes die Pfalz zu „befrieden" und die Initiatoren zu bestrafen; die meisten von ihnen konnten freilich fliehen. Wichtiger noch war der Deutsche Bund. Metternich wollte sich diese Gelegenheit nicht entgehen lassen. Das Fest könne „gut benutzt zum Fest der Guten" werden; um die Ordnung zu erhalten, müsse man nun alle staatlichen Gewaltmittel gegen die ganze Bewegung, gegen Presse-, Vereins- und Versammlungsfreiheit einsetzen und auch die liberalen Verfassungstendenzen eindämmen. Die preußische Regierung stimmte dieser Linie ganz zu, und die Regierungen der Verfassungsstaaten, von den quasi-revolutionären Vorgängen beunruhigt, konnten sich dem nicht entziehen. Ein Bundesgesetz vom 5. Juli 1832 verschärfte noch einmal die Zensur und verbot erneut alle politischen Vereine (oder solche, die unter anderem Namen zu politischen Zwecken benutzt werden), Versammlungen, Feste und Adressen; kurz, es zementierte das restaurative unbedingte Verbot aller Parteibildung und aller freien öffentlich politischen Tätigkeit. Die Einzelstaaten folgten mit entsprechenden Verboten; Baden mußte sein liberales Pressegesetz zurückziehen; die Praxis freilich blieb überall unterschiedlich. Ebenso wichtig war ein anderes Gesetz, die Sechs Artikel vom 28. Juni 1832. Zwar griff der Bund nicht, wie anfangs geplant, in die Verfassungshoheit der Länder ein. Aber er verfügte eine einheitliche „Auslegung" der Verfassung im Rahmen der Grundgesetze des Bundes. Petitionen der Landtage, die gegen das „monarchische Prinzip" verstießen, wurden verboten; die Verweigerung des Budgets, sofern es für die „Bundespflichten" einer Regierung nötig war, wurde verboten; die Zustimmung zum Budget von anderweitigen Kompensationsforderungen abhängig zu machen wurde als Auflehnung deklariert; die Redefreiheit in den Parlamenten und die Freiheit, über sie zu berichten, wurden eingeschränkt; eine gerichtliche Auslegung der Bundesverfassung wurde ausgeschlossen; eine Kommission sollte die Parlamente künftig überwachen. Die Regierungen erhielten, indem sie allein definieren konnten, was „bundeswidrig" sei, eine scharfe Waffe gegen oppositionelle Kammern. Verfassungsfortschritte in einem Land waren seither vom Bund aus blockiert; das bedeutete für die liberale Bewegung: Veränderungen und Fortschritte waren nur im nationalen Rahmen, nur über eine andere gesamtdeutsche Verfassung möglich. Freiheit gab es nur auf dem Weg über mehr Einheit.

So schnell freilich ließ sich die Unruhe nicht bezwingen. 1833 kam es beim Jahrestag des Hambacher Festes in der Pfalz zu neuen Demonstrationen, und kurz darauf konnten Siebenpfeiffer und Wirth ihre politischen Vorstellungen vor einem Geschworenengericht breit entwickeln und in Flugschriften propagieren, ja sie wurden, wenn auch nur in erster Instanz, unter dem Beifall der Opposition freigesprochen; die Geschworenen hatten sich als Bastion der Freiheit gezeigt. Eine kleine Gruppe von Revolutionären, vor allem von Intellektuellen, versuchte am 3. April 1833, durch einen Handstreich sich der Stadt Frankfurt zu bemächtigen; das war der „Frankfurter Wachensturm". Man wollte das Signal zu einer allgemeinen Volkserhebung geben, das Gebäude des Bundestags besetzen, die Gesandten verhaften und eine zentrale revolutionäre Gewalt etablieren. Zwar gelang die Besetzung der Wachen, aber das Unternehmen scheiterte, nicht nur weil es schlecht vorbereitet und vorzeitig verraten war. Das „Volk" von Frankfurt blieb neugierig und ruhig, nicht einmal die befreiten Häftlinge benutzten ihre Freiheit. Den Revolutionären fehlte das Bezwingende, Mitnehmende; Revolution als Verschwörung von ein paar Eingeweihten funktionierte nicht; Frankfurt war nicht Paris, war nicht das Zentrum der Macht in Deutschland.

Der Bund reagierte mit neuen und noch schärferen Gegenmaßnahmen. Eine neue Zentralbehörde für politische Untersuchungen wurde installiert; sie hat bis 1842 2000 Ermittlungen eingeleitet, ein Verzeichnis der Verdächtigen und der Flüchtlinge angelegt und Bericht über Untergrundaktivitäten erstattet. Zumal Preußen ging sehr scharf gegen die Burschenschaften vor, Zugehörigkeit galt als Hochverrat; 39 Todesstrafen und 165 lebenslängliche oder langjährige Freiheitsstrafen wurden verhängt. Das galt der Abschreckung, die Strafen wurden durch Amnestien dann gemildert. Aber es war ein hartes und schlimmes Schicksal, das einem Teil der bewegten Jugend aufgeladen wurde; ein so wenig radikaler Mann wie Fritz Reuter hat davon in ‚Ut mine Festungstid' berichtet. Die Einschüchterungswirkung dieser Maßnahmen läßt sich leicht vorstellen. Der Versuch der deutschen Großmächte, die Verfassungen noch weiter einzuschränken, scheiterte diesmal am Widerstand der konstitutionellen Länder. Die sogenannten 60 Artikel vom Juni 1834 blieben geheim, sie waren kein Bundesrecht, wohl aber Selbstverpflichtung der Regierungen: in Fragen des Budgetrechts, der Steuerverweigerung, der Urlaubserteilung für Beamte, der Kontrolle der Universitäten und der Zensur (man wollte von den von der Zensur „geschwärzten" Stellen, die so provozierend wirkten, wegkommen), einigte man sich erneut auf einen ganz harten Restriktions- und Repressionskurs. Freilich, die Unterdrükkung der öffentlichen Meinung und die Zähmung der Landtage hat sich auf Dauer, und seit 1840 zumal, in der pluralistischen Staatenwelt Deutschlands nicht durchsetzen lassen.

Eine letzte Welle dieser südwestdeutschen Unruhen entwickelt sich in Hessen. Sie ist mit dem Namen Georg Büchners verbunden. Büchner, Medizinstudent, hatte 1833 in Gießen, der Traditionsuniversität der radikalen Burschenschafter, der Gießener Schwarzen von 1817–1819, eine „Gesellschaft für Menschenrecht" gegründet, 1834 schrieb er zusammen mit dem Pfarrer Friedrich Ludwig Weidig den ‚Hessischen Landboten', der als Flugschrift in zwei Ausgaben verteilt wurde. Das ist das erste große Manifest einer solchen Revolution. „Wenn unserer Zeit etwas helfen soll, so ist es Gewalt: Man wirft den jungen Leuten den Gebrauch der Gewalt vor. Sind wir denn aber nicht in einem ewigen Gewaltzustand?" so hatte er schon 1833 gemeint. Die Flugschrift richtet sich gegen die Ausbeutung durch die Fürsten – Verräter, habgierige Menschenquäler und Schinder –, den Adel und die Regierungen und ihre Tyrannei. Und sie richtet sich gegen das liberal-bürgerliche *juste milieu* und seine Legalitätsideale. Landtage und Verfassungen sind vergeblich und verächtlich, nichts als Fassaden. „Was sind unsere Wahlgesetze – nichts als Verletzungen der Bürger- und Menschenrechte der meisten Deutschen." Auferstehung Deutschlands als „Freistaat des Volkes", als Republik, soziale Emanzipation und wirkliche Gleichheit, darauf kommt es an; appelliert wird an die armen Leute, die unteren Schichten, zumal auf dem Lande; „Friede den Hütten, Krieg den Palästen", das ist die neue Parole und die neue soziale Scheidelinie, die doch die Bürger und Bauern, die nicht Hütte, nicht Palast hatten, sondern ein Haus, unendlich konsternieren mußte. Das alles wird untermauert mit statistischen Daten über die ungerechte Verteilung der Lasten und in einer gewaltigen, biblisch getönten Sprache formuliert. Ein Netz von Verschwörern, Dozenten, Studenten, Akademikern, Handwerkern zwischen Marburg, Gießen und Frankfurt organisiert solch revolutionäre Propaganda, aber im April 1835 wird die Sache von der Polizei aufgedeckt; ein Teil der Führer, wie Büchner, kann fliehen, andere werden verhaftet wie Weidig, der sich während der langen Untersuchungen im Gefängnis das Leben nimmt, ein Märtyrer der Volksopposition.

Zu der großen liberal-radikalen Protestwelle der 30er Jahre gehört im weiteren Sinne eine neue Richtung der Literatur. Ein bedeutender Teil der Literatur wird politisch, kehrt sich gegen die Vorherrschaft des Ästhetischen, gegen das Zeitlose, das Innerliche, sie will Tendenz und Kritik sein, sich dem Zeitgeist öffnen, progressiv oder emanzipatorisch. Der Roman, die Reisebeschreibung, die Essayistik, aber auch das Drama werden davon bestimmt. Ludwig Börne und Heinrich Heine sind die Vorreiter dieser neuen Schriftstellerei. Seitdem sie, untereinander durchaus verfeindet, nach der Julirevolution nach Paris übersiedeln, wenden sie sich mit zunehmend schärferer Kritik gegen die politischen und gesellschaftlichen, die kirchlichen und die intellektuellen Zustände in Deutschland, gegen seine „Zurückgebliebenheit". Vor allem Heine – genialisch, scharfsichtig, ironisch, witzig, todtraurig, ambivalent und gebrochen, emanzipatorisch-republikanisch gegen Monarchie und Adel, Kirchen und Partikularismus, Liberale und Großbourgeoisie, Kleinbürger und Philister, in einer fast verzweifelten Haßliebe an Deutschland und die Deutschen gebunden – ist von großer Wirkung. 1834 tritt eine Gruppe junger Literaten auf, die sich auf ihn berufen und bald als das Junge Deutschland bezeichnet werden: Wienburg, Gutzkow („Wally die Zweiflerin'), Laube („Das junge Europa'), Theodor Mundt. Das Pathos der Jugend, die Wendung gegen Tradition und Konvention, gegen Religion und kirchlich geprägte Moral, die Befreiung der Frau und die hedonistische „Emanzipation des Fleisches", der Ton auf den materiellen Bedürfnissen, ein bohèmehafter ungebundener Subjektivismus, Aufklärungseifer und Freude am Provozieren herrschender Gewalten wie Sitten, das charakterisiert diese Richtung. Im Dezember 1835 verbot der Bundestag wegen Gotteslästerung und Immoralität die Schriften des Jungen Deutschland, auch Heine wurde dazu gezählt. Die literarische und politische Bedeutung dieser Literaten ist damals wie später oft überschätzt worden, es war viel Theorie, Verwirrtheit, bloßes Wollen dabei und zu wenig Ernst, wie Friedrich Engels bemerkte, und die Gruppe zerfiel auch gleich wieder. Dennoch hat sie für das lesende Publikum und die öffentliche Meinung eine mobilisierende und politisierende Wirkung gehabt, in einem metapolitischen Sinn die kritische Reflexion der herrschenden Zustände intensiviert, so wie dann am Ende der 30er Jahre die junghegelianische Kritik am Christentum.

Mit Heine und Börne beginnt auch die eigentlich politische Emigration, und die Unruhen und Unterdrückungen der 30er Jahre treiben politische Flüchtlinge ins Ausland. Im Exil bilden sich jetzt Zentren der liberal-radikalen Bewegung, die dann auf Deutschland zurückwirken. Die zunächst eigentlich politische Emigration, die literarisch-intellektuelle, verbindet sich mit Handwerksgesellen und Kaufmannsgehilfen, die sozusagen „normal" eine Zeitlang im Ausland sind: sie werden in den 30er/40er Jahren politisch. Aus geselligen deutschen Vereinen werden politische Organisationen, Zellen sich bildender Parteien. Wir können nur weniges hier erwähnen. In Paris entsteht ein Deutscher Volksverein, zuerst eine Filiale des Vaterlandsvereins, 1834 entsteht daraus der geheime „Bund der Geächteten". In der Schweiz entsteht, aus Handwerkervereinen und Burschenschaften vor allem, eine Sektion von Mazzinis Geheimbund des Jungen Europa: das „Junge Deutschland" (nicht mit der erwähnten Literatengruppe zu verwechseln). Ein Teil seiner Anhänger muß nach Paris ausweichen; dort tragen sie zur Spaltung des „Bundes der Geächteten" bei, zur Gründung des „Bundes der Gerechten", aus dem sich dann die erste sozialistische Organisation entwickelt hat. Auch Brüssel und London spielen eine Rolle. 390 Namen von Aktivisten waren allein den Untersuchungsbehörden in Frankfurt bekannt. Die Emigration ist damals ein internationales Phänomen; darum ist die deutsche Emigration entschieden internationalistisch. Sie ist in ihrer Mehrheit egalitär-demokratisch und radikal; darum entwickeln sich gerade hier, in den fortgeschritteneren Industrieländern und unter dem Einfluß des westeuropäischen Radikalismus die Anfänge des Sozialismus. Die Emigration ist Emigration, aber sie ist personell und publizistisch mit Deutschland doch durchaus verbunden; die Überwachung ihrer Aktivität in Deutschland hat Polizei und Regierungen, nicht zum Vergnügen, dauernd in Atem gehalten.

Wenn wir auf diese Bewegungsphase im ganzen blicken, so bleibt es ein ganz erstaunliches Phänomen, daß Preußen, und ähnlich Österreich, von den Erschütterungen der Julirevolution fast unberührt blieb, obwohl es am Rhein mit der belgischen, in Posen mit der polnischen Revolution unmittelbar konfrontiert war. Es kam weder zu einer neuen Welle von Verfassungsforderungen, noch zu einer allgemeinen sozialen Protestbewegung; ein paar Tumulte von Handwerkern und Arbeitern, in Aachen oder Berlin z. B., wurden schnell abgefangen. Die obrigkeitliche Autorität in Preußen konnte ihre Maxime vom „beschränkten Untertanenverstand" auch in der Praxis durchhalten. Erst ein ganz anderer, zugleich altmodischer und moderner Konflikt, der zwischen Staat und Kirche, von dem wir an anderer Stelle erzählen, hat 1837 das innere Gefüge Preußens wirklich erschüttert.

Schließlich kommt es in diesem Jahrzehnt in zwei Einzelstaaten, und zwar gerade solchen, die nach 1830 zum konstitutionellen System übergegangen waren, zu einer entschiedenen verfassungspolitischen Reaktion – nun freilich mit großer gesamtdeutscher Resonanz. Das ist zunächst Kurhessen, es wird zum Land des permanenten Verfassungskonflikts. Einmal war der neue Regent nicht weniger despotisch-reaktionär als sein Vater; eine Mesalliance und Familienkonflikte speisten die Abneigung der bürgerlichen Welt. Zum anderen war es gerade die so liberale Verfassung, die, weil sie am dualistischen System festhielt, die Konflikte verschärfte. Schon im Mai 1832 trat an die Spitze der hessischen Regierung Ludwig Hassenpflug, Schwager der Brüder Grimm, entschieden staatskonservativ und antiparlamentarisch, von fast autokratischem Selbstgefühl, und zudem kirchlich orthodox und also antiliberal – er wurde zu einer der bestgehaßten Gestalten der Reaktion. Als die Regierung nach dem Hambacher Fest das Bundesgesetz der „Sechs Artikel" in Kraft setzte, forderte der Wortführer der Liberalen, Sylvester Jordan, die Ministeranklage. Der Monarch löste den Landtag auf; den für diesen Fall vorgesehenen Ständischen Ausschuß schaltete Hassenpflug – mit der Begründung, er sei ohne Instruktion des Landtags geblieben – aus; das war nicht gegen den Buchstaben, aber gegen den Geist der Verfassung. Die Regierung versuchte, Jordan mit Hilfe des Beamtenrechts seine Abgeordnetentätigkeit zu untersagen; der Landtag wurde noch mehrfach aufgelöst; die Ministeranklage endete mit einem Freispruch Hassenpflugs. Die in der Verfassung garantierten Rechte der Kammer gegen die Verordnungspraxis der Regierung kamen nicht zur Geltung, weil keine Fristen und Modalitäten vorgesehen waren, die eine unwillige Regierung hätten binden können. Zwar entließ der Regent den selbstbewußten Hassenpflug 1837, eine Zeitlang schien sich ein modus vivendi abzuzeichnen, aber die Regierung blieb reaktionär und in ständiger latenter oder aktueller Spannung mit der Kammer. Das Bewußtsein beleidigten „Rechtes" hat sich gerade in den kurhessischen Verfassungskämpfen tief ins Bewußtsein der vormärzlichen Liberalen eingegraben.

Der andere Fall ist Hannover. 1837 endete wegen der unterschiedlichen Erbfolgeordnung die Personalunion mit England; Ernst August von Cumberland, ein überzeugter Hochtory, wurde König von Hannover. Er hatte schon 1833 gegenüber der Verfassung geltend gemacht, daß sie, wie bei einem Familienfideikommiß und in vorabsolutistischen Zeiten, an die Zustimmung aller Erben gebunden sei, und er wollte die zu Staatseigentum erklärten Domänen wieder in den Besitz der Dynastie bringen. Nach seiner Thronbesteigung verweigerte er den Eid auf die Verfassung, vertagte den Landtag und erklärte am 1. November 1837 die Verfassung für ungültig: das war ein monarchischer Staatsstreich. Den Eid der Beamten auf die Verfassung erklärte er für erloschen. Am 18. November erklärten sieben Göttinger Professoren – Jacob und Wilhelm Grimm, Dahlmann, Gervinus, Ewald, Albrecht und Weber –, sie hielten sich weiterhin an ihren Eid gebunden und würden an keinen Wahlen oder anderen Aktionen teilnehmen, die gegen die in ihren Augen gültige Verfassung seien. Eine entsprechende Erklärung der Gesamtuniversität war nicht zustandegekommen; ein Teil der Professoren, durchaus nicht nur Konservative oder Opportunisten, bestritt, daß die Wissenschaft zum Verfassungsrichter legitimiere, wollten Wissenschaft und Politik strikt trennen – während die Sieben auf dem Zusammenhang von Wahrheit und Recht insistierten. Die Sache kam ziemlich sofort an die Öffentlichkeit; die Sieben wurden fristlos entlassen und drei des Landes verwiesen. Das alles erregte – wie lange kein Ereignis – ungeheures Aufsehen in der gesamtdeutschen Öffentlichkeit. Es wurde eine nationale Erfahrung. Die Sieben wurden die Märtyrer und die Helden des Liberalismus. Die politische Rolle des Professors kam hier, mit einem Schlag sozusagen, auch vor der nationalen Öffentlichkeit auf ihren Höhepunkt; das hat über die Paulskirche noch die nächsten Jahrzehnte geprägt. Zum erstenmal war Widerstand nicht von Radikalen, Literaten, jungen oder kleinen Leuten, sondern von einem Kernelement des bürgerlichen Establishments ausgegangen. Dahlmann hat in seiner Rechtfertigungsschrift die liberale Begründung gegeben. 1831 hatte er die Göttinger Revolution schroff mißbilligt: man dürfe die Menschen nicht nach ihren – vielleicht guten – Zwecken beurteilen, sondern nach ihren Mitteln, und nur legale Mittel, nicht aber Gewalt, seien legitimen Zwecken zugeordnet. Aber jetzt war es anders. Hier ging es nicht um eine Revolution im Namen des Naturrechts oder der Volkssouveränität, sondern um Widerstand gegen einen Staatsstreich, im Namen des Rechtes. Es war eine „Protestation des Gewissens". Die Sieben waren keine Revolutionäre gegen den Staat, sondern „Verteidiger des wahren Staates gegen die monarchische Willkür" (Huber). „Ich kämpfe für den unsterblichen König, nämlich den gesetzmäßigen Willen der Regierung, wenn ich mit den Waffen des Gesetzes das bekämpfe, was in der Verleitung des Augenblicks der sterbliche König im Widerspruch mit den bestehenden Gesetzen beginnt." Dieser rechtsstaatlich-reformerische Liberalismus war es, der auch den moderaten

und zum Teil unpolitischen Gelehrten die klare Richtschnur elementarer Zivil-
courage gab.

Die hannoversche Opposition wandte sich gegen den Staatsstreich an den
Bund, auch konstitutionelle Staaten, wie Baden und Bayern, forderten dessen
Eingreifen, aber die Mehrheit stellte sich auf Betreiben Metternichs dagegen; de
facto hat der Bund den Staatsstreich damit sanktioniert. 1840 kam es dann in
Hannover zu einer neuen Verfassung, die zwar die Kompetenzen der Kammern
einschränkte und das Prinzip der Ministerverantwortlichkeit strich, aber doch
weniger reaktionär war, als man nach den Ereignissen von 1837 und den Maximen des Königs erwarten mußte. Das war wohl doch eine Folge der Welle des
öffentlichen Protestes.

6. Aus- und Umbildung der deutschen Parteien

Um 1840, so kann man überpointiert, aber griffig sagen, bilden sich die modernen deutschen Parteien aus. Aus politischen Ideen werden politische Bewegungen, freie Gruppen von Menschen, die sich in einer politischen Überzeugung
eins wissen, die in einer sich ausbildenden politischen Öffentlichkeit agieren, die
auf politische Institutionen, Landtage und Wahlen, bezogen sind und die, im
Ansatz wenigstens, ein Gesamtkonzept für Staat und Gesellschaft haben. Der
ältere Gegensatz von Bewegungs- und Beharrungskräften, wie es ihn seit der
Revolution gibt, differenziert sich zu einem Fünf-Parteien-System, wie es dann
über fast 100 Jahre für die deutsche Geschichte prägend geworden ist: Konservative, Katholiken, Liberale, Demokraten, Sozialisten. Es ist erstaunlich, daß
sich dieser Vorgang gerade in der neuen Repressionsphase des Deutschen Bundes in den 30er Jahren vollzieht. Aber die Entstehung einer politischen Öffentlichkeit und ihre Differenzierung war nicht aufzuhalten. Die Zensur war, wir
haben es früher gesagt, nicht durchgreifend, so sehr sie Autoren, Verleger und
Buchhändler beschwerte, einschüchterte, ja in ihrer Existenz bedrohte, so sehr
sie ein Klima der Freiheit verhinderte. Und ähnliches galt für Vereins- und Ver-
sammlungsverbote. Der deutsche Pluralismus, die Tatsache der Emigration und
der übernationalen Kontakte, die florierende „Ersatzöffentlichkeit" der Wissenschaft, der Universität, der Kunst und der Literatur, der unpolitischen Publizistik, der Kirche – das hat das vortotalitäre System der Restauration unterlaufen.
Das Kommunikationsnetz wird dichter; die Publikationen und ihre Organe
wachsen gewaltig; die Literatur bleibt politisch und zeitkritisch. In den 40er Jahren entsteht eine ganze Welle politischer Lyrik, die überaus populär und von
großer Breitenwirkung ist, liberal, national, radikal und sozialkritisch – eine
neue Macht der vor allem oppositionellen Politisierung. Überall gibt es Krypto-
politik und deren Umschlag in wirkliche Politik. Kurz, es gibt immer mehr Öffentlichkeit, und die wird immer politischer, freilich immer von neuer Unterdrückung und Verboten bedroht, von Verhaftung, Untergrund und Emigration
bei der Linken, niemals in einer Atmosphäre einfach freier öffentlicher Diskus-

sion. Das ist das Klima, in dem die Parteien sich bilden. Es ist charakteristisch, daß es vor allem Zeitschriften, Zeitungen und Sammelwerke sind, um die sich die deutschen Parteien bilden: das ‚Berliner Politische Wochenblatt‘ der Hochkonservativen (1831–1841) und die ‚Historisch-Politische Zeitschrift‘ des Staatskonservativen Ranke (1832–1836), die ‚Historisch-Politischen Blätter‘ (seit 1838) der Katholiken, die ‚Halleschen Jahrbücher‘ (1838–1843) und die ‚Rheinische Zeitung‘ als Organe des Radikalismus, und die zahllosen liberalen Publikationen, für die hier nur das früher erwähnte Rotteck-Welckersche ‚Staatslexikon‘ (1834–1843) stehen mag, dem man geradezu eine parteibildende Funktion zuschreiben kann.

Noch etwas anderes ist erstaunlich an der Parteibildung. In der deutschen Tradition hatten Partei und Parteiwesen eigentlich einen negativen Klang; Parteien waren etwas Besonderes, verfolgten Eigen- und Sonderinteressen, nicht das Gesamtwohl. Wenn die Liberalen sich selbst im Grunde mit dem Volk identifizierten, so richteten sie sich gegen Parteien, die Gouvernementalen, die Klerikalen, die Demagogen. 1842 hat Herwegh in einer berühmten poetischen Fehde mit Freiligrath das Lob der Partei gesungen, aber was er meint, ist eigentlich die Parteinahme, das Engagement für die Freiheit und den Fortschritt, die Partei der Zukunft gegen die der Vergangenheit, die Partei, die zuletzt doch wieder das ganze Volk vertreten wird. Aber schon der Freiherr vom Stein hat 1830 die „Spaltung in Parteien“ für besser gehalten als die in Stände, und Heinrich von Gagern erklärte 1837 „Parteiherrschaft“ für ein Wesensmerkmal freiheitlicher Zustände. In den 40er Jahren werden Parteien und Parteiwesen zum Gegenstand der politischen Theorie – so schwer es gerade den Liberalen gefallen ist, die Pluralisierung der Parteien anzuerkennen. Die deutschen Parteien sind nicht persönliche Koterien, nicht einfach Interessengruppen, nicht einfach Agenten im Machtwettbewerb, denn sie haben ja kaum Anteil an der Macht, und sie sind natürlich auch noch nicht „organisiert“. Sie verstehen sich als Ideen-, als Weltanschauungs-, als Überzeugungsparteien, und sie sind das auch. Hinter ihnen steht eine metapolitische Philosophie, eine säkulare Theologie. Das ist Erbe der Universität und ihrer Schulen, der Philosophie und der Theologie, und Erbe des deutschen Pluralismus; das ist das Ergebnis der besonderen Rolle, die die Gebildeten in der deutschen Gesellschaft zunächst spielen, und ein Ergebnis ihres Ausschlusses von substantieller politischer Verantwortung. Für die deutsche Geschichte hat diese formative Phase unserer Parteien eine lange Nachwirkung gehabt: das politische Glaubensbekenntnis bleibt eine deutsche Figur; die Parteien neigen zum Doktrinären; der politische Konflikt tendiert leicht zum Kampf um letzte Überzeugungen.

Indem ein Parteiensystem entsteht, verändert sich das Verhältnis von Staat und Gesellschaft. Das liberale Bild – der Staat und die Konservativen einerseits, die Gesellschaft und die Liberalen andererseits – zerschmilzt. Statt dessen gibt es einen Pluralismus von Ideen und Interessen innerhalb der Gesellschaft. Parteien werden Vermittlungsorgane zwischen Gesellschaft und Staat, sie artikulieren Meinung und Wille gesellschaftlicher Kräfte, und die suchen sie durchzusetzen.

Man darf sich nicht täuschen lassen. Wir haben im Zusammenhang mit den 30er Jahren viel von radikalen Bewegungen erzählt, denn das war neu. Aber das war keineswegs das dominierende Faktum der gesellschaftlich-politischen Kräfte in Deutschland. Auf der „Rechten", wie man zu sagen anfängt, des deutschen Parteiensystems stehen die Konservativen. Wir haben von den autoritär-etatistischen und bürokratischen Konservativen und von den romantischen, ständischen früher erzählt, von ihrem Kampf gegen den liberalen Individualismus und den omnipotenten Staat, gegen Bürokratie und Absolutismus wie Demokratie und Verfassung, gegen emanzipatorische Freiheit und nivellierende Gleichheit. Dieser, vor allem preußische, Hochkonservativismus wird nun umgeformt und modernisiert durch den Rechtsphilosophen Friedrich Julius Stahl. Jede anständige Partei in Deutschland brauchte ihren Philosophen, und auch die Konservativen haben ihn gehabt. Stahl, getaufter Jude aus Bayern, einst Burschenschafter, Schüler Schellings, war 1840 nach Berlin berufen worden, um der „Drachensaat" der Hegelschen Philosophie entgegenzutreten. Der kleine Mann mit intellektuellem Habitus, ein Denker von hohem Format, wurde zum geistigen Führer der preußischen Junker und zu einem der offiziösen Theoretiker des preußischen Staates und zeitweise zum Berater des Königs. Natürlich, auch Stahl bringt mit Emphase das Urgestein konservativen Lebensgefühls zur Geltung: das „übermenschlich Gefügte" gegen das Machen- und Vollenden-Wollen, die Bindungen gegen die individualistische Emanzipation und Selbstentfremdung, die Macht der Herkunft gegen die Versprechungen der Zukunft. Darüber hinaus begründet er das Programm vom „christlichen Staat": der Staat kann (und soll) nicht auf die Autonomie des Menschen und auf profane Normen und Institutionen gegründet werden, sondern auf christliche, Politik soll christliche Politik sein. Luthers Trennung der beiden Reiche tritt trotz Stahls Bekenntnis zur lutherischen Orthodoxie ganz in den Hintergrund; der Staat sorgt dafür, z. B. im Eherecht, daß das Gemeinwesen christlich bleibt. Er befiehlt nicht der Kirche, und er trennt sich nicht von ihr, sondern er ist mit ihr wesensmäßig verbunden. Das wurde unter Friedrich Wilhelm IV. das Ideal preußischer Politik. Aber für die Zukunft des Konservativismus wichtiger noch war Stahls Lehre von der Verfassung (z. B. ‚Das monarchische Prinzip', 1845). Stahl löst 1. den Konservativismus von seiner Ablehnung des modernen Staates. Der Staat ist nicht ein quasi privates, ständisches und partikularistisches Herrschafts- und Eigentumsgefüge, sondern das einzige und ungeteilte Gemeinwesen, dem alle öffentliche Gewalt zukommt, ist eben der moderne Staat. Rechte und Freiheiten sodann 2. werden nicht durch Verträge oder patriarchalischen Sinn verbürgt, sondern durch eine „Verfassung", und die „Nation" nimmt durch Repräsentanten an der Gestaltung und Verbürgung des öffentlichen Rechtszustandes teil; dieses Ergebnis der „neueren Staatenbildung" muß auch der Konservative – endlich – anerkennen; in diesem Zusammenhang wird Stahl nicht müde, am englischen Beispiel die ständischen Wurzeln des Parlamentes zu betonen. Aber 3. diese Verfassung ist nicht die des Liberalismus und des „Westens", nicht die von Volkssouveränität und Gewaltenteilung oder Parlamentsherrschaft, sondern sie ist „monarchische

Verfassung". Der Monarch ist die positiv gestaltende und führende Macht im Staat; das Parlament wird von der Mitgestaltung der Politik abgedrängt, es wird eingezäunt, es wirkt an Gesetzgebung und Besteuerung mit und darf gar Minister, wenn sie die Verfassung brechen, anklagen, aber es ist nicht mehr als Wächter und Garant der Volksfreiheiten und -rechte und der Verfassung selbst. Diese Interpretation hat natürlich auch den Sinn, die gefürchtete Unabhängigkeit der Krone, sei sie absolutistisch oder bürokratisch oder gar im Bündnis mit dem Bürgertum, in Herkommen und adlige Interessen ganz stark einzubinden: der König soll nicht aus der Adelswelt ausscheren. Diese Theorie ermöglicht es den Konservativen, auf den Boden einer Verfassung zu treten, von da aus die Liberalen zu bekämpfen, Partei zu werden.

Daneben gab es noch, weniger wichtig, zwei andere neue Ansätze. Die Normalkonservativen waren Gegner der Nationalbewegung, Anhänger des Deutschen Bundes und der Verständigung zwischen Preußen und Österreich. Aber es gibt Ansätze zu einem neuen national-deutschen Konservativismus preußischer Prägung. Radowitz, Freund und Berater Friedrich Wilhelms IV. und vor der Revolution Militärbevollmächtigter in Frankfurt, dann Gesandter, entwikkelt die These, es sei nötig, um Königtum und Staat zu erhalten, die „Idee der Nationalität" zu ergreifen. Das sei „die gewaltigste Kraft der Gegenwart", sei die einzige Basis, auf der heute noch politische Ordnung möglich sei. Konkret dachte er, 1847/48, an eine Bundesreform durch die Regierungen, aber entscheidend ist, daß sich hier eine Verständigungsmöglichkeit zwischen den bisherigen Gegnern, Konservativismus und Nationalismus, abzuzeichnen beginnt. Und endlich entwickelt Victor Aimé Huber, ein Sohn der Therese Forster, seit 1843 in Berlin, in Schriften und Zeitschriften das erste dezidierte Programm eines Sozialkonservativismus: staatliche Sozialpolitik, vor allem aber Genossenschaften sollen aus eigentumslosen Arbeitern arbeitende Eigentümer machen. Huber bleibt einstweilen ein Außenseiter, aber über Hermann Wagener wirkt er auf Bismarcks Sozialpolitik, und er wird zum Vater des kleinen, aber nie verschwindenden sozialpolitischen Flügels des deutschen Konservativismus.

Die zweite Bewegung in dem sich ausbildenden deutschen Parteienspektrum und die erste, die den Gegensatz zwischen Beharrungs- und Bewegungskraft durchbricht, ist die Bewegung des politischen Katholizismus. Daß der Katholizismus – anders als der Protestantismus – zu einer einheitlichen politischen Kraft, ja zu einer Partei, wird, ist für die nächsten 100 Jahre ein in seiner Bedeutung gar nicht zu überschätzendes Grundfaktum unserer Geschichte. Die katholische Kirche geriet seit der Revolution, davon erzählen wir im Zusammenhang der Geschichte der Religion, in eine Art Dauerspannung zum modernen Staat. Die selbstverständliche Verbindung von Staat und Kirche war seit Revolution und Säkularisierung dahin. Die Kirche wollte Freiheit von den vielen Kontroll- und Eingriffsrechten des Staates, und sie wollte – staatlich geschützt – Einfluß auf die Gesellschaft, zumal über die beiden so lebenprägenden „gemischten" Angelegenheiten der Schule und der Ehe. Darüber gab es Konflikte. Im Stile der alten Welt wurden solche Konflikte von etablierten Autoritäten –

Regierungen und Bischöfen – ausgetragen. Aber wo politische Entscheidungen nicht mehr allein von Obrigkeiten monopolisiert waren, wo Bürger und Volk und Öffentlichkeit in Betracht kamen, da wirkte auch das katholische Interesse parteibildend. Das galt um so mehr, als die kirchlichen Forderungen sich nicht nur gegen den obrigkeitlichen und säkularen Staat richteten, sondern genauso gegen den Liberalismus, gegen seine Ideen von der Autonomie des Individuums und der Befreiung des Menschen von Autoritäten und korporativen Bindungen, gegen seinen Vernunftglauben und seine Kritik an Tradition und Dogma, gegen seine Abneigung gegen die Priester und die Bindung an den römischen Papst. Die Katholiken standen in Opposition gegen eine dominierende Tendenz der bürgerlichen Gesellschaft, ja der Zeit. Auch das drängte auf einen Zusammenschluß jenseits der Amtshierarchie, auf eine allgemeine und gegebenenfalls auch politische Bewegung.

Nach 1815 gab es zunächst nur ganz vereinzelte Organisationen und Zeitschriften, die die neugefaßten kirchenpolitischen Forderungen vertraten; in den 30er Jahren schlossen sich in den süddeutschen Landtagen kleine Gruppen betont katholischer Abgeordneter zusammen; in den ersten Kammern der Verfassungsstaaten und den Provinziallandtagen der katholischen Gebiete Preußens war es vor allem der Adel, der in Verbindung mit dem Klerus zum Hauptträger der Opposition, defensiv wie offensiv, gegen den bürokratischen Staat und den antikirchlichen Liberalismus wurde. Die Kirche wurde, auch davon werden wir berichten, in zunehmendem Maße ultramontan. Das bedeutete auch, daß die Massen des katholischen Kirchenvolkes zunehmend kirchlich gebunden, zunehmend mobilisiert und organisiert wurden: Kirchenblätter, Wallfahrten, wie die zum Trierer Rock, und vor allem dann, in den 40er Jahren, katholische Vereine, in denen die Laien, eng mit dem Klerus verbunden, aktiv wurden, all das hat den politischen Forderungen der Kirche Resonanz und Massenbasis gegeben. Der Katholizismus wurde so eine politische Macht im Zeitalter der Bewegungen.

Aber zu einer eigentlichen katholischen Parteibildung, die über die speziell kirchenpolitischen Interessen hinausgeht, kommt es erst seit 1838. Das „Kölner Ereignis" von 1837, die Verhaftung des Kölner Erzbischofs im Verlaufe des Mischehenkonflikts zwischen Kirche und preußischem Staat, hat die Kirchenprobleme plötzlich ins Zentrum der allgemeinen Politik gerückt und ein bis dahin unerhört gewaltiges Echo in der Öffentlichkeit ausgelöst. Es wurde – weit über die Region hinaus – die erste große gesamtdeutsche politische Erfahrung der Katholiken, die sie vereinte. Und es wirkte polarisierend auf das ganze politische Leben: der Zusammenhang protestantischer und katholischer Konservativer, die etwa das ‚Berliner Politische Wochenblatt' trugen, löste sich auf; die Mehrheit der Liberalen und die Linke zumal nahmen gegen den Katholizismus Partei, der Antiklerikalismus war stärker als der normale Protest gegen Bürokratie und Staatsomnipotenz, das war eine folgenschwere Entscheidung. Darum wird der Katholizismus jetzt zur politischen Bewegung. Es ist Joseph Görres gewesen, der 1838 in seiner wilden und genialen Kampfschrift ‚Athanasius' den

Zusammenhang von Konfession und Partei zum Programm erhoben hat. Weil Kirche und Staat, in aller Freiheit, einander zugeordnet seien, und weil zum modernen Verfassungsstaat Parteien gehörten, müsse auch die Konfession in der Parteibildung zum Ausdruck kommen: die Konfession wird politisiert, die Partei konfessionalisiert. Aber wenn es um Freiheit und Selbstbehauptung des Katholizismus ging, so blieb offen, wie und in welchem Verfassungssystem man das politisch durchsetzen wollte.

1838 gründen Görres und seine Freunde, vor allem der aus dem ‚Berliner Politischen Wochenblatt' ausgeschiedene Karl Ernst Jarcke, in München die ‚Historisch-Politischen Blätter für das katholische Deutschland'; diese Zeitschrift gewinnt Kontinuität und bildet Partei. Hier sammelt sich der konservative Flügel des politischen Katholizismus. Aus dem Vorrat christlich-katholischer Überzeugungen entwickelt diese Gruppe unter dem Einfluß der französischen Traditionalisten und der politischen Romantik eine politische Theologie des Konservativismus. Sie betonen die Elemente der Ordnung, der Tradition, der Autorität, das Nicht-Schöpfer- und Nicht-Herr-Sein des Menschen, seine Endlichkeit, die Unverfügbarkeit des Glücks. Revolution ist die typisch moderne, säkularistische „Sünde", die die Ordnung im Namen des Fortschritts auflöst, die Gemeinschaft im Namen des Individuums atomisiert, die Erfahrung durch theoretische Konstruktion ersetzt. Die Liberalen sind die Erben der Revolution, sie reißen den Menschen in den Wirbel des immer Neuen, ohne Halt am Gegebenen, sie entwurzeln ihn mit dem Pathos der Emanzipation und machen ihn unfrei. Der bürokratisch-obrigkeitliche Staat, für den Preußen prototypisch steht, ist nur eine andere Seite des modernen Ungeistes; Jakobinismus von oben ist so schlimm wie der von unten. Die Wurzel des modernen Unglücks aber ist die Reformation, aus deren Subjektivismus Aufklärung und Absolutismus, Revolution und soziale Auflösung stammen. Politische Probleme und Gegensätze werden theologisch gedeutet: das Gespräch zwischen Eva und der Schlange war die erste „Loge", in der über „Menschenrechte" beraten wurde. Die stark akzentuierte Krise der Zeit läuft geradezu eschatologisch auf die Entscheidung zwischen Katholizismus und atheistisch-sozialistischer Demokratie; Liberalismus und Protestantismus, Gestalten der „Mitte", sind ohnmächtig und ohne Dauer. Darum gibt es zu den protestantischen Konservativen im Grunde keine Brücke. Gegen die Zeit wird der bindende und entscheidungsstiftende Glaube angerufen und ein neues „höheres" Mittelalter, Monarchie, ständische Repräsentation, korporative Gesellschaft. So argumentierten konservative Intellektuelle, aber das hatte Einfluß auf die anderen katholischen Führungsgruppen, Adel und Klerus, und das entsprach der vormodernen Mentalität, in der die Mehrheit des katholischen Volksteils, Bauern und kleinstädtische Handwerker etwa, noch lebte.

Neben dieser konservativen Kerngruppe innerhalb des Katholizismus stand die liberale. Zwar die Theologie der liberalen Demokratie – Gleichheit und Freiheit der Kinder Gottes, das Bündnis von Kirche und Volk, der Auftrag, die Welt zu verbessern –, das hat in Deutschland keine große Rolle gespielt; ihr glänzendster Vertreter, der Abbé Lamennais, mußte aus der Kirche ausscheiden; der Gegensatz der sich verfestigenden Kirchenlehre zum Rationalismus der Liberalen erwies sich gerade bei den theoriebewußten Deutschen als Hindernis. Aber die katholische Bewegung war doch eine Freiheits- und Emanzipationsbewegung; der Freiheitskampf der katholischen Belgier, Iren und Polen fand auch in Deutschland sein Echo. Es ergab sich eine pragmatische Verbindung von Katholizismus und Liberalismus. Die liberalen Forderungen nach Vereins-, Versammlungs- und Pressefreiheit, nach Begrenzung der Staatsmacht, nach Selbstverwaltung und Rechtsstaat, ja nach Verfassung, die konnten auch die Katholiken erheben, nicht nur weil sie dem kirchenpolitischen Kampf dienstbar gemacht werden konnten, sondern auch weil man sie aus dem katholischen naturrechtlichen Denken begründen konnte. Die rheinischen Bürger, katholisch und antipreußisch, waren von ihren verfassungspolitischen Interessen her liberal, und um die metapolitischen Grundlagen und Folgerungen des Liberalismus – Rationalismus und Individualismus, Auflösung von Bindungen und Normen – brauchte man sich nicht zu kümmern. Die rheinischen Juristen, August Reichensperger und, etwas konservativer, sein Bruder Peter, die von 1848 bis in die Reichsgründungszeit eine führende Rolle im politischen Katholizismus gespielt haben, sind dafür typisch. Und 1848 steht die große Mehrheit der Katholiken zunächst auf dieser pragmatisch-liberalen Basis.

Schließlich, und noch am Rande, bilden sich die Anfänge des Sozialkatholizismus auf der Basis einer politischen Theologie, die die christliche Distanz zu Reichtum und Konkurrenz und den christlichen Appell zu Solidarität und Gerechtigkeit in den Mittelpunkt stellt. Arbeitsteilung und Wirtschaftsfreiheit etablieren, so meint man, die Gegensätze von Kapital und Arbeit; die entfesselte Konkurrenz belohne nur den Egoismus der Starken, aber verzehre Solidarität und Moral; die liberale Freiheit der dekorporierten Gesellschaft bedeute für den Arbeiter Vernichtung aller realen Freiheit. Das ist katholisch-romantische Sozialkritik von Adam Müller bis zu Franz von Baader ('Über das dermalige Mißverhältnis der Vermögenslosen oder Proletairs zu den Vermögen besitzenden Klassen der Societät', 1837). Franz Joseph Buss, Professor in Freiburg und Landtagsabgeordneter, setzt das fort, aber er geht über die Kritik am Industriesystem und am Liberalismus und über den Ruf nach Religion und Caritas als den eigentlichen Heilmitteln durchaus hinaus; korporative oder assoziative Organisation der Arbeiter, Bildung, Begrenzung der Eigentumsrechte, staatlicher Arbeitsschutz, das tritt bei ihm dazu. Im einzelnen klang das noch unscheinbar, aber im ganzen war das der umwälzende Ansatz zum sozialen Katholizismus, wie ihn der Bischof Ketteler nach 1848 weiter entwickelt hat. Freilich, die Katholiken waren am kapitalistisch-industriellen System weniger beteiligt als die Protestanten oder gehörten zu seinen Opfern, das erleichterte die Kritik; und sie blieben stärker an das agrarisch-handwerkliche Gesellschaftsideal gebunden, der Arbeiter war eher Ausnahme. Die reale Antwort des Katholizismus auf die soziale Frage der 40er Jahre war Kolpings Gründung der Gesellenvereine 1845, die moralisch, pastoral, familien- und berufsbezogen die „Standlosigkeit" der Gesellen überwinden sollten. Aber im Ansatz war auch das das Programm der katholisch-christlichen Partei über 100 Jahre hinweg: die Entproletarisierung des Proletariats, Eigentum für alle.

Gegenüber der nationalen Bewegung geriet der politische Katholizismus in eine eigentümliche Stellung. Der alte Reichspatriotismus und die Reichsromantik waren durchaus katholisch bestimmt gewesen, der neue Nationalismus war eher protestantisch. Die Katholiken widersprachen den Nationalisten, die zwischen internationaler Konfession und nationaler Loyalität einen Widerspruch sehen wollten. Wenn das allerdings, so hieß es in den ‚Historisch-Politischen Blättern', zur Alternative gemacht werde, dann sei zwischen einem katholischen Deutschen und einem katholischen Neger ein „unendlich viel innigeres Band" als zwischen ihm und einem deutschen Atheisten. Das war eine leichte Distanz gegen die Überbewertung der Nation. Aber die Katholiken standen keineswegs außerhalb der nationalen Bewegung. Sie waren nur – wie selbstverständlich – Föderalisten und in ihrer Mehrheit scharf antiborussisch und instinktiv-emotional großdeutsch.

Das Entscheidende nun ist, daß das konservative und das liberale Kernelement des politischen Katholizismus sich nicht verselbständigen, sondern miteinander verbunden die katholische Partei prägen. Die Tatsache, daß es zuerst um die Verteidigung der kirchlichen Lebensinteressen ging, war so elementar, daß sie auch das Gegensätzliche zusammenband. Die katholische Partei wurde ideenpolitisch wie sozial eine Sammlungspartei. Dahinter stand noch etwas anderes. Die katholische Bewegung war eine Anti-Establishmentbewegung, gegen die Bürokratie und gegen die vergleichsweise schmale Schicht des liberalen gebildeten und besitzenden Bürgertums; sie stützte sich stark auf das von der Kirche organisierte einfache Volk, die Bauern und die kleinen Leute. Sie war weit weniger als Konservative und Liberale an den alten oder neuen Eliten orientiert. Hier liegt – jenseits aller Ideen und Programme – das real de nokratische, das populistische Element der katholischen Parteibildung. Auf die Dauer mußte diese Partei darum auch in die Rolle einrücken, die realen Interessen der ihr folgenden Massen zu vertreten. Aber das brauchte Zeit.

Gewiß, die Bildung einer organisierten katholischen Partei auf dem Boden des politischen Katholizismus war keine zwingende Notwendigkeit; in der Paulskirche gab es keine katholische „Partei", und bis 1870 gab es organisatorisch noch manches Auf und Ab. Aber der politische Katholizismus ist eine der stärksten Realitäten der deutschen Wirklichkeit geworden. Und im ganzen hat er doch ziemlich kontinuierlich als Partei fungiert. Anfangs blieb die Zahl der Abgeordneten gering, und auch Konservative und Liberale gewannen, zumal 1848, katholische Wähler. Aber man muß die indirekten Wirkungen, die Vereins- und Petitionsbewegungen hinzunehmen; 1848 hat der Katholizismus bei den Wahlentscheidungen und den Volksstimmungen schon eine große Rolle gespielt.

Der alte Gegensatz der deutschen Geschichte, der Gegensatz der Konfessionen, ist durch diese Parteibildung neu ins Zentrum des deutschen Lebens gerückt; er hat die anderen Zerklüftungen, die regionalen, die sozialen, die politischen und die zwischen Stadt und Land wie zwischen Tradition und Modernität überlagert und vermehrt. Das katholische und das protestantische Milieu stehen einander schärfer gegenüber, die deutsche Gesellschaft bleibt darum zusätzlich segmentiert und wenig homogen. Der politische Katholizismus durchbricht, das ist das Besondere der deutschen Lage, den klassischen Gegensatz von Konservativismus und Liberalismus; zu beiden steht er in einem legitimen und säkularen Gegensatz, und die protestantischen Konservativen wie die Liberalen haben viel dazu getan, diesen Gegensatz zu intensivieren. Dieses Dreiecksverhältnis hat die Aussichten des Liberalismus, Macht und Mehrheit zu gewinnen und die Gesellschaft, eine Weile wenigstens, zu integrieren, wesentlich geschwächt oder hat sie an die Seite des konservativen Staates gedrängt. Zumal nach dem Scheitern einer großdeutschen Lösung standen gesellschaftlich-volkstümliche Kräfte in Deutschland in so scharfem Gegensatz zueinander, daß in der Auseinandersetzung mit den traditionellen Herrschaftsformen keine von ihnen regierungsfähig werden konnte. Das hat den Übergang zum parlamentarischen System blockiert, aufgehalten, belastet. Das ist ein Stück der Tragik der neueren deutschen Geschichte.

Der Liberalismus rückt um 1840, als sich die Radikalen allmählich etablieren, in die „Mitte", und er wird Partei unter anderen; das ist ihm schwergefallen, und bis 1848 überwiegt im ganzen doch noch das Gefühl der Zusammengehörigkeit der „Opposition", der Bewegungspartei. Zugleich wird der Liberalismus aus einer publizistisch-literarischen endgültig zur Volksbewegung. Und endlich, vielgestaltig und individualistisch und ständig im Fluß, wie der Liberalismus ist, mit offenen Grenzen und mit einer für einen Systematiker oft wunderlichen Mischung der Motive und Ziele, differenziert er sich doch nach Flügeln, zumal einem linken und einem rechten Flügel.

Der klassische süddeutsche Liberalismus, wie ihn Rotteck repräsentiert, in der Tradition des aufgeklärten Vernunft- und Naturrechts und vom französischen Vorbild geprägt, wird zum linken Flügel. Man ist individualistisch und rationalistisch und will die Grundrechte vor allem gegen den Staat und gegen die historischen Rechte, von Korporationen oder Feudalität etwa, durchsetzen. Man will das konstitutionelle System ausbauen: dogmatisch mag man die Rolle der Volksvertretung als Opposition schärfer betonen, oder man will ihre Kompetenzen und damit ihr Gewicht verstärken. Man hält zwar die Theorie des Dualismus, die wir früher beschrieben haben, fest, aber in dem Gleichgewicht zwischen Krone und Parlament soll das Parlament das Hauptgewicht haben. Mehr als die Historiker bisher meinten, nähern sich diese Vorstellungen dem parlamentarischen System: die Regierung soll und muß, wie immer das staatsrechtlich konstruiert werden mag, letzten Endes, im Konfliktfall etwa nach einem Appell der Krone an das Volk, nach Neuwahlen also, in Übereinstimmung mit der Mehrheit der Volkskammer stehen. Und die Steuerverweigerung ist deren scharfe und wirksame Waffe. Schließlich: man hält entschieden an der Identität von Bürgertum und Volk fest, mißtrauisch gegen eine bürgerliche Oberschicht; die politische Gesellschaft soll die Gesellschaft mittlerer und kleiner Eigentümer sein, und alle sollen zu ihr gehören können; Gleichheit und Freiheit stehen eigentlich nicht in Spannung.

Auf der anderen Seite steht ein „rechter" Flügel, wie ihn z. B. Dahlmann repräsentiert, der nicht mit dem Naturrecht argumentiert, sondern mit Geschichte, stärker an englischen als an französischen Vorbildern orientiert ist. Dieser Flügel denkt stärker staatsbezogen. Man will nicht mehr von der Denkfigur des Gegensatzes von Einzelnem und Staat, Freiheit und Staat ausgehen und nicht vom elementaren Mißtrauen gegen den Staat, man will diesen Gegensatz versöhnen. Nicht das Individuum ist die letzte und eigentliche Realität, und die sozialen Verbände sind nicht einfach die Summe der durch Interessen verbundenen und gespaltenen Individuen. Es gibt überindividuelle Wirklichkeiten mit eigenem Recht, und dazu gehört der Staat – so hat das etwa Heinrich Ahrens, Göttinger Revolutionär von 1831, in seiner „Organischen" Staatslehre (1850) ausgeführt. „Der Staat", so Dahlmann, „ist keine Erfindung weder der Not noch der Geschicklichkeit, ... kein ... Vertragswerk, kein notwendiges Übel ... er ist eine ursprüngliche Ordnung, ein notwendiger Zustand ..., der Staat ist nicht bloß etwas Gemeinsames unter den Menschen, er ist zugleich eine leiblich und geistig geeinigte Persönlichkeit." Der Staat zielt auf ein der Summe der Individualinteressen überlegenes allgemeines Gesamtinteresse. Der einzelne hat gegenüber dem Staat nicht nur Rechte, die er unbedingt geltend zu machen befugt ist, sondern er hat auch Pflichten; neben das Pathos des Widerstandes tritt das Ethos der Bindungen, neben die Grundrechte treten die Grundpflichten, das öffentliche Interesse ist so wichtig wie die individuellen Rechte; in einer idealen Konstruktion wird der Widerspruch zwischen den Ansprüchen des einzelnen und denen des realen Staates überbaut, der Staat wahrt das Recht und schützt die Freiheit. Das war keine Staatsvergötterung, denn das Ziel blieb Individualität, Humanität, Freiheit, aber gerade um dessentwillen sollte der Staat wirksam sein, die alte liberale Distanz zum Staat schwand hier. Das war ein anderer Ton als beim linken Flügel, das hat z. B. die Debatte über die Grundrechte 1848 mitgeprägt. Und dahinter stand emotional die Abneigung gegen die radikale Politisierung von allem und jedem, im Sinne der einseitigen Emanzipation, auch von Pflicht, Disziplin und Ethos, gegen die Stammtischpolitik und das Kannegießern. Hinsichtlich der Verfassung zielt dieser Flügel stärker auf die Teilhabe am Staat als auf die Verteidigung der Freiheitsrechte gegenüber der Regierung ab, und innerhalb des gesamtliberalen Grundsatzes der Verfassungssouveränität ist ihm das Element der Gewaltenteilung wichtiger als das der Volkssouveränität. Und konkreter noch: man darf die Regierungsfähigkeit des Staates nicht vernachlässigen, die Regierung soll stark sein, der Monarch soll mit Hilfe eines Vetorechtes gegenüber dem Parlament ein Stück letzter Entscheidung behalten; das System ist dualistisch „konstitutionell", nicht „parlamentarisch" – obwohl die theoretische Grenzlinie zwischen diesen Modellen auch bei den Rechtsliberalen faktisch abgeschwächt, ja durchbrochen wird. Man wendet sich entschieden gegen die egalitären Tendenzen der Radikalen; zwischen Freiheit und Gleichheit sieht man die Gefahr des Konfliktes; Tocquevilles Amerikabuch, das dieses Problem entwickelt, war in Deutschland in den 40er Jahren wohlbekannt. Gleichheit ist zwar Voraussetzung der Freiheit, aber sie hat die Tendenz, Freiheit einzuschränken, ja zu vernichten; die egalitäre Demokratie ist – in der Tendenz – totalitär, das haben diese Liberalen scharfsichtig erkannt. Im Zweifel ist man für die Freiheit; dahinter steht, anders als beim linken Flügel, die Furcht vor der Masse, dem „bildungs- und vermögenslosen Pöbel" (Dahlmann). Der rechte Flügel ist schließlich betont antirevolutionär – Revolution ist ein Unglück –; man setzt auf die allmähliche evolutionäre Umbildung der Verhältnisse, man will pragmatisch sein, nicht doktrinär; nicht radikale Mittel und Konflikt, sondern Kompromiß und Vereinbarung haben bei der Durchsetzung der gemeinliberalen Ziele Vorrang.

Süddeutsche Abgeordnete auch hier, und generell Professoren, geben auf diesem Flügel zunächst den Ton an. Dazu trat als eigenständiges neues Element der großbürgerliche Liberalismus der rheinischen Unternehmer, der Beckerath und Camphausen, Hansemann und Mevissen, die auch im rheinischen Provinziallandtag die Opposition anführten. Sie waren weniger theoretisch, aber auch macht- und selbstbewußter, sie opponierten schärfer gegen die bürokratische Gängelung der Wirtschaft, sie sahen stärker den Klassencharakter der entstehenden neuen Gesellschaft, und sie verlangten für ihre eigene Schicht, die „Schwerkraft des Staates", wie Hansemann schon 1830 sagte, die Führung: ein elitäres Zensuswahlrecht, aber ein starkes Parlament. Dazu gehören schließlich nicht unbeträchtliche Teile des Adels, die man als die deutschen „Whigs" bezeichnen kann; selbstbewußt und reformfreudig verbinden sie sich mit dem gehobenen Bürgertum gegen den bürokratischen Absolutismus: das englische Vorbild zeigt ihnen, daß ein Parlamentssystem, eine maßgebliche Rolle des Adels und eine „gute Ordnung" miteinander bestehen können. Teile des ost- und westpreußischen Adels (Auerswald), des westfälischen (Vincke), des österreichischen (Schmerling), des süd- und südwestdeutschen Adels (Leiningen, Gagern) sind dafür typisch. Insofern waren die Liberalen mehr als eine „bürgerliche" Partei.

Trotz solcher Flügel- und Akzentunterschiede war die Zusammengehörigkeit des Liberalismus ganz selbstverständlich; die Opposition gegen das Bestehende, der Kampf für den Verfassungsstaat und für den Nationalstaat, das war allen gemeinsam, und das war konkret und vordringlich.

Die volkstümliche Basis des Liberalismus hat sich entschieden verbreitert. Gesellige und Bildungsvereine, Sänger-, Turner- und Schützen-Feste, Denkmäler, ein gut Teil der aufblühenden politischen Lyrik der 40er Jahre, das alles (und vieles mehr) wuchs zu einem öffentlichen Leben zusammen, das von Stimmung und Geist der liberalnationalen Bewegung bestimmt war. Und die Bewegung wuchs zu einer gemeindeutschen Bewegung zusammen, weit über die sich verstärkende literarisch-publizistische Kommunikation hinaus. Die Ersatzöffentlichkeit der Wissenschaft und Kultur gab zuerst die Foren: die Gelehrtentage, seit 1822 die der deutschen Naturforscher und Ärzte, seit 1837 die der Philologen und Schulmänner; besonders politisch waren dann die Tagungen der „Germanisten" – das waren alle an den alten Deutschen interessierten Gelehrten, zumal die Juristen – 1846 und 1847, Treitschke hat sie geistige Landtage genannt, oder das allgemeine deutsche Sängerfest in Lübeck 1847. Auch die Politiker traten in engere Verbindung. Seit Beginn der 40er Jahre trafen sich süd-, west- und mitteldeutsche Liberale auf dem Gut des badischen Abgeordneten Itzstein in Hallgarten, auch Radikale wie Hecker und Struve gehörten noch dazu; die liberalen Koryphäen des Südens oder Westens reisten in den Norden und umgekehrt, und das wurde gefeiert. 1846/47 wurde in Heidelberg die ‚Deutsche Zeitung' gegründet; die Südwestdeutschen – Bassermann, Gagern, Gervinus, Häusser, Mathy, Mittermaier – waren die Hauptinitiatoren, aber die Norddeutschen – Beseler, Waitz oder Droysen, um nur ein paar zu nennen – gehörten ebenso zu den Mitarbeitern. Sie war ein gesamtdeutsches Organ und, trotz des Überwiegens des rechten Flügels, ein Organ des ganzen Liberalismus. Im Oktober 1847 trafen sich maßgebende Liberale beider Flügel – aus „Reichtum und Intelligenz" – in Heppenheim und besprachen ein gemeinsames Programm: die Forderungen nach Rechtsstaat und Verfassung, nach Ablösung der Grundlasten und, freilich vage und mehr taktisch rhetorisch, nach Maßnahmen gegen Verarmung und Not, und dann die Forderung nach Errichtung eines deutschen Bundesstaates mit einheitlicher Regierung und einheitlichem Parlament, beim Deutschen Bund oder notfalls auch beim Zollverein. Die Liberalen waren nicht für die Revolution, aber sie wandten sich mit Entschiedenheit gegen die herrschenden Zustände und forderten eine grundlegende Neuordnung.

Wir sprachen von den radikalen Tendenzen der 30er Jahre. Obwohl viel an Gemeinsamkeit der „Opposition", der Bewegungspartei sich erhält, auch an persönlicher Zusammengehörigkeit, läßt sich nicht übersehen, daß sich um 1840 aus der Gesamtbewegung der demokratische Radikalismus als eigene Partei ablöst. Das wird am deutlichsten, wenn man zunächst Verfassungs- und Gesellschaftstheorie gleichsam idealtypisch in den Blick nimmt. Die Einheit der Ideen von 1789 löst sich auf. 1. Gegen das liberale Prinzip – Begrenzung der Staatsmacht und Gewaltenteilung – gewinnt das demokratische Prinzip – Volkssouveränität und Mehrheitsherrschaft – Priorität. Die Souveränität ist eine, und sie ist unteilbar, sie liegt beim Volk, alles andere bleibt halber Absolutismus. Darum ist eigentlich die „Republik" im Gegensatz zu aller noch so eingeschränkten Monarchie allein wahrer Volksstaat. Das Verfassungsideal ist die Herrschaft des Parlaments, ohne viel *cheques and balances*, bei manchen ergänzt durch Elemente direkter Demokratie. Mit dem Akzent auf der Volkssouveränität verbindet sich 2. der Akzent auf dem Prinzip der Gleichheit. Das was die Liberalen als „natürliche Ungleichheiten" ansahen, als Ergebnis von Talent und Leistung, nämlich Bildung und Besitz, das galt den Radikalen eher als Ergebnis vorgegebener Machtverhältnisse. Sie wollten die Ungleichheiten zwar nicht abschaffen, aber sie wollten sie über Steuer- und Erbgesetzgebung und freien Zugang zu den Bildungsinstitutionen begrenzen. Gleichheit war die Voraussetzung von Freiheit; im Konfliktfall plädierten sie für die Gleichheit, aber anders als die Liberalen sahen sie darin keine Gefährdung der Freiheit. Das Volk der Liberalen, kann man auch sagen, war das Volk der Selbständigen, das der Radikalen war durchaus das Volk der kleinen Leute, der Abhängigen und Gedrückten. Konkret wird das in der Frage des Wahlrechts. Die Radikalen sind gegen alles Klassen- und Zensuswahlrecht, für das allgemeine und gleiche Wahlrecht; die ganze Masse des Volkes ist Träger der Demokratie.

Zu der Radikalität der Ziele tritt die der Mittel. Die Radikalen sind gegen Kompromisse und im Grunde auch gegen die Evolution, sie sind für Konflikt und Aktion, im Extremfall für die Revolution. Sie sind darum nicht nur gegen das herrschende System und seine Träger, sondern sie sind auch gegen die Bourgeoisie von Besitz und Bildung, gegen das *juste milieu,* gegen die konstitutionellen Liberalen, die alles von Parlament und Verfassung erwarten; sie sind gegen die „Halben", sie sind die „Ganzen".

Politisch und sozial, ja auch regional hat dieser Radikalismus zwei Komponenten. Das eine ist die radikale Intelligenz. Am Ende der 30er Jahre ist das vor allem der Links- und Junghegelianismus; er wird zu einer ideenpolitischen und publizistischen Macht. Die Junghegelianer wenden sich gegen das, was sie als Hegels Versöhnungsphilosophie und seine Rechtfertigung der Wirklichkeit ansehen. Es kommt darauf an, sich mit der „Waffe" der absoluten Kritik und dem „Terror der Vernunft" (Ruge) gegen die Wirklichkeit zu wenden, sie ihrer Legitimität zu berauben und den Menschen durch solch radikales, an die Wurzeln gehendes Denken zum Selbstsein zu befreien, zu emanzipieren. Von den Anfängen der Religionskritik bei Strauß und Feuerbach und einer allgemeinen philosophischen Zeitkritik führt das zur revolutionären Kritik von Staat und Gesellschaft. Dabei entsteht dann die eigentümliche Theorie der „Verwirklichung"; Theorie muß Praxis, Kritik Tat, Denken materielle Gewalt werden, und darüber wird theoretisch philosophiert. Revolution, politisch wie sozial, wird als geschichtliche Notwendigkeit legitimiert, denn die „Idee", die der Geist in diesem Stadium der Weltgeschichte entwickelt hat, muß Wirklichkeit werden. Arnold Ruge hat 1838 mit Echtermeyer zusammen das Hauptorgan dieser Richtung, die ‚Halleschen Jahrbücher für deutsche Wissenschaft und Kunst', gegründet, noch unter preußischer Ägide, weil Preußen einstweilen das Prinzip des Fortschritts repräsentiere, seit 1841 als ‚Deutsche Jahrbücher' in Leipzig, seit 1843 noch kurze Zeit als ‚Deutsch-französische Jahrbücher' in Paris. Darum sammelt sich der Kreis der radikalen Intellektuellen, wie Bruno Bauer oder Karl Marx. In einer „Selbstkritik" hat Ruge 1843 klassisch und dezidiert die radikaldemokratische und revolutionäre Absage an den Liberalismus formuliert. Andere Intellektuelle standen diesem Kreis nahe oder dachten in ähnlicher Richtung, am bedeutendsten Julius Fröbel, ein Neffe des Kindergartenbegründers. Man fühlte sich als Avantgarde, in Besitz des „wahren" Bewußtseins, als eigentlicher Interpret von Zeit und Zukunft. Es war ein höchst eigentümliches Phänomen, wie sich hier eine revolutionäre Intelligenz – ganz jenseits der gesellschaftlichen Wirklichkeit der Zeit – mit dem ungeheuren Anspruch etablierte, gesellschaftlich-politische Macht zu sein. Die Selbstgewißheit der „vollendeten Philosophie" begründete solchen absoluten Anspruch revolutionärer Politik. Aber die Meinungen über die Wirklichkeit, die einen guten Teil der geistig bewegten jüngeren Generation ergriffen, wurden dadurch selbst Teil dieser Realität.

Einfacher und populärer war die weitverbreitete große politische Lyrik der 40er Jahre. Auch sie wurde zu einer geistig-politischen Macht, und ihre Hauptvertreter wurden zu Anhängern des national-demokratischen und sozialkritischen Radikalismus. Am wenigsten noch Hoffmann von Fallersleben, der 1841 seine ,Unpolitischen Lieder' veröffentlichte und daraufhin sein Universitätsamt verlor. Aber ganz eindeutig dann Ferdinand Freiligrath mit seinem ,Glaubensbekenntnis' von 1844 und dem ,Ça ira' von 1846, im Exil nun geschrieben mit dem Selbstgefühl des Trompeters der Revolution. Und ebenso Georg Herwegh mit den ,Liedern eines Lebendigen' von 1841, schon 1843 in zweiter Auflage; seit 1839 schon war er in der Schweiz, Friedrich Wilhelm IV. hatte ihn nach seiner Thronbesteigung unter großem öffentlichen Aufsehen zu einem Gespräch gebeten, aber dann doch ausgewiesen; seither lebte er in Paris. Und viele andere, kleinere, mehr.

Ein wichtiges und eigenartiges Experiment dieser Richtung war die ,Rheinische Zeitung'. Bürgerliche Unternehmer, wie Camphausen und Mevissen, und Juristen waren die Gründer und Herausgeber, radikale Intellektuelle, Karl Marx und seine Freunde die Redakteure. Vom Oktober 1842 bis zum 31. März 1843 ist diese Zeitung erschienen, zunächst vom preußischen Staat toleriert, aber dann verboten, ein erfolgreiches Organ radikaler Kritik der preußisch-deutschen Zustände wie auch der Bourgeoisie und des *juste milieu*. Es gab weiterhin eine ganze Reihe jeweils kurzlebiger radikaler Zeitschriften und eine ausgebreitete Emigrationsliteratur, die auch Deutschland erreichte; in Julius Fröbels ,Literarischem Comptoir' in der Schweiz erschienen zwischen 1840 und 1845 über 100 Titel solch radikaler Richtung. Und die Emigration blieb natürlich ein Zentrum der radikalen Partei.

Neben den intellektuellen avantgardistischen nun die populistischen Radikalen. Gerade im Südwesten, wir haben das erzählt, gab es ja eine verbreitete radikale Stimmung, vor allem der kleinen Leute, in den Notstandsgebieten auf dem Lande, in den Gebieten der entstehenden Industrie und in den größeren Städten, die von radikaler Agitation mobilisiert werden konnte. Am stärksten war das in dem politisch schon ziemlich mobilen Baden – auch der Einfluß Frankreichs und der Schweiz spielte hier eine besondere Rolle –, wo Friedrich Hecker und Gustav Struve, Advokaten, Journalisten und Abgeordnete des Landtags, über Volksversammlungen, Reden und Vereine eine radikale Bewegung formten. Sie waren die typischen „Volksmänner" der Zeit. Auch in Sachsen gab es einen solchen volkstümlichen Populismus; Robert Blum war mit seinen zahlreichen Aktivitäten im Bildungsbereich, in Vereinen und in der Presse sein herausragender Repräsentant. In den 40er Jahren standen die beiden religiösen Oppositionsbewegungen, die evangelischen Lichtfreunde und die Deutsch-Katholiken, in vielfältigen Beziehungen zu der entstehenden demokratischen Bewegung – sie waren eine Anti-Establishmentopposition durchaus religiösen Ursprungs, aber aufklärerisch und von einem christlich getönten Pathos von Freiheit, Gleichheit und Brüderlichkeit, von Demokratie und Nation bewegt und darum der politischen Demokratie verbunden; die Zeitgenossen freilich haben ihre Bedeutung weit überschätzt.

Die radikalen Demokraten in Deutschland – man mag noch andere nennen wie Johann Jacoby in Königsberg, Heinrich Simon in Breslau oder Gottfried Kinkel in Bonn – standen Mitte der 40er Jahre durch Korrespondenz und Besuchsreisen miteinander in Verbindung. Am 12. September 1847 trafen sich die badischen Radikalen auf einer großen Volksversammlung in Offenburg und proklamierten ein Programm, wir können sagen, das Programm der radikalen Partei. Neben den allgemeinen Oppositionszielen, die man mit den Liberalen teilte, forderte das Programm volkstümliche Wehrverfassung, also Miliz, gleiches Wahlrecht, gleiche Bildungschancen, progressive Einkommensteuer, ja den Ausgleich „des Mißverhältnisses zwischen Kapital und Arbeit". Das war nun schon dezidiert auch ein Gegenprogramm gegen das der Liberalen.

Schließlich entwickeln sich im Jahrzehnt vor 1848 die Anfänge einer sozialistischen Bewegung und Partei, und weil in der Folgezeit daraus eine der prägenden Mächte unserer Geschichte geworden ist, verdienen auch die bescheidenen Anfänge unser besonderes Interesse. Wir haben früher erzählt, wie die große Krise der Massenarmut, des Pauperismus, die soziale Frage ins Zentrum der Diskussion über die Zukunft der Gesellschaft und des Staates rückt: die Markt- und Konkurrenzgesellschaft, die Auflösung korporativer und personaler Bindungen und Beziehungen, Arbeitsteilung, Arbeitskraft als bloße Ware, Proletarisierung als kollektives Schicksal; und wie die deutsche Debatte unter dem Eindruck der fortgeschrittenen Verhältnisse in England und Frankreich, und zumal der dortigen Gesellschaftstheorien steht und darum, über die deutsche Wirklichkeit weit hinausgehend, die Probleme von Industrie und Fabrikarbeit aufnimmt. Ein Strang der Antworten auf diese Fragen sind die sozialistischen Theorien. Die Arbeiter stehen im Mittelpunkt dieser Entwürfe zur Neuordnung der Gesellschaft; sie sind Theorien über die Arbeiter und für sie. Das Streben der Lohn- und Handarbeiter in Industrie und Gewerbe, durch gemeinsames Handeln ihre soziale Lage zu verbessern und politische Rechte zu gewinnen, nennen wir Arbeiterbewegung. Sie ist nicht notwendig sozialistisch. Aber die sozialistische Bewegung wird ein Teil der Arbeiterbewegung; in Deutschland hat sie deren Anfänge entscheidend geprägt.

Es waren in Deutschland zunächst nicht die Unterschichten selbst, auch nicht das entstehende Fabrikproletariat, aus denen sich sozialistische Bewegung und Arbeiterbewegung entwickelt haben. Die Unterschichten waren vom politischen Leben ausgeschlossen, gerade ihre möglichen Regungen unterlagen verschärfter polizeilicher Unterdrückung; sie hatten kein gemeinsames Bewußtsein, keine gemeinsamen Erfahrungen, sie waren noch keine „Klasse"; die sozialistische Idee vom Fabrikproletariat entsprach der Realität der verarmten Massen in Deutschland lange Zeit noch durchaus nicht. Die sozialistische Bewegung entsteht vielmehr aus der eigentümlichen Verbindung radikaler Intellektueller mit Handwerkergesellen, dem mobilsten und bewußtesten Teil der arbeitenden

Klassen, in der Emigration. In den westeuropäischen Ländern war das kapitalistisch-industrielle System weiter entwickelt, hier waren die Ideen des Frühsozialismus virulent. Hier war Denk- und Redefreiheit eher gegeben. Das waren wesentliche Voraussetzungen. Daß die sozialistische Bewegung in der Emigration entsteht, hat ihre Anfänge auch in anderer Weise noch geprägt: es war die eigentümliche Atmosphäre von Emigrantenzirkeln, irreal fast in den Kategorien einer normalen sozialen Existenz und oft auch am Rande des Untergrunds, ganz auf Diskussion, Theorien, neue Theorien, Streit um Theorien gerichtet, voll von Konspiration und Intrigen, von Abspaltungen und Neubildungen. In dieser Atmosphäre spielt die frühe Geschichte der neuen Partei.

Der Sozialismus entsteht aus dem demokratisch-egalitären Radikalismus. Alle Sozialisten stehen in der Tradition der französischen Revolution, der Tradition der Aufklärung, des Glaubens an die Vernunft, an das innerweltliche Glück, an das Nützliche, an den Fortschritt – das gibt die universale Perspektive. Revolution, das ist die grundlegende Veränderung, das Neumachen der Welt, die Verwirklichung der Vernunft und der Theorie, und Revolution ist die Tat des Volkes, das sich gegen Tradition und Autorität selbst bestimmt, sich emanzipiert, Menschenrechte – Freiheit, Gleichheit, Brüderlichkeit – und Selbstbestimmung durchsetzt. Die Sozialisten fühlen sich – gegen alles Konservative, Feudalsystem und Monarchie – als Erben und Fortsetzer der großen liberal-demokratischen Emanzipationsbewegung. Mit den Radikalen aber wenden sie sich gegen den Liberalismus des *juste milieu,* das entstehende bürgerliche Establishment von Besitz und Bildung, die bürgerlichen „Privilegien", stellen die Egalität als Voraussetzung der Freiheit ins Zentrum – und das Volk, das einfache, auch unselbständige und – noch – ungebildete, niedere Volk, das ist sozusagen die jakobinische Tradition. Aber die Sozialisten gehen über den Radikalismus nun hinaus, indem sie privates Eigentum überhaupt, vor allem an Produktionsmitteln, und die Konkurrenz kritisieren, die Gesellschaft auf irgendwelche Formen des eingeschränkten Eigentums, des Gemeineigentums gründen wollen. Von daher wird dann der Liberalismus, in dessen politischer Tradition man doch steht, zum eigentlichen Gegner. Gerade der Individualismus der Liberalen, die Entfesselung der Egoismen und die Eingrenzung der Rolle des Staates, das ist es, was die Sozialisten ablehnen. Darin liegt die eigentümliche Nähe zwischen Sozialisten und Konservativen in ihrer Kritik an Liberalismus und bürgerlicher Gesellschaft begründet; der Antikapitalismus stiftet andere Verbindungen und andere Gegnerschaften als die Forderung nach politischer Emanzipation und Gleichheit. Aber, anders als die Konservativen, stellen sich auch die frühen Sozialisten trotz mancher solidarisch-korporativer Elemente, die in die alte Welt zurückreichen, doch klar auf den Boden der industriellen Revolution; sie wollen nicht mehr zurück.

Die Sozialisten sind keine Maschinenstürmer und keine Nostalgiker, sie sind futurisch; und sie wollen nicht die partikularen Interessen dieses oder jenes Berufsstandes wahren, sondern sie sind universalistisch, sie wollen eine neue Gesellschaft. Das bestimmt Denken und Handeln, darin gründet Zusammengehörigkeit und Loyalität, darum entsteht daraus das, was im modernen Sinne eine Bewegung heißt.

Die Handwerkervereine im Ausland, zunächst eigentlich nur potentiell revolutionsgeneigt, politisieren und radikalisieren sich. 1836/37 bildet sich in Paris aus dem radikalen Bund der Geächteten der Bund der Gerechten, der dann auch in der Schweiz und in London Parallelorganisationen hat. Das wird die erste Organisation der Sozialisten. Karl Schapper und vor allem dann Wilhelm Weitling sind die führenden Figuren. Weitling, Schneidergeselle, der einzige Nicht-Intellektuelle dieser Gründergeneration, seit 1835 in Paris, seit 1841 in der Schweiz, wird auch mit seinen Büchern (‚Die Menschheit, wie sie ist und wie sie sein sollte‘, 1838; ‚Garantien der Harmonie und der Freiheit‘, 1842; ‚Das Evangelium eines armen Sünders‘, 1845) zum eigentlich einflußreichsten Repräsentanten des deutschen Frühsozialismus. Kraus, popular-philosophisch, religiös, sektiererisch (Jesus als Kommunist), erfüllt von Erlösungs- und Glücksbedürfnis, das dann ins Säkulare umschlägt, und auch wieder ganz rationalistisch, bewegt er sich im Bann der französischen Frühsozialisten, die die Kritik der Ungleichheit und der Eigentumsordnung überhaupt auf die neue industriell-kapitalistische Wirklichkeit übertragen und neue utopische Gesellschaftsorganisationen jenseits von Eigentum und Konkurrenz entwickeln. Weitlings Gesellschaftskritik ist in gewisser Weise noch naiv: Eigentum und Geld sind die Wurzeln des Übels, sie gilt es abzuschaffen; eine Art Gleichheitskommunismus, der Arbeit und Bedarfsdeckung organisiert, soll an ihre Stelle treten; Gleichheit und Freiheit werden durch allerlei Maßnahmen der Gemeinschaft in Harmonie gehalten. Weitling denkt noch kaum an die Industriearbeiter, sondern an die Handwerker, seine Idee der solidarischen Gemeinschaft ist stark von handwerklicher Tradition getönt; das ist es auch, was ihn bei den Handwerkern im Exil so populär machte. Aber zu der Utopie tritt das Programm der Revolution, des Umsturzes und des Losschlagens; man muß von der politischen Revolution zur sozialen Revolution fortschreiten, gegen die liberale Freiheit der Ausbeutung und Versklavung die Gleichheit durchsetzen. Weitlings säkulare Gesellschafts- und Erlösungsreligion lebt als Erbe in der kommenden Arbeiterbewegung weiter. Aber sein Sozialismus ist durch andere Theorien verdrängt worden. Moses Hess, der „Kommunistenrabbi“, und Karl Grün, als Journalisten und Schriftsteller lange im Rheinland tätig, vertraten den „wahren“ Sozialismus (‚Sozialismus und Kommunismus‘, 1845); das war noch eine Intellektuellentheorie: auf der Basis einer ökonomisch fundierten Gesellschaftsanalyse war die Aufhebung des Eigentums letzten Endes doch, wie Marx spottete, Konsequenz der richtigen Philosophie. Aber diese Richtung war unter linken Intellektuellen und Journalisten sehr einflußreich.

In scharfer Polemik gegen diese und andere Konkurrenztheorien haben dann Marx und Engels die sozialistische Theorie entwickelt, die sich in Deutschland durchsetzt. Karl Marx, 1818 in Trier geboren, aus jüdischer Familie, getauft, aber von der faktischen Nicht-Emanzipation der Juden doch geprägt wie von der antipreußischen Stimmung der Rheinländer – neben Görres und Heine ist

Marx der dritte große rheinische Preußenfeind des Jahrhunderts –, promovierter Philosoph, Linkshegelianer, ist 1842/43 Redakteur der ‚Rheinischen Zeitung‘, seit deren Verbot in Paris im Exil. Hier setzt mit der intensiven Beschäftigung mit den französischen Frühsozialisten und der englischen Nationalökonomie sein Übergang zum Sozialismus ein. 1845 geht er nach Brüssel, nach der Revolution endgültig dann nach London. 1844 tritt er in Verbindung mit dem Fabrikantensohn Friedrich Engels. Engels, 1820 in Barmen geboren, kritisch gegen das bürgerlich-pietistische Unternehmermilieu seiner Herkunft, kommt als junger Mensch unter den Einfluß von Moses Hess; 1842/1844 ist er in Manchester, wo er seine Kritik der englischen Nationalökonomie entwickelt und sein Epochebuch ‚Die Lage der arbeitenden Klassen in England‘ (1845) schreibt. Seit 1845 leben Marx und Engels in enger Kooperation in Brüssel; sie setzen sich in gemeinsamen Büchern – so ‚Die Heilige Familie‘, ‚Die deutsche Ideologie‘ – mit den anderen Theorien der Zeit auseinander und entwickeln ihre eigene Position. Sie treten dem Bund der Gerechten in London bei, der sich 1847 „Bund der Kommunisten“ nennt. Im Februar 1848 erscheint in London das von ihnen erarbeitete Programm: das ‚Kommunistische Manifest‘.

Mit der Gesellschaftstheorie von Marx befassen wir uns in einem späteren Kapitel. In unserem jetzigen Zusammenhang genügen ein paar Hinweise auf die Frühgeschichte dieser Theorie. Marx ist nicht von einer ökonomisch-soziologischen Analyse ausgegangen, sondern von der philosophischen Spekulation im Stil der Junghegelianer. Es kommt darauf an, die Gegenwart in Gedanken zu fassen und die Wirklichkeit in ihrer Widersprüchlichkeit, Überholtheit und „Unwahrheit“ zu kritisieren, weil sie mit der Wahrheit der Idee, der Stufe, die der Weltgeist erreicht hat, nicht übereinstimmt. Diese Wahrheit aber muß verwirklicht werden, sie wird dadurch Revolution. Eine Revolution aber braucht einen Träger. Träger der Revolution nun ist – das Proletariat. Denn das Problem der Zeit ist das der modernen Arbeitsgesellschaft; die Bürgerklasse aber läßt sich auf dessen Lösung nicht ein. Hier mündet dann der andere, der humanistische Ansatz von Marx. Es geht darum, die Entfremdung des Menschen, das Nicht-er-selbst-sein-Können, aufzuheben. Sie ist im kapitalistischen System auf ihren Höhepunkt gekommen. Das Proletariat ist die Menschengruppe, die am radikalsten entfremdet ist; der Mensch wird, mit seiner Arbeitskraft identifiziert, im Prozeß der Arbeitsteilung zum Zubehör der Maschine, die Arbeitskraft wird im System der Lohnarbeit zur Ware; darum ist das Proletariat, so die „Dialektik“, die einzige Kraft, die die Entfremdung aufheben kann, es ist jetzt der „allgemeine Stand“, an ihm hängt das Schicksal der Menschheit und des Menschen, denn der Mensch kann sich – als „Totalität“ – nur in der Gesellschaft verwirklichen. Aufhebung der Entfremdung heißt Aufhebung des Proletariats und der Klassengesellschaft, und das ist nur möglich durch die proletarische Revolution – das ist der Zusammenhang der philosophisch-spekulativen Kritik mit dem eigentlichen gesellschaftlichen Bedürfnis, darum wird daraus ein politisch-soziales Programm. Seit 1844 haben Marx und Engels den spekulativen Begriff der Entfremdung immer schärfer mit der Analyse der Verhältnisse von Kapital und Arbeit verbunden. Und sie haben die geschichtliche „Notwendigkeit" der proletarischen Revolution und der klassenlosen Gesellschaft aus der Entwicklung des Kapitalismus – Krisen, Konzentration, Verelendung – und der „Gesetzmäßigkeit" der Klassenkämpfe entwickelt. All das mündet, aktuell zugespitzt, in das kommunistische Manifest. Alle Geschichte ist die Geschichte von Klassenkämpfen, auch die Kämpfe um den Staat, der ja nichts ist als Instrument einer Klassenherrschaft. Die Geschichte läuft, das ist das auf Wissenschaft und Verheißung gegründete eschatologische Pathos, auf den Endkampf zwischen Proletariat und Kapitalisten hinaus, auf den Sieg des Proletariats und die kommunistische Gesellschaft. Jetzt kommt es einerseits darauf an, das Proletariat mit Klassenbewußtsein zu erfüllen, zur Klasse zu machen, nur dann kann es siegen. Andererseits aber darauf, die bürgerlich-demokratische Revolution zu unterstützen, denn sie ist Fortschritt und notwendige Basis einer sozialistischen Revolution. Das war Prognose und Programm und Aktionsappell zugleich. „Die Proletarier haben nichts zu verlieren als ihre Ketten. Sie haben eine Welt zu gewinnen." „Proletarier aller Länder, vereinigt Euch!" – das werden die zündenden Parolen kommender Jahrzehnte. Den deutschen Verhältnissen von 1848 freilich war dieses Manifest noch weit voraus. Ob Marx die deutsche Arbeiterbewegung auf Dauer prägen würde, war noch nicht entschieden. Aber bei den Sozialisten setzte sich sein Konzept – wissenschaftlicher, realistischer, ökonomisch und historisch besser begründet, geschlossener und verheißungsvoller – durch. Anders als in Frankreich und anderen romanischen Ländern hat das frühsozialistische Erbe, etwa in der Gestalt des genossenschaftlich-anarchistischen Sozialismus, wie ihn Proudhon vertrat, keine prägende Wirkung mehr gehabt.

In den Handwerker-, Arbeiter- und Intellektuellenvereinen der Emigranten, die wir im einzelnen hier nicht vorführen können, spielen die sozialistischen und kommunistischen – der Sprachgebrauch trennt zwischen beiden Begriffen eigentlich noch nicht – Ideen und die revolutionäre Rhetorik eine wesentliche Rolle, die utopischen Vorstellungen zuerst und später die konkurrierenden Theorien; zuletzt scheint Marx Weitling zu verdrängen. Aber man soll nicht übersehen, daß sich daneben auch ein großes Maß reformerischer Vorstellungen findet, wie es sich aus den traditionellen Verhaltensnormen der Handwerker ergab: das Nebeneinander von Revolution und Reform, das später so charakteristisch für die Arbeiterbewegung wird, findet sich auch in dieser frühen Phase schon. Diese Vereine haben offenbar eine prägende und integrierende Kraft gehabt; der Sozialismus wurde zu einem Stück gemeinsamen Lebens, etwa über den großen Vorrat gemeinsam gesungener Lieder und über Symbole und Symbolhandlungen. Eines bleibt bemerkenswert: der Traum dieser Arbeiter war international, menschheitlich; aber ihre Organisation war gerade in den internationalen Zentren durchaus national, das prägte ihr Leben. Das wurde für die Zukunft wichtig.

In Deutschland selbst lagen die Dinge anders. Eine Arbeiterbewegung gab es eigentlich nicht; es gab dünne Rinnsale spontaner Aktivitäten – gegen Maschinen oder einzelne Fabriken oder Fabrikanten, soziale Protestaktionen, Hungerrevolten und Lohnkämpfe, es gab die große, freilich vorindustrielle Unruhe der schlesischen Weber; aber das war im ganzen wenig und hing nicht zusammen. In den 40er Jahren freilich beginnt die Emigration auf die deutschen Verhältnisse zu wirken. Da und dort sammelte sich sozialistische Intelligenz – wie im Kreis der von Moses Hess angeregten Kölner Kommunisten um die Ärzte d'Ester und Gottschalk –; es gab bürgerlich protegierte Arbeiterbildungsvereine, dort fanden sich auch über die bürgerlichen Konzepte hinausgehende Emanzipationstendenzen, zumal, wie in Berlin, in Verbindung wiederum mit Kreisen der radikalen Intelligenz; es gab, zumal in West- und Norddeutschland, kleine Stützpunkte und eine gewisse Propaganda. Aber im ganzen waren es eher Intellektuelle, die zu den Sozialisten zählten. Handwerksgesellen und Arbeiter waren davon erst ganz wenig berührt. Die Sozialisten wurden zur Partei, aber eine Macht waren sie einstweilen nicht. Und als die Arbeiterbewegung 1848 auf die politische Bühne trat, war sie vom Bund der Kommunisten weit entfernt.

7. Vormärz

Während sich in den 40er Jahren die Dinge in den meisten deutschen Ländern kontinuierlich weiterentwickelten, entstand in Preußen eine neue politische Lage. Nicht nur für die Nachgeborenen, sondern schon für die Zeitgenossen wurden die preußischen Geschehnisse Gegenstand höchster Aufmerksamkeit, zumal ja ohne Preußen, eine der beiden deutschen Großmächte, eine Lösung der deutschen Frage nicht vorstellbar war.

Als Friedrich Wilhelm IV. 1840 den preußischen Thron bestieg, war das, typisch für das monarchische System des Jahrhunderts, für die Öffentlichkeit eine Stunde der Hoffnung. Er galt als phantasievoll und aufgeschlossen, brillant manchmal und liebenswürdig; er war gegen den bürokratischen Obrigkeitsstaat, wie er unter seinem Vater dominiert hatte, und gegen seine Erstarrungen; er war ein Gegner der friderizianischen Tradition eines absolutistischen Preußen, ein Gegner der hegelianischen Konzeption eines neuen Preußen, das auf die beamtete Intelligenz aufbaute und auf die Verklärung des Staates zulief; er war von den romantisch-nationalen Stimmungen bewegt; er war nicht auf Konflikt, sondern auf Versöhnung aus. Er begann seine Regierung damit, Konflikte zu befrieden und alte Wunden zu heilen: politische Häftlinge wurden amnestiert, die politischen Untersuchungen beim Bund eingegrenzt, Arndt und Jahn, die Demagogen von 1819, rehabilitiert, drei der Göttinger Sieben nach Preußen gerufen; die Zensur wurde, zunächst wenigstens, gemildert, der Konflikt mit der katholischen Kirche beigelegt, die de facto germanisierende Politik gegenüber den Polen in Posen revidiert; der große Kriegsminister der Reform, Boyen, kam 1841 wieder in dieses Amt, mit dem Innen- und dem Gesetzgebungsministerium wurden neue, moderatere Personen betraut. Der König wollte populär sein, im Einverständnis mit „seinem Volk" leben, darum ging er an die Öffentlichkeit und warb um sie, und mit glänzender, wenn auch nicht immer substantieller

Rhetorik griff er immer wieder überraschend Stimmungen und Ideen der Zeit auf. Typisch dafür war das Kölner Dombaufest vom September 1842, mit dem die Vollendung des Domes begonnen wurde: der König hat die volkstümlich-patriotische Dombaubewegung, teils katholisch, teils liberal und national, die mit ihren Vereinen und ihrer Publizistik über ganz Deutschland verbreitet war, aufgegriffen und das Fest zu einem großen Integrationsfest, einem Gegen-Hambach gleichsam, gemacht. Das Fest sollte die neue Eintracht von Staat und Kirche und den Frieden der Konfessionen ebenso feiern wie die Eintracht von König, Staat und Volk, Preußens und der Rheinländer zumal, und endlich – vor dem Hintergrund von Rheinromantik und französischer Rheindrohung von 1840 – die Einigkeit der Fürsten und Stämme, der deutschen Nation: der Dom, Werk des „Brudersinnes aller Deutschen" war das Wahrzeichen deutscher Einigkeit. Das Reden des Königs im ganzen hat die Führer der Restauration, Metternich und den Zaren, durchaus irritiert; er hat manche Zeitgenossen und vielleicht sich selbst über sein Verhältnis zur Zeit getäuscht. Aber all das war widersprüchlich und vieldeutig und hat nur dazu geführt, daß seine Regierung eine „lange Kette von Mißverständnissen" (Treitschke) wurde. In Wahrheit war der König doch vom romantischen Konservativismus geprägt; er glaubte an das Gottesgnadentum des Königs, das Ethos des Patriarchalismus, die ständische Gliederung der Gesellschaft, den christlichen Staat; der bürgerlichen Gesellschaft und ihrem Verfassungs-Wollen stand er fremd und ablehnend gegenüber, er konnte das Preußen der Restauration nicht mit der aufsteigenden neuen Zeit versöhnen. Das Kabinett blieb insgesamt doch ständisch-konservativ und war trotz der Fiktion eines persönlichen Regimentes im Grunde führungslos. Die Freunde und Berater des Königs, die Brüder Gerlach, der General Radowitz, auch Stahl, die Kamarilla, wie sie sich 1848 selbst nannten, hatten, außerhalb der Regierung, den entscheidenden Einfluß, und sie waren entschieden konservativ. Die Politik des „christlichen Staates" wirkte sich zumal im Ressort des Kultusministeriums aus. Der neue Minister, Eichhorn, war zwar ein alter Mitarbeiter der Reformer (und einer der Architekten des Zollvereins), aber jetzt ganz auf der neuen Linie; er machte kirchliche Gesinnung und antirevolutionären Konservativismus zum Maßstab der Personalpolitik in Schule, Kirche und Universität, und bedeutende Figuren wie Schelling oder Stahl waren dabei natürlich Ausnahmen; Hoffmann von Fallersleben wurde entlassen und – 1847 – endlich auch der berühmte Seminardirektor Diesterweg, den die Gerichte lange geschützt hatten. Der Kurs ging gegen Rationalismus und Hegelschen Idealismus, gegen die Emanzipation von der Tradition und ihren Bindungen, gegen die Modernität; das mußte die empfindliche liberale Bildungswelt als Gewissenszwang empfinden und sie gegen das „System" aufbringen.

Der entscheidende Punkt der preußischen Politik war die Verfassungsfrage, das nicht erfüllte Verfassungsversprechen der Reformzeit. Es wurde seit der Thronbesteigung des Königs öffentlich angemahnt und eingeklagt. Der ost- und westpreußische Landtag – hier war auch der Adel zum guten Teil liberal – beschloß schon im September 1840 fast einstimmig eine Denkschrift, mit der der

König unter Verweis auf das Versprechen von 1815 um die Vollendung der Verfassung gebeten wurde. In seiner Antwort lehnt der König die „auf Pergament geschriebenen Staatsgrundgesetze", die sich, wie er später oft sagt, zwischen Gott, König und Volk drängen, ab. Theodor von Schön, Oberpräsident, Reformer noch immer und zugleich mit dem König persönlich verbunden, erneuert in einer internen anonymen Schrift ‚Woher und wohin?', die in 32 Exemplaren gedruckt wird, die Forderung. Aber der König gibt nicht nach, und als Schöns Schrift 1842 von anderen an die Öffentlichkeit gebracht wird, führt das zu Schöns Entlassung. Im Februar 1841 schon hatte ein Vertreter des radikalen Liberalismus in Ostpreußen, der Königsberger Arzt Johann Jacoby, in einer Flugschrift ‚Vier Fragen, beantwortet von einem Ostpreußen' festgestellt, daß das Volk nach dem Versprechen von 1815 ein einfaches und klares Recht auf eine Verfassung und eine wirkliche, nicht provinzialständische Volksvertretung hätte. Preußen ließ die Schrift zwar durch den Bundestag verbieten, aber das erhöhte eher ihre Wirkung, und zwei Instanzen der Justiz sprachen den Autor von Majestätsbeleidigung und Hochverrat frei.

Freilich, der König konnte die Verfassungsfrage nicht mehr einfach ignorieren. Er fühlte sich in gewisser Weise an die alten Versprechen gebunden. Und – der Staat brauchte Anleihen; damit trat der eingeplante Mechanismus in Funktion, daß Anleihen der Zustimmung eines gesamtstaatlichen Parlamentes bedurften. Ein erstes Experiment scheiterte: 1842 traten „Vereinigte Ausschüsse" zusammen, strikt nach Ständen gewählte Delegierte der Provinziallandtage; sie sollten, scheinbar strikt verkehrstechnisch, beraten, ob das Eisenbahnnetz gesamtstaatlich ausgebaut werden sollte; das bejahten sie – aber dazu sei eine staatliche Finanzierung notwendig und darüber könnten nur wirkliche Reichsstände befinden. Die Provinziallandtage, ursprünglich gerade eingerichtet, um die gesamtstaatliche Verfassung abzublocken, wurden in diesen Jahren, so 1845, mit Ausnahme derer von Pommern und Brandenburg, zum Initiator und Träger der Forderung nach Reichsständen und Verfassung; ein gut Teil des Adels hatte sich dem Bürgertum angeschlossen. Auch anderer gesamtstaatlicher Angelegenheiten nahmen sich die Landtage an, sie forderten z. B. fast alle 1841 und 1843 Pressefreiheit, und der rheinische Landtag verwarf 1843 den im ganzen fortschrittlichen Entwurf eines Strafgesetzbuches, weil darin ständisch unterschiedliche Strafen, und gar der Verlust des Adels als Strafe, vorgesehen waren. Nach langem Hin und Her und gegen die Bedenken Metternichs und des Zaren etablierte der König im Februar 1847 den „Vereinigten Landtag". Der war aus sämtlichen Mitgliedern der Provinziallandtage zusammengesetzt, für den König die Krönung des alten ständisch-regionalistischen Aufbaus des gesamtpreußischen Staates, für die Öffentlichkeit und die entschlossene Reaktion freilich nichts Halbes und nichts Ganzes, eine anachronistische Konzession. Dieses Gremium sollte nicht regelmäßig, nicht „periodisch" tagen, sondern nur auf Berufung des Königs, es sollte über neue Steuern und Anleihen – außer im Kriegsfall – entscheiden dürfen, Gesetze nur nach Ermessen der Regierung beraten, immer getrennt nach Ständen; lediglich ein „Vereinigter Ausschuß" sollte periodisch tagen und an der Beratung der Gesetze mitwirken. Obwohl die Liberalen in diesen Maßregeln keine Erfüllung des Verfassungsversprechens sahen, nahmen sie die neue Institution an, um von ihr aus eine wirkliche Verfassung vorantreiben zu können.

Im April trat der Vereinigte Landtag in Berlin zusammen, 70 hochadlige Herren, 237 Ritter, 182 Stadt- und 124 Bauernvertreter, Grundbesitzer alle und kaum, wie im konstitutionellen Deutschland, Beamte und Bildungsbürger. Aber auch diese Abgeordneten verstanden sich zumeist nicht mehr ständisch und nicht mehr als Provinzialvertreter, sondern als Vertreter des preußischen Volkes, und entsprechend gliederten sie sich jetzt nach politischen Richtungen. Die Verhandlungen liefen schnell auf den verfassungspolitischen Grundkonflikt zu. Die Regierung wollte eine staatliche Garantie für Landrentenbanken, die die bäuerliche Ablösung finanzieren sollten, und eine Anleihe zum Bau der – privat nicht finanzierbaren – Ostbahn von Berlin nach Königsberg. Der Sache nach gab es dagegen wenig Widerspruch. Aber eine große Zwei-Drittel-Mehrheit, von Ostpreußen und Rheinländern geführt, lehnte jede Geldbewilligung ab, so lange dem Landtag nicht Periodizität zugestanden und der ominöse „Vereinigte Ausschuß" weggefallen sei, – in Gelddingen höre die Gemütlichkeit auf, hat Hansemann damals gesagt und ist damit in unseren Sprachschatz eingegangen. Die Regierung wollte dies Minimum von Verfassung nicht zugestehen, dem Landtag nicht die Qualität wirklicher „Reichsstände" zubilligen. Der König stellte die Bauarbeiten an der Bahnlinie lieber ein und schloß Ende Juni den Landtag. Trotz aller Bedenken und trotz des Widerstandes einer entschiedeneren Minderheit wählte die Mehrheit zwar einen neuen Vereinigten Ausschuß. Aber der halbherzige Versuch des Königs mit einer ständischen Zwischenlösung war gescheitert; die moderne Welt hatte in Gestalt des Eisenbahnbaus auch die monarchische Staatsräson eingeholt und der Opposition den materiellen Hebelpunkt gegeben. Selbst in der, wenigstens im Osten, feudal geprägten Gesellschaft Preußens und seinen ständisch-restaurativen Provinzinstitutionen hatte sich eine gemeinsame adlig-bürgerlich-bäuerliche oppositionelle Mehrheit gebildet, die Land und Volk repräsentierte. Aber auch die moderaten Forderungen der Opposition führten zu keinem Ergebnis. Der König hatte mit seinen ständischen Experimenten und seinen immer neuen Verweigerungen der konstitutionellen Bewegung Auftrieb gegeben, ohne sie befriedigen zu können. Der Konflikt über die Verfassung schwelte bis zur Revolution im März des folgenden Jahres weiter, die Spannungen wuchsen.

Wir erinnern uns, überall in Deutschland verschärfen sich in den 40er Jahren die Spannungen, wächst die Unruhe. In den Verfassungsstaaten schwelt der Konflikt zwischen Regierungen und Volkskammern um restriktive oder fortentwickelnde Auslegung der Verfassung, hier und zu Zeiten mehr, dort und anderswann weniger, und in den Sachfragen der Liberalen – Justiz, Selbstverwaltung, Agrarreform – geht nur wenig weiter, und das nur langsam. Das Verfassungsleben ist in kein funktionierendes Gleichgewicht gekommen, das Gefühl der Stagnation und Frustration wächst. Selbst in Metternichs Österreich regt sich deutliche Opposition. Überall dauern Zensur und Parteiverbot fort, und trotz aller Durchlöcherung, und vielleicht auch deswegen, wachsen Empörung und Widerstand dagegen. Die Bewegungsparteien (und die katholische Opposition) werden selbstbewußter; sie verstärken gewaltig ihren gesellschaftlichen Rückhalt; sie fangen an, sich national zusammenzuschließen, Programme und Strategien zu formulieren. Das gilt für die Liberalen wie für die Radikalen. Die öffentliche Diskussion gewinnt, trotz aller Behinderung, an Intensität, an nationaler Kommunikation, an Lautstärke. Bei den Radikalen und den Sozialisten wächst die Bedeutung der Emigration und ihrer Rückwirkung auf Deutschland. Die nationale Bewegung breitet sich – über Vereine, Feste und Kongresse, Denkmäler, Lyrik, Publizistik – metapolitisch, emotional, existentiell aus; das wird verstärkt durch die Grenzkonflikte mit Frankreich und Dänemark. Aber vor allem geht es um die Einigung, um eine nationale Organisation der Deutschen, gegen den abgelebten Deutschen Bund, der nur als Unterdrückungsapparat und sonst nicht tätig ist. Wenn man im eigenen Land die Verfassung weiterentwickeln will, muß man die Blockade des Bundes brechen, braucht man ein anderes ganzes Deutschland. Und die wirtschaftlichen und sozialen Nöte weisen in dieselbe Richtung. Aber der Wille zur Nation geht über alle solche Funktionen durchaus hinaus, er ist politisches Urgestein. Und aus den Stimmungen kristallisieren sich klare Forderungen, wie die nach einem nationalen Parlament. Und endlich, getrennt davon: die soziale Unruhe im Übergang von der alten zur modernen Gesellschaft wächst an, die aufgeschobene Grundentlastung der Bauern, die Bedrohung des Handwerks und der kleinen Bürger durch Markt und Industrie, das Problem des Pauperismus, der wachsenden Volkszahl bei stagnierenden Arbeitsplätzen, der Unterschichten, die keine Arbeit und keinen Ort haben, der Proletarisierung, das Problem des Hungers, wie er durch die Mißernten von 1846/47 – in einer noch agrarisch geprägten – Gesamtwirtschaft ausgelöst worden ist. Das sind andere Sorgen als die der liberalen Bürger, denen es um Politik geht, aber beides überkreuzt sich; auch die soziale Unruhe grundiert und färbt überall den politischen Protest, intensiviert ihn, gibt ihm Schubkraft. Die Situation im ganzen spitzt sich zu einer dreifachen Krise – der verfassungspolitischen, der nationalpolitischen, der sozialen – zu.

Nimmt man die Jahrzehnte seit 1815 im ganzen ins Auge, so ist das eigentliche Tiefenphänomen doch zunächst der Aufstieg des Bürgertums: die Entfaltung einer bürgerlichen Kultur in Wissenschaft, Bildung und im ästhetischen Bereich – davon reden wir im nächsten Abschnitt –, bürgerlicher Lebensformen und -normen in Familie, Arbeit und geselligem Leben, bürgerlichen Wirtschaftens in der entstehenden kapitalistischen Welt; die Integration der alten, traditionalistischen Bürgerwelt in die neue Welt der „Bürgerlichen"; die Ausstrahlung dieser Welt auf die nicht-bürgerliche Schichten, den Adel, die Bauern und die respektablen Teile der Unterschichten. In den Wahlen von 1848 hat die grosse Mehrheit des Volkes dieses Bürgertum bestätigt. Es war nicht die Bourgeoisie, die Großbürgerwelt, sondern das mittlere Bürgertum mit der Masse der vielen Selbständigen, nach den Kriterien von Bildung und Besitz geschichtet und geführt – und am Rande dann die kleine, aber politisch wie sozial wichtige Schicht der kritischen Intelligenz, die das Bürgertum in Frage zu stellen anfing. Die Bürger herrschen nicht, aber sie bestimmen Stil und Richtung, ihre Werte und Normen setzen sich durch: Autonomie und Individualität, Leistung und Wettbewerb, Eigentum und Arbeit, Begabung und Bildung, Diskussion und Öffentlichkeit, Privatheit und Freiheit, und ihre neue Form gemeinsamer Lebensbewältigung und Lebensfreude, der Verein. Das Bürgertum wird, trotz feudaler Überlappung, trotz der Masse der Unterschichten, trotz der Massen des „Landes", die gesellschaftlich führende Kraft. Darum stellt es, je mehr sich seine Basis verbreitet, den Anspruch auf politische Herrschaft oder doch Mitherrschaft, gegen Adel und Militär, Bürokratie und monarchische Autokratie, den Anspruch auf Verbürgerlichung des Staates und der Gesellschaft. Es will, was mit der Reformzeit anhob, erfüllt sehen. Nun aber, das zweite, der Staat. Er hat seine Modernisierungstätigkeit eingegrenzt und sich gegen den politischen Anspruch des Bürgertums gestellt; das ist in allem Gewoge und Geschiebe und trotz mancher Fortschritte das Resultat der drei Jahrzehnte. Die Furcht vor den Gefahren von gestern, der Revolution, diktiert das Verhalten der Staaten; sie steigert sich zur präventiven Abwehr fast aller Bewegung und aller bürgerlichen Evolution. Das ist nicht nur Metternich und die wilde Reaktion, das Regiment der Polizei, der Zensur, der Repression, unter dem alle politische und jugendliche Intelligenz dieser Jahrzehnte – bis zu Haft und Exil – gelitten hat. Das ist auch, simpler, die ständige bürokratische Bevormundung, die Parole vom „beschränkten Untertanenverstand". Das ist die Politik der immer nur halben Konzession und der Rücknahmen, die Abneigung gegen den „Geist" der Verfassungen, Vertagung und Versagung. Und der Deutsche Bund hat dieses System zementiert, jede Weiterentwicklung verhindert.

Das alles wirkte zurück. Es gab kein freies öffentliches politisch-institutionelles Leben, in dem sich Interessen, Meinungen und Tätigkeit der einzelnen wie der Gruppen entfalten konnten, und Verantwortung zumal. Von daher rührt gewiß auch die Energie, die in die intellektuell-wissenschaftliche und ästhetische Kultur strömt, rührt auch das Biedermeierlich-Gemütliche, das Innerliche und Private oder das Philiströse dieser deutschen Welt, die Abschottung der verschiedenen Lebensbereiche. Gewiß, das alles hat es auch anderswo und unter ganz anderen politischen Umständen gegeben, aber in Deutschland war es besonders stark. Darum auch hat sich in unserer entstehenden politischen Kultur Opposition doktrinär und wenig pragmatisch ausgeprägt, neigte die kritische Intelligenz zu besonderer Radikalität, war das Verhältnis zur Wirklichkeit schwierig. Es gibt wenig Grundkonsens, wenig selbstverständliches Einverständnis im deutschen Leben.

Enttäuschung mündet in Resignation oder Unzufriedenheit, in Kritik und Opposition, in Protest oder gar am Rande in Widerstand, vor allem in den Willen zur Veränderung. Im Schatten der Verbote, wir haben es gesehen, im krypto- und halbpolitischen Raum etabliert sich die bürgerliche Bewegung und Öffentlichkeit doch; die Wortführer sprechen nicht mehr nur im Namen der Vernunft oder des Rechts, nicht als Avantgarde, sondern für die ganze Gesellschaft. Darum werden der Druck der Stagnation und der Konflikte intensiver und ebenso die Ansprüche. Allmählich dauert alles wirklich zu lange. Man will, außer im Kreise der radikalen Intellektuellen, keine Revolution. Die Liberalen halten Revolution für ein Unglück – sie denken an die unkalkulierbaren negativen Folgen und an die Gewalt. Aber alle erwarten und wollen Veränderungen, gründliche Veränderungen. Dahlmann veröffentlicht in diesen Jahren die Geschichten der französischen und englischen Revolution – durchaus mit politischer Absicht. Als die demokratischen und radikalen Kantone der Schweiz die katholisch-konservativen in einem kurzen Bürgerkrieg, dem „Sonderbundskrieg", im Herbst 1847 besiegen und Österreichs Interventionspläne vor allem am Widerstand Englands scheitern, nimmt man das als Symbol und Fanal: „Lord Feuerbrand" schlägt „Fürst Mitternacht", der Sieg bricht „dem Licht und Recht" Bahn, auch in Deutschland. Das ist die Stimmung. Es war nicht so, daß die Revolution kommen mußte, und schon gar nicht im Frühjahr 1848, aber die „kritische Masse" war vorhanden, die ein Funken leicht entzünden konnte.

Freilich, hinter dem bürgerlichen Anspruch, durch die Gemeinsamkeit der Opposition gegen das Establishment noch überbrückt, kommt die Parteiung, kommt der Pluralismus der Gesellschaft herauf: ideenpolitisch und sozial; mit dem Aufstieg des Bürgertums werden die nicht-bürgerlichen Schichten entbunden, sie stellen – in ihrer sozialen Not – ganz andere Ansprüche. Diese Doppelung, die sich ideenpolitisch in der Spannung von Liberalismus und Radikalismus wiederholt, kennzeichnet die Atmosphäre der 40er Jahre. Das war die Last im Aufbruch zum freiheitlichen bürgerlichen Verfassungsstaat.

IV. Glauben und Wissen,
Bildung und Kunst

1. Religion, Kirche, Entchristianisierung

Das deutsche 19. Jahrhundert ist noch immer ein christlich, ein kirchlich ge-prägtes Zeitalter. Religion und Kirche sind eine das Dasein, das Bewußtsein und Verhalten des Menschen bestimmende Selbstverständlichkeit und Macht, sie bleiben auch für Staat, Gesellschaft und Kultur von entscheidender Bedeutung. Wo es um den Sinn des Lebens und auch die „Wahrheit" geht, da geht es in die-sem Jahrhundert immer auch um die Religion. Gewiß setzt seit dem 18. Jahrhun-dert der universale Prozeß der Säkularisierung ein, der im 20. Jahrhundert zur relativen Dechristianisierung unserer Lebenswelt geführt hat, dazu, daß die ak-tiven Christen eine Minderheit, Religion und Kirche ein Teil- und Spezial-aspekt, eine Provinz des Lebens sind. Aber es wäre ganz falsch, das 19. Jahrhun-dert von diesem Ergebnis her nur als Vorgeschichte dieser Entchristianisierung anzusehen. Das 19. Jahrhundert ist bewegt vom Kampf um Christentum und Modernität, aber gerade darin behauptet sich das Christentum, formt sich um, erneuert sich, ja gewinnt ganz außerordentlich an öffentlicher Geltung und an Durchsetzungskraft. Die Religion wie die Kirchen ragen nicht als ein Relikt der Tradition in das 19. Jahrhundert hinein, sondern sie sind Produkte und gestal-tende Mächte dieses Jahrhunderts zugleich.

Für den Beginn des Jahrhunderts gilt: das Volk, die große Masse der Bürger lebt in einer weitgehend noch ungebrochenen Selbstverständlichkeit des Chri-sten- und Kirchenglaubens, wie er durch Sitte und Katechismus (und Gesang-buch) das Leben in der Familie, in Beruf und „Stand", in der Gemeinde be-stimmt. Aber die Kirchen, halb traditionalistisch, halb aufgeklärt, stehen nicht gerade in Blüte. Die Pfarrer sind zum Teil nicht sonderlich gebildet – die Land-pfarrer „verbauern" oft – und selten von einem eigentlichen religiösen Elan ge-tragen; im katholischen Bereich leeren sich die Klöster. Das kirchliche, das reli-giöse Leben ist vielfach – trotz der innerkirchlichen Gegensätze von Aufklärung und Tradition – über das normal menschliche Maß hinaus konventionell und verflacht. Staat und Bürokratie stehen den Kirchen kühl und distanziert gegen-über, sie bevormunden und gängeln sie, benutzen sie als Erziehungsinstanzen – zur Einübung von Moral und Gehorsam, zur Propagierung nützlicher Dinge wie Bienenzucht und Kartoffelanbau –, wollen sie im katholischen Bereich re-formieren, säkularisieren, verstaatlichen. Die Kirchen sind nicht sonderlich vital und attraktiv und auch nicht sonderlich mächtig. In der Bildungsschicht, von Aufklärung oder Klassik bestimmt, stehen Religion und Kirche nicht sonderlich hoch im Kurs; der „Zeitgeist" steht in Distanz zur Religion. Wir werden von der

deutschen „Bildungsreligion", etwa Goethes oder Schillers, am Rande und auch
schon jenseits des Christentums erzählen; Schleiermacher adressiert seine Reden über Religion an deren „Verächter", wenn auch die „Gebildeten" unter ihnen, das ist typisch.

1815, nur anderthalb Jahrzehnte später, hat sich die Lage wesentlich geändert: Stimmung und Zeitgeist scheinen wieder religiös, Religion gehört wieder
zum Grundgefühl der Zeitgenossen wie zu ihrer Reflexion auf Welt, Leben und
Sinn. Das hat mehrere Gründe. Die ungeheuer wechselvollen Schicksale der
25 Revolutions- und Kriegsjahre, Tod und „Errettung" zumal, waren für viele
Menschen nicht mehr aufgeklärt, stoisch zu bewältigen, sondern legten die alte
religiöse Deutung, nach der des Einzelnen Schicksal unter Gottes Fügung und
Leitung steht, nahe. Die Revolution, dieser große und anfangs in Deutschland
so enthusiastisch begrüßte Aufbruch zur Befreiung der Menschheit hatte, von
der Religion gelöst und gegen sie, in die Herrschaft des jakobinischen Schrek-
kens geführt, wo man sich im Namen einer jeweils anderen Vernunft die Köpfe
abschlug, in ständigen Wechsel und Chaos, in die Militärdespotie, die Welt-
eroberung Napoleons, in die endlosen Kriege: die Verheißung im Namen von
Freiheit und Vernunft, jenseits der Religion, hatte in einem Debakel geendet.
Und war nicht die Aufklärung der Boden der Revolution, mußte man ihre Religionskritik nicht kritisch „hinterfragen"? Dazu kommen die geistigen Bewegungen. Die Kultur der Klassik hat ihre religiöse Nebenlinie – die Hamann, Jung-
Stilling, Lavater und Claudius –, die nicht ohne Resonanz war; die Opposition
gegen den „abstrakten" Rationalismus, Utilitarismus und Moralismus der Aufklärung gewinnt an Gewicht. Die Romantik protestiert gegen die Fixierung der
Menschen auf Rationalität und gegen die Vereinzelung des autonomen Individuums, ja auch gegen die „heidnische" Religion der Klassik; sie wendet sich
zum Vor- und Überrationalen, zum Unbewußten, zum Geheimnis, gegen die
unheile Gegenwart zu Ursprung und Tradition, gegen die Auflösung der Bindungen, gegen Entwurzelung und Entfremdung, zu Bindungen und überindividuellen Gemeinschaften, gegen die bloßen Begriffe zu den Symbolen, zu einer
Welt, die, noch und wieder, heimatlich ist, zum Mittelalter, zum Unendlichen
und Unbegrenzten, zur Transzendenz; und wenn Schleiermacher die Religion
als Gefühl schlechthinniger Abhängigkeit definiert, so ist das ganz romantisch.
Oder: Überdruß und Verzweiflung des Subjektivismus der romantischen Intellektuellen, die wie alle Intellektuellen nicht mehr von etwas her, sondern auf etwas hin leben, tendiert zum bergenden Halt, zur umschließenden Sicherheit,
zum Objektiven und Vorgegebenen. All das schafft einen ganz neuen Sinn für
„Religion". Die idealistische Philosophie versteht sich als Überwindung der Aufklärung und als Neuinterpretation und Erneuerung der christlichen Religion
zugleich; das Verhältnis des Endlichen zum Unendlichen wird zu einer zentralen Kategorie des philosophischen Denkens wie seiner religiösen Lebensdeutung. Schließlich politische Bewegungen und Veränderungen: die preußischen
Reformer verstehen sich, gerade in ihrem Gegensatz zur französischen Revolution, religiös, sie wollen Staat und Gesellschaft auf eine religiöse Wiedergeburt

gründen. Und die entstehende Nationalbewegung – antinapoleonisch, gegen den Nationalismus der französischen Revolution – ist gerade deshalb christlich, und protestantisch zumal, geprägt und so das Ethos der Freiheitskriege bis zur revolutionären Burschenschaft der Jahre danach, bis zum Wartburgfest, zu Sand und Karl Follen.

Diese Wendung zur Religion hat einen doppelten Charakter. Sie ist, das hat man zumeist allein betont, in einem metapolitischen Sinne konservativ, entspricht so dem Geist des „Restaurationszeitalters". Die Wendung zur Religion ist dann antirevolutionär, gegen die Eigenmächtigkeit von Vernunft und Subjektivität, Wollen und Machenkönnen des Menschen; sie betont die Grenzen, die Endlichkeit des Menschen, die bleibenden und unantastbaren Ordnungen, die Kontinuität und Frieden gewähren, das Gegebene und Gefügte, die Bindungen und Traditionen, Halt und Heimat, das Übervernünftige; sie begünstigt Tugenden wie Ehrfurcht, Andacht und Pietät, Treue und Gehorsam – konservative Tugenden also. Es ist nicht untypisch, daß die an ihrem Subjektivismus verzweifelnden Romantiker gerade vom Katholizismus angezogen waren – der weniger subjektiven, rationalen, zweifelnden Ausprägung des Christentums, mit starken Bindungen und Institutionen, mit Kult und Symbolik; die Reihe der romantischen Konversionen, der Protestanten wie Friedrich Schlegel, Zacharias Werner, Adam Müller, Franz Overbeck, und der ungläubigen Katholiken wie Clemens Brentano oder Joseph Görres ist dafür besonders charakteristisch. Zu dieser metapolitischen konservativen Stimmung und Wendung tritt dann das unmittelbar Politische, die Tendenz des Obrigkeitsstaates zum Bündnis von „Thron und Altar". Das ist gegenüber der antikirchlichen Haltung der Aufklärung und des Aufgeklärten Absolutismus und der Rheinbundzeit neu. Die Religion bekommt eine wesentliche politische Funktion; die Kirchen gelten als notwendige Stütze der Autorität, nur sie geben die notwendige Legitimation der Herrschaft, nur sie verhindern – so die Meinung – den nackten Machtkampf und den Machtmißbrauch. „Wenn man den Himmel revolutioniert, kann die Erde nicht ruhig bleiben", hat Heine gemeint; das ist zugleich das Credo der Politiker der Restauration, vom Rationalisten Metternich bis zum frommen Preußenkönig Friedrich Wilhelm IV.; die Religion muß erhalten werden. Für das Programm der politischen Restauration ist es charakteristisch, daß die europäischen Mächte 1815 sich in der Deklaration einer „Heiligen Allianz" zusammenfinden, mit der die christlichen Prinzipien als die eigentlichen Normen der Staats- und Gesellschaftsordnung wie des Völkerrechts gegen Umsturz und Krieg angerufen werden. „Thron und Altar" ist keine spezifisch deutsche Parole, sie ist gemeineuropäisch, zuerst englisch, dann französisch, aber sie wird seit 1815 für ein Jahrhundert zu einem Thema der deutschen Geschichte. Freilich haben der Konfessionspluralismus, die akuten wie latenten Spannungen zwischen Staat und Kirche und die innerkirchlichen Parteiungen ein zu enges Bündnis auf Dauer verhindert. Vor allem muß man festhalten: die religiöse Wendung und Erneuerung nach 1815 ist mitnichten eine Folge oder Manipulation der Politik, sondern eine Erscheinung eigenen Ursprungs.

Ich sagte, die Wendung zur Religion hatte einen doppelten Charakter. Denn auch Reform und Erneuerung, Liberalismus und Modernisierung, ja auch die Erben der Aufklärung stehen in dieser Wendung zur Religion, haben intensiv an ihr teil. Der religiöse Liberalismus steht gleichgewichtig neben der beschriebenen konservativen Orientierung; davon wird zu reden sein.

Zu der neuen Wertung und Erneuerung der Religion gehört dann in der konservativen wie der liberalen Ausprägung die innerkirchliche Auseinandersetzung mit der eigenen Tradition und dem Problem einer Öffnung und Umbildung der Kirche: der Kampf gegen die Modernisten oder der Versuch, zwischen kirchlicher Tradition und Modernität zu vermitteln. Freilich ist im deutschen Katholizismus, im Unterschied zum Protestantismus, die Wendung gegen die Moderne, das Ausscheiden der Aufklärung, die Absage an den Liberalismus, die Reorientierung an Autorität und Tradition die durchaus dominierende Tendenz.

Eine allgemeine Wirkung dieser Wendung zur Religion müssen wir noch vorweg erwähnen. Die Besinnung auf das Christentum war zunächst überkonfessionell und friedlich – aber der Rückgriff auf die Wahrheiten der Religion führte gerade auf die konfessionellen Wahrheiten, führte zu einer Rekonfessionalisierung der Religion, ja zu der im zweiten Jahrhundertdrittel das ganze öffentliche Leben durchdringenden wilden Konfessionspolemik. In der Frage etwa, ob die Reformation als Aufstand gegen die Autorität der Ursprung aller Revolution sei (so die Katholiken) oder ob sie das eigentliche Prinzip der Gegenrevolution sei und es deshalb nur in katholischen Ländern Revolution gebe (so die protestantischen Konservativen) oder ob sie das Prinzip der vernünftigen Reform und der gewaltfreien Evolution sei (so Hegel und die Liberalen), bündelt sich politische, historische und konfessionelle Argumentation in typischer und sich immer wiederholender Weise, und dergleichen Diskussionen gab es viele.

a) Der Katholizismus

Wir wenden uns der Geschichte der Konfessionen und Kirchentümer zu, und zwar zunächst der Entwicklung des Katholizismus. Die katholische Kirche in Deutschland ist mit am meisten von den großen Veränderungen im Gefolge der Revolution, der napoleonischen Neuordnung und der großen Reformen betroffen gewesen, wir haben davon gesprochen. Ihre Verflechtung mit der politischen Ordnung des Alten Reiches, der Sozial- und Wirtschaftsverfassung des Ancien Régime fiel dahin; sie verlor ihren Anteil an Herrschaft und einen großen Teil ihres Besitzes und ihrer eigenen Einkünfte. Die Kirche, können wir sagen, wurde ent-feudalisiert. Das hat für das 19. Jahrhundert eine Reihe einschneidender Konsequenzen gehabt. Zunächst: die katholische Kirche, deren geistlicher Charakter solange durch Herrschaft und Besitz überlagert und manchmal beeinträchtigt gewesen war, wurde eine ganz und gar religiöse, auf die Religion konzentrierte Institution und Gemeinschaft; auch wo es um Macht ging, ging es um religiöse Macht. Die Säkularisierung von kirchlicher Herrschaft und kirchlichem Besitz war Enteignung der Kirche, aber auch Befreiung: sie war die Basis einer neuen Spiritualisierung der Kirche, die das Jahrhundert bestimmt. Sodann und als unmittelbare Folge der Entfeudalisierung: die Kirche hört auf, Adelskirche zu sein; Domkapitel und Bischofsämter sind nicht mehr Versorgungsinstitutionen für die jüngeren Söhne des Reichsadels. Der hohe Klerus „verbürgerlicht"; mit einer gewissen zeitlichen Verspätung bis nach der Mitte des Jahrhunderts werden die adligen Bischöfe eher zur Ausnahme (wenn sie auch keineswegs ganz verschwinden). Die Kirche nimmt am Jahrhunderttrend der bürgerlichen Gesellschaft, der Tendenz zur sozialen Egalisierung teil. Aber die neuen Bischöfe sind nicht die bürgerlichen und weniger weltlichen Nachfolger der alten, sie verlieren vielmehr, das ist die dritte Folge der Säkularisierung, an Gewicht und Macht, und zwar zugunsten des Papstes und der Kurie. Der alte Episkopalismus wird vom neuen „Papalismus", dem römischen Zentralismus, dem päpstlichen „Absolutismus", verdrängt; die katholische Kirche wird mehr Papstkirche, weniger Bischofskirche, mehr internationale Kirche und weniger regional-nationale. Das hat sich in ganz Europa in einem komplizierten Prozeß herausgebildet, bei dem nicht nur römische und päpstliche Tendenzen zur Machtsteigerung eine Rolle spielen, sondern auch „demokratische" Opposition des Niederklerus und der Laien gegen den „Aristokratismus" der Bischöfe, und vor allem das Bestreben, vor dem starken modernen Staat sich durch eine starke, unabhängige, internationale Macht zu schützen. Der Aufstieg des Papsttums im 19. Jahrhundert ist – jenseits der ultramontanen Bewegung, von der wir gleich zu reden haben – auch eine Folge des Aufstiegs des modernen Staates am Beginn des Jahrhunderts. Schließlich: die katholische Kirche gerät, seit sie nicht mehr unmittelbar oder mittelbar teil hat an Herrschaft, in ein anderes Verhältnis zum Staat. Sie steht ihm gegenüber, ohne auf feudale und ständische, korporative Rechte sich stützen zu können, und sie steht einem neuen Staat gegenüber: dem Staat der durchgreifenden Staatssouveränität, dem Staat der Bürokratie (und später dem der Verfassung und der Parlamente) und dem Staat der konfessionellen Parität und Toleranz – das alte Nahverhältnis zum Landesherrn und zum Territorialstaat wie die Überlegenheit gegenüber den Territorialtrümmern des dritten Deutschland, das ist dahin.

Wir sprechen zuerst von der inneren Entwicklung des Katholizismus. Dabei muß von Geistes-, ja auch Theologiegeschichte die Rede sein. Es ist ein Irrtum zu meinen, dergleichen sei esoterisch. Abgesehen vom eigenen Recht solcher Geschichte wirkt sie ins Breite; denn über Pfarrerausbildung und Katechismus z. B. prägt gerade sie die Mentalität von Bürgern und Volk.

Wir haben es hier nach 1815 mit drei Tendenzen zu tun. Da ist einmal die noch fortdauernde katholische Aufklärung, die alle Generationen vor 1840 noch mitgeprägt hat: die Auflockerung des dogmatischen, juristischen und kultischen Charakters der Kirche, die Abkehr von alten barocken Frömmigkeitsformen wie den Wallfahrten, die Gegnerschaft gegen die Bettelorden, die Predigt einer vernünftigen christlichen Humanität und Ethik, die Reform des Gottesdienstes (bis zur deutschen Messe). Repräsentativ dafür ist etwa Heinrich Ignaz von Wessenberg, ein Produkt der feudalen Kirche noch – seit 1802 Generalvikar von Konstanz, seit 1792 schon Domherr, aber erst 1812 zum Priester geweiht –, der über „sein" Seminar in Meersburg eine Generation von aufgeklärten, allgemein gebildeten, weltzugewandten Priestern erzieht, die für Südwestdeutschland bis 1848 Bedeutung haben.

Zum zweiten gibt es Versuche, den Katholizismus mit bestimmten Tendenzen der Zeit zu versöhnen oder zu verbinden und dadurch zu erneuern. Georg Hermes, Theologieprofessor in Bonn seit 1819, hat versucht, den katholischen Glauben auf der Basis einer psychologisch verstandenen Kantischen Philosophie neu zu begründen und so Wissenschaft und Glauben zu versöhnen. Der Wiener Theologe Anton Günther hat Ähnliches auf der Basis der Hegelschen Philosophie versucht. Beide haben einen großen Schülerkreis gehabt, Hermes geradezu ein Monopol auf die Theologenausbildung im Rheinland. Beide sind zuletzt (1835 und 1857) von der Amtskirche indiziert, ihre Lehre ist zurückgedrängt worden.

Nachhaltiger wirksam sind dann die Versuche, den Katholizismus in Verbindung mit Haupttendenzen der deutschen Kultur, mit Empfindsamkeit und Klassik, zumal aber mit der Romantik, zu erneuern, die Entfremdung zwischen Katholizismus und deutscher Kultur zu überwinden. Charakteristisch dafür ist etwa – nach dem Kreis der Fürstin Gallitzin in Münster – der Landshuter Professor und spätere Bischof Johann Michael Sailer: er versucht den Geist Pestalozzis, die Bildung Goethes in den Katholizismus einzubringen, den Glauben zu verinnerlichen, die Kirche zu „edler Einfalt" zu führen – für fromme Humanität und Innerlichkeit und deren Selbstentfaltung, gegen die Überstrapazierung von Dogma, Institution, Autorität; die Fragen der Aufklärung freilich werden sozusagen beiseite geschoben. Sailer hat gerade in Bayern – etwa auf Ludwig I. und seine Berater – tief und nachhaltig gewirkt. In Wien hat der Ordensgeistliche Clemens Maria Hofbauer die antiaufklärerische und romantisch gesinnte Intelligenz (seine Volkstümlichkeit ist eine andere Sache) um sich gesammelt; der Prozeß der Romantik gegen die Aufklärung wird hier katholisch überformt, die Konversion Friedrich Schlegels ist dafür ein Exempel. Das wird mit und nach der Neugründung der alten bayerischen Universität in München (1826) in einer Art Münchener Spätromantik vollendet. Die Anmaßung der Aufklärung und der Dualismus von Glauben und Wissen sollen durch eine neue katholische und eben romantische Wissenschaft überwunden werden. Joseph Görres, wir haben von ihm erzählt, Koblenzer Jakobiner der 90er Jahre, Heidelberger Romantiker, 1821 zum katholischen Glauben zurückgekehrt, und sein Kreis, die freilich kurzlebige Zeitschrift ‚Eos' (1828–1832), der Philosoph Franz von Baader oder der Mediziner Ringseis sind dafür typisch; man versucht, an Stelle von Wien München zum geistigen Mittelpunkt des deutschen Katholizismus zu machen. Kurz, dieser Katholizismus steht in engem Konnex mit zeitgenössischer Bildung und Bildungsschicht.

Schließlich gehört hierhin eine theologische Richtung: die Tübinger Schule und ihre Zeitschrift, die ‚Theologische Quartalsschrift'. Der Kirchenhistoriker

Johann Adam Möhler übernimmt den „Organismus"begriff des frühen Historismus. Die Kirche ist nicht einfach ein Insgesamt dogmatischer Sätze und rechtlicher Institutionen, sondern ein wechselseitig zusammenhängendes System, ein Organismus eben, der sich entwickelt. Hinter allem Einzelnen, dem Schutt der Überlieferung, steht ein einheitliches Prinzip, ein „Geist", eine Lebensanschauung, hinter dogmatischen Begriffen ein anthropologischer, existentieller Gehalt; wenn die Zeitgenossen aufhören, den Menschen aufklärerisch auf Vernunft zu reduzieren, vielmehr sein Wollen und Fühlen mit in Betracht ziehen, so kann man ihnen diesen Gehalt verständlich machen. Die Kirche wird nicht als unhistorische Institution, sondern als etwas Werdendes, Sichentfaltendes angesehen; sie ist das Ganze der oft unterschiedlichen und gegeneinander isolierten Momente – das ist das „Katholische". Auch die Wahrheit entfaltet und entwickelt sich – nach einem manchmal an Hegel anklingenden Modell – in der Geschichte. Von diesen Voraussetzungen hat Möhler z. B. in seinem Buch ‚Symbolik' den Gegensatz von Katholizismus und Protestantismus neu bestimmt, versucht, den Protestantismus von einer Grundidee, der pessimistischen Auffassung des Menschen zu begründen, und den protestantischen Liberalismus und die Bibelkritik als notwendige Konsequenz aus Luthers Traditionskritik dargestellt. Es ist interessant – während die katholischen Gegner der Tübinger in diesen Ansätzen eine „Verprotestantisierung" des Katholizismus sahen –, wie die Rückbesinnung auf die Ursprünge, der Versuch, die Grundidee des Protestanismus historisch herauszuarbeiten, aus der gemeinchristlichen Romantik die Konfessionsgegensätze verschärft hervortreibt. Der gewaltige literarisch-publizistische Streit um dieses Buch wird typisch für Klima und Stil der Auseinandersetzung der Konfessionen und den außerordentlichen Stellenwert dieser Auseinandersetzung in unserem Zeitraum. Der zweite Hauptvertreter dieser Schule, Johann Baptist Hirscher, hat mit seinem Katechismus die Ethik neu begründen wollen – gegen die Kasuistik und die autoritäre Normierung von Fällen, gegen die kühlen Formeln einer Verordnungsethik hat er, ein spiritueller Nachfolger Pascals, die Ethik aus einer einheitlichen Wurzel zu verstehen gesucht. Er will sie an die Subjektivität des Menschen und seine guten Anlagen knüpfen – das ist sozusagen der unorthodoxe Akzent dieser Richtung. Hirscher ist darum in Spannungen zur stärker werdenden Orthodoxie geraten, und er ist nicht, wie mehrfach in Aussicht stand, Bischof geworden. Die anfänglich in dieser Schule herrschende relative Liberalität und Pluralität ist – in der zweiten Generation sozusagen – zurückgegangen; ihr Katholizismus wird schroffer, aggressiver, schärfer noch anti-rationalistisch: Ignaz Döllinger, der dann im Kampf gegen das Unfehlbarkeitsdogma den Altkatholizismus begründete, ist in seinen jüngeren Jahren der intellektuell herausragende Repräsentant dieser Richtung.

So großen Einfluß diese Erneuerungsbewegungen in Verbindung mit der Zeit über Jahrzehnte hin auf die Bildungsschicht hatten – entscheidend für die Masse des katholischen Volkes wie für die katholische Kirche sind sie auf die Dauer nicht gewesen. Entscheidend wird der sogenannte Ultramontanismus, die schroffe und polemische Wendung gegen die Zeit. Den Vertretern dieser Richtung geht es um die Selbstbehauptung des Katholizismus in einer als durchweg feindlich erfahrenen Zeit und Welt; die Kirche ist geprägt vom dauernden Abwehrkampf gegen ihre Feinde: den modernen Staat und die moderne Gesellschaft, Liberalismus und Zeitgeist; die Kirche muß sich auf sich selbst konzentrieren und alle „Kompromisse" mit der Welt und dem Zeitgeist, alle „Öffnungen" abweisen; alle Weltdinge – Politik und Gesellschaft, Kultur und Wissenschaft vor allem – müssen unter den katholischen Aspekt gerückt, nach ihrer Konformität mit der katholischen Lehre beurteilt werden – das ist der katholische „Integralismus". Dazu greift man auf die Vergangenheit zurück und sucht Geist und Form der Gegenreformation und der Scholastik wiederherzustellen. Dazu muß die katholische Kirche strikt einheitlich und geschlossen sein; Pluralität und individuelle Abweichung soll es nicht geben. Dazu muß diese Kirche streng hierarchisch, streng diszipliniert sein, und zudem zentralistisch organisiert; das ist das damals Neue: die Kirche ist strikt an Rom orientiert, darum „ultra-montan", und genauer an der hochgesteigerten absoluten Autorität des Papstes. Und diese Kirche ist schließlich in einem gesteigerten Sinn Priesterkirche; der hierarchisch disziplinierte Klerus und seine Autorität sind entscheidend.

Diese Bewegung nimmt ihren Ausgang in Mainz. Der dortige Bischof Colmar und seine führenden Berater Liebermann und Räß (später Bischof in Straßburg), drei Elsässer, vom Revolutionsschock der 90er Jahre geprägt, sind die treibenden Kräfte. Die Bewegung sammelt sich seit 1821 um die Zeitschrift ‚Der Katholik'. Sie richtet sich, wie gesagt, gegen den Zeitgeist, richtet sich mit damals kaum üblicher Schärfe, ja Unversöhnlichkeit gegen den Staat, gegen seine Bevormundung und Beaufsichtigung der Kirche, gegen seine Verdrängung der Kirche aus öffentlichen Institutionen – wie den Schulen – wie öffentlicher Geltung: gegen seinen paritätisch-profanen Charakter. Aber, das ist viel wichtiger, zunächst ist der Ultramontanismus eine innerkirchliche Kampfbewegung: gegen ganze, halbe oder viertel Modernisierer, Abweichler, Kompromißler; gegen die staatsfreundlichen Teile des Klerus; gegen die Episkopalisten, die Verfechter bischöflicher Kirchenregierung, gegen Anhänger einer Nationalkirche, gegen Gegner der römischen Zentralisation oder gar des päpstlichen Absolutismus; gegen die Gegner hierarchischer Disziplinierung, neuscholastischer Theologie, kasuistischer Moral, römischer Frömmigkeitsformen: das heißt vor allem gegen nicht-ultramontane Katholiken und Priester, d. h. aber zunächst durchaus gegen die Mehrheit der Kirche. Charakteristisch dafür ist ein Hauptthema der 20er und 30er Jahre, der Kampf gegen die Universitäten. Man will die katholischen Priester an geschlossenen Seminaren, nicht an den „modernistischen" Universitäten ausbilden; man boykottiert Fakultäten wegen des Staatseinflusses, des „weltlichen" Klimas, nicht genehmer Theologen oder verlangt zumindest die strikte römische Herrschaft über solche Institutionen. Daraus haben sich seit den 20er Jahren viele Konflikte entwickelt.

Seit den 40er Jahren setzt sich diese ultramontane Richtung, im Zusammenspiel mit Rom, in der deutschen Kirche allmählich, hier langsamer, dort schneller, durch. In Marburg und Gießen müssen die katholischen Fakultäten schließen, Bonn und München werden für lange Jahre ausgetrocknet. Gerade die Universitätstheologen werden von den Gralshütern der Rechtgläubigkeit scharf beobachtet, überwacht und gegebenenfalls in Rom „denunziert". Das jesuitische Priesterseminar in Rom, das Collegium Germanicum (1824), hat dabei eine besondere Rolle gespielt; die dort ausgebildeten „Germaniker" gelten als absolut romtreu und wurden bevorzugt. Das Episkopat wird seit etwa 1840 von Mainz über Köln, Eichstätt, München bis nach Breslau mit Männern dieser Richtung besetzt, und auch in den theologischen Fakultäten rücken sie vor. Hierarchie, Disziplin, Kontrolle werden gesteigert wie die Ausrichtung auf Rom und auf römische Entscheidungen. Bischöfliche Selbständigkeit, der alte aristokratische Episkopalismus oder national-kirchliche Institutionen und Tendenzen, werden zwischen der römischen Zentrale und der pro-absolutistischen ultramontanen „Partei" ausgeschaltet. Hirschers Idee z. B., 1848 Diözesansynoden einzurichten, scheitert am generellen ultramontanen Widerstand gegen solche „Demokratisierung"; die bei der ersten Bischofskonferenz 1848, in der Revolution, ventilierte Idee, eine nationale (Bischofs-)Synode und die Funktion eines Primas von Deutschland einzurichten, läßt man sofort fallen, weil Rom Abneigung erkennen läßt. Gehorsam gegen die Kirche, gegen Rom, gegen den Papst wird fast zur Haupttugend des Katholiken. Der Papst gewinnt in der Kirchenpraxis, zumal seit er, von der Revolution 1848 aus Rom vertrieben, beinahe als „Märtyrer" gilt, und seit die Existenz des Kirchenstaates und seiner Unabhängigkeit lebensgefährlich bedroht scheint, schon weithin die Bedeutung, die dann das Konzil von 1870 mit dem Dogma von der „Unfehlbarkeit" kanonisiert hat. Die Theologie wird auf absolute Dogmenstrenge festgelegt. Rechtssätze, Formen, Institutionen werden in der Kirche dominierend, der „Geist" tritt dahinter zurück.

Zu der ultramontanen Umformung der Kirche gehört eine Neugestaltung der Frömmigkeitspraxis. Formen der Gegenreformation und des Barocks wie südländische, romanische werden bewußt gegen die katholische Aufklärung und die Moderne überhaupt wieder- oder neueingeführt. Die neubelebte überschwängliche marianische Frömmigkeit mit Marienerscheinungen und dem Dogma von der Unbefleckten Empfängnis (1854), der sie begleitende Josefskult und andere neue Heiligenverehrungen und -kulte (wie der des Heiligsten Herzens Jesu), die neue Schätzung von Wundern, Stigmatisierungen z. B., Wallfahrten, Bußaktionen, Exerzitien und Volksmissionen, strenge und formale, äußerlich sichtbare Devotions- und Andachtsformen (z. B. das Ewige Gebet), Bruderschaften und Dritte Orden, eine eigentümliche Sentimentalisierung und Emotionalisierung von Religion und Frömmigkeit werden typisch. Das Kloster- und Ordenswesen wird wiederbelebt und nimmt einen enormen Aufschwung: in Bayern gibt es 1825: 27 Klöster, 1837: 83, 1848: 160, 1864: 441, und sie beeinflussen zumal Schulen und Krankenpflege. Dieser Aufschwung ist für die katholische Erneuerung geradezu fundamental; vor allem werden besonders „romtreue", antimoderne Orden wie Jesuiten und Redemptoristen, lange Zeit bei den deutschen Katholiken wenig gelitten, gezielt gefördert. Die Moral wird wie die Beichtpraxis wieder auf die Kasuistik, die Anwendung autoritativer Sätze, ge-

gründet. In der Predigt nimmt die Predigt von der Kirche eine eigentümliche
Priorität ein. Die Frömmigkeit bekommt im ganzen etwas Demonstratives –
auch zur Demonstration der Kirchen- und Papsttreue und der Unterordnung
der eigenen Meinung –, etwas Objektives, Massives, leicht Veräußerlichtes. Die
Massenfrömmigkeit tritt, ganz im Gegensatz zur Aufklärung, die den Einzelnen
in den Mittelpunkt stellte, bei den großen Volksfesten und Demonstrationen
ganz in den Vordergrund. Berühmt und typisch ist 1844 die Ausstellung des
Heiligen Rocks in Trier, einer auch für den damaligen Katholizismus recht le-
gendären Reliquie: 1,1 Millionen Wallfahrer, in einem Land mit noch ganz wenig Eisenbahnen, kommen; 59 Tage lang von morgens bis abends gibt es riesige
Umzüge mit Kreuzen und Fahnen; Kranke werden geheilt, und die Nachrichten davon werden propagandistisch schnell verbreitet, eine „Musterung", die
Christus über die Getreuen, die ihm noch geblieben, abhält, eine Demonstration
gegen den „wissenschaftlich" verdorbenen Zeitgeist.

Diese Wallfahrt hat den Anlaß für die lautstarke und vielberedete Separa-
tions- und Oppositionsbewegung der „Deutsch-Katholiken" gegeben. Johannes
Ronge, ein schlesischer Priester, der über den von der Kurie erzwungenen
Rücktritt des aufgeklärt josephinischen Breslauer Erzbischofs mit seiner Kirche
in Konflikt geraten war, griff den Trierer Bischof Arnoldi wegen der Wallfahrt
als neuen Tetzel an, der mit einem Götzenfest Aberglauben und Laster Vor-
schub leiste. Die Sache erregt riesiges Aufsehen, Ronge wird exkommuniziert.
Es gibt eine Adressenbewegung für ihn; Münzen mit seinem Bild und Pokale
werden hergestellt; man bildet eigene deutsch-katholische Gemeinden; man will
die Deutschen in „ihrer" Art zu Gott führen, die Heuchelei der Pfaffen und Jesuiten vernichten, die Religion läutern, die Menschheit durch Liebe und Freiheit
und im Geist der Gegenwart versöhnen, antirömisch und stark aufklärerisch geprägt, und auch protestantisch; zwei Fünftel der Mitglieder etwa sind Protestanten. Liberale und Radikale haben große Hoffnungen auf diese Bewegung gesetzt; sie sollte die römische Kirche, den Hort der Reaktion, schwächen, sollte –
so Gervinus – Religion und Nation in einer neuen Nationalkirche versöhnen
oder – so Robert Blum – Religion und Demokratie. Aber trotz Aufsehen, Hoffnungen, Lärm, trotz Parlamentsdebatten und Publizistik, blieb die Bewegung
eine Sekte, die 1848 wohl nicht mehr als 60000 Personen umfaßte. Im Ergebnis
hat sie den Ultramontanismus und die Kirchenloyalität sogar eher gestärkt, weil
ihre Radikalität auch antiklerikale und anti-ultramontane Katholiken an die
Seite der offiziellen Kirche gezwungen hat.

Mit der ultramontanen Umformung von Kirche und Religiosität ist dann verbunden die Mobilisierung von Massen, von Volk. Die antimoderne Kirche bediente sich der modernsten Mittel. Die Kirche stützte sich auf das Volk, organisierte das Volk – das wurde die demokratisch-plebiszitäre Basis des neuen Katholizismus, trotz der generellen Klerikalisierung der Kirche und trotz der führenden Rolle des Klerus in sehr vielen der Vereine. In den 30er/40er Jahren entsteht – nach der erwähnten Mainzer Zeitschrift ‚Der Katholik' – ein ausgebrei-
tetes kirchliches Pressewesen: Sonntagszeitungen, Volkskalender, periodische

Traktate etc.; katholische Tageszeitungen freilich gibt es erst 1848. Seit den 40er Jahren bilden sich die katholischen Vereine: so 1844 in Bonn der nach dem Heiligen der Gegenreformation genannte Borromäusverein zur Verbreitung von Büchern für das katholische Volk, 1845 die karitativen (und krankenpflegerischen) Vincenzvereine, 1845 die Kolpingschen Gesellenvereine, 1849 der Bonifatiusverein für die Katholiken der Diaspora und die Propaganda einer Rückkehr zum Katholizismus; und seither werden immer neue Lebensgebiete, immer neue Gruppen, Handwerker, Bauern, Arbeiter, Jugendliche, immer neue kirchliche Sonderzwecke – Missionen, Verteidigung des Kirchenstaates etc. – vereinsmäßig organisiert. Der „Verbandskatholizismus" ist da. 1848, wir werden davon sprechen, gibt es die erste Generalversammlung der neuen „Piusvereine", das „geistliche Parlament des katholischen Volkes"; seither versammeln sich all diese Vereine und Verbände regelmäßig auf den großen gesamtdeutschen „Katholikentagen".

Zur Ultramontanisierung gehörte, das betraf vor allem die Bildungsgeschichte, die Abschottung gegen die säkularen, die nicht-katholischen Bewegungen der Kultur, der Gesellschaft, der Politik. Die katholische Kirche, international wie sie war, blieb in Deutschland jedenfalls nationalen und gar national-kirchlichen Bestrebungen gegenüber auf Distanz. Tendenzen z.B. des romantischen Katholizismus, eine besondere deutsche Ausprägung des Katholizismus neben der romanisch-italienischen anzuerkennen, Katholizismus und Nationalbewegung enger zu verbinden, wurden als häretisch bekämpft, ebenso wie zu große Weitherzigkeit im Umgang mit Protestanten oder eine betont verinnerlichte, betont ethische Frömmigkeit. Selbst eine Versammlung katholischer Gelehrter Deutschlands, die Döllinger 1863 in München einberufen wollte, kam wegen des ultramontanen Widerspruchs gegen die Gefahr zu großer Selbständigkeit zunächst nicht zustande. Eine Folge dieser generellen Tendenz war eine gewisse Verhärtung, manchmal eine nervöse Aggressivität gegen alles Nichtkatholische; oder eine Konfessionalisierung des bürgerlichen, geselligen Lebens, etwa in den „Kasinos", die zu den städtischen Zentren des katholischen Bürgertums wurden.

Die Katholiken standen in Spannung zur modernen Welt. 1864 hat der Papst in einer Enzyklika 80 Irrtümer der Zeit, die in einem angehängten ‚Syllabus errorum' gesammelt waren, verworfen: Religions-, Meinungs-, Wissenschaftsfreiheit; Zivilehe, Staatskirchentum, Staatsschule; Liberalismus und Freimaurertum, Volkssouveränität und Demokratie, allgemeines Stimmrecht und Souveränität der Nation; Sozialismus und Kapitalismus; jede Aussöhnung des Papstes mit dem Fortschritt, dem Liberalismus, der modernen Zivilisation. Das war eine geballte Kampfansage an die moderne Welt; Gegnerschaft gegen die Moderne wurde zum Kriterium der Rechtgläubigkeit. Freilich, das war in dieser Form doch eine römische Überspannung, auch wenn die Tendenz des Ultramontanismus darin klassisch zusammengefaßt war. Der deutsche Katholikentag von 1865 z.B. erklärte abschwächend, gemeint sei – „natürlich" möchte man hinzufügen – der antichristliche Liberalismus, nicht der katholisch verfassungspolitische, gemeint seien auch nicht die freiheitlichen Begriffe überhaupt; und in Deutschland spielte der Syllabus mehr für die protestantisch-liberale Polemik als die katholische Wirklichkeit eine Rolle.

Es gab Vorbehalte und Reserven gegen die ultramontane Richtung, Anti-Ultramontane, Nicht-Ultramontane, im Klerus etwa noch bei Generalvikaren und Theologieprofessoren. Die Abneigung gegen das in den 60er Jahren vorbereitete Unfehlbarkeitsdogma, sozusagen die Vollendung des papalistisch-ultramontanen Systems, wie sie von Döllinger öffentlich und wissenschaftlich begründet wurde, war weit verbreitet; auch die Bischöfe waren in der Mehrheit, teils aus Sachgründen, teils aus Opportunitätsrücksichten nicht dafür. Die Abneigung der deutschen – gebildeten – Katholiken gegen die Jesuiten ist nur langsam geschwunden; der badische Klerus fand im „Kulturkampf" der 50er Jahre nur geringe Unterstützung beim katholischen Bürgertum; der romantische Reformkatholizismus hatte in der Bildungsschicht weiter seinen Platz. Gewiß sind Katholiken, wenn auch nicht der kirchlich institutionelle Katholizismus, enger mit der modernen Welt und Kultur verflochten gewesen, als der Eifer des ‚Syllabus' und vieler Priester es zulassen wollte. Gewiß sind die Katholiken in Österreich, Mehrheit natürlich und noch immer in einer josephinischen Tradition, zumal im gebildeten Bürgertum, in den Großstädten und in den Sudetenländern weniger vom neuen Frömmigkeits- und Kirchenstil geprägt worden als der – später reichsdeutsche – „Minderheiten"katholizismus (selbst in Bayern). Dennoch, Klerus und Kirche sind ultramontan geworden; die Nicht-Ultramontanen kamen zuerst in die Defensive, dann waren sie die Verlierer. Die gebildeten Katholiken der Zeit haben darunter – bis zu tragischem Zwiespalt – gelitten; sie konnten nie ganz mit. Verwundung und Resignation, Schweigen, Selbstüberwindung, Sich-Einfügen, Ausklammern der Probleme zwischen Kirche und Modernität, Nicht-Weiter-Fragen – das waren dann die Konsequenzen.

Bei der breiten Masse von kleinen Bürgern und Bauern gab es gewiß antiklerikale Stimmungen, eine Distanz zu vielen Formen der Überkirchlichkeit, aber die durch die Sitte, von den Frauen mehr als den Männern, getragene Kirchenloyalität war stärker; man fügte sich in die Kirche und die in ihr herrschenden Tendenzen ein. Die Parole (und die Tatsache), daß der katholische Glaube und die katholische Kirche von Staat und Liberalismus bedroht waren, und die Meinung, daß Zusammenhalt, Abgrenzung, Integration darum absolut notwendig seien, hatten kirchlich gesehen Erfolg. Es gibt darum kaum eine innerkatholische „modernistische" Opposition, und es gibt im ganzen wenig Entkirchlichung, Entchristianisierung. Wir haben keine Zahlen über den Messebesuch, aber im Vergleich zu bestimmten Land- wie Großstadtregionen in Frankreich, wie im Vergleich zu den deutschen Protestanten scheinen Abfall von der Kirche oder auch nur Abschwächung der kirchlichen Bindungen noch gering – am ehesten gibt es das in der proletarisierten, aus Traditionsbindungen heraustretenden Unterschicht. Das politische Bekenntnis zur katholischen Partei auf dem Höhepunkt des Kulturkampfes – dreiviertel der katholischen Wähler – mag ein Indiz für Kirchenbindung sein. Es bleibt auch charakteristisch, daß die dezidiert unchristliche Sozialdemokratie doch vornehmlich von protestantisch geborenen Arbeitern organisiert und getragen worden ist. Man wird auch annehmen können, daß die katholische Religion für die Mehrheit ihrer Anhänger weit mehr als ein Bereich, eine Provinz des Lebens war, daß sie vielmehr noch den zentralen Platz in der Lebensbilanz hatte.

Bei aller heutigen, nachkonziliar katholischen Kritik an der Ultramontanisierung, der Ausbildung der „Ghettokirche" gegen die feindliche Welt, bei aller Schwierigkeit des modernen Menschen (und eines protestantischen Autors), die Un- und Antimodernität des ultramontanen Katholizismus zu verstehen, muß man dieses historische Ergebnis, die gelungene Selbstbehauptung in Kirche wie Milieu, Glauben wie Organisation in Rechnung stellen: die Selbstbehauptung einer Minderheit in Opposition zum politisch-gesellschaftlichen Establishment wie zu den herrschenden Tendenzen der Zeit. Der Freiheits- und Emanzipationskampf des politischen Katholizismus beruht paradox gesagt doch auf dieser gewiß nicht primär emanzipatorisch-freiheitlichen Erneuerung der katholischen Kirche. Gewiß hat der Ultramontanismus die die deutsche Gesellschaft so sehr belastende Konfessionsspannung noch einmal verschärft, und den Antikatholizismus der kirchlichen wie der nicht mehr kirchlichen Protestanten gefördert. Aber auf der anderen Seite wurde der – mehr oder minder offene – Antikatholizismus der Liberal-Nationalen kleindeutscher Prägung ein Jahrhunderttatbestand, da kam es auf die besonderen Prägungen des Katholizismus nicht eigentlich an.

Die Entwicklung des Katholizismus, der Kirche wie des katholischen Volksteiles, war nicht nur von innerkatholischen Kräften bestimmt, sondern ganz entscheidend auch vom Verhältnis von Kirche und Staat, wie es die Erinnerung an das Phänomen „Kulturkampf" bis heute festhält. Wie hat sich dieses Verhältnis entwickelt?

Die Tendenz des 19. Jahrhunderts geht im ganzen auf Trennung von Kirche und Staat: die Freiheit des Staates von der Kirche, der Kirche vom Staat. Aber die traditionelle Verbindung der beiden Gewalten war so leicht nicht aufzulösen; sie war weit mehr als ein juristisches Problem, sie war gesellschaftlich, politisch, metapolitisch, sozialmoralisch tief eingewurzelt. Eine lebensbestimmende Macht wie die Kirche stand in Wechselwirkung zur politischen Verfassung und zur sozialen Ordnung; man konnte beides nicht isolieren, man konnte Kirche und Politik kaum gänzlich voneinander trennen. Der Staat beanspruchte zunächst Autorität auch in geistlichen, die Kirche auch in weltlichen Dingen. Der Staat beanspruchte, für Frieden und Recht unter seinen Bürgern, und das hieß auch unter Kirchengliedern, zwischen Kirchengliedern und Geistlichen, und natürlich zwischen den Kirchen, für Parität und Toleranz zu sorgen. Die Kirche wiederum beanspruchte nicht nur Freiheit vom Staat, sondern auch Mitgestaltung des gemeinsamen Lebens: neben dem Souveränitäts-, Rechts- und Friedensanspruch des Staates steht dieser soziale Gestaltungs-, dieser „Öffentlichkeits"anspruch der Kirche.

Diese Spannung zwischen beiden Ansprüchen entzündet sich zum einen an den Überschneidungspunkten, an Ehe und Schule. Im modernen paritätischen Staat verlangten gemischt-konfessionelle Ehen und Ehen, deren Partner sich nicht in jedem Fall, vor allem im Scheidungsrecht, der kirchlichen Bestimmungsmacht unterwarfen, nach rechtlicher Regelung durch den Staat und ohne die Kirche; neben die kirchliche Ehe trat, fakultativ zunächst, die „Zivilehe". Die Schule wurde erst im frühen 19. Jahrhundert, wir werden davon erzählen, aus einer Hilfsinstitution des ganzen Hauses eine selbständige, sozial gestaltende Macht; das staatliche Interesse an einer Erziehung zum Menschen und Bürger trat in Spannung zum kirchlichen Interesse an der Erziehung zum Menschen und Christen, die traditionelle Schulmacht Kirche in Gegensatz zu der modernen Schulorganisationsmacht Staat. Oder: die anhebende Verschulung der Gesellschaft mußte notwendig zum Kampf um die Schule führen. Zum anderen entzündete sich der Gegensatz zwischen Staat und Kirche an dem Maß der Autonomie der Kirche und dem Maß ihrer Zu- und Einordnung in den Staat nach dem Ende des Absolutismus. Die überlieferten Probleme der sogenannten staatlichen Kirchenhoheit, der Hoheitsrechte des Staates gegenüber der Kirche, standen hier zur Frage: das staatliche Verbot eines direkten amtlichen Verkehrs der Bischöfe mit Rom; die Pflicht, für kirchliche (und päpstliche) Anordnungen eine staatliche Genehmigung (das „Placet") einzuholen; der sehr starke Einfluß des Staates auf Bischofswahlen und die Besetzung anderer kirchlicher Ämter; die Möglichkeit von Geistlichen, gegen Entscheidungen von Kirchenoberen an die staatliche Gerichtsbarkeit zu appellieren; das staatliche Monopol, Orden und Klöster zuzulassen; das Recht, über die Ausbildung der Geistlichen mitzubestimmen. Dahinter stand die Frage, wie weit die Kirche, die Macht, die den entscheidenden moralisch-sozialen Einfluß auf die Massen der Menschen hatte, zu Gehorsam und unbedingter Loyalität gegenüber dem Staat verpflichtet sei. Dahinter stand schließlich die Überspannung staatlich-bürokratischer Kirchenherrschaft in der Spätaufklärung und der Rheinbundzeit, die Reform der kirchlichen „Mißstände" durch den Staat, die Indienstnahme von Kirche und Geistlichkeit für die Zwecke der Staatsräson, der Erziehung des Volkes zur einheitlichen Staatsgesellschaft. Dergleichen tritt nach 1815 zwar durchaus zurück, aber als Erinnerung der Betroffenen, als Tendenz der Beamten ist es noch durchaus virulent. Kurz, die Themen eines heraufziehenden Jahrhundertkonflikts waren gestellt.

Die Auflösung des Alten Reiches wie der alten Reichskirche hatte dazu geführt, daß die Einteilung der Bistümer quer zu den neuen politischen Grenzen und Souveränitäten stand, daß die „alten" Bistümer nicht mehr besetzt waren (weil die alten Verfahren zur Bischofswahl nicht mehr anwendbar waren) und daß die finanzielle Ausstattung der Kirche nicht endgültig gesichert war. Diese Fragen mußte man nach 1815 zunächst regeln. Dafür war nach dem Wiener Kongreß nicht der Deutsche Bund, sondern der jeweilige Einzelstaat zuständig. Aber weil die katholische Kirche dem Papst, einer auswärtigen Macht, unterstand, konnte eine solche Regelung nur über eine völkerrechtliche Vereinbarung zwischen Staat und Kurie, nur durch ein Konkordat zustandekommen.

Die in den deutschen Staaten regierende Bürokratie wollte – Erbe der obrigkeitlichen Kirchenhoheit – möglichst keine staatlichen Rechte gegenüber der Kirche aufgeben, bestehende Rechte konsolidieren und vor allem zur Vollendung der eigenen Souveränität die Kirchengliederung an die politischen Grenzen anpassen: Ersetzung der grenzübergreifenden Bistümer durch Landesbistümer. Diese Probleme haben zunächst in Süddeutschland zu scharfen Konflikten geführt. Die südwestdeutschen Staaten (mit notabene protestantischen Monarchen und Beamten) kamen nach langen Verhandlungen, die noch dadurch erschwert waren, daß sie für den aufklärerischen Generalvikar des alten Bistums Konstanz, Wessenberg, eintraten, während Rom seinen Rücktritt verlangte, 1821 zu einem Kompromiß: Wessenberg wurde fallengelassen und sein Bistum, das älteste in Deutschland, aufgelöst; fünf Landesbistümer (Freiburg, Rottenburg, Mainz, Limburg und Fulda) wurden gebildet; bei den Bischofswahlen hatte der Staat schon im Nominierungsverfahren ein Vetorecht. Die ersten Bischöfe waren im ganzen staatsfreundlich, und mit Hilfe von Verordnungen wurden die starken Befugnisse des Staates gegenüber der Kirche gesichert. In Bayern hatte noch Montgelas ein Konkordat ausgehandelt (1817) – auch um die Opposition der Katholiken gegen den neuen Staat abzufangen. Auch hier werden die Bistümer den neuen Staatsgrenzen gemäß neu eingeteilt; der König nominiert die Bischöfe, die einen Eid auf den Staat ablegen müssen; die Kirche wird reichlich finanziert und in ihrer Verwaltung und Disziplinargewalt garantiert. Eine Generalklausel nun sah vor, daß der Staat die nach kanonischem Recht von der Kirche beanspruchten Privilegien und Rechte sichern werde – darüber erhob sich ein Entrüstungssturm nicht nur der Protestanten, sondern auch der antirömischen Katholiken, denn das war die Unterwerfung der staatlichen Gesetzgebung und Verwaltung (Ehe, Zensur, Toleranz, Parität) unter die Kirche. Die Regierung suchte durch ein Religionsgesetz von Verfassungsrang jene Unterwerfung unter die Monopolansprüche der Kirche rückgängig zu machen und die staatlichen Rechte zu zementieren; das führte zu einem scharfen Konflikt mit Bischöfen und Kirche, der 1821 zwar nicht gelöst, aber mit einem Formelkompromiß beendet wurde; der Staat behielt eine starke Stellung. Diese süddeutschen Konflikte verliefen trotz heftiger Rhetorik, verglichen mit späteren, zunächst noch einigermaßen harmlos, vor allem weil die ultramontane Bewegung noch nicht dominierte, weil Öffentlichkeit und Massen noch nicht derart beteiligt waren wie später und weil sich Kompromisse mit einem keineswegs gegen den Staat gerichteten Klerus einpendelten. Auch in Österreich kommt es zu einem solchen Kompromiß, freilich ohne Konkordat. Die „staatskirchliche" Tradition des aufgeklärten Josephinismus hält sich durch und damit die staatliche Aufsicht über die Kirche. Die Jesuiten, für viele katholische Österreicher das Symbol der Knechtung des Geistes und ein wahres Schreckgespenst, werden nicht zugelassen. Aber man vermeidet offene Konflikte. Metternich, persönlich ein Rationalist des 18. Jahrhunderts, will die Kirche zur Absicherung seiner Restaurationspolitik als Ordnungs- und Erziehungsmacht an die Seite des Staates ziehen. Die Politik des Staates bekommt langsam einen klerikalen Zug, am extremsten 1837, als die Zillertaler Protestanten, entgegen den Rechtsgrundsätzen auch Österreichs, vertrieben werden, ein Ereignis, das Deutschland in wilde Aufregung versetzt. Weil aber der Staat den Wünschen der Kirche nicht genug entgegenkam, weil er „josephinisch" geprägt blieb, blieb sie ihm gegenüber in Reserve.

In Preußen schließlich, im Gegensatz zum protestantischen wie katholischen Süden, ließ sich das Verhältnis zwischen Staat und Kirche gut an. Dem Staat, protestantisch nach Tradition und Führungsschicht, aber mit nun zwei Fünftel katholischem (zum Teil polnischen) Bevölkerungsanteil, lag sehr an einem guten Verhältnis zur katholischen Kirche, schon um die katholischen Volksteile mit ihrem gerade im Rheinland und Westfalen ausgeprägten Sonderbewußtsein zu integrieren. 1821 kam es zu den ersten Vereinbarungen über Bistumseinteilung, staatliches Vetorecht bei Bischofswahlen, Aufsichtsrechte und die (auch im Vergleich zur protestantischen Kirche) sehr reichlichen Finanzleistungen des Staates an die Kirche.

Das zunächst friedliche Verhältnis zerbrach am Konflikt über die „Mischehen". Solche Ehen nahmen bei leicht ansteigender konfessioneller Durchmischung und Individualisierung des Eheentschlusses zu; vor allem in den katholischen Westregionen spielten die Heiraten der – mobilen – protestantischen Beamten und Offiziere mit katholischen Bürger(oder Adels-)töchtern eine besondere Rolle. Der Staat sah die Ehe als bürgerliche Rechtsangelegenheit unter dem Aspekt von Parität und Toleranz – im Landrecht galt noch, daß die Söhne der Konfession des Vaters, die Töchter der der Mutter folgen sollten, seit den 20er Jahren aber generell, daß die Kinder der Konfession des Vaters folgen sollten. Bei der gegebenen Lage begünstigte das die Protestanten, und die rheinisch-westfälischen Katholiken sahen darin einen Einbruch des Protestantismus, eine Protestantisierung katholischer Familien. Für die katholische Kirche war eine „gemischte" Ehe nur auf Grund eines „Dispenses" möglich, der das Versprechen katholischer Kindererziehung voraussetzte. Das empfanden wiederum die Protestanten als „Proselyten"macherei, und sie verlangten vom Staat, die „Gewissensfreiheit" der katholischen Bräute gegen den Druck ihrer Kirche zu schützen. Der Widerspruch zwischen staatlicher und kirchlicher Norm war zunächst durch eine sogenannte „milde Praxis" der Kirche überbrückt; die Priester trauten gemischte Ehen und – darauf kam es in einer selbstverständlich kirchlichen und symbolischen Welt an – segneten sie ein, auch ohne das vorgeschriebene „Kinderversprechen". In den 20er Jahren, als die ultramontane Bewegung vordringt und die Spannungen zwischen westdeutsch-katholischem Bürgertum und altpreußischem Beamtentum zunehmen, wird diese Praxis problematisch. Zunächst kommt es zwischen Regierung und Bischöfen (1834) noch zu einem – geheimen – Kompromiß, mit dem eine päpstliche Verfügung (ein Breve) sehr weitherzig ausgelegt wird: wenn die Gesinnung der Braut die katholische Erziehung eines Teiles der Kinder erhoffen läßt, soll die Ehe katholisch eingesegnet werden. Der 1835 – gegen die Mehrheit des Domkapitels, zum Erstaunen der Kurie, aber auf Betreiben der preußischen Regierung – neu eingesetzte Erzbischof

von Köln, Clemens August von Droste zu Vischering, konservativ und ultra-
montan, wandte sich nach allerlei unklarem Hin und Her gegen jenes Agreement, das durch Widerruf des Trierer Bischofs (auf dem Totenbett!) zudem publik wurde. Der heraufziehende Konflikt verschärfte sich, weil der neue Erzbischof – gegen den Willen seines Domkapitels – nach der römischen Verurteilung des früher erwähnten Theologen Hermes die (staatliche) theologische Fakultät in Bonn für den Priesternachwuchs sperrte, im Grunde die Verfügung
über diese Fakultät für sich beanspruchte; und er verschärfte sich, weil das rhei-
nisch-katholische Bürgertum gegen den protestantischen Charakter des preußischen Staates, die Benachteiligung der Katholiken opponierte.

Das wird zum großen publizistischen Thema – zuerst 1835 in den ,Beiträ-
ge(n) zur Kirchengeschichte des 19.Jahrhunderts in Deutschland', dem „roten
Buch", das wie eine „Brandfackel" den „aufgehäuften Zündstoff" in Bewegung
setzt. Die Öffentlichkeit greift in den Konflikt traditioneller etablierter Institutionen ein, das ist neu. Auf beiden Seiten siegen die Konfliktstrategien. Der Erzbischof, unter dem Einfluß eifernder Ultramontaner, lehnt eine Rückkehr zu jenem Agreement wie seinen Rücktritt ab; die Regierung verfügt im November
1837 seine Amtsenthebung („Suspension") – durch Androhung von Zwang wird
er zum Verlassen seines Gebietes genötigt, das ist seine „Verhaftung", das „Kölner Ereignis". Der Erzbischof hatte sich durch eine zweideutige Verpflichtung
auf jenes Agreement ins Unrecht gesetzt – darauf berief sich die Regierung; er
hatte auch weder sein Domkapitel noch den gesamten Katholizismus hinter
sich. Aber die „Verhaftung", ohne Gerichtsurteil, politisch motiviert, widersprach der rechtsstaatlichen Überzeugung der Zeit wie auch der Grundstruktur
Preußens – das wirkte als „polizeiliche" Willkür, setzte den Staat und die Regierung ins Unrecht. Der Papst und die Bischöfe nehmen in schärfsten Tönen Partei gegen den Staat; der Konflikt greift auch auf den Osten über; der Erzbischof
von Posen wird 1839 „verhaftet", der regierungsfreundliche Bischof von Breslau
vom Papst zur Abdankung gezwungen. Wie kaum je seit 1815 greift die öffentliche Meinung in den Konflikt ein. Joseph Görres veröffentlicht im Januar 1838
seinen ,Athanasius' – schon im April in 4.Auflage –; er popularisiert, vereinfacht, pointiert, polarisiert mit großem rhetorischen Pathos die konkreten
Rechtsfragen und macht daraus eine Grundsatzfrage zwischen Kirche und
Staat, Katholizismus und Protestantismus – es ist eine Art Gründungsurkunde
des politischen Katholizismus. Über 300 Flugschriften erscheinen 1838 in dieser
Sache; auch Papst und Regierung gehen mit „Weißbüchern" auf das Forum der
„öffentlichen Meinung" – ein fast revolutionärer Vorgang. Nicht die Gesamtheit, wohl aber die Mehrheit der protestantischen Konservativen und Liberalen
stellt sich auf die Seite des Staates; die katholisch-protestantische Gemeinsamkeit der Konservativen zerfällt; der Katholizismus beginnt sich als Partei zu for-
mieren, und zwar, aus der Gründungssituation verständlich, als Partei mit einem
stark antiborussischen Affekt – das ist für die weitere gesamtdeutsche Geschichte das wichtigste Ergebnis dieser Krise. Als 1840 Friedrich Wilhelm IV. auf den
Thron kommt, wird der Konflikt – im Sinne seiner Politik des „christlichen

Staates", der freien Verbundenheit von Staat und Kirche – beigelegt. Der Staat gibt in wesentlichen Punkten – Mischehenpraxis, Veto des Bischofs bei Besetzung theologischer Professuren z. B. – nach; bei Bischofswahlen behält er ein Vetorecht; im Kultusministerium wird eine „katholische Abteilung" eingerichtet. Das Gesicht des Staates wird gewahrt, indem der Kölner Erzbischof suspendiert wird, ein Koadjutor, Geißel, einer der führenden und bedeutenden Ultramontanen, übernimmt die Geschäfte. Am 4. September 1842 wird zum Beginn des Weiterbaus das Kölner Dombaufest gefeiert, rheinisch-preußisch, deutsch, monarchisch, bürgerlich, volkstümlich – ein Fest der staatlichen Repräsentation und Integration wie ein Fest der Kirche, und so ein Fest der Versöhnung von Staat und Kirche.

Im Zeichen von Ultramontanismus wie Liberalismus steigt seit den 30er Jahren der Freiheitsanspruch der katholischen Kirche gegen den obrigkeitlichen Staat ebenso an wie ihr Anspruch auf Mitgestaltung der Gesellschaft, über Ehe und Schule zumal. Zugleich grenzt sich die Kirche zunehmend gegen den Protestantismus wie gegen die modern liberale Kultur ab. Darum kommt es auch außerhalb Preußens zu neuen Konflikten. In Baden und Württemberg werden die bekannten Streitpunkte – Freiheit der Kirche, Mischehen, Ordenszulassung – dazu die Bestimmungsmacht über die Lehrerseminare schärfer empfunden; Regierung und Liberale rücken gegenüber der „klerikalen" Partei aufeinander zu; in diesem Gegensatz werden die anti-ultramontanen Katholiken, ursprünglich eine Mehrheit, zerrieben; in Baden kann man seit den 40er Jahren von einer latenten Kulturkampfatmosphäre sprechen. In Bayern dagegen verfolgt spätestens seit 1837 das Ministerium Abel einen „klerikalen" Kurs, man fördert Orden und Klöster, prämiiert bei Karrieren kirchentreue Religiosität, verkirchlicht Schulen, benachteiligt Protestanten. 1839 verfügt der bayerische König, daß Soldaten, katholische wie evangelische, zu Gottesdiensten befohlen werden können und vor dem Allerheiligsten, auch bei Prozessionen, auf die Knie zu fallen haben („Kniebeugungserlaß"); erst nach einem endlosen Streit, erregtem Protest in ganz Deutschland und enormer publizistischer Resonanz hat der König widerwillig diesen verfassungswidrigen Erlaß aufheben müssen. Was den Katholiken das Kölner Ereignis, war den Protestanten der Kniebeugungserlaß, beides typisch für das neue Klima verschärfter konfessioneller Spannungen. Gegen den „klerikalen" Kurs in Bayern gab es – weit über Liberale und Protestanten hinaus – Opposition, in der Adelskammer etwa und beim Kronprinzen; die Affäre des Königs mit Lola Montez führte, sehr altmodisch noch, zur Ablösung des ultramontanen („Jesuiten"-) Regimentes durch ein „lolamontanes", wie die Münchener spotteten.

Über die Rolle des Katholizismus in der Revolution von 1848 werden wir an anderer Stelle erzählen. Hier genügt die Feststellung, daß „die Kirche" sich auf den Boden einer liberalen Verfassungspolitik stellt und mit Hilfe einer starken Volksbewegung bei dem Kompromiß mit den Liberalen eine Reihe ihrer wesentlichen Forderungen in der Verfassung durchsetzt: die Kirche ist unabhängig und verwaltet ihre eigenen Angelegenheiten selbst; der Staat kann das nur im

Rahmen allgemeiner Gesetze überwachen, nicht durch spezielle Kirchengeset-
ze; es gibt kein Verbot der Jesuiten. Die Kirchen sind gleichberechtigt; es gibt
keine privilegierte (Quasi-Staats-) Kirche, freilich auch keinen Zwang zu kirchlichen Handlungen, d.h. zum Beispiel faktisch, die Zivilehe wird ermöglicht.
Die Schule wurde – bis auf den Religionsunterricht – vom Staat beaufsichtigt,
das war die Grundforderung der Liberalen; aber die Gründung von privaten,
das hieß: katholischen Schulen, war freigestellt, und der Schulträger waren die
Gemeinden; davon konnten sich die Katholiken zurecht bei katholischen Mehrheiten auch katholische Schulen versprechen. Diese Verfassung trat nie in Kraft;
sie zeigt aber gut, was damals als Kompromiß möglich war. Die preußische Verfassung, die ja in Kraft trat, war im Ergebnis ähnlich und galt den Katholiken
jetzt als „Magna Charta des Religionsfriedens".

Die Regierungen der Reaktionszeit suchten bei ihrem Bemühen, die konservative Ordnung wiederherzustellen, die Unterstützung der Kirche; sie waren
geneigt, in den alten Streitfragen nachzugeben, der Kirche im Schulwesen eine
führende Stellung einzuräumen, kirchliche Aktivitäten und Institutionen – Missionen, Klöster, Orden – zu begünstigen. Am deutlichsten ist diese Politik in
Österreich. Der zentralistische Neoabsolutismus will sich der ultramontanen
Kirche gegen den Liberalismus wie gegen den „Föderalismus" und Nationalismus der Länder und Völker bedienen. Er läßt das bis dahin doch noch domini-
rende „staatskirchliche" System, den Josephinismus, fallen. Die Kirche wird
autonom, der Klerus der päpstlichen und bischöflichen Disziplinargewalt unterstellt; im Schulwesen gelangt die Kirche, auch über Personalbesetzungen, zu
dominierendem Einfluß. Ein Konkordat von 1855 fixiert diesen Zustand juristisch; es erklärt die katholische Religion zur Staatsreligion und räumt dem
kirchlichen Recht quasi öffentlichen Charakter ein. Auch von Staats wegen gilt
für Katholiken das kanonische Eherecht; kirchliche Zensur und kirchliche Dis-
ziplinarentscheidungen müssen vom Staat exekutiert werden. Im ganzen scheitert diese Politik, weil der katholische Klerus wie der katholische Adel in den
nicht-deutschen Ländern antizentralistisch für die nationalen Sonderinteressen
eintreten, und in den deutschen Landesteilen, weil die Klerikalisierung solche
Widerstände hervorruft, daß sie das Ende der Reaktion mit herbeiführt. Der
Katholizismus dieser Art sei schuld an der Misere und Zurückgebliebenheit
Österreichs, hat der alte Grillparzer gallig gemeint; „gebt uns eine 200jährige
protestantische Erziehung und wir sind das erste Volk der Erde, so aber haben
wir nur noch Talent für die Musik und das Konkordat". Eine Art Kulturkampf,
der Kampf gegen das Konkordat, tritt ins Zentrum des deutschen Liberalismus
in Österreich. Als die Monarchie 1861 zum Verfassungssystem übergeht, wird
mit einem Protestantenpatent die Vorherrschaft des Katholizismus schon
durchbrochen; der Versuch, vom Konkordat abzurücken, und einen Kompromiß mit den Liberalen zu finden, bestimmt die Politik der 60er Jahre, bis die Regierung 1870 nach dem Untergang des Kirchenstaates das Erlöschen des Konkordates erklärt.

Anders – aber mit ähnlichen Tendenzen – hat sich das Verhältnis von Kirche und Staat in Baden entwickelt. Hier beginnt die katholische Kirche in den 50er Jahren – sehr geplant – den entscheidenden Kampf gegen die Reste des Staatskirchentums. Der Freiburger Erzbischof Vicari verbietet 1852 die bis dahin üblichen Seelenmessen für den gestorbenen protestantischen Großherzog, zuwiderhandelnde Pfarrer sperrt er ein; er besetzt Ämter ohne staatliche Genehmigung, nimmt Weisungen der Regierung nicht mehr an und verbietet die staatliche Mitwirkung bei Theologen- und Seminarprüfungen. Der Staat setzt einen Kirchenkommissar ein; der Bischof exkommuniziert die beteiligten Beamten, der Staat läßt Geistliche festnehmen; die Freiburger Stadtverordneten, wesentlich katholisch, machen ihren vom Erzbischof „gebannten" – so mittelalterlich redete man – Stadtdirektor zum Ehrenbürger und weisen die Jesuiten aus; das Volk bleibt – entgegen der Erwartung des Erzbischofs – ruhig. Aber die deutsche Öffentlichkeit nimmt lebhaften Anteil; Preußen gerät in eine Art Schutzmachtfunktion für Protestantismus und modernen Staat. 1854 wird der Erzbischof verhaftet, aber dann kommt es – nach einer Art Waffenstillstand – 1855 zu einem Konkordat zwischen Kurie und Regierung, in dem diese ihre staatskirchlichen Rechte aufgibt, die Katholiken der geistlichen Gerichtsbarkeit überläßt, den Staat verpflichtet, die Freiburger Professoren zur Befolgung der katholischen Lehre anzuhalten. Die Liberalen und die zweite Kammer lehnen den Vertrag empört ab; der Großherzog hebt den – nicht ratifizierten – Vertrag auf und erläßt ein Gesetz, ähnlich zwar, ohne die anstößigen Bestimmungen und – das war für die theoriewütigen Liberalen genau so wichtig – aus eigener staatlicher Souveränität. Nur zeitweise tritt eine Beruhigung ein. Seit 1866 schwelt ein neuer Kultur- und Schulkampf; die seltsame Erfindung der antikatholischen Liberalen, das „Kultur"examen für katholische Geistliche, wird obligatorisch eingeführt; jetzt gewinnt die Kirche – aus anti-borussischen und anti-wirtschaftsliberalen Motiven – Unterstützung von Massen. Ähnlich, wenn auch moderater, war es in Württemberg zugegangen. Im ganzen, aus der Zusammenarbeit, den Spannungen und den Konflikten zwischen Staat und Kirche in den 50er Jahren bildet sich der Gegensatz zwischen liberaler und „klerikaler" Partei als neuer und fundamentaler politischer Gegensatz heraus.

Anders war die Situation in Preußen. Auch hier versuchte die Reaktion ihr System durch Verkirchlichung des Schulwesens und Begünstigung der Kirche abzustützen. Aber die Konservativen waren hier betont protestantisch; die Spannung zur katholischen Kirche war nicht ganz aus der Welt zu schaffen. Einschränkung von Volksmissionen, Aktivitäten der Jesuiten, eines Theologiestudiums in Rom, das blieben Reibungspunkte, die die Distanz der katholischen Kirche zum Staat aufrechterhielten. Aber zu einem Kulturkampf war, als nach dem Ende der Reaktion der Liberalismus wieder aufstieg, in Preußen kein konkreter Anlaß gegeben – einstweilen jedenfalls.

Aus der katholischen Erneuerung und aus den Spannungen zwischen Kirche und Staat, Kirche und moderner Gesellschaft, Kirche und Liberalismus hat sich die politische Orientierung der Katholiken, hat sich der politische Katholizismus in Deutschland entfaltet. Dieses Phänomen aber hängt so eng mit der Geschichte der deutschen Parteien in ihren verschiedenen Perioden zusammen, daß wir davon an anderen Stellen erzählt haben und erzählen müssen.

b) Der Protestantismus

Für die allgemeine deutsche Geschichte des Jahrhunderts ist so wichtig wie die in die Augen springende blockartige Selbstbehauptung des Katholizismus und seine ultramontane Umformung (und seine Herausbildung als Partei) die verborgenere Geschichte des Protestantismus, seiner Aufspaltung in Konservative und Liberale, seiner Auseinandersetzung mit der Moderne, seiner Rolle im Prozeß der Entchristianisierung. Nicht nur der deutsche „Geist" und die deutsche „Bildung", sondern auch die politischen Parteien und zuletzt überhaupt die Mentalität des evangelischen Volksteils sind dabei – anders als im Katholizismus, anders als im außerdeutschen, z. B. angelsächsischen Protestantismus – ganz stark von Entwicklung und Konflikten der Theologie bestimmt. Ideen, Theorien, politische Programme haben in Deutschland einen stark theologischen Zug; Konflikte haben etwas von theologischen Schulkämpfen; Liberalismus wie Konservativismus haben ihren ganz starken theologisch-religiösen Grund; die Rolle der Pfarrerssöhne und derer, die einmal Theologiestudenten waren, in der deutschen Geistes- wie Parteigeschichte des Jahrhunderts ist groß. Aber auch die Geschichte von Kirchen und Frömmigkeit, ja der Christlichkeit des Volkes, knüpft in der reformatorischen Theologenkirche an die Geschichte der Theologie an.

Um 1800 wurde Kirche, Theologie wie Frömmigkeit, von drei großen Bewegungen bestimmt, von Aufklärung, Orthodoxie und Pietismus. Zum einen also – und öffentlich im Vordergrund – von der Aufklärung, die in Deutschland ja christliche, gerade von Theologen getragene, Aufklärung gewesen ist, geprägt von dem Versuch, Vernunft und Offenbarung zu versöhnen, die Offenbarung vernunftmäßig zu interpretieren. Dahinter steht das durchaus lutherische Motiv, daß die Wahrheit „innerlich" überzeugen müsse, das heißt jetzt das an die intellektuelle Wahrhaftigkeit gebundene Gewissen des Einzelnen, und daß man darum die Wahrheit gegebenenfalls gegen Tradition und Autorität und jetzt auch gegen die „Buchstaben" der biblischen Schriften und gegen das „Papsttum" des Buchstabens, wie Lessing gesagt hat, zur Geltung bringen müsse – die persönliche Entscheidung des Christen bewegt sich im Raume der kritischen Prüfung, der Kritik. Das Christentum wird in seiner aufgeklärten Gestalt Vernunft- und Schöpfungsreligion, vernunft- und naturgemäßes humanes Ethos; Pietät und Moral rangieren vor allem Dogma. Gegenüber der Aufklärung steht die alte Orthodoxie, die am Gegen- und Übervernünftigen der Offenbarung und der überlieferten Dogmatik festhält, und die neue des sogenannten Supranaturalismus, die mit rationalistischen (und kantischen) Argumenten das Übernatürliche der Offenbarung wiederherzustellen trachtet. Schließlich gibt es den Pietismus, die „Stillen im Lande", die undogmatische Religion des frommen Herzens, des innigen Gefühls, des Erlebnisses von Sünde und Bekehrung und der frommen Werke in Beruf und Caritas.

Nach 1815 verschiebt sich das, und es bildet sich die Konstellation heraus, die dann für das Jahrhundert bestimmend ist. Zunächst: Aufklärung und Rationalismus, bei den führenden Geistern einstweilen in Verruf geraten, dauern fort und wirken über die Universitäten auf eine ganze Pfarrergeneration und das ganze Volk. Halle, mit durchschnittlich 800 Studenten der Theologie, ist unter Führung der Professoren Wegscheider und Gesenius eine Hochburg des Rationalismus bis in die 30er Jahre; in Heidelberg, mit nur 50 Studenten, spielt der Rationalist Paulus eine wesentliche Rolle. Die christliche Religion soll aus der moralischen Natur des Menschen erklärt werden; Dogma und Wunder werden durch Abstriche und Umdeutungen – im Extremfall: die Auferstehung Jesu wird durch einen Scheintod erklärt – vernunftgemäß interpretiert; die überlieferte existentielle Krisenlehre von Sünde, Rechtfertigung, Gnade, dem modernen Menschen und dem Bürger zunächst so anstößig und zuwider, wird moralistisch entschärft. Beruhigte und vernünftige Ordnung, Helle, praktische Moralität im Bewußtsein der Endlichkeit des Menschen, das ist der Ton der Religion – das wird nun auch, anders als im 18. Jahrhundert, ganz stark popularisiert. Am schönsten, jenseits der Theologie, gemüthaft und volkstümlich, in unseren Literaturkanon wie ins Lesebuch eingegangen, wird die aufgeklärte Frömmigkeit greifbar in den Volks- und biblischen Geschichten des Oberkirchenrats Johann Peter Hebel oder auch, viel weniger originell, leicht sentimentalisiert, aber überaus wirksam, in dem Erbauungsbuch des Schweizers Heinrich Zschokke, ‚Stunden der Andacht‘ (1808–1815 in 8 Bänden), bis zur Jahrhundertmitte immer wieder aufgelegt. Die kritische Wendung des Rationalismus gegen Wunder und Dogma, Orthodoxie und Pietismus, wird dann, als seine Vertreter in der Universitätstheologie aussterben, in den 40er Jahren bei städtisch kleinbürgerlichen Gruppen virulent; hier mündet sie in den Prozeß der Entchristianisierung.

Auf der anderen Seite der Kirche gleichsam haben sich die historischen Gegner von einst, Orthodoxie und Pietismus, zusammengeschlossen – sie sind die Vertreter der „positiven“ Religion, die „Positiven“, wie man seit Schleiermacher sagte, der neue konservative Flügel der Kirche. Sie wenden sich gegen die aufklärerische Auflösung des Christlichen ins Vernünftige und Menschlich-Allgemeine wie gegen die idealistisch-liberale Neuinterpretation, den Ausgleich mit der Moderne. Frömmigkeitsgeschichtlich steht dahinter eine große „Erweckungs“bewegung. Der protestantische Glaube wird, die pietistische Tradition erneuernd, auf die Basis des persönlichen Erlebnisses vom Eingreifen Gottes in „mein“ Leben, auf die Basis des Gefühls gestellt. Zentral ist die als Erlebnis gedeutete, im Gefühl greifbare existentiell christliche Erfahrung von Sünde und Wiedergeburt, die man sich von Rationalisten und Liberalen nicht wegdisputieren läßt. Freilich, diese Erfahrung wird nun sehr konkret und vielfältig psychologisierend ausgefaltet in Gewissenserforschung, Bekehrungs- (oder Wiedergeburts-)bericht, „Heilung“, der Pflege des „inneren Menschen“ und der Deutung jedes Schicksalsdetails als besonderer göttlicher Fügung. Das insistierende Beharren der Frommen auf der wirklichen Betroffenheit der Subjektivität, des Herzens gegen alle bloße Lehre, bloße Intellektualität mündet darin, diese Innerlichkeit und Betroffenheit in einem frommen Schematismus zu objektivieren, und das führt zu der eigentümlichen Selbstgewißheit und Selbstgerechtigkeit der Frommen, die mit ihrer Frömmigkeit gleichsam „hausieren" gehen, sie „salbungsvoll" in jede alltägliche Äußerung legen. In den extremeren Fällen ist das für den Außenstehenden recht massiv, aufdringlich, taktlos, peinlich. Zu dieser neuen Erweckungsfrömmigkeit gehört ein neuer fundamentalistischer Biblizismus; die Bibel ist Grundlage des Lebens – nicht als Urkunde von Gottes Taten, sondern als persönlich gesprochenes, erfahrenes, als konkretes und buchstäblich zu nehmendes Wort. Die neue Theologie identifiziert Gottes Offenbarung, von der ja auch Rationalisten und Liberale ausgehen, mit dem Bibelwort; die biblischen Schriftsteller gelten als von Gott selbst verbal inspiriert. Diese Wiedergeburts- und Bibelfrömmigkeit grenzt sich ab gegen die Vernunft, dieses Instrument der menschlichen Hybris und des Teufels; und die Frommen wie ihre Theologen sehen in der Vernunftwidrigkeit geradezu das auszeichnende Element der Offenbarung. Diese Frömmigkeit grenzt sich sodann ab gegen Kultur und „Welt", die gelten als Versuchung des Frommen, gegen das Moderne also; daher kommt wiederum in die extremeren Formen dieser Frömmigkeit ein Zug der Enge oder des „Muckertums", wie die Gegner dann sagen. Diese Frömmigkeit erfüllt sich schließlich keineswegs nur im frommen Leben für sich, sondern in Aktivität, in Praxis, in den „Werken der Liebe"; das Gefühlschristentum ist Gemeinschafts- und Tatchristentum. Auf dieser Basis schließen sich Pietisten und Orthodoxe zusammen; die einen übernehmen die Erlebnis- und Gefühlsfrömmigkeit, die anderen die dogmatischen Lehren und Formeln, nicht überall ausgeglichen und überall in unterschiedlicher Mischung; ein Teil des Pietismus bleibt – sektiererisch – in Opposition zur Staats- und Zwangskirche, lebt in den eigenen Gemeinschaften, den Konventikeln. Die neu-orthodoxe Theologie systematisiert die Erfahrung von Sünde, Wiedergeburt und Heiligung und die ihr zugrunde liegenden Heils"tatsachen", wie man gegen das Tatsachenmonopol der Wissenschaft und doch mit dem Tatsachenglauben des Jahrhunderts jetzt sagt. Die Bekenntnisse der Reformation bekommen, beinahe wie die Bibel, Offenbarungscharakter; der Glaube soll wie seine Form für immer feststehen. Luther wird der Vater der Konfession, der festen Objektivität, wird zur unbedingten Autorität; aller Subjektivismus bei ihm, die Freiheit gegenüber Bibeltexten, der Ton auf dem freien Gewissen, auf der Personalität des Glaubens, alles was ihn mit der modernen Welt verbindet, das wird zurückgenommen, ja geleugnet.

Diese Bewegung ist keineswegs, wie der Anhänger der Modernität zu meinen geneigt ist, einfach ein Relikt der Vorzeit, eine Zusammenfassung der Traditionskräfte, der „Konservativen"; sie ist im Sinne des 19. Jahrhunderts zunächst durchaus neu (und insofern auch modern). Sie hat ihr Verständnis des Themas Religion, wir mögen sagen: vom Sinn des Lebens, ganz neu formuliert und mit Erfolg auf die Tagesordnung der Zeit gesetzt, hat die Religion neu belebt, sich selbst neue Anhänger geschaffen; sie hat neue Macht etabliert. Es ist kein alter, es ist – wenn denn – ein neuer Konservativismus.

Die neue Richtung hat verschiedene Zentren in Deutschland. Wichtig ist das ostelbische Deutschland, der pietistisch geprägte Adel in Pommern, die Thaddens, Puttkamers, Kleist-Retzows mit den Andachten im Gutshaus; jeder ist Bruder, Schwester – in Bismarcks Verlobungsgeschichte spielt das eine wesentliche Rolle –; dann Berlin: Adel wie die Brüder Gerlach, Beamte wie Nicolovius oder Moritz August von Bethmann-Hollweg, Professoren, Neander und Tholuck etwa, der Kreis um den Kronprinzen Friedrich Wilhelm, von dem die Idee zur Verchristlichung des Staates (dem „christlichen Staat") ausgeht; dann, weniger in die Gesamtkirche integriert, der Niederrhein und das Bergische Land, das Wuppertal (Barmen, „der fruchtbarste Ort im Reiche Gottes"), hier neben den Handwerkern und Bauern die Fabrikanten, asketisch, karitativ und kapitalistisch zugleich, wie der junge Friedrich Engels beobachtete; schließlich die altpietistischen Gebiete Württembergs, kleinbürgerlich-bäuerlich, abgekehrt von der Welt, von Wissenschaft und Weltlichkeit, den Scheinchristen und den gelehrten Herren, mit eigenen Gemeinschaften, in der Erwartung des kommenden Gottesreiches, vergrübelt und eigensinnig. Aber auch jenseits dieser stärker pietistisch getönten Regionen und Gruppen hat die neue Erweckungsfrömmigkeit und Theologie die konservativen Teile der Kirche (und auch der Bildungsschicht) nachhaltig bestimmt. Und diese Bewegung hat bis zur Jahrhundertmitte hin ländliche wie städtisch-kleinbürgerliche Massen ergriffen, die großen Missionsfeste standen den liberal-demokratischen „Festen" als Massendemonstrationen ebenbürtig zur Seite. In der gemeinsamen Gegnerschaft gegen den rationalistischen Liberalismus erhielt der politische Konservativismus hier eine volkstümliche Grundlage. Der theologische Führer der neuen Orthodoxie wurde der Berliner Professor Ernst Wilhelm Hengstenberg, der mit einem ganz modernen Mittel, der von ihm seit 1827 herausgegebenen ‚Evangelischen Kirchenzeitung', die Anhänger der „positiven" Richtung zur Kirchenpartei formte und ihr, obwohl er die Rationalisten nicht von den Universitäten vertreiben konnte, mit zum Teil sehr „weltlichen" Methoden, zumal nach 1840, eine sehr starke Stellung in der preußischen Kirche sicherte; in Bayern spielten die konservativen Erlanger Theologen eine ähnliche Rolle.

Eine der großen Leistungen gerade der Erweckung und der von ihr beeinflußten Frömmigkeit sind die bedeutenden Organisationen, die „Werke" des praktischen Christentums: die Bibel- und Missionsgesellschaften, die Anstalten und Stiftungen, die man später der Inneren Mission zuzählte, die Rettungshäuser und Armenschulanstalten, aus den Kriegsnöten wie der Aufnahme und Verchristlichung Pestalozzischer Erziehungsideen geboren – Zeller in Beuggen, Falke in Weimar, von der Recke im Düsseltal –, die Armen- und Krankenpflegeanstalten der Amalie Sieveking in Hamburg, die Asyle, die Gefängnisvereine, die „Jünglingsvereine", die Waisen- und Krankenhäuser, die Diakonissenhäuser, wie sie Theodor Fliedner zuerst 1833 in Kaiserswerth begründete (und die der weiblichen Aktivität innerhalb der Kirche zuerst Raum schufen), das „Rauhe Haus" Wicherns zur Erziehung verwahrloster Knaben (1833) und viele mehr bis zu Neuendettelsau (Wilhelm Löhe 1854) und Bethel (1865 Bodelschwingh). Wichtig ist dabei, daß diese Aktivität sich nicht mehr obrigkeitlich, kirchenamtlich entfaltet, sondern frei, in der bürgerlichen Form der Vereine, die auch eine solche Traditions- und Institutionsmacht wie die Kirche, und ihren antiliberalen Flügel gar, durchdringt und eine starke Aktivität der Laien entfesselt. Gewiß hat sich an dieser Aktivität dann auch das liberal-protestantische Bürgertum – mit großen Mitteln und großem Einsatz – beteiligt; das Ganze wird eine gemeinprotestantische „überparteiliche" Sache, aber am Anfang steht, den Geist prägend, doch die neue Erweckungsbewegung. Hierzu gehört schließlich auch die erste große, nicht aus der Erweckung stammende, nicht pietistische Vereinigung des deutschen Protestantismus, der Gustav-Adolf-Verein (1832) zur Stützung der protestantischen Diaspora.

Gegen diese Richtung steht nun drittens der liberale Protestantismus, wie er sich aus der idealistischen Umformung des Christentums entwickelt. Fichte und zumal Hegel wollten mit ihrer Philosophie durchaus die Wahrheit des protestantischen Christentums in einer Zeit nach der Aufklärung und nach Kant neu begreiflich machen und interpretieren, und besonders Hegel hat über seine theologischen Schüler auch in der Kirche bis in die 40er Jahre hinein großen Einfluß gehabt. Für unsere summarische Geschichte begnügen wir uns mit dem eigentlichen Theologen im Umkreis der Idealisten, mit Friedrich Daniel Schleiermacher, dem größten evangelischen Theologen seit Luther, dem Vater des liberalen Protestantismus.

Schleiermacher nimmt das Problem der Vernunft in die Theologie auf. Das neuzeitliche Gewissen, das Zentrum evangelischer Religion, ist unlösbar an die aufgeklärte, die kritische Vernunft gebunden; es prüft jede auch religiöse Autorität, die Bibel z.B., am modernen Wahrheitsbegriff, nur so kann ein freier, gewissensbegründeter Glaube bestehen: um des Glaubens willen muß man die Vernunft anerkennen. Die Vernunft ist aber mehr als eine kritische Instanz gegenüber religiöser Wahrheit. Vernunft, Geist, Humanität vielmehr stehen selbst in einer religiösen Dimension, die die philosophische Analyse zu Tage fördert; sie beziehen sich als ein Endliches auf das Unendliche, so die Kategorien des Idealismus; an das natürlich Menschliche, den Sinn fürs Unendliche, knüpft die christliche Religion an. Gegenüber der Aufklärungspraxis, das Nichtvernünftige am Christentum zu streichen und auf Moral zu reduzieren, will der Idealismus den ganzen Inhalt des Christentums aufnehmen und dazu neu interpretieren, und er will die Existenz des Menschen, von der in der Religion die Rede ist, nicht auf Moral reduzieren. Der Mensch ist – das ist romantisch – auch Gefühl und Phantasie, er ist Totalität, ist Persönlichkeit, die sich entfaltet und vervollkommnet. Christsein ist mehr als vernünftiges Kennen und tugendhaftes Wollen, es ist eine Verwandlung der ganzen Existenz, und zwar in einem neuen Selbstverständnis. Dabei geht Schleiermacher davon aus, daß es keine fertige Lehre, kein fertiges Dogma, keine Fortgeltung zu anderen Zeiten formulierter Sätze gebe, sondern jede Zeit aus sich heraus ihre eigene Erklärung und sprachliche Formulierung für die christliche Existenzdeutung und Sinnvermittlung finden müsse. Nicht der Rationalismus allein, sondern ein gegenwartsbezogener

Historismus wird das leitende Interpretationsprinzip – das hält Schleiermacher
wiederum gerade für eine Norm des christlichen Glaubens, des Glaubens „an
die Kraft des Geistes". Das Christentum muß also anthropologisch und existen-
tial im Lichte der Gegenwart interpretiert werden, ohne es in bloße Welterklä-
rung oder Moral aufzulösen. Schleiermachers eigener Versuch setzt bei der Kategorie des Gefühls an: Religion ist das Gefühl „schlechthinniger Abhängigkeit"
von einem Unendlichen; die christliche Religion legt dieses Gefühl als Vater-
Kind-Verhältnis aus. Solche Interpretation ist Sache der Theologie, und zwar
der Theologie als Wissenschaft, gebunden an die natürliche Vernunft. Denn am
Anfang steht durchaus ein Faktum, nämlich die Tatsache von Religion, näher
(und subjektiver) von frommem Gefühl, frommer Innerlichkeit, sie gilt es wissenschaftlich zu untersuchen und auf ihren Wirklichkeitsbezug zu befragen.
Theologie, anders gesagt, ist die Auseinanderlegung eines faktischen Glaubens
und die Konfrontation dieses Glaubens mit der gewissensbestimmten Vernunft
und Menschlichkeit der Zeit. Denn auch das gehörte dazu: der christliche Glaube und die Kirche sollten nicht isoliert neben dem Leben, auf Moral oder einen
„letzten" Sinn beschränkt, stehen, sondern darin; die „Kinder dieser Zeit" sollten sich mit ihren Fragen dort wiederfinden und darum der Kirche „wahrhaftig
und ehrlich" angehören können: die Kirche als Instanz der öffentlichen Sinnreflexion; deshalb mußten Glaube und Kirche mit der „Kultur" und dem nationalen Leben in wirksamer Verbindung stehen, sich nicht gegen sie abschotten.
Das war der Versuch, Christentum, Vernunft und Humanität im Zusammenhang zu sehen, das Programm der „wissenschaftlichen" philosophischen Theologie für ein Jahrhundert. 1821, als Schleiermacher erneut sein Programm formulierte, hatte sich freilich die Frontstellung geändert; jetzt mußte sich der
Theologe nicht mehr gegen die gebildeten Verächter der Religion wenden, sondern gegen die „Aber- und Übergläubigen", die Frömmler und die Buchstaben-
gläubigen; jetzt war seine Furcht, das Christentum könne mit der „Barbarei",
die Wissenschaft mit dem Unglauben sich verbinden.

Was man sonst an Schleiermacher hervorheben kann, ist minder wichtig, es ist
das Zeitbedingte: der romantisch weiche Gefühlston, die Fremdheit gegenüber
den Härten, den Krisen, den Brüchen, dem unaufhebbaren Leid und der Gewalt
der Inhumanität, des Bösen, die Uminterpretation der Rechtfertigung zur Erlösung; es ist die Welt- und Kulturfrömmigkeit, für die die Welt Gottes Herrlich-
keit offenbart, der Mensch sich auch in der Kultur und ihrem Fortschritt erfüllt.
Dieses Programm ist die Grundtendenz des liberalen Protestantismus im
19. Jahrhundert. Das Ethos von Wahrhaftigkeit und Gewissen, von Vernünftig-
keit fordert die Freiheit von Dogma und Buchstaben; das Bewußtsein der eigenen Zeit und Humanität fordert, nicht die Formen und Formeln des 16. wie des
1. Jahrhunderts zur absoluten Norm zu machen, sondern die Sinnerfahrungen in
der Begegnung mit älteren christlichen Auslegungen jeweils neu zu formulieren.
Der liberale Protestantismus nimmt dabei das Erbe des Rationalismus wie des
Idealismus auf; er ist empfänglich für Philosophien und Leitideen der Zeit, weil
doch die christliche „Antwort" nur in der Sprache der Zeit, zu den – tieferen –

Fragen der Zeit gesagt werden kann; von daher werden diese Theologen leicht eklektisch und manchmal beliebig. Man kann zwischen der eigentlich liberalen Theologie unterscheiden, der „linken" Schule Schleiermachers, die an seine Wissenschaftlichkeit und seine Versöhnung mit Wissenschaft und Philosophie anknüpft, und der „Vermittlungstheologie", der „rechten" Schule, die mehr an seine Versöhnung mit der Kultur anknüpft und nicht den Hauptton auf Bibel- und Dogmakritik legt. Hier, zumal in der Vermittlungstheologie, entsteht das, was man dann – kritisch – den Kulturprotestantismus genannt hat. Es ist die Tendenz zu Ausgleich und Harmonisierung zwischen christlichem Glauben und der Welt, auch ohne die scharfen dialektischen Spannungen, zum Ausgleich vor allem zwischen Christentum und Kultur, klassischer Humanität, Wissenschaft und Modernität, Offenbarung und menschlicher Entwicklung, etwa bei den großen Vermittlungstheologen Karl Immanuel Nitzsch, Isaak August Dorner und am radikalsten bei Richard Rothe. Rothe lehrte gar, daß die Versittlichung des Staates und die Kultur die Kirche als Institution überflüssig machen werde. Dazu gehört eine starke Spiritualisierung und Subjektivierung der Religion, etwa die typisch moderne Kritik an der unvollziehbar gewordenen juristischen Fassung der „Rechtfertigungslehre" – der Genugtuung durch einen anderen –, diesem Herzstück des Protestantismus, bei der doch die Härte des existentiellen Gehaltes jener Lehre mit über Bord geht; gehört der Ton auf Gewissen und Überzeugung gegen allen – protestantischen – Klerikalismus, gegen die Institution Kirche, ja gegen die Kirchlichkeit der Massen, die die Freiheit und Innerlichkeit des Einzelnen gefährdet; gehört darum die Unterscheidung von eigentlichem Christentum und objektivierender, ja klerikaler Kirche; gehört, Pendant zu den „Positiven", die Modernisierung Luthers, der als Vater der eigenen Position des Geistes, der Freiheit und der modernen Kultur angesehen wird; gehört eine Kirche als Instanz öffentlicher Sinnreflexion angesichts einer Tradition, in der man zuletzt über Goethe so gut wie über Paulus predigen konnte. Dennoch steckt hinter diesen zum guten Teil natürlich weniger extremen Bemühungen, hinter diesem Kultur- und Harmonieglauben ein sehr entschiedener Ernst, nämlich der Wille, Modernität und Christentum zusammenzuhalten und darum an das „unbewußte Christentum der Gebildeten" (Rothe) anzuknüpfen (auch dies ist keine Entdeckung erst der Gegenwart). Der liberale Protestantismus hat es den bürgerlichen Schichten ermöglicht, die Orientierung an Wissenschaft und Philosophie guten Gewissens mit dem evangelischen Glauben zu vereinbaren und zugleich den Kernbestand von Humanität, gesellschaftlicher Gesittung wie deren Problematik an die theologische Reflexion auf die Überlieferung des Christentums zu binden: Säkularisierung noch blieb an Christlichkeit gebunden. Die „Modernität" des liberalen Protestantismus gibt der sich säkularisierenden Modernität ihre lang nachwirkende protestantische Tönung. Freilich, und das fing schon bei Schleiermacher an, diese Synthesen erreichen fast nur noch die Bildungsschicht, von deren Problemen sie ausgehen; der Versuch der modernen Vernunft, der modernen Ethik, der modernen „Kultur" Genüge zu tun, blieb zuletzt zu esoterisch, die existentielle Uminterpretation christlicher Gehalte zu

kompliziert. Dem christlichen Glauben und der Kirche entgleitende oder vom
Rationalismus schon ergriffene Massen waren so kaum noch zu erreichen. Da
waren die nicht so feinen antirationalen Positiven erfolgreicher.

Die wissenschaftlich radikale Linie der liberalen Theologie ist die historisch-
kritische Theologie, die mit historisch-philologischen Methoden die Entstehung
der biblischen Schriften untersucht, und die, ausgehend von der Wunderfrage,
von der Diskrepanz zwischen modernem Bewußtsein und biblischen Berichten,
auf die Auffassungsweise der biblischen Schriftsteller, auf das Verhältnis von
Hergang und Bericht reflektiert. Das Ergebnis solcher Kritik wird gerade für
eine Lehre, die sich auf die Bibel beruft, fundamental. Nach Ansätzen der Aufklärung wird dieses Thema in den 30er Jahren dominierend. Wilhelm Vatke
schreibt 1835 historisch-kritisch die ‚Religion des Alten Testaments‘. Ferdinand
Christian Baur übernimmt Hegels Ansatz, den objektiven Prozeß des Geschehens – jenseits der Individuen – historisch zu erfassen; er begründet so die Dog-
mengeschichte. Die moderne Frage nach dem „Wesen des Christentums" beantwortet er mit der kritischen Erforschung seiner Urgeschichte; er zeigt dann, wie
jede Schrift des Neuen Testaments aus der Situation und Parteiung des Urchri-
stentums, zumal dem Gegensatz zwischen Judaismus und Paulinismus, erklärt
werden kann. Die Historizität der Berichte des Johannes, den die Idealisten bevorzugten, fällt dahin; die Auferstehung ist greifbar nur als Auferstehungsglau-
be, und der wird erklärt als Gewißheit der siegenden Wahrheit auch im Tod.
Baur hat im Grunde alle entscheidenden Fragen der neuen Theologie schon gestellt. Aber der Mann der Epoche, der populären Resonanz ist ein anderer Hegelianer, David Friedrich Strauß mit seinem ‚Das Leben Jesu, kritisch bearbeitet‘
(1835), dem Jahrhundertbuch von weitreichender Wirkung. Das „Leben Jesu"
ist wie das „Wesen des Christentums" ein Thema, das die Aufklärung gestellt,
das 19. Jahrhundert immerfort bearbeitet hat. Strauß stellt die Widersprüche der
Evangelien in sich und unter sich fest und stellt damit auch jenseits der Wunderfrage ihre Zuverlässigkeit in Frage. Ihre Geschichten sind, so zeigt er, vielmehr
Produkte einer verklärenden und erinnernden Einbildungskraft unter dem Anspruch des von jüdischer Tradition geprägten Gemeindebewußtseins. Indem
Strauß das in diesem Sinne „Ungeschichtliche", das „Mythische" der biblischen
Schriften in einem bis dahin unvorstellbaren Maße nachweist, wirkt sein Buch
wie ein Erdrutsch. Was bleibt, ist ein Mensch Jesus, der nach seinem Tod Gegenstand des Glaubens seiner Anhänger und ihres Schreibens wird. Jesus ist
nicht der orthodoxe Christus, aber auch nicht der tugendhafte Weise der Aufklärer oder der sündlose Idealmensch Schleiermachers. Der Christus, von dem
im Glauben der Kirche die Rede ist, ist mit dem Jesus der Geschichte nicht zu
vermitteln, das wird seither das Thema der Theologen. Das Buch hat eine große
Polemik, 50 Schriften bis 1840, entfesselt; in der Geschichte der Auflösung des
kirchlichen Christentums, der Ablösung der gebildeten und sehr rasch auch der
nicht so gebildeten Bürger von der Kirche stellt es vor Darwin eine der wichtigsten Stationen dar. Später – 1864, in einer Neubearbeitung – bleibt Strauß mit
seinem Versuch, Jesus gegen Juden und Griechen, Wundergläubige und Pfaffen

als Ideal einer geistig sittlichen Persönlichkeit herauszustellen, zwar sehr typisch für den Liberalismus an der Grenze der Religion, aber nicht mehr epochal; ähnlich geht es mit seiner These, die historische Betrachtung der Dogmatik zeige deren irreversible Auflösung ins allgemein Menschliche.

Für die Zeitgenossen, Laien wie Theologen, wurde nun, spätestens seit den 30er Jahren, entscheidend, daß der Kampf um das Christentum nicht mehr systematisch-philosophisch, sondern historisch und philologisch – also mit den Waffen „positiver" Wissenschaften geführt wurde. Das Problem Glaube und Verstand wird durch das Problem Glaube und Geschichte abgelöst. Obwohl Strauß aus der theologischen Diskussion ausscheidet, bleiben diese Themen auch im zweiten Jahrhundertdrittel beherrschende Themen der wissenschaftlichen Arbeit der Theologen und ihrer öffentlichen Wirkung.

Auch die Liberalen werden in der Kirche zur „Partei", in dauernder Auseinandersetzung mit den Positiven; jeder halbwegs Gebildete wird – trotz der Mittelgruppen – in diesen Konflikt hineingezogen; jede Jugend in diesen Schichten geht durch den hierdurch geformten Streit um Lebenssinn und Weltinterpretation. Im Grunde, muß man sagen, spaltet sich der deutsche Protestantismus in zwei neue Konfessionen auf. Und der politische Liberalismus zehrt auch von den Kräften (und Emotionen) dieses kirchlichen Liberalismus.

Einen Punkt der Geschichte müssen wir noch hervorheben. Für alle, Rationalisten, Positive, Liberale, für den Rückgriff auf das reformatorische Dogma wie die philosophisch-historische Neuinterpretation, verstärkt sich das Konfessionsbewußtsein; die irenischen „Evangelischen" werden wieder „Protestanten", liberal antiautoritär oder orthodox, aber beide mit antikatholischem, antirömischem Affekt. Während 1817 das Reformationsjubiläum noch halbwegs irenische Töne zeigt, ist 1830 das Jubiläum der Augsburgischen Konfession schon dezidiert „protestantisch"; 1832 wird der scharf anti„römische" Gustav-Adolf-Verein für die Protestanten der Diaspora gegründet. Für den weder orthodoxen noch liberalen Bismarck – geboren 1815 – war Katholizismus in seiner Jugend schon mit Inquisition und Pulververschwörung verbunden.

Wie beim Katholizismus ist in unserem Zeitraum die Wirkungsmacht des Protestantismus schwer (und statistisch gar nicht) zu beurteilen. Das entstehende Proletariat und ein Teil der gebildeten Oberschicht entgleiten der Kirche im zweiten Drittel des Jahrhunderts; es gibt andere Anzeichen für eine entstehende Gleichgültigkeit. Dennoch wird man im ganzen noch von einer sich durchhaltenden Kirchlichkeit bei der Mehrheit der protestantischen Bevölkerung sprechen können, schwächer als im katholischen Volksteil, schwächer als in den angelsächsischen Ländern, aber stärker als in Frankreich; der Glaube an Gott und Unsterblichkeit und an die Gültigkeit der christlichen Ethik hält sich auch bei loser werdender Bindung an die Kirche durch; Sitte und Konvention, Taufe und Konfirmation, Hochzeit und Begräbnis tragen dazu bei, obwohl Distanz zu Kirche und Glauben sozial relativ bald akzeptiert wird. Die Mütter der sozialdemokratischen Führer von 1900 sind fast alle noch kirchlich gewesen. Auch als Abgrenzungsmerkmal gegenüber dem Katholizismus bleibt das Zugehörigkeitsgefühl zum Protestantismus, für die Gebildeten zumal zur protestantischen Kultur, sehr stark und überdeckt die substantiellen Abschwächungen. Im Anti-Katholizismus fühlen sich auch die Nicht-Christen noch „protestantisch".

Wir werfen einen Blick auf das Verhältnis von Staat und Kirche – ein Verhältnis, das ja vor allem im Verdacht steht, Obrigkeit und Untertänigkeit befestigt zu haben. Gegenüber den evangelischen Kirchen hatte der Staat nicht nur die Aufsichtsrechte der Kirchenhoheit – wie gegenüber der katholischen Kirche –, vielmehr war der Landesherr der oberste Bischof der Kirche (Summepiskopat) und verfügte durch eine Behörde auch über die inneren Angelegenheiten. Im 18. Jahrhundert wurde die Kirchenverwaltung zum Teil der inneren Staatsverwaltung; in der napoleonischen Zeit diente die staatliche Organisation von Landeskirchen aus den Kirchentrümmern der Integration und der Durchsetzung von Einheitlichkeit und Staatssouveränität, bis hin zum Einsatz von Militär bei der Einführung eines neuen Gesangbuchs in Württemberg gegen die widerborstigen Pietisten. Der Staat regierte die Kirche, auch wenn er gemeinhin innerkirchliche Toleranz garantierte; die Pfarrer waren eigentlich Staatsbeamte. Gegen dieses bürokratisch absolutistische System richtete sich die Jahrhunderttendenz auf Autonomie, Selbständigkeit, Selbstverwaltung, nicht nur bei den Liberalen, sondern auch bei den Konservativen. In den „inneren" Angelegenheiten sollten die Kirchen selbständig sein; an den Fragen der Abgrenzung entzündeten sich darum die Konflikte.

In der preußischen Reform gab es entsprechende Tendenzen. Für Stein, altertümlich fromm mit aufgeklärtem Oberton, diente das Christentum der „Veredlung der Menschheit", zielte auf die „Neubelebung des religiösen Sinnes", und ähnlich dachten andere Reformer, der König oder der national-revolutionäre „Tugendbund" – darum waren sie alle gegen eine Kirche, die als geistliche Polizei zur Verkündung obrigkeitlicher Befehle eingerichtet war. Der Staat sollte vielmehr die Kirche freisetzen, zur Selbständigkeit erziehen. Aber dieses Problem wurde in Preußen – und Preußen ist für diesen Teil unserer Geschichte exemplarisch – von einem anderen Problem verdrängt: dem der „Union" von Lutheranern und Reformierten (Calvinisten), den bis dahin getrennten Kirchentümern des Protestantismus. Das war eine Zeittendenz; man wollte irenisch dogmatische Gegensätze, das Produkt unfruchtbaren Theologengezänks, relativieren, da es doch auf Frömmigkeit und Praxis ankomme; Aufklärung und Pietismus, Erweckung wie idealistische Theologie wiesen aus unterschiedlichen Motiven in diese Richtung. Zugleich entsprach das den Bedürfnissen des Staates nach Integration und innerem Frieden. In Baden, der Pfalz, Nassau und den beiden Hessen sind damals in einem Zusammenwirken von oben und unten, von Staat und Gemeinden, solche Unionen entstanden. In Preußen machte nun der König diese Union zu seinem persönlichen Anliegen. 1817 – am 300. Jahrestag der Reformation – proklamierte er eine solche freiwillige, von selbst zusammenwachsende Union, mit großer – über 200 Flugschriften erschienen zur Sache – mehrheitlich positiver Resonanz. Die Sache wurde kompliziert, weil der König in diesem Zusammenhang eine neue archaisierende hochkirchliche Liturgie, die den Kult gegen die (prosaische, intellektuelle) Predigt betonen sollte, einzuführen suchte. Dagegen und gegen das Vorgehen, dergleichen von oben zu verordnen, erhob sich viel Opposition; der König setzte mit indirektem Zwang – Ämterbesetzungen und Disziplinarmaßnahmen, z. B. gegen Schleiermacher – seine „Agende" auf die Dauer durch, und damit auch die Union. Nur der rheinischbergische Calvinismus leistete Widerstand – und ein Teil der schlesischen orthodoxen und pietistischen Lutheraner. Der Staat ging zwischen 1830 und 1834 mit Amtsenthebungen, Haftstrafen und militärischer Kirchenbesetzung gegen diese Opposition vor. Erst 1837 wurde ihren Anhängern wenigstens die Auswanderungsfreiheit gewährt; auf Spreekähnen fuhren über 1000 von ihnen Choräle singend durch Berlin auf dem Wege nach Amerika. Das Ganze war eine letzte Aufgipfelung etatistisch-obrigkeitsstaatlichen Anspruchs auf die Kirche. Friedrich Wilhelm IV. hat dann – 1842 – den Konflikt gelöst, indem die Möglichkeiten zum Kirchenaustritt und zur Bildung von Freikirchen gesetzlich geregelt wurden. Die kirchenpolitische Idee der Reformzeit, die Kirche durch den Staat, der alleine dazu in der Lage war, zu reformieren und selbständiger zu machen, verfing sich in ihrer eigenen Dialektik.

Die Frage nach dem Verhältnis von Staat und Kirche nun war unlöslich verflochten mit der Frage der inneren Organisation der Kirche. Wollte man eine hierarchisch obrigkeitlich organisierte Kirche, mit von oben eingesetzten Konsistorien und Superintendenten, oder eine konstitutionell (demokratisch) organisierte mit Presbyterien und Synoden, wie sie in der reformierten Tradition in den Westprovinzen bestanden? Die synodale Verfassungsidee stellte eine Analogie zur politischen Verfassung dar, und das beeinflußte dann auch ihr Schicksal. Die zaghaften Ansätze der Reform, beratende Provinzialsynoden, wurden seit den 20er Jahren nicht weiterentwickelt; staatlich-bürokratische und bischöfliche, hierarchische Prinzipien (Generalsuperintendenten in jeder Provinz) dominierten, nicht freie Bewegung der Theologen und des Kirchenvolkes, nicht Mitbestimmung und Repräsentation, sondern Ruhe und Unterordnung; nur in den Westprovinzen spielten Presbyterien, Synoden und Laien eine größere Rolle. Das Verlangen einer Art synodaler Bewegung nach einer Generalsynode für den Gesamtstaat wurde abgelehnt.

Das Thema gewinnt in den 40er Jahren neue Aktualität, vor allem, weil der betont christliche König Friedrich Wilhelm IV. der Kirchenpolitik hohe Priorität beimißt. Jetzt aber ist das Problem aufs engste mit der Stellung der kirchlichen „Parteien" verflochten. Die Liberalen halten im Gefolge Schleiermachers betont an der „Unsichtbarkeit" der wahren Kirche fest, das relativiert die Bedeutung der Institutionen. Aber gegen manchen Überindividualismus und Anti-Institutionalismus treten sie doch für eine reale Kirche als Institution und Gemeinschaft ein; aber sie ist Sozietät, freie Gemeindekirche, in der die Theologen eine dienende Funktion haben, die sich frei entwickelt. Die Kirche soll nicht vom Staat gegängelt, nicht von orthodoxen Pastoren, aber freilich auch nicht von einer unaufgeklärten, traditionalistischen oder pietistischen Menge des Kirchenvolkes beherrscht werden. Die Freiheit der Überzeugung, bei Pfarrern wie

Laien, muß gewahrt bleiben, und das heißt eine gewisse Pluralität. Das Ergebnis dieser zum Teil ja widerstreitenden Forderungen, ist ein „konstitutioneller" Kirchenverfassungskompromiß – relative Gemeindeautonomie, Synoden, kollegiale Leitungsorgane, Schutz der individuellen Freiheit vor Mehrheiten, Freiheit vom Staat –, so aber, daß der Staat gerade die innerkirchliche Freiheit schützt und garantiert. Dagegen nun die Positiven, die Orthodoxen: sie entwickeln zunehmend einen neuen Begriff von Kirche, als heiliger, objektiver Anstalt, in der Tradition und Amt, Kirchengewalt und -obrigkeit und nicht die Gemeinde-(mit)glieder entscheidend sind, Hierarchie und Bischofsamt; man kann von einer Katholisierung sprechen. Der alte pietistische Akzent auf der Rolle der Laien tritt zurück. Diese Kirche soll, wie ein dogmatischer Gesinnungsverein, an das „Bekenntnis" und seine Formeln als ein göttliches Gesetz – und nicht ein menschliches Erkennungszeichen wie bei den Liberalen – gebunden sein. Die Kirche soll als Trutzburg des Glaubens gegen die Auflösung der modernen Welt befestigt werden; darum kann sie der wirklichen Gemeinde der Laien, die sich zu schnell und zu leicht der modernen Welt anpaßt, nicht überlassen bleiben. Das Ideal ist eine hierarchische Amts- und Bekenntniskirche. Zwar sind auch die Konservativen für Autonomie gegenüber dem Staat, zumal solange er von einer eher rationalistischen Bürokratie bestimmt ist, aber gegen Synoden und Liberale stehen sie doch eher auf seiten eines monarchischen Kirchenregimentes.

Innerhalb der staatlichen Führung gab es widerstreitende Positionen und Prinzipien. Die Mehrheit der Bürokratie war, bis 1840 jedenfalls, religiös eher aufgeklärt und liberal, jedenfalls tolerant und für die pluralistische Einheit einer Quasi-Staatskirche, gegen Pietisten und Erweckte, gegen die Angriffe der Orthodoxie auf die Freiheit der Universitätstheologie. Nach 1840 gewinnen mit dem neuen König konservative Kräfte an Gewicht: angesichts des wachsenden kirchenkritischen und politischen Radikalismus gelten Lockerung des kirchlichen Glaubens und Indifferentismus als Vorstufe der Revolution, und der kirchliche Liberalismus gerät in Verdacht. Der Staat bekämpft den Unglauben durch eine zunehmend konservative Personalpolitik in Kirche, Schule und Verwaltung und andere Maßnahmen, wie die Erschwerung der Ehescheidung. Aber auch die konservative Staatsführung gerät in Spannungen zu den Kirchlich-Konservativen, weil sie die „Union" aus allgemein politischen Gründen verteidigt, während die Orthodoxen die altprotestantischen Konfessionsunterschiede immer mehr betonen. Der König selbst verfolgt zwar einerseits das Ideal einer stärker entstaatlichten, autonomen Kirche, aber andererseits soll diese Kirche gerade bischöflich organisiert sein. Schließlich war die Frage nach der Kirchenverfassung von der allgemeinen Verfassungsfrage nicht zu trennen. Der Sieg des konstitutionell synodalen Prinzips in der Kirche mußte Auswirkungen auf den Gesamtstaat haben – das war einstweilen die unübersteigbare Grenze jeder Reform.

1846 berief Friedrich Wilhelm IV. eine Generalsynode zur Beratung der Verfassung und der Frage eines neuen Bekenntnisses. Er ließ, gegen die Liberalen, die Synode nicht wählen, berief aber, etwa zur Hälfte, nicht-theologische Notabeln aus der kirchenpolitischen Mitte, so daß die „Positiven" in der Minderheit waren. Der Versuch, die Kirche auf eine orthodoxe, historische Bekenntnisformel festzulegen, scheiterte. Die Liberalen behielten ihren Platz in der Kirche; innerkirchlich sollte das Prinzip Toleranz weiter gelten. In der Verfassungsfrage kam man zu einem Kompromiß zwischen Wahlrechten und staatlichen Ernennungen – aber de facto blieb es bei der bestehenden wesentlich autoritären Verfassung.

Auch in anderen deutschen Staaten hat sich im Vormärz eine liberale Kirchenverfassung nicht durchgesetzt. Freilich, der Charakter der Kirchen war sehr unterschiedlich. Die norddeutsch-lutherischen Kirchen und die bayerische blieben oder wurden sehr konservativ, die mittel- und südwestdeutschen dagegen waren eher liberal, ja auch rationalistisch.

Noch eine, die Zeitgenossen aufregende Bewegung ist hier zu erwähnen: die „Lichtfreunde". Gegen die etablierte Kirche, und die konservative Kirchenpolitik der preußischen Regierung zumal, bildete sich zunächst aus dem Kreise rationalistischer Geistlicher, vor allem in Berlin, diese Bewegung für ein aufgeklärt undogmatisches, „freies" Christentum. Die Regierung ging mit Amtsenthebungen, Polizei und Strafverfahren dagegen vor; das gerade löste eine breite Zustimmungsbewegung im städtischen, auch kleinen Bürgertum aus, rationalistisch und demokratisch getönt; der Berliner Magistrat forderte freie Kirchenverfassung, freie Gemeinden, freie Pfarrerwahl – erst 1847 wurde die Krise durch Legalisierung von Kirchenaustritt und Bildung freier „Religionsgesellschaften" gelöst. Die Kirche war als Bestimmungsmacht des Volkslebens in ihrem öffentlichen Ansehen nicht mehr selbstverständlich; die Einheit von nichtkatholischem Volksteil und Landeskirche löste sich auf; das machte mit der Zeit auch das landesherrliche Kirchenregiment problematisch.

Die Revolution von 1848 hat mit dem Scheitern liberaler Reformen und einer Befestigung der etatistisch-konservativen Kirchenpolitik geendet. Die Reaktionszeit ist durch das Bündnis der Regierungen mit der Neuorthodoxie charakterisiert. Gerade in den Ländern mit betont lutherisch-konfessioneller Orthodoxie, wo sich eine geradezu militant hierarchische Kirchen- und Amtsideologie entwickelt („Wenn ich das Wort Synode höre, ist mir, als wenn der Teufel an mir vorüberstiege" – Vilmar), wird jede Verfassungsreform abgelehnt, werden alt- und hochkirchliche Formen und Formeln wiederhergestellt, Lutheraner schroff von Reformierten geschieden, liberale Pastoren und Professoren verfolgt, wird die Kirche streng klerikalisiert, eine Pastorenorthodoxie gegen den Gemeindeliberalismus befestigt, so in Mecklenburg und Kurhessen und Bayern, zum Teil auch in Sachsen. In Preußen freilich scheitert trotz eines orthodoxen Kirchenregiments eine erstrebte Rekonfessionalisierung und auch eine Disziplinierung der Universitäten. Mit der Neuen Ära ist die Begünstigung der Orthodoxie vorbei. Die konservative Politik provoziert Widerstand – Volkswiderstand gegen neue Bekenntnisse etc. –, so in Hannover, so in Baden, wo dieser Protest 1861 zum Sturz des konservativen Kirchenregiments und zum Erlaß einer liberalen Kirchenordnung führt. Und auch in anderen Staaten kommt es seit

Mitte der 6oer Jahre zu einer konstitutionell-synodalen Umbildung der Kirchenverfassungen. Der politische Verfassungskompromiß zwischen monarchischem Staat und liberalem Bürgertum greift auch auf die Kirche über.

Aus den badischen Ereignissen entwickelt sich ein organisatorischer Zusammenschluß der Liberalen, gegen die kirchliche Reaktion, „zur Erhaltung des Christentums, dessen das deutsche Volk zur Lösung seiner nationalen Aufgaben bedarf, . . . im Geist protestantischer Wahrhaftigkeit und Freiheit", für liberale Kirchenverfassungen und für die Versöhnung von Wissenschaft, Christentum und Kultur – der „Deutsche Protestantenverein" (1863/1865), gleichsam das Seitenstück zum Nationalverein, in dem viele der liberalen Führer – wie Häusser, Bluntschli, Bennigsen – eine große Rolle spielen.

Wir fragen zuletzt nach der Bedeutung dieses so zwiespältigen Protestantismus für die politische Orientierung seiner Anhänger, nach Protestantismus und Politik. Die preußische Reform begründet sich religiös; nicht die Trennung von Religion und Politik, nicht der lutherische leidende Gehorsam sind für diese Politik zentral, sondern aus dem lutherischen Amts-, Berufs- und Pflichtethos wird gerade die Forderung politischer Freiheit im Staat und für den Staat begründet. Für Hegel hat die Reformation die „Freiheit" im Bewußtsein gegründet, und seither geht es im protestantischen Staat um die Einbildung der Freiheit in die Welt (im freien Gehorsam); und, ohne soviel Staatsmetaphysik, hat auch Schleiermacher seinen (Früh)Liberalismus jenseits eines Naturrechtsideals theologisch protestantisch begründet. Das sind die Ansätze einer – oft vergessenen – politischen Theologie liberaler Reform. Auf der anderen Seite aber nun Orthodoxie und Erweckung. Die Revolution ist „Sünde", ist ein Werk des Satans, und auch ihre Prinzipien Volkssouveränität und Menschenrechte – sie alle beruhen auf der Anmaßung des Menschen, aus eigener Macht Gerechtigkeit auf der Erde herstellen zu können, sind Ausdruck des Autonomiewillens des Menschen: wer den Staat auf den Willen der Menschen gründen will, leugnet Gottes Ordnung, ja Gott. Wenn der anthropologische Pessimismus, die Überzeugung, daß der Mensch radikal böse sei, gilt, dann läßt sich – scheinbar – eine menschenwürdige Ordnung nicht auf Humanität, Vernunft, auf den Willen der Einzelnen gründen, sondern nur auf Autorität, auf gegebene Institutionen. Und das ist nur möglich, wenn es eine höchste und unantastbare Ordnung gibt und eine Pietät gegen das Gegebene als das göttlich „Gefügte". Die Heiligkeit von Ordnung und Gesetz kann nur bei einem Staat der göttlich gesetzten Autorität (und nicht der Majorität) sein; nur die christliche Offenbarung und ein solcher Staat halten stand gegen das Chaos und die Unfreiheit von Demokratie und Sozialismus. Und nach dem konservativen Grundsatz, daß es nur ein Entweder-Oder, keine Mitte gibt, fallen Liberalismus, liberale Reform und liberale Verfassung unter dieses Verdikt der Demokratie. So etwa hat Friedrich Julius Stahl die gegenseitige Bindung von konservativer Partei und positiver Theologie begründet. Kirchlicher und politischer Konservativismus sind eins, stützen und tragen sich. Revolution, Vernunft und Unglaube werden als ein Komplex gegen Legitimität, Reich Gottes, Glaube gestellt. Darum müssen der Staat und seine Institutionen christlich sein. Auf dieser Basis schließen die neuorthodoxen Protestanten nach 1840 das Bündnis mit dem Obrigkeitsstaat. Das reformierte, westeuropäisch-amerikanische Thema politischer Theologie, daß die Macht böse sei und kontrolliert werden müsse, daß es gerade das institutionelle Gefüge einer Verfassung sei, das die Bosheit der Menschen eindämme, das spielt in dieser konservativen politischen Theologie keinerlei Rolle.

Aus dieser Verquickung von Theologie und Politik kommt dann 1848 der orthodox-pietistische Widerstand gegen die Revolution; diese Sünde, dieser Ungehorsam, dieser Abfall von Gott, – gegen den Ruf nach Selbsthilfe und Emanzipation, Menschenrechten und Selbständigkeit der Vernunft. Diese Stimmung dominiert in den Zeitungen und Predigten der Positiven und – etwas gemäßigter – auf dem ersten gesamtdeutschen Kirchentag in Wittenberg 1848. 1849 wird ein Dank-, Buß- und Bettag für die Überwindung der Revolution deklariert; Friedrich Wilhelm IV. vollendet das „Werk" der Gegenrevolution „im Namen des Herrn". Aber dieses oft gezeichnete Bild ist ganz einseitig. Die Liberalen der Revolution sind keineswegs antikirchlich, ja argumentieren christlich-protestantisch. Sie wollen – wie das vielgelesene Buch von Karl Bernhard Hundeshagen ‚Der deutsche Protestantismus' (1847) – das Bündnis zwischen Kirche und Polizeistaat endlich auflösen und, wie in den angelsächsischen Ländern und in der Schweiz, politische Freiheit und volkstümliche Kirche miteinander verbinden; Karl Biedermann begründet in der Paulskirche die liberalen Forderungen auch theologisch. Der Vermittlungstheologe Dorner verteidigt wie viele Kirchentagsleute – gegen Stahl – die schleswig-holsteinische Revolution, an der die lutherischen Pastoren führend beteiligt waren: Gehorsam gelte, solange die Obrigkeit die Verfassung halte, sonst gelte das Widerstandsrecht. Der bayerische Lutheraner Harleß ist gegen das „Treiben der Vermessenheit" in der Revolution, aber er bejaht den Verfassungsstaat. Moritz August von Bethmann-Hollweg – kirchlich wie politisch moderat-konservativ – setzt sich gegen die ständige Betonung der „Heiligkeit des Rechtes" durch die Regierungen für die „Heiligkeit der Grenzen des Rechtes", also die Verfassungen ein. Die Totenfeier für die Märzgefallenen in Berlin ist selbstverständlich kirchlich, und das Volk singt: „Jesus meine Zuversicht". Ja, auch die Demokraten denken, wie im Vormärz die Lichtfreunde, noch vielfach in religiösen Begründungen; der Rationalist Dulon spricht von der Revolution als „Werk des Herrn", allein die Demokratie bringe das Reich Gottes weiter. Eine radikal antichristliche Prophezeiung wie die, daß der Jüngste Tag von Monarchie und Hierarchie kommen werde, der, nach Heine, nur durch das Symbol des Kreuzes noch aufgehalten wird – diese Töne sind eher vereinzelt. Wo antireligiöse (nicht antiklerikale!) Töne aufkommen, haben sie der radikalen Demokratie geschadet und sind den Konservativen zugute gekommen. Im ganzen ist der Protestantismus gewiß keine Macht und Stütze der Revolution gewesen, aber, entgegen der Lautstärke des konservativ-kirchlichen Establishments, auch keineswegs ein entscheidend massenwirksamer Faktor der Gegenrevolution.

Die Begünstigung der „Frommen" in der Reaktionszeit hat die konservative

Front nicht verstärkt, im Gegenteil vielmehr die Reserve der Bildungs- wie der Unterschichten gegen die offizielle Kirche verschärft. Ein bürgerlicher Gemeindeliberalismus formierte sich gegen Pastorenorthodoxie und Kirchenregiment: der Protestantenverein ist auch der Ausdruck einer kirchlich-politischen Allianz der Liberalen gegen den politisch-kirchlichen Block der Konservativen. Mit der Neuen Ära geht in Preußen das System des politischen Klerikalismus zu Ende. Die Kirchenführung, der Oberkirchenrat, versucht etwa im preußischen Verfassungskonflikt, der – konservativen – Steigerung der politischen zu religiösen Gegensätzen – der Forderung z. B., die Fürbitte für den Landtag aus dem Kirchengebet zu streichen – entgegenzusteuern, das verbittere und vergifte den Parteikampf; und dagegen wird die Unterscheidung von Politik und „Evangelium" zur Geltung gebracht. So hat – in lutherischer Tradition – auch der konservative Bismarck gedacht und ist darüber in tiefen Gegensatz zu seinen altkonservativen Freunden geraten. Wo die Lage anders war, zog man wieder andere Konsequenzen; die orthodoxen Lutheraner in Erlangen z. B. konnten mit der Stahlschen Idee des „christlichen Staates" im katholischen Bayern verständlicherweise nicht so viel anfangen; sie relativierten darum die Staatsform in Blick auf Geschichte und Volk, und so war einer von ihnen, Harleß, konstitutionell und großdeutsch, ein anderer, Hofmann, kleindeutsch und fortschrittlich; man sieht, die Parallele zwischen kirchlicher und politischer Rechter oder Linker geht nicht auf, und es gibt mehr solche Überkreuzungen.

Das hängt unmittelbar mit dem zweiten Hauptproblem zusammen. Der deutsche Protestantismus steht in unserem Zeitraum in einem merkwürdigen gegensätzlichen Verhältnis zum Nationalismus. In der Entstehungsphase und während der Freiheitskriege werden Patriotismus und Nationalismus christlich geprägt. Die französische Revolution hatte die Nation in den Rang des Sakralen erhoben – man lebt und stirbt für das Vaterland und weiht ihm Altäre –, dem antwortete der Gegen-Nationalismus im Kampf gegen fremde Unterdrückung. Der Idealismus hatte – ich meine: als Antwort auf das soziale Heraustreten der Menschen aus der Welt von Stand und Tradition – Kultur und Nation als höhere, nämlich überegoistische „sittliche" Gemeinschaften gedeutet, den Dienst an der Gemeinschaft als ethisch-christliche Forderung, und den Staat erst durch die Verbindung mit der Nation wiederum „versittlicht". Christliche Begriffe wie: Offenbarung, Wiedergeburt, Auferstehung und Erlösung bekamen einen auch säkularen, politisch-ethischen und nationalen Sinn. Die Propagandisten des neuen Nationalismus verstanden sich religiös. „Ein Volk zu sein, ein Gefühl zu haben für eine Sache, mit dem blutigen Schwert der Rache zusammenzulaufen, das ist die Religion unserer Zeit", meint Arndt, und Schleiermacher erklärt: „Volkstreue ist Gottestreue". Der Krieg gegen den Tyrannen, der Krieg für das Vaterland und darüber hinaus das Volk, das Volk der Deutschen, ist „heiliger Krieg". In der Fülle der „patriotischen" Predigten ist viel von deutschem Volkstum und Volksgeist, von den Deutschen als Volk Gottes die Rede; „unser Deutschland ist unser sichtbares Jerusalem", wir sind „gereinigt . . . im Herzensblut der Unsrigen . . . ein neues Geschlecht, ein heiliges Volk".

Dieser national-christliche Enthusiasmus, staatlich-preußisch moderiert im Symbol des Eisernen Kreuzes, ebbt nach 1815 ab; nur in der national-demokratischen, der christlich-teutschen Burschenschaft, im Wartburgfest, das die Reformation und die Leipziger Schlacht zugleich feiert, im Radikalismus Follens, für den das gläubige und das volkstümliche, das national-demokratische Streben „innig eins" sind, in der Forderung nach einer nationalen christlichen Religion jenseits der Konfessionen, lebt das fort. Für den „normalen" liberal-kulturellen Nationalismus der Protestanten des Vormärz ist das Christliche und das Protestantische mit dem Germanen- und Deutschtum wie selbstverständlich verflochten, und die liberalen wie moderaten Protestanten betonen die Verbindung von Nationalität, Deutschheit und – evangelischer – Christlichkeit; der Gustav-Adolf-Verein sollte auch „dem großen heiligen Gebäude der allgemeinen deutschen Vereinigung dienen". Freilich, die neue Orthodoxie protestiert vehement und mit tiefer Sorge gegen die „Vergötterung" der Nation, gegen den „Nationalitätenschwindel"; sie ist für die Staaten und die bestehenden Rechte. Als die schleswig-holsteinischen Pastoren in ihrer Mehrheit die „nationale" Revolution dort für christlich legitimiert halten, setzen sich die Konservativen, allen voran Stahl, dagegen, und sie betonen seither die Distanz zwischen Christentum und nationalem Wollen noch deutlicher. Schon weil der mittelstaatliche Protestantismus wie der altpreußische Konservativismus nicht kleindeutsch und national waren, gab es keine Identität zwischen Protestantismus und Nationalliberalismus, so gewiß der kleindeutsche Liberalismus sich als wahrer Erbe eines freien Protestantismus verstand. Die eigentliche durchgreifende Nationalisierung des deutschen Protestantismus setzt darum erst nach 1871 ein.

Schließlich das Verhältnis des Protestantismus zur sozialen Frage. Die erste große Antwort hat Johann Hinrich Wichern, aus der Erweckung und den großen karitativen Unternehmen des Vormärz kommend, 1848 mit dem Programm der Inneren Mission gegeben – in einer großen und bewegenden Rede auf dem Kirchentag. Pauperismus und Proletarisierung, dem eigentlichen Problem der Revolution, soll die Diakonie der freien Vereine, mit der Kirche verbunden, entgegentreten; die Kirche soll wieder in einem realen und modernen Sinn Kirche des ganzen, d. h. auch des armen städtischen Volkes werden. Daran ist vieles traditionell: die soziale Not wird nicht ökonomisch interpretiert, sondern aus „religiös-sittlicher Not", aus Sünde erklärt; Heilmittel ist stark patriarchalische Fürsorge; Ideal ist eine altmodische, ständisch gegliederte Gesellschaft. Aber Wichern sieht neben dem Einzelnen auch eine christlich „beseelte" Gesellschaftsordnung, sieht nicht nur individuelle Not und Nächstenliebe, sondern allgemeine Mißstände und die Notwendigkeit allgemeiner Maßnahmen – des Staats, alles im Dienste des eigentlichen Zieles, der Wiedergewinnung des Volkes für den christlichen Glauben. An sich war das ein neues Programm, den Gegensatz von Kirche und moderner Arbeiter- und Armenwelt auf der Basis praktischer Sozialarbeit zu überwinden. Aber Wichern stellte sich politisch klar ins Lager der konservativen Gegenrevolution; er hat zwar mit seinem „christlichen Sozialismus" der konservativen Partei ein sozialpolitisches Element eingeprägt, das sich mit ihrem Antiliberalismus leicht verband, aber die Innere Mission wurde ein Unternehmen des Establishments, wenn auch, eher erweckt und orthodox, in leichter Distanz zur Bildungswelt. Und sie wurde – wenn auch keineswegs nur, so doch auch – ein Instrument zur Rettung der bestehenden Herrschafts- und Gesellschaftsordnung in patriarchalischem Stil; das erschwerte den neuen proletarisierten Massen erst recht, sich mit der Kirche zu identifizieren. Die Kirche blieb im ganzen doch vorindustriell oder bürgerlich geprägt, und die Bürger waren kirchlich vor allem auf die Auseinandersetzung mit moderner Wissenschaft und Kultur orientiert. Im Unterschied zu England hat darum das soziale Christentum gewiß beachtliche, aber keine große politisch-gesellschaftliche Wirkung entfaltet.

Der andere „Vater" des christlich-sozialen Konservativismus, Victor Aimé Huber denkt konkreter und mehr institutionell – er sieht das Problem einer neuen Klasse und deren Recht auf eigenes Bewußtsein; er will Genossenschaften, um aus den eigentumslosen Arbeitern arbeitende Eigentümer zu machen; er bleibt in den 40er/50er Jahren ein Außenseiter bei Konservativen wie Protestanten, aber er wirkt fort: über Hermann Wagener geht vieles von seiner Gesinnung, manches von seinen Ideen in die Bismarcksche Sozialpolitik ein.

c) Stationen der Entchristianisierung; der Sinn des Lebens

Am Anfang unseres Zeitraums finden wir ein eigentümliches Phänomen, zwischen Aufklärung und Liberalismus, Pietismus und Erweckung: die deutsche Bildungsreligion, die Religion der Klassik, jenseits der Kirchen, am Rande des Christentums, gewiß ein Phänomen der oberen Bildungsschicht und darum der Geistesgeschichte, aber doch für 125 Jahre prägend für eine Linie der Auseinandersetzung von Christentum und Modernität. Der Mensch, das ist der Inhalt der neuen Überzeugung, gewinnt sein eigentliches Wesen, indem er sich „bildet", seine individuelle Persönlichkeit entfaltet. Und das tut er in der Auseinandersetzung mit der Welt der Kultur, mit Kunst, Wissenschaft und Geschichte; Kultur ist nichts Selbstverständliches, sondern eine Aufgabe, ein ethischer Imperativ, man muß sie aneignen und fortentwickeln. Dazu gehört die seit dem Sturm und Drang in der deutschen Bildung übliche Verehrung, ja der Kult des Genies, in dem die Größe der Menschheit gefeiert wird, ja ihre Göttlichkeit. Dazu gehört schließlich die pantheistische welt- und naturfromme Grundstimmung, der Glaube an die Immanenz des Göttlichen in der Welt, das es in allen Formen zu verehren gelte. Eine Religion nenne ich das, weil es um „letzte Dinge" geht, um das, worauf es den Menschen zuletzt ankommt, um das, was bis dahin „Heil" und „Reich Gottes" hieß. Die neue Humanität meint eine nicht-christliche Form des menschlichen Lebens und setzt sie vielfach auch bewußt gegen die christliche Lebensdeutung ab. Nicht die rationalen Einwände der Aufklärung gegen das überlieferte Christentum und seine Lehren, sondern eine Umwertung der Lebenswerte, das ist hier entscheidend. Diese Bildungsreligion ist breit und vielfältig, mit unterschiedlichem Gewicht der noch christlichen Elemente. Sie umgreift den Griechenenthusiasmus von Winckelmann bis zu den Neuhumanisten, diese ästhetische Lebensorientierung, in der die Antike als normative Offenbarung der göttlichen und menschlichen Natur zum ersten Mal gegen das Christliche eingesetzt wird; sie umgreift den Sturm und Drang und seine vitalistische, diesseitige Kritik im Namen der Sinnlichkeit an der Weltverneinung des Christentums. Sie umgreift die ästhetische Weiterbildung der kantischen Ethik bei Schiller: die alte christliche Interpretation des Verhältnisses von menschlichem Handeln und göttlicher Weltregierung, mit den Begriffen der väterlichen Vorsehung, der Vergeltung und des Wunders wird aufgelöst; es geht jetzt um das Verhältnis von Notwendigkeit und universalen Zwecken, um eine idealistische Teleologie, um tragische Schuld und um Schicksal. Die Welt des Idealen wird das „Sakrament", durch das sich der Mensch zum Göttlichen erhebt. Was den eigentlichen Gegensatz des Lebens, den von Pflicht und Neigung löst, ist nur für die Masse die Religion, in Wahrheit aber die Kunst – sie macht das Sittliche nicht mehr primär fromm, wohl aber schön.

Goethe ist der erste dezidierte Nicht-Christ in Deutschland, der auch dadurch ganz außerordentlich auf die deutsche Bildungsgeschichte gewirkt hat. Er hat die überlieferte religiöse Sinnbestimmung ablehnend beiseite gelassen und die damit gesetzten Fragen, die nicht zu bewältigen waren, abgeschoben. Er hat das Leben aus sich heraus, weltlich und natürlich, verstanden. Er hat das Innere, die „Seele", bis dahin ganz ans Christliche gebunden, in aller Tiefe und Komplexität ganz profan vor Augen gerückt, von der Religion emanzipiert – und er hat die Inhalte dieses Lebens über die Beschränkungen des Christentums hinaus (ins „Heidnische") erweitert. Er hat pantheistisch die überlieferten Elemente des Gottesbildes, Personalität und Moralität, ausgeschieden; das Göttliche wird eine schaffende Kraft, deren Walten der Mensch nur ahnt, ohne ein Ganzes vor Augen zu haben. Er hat den christlich aufgeklärten Begriff „Vorsehung" zum Begriff des Schicksals säkularisiert, darin das Unfaßliche wie das „innere Gesetz" des Einzelnen, die Vollendung des menschlichen Strebens zusammenzubinden gesucht. Er hat die Schuld fast zu Irren und Unzulänglichkeit abgeschwächt; das Gewissen scheint aus seiner beherrschenden Funktion für das Leben zu schwinden. Er hat Ziel und Sinn des Lebens neu bestimmt, nicht mehr die Erfüllung der göttlichen (und sittlichen) Gesetze, der Pflichten und der Nächstenliebe, sondern die allseitige Entfaltung der individuellen Persönlichkeit, das Forschen, Streben und Schaffen, die nützliche Tätigkeit. Das Leben erfüllt sich im Gegenwärtigen, nicht in der Ewigkeit; Natur, Kunst und Eros (als Versöhnung im Schlußmysterium des ‚Faust') gewinnen den Rang eines Letzten, Unbedingten. Das Christentum wird relativiert: es ist groß, gewiß, aber es hört auf, Schlüssel des Lebens zu sein; es soll seine fatale Aufdringlichkeit und Ausschließlichkeit, seinen Anspruch, das Leben beherrschen zu müssen, aufgeben, dann mag es in seinen Grenzen – in Kirche und Kinderstube – vom Nicht-Kirchengänger geachtet werden. Es gibt mehr als die eine „Offenbarung" der Bibel. Was Goethes Leben wie Werk dem Gebildeten des 19. Jahrhunderts vor Augen führte, war: die eigene wie die fremde Humanität, in aller Tiefe und mit höchstem Anspruch, ist nicht mehr christlich wie doch immer bis dahin. Das war in Wahrheit eine Revolution.

Die Philosophie des Idealismus hat versucht, eine Synthese dieser Bildungsreligion und des Christentums (wieder) zu finden, das spezifische Heidentum Goethes abzukappen, Immanenz und Transzendenz zu vermitteln, die neue Humanität zu „taufen" und die christlichen Lehren in ihrem Licht zu interpretieren. Das hier dominierende Pathos von Freiheit und Autonomie des Menschen nimmt freilich in seinem ethischen Rigorismus Anstoß an Zentralstücken des Christentums, an Rechtfertigungs- und Gnadenlehre – wie soll meine persönliche Schuld von einem anderen übernommen sein können? – und bildet darum die zentrale Ansicht des Christentums von der Sündhaftigkeit des Menschen wesentlich um.

Die Romantik hat in mancher Hinsicht, wir sagten es früher, gegenüber dem Rationalismus wie der „heidnischen" Klassik eine (Rück)wendung zum Christlichen gebracht, zugleich aber die eigentümliche Erweiterung zu einer unbestimmt und seither typischen säkularen „Religiosität"; das „Poetische" wird religiös, das Religiöse „poetisiert"; die Kunst zumal, aber auch die eigenen Gefühle gewinnen religiösen (oder quasi religiösen) Charakter, wie bei Novalis die Liebe. Die absolute Liebe, so Novalis, sei Religion, das Ich und das Nicht-Ich als Du – das sei „das Amen des Universums".

Das alles wirkt als Erbe fort: Persönlichkeit und Bildung, Kultur und Kunst, heidnisch-klassische Diesseitigkeit, idealistisch-rigorose Autonomie, das Gefühl unendlicher Sehnsucht, die „Tiefe" und Schöpferkraft der Kunst, all das kann, distanziert vom Christentum, einen religiösen Ton, den Charakter der Quasireligion gewinnen.

Auch im Politischen entwickelt sich solche Religiosität, das was ich den politischen Glauben nenne; er rückt manchmal neben, manchmal an die Stelle des alten christlichen Glaubens. Auf dem Hambacher Fest z. B. ist nicht nur rhetorisch von dem „heiligen Werk" der Gründung des Vaterlandes und der Wiedergeburt des deutschen Wesens die Rede, und bei Georg Büchner und Weidig im ‚Hessischen Landboten' ist der Ton auf sozialer Gerechtigkeit, Gleichheit, Brüderlichkeit eindeutig – jenseits des bewußt eingesetzten Bibel„tons" – religiös. Die nationale wie die soziale Demokratie gewinnen die enthusiastische Dimension eines politischen Glaubens, sie sind Verheißung von Heil, und sie stellen den Anspruch auf Leben und Tod. Neben die Kulturreligion tritt die politische Religion.

Auf der anderen Seite tritt mit dem Weltschmerz und mit den neuen radikalrationalistischen Tendenzen das Problem des „Todes Gottes", des Verlustes eines – wie immer gearteten – Gottesglaubens und der nagende Schmerz des Nihilismus hervor; Büchners Danton ist dafür charakteristisch. In der Bildungsgeschichte und den Äußerungen sensibler junger Leute – der Dichter, der abfallenden Pfarrerssöhne und Theologiestudenten zumal – können wir beobachten, wie eine religiöse Krise, der Zweifel am Christentum, die Abkehr von ihm oder eine hinter Kompromißformeln verdeckte Distanz zunehmen.

Eine neue Station, ebenfalls in den 30er Jahren, stellt der Aus- und Aufbruch des Jungen Deutschland dar; formuliert wird hier nicht der rationalistische und nicht der politische Protest, sondern der vitalistische Aufstand gegen das traditionelle, das kirchlich geprägte Ethos: für die Emanzipation „des Fleisches", des Genießens, die hedonistische Revolte gegen das „Einsargen" des Lebens (Gutzkow in der Vorrede zu ‚Wally die Zweiflerin') und der Natur, die mit der überlieferten Moral zumal deren Hüter, das Christentum und die „Pfaffen", angreift, während der politisch ebenso progressive Börne noch das Klischee vom „unmoralischen" Goethe propagiert. Vor allem bei Heinrich Heine finden sich, vor seiner späten Rückkehr zur Religion, in den 30er/40er Jahren alle Motive und Elemente der Kritik am Christentum, an Kirche und Religion, rationalistisch und relativistisch, heidnisch, diesseitig, saint-simonistisch, sinnlich, leidend und nihilistisch und politisch natürlich. Pfaffen und Religion erscheinen als Zement des verdammenswerten status quo, als Feinde der Freiheit und der Emanzipation. Indem das Christentum bei ihm fast nur noch Gegenstand der Ironie und des Witzes ist, wird er einer der großen Promotoren der Entchristianisierung. Davon ist die Stimmung der Intelligenz, der jungen Generation in den 40er Jahren deutlich bestimmt.

Epochemachend schließlich und wiederum eine neue Stufe: die junghegelianische Kritik der Religion, die sich an D. F. Strauß' ‚Leben Jesu' anschließt. Die Heils„tatsachen" der Bibel sind Mythen, die Aussagen über Christus müssen auf die Menschheit bezogen werden, das Christentum ist zu verstehen nur als Humanismus. Die Junghegelianer wandten sich gegen den „Idealismus" und das war, weil der Idealismus sich als Neuformulierung des Christentums verstanden hatte, eine Wendung gegen das Christentum. Plötzlich gilt in gereizter und apodiktischer Polemik das Christentum als überholt, als schädlich, ja als unmenschlich; dahinter steht natürlich auch die politische Opposition gegen einen konservativen Staat, der sich – gerade um 1840 – als christlich versteht. Bruno Bauer ist der erste, der als Konsequenz Hegels das Ende, die Zerstörung der Religion „verkündet" (und ein Journal für den Atheismus und die Sterblichkeit der menschlichen Subjekte plant); Hegelianismus ist Atheismus, Gott das gottlose Selbstbewußtsein. 1841 erklärt er (‚Das entdeckte Christentum'), die Religion sei unnatürlich, fixiert ans Leiden, die Hölle der Menschenfeindlichkeit, das Unglück der Welt und die Vernichtung des Selbstbewußtseins; Gott sei der „Profoss der Hölle", der Theologe, von nichts als „schmutziger Angst" geleitet, der Unmensch, der Satan. Man solle die Theologie nicht humanisieren oder anthropologisieren, man müsse sie vielmehr „vernichten" und die Welt entchristlichen. Aber epochal wurde nicht der radikale Bauer, sondern Ludwig Feuerbach mit seinem ‚Wesen des Christentums' (1841), der zumal bei aller Jugend eine Welle des Enthusiasmus auslöste („wir waren alle momentan Feuerbachianer", so Engels und Marx), und dann mit ‚Das Wesen der Religion' (1845). Das Wirkliche, das ist Feuerbachs Ausgangspunkt, ist das, was sich dem Begreifen entzieht, ihm widersteht; es ist das Materielle, das Sinnliche, das Nicht-Geistige. Das Unsinnliche, das Vorgestellte und Gedachte ist nicht, wie Philosophen und

Theologen gemeint haben, das eigentliche, das „wahre" Wirkliche, sondern unwirklich. Das ist die Rebellion gegen Hegel, der alles auf „Geist" reduziert, der Herrschaft der Abstraktion unterworfen hatte. Das heißt nun auf das Leben bezogen: allein wirklich ist das Irdische, das Diesseitige, ist der Mensch in dieser wirklichen Welt. Und worauf es ankommt, das ist die freie Entfaltung des Menschen in seiner Welt und die Verbesserung dieser Welt. Das wird polemisch gegen den christlichen Gottesglauben und die Hegelsche Geistmetaphysik gewendet, die beide den Menschen um sich selbst und die Verbesserung der Welt betrügen. „Wo das himmlische Leben die Wahrheit ist, da ist das irdische eine Lüge." Gott ist ein unerträglicher Konkurrent für die freie Entfaltung des Menschen. Es kommt darauf an, diesen Zustand umzukehren. Die Menschen müssen aus „Kandidaten des Jenseits" „Studenten des Diesseits" werden; Kultur und Fortschritt stehen gegen die Jenseitserwartung. Das gilt auch in bezug auf den Tod: „An die Stelle des Jenseits über unserem Grabe im Himmel müssen wir das Jenseits über unserem Grabe auf Erden setzen, nämlich die geschichtliche Zukunft der Menschheit". Die Religion also wird aufgehoben, aber sie wird auch, da sie doch eine Tatsache der bisherigen Menschheitsgeschichte ist, erklärt. Sie entstammt dem Grundbedürfnis, einem Grundgefühl (und Gefühl ist ein Sinnliches) des Menschen, sich zu sich selbst zu verhalten. Sie ist ein Produkt des Menschen, in dem er Aussagen über sich selbst und sein Wünschen zu etwas Jenseitigem vergegenständlicht. Weil religiöse Vorstellungen menschlichem Wünschen korrespondieren, so läuft etwa die Argumentation, sind die Wünsche die Ursache der religiösen Vorstellung; weil Religion tröstet, entstammt sie dem Trostbedürfnis des Menschen. Gott ist eine Projektion des Menschen, genauer: Aussagen über Gott sind nicht Lüge oder Narretei, sind Aussagen über den Menschen, und zwar – das ist die entscheidende neue Wendung – über das „Gattungswesen" Mensch, die Menschheit, im Unterschied zur jeweiligen Individualität. Religion entspricht einem frühen Stadium der menschlichen Geschichte. Aber sie wird dann schädlich, ist illusionär; der Mensch wird zum Sklaven seines Produktes, sich selbst entfremdet, seiner Leiblichkeit und Diesseitigkeit, seiner Aufgabe in der Welt untreu; ja die Religion fixiert den Menschen auf seine beschränkte Individualität, isoliert von und im Gegensatz zu seiner Gattung – das ist es, was am Christentum mit der höchsten Entrüstung abgelehnt wird. Die Geschichte der Religion zeigt – über das Christentum und den Protestantismus – die zunehmende Anthropologisierung; der Mensch rückt wieder ins Zentrum. In der modernen Welt haben sich die Menschen den eigentlich menschlichen Inhalt der christlichen Religion schon, vor aller Philosophie, angeeignet und in ihre wissenschaftlichen und ästhetischen, politischen, sozialen und wirtschaftlichen Interessen überführt: da geschieht, worum es ihnen geht und gehen soll, da sind letzte Gewißheiten, Unbedingtheiten, da ist Sinn. Das Christentum als Jenseitsreligion ist zum bloßen Sonntag geworden, so steht es in unversöhnbarem Gegensatz zur modernen Welt. Worauf es jetzt ankommt, das ist die Religion als Anthropologie zu erkennen und in solche Lebenslehre, solche Religion des Menschen zu übersetzen und aufzuheben. Der Mensch ist dem

Menschen Gott, und er erbt beim „frommen" Atheisten Feuerbach alle göttlichen Prädikate wie Gerechtigkeit und Liebe. In der Gattung der Menschheit ist der Mensch von seiner Beschränktheit befreit, ist sein Herz erlöst, sein Gewissen getröstet, ist er vollkommen und unsterblich, und diese Gattung ist konkret in der Ich-Du-Beziehung der Mitmenschlichkeit; da ist „Gott", von daher werden Liebe und Freundschaft verklärt. An die Stelle des Betens tritt das Arbeiten, an die des Himmels die Erde, an die der Religion – die Politik. Es ist gewiß diese Mischung von Wissenschaftlichkeit und Predigtton, Realismus und leicht sentimentaler Liebesphilosophie, vom Pathos des Fortschritts, der Arbeit und der Geschichte und dann dem Akzent auf Seele und Gemüt, die viel zu dem gewaltigen Erfolg dieser Theorie beigetragen hat.

Auf Feuerbach baut die Religionskritik von Marx auf; er erweitert, verschiebt und radikalisiert sie. Gewiß, die Religion muß als System der Entfremdung um des Diesseits und des Glückes willen abgeschafft werden, die Welt muß desakralisiert werden; den Rekurs des Frühsozialisten Weitling auf einen evangelisch kommunistischen Jesus verwirft er sarkastisch als „Liebessabbelei". Aber – das ist schärfer als bei Feuerbach, ist Erbe der Aufklärung –: sie muß auch aufgehoben werden, weil sie wissenschaftlich überholt ist; neben dem Glücksglauben steht der Wissenschaftsglaube: die Wissenschaft wird der neue Maßstab auch für die Frage nach Sinn und Glück, der Weg der Wissenschaft ist der Weg der Wahrheit, der Freiheit, der Humanität: Vernunft tritt an die Stelle von Religion. Die Religion ist für Marx sodann nicht nur psychologisch ein Werk des Menschen, sondern soziologisch; sie ist Ideologie, Ausdruck, Maske und Mystifikation bestimmter Produktions- und Klassen-, damit Herrschafts- und Abhängigkeitsverhältnisse. Religion ist zugleich Ausdruck des konkreten Elends der Welt, des Protestes gegen dieses Elend und der Ablenkung dieses Protestes auf ein Jenseits. Damit legitimiert sie Elend und Herrschaft und verhindert die mögliche und notwendige Veränderung der Welt; die Religion ist darum „Opium des Volkes", und auch die sozialen Prinzipien des Christentums sind nichts anderes als Apologie des herrschenden Unrechts. Weiterhin: die kritische Entlarvung der Religion ist nicht Selbstzweck, sondern soll die Veränderung der Welt ermöglichen. Erst wenn der „Trost" zerstört ist, wird die „Misere" unerträglich, beginnt die Veränderung. Aber nicht eine genetische Erklärung und nicht eine anthropologische Uminterpretation der Religion, sondern nur die revolutionäre Veränderung der Realität, die sie hervorbringt, vernichtet die Religion. Erst wenn kein Trost- und kein Sanktionsbedürfnis mehr da ist, weil die Verhältnisse anders sind, verschwindet die Religion. Die Aufhebung der Religion ist nicht eine Ich-Du-Philosophie, sondern die Revolution und der Sozialismus. Der Kampf gegen die Religion ist der Kampf gegen eine Welt, die ihrer noch bedarf. Kritik der Religion wird Kritik der Politik. Die Absage an die Religion ist total und unbedingt – wie der Anspruch des Menschen, Herr seiner selbst zu sein, sich sich selbst zu verdanken, sich selbst zu gestalten, zu erlösen: darum zuletzt kann Gott nicht sein. Und das bleibt gültig, auch als Marx später die Abhängigkeit des Menschen von anderen, der Gattung, und – ungern – von der Natur betont: jetzt erschafft die Menschheit sich selbst. Das Ziel ist absolut und absolut der Kampf um dieses Ziel; darum ist Gott ein Hindernis. Darin gründet der quasieschatologische Messianismus des Marxschen Atheismus, der Marxschen Lehre, der Ausblick auf den vollendeten Zustand der Gesellschaft, die neue Welt des Sozialismus, die Verheißung von letztem Sinn auch für den Einzelnen. Die Erde und die Menschheit, das ist dies Letzte, und die Sorge um „Privat"schicksal und -seligkeit ist gerade Egoismus. Der wissenschaftliche Sozialismus tritt an die Stelle der Religion, antwortet auf ihre Fragen, ist Glaube, Liebe, Hoffnung, läßt „Rest"fragen, wie die nach dem Einzelnen, nach Tod und Schuld, nach ungleicher Begabung und ungleichem Schicksal, verschwinden. Darum schließlich die ganz neue Radikalität des Kampfes; der neue Mensch, der die neue Gesellschaft herbeiführt, ist notwendig Atheist, und er ist militanter Atheist – mag er auch taktisch von Religionsfreiheit reden –, er befreit die Welt und seine Mitmenschen von „religiösem Spuk", von der Religion. Der Sozialismus wird das Christentum vernichten. Neben die Kultur- und die Wissenschaftsreligion der Bürger und neben den politischen Glauben tritt hier etwas Neues, unsere Geschichte seither Begleitendes, die Sozialreligion, die den Sinn des Lebens in der Herstellung einer neuen Gesellschaft und eines neuen Menschen sieht.

Für eine Geschichte wie die unsere, die auf die zeitgenössischen Wirkungen solcher Ideen ausgeht, ist Feuerbach zunächst wichtiger. Aber Marx ist dann langfristig entscheidend, weil die Arbeiterbewegung seine Religionskritik übernommen hat. Die Arbeiterbewegung entstand im radikaldemokratischen Milieu, das vom Rationalismus und der Überzeugung vom Gegensatz von Wissenschaft und religiösem Glauben geprägt war und dann – seit den 5oer Jahren – vom eindringenden naturwissenschaftlichen („Vulgär-")Materialismus. Ihre Erfahrung mit den Christen und den Kirchen war negativ. Diese waren konservativ, predigten Demut und Ergebung; ihr Sozialmilieu war kleinstädtisch-bäuerlich oder bildungsbürgerlich. Die Kirche im ganzen stand der proletarischen Lebenslage fremd gegenüber; die liberale Theologie war von anderen Problemen beherrscht, darum in dieser Frage quasi nicht existent. Die Kirche schien idealistisch; darum lag es nahe, daß das entstehende Proletariat „materialistisch" wurde. Die Marxsche Revolutionslehre war ein „letzter Glaube"; gerade aus ihrem Atheismus zog sie ihre sinnstiftende Kraft. Zuletzt freilich beruht das Bündnis von Sozialismus und Atheismus in Deutschland – im Unterschied zu England – eben darauf, daß sich in Deutschland die marxistische Version des Sozialismus durchgesetzt hat.

Für die Jahrhundertmitte sind Feuerbach und der radikale Rationalismus prägend. 1848 zuerst tritt in der Öffentlichkeit ein expliziter Religionshaß zutage, auch in der Unterschicht, hier spielen rationalistische Volksschullehrer eine Rolle – daneben gibt es Anzeichen von Gleichgültigkeit –, aber noch überwiegt, wir sagten es, die Selbstverständlichkeit oder die entschiedene Verteidigung des Christentums. Nach 1840 zerfällt die Philosophie als Lehre vom Ganzen, von Natur und Geschichte, Welt und Leben und vom Sinn der Welt und des Lebens, die Philosophie, die in sich – zumal in ihrer Lehre von Gott – die Theologie wie immer umformend bewahrt hatte. Die „positiven" Wissenschaften, die Erfahrungswissenschaften rücken langsam an ihre Stelle; sie werden für die allgemeine Lebensinterpretation zunehmend wichtiger, ja führend. Die Naturwissenschaften haben mit dem Einblick in das Wesen der Materie, die Weite der Welt, die Kausalität, die Geschichte der Erde, die Struktur und Entwicklung des Lebens langsam, aber schier unaufhaltsam die überlieferten religiösen Voraussetzungen von Weltbild und Lebensperspektive, die Aufklärung und Idealismus bewahrt hatten, untergraben; sie hörten – auch ohne ausdrückliche Gegenpositionen – auf, Selbstverständlichkeit zu sein, traten in den Hintergrund. Die Historisierung der Welt durch die Geisteswissenschaften bewirkte (auch jenseits der Bibelkritik), daß man anfing, das Christentum historisch zu sehen, in seinen historischen Gestalten, ja überhaupt als eine historische Erscheinung unter anderen, distanzierend und relativierend, wenn auch solche Betrachtung bei der Mehrheit der Historiker noch durch Theorien, nach denen die Weltgeschichte im Christentum kulminiere, ausbalanciert blieb. Die Gottverwandtschaft des Geistes, die Sonderstellung des Menschen im All und seine Freiheit wurden unmerklich fraglich und ebenso die Vorstellungen einer göttlichen Vorsehung, die sinnvollen Begriffe von Ewigkeit und Offenbarung. Für viele Wissenschaftler wurde die Wissenschaft selbst zur Religion („Es ist die Wissenschaft für uns Religion geworden", meint Virchow 1865, und von der Frühgeschichte solcher Vorstellungen werden wir im Zusammenhang mit der Naturwissenschaft noch berichten), weil sie die Wahrheit über die Welt und das Leben an den Tag bringt, „offenbart"; dabei haben nicht nur die Resultate im ganzen, sondern vor allem der Prozeß der Erkenntnisarbeit religiösen Charakter.

Für die bürgerlichen Schichten sind zwischen Feuerbach und Nietzsche, also in den 1850er und 60er Jahren, zunächst zwei profilierte Gestalten und Bewegungen der Entchristianisierung wichtig. Das ist zunächst Schopenhauer, der erste bedeutende Philosoph, der sich als Atheist verstand. Seine Lebensanschauung gewinnt nach 1850 breite Resonanz, gerade bei denen, deren religiöse Lebensinterpretation unter dem Eindruck Feuerbachs und der Materialisten zusammenbricht, die aber die neuen Angebote nicht übernehmen. Für Schopenhauer ist Religion eine für den Gebildeten nicht mehr brauchbare Volksmetaphysik, die man zwar toleriert, aber deren Anspruch als Theologie – eine „auf chronische Geistesschwäche berechnete Metaphysik" – man verwirft, und so denken viele über Religion. Aber er wischt auch den Wissenschaftsanspruch der Idealisten vom Tisch: Wissenschaft ist nach Kant nichts als Erfahrungswissenschaft; das „metaphysische Bedürfnis" ist nur durch freie Deutung des Daseins zu befriedigen. Das sachlich Entscheidende nun ist: gegen den Fortschritts- und Kulturoptimismus des Idealismus und dann der Wissenschaft und der Praxis, gegen alle Vorgaben von „Sinn" stellt er seinen Pessimismus; allem Sein liegt ein unbewußter und blinder Wille zum Leben zugrunde, aber das Ziel des Menschen ist es, erkennend und mitleidend von diesem Willen und Drang der Selbstheit freizuwerden; das höchste Organ dieser Befreiung ist die Kunst. Das Ziel der asketischen Überwindung aller Selbstheit ist eine Art quietistisches Nirwana. Dazu gehört ein schroffer Individualismus, die Wendung gegen Staat und Gesellschaft, das Allgemeine und alle Mehrheit. Wichtig war das nicht so sehr von Argumenten und Thesen her, wohl aber von Stimmung und Charakter: eine individualistische, irrationalistische und atheistische, aber im Kern idealistische „Lehre", die vom Grund der Welt und vom Ziel des Lebens handelte, die Daseinsgehalte der Kultur nicht – wie Feuerbach und die Materialisten – zerstörte, die Welträtsel auflöste und darum Religionscharakter hatte. Für religiösen Nihilismus – nach dem Ende der idealistischen Philosophie –, für Weltschmerz und Pessimismus, für politische Resignation und für den „Schock" des Materialismus bot sich hier eine Antwort, die sich zudem mit der überlieferten „Kunstreligion" verband. Schopenhauer hat eine „Gemeinde" gehabt, ein soziales Schlüsselphänomen in der bürgerlichen Geschichte der Auflösung der Religion. Der akademische Popularphilosoph Eduard von Hartmann hat seine Philosophie weiterverbreitet; Wilhelm Busch, Wilhelm Raabe und viele andere waren von ihr tief beeinflußt; Richard Wagner hat seine Lebensansicht, seine Dichtung, seine Kunstreligion von ihr gewonnen. Es ist die Kunst, die eigentlich die Funktion der Erlösung übernimmt, sie rettet den Kern der Religion – das ist die These von der Erscheinungswelt – und humanisiert gerade so die Menschheit; das Schöne und das Heilige, Heldenpathos und Erlösungsmystik sind auf diese profane und pessimistische Weise neu verbunden, Kunst ist ein Sakrament, Bayreuth (1876) ein Ort der Wallfahrt. Das alles in einer merkwürdigen, vielleicht kompensatorischen Stellung zum robusten Arbeits-, Erfolgs-, Geld- und Machtsinn, zum Positivismus der Zeit.

Sodann: am Rande der Naturwissenschaften, zum Teil aus ihrem Kreise entwickelt sich um die Jahrhundertwende eine szientistisch populäre Bewegung, die aus der Entwicklung der Wissenschaft „weltanschauliche" religionskritische Konsequenzen zieht, der „Materialismus", oder wie man später sagt: der Vulgärmaterialismus. Feuerbach schon hat, als erster in Deutschland, bei seinem Angriff auf den Idealismus „materialistische" Argumente benutzt: „der Mensch ist, was er ißt" – das konnte außerhalb des schwierigeren Kontextes zum populären Slogan werden. Aber erst nach 1850 setzt die naturwissenschaftlich getönte Popularisierung des Materialismus ein. Jakob Moleschott, ein Physiologe, der im Zuge der Reaktion 1854 seine Dozentur in Heidelberg verlor, verkündete, die Chemie sei die höchste Wissenschaft, der Mensch das Produkt physikalischer Einflüsse, das Bewußtsein eine Funktion des Gehirns, das Denken eine stoffliche Bewegung, an phosphorsauren Kalk gebunden, der Mensch durch bessere Gehirnversorgung zu verbessern; Karl Vogt, ein Physiologe auch er, 1848 Mitglied der Paulskirche, polemisiert gegen die Annahme einer „Seele", meint, der Gedanke verhalte sich zum Gehirn wie die Galle zur Leber, die Seele zum Gehirn wie der Urin zur Niere (‚Köhlerglaube und Wissenschaft', 1854); Ludwig Büchner, Arzt, Bruder des Dichters, schreibt mit dem Bestseller ‚Kraft und Stoff' (1855) das populäre Grundbuch solchen etwas simplen Materialismus. Liebe wie Haß, Edelmut wie Mord sind notwendige Folgen von Stoffverbindungen im Gehirn; es gibt keinen „unstofflichen" Kraftträger. Das war gerichtet nicht nur gegen kirchliche Theologie, sondern die beiden christlichen

Grundannahmen auch der außerkirchlichen Kultur: die Annahme der Existenz Gottes und die Existenz der Seele. Das bedeutete die konsequente Naturalisierung des Lebens, bedeutete durchgängigen Determinismus und Absage an alle normative Ethik. Dieser Materialismus argumentierte mit dem Pathos der dogmenlosen empirischen Forschung und war zugleich optimistisch-fortschrittsgläubig; der Pessimismus Schopenhauers, der Nihilismus Georg Büchners oder des Helden von Turgenjews ‚Väter und Söhne' fand in diesen Kreisen keine Resonanz. Seit den 5oer Jahren bewegt der Streit der Materialisten und der religiös orientierten Forscher über Schöpfung, Seele und Willensfreiheit die Naturwissenschaftler wie die Öffentlichkeit, und die gewaltige Resonanz, die Darwin in Deutschland gewann, ist nur aus dieser Situation zu verstehen. Darwin hat noch einmal das Verhältnis von Christentum und allgemeinem Bewußtsein revolutionär verändert. Ohne materialistische Ansprüche auf Weltinterpretation und ohne alle Polemik hat er nicht nur die Schöpfungsgeschichte, sondern die Begriffe von Schöpfung, Schöpfer und Unsterblichkeit unnötig gemacht – „der alte Gott gerät in Wohnungsnot", meinte David Friedrich Strauß – und die fundamental christliche Lehre von der Sonderstellung des Menschen in der Welt beiseite geschoben. Der Zoologe Ernst Haeckel, seit 1865 in Jena, wurde Ende der 6oer Jahre der Wortführer der Darwinschen Lehre und ihrer „weltanschaulichen" Konsequenzen in Deutschland. Freilich, vor dem Darwinismus darf man die Auseinandersetzungen in der Naturwissenschaft nicht von den Extremen her beurteilen; weder Materialisten noch religiöse Idealisten dominierten. Was vorherrschte, war ein sehr bewußter Agnostizismus oder – klassischer – das schweigende Verehren des Unerforschlichen (oder Unerforschten).

Zu solchen expliziten Absagen an das Christentum, zu der mählichen Verdrängung christlicher Selbstverständlichkeiten durch die Wissenschaft gehört schließlich eine Veränderung der Lebenspraxis und der Lebensstimmung, zumal seit der Jahrhundertmitte, das, was Feuerbach als praktische Entmachtung des Christentums, als Trennung des Werktags vom Sonntag beschrieben hat. Diesseitigkeit wird das fundamentale Element moderner Lebenspraxis, der Glaube an den Menschen, der sich selbst und seine Welt gestaltet, darin das Unbedingte, den Sinn hat. Diesseitige Wirklichkeiten gewinnen religiösen Charakter, werden Ersatz- oder Quasireligionen, werden Gegenstand eines „Kultes", eines säkularen Glaubens. Wir haben von der Kunst-Religion, von der Klassik bis zu Wagner, und der späteren Wissenschaftsreligion, Wissenschaft als Religion, gesprochen; von der Religion oder dem Kult der Persönlichkeit, der Bildung, der Kultur. Der politische Glaube, der Liberalen, der Demokraten, der Sozialisten, im zweiten Jahrhundertdrittel vor allem der Nationalen, gewinnt an Gewicht. Die oft ausgesprochene Erfahrung der Liberal-Nationalen von 1870, daß man nun nichts mehr habe, wofür zu leben sich lohne, weil man eben die nationale Einheit erreicht habe, ist ein Beispiel für solchen Glauben. Schließlich, wir haben früher davon gesprochen, die beiden großen privaten Lebensmythen der Bürger vom Sinn des Lebens und der Unsterblichkeit: das ist einmal die Familie, gelegentlich, aber mehr im Wort als in der Wirklichkeit, auch die Sakralisierung der persönlichen Liebe, die Heilscharakter annehmen kann; zum anderen die Arbeit und – bei großen Unternehmern etwa – das, was sie zustandebringt, das Werk. Familie und Arbeit (darin ist auch die alte tägliche Pflichterfüllung) werden die eigentlichen Wirklichkeiten der „Sittlichkeit", werden etwas Letztes, für das zu leben sich lohnt, das dem Leben Sinn gibt, das insbesondere dem Tod standhält. Diese Wertung der Arbeit übersteigt dann – explizit oder in Obertönen – auch das Private; Arbeit dient dem Fortschritt der Menschheit, ist mehr als individuelle Mühe, individueller Erwerb des Lebensunterhaltes: der Glaube an den Fortschritt der Menschheit, der Kultur wird eine neue Weise säkularer Religion. Diese Lebenshaltungen bilden sich nicht gegen das Christentum, sondern in und neben ihm aus. Das Christentum wird diesen modernen Bereichen gegenüber uninteressant, es stellt nicht die wichtigen Fragen oder antwortet nicht auf solche, es tritt in den Hintergrund des Sonntags. Oder es entsteht, fern der dezidierten Absage an das Christentum, fern des Atheismus, der für die zweite Jahrhunderthälfte in der Bildungsschicht nicht untypische Agnostizismus: die Einsicht in die Verschlossenheit von Transzendenz, die Unbeantwortbarkeit der zwischen Christentum und moderner Welt strittigen Fragen, die Abwendung vom Verlangen nach einem Ganzen, der Möglichkeit eines Sinnganzen. Am Rande taucht das Thema der Legitimation der Moral, der Zweifel an der Gültigkeit der christlichen Werttafeln, das Thema Nietzsches, schon auf. Am Rande stehen schließlich die entschiedenen Nichtchristen, die Intellektuellen zumal, zumeist durch die beschriebenen Reflexionen der Religionskritik hindurchgegangen, meist weniger jubelnd als Feuerbach und Marx, sondern mit dem stoisch gefaßten Pathos der Existenz in der entgötterten Welt oder sich ganz in Kultur und Fortschritt einhausend. Wenn man die deutsche Situation mit der in England und Frankreich vergleicht, so gibt es nicht mehr die volle öffentliche wie private Geltung des Christentums wie in England, aber auch noch nicht die Stärke der offenen Absage wie in Frankreich.

Es gibt viele Varianten und Mischungen dieser Positionen: in der Literatur etwa Gottfried Keller und Theodor Storm als dezidierte Nichtchristen, gefaßt oder leidend, oder – viel ästhetisch-bourgeoiser – Paul Heyse, oder Friedrich Hebbel und Wilhelm Raabe, nicht mehr kirchlich, aber auch nicht der nicht-religiösen Diesseitigkeit verbunden, oder Gustav Freytag, das Christliche gebildet in die national-kulturelle Tradition hineinnehmend. Auch ein Mann des preußischen Establishments wie Moltke bekannte sich zu einer „freisinnigen" rational-ethischen Weltansicht (mit manchen sozialdarwinistischen Zügen). Paul de Lagarde und Franz Overbeck werden typisch für eine theologisch getönte, rational-ethische oder historische Wendung gegen das Christentum, Jacob Burckhardt für den schweigsamen Atheismus des Historikers und Kunstfreunds. Neben dem Materialismus der 50er Jahre steht unverbunden und mächtig die Fortdauer der Religion der Klassik, in der mehr kantisch-moralischen Gestalt, und der Verehrung des Genius: das Schiller-Fest von 1859, ungeheuer populär, liberal-national, idealisch getönt, ist dafür charakteristisch; auch es gehört in die Geschichte der säkularen Religion der Deutschen. Der alte David Friedrich Strauß mit seinem – von Nietzsche verhöhnten – Bestseller von 1872, ‚Der alte und der neue Glaube‘, repräsentiert am Ende unserer Periode ein Stück Bildungsreligion: das Ende des christlichen Glaubens und jeder diesseitsübergreifenden Transzendenz sowohl wie den bürgerlichen Bildungsglauben, den Geniekult, die Humanitätsfeier, die Kulturideale, dazu noch die überlieferte, wenn auch säkularisierte Ethik, und das alles in religiöser Form; „der neue Glaube", das ist eine Art nach- und unchristlicher bürgerlicher Durchschnittsreligion. Das Antichristentum Nietzsches erst bringt dann eine neue Dimension.

2. Die Bildung: Schule und Universität

Im 19. Jahrhundert ist Deutschland zu einem Land der Schulen geworden. Die allgemeine Schulpflicht wird – neben der Wehrpflicht und der Steuerpflicht – zu einer der Grundpflichten des modernen Bürgers. Es ist der Staat, der diese Pflicht setzt und die Schulen organisiert und damit wie nie zuvor in Leben und Lebensweg des Einzelnen eingreift. Der Staat wird Schulstaat. Der Kampf um die Schule wird zu einem neuen und wesentlichen Stück der Auseinandersetzung politischer und gesellschaftlicher Kräfte; Schule wird zum Gegenstand der Politik, Schulpolitik ein neues Jahrhundertphänomen. Die Schule schafft die neue Gruppe der Jugend, sie prägt die Lebenschancen, sie formt die Gesellschaft nach Berufsstruktur und Schichtung; Gesellschaft wird Schulgesellschaft, ja allmählich verschulte Gesellschaft. Man muß sich das Revolutionäre dieses Vorgangs, etwa im Blick auf die Entwicklungsländer, deutlich vor Augen führen. Schulgeschichte ist nicht mehr etwas Spezielles, sondern ein zentrales Stück moderner Geschichte, und das gilt gerade für Deutschland, weil hier die neue Entwicklung besonders früh und intensiv sich durchsetzt.

In der „alten" Welt war Erziehung primär die Sache von Haus und Stand. Der Einzelne wuchs durch Mithandeln und „Mitahmen" in seine Welt hinein. Das Verhalten war traditionsgeleitet, an hand- und sinnenhaften Beispielen eingeübt, nicht durch Abstraktion und Reflexion, durch methodisches Lernen bestimmt. Kirche und mündliche Überlieferung leisteten die notwendige Orientierung in der Welt. Schulen waren allenfalls Hilfsinstitution des ganzen Hauses. Die demographischen, sozialen und ökonomischen Veränderungen der Zeit um 1800, die Ausdehnung und Rationalisierung der Staatsmacht, das Emanzipationsverlangen der Bürger, die „Entdeckung" der Autonomie des Menschen haben diese Welt aufgelöst. Der „neue" Mensch ist nicht mehr eingebunden in Haus und Stand, er gewinnt „persönlichen Stand"; sein Verhalten wird innengeleitet, er plant sein Tun und formt seine Welt, er handelt aus Reflexion und Abstraktion. Dazu bedarf er neuer Kenntnisse, und neuer Fähigkeiten zumal; das Leben als erziehende Macht genügt nicht mehr, dazu bedarf er der professionellen Erziehung – der Schule. Das ist der Hintergrund der Bildungsreformen der napoleonischen Zeit, von denen wir gesprochen haben, der Hintergrund der Bildungsrevolution des 19. Jahrhunderts.

Wenn man sich der Geschichte von Schule und Bildung nach 1815 zuwendet, muß man zunächst von Preußen sprechen, dem Modelland der Bildungsreform, das der Mehrzahl der anderen deutschen Staaten um zwei bis drei Jahrzehnte voraus war. Wir sprachen von dem großen Aufbruch. Aber mit dem Ende der Reformära, sagen wir 1819, stagniert auch die Schulreform. Was eingeleitet ist, wird durchgeführt, aber was noch aussteht, bleibt liegen, die Reform bleibt unvollendet. Das bedeutet viererlei.

Einmal: die Idee eines einheitlichen Systems der Nationalerziehung mit aufeinander bezogenen Schulstufen, in dem allgemeine Bildung und Chancengleichheit mit der Realität gesellschaftlicher Unterschiede vermittelt werden sollte, konnte nicht mehr verwirklicht werden. Der Staatsrat Süvern scheiterte mit einem entsprechenden Gesetz und wurde kaltgestellt. Die Schulstufen wurden voneinander getrennte schichtspezifische Schulformen: Gelehrten- und Volksschulen (und später „Mittelschulen"), das wurde das Ziel der staatlichen Politik. Volksschule und Gymnasium entwickelten sich unterschiedlich und unabhängig voneinander. Schon die Ressorteinteilung macht das deutlich: in der Mittelinstanz waren die Volksschulen den Regierungen, die Gymnasien den Oberpräsidenten – die ganz allgemein für die „Eximierten", d.h. Ober- und Bildungsschicht, zuständig waren – zugeteilt. Das Scheitern dieses reformerischen Konzepts eines Schulsystems war zunächst Folge einer konservativen Reaktion in der Schulpolitik. Gegen die dem Süvernschen Gesetzentwurf zugrunde liegende Idee der, prinzipiell wenigstens, gleichen Bildung wurde die Ungleichheit der Menschen, ihrer sozialen Herkunft und ihrer Chancen, gegen die Bildungsansprüche des einzelnen wurden der Anspruch und der Bedarf der Gesellschaft und ihres Beschäftigungssystems zur Geltung gebracht; gegen die allgemeine Bildung die Berufsbildung, gegen die Mobilisierung der Gesellschaft durch die Schule die Notwendigkeit ihrer Stabilisierung. Die politisch-sozialen Konsequenzen der eingeleiteten Reform sollten abgekappt, die Reformen und die Schule entpolitisiert werden. Aber für das Scheitern jenes Schulgesetzes ist anderes wichtiger als die konservative Wendung. Es gab Sachzwänge, an denen das Gesetz scheiterte. Die Bischöfe wehrten sich gegen eine Minderung kirchlicher Befugnisse, ein Vorklang auf das Jahrhundertthema des Kampfes um die Schule – und der Staat konnte sich nach 1815 einen Konflikt mit der Kirche schlechterdings nicht leisten. Und: die Frage der Finanzierung der Schule zwischen Staat, Gemeinden, Eltern und Gutsherren erwies sich als unlösbar. Gewiß spielten dabei die Interessen der Junker eine Rolle. Aber die Hauptsache war, daß eine notwendige Mehrbelastung der Gemeinden und jede andere Form neuer Lastenverteilung sich als undurchführbar erwies, ja daß beim damaligen Stand des Volkseinkommens und der öffentlichen Finanzen die Reform der Reformer nicht finanzierbar war. Endlich – und auch das darf man nicht übersehen –: Interesse und Bildungswille der Eltern richteten sich nicht nach progressiven Reformideen, sondern waren von realistischen Berufserwartungen her auf unterschiedliche Schulformen und immer neue Abgrenzung nach unten gerichtet. Die Schulreform setzte eine mobile Gesellschaft voraus, aber die gab es noch nicht.

Die Schule spiegelte mehr Schichtung und Umschichtung der Gesellschaft als daß sie sie schuf – welchen Einfluß sie auf die soziale Schichtung hatte, davon wird noch zu reden sein.

Das Abbrechen der Reform bedeutete sodann, daß die Schule aus dem Zentrum der Politik heraustrat. Niemand mochte mehr wie Süvern 1817 die Schulreform als „wichtigste aller Spekulationen, die, wenn auch nicht im Augenblick, doch unfehlbar und desto reichlicher auch ihre wahren Zinsen trägt", bezeichnen oder wie Boyen, immerhin der Kriegsminister, 1819 als Hauptmaßnahme gegen die demagogisch-revolutionäre Gefahr die Verwendung aller „noch disponibel zu machenden Mittel" zur Verbesserung der Elementarschulen fordern. Die Schule wurde ein Ressort unter anderen.

Weiterhin: in der Auseinandersetzung um die Schulpolitik verstärkten sich, auch unabhängig vom Scheitern jenes allgemeinen Schulgesetzes, konservative Tendenzen. Die Schulreformer gerieten aus der Offensive in die Defensive. Die Erziehung zur Autonomie und zum Selbstdenken, zur Kritik an Tradition, Autorität und Gegebenem, zur räsonnierenden Intellektualität galt den Konservativen als gefährlich und als unrealistisch. Gegenüber den Gefahren eines Zuviel an materialer und formaler Bildung – der „Überbildung" und der sie begleitenden „Halbbildung" – wurden die Grenzen der Bildung geltend gemacht. Es war die Angst vor dem mobilisierenden, ja vielleicht revolutionierenden Folgen der modernen Schule, die die Konservativen bestimmte. Diese Tendenz hat die Schulwirklichkeit keineswegs beherrscht. Die Verwaltung in Provinzen und Bezirken hat – gleichsam unterhalb der ideologischen Konflikte – das Schulwesen auf der Basis der Reformen ausgebaut; die Reformen und ihre Institutionen entwickelten eine beträchtliche Eigendynamik. Aber das konservative Programm, das in restaurativen Schüben – wie in fast allen deutschen Ländern – in die Zentrale vordrang, bestimmte jetzt den Rahmen; es setzte Grenzen, und von daher ergaben sich manche Einschränkungen und Umorientierungen. Politik wirkte in die Schule hinein. Aufbau und Restriktion, Modernisieren und Abfangen von Modernisierungsfolgen, Aktivierung der Kräfte für das Gemeinwesen und Entpolitisierung zugleich prägten jetzt die Entwicklung der Schulen.

Schließlich, nach der Separierung der Schulformen, gewann das Gymnasium – staatsnah, ja staatsunmittelbar, leistungsfähig und modern, mit hohem Prestige – Vorrang und Bevorzugung; es wurde stärker und besser ausgebaut als andere Schulen. Das Interesse der Gebildeten an Bildung, das in der Aufklärungszeit auf Volksbildung konzentriert gewesen war, verschob sich auf die höhere Bildung, die Schule der Gebildeten, ihrer Kinder. Auch die Reformer, die eine Gesellschaft der allgemeinen Bildung für die Zukunft anstrebten, mußten davon ausgehen, daß es die Beamten seien, die diese Zukunft heraufbringen sollten: die Bildung der Staatsdiener – eigentlich ein Instrument für das allgemeine Ziel – konnte leicht Priorität gegenüber jenem Ziel gewinnen. Auf die Dauer hatte dann die Koppelung von höherer Bildung und Staatsamt, so legitim sie war, einen sozialkonservativen Zug.

Wir wenden uns den wichtigeren Schulformen zu.

a) Das Gymnasium

Das humanistische Gymnasium ist im 19. Jahrhundert die Regelschule der höheren Bildung in Deutschland. Teils parallel zur preußischen Entwicklung, aber mehr noch nachfolgend hat es sich – mit spezifischen Abweichungen – überall durchgesetzt: etwa in Bayern schon zur napoleonischen Zeit unter Friedrich Immanuel Niethammer (1808) und – endgültig – unter Friedrich Thiersch (1829), spät (1850) erst in Württemberg, wo bis dahin die althumanistischen Schulen fortdauerten. Nur Österreich blieb vom Neuhumanismus unberührt; hier bestanden die älteren Schultypen, in der Restauration stark von Orden geprägt, fort; als das Gymnasium (1849/50) modern reformiert wurde, gewannen schon nach-humanistische Überlegungen Gewicht: die Betonung von Vielseitigkeit und Naturwissenschaften gegenüber den alten Sprachen, die Anerkennung der Unterstufen auch als „Bürgerschulen". Dennoch, die preußische Entwicklung ist im ganzen prototypisch.

Wir haben erzählt, wie die Gymnasien aus der Masse der alten Lateinschulen ausgesondert wurden. 1818 gab es 91 Gymnasien in Preußen. Sie wurden weiter ausgebaut, 1848 waren es 118, 1864 dann 145. Die Zahl der Schüler nahm – wenn auch nicht kontinuierlich – erheblich zu: 1816–1846 um 73%; aber auch die Zahl der Lehrer stieg – anders als im Volksschulwesen – fast entsprechend: um 69%. 1822 waren es 14826, 1846: 26816, 1864: 44114 Gymnasialschüler (und dazu 16491 an Realgymnasien). Die Schüler-Lehrer-Relation war günstig und hat sich kaum verschlechtert (1864 betrug sie 20:1). Das Gymnasium war grundsätzlich Staatsschule – nicht länger selbständige, ständische oder kommunale Einrichtung. Gründung und Erhaltung, Lehrplan, Prüfungen und Aufsicht, Examen und Anstellung der Lehrer war Staatssache; die Lehrer wurden Beamte. Die Städte trugen zwar – zumal über die Baulast – zur Finanzierung bei. Aber ihr Einfluß, der Einfluß der Selbstverwaltung und ihrer Schuldeputationen war streng begrenzt und durch die staatlich ernannten Direktoren neutralisiert. Diese Schule war primär nicht Sache der Gemeinde – und schon gar nicht der Eltern –; damit war sie zwar frei von lokalem Druck und von Patronage, aber auch abgehoben von der Gesellschaft, in der sie lebte. Der Staat sicherte die Finanzierung; zwar deckte das Schulgeld der Eltern bis zur Hälfte der Kosten, aber die Lehrer brauchten nicht mehr – wie bis dahin – um ihren Unterhalt zu bangen. Der Staat hat die Schulen zunehmend einheitlich verwaltet. Nicht nur wurde der altertümliche Schlendrian, sondern auch die Experimentierfreiheit der einzelnen Schulen – gerade in der Reformzeit ein Hauptmerkmal – den strengen zentralen Normen unterworfen. Die Schule wurde allmählich bürokratisiert. Die endgültige Ordnung des obligatorischen Abiturs (1834 in Preußen), die Lehrpläne, Berichtspflicht und Aufsicht sind die Instrumente dieser Vereinheitlichung gewesen. Gewiß gab es unter der konservativ-liberalen, rechtsgebundenen Verwaltung keine „Gleichschaltung"; katholische und evangelische, groß- und kleinstädtische Schulen blieben unterschiedlich, Direktoren konnten ihren „Geist" prägen. Aber der Charakter der Staatsschule wurde doch dominierend.

Das hatte eine wesentliche Folge. Das Gymnasium setzte allgemeine und universalistische Maßstäbe, Denkgewohnheiten und Inhalte gegen regionale, konfessionelle und ständische Unterschiede und Partikularitäten; es erzog eine gesamtstaatliche Bürgerschicht; es bildete „Nation" – insofern war es modern. Ja, weil die Gymnasialbildung in ganz Deutschland ähnlich war, hat sie einen kaum zu unterschätzenden Beitrag zur Entstehung des bürgerlichen gemeindeutschen nationalen Bewußtseins geleistet. Umgekehrt hat die Rolle Preußens als Promotor der neuen Bildung die kleindeutsche Identifikation von Preußens „Beruf" mit deutscher Bildung und das Zutrauen in die freiheitliche Modernität des Staates wesentlich (mit-)begründet.

Das Gymnasium war Schule des Neuhumanismus; die alten Sprachen, die klassischen Stoffe, die formale Bildung hatten einen klaren Vorrang. Es gab Änderungen im Verlauf der Zeit, und Unterschiede von Staat zu Staat – mehr enzyklopädische Allseitigkeit oder stärkere Konzentration auf die alten Sprachen oder aufs Latein etwa, aber das können wir hier vernachlässigen. Charakteristisch war vielleicht die preußische Aufteilung der 280 Wochenstunden (in 9 Jahren) von 1837 (dahinter die Zahlen des 10jährigen Kurses von 1812): Latein 86 (76), Griechisch 42 (50), Mathematik 33 (60), Deutsch 22 (44), Geschichte und Geographie 24 (30), Religion 18 (20), Naturwissenschaften 16 (20), Zeichnen und Schönschreiben 13 (18), Französisch 12 (0) Philosophie 4 (0), Gesang 10 (0). Seit den 40er Jahren emanzipiert sich das Fach Deutsch von der Vorherrschaft der Antike, konzentriert sich auf mittelalterliche und klassische Literatur und wird – wie die nationale Geschichte – als nationale Aufgabe angesehen; die Schule nationalisiert sich. Dennoch, die Orientierung an der klassischen Antike, die Identifikation mit der Idealität der Griechen, der literarisch-philosophische Zug – das bleibt erhalten.

Diese Fortdauer des Neuhumanismus ist erstaunlich genug. Denn das aufsteigende Bürgertum wie die alten Herrschaftsschichten waren eher Anhänger einer realistischen, praxisbezogenen Bildung, und die Konservativen witterten in der Idealisierung der Griechen nicht ganz zu Unrecht Republikanismus und Heidentum. Friedrich Wilhelm IV. wollte auch über das Gymnasium eine neue „bessere" Gesinnung erzeugen, Christentum gegen Unglauben, Geschichte und Realien gegen Theorien und Doktrin – vergeblich: das Gymnasium hielt sich, und auch die Periode der Reaktion hat es im Windschatten anderer Konflikte ungeschoren überstanden. Das hat mehrere Gründe. Einmal: seit der Reformzeit gab es eine starke neuhumanistische Lobby; sie war im Besitz der entscheidenden Positionen, war von Universität, gebildeter Öffentlichkeit und dem Beamtentum, ja Ministern wie dem preußischen Kultusminister Altenstein selbst getragen. Das einmal etablierte Prestige und die Unangreifbarkeit von Antike und Altertumswissenschaften schufen dem neuen Gymnasium einen Raum politischer Neutralität, ja machten es zu einem Refugium der Freiheit. Sodann: die Schulpolitik hat versucht, „republikanische Tendenzen" abzufangen und einzudämmen: politische aktualisierende Exkurse wurden verboten, die Loyalitätspflichten verschärft, der Religionsunterricht wurde wichtiger genommen. Der

leitende Ministerialbeamte Johannes Schulze hat den Wissenschaftscharakter
dieser Schule, enzyklopädisches Wissen, intellektuelles Können, Gedächtnis
und formale Schulung so betont, daß die andere Ursprungsidee, die moralisch-
politische Erneuerung in den Hintergrund trat. Wichtiger war ein Drittes. Die
Altertumswissenschaft, die „Mutter" dieses Gymnasiums, entwickelte sich aus
der zentralen und philosophisch geprägten Wissenschaft vom idealen Menschentum der Alten zur Summe positiver Einzelwissenschaften historischer und
philologischer Art. Sie vermittelte eher Fachwissen als Bildung; die Textphilologie erzog nicht mehr so sehr „Menschenbildner", sondern Grammatikspezia-
listen. Formale Sprachschulung und philologische Techniken drängten den
„Geist", auf den es den Neuhumanisten angekommen war, zurück: das Gymnasium wurde zur Altsprachen- und Grammatikschule. Der Glanz des Human-
Universalistischen, der republikanisch-kritische Elan gegenüber einer feudalen
und obrigkeitlichen Welt, die beide ursprünglich zu dieser Schulidee gehörten,
blaßten ab. Das Wahre, Gute und Schöne zerrann zur trivialen Rhetorik. Endlich: die Wiederentdeckung der griechischen Antike und die Gründung einer
neuen Schule war 1810 etwas Revolutionäres. Als Institution wurde diese Schule, in einer veränderten geistigen Lage, ein Stück Tradition. Das Altertum konnte aus dem Vorbild human-nationaler Zukunft auch zur Schutzburg gegen den
Zeitgeist und die Zukunft, zum Medium der Abkehr von der Gegenwart werden. Wenn die Naturwissenschaften beanspruchten, den Menschen zu emanzipieren, wurde der Humanismus von konservativen Vorwürfen entlastet. Und die
antiständisch-antiaristokratische Idee der Leistungselite, die dem Gymnasium
zugrundelag, verlor ihren revolutionären Zug, nachdem Adel und Konservative
das Gymnasium akzeptiert hatten. Jetzt konnten sie es als Minoritäten- und Eliteschule gerade im Sinne der herrschenden Gesellschaftsordnung verteidigen.
Nicht zuletzt: das Gymnasium war als Gelehrtenschule eine gute Schule, die
deutsche Wissenschaft entwickelte sich auf dieser Grundlage ganz außerge-
wöhnlich, darin bewährte es sich. Aus diesen Gründen also geschah das politisch-sozial Unwahrscheinliche: die Regelschule der höheren Bildung blieb das
humanistische Gymnasium.

Das Gymnasium war – und je mehr es alterte, um so stärker – eine theoretisch
gerichtete Lern- und Wissensschule, mit wenig gemeinsamem Leben (etwa im
Vergleich mit den englischen Public Schools), wenig Spontaneität, Initiative und
Freude. Pflicht, Genauigkeit, Drill, Aufsicht und Disziplin, Ernst auch bestimmten die Atmosphäre – auch das war ein Stück konservativer Straffung, wie Johannes Schulze sie durchsetzte, aber zugleich doch nur Ausdruck der bürgerlichen Ordnungs-, Leistungs- und Autoritätsvorstellungen, wie wir sie in ganz
Europa (in Frankreich zumal) in dieser Zeit finden. Seit der Mitte der 30er Jahre
wird das Gymnasium von der Klage über Überbürdung und Überforderung der
Schüler begleitet.

Ehe wir uns der sozialen Bedeutung des Gymnasium zuwenden, fragen wir
nach seiner geistig politischen Wirkung. Zunächst: das Gymnasium war progressiv und mobilisierend, es lebte mit dem Imperativ, die Welt auf Selbsttätig-

keit und Innenleitung, auf die Entfaltung des Individuums, auf Rationalität und Wissenschaft, auf Leistung und Bildung zu gründen. Das waren die Ideale der bürgerlichen Welt, gegen die geburtsständische Welt von Tradition und Autorität, und das hatte für die Gestaltung von Gesellschaft und Staat wesentliche – wenn auch nicht immer beabsichtigte oder auch nur bewußte – Folgen. Das Gymnasium ist die Schule der liberalen Bürger von 1848 und der Liberal-Nationalen der 60er Jahre gewesen, es war die Schule einer neuen Elite. In Spannung dazu stehen die konservativen und stabilisierenden Elemente und Möglichkeiten, die in den späteren Jahrzehnten stärker hervortreten – das Abkappen des Politischen oder schon die Einordnung in den obrigkeitlichen Staat, die Abgrenzung gegen den Zeitgeist und die Modernität, die Abgrenzung einer Elite. Das aber lag gewiß nicht an den klassisch-humanistischen Inhalten, denn die „höheren" Schulen des liberalen England und des republikanischen Frankreich sind nicht weniger „klassisch" orientiert gewesen als die deutschen.

Dazu kommt etwas weiteres: die Werte, die das Gymnasium vermittelte, standen zunächst jenseits der Welt von Wirtschaft und Arbeit, Technik und Industrie, ja jenseits der Naturwissenschaft. Bildung verengte sich auf literarisch-historische Kultur. Damit hat das Gymnasium keineswegs den gewaltigen Aufstieg von Industrie und Naturwissenschaft – die großen Naturwissenschaftler waren seine Zöglinge (und zumeist auch Verteidiger!) – gehindert. Aber es hat die Trennung von zwei Kulturen in der modernen Welt befördert, den Gegensatz von „Geist" und Wirtschaft (in den Augen der Humanisten eine Welt des Materialismus) – Kapital, Erwerb, Geschäft – verschärft, die Distanz der Bildungswelt zu den großen realen Bewegungen der Praxis, ja Hochmut und Ablehnung mehr akzentuiert als anderswo. Hier konnte sich eine Ideologie der „inneren Werte" später, nach 1870, auch gegenüber der politisch-sozialen Welt, entwickeln. Die Trennlinie im deutschen Bürgertum zwischen beamteter und freiberuflicher Bildung und wirtschaftender, kapitalistischer und technischer Tätigkeit wurde dadurch entscheidend vertieft.

Der Neuhumanismus hat in den ersten Jahrzehnten des Jahrhunderts offenbar für Schulen, Lehrer und Schüler bewegende Kraft gehabt. Bismarck spricht davon, daß er 1832, wie jeder Zögling des preußischen Gymnasiums, die Schule als Pantheist und, wenigstens der Theorie nach, als Republikaner verlassen hat. Riehl berichtet aus seiner nassauischen Gymnasiastenzeit, wie Griechenland den Schülern zur „zweiten Heimat" geworden sei, in dessen Bild sie Gegenwart und eigene Nation auffaßten. Für einen nicht geringen Teil der Schüler freilich mußten die Ideen des Neuhumanismus utopisch bleiben, in der Mühsal der Sprachaneignung stecken bleiben. Nach der Jahrhundertmitte mehren sich die kritischen Stimmen. In der Spezialisierung der Fächer trat die ursprüngliche Einheit der Bildungsidee zurück. Nietzsche hat die Pedanterie der Philologie schneidend kritisiert: das Gymnasium habe die Beziehung zum Geist verloren. Gewiß war die gymnasiale Bildung als Basis der Lebensdeutung alles andere als verächtlich, sie blieb eine Form von Humanität. Und die Kritiker, die das Gymnasium als philiströs diffamieren, überschätzen die mögliche Aktualität und mißachten die natürliche Normalität, die sich einstellt, wenn ein Aufbruch institutionalisiert ist. Aber die bewegende Kraft eines Lebensideals blaßte ab zu Literatur und Bildungsgut und oft zum Museal-Antiquarischen oder bloß Rhetorischen oder Formalen.

Zur Geschichte des Gymnasiums gehört, wir sprachen davon, die Rolle der Gymnasiallehrer, der Philologen; sie konsolidieren sich als eigener „Berufsstand" mit professionellen Standards und Karrieremustern. Sie haben die Sonderart des Gymnasiums verteidigt: gegen die Ansprüche von Wirtschaft und Industrie und Praxis auf mehr „Realismus" haben sie den Vorrang des neuhumanistischen „Geistes" behauptet und zugleich den „Elite"charakter des Gymnasiums der kleinen Zahl gegen eine egalisierende und mobilisierende Expansion. Die Gemeinsamkeit „der Schule" spielte für sie keine Rolle; als Philologen fühlten sie sich nicht den anderen Lehrern, an Volks- und Bürgerschulen etwa, sondern den akademisch gebildeten Beamten verbunden. Sie wurden darum aus sachlichen wie berufspolitischen Gründen zu entschiedenen Anwälten der Sonderart des Gymnasiums, ja zu einer Art pressure group. Freilich, auch an ihrer Entwicklung wird die Veränderung der gymnasialen Bildung deutlich; aus dem Allround-Lehrer der ersten Prüfungsordnungen wird bis zur Mitte des Jahrhunderts der spezialisierte Fachlehrer.

Das Gymnasium war seiner Idee nach die Schule einer künftigen Elite, der Höherbegabten einerseits, der staatsbezogenen gelehrten Berufe andererseits. Es war auch in seinen Stoffen – den alten Sprachen, der Literatur – exklusiv; das unmittelbar Nutzlose, die Distanz zur gemeinen Wirklichkeit hatte in einem Zeitalter von Arbeit und Not etwas Quasi-Aristokratisches, freigestellt von der Mühe des Lebens. Das begründete seine hohen Anforderungen – und es ist egalitäre Narretei, solche Absicht zu denunzieren. Sozialgeschichtlich entscheidend ist die Frage, wie die Schüler dieser Eliteschule sich rekrutierten, ob, wie und wann aus der Anti-Standesschule in unserem Zeitraum schon eine Klassenschule geworden ist.

Zunächst: das Gymnasium setzte nicht nur Begabung voraus, sondern Motivation und finanzielle Mittel der Eltern: das Schulgeld – 1864 betrug es in Preußen zwischen 19 und 90 Mark, durchschnittlich 48 Mark pro Jahr (ein Volksschullehrereinkommen in der Stadt lag um und unter 750 Mark) – den Lebensunterhalt und den Verzicht auf einen Beitrag zum Familieneinkommen. Das quasi-aristokratische Bildungsziel begünstigte diejenigen, die sich dergleichen leisten konnten. Kurz, das Gymnasium war zuerst einmal Schule der Kinder aus höheren Schichten. Das ist nun freilich kein Ergebnis der Restauration. Die Rückbindung der Schule an die Schichtung der Gesellschaft war beim Stand der ökonomischen Ressourcen – jeder europäische Vergleich zeigt das – gar nicht anders möglich. Die Schule spiegelt die Klassenbildung mehr, als daß sie sie verändert. Dennoch war der Sozialcharakter des Gymnasiums keineswegs so eindeutig.

Hier müssen wir zunächst einen Blick auf das eigentümliche preußisch-deutsche Phänomen des Berechtigungswesens werfen, weil es für die Verbindung von Bildung und sozialem Status entscheidend wurde. Wir erinnern uns: in Preußen wurde die Spannung zwischen allgemeiner Wehrpflicht und bürgerlichem Individualismus so gelöst, daß für die „gebildeten" Wehrpflichtigen die Dienstzeit auf ein Jahr reduziert wurde. Dieses Privileg wurde an ein objektives Merkmal gebunden, nämlich an die Dauer (und den Erfolg) des Besuchs einer höheren Schule (bis 1818 die Immatrikulation, dann bis 1822 das Abitur, bis 1831 ein halbes, bis 1859 ein ganzes Jahr Untertertia, bis 1868 ein halbes Jahr Untersekunda). In einer vielsagenden sprachlichen Übertragung wurde aus einem bestimmten Schulabschluß „das Einjährige". An diese Berechtigung schloß sich eine Menge anderer Berechtigungen an, die die Eintrittsvoraussetzungen in die mittleren „Laufbahnen" der Beamtenschaft und öffentlich kontrollierter Berufe (Apotheker, Bauberufe etc.) an unterschiedliche Schulabschlüsse band. Bildungszertifikate wurden mehr als berufliche Leistungen die Basis für Karrieren und sozialen Status und konnten darum fast zu einem Wert an sich werden; die Schule wurde über diese Zertifikate Verteilungsstelle von Sozialchancen; vor allem die mittleren Schichten sind auf diese Weise nach Bildungsmerkmalen differenziert worden. Das System hat sich auch auf die Staaten mit anderer Militärverfassung ausgedehnt.

Das Berechtigungssystem nun orientierte sich am Gymnasium, weil das die einzige Schulform mit gesamtstaatlich vergleichbaren Standards war. Und es schuf neben dem Abitur, das nach neuhumanistischem Konzept der eigentliche und einzige Abschluß war, eine Reihe weiterer Abschlußmöglichkeiten. Das hatte erhebliche Folgen für die soziale Zusammensetzung des Gymnasiums. Die Kinder der handwerklichen und kaufmännischen Mittelschichten und die potentiellen Aufsteiger besuchten das Gymnasium (und in den kleineren Städten das Pro-Gymnasium) ohne die Absicht, den neuhumanistischen Bildungsgang bis zum Abitur zu durchlaufen. Die Forderung des Griechischen war keine Barriere, denn davon konnte man sich trotz entgegenstehender Normen dispensieren lassen. Zumal in den Unterklassen (bis Quarta), aber auch noch in den Mittelklassen waren die Gymnasien zwar nicht „Gesamtschulen", aber städtische Bürgerschulen und jedenfalls nicht „bildungsaristokratisch". Der Anteil der höheren Schüler (Jungen!) an den Schulpflichtigen stieg in Preußen zwischen 1828 und 1864 von 1,7 auf 3,6%, in Berlin von 13,2 auf 16,6% (ohne private höhere Schulen, in die zusätzlich 11,4 bzw. 7,3% gingen); in den Städten lag der Anteil generell natürlich viel höher als im (durch das Land bestimmten) Durchschnitt. Der Anteil der Gymnasiasten nahm zu; der Anteil der Nicht-mehr-Schulpflichtigen an den höheren Schulen entwickelte sich von (1828) 9,7 auf (1864) 17,8%, in Berlin (incl. Privatschulen) von 21,8 über (1837) 26,2 auf 21,9% – oder, und das ist eine unmittelbarer zugängliche Zahl: 6–6,8% der 14–19jährigen besuchten eine höhere Schule. In Berlin kamen immerhin noch 3,0–4,4% einer Altersgruppe bis zum Einjährigen, 1,4–1,9% zum Abitur. Diese Zahlen gewinnen dann Gewicht, wenn man sich den kleinen Anteil der Ober- und Bildungsschicht vor Augen hält. Nach Untersuchungen an einer Reihe von westdeutschen Gymnasien bis 1848 kamen dort 36% der Gymnasiasten aus der mittleren, 43% aus

der unteren Mittelschicht. Kurz, man kann von einer relativen Offenheit der
Schulen zum städtischen Kleinbürgertum ausgehen. Mit den Abiturienten war
es ähnlich; ihre Zahl war viel geringer, 2‰ der Einwohner (in Preußen) 1830,
1,5‰ 1840, dann wieder 1,6‰; im ganzen kam vielleicht ein Fünftel der höheren Schüler zum Abitur, in absoluten Zahlen: 1820: 590, 1830/31: 405, 1835:
956, 1855: 1659, 1863: 1803. Aber sozial kam auch bei ihnen mancherorts die
Hälfte aus der (unteren) Mittelschicht (in Berlin 17–25% von mittleren Beamten,
21–35% von Handwerkern und Kaufleuten, 5–10% aus unteren Schichten), anderswo jedenfalls ein gutes Drittel; auffallend ist der hohe Anteil der Kinder von
„schreibenden" Berufen, kleinen Beamten und Volksschullehrern und der entsprechend unterproportionale Anteil der Kinder von Handwerkern und Kaufleuten, und das lange Fehlen von Unternehmerkindern; der Unterschied der Berufsweise war hier wichtiger als Status-, Einkommens-, Klassenunterschiede.
Bauerntum und Unterschichten blieben im wesentlichen von diesen Bildungs-
möglichkeiten ausgeschlossen. Kurz, das Gymnasium und – wenn auch schwächer – das Abitur waren eine Barriere, aber auch eine Schleuse des sozialen Aufstiegs. Der Besuch der Gymnasien entsprach – wohl auch jenseits staatlicher
Maßnahmen – den Tendenzen der Eltern, dem Aufstiegswillen nach oben, dem
Differenzierungswillen nach unten; das Schulgeld war nicht nur eine Privilegierung der Wohlhabenden, sondern auch ein Symbol für den Opfer- und Differenzierungswillen der unteren Mittelschicht. Die soziale Differenzierung nach
Bildungsstatus war keine Erfindung der herrschenden Schichten und auch nicht
ihre Sache allein, sondern entsprach einer fundamentalen nicht-egalitären
Tendenz aller Aufsteiger und Mittelschichten zu solcher Differenzierung. Der
Staat hat versucht, der „Bildungsinflation" und der „Studiersucht" des „gemeinen Mannes" entgegenzusteuern, in Rücksicht auf das Beschäftigungssy-
stem ebenso wie auf den politisch-sozialen status quo, hat versucht, das „Abbrechen" zu erschweren, das Schulgeld etwa für die Unterstufe zu erhöhen
– aber nur mit mäßigen Ergebnissen. Erst gegen Ende unseres Zeitraums, in
den 60er Jahren – mit dem Ausbau der Volks- und Realschulen – ging die soziale Mischung der Gymnasialschüler zurück; jetzt wurden die Frühabgänger
untypisch.

Innerhalb der oberen Schichten hat das Gymnasium die Anpassung des Adels
an die neuen Normen erreicht, er wurde aus der Privaterziehung in die neue
Schule hineingezwungen, mit Ausnahme freilich der Kadettenschulen, in denen
vor allem ärmere Adelssöhne abgesondert auf den Offiziersberuf vorbereitet
wurden; hier war die Reform am Widerstand der Reaktion gescheitert. Auf der
anderen Seite blieb, wir sagten es, das Wirtschaftsbürgertum, Unternehmer und
große Kaufleute, der Schule der gelehrten Bildung gegenüber fremd und distanziert – die Bruchlinie zwischen Bildung und Wirtschaft wurde nicht überbrückt.
Vielmehr hat das Sozialprestige des Gymnasiums umgekehrt die Distanz von
Beamten und freien Berufen zur Wirtschaftswelt verstärkt.

Auch wenn man die soziale Offenheit und die Schleusenfunktion für den sozialen Aufstieg berücksichtigt und zugleich die Legitimität einer Elitebildung

anerkennt, läßt sich doch nicht verkennen, daß das Gymnasium, wie erst recht die Universität, die Standes- und dann Klassenunterschiede durch die Scheidung zwischen Gebildeten und Teilgebildeten und Ungebildeten („Volk") überlagert und verschärft hat. Bildung als sozialer Statusbegriff war nicht nur eine Möglichkeit des Aufstiegs, sondern auch ein klarer Abgrenzungsbegriff. Die höheren Stände werden jetzt die gebildeten. Die Kluft zwischen Bildung und Volk wächst. Das liegt freilich nicht nur an der neuen Bildung und ihrem hohen Stellenwert, sondern auch an sehr viel fundamentaleren sozialen Veränderungen: der Proletarisierung, der Verstädterung, der sozialen Differenzierung von Stadtteilen, der Vergrößerung der Bildungsschicht, die darum mehr unter sich leben kann – im Norden, wo der Dialekt sozial distanziert, stärker als im Süden. Die Trennung der gebildeten und der ungebildeten Klassen wird eine Tatsache des deutschen (wie des europäischen) Lebens. Der liberale Glaube an die Allmacht der Bildung, daran, daß Bildung frei macht, daß sie dem Talent, der Begabung, der Tüchtigkeit, der Leistung gleiche Chancen unabhängig von Herkunft und Besitz gibt, ja die „soziale Frage" zu lösen geeignet ist, ein Glaube, den alle Volkskreise teilten, hat freilich in unseren Jahrzehnten diese Spannung noch überdeckt.

Die Sozialgeschichte des Gymnasiums hängt schließlich mit der Geschichte der „mittleren", auf praktische Berufe vorbereitenden Schulen zusammen. Die neuhumanistische Bürokratie wollte keine praxisorientierten („nützlichen") höheren Schulen; mittlere Bürgerschulen sollten diesen Zielen und Bedürfnissen dienen – sie wurden im wesentlichen (mit Ausnahme der Gewerbeschulen) den Städten überlassen. Es entwickelte sich eine breite Palette aller möglichen mittleren oder nicht-humanistischen höheren Schulen. Solange diese Schulen nicht die erstrebten Berechtigungen verliehen, konnten sie mit der Attraktivität der Unter- und Mittelstufen von Gymnasien nicht konkurrieren. Stadtbürger, Provinzialstände und Schulreformer versuchten im Vormärz, gegen das neuhumanistische Establishment Realschulen und eine realistische Bildung durchzusetzen, und zwar in der Form „höherer" Schulen. Liebig nannte den humanistischen Monopolanspruch gegenüber „realistischen" Bildungsinhalten einen Kampf „der Seifensieder gegen das Gaslicht". Aber die Schulbeamten waren gegen die Schule „des Materialismus"; auch die künftigen Männer der Praxis sollten nicht der „materiellen Weltansicht" verfallen (Johannes Schulze); ja diese Schule, so hieß es, disponiere durch Erzeugung unerfüllbarer Bildungsansprüche zu Demokratie und Revolution. Erst in den 50er Jahren gab der Staat den Argumenten der „Realisten" und den Ansprüchen des wirtschaftenden Bürgertums nach – auch um das Gymnasium von den „falschen" Schülern zu entlasten. Dabei knüpfte die Verwaltung an die langsame staatliche Normierung von „höheren Bürgerschulen" nach Dauer, Abschlußprüfungen und Berechtigungen an. 1859 wurde in Preußen – und dessen Schulentwicklung ist auch in dieser Hinsicht typisch – das Realgymnasium (Realschule 1. Ordnung) institutionell festgelegt: eine neunjährige Lateinschule mit Abitur, aber zunächst ohne allgemeine Berechtigung zum Studium, vornehmlich auf technische und Bauberufe, die Offizierslaufbahn beschränkt; derselbe Schultyp ohne Oberstufe hieß Realschule; schließlich gab es die neunjährige lateinlose Oberrealschule (Realschule 2. Ordnung) und eine entsprechende Schule ohne Oberstufe, mit geringeren Berechtigungen. Entscheidend ist, daß der Staat aus dem weiten Feld der Stadtschulen neue höhere Schulen ausgliederte und daß der Haupttyp, das Realgymnasium, wiederum eine Lateinschule blieb. Nicht Gewerbe, Technik, Wirtschaft, sondern wiederum die Beamten haben diese Schule geprägt, d. h. aber, die Normen des Berechtigungswesens, des Zugangs zu Staatsämtern blieben ausschlaggebend; darum blieb es bei einer Lateinschule. Die Bildungstheorie stellte auch für die neuen Schulen nicht Berufserziehung, sondern allgemeine und formale Menschenbildung (für das tätige Leben) in den Mittelpunkt. Das alte Gymnasium übte einen Anpassungssog nach oben aus, der zumal von den Lehrern unterstützt wurde. Akademisierung war das Ziel, das Latein hielt – über seinen Prestigewert hinaus – mehr Möglichkeiten offen. Das Interesse derjenigen Bürger, die gegen die Gelehrtenschule opponierten, blieb doch auf höhere Bildungsqualifikationen und höheres Prestige und Abgrenzung nach unten gerichtet. Mit Schulgeld und Lateinforderung hatte auch diese Schule noch etwas Exklusives und entsprach damit dem Differenzierungsverlangen der Eltern. Am Vorrang des humanistischen Gymnasiums freilich ließ der Staat – einstweilen – nicht rütteln; jetzt konnte man auch endlich das Gymnasium – aus pädagogischen wie gesellschaftlich-politischen Gründen – „grundständig" auf das Abitur ausrichten und die Zahl der Frühabgänger (der „Abbrecher") reduzieren. Das Realgymnasium wurde eine Schule zumal der Kaufmanns- und Unternehmerkinder, den Schülerzahlen nach aber hinter den humanistischen Gymnasien rangierend (1864 in Preußen 44114 gegen 16491 auf 49 Realgymnasien). Auch durch diese Neuordnung hat sich, wir erwähnten es, die Schülerzahl auf – anerkannten – höheren Schulen von 1828 bis 1864 von 1,7% auf 3,6% einer Altersgruppe erhöht.

Neben den neuen staatlich normierten Schulen blieb ein Rest von „nicht berechtigten" Schulen mit ein oder zwei Fremdsprachen, aus denen zum Teil nach 1870 der neue Typ der Mittel- oder Realschule staatlich „anerkannt" und normiert wurde. Schließlich geht ein Teil der städtischen Mittelschichtkinder, die früher die Unterstufe des Gymnasiums oder die Bürgerschulen besucht hatten, in die erst jetzt voll ausgebauten, differenzierten, relativ verbesserten städtischen Volksschulen. Ob das – wie manche meinen – die Mobilität beeinträchtigt hat, steht einstweilen dahin. Jedenfalls, erst am Ende unseres Zeitraums gibt es ein differenziertes, dreigliedriges Schulsystem, das in sich nicht sonderlich durchlässig ist; und gewiß haben Real- und Mittelschulen die soziale Differenzierung der Gesellschaft und gerade der Mittelschichten weiter befördert.

b) Die Volksschule

War das Gymnasium die Schule der gebildeten Minderheit und eines Teiles der städtischen Mittelschicht, so war die Schule der großen Mehrheit die Volksschule. Preußen sei, so hat der spätere französische Erziehungsminister Victor Cousin 1831 bemerkt, „das klassische Land der Kasernen und der Schulen", und das preußische Volksschulwesen war Modell oder Vorreiter für die meisten deutschen Staaten und im zweiten Drittel des Jahrhunderts Gegenstand der internationalen Aufmerksamkeit. Für seine Geschichte besonders gilt, worauf wir am Anfang dieses Abschnitts hinwiesen: die Gleichzeitigkeit von Ausbau und Restriktion. Entscheidend ist zunächst der Ausbau, fast lautlos und jenseits der innenpolitischen Diskussion, aber kontinuierlich. Die Verwaltung hat – überall in Deutschland – die Reform weitergeführt, die Gründung oder finanzielle und bauliche Konsolidierung von Schulen in jeder Gemeinde durchgesetzt – oft gegen deren Widerstand –; den Bürgern war die Schule zu teuer. Auf dem Lande wurden aus bloßen „Winterschulen" ganzjährige Schulen. Die Schulverwaltung hat die Beachtung der Schulpflicht erzwungen – gegen den Widerstand der Eltern, die auf dem Lande wie in der Stadt an der Mithilfe und Arbeitskraft der Kinder interessiert waren, gegen den Widerstand der Fabrikanten, die an Kinderarbeit interessiert waren, gegen den Widerstand anderer Verwaltungszweige, die solchen „Eingriff" in die Wirtschaftsfreiheit scheuten. Der Staat war der Promotor dieser tiefgreifenden Modernisierung. Während – in Preußen – 1816 erst 60% der Schulpflichtigen regelmäßig die Schule besuchten, waren es 1846 schon 82% (in Sachsen 95% und selbst im rückständigen Posen 70%) und 1864 93% (94,3% bei den Knaben). Die Zahl der „Fabrikkinder", in den 1830er Jahren in den Fabrikstädten noch hoch, geht nach 1839/40 wesentlich zurück, in Köln z.B. von 2130 (1827) bis auf 0 (1844). Die Analphabetenrate bei den Rekruten, eine unterschiedliche und nicht immer an verläßlichen Standards gemessene Größe, liegt 1841 in den fortgeschrittenen Provinzen Brandenburg und Westfalen zwischen 2,1% und 2,5%, in der Rheinprovinz bei 7,1, in Pommern und Preußen zwischen 12,3 und 15,3, in Posen bei 41%, insgesamt etwa bei 9%; 1868 ist sie auf 4% gesunken – in Posen auf 18, (in Bayern 1865: 7%, in Sachsen 1%, in Niederösterreich in den 50er Jahren zwischen 13 und 24%, in Böhmen zwischen 34 und 40%). In Preußen kann man für 1850 schätzen, daß noch etwa 20% der Bevölkerung über 10 Jahre Analphabeten sind, 1871 zwischen 12% und 13%, mehrheitlich natürlich die Alten, etwas mehr Frauen als Männer, mehr Leute auf dem Lande und im Osten als in der Stadt und im Westen. Und diese Schätzungen treffen in etwa auch für die anderen deutschen Länder zu – mit einem gewissen Nachhinken der Sudetenländer, der Alpenländer, beider Mecklenburg. Im europäischen Vergleich, etwa mit England und Frankreich, muß man das als einen enormen und frühen Erfolg betrachten. (England 1861 ca. 30% der Bevölkerung, Frankreich 1866: 24% der Rekruten.)

Die Volksschule wird öffentliche Schule; Privaterziehung und Privatschulen gehen wesentlich zurück, nur in den Städten spielen sie noch – 1864 mit 8,5% –

eine Rolle (in Berlin gehen 1820 39,5%, 1828 immerhin noch 15,2% der Schüler
auf Privatschulen), zum Teil sind das die aufkommenden Vorschulen der Gymnasien. Feudale Verhältnisse bleiben in Resten – Schulpatronaten und Sitz der
Guts„herrn" in den Schulvorständen – erhalten. Aber die Regelung des inneren
wie äußeren Betriebes und die überlokale Aufsicht liegt in den Händen der
staatlichen Verwaltung und wird erheblich intensiviert und damit auch bürokratisiert. Trotz der Schulmacht des Staates ist die Schule institutionell Gemeinde-
schule; die Gemeinde trägt durchschnittlich 75% der Kosten; daneben zahlen
die Eltern Schulgeld (1864 z. B. durchschnittlich 1,90 Mark auf dem Lande, 4,30
in der Stadt); die Gemeinde kommt für die Armen auf. Der Staat leistet nur einen ganz geringen Beitrag, der erst nach 1830 für die Armenschulen – eine Art
Lastenausgleich – etwas steigt. Freilich, de facto hatte auf dem Lande die Gemeinde außer in der Lehrerbesoldung wenig zu sagen, nur im Rahmen der städtischen Selbstverwaltung hatte sie ein reelles Mitbestimmungsrecht. Auch hier
hat der Staat die sparsamen Magistrate und Stadtverordneten zum Schulausbau
(zumal für die Armen) drängen und nötigen müssen; erst um die Jahrhundertmitte nahmen sich die Städte aller Schulen wirklich als eigener Sache an.

Die Volksschule war konfessionelle Schule – „simultane" Schulen blieben
(außer in Nassau) eine Randerscheinung und wurden zurückgedrängt. Das entsprach aber außerhalb der großen Städte und weniger Zonen konfessioneller
Mischung zunächst noch durchaus einer Selbstverständlichkeit des Lebens. Die
freilich wurde festgeschrieben. Die Schule war aber auch darüber hinaus mit der
Kirche verbunden, die Lehrerstellen häufig mit den niederen Kirchendiensten
(Mesner, Küster, Organist); der Pfarrer hatte die lokale und manchmal auch regionale Schulaufsicht, saß im Schulvorstand, und die Kirche hatte über den Religionsunterricht, noch ganz selbstverständlich ein zentrales Fach, ein spezifisches Aufsichtsrecht. Die Schule war staatlich und weltlich, keine Kircheninsti-
tution, aber doch eng mit der Kirche verbunden.

Inhaltlich waren diese Schulen auf das Erlernen der elementaren Kulturtechniken und auf Religion konzentriert; dazu kam ein Weniges an „Realien" (Geographie und Naturkunde z. B.) und – dem Programm nach – ein Stück abstra-
hierender Reflexion, zumal durch die formalen Fächer: Sprachlehre und Mathematik vermittelt. Im übrigen kam es natürlich auf Leistung, Disziplin und
Ordnung an. Die Volksschule war neuhumanistisch beeinflußt, theoretisch, war
zumal auf den Verstand gerichtet; die „Industrieschulen", die durch Arbeit erzogen und zum Lebenserwerb beitrugen, verschwanden, die Schule war von der
Welt der Arbeit, des Handwerks, der Praxis getrennt.

Am wichtigsten war – neben der Realisierung der Schulpflicht –, daß neue
Lehrer an die Schulen kamen, in Seminaren zwei bis drei Jahre geschult, staatlich geprüft, vom Militärdienst befreit, mit einem Grundbestand von Kenntnissen und Methoden ausgestattet, mit einem neuen Selbst- und Berufsbewußtsein
erfüllt – eine neue vom Staat geschaffene Profession, die den alten Handwer-
kerlehrer ablöste. Die Gründung oder Neuorganisation von 35 Lehrerseminaren
(1872: 64) im Vormärz, noch 1832 eines eigenen Seminars in Berlin für Stadt-

schullehrer, das ist die eigentliche Leistung des preußischen Staates (1828 mit 1500, 1845 mit 2000 Seminaristen). Diese Seminare waren, aus finanziellen Gründen schon, Internate, aus moralisch-politischen Gründen zumeist in kleinen Städten; in ihnen sollte auch ein neues pflicht-, staats- und kirchentreues soziales Verhalten eingeübt werden. In Konferenzen und Vereinen und mit Zeitschriften organisierte die Verwaltung eine ständige Fort- und Weiterbildung dieser Lehrer.

Endlich muß man die großen Unterschiede und die großen Mängel in diesem Schulsystem sehen. Die städtischen Schulen – Stadt-, Gemeinde-, Elementar-, Armenschulen – waren differenzierter und standen auf einem anderen Niveau als die Dorfschule. In Berlin waren sie schon in den 40er Jahren vierklassig; in ganz Preußen hatten sie erst 1864 durchschnittlich 3,6 Klassen und 3,5 Lehrer; 73 Kinder kamen auf einen Lehrer. Die (groß)städtischen Volksschulen hörten seit den 50er Jahren auf, primär Armenschulen zu sein; sie wurden – allmählich – zu achtklassigen differenzierten Schulen, wurden aus kommunalen Steuern stärker unterstützt und schulgeldfrei. Sie übernahmen Funktionen der „mittleren" Bürgerschulen. In Berlin waren 1830 nur 30% der Schüler in den Volks-, d.h. Armenschulen, um 1865 war es die gute Mehrheit; die untere Mittelschicht konnte sich auf diese besser gewordenen Schulen umorientieren. Diese Verbesserung – und nicht eine angebliche Verdrängung von potentiellen Aufsteigern von angeblich weiterführenden Schulen auf „nur" die Volksschule – war ein entscheidender Vorgang nach 1850. Auf dem Land – also in der Masse der Schulen – war die einklassige Dorfschule der Normaltyp (1864: 1,1 Lehrer pro Schule); sie war oft überfüllt – die Zahlenangaben über die Schülerzahl pro Lehrer schwanken zwischen 54–70 (1816), über 90 (1848) oder 83 (1864) –; der Lehrerfolg war gewiß nicht selten fragwürdig. Quantitativ hielt der Ausbau des Schulwesens, vor allem der Lehrerschaft, nicht mit der Vermehrung der Schülerzahl Schritt: 1816–1846 z.B. stieg die Zahl der Schulen um 18%, die der Lehrer um 40%, die der Schüler um 108%. Die Ausbildung der Lehrer war – trotz der Seminare – oft dürftig (schon infolge des Fehlens einer Vorbildung), es gab viele „Halbgebildete"; entsprechend war der Unterricht. Ein wesentlicher Grund für die Mängel war die miserable Bezahlung – unter der eines „Facharbeiters" oder eines Gendarmen und auf dem Lande nur wenig über der eines Tagelöhners (1864 noch bei durchschnittlich 483 Mark auf dem Lande, 864 Mark in der Stadt); auf dem Land bestand ein Teil des Gehalts in Naturalien, was zu zahlreichen Reibereien zwischen Lehrer und Lieferpflichtigen führte. Die Lehrer waren auf Nebentätigkeiten, Kirchendienste, Landwirtschaft oder – in den Städten – Privatstunden angewiesen. In den 50er Jahren ging darum die Zahl der Seminarabsolventen unter den Bedarf zurück. Die Qualität der Schulen hing wesentlich von der Qualität der Lehrer ab.

Aber, so sehr man von damaligen Idealen und späteren Maßstäben her die Ärmlichkeit und Mangelhaftigkeit der Schule kritisieren mochte, das Neue und Wesentliche war zunächst die erstaunliche Existenz dieser Schulen und ihres Ausbaus.

Welche Bedeutung hatte die Politik für die Volksschule? Seit Beginn der 20er Jahre dringt – zunächst wieder in Preußen – im Ministerium die konservative Schulideologie vor: die Kritik an der modernen Schule und ihrem Zuviel an formeller wie materialer Bildung, die Autonomie und Selbstdenken, Kritik und Intellektualität, falsche Gleichheitserwartungen und revolutionäre Unzufriedenheit erzeuge. Dagegen wird die Begrenzung der Schule auf einfache Kenntnisse und Fertigkeiten (statt der Reflexion), auf wenige Fächer und konkrete Inhalte, die Umorientierung auf Achtung vor Gegebenem, Tradition und Autorität (und Ungleichheit), auf Gesinnung und Gemüt, auf Loyalität und Zufriedenheit, auf Einpassung in die Gesellschaft eingeschärft und dafür ein betont kirchlich-konservativer Religionsunterricht gefordert. Die Schule soll nicht mobilisieren, sondern stabilisieren. Der eigentliche Angriffspunkt war die Lehrerbildung. Der städtisch ver- und halbgebildete Lehrer, der der Realität des Dorfes entfremdet war, das war die Zielscheibe der Kritik; die Seminare sollten von jedem Zuviel an Wissenschaft und Reflexion und nicht-elementaren Stoffen befreit werden, auf ein handwerkliches und frommes Niveau (zurück)gebracht werden. Gegen diese Ideologie der Bildungsbegrenzung stand die liberale Ideologie der Bildungserweiterung, die den Ansatz der Reformen fortführte. Die Liberalen glaubten an bessere Bildung, an intellektuelle Bildung. Bildung war Bedingung der Freiheit, und Freiheit war, so glaubte man naiv-selbstverständlich, notwendige Folge von Bildung; Bildung war der Schlüssel zur Lösung der sozialen Frage: sie werde den Menschen produktiver und zur Selbsthilfe fähiger machen, einsichtig gegenüber den Gesetzen und immun gegenüber der – kommunistischen – Demagogie, so hat Harkort, Unternehmer und Politiker in den 40er Jahren, mit Entschiedenheit argumentiert, und ähnlich der rheinische Großkaufmann Mevissen oder der Pädagoge Diesterweg. Man war – in den Landtagen z. B. – für bessere Schulen, bessere wissenschaftliche und allgemeine Lehrerbildung und höhere Lehrerbesoldung, und fast überall waren die Liberalen – mit den Lehrern – für die „Emanzipation" der Schule von der Kirche, der kirchlichen Schulaufsicht. In der Praxis freilich gab es deutlich gegenläufige Tendenzen: Bildungsansprüche zu begrenzen, die „Armen" in ihren Schranken und die Schule „billig" zu halten, das spielte in den liberal-bürgerlichen Stadtverwaltungen im Vormärz vielfach eine Hauptrolle. Und auch die gebildeten Abgeordneten waren empfindlich gegen Grenzüberschreitungen der Volksschullehrer, waren stärker an mittleren und höheren Schulen interessiert.

Im Ministerium drang die konservative Richtung vor. „Bremserlasse" schärften die Grenzen der Bildung ein, die Personalpolitik folgte dieser Linie; der Einfluß der Kirchen wurde verstärkt. Trotzdem, bis 1848 blieb diese Politik ohne durchschlagenden Erfolg. Die Konservativen scheuten vor einem bürokratischen Zentralismus zurück; die Beamtenschaft in Provinzen und Bezirken blieb mehrheitlich auf Reformkurs, die Verwaltung pluralistisch; in den Kirchen, zumal bei den Protestanten, waren, gerade wo es um die Schule ging, die alten Aufklärer und die neuen Liberalen stärker als die Orthodoxen; in den Seminaren, in der Publizistik, in den Lehrbüchern entwickelte sich ein eigenes pädagogisches Establishment, das in der Tradition der Reform stand, selbst konservative Pädagogen konnten sich dem nicht entziehen; die Schulpolitik der Städte war dem Staat gegenüber relativ unabhängig. Ein rationalistisch idealistischer, liberaler Pädagoge wie Diesterweg machte Karriere; der Gymnasiallehrer wurde Seminardirektor in Moers (1822/23), Gründer der führenden pädagogischen Zeitschrift der Zeit und Vater der Lehrervereine und dann, vom Staat, zum Direktor des Berliner Seminars (1832) ernannt; das war charakteristisch für die Situation. Erst 1847 wurde er, lange noch von den Gerichten Preußens geschützt, aus dem Amt gedrängt. Gewiß verstärkte sich personalpolitisch die konservative Position, und seit 1840 schlug der neue Minister Eichhorn einen härteren Kurs gegen Lehrerseminare und „kritische" Lehrer ein, aber über Einzelmaßnahmen kam diese Politik nicht hinaus. Im ganzen, der Ansatz der Reform wirkte noch über eine Mehrheit der Bürokratie, über die Sachzwänge, die Eigengesetze der einmal eingeleiteten Bewegung fort, jenseits ideologischer und politischer Kursänderungen. Rationalität und Produktivität, Freisetzung und Aktivierung von Kräften, Modernisierung – das blieben die Ziele eines Staates, der sich auf Intelligenz gründen sollte. Die bessere Schule werde, so glaubten die Reformbeamten, die Revolution überwinden; darum müsse die Verbesserung der Schule weitergehen. Kurz, der Staat brauchte die moderne Schule; mit dieser seiner Einrichtung revolutionierte er nun freilich die Gesellschaft.

In fast allen deutschen Ländern ist die Entwicklung – mit zeitlicher Verschiebung – ähnlich gelaufen; überall – mit Ausnahme der altertümlichen Länder Mecklenburg und Hannover, mit Ausnahme Österreichs, das auf der Stufe der späten Aufklärung, ohne moderne Lehrerausbildung, verharrte – ist die Volksschule ähnlich ausgebaut worden. Überall haben sich ähnliche schulpolitische Konflikte ergeben, in Baden und Mitteldeutschland wegen des Liberalismus in der Kirche am schwächsten, in den beiden Hessen und in Bayern schärfer; in Bayern bricht die progressive Entwicklung schon Ende der 30er Jahre ab.

Fragt man nach den Wirkungen der Volksschule bis 1848, so kann man zweierlei sagen. Einmal: die Lehrer wurden zu einem Element von Unruhe und Opposition. Sie waren neue Menschen, mit dem Auftrag, die Gesellschaft zu zivilisieren und Humanität zu verbreiten, aber ihr sozialer Status – sie konnten kaum eine Bauerntochter heiraten, und man redete sie noch mit Du an – wie ihr Gehalt waren miserabel; sie waren staatlich kontrolliert und diszipliniert, aber ohne die Privilegien der Beamten, Aufsteiger ohne gesellschaftliche Integration, Anwälte einer neuen Bildung, aber der Aufsicht und Traditionsmacht der Kirche unterstellt, zwischen armem Volk und Staat – diese Diskrepanzen disponierten sie (nicht nur im obrigkeitsstaatlichen Deutschland) zur Unzufriedenheit („daß sich der Mensch nicht wohl fühlt in seiner Haut", wie Riehl meinte) und zum „Umbau der Gesellschaft". An der Geschichte der Lehrervereine kann man diese Entwicklung geradezu ablesen. Sie entstehen – oft gerade vom Staat gegründet – als Fortbildungsvereine und dann als gesellige Vereine gegen die soziale Isolierung der Lehrer; seit 1840 werden sie politisch: sie vertreten zuerst Lehrerinteressen und dann die Forderungen der progressiven Schulpolitik nach Autonomie, Ausbau, Emanzipation von der Kirche, ja die liberal-demokratische Opposition im ganzen.

Zum anderen: die Volksschule, wie unvollkommen sie auch war, hat das Bewußtsein der Massen verändert. Der Lehrer wurde im Dorf eine neue Autorität, neben dem Pfarrer und gegen ihn, neben und gegen die Tradition. Die Konkurrenz von Weltinterpretationen und Verhaltensformen förderte eine traditionskritische Haltung, die auf die politischen und sozialen Institutionen übergreifen konnte. Zudem setzte die Schule schon durch das Lesen das Konkret-Gegebene mit dem Zeitgeist und der Öffentlichkeit in Beziehung, sie mobilisierte – jenseits aller Schulpolitik – Einstellungen und Gedanken. Auch die mangelhafte Schule war ein revolutionierender, modernisierender Faktor, solange jedenfalls sie nicht in eine neue Gesellschaft, etwa über den Nationalismus, integriert war oder ihre Wirkungen anders neutralisiert waren.

Nach 1848 hat die Politik in verstärktem Maße das konservative Programm durchzuführen gesucht; für die Restauration war die Volksschulpolitik ein Zentralstück im Kampf gegen die Revolution. Der Geheimrat Stiehl in Preußen, mit seinen „Regulativen" von 1854, wurde zum Symbol dieser Politik, die in fast allen deutschen Ländern ihre Entsprechung fand. Schule und zumal Lehrerseminare sollten auf einfaches handwerksmäßiges Niveau „zurück"geschraubt werden, auf die einfachen Kulturtechniken, Religion und Gedächtnis, auf gegebene Wahrheiten, auf Ordnung, auf Einpassung in das Bestehende. „Zuverlässigkeit" wurde wichtiger als Intellektualität und Brauchbarkeit. Gewiß enthielt dieses Programm eine durchaus berechtigte Kritik an der Realitätsferne und Intellektualität (und zum Teil auch Verstiegenheit) der progressiven Pädagogen. Aber vor allem war es der klassische Ausdruck schulpolitischer Reaktion, das Eingeständnis, daß die konservative Politik des Vormärz gescheitert war. Es war darum zugleich die Zielscheibe allen liberalen Zornes. Doch muß man sich hüten, die Wirkung dieser Politik zu überschätzen. Die Regulative galten nicht für die Stadtschulen; hier gingen Ausbau und Differenzierung weiter. In den Seminaren hat diese Politik auch eine – keineswegs immer vorhandene – minimale Kompetenz der Lehrer zunächst einmal wirklich gesichert und zudem die Existenz der Seminare gerettet. Endlich gehörte zur Schulpolitik der Restauration auch die Verbesserung der Position der Lehrer. Wenn sich zwischen 1816 und 1878 die Gehälter der Lehrer verdreieinhalbfacht haben und gerade die Minimalgehälter auf dem Lande allmählich dem Durchschnittsniveau angepaßt wurden, so ist das auch ein Ergebnis der Restaurationspolitik. 1872 wurden die Regulative – ein Ritardando in der Schulgeschichte (Spranger) – aufgehoben; der Kulturkampf zerbrach das konservative Bündnis von Thron und Altar, schob die Frage von Kirche und Schule und die „nationale" Integration ins Zentrum und machte eine freiere Entwicklung wieder möglich.

Die Lehrer haben diese Periode überstanden, ohne Agenten des Obrigkeitsstaates zu werden; sie waren in den 6oer Jahren so liberal, so kirchlich, so konservativ wie andere Schichten auch. Bei Teilen trat die konfessionelle Bindung freilich mehr hervor, aber das war nicht einfach eine Folge obrigkeitlicher Maßnahmen, sondern eine Reaktion auf den Antiklerikalismus der Liberalen. Sozial bürgerten sich die Lehrer allmählich ein, im Dorf stiegen sie zu denen auf, die zählten. Die Volksschulpädagogik wurde in der Schule Herbarts zu einem soliden, aber auch engen und starren Formalismus der Experten; das bestimmte auch das innere Leben der Schulen. Die möglichen politischen Implikationen der Schule waren endgültig in einer unpolitischen Professionalisierung gebändigt, nicht in der Schule der Untertanen, aber in der sich fortentwickelnden Schule des individuellen Lernens, des Wissens und Könnens, der Pflicht, der Autorität und des kleinen Glücks. Die nationale Integration und die Erfordernisse von Industrie und Militär gaben einer leistungsfähigen Schule eine neue Legitimation. Seit 1866 geisterte das Wort eines Journalisten herum, es sei der preußische Schulmeister gewesen, der die Schlacht von Königgrätz gewonnen habe. Man wird dergleichen nicht messen können. Aber gewiß hat die formale Elementarbildung die militärischen Fähigkeiten der Soldaten wie die produktiven Fähigkeiten der Industriearbeiter erhöht. Die Mobilität hat die Volksschule nicht begünstigt – aber das lag eher an den ökonomischen Möglichkeiten der Gesellschaft und den Motivationen der Eltern; sie war weniger Barriere gegen den Aufstieg als eine Selbstverständlichkeit, so wie man die Gesellschaft insgesamt erfuhr. Daß die Volksschule Schule der Massen, der unteren Schichten, war und auf Loyalität zum Gesellschafts- und Herrschaftssystem zielte, ist keineswegs eine deutsche (oder gar preußische) Besonderheit, sondern eine europäische Selbstverständlichkeit im Zeitalter der bürgerlichen Gesellschaft und ihrer konservativen wie liberalen Staatsgebilde. Gegen den Aufstieg der Sozialdemokratie konnte auch die deutsche Volksschule ihre Zöglinge nicht immunisieren, so wenig sie die politische „Sozialisation" der Katholiken beeinflussen oder den Verfall der protestantischen Kirchlichkeit eindämmen konnte. Auch in dieser Beziehung waren Gesellschaft und Leben stärker.

Die Berufsausbildung war primär nicht schulisch; ihr Ort war Haus und Betrieb, ihre Methode das Mittun ohne große theoretische Reflexion; für die Industrie hat das Handwerk diese Ausbildung geleistet. Daneben gab es, seit dem späten 18. Jahrhundert vereinzelt, Sonntagsschulen, die auch und später nur weltlich-praktische Stoffe lehrten, und später kamen entsprechende Abendschulen hinzu: Fortbildungs- oder Teilzeitberufsschulen mit überall wechselnden Namen – freiwillig (außer in Baden, 1834) und vornehmlich für das Handwerk bestimmt, zumal seit der Jahrhundertmitte stärker ausgebaut (Preußen 1855: 232, Württemberg 1846: 70, 1871: 155; Bayern 1866: 30; Baden 1873: 44 Schulen). Schließlich entstand, im Zuge der staatlichen Gewerbeförderung seit der Reformzeit, ein schmaler, aber wichtiger Sektor von mittleren „polytechnischen" Schulen (Fachschulen) wie die 1–2jährigen Provinzialgewerbeschulen in Preußen (1869: 30) und das Gewerbeinstitut in Berlin (seit 1821, 1826 schon dreiklassig), seit 1850 mit dem „Einjährigen", und ähnliche Institutionen z.B. in Sachsen und Bayern, die einerseits auf weiterführende technische Bildungsanstalten (spätere Hochschulen) vorbereiteten, andererseits „moderne" Handwerker und technisches Personal für die Industrialisierung erzogen.

Zuletzt, wie stand es mit der Erziehung der Mädchen? Die Volksschulen in Deutschland erfaßten Jungen und Mädchen, und in den Landschulen besuchten sie zusammen die Schule; das Erbe Pestalozzis spielte hier eine wesentliche Rolle. Die mittleren und höheren Schulen dagegen waren, sofern sie öffentlich waren, fast durchwegs Schulen für Knaben. Gemäß dem bürgerlichen Rollenverständnis der Frau (Haus und Kinder, Gefühlsbetontheit oder besondere weibliche Geistigkeit) gab es, schon seit dem 18. Jahrhundert, ein eigenes Konzept der Mädchenbildung. Es entstanden in den Städten mittlere und höhere Töchterschulen, mit vor allem praktischen und dann ein wenig literarischen und musischen Fächern, zumeist privat, im katholischen Bereich von Orden geleitet, gelegentlich auch kommunal, und ganz selten mit bestehenden Gymnasien locker verbunden. Am Ende unseres Zeitraumes gibt es ein gut ausgebautes Töchterschulwesen. Direktoren und erste Lehrer dieser Schulen waren allermeist Männer. Aber dem wohlmeinenden Regelungstrieb der Bürokratie konnte dergleichen nicht entgehen. 1837 schon wurde in Preußen eine Prüfungsordnung für Lehrerinnen erlassen; seit der Mitte des 19. Jahrhunderts war das dann in ganz Deutschland ähnlich, und in der Folge entstanden private Lehrerinnenseminare, die für diese Schulen vorbereiteten. Von daher sind dann, in Preußen mehr in den katholischen als in den protestantischen Gebieten, Lehrerinnen in die Volksschulen gekommen; seit 1872 wurde der Beruf der Volksschullehrerin auch professionell geordnet, blieb aber einstweilen noch eine Randerscheinung. Der Beruf der Lehrerin, der Töchterschullehrerin vor allem, hat dann freilich für die Geschichte der Frauen eine ganz wesentliche Bedeutung gewonnen.

c) Die Universität

Die deutsche Universität des 19. Jahrhunderts ist für die Geschichte und den Aufstieg der Wissenschaften in Deutschland von herausragender Bedeutung gewesen; sie ist als neuer Typus zugleich ein vielbewundertes Modell für die Welt: für die Nachbarstaaten, für Europa, für Japan und Amerika geworden. Universität und Wissenschaft gehören neben der gleichsam institutionenlosen Musik zu den großen Leistungen, die die Geltung der Deutschen in der Welt im 19. Jahrhundert bestimmt haben. Aber diese moderne Universität hat auch die Geschichte von Bildung, bürgerlicher Gesellschaft, ja Politik in Deutschland entscheidend (mehr als anderswo) geprägt, und zwar vor allem deshalb, weil die akademisch gebildeten Beamten und Bürger – und nicht das Wirtschaftsbürgertum – lange die politisch wie sozial bewegende „Klasse" gewesen sind, weil die Modernisierung mit Wissenschaft und wissenschaftlicher Schulung in besonders enger Verbindung stand. Im Grund hat die Universität für das Bewußtsein und das Leben der Deutschen in Staat und Gesellschaft schon seit der Reformation eine so wegweisende Bedeutung gehabt. Das Gewissen der lutherischen Pfarrer hat sich am gelehrt theologischen Wissen orientiert; der frühmoderne Staat hat auf die Universitäten als die Institutionen von Wissen und Gewissen zurückgegriffen, Kirchen- und Staatsamt an die gelehrte Bildung gebunden. Darum haben die Territorialstaaten ihre Landesuniversitäten, darum werden die Beamten an Universitäten gebildet. Und die neue Schicht des späten 18. Jahrhunderts, die der Bürgerlichen, die die Modernisierung in Deutschland trägt, ist ja vor allem die Schicht der Universitätsgebildeten. Die Universität hat darum einen spezifisch hohen Rang in der privaten und der öffentlichen Lebensorientierung – anders als in England, anders als in Frankreich. Diese Tradition wird, durch die Reform nun auf säkularer Basis für das 19. Jahrhundert erneuert, wieder prägend.

Wir haben von der preußischen Universitätsreform, dem neuen Typ von Universität, den sie mit der Gründung der Universität Berlin zuerst geschaffen hat, gesprochen. Dieser neue Typus hat sich als Idee und als Organisation nach der Gründung der Universität Berlin schnell in Deutschland durchgesetzt. In Preußen ist Breslau, das zum Teil die Universität Frankfurt/Oder beerbte, so organisiert worden und dann 1818 die rheinische Neu- und Wiedergründung Bonn; Würzburg, Heidelberg und Landshut, die aus Ingolstadt verlegte altbayerische Universität, die 1825/26 nach München kam, haben sich ähnlich umgebildet. Diese Universitäten errangen sehr rasch ein hohes Prestige; nach 1815 studierten rund 40% aller Studenten an den vier großen Universitäten Berlin, Breslau, Bonn und Landshut/München, und ihre Reputation, ihr Vorbild zog dann auch die anderen Universitäten mit; nur Österreich blieb bis 1850, bis zur Thunschen Hochschulreform, bei den alten Institutionen. Es bleibt erstaunlich, wie diese vorindustrielle Philosophengründung das Jahrhundert von Industrie und Technik, Demokratisierung und Massenaktivität nicht nur überdauert, sondern entscheidend mitgeprägt hat, gerade in ihm sich entfaltet hat. Wir wollen herausheben, was an der Geschichte dieser Universität von allgemeiner Bedeutung für die Geschichte der Deutschen ist – für die Geschichte der Wissenschaft und für die Sozialgeschichte der Bildung und damit für die gesellschaftliche Struktur, für das Verhältnis des Staates zur Gesellschaft, für die allgemeine Lebensorientierung.

Die neue Universität war als Idee wie als Institution – wir sagten es – auf einen neuen Begriff von Wissenschaft gegründet. Wissenschaft ist Selbstzweck, jenseits allen praktischen Nutzens, und sie ist auf das Suchen und Finden neuer Wahrheit, auf Forschung also, konzentriert. Dieser Begriff hat sich bis in die 40er Jahre etwa durchgesetzt und hat die Forschung und damit den Aufstieg der Wissenschaft gewaltig vorangetrieben – und damit den Aufstieg der deutschen Universitäten von ihrer peripheren Bedeutung zu Weltgeltung und internationaler Attraktivität für Studenten wie Forscher. Bei den Professoren bildet sich ein neues Rollenverständnis, bestimmt vom neuen Ethos und vom neuen Imperativ der Forschung. Die Erforschung des Unbekannten, die Entdeckung des Neuen, die immer fortgehende Annäherung an die Wahrheit, die Vermehrung des Wissens, das wird zur höchsten moralischen Pflicht, wird eine der höchsten menschlichen Daseinsformen, ja etwas Heiliges, das Anteil an der Unsterblichkeit gibt, wird zur dominierenden Leidenschaft, die das übrige Leben asketisch diszipli-

niert. Methode – der Kern der Forschung – wird als Haltung verinnerlicht. Das
prägt das Verhalten und die Erwartungen, das prägt auch die Standards und die
Karrieren. Denn unter dem Postulat der Einheit von Forschung und Lehre kann
nur ein guter Forscher ein guter Lehrer sein: das ist der Primat der Forschung.
Und diese Forschung wird professionalisiert; es wird die Gemeinschaft der Forscher, die die strengen Leistungsnormen etabliert, trägt und informell kontrolliert. Vor allem an der Personalauswahl und ihren Kriterien kann man den Sieg
des neuen Imperativs beobachten. Nicht die lokalen Rücksichten, die Vorlieben
und Abneigungen von Kollegen, nicht die sozialen oder rhetorischen oder
schriftstellerischen oder die pädagogischen Fähigkeiten, sondern die Originalität der Forschung und ihrer Resultate werden für die Besetzung von Stellen entscheidend. Das aber kann nicht mehr vor den Mitgliedern einer Fakultät allein
nachgewiesen werden, sondern nur vor der nationalen und internationalen Öffentlichkeit der Disziplin, wie sie sich in Zeitschriften und Kongressen professionell organisiert: das Ansehen in der Disziplin wird es, was zählt. Man kann Karriere machen nicht nur, indem man Ansätze der Lehrergeneration fruchtbar
weiterführt oder an das herrschende Paradigma sich anpaßt, sondern auch –
von den unstrittigen Neuansätzen einmal abgesehen – indem man etablierte
Meinungen und Autoritäten herausfordert, Konflikte riskiert: auch das kann
zum Ruhme führen. Das begünstigt die Innovation in der Wissenschaft. Auch
der Eintritt in eine akademische Karriere, die Habilitation, die das Recht verleiht, Vorlesungen zu halten, anfangs lässig gehandhabt, wird schwieriger; Standards werden normiert, das Habilitationsalter steigt.

Dieser neue Forschungsimperativ und die daran orientierte Personalauswahl
sind nun durch eine Reihe von institutionellen und politischen Gegebenheiten
und Maßnahmen wesentlich gefördert worden; die Forschungsleistung wurde
prämiiert. Da gab es zunächst die Privatdozenten und den Extraordinarius: unbezahlte junge Leute oder gering bezahlte etwas ältere, nur gelegentlich durch
staatliche Stipendien oder Preise ein wenig unterstützt, die der Forschung „dienten", sich „durchhungern" mußten und zugleich von der Hoffnung auf eine
Professur angetrieben waren. Das hat in die Gelehrten-Republik Universität einen hierarchischen Zug, eine Scheidung von „Besitzenden" und „Nicht-Besitzenden" hineingebracht, die später zum Problem geworden ist. Aber für unsere
Zeit ist das andere wichtiger: Konkurrenz beförderte die Produktivität. War das
Verhältnis der Ordinarien zu den anderen Dozenten 1796 wie 100:37, so liegt
es 1864 bei 100:90 (darunter 40 Extraordinarien). Die preußische Regierung hat
diese Entwicklung gegen die Fakultäten unterstützt. Die gegebenen Karrierebe-
dingungen trieben die Jüngeren an die Front der Forschung; Spezialisierung –
unbekümmert um die etablierten Autoritäten – war eine ihrer großen Chancen,
sich durchzusetzen; so sind in den Naturwissenschaften und der Medizin vor allem ganz neue Fächer und Fachrichtungen entstanden. Der Staat hat sodann
durch seine Personalpolitik wesentlich dazu beigetragen, die neuen Leistungs-
kriterien durchzusetzen. Bei der Berufung von Professoren konnte er von den
Vorschlägen einer Fakultät abweichen, und das tat er durchaus, nicht vornehm-

lich aus politischen Gründen, sondern weil er gegen Zunft- und Schulinteressen, Cliquenwirtschaft, Bequemlichkeiten und die Betonung von Lehr„bedürfnissen" neue Richtungen und Zunftrebellen, produktive, hervorragende oder vielversprechende Forscher fördern wollte. Die Meinung „der Wissenschaft" und nicht die der Lokalgrößen sollte entscheidend sein; dem fühlte sich die Verwaltung verpflichtet. Alexander von Humboldts Empfehlung z. B. war entscheidend, den vierundzwanzigjährigen Justus Liebig vom Studium in Paris auf eine Professur in Gießen zu bringen. Viele der großen Neuerer, der Mathematiker Carl Gustav Jacobi, die Physiologen Johannes Evangelista Purkinje und Johannes Müller, der Kliniker Lukas Schönlein, sind den Fakultäten mehr oder minder aufoktroyiert worden. Gerade der Staat hat so die Entfaltung der Forschung begünstigt. Bedeutende Gelehrte, wie z. B. Liebig, sind gerade darum zeit ihres Lebens für den Regierungseinfluß bei Berufungen gewesen. Die Konflikte, die sich aus solcher Praxis zwischen Ministerien und Universitäten ergaben, führten letzten Endes dazu, auch bei den Professoren die Standards der Wissenschaft durchzusetzen – nach 1850 nahmen die Konflikte darum deutlich ab. Weiterhin hat der deutsche Föderalismus, die Vielfalt, der Ehrgeiz und die Konkurrenz der Einzelstaaten und der einzelnen Universitäten, z. B. selbst innerhalb Preußens, die Konkurrenz und die Mobilität der Gelehrten, die Orientierung an wissenschaftlichem überlokalen Ansehen und damit die Forschungsmotivation und Produktivität wesentlich begünstigt. Selbst die konservative Gemeinsamkeit der Regierungen hielt dem nicht stand; oppositionelle oder vertriebene Professoren fanden, zumal im Vormärz, anderswo eine Wirkungsstätte, nicht nur die Göttinger Sieben. Der moderne Schönlein, vom konservativen Ringseis aus Würzburg vertrieben, kam – über Zürich – 1840 nach Berlin; Oken verlor wegen seiner burschenschaftlichen Sympathie seinen Lehrstuhl, kam aber 1827 nach München; da er 1832 wieder Schwierigkeiten bekam, sollte er „nur" nach Erlangen abgeschoben werden, daraufhin ging er nach Zürich; Virchow „büßte" seine Aktivität in der Revolution auf einer Professur in Breslau, um wenig später nach Berlin zurückzukehren.

Für den Aufstieg der Wissenschaften in der neuen Universität ist schließlich wichtig ihre Stellung in der Gesellschaft. Universität und Wissenschaft hatten in Deutschland für das Talent eine besonders starke Anziehungskraft. Das hing mit der politisch-sozialen Struktur des Gemeinwesens zusammen. Weil der Zugang zu anderen sozial führenden Positionen – in Verwaltung, Militär und Politik – durch den Überhang faktischer Adelsvorrechte stark beschränkt war und es die „Karriere" des Politikers eigentlich noch nicht gab, konnten wissenschaftliche Leistungen und Universitätspositionen die Benachteiligung bürgerlicher Elemente kompensieren. Und zugleich waren in der Skala des Sozialprestiges das Staatsamt und die theorieorientierte Lebensform bevorzugt; das erhielt die besondere Attraktion wissenschaftlicher Karrieren auch gegenüber Führungsstellen in der Wirtschaft, auch da, wo es nicht auf Kapitalbesitz ankam. Obrigkeitliche und feudale Strukturelemente also begünstigten den Aufstieg der Wissenschaft. Schließlich war die moderne Wissenschaft ein Auffangbecken für die

Talente, die sich, vom Zweifel geplagt, von der bürgerlich gelehrten Tradition der Theologie abwandten, für Aufsteiger und für Pfarrerssöhne.

Neben der Personalauswahl wurde dann für die Forschungsleistung der Universitäten die Einrichtung von Seminaren und Instituten wichtig – das entsprach der Einheit von Forschung und Lehre. In Berlin z. B. gab es 1820 schon 7 medizinische und 3 theologische und philosophische Institute, 1850 waren es 10 und 8, 1870 16 und 11. Das chemische Institut von Liebig in Gießen hat in der Entwicklung der Chemie Epoche gemacht wie das physiologische J. Müllers in Berlin. Aus den mathematisch-physikalischen Seminaren (Königsberg 1835/36, Halle 1839, Göttingen 1850, ähnlich Heidelberg, Gießen, Berlin) entstand später recht eigentlich die neue Disziplin Experimentalphysik. Seminar und Institut waren Institutionen des Forschungstrainings; hier sammelten sich die befähigtesten Studenten als Schüler eines „Meisters" und wuchsen zu künftigen Gelehrten heran.

Welche Rolle spielte die Universität als Institution von Bildung und Ausbildung? Die neuhumanistische Gründungsidee – allgemeine Bildung durch Wissenschaft und philosophisch-humanistische Reflexion – hat sich nur sehr begrenzt durchgesetzt. Die Universitäten blieben primär Ausbildungsinstitutionen für Beamte und die staatsnahen freien Berufe; die klassischen Fakultäten der Berufspraxis: Theologen, Juristen, Mediziner blieben quantitativ führend, und sie blieben, ebenso wie die studienprägenden Prüfungen, vornehmlich berufs- und praxisbezogen. Die philosophische Fakultät konnte die ihr zugedachte zentrale und integrierende Rolle allenfalls in der Zeit Hegels und unter dem Eindruck herausragender Männer wahrnehmen. Die Philosophie verlor ihre zusammenbindende und zumal ihre führende Funktion; die Wissenschaften vom Menschen (Philologie und Geschichte) spezialisierten sich zusehends; der Bezug auf ein Ganzes und die Einheit des humanistischen Weltbildes schwanden dahin; die Verwissenschaftlichung der Geisteswissenschaften, die man nicht mehr unprofessionell betreiben konnte, schwächte ihre Bildungsfunktion für die Studenten der berufsbezogenen Fächer. Die Bildungsfakultät – die philosophische – wurde auf die Dauer auch zur Ausbildungsfakultät – für Lehrer und Naturwissenschaftler. Das Studium war nicht generell als Teilnahme an der Forschung zu organisieren. Dennoch, über die großen Universitätslehrer aller Fächer, die in der Tradition der idealistischen Bildungsidee aufgewachsen waren und noch aufwuchsen, den historisch oder philosophisch gebildeten Juristen, den durch die philosophische Reflexion hindurchgegangenen Naturwissenschaftler und Mediziner, den philologisch-historisch geschulten Theologen hielten sich Anspruch und Abglanz der ursprünglichen Bildungsidee. Die preußische Justizverwaltung bestand z. B. darauf, daß das Studium – im Gegensatz zu dem der Praxis gewidmeten Referendariat – zum Allgemeinen bilden sollte, und die so gebildeten Beamten, das ist zumeist vergessen, haben dann ja den modernen Interventions-, Sozial- und Kulturverwaltungsstaat aufgebaut.

Die Orientierung des Studiums an Wissenschaft setzte sich als Anspruch und Norm wenigstens durch; ein solches Studium hatte den höchsten Rang; wissenschaftliche Intelligenz war das, was auf der Universität primär zählte. Der starke Anstieg der Zahl der Promotionen z. B. ist ein Symptom dafür. Die Seminare lebten von der Idee, daß einmal wenigstens jeder, wenn auch nur auf einem kleinen Teilgebiet, am Prozeß der Forschung teilnehmen sollte. Die Wissenschaftsorientierung mit ihrer Strenge und ihrem Anspruch vertrieb den sich bildenden Dilettanten, den „Laien", für den es, wie beim Gentleman-Ideal des Colleges, auf Weltläufigkeit, Rhetorik und Kenntnisse ankam, von den Hochschulen. Die Universität war nicht Schule und war nicht College. Das Studium war „frei", ohne Programm und Curricula; Zeiteinteilung und Dauer des Studiums waren dem Einzelnen überlassen; die Universität schuf als solche keine gemeinsamen Lebensformen, sie war gerichtet auf den Einzelnen, seine innere Motivation, seine „Einsamkeit", auf das individualisierte Leben und auf die Wissenschaft. Erziehung in der Universität war auf die Begegnung des Einzelnen mit der Wissenschaft konzentriert; die Forderung, der Wissenschaft zu leben, war die eigentliche Erziehungsmacht. Das hatte zwei Konsequenzen. Einmal: weil die Universität nicht Schule und nicht College war, war die Mobilität der Studenten hoch. Sie waren nicht primär an die „eigene" Universität gebunden, sondern an die – überregionale – Profession und an Wissenschaft und Universität im ganzen. Die Universität schwächte darum die partikularen Traditionen, sie war gesamtdeutsch oder gesamtstaatlich, sie tendierte zur Homogenität einer nationalen Gesellschaft. Damit hatte sie eine charakteristisch modernisierende Funktion. Zum anderen führte das zu einem erzieherischen Defizit der Universität: es entstand eine Kluft zwischen der beanspruchten „inneren" Motivation, dem Interesse an der Wissenschaft und der Realität der Berufsvorbereitung, der „Einsamkeit" und dem Bedürfnis nach gemeinsamem Leben; die Begegnung mit der Wissenschaft reichte als Erziehungsmacht nicht oder jedenfalls nicht für alle hin. Diesen freien Raum füllten die studentischen Verbindungen aus, die – jenseits der Institution Universität und ihrer „Idee" – das Leben mit prägten. Die Verbindungen waren gerade darum „Lebensgemeinschaften".

Auch nach der Reform des studentischen Lebens durch die Burschenschaften gab es eine studentische Subkultur, in der nach dem idealistischen Aufschwung der Gründungszeit Trinken und Fechten wieder mehr Raum einnahmen, der verinnerlichte „Ehr"begriff der Burschenschaften wieder veräußerlicht und zum Statussymbol wurde. In den adelsgeprägten Corps wurden feudale Lebensformen und -normen tradiert; bis in die 6oer Jahre spielte das freilich für die bürgerlichen Studenten noch keine wesentliche Rolle. Daneben entstanden mit den 5oer Jahren neue Gruppen, Turner-, Sänger- und Landsmannschaften und die ersten betont christlichen Gruppierungen. Politisch dominierten in unserem Zeitraum die liberal-nationalen Tendenzen moderater oder radikaler Spielart. Aber das Verbindungswesen übernahm ständische, vorbürgerliche Konventionen, die neben der Modernität der Wissenschaft in die bürgerliche Welt hineinwuchsen. Zugleich stellte es eine „systemwidrige" Korrektur des bürgerlichen Leistungsideals und des Berechtigungswesens dar, weil hier persönliche Beziehungen Zugang zu Positionen schaffen konnten.

Die Universität zielte, wir sagten es, auf eine neue Elite der Bildung. Für das Resultat sind Zahl und soziale Zusammensetzung der Studenten wichtig. Die Studentenzahlen stiegen – im späteren Reichsgebiet – von nur ca. 6000 um 1800 über ca. 9000 (1816 bis 1825) bis knapp 16000 um 1830, sanken dann wieder und pendelten sich zwischen 1835 und 1860 unter 12000 ein, um dann erneut, 1865 auf 13500, anzusteigen. In Österreich studieren 1851 an den deutschen Universitäten etwa 3500 Studenten, davon etwa 2100 Deutsche, 1865 insgesamt 5081, davon etwa 2900 Deutsche; im Vormärz liegen die Zahlen, die freilich stark schwanken und mit den nicht-österreichischen nicht ganz vergleichbar erscheinen, höher: 1830 studierten 8243, 1840 9060, 1844 6544 an den deutschen Universitäten, mindestens 60% davon waren sicherlich Deutsche. Es gab also eine gewisse „Überfüllung" um 1830, zumal bei Juristen und Theologen, die dann wegen schlechter Berufsaussichten und staatlicher Gegenmaßnahmen drastisch zurückging. 1830 waren 0,5‰, 1850 0,35‰ der Bevölkerung an Universitäten, zwischen 1851 und 1855 besuchten etwa 1% der männlichen 18–22jährigen die Universität, zwischen 1840 und 1870 insgesamt 1,2%. Prozentual zu der Bevölkerungsentwicklung zeigen die Zahlen einen Rückgang. Die verfügbaren akademischen Positionen, die Nachfrage von Kirche, Bürokratie und freien Berufen, sind zunächst nicht vermehrt worden; Bevölkerungsvermehrung, Industrie und Wirtschaft, Ausweitung der Staatstätigkeit und -ausgaben schlugen erst gegen Ende unserer Periode auf den akademischen Markt durch, und hier zuerst in der philosophischen Fakultät, d. h. bei Lehrern und Naturwissenschaftlern. 1830 studierten etwas 27% evangelische, 11% katholische Theologie, 28% Jura, 15% Medizin, 19% in der Philosophischen Fakultät, 1860/61 sind die Zahlen: 21 – 10 – 20 – 17 – 31%.

Wie steht es mit der sozialen Herkunft der Studenten, mit dem Problem der Chancengleichheit? Vor der Idee der Universität war das Talent an sich von sozialer Herkunft unabhängig, aber die Idee der zweckfreien Bildung setzte doch gute Schulen und die Möglichkeit zur Muße voraus; nur dann konnte man das „Brotstudium" verachten. Die Studenten rekrutierten sich daher zu einem erheblichen Teil, bis nach der Jahrhundertmitte (1860), zu 50% aus akademisch gebildeten Familien, aus dem Adel (bis zu 12,5%), aus dem besitzenden Bürgertum (ca. 14%) – die Zahlen basieren auf Stichproben und geben nur ungefähr die Proportionen, und später den Trend an. Das ist in einem bürgerlichen Zeitalter, bei kargen Mitteln und begrenzter Zahl akademischer Positionen, wo es für Eltern zunächst auf den Lebensunterhalt der Kinder ankam, nicht verwunderlich und kein Anlaß zu unzeitgemäßer egalitärer Empörung. Erstaunlich ist vielmehr die Zahl der „Aufsteiger": 25–30% kommen aus den unteren Mittelschichten, sind Söhne von Handwerkern, kleinen Kaufleuten, kleinen Beamten, Volksschullehrern, in Württemberg 1837 gar 44%. Nach der Jahrhundertmitte, und zumal seit dem Anstieg der Studentenzahlen, sinkt der Anteil von Adel und Bildung (der letztere auf – 1870 – 39%), der Anteil des Besitzes steigt (inkl. Adel 32%), der Anteil der Aufsteiger geht – wegen dieses Anstiegs – ganz leicht zurück (etwas weniger als 31%), bei kleinen Beamten und Volksschullehrern steigt er. Diese Aufsteigerzahlen – so wenig sie statistisch über die Chancen von Kindern dieser Schichten sagen! – sind im Vergleich zu Westeuropa beträchtlich. Gewiß war die Universität ebensowenig wie das Gymnasium eine Institution der Chancengleichheit, zumal nicht für die Kinder von Bauern, Arbeitern, Unterschichten; und in Zeiten des Andrangs hat der Staat in Sorge vor einem akademischen Proletariat gerade Aufsteiger fernzuhalten gesucht. Aber die Universität war nicht nur Barriere, sie war auch Schleuse des sozialen Aufstiegs; die Chancen für Begabung und Leistung waren nicht der Statussicherung für die Kinder der oberen Mittelklasse aufgeopfert. Dabei sind es zumal die theologischen und philosophischen Fakultäten, vielleicht – gegen Ende unseres Zeitraums sicher – die medizinischen, sicher nicht die juristischen, zu Exekutive und Judikatur führenden Fakultäten, die die Aufsteiger anziehen und aufnehmen. Bei den Hochschullehrern ist das noch deutlicher. Nach der Jahrhundertmitte stammen 60% aus der Bildungsschicht, 20–25% aus der Mittelschicht, vielleicht 10% aus der Unterschicht; hier war der Aufstieg des großen Talentes – auch durch die „Hunger"jahre des Privatdozenten – über Stipendien möglich. Mindestens so interessant wie solche Mobilitätszahlen ist die Tatsache, daß die schreibenden Berufe – kleine Beamte und Volksschullehrer wie Akademiker – ihre Söhne viel eher studieren ließen als Handwerker, Kaufleute und Unternehmer. Der Unterschied der Berufsweise ist wie beim Abitur wichtiger als Klassen-, Status-, Einkommensunterschiede; es gibt gleichsam zwei Kulturen: Bildung und Beamtentum gegenüber Wirtschaft, Handel und Handwerk.

Universitätsbildung war im Ergebnis schicht- und elitebildend; insofern grenzte sie sozial ab – das ist eine sehr normale Erscheinung und entspricht dem Willen zu sozialer Differenzierung. Die Idee der Wissenschaft und der wissenschaftlichen Ausbildung hat zu Recht etwas Elitäres, Meritokratisches. Das konnte freilich in einer ständisch wie klassenmäßig stark geschichteten Gesellschaft leicht dazu führen, daß das Studium per se schon die Zugehörigkeit zu den höheren Schichten definierte, und die Aufsteigerstudenten waren daran nicht minder interessiert als die Söhne der Etablierten. Unter diesen Umständen hat der Bildungsanspruch der Universität die soziale Sonderstellung der „Akademiker" in Deutschland begünstigt und verstärkt, die Scheidung zwischen „Gebildeten" und Ungebildeten, die Trennung auch zwischen wirtschaftendem und gebildetem Bürgertum, man denke an den langen Ausschluß der Realgymnasiasten vom Studium. Die akademische Qualifikation hat die sozialen Schichten überlagert, modifiziert und auch festgeschrieben. Dazu gehört vor allem das ausgeprägte Prüfungs-, Berechtigungs- und Titelwesen, das zu einem Grundfaktum der gesellschaftlichen Gliederung wie des Lebensweges des Einzelnen geworden ist. Um Bildung gegen Geburtsvorrechte durchzusetzen, bedurfte es der Prüfungen; gerade der Adel ist seit der Reformzeit dieser bürgerlichen Prüfungsnorm und -wut mitunterworfen worden. Und von der Beamtenschaft ist diese Norm auf die staatsnahen gelehrten Berufe und dann auch auf viele mittlere Berufe übertragen worden. Wir sprachen von der Kopplung von Bildungspatent und Militärstatus (dem „Einjährigen"). Die Verbindung von Bildung, Prüfung und Amtsberechtigung ist in die Sozialstruktur und die Mentalität der Deutschen tief eingeprägt worden; Prüfungen wurden zu Statussymbol und Titel; Examenstüchtigkeit konnte vor Berufserfolg und Lebenserfahrung treten. Die Universität hat so, trotz genereller Verbürgerlichung der Gesellschaft, über ihre Zöglinge die alten ständischen wie die neuen klassenmäßigen Sonderungen und Hierarchien des deutschen Lebens umformend verstärkt.

Staat und Verwaltung waren nach der Phase der Reformen auf Konsolidierung und Fortentwicklung der neuen Universitäten aus. Der finanzielle Rahmen blieb zunächst begrenzt und stabil, erst seit den 40er Jahren wuchsen die Etats, expandierten die Universitäten. In Berlin z.B. hat sich der Etat zwischen 1820 und 1870 verdreifacht; dabei ging der Löwenanteil an die Seminare und Institute – ihr Etat verzehnfachte sich, betrug er 1820 noch ein Sechstel der Gehälter, so war er 1870 höher als diese: hierin spiegelt sich vor allem der Ausbau von Medizin und Naturwissenschaft. In Baden ist nach 1850 die Masse des Etatzuwachses in die Chemie gesteckt worden; zu der „altmodischen" Staatsaufgabe, Kultur und Bildung zu fördern, trat jetzt ganz bewußt die Förderung des ökonomischen Wachstums, die Bewältigung ökonomischer Krisen, etwa im agrarischen Sektor. Die Personalkapazität erweiterte sich nur langsam: 1796 hatte es 650 Professorenstellen gegeben, durchschnittlich 20 pro Universität, davon gingen freilich viele ein; 1864 waren es 725 Stellen, 30 pro Universität – daran kann man etwa die Steigerung ermessen. Angesichts der Knappheit der staatlichen Finanzen und angesichts des konservativen Mißtrauens gegen auch die wissenschaftliche, die professorale Intelligenz ist das erstaunlich: war hier ein liberaler Sektor der Staatstätigkeit?

Es gab freilich eine Gegentendenz. Wo die Entwicklung der Universitäten sozial oder politisch gefährlich zu werden drohte, griff der Staat ein. Die Erwartung, daß der Staat vor politischen Auswirkungen der Wissenschaft neutral bliebe und der Zumutung professoraler Intelligenz nachgeben würde, die künftigen Beamten nach eigenem Gutdünken zu erziehen, war in einem obrigkeitlich-bürokratischen und vorpluralistischen Staat illusorisch; in Berlin hat schon in den ersten Jahren nach der Gründung Humboldts Nachfolger Schuckmann, ein konservativer Bürokrat, über Statuten und Praxis die staatliche Kontrolle straffer angezogen; der Dienst der Universität am Staat war wichtiger als der des Staates an der Universität. Die Universität sollte, das war die nicht illegitime Sorge der Restaurationspolitiker, nicht Staat im Staate sein. Im Zeichen der Karlsbader Beschlüsse, wir haben davon erzählt, haben die Staaten mit einer zeitweise rigorosen Strafpraxis die Studenten wie die Dozenten zu disziplinieren versucht, Demagogen und Burschenschafter verfolgt, haben versucht, die Wissenschaft zu neutralisieren, Politik aus der Universität auszuschließen, mit Personalentscheidungen, Prüfungsordnungen oder anderen Mitteln gegenzusteuern, etwa der „gefährlichen" Staatsphilosophie durch „positives" Staatsrecht zu begegnen. Und in den 30er Jahren wird aus Sorge vor akademischem Proletariat die Zahl der Studenten mit vielerlei Mitteln herabgedrückt. In Preußen etwa sollte die Begünstigung der Hegelschüler den Philosophieunterricht staatlich einbinden. Dergleichen füllt die von liberalen Professoren geschriebenen Geschichten der Universitäten, und niemand wird die obrigkeitliche Praxis verharmlosen. Dennoch, diese Politik war im ganzen – außerhalb des Metternichschen Österreich – nicht erfolgreich, sie blieb ein Intermezzo. Aufs Ganze gesehen schützten die Kultusverwaltungen – Erben der Reform und oft Gegenspieler der Innen- und Polizeiverwaltung – die moderate Freiheit der Universität. Altenstein, der preußische Kultusminister bis 1840, setzte auf Hegel; das kirchenpolitische Interesse an Toleranz kam dem theologischen und auch dem wissenschaftlichen Pluralismus zugute. Die Konkurrenz der deutschen Länder, wir sagten es, unterlief die Restauration; anderswo vertriebene Professoren nahm man gerne auf. Als Friedrich Wilhelm IV. in Berlin 1840 die „Drachensaat" der Hegelschen Philosophie zu bekämpfen sich anschickte, war es eigentlich schon zu spät, und die Neuberufenen, Schelling und Stahl, waren immerhin Gelehrte von Format. Selbst junghegelianische Privatdozenten, die den Atheismus propagierten, wurden in Preußen zunächst nur – zu ihrem unendlichen Zorn – aus der theologischen in die philosophische Fakultät versetzt. Trotz Obrigkeitsstaat und trotz konservativer Generallinie, trotz anti- und illiberaler Einzelmaßnahmen: der Geist der bürgerlichen Opposition, liberal-national eher als demokratisch-radikal, setzte sich auch im akademischen Establishment durch. Auch die Reaktion der 5oer Jahre hat hier – im Unterschied zum Schulsystem –, abgesehen von der Emigration aktiver Revolutionäre, wenig geändert. Virchow wurde für seine demokratischen Aktivitäten durch wenige Jahre Versetzung gestraft, ehe er im Triumph nach Berlin zurückkehrte. Seit den 6oer Jahren war auch die Hochschulpolitik wieder moderat liberal. Gelegentlich, wie in Baden, kehrten sich die Konflikte jetzt um. Wo die Regierung gegen die Fakultäten handelte, berief sie zum Teil liberale oder jüdische Gelehrte. Diese mittlere Liberalität der Staaten hatte ihre Schranken, nicht nur gegenüber politischen Radikalen. Katholiken hatten es in protestantischen Staaten, wie in Preußen, schwer, ungetauften Juden waren bis in die 6oer Jahre Universitätsämter verschlossen – aber das war nicht simpel Sache des Staates, sondern entsprach durchaus den in den Universitäten geltenden gesellschaftlichen Selbstverständlichkeiten. Im ganzen war so das Verhältnis von Staat und Universität nicht sonderlich und ständig gespannt, eher gut; die wohlwollend autoritäre, sachliche und zum Teil unpolitische Staatsverwaltung hat den Aufstieg und das Gedeihen der Universitäten wesentlich gefördert. Im Schatten der stärker machtbezogenen Bereiche konnte sie sich ruhiger und weniger gestört entwickeln. Der Staat freilich legte den Akzent nicht auf den Freiheitsaspekt der Universitätsidee, sondern sah sie als Teil der ihm anvertrauten Kultur. Mit den politischen Wirkungen glaubte er fertig zu werden.

Trotz der strengen Wissenschaftsorientierung, trotz Einsamkeit und Freiheit, der Distanz zur Gesellschaft, vielleicht gerade deshalb, spielt die Universität in unserem Zeitraum eine bedeutende politische Rolle. Der politische Professor wird im Vormärz und in der Revolution zu einer neuen, führenden Figur der bürgerlichen Gesellschaft – und bei den Radikalen spielt der radikale Privatdozent eine halbwegs vergleichbare Rolle. Der Staat ließ, wie wir sahen, diese Figur sozusagen zu. Gewiß gab es auch viele unpolitische Professoren und solche, die Politik und Wissenschaft dezidiert und strikt zu trennen suchten. Aber auffallend und bewegend sind gerade die politisch, journalistisch, parlamentarisch Tätigen, keineswegs nur bei Staatsrechtslehrern, Historikern, Nationalökonomen, und trotz eines prominenten konservativen und eines katholischen Flügels war zwischen 1840 und 1870 repräsentativ doch der liberale, der freisinnige, zuerst liberal-nationale, dann national-liberale Professor – von den Göttinger Sieben, den Heroen des Vormärz, über die Professoren der Paulskirche zu denen der Neuen Ära, des National- (und des Reform-)vereins, des preußischen Konfliktparlaments. Die Parteien und die politische Öffentlichkeit waren ohne diese Professoren gar nicht vorstellbar. Und die Geltung der Wissenschaft wie das Rechtsinstitut der Autonomie der Universitäten ermöglichten es, daß auch in den vermeintlich so obrigkeitlichen Staaten die professoralen Staatsbeamten Führer der Opposition waren.

Ein weiteres kommt hinzu. Die Universitäten waren de facto wenn auch nicht de jure nationale Institutionen; Professoren und Studenten wechselten zwischen Universitäten und Städten; wissenschaftliche Kongresse und Organisationen etablierten eine nationale Fachöffentlichkeit, wie die Versammlung deutscher Naturforscher und Ärzte seit 1822, der Philologen seit 1839, der Germanisten (der Rechtshistoriker und Sprachwissenschaftler) seit 1846; sie übergriffen die territorialen, ja auch die konfessionellen Schranken. Die neuen Kulturwissenschaften entfalteten das Konzept von Nationalgeist und Nation. Darum haben gerade die Universitäten an der Entstehung und Entfaltung der Nationalbewegung einen besonderen Anteil: Studenten und Professoren wurden ihre Protagonisten und Mitträger. Die Bedeutung der Universitäten in der nationalen Bewegung und für sie hat dabei den kleindeutschen Strang begünstigt. Gerade die preußische Universität und Preußens Rolle im Universitätswesen haben die Attraktivität Preußens ganz vital gegenwärtig gehalten und verstärkt. Preußen, der Staat der Universität, der Bildung, der Wissenschaft, und also der Staat von Geist und Freiheit – darauf konnte man sich beziehen und darüber die reaktionären Züge und Perioden Preußens überstehen, denn hier lag das Element der Liberalisierung vor Augen. Insofern hat die Universität den Glauben an Preußens „deutschen Beruf" tief befestigt.

Die nationale Orientierung der Universitäten übrigens hat, jedenfalls bis 1870, nicht die sachgemäße Internationalität der Wissenschaft beeinträchtigt. Und die internationale Ausstrahlung der deutschen Universitätswissenschaft, zuerst der Philologie und Philosophie, dann der Geschichte und der Naturwissenschaften, wie die Anziehungskraft deutscher Universitäten für ausländische Studenten – aus Ost-, Südost-, Nordeuropa und aus Amerika – verstärkte sich in diesen Jahrzehnten zusehends.

Die Universität war als Stätte der Wissenschaft – also jenseits ihrer Ausbildungsfunktion – auf eine doppelte und widersprüchliche Weise auf Gesellschaft und Leben bezogen. Da war einmal die Distanz. Einsamkeit und Freiheit,

Selbstzweck der Wissenschaft – das macht die Nähe zum Kloster, dafür steht das Bild vom Elfenbeinturm. Die neue Wissenschafts- und Universitätsidee war, so modern sie gegenüber der ständischen Welt war, in einer eigentümlichen Weise jenseits von Ökonomie und Arbeit, von praktischer Tüchtigkeit, wirtschaftlichem Erfolg, Besitz; sie war vorindustriell, eine Sache von Beamten und Gelehrten. Die Welt der Praxis – der Technik und der Wirtschaft zumal – war von der Universitätswelt und den von ihr vermittelten Orientierungen scharf geschieden. Insofern hat die Universität zur Trennung von theoretischer und praktischer Kultur, einem „höheren" und einem „niederen" Bereich manches beigetragen. Gegenüber solcher „Distanz zum Leben" ist dann die Kritik, Universitäten seien lebensfern und unpraktisch, nicht in der Lage, „soziale Verhältnisse zu würdigen" (Diesterweg), zu „theoretischer Spekulation" verführend (Biedermann) bis hin zu Nietzsche der ständige Kontrapunkt. Aber auf der anderen Seite war die Ausstrahlung der Universität, auch über das Politische hinaus, außerordentlich groß. Sie spielte für die Lebens- und Sinnorientierung der bürgerlichen Gesellschaft, mehr als Literatur und Publizistik, freie Intelligenz oder gar Bohème, mehr als die politische Diskussion und häufig auch schon mehr als die Kirchen, eine zentrale Rolle. Die großen Veränderungen, Krisen und Konflikte, die die geistige Geschichte der Deutschen bestimmt haben: die philosophische und historische Umbildung des Christentums, die historische und die naturwissenschaftliche Umformung des Weltbildes, Fortschrittsglaube und -zweifel, die Entfaltung des Nationalen, die Entdeckung der Gesellschaft, die „Kultur"kämpfe, die politischen Kontroversen – das war um die Universitätsdiskussion zentriert. Die Wissenschaften formten die Weltauslegungsangebote; die Universität lieferte trotz des Zerfalls der Disziplinen Bausteine von Weltanschauung – und das wurde in der Krise der Religion und dem Kampf politischer Ideologien immer wichtiger. Insofern war die Universität im geistigen Haushalt der Nation nicht eine Provinz, sondern eine zentrale Instanz. Das Wissen der Wissenschaften und das Gewissen der Handelnden und Leidenden standen in Zusammenhang; die etablierten wie die subkulturellen Weltbilder, alte wie neue, waren gewiß vor- und außerwissenschaftlich, aber sie traten in Beziehung zu diesem Leit- und Gegenbild Universität.

Auch von daher wurden die Professoren zu einer neuen bürgerlichen Elite. Sie waren sozial-moralisch in den Kategorien von Leistung und Fleiß trainiert, von bescheidenem bürgerlichen Lebenszuschnitt, sie waren nicht eben weltmännisch, oft streitsüchtig und dogmatisch starr, in die für die Zeit so charakteristischen Schulkämpfe verstrickt, aber sie waren weniger skurril, weniger outsider als im 18. Jahrhundert. Sie standen in einer Tradition und entwickelten sie weiter und waren zugleich die entscheidenden Protagonisten der Modernität. Sie waren vom Glauben an die Wissenschaft erfüllt, die die göttliche oder natürliche Ordnung entschlüssele, den Menschen edel mache, ja einer der höchsten Zwecke der Menschheit überhaupt sei – das gab ihrem Selbstbewußtsein das eigentümliche Pathos einer Sendung, ihrem ruhigen beamteten Dasein eine heroische Dimension. So erforschten sie in ihren Provinzstädten fremde Welten und ferne

Kulturen, ohne je deren Boden zu betreten. Bis nach der Mitte des Jahrhunderts blieb, trotz der fortschreitenden Spezialisierung und trotz der ansteigenden Tendenz zum „Positivismus", zum Faktischen, die Einbindung des eigenen Tuns in eine philosophische Weltsicht, die Überschau über das Ganze des eigenen Faches und manche Nachbarfächer noch erhalten. Die Professoren hatten, zumal in den für Deutschland typischen kleinen Universitätsstädten, eine sozial herausgehobene Position; sie gehörten zu den führenden Männern nicht nur der bürgerlichen Gesellschaft, sondern des Volkes. Auch das erklärt ihre politische Rolle.

d) Die technische Bildung

Zum Schluß müssen wir noch von einer Sonderform der Hochschulen berichten, den Technischen Hochschulen, die für die Entwicklung der Technik so wichtig wie für die Spaltung zweier Kulturen charakteristisch sind. Technische Bildung konnte in Deutschland im späten 18. Jahrhundert an Fach- und an Militärakademien anknüpfen, so an die berühmte Bergakademie in Freiberg. Epochemachend wurde die Pariser Revolutionsgründung der École Polytéchnique – zur Ausbildung der zivilen und militärischen Baubeamten auf naturwissenschaftlicher Grundlage –; sie wurde zum Vorbild aller technischen Bildung. Es ist die neuhumanistische Reform gewesen, die die Universitäten den „reinen" Wissenschaften vorbehalten, die technischen Fächer ausgeschlossen hat und die Abneigung gegen die „necessären Künste", den „Polytechnismus oder wie man die materiellen Richtungen nennen will" (F. Creuzer 1830), als Teil der Wissenschaften oder einer höheren Bildung bei den neuen Universitätsgelehrten und den Kultusbeamten fest etabliert hat. Es entstehen also eigene Institutionen, „Universitäten des Erwerbslebens" oder „Akademien", wie ihre Anwälte euphemistisch sagen. 1806 ist in Prag auf Initiative der Stände, zumal der adligen Unternehmer, das ständische „Polytechnische Institut", eine höhere technisch-wissenschaftliche Unterrichtsanstalt für den Gewerbestand, begründet worden, 1815 in Wien das „Polytechnische Institut", für die „gewerbefleißigen bürgerlichen Stände, für die nützlichen Künste und für die technischen Staatsdienste", für „die wichtige Klasse der höheren – d.h. nicht-handwerklichen-Fabrikanten, Unternehmer und Handelsleute". In Karlsruhe hatte der Schüler der École Polytechnique Tulla eine Schule für Bauingenieure begründet (und es abgelehnt, sie an der Universität in Heidelberg einzurichten), der Architekt Weinbrenner eine höhere Bauschule. 1825 wurden beide vereint und (endgültig 1832) mit Maschinenbauabteilung und höherer Gewerbeschule neu organisiert. Wien zuerst und dann Karlsruhe waren jetzt führend; sie repräsentierten mit einem allgemeinen mathematisch-naturwissenschaftlichen Grundstudium und einer Aufgliederung der Gesamtheit der technischen Fächer die Einheit von technischem Unterricht und wissenschaftlicher Begründung, mit den vorantreibenden Elementen von Theorie und Neugier. Anderswo folgte man: 1822 in Dresden, 1825 in Stuttgart, 1827 in München (1833 mit Teilen in Augsburg und Nürnberg), 1830 in Kassel, 1831 in Hannover, 1835 in Braunschweig, 1836 in Darmstadt. Das waren – noch – keine Hochschulen, wie bis zum gewissen Grade Wien und Karlsruhe, sondern wissenschaftliche Fachschulen für Handwerker wie Fabrikanten, Werkmeister wie Ingenieure, Lehrlinge mit Volksschulabschluß und Realschüler – das Eintrittsalter lag meist bei 17 Jahren. In Berlin gab es seit 1799 die Bauakademie zur Ausbildung von Baubeamten (Architekten wie Bauingenieuren) auf wissenschaftlicher Grundlage; 1821 gründete Beuth das Gewerbeinstitut zur Ausbildung von „Zivil"(Maschinen)ingenieuren, mehr Schule – mit 12–16jährigen Volksschülern erst und später mit Zöglingen der Gewerbeschulen – und in der wissenschaftlichen Grundlegung weit hinter der Bauakademie. Man wollte höhere Handwerker, Werkmeister und Fabrikanten bilden – Borsig ist so einer gewesen – und Gewerbelehrer für die zu errichtenden mittleren und niederen technischen Schulen (der berühmte Chemiker Wöhler war Lehrer der höheren Gewerbeschule Berlin).

In der Mitte des Jahrhunderts setzt in den Fächern wie den Institutionen eine zunehmende Verwissenschaftlichung ein. Der Österreicher Ferdinand Redtenbacher, seit 1840 in Karlsruhe, hat den Maschinenbau erst eigentlich auf wissenschaftliche, mathematisch-theoretische Basis gestellt; 1844 hat er für die zufällig erfundene große Turbine von St. Blasien Konstruktionsregeln geliefert und ihren Wirkungsgrad vorausberechnet; er hat Lehre mit Forschung und Konstruktion verbunden. Ähnlich wirkten Karl Karmarsch in Hannover seit 1837 mit dem Grundriß der mechanischen Technologie, Gustav Zeuner in Dresden mit der Theorie der Dampfmaschine und Franz Reuleaux in Berlin. Dazu kam seit 1855 der Einfluß der Eidgenössischen Polytechnischen Hochschule in Zürich. Jetzt wurde die Zulassung – Abschluß des Realgymnasiums – schärfer gefaßt, nach 1860 allmählich die Hochschulverfassung eingeführt. Aus den Polytechnika wurden – etwa in den 60er Jahren – Technische Hochschulen; die Ausbildung von Werkmeister und Mechaniker wurde von der des Ingenieurs geschieden – die stand nun endgültig auf wissenschaftlicher Basis. Das war eine wesentliche Neuerung, die für die zweite Phase der Industrialisierung in Deutschland und ihre Erfolge außerordentliche Bedeutung gehabt hat. Die Professionalisierung und Organisation des Ingenieurberufs, von dem wir im Zusammenhang mit der Industrialisierung berichtet haben, ist eine Folge dieser Entwicklung. 1840 studierten an den technischen Institutionen (im Reich von 1871) 757, 1850/51 1 180, 1865/66 2 020 Studenten, 1872/73 über 5 000, in Wien, Prag, Brünn und Graz (1850) 1 028 deutsche Studenten.

Das Verhältnis der technischen Hochschulen zu den Universitäten, ihre Rolle in der höheren Bildung blieb prekär und umstritten. Der Konflikt zwischen den etablierten „Humanisten" und den neu aufstrebenden Realisten um das Gymnasium und die Realgymnasien und Oberrealschulen wiederholte sich hier. Die „Humanisten" verdächtigten die technische Bildung als geistige Verarmung, als Abkehr vom Idealismus, als Materialismus, Einseitigkeit und als Verlust von Freiheit, Seele, Geist, sie sprachen von „Klempnerakademien" – bei den mittleren Schulen –, von „Nützlichkeitskramschulen"; und die Vertreter der Technik argumentierten mit der Steigerung von Lebensstandard und Arbeitsleistung, mit dem Fortschritt, der erst eine neue Blüte von Kunst und Wissenschaft, Humanität und Persönlichkeit ermöglichen werde; dem Vorwurf der Einseitigkeit suchten sie durch eine Art humanistischen Begleitstudiums zu begegnen. Aber Gleichberechtigung konnten sie nicht erlangen. Es blieb bei der Spaltung zweier Kulturen – der humanistischen und der technisch-ökonomischen; auch das Prestige der Naturwissenschaften kam der „anderen" Kultur nicht zugute.

3. Die Wissenschaften

a) Naturwissenschaften und Medizin

Eine der weltgeschichtlichen Tatsachen des 19. Jahrhunderts ist der gewaltige Aufstieg der Wissenschaften zu einer das Leben und die Welt umgestaltenden Großmacht. Die Welt ist durch die Wissenschaften revolutioniert worden. Die Deutschen haben an dieser Geschichte einen spezifischen Anteil gehabt; darum gehören dieser Aufstieg der Wissenschaft und diese Weltverwandlung zentral in eine deutsche Geschichte.

Sich aufdrängend und unmittelbar selbstverständlich für Bewußtsein und Erinnerung ist dieser Vorgang bei den „exakten", den Naturwissenschaften. Sie haben über Technik und Medizin unsere Lebenswelt gründlicher verändert als je zuvor. Darum reicht die naturwissenschaftliche Revolution des 19. Jahrhunderts über die erste Revolution der Kepler, Galilei und Newton weit hinaus.

Um 1800 war Deutschland auf dem Gebiet der Naturwissenschaften und der Medizin ein zurückgebliebenes Land. Die Entfaltung der modernen Methoden, Experiment, Messung, mathematische Analyse, die Vollendung der klassischen Mechanik (der Massenpunkte wie des Himmels) mit Hilfe der mathematischen Analysis, die Entwicklung der Optik, der Elektrizitätslehre, der chemischen Analyse, der Elektrochemie und der Atomtheorie, der pathologischen Anatomie und die Anfänge der Physiologie und der exakten Krankenbeobachtung – all das geschah in Westeuropa; hier wirkten Laplace und Lagrange, Volta und Faraday, Lavoisier, Priestley, Cavendish, nicht in Deutschland. Man nahm hier freilich an diesen Ereignissen seit dem späteren 18. Jahrhundert lebhaft Anteil – wir kennen das z. B. von Goethe. Die Akademien unterstützten die „Naturforschung", es entstanden Sammlungen und Observatorien; das Wiener Allgemeine Krankenhaus, die Bergakademie in Freiberg, die mathematisch-astronomischen Forschungen in Göttingen waren international angesehen, aber sie waren Ausnahmen. Im ganzen war der Betrieb der exakten Wissenschaften noch dilettantisch. Entdeckungen und Neuentwicklungen – Johann Wilhelm Ritters Entdeckung des ultravioletten Lichtes, die er nicht weiterverfolgte, Ohms Entdeckung des nach ihm benannten Gesetzes des elektrischen Widerstandes (1826), die beiden einzigen deutschen Beiträge zu der aufregenden Neuentwicklung der

Elektrizitätslehre, Ernst Chladnis Begründung der experimentellen Akustik zu Beginn des Jahrhunderts oder des Anatomen Gall erste Schritte zu einer Gehirnanatomie – hatten etwas Zufälliges, sie waren und blieben zunächst vereinzelt. Zwar gibt es auch später noch Außenseiter der Forschung, aber sie werden dann sofort in die systematische und professionelle Forschung hineingenommen, und sie werden schnell weniger. Nur der Mönch und Pflanzenzüchter Gregor Mendel, der in den 1860er Jahren die Vererbungsgesetze entdeckt, aber zunächst unbeachtet bleibt, ist und bleibt außerhalb des institutionellen Wissenschaftsbetriebs, ist altmodisch, „Dilettant".

Die drei bedeutendsten, ja genialen deutschen Naturwissenschaftler der ersten Jahrzehnte des Jahrhunderts sind darum zunächst mehr als Individualitäten hervorgetreten denn als Repräsentanten einer generellen Entwicklung: so das mathematische Genie der ersten Jahrhunderthälfte, Carl Friedrich Gauss in Göttingen, der als Physiker, Astronom und Geodät gleich gewichtig war, der die Brechung des Lichtes berechnete und ein neues Verfahren zur Berechnung der Bahn jedes Himmelskörpers, z. B. der Kometen, fand, der den magnetischen Südpol bestimmte und die Erkenntnis des Erdmagnetismus wie das physikalische Maßsystem (und vieles mehr) entscheidend weiterentwickelte. So Joseph Fraunhofer, der, aus dem Handwerk aufgestiegen, den Bau optischer Geräte zuerst mathematisch begründet hat, bei Experimenten zur Brechung des Lichtes die Fraunhoferschen Linien (die Basis der Spektralanalyse) entdeckt und die Wellenlänge der Spektralfarben berechnet hat. So Alexander von Humboldt, der berühmteste von allen, ein empirischer, messender und experimentierender Geograph, ein „moderner" Forscher und zugleich ein klassisch-universaler Geist, ein „Naturforscher" vor aller Spezialisierung. Über der Bearbeitung seiner auf allen Gebieten der Geographie unendlich ertragreichen lateinamerikanischen Forschungsreise (1799–1804) im Zentrum der Wissenschaft, in Paris (bis 1827), wird er zum international angesehensten Repräsentanten „der" Naturforschung und vieler ihrer Gebiete, nicht nur der Geographie; im Alter hat er in seinem vierbändigen ‚Kosmos' (1845–58) die Phänomene im Zusammenhang des Naturganzen darzustellen versucht, ein Werk, das „zugleich in lebendiger Sprache anregt und das Gemüt ergötzt", ein letzter enzyklopädischer Versuch aus dem Geist der Klassik, in alle Weltsprachen übersetzt – aber im Zeichen von ständig vorangetriebener Spezialisierung doch schon nach seiner Art veraltet.

Die Entwicklung der Natur- und medizinischen Wissenschaften in Deutschland wurde nun für zwei bis drei Jahrzehnte überlagert und eigentümlich fixiert von der sogenannten Naturphilosophie der Hegel und Schelling und der romantischen Naturforscher wie Oken und Steffen oder Hofmann. Sie ist schon kurz darauf in Verruf geraten als unwissenschaftlich, spekulativ, phantastisch. Die Wärme sei „das Sich-Wiederherstellen der Materie in ihre Formlosigkeit, ihre Flüssigkeit, der Triumph ihrer abstrakten Homogeneität über die spezifischen Bestimmtheiten" (Hegel); der Katarrh das Zurücksinken in der Entwicklung auf die Stufe eines Schleimtiers (Hofmann); zwischen Pflanzen, Knospen und

Gichtknoten bestehe eine Analogie wie zwischen den Polaritäten Leber und Milz, Eisen und Quecksilber, weshalb man Eisen gegen Milzkrankheiten verwenden soll – solche und ähnliche „Feststellungen" scheinen Blütenlesen der Absurdität zu sein. Dahinter stand ein holistischer Zugriff auf die Natur; sie wurde als Ganzes, als Einheit, als System nach Art des Organismus aufgefaßt, alles war darum mit allem verbunden, alles Ausdruck einer zugrundeliegenden „Lebenskraft", und alles war eingespannt in eine zweckmäßige, teleologische Entwicklung: die leblose Natur war mögliches Leben, war Vorstufe des Geistes; in diesem Sinne galt den chemischen, magnetischen, elektrischen „Kräften" des Anorganischen besondere Aufmerksamkeit. Mit Hilfe philosophischer Kategorien wie Identität und Polarität, Entwicklung und Steigerung und spezifischer Kategorien des Organischen: Irritabilität, Sensibilität und Reproduktion wollte man die Naturwirklichkeit „spekulativ" erfassen. Intuition und Analogie waren die Zaubermittel dieser Spekulation; immer ging es um die Umsetzung von „Kräften" in unterschiedliche Erscheinungsformen. Induktion, Experiment, mathematische Deutung wurden demgegenüber verachtet.

Eine Sonderform dieser Naturphilosophie ist die romantische Medizin. In ihr lebt auch das Erbe des 18. Jahrhunderts fort: die Ansätze zur vergleichenden Anatomie, zur Physiologie und zur Systematisierung der Krankheiten über Beobachtung und Beschreibung, und die traditionellen unterschiedlichen Theorien über das „Wesen" der Krankheit: Störung mechanischer Vorgänge, Stockung oder Reibung, Straffung oder Erschlaffung. Spezifisch romantisch sind die jetzt bevorzugten Krankheitstheorien: Krankheit als Ungleichgewicht der Säfte (Humoralpathologie), als ein besonderes parasitäres Wesen (Animismus), als Zuviel oder Zuwenig von „Irritabilität" der Muskeln, von Sensiblität der Nerven, von Reiz und Reaktionen auf Reize (und die Entdeckung der tierischen Elektrizität durch Galvani erregte darum besonderes Interesse). Spezifisch romantisch war dann vor allem die Annahme einer „Lebenskraft". Es kam darum auf Disposition und Konstitution des Kranken an und therapeutisch auf die Stärkung der „Lebensgeister" und -kräfte. Darum rückte das Verhältnis von Körper und Seele ins Zentrum des Interesses. Die vorromantische Modetherapie des Magnetismus des Franz Anton Mesmer fand als eine Art Suggestionstherapie weiter große Resonanz; und daran knüpften auch die romantischen Neigungen zu okkulten Phänomenen, zum Spiritismus, zur Clairvoyance, zur Geisterbeschwörung an – wie beim berühmten schwäbischen Arzt Justinus Kerner oder beim Erforscher der „Nachtseite" der „Natur" Gotthilf Heinrich von Schubert – und das riesige Interesse an Geisteskrankheiten. Der Gehirnanatom Gall versuchte, bestimmte Fähigkeiten im Gehirn zu lokalisieren – recht grob z. B. einen Gesellschafts-, einen Diebes- oder einen Pietätssinn –; einer seiner Schüler entwickelte die Modetheorie der Phrenologie, bei der man aus Schädelformen auf Geist und Charakter schließen wollte. Der berühmte „romantische Arzt" der Zeit, Carl Gustav Carus hat sich vor allem mit der Seelenentwicklung und einer Ausdruckslehre beschäftigt. Am ausgeprägtesten ist die romantische Medizin in den Theorien katholischer Mediziner wie der berühmten Professoren Ringseis in München und Windischmann in Bonn. Sitz der Krankheit sei – zuletzt – die Seele, sündig, durch Lust und Begierde entzündet, in ungeordneter Liebe untergeordneten Dingen verfallen und sich „versehend" – dagegen sollten die natürlichen Heilkräfte des Kranken, Magnetismus und auch Exorzismus und die Gnadenmittel der Kirche aufgeboten werden. Heilung und Heil (Entsündigung) hingen zusammen; eigentlich war der Arzt Priester, der die göttlichen Kräfte leiten sollte. Der Protestant Johann Christian August Heinroth hat – vorsichtiger – ähnlich gelehrt. Ganz anders schließlich und doch aus ähnlichem, teils romantischem, teils vorromantischem Geist der Begründer der Homöopathie, Samuel Hahnemann, der die Krankheit als Trübung der Lebenskraft deutete, der Krankheiten mit „ähnlich", mit analog wirkenden Arzneimitteln in geringen Dosen behandelte und der die spezifische Mischung der Arzneimittel auf die Konstitution des Kranken, auf jeden Einzelfall also bezog; Widerstand des Establishments und eigene Aggression haben bewirkt, daß sich um ihn die erste der modernen Gesundheitssekten, mit frühen und großen Erfolgen zunächst in den USA gebildet hat.

Zwei Punkte sind an diesem uns so fremden und befremdlichen Phänomen heute wichtig. Einmal: ein entscheidendes Motiv dieses Ansatzes war die Abwehr von empirisch nicht gedeckten Übergriffen des entstehenden radikalen Empirismus. Das war es, was man als Mechanismus und Materialismus beschrieb: die Atomisierung der Natur, die Neigung zum Determinismus, die „mechanische" Deutung des Lebens, die gänzliche „Objektivierung" des Menschen zum Gegenstand naturwissenschaftlicher Medizin, die Isolierung der einzelnen Krankheit vom Ganzen des kranken Menschen. Dagegen sollten die alten Wirklichkeiten: Leben, Seele, Geist (und Gott) zur Geltung gebracht werden, aber auch die Frage immerhin nach der Einheit der Natur, nach einer – wie man später sagte – vitalistischen Theorie des Lebens, nach den nervösen, den seelischen Ursprüngen der Krankheit (und das war nur in den Kategorien der Sündenlehre möglich). In aller Verstiegenheit war hier ein spezifisches Problem offengehalten. Zum anderen: diese Philosophie ist – Thomas S. Kuhn hat das betont – für eine ganze Reihe „moderner" Entwicklungen von großer Bedeutung, für die elektromagnetische Theorie der Oerstedt und Faraday oder für die Entdeckung des Gesetzes von der Erhaltung der Energie, für die Entdeckungen der vergleichenden Morphologie und der Embryologie (des Säugetiereis und seiner Entwicklung) oder die Anfänge der Evolutionstheorie; für die exakte Erfassung von Krankheiten wie der Tuberkulose (durch Lukas Schönlein).

Auch wenn wir heute versuchen, abgelebten Gestalten der Vergangenheit gerecht zu werden und uns der naive Glaube an den eindeutigen Fortschritt abhanden gekommen ist, auch wenn romantische Spekulation in moderne Entdeckungen eingegangen ist, angesichts der Tatsache schon, daß die Medizin die Grenze zwischen Leben und Tod, Krankheit und Gesundheit so außerordentlich verschoben und unser Lebensalter verdoppelt hat, kann und muß man den geschichtlichen Vorgang hier doch unter der Kategorie des Fortschritts auffas-

sen. Darum gilt: diese philosophische Wissenschaft war eine Hemmung im Fortgang der wissenschaftlichen Entwicklung. Und trotz der erwähnten Verbindungslinien, charakteristisch ist die Revolte der exakten Wissenschaften gegen
jene Philosophie. Liebig sah in ihr einen sträflichen Skandal, „die Pestilenz unseres Jahrhunderts. Einen Menschen, der im Zustand seiner Tollheit einen anderen umbringt, sperrt man ein, der Naturphilosophie aber erlaubt man heutzutage noch, unsere Ärzte zu bilden und ihnen diesen ihren eigenen Zustand der
Tollheit mitzuteilen, die ihnen mit Gewissensruhe und nach Prinzipien erlaubt,
Tausende zu töten." Der Aufstand gegen die Naturphilosophie ist ein wichtiger
Faktor beim Siegeszug der modernen exakten Wissenschaften in Deutschland.

Wir wenden uns zunächst der Medizin und den Wissenschaften vom Leben
zu, weil hier und in der Chemie der erste epochale Durchbruch der neuen Wissenschaft vor sich geht. Die Medizin sollte allein auf Tatsachen, exakte Beobachtung, Messung und Experiment gegründet werden, zumal darum auf die eigentlich naturwissenschaftlichen Disziplinen, Physiologie und Anatomie. Es ist
die Entwicklung der Physiologie, die seit Ende der 20er Jahre die Medizin revolutioniert: Die Zelle wird als Grundeinheit des Lebendigen (der Zoologe
Schwann und der Botaniker Schleiden) in ihrer Struktur und Entwicklung (Zell-
teilung) erforscht. Karl Ernst von Baer entdeckte 1827 das Säugetierei; daran
knüpften die physiologische Erforschung der Befruchtung und der Entwicklung
des Embryos und die vergleichende Embryologie an. Erst jetzt wurde z. B. die
alte Theorie der Präformation, nach der Eva alle künftigen Menschen unendlich
klein, aber präformiert in ihrem Eierstock getragen habe, wissenschaftlich endgültig widerlegt. Johannes Müller ist, zumal in Berlin, der erste Meister dieser
neuen Wissenschaft gewesen; sein ‚Handbuch der Physiologie' (1834–1840),
wurde das „Grundbuch von unser aller Bildung" (Virchow). Er und seine Schüler – Virchow, Henle, Helmholtz, Du Bois-Reymond und viele andere – begründen die Physiologie in all ihren Zweigen, die Physiologie des Kreislaufs, der
Atmung, des Stoffwechsels, der Sinnesorgane, der Muskeln, der Nerven, des Ei-
erstocks (erst Ende der 30er Jahre wird das Phänomen der Menstruation begriffen, nicht mehr als Folge von Sündenfall, Kultur, Mondwechsel, Blutüberfül-
lung oder als Entgiftung, Fermentation, eine Art „Mauserung" gedeutet). Das
Tierexperiment wird unentbehrliche Grundlage aller Forschung: 1849 z. B. –
und das ist nur ein zufälliges Beispiel unter unzähligen – pflanzt ein Physiologe,
Berthold, kastrierten Hähnen Hoden anderer Hähne ein und entdeckt deren
Wirkung auf die sekundären Geschlechtsmerkmale und damit ein Stück vom
Vorgang der inneren Sekretion. Johann Sigismund Schulze stellt die Zelltheorie
1861 auf eine neue Basis („Protoplasma"). Der Physiologe Ludwig ist dann am
Ende unserer Periode der international bedeutendste schulbildende Physiologe,
der die Entwicklung der Forschung zusammenfaßt und in vielfacher Richtung
forttreibt. Gleichzeitig macht die Anatomie – mit Hilfe des Mikroskopes und
neuer Färbetechniken – entscheidende Entdeckungen; die Untersuchung der
Gewebe, die Histologie, schließt sich an. Die Pathologie wird zumal von
Virchow streng auf mikroskopische Beobachtung wie physikalische und che-

mische Analyse begründet; sie wird der Schlüssel zur Erkenntnis der Krankheiten.

Rudolf Virchow zieht mit der Begründung der Zellularpathologie (1855) die erste Summe. Nicht Blut oder Nerven, sondern die Zellen sind die Lebens- und Krankheitsträger; Krankheit ist Leben der Zelle unter veränderten, anomalen Bedingungen; zur Erforschung der Krankheit kommt es auf die Erforschung der Zellen an. Damit war die Krankheit lokalisiert, und zunächst trat das beobachtbare Objekt Zelle, nicht so sehr die Ursache der Krankheit, ins Zentrum des Interesses. Das Leben der Zelle wurde wie Organismus, Leben und Krankheit überhaupt kausal, aus mechanischen, physiologischen und chemischen Ursachen erklärt; die – vitalistischen – Annahmen, einer „Lebenskraft" z. B., hatten anscheinend ausgespielt. Man mag von einem „Paradigmawechsel" sprechen: die Bemühung um das ontologische „Wesen" der Krankheit oder um die Zwecke und „Zweckmäßigkeiten" organischer Vorgänge wurde schlicht uninteressant.

Die zweite medizinische Revolution nach der Begründung der Zellularpathologie war die Entwicklung von Serologie und Bakteriologie, die beim Kampf gegen die Krankheiten dann erst wirklich Epoche machten. Das beginnt um die Mitte des Jahrhunderts mit den Forschungen Pasteurs über Fäulnis und Gärung und den Beobachtungen von Ignaz Semmelweis (1844) über Kindbettfieber und Infektion – eine Entdeckung, die sich aus persönlichen Widerständen und wegen des Fehlens einer zureichenden Theorie zunächst nicht durchsetzt. Erst Ende der 60er Jahre – bis dahin gab es in den Chirurgien bei 50% der Patienten Hospitalbrand, von Beinamputierten starben z. B. 1858 ein Drittel – setzten sich nach dem Vorgang des englischen Arztes Joseph Lister Antisepsis und Desinfektion endgültig durch.

Physiologie, Anatomie und Pathologie also revolutionieren die Medizin, am Ende unseres Zeitraums tritt als allgemeines Fach noch die wissenschaftliche Hygiene (Pettenkofer) dazu. Entdeckungen werden sofort verbreitet, sie sind nicht mehr zufällig; weil man überall an denselben Problemen arbeitet, stehen die Lösungen an – darum der bis dahin unerhörte Strom von Entdeckungen. Ergebnisse und Methoden wirken auch unmittelbar schon auf die Klinik. Lukas Schönlein (1817/18 in Würzburg, dann in Zürich, seit 1839 in Berlin) ist einer der ersten modernen Kliniker; er setzt die genaue Beobachtung und Messung der Krankheitsprozesse, das Mikroskop am Krankenbett, die chemische Analyse, die Kontrolle durch die Pathologen, die systematische Anwendung der neuen Technik der Perkussion (1769) und Auskultation (1819) durch. Ebenso haben in Wien seit den 30er Jahren der Kliniker Skoda und der Anatom und Pathologe Rokitansky mit exakten Krankheitsprotokollen und anatomisch-pathologischen Untersuchungen die Klinik revolutioniert. Auch die Chirurgie entwickelt sich – zuerst in Heidelberg, dann in Berlin – vom Handwerk zur Wissenschaft. Neue Techniken und Instrumente werden entwickelt: 1819 das Stethoskop, 1846 in den USA die Narkose, 1850 der Augenspiegel (Helmholtz), 1851 das regelmäßige Fiebermessen und 1852 die Fieberkurve, 1853/1855 die Spritze,

1858 der Kehlkopfspiegel, 1867 die Magenpumpe, Ende der 60er Jahre die Anfänge der Blutübertragung. Die klassischen Fächer spezialisieren sich: Kinder-, Augen-, Hals/Nasen/Ohren-, Zahnheilkunde.

Die neue wissenschaftliche Medizin wurde langsam auch zur Grundlage der medizinischen Ausbildung. Zunächst hat sie freilich kaum die Therapie, sondern vornehmlich die Diagnosen umgestaltet. Der Wiener Krankenhausdirektor Dietel meinte 1845: „So wie sich unsere Vorfahren mehr um den Erfolg ihrer Kuren kümmerten, so kümmern wir uns mehr um den Erfolg unserer Forschungen. Die Medizin ist eine Wissenschaft, keine Kunst." Bei solcher Einstellung entwickelte sich zunächst ein verbreiteter therapeutischer Skeptizismus; man verschmähte die alten Mittel und Medikamente, weil es für sie keine Begründung gab, und hatte noch keine neuen. Insofern wuchsen medizinische Forschung und Praxis nur langsam zusammen. Ein wesentliches Medium dazu waren die in den 40er Jahren gegründeten Zeitschriften, die Forscher, Kliniker und Praktiker zusammenbringen sollten: z.B. ‚Archiv für physiologische Heilkunst' (1842), ‚Archiv für Pathologische Anatomie und Physiologie und klinische Medizin' (1847), ‚Zeitschrift für rationelle Medizin' (1842). Es gab Widerstände gegen die moderne Medizin – bei den alten „Schulen", den Vitalisten und denjenigen, die die Bedeutung der Konstitution des Menschen gegen die Lokalisierung der Zellularpathologen verteidigten; es gab die Skepsis der Praktiker gegen die therapielosen Diagnoseärzte. Ein Praktiker meinte 1843, das Wie des Gesundmachens liege außerhalb der Grenzen des menschlichen Wissens, und er teilte die Krankheiten deshalb ein nach den Heilmitteln, die sie erfahrungsgemäß kurierten. Es gab Streitigkeiten, Intoleranz und Interessenverfilzung, auch bei den neuen Schulen, mit oft wüsten Auseinandersetzungen; der Widerstand des Wiener Klinikdirektors gegen Semmelweis, des großen Virchow gegen den Begründer der Bakteriologie, den Landarzt Robert Koch, in den 70er Jahren, sind Beispiele. Aber im ganzen hat sich bis in die 60er Jahre hin die neue Medizin gegen Skepsis und Gegnerschaft durchgesetzt.

Neben der Medizin steht in Deutschland dann die Chemie, zumal die Begründung der organischen Chemie („die Morgenröte eines neuen Tages", Liebig) durch Justus Liebig, vor allem durch seine Analyse der pflanzlichen, tierischen und menschlichen Ernährung, und Friedrich Wöhler (Harnstoffsynthese 1828/1831). Liebig, mit 24 Jahren Professor in Gießen, hat auch durch sein Unterrichts- und Forschungslaboratorium modell- und schulbildend gewirkt; er war der erste, der auch begann, die Praxis radikal zu revolutionieren, indem er – wir haben davon erzählt – die Chemie auf den Ackerbau anwandte (1840). Seit der Mitte des Jahrhunderts ging die Entwicklung der Chemie in Deutschland schier unaufhaltsam fort, jetzt auch mit bedeutenden Beiträgen zu den Grundlagen der modernen Chemie, der Molekular- und Atomtheorie: die Entdeckung der Spektralanalyse zur Bestimmung chemischer Elemente (Bunsen zusammen mit dem Physiker Kirchhoff 1859), Kekulés Nachweis der Vierwertigkeit des Kohlenstoffs (1857) und seine Konstruktion des Benzolrings (1869), Lothar Meyers Beiträge zu dem – gleichzeitig von Mendelejew entwickelten – „periodischen System der Elemente" (1864–1870), die Entwicklung der physikalischen Chemie, der physiologischen Chemie, der Nahrungsmittelchemie, der technisch-ökonomisch so umwälzenden Teerfarbenchemie (August Wilhelm von Hofmann) – solche Erwähnungen können nur ein paar symbolische Anhaltspunkte geben.

Sodann die Physik. Die Deutschen treten mit dem zweiten Drittel des Jahrhunderts voll in die moderne Wissenschaftsentwicklung ein: die Übertragung der klassischen, analytisch-mathematischen Erklärungsmodelle und -methoden auf die neuen und neuerschlossenen Bereiche, Wärme, Licht und Elektrizität und ihre einheitliche Deutung. Hier muß man zunächst die Entdeckung des Gesetzes von der Erhaltung der Energie erwähnen – unabhängig voneinander durch den lange totgeschwiegenen Arzt Robert Mayer (1842), durch Joule (1843) und Helmholtz (1847). Die Energie wurde als einheitliches Prinzip in den verschiedenen Erscheinungsformen erkannt; die Umwandlung von Energien, Bewegung und Wärme, wurde quantitativ erfaßt und in allen Bereichen der Natur nachgewiesen. Solche allgemeinen Sätze waren in dieser Zeit an sich nicht häufig. Mayers und Helmholtz' Abhandlungen wurden nicht in die ,Annalen der Physik' aufgenommen – angesichts der Frontstellung gegen die Philosophie galten sie als zu spekulativ. Auch zwischen der klassischen mathematisch formalisierten Physik, zunächst also der Mechanik, und der erst langsam entstehenden Experimentalphysik – die in der Mathematik Antiempirie, Apriorismus, ja Philosophie witterte – gab es scharfe Gegensätze, die erst langsam überwunden wurden. Seit den späten 40er Jahren ging auch der Aufstieg der Physik in Deutschland rasant voran. Rudolf Clausius formulierte 1850 den Zweiten Hauptsatz der Thermodynamik und damit das Prinzip der Entropie – Wärme kann nicht restlos in Arbeit (zurück)verwandelt werden –; 1856/1857 entwikkelten er und Krönig die kinetische Theorie der Gase (Wärme als Folge von Molekularbewegung); Kirchhoff fand die Gesetze für den Widerstand elektrischer Leitungssysteme und entwickelte Thermodynamik und Spektralanalyse weiter. Wilhelm Weber berechnet 1856 die Lichtgeschwindigkeit aus elektrischen Daten; Hermann Helmholtz, ursprünglich Physiologe, wurde durch seine großen Entdeckungen und Theorien auf allen Hauptgebieten der Physik zum Repräsentanten der deutschen Naturwissenschaft in der zweiten Hälfte des Jahrhunderts. Auch die Astronomie, mit neuen Beobachtungs- und Meßtechniken, der Anwendung neuer mathematischer Gesetze, mit neuen Entdeckungen und Hypothesen – etwa über die Sonnenflecken und endlich den Bau der Welt – hat an diesem rasanten Aufstieg der exakten Wissenschaft in Deutschland Anteil.

Aus der Physik schließlich entwickeln sich, seit der Jahrhundertmitte, die anwendungsbezogenen, die streng mathematisierten technischen Wissenschaften, zunächst vor allem die Lehre vom Maschinenbau (Ferdinand Redtenbacher, Karlsruhe).

Für alle diese exakten Wissenschaften gelten die methodischen Grundsätze und Errungenschaften des Jahrhunderts. Im Zentrum steht das Experiment; es wird über die Physik hinaus vor allem auf Chemie und Physiologie ausgedehnt, wird unabdingbar, systematisiert, wiederholbar und quantifiziert. Die Quantifizierung wird vor allem vorangetrieben durch eine revolutionäre Meßtechnik. Diese ermöglicht es zugleich, Erscheinungen zu beobachten, die von den natürlichen Sinnen und ihren Verstärkern, wie Fernrohr oder Mikroskop, nicht wahrgenommen werden können, sondern nur mittelbar über andere, wie thermische oder chemische Wirkungen, etwa das ultraviolette Licht: die Unanschaulichkeit der modernen Physik entwickelt sich. Schließlich: die Forschung verfolgt gezielt und systematisch die Fragen, die sich aus der Deutung von Beobachtungen und den Problemen ihrer Vereinbarkeit mit anderen ergeben; die Hypothese und das prüfende Experiment oder die von ihr geleitete Suche nach Fakten treten in einen dauerhaften wechselseitigen Zusammenhang, daraus ergeben sich die großen Theorien, Modelle, Gesetze.

Endlich die beschreibenden Naturwissenschaften, zumal Geologie und Botanik und Zoologie: die beiden letzteren entwickeln sich über vergleichende Morphologie und, wie erwähnt, vergleichende Physiologie und Embryologie zu einer allgemeinen Biologie. Diese Wissenschaften werden dem positiven Wissenschaftsbegriff des Jahrhunderts gemäß strikt und ausschließlich auf Empirie gegründet. Aber das Entscheidende ist ihre „Historisierung". Die Geologie zuerst wird Erdgeschichte, die die geologischen Schichten als Resultate einer – unterschiedlich gedeuteten – Erdgeschichte ansieht; die neu entwickelte und systematisierte Lehre von den fossilen Überresten vergangener pflanzlicher und tierischer Lebewesen, die Paläontologie, wird zur maßgebenden Hilfswissenschaft bei der Bestimmung der erdgeschichtlichen Chronologie. Paläontologie und vergleichende biologische Wissenschaften münden in eine neue Naturgeschichte, eine Entwicklungsgeschichte des Lebens (z. B. Ernst Haeckel, ‚Generelle Morphologie der Organismen' (1866), noch vor seiner Wendung zu Darwin geschrieben) und in frühe, sehr unterschiedliche Vorstellungen von Evolution. Darwin wird 1860, ein Jahr nach Erscheinen seines Epochebuches, ins Deutsche übersetzt und in den späten 60er Jahren dann allgemein in und außerhalb der Wissenschaft diskutiert und rezipiert. Die Geschichte der Erde und die Geschichte des Lebens haben die biblische Schöpfungsgeschichte immer stärker problematisiert, ja zum Teil auch, wo man jene Geschichte metaphorisch interpretierte, schon die christliche Schöpfungslehre überhaupt. Freilich, erst mit dem Durchbruch des „Darwinismus" seit den späten 60er Jahren wird diese Wirkung umwälzend, erschüttert die traditionelle Selbstverständlichkeit einer, wenn auch schon symbolisch gedeuteten, Schöpfungslehre endgültig.

Wir müssen hier eine Bemerkung über die Mathematik einfügen, die ja nicht Erfahrungs-, nicht Naturwissenschaft ist, auch wenn ohne sie die moderne Naturwissenschaft gar nicht vorstellbar ist. Unser Zeitraum ist eine Blütezeit der Mathematik, auch und gerade in Deutschland. Neben dem in allen Gebieten der Mathematik fruchtbaren größten mathematischen Genie des Jahrhunderts, Gauss, steht noch eine große Reihe hochbedeutender Mathematiker. Für den

Laien und die allgemeine Geschichte sind vielleicht drei Dinge wichtig. Neue und moderne Gebiete und Verfahren werden entwickelt: die Mengenlehre (Bolzano, Cantor), die Funktionentheorie (bei Bernhard Riemann), die Wahrscheinlichkeitsrechnung. Die Mathematik überschreitet den Rahmen der „natürlichen" Vorstellung, der „natürlichen" Wirklichkeit, konstruiert nichteuklidische Geometrien (zuerst Gauss, der seine Ergebnisse aber nicht veröffentlicht, und nach dem Russen Lobatschewski und dem Ungarn János Bólyai zuerst der Schullehrer Hermann Grassmann 1844 und Bernhard Riemann 1854), Räume mit n, d.h. mehr als drei, Dimensionen. Diese Entwicklung und ähnliche in der Zahlentheorie, die logische Analyse der Axiome und die zunehmenden Ansprüche an die Strenge des Beweises führen schließlich zu den logisch-erkenntnistheoretischen Grundfragen der Mathematik (nach der Natur der Zahlen etwa); mathematisches Denken wird immer weniger als Abbild, immer mehr als Konstruktion verstanden; das hat für die allgemeine Bestimmung des Denkens in unserem Jahrhundert wesentliche Konsequenzen gehabt.

Zum Aufstieg der neuen Naturwissenschaften in Deutschland gehört die Gründung der wissenschaftlichen Zeitschriften; sie waren Medium und vorantreibender Faktor zugleich, da sie weit schneller als Akademieabhandlungen und Briefe früherer Jahrhunderte die Ergebnisse der Forschung international bekanntmachten und ein gemeinsames Bewußtsein von Forschungslage und Forschungsaufgaben erzeugten. Dazu gehörte ferner die Begründung von Fachgesellschaften und Kongressen, zuerst (1822) die „Versammlung deutscher Naturforscher und Ärzte" – vom Naturphilosophen Lorenz Oken angeregt, noch romantisch aus dem Glauben an die Einheit der Natur geboren und vom Ton der nationalen Gemeinsamkeit geprägt. Diese jährliche Versammlung gliedert sich dann freilich – seit 1828 – in Sektionen auf; 1866 sind es 19 naturwissenschaftliche und 14 medizinische, und seit den 40er Jahren werden die Fachgesellschaften für die einzelnen Disziplinen gegründet; hier kann man den Prozeß der Spezialisierung und der strengen Verwissenschaftlichung verfolgen.

Für die allgemeine Geschichte sind nun zwei Komplexe aus dieser Sondergeschichte von spezifischem Interesse. Zunächst die Frage von Internationalität und Nationalität. Gewiß ist die Geschichte gerade der exakten Wissenschaften international, der Anteil der Engländer und Franzosen, dann der Skandinavier, Italiener und Russen an den Errungenschaften des Jahrhunderts evident; die Wissenschaftler fühlten sich ausgesprochen als internationale Kommunität der Forscher. Dennoch, Deutschland war um 1800 auf dem Gebiet der Naturwissenschaft und der Medizin zurückgeblieben, spätestens seit der Mitte des Jahrhunderts ist es führend, ja dominierend. Die Weltgeltung der Deutschen im Jahrhundert beruht – neben Musik, Philosophie, Universität und Geisteswissenschaften – auch auf dieser Tatsache. Wir treiben hier keine nationale Ruhmesgeschichte, aber das Phänomen ist evident, und es bedarf der Erklärung. Die Tabellen (nach J. Ben David) versuchen, dieses Phänomen zu quantifizieren.

35 a. Anteil der Deutschen bzw. aller anderen Nationen
an wesentlichen Entdeckungen im Bereich der Physiologie

	Deutsche	andere Nationen
1805–14	4	16
1815–24	18	29
1825–34	41	30
1835–44	63	43
1845–54	105	39
1855–64	156	57
1865–69	89	11

35 b. Anteil der Deutschen bzw. Franzosen und Engländer
an Entdeckungen in Wärme-, Elektrizität-, und Magnetismuslehre, Optik

	Deutsche	Franzosen, Engländer
1806–15	26	75
1816–25	34	175
1826–35	64	125
1836–45	108	206
1846–55	189	269
1856–65	231	201
1866–70	136	91

(seit 1836 war der Anteil der Deutschen höher als der der einzelnen anderen Nationen)

35 c. Anteil der Deutschen bzw. Engländer und Franzosen
an medizinischen Entdeckungen

	Deutschen	Engländer, Franzosen
1800–09	5	22
1810–19	6	41
1820–29	12	45
1830–39	25	46
1840–49	28	40
1850–59	32	37
1860–69	33	29

(seit 1830 war der Anteil der Deutschen als einzelne Nation am höchsten)

Diesem Tatbestand entspricht auch vielfach die subjektive Perspektive. Bis 1830 gingen begabte und interessierte junge Leute eigentlich nach Paris, aber dann in zunehmendem Maße (etwa amerikanische Studenten) nach Deutschland, nach Berlin.

Woran liegt das? Die Naturwissenschaften haben sich in Deutschland institutionell innerhalb der Universität entfaltet. Das bedeutet: nicht in Akademien, Gesellschaften, privaten Laboratorien wie in England, nicht in neuen Forschungsinstitutionen wie in Paris; nicht im Kreise von Gebildeten und Dilettanten, sondern im Kreis von Professionellen; nicht auf Grund eines technisch-industriellen oder gar medizinischen Neubedarfs; nicht auf Grund einer szientistischen Bewegung der Gesellschaft, die, z. B. im Gefolge von Bacon, Condillac oder Comte, von der Entfaltung der Naturwissenschaft Wohlfahrt, Freiheit und Rationalität erwarteten. Die Naturwissenschaft in Deutschland ist Universitätswissenschaft, sie entfaltet sich in und aus der Universität. Das ist erstaunlich, denn an sich schien die Humboldtsche Universität den Naturwissenschaften nicht sonderlich günstig zu sein. Die Reformuniversität war das Produkt von Humanisten, von Philosophen und Philologen, sie hatte nicht mehr wie im 18. Jahrhundert die Natur, sondern die Kultur ins Zentrum gerückt und damit die spirituelle, die literarische Bildung; die neue Idee der „reinen" Wissenschaft zielte primär nicht auf Erfahrung und Experiment, war mehr synthetisch als analytisch, mehr universalistisch als spezialistisch; das neue Ideal des Professors, der einen originalen und vollständigen Überblick über seine Disziplin haben sollte, war nicht von den Naturwissenschaften her genommen; die Verdammung der „Nützlichkeit" mochte in der Gründungsphase – umgekehrt wie im napoleonischen Frankreich – die Naturwissenschaften in die Defensive drängen. Aber diese Wissenschaften, traditionell in der Universität verblieben und zunächst oft eher geduldet, übernahmen die neuen Ideen von der Wissenschaft als Selbstzweck und vom Primat der Forschung, den neuen Imperativ der Forschung, das neue Rollenverständnis des Professors, von dem wir gesprochen haben. Und das institutionelle System der Universität wie die staatliche Universitätspolitik kamen den Naturwissenschaften im höchsten Maße zugute: die Prämiierung der Forschungsleistung, der Zwang für junge Leute, sich an der Front der Forschung zu profilieren, zu spezialisieren, neue Disziplinen gar zu begründen, das Forschungstraining der Seminare und Institute, die Professionalisierung der Disziplinen, ihrer Standards und ihrer Karrieremuster, die innerstaatliche wie die gesamtdeutsche föderalistische Konkurrenz unter den Gelehrten wie zwischen den Universitäten, die Berufungspraxis der Regierungen, die diese Normen durchsetzte, Prestige und Attraktivität der Universität für talentierte junge Leute, zusätzlich vielleicht die größere Attraktivität der Naturwissenschaften für Protestanten als für Katholiken – das waren die eigentlichen Gründe für den so außerordentlichen Aufstieg der Naturwissenschaften in Deutschland. Die Übernahme der neuen Wissenschaftsmoral unter den Bedingungen des neuen Universitätssystems wirkte sich, auch wenn das anfangs nicht so angelegt und nicht voraussehbar war, zugunsten der Naturwissenschaften aus; dann, seit den 30er Jahren schuf ihr Erfolg ihnen genug Prestige. Gewiß hat auch die zeitweilige Herrschaft der Naturphilosophie als Provokation gewirkt und dem Aufstieg der zuerst „oppositionellen" modernen „exakten" Wissenschaften besondere Energie und Intensität verliehen, aber das war doch nur ein sekundäres, ein zusätzliches und vorübergehendes Antriebsmoment. Und externe Antriebe und Motive – Bedürfnisse der Technik, utilitaristische Bewegungen, die die Wissenschaft in den Dienst von Glück und Fortschritt gestellt hätten – spielten auch im Verlauf des Jahrhunderts keine Rolle, mit der einzigen Ausnahme der Agrarchemie in der Mitte des Jahrhunderts; da hat die Aussicht auf eine Produktionsrevolution und die Beseitigung der Hungerkrisen die Wissenschaftspolitik und die institutionelle Entwicklung der Chemie beeinflußt.

Zum anderen fragen wir nach dem Selbstverständnis der modernen Naturwissenschaft und ihrer Bedeutung für das allgemeine Weltbild. Die Naturwissenschaften haben sich gerade in Deutschland im Aufstand gegen die klassisch-idealistische Philosophie – gegen Spekulation, Systemkonstruktion, Apriorismus, gegen die Teleologie, die vitalistische Frage nach der Zweckmäßigkeit von Elementen und Arten, von Krankheiten und Organen – entwickelt, und sie haben sie entthront. Auch die Universalidee einer Einheit des Wissens schien illusionär, ja irreführend. Die Spezialisierung, die Analyse, nicht die Synthese – das war das neue Ethos der Forschung und ihr Motor zugleich. Ein antiphilosophischer Zug bleibt der Naturwissenschaft des Jahrhunderts – von dieser ihrer Aufstiegsgeschichte her – erhalten. Dennoch entwickelt sich aus der Naturwissenschaft ein reflektiertes Verständnis ihrer Bedeutung in der Welt. Zuerst entsteht unter den Forschern ein geradezu enthusiastisches Bewußtsein von der unerhörten und neuen Macht der Wissenschaft, geleitet vom Pathos der Modernität, der Emanzipation von alten Lehren und Autoritäten, vom Glauben an den Fortschritt (bis hin zum Traum von der Abschaffung der Krankheit). Schon 1822 wird die Versammlung der Naturforscher ein „Konzil für ein kommendes Zeitalter" genannt; 1826 heißt es, das Zeitalter beginne sich zu einer Stufe emporzuheben, von der die Geschichte kein Beispiel aufweise; der „Tempel der Wissenschaft", der Naturforscher als „Priester" – das wird gängige Rhetorik. Nach der Jahrhundertmitte steigert sich das zu einer Art Wissenschaftsreligion. Virchow meint 1860, die Wissenschaften träten „in die Stellung der Kirche" und ihrer „transzendenten Strebungen" ein, und 1865: „es ist die Wissenschaft für uns Religion geworden". Manche Wissenschaftler wollen die Naturwissenschaft zur Grundlage der Weltanschauung überhaupt machen. Die Wissenschaft wird, so meinen sie, nicht nur die Menschheit von der Übergewalt der Natur befreien, Gesundheit, Wohlfahrt, Reichtum erzeugen, sondern sie soll auch die Menschen, das Volk, die Gesellschaft freier, wahrer, sittlicher machen. Virchow hat, wie viele andere, von den „republikanischen" Konsequenzen der Wissenschaft gesprochen, die Wissenschaftsmoral, das Denken ohne Autorität, und das Ergebnis seiner eigenen Wissenschaft, die Struktur des Organismus als eines Systems gleichberechtigter Zellen, zum Modell für Politik und Gesellschaft erklärt; darum sind dann die Naturwissenschaftler „Priester der Freiheit", und es ist die „wahrhaft religiöse Treue der Wissenschaft", die sie zu solchen Aufgaben legitimiert. Die Medizin, heißt es ein andermal, ist eine „soziale Wissenschaft", die Politik weiter nichts als „Medizin im großen". Du Bois-Reymond hat, in den 7oer Jahren freilich erst, gar wie Comte das Zeitalter der Naturwissenschaft zum Ziel der Geschichte erklärt: Was Gott nur dunkel vorschwebte, das mache der Mensch; sein Wissen gebe ihm Macht, und er sei Herr der Natur, die Welt nicht ein Jammertal, sondern die wahre Heimat des Menschen. Wir haben im Zusammenhang mit der Entchristianisierung von der Bedeutung der Naturwissenschaften für die Abschwächung überlieferter christlicher Elemente der Lebensinterpretation und der Sinnerfüllung gesprochen, wie von der ausdrücklichen Wendung etwa der Vulgärmaterialisten gegen die christliche Religion. Dagegen hat es in den 5oer, 6oer Jahren Naturwissenschaftler gegeben, die die Annahmen der christlichen Tradition – die Existenz Gottes und der Seele, Schöpfung und Unsterblichkeit – zu verteidigen suchten. Das war der Streit zwischen Materialisten und Idealisten. Was aber im allgemeinen bei Naturwissenschaftlern vorherrschte, ja sich durchbildete, war ein skeptischer, der Grenzen der Wissenschaft sehr bewußter Agnostizismus, der auf der Erfahrung beharrte und letzte Fragen als wissenschaftlich nicht entscheidbar deklarierte, mit dem berühmten Ignoramus und Ignorabimus sich beschied. Das gilt in der Theorie, trotz aller grenzüberschreitenden Thesen, auch für Virchow und Du Bois-Reymond. Denn es ging nicht nur um die Religion, sondern um die Frage, wie Willensfreiheit (und damit Ethik) in einer kausal determinierten Welt möglich sei. Deshalb hatten Philosophen wie Hermann Lotze (‚Mikrokosmos‘, 1856–1864) oder Gustav Theodor Fechner (‚Elemente der Psychophysik‘, 1860) Konjunktur, die versuchten, die „materielle" und die „ideelle" Seite der Welt zu unterscheiden und in Beziehung zu setzen und den Wissenschaften jenseits der beiden „-ismen" ihren legitimen Platz zuzuweisen. Schließlich hat die neukantianische Philosophie eine Theorie der Naturwissenschaften wie der personalen Ethik bereitgestellt, die den „wissenschaftlichen" Kampf um die Weltanschauung neutralisierte.

Der Beitrag der Naturwissenschaft zur deutschen Bildung, zu den vorherrschenden Figuren der Lebens- und Sinninterpretation ist freilich begrenzt. In der ersten Hälfte des Jahrhunderts ist die Bildung unter dem Eindruck von Klassik (trotz Goethe) und Idealismus, und anders als im 18. Jahrhundert, humanistisch, von historischen Geisteswissenschaften und Philosophie geprägt; das gilt auch für die Bildung der Naturwissenschaftler selbst. Naturwissenschaft wird nur langsam (wieder) Teil der allgemeinen Bildung. Humboldts ‚Kosmos‘, Liebigs ‚Chemische Briefe‘ in der ‚Allgemeinen Zeitung‘ (1840), Zeitschriftenberichte über die Fortschritte der Naturwissenschaft, das Interesse der Elementarschullehrer z. B. und mancher Vereine an der Natur„kunde", die Einrichtung „naturhistorischer" Museen – das sind Stadien einer Popularisierung der Wissenschaft. Freilich, Mathematisierung und Unanschaulichkeit wie die Dominanz des humanistischen Gymnasiums setzten hier Grenzen – die Kluft zwischen den „zwei Kulturen" ist in Deutschland nicht überwunden worden. Für die Umformung von Weltbild und Lebensinterpretation und eine Art praktische Entchristianisierung sind die Naturwissenschaften freilich so wichtig wie die historischen Geisteswissenschaften. Eine naturwissenschaftlich begründete Fortschrittsideologie allerdings hat sich – anders als in Frankreich der Positivismus – im bürgerlichen Deutschland nicht als dominante Tendenz durchgesetzt. Allein im Marxismus, zumal bei Engels und dann später in der deutschen Arbeiterbewegung, finden wir ideologische Versatzstücke, wie den Glauben an historisch-gesellschaftliche Gesetze, an Entwicklung und Fortschritt, die stark vulgarisierend aus den Ergebnissen und Methoden der Naturwissenschaft hergeleitet werden. Aber das geschieht jenseits des Reiches der Wissenschaft.

b) Die Revolution des Historismus und die Entwicklung der
    Geisteswissenschaften

Zu dem Phänomen Wissenschaft im 19. Jahrhundert gehört neben den Naturwissenschaften – und der Sache wie der Geltung und Wirkung nach gleichrangig – die Entfaltung der sogenannten Geisteswissenschaften. Sie werden – ehe Soziologie und Psychologie Raum gewinnen – die eigentlichen Erfahrungswissenschaften vom Menschen in seiner geistig-sozialen Existenz, seiner Kultur; sie lösen den Führungsanspruch der Philosophie auf und ab. Und sie werden und sind vornehmlich historische Wissenschaften. In ihnen vollzieht und spiegelt sich eine der großen geistigen Revolutionen der Neuzeit, die die Existenz des Menschen, wenn auch nicht so auffällig wie die Naturwissenschaften, so doch nicht minder entscheidend verändert hat. Darum reicht diese Entwicklung weit über eine bloße Wissenschaftsgeschichte hinaus in die Geschichte von Politik und Gesellschaft, von Lebensinterpretation und Leben. Wir nennen diese Revolution mit einem vieldeutigen und umstrittenen, aber doch charakteristischen Begriff: Historismus.

Historismus ist zunächst 1. eine neue Methode im erkennenden Umgang mit Vergangenem, die das Eigenrecht und die tiefe Andersartigkeit des Vergangenen, seine „Individualität", seine „Entwicklung", seine wechselseitige Bedingtheit ans Licht stellt und sich dazu der Quellenkritik und des Zugriffs des „Verstehens" bedient – wir werden davon sprechen. Historismus ist sodann 2. eine wachsende Hinwendung zur Vergangenheit, zur Geschichte, ja die Interpretation der Welt als Geschichte, als Ergebnis vergangener, als Stadium geschehender Geschichte: die Welt ist kein System, sie ist Geschichte. Der Mensch, seine Werke und Institutionen, Lebensformen und Werte, ja seine Wahrheiten sind an die Zeit, die geschichtliche Zeit gebunden, sie stehen in einem ständigen zeitlichen Prozeß des Werdens und der Veränderung, sie sind geworden und sie sind werdend, sie sind entstanden, sie entwickeln sich, sie verändern sich und sie können verändert werden. Im Verlauf eines damals eingeleiteten und noch heute andauernden Prozesses ist immer mehr von dem, was als überzeitlich, „natürlich", dauernd galt, als historisch bedingt erkannt worden; die Wirklichkeit wird – auch im praktischen Handeln und im mitmenschlichen Umgang – nicht mehr grundsätzlich und generell als fest, als gegeben angesehen, sondern in einen Bewegungsstrom der Zeit, der Geschichte gestellt. Der Zustand der Menschen und ihrer Institutionen in einer Gegenwart wird durch deren Geschichte, deren Herkunft definiert; die Erkenntnis der Gegenwart ist auf die der Geschichte angewiesen. Und auch über die Möglichkeiten der Zukunft orientiert gerade und vornehmlich der Rückgriff auf die Geschichte. Je nachdem, ob man Herkunft und Gewordensein oder Zukunft und Veränderbarkeit betont, entwickeln sich die progressistisch-futuristischen oder die traditionalistischen Formen des Historismus und zumal die vielen Zwischenformen. Zu diesen neuen Erfahrungen von der Welt als Geschichte gehörte die Auflösung eines alt überlieferten, gleichsam ehrwürdigen Modells des Umgangs mit der Vergangenheit: des „historia magistra vitae", des Lernens aus der vergangenen Geschichte, an der exemplarisch und gültig Situationen und gute, böse, kluge und törichte Verhaltensweisen geschildert wurden; das aber setzte die Vergleichbarkeit, die Gleichheit der Situationen voraus, und diese Vorstellung gerade verlor ihre Gültigkeit; denn zur Erfahrung der Welt als Geschichte gehörte auch die Erfahrung der tiefen Unterschiedenheit von Gegenwart und Vergangenheit, ja der vielen Vergangenheiten. Schließlich: in der alten Welt gab es nur Geschichte und nur Geschichten von etwas (der Kirche, der Stadt); erst im späten 18. Jahrhundert entstehen Erfahrung und Begriff „die Geschichte" an sich, die als der große Strom der bewegten Zeit den Raum des überindividuellen Erinnerns wie Erwartens bestimmt.

Zu der „historistischen" Auffassung der Vergangenheit gehört also, im Grunde als Bedingung und Antrieb, die geschichtliche Auffassung der menschlichen Welt und Gegenwart hinzu – das macht das revolutionär Neue und weit über die Wissenschaft Hinausgreifende aus. Mit der neuen Weltansicht sind nun – das ist die dritte Bedeutung von Historismus – 3. ganz unmittelbar neue Wertungen und Normen verbunden. Der Rückgriff auf Geschichte begründet jetzt die Normen unseres gemeinsamen, zumal politischen Handelns, den Sinn und Zweck unseres Tuns und unserer Institutionen. Nicht Gott, nicht die Natur, nicht die Vernunft sind so einfachhin und überzeitlich die Gesetzgeber, die uns sagen, was wir denn tun sollen. Das wird vielmehr die Geschichte (auch wenn sie in mannigfacher, in unterschiedlicher Weise mit Gott, Natur oder Vernunft verflochten wird). Geschichte dient der Rechtfertigung von Normen; ohne Geschichte kann niemand mehr die Ziele des Handelns begründen. Das ist wiederum neu, auch das macht das 19. Jahrhundert spezifisch zum Jahrhundert der Geschichte. Anders gewendet: wenn die Verständigung der Menschen über sich selbst der Geschichte bedarf, dann heißt das nun normativ: um zu seiner persönlichen und kollektiven Identität zu kommen, braucht man Geschichte; Identitätsbildung und -stiftung geht nicht mehr ohne Geschichte. Wenn Menschen z. B. sich als Nation verstehen wollen, weil die Selbstverständlichkeiten von Stand, Konfession und Region, die in der Tradition gleichsam unbewußt Handeln und Orientierung bestimmten, sich auflösen – dann brauchen sie den Rückgriff auf Geschichte. So begründen die Revolutionäre ihre Ziele: der Rückblick auf die Geschichte in Form einer Geschichtsphilosophie sichert, ja legitimiert das „Vernunft"programm einer besseren Welt durch die Überzeugung vom „Fortschritt" als dem Gesetz der Geschichte; so die Konservativen, die die Tradition, die fortwirkende Vergangenheit gegen ihre Zerstörer und Verächter, gegen das tabula-rasa-Pathos der Futuristen und dessen „schreckliche" terroristische wie bürokratische Konsequenzen verteidigen; so die liberal-reformerischen eigentlichen Historisten, die zwischen der den Spielraum der Menschen begrenzenden Macht der Vergangenheit, der „Tendenz" der Geschichte und der Freiheit der Handelnden zu vermitteln suchen.

Das Gesamtphänomen Historismus hat vielfältige Wurzeln, die zu Beginn des Jahrhunderts zusammenwachsen. Wir können die wichtigsten nur gerade charakterisieren. Das ist zunächst 1. die Entdeckung oder doch die Betonung der Individualität, der unwiederholbaren Einzigkeit und Einzigartigkeit des Besonderen, das mehr ist als ein „Fall" des Allgemeinen, die Wendung gegen die Dominanz des am Naturrecht oder an der Vernunft festgemachten Allgemeinen. Und diese Individualität kann man nur erkennen, wenn man ihre Entwicklung begreift und wenn man versucht, sie aus ihren eigenen Voraussetzungen (und nicht den überzeitlich verstandenen Voraussetzungen der eigenen Gegenwart) zu verstehen. Damit richtet sich diese Neuorientierung gegen die Aufklärung, für die die Welt primär noch System und nicht Geschichte ist, Natur, Vernunft und das Allgemeine die allherrschenden Maßstäbe sind, die Vergangenheit nach dem Maße der Gegenwart be- und verurteilt wird und die Natur des Menschen als gleichartig gilt. Dagegen hat schon die europäische Gefühlskultur, die Empfindsamkeit, die Subjektivität und Individualität des Menschen und seine nichtrationalen, damit nicht allgemeinen Komponenten betont. Die deutsche Klassik und der Neuhumanismus haben mit ihrem Kunstideal wie mit ihrem Ideal der Bildung der Persönlichkeit die neuen Kategorien Individualität und Entwicklung langsam ausgeformt. Die Humanität, zu der der Mensch bestimmt ist, ist nicht die Entfaltung der allgemein menschlichen Eigenschaften und nicht die der Rationalität und Moralität, Vernunft und Tugend und „Nützlichkeit" allein, sondern die Entfaltung der besonderen individuellen Anlagen zu einer harmonischen Totalität aller – auch der emotionalen und ästhetischen – „Seelenkräfte". Und zwar entfaltet der Mensch sich in der Aneignung der überlieferten Kultur – nur so kann er die Vereinseitigung und Entfremdung, die Rousseau in der Zivilisation gesehen hat, überwinden. Dieses Ideal gibt dem Erfassen vergangener „Kultur" einen besonderen und unersetzlichen Rang und stellt zugleich mit der Individualität als „Totalität" und als „harmonische Entwicklung" von Anlagen und Möglichkeiten eine neue Kategorie zur Erfassung vergangener Wirklichkeit bereit. Dazu kommt die Errungenschaft der Kunsttheorie des 18. Jahrhunderts, das Prinzip der „inneren Form": ein Kunstwerk ist nicht eine Summe von Teilstücken, sondern ist von einer nur zu erschließenden Mitte, einem Kern her organisiert. Es ist ein Universum, bei dem alles wechselseitig aufeinander bezogen ist, oder, wie die Zeitgenossen metaphorisch und für uns irritierend sagen: ein „Organismus", oder es ist „Ausdruck" eines „Inneren".

Winckelmann hat in diesem Sinn vom Kunstwerk her nach dem „Geist" des Künstlers, nach dem Sinn der jeweiligen Kunstepoche gefragt: Das war die Entdeckung des Phänomens Kunststil.

Diese Betrachtungsweise wird nun auch auf andere historische Wirklichkeiten – eine Verfassung, ein Gesellschaftssystem, eine Kultur – übertragen; sie wird der Schlüssel zur Erschließung der Vergangenheit. Historische Erscheinungen werden dann als „Ausdruck" eines zugrundeliegenden schaffenden „Geistes" angesehen; erst im Rückgang auf diesen Geist wird der „Sinn" jenes Ausdrucks deutlich – das ist der Vorgang des Verstehens, das jetzt zur Grundmethode aller Wissenschaften von den Manifestationen des menschlichen Geistes, der Geisteswissenschaften eben, wird. Und das heißt zugleich, die Phänomene der menschlichen Welt können nur in der wechselseitigen Beziehung aller Teilbereiche einer „Kultur" (Kunst und Religion, Kunst und Gesellschaft etc.) begriffen werden, und darum kommt es auch, ja vornehmlich darauf an, das Ganze einer Kultur in der Interdependenz ihrer Elemente zu erfassen. Erst dieser Ansatz des Verstehens hat es ermöglicht, den Zusammenhang der menschlich-kulturellen Welt, ja das Ineinandergreifen von Personen, Gesellschaft und Kultur zum Gegenstand der Erkenntnis zu machen. Wendet man die Sache methodologisch, so richtet sich diese Vorgehen wiederum gegen die Aufklärung. Diese nämlich erklärte historische Vorgänge aus einer oder einigen nebeneinander stehenden Ursachen, aus Einsichten und Leidenschaften handelnder Personen und gleichsam äußeren Anstößen, eine Verfassung z. B. als Werk eines Verfassunggebers und aus einem eindeutigen Verursachungsprozeß. Dagegen geht es nun um eine Unendlichkeit von Ursachen, um die Bedeutung der „inneren" Ursachen (der Anlage, der immanenten Logik eines Anfangs) gegenüber den äußeren, um ein Stück Freiheit, das in der Verursachung nicht aufgeht, um den wechselseitigen, interdependenten Zusammenhang aller Elemente eines Ganzen, um eine Auffassung von Prozessen, die weder allein kausal noch allein teleologisch erklärt werden können. Das ist der Sinn der Kategorie „Entwicklung". Jede Individualität ist an ihre Genese, ihre Entwicklung gebunden, und „Entwicklung" ist wiederum ein Gegenbegriff gegen die Aufklärung, die nur das planend zweckhafte Handeln oder die Zufälligkeit einer individuellen Leidenschaft in Rechnung stellte.

In dieses Interpretationsschema gehen manche uns fremd und irrational erscheinende Annahmen ein: über den Organismus und die organische Entwicklung von Keim und Anlage, über die Wirklichkeit als Ausdruck eines „Inneren", eines Geistes, über die Unerschöpflichkeit und Unbegreiflichkeit der Individualität – Goethes *individuum est ineffabile*. Es kommt aber darauf an, darin zeitgebundene Chiffren für Probleme, die die Aufklärung nicht gelöst hatte, und für neue Problemlösungen zu sehen. Diese ästhetisch-moralische und dann historische Individualitäts- und Entwicklungstheorie von Klassik und Neuhumanismus ist freilich noch durchaus an die Normen der klassischen oder zu erneuernden klassischen Humanität gebunden. Aber gerade in der Hinwendung zum griechischen Vorbild steht dann der Versuch, die griechische Kultur in ihrer Allseitigkeit, den griechischen Menschen in der Totalität seiner Welt zu erfassen: das ist der Ursprung der klassischen Altertumswissenschaft.

Für die Entfaltung dieses Komplexes von Individualität und Entwicklung als Normen der Gegenwarts- wie der Vergangenheitsinterpretation ist dann Herder von größter Bedeutung, er hat sie anders und neu akzentuiert und begründet. Für ihn ist das „Leben" in Anschauung und Sinnlichkeit die eigentliche Grundkategorie; die Mannigfaltigkeit und Individualität der Welt und ihrer Gestalten, der Völker, Sprachen, Zeitalter, – und nicht ihre Gleichheit – ist das Hauptphänomen, der wahre Ausdruck Gottes; und diese Individualität ist nicht ästhetische, nicht aristokratische Bildungsnorm, sondern elementar und vital, ist Faktum, erste Realität; und der Ton liegt nicht auf dem Gewordenen (dem Kunstwerk und dem Kultur„zustand"), sondern auf dem Prozeß des Werdens. Das Thema des Zusammenhangs von Zeitalter und Kultur wird erweitert und erfüllt durch die These, daß es die Völker sind, die Subjekte der Geschichte sind; nicht das planend zweckhafte Handeln bewegt eigentlich die Geschichte, sondern ein in den Völkern wirkendes kollektives Unbewußtes, aus dem kulturelle und gesellschaftliche Zustände „still" hervorgehen. Stärker politisch und sozial-institutionell gerichtet – gegen die Traditionszerstörung der abstrakt reglementierenden und nivellierenden Aufklärung und ihrer überall Geltung beanspruchenden allgemeinen Prinzipien – ist dann Justus Mösers Wendung zur vaterländischen Geschichte, der nun auch politische und rechtliche überlieferte Zustände im Namen der jeweiligen „Lokalvernunft" in ihrer Sonderart rechtfertigt und zugleich, stärker noch als Herder, auf die Realität der Kollektive, der vorhandenen und gewachsenen Gemeinschaften gegen die Aufklärungskonstruktion der Welt vom „vereinzelten" Individuum her den Ton legt. Und Burke hat gegen die französische Revolution die Einbindung jeder Gesellschaft in ihre eigene Tradition betont und damit in Europa wie in Deutschland gewaltige Resonanz gefunden.

Wilhelm von Humboldt hat versucht, die neue Überzeugung von der Unableitbarkeit und dem Eigenrecht des Individuellen und die der Klassik von der Normativität der Humanität zusammenzubinden. Die Individualität und das Geschehen soll (und kann nur) aufgefaßt werden als Glied und Ausdruck der einen Totalität der Menschheit. Idealistisch werden die bewegenden Geschichtskräfte, die die Einheit von Epochen zustandebringen, als Ideen, geistige Ideen aufgefaßt – das ist sozusagen die Chiffre für den Zusammenhang der Bewegungskräfte der Geschichte. Im Sinne Kants beginnt Humboldt dann die große Reflexion darüber, wie Erkenntnis vergangener Wirklichkeit durch den gegenwärtigen Menschen, wie Verstehen überhaupt möglich ist, die Theorie der historischen Hermeneutik.

Schließlich hat die Frühromantik diese Tendenz vollendet: das Individuelle wird jetzt – auch gegen das normative Ideal der Klassik – das entscheidende Weltprinzip, die Individualität gilt nun ausdrücklich als unendlich, und sie ist – aus dem Geist der romantischen Revolte gegen die rationalisierte, zivilisierte, institutionalisierte und objektiv-normativ stabilisierte Welt – bestimmt durch die

Gewalt des individuell und kollektiv Unbewußten, der großen revolutionären Entdeckung der Romantik. Gerade die Frühromantik ist geprägt durch die unendliche Empfänglichkeit für alles charakteristisch Individuelle, zumal das Fremde, und die ungeheure neue Fähigkeit, zu interpretieren, wie es ist und wie es wurde – die fremden Kunstwerke, Religionen, Kulturen. Die objektiven und allgemeinen Bindungen der Individualität in den Idealen der Klassik schwinden: alle Individualität wird gleichrangig, und Gegenstand des Genusses ist gerade ihre Vielheit. Zugleich rückt der Ton wie schon bei Herder vom Gewordenen auf den Prozeß des Werdens selbst. Die Bindung der „Geschichte" an ein Ziel – womit noch Herder die gefeierte Mannigfaltigkeit und die Norm der „Humanität" der Menschheit verband – schwindet. An Stelle von Gegenwart und Dauer, für die Klassik die führenden Zeitkategorien, treten jetzt in der Romantik, subjektivierend, Sehnsucht und Erinnerung.

Eine zweite stärker wissenschaftsimmanente Wurzel des Historismus, die wir nur gerade erwähnen, ist die Entwicklung der Quellenkritik, wie sie im 17. und 18. Jahrhundert sich in der Kirchen- und Rechtsgeschichte, der philologischen Textkritik und zumal der Bibelkritik ausgebildet hat.

Drittens gehört zur Entstehung des Historismus paradoxerweise auch die Aufklärung, und zwar vor allem ihre Geschichtsphilosophie. Die Aufklärung hat die Welt aus Gottes Schöpfungs- und Heilsgeschichte herausgelöst, die profane Geschichte ernst genommen und sie vom Menschen her und als sein Werk verstanden (ja z. B. gerade die Theologie als eine Geschichte menschlicher Lehrmeinungen profan aufgefaßt). Dann greift die Aufklärung auf die Vergangenheit zurück, um das Überlegenheitsbewußtsein der Gegenwart gegenüber „dunklen" Zeiten zu demonstrieren und der Vergangenheit den Prozeß zu machen, zugleich aber deutet sie diese Vergangenheit auch unter der Perspektive des Fortschritts, um so die Zukunft zu begründen, der eigenen Zielsetzung einer Herrschaft der Vernunft endgültig gewiß zu werden. Die Kategorie des Fortschritts ist es gewesen, die die Zeitdimension und die säkulare Veränderung wie die Kontinuität von Vergangenheit, Gegenwart und Zukunft als eigentliche Elemente der Geschichte erst erschlossen und zugleich die Frage nach der Weltgeschichte, der Menschheitsgeschichte und ihrem Sinn und Ziel gestellt hat. In der kritischen Wendung gegen die Vergangenheit wird zugleich, indem man tiefer in sie eindringt und so die „Tendenz" der Geschichte erkennt, die positive und verändernde Wendung zur Zukunft legitimiert. Das Zukunftsinteresse begründet ein neues Interesse an der Vergangenheit, das sich als Geschichtsphilosophie artikuliert. In dieser „Fortschrittsgeschichte" werden gegen die alten Mächte der etablierten Welt, Kirche und Staat, jetzt Kultur und Gesellschaft als die eigentlich zentralen Bereiche des menschlichen Lebens und seiner Geschichte herausgestellt, und in der kritischen, relativierenden Wendung gegen die eigene etablierte Welt werden andere, außereuropäische Kulturen in den Blick genommen, also die Vielfalt und Verschiedenheit geschichtlicher Welten und die Frage nach den besonderen Bedingungen, die das Charakteristische einer solchen Welt ausmachen. Endlich wird seit Rousseau auch die Dekadenz statt des Fortschritts zur Perspektive für die Menschheitsgeschichte, mit der geheimen Hoffnung, in ihr einen Punkt des Umschlags zum Besseren zu finden.

Tiefer als die humanistisch-ästhetischen Tendenzen zur Erfassung von Individualität, Zusammenhang und Entwicklung von Kulturen und Völkern, tiefer auch als die aufklärerische Wendung zur Geschichtsphilosophie ist die Revolutionierung von Zeit und Geschichte viertens begründet in der neuen Erfahrung der Wirklichkeit in der Umbruchszeit um 1800, der Erfahrung der beschleunigten und fundamentalen Veränderung der Welt, der Bewegtheit, der Auflösung des Dauernden, des Bruches zwischen Gegenwart und Vergangenheit: Tradition als Überlieferung hört auf, selbstverständlich zu sein. Die Reformen des Aufgeklärten Absolutismus, seine Versuche, das Leben, seine Institutionen und Rechtsordnungen rational neu zu gestalten, die große Revolution, das Scheitern ihres Versuchs, mit ihren Ordnungen Dauer zu gewinnen, die Diskrepanz zwischen Plan und Absicht und den Ergebnissen, die großen Umwälzungen und Reformen im Gefolge der Revolution, aber auch die Verschiebungen der Arbeits- und Lebenswelt durch Ökonomisierung und Arbeitsteilung, Bürokratisierung und die Anfänge technischer Umgestaltung, die Änderung des Verhaltens, ja des Menschen, der nicht mehr traditionsgeleitet handelt, sondern innengeleitet, reflektiert, die Mobilisierung der Gesellschaft und ihrer Normen – das macht die neue Erfahrung aus: eine eigentümlich ungreifbare „Macht", die Zeit, die Geschichte – jenseits unseres Wollens wie desjenigen anderer – bestimmt uns. Wer Traditionen bewahren will, muß sie reflektieren, verteidigen, legitimieren; der Konservative beruft sich nicht auf das Selbstverständliche, Natürliche, Göttlich-Geordnete, sondern fängt an, historisch zu argumentieren. Wer Revolution will, beruft sich jetzt, da die verschiedenen Revolutionsparteien sich alle auf Vernunft berufen und sich in deren Namen die Köpfe ein- und abschlagen, auf Geschichte. Wer Reformen will – zwischen Tradition und Revolution –, will den revolutionären Bruch zwischen Gegenwart und Vergangenheit vermeiden, weil er in den bodenlosen Strudel der Instabilität und des Identitätsverlustes führt; er will an die Geschichte als Vergangenheit anknüpfen, er argumentiert historisch. In den Kategorien von Individualität, Ganzheit und Entwicklung tritt darum die zentrale Erfahrung der Beschleunigung der Zeit als Veränderung, der Bruch der Zeiten. Der Ausdruck „die Geschichte", die gleichsam zum Subjekt der Weltveränderungen wird, ist dafür symptomatisch. Und die Wendung an die Geschichte ist ein Versuch, den erfahrenen Bruch zwischen Gegenwart und Vergangenheit zu überbrücken.

Das ist die Ausgangssituation für die Entfaltung des Historismus. Ehe wir aber zum Aufstieg der historischen Wissenschaften selbst und dessen Auswirkung auf das Leben kommen, müssen wir noch die beiden großen geistigen Bewegungen des 19. Jahrhunderts erörtern, die die Revolution des Historismus endgültig durchgesetzt haben: Romantik und Idealismus.

Schon in der Frühromantik spielen das Pathos des unglücklichen Bewußtseins gegenüber der entfremdeten, unheimlichen Welt, Heimweh und Nostalgie bekanntlich eine überragende Rolle. Das wirkt sich für die Wendung zur Geschichte in doppelter Weise aus. Das ist einmal die Entdeckung des – deutschen, späten – Mittelalters als einer noch heilen, weil ganzheitlich, sinnlich und sinnhaft strukturierten Welt, die zugleich – anders als die der Griechen – geheimnisvoll war, ins Transzendente verwies. Zum anderen ist da die Wendung zur Frühe, zum Ursprung vor all den entfremdenden Objektivationen, zur jugendlichen Gottnähe gegen unsere greisenhafte Gottferne, in der noch die Fülle schier unendlicher Möglichkeiten, das Werden über das Gewordene dominierte. Die Ur-, die Vor-, die Frühzeit werden – ästhetisch-nostalgisch – ein bevorzugter Raum der Vergangenheit. Diese Tendenz verschärft sich in der späteren, der jüngeren Romantik. An die Stelle der Kunstreligion der Frühromantik, für die Kunstwerke – eigene wie fremde – Ort der Wahrheit waren, tritt eine Vergangenheits- und Geschichtsreligion. Die Wendung zu Ursprung und Frühe wird zur Wendung zum Mythischen, zu den „dunkleren", den nichtrationalen Lebensmächten des Unbewußten, zu Nacht, Tod, Geschlechtlichkeit, zu Schicksal vor allem Willen, zur Religion; gegen die klassische, klare, humane Antike z. B. geht man zurück in ihre archaischen und religiösen, dunklen und wilden, eben mythischen Gründe, ein Vorgang, den Goethe als Barbarisierung, Orientalisierung, Romantisierung des Griechentums empfinden mußte. Dahinter steht eine doppelte Erfahrung: die vom Fließen und Reißen der Zeit und die von der überwältigenden und elementaren Macht der Vergangenheit, die wir uns nicht aussuchen, sondern der wir unterworfen sind; alle Zukunft, so scheint es, ist im Ursprung beschlossen, und bei manchem dieser Romantiker mündet das in die quasi-religiöse Verehrung von Frühe und Ursprung: das Gefühl (vor aller Erkenntnis) der Verbundenheit aller Gegenwart mit der Vergangenheit gipfelt in dieser Beziehung zum Ursprung, weil da die Nähe des Ewigen gegeben ist. Von solchem Gefühl her ist das Verhältnis zur Geschichte nicht mehr Zukunftsgestaltung oder Gegenwartsbewältigung oder Individualitätsverstehen, sondern Ahnendienst. Von daher sind das, was an Geschichte interessiert, nicht so sehr die frei handelnden Individualitäten, nicht die Kunstwerke und das Gefüge der Kultur, der Werke und Institutionen, sondern das Kommen und Gehen der Generationen, die kollektiven Individualitäten des Volkes, das – typisch romantische – unbewußte Wachsen. Volk rückt ins Zentrum der Geschichte, es ist ein unbewußt Natürliches, aus dem Sprache und Sitte, Recht und Poesie und anderes mehr hervorgeht; die Lehre vom schaffenden, rechtsschöpferischen oder dichtenden „Volksgeist" wurzelt hier. Es ist eine religiöse Wendung zum Volk, zu den Ursprüngen des eigenen Volkes, durch die der Mensch sich in den auf Gott bezogenen Strom der Zeit hineinstellt; das erschließt die Wahrheit über unser Sein, stiftet unsere Identität. Es ist eine Wendung auch gegen die Willkür des Willens und die Zufälligkeit äußerer Anstöße – es ist der eigentümliche (und durchaus ideologische) Glaube an eine eigentümliche „innere Notwendigkeit", die die „wahre" Entwicklung auszeichnet, die „Entfaltung" einer ursprünglichen Anlage, eines Wesenskerns. Von daher stammt auch der – gleichsam religiös fundierte – antiquarische Zug romantischer Wissenschaft, der Sinn für das Stille und Kleine der Welt, die Altertümer, die Andacht zum Unbedeutenden.

Es ist leicht, über solcherlei romantischer Metaphysik sich zu erheben und auf die Konsequenzen, die das für den entstehenden Nationalismus hatte, zu verweisen. Aber das entsprach einmal einem fundamentalen Lebensgefühl der Zeit. Und man muß zum anderen sehen, daß hinter den uns fremd gewordenen Kategorien sehr reale Probleme historischer Erkenntnis – kollektive Mentalität, Unbewußtes, Verselbständigung der kulturellen und sozialen Produkte der Menschen, die wiederum die Menschen prägen, um einiges nur gerade anzudeuten – stehen.

Schließlich der deutsche Idealismus. Wir begnügen uns hier mit ein paar Bemerkungen über die Bedeutung, die Hegel für diese große Revolution gehabt hat. 1. Für Hegel ist die Geschichte der Ort der Wahrheit, denn Wahrheit ist nicht ein Bestand, sondern ein Geschehen; das Sein der Welt ist Werden. Geschichte ist die Auslegung, die Entfaltung dieses Seins in der Zeit. Und Geschichte hat eine Richtung, hat ein Ziel: sie ist „Fortschritt im Bewußtsein der Freiheit", ist Freiheitsgeschichte. Das ist das Erbe der Geschichtsphilosophie der Aufklärung wie der Klassik mit ihrer Norm der Humanität. Der romantischen Auflösung der Geschichte in ein Geflecht von Individualitäten oder in den ungerichteten Strom des Lebens wird abgesagt. Aber: Geschichte ist nicht eine zusätzliche Selbstvergewisserung der normativen Vernunftwahrheit, sie ist nicht der Weg des „Geistes", der im Ergebnis in der Gegenwart im Grund gleichgültig geworden ist. Vielmehr ist die Wirklichkeit der menschlichen Welt wie die Gegenwart ganz und gar geschichtlich, und sie kann nur auf dem Wege über die Geschichte erkannt werden: Geschichte ist der Schlüssel zur Erkenntnis, Gegenwart bestimmt sich durch ihren Ort in der Geschichte. Und da das Sein der Welt bei Hegel als Geist bestimmt wird, ist es gerade der Geist, der hier an Geschichte, an Zeit gebunden wird. In der Philosophie hat erst Hegel die Herrschaft von „Natur" über die Auslegung von Welt und Leben durch die von „Geschichte" abgelöst.

2. Hegel hat das Modell der organischen Entwicklung (Keim und Anlage, die sich von innen entfalten) hinter sich gelassen. Dieses Modell war gerichtet gegen die Erklärung von Phänomenen aus einer oder aus wenigen genau angebbaren Ursachen. Hegel nimmt die Unendlichkeit der Bedingungen auf, aber versteht sie als universale Interdependenz der menschlich-sozialen Wirklichkeit und ihren Prozeß. Die Welt ist ein Relationsgefüge, das man nicht durch Substanzen (Wesen, Keime etc.) und nicht nach dem Vorbild der Biologie erklären kann. Sein „Entwicklungs"begriff ist objektiv, geistig-sozial, und bei ihm spielen das Bewußtsein und der Wille der Handelnden, die Sachlogik der Institutionen und überindividuellen Tendenzen, die Herausforderungen von außen (*challenge and response*) eine entscheidende Rolle in der Erklärung geschichtlicher Prozesse, bei ihm sind – mit Hilfe der berühmten Dialektik – die Sprünge, Brüche und Widersprüche der Wirklichkeit mitbegriffen.

3. Hegel hat die menschliche Wirklichkeit in ihren sozialen und institutionellen Systemen (Sprache, Recht, Gesellschaft, Staat, Religion) wie in den Systemen der Werke des Menschen (der Kunst oder der Wissenschaft oder der Tech-

nik) als vom Menschen geschaffenen Systemen, die Macht über den Menschen haben, zum erstenmal auf den Begriff gebracht, er hat das als „objektiven Geist" begriffen und analysiert. Solche Systeme sind weder einfach Produkte des Handelns von Einzelnen noch Ausdruck eines unbewußten Lebensstromes; sie formen den Menschen, z. B. durch institutionalisierte Rollenerwartungen – die Päpste schaffen das Papsttum, gewiß, aber das Papsttum schafft sich auch seine Päpste – und die objektiven Aufgaben, die sie zu lösen eingerichtet sind. Hegel zeigt in seinen Analysen, wie alles Individuelle in die allgemeinen Zusammenhänge des objektiven Geistes eingefügt ist, wie Person und Kollektivbildung zusammenhängen. Individualität ist nicht ästhetische Selbstvollendung, Entfaltung von Anlagen und Aneignung von Weltgehalten, und auch nicht Leben aus dem Unbewußten – sondern an Institutionen und Bewußtsein gebunden, und darum kann der Begriff der Individualität auch für Institutionen und soziale Gruppen und soziale Wirklichkeiten verwandt werden.

4. Die auf diese Weise realistischer gefaßte und ausgeweitete Individualität aber steht nicht als ein Letztes da und ist nicht durch ihre individuelle Genese allein zu verstehen, sondern wird durch den Zusammenhang der Welt und ihren weltgeschichtlichen Ort bestimmt. Das Einzelne ist nicht „unmittelbar" zu Gott, sondern nur vermittelt durch den Gang der Weltgeschichte.

Konkret versucht Hegel ein Zeitalter wie eine Abfolge von Ereignissen oder Phänomenen (Kunst oder Philosophie z. B.) aus einem leitenden Prinzip, einer Tendenz zu verstehen, die er in der Metaphysik und Sprache des Idealismus: Geist oder Idee nennt und aus Institutionen und Handlungen herausarbeitet. Zugleich wird alle geschichtliche Wirklichkeit als Stufe in einer dialektischen Entwicklung in die Weltgeschichte hineingenommen, und dennoch wird versucht, jeder Wirklichkeit ihr Recht zu geben – das moralisierende Aburteilen der Vergangenheit (etwa des Mittelalters) wie ihre nostalgische Verherrlichung fallen dahin. Schließlich will sich Hegel nicht mit der verstehenden Beschreibung dessen, was gewesen ist (und wie es gewesen ist), begnügen, vielmehr versucht er zu erklären, warum es so war. Darum ist sein Historismus ein idealistischer, philosophisch konstruktiver Historismus, der die Erfahrung spekulativ einschränkt: daher die Orientierungen an leitenden Ideen; die selbstgewisse Unterscheidung zwischen Wesentlichem, Notwendigem und bloß Zufälligem; die Abneigung gegen alles Anschauliche, gegen die bloße Präsentation der Vergangenheit – wie es eigentlich gewesen ist –, gegen den „Sumpfboden" der bloßen Tatsachen, gegen die Empiriker; daher der Wille, die Vergangenheit durchzukonstruieren, nur die Momente der freilich verborgenen Rationalität und Notwendigkeit gelten zu lassen und so den eigentlichen Begriff zu gewinnen; daher der hybride Anspruch, die Weltgeschichte von ihrer konstruierten Ganzheit und ihrem antizipierten Ziel her begreifen zu können. Hegel wurde nicht Historiker, sondern blieb Geschichtsphilosoph, und dagegen haben sich die historischen Wissenschaften zur Wehr gesetzt, davon wollten sie sich emanzipieren, und nach Hegels Tod löste sich seine Philosophie bekanntlich auf. Aber für unseren Zusammenhang wichtiger ist doch sein positiver Beitrag zur Begründung von Historismus und Geisteswissenschaften: zur Entdeckung der Individualität, des unbewußten Lebens und der Gemeinschaft und zur Verehrung der Vergangenheit hat Hegel das historische Begreifen der Institutionen, des „objektiven Geistes", der Bewußtheit der „Ideen" und „Tendenzen", des Ineinander von Einzelnem und Allgemeinem, Einzelnem und weltgeschichtlichem Zusammenhang gebracht – er hat das klassische Thema der Historie, nämlich Staat und Gesellschaft erst in modernen historischen Kategorien erfaßt. Ohne Hegel ist der Siegeszug des Historismus nicht zu denken – so wenig bei Marx wie bei den sich von der Philosophie abkehrenden empirischen Wissenschaften.

Wir haben mit einem Blick in die Entstehungsgeschichte und die Elemente des Historismus das Koordinatennetz bestimmt, in dem der Aufstieg der historischen Geisteswissenschaften steht. Wir können uns da kurz fassen.

Am Anfang steht die Entstehung der klassischen Altertumswissenschaft. Die klassische Philologie, die Beschäftigung mit antiken Texten, entwickelt sich im Zuge von Klassik und Neuhumanismus, unter dem Eindruck der neuen Vorstellungen von Individualität, Kunstwerk und Kultur zur historischen Wissenschaft. Friedrich August Wolf ist nach und mit Christian Gottlob Heyne in Göttingen der eigentliche Schöpfer dieser neuen Altertumswissenschaft oder Altertumskunde, deren Sinn und Ziel nicht mehr antiquarisch, nicht mehr Sprachbeherrschung, Textverständnis, formale Schulung, Rhetorik oder Bewunderung der Kunstwerke sein soll, sondern ästhetisch-ethisch: möglichst vollständige Kenntnis des griechischen und römischen Menschen in seiner Welt und ihrer Totalität – das ist das Medium auf dem Weg zur eigenen Humanität. Die Kenntnis der alten Welt hat nicht mehr die bloße Hilfsfunktion, die Texte erklären zu können, sondern hat ihren eigenen Wert. Die Leidenschaft und die Griechenbegeisterung, die rationale Skepsis und Kritik, die neue Ästhetik der inneren Form, das Ineinandergreifen von Welt und Person – das bildet den Ansatz zur neuen Durchdringung der alten, und zumal der griechischen Welt; die von der Aufklärung durchgebildete Kritik wird zur Erkenntnis von Entwicklung benutzt, z. B. zur Rekonstruktion der Entstehung der Ilias oder – kurz darauf bei Schleiermacher – der Abfolge der platonischen Dialoge. Und Wolf und Schleiermacher sind dann auch die Begründer und ersten Theoretiker der neuen philologischen Methodenlehre des Verstehens, der Hermeneutik. Freilich die klassische Vorbildlichkeit der Griechen schränkt eine durchgreifende Historisierung der griechischen Welt noch entschieden ein. Die Romantiker (Friedrich Creuzer und, historischer und methodischer, Karl Otfried Müller und Friedrich Gottlieb Welcker) haben die Symbolik, die Mythologie, die „Nachtseite", die griechischen Ursprünge, das Vorhomerische und Orientalische, die Geschichte der frühen Stämme zu erschließen gesucht, August Boeckh den Ausgriff auf die Totalität in die ganze Breite der Realität, die „Prosa" der Griechen, erweitert: ‚Die Staatshaushaltung der Athener' (1817) präsentiert ein Bild der griechischen Welt jenseits des Ästhetischen und Religiösen wie des Nur-Politischen, ein Stück Sozial- und Wirtschaftsgeschichte aus dem klassisch-romantischen Geist der „Totalität", der Einheit und des Zusammenhangs einer menschlich-geschichtlichen

Welt. Zugleich wird die Antike jetzt weniger ideal aufgefaßt und nicht mehr statisch, sondern historisch, sie entwickelt sich. Infolgedessen ist die Leitfrage jetzt nicht mehr: was meint ein Autor, was „bedeutet" eine Institution, ein Glaube, sondern die Frage, wie das zustande kam.

Neben der historisch orientierten Altertumswissenschaft und ihrer Spezialform, der Sachphilologie, und gegen sie freilich entwickelt sich auch die rationalistisch-kritische Textphilologie – Gottfried Herrmann, August Immanuel Bekker, Karl Lachmann – mit den großen, internationale Geltung erlangenden Editionen zu einer bis dahin nicht erreichten Blüte. Nach der Mitte des Jahrhunderts tritt der „Positivismus" in den Vordergrund: die Konzentration auf Stoffe und auf Detailprobleme, die Spezialisierung und die Abkehr von philosophischer Reflexion und übergreifenden Synthesen. Das Methodenpostulat der Wissenschaftlichkeit vertreibt die Präsentation einer Kultur und deren Bildungsfunktion. Texte und Sachen rücken ins Zentrum; ein Begriff wie „Geist" erscheint zu vage, zu spekulativ, zu wenig nüchtern. Aber es bleibt die Umbildung der klassischen Philologie zur historisch-kritischen Altertumswissenschaft. Sie wird – etwa auch über die großen Lexika – international absolut führend. Historiker, Philologen anderer Fächer und die Vertreter der Bibelwissenschaften und der neuen revolutionären Theologie sind durch diese Schule hindurchgegangen.

Aus der Verbindung exakter kritischer Methoden mit dem romantisch-idealistischen Sinn haben sich auch die anderen Philologien entfaltet: die Germanistik, die im Grunde mit dem Werk der „Brüder Grimm", vor allem Jacob Grimms beginnt, eine historische Wissenschaft, losgelöst vom unmittelbaren Dienst an aktuellen oder systematischen Aufgaben, „Ahnendienst", mit dem Ziel, alle Seiten des Lebens eines „Volkes", einer Völkergruppe, Sprache und Poesie, Mythologie, Recht und Sitten in ihrem Zusammenhang zu erfassen. Alles, was bei Herder und den Romantikern Anregung blieb, wird in der Arbeit eines Lebens in unendlicher Ausdauer und leidenschaftlich versunkener Andacht konkret und methodisch, empirisch und anschaulich durchgeführt, so etwa – nach den eigentümlich romantischen Arbeiten über das grammatische Geschlecht, das weibliche und männliche „Welt"prinzip in der Sprache – die ‚Deutsche Grammatik' (1819–1837) als Geschichte geistigen und kulturellen Lebens und Welt-Anschauens, dann die ‚Deutsche Mythologie' (1835), die Rechtsaltertümer und Weistümer und das Jahrhundertwerk des ‚Deutschen Wörterbuches' (seit 1854). Und Karl Lachmann hat als Philologe die deutsche Literaturwissenschaft, zunächst des Mittelalters, begründet. Dazu tritt früh schon die romanische Philologie (Friedrich Diez) als Wissenschaft von Geist und Kultur, Sprache, Literatur und Volksleben in „geschichtlichem Verstande" – ähnlich später dann die englische und die slawische und früh schon die altorientalische Philologie. Schließlich die frühe und geniale Begründung der vergleichenden Sprachwissenschaft durch Franz Bopp, der – seit 1816 – über das Sanskrit den Zusammenhang der indogermanischen Sprachen entdeckt und entfaltet und ebenso die „innere Struktur", den „Organismus" einer Sprache, und ähnlich Rasmus Kristian Rask (1818). Humboldts Sprachtheorie – Sprache ist nicht nur ein System von Zeichen, „Ergon", sondern Leben des Geistes, „Energeia", das Gehäuse und Produkt des menschlichen Welt-Anschauens, Selbstbewußtseins, Erfahrens – ist die große philosophische Leistung aus dem Geist der neuen Wissenschaft.

Neben Sprachwissenschaft und Philologien tritt als zweite Gruppe der neuen geschichtlichen Wissenschaften, erstaunlich genug, die Rechtswissenschaft. Die Rechtswissenschaft war aufs engste mit dem sozialgestaltenden Rechtswesen verbunden; was man über das Recht dachte und forschte, war von unmittelbarer praktisch-politischer Bedeutung. Zunächst haben schon der Neuhumanismus und die kantisch-idealistische Philosophie die Rechtswissenschaft erneuert. Als systematische Wissenschaft sollte sie auf der Basis der kantischen Erkenntniskritik und der idealistischen Philosophie neu errichtet werden: als logisch-systematische Organisation des Rechtsstoffes, der in einem geistigen Zusammenhang in sich und mit dem Ganzen stehe. Dieser Gedanke der inneren Totalität ist etwa für die großen Juristen des Jahrhundertbeginns die Leitvorstellung einer neuen Wissenschaft – Jurisprudenz als philosophisch fundierte Geisteswissenschaft. Aber epochemachender war die Abkehr von der das 18. Jahrhundert beherrschenden Idee des Vernunft- und Naturrechts, war die Wendung zur geschichtlichen Ansicht vom Recht. Das hatte, wie der Historismus überhaupt, mehrfache Wurzeln. Da ist zunächst, oft übersehen, eine revolutionäre Wurzel. Das Vernunftrecht und seine Kodifizierung durch den Obrigkeitsstaat schrieb das Recht – gegen Selbstberichtigung und Fortbildung durch Wissenschaft und Rechtsprechung – fest; es war ein Ausdruck rechtspolitischer Bevormundung der Bürger und der Monopolisierung der Zukunft, nachdem Kants Kritik den Geltungsanspruch des Naturrechts doch eingeschränkt hatte. Die Gründung des Rechts auf Geschichte diente der Erneuerung des Rechts. Dazu trat die Entdeckung, daß das Recht nicht außergeschichtlich, sondern gerade geschichtlich, empirisch und konkret bedingt ist, Produkt einer Kultur. Konkret z. B. war der Wirrwarr der Rechtsnormen in Deutschland – wissenschaftlich und für die Praxis – nicht durch den Rückgang auf das abstrakte und deduzierende Naturrecht zu klären, sondern nur durch die historisch-kritische Sonderung der Elemente und – den Rückgriff auf das römische Recht. Die Interpretation von Recht mußte an diesen geschichtlichen Charakter anknüpfen; die Gegenwart war von Geschichte bestimmt. Der Sinn von Wörtern und Redensarten sollte nicht mehr philosophisch bestimmt werden, wie wenn man die Sprache der Wissenschaft erst schaffen wollte, sondern historisch nach dem, was sich die Römer dabei gedacht hatten: so hat schon in den 1790er Jahren Gustav Hugo das Programm einer neuen Disziplin, eben der Rechtsgeschichte aufgestellt. Und die Romantik hat dann das Recht als Produkt eines kollektiven Unbewußten, eines „Volksgeistes" in „organischer Entwicklung" begriffen. Man muß sich deutlich machen, daß der Verweis auf die Geschichtlichkeit des Rechts zugleich auf seine Gesellschaftsbezogenheit oder -gebundenheit verwies.

Begründer und Wortführer der neuen „historischen Schule" war Friedrich Karl von Savigny. In seinem ‚Recht des Besitzes' (1803) hat er zuerst die verschiedenen Entwicklungsstufen des römischen Rechts, die bis dahin alle zusammengeworfen wurden, von einander getrennt, das antike römische Recht von seinen späteren Umformungen unterschieden, wie er das dann in seinem späteren Hauptwerk, ‚Geschichte des römischen Rechts im Mittelalter‘ (seit 1815), fortgeführt hat.

Dieser historistische Ansatz wurde nun – während der Freiheitskriege – polemisch und aktuell zugespitzt, weit über die Neubestimmung einer Wissenschaft ins Allgemeine und Politische gehoben und zugleich entschieden ins Konservative gewendet. 1814 publizierte der Heidelberger Jurist Thibaut eine Schrift mit dem Titel ‚Über die Notwendigkeit eines allgemeinen bürgerlichen Rechtes für Deutschland‘. Die Neuordnung des Rechtsleben stand, gerade nach den napoleonischen Rechtsreformen, auf der Tagesordnung. Thibaut forderte an Stelle des überlieferten Partikularrechts und des fremdländischen, des französischen Rechts ein nationales Gesetzbuch. Das Recht sollte – tiefe liberale Überzeugung des Jahrhunderts – nicht tote Tradition sein, sondern lebendiger Besitz, und es sollte – gegen alle Reaktion – ein Fortschreiten sein und national integrieren. Thibaut wandte sich gegen die Allmacht des obrigkeitlichen Gesetzgebers und die Naturrechtskodifikationen; er war angesichts einer offenkundigen Notlage für eine „organische“ an die Kontinuität anknüpfende Neugestaltung des Rechts, und in diesem Sinn entschieden für die Freiheit des Gesetzgebers – ein progressiver und reformerischer Historismus. Dagegen nun wandte sich Savigny mit seiner – ebenso berühmt gewordenen – Schrift ‚Vom Beruf unserer Zeit für Gesetzgebung und Wissenschaft‘ (1814). Er opponiert gegen den Hochmut der Aufklärung, ja gegen jedes Setzen und Machen des Rechtes durch einen Gesetzgeber, gegen Kodifikation und Staat. Das Recht ist sozusagen unverfügbar, verwurzelt in der Kontinuität von Gewohnheit, Sitte, Praxis, die sich organisch weiterentwickeln, es ist lebendig, eigentümlich, gewachsen, ursprünglich, altertümlich, ehrwürdig, volkstümlich, es ist getragen von der gemeinsamen Überzeugung des Volkes, dem Gefühl innerer Notwendigkeit, „welches allen Gedanken an zufällige und willkürliche Entstehung ausschließt“; Recht ist nicht Satzung, sondern Tradition, und das Volk wird, als Gegenkraft gegen Erneuerung, mit der Tradition geradezu identifiziert. Das Volk nun aber wird, erstaunliche Wendung, repräsentiert von den Juristen; die Gelehrten und die Richter sind es, die das Recht bewahren und organisch fortbilden, nicht der Staat und nicht das Volk unmittelbar, sondern sie haben das Monopol, sie klären, reinigen die Gewohnheit. Und die Tradition ist nun, wiederum erstaunlich, das römische Recht. Savigny nimmt so Partei für die gemeinsame europäische Tradition des römischen Rechts, gegen die nationale Zukunft eines deutschen, eines nationalen Rechts. Schließlich, hier überlagert der Historismus den Traditionalismus: die Wissenschaft (und die von ihr geformte Praxis) soll sich nicht an das überlieferte, sondern an das antike – erst wieder zu entdeckende – römische Recht halten. Das ist die Grundlage einer erneuerten systematischen Rechtswissenschaft, so wird die verwirrte reale volkstümliche Rechtsüberlieferung von ihren Quellen, ihrem Ursprung her geklärt. Dabei spielt für den unromantischen, ja eher klassizistischen Savigny die Normativität des römischen Rechts, seine formale Vollendung, eine wesentliche Rolle. Die konservative Wendung ist deutlich, die Überwindung des Naturrechts scheint zu einer Art Quietismus zu führen; organische Entwicklung galt nur für die Vergangenheit, die Autonomie des Individuums und der „Beruf" jeder Gegenwart zu Reform und Fortbildung hatte eigentlich keinen Platz mehr. In dieser Hinsicht gab es darum viel Widerspruch. Hegel meinte, einer gebildeten Nation die Fähigkeit abzusprechen, ein Gesetzbuch zu machen, wäre einer der größten Schimpfe, der ihr angetan werden könne – für ihn hatte der Staat Priorität vor dem „Volk"; und Dahlmann, typisch für die durchaus historisch gestimmten Liberalen, und einfacher: „Bricht das Dach über mir zusammen, dann ist mein Beruf zum Neubau dargetan." Trotz dieser politischen Implikationen und trotz der klassisch-normativen Grundhaltung Savignys, der Bindung an ein absolutes Wertesystem, war die Wirkung seines Programms durchschlagend; Geschichte erschien – so 1815 das Programm seiner ‚Zeitschrift für geschichtliche Rechtswissenschaft' – als der einzige Weg zur wahren Erkenntnis des eigenen Zustands. Die „historische Schule" suchte in wachsendem Maße die Rechtsdogmatik historisch zu begründen.

Neben Savignys „Romanistik" steht ein zweiter Zweig dieser historischen Schule, die „Germanistik", von Karl Friedrich Eichhorn mit seiner ‚Deutschen Staats- und Rechtsgeschichte' seit 1808 begründet und zuerst aus dem bloß Antiquarischen zum Rang einer Wissenschaft erhoben; hier hat sich dann das Pathos der Wendung zur eigenen Vergangenheit, zur Nation entwickelt. Daraus entsteht seit den 30er Jahren ein großer wissenschaftlicher, politischer, öffentlicher Streit: der Kampf der Germanisten (typisch etwa Georg Beseler) gegen die Romanisten. Das römische – das fremde, das welsche Recht und seine Rezeption sind, so die These, das Nationalunglück der Deutschen; man will sozusagen hinter dieses historische Schicksal zurück. Volksrecht wird gegen Juristenrecht ausgespielt, und man versucht, von aktuellen Volksanschauungen, etwa über genossenschaftliche Institutionen, her zu argumentieren; der romantische Rückgriff auf den Volksgeist verbindet sich hier mit national-demokratischer Politik und dem Willen zur Rechtspolitik. Gierkes ‚Genossenschaftsrecht' (1868–1913) und sein Kampf noch gegen das BGB von 1900 sind eine große späte Fortsetzung dieser Bewegung.

Nun bleibt die Rechtswissenschaft natürlich trotz aller Zuwendung zur Geschichte eine systematische Wissenschaft, und je historischer man Vergangenheit erforscht, desto fraglicher wird die Kontinuität, die Möglichkeit, systematisch ans Historische anzuknüpfen. Die Mitte des Jahrhunderts ist beherrscht von der „Begriffsjurisprudenz" und dem rechtswissenschaftlichen „Positivismus". Savignys Schüler Puchta hat – unter Verzicht auf die gesellschaftlichen Grundlagen und Bezüge des Rechts (wie sie etwa in dem Werk des Hegelschülers Eduard Gans, ‚Das Erbrecht in weltgeschichtlicher Entwicklung' (1824–1835) analysiert werden) – das Recht wie die Probleme von Rechtssicherheit und Gerechtigkeit streng begrifflich formalisiert als ein logisches System behandelt. Aus dem Zusammenbruch religiöser und metaphysischer Begründung und

Legitimation von Recht, der typisch modernen Problematik, wie denn das „Sollen" mit der historisch-sozialen Wirklichkeit zu verbinden sei, wird auf der Basis der kantischen Kritik die Autonomie der Rechtswissenschaft vertreten – sie hat es mit der Eigensphäre Recht zu tun und zielt auf ein im logischen Sinn „richtiges Recht". Das entsprach dem konstitutionellen System, dem politischen Gleichgewicht zwischen Krone und Bürgertum, das Recht sollte neutralisieren; der Staat war, unter Aussparung der Tatsache der Macht, Rechtsstaat; Konflikte sollten durch formale Regeln geschlichtet werden, die Jurisprudenz war der Ort solchen Ausgleichs. Das andere Kernelement dieser Wissenschaft – das Prinzip der Privatautonomie, etwa der Vertragspartner – entsprach dem bürgerlichen Liberalismus; es war antiständisch und gegen berufliche Unterschiede, insofern egalisierend, und es war de facto prokapitalistisch, für freie Konkurrenz und darum im Sinne der neu entstehenden Klassenscheidung. Die systematische Entfaltung des liberalen Prozeßrechts und des Handelsrechts (im Handelsgesetzbuch von 1861 kodifiziert), das für die Entwicklung der modernen Wirtschaftsgesellschaft geradezu eine Pionierfunktion gehabt hat, sind besondere Leistungen dieser Wissenschaftsrichtung; nur am Rande gab es – beim autoritären Gesinderecht wie den ersten sozialstaatlichen Ansätzen – Ausnahmen von dieser Priorität des Formalprinzips. Zugleich blieb aber die Rechtswissenschaft und damit die Ausbildung der Juristen von der humanistischen Bildungsidee, von Kant, dem Neuhumanismus oder dem Idealismus bestimmt; das begründete wesentlich das Ansehen der Juristen. Seit dem Ende der 50er Jahre meldeten sich Zweifel an unausgesprochenen Voraussetzungen dieser Wissenschaft, der kantischen Ethik und der überpositiven Rechts„idee" und einer im Grunde optimistischen Geschichtsmetaphysik, Kritik der Realisten an der Begriffsjurisprudenz, an dem Realitätsgehalt ihrer logischen Phantasie. Rudolf von Ihering suchte das Recht vom ‚Kampf ums Recht' (1872) her als Ausdruck von Interessen, aus realen Ursachen, Zweck und Nutzen, zu erklären. Andere konnten später aus ähnlichen Zweifeln den reinen Gesetzespositivismus begründen.

Wir kehren zum Historismus zurück und wenden uns endlich – nach Altertumskunde, Philologie und historischer Rechtswissenschaft – der sozusagen „normalen" Geschichte zu, der Begründung der modernen Geschichtswissenschaft, der endgültigen Umformung der Geschichtsschreibung zur – einigermaßen strengen – Wissenschaft. Am Beginn dieser „Revolution" steht Barthold Georg Niebuhr, Staatsbeamter und Diplomat, aus einer holsteinischen bäuerlichen Familie, mit seinen Vorlesungen über römische Geschichte (1810 in Berlin, 1811 als Buch). Er hat zum ersten Mal die historisch-kritische Methode – die systematische Sammlung und kritische Prüfung aller Quellen, den „ewigen Krieg der Kritik gegen die Überlieferung", d. h. die historischen Quellentexte – für jede Beschäftigung mit Geschichte verbindlich gemacht; in diesem Sinn will er „echte Geschichte" – jenseits der bis dahin in der Geschichtsschreibung dominierenden ästhetischen (Re)konstruktionen und philosophischen Reflexionen – präsentieren. Er knüpft dabei an die kritischen Methoden der Aufklärung an und geht zugleich über sie hinaus. Neben die negative Kritik der Quellen tritt der Versuch, durch ihre Analyse zu dem „echten" Material, zu den tatsächlichen Gegebenheiten vorzudringen; denn weil der Forscher, das ist typisch historistisch, eine kontinuierliche Entwicklung in der Geschichte eines Volkes annehmen kann, kann er vom Bekannten zum Unbekannten, von der Wirkung zur Ursache, von späteren Sachzeugnissen, von Rechtsformeln und Bräuchen, zu einer Vergangenheit vor aller schriftlichen Überlieferung zurückgehen. Neben diesem methodischen Prinzip steht das Sachinteresse: Niebuhr geht es nicht um die ästhetisch-literarische Wirklichkeit einer Vergangenheit, sondern – vor der philosophischen Rehabilitierung von Staat und Institutionen durch Hegel – um die politisch-soziale Welt, um die Verfassungs- und zumal die Agrargeschichte der Römer, die vor ihrem Eintritt in die Weltgeschichte ja ein Bauernvolk waren. Die vorklassische und vorromantische Tradition der Beschäftigung mit Staat, Recht, Institutionen mündet hier in die Entstehung der neuen Wissenschaft.

Der andere Begründer der neuen Wissenschaft war Leopold Ranke, und er war, weil er anders als Niebuhr nicht nur Forscher, sondern zugleich ein großer Geschichtsschreiber war, unvergleichlich einflußreicher. Er verbindet die kritische Methode, die romantische Wendung zur Vergangenheit und die neuen Interpretationskategorien des Historismus und wendet sie auf die politische Geschichte an. Wir müssen uns hier mit ein paar Stichworten begnügen. Ranke fing als Theologe an und hat sich dann entschieden, das Walten Gottes in der Geschichte zu suchen. Er hat ein romantisch-religiöses Verhältnis zur Vergangenheit. Es geht ihm nicht, wie etwa dem Klassizisten und Neuhumanisten Humboldt, darum, die eigene Persönlichkeit im Durchdringen einer vergangenen Individualität zu erweitern und zu vollenden, und nicht wie Hegel darum, das Vergangene aus dem Bewußtsein oder der regulativen Idee einer Totalität der Menschheit zu verstehen. Sondern es geht ihm darum, sich in den Strom des Lebens, der Zeit hineinzustellen und im Anschauen der jeweiligen Vergangenheit ein „Mitgefühl ihres Daseins" zu erwecken. Dieses religiöse Vergangenheitspathos – für uns kaum mehr nachvollziehbar – führt Ranke nun zu zwei der Grundprinzipien der Geschichtswissenschaft, die seither, auch wenn man sie ganz anders (und untheologisch) begründet, das wissenschaftliche Verhältnis zur Vergangenheit bestimmen. 1. Das Individuelle, das Singulare, Besondere in der Geschichte ist ein Letztes – auch die großen Institutionen und Lebenssysteme, Staat, Kirche, Recht, Volk sind in diesem Sinne Individualitäten; sie können nicht als Momente einer Totalität, der Menschheit, der Entfaltung des Geistes, des Fortschritts im Bewußtsein der Freiheit, der Selbstvervollkommnung des Menschen angesehen werden. „Jede Epoche ist unmittelbar zu Gott", ist mehr als Vorgeschichte, Fall eines weltgeschichtlichen Gesetzes, ist etwas Eigenes. Für Ranke ist darum ein Zusammenhang (und Sinn) der Geschichte nur in Gott gegeben – die geschichtlichen Erscheinungen sind „heilige Hieroglyphen", aber dieser Zusammenhang ist nur der religiösen Ehrfurcht erahnbar, er bleibt uns unerkennbar. Der endliche Mensch verfügt nicht über einen Plan des Ganzen, der Weltgeschichte. 2. Die zweite Konsequenz ist das Postulat und die Haltung der Objektivität: der Traum, sein „Ich auszulöschen" und nur die großen Wirklichkeiten der Vergangenheit sprechen zu lassen, der entschiedene Wille, nur festzustellen, „wie es eigentlich gewesen". Das richtet sich gegen das Moralisieren, Besserwissen, Pädagogisieren der Aufklärungshistorie und all ihrer Nachfahren, gegen die Tendenz, Geschichte zum kritischen Prozeß gegen die Vergangenheit zu stilisieren und den Historiker zum Staatsanwalt und Richter (oder gar Gesetzgeber); gegen die poetisierten und verklärten Wunschvergangenheiten der Romantiker, gegen die „Konstruktion" der Vergangenheit aus einer Idee der Weltgeschichte, einer Logik des Geistes bei Hegel, gegen die politische Indienstnahme der Vergangenheit. Es kommt auf die Wirklichkeit an und nicht auf Konstruktionen und auf unsere Meinungen; jede vergangene Wirklichkeit hat das gleiche Recht, und jede soll aus sich selbst (und nicht von unserer Klugheit her) verstanden werden. Wenn das so ist, dann ist das ruhige liebende Forschen und Darstellen – sine ira et studio – die angemessene Haltung. Rankes Wirklichkeitspathos ist kein Positivismus. Er will das Ineinander des menschlich-individuellen Handelns mit der räumlich-zeitlichen Konstellation, dem „Moment", und mit den allgemeinen Weltverhältnissen, den Tendenzen und Notwendigkeiten – denen gegenüber er die Freiheitsspielräume geringer einschätzt – erfassen, und er versucht, über der Masse der Tatsachen innere Bewegungsprinzipien zu finden, die er, Sohn doch der Philosophie seiner Zeit, Tendenzen, Ideen oder „Realgeistiges" nennt. In ihrem Licht wird die Vergangenheit durchsichtiger.

Im Zentrum seines Interesses stehen für Ranke die Politik, der Staat und die Staaten, die Kirche und die Institutionen – Geschichte ist nicht Kultur- und nicht Volksgeschichte, sondern ist Geschichte der Staaten, der Staatsnationen. Ranke hat darum die neue Methode des Verstehens von Quellentexten, von Werken und Institutionen auf das politische Handeln angewandt; es sollte aus den Motiven wie den unbewußten Selbstverständlichkeiten wie den allgemeinen Tendenzen der Zeit verstanden werden. Realpolitik, Staats„räson", Machtinteressen und -konstellationen, Gleichgewicht und Hegemonie spielen darum in seinem Werk eine maßgebende Rolle. Dabei ist er politisch altmodisch, gemäßigt staatskonservativ, noch ganz universalistisch, vor-nationalistisch; er schreibt deutsche wie französische, englische, serbische Geschichte – europäische Geschichte.

Gegen Rankes Postulat der Objektivität hat es viel Widerspruch gegeben – Droysen schon hat diese Haltung „eunuchenhaft" genannt; die nationale wie die liberale Historie hat die bewußte Tendenz neu legitimiert. Und obschon Ranke nicht die Illusion hatte, ein Historiker könne ganz objektiv sein, stehen sein Postulat und seine konservative Grundauffassung, die auch sein Werk färbt, in einem gewissen Widerspruch. Dennoch, Ranke verkörpert die eine Linie des Historismus, die objektivierende; auch seine Gegner konnten über den methodischen Imperativ seiner Objektivitätsforderung nicht mehr hinweg. Er hat die historische Methode, Quellenstudium und Quellenkritik, zur anerkannten Norm gemacht und die große politische Geschichte zur Wissenschaft.

Neben Ranke sind aus den Jahrzehnten des Vormärz, in denen das Interesse des Publikums an der Geschichte weiterwächst, zwei Dinge zu erwähnen. Einmal; die älteren, vor-wissenschaftlichen oder doch vor-historistischen Formen der Geschichtsschreibung dauern noch fort. Friedrich Christoph Schlosser schreibt aufklärerisch moralisierend, pädagogisch, vom 18. Jahrhundert wie von Kant geprägt, seine außerordentlich erfolgreiche Weltgeschichte (zuerst 1811): Geschichte als Arsenal für den politischen Kampf des Frühliberalismus, ähnlich – weniger philosophisch und weniger kenntnisreich – Rottecks in Süddeutschland sehr einflußreiche Universalgeschichte. Eher historistisch, aber methodisch noch naiv der große Liberale Friedrich Christoph Dahlmann, bei dem Geschichte im Dienste der Forderung des Tages steht, zugleich aber das politische Handeln die Kenntnis, das historische Verstehen des Gegebenen und Gewordenen voraussetzt. Oder – immer noch vor-kritisch – romantisch und national Friedrich von Raumer mit seiner ‚Geschichte der Hohenstaufen und ihrer Zeit‘ (1823–25) oder hochkonservativ der abgefallene Hegelianer Heinrich Leo mit seinen Versuchen zu einer universalen Kulturgeschichte.

Zum anderen: aus romantischen und patriotischen Motiven entsteht die Mittelalterforschung. 1819 wird – durch den Freiherrn vom Stein – die Gesellschaft für ältere deutsche Geschichtskunde gegründet, die die Quellen zur mittelalterlichen Geschichte, die ‚Monumenta Germaniae Historica‘, sammelt und herausgibt. Georg Heinrich Pertz und Johann Friedrich Böhmer sind die eigentlichen Begründer der aus Mittelalterbegeisterung und Heimwehhistorie erwachsenden wissenschaftlichen Erforschung des Mittelalters, und zugleich entwickelt sich fast überall mit dem wachsenden Geschichtsinteresse und seiner Organisation in historischen Vereinen das Interesse an der Regional- und Landesgeschichte.

Geschichtswissenschaft und Geschichtsschreibung sind in der Mitte des Jahrhunderts, zwischen 1840 und 1870, eine, wenn nicht die geistig führende Macht, eine große, schnell etablierte Wissenschaft, attraktiv und mit einer großen Zahl von bedeutenden Gelehrten, Forschern und Geschichtsschreibern, zugleich von allgemeiner, kulturell-intellektueller wie verfassungs-, national- und konfessionspolitischer Bedeutung. Alle Kämpfe der Zeit sind mit historischen Argumenten unterstützt, von historischen Kontroversen begleitet, von politisch aktiven Historikern mitgeführt worden; die so wichtigen politischen Zeitschriften sind immer zum guten Teil auch historisch – der Name der führenden katholischen Zeitschrift ‚Historisch-politische Blätter‘ mag dafür stehen. Das politische Denken der Deutschen spiegelt sich nicht nur im historischen Schrifttum, sondern dieses weist der politischen Orientierung auch vielfach die Richtung. Davon muß, wenn wir von den politischen Ereignissen und Tendenzen erzählen, oft genug die Rede sein.

Faßt man die Historiker nicht als Parteileute, sondern ihre Wissenschaft im ganzen ins Auge, so lassen sich drei Hauptpunkte herausheben. Der kontemplativ objektivierende und universale Zugriff Rankes, obwohl er die Historisierung der Welt wie die Verwissenschaftlichung der Historie ganz entscheidend vorangetrieben hat, schwindet: Ranke wird altmodisch. Auf der einen Seite entwickelt sich, zumal im Bereich der Mittelalterforschung, ein wissenschaftlicher Positivismus der Quellenkritik und Tatsachenfeststellung von höchster methodischer Strenge und zugleich eine wachsende Spezialisierung. Forschung wird wichtiger als Darstellung. Charakteristisch dafür sind etwa Georg Waitz oder das 1854 gegründete, bald hochberühmte Institut für österreichische Geschichtsforschung in Wien, das vor allem die sogenannten historischen Hilfswissenschaften pflegt, all das, was man zum Lesen und Verstehen alter, vor allem mittelalterlicher Urkunden und Handschriften, zur Bestimmung ihrer Echtheit zumal, braucht.

Zum zweiten: die Geschichtswissenschaft wird – ohne die Verwissenschaftlichung preiszugeben – wiederum politisch, sie wird engagiert. Diejenigen Momente aus dem großen Komplex Historismus, die auf die Begründung von Handlungsnormen aus der Geschichte abzielen, gewinnen Dominanz. Geschichte hat es mit der Befestigung der Identität des Menschen und der Legitimierung seiner Ziele zu tun, mit Freiheit und Emanzipation, mit Fortschritt, mit Bildung der Nation und ihrer Einheit vor allem; sie sucht in der eigenen wie in der großen europäisch-menschheitlichen Vergangenheit die große zusammenschließende Tendenz, die die eigene Gegenwart sowohl begründet wie in die Zukunft zu tragen geeignet ist. Die romantisch kontemplativen Züge schwinden und damit auch die Universalität. Johann Gustav Droysen, Hegelschüler noch, durch seine ‚Geschichte Alexanders des Großen‘ (1833) und die Entdeckung dessen, was seitdem Hellenismus heißt (1836–1843), früh berühmt geworden, liberaler Politiker der rechten Mitte in der Paulskirche, ist auch der große Theoretiker des Historismus und dieser seiner anti-rankeschen Ausformung, der bald herrschenden kleindeutschen Schule. Er hat aus der Analyse des Verstehens als des wissenschaftlichen Grundverfahrens der Historiker die subjektive Bedingtheit und Perspektivität, den Gegenwartsbezug aller historischen Erkenntnis herausgearbeitet – so sehr sie durch methodische Objektivität korrigiert und eingegrenzt ist –, und er hat versucht, die Parteinahme des Historikers wiederum aus der geschichtlichen Entwicklung, auf die allein er sich berufen kann, zu legitimieren. Hinter solcher Wissenschaftstheorie (und der entsprechenden Geschichtsschreibung) stehen, wie abblassend immer, idealistische Grundannahmen: daß die Welt und ihre Geschichte als sinnvoller Prozeß zu begreifen sei, d. h. gemeinhin als organische Entwicklung; daß der Mensch in allen überindividuellen Notwendigkeiten, allen kausalen Determinationen ein Wesen der Freiheit, der freien Tat und Aktivität, der freien Setzung von Zielen und Zwecken ist; daß es darum in der Geschichte um Werte und Normen und ihre Institutionalisierung in objektiven Systemen – wie Familie und Arbeit, Kirche und Staat – geht, um „sittliche Mächte", wie Droysen das genannt hat; daß in diesem Sinne der Geist die leitende Kategorie der Geschichte ist; daß Zeitalter und Entwicklung sich in Ideen und Tendenzen zusammenfassen und diese die Menschen prägen, auch ihre Interessen und Bedürfnisse. Das Böse und das Übel bleiben in diesem Kontext eingeordnet; die Vergangenheit hat so, das ist ein wenig affirmativ, ihren Sinn. Gegenüber der romantischen Historie und auch der davon noch beeinflußten Position Rankes treten Geist und Wille und die Absichten der Handelnden stärker hervor, die „Natur", das „unbewußte" Werden, die überindividuellen Notwendigkeiten dagegen zurück. Die Meinung, daß „Männer" die Geschichte machen – bis dahin keineswegs die Überzeugung der Historisten –, fängt jetzt allmählich an, Raum zu gewinnen. Im Mittelpunkt solcher Historie steht, wie schon bei Ranke, die Politik, die innerstaatliche Organisation und die Beziehungen der Staaten als Mächte; auch die spätere Theorie von einem „Primat der Außenpolitik", die Theorie, daß die außenpolitische Lage die innere Situation eines Landes bestimme, beginnt sich auszubilden; neben der Politik steht die Kirche und stehen – eingebettet in beides – die Ideen. Die vorher so wichtigen Bereiche der Kultur, des gesellschaftlichen Lebens, geraten, zumal sie in Sonderwissenschaften ausgegliedert sind, etwas an den Rand.

Die dominierende Gruppe dieser Historiker ist liberal-national und kleindeutsch. Liberal, moderat liberal: gegen Feudalismus und Absolutismus, bürgerlich, für die Freiheit – für die staatsfreie Sphäre wie die Mitbestimmung im Staat –, gegen die Revolution, die egalitäre Demokratie und die Mehrheitsherrschaft, für die bürgerliche konstitutionelle Monarchie und die Gewaltenteilung, stark und positiv auf den Staat, auf den Vorrang des Staates vor der Gesellschaft bezogen, staatsgläubig beinahe, mit all dem historisch verständlichen Vertrauen in den Staat als Garanten und Agenten des Rechts, der Freiheit, der Kultur, dem Vertrauen in die Harmonie und Versöhnung von Recht, Moral und Macht, kurz, geleitet von einer gewissen Idealisierung des Staates auf der Basis einer Spiritualisierung der Macht. Dieser Liberalismus ist „protestantisch", antikatholisch und antiklerikal, den Individualismus und die Kultur des 19. Jahrhunderts wie den säkularen Staat aus der Reformation rechtfertigend, und die Arbeit, den Beruf als die durch die Reformation begründete Selbsterfüllung des Menschen. Diese Historiker sind national, sie wollen nicht nur die kulturelle, sondern die politische Einheit der Nation; das ist die Erfüllung der bisherigen deutschen Geschichte, das ist die Notwendigkeit, die Existenz der Deutschen in Europa außenpolitisch zu sichern. Und diese Historiker sind kleindeutsch; die Einigung kann nur durch Preußen zustandekommen, sie ist die historische Aufgabe, der Beruf Preußens – Droysen hat in seiner preußischen Geschichte die eigentümlich absurde Idee, diesen nationalen Beruf Preußens aus den konkreten politischen Vorgängen seit dem späten Mittelalter, seit dem Regiment der Hohenzollern in der Mark Brandenburg nachzuweisen. Neben Droysen mag man Heinrich von Sybel nennen; er ist auch der eigentliche Gründer der ‚Historischen Zeitschrift' (1859), die aus dem Geist dieser „Schule" entstand, doch binnen kurzem zum repräsentativen Organ der deutschen Geschichtswissenschaft insgesamt wurde. Schließlich: der größte dieser politischen Historiker, Theodor Mommsen, überragend als forschender Gelehrter wie als historischer Schriftsteller, politisch – in den 60er Jahren – etwas entschiedener liberal, wissenschaftlich als Althistoriker in seinem Engagement etwas distanzierter, obwohl das Thema des Untergangs der Republik und des Aufstiegs Cäsars ganz in die aktuelle Ambivalenz von Liberalismus, Bonapartismus und Bismarck hineingestellt ist, und moderner in seinen Auffassungen, weil er einen ausgeprägten Sinn für die Bedeutung der Masse auch für die politische Geschichte hat. Es gibt auch, durchaus jetzt auf dem Boden der neuen Methoden, anders engagierte Historiker: großdeutsch, föderalistisch, partikularistisch, österreichisch, oft, nicht immer, konservativer und stark katholisch geprägt – wir werden erzählen, welche Bedeutung der Streit zwischen dem Innsbrucker Julius Ficker und Heinrich von Sybel um die Interpretation der mittelalterlichen Kaiserpolitik für die großdeutsch-kleindeutsche Auseinandersetzung gehabt hat. Die eigentümliche Spannung zwischen politischem Engagement und methodisch kritischer, sich unendlich ausdehnender und intensivierender und eben auch „positivistisch" objektivierender Forschung, sie bleibt für diese und die folgenden Jahrzehnte bestimmend.

Schließlich führt drittens die Konzentration auf politische Geschichte und die Ausgliederung eigenständiger kulturwissenschaftlicher Philologien aus dem Insgesamt der Geisteswissenschaften dazu, daß es neben der politischen „großen" Historie zur Sonderentwicklung einer Kulturgeschichte kommt – in die die Geschichte der Gesellschaft, der Bereiche von Arbeit, Wirtschaft und täglichem Leben, und/oder die Geschichte des Geistes, der Künste, der „hohen" Kultur eingeht: als demokratische Oppositionsgeschichte gegen die etablierten Mächte bei dem in die Schweiz emigrierten Johannes Scherr; als liberale Bürger-, Arbeits- und Alltagsgeschichte in Gustav Freytags vielgelesenen ,Bildern aus der deutschen Vergangenheit' (1859); als reformkonservative Volksgeschichte, zumal der alten Stände: der Bauern und Handwerker, beim Begründer der Volkskunde, bei Wilhelm Heinrich Riehl; und – ganz anders und auf der Höhe Rankes wie Mommsens – in der Kulturgeschichte des Schweizers Jacob Burckhardt (,Kultur der Renaissance in Italien' (1859/60)), die sich von der Politik abkehrt und aus Lebens-, Verhaltens-, Stilformen und -äußerungen das Menschentum einer bestimmten Epoche anschaulich zu machen sucht und die in Deutschland nicht ohne Einfluß bleibt. Dennoch, bis zur Reichsgründung ist das gewiß nur eine Seitenlinie der Wissenschaft.

Im knappen Zeitraum der ersten Jahrzehnte des Jahrhunderts hat sich ein ganzes System der Geisteswissenschaft auf historischer Grundlage ausgebildet und ausgefächert; zu erwähnen ist etwa noch die Ausbildung der Kunstgeschichte – wiederum unter starkem Einfluß wie in Ablösung von Hegel (Karl Schnaase) – oder die Ausbildung der Geographie als Geisteswissenschaft, als Kulturgeographie (Carl Ritter). Alle Kulturgebiete, die früher Sache der Liebhaber, der Dilettanten waren, werden jetzt Gegenstand der gelehrten Wissenschaft, geleitet vom historischen Sinn, dem Erfassen und Verstehen von Quellen und ihrer Einordnung in einen historischen Zusammenhang. Diese Ausweitung der Wissenschaften ist in einem spezifischen Sinne eine Leistung der Deutschen – die weit in die Welt, nach Ost-, Nord- und Südeuropa, in die angelsächsischen Länder, zum Teil auch nach Frankreich ausgestrahlt hat.

Wir werfen einen Blick auf die Wissenschaften der Zukunft: die Sozialwissenschaften, auf Nationalökonomie und Soziologie. Die klassische National-

ökonomie, die Theorie des liberalkapitalistischen Wirtschaftssystems ist in
Westeuropa, vor allem in England (Smith, Ricardo) aus- und fortgebildet worden; die Deutschen haben das übernommen, nur wenig weiterentwickelt. Die
Ausgangsbedingungen waren anders, es fehlte in Deutschland lange der nationale Markt, und in der kameralistisch-merkantilistischen Tradition spielte das
Nachdenken über den Staat eine stärkere Rolle. Karl Heinrich Rau hat beides
verbunden und die Dreiteilung des Faches in Volkswirtschaftslehre, Volkswirt-
schaftspolitik und Finanzwissenschaft eingeführt. Andere haben versucht, die
klassische Lehre ethisch-idealistisch umzubilden, den Wertbegriff als Ge-
brauchswert etwa mit Hilfe einer Hierarchie der Bedürfnisse zu objektivieren
(Friedrich Benedict Wilhelm von Hermann, 1832, Hermann Heinrich Gossen,
1854, und seine beiden Gesetze, Hans von Mangoldt) – das sind auch Ansätze
zur späteren Grenznutzentheorie. Wichtiger sind drei Außenseiter, die erst später langsam rezipiert worden sind. Der Gutsbesitzer von Thünen mit seinem
Werk ‚Der isolierte Staat in Beziehung auf Landwirtschaft und Nationalökonomie‘ (1826, 1830, 1863), der mit Hilfe der methodischen Isolierung der Faktoren
eines konkreten Wirtschaftssystems vor allem die Differentialrente des Grundbesitzes in Abhängigkeit vom Standort (Transportwege) und das Prinzip der
Grenzproduktion entdeckt hat. Dann der Schriftsteller und Professor, Publizist
und Politiker Friedrich List, der uns im Zusammenhang mit Zollverein, Eisenbahnbau und dem vormärzlichen Liberalismus begegnet ist. List weist nach, daß
jede Volkswirtschaft auch von sozialen und politischen Faktoren abhängig ist,
nationale Volkswirtschaft ist und daß die normative Geltung allgemeiner Gesetze von daher zu differenzieren ist. Die Annahmen der Klassiker über die internationale Arbeitsteilung sind irreal (und zudem Ausdruck der wirtschaftlichen
Führungsrolle Englands). Außerdem betont er gegenüber der klassischen Konzentration auf die Produktion die Bedeutung der Produktivkräfte. Das hat wirtschaftspolitische Konsequenzen: der Staat soll Produktivkräfte entfalten, und er
soll ein entstehendes Industriesystem vor den schon entwickelten durch Schutz-
und Erziehungszoll schützen; das ist die Wirtschaftstheorie eines Entwicklungs-
landes, die im aufkommenden Jahrhundertproblem von Schutzzoll und Freihandel eine wichtige Rolle spielen sollte. Schließlich der Gutsbesitzer Carl von
Rodbertus, der in die Ideengeschichte des Sozialismus gehört, über seine Untersuchungen zum Arbeitswert analog zu Marx die Lehre vom Mehrwert, die These von der fallenden Lohnquote und die Erklärung der Krisen als Unterkonsum-
tionskrisen entwickelt; er bleibt freilich Befürworter staatssozialistischer Maßnahmen und Skeptiker gegenüber einer proletarischen Revolution, auch für den
sich etablierenden Sozialismus ein Außenseiter.

In der Zunft der Nationalökonomie setzt um die Jahrhundertmitte die direkte
Einwirkung des Historismus ein. Wilhelm Roscher, Bruno Hildebrand und – intellektuell am stärksten – Karl Knies (‚Die politische Ökonomie vom Stand-
punkte der geschichtlichen Methode‘, 1853), bilden die erste oder ältere historische Schule. Es gibt, so ihre These, keine ökonomische Theorie mit zeitloser
Geltung und keine allgemeinen ökonomischen Normen; wirtschaftliche Institu-

tionen und Maßnahmen sind jeweils auf eine bestimmte Situation bezogen und ihr mehr oder minder angemessen; Wirtschaft ist keine „Natur"tatsache, die man abstrahierend und deduzierend herauspräparieren kann, sondern eine im Kontext außerwirtschaftlicher: historischer, sozialer und politischer, nationaler Bedingungen stehende Kulturtatsache und nur induktiv und individualisierend zu begreifen. Der individualistische Grundansatz der Klassiker beim Selbstinteresse, beim isolierten Robinson, beim homo oeconomicus ist unzureichend; wirtschaftliches Handeln hat viele und auch ethische Motive, darum ist die Nationalökonomie eine ethische Wissenschaft. Wirtschaftsgeschichte, die Entwicklung von „Wirtschaftsstufen" (z. B. Natural-, Geld-, Kreditwirtschaft), der geschichtliche Vergleich werden für sie grundlegend. Freilich, das alles bleibt zunächst mehr Programm und Anregung; eine wirklich historische Nationalökonomie entsteht erst in den 70er Jahren.

Ehe wir den bedeutendsten deutschen Nationalökonomen nennen, müssen wir unseren Blick auf das Entstehen einer eigenständigen Sozialwissenschaft richten. In den Denktraditionen der alten Welt war das Nachdenken über „Gesellschaft", die sozialen Beziehungen der Menschen, die sozialen Institutionen, in die Philosophie, die Staats- und Rechtslehre, die Ethik eingeordnet. Das ändert sich mit der doppelten, der demokratischen und der industriellen Revolution, mit der Auflösung der im wesentlichen statischen, ständischen, der Entstehung der dynamischen bürgerlichen Gesellschaft, mit dem Vordringen von Veränderung, Bewegung, Prozeß. Die Sozialnormen der Tradition und der Religion verlieren an Verbindlichkeit; die Naturrechtslehre scheitert, denn im Namen eines jeweils anders interpretierten Naturrechts schlägt man sich gegenseitig die Köpfe ab. Darum entsteht die Tendenz, die Normen des sozialen Handelns und die Legitimation von Institutionen, wo nicht aus der Geschichte, so aus der Analyse der Bau- und Bewegungsgesetze der Gesellschaft herzuleiten. Gesellschaft wird jetzt zum Gegenstand besonderen wissenschaftlich-methodischen Interesses; daraus entwickelt sich dann Soziologie. Deutschland war auf diesem Wege nicht führend, weil es noch nicht im Zentrum der revolutionären Umbrüche lag und weil der Historismus eine andere Antwort auf die genannten Herausforderungen bot; dennoch sind hier sehr wirksame, wenn auch sehr spezifische Ansätze entstanden. Am Anfang steht, noch einmal und zugleich ganz neu, die Philosophie. In Hegels System spielt die Analyse der bürgerlichen Gesellschaft, des „Systems der Bedürfnisse" auf der Basis der Rezeption der englischen Nationalökonomie wie der gesamten Revolutionserfahrung der Zeit, eine zentrale Rolle: Gesellschaft ist – zwischen dem Einzelnen und dem Staat – das eigentlich bewegende Phänomen und Problem der Moderne, an ihr entscheidet sich das Schicksal der Freiheit. Hegel ist der erste, der im Rahmen seines Systems eine ausgearbeitete Lehre von der Gesellschaft und ihrer Bedeutung für das Ganze der menschlichen Welt vorgelegt hat; damit hat sich alle Gesellschaftstheorie des Jahrhunderts seither auseinandersetzen müssen. Probleme der Gesellschaft tauchen gleichzeitig auch an anderer Stelle auf, inexplizit bei den frühen Historisten, die, wie z. B. August Boeckh, das Ganze der menschlichen

Welt in den Blick nehmen; explizit und ideologisch in der romantisch konservativen Theorie, etwa Adam Müllers – davon war an anderer Stelle die Rede;
schließlich, das wird oft vergessen, ist die Lehre vom öffentlichen Recht in der
ersten Jahrhunderthälfte noch durchaus allgemeine Staatswissenschaft, die bei
ihren bedeutenden Vertretern wie etwa Robert von Mohl die Analyse des Politischen wie der Gesellschaft mit umfaßt. Noch ans Ende unserer Periode gehören
Otto von Gierke mit seiner Genossenschaftslehre, Lorenz von Stein mit seiner
Verwaltungslehre, Rudolf von Gneist mit seiner Theorie der Selbstverwaltung
zu dieser sozialwissenschaftlich ausgreifenden Juristentradition.

Eine eigene Sozialwissenschaft in Deutschland beginnt unter dem Eindruck
Hegels mit Lorenz von Stein. 1856 schreibt er – immerhin als zweiten Band eines
Systems der Staatswissenschaft – ‚Die Gesellschaftslehre‘; in der Einleitung zur
3. Auflage seines berühmten Jugendwerkes ‚Geschichte der sozialen Bewegungen in Frankreich‘ (zuerst 1842) gibt er unter dem Titel „Der Begriff der Gesellschaft und die Gesetze der sozialen Bewegung" die erste deutsche Soziologie.
Stein geht aus von der sozialen Bedingtheit der politischen Veränderung, von
der Verflechtung von sozialem Sein und Bewußtsein und von dem Auseinandertreten von Staat und Gesellschaft und analysiert Aufbau und innere Bewegung
der modernen, auf Eigentum und Arbeit gegründeten Erwerbsgesellschaft, wie
die Typen der Herrschaft, das Auseinandertreten von Kapital und Arbeit, der
besitzenden und der nicht-besitzenden Klasse, und den Kampf der beiden Klassen um die Kontrolle des Staates, diagnostiziert die Gefährdung der Freiheit
und der Person durch eine sich selbst überlassene, von Interessen und Egoismen
geleitete Gesellschaft; angesichts der beiden Bewegungstypen einer solchen Gesellschaft, der sozialen Revolution und der sozialen Reform plädiert er für den
Staat der sozialen Reform („Das soziale Königtum"), den Sozialstaat, der die
Krise steuert, das Kapital durch das Prinzip der Arbeit bändigt und die persönliche reale Freiheit für alle sichert und durchsetzt; und in seinem späteren Riesen-
werk, der ‚Verwaltungslehre‘ (1865–1884), hat er dann den Staat der modernen
Daseinsvorsorge schon früh (und in aller inhaltlicher Füllung) auf den Begriff
gebracht.

Neben Stein tritt nach 1850 Wilhelm Heinrich Riehl, zuerst mit seinem Werk
‚Die bürgerliche Gesellschaft‘ (1851), intellektuell und systematisch unvergleichlich schwächer, breit, essayistisch, klagend und werbend, konservativer,
weil er vor allem die vorindustrielle Gesellschaft – Bauern und kleine Bürger – in
den Blick rückt, aber literarisch wirkungsvoll und mit eindringendem Scharf-
blick für die Schwächen und die Realitätsblindheit der Liberalen, die allein auf
Verfassung und Politik sich konzentrieren, für die regionale Vielfalt der deutschen sozialen Welt und ihre historischen Wurzeln. Seine Forschungen und
Werke sind der Beginn der merkwürdigen deutschen Sonderdisziplin einer so-
zialwissenschaftlichen Ethnologie, der deutschen Volkskunde.

Freilich, das blieben Ansätze, die zunächst nicht zur Ausbildung einer Sozialwissenschaft geführt haben. Das Ende der auf das „Ganze" gerichteten Philosophie, die Wendung der Juristen zum Positivismus, der Historiker zum Primat

von Politik, Staat und Nation – oder zur Kultur –, ihre siegreiche Abwehr gegen eine auf Gesetze ausgehende positivistisch-naturwissenschaftliche Soziologie wie die Comtes, die unter Materialismusverdacht geriet, die Wendung der historischen Nationalökonomie zur sozialen Frage, schließlich die allgemeine Atmosphäre in Deutschland, wo Nationalstaat, Verfassung, Kirche und Bewahrung humankultureller Werte Priorität hatten – das alles hat die Fort- und Ausbildung einer eigenständigen Sozialwissenschaft in Deutschland einige Jahrzehnte lang verhindert.

In die Geschichte der Nationalökonomie wie der entstehenden Soziologie gehört schließlich Karl Marx. Gewiß ist Marx anderes und mehr als gelehrter Nationalökonom und Soziologe, ist Philosoph und Prophet, Revolutionär und Begründer der sozialistischen Arbeiterbewegung, ist, wie in diesem Jahrhundert nur Bismarck noch, eine zentrale Gestalt der deutschen Geschichte. Aber Marx gehört, seinem Anspruch und Selbstverständnis wie seiner Wirkung nach, durchaus in die Geschichte der Wissenschaften, der Erkenntnis und der Theoriebildung hinein. Es ist hier nicht der Ort, die ökonomischen und soziologischen Theorien von Marx im einzelnen zu entwickeln, ganz weniges an Erinnerung und Hinweis muß genügen.

Marx bietet eine gleichzeitig soziologische wie ökonomische Analyse des kapitalistischen Systems, seiner Struktur und Wirkungsweise, seiner Dynamik und seiner Entwicklung, des Schicksals, das es den heute Lebenden aufzwingt, und seiner prognostizierbaren Zukunft. Die zentrale soziologische Einsicht ist zunächst, daß der Charakter der modernen Gesellschaft antagonistisch ist. Sie ist nicht von einer verborgenen Harmonie der konkurrierenden Individuen, sondern im Gegenteil vom Gegensatz, vom Kampf der Klassen – der Unternehmer und der Arbeiter – beherrscht; der macht ihr Lebensproblem und zugleich ihre Dynamik aus. Sie beruht auf Ungleichheit, auf Ausnutzung der Schwächeren; nicht die Rechtsgleichheit, sondern der Startvorteil der Produktionsmittelbesitzer ist entscheidend, und er verstärkt sich in der Entwicklung. Klassen also und Klassenkampf, das ist das zentrale Faktum der Gesellschaft, und zwar so, daß sie sich in den zwei Hauptklassen polarisiert; sie drücken der Gesellschaft ihren Stempel auf, sie saugen die Zwischenklassen auf oder zwingen sie in das entscheidende Entweder-Oder hinein. Der Kampf um politische Macht ist daher nichts als Ausdruck von sozialen, d. h. Klassenkonflikten. Hinter dieser analytischen Beschreibung steht dann die Einsicht, daß die Menschen soziale Institutionen und Verhältnisse geschaffen, soziale Prozesse in Gang gesetzt haben, die Macht über sie haben, daß sie Produkte der von ihnen geschaffenen Gesellschaft sind. Diese Einsicht in die soziale Determiniertheit des Menschen hat Marx bekanntlich zum sogenannten historischen Materialismus zugespitzt. Das gesellschaftliche Sein bestimmt das Bewußtsein der Menschen, die Sphäre der Produktion ist die ökonomische und soziale „Basis", von der alle anderen menschlichen Wirklichkeiten – Staat und Recht, Religion und Moral, Kultur etc. – als „Überbau" zwar nicht simpel und direkt, aber doch letzten Endes abhängig sind. Trotz dieser Akzentuierung, ja zum Teil gerade wegen ihr, zielt eine solche soziologische Analyse auf die Totalität der gesellschaftlichen Bedingungen, auf die Gesellschaft im ganzen, gegen die Isolierung einzelner Sphären und Tatbestände – gegen die bescheideneren Einzelwissenschaften übernimmt diese Soziologie das Erbe der Philosophie, die Kompetenz für das Ganze. Schließlich: die Situation des Individuums wird mit der, von den idealistischen Philosophen übernommenen, Kategorie der „Entfremdung" interpretiert; sie wird zu einer Art Universalschlüssel. Der ausgebeutete Lohnarbeiter und der in die Konkurrenz gezwungene Unternehmer können nicht mehr „bei sich selbst sein", stehen ihren Produkten wie ihrer Arbeit – unter dem Diktat von Eigentumslosigkeit und Arbeitsteilung – fremd gegenüber, ja bewegen sich in einer Welt, in der unter der Herrschaft des Kapitals, des „Geldnexus", alles – Liebe, Kunst wie natürliche Bedürfnisse – zur „Ware" wird; dahinter steckt die eigentümlich romantisch-eschatologische Idee – wie in allem Protest gegen die arbeitsteilige Leistungs- und Industriegesellschaft –, daß der Mensch „eigentlich" zur Universalität und Totalität angelegt und bestimmt sei.

Wenn die soziale Struktur der modernen Gesellschaft und das Schicksal des Einzelnen in ihr so bestimmt sind, dann kommt es ökonomisch darauf an, das Wesen und das Funktionieren des kapitalistischen Wirtschaftssystems zu begreifen. Der Kapitalismus gründet auf dem Profitstreben der produzierenden Eigentümer, das mit der Herrschaft des Geldes, des vertretbaren und anonymen Kapitals endgültig freigesetzt ist, und auf der mit Industrie und Fabrik sich durchsetzenden Trennung von Produktionsmittelbesitzern und Arbeitern. Nationalökonomisch wichtig ist, wie Marx – in der Nachfolge Ricardos und dann gegen ihn – den Gewinn (Profit) bestimmt: nicht aus subjektivem Belieben und damit unter den Kategorien der Moral, sondern als Systemnotwendigkeit. Der „Wert", genauer der Tauschwert einer Sache, entspricht der in ihr investierten durchschnittlichen („gesellschaftlich notwendigen") Arbeitszeit (Arbeitswertlehre); der „Lohn" entspricht dem Wert der Ware Arbeitskraft, d. h. der für das Leben des Arbeiters erforderlichen Güter; der am Markt erzielte Wert eines Produktes liegt aber weit höher als der Wert der investierten Arbeit, das ist der berühmte „Mehrwert", der dem Unternehmer zufließt. Das ist der ökonomische Kern der Ausbeutung. Hier tritt nun die von Marx gegen seine Vorgänger so betonte Dynamik des kapitalistischen Prozesses in Funktion. Der Unternehmer steht in einer – von Marx als anarchisch beschriebenen – Konkurrenzsituation; er muß seinen „Profit" im wesentlichen akkumulieren, investieren, um dem Gesetz der Selbsterhaltung und Gewinnmaximierung zu genügen: diese Wirtschaft ist auf Wachstum und auf ständige „Revolutionierung" der Produktionsmittel angelegt. Das führt bei Marx zu der Doppelthese von der „Konzentration" des Reichtums in einer immer kleiner werdenden Schicht und der „Verelendung" der Masse, genauer: der Proletarisierung der Zwischenschichten und der Verelendung des Proletariats; und zwar deshalb, weil Marx davon ausgeht, daß es immer eine „industrielle Reservearmee" von Arbeitslosen gibt, teils wegen des Bevölkerungsüberschusses, teils wegen der technologischen Vernichtung von Arbeitsplätzen. Weiter führt diese wirtschaftliche Dynamik, teils wegen der anarchischen Konkurrenz, teils wegen des Mißverhältnisses von wachsender Produktion und Kaufkraft (Unterkonsumtion), notwendig zu ständigen und sich verschärfenden Krisen. Das, was die Zeitgenossen erfuhren, wurde als Systemnotwendigkeit gedeutet. Schließlich, die Mechanisierung der Produktion – Folge der Konkurrenz wie der Produktivitätssteigerung – führt zu einer tendenziellen Verminderung der „Profitrate" (denn nach Marx beruht der Profit nicht auf dem „konstanten" investierten Kapital, sondern auf dem „variablen" Kapital des „Lohnfonds"), und das steigert wieder Konzentration, Verelendung und Krisenanfälligkeit. Anders gewendet, die Unternehmer revolutionieren ständig die Produktionsmittel, und gerade damit geraten sie in Gegensatz zu dem, was Marx die „Produktionsverhältnisse" nennt, wir können abgekürzt sagen, zu Eigentumsordnung und Einkommensverteilung, und verschärfen so den Antagonismus der Klassen. Das Ergebnis der ökonomisch-sozialen Analyse wird dann geschichtsphilosophisch gewendet: das kapitalistische System produziert die Kräfte und Verhältnisse, die es selbst zerstören; es produziert – zuletzt – die Revolution des Proletariats, indem es dieses zu überwältigender Mehrheit macht. Das ist angewandte und zugespitzte Dialektik: der Nachweis der Widersprüche der Realität, die sich hervortreiben, steigern und zuletzt eben aufheben. Der Zukunftsentwurf von Marx bleibt eigentümlich unbestimmt: die Abschaffung des Privateigentums an Produktionsmitteln – gleichsam der Wunderschlüssel zur Zukunft –, die „assoziierten" Produzenten, das Ende der Klassen, das Ende der Entfremdung.

Es ist hier, wie gesagt, nicht der Ort, die Stichhaltigkeit der ökonomischen und soziologischen Argumente von Marx zu prüfen und zu kritisieren – sie haben methodisch die Phänomene schärfer sehen und erkennen gelehrt, auch wenn sie inhaltlich den Test der logischen Stimmigkeit und vor allem der Realität nur zum Teil bestanden haben. Die Analyse der dynamischen Entwicklung und ihrer Widersprüche und die Parallelisierung der Entwicklung von Produktivkräften, Produktionsverhältnissen, Klassenbildung und Klassenkampf – das gehört jedenfalls zu den bedeutenden methodischen Leistungen und Anstößen von Marx. Die Überformung der Einsichten in die Realität durch einen sehr deutschen radikalen Intellektualismus, den Rest des Hegelschen Totalitätsanspruchs, der Dialektik, der Entfremdungsmythologie, und durch den eigentümlichen progressistischen Messianismus ist nicht zu verkennen, aber ebensowenig, daß gerade sein politisch eschatologischer Wille, seine vorgängigen und undiskutierten Wertentscheidungen ihn für die ökonomischen und sozialen Phänomene der industriellen, der kapitalistischen, der bürgerlichen Welt hellsichtig gemacht haben wie keinen anderen Zeitgenossen, keinen auch seiner Vorläufer, der englischen Nationalökonomen, der französischen Frühsozialisten oder der deutschen hegelianischen Philosophen.

Zum Abschluß dieses Kapitels werfen wir noch einen Blick auf die Philosophie, die Grund- und Universalwissenschaft aller Wissenschaften zu sein beanspruchte – und deren Wissenschaftscharakter gerade in unserem Zeitraum von den empirischen Wissenschaften unter Weltanschauungsverdacht gestellt und bestritten oder auf Wissenschafts- und Moraltheorie eingeschränkt wurde. Wir können hier keine Kurzgeschichte der Philosophie, weder als Wissenschaft noch als Ausdruck von Weltanschauung geben. Aber wir müssen das eigentümliche Doppelphänomen erörtern, das für die deutsche Geschichte überhaupt so charakteristisch wie nachwirkend ist: die Herrschaft der Philosophie im deutschen Geistesleben im ersten Drittel des Jahrhunderts und ihren Zusammenbruch in dessen Mitte. Wir können uns dabei auf einiges beziehen, was wir im Zusammenhang mit der Geschichte der Religion gesagt haben.

Wissenschaft und Universität, geistige Situation und intellektuelle Diskussion und Orientierung sind nach Kant in den ersten vier Jahrzehnten des Jahrhunderts in einer ganz ungewöhnlichen – mit anderen Zeiten wie anderen Gesellschaften nicht vergleichbaren – Weise von der Philosophie bestimmt gewesen: Philosophie war in dieser Zeitspanne nicht nur die eigentliche Führungswissenschaft, sondern die geistige Führungsmacht, die das Ganze zu begreifen und Sinn zu vergegenwärtigen oder zu stiften mit Fug und unbestritten beanspruchen konnte, die als solche von den anderen Wissenschaften – wenn auch nicht ohne Spannung – anerkannt war. Gerade im Hinblick auf Hegel kann man von Geltung und Herrschaft einer Philosophie sprechen; sie war eine Art preußischer Staatsphilosophie, aber auch die Gegner dieser oder anderer Philosophie und die Nicht-Philosophen, in den Wissenschaften, in der Literatur, in der öffentlichen politischen Diskussion standen in ihrem Bann. Alle geistig bewegte Jugend dieser Jahrzehnte ist von dieser Philosophie angezogen, enthusiasmiert, geprägt worden, auch wenn sie nach solchem Durchgang sich gegen sie kehrte. Die Philosophie war eine Macht; das ist bei der ungeheuren Schwierigkeit und Esoterik ihrer Sprache und ihrer Denkweise und erst recht angesichts der absoluten Fremdheit, mit der das nicht spezialisierte gebildete Bewußtsein ihren Lehren seither gegenübersteht, ein wahrhaft erstaunliches Faktum. Es ist die Philosophie des „deutschen Idealismus", der Fichte, Schelling und Hegel zumal, wie sie sich zuerst in Jena und dann in Berlin konzentriert hat, wo Fichte von 1806 bis 1814, Hegel von 1818 bis 1831 und Schelling seit 1841 in seiner konservativ-„positiven" Altersphase tätig waren, aber weit darüber hinaus wirkten. Warum es zu Beginn des Jahrhunderts zu einer solchen Konzentration großer Philosophie und großer Philosophen kommt, ist nicht voll erklärbar: daß sich Begabungen so häufen, behält etwas Zufälliges wie das Auftreten eines Genius wie Kant, dessen „kopernikanische" Revolutionierung des Denkens im Land seiner Sprache einen solchen Sturm des Philosophierens auslöste. Zu den allgemeineren Gründen gehören gewiß drei deutsche Sonderbedingungen: zum einen die starke theologische Orientierung des Nachdenkens über Leben und Welt im protestantischen Bereich. Das hängt mit der Geschichte der Universität und der Bindung von Wissen und Gewissen seit der Reformation zusammen; das hält sich in der religiösen Prägung auch des freieren, säkularen Denkens durch; das moderne Denken in Deutschland steht nicht neben der Theologie, oder gegen sie, sondern im langen Schatten der durch sie gesetzten Probleme, der von ihr beanspruchten Ganzheit; kurz, Philosophie ist Erbin der Theologie. Und zum anderen: Philosophie ist auch ein Stück Ersatz für praktische Teilnahme an der Welt, für ein öffentliches Leben oder eine Revolution, für die Praxis der vielen kleinen Reformen, für große ökonomische Aktivität; die Liebe zur fundamentalen Theorie ist auch ein Stück Kompensation, die große Philosophie ist nicht von ungefähr im norddeutschen Friedensjahrzehnt von 1795 bis 1805 entstanden, keineswegs unpolitisch, aber doch als ein eigenes Reich, und hat erst dann ihre große politische Wirkung entfaltet. Gewiß, schließlich hängt diese Rolle der Philosophie auch mit der Entstehung der spezifisch deutschen Idee der Bildung, der Selbstentfaltung und Vervollkommnung der Persönlichkeit im Aneignen der Welt, jenseits der Nützlichkeiten beruflicher, ökonomischer, politischer Praxis, zusammen: die Philosophie paßt zumal mit ihrem Totalitätsanspruch da hinein. Das bestimmt auch ihre Stellung in den reformierten Institutionen der Wissenschaft, in der neuen Universität: Philosophie ist nicht mehr Propädeutik, sondern Inbegriff des Wissens; die großen Philosophen sind – anders als in der frühen Neuzeit, als in Westeuropa, als im späteren 19. Jahrhundert – Universitätsleute, beamtete Professoren, auch das begründet ihre Wirkmächtigkeit.

Der Laie muß sich hüten, den Inhalt der idealistischen Philosophie – wie es jede kurze wie lange Wiedergabe heute notwendig nahelegt, weil für uns die Probleme und Begriffe der Metaphysik primär unverständlich geworden sind – als spekulative Begriffsdichtung oder als bloße Weltanschauung mißzuverstehen und zu verkennen, daß sie Wirklichkeit analysieren und begreifen will. Solche Vorgabe sind wir diesem Denken schuldig, auch wenn wir uns nicht mehr auf es einlassen wollen.

Man kann sich der idealistischen Philosophie philosophiegeschichtlich nähern. Sie geht aus von Kant, und zwar von seiner gegenüber dem alten Begriffsrationalismus wie dem Empirismus kritischen Bestimmung der Möglichkeit wie der Grenzen der Erkenntnis, von seiner „transzendentalen" Wendung, d.h. der Einsicht, daß das Bewußtsein mit seinen Anschauungsformen und Kategorien die Gegenstände unserer Wahrnehmung und Erkenntnis und ihre Verknüpfung prägt; von seiner neuen kritischen Begründung der menschlichen Freiheit und seiner Absage an die auf Nützlichkeit abstellenden Moralphilosophien seiner Zeit; von seiner Theorie der ästhetischen Wahrnehmung und der organischen Natur. Die Idealisten versuchen, bestimmte Probleme (wie ist es mit dem „Ding an sich" – also der Realität jenseits unserer Erkenntnis –, wie mit der Einheit der mehrfältigen „Vermögen" des Subjekts) aufzulösen; sie beseitigen das Element von Realismus bei Kant und suchen die Einheit von Denken und Freiheit im Subjekt aufzuweisen. Sie meinen durch Analyse der selbstverständlichen, aber unerkannten Voraussetzungen der Erfahrung zeigen zu können, daß das Denken es letzten Endes mit sich selbst zu tun hat, daß unser natürlicher Realismus, der Ich und Welt im Gegenüber von Subjekt und Objekt erfährt, selbst wieder bedingt ist und die „Wahrheit" hinter (oder vor) dieser Spaltung liegt. Fichte hat die Gegenstandswelt als „Setzung" des Ich (subjektiver Idealismus) verstanden, Hegel als von derselben Seinsart wie das Bewußtsein: als Geist (objektiver Idealismus); er hat in seiner ‚Phänomenologie des Geistes' (1807) die Erfahrung des

„Bewußtseins" – als theoretische wie praktische Auseinandersetzung mit der Welt –, als Erfahrung seiner selbst in vielen Stufen, die zum Teil den geschichtlichen Stufen des menschlichen Weltverhältnisses entsprechen, auseinandergelegt. Kants kritische Eingrenzung der Erkenntnis und zumal der Philosophie führt paradoxerweise zu einem neuen und universalen Erkenntnisanspruch einer neuen Metaphysik. Dazu kommt: während für Kant noch die Welterkenntnis der Naturwissenschaft und der Mathematik Ausgangspunkt und -problem, ja Erkenntnismodell war und die Begründung von Moral und Freiheit, als Problem durch den Schock der Rousseauschen Kultur- und Gesellschaftskritik verschärft, in diesem Lichte stand, tritt jetzt die Welt von Geschichte, Gesellschaft und Kultur ins Zentrum, und damit die Wissenschaften, die sich damit befassen; die idealistische Deutung des Verhältnisses von Ich und Welt verschiebt die Bedeutung der Gegenstandsbereiche.

Aber das ist vielleicht alles hier zu schwierig. Wenn wir nicht vom Problem der „Transzendentalphilosophie" – wie Erkenntnis und Erfahrung, wie Welt als Gegenstand von Bewußtsein und Erfahrung möglich ist – ausgehen, sondern in einem allgemeineren Sinne von der geistigen Situation der Zeit, so können wir jedenfalls die wirkungsmächtigste Philosophie dieser Jahrzehnte, die Philosophie Hegels charakterisieren als den ungeheuren Versuch einer Vermittlung und Versöhnung der Widersprüche, die die Zeitgenossen in ihrem Verhältnis zur Welt und in der Pluralität und Gegensätzlichkeit der angebotenen Welt- und Lebensinterpretationen erfahren, und Hegel hat – wie seine Schüler, wie seine Gegner – sein „System" auch durchaus so verstanden. Vor allem geht es um den Gegensatz zwischen der Objektivität der Wirklichkeit, der substantiellen Macht der den Menschen umfangenden Welt, und seiner Subjektivität, seiner Innerlichkeit, die sich reflexiv oder sentimental, kritisch und moralisch gegen diese Wirklichkeit stellt, das Sollen gegen das Sein kehrt, sich in der Welt „entfremdet" vorkommt und an diesem Gegensatz leidet, an seinen Lösungen verzweifelt – es geht um die „Entzweiung" von Selbst und Welt, Endlichkeit und Unendlichkeit, den Bruch von privat und öffentlich, von Religion und Politik, den Zerfall in kleine Alltagswelt und fernen Himmel. Man muß diesen Versuch in seiner ganzen Komplexität sehen. Auf der einen Seite ist da Hegels Wille zur Durchdringung und zum Begreifen der wirklichen Wirklichkeit in all ihren Erscheinungen, die Faszination und das Pathos, mit dem er die Wirklichkeit gegen die Beliebigkeiten der aufklärerisch-kritischen, moralisierenden, romantisch-gefühligen Subjektivität, ihre unendlichen Prätentionen vorbringt – die substantiellen Gehalte der Welt gegen die „leeren" Abstraktionen der Subjektivität, das Sich-Einlassen auf die Wirklichkeit, das Nicht-Ausweichen, das Ernstnehmen aller Härte und Undurchdringlichkeit, die Größe dieses Realismus. Es ist die stärkste Entfaltung der abendländischen Theorie, des ruhigen Anschauens und eindringenden Begreifens der Welt gegen die vorschnellen Zumutungen einer Praxis und ihrer Prioritätsansprüche, die doch nie der Willkür des eigenen Wollens entkommt. Darum ist Hegel der Philosoph, der die modernen Realitäten von Staat und Gesellschaft, Revolution und Ökonomie, Vereinsamung, Entgötterung, kollektiver und institutioneller Macht, Freisetzung der Kunst wie der Politik, den Zusammenhang der absoluten Freiheit und des Schreckens (der Jakobinerherrschaft z. B.) zuerst zum Thema des Nachdenkens des Ganzen, der Philosophie eben, gemacht hat. Auf der anderen Seite ist da das Ernstnehmen der Subjektivität und ihres Widerspruchs, das Pathos der Negation – niemand vor Hegel hat die moderne Wirklichkeits- und Icherfahrung so radikal gedacht und zur Sprache gebracht –, die Analyse des „unglücklichen Bewußtseins", der „Entfremdung", der Reflexion, die für ihn geschichtlich wie systematisch ein unendlicher Fortschritt gegenüber der objektivistischen Naivität früherer Erfahrungsstufen ist und zugleich das charakteristische Signum der modernen Welt; noch seine Metaphorik (die „Schädelstätte des Geistes", der „spekulative Karfreitag") ist voll von der modern intellektuellen, ästhetischen, postreligiösen, postrevolutionär ideologischen Zerrissenheit des Menschen und der Welt und des Verhältnisses zwischen beiden. Beide Gesichtspunkte sind deshalb – mehr als alle Kritiker realisieren – vermittelt, weil Hegels „System" diesen Gegensatz nicht abstrakt gleichsam von Anfang an, durch schnelle Identitätssetzung, durch eine Dauerlösung stillstellt und versöhnt, sondern nur in einem Stufengang immer neuer und komplizierter Brüche und Vermittlungen, die die wesentlichen Gehalte der konkreten Welt und der menschlich-historischen Welterfahrung, die Härte der Unversöhnlichkeiten aufnehmen, die Selbstgewißheit der Objektivität wie der Subjektivität dauernd wieder aufheben; dieser empirische Reichtum, diese umfassende Welthaltigkeit bewahrt das System der Versöhnung und Vermittlung davor, in die mystische Nacht, in der alle Katzen grau sind, zu verfallen. Gewiß, am Ende – aber niemand kann vom Ende hier reden, der den Weg nicht gegangen ist – steht die „Synthese" als eine höhere Stufe der – durch die Subjektivität – vermittelten Objektivität, steht der Satz, daß alles Wirkliche vernünftig, alles Vernünftige wirklich sei, der seither Ärgernis erregt und den man doch nur dann versteht, wenn man begreift, daß „wirklich" hier in einem emphatisch philosophischen Sinne das Wesentliche, das seinem Begriff Entsprechende meint, gegen das Zufällige, Abgelebte, die „faule Existenz" (obwohl dann die Grenze von wesentlich und zufällig das Problem wird).

Hegels Philosophie des Geistes ist die erste große Philosophie, die die neuzeitliche und zumal die revolutionäre Erfahrung von Wandel und Veränderung als einem fundamentalen und dauernden Prozeß ins Zentrum des Denkens erhebt. Das Sein der Welt, des Geistes ist Bewegung, Entwicklung, Geschichte – das ist nicht etwas, was zu einer statischen „Substanz" hinzukommt, sondern es ist das Wesen des Seins selbst. Darum ist das Erinnern der Geschichte der unverzichtbare Weg zum wahren „absoluten Wissen". Freilich, das ist nicht eine ziellose Bewegung, die „leere" Veränderung, sondern gerichtete Bewegung, Entwicklung, Selbstentfaltung des Geistes, wie das in der idealistischen Terminologie heißt, und der Philosoph weiß das Ziel: Fortschritt im Bewußtsein der Freiheit, das heißt eine Welt, in der der Mensch bei sich selbst sein kann und bei sich selbst ist, denn das ist Freiheit. Die Art, in der diese Bewegung sich vollzieht, und die Methode zugleich, mit der die Vernunft sie analysiert, erkennt und begreift, heißt bei Hegel bekanntlich Dialektik. Jeder Gegenstand, jedes Phänomen, jeder Begriff kann nur in seinen Beziehungen (zu anderem) gedacht werden – es gibt nicht, wie in der alten Philosophie, eine Substanz, zu der Relationen gleichsam hinzukommen, sondern beide sind gleich ursprünglich. In diesen Beziehungen aber liegen Spannungen, Gegensätze, „Widersprüche", die die Realität wie das Denken vorantreiben. Gewiß kann dieses Modell – zumal wenn es in dem klassischen Dreischritt von These, Antithese und Synthese gedacht wird – zum leeren Schematismus werden, mit dem alles zu „beweisen" möglich wird; aber die aufschließende Kraft zur Analyse der menschlichen Erfahrung, wie der geschichtlich kulturellen Welt, dessen, was Hegel objektiven Geist nennt, ist ganz unverkennbar. Zu dem Zusammenhang von Bewegung und Dialektik gehört schließlich Hegels Ausgriff auf das Ganze, das System. Jedes Einzelphänomen ist nur im Gesamtzusammenhang der Welt und ihrer Bewegung zu erkennen – die Wahrheit ist das Ganze –, alle Teilwahrheiten, mit denen es die endliche Erkenntnis doch zunächst immer zu tun hat, sind insofern unwahr, aller Widerspruch wird durch Verweis auf das Ganze gelöst. Das macht die Hybris dieses Anspruchs aus, den Holismus, der das Ganze zum Kriterium der Wahrheit macht und damit gegen Widerlegbarkeit leicht immunisiert, das macht aber auch die Weite und Energie dieses Weltsystems aus, das alles in sich einziehen, zu einer wahrhaften philosophischen Summa werden muß.

Zuletzt: dieses System gibt, seinem Anspruch nach und gerade auf Grund seines Begreifens der bewegten Wirklichkeit, eine Antwort auf drei zentrale Probleme der Zeit. Hegel ist der universale Philosoph, der alle großen Probleme der Zeit von einem einheitlichen Grunde her zu bewältigen sucht. Hegels Philosophie will den Gegensatz zwischen Glauben und Wissen schließen; sie ist philosophische Theologie, Aufhebung der christlichen Gehalte im vernünftigen Denken von Sein und Welt und der Lebensbestimmung des Menschen. Dabei wird die moralistische Verengung des Christentums durch die Aufklärung in doppelter Weise abgestreift, einmal, indem das Christentum wieder metaphysische Versöhnungslehre (wie die Philosophie) wird, zum anderen, indem die Moral – wie in der ganzen deutschen Geistesbewegung seit der Klassik – von der einfachen Individual- und Sozialmoral der Aufklärung und Kants zu einer Kultur- und Gemeinschaftsethik wird, in der das Mitwirken am geistigen Prozeß der Weltgeschichte, der Arbeit des Geistes und der „Bildung", an den großen Institutionen und Gemeinschaften des Lebens (z. B. dem Staat und später der Nation) zur eigentlichen Norm des (bürgerlich) ethischen Sollens wird. Sodann: Hegel will die Vermittlung zwischen Einzelnem und Gemeinschaft leisten (ohne den Einzelnen, wie man ihm später vorwarf, aufzuopfern), zwischen Individuum, Gesellschaft und Staat, zwischen Revolution und Tradition, Zukunft und Herkunft, Stabilität und Fortschritt, Freiheit für alle und Recht. Es ist hier nicht der Ort, den seit Hegels Tod uferlosen Streit um seine politische Philosophie zu reproduzieren oder fortzuführen. Gewiß hat Hegel den Staat als „System der Sittlichkeit", als Staat eines vernünftigen Beamtentums, ins Zentrum seiner politischen Philosophie gestellt, aber er ist damit nicht Vorläufer oder Anfänger späterer Machtstaatsideologien (und schon gar nicht der Nationalstaatsideologie) und Totalitarismen, nicht auch der Hofphilosoph der preußischen Restauration und Reaktion, freilich auch nicht der Anwalt demokratischer oder liberaler Revolution oder Progressivität. Er bleibt vom Anspruch der französischen Revolution auf Freiheit und Emanzipation zeit seines Lebens so bewegt wie von der Erfahrung ihres Umschlags in Terror und Diktatur und der neuen Erfahrung der entfremdeten und antagonistischen Klassengesellschaft, dem Bewußtsein der von ihr ausgehenden Freiheitsgefährdung, der Skepsis gegen ihre Selbststeuerungskräfte – das sind die sehr realen Gründe seines sehr realen Nachdenkens über den modernen Staat. Die Freiheit als Substanz des Rechts sucht er gegen Revolution wie Restaurationsgefahr zu behaupten. Immerhin, was er anbot, war einmal mehr eine große Vermittlung der zeitgenössischen Widersprüche. Endlich: Hegels Philosophie ist in eigentümlicher Weise eine Philosophie der Erfüllung und des Endes: des Einverständnisses der Philosophie mit dem Gang des Weltgeistes und der Geschichte und ihrem Ziel – das ist das Zu-Sich-Selbst-Kommen Gottes, der Fortschritt im Bewußtsein der Freiheit, sie ist erfüllt von dem Bewußtsein davon, daß dieses Ziel (im Wissen der Philosophie) erreicht ist und der Weltlauf seinen Sinn hat. Hegels Philosophie ist zugleich Philosophie der modernen Weltkrise (der Entfremdung und Entzweiung) und Versuch, sie zu lösen; ist Synthese des universalen Wissens der Vernunft mit dem gegenwärtigen Weltzustand und ein eigentümliches Zur-Ruhe-Stellen der universalen Bewegung des Geistes. Darin liegt die ungeheure Anziehung: nicht irgendwo, sondern auf der Höhe der Zeit und der Geschichte zu stehen, die Zeit und die Ergebnisse der Geschichte in Gedanken zu fassen. Dies eigentümliche Höhengefühl und die aufkommende Unruhe, was denn „danach", in der Zukunft geschehe, macht die geistige Situation bei Hegels Tod (1831) und unmittelbar danach aus.

Nach Hegels Tod spaltet sich seine Schule in Jung- und Althegelianer, die Hegelsche „Rechte" und die „Linke", und das bestimmt die intellektuelle Auseinandersetzung der 30er und frühen 40er Jahre. Das allgemeingeschichtlich Entscheidende ist der Zusammenbruch der Hegelschen, ja der idealistischen Philosophie des „Systems" und der „Vermittlung", ist der Bruch des zeitgenössischen Bewußtseins mit der Philosophie als der die Welt- und Lebensinterpretation letztendlich bestimmenden Universalwissenschaft. Das ist zunächst und vor allem die junghegelianische Revolte gegen das „System" und das „Ganze", gegen die Identität von Vernunft und Wirklichkeit, von konkretem Einzelnen und der Allgemeinheit von Begriff und Idee, im Namen der „wirklichen", sinnlichen, materiellen, existenziellen Wirklichkeit, im Namen einer Wirklichkeit, die nicht mehr im Lichte der Freiheit, sondern im Schatten der Entfremdung, nicht mehr vermittelt und versöhnt, sondern zerrissen und widersprüchlich angesehen wird und die – im Ansatz bei Feuerbach und dann vor allem bei Marx – vom Kopf auf die Füße gestellt wird. Es ist die Revolte der Unruhe gegen die Anstrengung der Beruhigung, der Praxis gegen die Theorie, der Veränderung der Welt gegen ihre – bloße – Interpretation. Hegels Versuch, sich begreifend auf die Zeit einzulassen, wird abgelöst durch die überbordende intellektuelle Zeitkritik, seine Rückbindung der Gegenwart an die geschichtliche Herkunft durch die – neue – Priorität der Zukunft: Zukunft und Fortschritt werden zur eigentlichen Norm, zur obersten Instanz des Geistes, ja der Geist selbst wird Zukunft; an die Stelle der überlieferten religiös-philosophischen Ewigkeit können jetzt die neugesetzten futuristischen Ersatzewigkeiten treten; die Wirklichkeit, die Welt der Gegenwart, zerfällt in ihre Widersprüche. Die großen, für die Zeit so bedeutsamen Synthesen Hegels werden aufgelöst, gerade an ihnen entzündet sich die Opposition: die Synthese von christlichem Glauben und philosophischem und säkularem Wissen (wir haben von David Friedrich Strauß und Feuerbach und ihren Kampfgenossen erzählt), die Synthese vom bürokratischen Vernunftstaat und dem Freiheitspostulat der Vernunft, von bürgerlicher Erwerbsgesellschaft und Staat, die Marx in die Luft sprengt, von Geschichte und Gegenwart als Erfüllung dieser Geschichte. Ein Teil der neuen Philosophie wird darum Philosophie der Revolution.

Auch wenn man nicht auf die explizite Kritik an Hegel sieht, kann man die Abkehr des politischen, religiösen, „gebildeten" oder wissenschaftlichen Denkens von den Themen und Problemen, den Tendenzen und Absichten der Hegelschen Philosophie feststellen – die Hinwendung zum Wirklichen und Konkreten, zum Futuristischen oder zum Einzelnen, die Wendung gegen die Religion, gegen den bestehenden Staat, aber auch gegen den – vermeintlichen – Optimismus der Versöhnung. Geschichte zumal oder Kunst verdrängt die Philosophie aus ihrer geistigen Führungsfunktion. Unscheinbarer, aber noch wirksamer als in der Intellektuellendebatte der jungen Philosophen geht die Abkehr von der Philosophie im Aufstieg der Einzelwissenschaften vor sich, ihrer Leidenschaft für die Fakten und die Wirklichkeit, ihrem Anspruch, daß sie – und nicht ein philosophisches System – die Wahrheit über die Welt, ja die Wahrheit der Welt ermitteln und offenbar machen. Die empirische Wissenschaft beansprucht das Erbe der Philosophie und tritt so neben die Kritik an Religion, Politik und Gesellschaft und deren revolutionäre Verfechter, neben das sich von der Philosophie abkehrende liberale Einhausen in die gesellschaftlich-ökonomische und politische Welt und deren konkrete Zielsetzungen, neben das von der Philosophie enttäuschte ästhetisch-emotionale Leiden an den Widersprüchen des Lebens.

Die überlieferte Philosophie überlebt noch, wir sagten es, in der Konjunktur der irrationalistisch pessimistischen Lebensdeutung Arthur Schopenhauers – eine Außenseiterphilosophie doch. Sonst wird sie historisch – jetzt werden die großen Werke der Philosophiegeschichte (Johann Eduard Erdmann, Eduard Zeller, Kuno Fischer) geschrieben –, oder sie bearbeitet Einzelbereiche (z. B. die Ästhetik, die Psychologie), wird auf Rest- wie Grundlagenprobleme einzelner Wissenschaften verwiesen und wird so im ganzen zu einer Spezialwissenschaft.

Die allgemeine wissenschaftliche Bildung hält noch (im Vergleich zu heute) die Pluralität der Wissenschaften, den Kosmos ihres Wissens zusammen, aber doch nur noch in der Idee, im Ausblick – in Wahrheit nimmt mit der Vermehrung und Spezialisierung des wissenschaftlichen Wissens die Auflösung eines solchen Kosmos in der Pluralität von Teilwahrheiten und Welt- und Wissensfragmenten und das Problem ihrer möglichen Widersprüche zu. Die Verwissenschaftlichung der Welt kommt nicht zu einer Synthese; das macht die Anfälligkeit der deutschen Gesellschaft für Ideologien aus, die sich auf wissenschaftliche Teilwahrheiten gründen. Nietzsche ist dann der Außenseiter-Philosoph, der in den 70er Jahren zuerst wieder die Probleme und die Unruhe der Zeit zum Thema macht, Anspruch und Problem der Wissenschaften wie der „Kultur" und der Bildungsreligion vom neuen Begriff des „Lebens" her in Frage stellt.

4. Die ästhetische Kultur: Musik, Kunst, Literatur

Im 19. Jahrhundert hat die ästhetische Kultur, die Kunst eine neue Funktion gewonnen. Sie nimmt, bis dahin unerhört, einen zentralen Platz im bürgerlichen Leben, ja in der Lebensbilanz ein. Die Welt der Kunst hat ihr eigenes Recht, ihr eigenes Gewicht. Und sie orientiert zugleich über die Wirklichkeit und das Leben, verklärend und versöhnend oder analysierend und aufdeckend, präsentierend und diskutierend. Sie stiftet Sinn oder legt ihn dar, sie nimmt teil an dem neu in Gang gesetzten Prozeß der Auseinandersetzung von Individuum und Welt. Für die Geschichte der Seele – dessen, was sie beeindruckt, was sie fühlt, empfindet, erfährt, was sie ausdrückt – wie für die Geschichte des Selbst- und Weltverständnisses wird die Kunst ganz zentral; sie ist nicht nur Indiz, sondern Organ solcher Geschichte.

Daß der Kunst eine solche neue Funktion im Leben zuwächst, hängt zunächst damit zusammen, daß ihre Trägerschicht sich ändert. Wir nennen das die „Verbürgerlichung" der ästhetischen Kultur, wie sie zuerst im Bereich der schönen Literatur im 18. Jahrhundert einsetzt. Die Kunst löst sich aus ihrer Einbindung in Hof, ständische Welt und Kirche, in repräsentative und liturgische Funktionen und Traditionen, wie aus ihrer Rolle, schmückendes und unterhaltendes Beiwerk höfisch-ständischer Geselligkeit zu sein. Sie wird einem nicht mehr ständischen „Publikum", einer bürgerlichen Öffentlichkeit zugänglich, sie wird Sache der bürgerlich-gebildeten Welt, ja der Allgemeinheit. Und sie wird nicht mehr nebenbei „konsumiert" (Tafelmusik), sondern sie ist in sich selbst wesentlich. In neu entstehenden oder „verbürgerlichten" Institutionen und neuen Verhaltensformen entfaltet und intensiviert sich die Kultur. Es entsteht das spezifische Kunst-, Musik- und Literatur„leben", der Kunst-, Musik- und Literatur„betrieb".

Wir vergegenwärtigen uns das zunächst am Beispiel der Musik. Auch sie wird aus einer vorwiegend höfischen und kirchlichen Sache zu einer allgemein bürgerlichen. In der ersten Hälfte des 19. Jahrhunderts entsteht das moderne Konzertwesen. Gesellschaften und Vereine organisieren Konzerte – gegen Eintritt, mit gedrucktem Programm –, zuerst mit Liebhabern, dann mit Berufsmusikern und mit Berufsorchestern, zunächst natürlich denen von Hof und Oper; die Konzerte werden zur Institution – nicht nur einmalig, bei Gelegenheit, in den Theaterferien –, ja folgen in festen Abständen, auf der Basis von „Subskription" und „Abonnement". Solche Vereinigungen sind etwa, nach dem Leipziger „Gewandhaus" 1781, die Museumsgesellschaft in Frankfurt 1808, die Musikalische Akademie in München 1811, die Gesellschaft der Musikfreunde in Wien 1812, die Philharmonische Gesellschaft in Berlin 1826, in Hamburg 1828, die Kölner Konzertgesellschaft 1827. In den 40er Jahren verdrängen dann die öffentlichen Konzerte mit Eintrittskarten endgültig die bis dahin noch florierenden Privatkonzerte, die professionellen Musiker, außerhalb der Zentren oft noch mäßig, schlecht bezahlt und schlecht, häufig nur mit einer Probe, vorbereitet, die Amateure. Zugleich wird das Virtuosenkonzert wichtiger. Der reisende Virtuose und dann der große Solist werden zu neuen Erscheinungen des Musiklebens; Paganini, Liszt oder die Sängerin Jenny Lindt sind neben manchen Schauspielern die ersten Stars, denen die Öffentlichkeit zu Füßen liegt: Musikenthusiasmus, Geniekult und Sensationslust als Kompensation einer gesteigerten seelischen Labilität verbinden sich in dieser Bewunderung auf eigentümliche Weise; das Eisenbahnzeitalter hat diese Erscheinung allgemein gemacht. Die Veranstalter solcher Konzerte, die Agenten fangen an, eine Rolle zu spielen; es entsteht auch darüber hinaus eine Verquickung von Musik mit Gelderwerb und Markt, gegen die z. B. Richard Wagner dann so scharf zu Felde gezogen ist.

Die zweite Säule des Musiklebens wird die Oper. Höfisch, ursprünglich der Repräsentation dienend, wird sie in mancherlei Übergängen bürgerlich. Das bürgerliche Publikum wird nicht mehr nur im Parkett „zugelassen", während die Plätze, die eigentlich zählen, die Logen, dem Adel und der Hofgesellschaft vorbehalten bleiben, sondern es wird maßgeblich; die Oper wird, nicht nur im Paris des dritten Napoleon, zu einem sozialen Zentrum, zur feiernden Selbstrepräsentation des Bürgertums, bis hin zu Richard Wagner; die großen Opernhäuser zeugen davon. Das Bürgertum setzt auch inhaltlich gegen den höfischaristokratischen, den internationalen italienischen Stil seine eigenen Wünsche und seine Stoffe, Werte, Formen durch: historische und bürgerliche Themen an Stelle antik-mythologischer, etwa in der _opera seria_ und der französischen Großen Oper – auch der Bürger beansprucht die Würde der Tragik – und romantisch-nationale, wie in der deutschen Oper, die seit ‚Zauberflöte‘, ‚Fidelio‘ und ‚Freischütz‘ ihren Siegeszug antritt; hier werden die Kriterien nicht der Hofgesellschaft, sondern der Bürgerwelt maßgebend. In den Zentren der Opernkultur bilden sich geradezu Parteien, und die gegensätzlichen Auffassungen von großen und kleinen Opernfragen wie die Opern„ereignisse" gewinnen Nachrichtenwert; der so epochencharakteristische Kampf kultureller Richtungen um die Musik, die Oper Richard Wagners wurzelt hier. Für das Opern- (wie das Konzert-)wesen kommt den Deutschen der Föderalismus, die Vielzahl der Residenzen mit Hoftheater und/oder Hofkapelle, zugute; aus den fürstlichen Institutionen werden fürstlich subventionierte und/oder öffentliche, staatliche Institutionen. Und die Bürgerstädte, früh schon Hamburg, Frankfurt, Leipzig, später zuerst etwa Köln und Aachen und dann viele andere konkurrieren mit der alten Residenzkultur. Wandernde Operntruppen haben an den zahlreichen Schauspieltheatern ihren Ort. Um 1850 gibt es in Deutschland 23 Hofopern und ungefähr 100 städtische Theater mit Opernaufführungen.

Die dritte große Institution des Musiklebens, besonders charakteristisch für das 19. Jahrhundert, sind die Laienchöre, „Singakademien" etc., die Träger einer großen, heute fast vergessenen, geistlichen und weltlichen Oratorienkultur. Typisch vor allem für den Vormärz war dabei das von diesen Chören und dem örtlichen Orchester getragene regionale Musikfest – das niederrheinische bestand seit 1818; 1832 kamen in Düsseldorf 20 Chöre und 30 „Delegationen" zusammen – mit ernstem und großem Programm, national und volkstümlich zugleich, ein „musikalisches Olympia", wie man sich selbst stilisierte, vom Enthusiasmus und der Aktivität der Laien lebend. Neben diese Konzertchöre tritt dann der überall verbreitete, ins Populäre hineinreichende Männergesang: das gesellige Singen, von ständischen Bindungen gelöst, in der modern bürgerlichen Organisation des Vereins, in den Liedertafeln und -kränzen, zuerst 1809 und nach 1815, zumal in den 20er und 30er Jahren, überall aufblühend. Das gesellige Singen war dabei mit bestimmten Ideen verknüpft, den volkspädagogischen des Pestalozzischülers Nägele etwa, solches Singen verbinde das Volksleben „mit dem Rest der höheren Kultur", den patriotischen Ideen der Freiheitskriege und der nationalen Bewegung und den demokratisch-volkstümlichen Ideen des Liberalismus. Im Medium dieses Singens begegneten sich beinahe alle Schichten – „Nieder sinken vor des Gesanges Macht der Stände lächerliche Schranken". Und die Musik, volkstümlich, gekonnt und schlicht, rührend und am Rande der Sentimentalität, vermittelte dem Alltag einen Abglanz einer höheren „edleren Welt". Diese Vereine griffen auch aus den Städten aufs Land über; ihre regionalen und nationalen Feste wiederum wurden zu Teilen der volkstümlichen Musikkultur. Sie wurden zugleich über ihre Lieder wie ihren Geist politisch, Teil und Promotoren der liberalen und nationalen Bewegung, darum waren sie zum Beispiel im Österreich Metternichs vor 1848 unterdrückt; 1862 schließlich gründeten diese Vereine, Sinnbild des Einheitswillens, in Coburg – Zentrum schon des Nationalvereins, der Turner und Schützen – den Deutschen Sängerbund. Auch die Arbeiterbewegung hat, wie selbstverständlich, früh diese politisch-musikalische Kultur übernommen. Die Rolle, die Musik und Singen in der neuen Volksschule gespielt haben, hat dieses Stück Volkskultur über lange Zeit immer neu belebt.

Schließlich ist das private Musizieren von Laien zu erwähnen, das Klavierspiel, der (Solo)Gesang, die häusliche Kammermusik, schnell anwachsend, Teil der privaten Familien- und Geselligkeitskultur und der „besseren" Erziehung. Gewiß hat diese Entwicklung ihre Schattenseiten. Musikalische Aktivität wird Bildungs- und Statussymbol, wird Konvention, unabhängig von Talent und Lust: „man lernt Musik, weil überall Musik gemacht wird" – oder: nicht, wer musikalisch sei, sondern wer nicht, sei die Frage. Die klavierspielende oder singende „höhere Tochter" ist ein Produkt dieser Mode; Musik wird in den Dienst

gesellschaftlicher Eitelkeit oder der Eheanbahnung etc. gestellt und pervertiert –
darüber hat schon E. Th. A. Hoffmann geklagt. Es gab auch eine teils „kleinbürgerliche", teils neureiche „Salon"musik – Opernbearbeitung, Potpourri, sentimentale und virtuose Unterhaltung –, gegen die ein konservativer Kritiker wie
Riehl dann die wahre ernsthafte „Hausmusik" setzte; aber solche Unterschei-
dungslinie läuft gerade in Deutschland nicht zwischen dem bürgerlichen Wohnzimmer und dem bourgeoisen Salon. Trotz solcher Erscheinungen aber: primär
ist der gewaltige und ernsthafte aktive Anteil der Laien an der Musik und die
Prägung des geselligen Miteinander auch durch Musik. Der künstlerische Anspruch der Kompositionen und das Vermögen der Dilettanten fallen noch nicht
endgültig auseinander. Die Ausbreitung des Notenabsatzes – zumal seit der Erfindung der Lithographie –, darunter auch der „vierhändigen" Klavierauszüge
der großen Orchesterwerke, Oratorien und Opern, die Zunahme der privaten
Musiklehrer – das ist symptomatisch für diese Laienkultur und ihren spezifischen Kunsternst. Musik war ein wesentlicher Teil des bürgerlichen Lebens, und
es ist absurd, ein Vergleich z. B. mit England wie Italien lehrt das, diese Tatsache
auf das „Un-Politische" oder die „Innerlichkeit" der Deutschen, das Nicht-
Bestehen einer „Gesellschaft" westeuropäischen Typs zurückzuführen. Gewiß
aber hat diese breite Musikkultur bewirkt, daß die Deutschen „Gefühl" und „Innerlichkeit" gern in Musik ausgedrückt fanden, daß das Werk Richard Wagners
im Zentrum der Auseinandersetzung um modernes Leben und moderne Kultur
stand, ja sie ist die Basis dafür, daß Deutschland das führende Land der großen
Musikgeschichte des Jahrhunderts von Beethoven bis Brahms und Wagner gewesen ist.

Andere und ähnliche Formen der „Verbürgerlichung" finden wir in der bildenden Kunst. Fürsten und Kommunen schmücken Höfe, Burgen, öffentlich
zugängliche Räume mit Fresken, um die Kunst in den Dienst der Öffentlichkeit,
der Erziehung und Selbstdarstellung der Bürger zu stellen. Die Kunstwerke
werden öffentlich zugänglich; aus der fürstlichen Galerie – oder dem Kabinett –
wird das öffentlich zugängliche und dann generell öffentliche, ja zuletzt staatliche Kunstmuseum: das Fridericianum in Kassel (schon 1779), die Glyptothek
(1816–1830) in München, das Großherzogliche Museum in Darmstadt
(1820–1834), das Alte Museum in Berlin (1823–1830), die Alte Pinakothek in
München (1824–1836) leiten die Entwicklung in den Residenzstädten ein.
Kunstwerke gelten jetzt gemeinhin als Besitz der Nation; die Museen dienen
„der geistigen Bildung der Nation". Die Bürgerstädte mit Stiftern, Sammlern,
Mäzenen dann richten ihre eigenen Museen ein, Hamburg, Köln, Frankfurt,
Hannover etwa (und andere mehr), vor allem seit der Mitte des Jahrhunderts.
Neben die Kunstmuseen treten die kulturhistorischen und historischen Museen
und später nach dem Vorbild des „Victoria and Albert Museum" in London
auch die Kunstgewerblichen Museen, vielfach aus Initiative von Bürgern und
Vereinen entstehend. Exemplarisch und weithin wirkt das „Germanische Nationalmuseum" (1852/53) in Nürnberg, eine „Nationalanstalt", die die „Kenntnisse der Vorzeit" erhalten und mehren soll, Zeugnis der historisch-kulturellen

Orientierung der Nationalbewegung, die gerade die Kunst – auch jenseits der Malerei – als hervorragenden Ausdruck des „Nationalgeistes" erfaßt; aus ähnlichem, aber partikularstaatlichem Geist entsteht das „Bayerische Nationalmuseum" (1855) in München.

Die andere öffentliche Kunstinstitution neben dem Museum sind die Akademien, die staatlichen Kunst-Hochschulen mit staatlich bezahlten Lehrern. Sie sind nicht nur für die Ausbildung wichtig, sondern sie sind auch die Orte, wo über periodische Ausstellungen, Wettbewerbe und Preisverleihungen die Gegenwartskunst öffentlich präsent wird. Neben sie, und zum Teil im Gegensatz zu ihrem offiziellen, schulmäßigen und manchmal erstarrenden Charakter, tritt die jahrhunderttypische Neubildung: der freie nicht-staatliche Kunstverein (etwa Karlsruhe 1818, München 1824, Berlin 1825, Dresden 1828, Düsseldorf 1829). Solche Vereine wollen Künstler und Bürger (Kunstfreunde) verbinden; sie geben dem Künstler einen neuen Stand in der Gesellschaft, außerhalb von Hof und Akademie; sie organisieren Ausstellungen, Verkäufe, Verlosungen und vergeben „Jahresgaben"; sie verbreiten Kunst und „verbürgerlichen" sie. Die verschiedenen neuen Stichtechniken verbreiten Kunstwerke ins Publikum. Kunsthandel und Kunstmarkt breiten sich in Deutschland nur allmählich, zumal seit den 6oer Jahren aus. Wie die Musik, so wird auch die Kunst im Hause zur bürgerlichen Bildungsnorm, und gelegentlich zum Statussymbol. Auch hier nicht zu vergessen die Dilettanten, die zeichnenden, die aquarellierenden Laien einer Vor-Photographenzeit, und entsprechend die Malstunden. Am Ende unseres Zeitraums stehen dann neben den Anfängen der Photographie die Anfänge der technischen Reproduktion, die die bildungsbürgerliche Norm – über Imitation wie Kitsch – bis weit ins Kleinbürger- und Bauerntum, ja in die respektable Arbeiterschaft hineinträgt.

Auch die Plastik wird „bürgerlich" – in geringerem Maße privat, durch Abgüsse in Gips und Bronze und Kleinfiguren in gutbürgerlichen Wohnräumen, vor allem aber öffentlich. Die neuen Parks werden mit Brunnen und Figuren geschmückt, zumal aber die Plätze der Städte mit Denkmälern (etwa 800 sind bis 1883 aufgestellt worden). Neben den Monarchen und Generälen werden jetzt die Großen des Geistes – Luther, Dürer, Schiller, Gutenberg, Mozart zuerst, und dann viele mehr – und die Großen der Geschichte „denkmalswürdig"; die Bürger feiern sich selbst in diesen bürgerlichen Denkmälern, und die Monarchen wetteifern mit ihnen; Ludwig I. baut die Walhalla und die Münchener Ruhmeshalle, die „Bavaria" wird ein Symbol des neuen Bayern, der Stadt München wie des Oktoberfestes, und ähnliche allegorische Damen entstehen auch anderswo. Und die „Denkmalswut" greift dann auch, vereinzelt noch, aber dann besonders berühmt auf die Landschaft über: die „Nationaldenkmäler", die Walhalla bei Regensburg, die „Befreiungshalle" bei Kelheim, der Hermann im Teutoburger Wald. Dazu kommen, wiederum neu, die zahllosen Denkmäler für Gefallene – die den Tod fürs Vaterland sakralisieren –, die Sieges- und Friedensmale für 1813–1815, von Schinkels Denkmal auf dem Kreuzberg bei Berlin angefangen, bis zu Denkmalsandeutungen in so vielen Dörfern. Die Städte, die

Bürger, die Vereine treten als Initiatoren und Stifter neben die Monarchen; es gibt – wie beim Hermann – öffentliche Geldsammlungen in ganz Deutschland. Solche Denkmäler, solche Symbole haben weitwirkenden, selbstverständlichen populären Repräsentationscharakter, sie gehören zur sichtbaren Welt des städtischen Alltags und des Sonntags zumal. Die vielen „Denkmalsfeste" gerade des Vormärz sind vor allem Bürger- und Volksfeste und zeigen – über ihre politische Bedeutung hinaus –, wie breit und volkstümlich die Resonanz dieser Art ästhetischer Kultur war.

In der repräsentativen Architektur sind es nicht mehr vornehmlich die Höfe, sondern die öffentlichen Verwaltungen und die Bürger, die bauen. Die alte Repräsentationsfunktion der Kunst wird auch von den Bürgern übernommen; die Städte, die nach der Jahrhundertmitte anfangen, neue Rathäuser zu bauen, bauen sie z. B. oft größer, als es dem bloßen praktischen Bedarf entsprochen hätte.

Schließlich die Literatur und die literarische Kultur. Hier verfließen die Grenzen zu den Druckwerken ohne ästhetischen Anspruch, bei Presse und Gebrauchsliteratur etwa, darum werden wir davon vornehmlich im Zusammenhang der „Leserevolution" erzählen. Es genügt hier, auf die Ausbreitung der Literatur, der Journale, der Romane, der zumal lyrischen Anthologien und die Zunahme des Buchbesitzes gebildeter Bürger hinzuweisen. In der öffentlichen wie privaten Geselligkeit und Diskussion spielt die Literatur eine wichtige Rolle. Die Jünglinge haben ihre – poetisierten und verbürgerlichten – Stammbücher, die jungen Mädchen die Poesiealben; die Jünglinge dilettieren mit aller Inbrunst des Sich-Ausdrücken-Wollens im „Dichten"; die Beziehung von Jugend und Lyrik wird zu einem Charakteristikum der bildungsbürgerlichen Welt. An Institutionen ist hier vor allem das Theater zu nennen. Neben den Hoftheatern und nach den privaten (Unternehmer-)Theatern entwickeln sich überall – oft über Vereine und Mäzene – die städtischen Theater (zuerst 1839 in Mannheim), alle zuletzt ständig und subventioniert. Langsam und mit Rückschlägen setzt sich bei den Hoftheatern die mehr professionelle Leitung durch; im übrigen sind sie – trotz der Rücksichten auf den Hof – im allgemeinen unabhängiger als die Stadttheater, die stärker unter dem Druck stehen, Einnahmen erzielen und darum dem Publikumsgeschmack folgen zu müssen. Auch beim Theater spielen die gastierenden Schauspielerstars, wie die Konzert- und Opernvirtuosen, eine eigentümlich enthusiasmierende Rolle; zugleich entsteht die gesonderte Position des Regisseurs, der für eine – und das ist neu – Gesamtkonzeption der Aufführung zuständig ist. Das Theater wird zu einem Kristallisationskern des bürgerlichen Lebens (mehr als die seltenere Oper), wird, wenn wir von der Unterhaltungsfunktion im Moment absehen, Forum der Diskussion des Lebenssinnes, der Spannungen des zeitgenössischen wie des „überzeitlichen" menschlichen Schicksals, Ort der Erhebung und der – wahren oder falschen – Erschütterung, Ort der Prätentionen auch, Bildungstempel und Kultstätte, in der der junge Mensch etwa durch den Besuch des ,Wilhelm Tell' eine Art Initiationsritus der bürgerlichen Kultur absolviert.

Über Musik, Kunst und Literatur gibt es eine ausgebreitete und sich ausbreitende Debatte. Literatur-, Kunst- und Musikkritik werden in der ersten Jahrhunderthälfte selbstverständlicher Teil der öffentlichen Kommunikation in Zeitung und Zeitschrift wie der geselligen Diskussion, und damit auch die systematische wie historische ästhetische Reflexion. Die bürgerlichen Vereine, auch wo sie nicht auf Kultursparten spezialisiert sind, pflegen diese Kultur. Die private wie die öffentliche Erziehung ist davon erfüllt, Literatur vornehmlich in den höheren Schulen mit einem Abglanz im Lehrerseminar und im Lesebuch, Musik auch in der Volksschule und in den städtischen und privaten Konservatorien. Ja, es entsteht eine Kunstpolitik – Ludwig I. von Bayern und Friedrich Wilhelm IV. von Preußen sind dafür besonders charakteristisch –: die Idee, durch Kunst, vor allem durch Museum, Denkmäler, Architektur, aber auch durch Theater und Musik, im ganzen: durch „Schönheit" die Bildung der Nation, „auch in den untersten Klassen", zu verbreiten. Das liegt der monarchischen, dann der staatlichen und parlamentarischen oder städtischen Subventionierung von Kunst – jenseits des einfachen Mäzenatentums – zugrunde. All die großen Kulturbauten und all der Streit um den „Stil" der öffentlichen Bauten, dieser sichtbarsten und allgemeinsten Kunstprägung der menschlichen Welt, zeugen von dieser Idee; Kunst ist nicht eine Beigabe, sondern eine lebensprägende Sache, darum wird sie im konstitutionellen Zeitalter ein Gegenstand politischer, ideenpolitischer Auseinandersetzung.

Im ganzen: das Leben in und mit solcher Kultur wird zu einem Stück des bürgerlichen Daseins, zur Selbstverständlichkeit, ja das Dazugehören wird zur Pflicht, sei es im Sinne des ernsten Lebens, sei es im Sinne der Mode. Dabei spielen die von der „Praxis" – dem Geldverdienen, der Wirtschaft, dem Beruf, der Politik – entlasteten oder ausgeschlossenen Gruppen des Bürgertums eine besondere Rolle, die Jugendlichen und die Frauen; die Geschlechter-Ideologie, die die Frauen für die „höheren Dinge" zuständig erklärt, betont ihre Bedeutung für die ästhetische Kultur. Aber diese Kultur ragt doch weit über das Haus und das höhere Bürgertum hinaus. Es ist der Erwähnung wert, daß bei Beethovens Tod 1827 in Wien nicht nur schulfrei war, sondern 20–30000 Menschen seinem Sarg folgten. Und als seit den 30er Jahren die Denkmäler der Dichter, Maler, Musiker und Gelehrten aufgestellt werden, als man anfängt, die Jahrhundert-Jubiläen öffentlich zu feiern, zeigt sich immer wieder diese breite Resonanz – bis zum Höhepunkt der Schillerfeiern von 1859, die volkstümlich sind bis in die Massen hinein, gewiß ein Ventil versagter Politik und darum stark liberal und national getönt, aber doch eben ein Fest nationaler Identifikation aus Anlaß des Jubiläums eines großen und populären Dichters.

Die Kunst also hat einen eigentümlich hohen Rang im Haushalt des bürgerlichen Lebens, jedenfalls so, wie man dieses Leben – idealisierend – interpretiert sehen möchte; sie wird ein wesentliches Stück vom Sonn- und Feiertag des Lebens. Damit nun bekommt sie eine (quasi) religiöse Funktion; wir können von der Kunstreligion des Jahrhunderts sprechen. Kunst ist, so sagt man seit der Frühromantik, Gegenstand von „Andacht" und „Weihe", Pietät, Verehrung, frommem Gefühl; das Konzert wird seit Wackenroder mit der Kirche, das Sich-

Versenken in Musik oder in ein Bild mit dem Gottesdienst parallel gesehen. Museum, Theater, Konzertsaal präsentieren sich als Tempel, als Bildungstempel und „ästhetische Kirchen", das ist ihr Anspruch und ihre Funktion, der sichtbare Ausdruck einer Sakralisierung der Kunst. Der subjektiven Kunstfrömmigkeit entspricht das emphatische Verständnis der Kunst als eines diese Welt transzendierenden Seins, als eines Stücks Transzendenz; Kunst ist ein Organ und ein Ausdruck des Unendlichen und Göttlichen, des Absoluten, der Tiefe und des Geheimnisses von Ich und Universum, und sie ist selbst überirdisch, göttlich, ideal, vollkommen, stellt eine höhere Sphäre dar. In ihr reicht der Mensch, sich vollendend, ins Ewige und hat Ewigkeit, in ihr ist, neben der Philosophie und der Wissenschaft und neben der Religion, und vielleicht auch über diese hinaus, eigentliche Wahrheit. Das Schöne ist das Wahre, das Gute, das Heilige; und für die leise oder entschlossen im zweiten Jahrhundertdrittel aus der Kirche Auswandernden ist es auch ausdrücklich die Kunst, die die Wahrheit der Religion in dieser Zeit in sich aufgehoben hat. Kunst tröstet, versöhnt, erlöst, wird eine Art Heilsbegriff. Daran hat schließlich auch der Künstler teil; als Sprecher und Bote des Göttlichen kann er mythische legendenhaft-religiöse Züge gewinnen, die den jahrhunderttypischen Geniekult überhöhen: Beethoven als Prometheus, Revolutionär, Zauberer, Heiliger und Märtyrer, Verkünder eines heroischen Evangeliums von Leid und Überwindung ist dafür das charakteristischste Beispiel.

Dieser sozusagen selbstverständliche emphatische Kunstbegriff fächert sich unterschiedlich auf – bei Atheisten, Agnostikern oder Christen, bei Optimisten oder Pessimisten, und zumal in die verschiedenen Anschauungen über das Verhältnis von Kunst und Wirklichkeit. Schönheit kann Selbstzweck sein, Kunst – Musik vor allem – eine eigene, höhere Welt, in die der Mensch entrückt wird, die ihn etwas Vollkommenes wahrnehmen läßt. Oder Kunst ist Ideenkunst, ist eine Überhöhung, eine Idealisierung der Wirklichkeit und versöhnt ihre Widersprüche, von Natürlichkeit und Reflexion z.B., von Innen- und entfremdeter „Außen"welt, ist Abglanz oder Utopie solcher Versöhnung. Sie „offenbart" ideale Wahrheit, wahren Lebenssinn, wie gebrochen und tragisch immer, und sei es nur, wie bei Schopenhauer, die Nichtigkeit allen Weltwollens. Damit wird die Kunst in einer zunehmend „materiellen" Lebenswelt von Arbeit und Verdienst, Wirtschaft und Technik, Geld und Macht, Leistung und Erfolg eine neue Gegenwelt; die Religion hat nicht mehr allein die Kraft, jene „materielle" Welt einzuhegen, zu bändigen oder ihr entgegenzustehen, ihr den Lebenssinn zu sagen. Kunst steht gegen die Welt des Profites, des Mittelmaßes, der Heuchelei. Sie wird auch für den modernen an Arbeit und Gewinn, am Diesseits orientierten Wirtschaftsbürger – in Bau und Bild – notwendige und rechtfertigende Überhöhung des eigenen großen Anspruchs. Die Freisetzung des Individuums, die Auflösung traditionsgeleiteten Verhaltens, der Aufstieg der bürgerlichen Welt von Arbeit und Kapital, die Abschwächung der religiösen Bindungen und der Aufstieg der Kunst zur Lebensmacht – das alles entspricht sich.

Es wird nun freilich die große Frage des Jahrhunderts, ob die Wahrheit der

Kunst das Ideal, die Idee ist, die der Realität zugrunde liegt und sie verklärt, oder ob die Kunst gerade die wahre, nackte Wirklichkeit – des Augenblicks, des einzelnen – gegen Konvention und Sentiment, gegen Idealisierung und Stilisierung aufdeckt, ob die „Transzendenz" der Kunst nicht über und hinter der Welt, sondern ganz und gar in ihr zu suchen und zu finden ist. Gegen die idealisierende Kunst steht, seit der Jahrhundertmitte, in den redenden und bildenden Künsten zunehmend die Wendung zur Realität, zum Realismus. Damit verschiebt sich die Anschauung, welche Realität denn kunst„würdig", kunst„fähig" ist. Die Kunst bleibt zwar in unserem Zeitraum im wesentlichen an das gesellschaftlich Akzeptable gebunden. Aber sie ist zunehmend von der Zuwendung zu einer sich erweiternden Realität bestimmt, die auch das zunächst nicht Kunstwürdige, alle bloß „zufällige" Realität, die Armut, die Arbeits- und Geldwelt, die anarchischen Tendenzen des Menschen wie der Gesellschaft einschließt. Das führt dann freilich sogleich zu dem Problem, ob der fast naturalistische Realismus nicht zur Herrschaft der Inhalte über die Form, die doch die Kunst erst ausmacht, führt und die Autonomie der Kunst vernichtet, das Publikum in erster Linie nur noch primitiv fragt: wovon handelt das, was stellt das dar? Und dieses Problem mündet im letzten Drittel des Jahrhunderts dann in den Gegensatz von Naturalismus und antinaturalistischem *l'art pour l'art*.

Für alle Ausformungen des emphatischen Kunstbegriffes gilt, daß die Kunst jenseits aller direkten Dienstbarkeiten steht, Zweck an sich selbst. Die Kunst ist frei und in diesem Sinn autonom. Keine fremde Macht setzt ihr Ziele oder gibt ihr Aufträge, sie selbst definiert ihren Anspruch und füllt ihn aus, folgt ihren eigenen Gesetzen, ihrem eigenen Wesen. Sie ist niemandem konkret verpflichtet, nur sich selbst – und allenfalls dem universalen und futurisch-abstrakten Pendant solcher Verpflichtung: der Menschheit.

Der emphatische Kunstbegriff tendiert dahin, das Moment von Unterhaltung und Vergnügen, von Abwechslung, von Schau- und Hörlust aus der Kunst auszuscheiden. Kunst hat ein Recht, esoterisch und elitär zu sein, gegen den Geschmack des Publikums; sie schafft sich ihr Publikum oder unterwirft es. Es gehört wesentlich zum 19. Jahrhundert, daß sich gegenüber der anspruchsvollen, der „hohen" oder „ernsten" Kunst mit ihrem quasi religiösen Anspruch ein eigener Bereich der Unterhaltungs- und Trivialkunst und des „Kitsches" aussondert. Gewiß hat es Triviales und Unterhaltendes auch früher gegeben, aber erst jetzt wird das ein eigener florierender Bereich, erst jetzt werden jenseits der alten Simplizität die Errungenschaften der hohen Kunst trivialisiert und sentimentalisiert übernommen. Das hängt wesentlich zusammen einmal mit der Expansion der Künste, mit der Masse der Konsumenten, der technischen Reproduktion, dem entstehenden großen „Markt"; und zum anderen mit der Losbindung der Kunstfunktion von ständisch-traditionalen Normen, ihrer Individualisierung und ihrer Ausfaltung ins Vielfältige. In einer ständisch-elitären Gesellschaft stand die Kunst unter dem maßgeblichen Einfluß der Künstler und Kunstverständigen, bei einem „demokratisierten" und individualisierten Publikum und konkurrierenden „Produzenten" konnte sich das Bedürfnis nach Unterhaltung und Trivialität eher verselbständigen, und das geschah, als es aus der „ernsten" Kunst ausgeschlossen wurde. Dazu kam, daß die Zeit keinen prägenden, auch das Mittelmaß bestimmenden Stil mehr hatte und damit keine adäquaten vorgegebenen, gleichsam ritualisierten Ausdrucksmöglichkeiten des Gefühls. Das Gefühl, das mit der Individualisierung des Menschen zunahm und sich auch jenseits der Ober- und Bildungsschichten weiter differenzierte, machte sich ohne solche festen Formen als Sentimentalitätsbedürfnis geltend. Charakteristisch ist die Entstehung der „leichten", der Unterhaltungs-, der Salonmusik, an Volks- und Tanzmusik anknüpfend, aber raffiniert, effektvoll, virtuos, gefällig, imitativ und oft konventionell und in der Substanz anspruchslos, aufdringlich, sentimental, schmeichelnd und die „süße Sinnlichkeit" der Musik ausspielend; daraus wachsen auch die beiden Welterfolge der „leichten Muse" in den 50er/60er Jahren, die Pariser Operette des genialischen Offenbach – noch im Schatten der Großen Oper – und der Wiener Walzer des Walzer„königs" Johann Strauß. In der Literatur trennt sich, in Deutschland mehr z. B. als in England (Dickens), der „bloße Unterhaltungs"- und Abenteuerroman von der anspruchsvollen Erzählung. In der Malerei führen die Übernahme der bürgerlichen Maxime, die Wohnung mit einem oder mehr Bildern zu schmücken, die neuen Reproduktionstechniken, die Blüte des Genrebildes und die – spätnazarenische – Sentimentalisierung der religiösen Malerei zur Ausbreitung des Kitsches. Gewiß gibt es breite Übergangs- und Mischzonen; das Publikum der beiden „Sektoren" ist keineswegs gänzlich verschieden; das Auseinandertreten ist ein langsamer und ungleichmäßiger Prozeß. Das Theater z. B. bleibt Bildungstempel, Diskussionsforum und Unterhaltungsstätte in einem – auch unter Goethe als Theaterleiter waren nur etwa ein Zehntel der aufgeführten Stücke „klassisch" (Shakespeare, Lessing, Schiller, Goethe), und ähnlich blieb es in unserem Zeitraum. Die Grenze zwischen anspruchsvollem und unterhaltendem Roman blieb, etwa im Fortsetzungsroman, doch fließend. Das Konzertprogramm ist in der ersten Jahrhunderthälfte noch „gemischt", es enthält eingestreute Opern-, Virtuosen- und Salonstücke, jedenfalls herrscht das Prinzip der „Abwechslung", die Folge der Stücke hat etwas Potpourriartiges. Von den „großen" Werken werden oft nur einzelne Sätze gespielt oder diese werden getrennt – noch bei der Uraufführung von Schuberts nachgelassener C-Dur-Sinfonie wurde die Satzfolge durch eine eingeschobene Donizetti-Arie „aufgelockert" –, erst seit der Jahrhundertmitte werden die Programme ganz ernst und ganz werkorientiert.

Mit der neuen Bestimmung und der neuen Funktion von Kunst ändert sich die Rolle des Künstlers. In der alten, ständisch-höfischen Welt haben der Musiker oder der Maler z. B. einen festen Platz in der Gesellschaft, sie sind Handwerker und angestellte Diener der Kirche, der Fürsten, des Adels; sie haben vor allem von außen gesetzte Aufgaben und Aufträge, sie machen Musik oder malen für den Gebrauch der Gesellschaft und im Rahmen ihrer vorgegebenen Normen (auch wenn sie diese überschreiten); im allgemeinen wachsen sie ohne eigentliche „Wahl" aus einer Künstlerfamilie in die Kunstberufe hinein, sie machen eine Art Lehre durch, in der sie gründlich und ausgiebig das jeweils kanonisierte

„Handwerk" ihrer Kunst lernen. In der entstehenden bürgerlichen Gesellschaft und gemäß dem neuen Kunstbegriff „emanzipiert" sich der Künstler als Individuum aus der ständischen Gesellschaft, ihren Ämtern und Rollen, er wird freies Individuum, der Gesellschaft gegenüber und von ihr isoliert, und das gilt im 19. Jahrhundert auch für diejenigen, die als Kunst„beamte" – Lehrer und Kapellmeister z. B. – ihr Brot verdienen oder wie z. B. eine Reihe von Malern von fürstlichen Aufträgen leben. Die Dichter, die Schriftsteller waren immer weniger stands- und funktionsgebunden gewesen, aber erst im frühen 19. Jahrhundert wird der „freie Schriftsteller" zum Ideal; und das ist auch die Norm, nach der die vielen Schriftsteller mit „normalen" – z. B. beamteten – („Brot-")Berufen leben. Die Künstler „wählen" jetzt ihren Beruf – unter den großen Komponisten der Buchhändlerssohn Robert Schumann zuerst –, und sie lernen ihre Sache nicht mehr nach Art des alten „Handwerks", sondern „studierend" – an Akademien oder Konservatorien oder auf eigenem Wege. Sie schaffen – jedenfalls primär – nicht im Auftrag, für Gelegenheit, für einen konkreten Zweck und nicht eigentlich für die Erwartungen des Publikums oder – wenn denn – ihrer fürstlichen Auftraggeber. Der Künstler lebt dem unendlichen Auftrag, dem Ideal, der Kunst, er schafft für sich und für Gott, für die Ewigkeit und für die Zukunft (so jedenfalls bei Komponisten und Malern), für die – ferne und abstrakte – Menschheit. Er ist Gesetzgeber seiner Welt, frei von allen vorgegebenen Bindungen an festgelegte Gegenstände und Symbole. Rechenschaft ist er eigentlich nur sich selbst und „der Kunst" schuldig. Und diese einzige Verpflichtung gegenüber der Kunst wird dann häufig individualisiert als Verpflichtung gegenüber dem eigenen Genius.

Der Künstler, der nicht mehr Handwerker, nicht mehr naiv ist, wird zunehmend gebildet und reflektiert theoretisch. Bei Musikern, Malern, Architekten wird – was bei den Poeten älter ist – die philosophisch-ästhetische Reflexion, der Kommentar, das Programm, das Pamphlet wichtig; Schumann, Liszt und Wagner, Caspar David Friedrich, Cornelius, Blechen, Feuerbach und Marées, Schinkel, Hübsch und Semper sind dafür typisch. Überdies gibt es seit der Mitte des Jahrhunderts eine Art Literarisierung der nicht-redenden Künste – Programm-Musik und sinfonische Dichtung oder Historienmalerei –, d. h. Musik oder Malerei setzen zur Produktion wie zum Verständnis ihrer Inhalte literarische, ja gelehrte Bildung voraus.

Mit dem neuen Kunstbegriff und der neuen Rolle des „Künstlers" entsteht die Entgegensetzung des Künstlers gegen den Bürger, den „Philister", wie es seit der Romantik heißt. Der Künstler wird einsam – seiner Rolle und Bestimmung nach –, wird Außenseiter, steht einer unverständigen, prosaischen, borniertem Gesellschaft gegenüber; er weicht von ihren Normen ab, und er leidet an ihr, er hat eine andere „Natur", fern vom „Gemeinen", mit dem Sinn für das „Höhere", das göttliche Reich der Schönheit. Darum gibt es seit der Romantik den eigentümlichen Tatbestand, daß schon der Entschluß und das Bewußtsein, Künstler zu sein, unabhängig von Leistung und Werk eine Sonderstellung begründet. Darum gibt es jetzt den Jahrhundertmythos vom verkannten, unverstandenen, mißverstandenen Künstler, ja Genie – und die empfindsamen Gemüter der Bürgerwelt identifizieren sich mit diesem Modell, um sich so auch selbst von dem gefühllosen und unverständigen Teil der Gesellschaft abzugrenzen. Oder der Künstler wird, weil er schöpferisches Individuum, frei und produktiv ist, sich selbst verwirklicht und sich – über Leid, Enttäuschung, Mißerfolg und Bewährung – durchsetzt, zu einem anerkannten Helden des bürgerlichen Lebens – freilich im allgemeinen nur in der entfernten, der literarischen Spiegelung der künstlerischen Existenz.

Die Norm des Künstlers und der Kunst wird die Originalität. Das Werk ist Ausdruck der Individualität des Künstlers, seines individuellen Blickes auf Seele und Welt oder das Reich der Kunst, seiner individuellen Gestaltung, und es ist objektiv ein spezifisches Stück Unendlichkeit oder Vollkommenheit. Das Prinzip der Originalität stellt für die Kunst das typisch moderne Problem der Tradition und des Stils. Im 18. Jahrhundert haben Tradition und Zeitstil, wenigstens in den bildenden Künsten und der Musik – in der Literatur ändern die Dinge sich schon –, eine überindividuelle, objektive Prägekraft, die auch das nicht-geniale Talent trägt und die – etwa in der Musik – die Fülle und die Leichtigkeit der Produktion ermöglicht. Das große, geniale, originelle Werk entsteht im Weiter- und Umbilden der Tradition; das Überschreiten der Tradition, der leise Bruch mit ihr noch bleibt darein eingeordnet; Tradition und Konvention stellen für den Künstler kein eigentliches Problem dar. Das ändert sich mit Beginn des 19. Jahrhunderts. Der Anspruch des einzelnen Werkes auf Tiefe, Ernst und Verbindlichkeit, auf Originalität, auf Autonomie wird größer; kein großer Komponist z. B. kann mehr – wie Mozart oder Haydn – fast 50 oder über 100 Sinfonien schreiben. Der Anspruch des Künstlers auf Originalität verschärft sich. Auf sich selbst und die Kunst gestellt, jenseits der Gesellschaft und der vorgegebenen Aufgaben, steht er den überlieferten Normen gegenüber, befreit sich, emanzipiert sich von der Tradition und der Konvention; sie hören auf, tragende Basis der Kunst zu sein, sie werden ein Problem. Zugleich zerfällt in Dichtung und Malerei z. B. der Vorrat gemeinsamer Ausdrucksformen und Symbole, die Mythologie und die feste Ordnung repräsentativer Rollen. Das ist eine Folge der Individualisierung und Rationalisierung, der Säkularisierung, der Verbürgerlichung der Welt wie der Kunst; aus der Venus wird ein nacktes Mädchen, aus der Majestät ein Mann mit Krone. Und ebenso zerfällt die Gattungslehre, die den „Gattungen" – sozial adäquat – Stoffe und Mittel zuordnete. Tradition und Konvention verlieren an stabilisierender Kraft, es gibt keinen verbindlichen ästhetischen Kanon mehr, der „Geschmack" ist nicht mehr sozial einheitlich, sondern individuell und vielfältig. Der Künstler verliert die unproblematische, gleichsam naive, an Außenhalten festgemachte Selbstgewißheit der alten Welt. Und unmittelbar erfahrene Tradition wird auch zur Last, ihre Schatten – etwa die Goethes oder Beethovens – werden länger, es entsteht das Problem, Epigone zu sein, das Gefühl des Alterns der Kunst: Mittel, Formen und Themen scheinen verbraucht, unter dem Originalitätspostulat wird die Tradition, wenn man sie fortsetzt, trivial.

Dazu tritt schließlich die neue Erscheinung, daß Kunst historisch wird; das historische Bewußtsein der Bildung greift auf die Kunst über. Vergangene Kunst wird mit der gegenwärtigen zugleich voll präsent; die Gegenwart verliert ihren bis dahin unbestrittenen, auch durch den Blick auf die Normen der Antike nicht historisch relativierten und getrübten Vorrang, ihre Selbstgewißheit. Zur ästhetischen Bildung von Künstlern wie Publikum gehört die Kenntnis, die Präsentation der „Klassiker", im Konzert und im Hausmusikrepertoire, im Theater und im Bücherschrank, im Museum. Die Erforschung, Pflege und Präsentation vergangener Kunst, mit eigenen professionellen Institutionen wie der Denkmalpflege und den großen Editionsunternehmen, und die sich ausbreitende Wiederentdeckung vergangener Werke und Künstler und ihre selbstverständliche Einfügung in das, was man kennt, gehört charakteristisch zum 19. Jahrhundert. Die Wiederaufführung von Bachs Matthäuspassion durch Mendelssohn 1829 – und der Transport aus der Kirche in den Konzertsaal – ist nur ein klassisches Beispiel. Gewiß bleibt manches – das Barock z. B. – noch ausgeblendet, gewiß kann der Aufnehmende, Künstler wie Kunstfreund, noch auswählen – die Pflicht der geschichtlichen Ehrfurcht gilt noch nicht für alles Alte und Große gleichermaßen, obwohl es Ansätze zum antiquarisch-musealen Verhalten gibt –, aber die Kunst der Gegenwart rückt doch unter die langen Schatten der Geschichte, ja der Ewigkeit; das relativiert ihre Selbstgewißheit und spitzt die Auseinandersetzung mit der Tradition zu. Paradox: der Maßstab der Originalität macht alle vergangene Originalität gleichrangig und die Originalität der Gegenwart gerade schwerer. Es gibt eine Reihe jahrhunderttypischer Antworten auf das so umschriebene Problem der Stellung der Kunst zur Zeit. Kunst z. B. wird Oppositionskunst, Opposition gegen Tradition und Konvention, Schule und Akademie, Hof oder Publikum – im Namen von Natur, Wahrheit, Ideal, Inspiration, im Namen des Charakteristischen, des Spannungserfüllten, und manche der jungen Kunstrebellen werden dann, wenn sie sich durchsetzen, akademische Päpste und Tyrannen (z. B. Cornelius, Overbeck, Schnorr von Carolsfeld). Oder gesteigert: Kunst wird avantgardistisch, ist dem Pathos der Modernität, dem Fortschritt, dem Glauben an die „Zukunft" der Kunst und die Kunst der Zukunft – als dem Heilmittel gegen zunehmende Trivialisierung – verschrieben; Liszt und ähnlich Wagner haben das für die Musik formuliert, das „Junge" wird dann die Parole. Der Künstler, der seiner Zeit voraus ist (oder voraus war), wird ein neuer Mythos des Jahrhunderts. Oder moderater: Kunst ist Ausdruck der Gegenwart und will im Einverständnis mit ihr sein, deshalb aber muß sie immer neu sein, und, das ist dann die dezidiert positive Wendung, sie geht mit dem Fortschritt, ja sie wird „besser". Gegen solche Haltungen stehen die historischen Renaissancen. Man greift gegen die eigene Zeit auf vergangene Epochen zurück, so die Nazarener, die historisierende Architektur oder die Palestrinarenaissance in der Kirchenmusik. Oder man knüpft – wie Brahms – an die klassische Tradition an und entwickelt sie zugleich modern weiter; Hans von Bülows bekannte Charakterisierung der ersten Sinfonie von Brahms als „der Zehnten" – nach den sozusagen absoluten Sinfonien Beethovens – charakterisiert die Lage.

Mit dem Verhältnis zur Zeit ist das Verhältnis des Künstlers zum Publikum verflochten. Das Publikum ist nicht mehr gegeben und selbstverständlich, ist nicht mehr die Oberschicht. Der anspruchsvolle Künstler steht in Spannung zum Publikum; seine Kunst hat etwas Esoterisches. Er mag sich, wie Platen und die Poeten der „Formkunst", an die Kunstverständigen, die Eingeweihten adressieren. Er mag sich vom Publikum distanzieren, wie Beethoven, wenn er Sonaten schwieriger schreibt, als seine Zeitgenossen spielen konnten, um sie so dem Gebrauch von Gesellschaft und Unterhaltung zu entziehen. Er mag sich gegen das Publikum wenden, mit dem Pathos des Vorwurfs, dem Gefühl des Verkanntseins – Blechen und Feuerbach unter den Malern sind dafür charakteristisch – oder mit dem Gefühl – wie bei Hans von Marées –, von Publikum und Beifall unabhängig zu sein. Oder er mag sein Publikum erst bilden und „emporziehen", schaffen, erobern, überwältigen – wie Beethoven oder Wagner. Schließlich gibt es das Leiden an der Entfremdung zwischen Künstler und Publikum – je esoterischer, komplizierter, reflektierter, avantgardistischer, pluralistischer die Kunst wird und je mehr gemeinsame Symbolsysteme und sozialer Stil zerfallen – und die Versuche, ein neues Einverständnis zu stiften, indem man z. B. auf Altertümliches, Ursprüngliches, Einfaches und Bekanntes, auf Historisches, Charakteristisches und Nationales zurückgreift; Kunst soll (wieder) Gemeinschaft bilden – man denke an die Freskomalerei vor allem der Nazarener an und in öffentlichen Bauten, die Stilisierungen des Volkslebens bei Ludwig Richter, die Rolle des „Volks"liedes in der Musik.

Die Kunst unseres Zeitraums bleibt – auch jenseits solcher Bemühungen – von der nationalen Bewegung, der neuen Religion der Nation nicht unbeeinflußt; sie wird in gewissem Maße national oder national getönt. Nationale Themen – etwa aus dem Bereich der Geschichte und der Mythologie –, nationale Elemente und Formen – Volkslied und andere Folklore –, vermeintlich nationale Stile – wie zeitweise die Gotik –, nationale Monumente – Kölner Dom und Wartburg z. B. –, Nationaldenkmäler – das spielt eine zunehmende Rolle; vergangene Kunst wird als Ausdruck des deutschen Wesens, der deutschen Seele interpretiert; bei der Debatte um die Erneuerung der Kunst spielt das spezifisch Deutsche oder die Absicht, durch Kunst das Nationalgefühl anzuregen, eine wichtige Rolle. Was „deutsch" an der Kunst war, war sehr subjektiv und sehr relativ; Webers ‚Freischütz' ist erst durch Interpretation (des „deutschen Waldes" und seiner Musik z. B.) zur Nationaloper geworden. Aber entscheidend war die neue Verbindung von Kunst und Nationalität.

Schließlich: die ästhetischen und sozialen Bedingungen der Existenz von Kunst bewirken einen bis dahin unbekannten modernen Pluralismus: das Nebeneinander der vergangenen und gegenwärtigen Kunst, das Nebeneinander divergierender Kunsttendenzen und Stile, die Gleichzeitigkeit des Ungleichzeitigen. Das hatte einmal selbstverständlich Konflikte und Aufspaltungen der Kunstwelt zur Folge, die die bürgerliche Gesellschaft bewegten, zum anderen eine Beschleunigung des Wechsels solcher Tendenzen und Richtungen, zum dritten das Vordringen des Relativismus gegen die Ansprüche eines absoluten

Kunstideals; die Differenzierung und Auffaserung der modernen Welt bildet sich auch hier heraus.

Die Geschichte der einzelnen Künste, der wir uns zuwenden, hat es natürlich durchaus mit eigenen autonom ästhetischen Problemen (und mit der Individualität von Künstlern) zu tun, die nicht einfach als „Ausdruck der Zeit" verstanden werden können. In unserem Zusammenhang kann es vordringlich nur darum gehen, welchen Aufschluß uns diese Geschichten für eine Geschichte von Seele und Geist, Gefühl und Phantasie, Icherlebnis und Weltdeutung der Menschen des Jahrhunderts geben können.

a) Musik

Nehmen wir zunächst die Musik, dieses Lieblingskind der Deutschen, die wie nichts sonst in diesem Jahrhundert ihren Ruhm in der Welt begründet hat. Die Musik unseres Zeitraums ist vor allem romantische Musik, im Schatten Beethovens, der der letzte Klassiker und der Vater der Romantik zugleich ist; sein romantisch gedeutetes Bild beherrscht das Jahrhundert. Die Musik ist bestimmt von hohem Anspruch und hohem Stil, wie er in den großen Formen der Instrumentalmusik – Sinfonie, Sonate, Quartett, Konzert – sich entfaltet hat. In der Musik – so die ausgesprochene wie unausgesprochene Ästhetik des Jahrhunderts – geht es nicht um Unterhaltung, Affektbewegung oder Rührung; Musik ist Selbstzweck, ist autonom, ist Geist, ist „tönend bewegte Form", ist die thematisch motivische Entwicklung musikalischer Gedanken und ihre zusammenbindende Ordnung auch und gerade im Zusammenhang eines mehrsätzigen Werkes. Musik also ist eine eigene strukturierte Welt des Absoluten und des Geistes, die an den Hörer den Anspruch stellt, ihren Sinn zu verstehen und zu erschließen. Indem der Mensch hörend (und schweigend) eine solche Welt erfährt, erhebt er sich zur Freiheit, zur Autonomie, zur Würde seiner selbst – das ist die klassisch-humanistische Funktion der Musik im Leben. Zugleich ist die andere Welt, auch wenn sie nicht mehr Ausdruck bestimmter Affekte sein soll, auf Seele und Gefühl bezogen, von Spannung und Lösung, Leidenschaft und Ruhe, Intensität, Pathos, Konflikt, Schwere und Leichtigkeit, Trauer und Glück erfüllt. Insofern vermittelt die Musik auch ein anderes, ein großes, überhöhtes, intensives, leidenschaftliches Leben, sie erregt den Menschen und erhebt ihn, auch in diesem Sinn ist sie „erhaben". Beethovens große Musik enthält für die Menschen des Jahrhunderts beides: den Geist als tönende Form und die Seele, die Emotion, die Welttrauer, das heroische Pathos, und beides ist miteinander verbunden, indem die Logik der Form das Chaos zum Kosmos bändigt. Für die Romantik schließlich ist Musik, Instrumentalmusik zumal, darüber hinaus auch noch Chiffre des Geheimnisses der Welt, des Alls, des Jenseitigen und Transzendenten, des Unendlichen.

Die Musik wird in unserem Zeitraum zunehmend romantischer. Die musikalischen Mittel: Melodik, Harmonik, Rhythmik, Klangfarbe werden komplexer, differenzierter, aufgelöster, eigengewichtiger – der Klang z. B. der einzelnen Instrumente wie des Orchesters wird in seinem Eigenwert und seiner „Magie" erst entfaltet. Die musikalische Syntax – Perioden (z. B. Viertaktperioden) und Kadenzharmonik – verliert ihre Festigkeit. Der Charakter, der Geist der Musik ändert sich. Die „zersprengende und unendliche, sich verlierende Sehnsucht und Unruhe" (Goethe), das dunkel Geheimnisvolle, das Gespaltene, das Unbegrenzte, das Extreme, das Phantastische, das fließend Übergehende wird dominierend gegen das Gefaßte, Klare, Begrenzte, Helle der Klassik. Das Lyrische, das Melodisch-Liedhafte, mit bestimmter Harmonik gekoppelt, das Kontemplative, das Charakteristische, die Stimmung und der Wechsel von Stimmungen, das gewinnt an Gewicht, ja dominiert. Die Musik wird, wie es programmatisch heißt, poetisch. Das bedeutet nun, daß die klassische „Form", die thematische Arbeit, das Zerlegen, Kontrastieren und Verändern der Themen und der Zusammenhang der Sätze langsam problematisch wird. Beethoven hat in seinem hochreflektierten Spätwerk, in dem der heroische Ton beruhigt ist, Abstraktion und Kantabilität zu einer neuen Esoterik zusammenwachsen lassen, andere und neue Formlösungen frei erprobt, aber er hat die Form nicht aufgelöst. Danach lockert sich mit dem Vordringen des Lyrischen und Charakteristischen – und gelegentlich mit dem Gefühl, die klassischen Modelle seien verbraucht – die Form. Sie wird dem „Inhalt", dem Thema, der Stimmung, der epischen Folge gegenüber sekundär, die Freiheit von Phantasie und Gefühl durchbricht ihre Disziplin; sie wird gebrochen und verschleiert oder bloß noch schematisch benutzt. An die Stelle der Transformation eines Themas tritt oft ein Nebeneinander, eine Verkettung lyrischer Perioden und Klangflächen. Das lyrische Klavier- und Charakterstück, das die große Form der Sonate relativiert, Schumanns Stücke etwa, mit einem prägnanten Motiv, einem literarischen und esoterischen Bezug und einer lyrischen Durchführung, das wird für die Musik des Jahrhunderts typisch. Und diese lyrische Auflockerung der Form dringt auch in die monumentale sinfonische Musik vor. Schubert hat in seinen beiden letzten Sinfonien, den großen, die beiden Tendenzen, Lyrik und Form, ohne Konventionalität glücklich verbunden. Brahms hat gegen eine überflutende Subjektivität die klassische Form – bei aller bewußten Modernität der anderen musikalischen Elemente, der aufrauhenden Melodik und Harmonik, der modernen Motivverflechtung – noch einmal bündig erneuert und durch Satztechnik gefestigt. Liszt dagegen hat – angesichts der Verbrauchtheit der klassischen Form – im Anschluß an Berlioz die sinfonische Dichtung, die Programm-Musik als Lösung propagiert und zu verwirklichen gesucht (und damit eine neue, an Literatur anknüpfende, Bildungsmusik geschaffen). Während in der frühen Romantik die kleinen Meister – wie Spohr, Loewe oder Lortzing – mit ihrer Musik des Einverständnisses noch einen selbständigen und akzeptablen Rang einnehmen, verschwindet diese Möglichkeit, je schärfer und schwieriger das Formproblem wird.

Mit der Lockerung der Form gewinnt die Subjektivität Vorrang vor der Objektivität musikalischer Logik; die musikalische Welt bekommt, wo sie durch die große Form nicht mehr als ein Universum zusammengehalten ist, etwas

Fragmentarisches und Transitorisches. Beides entspricht den Veränderungen der Weltsicht und des Ichgefühls im allgemeinen. Zugleich mindert die Auflösung oder Lockerung der Form das Element der Versöhnung von Konflikt und Tragik, das der sinfonischen Form, man denke an die abschließenden Rondosätze, eigen ist; das Unversöhnte tritt deutlicher in Erscheinung.

Die romantische Musik entwickelt sich mit all ihrer Subjektivität und ihrer Lyrik ins Hochgesteigerte und Expressive; sie appelliert weniger an die Urteilskraft des Hörers als die klassische, sie hat eine Tendenz zur Überwältigung und zum Übermaß oder zur Entrückung, zum Erregenden und Berauschenden wie zum Zehrenden und Mitnehmenden: und die Abwertung der so ganz anders wirkenden klassischen Sinfonien Haydns in unserem Zeitraum ist für diese Tendenz typisch. Dabei differenziert sich die Musik in polare Positionen, in die Intimität der Solo- und Kammermusik, der Klaviermusik und des Liedes, dieser großen romantischen Adaption von Lyrik und kompositorisch durchgestalteter selbständiger Musik, und in die Monumentalität der Orchestermusik, in das große Pathos, die Ekstase von Erregung und Leidenschaft und – oft damit verbunden – in die Virtuosität, den großen Effekt. In der Intimität zumal, aber auch in die Musik des monumentalen Pathos ausstrahlend, wird die Grundstimmung ziehender Schwermut, der aus der Welt seither nicht mehr wegzudenkende ungeheure Ton der Schubertschen Melancholie, der Welttrauer, des Schmerzes, des unversöhnten Konfliktes wichtiger; das Strahlende, das Aufbrausende oder das lebhaft oder ruhig Bewegte scheint oft – wenn auch keineswegs immer – dieser Grundstimmung nur wie abgerungen. Die Doppelgestalt der Musik, lyrische Intimität und monumentales Pathos, und der doppelte Anspruch der ausgesungenen Subjektivität – an die Seele des Einzelnen und an die Masse des „großen" Publikums zugleich – ist eine ihrer großen Spannungen. Sie ist für die Gefühlslage der Gesellschaft überhaupt, für die Polarität von Innigkeit und Pathos, von Vereinzelung und Zusammenbindung, von Gefühlsintensivierung und Ambivalenz, seelischer Steigerung und Labilität, Melancholie und Aufbruch, sehr typisch. Es bleibt erstaunlich, daß die Musik gerade nach 1848 unaufhebbar unterschieden bleibt vom Zeitgeist des sogenannten Realismus – sie bleibt – nicht nur als tönend bewegte Form, sondern auch als Ausdrucks- und Gefühlswelt – kompensatorisch jenseits des Realismus.

Neben der großen Instrumentalmusik gibt es zunächst eine ganz andere und davon getrennte, die Oper, die mit dem Namen Rossini und dann der italienischen und französischen Oper verbunden ist und die im deutschen Publikum, wie in Europa überhaupt, größte Resonanz hatte, eine Musikkultur jenseits des hohen ästhetischen Anspruchs und der geschlossenen Form, der älteren Divertimentotradition verpflichtet. An diese Tradition knüpft auch die Geschichte der deutschen Oper an. Webers „romantische Oper" ,Der Freischütz', vom Stoff wie von der Musik her aufs Charakteristische, Romantische gerichtet, musikalisch durchgearbeitet und originell in Instrumentierung, Rhythmus und Harmonik, kann – mehr als die etwa 500 romantischen (Schauer-)Opern der ersten

Jahrhunderthälfte – den Anspruch ernster und großer Musik erheben; erst in der Resonanz aber, die sie findet, gewinnt sie den Rang einer „Nationaloper".

Epochal ist dann der Schöpfer einer neuen Art von Oper, Richard Wagner, der erfolgreichste, umstrittenste, welterobernde Musiker am Ende dieser Epoche, die mit Beethoven beginnt, der zugleich zum Repräsentanten der Kunst und Zeit überhaupt geworden ist. Aus der unendlichen Reflexion, zu der Wagners Werk seit seiner Entstehung Anlaß gibt, muß ich mich hier mit ganz Wenigem begnügen.

Wagner will als Dramatiker gegen den in Stoffe und Details, Reflexion und Bildung ausufernden Roman wie gegen alles Intellektualisierte und Subjektivierte einen Mythos neugestalten. Dazu bedarf es der Musik, denn sie allein ist als Sprache des Gefühls in einer entgötterten Zeit der Weg zum Absoluten. Und Wagner will die Oper reformieren; das musikalische Theater soll Kunstwerk im emphatischen Sinne sein, nicht Unterhaltung oder Repräsentation, nicht Spiel oder Effekt (Wirkung ohne Ursache); indem es den Anspruch der Sinfonie übernimmt, soll es zur führenden musikalischen Gattung werden, ja als Musikdrama, Gesamtkunstwerk zum Inbegriff der eigentlich metaphysischen Kunst überhaupt. Denn das Musikdrama hat für Wagner, der sich des Verhältnisses von Kunst und Gesellschaft stets intensiv bewußt war, einen universalen Anspruch. Es präsentiert die Wahrheit in dieser Zeit und für sie, und zwar eben musikalisch-dramatisch, und das heißt: nicht theoretisch und nicht einsam, sondern in einem lebendigen, gemeinsamen Vollzug. Insofern hat es eine politische, eine soziale, eine religiöse Funktion – wie das griechische Drama –, es schafft den Menschen um, es ist Tempel und Ort der Weihe, des vom Alltag abgehobenen Festes, es stiftet, gegen die individualistische Auflösung der kapitalistischen Bourgeois-Gesellschaft Gemeinschaft und gemeinsame (nationale) Kultur. Und dieses Werk schafft mit ungeheurer Gewalt überwältigend, den Kenner wie den Laien mit- und „empor"reißend, sich selbst sein Publikum. Dieser ungeheure Anspruch und die eigentümliche Kraft, alle davon zu überzeugen, daß dieser Anspruch ihnen gilt, sie ihn verstehen und ihm gerecht werden und damit zur spirituellen Elite der Zeit, der Gesellschaft, der Nation gehören, erklärt einen Teil des Erfolges. Freilich, was Wagner in Wahrheit schuf, war – wie hätte es anders sein können – nicht eine neue Nation, sondern seine eigene Gemeinde.

Wagner benutzt für seinen Zweck vor allem den germanischen und mittelalterlichen Mythos, und zwar in modernisierter Form: mit modernen Menschen, zwiespältig, mit sich selbst in Konflikt, selbstquälerisch – wie Wotan –, und die mythische Dimension überhöht ihre Konflikte, ihre Schicksale, ihre Gefühle ins Übermächtige und Übermenschliche, ins Pathos, in die Monumentalität, ja die Ekstase – in die unstillbare Sehnsucht und den Liebestod im ‚Tristan'. Die romantische Steigerung der Expression, der Subjektivität und des Gefühls wie der Schicksalhaftigkeit, das Verlangen nach glühender, intensiver, poetischer Lebenserfüllung, vollendet sich hier. Und diese Mythen sind fasziniert von Tod und Nacht, Untergang und Weltende, sie stellen das bürgerliche Leben in solche tragische Dunkelheit, ja interpretieren Leben und Welt, Leid und „Erlösung" in solchem – Schopenhauerschen – Licht. Diese Verbindung von höchster Gefühlsintensität, tragischer Grundstimmung und religiöser Weltdeutung muß – wenn man von allem Beiwerk bei Wagners Erfolg absieht – einen Nerv der Zeit getroffen haben.

Musikalisch übernimmt Wagner, seit dem ‚Rheingold', die thematische „Arbeit" der Sinfonie ins Geflecht seiner Leitmotivik; aus deren Logik bildet sich die Form, über einer musikalischen Prosa, in der – nach dem Zerfall der alten musikalischen Syntax, der Viertaktperiode – irreguläre Taktgruppen nebeneinander die unendliche Melodie formen; er führt die chromatische Differenzierung der Harmonik im ‚Tristan' zur letzten Konsequenz, gibt der Musik im ganzen eine nervöse Sensibilität und läßt sie ins Ekstatische und Rauschhafte aufgipfeln – wiederum den Hörer überwältigend und mitreißend, gewalttätig und zauberisch –, ohne freilich die Gefahren des bloß Theatralischen, bloß Effektvollen, das Leere, das falsche oder übermäßige Pathos, das Auf- und Zudringliche – das Leitmotiv, das auch den letzten, ja unmusikalischen Hörer noch darauf stößt, worauf es ankommt – zu vermeiden. Aber mit all dem entspricht Wagners Werk der Differenzierung, Intensität und Pathetik, jedenfalls der erträumten Gefühlswelt eines guten Teils seiner Zeitgenossen nach der Jahrhundertmitte. Gerade in seinen pompös-monumentalen und gewollt archaischen Zügen, im Rausch, in der Verklärung der Erotik, in der Metaphysik einer erlösenden Selbstzerstörung gegen die Welt der Geld- und Machtgier, in seiner irritierenden Nervosität sind Wagner und sein Werk ungeheuer modern (wie unter den Dichtern bis dahin – trotz aller Unterschiede – vielleicht nur Heine).

b) Architektur

Die Architektur hängt als Anwendungskunst besonders eng mit der politischen und sozialen Geschichte zusammen, sie erfüllt auch weiterhin von außen gesetzte, vorgegebene Aufgaben; sie ist, mehr als alle anderen Künste, Teil der Realität, nicht Gegenwelt. Sie soll als Kunst „ausdrücken", was die Zeit will und braucht, und zugleich prägt sie als Teil der täglichen Umwelt die Menschen und soll das tun. Im 19. Jahrhundert, das noch mehr als wir in direkter Anschauung und der Gegenwart von sichtbaren Symbolen lebte, war die Architektur und die öffentliche Auseinandersetzung über sie das wichtigste Teilgebiet der Kunst, in dem ästhetischer Sinn, gesellschaftliche Repräsentation und politische Entscheidung sich verflochten.

Wir fragen zuerst nach den Bau-Aufgaben. In der vorrevolutionären Welt waren Kirche und Schloß die zentralen Aufgaben, ja im Grunde war, im 18. Jahrhundert, dem Schloß alles andere unter- und zugeordnet: ein Herrschaftskomplex – wie etwa in der noch „neuen" Residenzstadt Karlsruhe. Diese strenge und hierarchische Ordnung löst sich auf. Man baut noch, ja mit der Bevölkerungsvermehrung und den Stadterweiterungen mehr, Kirchen, und immerhin noch Schlösser. Aber die Schlösser werden – schon seit dem späten 18. Jahrhundert und nun, der veränderten Rolle der Monarchie entsprechend, noch mehr – ins Natürlich-Intim-Persönliche, ins Wohnliche verwandelt, sie verlieren an Machtrepräsentation (z. B. Schinkels Charlottenhof), oder sie werden Stätten von Kunst und Bildung, bei denen die Ausmalung oder die Kunstsammlung nicht mehr dienende, sondern eigenständige Funktion hat, oder sie verweisen, wie andere historisierende Bauten, der Neogotik z. B., vor allem ins Historische (Hohenschwangau).

Aber wichtiger: andere Aufgaben gewinnen eigenes, gleiches, ja größeres Gewicht. Zuerst die jetzt selbständigen autonomen Bildungsbauten: Theater, Museum, Konzertsaal. Sie sollen die neue Würde der Kunstidee auch darstellen und dem Zweck der Kunst, den Menschen zu veredeln, dienen; sie werden Tempel und Heiligtum, festlich monumental – wie Schinkels Altes Museum, Klenzes Glyptothek und Alte Pinakothek, Sempers Dresdner Galerie. Der Theaterbau geht nicht mehr von der gesellschaftlichen Gliederung der Menschen aus, sondern bezieht alle, „das Publikum", auf das Zentrum, die Bühne (Schinkels Berliner Schauspielhaus, Sempers Opernhäuser in Dresden und Wien z. B.). Dazu kommen, schlichter und doch ebenso charakteristisch, die Erziehungsbauten, Hochschulen und Akademien, Gymnasien, Schulen; dann (und im zweiten Jahrhundertdrittel zunehmend) die öffentlichen Zweck- und Repräsentationsbauten, Ministerien und Verwaltungsgebäude, Parlamente, Justizgebäude (und später Justiz-„Paläste"), entsprechend der gewaltig zunehmenden Bedeutung von Gesetz, Recht und Rechtsverfahren, und die allgegenwärtigen Postämter, die städtischen Rathäuser und die Bauten der bürgerlichen Wirtschaftsgesellschaft, die Börsen vor allem. Alle diese Bauten wollen und sollen einen öffentlichen Geltungsanspruch sichtbar machen, über die bloße Funktion hinaus wirksam und wenn möglich imponierend zur Schau stellen; die Rathäuser, wir sagten es, werden manchmal größer, als es dem Bedarf entspricht. Als die Wiener Ringstraße am Ende unseres Zeitraums in Angriff genommen wird, entstehen acht Theater-, Museums- und Akademiebauten, drei Erziehungsbauten, ein Parlament, ein Rathaus, ein Justizgebäude, eine Börse, eine Kirche. Schließlich das eigentümliche Phänomen der „politischen Architektur": Schinkels Neue Wache in Berlin oder Gärtners Siegestor in München, und dann die – architektonischen – nationalen Denkmäler, die Walhalla oder die Befreiungshalle oder die Münchener Ruhmeshalle, mit ihrem Anspruch, eine unbedingte und unsichtbare Idee in der Gestalt einer Quasi-Weihestätte sichtbar zu machen.

Das waren die Aufgaben der eigentlichen, der „monumentalen" Architektur, die Aufgaben der zumeist beamteten Architekten. Wohnungs- und Städtebau lagen außerhalb ihres Feldes. Normale einfachere Häuser sind – zumeist – von handwerklichen Baumeistern, auch im Anschluß an Architektenmodelle, etwa Schinkels, gebaut worden. Der Städtebau und das Städtewachstum ist, wir sagten es, weitgehend an den Architekten vorbei, ja auch ungeplant verlaufen. München ist – mit einem Generalplan und den Bauten der Ludwig- und dann der Maximilianstraße – eine Ausnahme; erst in den 60er Jahren ergibt sich, etwa bei den Ringstraßen nach der Entfestigung der Städte (Wien, Köln z. B.) ein engerer Zusammenhang von Städtebau und Architektur.

Industrie- und Verkehrsbau sind eigentlich nicht Sache der Architekten, sondern der Ingenieure und einstweilen ohne Einwirkung auf die Architekten-Architektur. Die frühen Fabrik- und Industriebauten übernehmen, nachdem die alten ländlichen Bauten für neue Maschinen und Arbeitsprozesse nicht mehr ausreichen, vorhandene Architekturformen, sofern sie zweckmäßig sind – daher die Kirchenähnlichkeit erster Hallenbauten (Saynsche Eisenhütte) –, ja „verkleiden" die technische Funktionalität mit Anleihen aus der historisierend monumentalen Architektur, so etwa die festungsähnlichen Fördertürme im Ruhrgebiet in den 50er/60er Jahren („Malakofftürme"). Die Bahnhöfe, das andere in die Augen springende neue Bauphänomen, kombinieren zumeist einen ingenieurmäßigen Hallenbau (ähnlich in Ausstellungsbauten, dem Münchener Glaspalast etwa) mit einem monumental architektonischen, d. h. weniger funktionalen als repräsentativen und oft historisierenden Empfangsgebäude, dem Tor zur Stadt.

Schließlich gibt es – jenseits von Monumentalarchitektur und Ingenieurbau – noch eine letzte neue Bauaufgabe: den öffentlichen Garten, den Park. Im 18. Jahrhundert hatte der Siegeszug des englischen Gartens die alte und strenge Ordnung der Herrschaftsarchitektur aufgelöst. Der englische Garten, das war die Pluralität einer künstlichen, wohlabgewogenen, aber doch freien Natur, unzentriert und scheinbar unbegrenzt, in der der Einzelne – spazierengehend – seine eigenen Perspektiven gewann und seinen Phantasien, die ins Unendliche schweifen mochten, seinen – zudem durch Wasserfälle, Tempel, Ruinen oder Gedenksteine angeregten – Empfindungen und Erinnerungen folgen konnte, gegenüber dem formalen Garten eine individualisierte, eine liberale Welt. Dieser Garten hat nachhaltig die Naturanschauung wie die Vorstellung von anschaulicher Ordnung verwandelt. Dieser Garten nun wird öffentlich, wird bürgerlich, auch wenn die Bauherren zunächst noch Monarchen oder Adlige sind. Seit dem Jahrhundertbeginn wird die Idee des öffentlichen Parks, in dem der Mensch sich nicht nur spazierend erholt, sondern auch im Anschauen und Erleben frei geordneter Natur sich bildet und veredelt, selbstverständlich; der Park ist ein humaner, volkserzieherischer Bau mit „höherem" Zweck; die ästhetische Idee der Funktion der Gartenschönheit wird zu einem festgeronnenen Traditions- und Konventionsstück. Mit dem Sieg des englischen Gartens freilich verliert die ursprünglich quasi-liberale Komponente dieses (Welt-)Modells ihre Bedeutung; und in einem – rein ästhetischen – Gegenzug nehmen in unserem Zeitraum die Elemente des formalen Gartens wieder größeren Raum ein.

Das Problem der Architektur des Jahrhunderts ist das Problem des Historismus geworden, die Überwältigung der Gegenwart durch Stile der Vergangenheit und der Verlust eines gemeinsamen Stils. Am Anfang des Jahrhunderts steht wie überall in Europa seit dem späten 18. Jahrhundert ein Rückgriff auf das klassische Ideal, den Stil der Alten, der Griechen zumal, der Klassizismus, der letzte eigentliche Stil der Baugeschichte, wie ihn Schinkel, Klenze oder Weinbrenner auch in den anderthalb bis zwei Jahrzehnten nach 1815 etwa repräsentieren: Einfachheit, Klarheit, Strenge, die Proportionalität und Logik gegen- und ineinander gesetzter kubischer Formen, des Kontrastes von Horizontale und Vertikale, der gemessenen architektonisch-plastischen Zwischenglieder (Schinkels Schauspielhaus, 1821, oder sein Altes Museum, 1830, in Berlin), der durch Blökke gebildeten Platzarchitektur (der Weinbrennersche Marktplatz in Karlsruhe, 1805–1825, der Fischersche Karolinenplatz in München, 1805–1811) – das etwa charakterisiert diesen Stil. Das war ursprünglich eine Wendung gegen Barock und Rokoko der Feudalwelt und hatte mit Nüchternheit, Rationalität und Maß auch etwas Bürgerliches, in den 1790er Jahren mit der dorisch-republikanischen Strenge zeitweise einen revolutionären Zug; jedenfalls entsprach es dem Bürgergeist, auch als es nach dem Ancien Régime von dem neuen bürokratisch-monarchischen Obrigkeitsstaat übernommen wurde. Dem Klassizismus galt das Bauen der Griechen als zweckmäßig, voll Charakter, „erhaben", vollendet schön – als einmal und für immer erreichtes Ideal. Aber – vor anderen Aufgaben, mit anderen technischen Möglichkeiten, in einer anderen Welt – galt es nicht eine Kopie, sondern eine freie Variation, eine Übersetzung der beherrschten griechischen Form zu bauen – so wie die Alten heute bauen würden; deshalb konnte Klenze den griechischen Tempel Walhalla mit einer Eisenkonstruktion für das Dach bauen. Diese Anrufung des Griechentums im Bau war mehr als „bloße" Architektur, sie verwies auf die griechische Humanität, auf Geschichte als Tradition, auf ein altes Wahres; der Stil hatte eine Fülle von ethischen, kulturellen, politischen Implikationen, Evokationen und Assoziationen, die zu realisieren der Bildung anheim gegeben war. Der Klassizismus wollte mit seinem Bauen teilnehmen nicht nur an ästhetischer Erziehung, sondern an gesellschaftlicher und menschlicher Erneuerung, und er wollte gegen die Krise der Zeit, gegen Brüche und Diskontinuität auf Kontinuität und Dauer zurückgreifen. Es war eine Ideen- und Bildungsarchitektur, in der der sichtbare Bau auf etwas Unsichtbares verwies und einen Geltungsanspruch stellte, den der Betrachter durch eine entsprechende Humanität erfüllen sollte.

Das Spannungsverhältnis von Zeitgemäßheit, Ewigkeitsanspruch und historischem Rückgriff – so großartige Bauten der Klassizismus noch hervorbrachte – erwies sich als prekär. Im Bewußtsein der revolutionären Brüche und Verluste, angesichts der „prosaischen" Gegenwart, gewinnt, zumal nach 1815, das Verlangen nach Vergangenheit und Kontinuität, und damit der Sinn für die „Denkmale" der Vergangenheit, Gewicht. Kirchen werden Denkmäler der Kunst und Geschichte. Unterschiedliche Vergangenheiten werden in einer zunehmend historisch „gebildeten" Kultur stärker präsent, die Denkmalpflege entsteht, und man fängt an zu restaurieren, wiederherzustellen, zu vollenden: die Marienburg, den Nürnberger Schönen Brunnen, die Dome in Köln oder Speyer. Andere Stile stellen ästhetische, moralische, ideenpolitische Anmutungen und Ansprüche, so z. B. der „altdeutsche Stil", und das heißt zunächst die Gotik, für die man sich seit der Romantik begeistert; sie ist nacheinander und zugleich Symbol für „romantische" Stimmung, für Unendlichkeit, Geistigkeit, für Christentum und Mittelalter, für das Wesen, die „Seele" der Deutschen, fürs Bürgerliche. Ganz allgemein fragten die Architekten, ob sich das Schöne auf eine historische

Ausdrucksform – die der Griechen – beschränken lasse, ja – historistisch und antihistoristisch zugleich – ob nicht Stil immer wegen der Unterschiede und Veränderungen von Material und Technik, klimatischen Gegebenheiten und Bauaufgabe, an Ort und Zeit gebunden sei und darum die Gegenwart einen anderen nicht-griechischen, einen eigenen Stil brauche. Schinkel hat, auch in seiner eigentlich klassizistischen Reifezeit, gotisch entworfen und gebaut (bei der Werderschen Kirche gibt es einen gotischen und einen Renaissanceentwurf nebeneinander), und er hat erwogen, ob ein „reiner Stil" nicht aus den ästhetischen Errungenschaften aller Epochen sich bilden lasse. Der Münchener Klassizismus hat viele Elemente der Renaissance (etwa in Klenzes Alter Pinakothek) aufgenommen; er wird bei allem Festhalten an klarer Komposition, Wiederholung und struktureller Logik eklektisch, übernimmt Formen des Römischen, der Renaissance (Gärtners Staatsbibliothek) oder gar frühchristliche und byzantinische Formen (Gärtners Ludwigskirche oder St. Bonifaz), spielt souverän mit ihnen oder fügt sie gar synthetisch zusammen. Daraus entsteht dann in den 30er/40er Jahren der weithin dominierende, wenn auch nicht mehr eigentlich einheitliche „Rundbogenstil" (Johanneum, Alster-Arkaden, Alte Post in Hamburg, Trinkhalle in Baden-Baden, Bahnhöfe in Karlsruhe, Freiburg, ja auch München). Die Berliner Schinkelschüler der 40er Jahre wiederum greifen auf frühchristliche und Frührenaissance-Vorbilder zurück und suchen sie modern fortzuentwikkeln.

1828 schreibt der Architekt Heinrich Hübsch eine rasch berühmte Schrift ‚In welchem Styl sollen wir bauen?' Er beantwortet die Frage, indem er die Aufgaben und Umstände des modernen Bauens in nordalpinen Ländern untersucht; der Stil soll also „funktional" sein, nicht „Bildungsstil" mit historisch-assoziativen Verweisungen; aber auch er rechtfertigt einen zeitgemäßen Stil historisch, er soll in der nationalen Tradition stehen ; das Ergebnis ist der „Rundbogenstil", so wie er geworden wäre, wenn er sich frei hätte entfalten können. Und das gilt für alle: auch wer nicht auf einen vergangenen Stil zurückgreift, mußte den Stil historisch, als Bilanz oder Synthese bisheriger Entwicklung, rechtfertigen. Als der bayerische König Maximilian II. 1851 seine „Maximilianstraße" anfing, sollte ein Preisausschreiben einen neuen, auf historischer Grundlage aufzubauenden Stil zu Tage fördern.

Symptomatischer als die historische Begründung eines neuen Stils ist – unbeabsichtigt – die Titelfrage von Hübsch. Man lebt nicht mehr in einem Stil (und nicht im Kampf eines alten und eines neuen Stils), sondern verschiedenen Stilen gegenüber, man kann wählen, in welchem man bauen will, eine bis dahin unerhörte Situation. Es gibt keine Verbindlichkeit einer architektonischen Regelung mehr, die ist historisch relativiert. Und was die Geschichte überliefert, steht zur Disposition: die Historisierung auch der klassischen Norm führt zum Relativismus und Pluralismus der überlieferten Stile. Das ist zuletzt auch eine Folge der „Ideenarchitektur". Wenn der Gehalt der Bauform jenseits des Sichtbaren liegt und in der Reaktion des Betrachters, dann wird zuletzt die Form ein Mittel, unterschiedliche Ideen zu repräsentieren, sie wird allmählich beliebig.

Neben die Versuche zu einem synthetischen Stil tritt das Nebeneinander der historisierenden Stile. Solche Stile sind mit historischen Assoziationen und deren Ideologisierung verknüpft; sie rufen Traditionen und Ideen auf, an die man sich anschließen will; sie stellen insgesamt eine Sprache sozialer Symbole dar. Neue Rückgriffe kommen hier dazu, wie etwa der auf die nordische Renaissance (zuerst beim Neubau des Schweriner Schlosses 1844), die gemäß der zeitgenössischen Deutung für das Bürgertum, die moderne Individualität und Subjektivität besonders attraktiv war. Bestimmte Stile werden mit bestimmten Bauaufgaben verknüpft. Bei der Wiener Ringstraße werden Parlament und Börse griechisch, die Kirche gotisch, das Rathaus in gotisierender Renaissance, Museen und Universität in Hochrenaissance, Theater im – eklektischen – Stil des zweiten Empire gebaut. Oder die Bauherren entscheiden, welcher Stil am besten ihr Selbstbild repräsentiert, das Nüchtern-Strenge und Aristokratische des Klassizismus, das Bürgerliche oder Ritterliche der Gotik, das Pompös-Glanzvolle, fast Fürstliche der Renaissance. Die schlesischen Magnaten, die auch zu Industrieherren geworden sind, bauen in den 50er Jahren in allen drei Stilen ihre neuen Schlösser. In allen Bauprogrammen stecken ideelle, ideenpolitische Tendenzen; auch die Maximilianstraße in München mit ihrem neuen Stil soll etwas symbolisieren: die konstitutionelle Monarchie, das Einverständnis von König und Volk.

Besonders stark ideologisiert worden ist die „Gotik"; sie erhebt – in ganz Europa – noch einmal wie der Klassizismus Ausschließlichkeitsanspruch. Für die Verfechter der Neogotik ist die Gotik die letzte Epoche mit einem Stil, ja der bisher vollkommenste Baustil, an den man sich – insofern ist das Grundgefühl anders als bei den Klassizisten von 1800, historischer, nostalgischer – in einem Zeitalter des verlorenen Stils anschließen muß. Gotik steht für Christlichkeit, für Katholizismus, für Protestantismus vor der Reformation oder für freie Religiosität, für Bürgerlichkeit und städtisches Wesen, für Gemeinschaft, für Größe, Tiefe und Innerlichkeit der Deutschen, die Identität der Nation, und immer ist sie ein Sehnsuchtsbild dessen, was der Zeit fehlt. Wenn man gotisch baut, erweckt man auch jene Gehalte wieder zum Leben oder beschwört sie – das ist die Idee, und um die Auslegung dieses Stiles streiten dann wieder Parteien und Konfessionen, ja in West- und Nordwesteuropa die Nationen. Seit dem Wiederbeginn des Kölner Dombaus 1842 hat die Neogotik große Konjunktur; beim Wiederaufbau der Hamburger Petrikirche (1842) hat eine populäre öffentliche Protestwelle die erste Entscheidung zugunsten Gottfried Sempers über den Haufen geworfen und dem neogotischen Entwurf sogar eines Engländers, Gilbert Scotts, zum Siege verholfen; und diese Bewegung greift von den Kirchen auf Schlösser (Hohenschwangau 1832–1837 als frühes Beispiel) und Rathäuser, Postämter und Bürgerhäuser über. Ähnliches, wenn auch in kleinerem Maße und nur beim Kirchenbau, geschieht mit einer anderen etwas späteren Renaissance, der Neo-Romanik.

Das historisierende Bauen entwickelt sich dabei in zwei Richtungen. Auf der einen Seite geht es nicht mehr um die freie Übernahme, sondern um die wissenschaftliche Rekonstruktion des vergangenen Stils – durch Kunsthistoriker und gelehrte Architekten –, geht es nicht um die Kopie von Details, sondern um das innere, organisierende geistige Prinzip des Stils, der die einzelnen Elemente zur Einheit zusammenbindet. Es geht dann mehr als um eine ästhetische Wahrheit um die historische Treue und Richtigkeit, die Bauformen rechtfertigt. Man sieht in der Jahrhundertmitte historistisch. Das gilt auch für die Antike, und das mindert auf andere Weise deren überhistorische Klassizität. Entsprechend werden die Kirchen gesäubert, wird das Nachmittelalterliche ersetzt. Aber solche historistischen Restaurationen, wie die Ausmalung des Speyerer Doms 1852, oder Rekonstruktionen, wie Schloß Lichtenstein 1841, sind gerade typisches „19. Jahrhundert". Auch wo die Rekonstruktionen z. B. des gotischen Bauens und seines „Geistes" gelingt, ist die Ausführung nicht mehr an die Grenze und Widerstände von Technik und Material gebunden; es entsteht das theoretisch Richtige, aber Abstrakte, die „Reißbrettgotik". Auf der anderen Seite lösen sich Form und Formelemente mit ihren historischen Verweisungen von den Konstruktionsgesetzen und den Zwecken vergangenen Bauens. Die Formen werden beliebig verwendbar, verselbständigen sich, werden Dekoration, aufgesetzte Fassadenstücke, Zitate oder bloße Mittel zur Erzeugung historischer Atmosphäre und historischer Assoziation – wie die gotisierende Verkleidung von Fabrikgebäuden und überhaupt die Verkleidung der technischen Konstruktion oder die entstehende „Fassadenkultur" der großen Wohnhäuser seit den 60er Jahren –, oder sie verlieren sogar ihre historisch-moralischen Erinnerungen und werden rein ästhetisch dekorativ. Gottfried Semper, der bedeutendste Architekt des zweiten Jahrhundertdrittels, selbst zwischen Ansätzen eines Funktionalismus und historisch monumentaler, von der Renaissance beeinflußter Erinnerung vermittelnd (die Galerie und die – zweimal gebaute – Oper in Dresden, die Technische Hochschule in Zürich, einige Bauten der Wiener Ringstraße z. B.), hat (1854) den Eklektizismus und die Willkür dieses Historismus mit Spott kritisiert. „Der Kunstjünger durchläuft die Welt, stopft sein Herbarium voll mit wohlaufgeklebten Durchzeichnungen und geht getrost nach Hause in der frohen Erwartung, daß die Bestellung einer Walhalla à la Parthenon, einer Basilika à la Monreale, eines Boudoirs à la Pompeji, eines Palastes à la Pitti, einer byzantinischen Kirche oder gar eines Basars in türkischem Geschmack nicht lange ausbleiben könne!" „Unsere Hauptstädte blühen als Quintessenzen aller Länder und Jahrhunderte empor", so daß wir am Ende selbst vergessen, welchem Jahrhundert wir angehören; die Stilformen sind „erborgt und erstohlen", „nicht in unserem Fleisch und Blut". Hübsch spricht 1847 vom „architektonischen Karneval". Das ist das Leiden am Historismus – hier gerade eine Folge genauer historischer Reflexion. Dazu gehört auch die Demokratisierung des Bauens: die Vielzahl der Auftraggeber, die nicht mehr in einer geschlossenen und zum guten Teil hierarchischen Gesellschaft in ihrem Stilwillen eingebunden sind, und ihre konkurrierende Freiheit ermöglichen die Vielfalt der architektonischen Formen, das Nebeneinander der „Stile" und die Stillosigkeit. Erst jetzt können das Erfolgreiche und das Gute zunehmend auseinandertreten.

Aber man muß auch gegen die zeitgenössische und die heutige Kritik die tiefen Antriebe dieses Historismus – in seinen eklektischen wie reinen Formen sehen. Einmal bezeugt die Architektur ein eigentümliches Selbstvertrauen der bauenden neuen bürgerlichen Gesellschaft; diese Bauten wollen beeindrucken, weil das, wofür sie stehen, unbezweifelt und selbstgewiß ist, und die Bauherren wenigstens nehmen den geschichtlichen Bezug ohne Gewissensbisse als Bestätigung ihrer Ansprüche und Ideen. Zum anderen bezeugt diese Architektur den Versuch, Tradition und Kontinuität zu wahren, den Traditions- und Stabilitätsverlust der Industrialisierung auszugleichen. Man „zitiert" Geschichte, um den Alltag zu beseelen, um mit den historisierenden Bauten eine Heimat der emotionalen Ansprüche zu schaffen, um die Wirklichkeit durch Evokation von Geschichte an Humanität zu binden und ideal zu überhöhen – das haben auch Schinkel, Hübsch und Semper gewollt. Hinter der Maskerade, zu der die Architektur trivialisiert wird, und hinter der Ideologie, die aus Interesse je nach Bedarf historisch rechtfertigt oder verbirgt, steht solche Beschwörung, solche Kompensation. Beides freilich, die Selbstgewißheit der Gesellschaft und die Beschwörung vergangener Menschlichkeit bleibt in eigentümlicher Spannung. Und das ist eines der Kernprobleme der bürgerlichen Welt.

c) Malerei

Wir wenden uns der Malerei zu, und zwar zunächst den Gegenständen, die der Zeit malwürdig erschienen. Die Hierarchie und die Prägung der Bildgattungen, die in der Tradition vorgegeben waren, lösten sich – in einer autonom werdenden Malerei ohne vorgegebene Aufgaben – auf; das Gewicht der Gattungen verschob sich, „niedere" Gattungen wie Landschaft und Genre „emanzipierten" sich und stiegen zu höherem Rang auf.

Trotz der säkularen Tendenz des Zeitalters und trotz der religiösen Funktion, die die Kunst überhaupt einnimmt, spielt die klassische Gattung der religiösen Malerei in unserer Zeit weiter eine wesentliche Rolle, ja wird neubelebt. Das ist das Werk einer romantischen Schule, der sogenannten „Nazarener". Sie wollen die Zerrissenheit der Zeit und die Entfremdung überwinden, indem sie zur – bildfreundlichen katholischen – Religion zurückkehren, Gesellschaft und Religion durch die Kunst erneuern, und die Kunst selbst aus dieser Funktion, im Anschluß an den innig frommen Stil der Frührenaissance, getragen vom ordensmäßigen Zusammenschluß einer Künstlergemeinschaft. Dieser hohe Anspruch bewirkt freilich das Angestrengt-Bemühte wie das Reflektierte ihrer Kunst gerade im Versuch zu einer neuen Naivität. Auch der Versuch einer Wiederbelebung monumentaler Freskomalerei entspringt einer neuen reflexiven und nicht mehr naiven Religiosität, die den fundamentalen Glaubenszweifel des romantisch unglücklichen Bewußtseins voraussetzt. An dieser Malerei nun läßt sich neben dieser Reflexivität auch ein anderer jahrhunderttypischer Zug sehr deutlich beobachten: die Dominanz der Subjektivität, des freigesetzten Gefühls. Nicht das objektive Geschehen oder die objektive Gestalt sind in einem Bild, von Peter

Cornelius einmal abgesehen, primär, sondern das subjektive Erlebnis, die Empfindungen der Seele. Gemalt wird, wie es z.B. Jesus „zumute" war und wie sich das in Gesicht und Haltung spiegelt oder wie die Hirten erschraken, und dazu gehört die Anmutung, sich in die dargestellten Seelenzustände hineinzuversetzen – etwas, was bis dahin so, da jeder doch die Geschichten kannte, überflüssig war. Die Auswahl von Themen richtet sich danach, wie weit sie eine solche menschlich-gefühlvolle Beziehung des Betrachters gerade anregen. An die Stelle des religiösen Gegenstandes und seiner Bedeutung, der Objektivität und der Wahrheit des Glaubens treten mehr als je zuvor die Frömmigkeit, das fromme Gefühl, die fromme Stimmung des Gläubigen und die Erbaulichkeit. „Ich weine, also glaube ich", so hatte Chateaubriand die Religion romantisch begründet; das wird auch an dieser Malerei deutlich, und dahinter steht die moderne Freisetzung des gefühlvollen Subjekts. Die Bedeutung, die die strenge Linie und Zeichnung gegenüber der Farbe bei den Nazarenern hat, zeigt freilich auch das intellektuell reflektierte Objektivitätsverlangen, das die subjektivierte Gefühligkeit ausgleichen soll und damit scheitert. Schon Friedrich Theodor Vischer hat die reflektierte Pseudonaivität dieser Bilder verspottet: die Madonnen der Nazarener sähen aus, als seien sie in Töchterschulen aufgewachsen, tränken Tee und hätten Zschokkes ,Stunden der Andacht', das Andachtsbuch der Zeit, gelesen. Und mit der Jahrhundertmitte wird die religiöse Kunst dann ganz ins Süß-Liebliche sentimentalisiert.

Anders gewendet und weniger problematisch kann man den Vorgang der Subjektivierung an der Bewältigung einer anderen klassischen Bildaufgabe, am Porträt, beobachten. Es bleibt ein großes und immer wieder bedeutend gemeistertes Thema des Jahrhunderts; das Biedermeier ist geradezu eine klassische Zeit des bürgerlichen und intimen Porträts. Das Jahrhundert des Individualismus, der Innenleitung des Menschen, der freigesetzten Privatheit wie der aufsteigenden Bürgerlichkeit drückt sich, ehe die Photographie dem Menschen, und dann dem Augenblick, Dauer und Andenken verleiht, drückt sich in dieser Porträtkultur aus, und die mit dem modernen Individualismus so eng verbundene Familienkultur kommt dann auch in dem in Romantik und Biedermeier so typischen Familienporträt zum Ausdruck. Für die Geschichte der Kunst, wie die des Menschen in diesem Jahrhundert, interessanter noch ist der Unterschied zum Porträt der Tradition. Die alte Welt war eine Repräsentationskultur, dem entsprach ihr Porträt: der Mensch steht als Mensch seines Standes in seiner gesellschaftlichen Position in einer bestimmten objektiv angemessenen Haltung der Welt gegenüber, in ihr kommt seine Würde zum Ausdruck, sein Inneres ist in bestimmten ritualisierten „Rollen", Haltungen und Ausdrucksweisen ausgeprägt, und er kommt als Totalität zur Anschauung. Im bürgerlichen Zeitalter zerfällt diese repräsentative Öffentlichkeit, diese Vorgegebenheit von Haltungen weitgehend – der Militär, der Priester und manchmal der Gelehrte bewahren noch ein Stück davon. Der Mensch hat, wir sagten es früher, jetzt seinen „persönlichen Stand", ist individuell und innengeleitet, ist „privat", ist „natürlich". Darum werden Haltung und Ausdruck individuell, subjektiv. Der Maler schafft, durch eine Wendung, eine Stilisierung, ja Inszenierung, eine eigene und neue, ganz individualisierte Repräsentativität (Runges Bild seiner Eltern, Gottlieb Schicks Bildnis der Frau Dannecker); die Haltung wird beim Modellsitzen geplant und will das gar nicht verbergen, oder die Haltung wird umgekehrt ganz losgelöst von Maler und Beschauer gegeben: in sich und das, was getan wird, versunken (Georg Friedrich Kerstings ‚Lesendes Mädchen‘) oder zwanglos, gibt sich der Mensch, wie er ist. Und schließlich entsteht das intime, nicht eigentlich repräsentative (Familien-) Porträt des Biedermeier, in dem sich die Posen der Photographien der kommenden Jahrzehnte ankündigen.

Die eigentliche Kunst des Porträts wird, zumal im zweiten Jahrhundertdrittel, die psychologisierende Individualisierung, der Versuch, den Dargestellten von innen heraus, aus seinen „inneren Voraussetzungen" individuell verständlich, ja nacherlebbar zu machen oder im Selbstbildnis das Moment des Selbstbekenntnisses, die Darstellung der eigentlich nicht-öffentlichen Gefühle. Zu der neuen Privatheit gehört auch der unbeobachtete zufällige Augenblick (Menzels Bildnis seines Schwagers) oder der versuchte Blick ins „Herz", eine gewisse Indiskretion, und gehört zugleich in genauem Gegensatz dazu das Verbergen und Verhalten des seelischen Ausdrucks. Takt und Diskretion werden eine neue, nicht mehr ständisch repräsentative, sondern individuelle Qualität. Das Bild schließlich gibt nicht mehr eine Totalität des Dargestellten, sondern einen Aspekt; er steht oft in einem durchaus individuellen Verhältnis zum Bild, ja auch zum Beschauer; die Grenze zwischen Bild und Beschauer wird fließend, wird manchmal aufgehoben. Photographischer Realismus und subjektive Perspektive halten sich die Waage.

Ein ähnlicher Vorgang der Subjektivierung – das fügen wir hier nebenbei an – läßt sich an einem der wenigen neuen Themen der Plastik, künstlerisch großartig, beobachten: dem Grabmal. Es ist, man denke an Schadow und Rauch, an das Mausoleum für die Königin Luise etwa, nicht mehr Ruhmesmal und nicht mehr einfach Todesmal, sondern Mal der Trauer, das entspricht der neuen Todesdeutung, von der wir früher sprachen, vom Tod als dem Tod des anderen, und diese Trauer ist die nicht (mehr) in rituellem Ausdruck objektivierbare subjektive Trauer, der Schmerz des individuellen Gefühls, wie er in der großen Plastik dennoch Gestalt geworden ist.

Das andere große Bildthema der Tradition neben der Religion, die Mythologie, verschwindet mit dem „bürgerlichen" Zeitalter allmählich, trotz der Nachklänge in der „offiziellen" Kunst, der Ausmalung der Münchener Glyptothek z. B. An ihre Stelle tritt das „Historien"bild, eine trotz mancher Vorläufer jetzt erst neue große Gattung der Malerei. „Die Geschichte", so der hegelianisierende Ästhetiker Vischer 1841, „worin sittliche Mächte Gottes Gegenwart verkünden", das sei – an Stelle der religiösen Malerei – das Feld des modernen Künstlers; und von den Münchener Malern wird der Ausspruch überliefert: „Geschichte müssen wir malen, Geschichte ist die Religion unserer Zeit, Geschichte allein ist zeitgemäß." Der Siegeszug der Historienmalerei – von der Wiederbelebung der monumentalen Freskomalerei durch fürstliche Auftraggeber wie die

Künstler des Nazarenerkreises, Ausmalung von Residenzen, Burgen und Rathäusern, Höfen und Sälen, bis zu den großen Gemälden, von Cornelius, Schnorr von Carolsfeld und Schwind über Karl Friedrich Lessing und Rethel, Piloty und Kaulbach bis zu Menzel – er ist für das zweite Drittel des Jahrhunderts besonders charakteristisch; diese Malerei erregt Bewunderung und Enthusiasmus, beherrscht die Diskussion. Der Historienmalerei wird von Auftraggebern wie Künstlern wie Kritikern in eminentem Maße öffentliche, kunst- und volkspädagogische Wirkung zugeschrieben, Ausprägung wie Bildung des allgemeinen Bewußtseins und seiner Symbole; hier scheint die Bindung zwischen Kunst und Gesellschaft, die (Re-)Integration der Kunst in eine gemeinsame Aufgabe am intensivsten und augenfälligsten gegeben. Diese Wendung der Malerei zur Geschichte steht natürlich im Rahmen der allgemeinen Wendung des Jahrhunderts zur Geschichte, wie wir sie als Historismus früher beschrieben haben. Geht man von den Bildern aus, muß man wohl zunächst zwei Hauptmomente und -tendenzen unterscheiden. Zum einen entspricht das Historienbild dem Bedürfnis nach Kontinuität, die im Jahrhundert der revolutionären Verwandlungen nicht mehr selbstverständlich in der Tradition präsent ist, nach Vergewisserung der eigenen nationalen, kulturellen, menschheitlichen Herkunft, nach Identifikation und damit zugleich vielfach nach Legitimation des eigenen Wollens und der eigenen Ziele durch Geschichte. Die Themen der nationalen Geschichte – des Mittelalters, der Kaiser-, Ritter- und Städtezeit vor allem, dann der germanischen Frühgeschichte und der Sage (Barbarossa im Kyffhäuser als Typus der politisch-historischen Sage) – stehen dabei im Mittelpunkt; Kunst und nationale Bewegung, patriotische, oft liberal getönte Begeisterung verbinden sich hier, obschon Präsentation und Feier der nationalen Geschichte, man denke an den bayerischen König Ludwig I., nicht überall mit dem politischen Willen zur Gründung des Nationalstaates übereingehen. Es gibt auch andere, politische Tendenzen, jenseits des Nationalen: Lessings sogleich berühmtes Hußgemälde, das nach den Nazarenern eine neue und, wie die Zeitgenossen meinten, moderne Phase einleitet, hat eine deutliche liberal-antiklerikale Tendenz und zielt auf Parteinahme, und als das Frankfurter Städel 1843 ein solches Bild kauft, entsteht ein wilder Streit, und die alten Nazarener Overbeck und Veit antworten mit gemalter Rechtfertigung des Katholizismus. Mit und neben den spezifisch nationalen Selbstvergewisserungen gibt es zumal in Zyklen philosophisch menschheitliche, gemalte Geschichtsphilosophien. Wenn Rethel im Aachener Rathaus im nationalen Kontext „Karl stürzt die Irminsul" malt, so ist das nicht nur Heldengeschichte, sondern darin soll auch der Zusammenstoß zweier Zeitalter und der „weltgeschichtliche Auftrag", den Karl vollzieht, zum Ausdruck kommen. Nach der Jahrhundertmitte hat der epigonale Kaulbach mit gewaltigem Erfolg Bilder von weltgeschichtlichen Entscheidungen (Schlacht auf den Katalaunischen Feldern z. B.) gemalt, die den Geist Gottes in der Geschichte sichtbar machen sollten.

Zum anderen wird für diese Malerei die Geschichte das Feld von Ereignissen und Figuren, an denen der Mensch jenseits von Alltag und Privatheit das Große

– Schicksal, Konflikte, Leidenschaften, Stimmungen, schuldige und unschuldi-
ge Helden – mit allem Pathos und aller Intensität erfahren kann, und zwar mit
der Gewißheit, daß, was er sieht, Wirklichkeit gewesen ist; nur die Geschichte
kann nach dem Untergang der Mythologie noch eine überindividuelle und verbindliche Vorstellungswelt stiften. Die Geschichte wird das große gemeinsame
Schauspiel der Menschen; das Bild ist eine Art Bühne zur Inszenierung von
Schicksal. Die Spannung, die Steigerung von Effekten, gelegentlich der Kolpor-
tagecharakter und zugleich die gut eingesetzte Wirklichkeitstreue des historischen Details – sie sind für solche Bilder charakteristisch, sie machen ihre große
Publikumswirksamkeit (von Theodor Hildebrandts ‚Ermordung der Kinder
Eduards IV.‘ bis zu Karl von Pilotys ‚Seni an der Leiche Wallensteins‘) aus.

Beide Tendenzen setzen – in unterschiedlichem Maße – historische Bildung
voraus, sind insofern Bildungskunst, und ein wenig wollen sie solche Bildung
auch befördern, wollen belehren; Geschichte wird auch zum Bildungserlebnis,
und das Historienbild befriedigt mit der Zeit auch eine von den ursprünglichen
Antrieben des Interesses an der Geschichte sich lösende historische Neugier. In
diesen Bildern nun wird Geschichte, wie in allem Historismus, nicht mehr aufgefaßt als – belehrendes – Exempel für im Grunde gleichartige menschliche Situationen und nicht mehr mit einem objektivierten Kanon festgelegter, patheti-
scher Gesten und Mienen gemalt. Vielmehr ist die Besonderheit der Zeit und der
Situation wesentlich und eigengewichtig. Aber das Bild ist auf ein neuartiges
Verhältnis des Betrachters zum Bild und seinem Inhalt angewiesen: auf das Verstehen. Im Bild wird, nicht immer, aber doch häufig, das subjektive Erleben der
Gestalten dargestellt, was sie fühlen, wie ihnen zumute ist, wie sie gestimmt sind;
und der Betrachter soll „vertraulich hinzutreten", miterlebend, mitfühlend in die
Seele der Gestalten, ihre Größe oder Verworfenheit, soll sich in die Lage des
Augenblicks „hineinversetzen"; auf diese so moderne Anmutung der Empathie
kommt es an. Neben die Apotheose eines gesteigerten und vollendeten geschichtlichen Momentes tritt die Spannung auf den Fortgang der Geschichte:
Bildung und Miterleben gehören jetzt wesentlich zum Bild.

Seit der Jahrhundertmitte gibt es dann freilich den realistischen Gegentyp zu
dieser ganzen Art der Historienmalerei mit ihrem nationalen oder sonstwie politischen Appell, ihrer Weltgeschichtsdeutung oder ihrer Schicksalsinszenierung,
ihrer Monumentalität oder Pathetik: Menzel, der in seinen Friedrich-Bildern
vergangene Wirklichkeit in Milieu, Atmosphäre, Psychologie präsentiert, das ist
der Typus eines realistischen Historismus.

Das andere beherrschende Malthema neben dem Historienbild wird die
„Landschaft". Das weist weit über die Kunst hinaus. Denn Natur, gesehene und
erlebte Natur, ist neben Arbeit und Familie, neben Kunst, Wissenschaft und Geschichte, neben Freiheit, Fortschritt und Nation zu einem der Haltepunkte und
einer der Grundmächte der individuellen Existenz und ihres Lebensgefühls in
unserem Zeitalter geworden. Neben der wissenschaftlichen Objektivierung der
Natur, neben ihrer technisch-industriellen Beherrschung und ihrer ökonomischen Ausnutzung, neben der wachsenden Naturentfernung des Menschen im

Zuge der Verstädterung steht das ästhetisch-empfindsame, oft fast religiös getönte Verhältnis zur Natur. Davon zehrt die Malerei, sie drückt es aus, und sie gestaltet es. Landschaftserleben und Landschaftskunst entsprechen sich. Die Anfänge dieses modernen Naturverhältnisses liegen lange zurück, durchaus vor Industrie und Großstadt. Die wichtigste Voraussetzung ist wohl der latente Pantheismus des 18. und 19. Jahrhunderts. Man erfährt Gott und dann das Göttliche, Transzendente aus der Natur, ja die Natur als göttlich, und man erfährt auch sich selbst an und mit der Natur. Darum ist die Natur Gegenstand der Verehrung. Dazu kommt dann, auch und gerade in Deutschland, der mächtige Rousseauismus, die Wendung gegen die angepaßte, die entfremdende, zerreflektierende Zivilisation; die Natur wird das Reine und Unberührte, das, was von selbst ist und gelingt, oder auch, wie im Sturm und Drang, das Wilde und Elementare. Die Empfindsamkeit sieht die Entsprechung, die Spiegelung von Natur und Seele; die Elemente der Landschaft werden zu Trägern von Gefühl; im Bild der Landschaft sind Natur und Seele eins. Das alles ist, nebenbei, gerichtet auch gegen Hof und Hierarchie, gegen Stand und Konvention, ist individualistisch, ist bürgerlich.

In der Malerei der alten Welt – in den Landschaften Claude Lorrains und Poussins wie denen der Holländer – war die Natur mit dem zumeist idyllischen menschlichen Vordergrund und einer geschlossenen Ferne ein von Gesetz und Harmonie durchdrungenes Ganzes, ideal und symbolisch, nicht realistisch, auf Gott wie auf den Menschen bezogen; in allem Einzelnen war dieses Ganze präsent. Das ändert sich im Zuge der Säkularisierung, der Entgrenzung der Welt und der Entdeckung der Tiefe der Subjektivität.

Am Beginn unseres Zeitraums stehen die klassizistische und die romantische Landschaft. Die klassizistische Landschaft zeigt in klarer Ordnung, harter, fast geologischer Architektur, scharf konturierten Gegensätzen die Reinheit, die Größe, die Gewalt der Natur. Die Natur symbolisiert die Gesetze des Universums, aber im Pathos widerstreitender Mächte spiegelt sich zugleich, was das Herz in Schicksal und Konflikt bewegt. Natur ist eine moralische Macht, weil sie gerade in ihrer Größe und Gewalt beim Menschen, dessen Lebensraum sie doch ist, das Bewußtsein der Freiheit und Erhebung, das heroische Pathos gegenüber solcher Macht auslöst. Das ist, wie Kant und Schiller entwickelt haben, das Gefühl der Erhabenheit. Solche Landschaft ist heroisch: die Landschaftsbilder Josef Anton Kochs in den ersten Jahrzehnten des Jahrhunderts repräsentieren diesen Typus der Naturauffassung besonders gut.

Dagegen nun die romantische Landschaftsauffassung, wie sie am großartigsten sich durch das Werk Caspar David Friedrichs unserer Erinnerung unverlierbar eingeprägt hat. Nicht klare Architektur, Helle, Ausgleich von Gegensätzen, sondern Übergang und Wechsel, Dunkelheiten, Dominanz eines „Tones" bestimmen die Bilder – und die neuen romantischen Themen: Zwielicht, Dämmerung, Abendrot, Mondschein und Nebel, Himmel, Ebene und Meer, Gipfelblick und die Erstarrung zur Leblosigkeit des Eises. Die Landschaft ist nicht mehr begrenzt, sondern unbegrenzt, sie weist ins Unendliche – jenseits des Bildes. Der Mensch ist draußen, exponiert und immer auf solche Ferne (und ein Jenseits der Ferne) bezogen. Diese Natur ist nicht mehr der Kosmos der Schöpfung, der den Menschen in seiner Arbeit umgreift, und sie ist nicht im klassischen Sinne erhaben, auf Kampf und moralische Selbstbehauptung des Menschen bezogen. Unendlichkeit, Einsamkeit, Vergänglichkeit – das gibt den Grundton; das Symbol der Ruine etwa, Vergänglichkeit ist nicht mehr, wie in der Tradition, sicher gehalten in der Gewißheit der göttlichen Erlösung, der Gewißheit der Ewigkeit. Die Natur ist außermenschlich-göttlich und unheimlich, und doch ist der Mensch metaphysisch auf sie bezogen; sie ist Ort der stärksten Anziehung, der eigentlichen, nämlich „poetischen" Selbst- und Welterfahrung; der Unendlichkeit der Landschaft, in die der Betrachter versinkt, entspricht die Unendlichkeit der menschlichen Subjektivität, die Weltstimmung der Landschaft entspricht der der Seele. Natur spiegelt die „Klagelaute" einer metaphysisch unbefriedeten Existenz, Weltverlorenheit und Welttrauer, Schmerz und Melancholie, Einsamkeit, Ungeselligkeit, Schweigen und Verehrung – und – Sehnsucht; das sind die Grundtöne der neuen Erfahrung, die der Mensch angesichts der Natur mit dieser und mit sich selbst zugleich macht (und indem Friedrich die Betrachter so oft mit ins Bild einbezieht, malt er dieses neue Naturerlebnis sozusagen mit). Kurz, die romantische Naturerfahrung dieser Intensität gewinnt einen unmittelbar religiösen – offenbarenden – Charakter; sie ist Erfahrung einer Transzendenz, zu der der Mensch in „schlechthinniger Abhängigkeit" steht und die sich ihm zugleich schmerzlich entzieht, die den Alltag des Lebens nicht mehr – wie fraglos in der alten Welt – durchdringt; sie ist Andacht und Ausblick zur Transzendenz und Welt- und Ichtrauer zugleich, weil reale Welt und Transzendenzbezug auseinanderklaffen und nicht mehr durch unbestrittene Sinngewißheit der religiösen Tradition zusammengebunden sind.

Die Landschaftsmalerei der Folgezeit knüpft an diese polaren Möglichkeiten an. Die klassisch-heroische Landschaft wird – bei Karl Rottmann z. B. – umgeprägt in ein architektonisches Monument der Erdgeschichte und ihrer Dramatik, ja – dem Gebildeten angesonnen – der Weltgeschichte (‚Marathon'); die Natur ist hier unwandelbar, der Mensch aus ihr verdrängt, aber das Pathos der Erhabenheit bindet Gegenstand und Betrachter zusammen. Der große Anspruch der Malerei Friedrichs schwächt sich außerhalb seines Dresdener Kreises (Dahl, Carus) wesentlich ab, die einbrechende oder aufscheinende Unendlichkeit, das metaphysische Grundgefühl, sie treten, ohne ganz zu verschwinden, zurück. Die Natur hellt sich auf, sie wird intimer; Gegenstände und „Motive" verselbständigen sich, werden vielfältiger und konkreter, die Stimmungen – schmerzlich, süß, heiter – unterschiedlicher; die Versenkung in die überwältigende Natur wird zur Naturverbundenheit, zum „Genuß" der Natur, deren „Poesie" das „Gemüt" anregt, aber die Sehentdeckungen der großen Romantik werden in diese Malerei hineingenommen. Natur verselbständigt sich weiterhin, sie löst sich vom Bezug zur Arbeit und zur Kultur: Menschen (und Menschenwerk) werden bloße Staffage. Landschaft wird, auch ohne den großen Ton der Transzendenz, etwas um ihrer selbst willen, was doch dem romantisch geprägten Gemüt des Einzelnen verbunden bleibt. Die kunstsinnigen Stadtbürger der Jahrhundertmitte sehen mit den Augen der romantisierenden Landschaftsmaler: Kunst prägt das Natur-Erlebnis, weil die Natur ästhetisch freigesetzt ist. Mit der Inflation von Landschaftsbildern freilich können dann Motive und Stimmungen zur gemalten Sommerfrische konventionalisiert werden.

Alle diese Landschaften bleiben noch, wirklichkeitsgetreu im Detail, „ideale", gebaute, aus einer Idee, einem Gedanken, einer Stimmung konstruierte Landschaften. Aber gleichzeitig dringt in verschiedenen Schüben – bei den frühen Münchener Landschaftsmalern, bei Waldmüller, bei Blechen – der Realismus vor. Das charakteristisch Unverwechselbare einer Landschaft – wie die Sächsische Schweiz, Oberbayern (Dillis, Wagenbauer, Christian Morgenstern, Eduard Schleich), bestimmte Alpentäler und -berge, charakteristische Felsformationen und charakteristische Flora – wird wichtig, das Landschaftsbild drückt auch ein neues Heimatbewußtsein, die Liebe zum eigenen Lebensraum aus. Natur hört langsam auf, primär Spiegelungsraum des eigenen Gefühls und Symbol der Weltordnung zu sein, sie wird Sache des Auges; der Eigenwert des Malerischen, des Lichtes, der Farben, des Augenblicks wird wichtiger. Blechen, der einzige ganz große deutsche Maler zwischen Friedrich und Menzel, geht zwar noch vom Symbol- und Seelencharakter der Landschaft aus, aber für ihn wird dann der Augenblick von Licht und Farbe das künstlerische Mittel, diesen Symbol- und Seelengehalt zu gestalten. Für den entstehenden malerischen Realismus dann wird einerseits alles in der Natur darstellungswürdig, andererseits schwindet die Vorstellung von einer Harmonie und Ganzheit der Natur. Die modernen Umgestaltungen der Landschaft – Eisenbahn, Walzwerk, Industrie- und Stadtlandschaft und das, was bis dahin als „unschön" gegolten hatte, Hinterhof und Bauplatz – werden, mit Menzel vor allem, nun auch zum Gegenstand des Malens und mit Leidenschaft ergriffen. Damit hört die romantische Andacht zu einem Unendlichen ebenso auf wie die gefühlvolle Subjektivierung der Natur zur poetisch gestimmten und poetisch stimmenden Landschaft. Es geht nicht mehr um einen durch eine Idee, eine Stimmung, ein Gefühl organisierten Zusammenhang der Dingwelt, vielmehr beginnen sich der optische Eindruck, der optische Zusammenhang – Linie, Licht, Farbe – und der „reine" Gegenstand zu verselbständigen. Das Sehen wird photographisch objektivierend; zugleich freilich gewinnt es damit eine eigene und neue, unsentimentale Subjektivität – denn nun werden Aspekt, Ausschnitt, Perspektive, Zufall und Augenblick Basis einer neuen Realitätserfahrung.

Die Auflösung der idealisierten (und sentimentalisierten) Natur und der entsprechenden Seh-Konventionen ist ein langer Prozeß. Auch für die entschiedenen Realisten behält Natur, wenn auch anders als in der klassisch-romantischen Tradition, ihren ganz eigenen und unersetzlichen Wert: sie ist das „Freie" gegenüber Enge und Unnatur (Menzel), das Wahre und Echte (Leibl), dem der Maler dient, indem er das Sichtbare und nur dieses malt. Und Natur ist das „Natürliche", das Nicht-mehr-Selbstverständliche, ist zumal Land und Dorf; das ist für den stadtverlassenden Maler und den bilderkaufenden Bürger, den Ausflügler und Sommerfrischler, der dem Maler nur in der Phantasie folgen kann, Nicht-Konvention und so: Wahrheit.

Gegen den Realismus stehen schließlich romantisch-klassizistische Verteidigungsversuche. Feuerbach versucht, die Seelenstimmung und die Idealität der Landschaft durch antikisch-moderne Figuren zu bewahren; Böcklin, die ideale Stimmung der Landschaft und das subjektive Erleben in einer neuen mythologischen Gestalt zu verdichten (‚Pan im Schilf‘, 1857). Dabei präsentiert er, und das ist für die Geschichte des Naturgefühls wichtiger, eine andere Natur als bisher, jenseits des Moralischen wie der poetischen Seelenstimmung: Natur wird das Elementar-Magische, Verführende – wird Erschrecken und Stille, wird außermenschlich und widergöttlich und wird gerade so vergottet. Freilich, ähnlich wie bei Wagner ist dieser Versuch einer neuen Mythologie sehr typisch für das letzte Drittel des Jahrhunderts, geleitet von einem emphatischen Wirkenwollen um jeden Preis; darum bekommt er etwas Unechtes und Überanstrengtes.

Ein letztes „klassisches“ Thema unseres bürgerlichen Zeitraums wird das „Genrebild“, das Bild der Sitten, des gesellschaftlichen Alltags, der privaten Szenen. Das ist, anknüpfend an die Holländer, ein bewußt bürgerliches Thema; so stellt sich die bürgerliche Welt selbst dar. Sie will darin den tieferen Sinn des bürgerlichen Alltags, seiner Handlungen und Gefühle herausstellen. Freilich, diese Malerei unterliegt trotz ihres Anspruchs, den anderen, vermeintlich höheren Gattungen gleichrangig zu sein, zwei wesentlichen Einschränkungen. Sie hat, auch ganz bewußt, die Tendenz zum Unterhalten und Erheitern, zum Anekdotischen, zum Rührenden, ja Betulichen, zum Individuell-Komischen; aber die festen sozialen Rollen und Riten des alten niederländischen Volkslebens existieren nicht mehr, darum haben so viele neue Genrebilder etwas Willkürlich-Zufälliges. Zum anderen: die Genremalerei hat eine Tendenz zum Idyll, zu optimistischen Gefühlen, zur glättenden Harmonisierung, zu etwas penetrantem Frohsinn, zur Verharmlosung. Die Grenzen der „Gattung“ sind fließend; man kann viele romantische, biedermeierliche, ja frührealistische Bilder vom Gegenstand her dahin rechnen. Ich greife einige für die Mentalitätsgeschichte besonders wichtige Gruppen heraus. Es gibt den ungeheuer erfolgreichen Typus der Bauern- und Dorfbilder (Waldmüller, Peter und Heinrich Heß, Defregger). Die Bauern werden jenseits der Arbeit zu einer Art von Sonntags-(oder gar Salon-) Bauern, Jägern, Wilderern idealisiert und sentimentalisiert, und Volkstracht und -brauch werden gefeiert, Projektionen stadtbürgerlicher Vorstellungen und Wünsche. Es gibt die spezifische Idylle, die Genre und Landschaft zusammennimmt, zumal im Biedermeier: sie zeigt die Verklärung der Natur zu heiterem Frieden, in den die Menschen, naiv und ursprünglich gegenüber allem Angekränkelten der Zeit und der Bildung, harmonisch eingefügt sind, und es ist Gott, der diese Harmonie zusammenhält. Ludwig Richter ist der „Klassiker“ dieser Idylle: „Beschauliches und Erbauliches“, die Menschen, fromm und im kleinen und vertrauten Kreis, heimatlich, kleinstädtisch, ländlich, volkstümlich, in Landschaft, Arbeit und Familie, mit einem eigentümlichen Übergewicht von Kindern, Frauen und Alten – die Kinder naiv und rührend, die Frauen häuslich, im Hintergrund die Vergangenheit mit Burgen, Sagen und Märchen, vorindustriell, ohne Armutskrise, ohne Konflikte, ungeheuer erfolgreich, ein wenig trivialisiert, weil das sowohl einer schwindenden Wirklichkeit wie einer Heimatnostalgie der Bürger im unheimlichen bürgerlichen Zeitalter entsprach. „Poetisiert" ist das in der von Sage und Märchengestalten erfüllten Natur Moritz von Schwinds, etwas realistischer in den Genrebildern des Österreichers Waldmüller. Ende der 40er Jahre gibt es Ansätze zum sozialkritischen Gesellschaftsbild (etwa in der Düsseldorfer Schule), aber die Tendenz bleibt den Konventionen von Pathos und Rührung verhaftet, schafft keinen neuen Wirklichkeitszugang. Schließlich ist da die Tendenz zum Humoristischen, zum Skurrilen, Kauzigen, Ironischen und Karikierenden, die ein Gleichgewicht von Distanz und Harmonie, alltäglichem Gegenstand und subjektiver Kunstperspektive, Gemüt und Reflexion anzielt, das Philiströs-Enge darstellt und zugleich bricht und versöhnt und darum künstlerisch am besten gelingt: die kleinstädtischen Sonderlinge und Käuze und die Diskrepanz von Anspruch und Wirklichkeit bei Spitzweg, bitterer und entlarvender gegenüber den menschlichen Schwächen im „kleinbürgerlichen" Milieu beim größten deutschen Humoristen, dem Dichter und Karikaturisten Wilhelm Busch – dessen tiefer Pessimismus sich doch mit seiner ungeheuren Popularität vertrug.

Die Gegenstände dieser Malerei waren „realistisch", weniger gedanklich, symbolisch, ideal, gebildet – waren nicht feiertäglich, sondern alltäglich; darum legten sie den Zugriff des malerischen Realismus, die genaue Wiedergabe der optischen Realität, das Nicht-Ausblenden niederer Gegenstände nahe. Auch die idealisierenden Tendenzen zur Idylle bedienen sich – mit Licht, Atmosphäre, Raum – realistischerer Malweisen (Waldmüller z. B.), wenn auch im ganzen die idealisierende Perspektive die realistische Präsentation der Wirklichkeit überwiegt. Die relative Ambivalenz dieser Malerei (wie des sich darin ausdrückenden bürgerlichen Verständnisses von Wirklichkeit) kommt gut heraus, wenn man ihr doppeltes Ende im letzten Drittel des Jahrhunderts bedenkt. Sie endet in der Trivialkunst (auch und gerade nach ihrem Aufstieg in die Akademien) und im Kitsch und andererseits in der großen Malerei des Realismus und Impressionismus: in Leibls Dorfbildern, in Liebermanns Bildern von ländlicher und gewerblicher Arbeit.

Soweit die Bildgattungen und Themen, die für die Geschichte der Vorstellungen und Gefühle der Zeit so aufschlußreich sind. Wir müssen noch etwas über die Veränderungen der Malweisen, die Abfolge der Stile sagen. Allgemein kann man eine Wendung zu Realismus und Realität beobachten. Die vormoderne Einheit von vernünftig einsehbarer Bedeutung und sinnlich wahrnehmbarer Erscheinung löst sich, zuerst im Zuge der Säkularisierung und dann im Niedergang idealistischer und romantischer Metaphysik, auf. Idee und Gedanke, Idealisierung, Spiritualisierung oder Verklärung der Wirklichkeit, der Anspruch der Kunst, mehr und anderes zu sein als Abbild wahrnehmbarer Wirklichkeit, der metaphysische Bezug (man denke an das nicht-natürliche Licht der alten Bilder), das malerische Verweisen auf das Unsichtbare – das tritt zurück; statt dessen gewinnt die „reale", tatsächliche, gesehene und nicht mehr gedeutete Wirklichkeit Vorrang und zugleich die Verselbständigung der optischen Erfahrungen und Werte: Licht und Atmosphäre, eigengewichtig, das sind die großen malerischen Errungenschaften der Zeit; die Malerei will das Sichtbare, und nichts als das Sichtbare, präsentieren. Wahrheit, wahre Wirklichkeit liegt nicht hinter oder über der „positiven" Realität, sondern in ihr. Das ist nicht nur eine ästhetische Veränderung, das ist ein Stück Veränderung des allgemeinen Wirklichkeitsbewußtseins und -gefühls, wie es in der Kunst besonders sinnfällig zum Ausdruck kommt. Die Wendung zum immanenten Sinn der Realität gerät dann freilich schon im Augenblick ihres Sieges in ein neues Dilemma. Die Tendenz zur Realität wird von der Photographie überholt oder muß, naturalistisch dann, mit ihr konkurrieren, und dagegen richtet sich die Verselbständigung der optischen Eindrücke, der – subjektiven – Sehweisen als der Domäne der Kunst, hier gibt es – bis zum antirealistischen *l'art pour l'art* – eine neue Autonomie der Kunst: wirklichkeitsbezogen und doch eine eigene Wirklichkeit.

Der Klassizismus strebt die zur „Schönheit" korrigierte, ideale Natur an: Linie und Zeichnung, Klarheit, Strenge, Harmonie sind vorrangig; Schönheit ist an die Idee des Guten und Wahren gebunden; darum bleibt die menschliche Figur primär. Für die Romantik wird, wir sagten es, das Unbegrenzte, Übergängige und Fließende, symbolisch Verweisende (etwa bei Runge), das Unheimliche, das Subjektivierte, die Unruhe führend. Das Biedermeier, den Vormärz, kann man zunächst als eine gewisse Beruhigung charakterisieren: die nazarenische Renaissance der religiösen Malerei und der religiös-historischen Fresken, die neue Historienmalerei mit ihrem Pathos und ihrem Öffentlichkeitsanspruch, mit ihrer – bei aller Subjektivierung – doch objektiveren Welthaltigkeit, die Einhegung der von Atmosphäre und Stimmung geprägten Landschaft gegen Unheimlichkeit und Übermaß von Subjektivität und Gefühl, die Wendung zu festen Formen und Ordnungen, zu den kleinen Dingen und zum Detail, realistisch wahrgenommen, zum bürgerlich Sauberen und Hellen, zum Schlichten und Prosaischen in Interieur- und Architekturbildern, Stadtbildern und solchen vom Volksleben. In der Jahrhundertmitte kommt noch das eigentümliche Thema des exotischen Bildes dazu, gemalte Ferne und wilde Fremde, Glanz von Abenteuer, Wüstenglut, Harem in einer fest normierten Arbeitszivilisation: Ausbruch von Malern, Lebenskompensation der Bilderbesitzer. Am Ende unseres Zeitraums dann steht der Realismus, Menzel und Leibl, die mit Friedrich und Runge, mit Blechen vielleicht, zu den wenigen großen Malern der Deutschen des 19. Jahrhunderts, gehören. Hier lösen sich die Gattungen und ihre Sonderprobleme – Natur, Geschichte, Individuum, Gesellschaft – auf. Das Wie der Sichtbarkeit und des Malens macht das Interesse an Gegenstandsfeldern sekundär. Wirklichkeit, sichtbare Wirklichkeit hat ihr eigenes malerisches Gewicht gegen Stilisierung und allgemeine ideelle Deutungsschemata, gegen Verklärung und Illusion, gegen Sentimentalisierung; „Wirklichkeit", das ist analytisch und auch desillusionierend, das zerstört nicht nur Mal-, sondern auch Sehkonventionen, ohne freilich schon naturalistisch das Häßliche, das Nichtakzeptable provokativ auf dem Bild hervorzuheben. Dabei besteht ein Teil der Größe von Menzel und Leibl gerade darin, daß ihr Realismus der Spannung zwischen der neuen Realität, der Tatsachen wie der optischen Eindrücke, und der Spiritualität der Tradition gerade abgerungen ist. Man kann in dieser neuen Seh- (und Mal-)wendung durchaus Parallelen zur wissenschaftlichen, zur „positivistischen" Wirklichkeitserfassung sehen, und der dezidierte, fast fanatische Ernst der Maler zur Wirklichkeit, zu nichts als der Wirklichkeit, entspricht dem, auch wenn die deutschen Realisten sich nicht direkt auf „positivistische" Wissenschaft beziehen.

Der Sturz einer ganzen Welt von konventionellen Idealen, Gefühlen, Figuren, Szenen ist gewiß innerhalb der Kunst eine Revolution, und so die Freisetzung der Elemente des Sichtbaren und Malerischen, des Lichtes, der Farbe, der Aspekte. Aber die realistische Kunst ist, politisch-sozial gesehen ganz unrevolutionär – sie nimmt zwar Alltägliches, Zeitgenössisches, weil vor Augen liegend, zum Thema und ist darin bürgerlich, aber sie ist nicht demokratisch oder gar sozialistisch, sie ist gegen Idee und Tendenz der Historienbilder, unpolitisch, aufs Sichtbare konzentriert. Die Revolution der Kunst hat nichts mit einer Kunst der Revolution gemein.

Die ästhetische Aneignung der Welt spiegelt das Jahrhundert und prägt es auch mit: die neuen Wirklichkeiten Geschichte und Natur, die neuen Tendenzen zur Individualisierung des Ich und zur Subjektivierung der Gefühle und Vorstellungen, zum Immanentwerden von Transzendenz und Sinn, zum Leiden am Diesseits und zu seiner Verklärung, die Freisetzung der positiven, der faktischen Wirklichkeit und der Wirklichkeit des Auges, noch mit dem großen Pathos einer Befreiung zur Wahrheit.

d) Literatur

Die – „schöne", die „hohe" – Literatur steht unmittelbarer und deutlicher in Bezug zu den allgemeinen Tendenzen der Zeit, freilich auf mehrfältige Weise. Literatur ist im bürgerlichen Zeitalter einmal in besonderem Maße Organ der Diskussion über Probleme, Ziel und Sinn des Lebens, denn das Monopol der Religion ist gefallen, die Tradition hat ihre Verbindlichkeit verloren, sie sagt in einer Zeit wachsender Mobilität und wachsender Mobilisierung der Lebensinhalte nicht mehr, was zu tun und zu fühlen, zu denken und zu zweifeln sei, und Philosophie und Wissenschaft können im Zuge wachsender Spezialisierung und Komplizierung diese Funktion nicht ausfüllen – darum nimmt die Bedeutung der Literatur für das Leben zu. Zum anderen ist die Literatur, zumal sofern sie Resonanz beim Publikum findet, Ausdruck der Zeit, sie nimmt ihre Themen und Erfahrungen auf, sie spiegelt ihr Welt- und Selbstverständnis und ihre Grundgefühle. Freilich, drittens, sie spitzt Zeiterfahrungen zu, drückt Grenzmöglichkeiten aus, steht in Gegensatz und Opposition zur Zeit – zu dem, was wir sonst aus Politik, Wirtschaft und Gesellschaft, Kirche und Wissenschaft, aus den privaten Zeugnissen über die Zeitgenossen wissen; sie steht in kritischer Distanz, und oft in einer Außenseiterposition zur gesellschaftlichen und individuellen Wirklichkeit, ist Gegenwelt, und insofern ist die in der Literatur kondensierte Erfahrung und Lebensdeutung nicht einfach auf Zeit und Zeitgenossen zu übertragen. Aber auch als Gegenwelt ist sie kompensatorisch auf ihre Zeit bezogen, ja ist Ausdruck einer verborgeneren Seelengeschichte der Zeit. Schließlich hat die Literatur, im Einverständnis mit großen Tendenzen der Zeit wie in Opposition zu ihnen, die Erfahrungen, Gefühle und Lebensauslegungen ihrer Leser mitgeprägt. Mögen davon auch zunächst nur der „Sonntag" des Lebens und die arbeitsentlasteten Gruppen – Frauen und Jugend – betroffen gewesen sein: solche Sekundär- und Sonntagserfahrung hatte auch für das „normale" Leben in Arbeit, Familie, Gesellschaft eine nicht zu unterschätzende Bedeutung.

Am Beginn unseres Zeitraums stehen, am Ende des berühmten norddeutschen Friedensjahrzehnts von 1795 bis 1805, das die Hochblüte der deutschen Kultur jedenfalls mit ermöglicht hat, mit- und gegeneinander Klassik und Romantik als die beiden großen und lange populär ins Jahrhundert ausstrahlenden literarischen, ja gesamtkulturellen Bewegungen. Wir versuchen sie für unsere Zwecke grob zu charakterisieren. Die Klassik sieht, zum einen, die Existenz des Menschen in der Welt von einer Reihe typisch moderner Spannungen bestimmt: zwischen Ich und Welt, Einzelnem und Gesellschaft, Ideal und Wirklichkeit, Geist und Natur, erlittenem Schicksal und innerer Bestimmung, Reflexion und Selbstgewißheit des Fühlens und Tuns, Spezialisierung und Universalität, Tradition und Modernität, zwischen dem „Sein" und dem Haben und Leisten; worauf es ankommt, ist ein Ausgleich dieser Spannungen. Die allseitige und individuelle Bildung der Persönlichkeit, die Entfaltung der Anlagen und Möglichkeiten des Einzelnen und seines „inneren Gesetzes", in Spannung und Ausgleich zur Gesellschaft, wird zu einem, wenn nicht dem wesentlichen Lebensziel. Im „Bildungsroman" wird, seit Goethes ‚Wilhelm Meister', diese Lebensvorstellung thematisiert. Sodann: die Wirklichkeit bleibt bezogen auf Ideen und Ideale der Humanität – das ist der Ideen„himmel" über dem Leben –: das Ideal der Freiheit, das sich (wie in den Dramen Schillers) über tragische Schuld und Leiden auch im Scheitern noch als Norm des Lebens behauptet, das „Unerforschliche", das es ruhig zu verehren gilt, Gesetz, Ethos, Harmonie, die pantheistische oder kantische Umformung christlicher Lebensideen, kurz: die Sicherheit eines, wenn auch nicht handgreiflichen und planen Stückes von Lebenssinn, die eigentümliche Verbindung von Säkularität, Individualismus und Idealismus zu einer Art „Weltfrömmigkeit". Und drittens: es ist die Kunst, die in allem Zweifel und gegen ihn diese Wiederherstellung des Menschen, diese Idealität vermittelt: Kunst ist das Medium von Bildung und Humanität und hat von daher ihren einzigartigen Rang. Das Lebens- wie Kunstideal endlich ist charakterisiert durch das Maß: alle Extreme, das Übermäßige und Unbegrenzte, das Weltfeindliche und Jenseitige, das Dunkle und Chaotische, das Widervernünftige und das Unbewußte, die schweifende Phantasie und das überwältigende Gefühl, die zerreißenden Kontraste und das Übermaß von Subjektivität werden gebändigt und aufgehoben, so sehr ihnen der klassische Ausgleich – das erhebt ihn über alle

Konventionalität – gerade abgerungen ist. Die Humanität ist an das Klare und Begrenzte, an Ordnung und Form, an das Bekenntnis zur Gegenwärtigkeit des Lebens und auch an „Entsagung", ans Sich-Einfügen in die endliche Ordnung der Wirklichkeit gebunden. Und die Kunst ist von Harmonie und Idealität, Geschlossenheit und Objektivität, vom Typischen und Gültigen bestimmt; gerade die strenge Form ist es, in der Ausgleich und Humanität präsentiert werden, das Chaos zum Kosmos geordnet ist. Der alte Goethe wird mit seinem Dichten wie seinem gemeisterten und kommentierten Leben das das ganze Jahrhundert bestimmende, immer auf- wie angegriffene Beispiel klassischer Lebensansicht und -bewältigung; gerade in seinem Spätwerk hat er den Leidenschaften das Ethos der Begrenzung und Entsagung, die hohe und geformte Heiterkeit abgerungen, eine symbolische Weltdeutung präsentiert und eine der wenigen Jahrhundertmythen des modernen Menschen, den Faust, in eine Gestalt gebannt.

Zwischen Klassik und Romantik, nach Hölderlins Verstummen, stehen Kleist, für uns mit seinem Zweifel am Verstehen, der irritierenden Dialektik der Gefühle, dem Verlust der Orientierung so außerordentlich modern, aber er bleibt für die Zeitgenossen und die unmittelbar Nachgeborenen ein Außenseiter; und Jean Paul, aufklärerisch und empfindsam zugleich, in breiter und offener Form mit dem Leser „redend", gefühlvoll und humoristisch ausgleichend, der erfolgreichste Schriftsteller der Zeit.

Die Romantik, europäisch durchaus, keineswegs nur deutsch, ist der große Aufstand der Subjektivität des Geistes wie der Seele gegen die Aufklärung und ihre Maximen der Rationalität und Nützlichkeit, gegen die Klassik und ihre Harmonie und Ordnung, ja gegen die Herrschaft der planen Wirklichkeit, der biederen Moral, der Durchschnittlichkeit; sie hat die Grenzen menschlicher Wirklichkeit ganz neu abgesteckt, und sie bestimmt, ob wir das mögen oder nicht, die Wirklichkeit unserer Subjektivität bis heute. Die Wirklichkeit der Romantiker zunächst ist irregulär und geheimnisvoll, wunderbar und magisch, ist chaotisch, vom Dunklen, vom Prinzip der „Nacht" bestimmt. Das Ich sodann ist unendlich, ist komplex und ambivalent, zerrissen, abgründig, originell in seiner Reflexion wie seinem Gefühl; es gewinnt eine ganz neue Intensität. Der Mensch ist nicht primär und idealiter Vernunftwesen, sondern dagegen werden Gefühl, Stimmung, Leidenschaft zur Geltung gebracht und – die große Entdeckung der Romantik – das Unbewußte. Und die Prioritäten ändern sich. Das Individuelle, das Charakteristische rangiert – auch im Gegensatz zur klassischen Persönlichkeitskultur – vor allem menschlich Allgemeinen und Typischen, es gewinnt höchsten Eigenwert. Ja, die Subjektivität wird radikalisiert, sie ist das Höchste, auf sie kommt es an. Man kann die Romantik geradezu als Entfesselung der reflektierenden wie empfindsamen Subjektivität gegen das Objektive und Feste, Begrenzte und Endliche nicht nur der Aufklärung, sondern auch der Klassik beschreiben. Das bedeutet, daß ihre extremen, intensivsten, einseitigen, bizarren Möglichkeiten für den Romantiker allemal interessanter und wichtiger sind als der klassische Ausgleich gegensätzlicher Seelenkräfte. Und das bedeutet, daß diese Subjektivität im Gegensatz steht zur objektiven Wirklichkeit und ihrer normativen Ordnung, mit ihr nicht mehr zum Ausgleich kommt. Das fühlende Ich, seine Welterwartung und -vorstellung ist „poetisch"; in den typisch romantischen Erlebnissen der Natur, der Liebe, der Kunst, des Abenteuers, des Wunderbaren stimmen Gefühl und Erfahrung zusammen. Aber die Wirklichkeit der Welt ist „prosaisch". Und es ist die Dissonanz zwischen Ich und Welt, die gegen allen Ausgleich, gegen das vermittelnde Ideal der Bildung der Person, gegen alle Einordnung, alle relative Harmonie Lebensansicht, -erfahrung und -gefühl bestimmt. Der Mensch lebt in einer fremden, entfremdeten Welt, die ihn einengt und vereinseitigt, dem Normativ-Typischen oder der langweiligen Brauchbarkeit unterwirft und deren Widersprüche das Ich zerreißen. Was bis dahin den Bruch und Riß zwischen Ich und Welt überbrückte, die Religion, die Norm der diesseitigen Pflichterfüllung, die tätige Persönlichkeitsentfaltung, das Freiheitsgefühl im tragischen Scheitern trägt nicht mehr. Diese Erfahrung schlägt sich nieder in einer zunehmenden Welt- und Lebenstrauer, der Melancholie, im Gefühl der Verluste, z.B. der kindlichen Einheit von Ich und Welt, der Naivität älterer und früherer Kulturzeiten, der „Ganzheit" unaufgespaltener Welten und Menschen, im Gefühl der Vergänglichkeit, der Unerfülltheit und Unerfüllbarkeit, in Wehmut und Heimweh, in der Sehnsucht nach dem Verlorenen, dem nie Gefundenen, immer Ausstehenden, der Auswanderung aus der Gegenwart, dem Tatsächlichen und Diesseitigen, in erinnerte Vergangenheit, erhoffte Zukunft, in ein nie erreichbares Zuhause, in die Transzendenz der Phantasie oder einer, wie immer unbestimmten Religiosität. Aus dieser Stimmung stammt die Abneigung gegen das reglementierte Leben, die Bürgerlichkeit, die Arbeitswelt, stammt die Kultivierung der „poetischen" Provinzen des Lebens.

Und der eigentliche Sachwalter der „Poesie" der Welt und des Lebens ist die Kunst. Das „unglückliche" Bewußtsein und sein Unbehagen an der „Prosa" des Lebens – dem entspricht die Vergötterung der Kunst. Kunst ist – wie das wahre Leben – nicht auf Moral, auf Wahrscheinlichkeit, auf Realität verpflichtet. Sie relativiert und entmächtigt die Wirklichkeit durch das schöpferische, unnütze Spiel, durch den Traum und die Phantasie, die höchsten Gaben des Menschen, durch die unendliche Reflexion und die Ironie, durch Hingabe und Rücknahme des Ich; darin ist Kunst Ausdruck der höchsten Freiheit des Menschen und seiner wahren Totalität. Die Kunst zerbricht die Geschlossenheit der objektiven Welt wie des Ich und die der klassischen Formen; sie gibt subjektive Fragmente, um gerade die Unabschließbarkeit und Bruchstückhaftigkeit der Welt und jedes fest gewordenen Ich zu betonen; sie verwandelt die Welt in einen unendlichen Zusammenhang von Chiffren und Symbolen. Kurz, die Romantiker setzen gegen und neben die wirkliche Welt die Gegenwelt der Kunst (und des Gefühls). Dabei greifen sie auf das Ursprüngliche und Naive zurück, auf das Volkslied („Des Knaben Wunderhorn', 1806–08), die Volksbücher, die Märchen und Sagen, auf das Mittelalter, ja überhaupt das Frühe und Elementare, weil sie darin eine ganzheitliche, symbolische, poetische Welt sehen, versenken sich mit ungeheurer Rezeptivität in das Charakteristische aller fernen und fremden Kulturen und Literaturen. Freilich ist nun für den Beginn unseres Zeitraums die Differenz zwischen der älteren, frühen und der jüngeren Romantik wichtig. Die Frühromantik (Novalis und die Brüder Schlegel) lebt aus einer Verbindung von *raison* und *sentiment*, intellektueller Reflexion und ästhetischer Subjektivität; die Selbstverwirklichung des Ich gegen die Welt der „Prosa" und die Erlösung der Welt durch Kunst gehören zum Programm. Für die Generation von 1810, die Heidelberger Romantiker, Brentano und Arnim, Görres, Jacob Grimm und wieder Friedrich Schlegel, wird dann die Gefährdung des entfesselten Ich – im Wechsel von Gefühl und Stimmung, Phantasie und Reflexion – deutlicher; der Identitäts- und Orientierungsverlust, das „Evangelium" der Poetisierung der Welt verliert seinen Glanz; das Intellektuelle und die Freiheit der Subjektivität tritt zurück gegenüber den Bindungen an Tradition und Geschichte, überindividuelle Gemeinschaft, Volk und Religion; das Pathos von Ursprung und Nacht, das Sich-in-den-Strom-der-Zeiten-zurück-Versenken, der „Ahnendienst" wird ein eigener neuer und wichtiger Antrieb.

Wie die Klassik mit dem späten Goethe (und erst recht mit dem ungeheuer wirksamen und populären Nachleben Schillers), so dauert auch die Romantik das erste Drittel des Jahrhunderts in zweien ihrer größten Repräsentanten fort, die auch ihre weite Resonanz bestimmen: in E. Th. A. Hofmann, der die romantische Gegenwelt als Surrealität und Groteske in den Alltag stellt, der das Thema des Scheiterns der Selbstverwirklichung in der Gesellschaft zum typischen Thema von Kunst und Philister zuspitzt, der aus dem Interesse an der Nachtseite des Lebens dämonisch realistisch die Kriminalgeschichte entwickelt. Und in Eichendorff, der die Naturlyrik der Romantik, Sehnsucht, Seligkeit und Trauer, Waldeinsamkeit, Zwielicht, Dunkelheiten vollendet und die Opposition gegen die reglementierte Welt; dessen ewiges Heimweh sein katholischer Glaube vor der Weltmelancholie bewahrt.

Geht man von der Literatur, den Erfahrungen und Deutungen der Dichter und Schriftsteller aus, so verschärft sich, das ist eine erste Beobachtung, in unserem Zeitraum seit 1815 das Lebensproblem der modernen Subjektivität. Der Ausgleich von Ich und Welt, Ideal und Wirklichkeit, die Entfaltung des Menschen zur Persönlichkeit im Prozeß der Bildung, die alle Widersprüche überglänzende Weltfrömmigkeit und die Funktion der Kunst in solcher Meisterung von Leben und Welt – diese klassische Lösung löst sich auf. Und der romantische Versuch, die Welt der Poesie neben und gegen die Welt der Prosa zu stellen, das Leben zu poetisieren, befriedigt und gelingt ebensowenig. Das Gleichgewicht zwischen Ich und Welt wird schwieriger. Die Subjektivität des Menschen wird komplexer, sensibler, gespaltener, die Reflexion nimmt zu, die Gefühle werden ambivalenter und wechselnder, das Handeln gebrochener, das Ich widersprüchlicher und zerrissener, die Identität schwieriger, bedrohter, instabiler; der Mensch hat es schwer, mit sich übereinzukommen. Die Objektivität der Welt wird fester, undurchdringlicher und dunkler. Die moderne Welt der Wirtschaft, der Bürokratie, der Arbeitsteilung, der kollektiven Zwänge und der Anonymität, der Leistung, der Konkurrenz und der Mobilität wird als kälter, prosaischer, fremder erfahren, unwirtlich, weniger heimatlich, entfremdet. Die

Totalität und Stimmigkeit der Welt wird unerfahrbar, ja kaum noch vorstellbar, die Welt wird widersprüchlich und fragmentarisch, ihre Einheit und Ordnung ungewiß. Die Traditionen, die Verhalten prägten und im Konflikt von Ich und Welt doch Gewißheiten bereitstellten, werden wie die Bindungen und Ordnungen der Welt fragwürdig und brüchig; man kehrt sich gegen sie und leidet zugleich an ihrer Auflösung. Die Religion verliert an Selbstverständlichkeit, aber auch die säkulare Religion der Klassik, die Religion des Ethos oder des Kosmos, der Glaube an Gott, Freiheit und Unsterblichkeit verliert seine Kraft; der Himmel über dem Leben, in welcher Deutung immer, wird zusehens unerkennbarer und verhängter; das Gefühl der Diesseitigkeit nimmt zu, aber die innerweltlichen Ideale – Liebe, Arbeit, Fortschritt, politische und soziale, humane Emanzipation – relativieren sich wie die absoluten Normen. Die Freiheit des Menschen gerät vor der Erfahrung der Determination durch Natur, Zeit, Gesellschaft, des Zufalls und des unergründlichen – nicht von Gott gehaltenen – Schicksals in Zweifel. Das Individuum erfährt sich als isoliert, den Prozessen der Gesellschaft, der entstehenden öffentlichen Praxis gegenüber; es ist zunächst einmal „privat" – das Private und das Öffentliche werden als getrennt, als entzweit erfahren. Das ist nicht, wie oft behauptet, eine Folge der spezifisch deutschen Zustände, sondern ein Strukturmerkmal. In der Moderne ist das Öffentliche unanschaulich und anonym, es ist prosaisch. Darum wird das Private – Schicksal, Leben, Gefühl – jetzt zum eigentlichen Gegenstand der Poesie. Die Seele des Menschen, so scheint es, ist aus der wirklichen Welt ausgetrieben, die echten Gefühle scheitern, die humane Vermittlung von Seele und alltäglicher Praxis von Arbeit und Gesellschaft wird immer schwieriger. Der Lebenssinn wird, charakteristisch für die Moderne, zum Problem, weil die Antworten der Religion, der Tradition (Lebenssicherung und Pflichterfüllung) und der politisch-sozialen Zukunftsentwürfe nicht genügen: die Frage wird dringlich, die Antworten werden relativ. Kurz, die Dissonanz zwischen empfindsamem und reflektierendem Ich und seinen Ansprüchen einerseits, der gesellschaftlichen Wirklichkeit andererseits wie die Identitäts- und Sinnprobleme dieses Ich selbst werden eine typisch moderne Erfahrung, die sich gerade in der Literatur ausspricht; sie ist nicht auf Deutschland beschränkt, denn sie ist europäisch, und man kann sie nicht auf den bösen Kapitalismus zurückführen, denn sie tritt lange vor diesem auf. Daß diese Erfahrung zu einem Grundproblem der Literatur wird, hängt damit zusammen, daß die Kunst in diesem Weltzustand problematisch wird. Die Wissenschaft beansprucht, die moderne gesellschaftliche Wirklichkeit zu erkennen, die Politik und die Ökonomie und Technik, sie zu gestalten. Vor solch konkurrierenden „Wahrheitsansprüchen" wird Sache der Kunst eben das Individuelle und Private, und auch da können Wahrheitsanspruch und ästhetische Forderung auseinandertreten. Von daher läßt sich auch ein Stück des frappierenden Widerspruchs verstehen, der zwischen den literarisch laut werdenden Existenzerfahrungen und denen der Wissenschaft und der Politik wie des Alltags besteht, die doch vom Glauben an nachidealistische Humanität, an Fortschritt, Nation und Verfassung, Arbeit und Familie, kurz: an die Götter der Zeit geleitet sind.

Die in der Literatur thematisierte und offengehaltene moderne Grunderfahrung der Dissonanz von Ich und Welt – Grenzerfahrung der Zeitgenossen – bestimmt auch die vorherrschenden Stimmungen und Seelenlagen in der Literatur: Unruhe und Rastlosigkeit, Sensibilität und Nervosität, Schwermut, Resignation und Aufbegehren, Verzweiflung, Weltschmerz. Auch dort, wo Bruch und Subjektivität, Abgründigkeit und Verlorenheit gebändigt sind, wo Ordnung und Bindung hergestellt sind, Versöhnung und Einverständnis, wo Realität ernstgenommen ist, substantielle Welt präsent wird, Weltverklärung, Utopie und gar Glück, wo, wie so oft, Humor die Lebenssicht prägt, ist dies, in der bedeutenden Dichtung jedenfalls, jener Grundstimmung und jenem Grundkonflikt abgerungen. Spezifisch für Deutschland wird in mancher Literatur der Ton auf der Innerlichkeit, der eigentlichen idealischen, höheren inneren Realität, abgesetzt gegen Zeit und Gesellschaft, die öffentliche Welt – so schwer es ist, im einzelnen die legitime Präsentation und Verteidigung des privaten Ich von seiner Ideologisierung zu trennen.

Aber es ist nun ganz falsch, diese Melodie vom „Verlust der Mitte", so wichtig sie ist, ausschließlich zu betonen. Denn daneben steht, insgesamt und mit gleichem Gewicht, die Wendung und der Wille zur Wirklichkeit, die Abkehr von Idealen, bloßer Phantasie, wie vom abstrakten Gegensatz von Poesie und Prosa, steht die Entdeckung der inneren wie äußeren Welt in all ihrer Konkretheit, die Erweiterung und Vertiefung der Erfahrungswelt. Und der Aspekt von Bruch und Sinnzweifel ist gerade der Boden für die Entdeckungen und die Abenteuer von Geist und Gefühl, für die Aufschließung neuer Dimensionen und Reiche der Subjektivität wie der mitmenschlichen Beziehungen, der sozialen Welt, der Natur und der Gegenstände. Dazu kommt dann häufig der Wille, sich in dieser Wirklichkeit einzuhausen, in ihren Ordnungen und Bindungen, sie ernst zu nehmen und von ihr her nach den dem Menschen möglichen und gemäßen Lebensformen zu fragen.

Das sind die beiden allgemeinen Grundprobleme der Zeit und ihrer Menschen, jenseits der spezifisch ästhetischen Probleme, die in der Literatur zur Sprache kommen. Die Lösungsversuche, die Lebens- und Weltperspektiven, die Stilpositionen sind unterschiedlich; es entsteht darum der Pluralismus gleichzeitiger, aber unterschiedlicher Positionen der Lebensanschauung wie des Stils. Dennoch kann man einige Hauptepochen abstecken, wir nennen sie: Biedermeier, Junges Deutschland, Realismus.

„Biedermeier", das ist zunächst sehr formal die nachklassische und nachromantische Literatur der Restaurationszeit und des Vormärz, die nicht der eigentlichen Oppositionsliteratur der 30er und 40er Jahre zuzurechnen ist. Auch das Biedermeier geht von dem eben beschriebenen Konflikt, dem schmerzenden Riß zwischen Ich und Welt, der schmerzlichen Welterfahrung und Lebensdeutung aus. Diese Grundsituation formt sich in dreifacher Hinsicht aus. Zunächst durch die Wendung gegen die Klassik, gegen ihren Individualismus, ihre säkulare Humanitätsreligion, ihren Ästhetizismus, für den die Kunst das eigentliche Organ der Lebensbewältigung ist; beispielhaft ist die Wendung gegen Goethe, den Heiden, den Hof- und Genußmenschen, den volksfernen Ästheten. Sodann durch die Wendung gegen die Romantik, gegen die Willkür und Übersteigerung der Subjektivität, gegen die Faszination durch Chaos und Abgrund, gegen die ausschweifende Reflexion und Ironie wie gegen die überbordende Phantasie, gegen die Exzessivität des Gefühls und gegen die Imagination einer Welt der Poesie jenseits der Prosa der Wirklichkeit, jenseits von Arbeit und Familie, gegen die Auflösung aller Formen. Schließlich, Kontrapunkt zum eigentlichen Biedermeier-Ideal, aber ganz typisch für die Zeit: die Schmerzlinie der Romantik, das Leiden an der Welt wie am Ich, steigert sich gerade im Vormärz zum „Weltschmerz", wie er seit Byron eine Weile europäische Mode, keineswegs ein Produkt deutscher obrigkeitlicher Restauration, geworden ist, zur metaphysischen Verzweiflung an der Welt, zur „dämonischen" Zerrissenheit des Ich, zu Langeweile und Zynismus, zu Pessimismus und Nihilismus, wie wir das von Lenau und Grabbe, gebrochener von Heine, am genialsten von Büchner kennen. Solcher Weltschmerz löst sich von den oft sentimentalen Anlässen, etwa der unglücklichen Liebe, löst sich von der Religion, wächst ins Unerklärbare: Schmerz wird zum Dunkelverhängten, in keiner christlichen oder idealistischen Theodizee mehr aufgehoben, jenseits eines greifbaren Sinnes; und auch die biedermeierliche Wendung gegen die unbeherrschte und unbescheidene Subjektivität dieses Weltschmerzes ist doch gerade seiner ständigen Präsenz, seiner Bedrohlichkeit für das Leben abgerungen. Immermann, kein Mann des Weltschmerzes gewiß, nennt seine Generation, die in der napoleonischen Zeit jung war, nicht nur hoffnungsarme und unkräftige „Epigonen", sondern lauter „Hamlete". Zu diesem Unsicherheits- und Bedrohungsgefühl gehört, daß die Geltung ethischer Normen wie die Frage nach dem Sinn der geschichtlichen Entwicklung zweifelhaft wird, daß man die Zeit als Krise erfährt, an den Verlusten und Bedrohungen, der Destabilisierung und Aufgeregtheit der Modernität ebenso leidet wie am Druck und an der Stagnation der Restauration. Nun, die „Antwort" der biedermeierlichen Literatur auf diese Herausforderung der Lage ist der Versuch zu Gelassenheit und Beruhigung, zur Stille und Einfalt, zur Ordnung. Dazu gehört die Wendung gegen das Übersteigerte und Selbstbezogene, gegen die Entfesselung des Ich wie den ästhetischen Selbstgenuß, gegen die bloße „Aktualität", gegen das Große und Laute, gegen Prinzipien und Theorien, hin zum Kleinen, Bescheidenen, Nahen, Konkreten, zum Detail, hin zur Empirie des Erfahrbaren, zur Objektivität der wirklichen Welt, der Natur und der Gegenständlichkeit, die Wendung der späten Romantik fortsetzend hin zu den überindividuellen Mächten – zu Heimat und Familie, Volk und Arbeit, zum Sittengesetz, zur Geschichte, zur Religion, hin zur Ehrfurcht vor dem „Sein" und seinen – göttlichen – Ordnungen, zum Vertrauen zur Welt. Und dazu gehört zugleich die Wendung gegen das „Treiben" der Zeit, der Politik, der großen Gesellschaft hin zum Privaten, zum Frieden des Gemütes, zur Bändigung und Dämpfung der Leidenschaften, des Elementaren und des Unheimlichen, zur Kultur der „Innerlichkeit". Das schließt ein eine gewisse passive Hinnahme der Welt, ein Ethos von Entsagung und Verzicht, mit dem Ton der leisen Resignation und doch auch der Erfüllung. Man mag darin ein Stück Idylle und Rückzug sehen, die Windstille einer scheinbar kleinen Welt (so wie Hebbel Stifter verspottet hat), aber in Wahrheit ist die später so arg verketzerte heile Welt – bei Stifter etwa, nach Mörike und Annette von Droste-Hülshoff der größte bis ans Ende unseres Zeitraums reichende Dichter dieser Linie –, dem Unheilen, Chaotischen und Widerständigen, den Aufregungen und Entfesselungen der Zeit wie der Subjektivität, den Unheimlichkeiten abgerungen, entspringt dem Versuch, eine schöne und vernünftige, harmonische und sittliche Ordnung vor diesem Hintergrund zurückzugewinnen, den Menschen in das „sanfte Gesetz" der kleinen Dinge, der Natur des Seins wieder hineinzunehmen. Es gibt sehr verschiedene und sehr verschieden starke Ausformungen und literarische Umsetzungen dieser Grundhaltung; die epische Bändigung bei Stifter, die dezidierte Wendung zum Christentum (Droste-Hülshoff, Gotthelf), die lyrische Wendung zu Natur und Dingwelt und die Objektivierung der Beziehung des Ich zu beidem (Mörike, Droste-Hülshoff), die weitverbreitete Wendung zur Geschichte und zur Heimat, zur Klassizität (Grillparzer), zum Humor (Raimund und bitterer, Täuschung und Selbsttäuschung der Welt entlarvend, Nestroy) und andere mehr. Man mag sagen, daß gerade in Österreich das Biedermeier besonders spezifisch und typisch – in einem weiteren Sinne: klassisch – geworden ist: aus der katholischen, barocken, theatralischen, anschaulichen Volkstradition, aus der josephinischen bürokratisch-antiklerikalen wie der übernationalen Reichstradition, aus der spezifischen hochgesteigerten Form der Metternichschen Restauration.

Gegen diese Literatur und diese Welthaltung, aber vom Ausgangsproblem her vielfach mit ihr verbunden, richtet sich die engagierte, auf die Zeit und den Tag sich einlassende politische und oppositionelle Literatur, die in den 30er und 40er Jahren eine große Rolle spielt. Zuerst die Literatenrevolution des „Jungen Deutschland", angeführt von Gutzkow und Laube, die in den 30er Jahren in der Form des Zeit- und Tendenzromans die „Emanzipation" – des Diesseits, der Frau, des „Fleisches" –, die Emanzipation von der christlichen Religion und Moral auf die Tagesordnung setzen, aufgeregt, intellektuell, bohèmehaft, elitär im Anspruch, pueril und oft frech gegenüber der Religion, mehr provokativ als literarisch bedeutend, aber durch Publikationsverbot des Deutschen Bundes zu oppositionellem Ansehen gekommen, dennoch etwas ephemer und nicht des Nachruhms wert, den heutige Progressive dieser Literatur gerne zuschreiben; die linken Junghegelianer wie der junge Friedrich Engels haben diese Literaten„revolution" scharf abgelehnt. Wichtiger die politische Lyrik, auch wenn sie nicht zu großer Dichtung geworden ist, doch typisch und populär: die Griechen- und Polenlieder der frühen 20er und 30er Jahre, Ventil einer unterdrückten öffentlichen Freiheitsdebatte, die Rheinlieder von 1840, dann die Gedichte der großen Oppositionslyriker der 40er Jahre, wie Anastasius Grün, Franz Dingelstedt, Hoffmann von Fallersleben, der darob sein Amt verlor, vor allem Georg Herwegh und, der stärkste von allen, Ferdinand Freiligrath, die beide ins Exil gehen müssen; über die politische Bedeutung dieser Gruppe für die Parteibildungen haben wir früher gesprochen. Dann der Zeitroman, zwischen reflexiver Beobachtung der Zeit und engagierter Gesellschaftskritik, von Immermanns – mehr dem Biedermeier zugehörenden – ‚Epigonen' (1825–36) über Gutzkows ‚Ritter vom Geiste' (1850/51) bis zu Friedrich Spielhagen, und mancherlei engagiert Triviales dazu, oder die Schilderung einer Gegenwelt, des freien Amerika, bei dem Österreicher Karl Postl, der sich Charles Sealsfield nannte. Schließlich die beiden großen Dichter der „Opposition", die sich wie die Großen des Biedermeier unverlierbar in die Geschichte unserer Sprache, unserer Gefühle, unserer Erfahrungen, unseres Bewußtseins eingegraben haben: Georg Büchner, romantisch, weltschmerzlich, desillusioniert und desillusionierend, an Metaphysik wie Sinn verzweifelnd, materialistischer Nihilist und Fatalist und demokratischer und sozialer Revolutionär, der das Recht der Revolution und ihre schier ausweglose Tragik zugleich unvergeßlich zur Sprache bringt. Und Heinrich Heine, getaufter Jude, an seiner erzwungenen Außenseiterrolle leidend, mit dem romantischen Gefühls-, Schmerz- und Liedton, der seine Resonanz und Popularität begründet, aber mit der sich präsentierenden und reflektierenden Subjektivität rational, skeptisch, ironisch, gebrochen; Heine, der dann in seinen Reisebildern, Zeitungsberichten und historisch-zeitkritischen Darstellungen in der neuen Form des Feuilletons eine ganz neue Prosa entwickelt und mit ihr seit 1830, zumal von Paris aus, mit Vehemenz gegen die deutschen „Zustände", die Unfreiheit der politischen, die Ungleichheit der gesellschaftlichen Ordnung kämpft, saint-simonistisch und sensualistisch gegen Religion und asketische Moral zu Felde zieht, dem Zauber der zahllosen Emanzipationen hingegeben und sie propagierend; aber gegen die Zeloten der Tendenzliteratur hält er, Ästhet durchaus, am Eigenrecht der Kunst fest, und bei aller Nähe zur egalitären Revolution bleibt er auch darum, und zuletzt in einer eigentümlichen Wendung zur Religion der Väter, in ständiger Distanz zum kommunistischen Sozialismus. Jenseits seiner Meinungen aber ist Heine als Dichter vor allem modern, weil er zuerst die moderne Erfahrung von der Fraglichkeit, der Gebrochenheit, dem Umbruch von Gefühl und Stimmung, seiner Aufhebung in der Reflexion zur Sprache bringt, ja noch die Gebrochenheit der Aussage.

Neben Biedermeier und Jungem Deutschland, auch nach der Jahrhundertmitte noch, dauern die Romantik und in gewisser Weise auch die Klassik fort; es entsteht eine epigonale Tradition und Konvention des dichterischen Ausdrucks, an der auch die originelleren Geister fortspinnen: eine Tradition von Themen und Requisiten, Gefühlen und Formen, und das wirkt auf die Leser. Dahin gehören die erfolgreichsten Lyriker der Zeit. So Ludwig Uhland, mit seiner bürgerlich gezähmten, ehrlich kräftigen Romantik, im Volkslied- und Balladenton ins schwäbische und deutsche Mittelalter patriotisch und altmodisch-demokratisch objektiviert, belehrend, ins Lied, ja ins Volkslied und ins Schulbuch eingehend. So Friedrich Rückert, ein Meister der klassischen wie auch der fremden, der orientalischen Formen, unendlich, und manchmal erschreckend, alles bedichtend, auch er im Lied unsterblich geworden (bis hin zu Gustav Mahler). So nach der Revolution Emanuel Geibel; bildungsbürgerlich, pathetisch und virtuos, eklektisch und formbewußt, bringt er durchschnittliche Inhalte und Gefühle, und dazu den jetzt zeitgemäßen nationalen Ton, mit durchschnittlichen Mitteln „edel" und erhöht zum Ausdruck. Alle drei sind trotz ihrer Qualitätsunterschiede Sonntags- und Goldschnittlyriker, der entschärfte Abglanz der schönen Kunst im häuslich-alltäglichen Dasein, in Feiertag und wohl eingehegter Phantasie, Repräsentanten einer Sphäre des „Höheren", mit der man sich identifizieren konnte, ohne durchschnittliche Gefühlslagen zu überschreiten, Erben einer Tradition, einer auf die Sockel gestellten Klassik, die trotz aller Rhetorik, allem Willen zur Idee, zum Typus, zur Form Verbindlichkeit nicht mehr beanspruchen konnte und zur Gebärde erstarrte. Anspruchsvoller allein Platen, der den ganz esoterischen großen Kunstanspruch eines neuen klassischen Kunst- und Formethos zu realisieren sucht, mit der zweckfreien Schönheit unverbrauchter Formen den Weltschmerz der Schwermut übersingt.

Ähnlich wie mit der Durchschnittslyrik verhält es sich mit der Menge der vergessenen epigonalen Bildungsdramen, die den Weltgeist, die großen Ideen und Mächte in historischen Figuren zu individualisieren suchen (in den 50er/60er Jahren ungefähr drei Viertel der Dramenproduktion!) – oder mit dem Versepos, wenig anspruchsvoll, idyllisch, versöhnt, im historischen und romantischen Kostüm zumeist, für das Scheffels liebenswerter ‚Trompeter von Säckingen' 1854 (1864 in 4. Auflage), langsam zum Bestseller aufgestiegen, stehen mag. Schließlich, seit den 50er Jahren die Prosa Paul Heyses, der sich formvollendet und epigonal, ästhetizistisch, individualistisch, „geistesaristokratisch", mondän, diesseitig, freisinnig gegen die bürgerliche Tristesse wendet, mit der Renaissance den Lebensgenuß, die Selbsterfüllung und das Recht der Leidenschaften, auch gegen die Konventionen, betont, all das in einer anderen Welt der Schönheit, der Größe und Freiheit, und dessen Werk doch über Läuterung und Entsagung an die bürgerlichen Normen und Konventionen zurückgebunden bleibt.

Schließlich die große neue Bewegung der 50er und 60er Jahre, der „Realismus". Zum einen scheint sich der Weltriß, das Lebensproblem des Jahrhunderts noch einmal zu verschärfen. Schopenhauers Philosophie des Pessimismus entspricht jetzt einem weit verbreiteten Lebensgefühl: dem Leiden an der Undurchdringlichkeit und Irrationalität der Welt wie des Ich, dem Schwinden des Zusammenhangs, der Sinn- und Ziellosigkeit, dem elementaren Egoismus. Die Freiheit des Ich wird unter dem Ansturm der deterministischen Welterklärungen ungreifbarer, die Gefährdung des humanen Lebens durch die Modernität, durch Kapitalismus, Entfremdung, Destabilisierung wie durch Erstarrung in der Tradition deutlicher, die Widersprüche werden unlösbarer. Die Religion tritt, für die großen Schriftsteller wenigstens, weiter zurück, oder sie verschwindet ganz, und damit zumal der Glaube an ein Jenseits, eine Unsterblichkeit, eine transzendente Versöhnung und auch die idealistische Metaphysik, der Glaube an den „Geist". Zum zweiten aber: die Verabschiedung von Religion und Metaphysik endet – trotz Schwermut und Weltverdunklung – nicht im Nihilismus. Denn der Tod Gottes wird mit Feuerbach auch als Wendung zur Diesseitigkeit positiv erfahren, als Orientierung an nichts als dem Leben des Individuums wie der Gattung selbst, als Bejahung des Augenblicks, als Tendenz zum Erreichbaren, zum möglichen – bescheideneren – Glück. Oder, zurückhaltender, aber gefaßt: dem Transzendenzverlust entspricht ein Transzendenzverbot, das agnostische Abweisen dahin zielender Fragen, das Sich-Bescheiden in der Immanenz.

Darin wurzelt nun die moralische wie ästhetische Wendung, das ist das Dritte, zum Realismus. Noch einmal ist das gerichtet gegen Romantik und Weltschmerz, aber auch gegen das Junge Deutschland: gegen alles Übermaß der Subjektivität, nun auch gegen die besserwisserische und weltverbessernde Intellektualität, gegen alles Tendenziöse, alle ideologische Konstruktion, gegen Rhetorik, Emphase, Pathos, Willkür, gegen alles Krasse wie alles Sentimentale. Er richtet sich sodann gegen die Einseitigkeit, mit der Bruch und Disharmonie betont wurden, gegen den bloß subjektiven Protest des Ich gegen seine Welt, gegen seine Verzerrungen und Übersteigerungen, aber auch gegen die angestrengte biedermeierliche Befriedung und Harmonisierung, die Rückzüge ins Alte, ins Sonntägliche, ins Private, in große Ordnungen, in eine idealisierte, vielleicht alltagsferne Objektivität, gegen auch die Abkehr von der Zeit. Statt dessen die Wendung zu den Sachen und Verhältnissen, der erfahrbaren Realität, zum Ich nicht als Gegenpol, sondern als Teil dieser Realität. Das heißt thematisch, weg vom Feiertag hin zum Alltag, weg von Ausnahmesituationen, Randerscheinungen, Außenseitern, weg auch von der Dominanz von Liebe und Freundschaft, großem und absonderlichem Schicksal, religiösen und metaphysischen Problemen hin zu „normalen" Situationen, Begebenheiten, Figuren, weg vom „poetisch" geprägten Helden, vom Künstler oder Intellektuellen zu dem in der „Prosa" der Welt Lebenden, zum Bürger zumal. Die objektiven Gegebenheiten, nicht nur Geschichte, alte Ordnungen, Volk und Heimat, sondern vor allem moderne Gesellschaft, soziales Milieu und Arbeitswelt gewinnen Gewicht. Die Subjektivität wird Gegenstand analytischer, psychologischer Erklärung aus Ursachen und Wechselwirkungen und damit objektiviert.

Freilich, das ist das Vierte, geht es nicht um eine Art photographischer Objektivität. Das bürgerliche Lebensproblem, Erfüllung, Glück und Selbstbestimmung des Einzelnen in einem ihn bedingenden und einengenden Weltzusammenhang, die Vermittlung zwischen der Übermacht objektiver Notwendigkeiten und dem unaufgebbaren Anspruch der Individualität, des fühlenden Ich, der „Seele", des Gemüts, ja das schmerzliche Mißlingen des Ich in dieser Welt, der bleibende und bedrohliche Gegensatz von Innerlichkeit und Welt, das ist das fortdauernde Thema. Angesichts von Bedrohung und Zerfall geht es um den Zusammenhang von Welt- und Icherfahrung, die Spannung zwischen der Vereinzelung des Ich und seiner Einhausung in der Welt, geht es um den problematisch gewordenen Sinn. Zugleich ist, so die Auffassung der Zeit, die „objektive" Wirklichkeit präsent nur in der subjektiven Auffassung, Stimmung und Perspektive. Ästhetisch kommt es den Realisten darauf an, objektive Spiegelung der Wirklichkeit und subjektive Deutung auszugleichen – etwa unter der Norm der Wahrscheinlichkeit –, gleichzeitig zu objektivieren und zu subjektivieren. Nimmt man beides – Sinnproblem und perspektivische Objektivität – zusammen, so kann man sagen: die Kunst will und soll den in der Religion, der Philosophie, den Wissenschaften nicht mehr präsenten Sinn und den Zusammenhang der Welt und des Ichs mit der Welt im Gefühl und im Augenblick darstellen, soll „die tiefsten Gehalte des Lebens" auf der Basis des „fühlenden Gemütes" zu „deutlicher Erkenntnis" bringen (so der zeitgenössische Philosoph Lotze), und diese Gehalte sind jetzt, so der Ästhetiker Friedrich Theodor Vischer, an Stelle des „Absoluten" die psychischen und historischen Erfahrungen des sich wandelnden Lebens. Insofern hat es die Dichtung mit mehr als der Wirklichkeit, hat es mit der Wahrheit zu tun; das ist ihre „höhere" Schönheit. Sie bewahrt so das Humane, das Ethos, den Abglanz von Hoffnung und Gerechtigkeit, den „Goldglanz der Versöhnung", der Verklärung in der Wirklichkeit, die sie aufdeckt, und gegen sie zugleich. Von daher stammt die Tendenz gerade der Literatur des „Realismus", Konflikte und Brüche zu entschärfen und auszugleichen, abzumildern, zu „dämpfen", Gleichgewichte herzustellen, zwischen der Zufälligkeit von Realität und dem Idealtypischen zu vermitteln, Idee und Erfahrung, Großes und Kleines, Seele und Tun zusammenzuschließen. Der Humor, der die leidende Distanz und die annehmende Liebe zum Leben verbindet, und die Erinnerung, die den wirklichen Konflikt aus einer Zeitdistanz, im elegischen Gefühl und doch einem versöhnenden Gleichgewicht anschaut, sind darum zwei der vorzüglichsten Stilhaltungen dieser Literatur. Freilich, der Sinn von Welt und Leben kommt so im allgemeinen nur vage und gebrochen, fragmentarisch und fragwürdig noch zur Erscheinung. Nur für die Pessimisten in der Nachfolge Schopenhauers ist allein die Kunst absolute Wahrheit, indem sie den Schein der Wirklichkeit des Willens entschleiert; sie stiftet dann das Reich eines Friedens, der höher ist als alle Vernunft. Aber auch im ganzen ist die realistische Kunst durch ihre Wirkung: das kontemplative Lesen in all ihren Spannungen und Ambivalenzen zwischen Pessimismus und Sinnbehauptung, Schmerz und Zuversicht, Resignation und Geborgenheit, Lachen und Weinen ein Stück Überwindung des Lebens. Zuletzt geht es darum, die metaphysische Ungewißheit zu ertragen und sich in die wirkliche Welt einzufügen, dem Verlust von Sinn mit einem unprätentiös und unpathetisch tapferen Ja zu diesem Leben standzuhalten. Das ist eine der sehr typischen bürgerlichen „Haltungen" – da wo Politik, Wissenschaft, Arbeit oder Familie nicht ausreichen, den Sinn des Lebens, nach dem Verlust der Religion, zu stiften und zu bewahren.

Die Ambivalenz der realistischen Haltung zu dem Lebensproblem wie dem des Kunstanspruchs bedingt die Vielfalt und Unterschiedlichkeit der Literatur wie der Lebensanschauungen. Roman und Novelle werden die führenden Gattungen dieser Literatur. Der Roman entfaltet den Konflikt des Individuums mit der Gesellschaft, primär nicht von Handlung und Begebenheiten bestimmt, sondern von inneren seelischen Vorgängen und Reaktionen in der Auseinandersetzung mit der Welt, auf die „private" Existenz konzentriert. Die Novelle nimmt weniger die Begebenheit als ein besonderes Problem zum Gegenstand – und gerade weil das Ganze der Welt, auf das der Roman ja ursprünglich zielt, sich entzieht, ist sie – dem ästhetischen Ideal von Strenge und Objektivierung entgegenkommend – eine der klassischen Formen des Realismus. Man hat diesem deutschen Roman und der Prosa überhaupt Mangel an Gesellschaftlichkeit, Überbetonung der Innenwelt vorgeworfen, und wenn man ihn mit dem französischen und englischen Roman, von Stendhal und Balzac zu Dickens und Thackeray vergleicht, so stehen Gesellschaftsanalyse und -typologie im deutschen Roman sicher nicht im Zentrum, ist die Distanz zwischen Autor und Helden gering, die Identifikation groß: das Individuum steht im Mittelpunkt. Aber das kann kaum ein Vorwurf sein. Denn zum einen ist das Thema des Ich in der Welt, seiner Entwicklung, seiner Reaktion, seiner Subjektivität das legitime Thema des bürgerlichen Romans; zum anderen gab es in unserer Zeit in Deutschland noch nicht eine einigermaßen zusammenhängende und bürgerliche Gesellschaft, wie sie die Voraussetzung des klassischen englischen und französischen Gesellschaftsromans gewesen ist.

Gustav Freytag mit seinem Programm, das deutsche Volk, das Bürgertum bei seiner Arbeit aufzusuchen, schreibt mit ‚Soll und Haben‘ (1855) den erfolgreichsten Roman der Zeit, in wenigen Jahren bei einer Auflage von 20 000 Stück angekommen, und seither ein „Klassiker" des Bürgertums, das typische Konfirmationsgeschenk; ein Buch des Einverständnisses, des Glaubens an die Übereinstimmung von human individueller Entfaltung und Gesellschaft, an den liberalnationalen Aufstieg des Bürgertums, den Fortschritt, den Sieg des Guten. Fritz Reuter, Opfer der politischen Unterdrückung im Vormärz, wird – mit Ausnahme der bitteren sozialen Anklage seines frühen Landarbeiterepos ‚Kein Hüsung‘ (1858) – typisch für den Zug zum heimatlichen, humoristisch eingefärbten, besinnlichen Idyll, Wilhelm Busch für die Verbindung von Schopenhauerschem Pessimismus und Kleinbürgergroteske und ihrer gleichzeitigen Entschärfung durch die Form des Versepos und des Alltagsidylls. Die beiden großen Schriftsteller des Realismus in Deutschland vor Fontane sind: Storm und Raabe. Storm hat das Erlebnis von Verhängnis, Verlust, transzendenzloser Vergänglichkeit, der Widersprüche, der tragischen Situationen und Probleme der bürgerlichen Welt und den Zweifel am Sinn ebenso wie das Festhalten verrinnender Wirklichkeit, das Verklären und Beruhigen in melancholisch getönter Erinnerung, die die Wahrheit wie ihren Verlust einholt, und das gefaßte Ertragen des Lebens besonders charakteristisch zum Ausdruck gebracht. Raabe präsentiert die Bedrohtheit der Humanität durch eine Welt der altmodischen Enge und Bedrückung wie der neuen Entfremdung und des klirrenden Fortschritts, des Reichtums und der Macht, und er bietet eine Art Antwort: die Auswanderung aus der Gegenwart in die eigene Welt der Sonderlinge und Käuze, Desillusionierung und Selbstbehauptung gegen Zeit und Gesellschaft im Rückzug auf sich selbst, die Welt der inneren Freiheit und Wahrheit, heroisch und resigniert, und doch die äußere Welt noch mit liebendem Humor umfangend; die eigentümliche Unmodernität – etwa auch im Kleinstadtmilieu – macht gerade die Größe wie die Signifikanz dieser Werke und dieser Haltung aus, sie zeigt die emotional-soziale Diskrepanz in der Welt der Deutschen auf dem schnellen Zug in die Moderne sehr deutlich. Gottfried Keller, der dritte große Realist der deutschsprachigen Literatur, ist von seinen Voraussetzungen her Schweizer – für die Leser in Deutschland freilich war er nicht minder wichtig als die anderen, und bei ihm ist das Gewicht der positiven Welt- und Lebensperspektive wieder stärker; das ist für eine abgewogene Bilanz dessen, was die Literatur an Seelenlage, Lebensstimmung und Mentalität der gebildeten Leser ausdrückt, natürlich von großer Bedeutung.

Zum Schluß greifen wir ein paar Themen der Literatur des ganzen Zeitraums heraus, an denen sich Erfahrungen und Mentalität im allgemeinen und ihre Veränderungen besonders gut ablesen lassen. Nehmen wir zuerst die Natur. Die Romantik hat, darin Erbe der pantheistischen Naturvergottung wie der empfindsamen Spiegelung von Natur und Seele und der Zivilisationskritik Rousseaus, die Natur zum Ausdruck wie zum eigentlichen Erfahrungsraum der fühlenden Subjektivität gemacht. Natur ist der Ort der Ursprünglichkeit, der Freiheit von Zivilisation, Konvention und gesellschaftlichen Zwängen, ist der Ort des Einzelnen und der Einsamkeit, ist der Ort der Unendlichkeit, der Transzendenz, der Schönheit, Harmonie und der Seligkeit, der Ort der Sehnsucht und des Schmerzes. Die Intensität und Differenzierung der Naturerfahrung wie zugleich der Icherfahrung hängen dabei unmittelbar zusammen. Natur wird noch in aller ziehenden Melancholie – und in allem Selbstgenuß dieser Melancholie – die große, eigentliche, das Herz erfüllende und befriedende Wirklichkeit, in der die Schwierigkeiten der poetischen Seele mit der prosaischen Welt sich aufheben; das Verhältnis zur Natur gewinnt religiösen Charakter und nimmt einen hohen und ganz unableitbaren Rang im Haushalt des Lebens ein – lange ehe Industrie und Großstadt Natur zu einer kompensatorischen Wirklichkeit machten. Brentano und Eichendorff vor allem haben das romantische Naturerlebnis und die romantische Natur unvergeßlich zur Sprache gebracht. Zugleich haben sie damit freilich den Erlebnisliedton des Naturgedichts, die Abfolge: Natureindruck und das „auch ich" der fühlenden Seele bestimmt, das Repertoire konventionalisierten Natur„erlebens" – Wald und Bach, Frühling und Vogel, Rauschen, ziehende Wolken, Mondnacht, Dämmerung etc. – bereitgestellt, die Lese-Erwartungen und die realen Erfahrungen geprägt; die Literatur spiegelt nicht nur die bürgerliche ästhetische Naturerfahrung, sondern formt sie zugleich – erlebte Natur ist immer auch ausgesagte und erinnerte Natur.

Im Biedermeier gewinnt die Natur zunächst den Charakter des Festen, Sicheren, Gegebenen, beruhigend gegenüber der Unruhe der Welt und der Zeit; auch die zivilisierte Natur, Blume und Garten (und nicht nur der verwilderte Park) wird erfahren – das ist für die außerliterarische Mentalität charakteristisch. Aber zugleich tritt noch etwas ganz anderes ein. Neue und ursprüngliche Naturerfahrungen kommen gegen die konventionalisierte Romantik und ihren „Auch-Ich-"Typ zur Sprache: in der großen Lyrik Mörikes und der Annette von Droste-Hülshoff, in gewissem Abstand auch Storms, wie in der neuen Naturprosa, etwa bei Stifter. Die Natur wird gegenständlicher, detaillierter, objektiver, nicht mehr Spiegelung eines sentimentalen Ich, und sie wird wilder, unheimlicher, undurchdringlicher. Bei Stifter ist sie gerade in ihrer Unheimlichkeit und den neu zur Sprache gebrachten Naturkatastrophen Symbol der Rätselhaftigkeit von

Dasein und Schicksal wie der Bändigung der Leidenschaften. Bei Annette wird die Natur Bild, Sinnbild, Symbol der Wirklichkeit. Bei Mörike scheint die Natur stumm und das Ich auf sich selbst verwiesen, aber die Form objektiviert das Ich und die Dinge und läßt so die Welt neu sehen. Zugleich differenzieren sich die Erfahrungen, die das Ich mit sich selbst macht, die Zwischentöne, die Ambivalenzen, die Verstörungen kommen jenseits der Durchschnittsgefühle zur Sprache, aber der Ausdruck des Ich wird zugleich reflexiv – und religiös bei Annette – gebrochen. Gerade die biedermeierlich apolitischen, angeblich Konservativen – Annette und Mörike – sind die großen Entdecker und Schöpfer neuer Wirklichkeitserfahrung und -sprache.

Das zweite große Literaturthema, um das sich das bürgerliche Lebensgefühl besonders sammelt, ist die Liebe. Das alte, seit der Empfindsamkeit sentimentalisierte Thema wird mit der Romantik ganz zentral: die romantische, die schicksalhafte und ganz individuelle Liebe wird zum Schlüssel der Welterfahrung, wird zum metaphysischen, existenzentscheidenden Punkt, an dem fühlende Subjektivität, Heimatsuche, Ewigkeit zusammenkommen. Das bestimmt von der Dichtung her den bürgerlichen Lebenstraum, die überhöhende Lebensdeutung. Das bei solcher Überlastung notwendige Scheitern der Liebe wird für die Dichter zum eigentlichen Krisenpunkt der inneren Existenz; Liebesleid und Liebesenttäuschung gewinnen metaphysisches Gewicht, werden Kernbereich der Innerlichkeit des Individuums und seines Leidens an der Gesellschaft.

Gegen die romantische Subjektivierung und Intensivierung von Liebe und Liebesleid (und gegen die dahinter stehende Entfesselung der Dämonie des Eros) steht dann die biedermeierliche, verklärende Wendung zur Familie. Nicht die Liebe allein, sondern die Ehe ist die eigentliche und feste Bindung des Menschen, und über die Zweierbeziehung hinaus ist es die Familie, das Haus, die starke Gemeinschaft über die Generationen hinweg, die zum Ruhepunkt in dieser unruhigen Welt, zu etwas Heiligem, einem „Himmelreich auf Erden" – so der durchaus moderne Immermann – wird; hier hat die glückende harmonische Existenz des Menschen ihren Ort, und das Gemüt den seinen, Familie wird fast zum Idyll. Die Mütter stehen im Zentrum, Großmütter und Väter geben Erfahrungen und Weisheit weiter; die Kinder – mehr als die Jugendlichen – sind in ihrer Mischung aus „Reinheit" und „Unartigkeit" rührend, sie sind die ganze Liebe der Zeit. Romantische, ideale, schmerzliche Liebe und biedermeierliche Familie, das waren Pole, die sich in der normal bürgerlichen Vorstellungswelt sehr wohl verbanden. Zur biedermeierlichen Behandlung des Themas gehört die Einhegung, ja Unterdrückung der Erotik, im Gegensatz mindestens zur frühen Romantik; Heine, darin freilich zunächst Außenseiter unter den Schriftstellern, ruft dann sensualistische Erotik und Sexualität gegen die verstiegenen „blassen" Idealisierungen der Liebe auf. Die Realisten haben dann zwar die dominierenden Einstellungen zu Liebe und Ehe übernommen, aber durch Abkehr vom Idyllischen und Sentimentalen und durch die psychologisierende Analyse menschlichen Verhaltens den Themenbereich neu und moderner gefaßt und – problematisch gemacht.

Zur Literatur unserer Zeit gehört sodann, ähnlich wie in der bildenden Kunst, die Wendung zur Geschichte, die zu einer Art neuer Mythologie wird. Geschichtliche Stoffe faszinieren, Ballade und historisches Drama werden zu Lieblingsgattungen und vor allem natürlich der historische Roman: seit dem Welterfolg Walter Scotts, von Wilhelm Hauffs ‚Lichtenstein‘ (1826) über Willibald Alexis' Preußenromane bis zum Professorenroman der 6oer Jahre (Georg Ebers und Felix Dahn). Geschichte wird realer und konkreter, nicht mehr als Kampfplatz von Ideen, sondern als Gewebe von Umständen und Schicksalen erfaßt, und das macht wieder einen Teil ihrer Faszination für Schriftsteller wie Leser aus. In der Geschichte – so das Gefühl der Zeit – waren öffentliches und privates Schicksal noch poetischer verknüpft als in der prosaischen Gegenwart und darum noch repräsentativ darstellbar; die vergangene Welt war geschlossener und anschaubarer als die gegenwärtige, aber sie war real und nicht fiktiv, das entsprach dem Wirklichkeitshunger der Zeit. Tendenzen und Akzente waren natürlich gerade im historischen Roman vielfältig und unterschiedlich: die Vergewisserung heimatlich-regionaler oder nationaler Vergangenheit oder die romantische oder gebildete Darstellung einer fremden – römischen, ägyptischen – Welt, die Aktualisierung der Freiheit oder der nationalen Einheit und Größe, kritische Gegenbilder gegen die eigene Gegenwart, Fluchtmotive und Zukunftswille, progressiv oder konservativ – überall kommen der Bürger und das Volk herein, ein wenig archaisch und harmonisch, aber mithandelnd in der Geschichte. Dahinter steht das Bedürfnis nach Identität, Kontinuität und politischer Legitimation; der Rückgriff auf die Geschichte steht im Dienst der Lebensorientierung – das spiegelt sich in dieser Literatur ebenso, wie es durch sie gefestigt und geformt wird.

Natürlich spiegelt die Literatur auch gesellschaftliche Veränderungen und Frontstellungen. Für die Romantik waren noch Hof- und Adelswelt und die „freie" Existenz von wandernden Künstlern und Studenten dominierend. Mit Biedermeier, Jungem Deutschland und Realismus wird die Literaturwelt „bürgerlicher". Das gebildete, beamtete und das handwerkliche Bürgertum, klein- und mittelstädtisch, werden führend, kritisch abgesetzt gegen den Adel wie gegen die neue Bourgeoisie und Industrie; selbst Gustav Freytag, der das deutsche Volk bei seiner Arbeit aufsuchen wollte, wählt in den 5oer Jahren in ‚Soll und Haben‘ den alten bürgerlichen Typus des Kaufmanns zum Helden, nicht Fabrikanten, nicht Arbeiter. Bis zur Jahrhundertmitte entspricht das gewiß der deutschen Wirklichkeit – danach bleibt es ein wenig hinter den großen gesellschaftlichen Veränderungen, hinter dem Paris von Balzac wie dem London von Dickens, zurück. Als Gegenbild zur Bürgerwelt spielen in der Prosa seit den 3oer Jahren das Land, das Dorf, die Bauern eine Rolle – in den leicht städtisch sentimentalisierten, überaus beliebten ‚Schwarzwälder Dorfgeschichten‘ (1843–54) Berthold Auerbachs, in der festen, stabilen, gesunden Gegenwelt von Immermanns ‚Oberhof‘ (1838/39) und seither noch oft; Dorfwelt – als einfachere, echtere, nicht dekadente Gegenwelt städtisch-bürgerlicher Menschen, Volk – im vorindustriellen Sinn, wie es auch den politischen Neigungen von Liberalen wie Konservativen entsprach.

In diesen Zusammenhang gehört die Beobachtung, daß die Literatur unseres Zeitraums vom Biedermeier bis zum Realismus einen starken Zug zum Regionalen, zum Heimatlichen hat; das gilt für Stoffe und Themen wie für Stimmungen und Töne. Von Mörike und Annette von Droste-Hülshoff, Grillparzer und Stifter bis zu Storm sind auch die großen Dichter stark in ihre heimatliche Landschaft einbezogen und eingehaust; die (Wieder-)Entstehung von anspruchsvoller Dialektdichtung, bei Klaus Groth und vor allem Fritz Reuter, gehört in dieselbe Linie, vom lokalen Volksstück Wiener, Berliner oder hessischer Provenienz nicht zu reden. Deutschland ist noch, auch im Zeitalter der Nationalbewegung, nicht hauptstadtorientiert, ist ein Land der Regionen, der „Heimaten"; und der Wille zur konkreten, sichtbaren Realität wie zur übersubjektiven Bindung nimmt das in die Literatur auf. In einem keineswegs negativen und verächtlichen Sinn ist Provinz auch im föderalistischen Deutschland ein geistiger Ort gewesen.

Ein letztes Thema schließlich, im Drama wie in der Prosa typisch für die Wandlungen des Lebensverständnisses: das Schicksal des Menschen. Die klassische Überzeugung, daß das Schicksal mit der Freiheit des Menschen und dem „Himmel der Ideen", unter dem er steht, verbunden ist und daß die Tragik aus dem Zusammenstoß eines unbedingten Wollens mit den Bedingtheiten der Wirklichkeiten hervorgeht, löst sich auf. Das Schicksal gewinnt an Notwendigkeit, es ist etwas, an das man ausgeliefert ist. Dieses Gefühl nimmt im 19. Jahrhundert, bei den Dichtern, wesentlich zu. Zugleich kompliziert sich das Handeln und verliert seine Eindeutigkeit, die unbeabsichtigten Folgen des Handelns werden wichtiger, die Identität der Handelnden gerät – über die Entdeckung eines „Es" im Ich – in Zweifel. Die Menschen werden ins Verhängnis verstrickt, und es wird mit ihnen gehandelt – das Nicht-Handeln wird jetzt zum Thema, die logische Handlungsfolge zerfällt. Das gilt zunächst im großen Drama, bei Grillparzer und Hebbel, obwohl gerade sie die klassische Form, den klassischen Gestus, den Anspruch der Tragödie, Mythos gegen die Zeit zu sein, und z.T. auch die klassische Thematik fortführen. Das bloße Sosein, die Seelenlage und die Zwänge der Wirklichkeit schon bestimmen bei Grillparzer Schicksal und Tragik; nicht nur die Zerstörung der Ordnung durch einen heroischen Täter, sondern die Zerstörung des Täters durch seine Leidenschaft wird zum eigentlichen Thema, und dann das Mißtrauen gegen die entfesselte Tat selbst. Auch bei Grabbe, so sehr bei ihm auch das Scheitern des „großen" Individuums an der Kleinlichkeit der Masse und der Zeit eine Rolle spielt, wird der Held im Grunde aus einem Subjekt zum Objekt der Geschichte. Und bei Hebbel ist es das Dasein als Wille selbst, und nicht dessen Richtung, das Schuld bedeutet (und darum wird auch Unschuld Schuld); das Faktum des Geschlechterkampfes allein z.B. entfesselt schon Tragik. Die Gesetze der Welt stehen dem Einzelnen, seiner Größe wie seiner wesensnotwendigen Unzulänglichkeit, gnadenlos entgegen; die Widersprüche sind absolut. Gerade indem das Handeln, sehr modern schon, bei beiden Dramatikern psychologisch analysiert und bei Hebbel geradezu intellektualisiert wird, kommt seine Determination heraus. Unter diesen Bedingungen verliert die Tragödie ihren – klassischen – Versöhnungs- und Trostcharakter, auch wenn die großen gemeinschaftlichen Ordnungen gegen Selbstbehauptung und Auflehnung des einzelnen bis zu Verzicht und Untergang durchgesetzt werden.

Freilich, die bürgerliche Lebensstimmung entfremdet sich der Tragödie; das Tragische wird, jenseits des überlieferten klassischen Kanons, unzeitgemäß. Das bürgerliche Schicksal wandert in den Roman und die Novelle. Im Biedermeier und vor allem dann im Realismus treten Zufall und „dämonische" Verhängnisse, die in der Romantik noch wichtiger waren, ganz zurück; Handeln und Schicksal wird sehr differenziert und weitgehend aus inneren und äußeren Notwendigkeiten und ihrem Zusammenhang erklärt, aus Anlage und psychologischer Entwicklung, historischer und gesellschaftlicher Lage, aus der Fülle der Umstände und Details, manchmal aus der Folge unscheinbarer Veränderungen; das Handeln wird fast etwas, das mit dem Menschen geschieht. Die Freiheit ist eingeschränkt, aber sie ist doch nicht von der determinierenden Notwendigkeit überwältigt; auch die Form des Kunstwerks (und die distanzierenden Kunst-Haltungen des Humors und der Erinnerung) sollen den Freiheitsraum angesichts aller Einschränkungen aufrechterhalten. Freilich, die Frage nach dem Sinn des einzelnen Lebens, nach dem Glück dieses Lebens gerät in einer so verstandenen Welt mehr und mehr in das Netz der historisch-sozialen Bedingtheiten einerseits, der psychologischen andererseits.

5. Die Leserevolution und der Aufstieg der Presse

Während der ersten beiden Drittel des Jahrhunderts werden die Deutschen aus einem Volk von Nicht-Lesern zu einem Volk von Lesern. Schätzt man grob das Verhältnis von Nicht-Lesern zu potentiellen Lesern um 1800 wie 3:1, so kehrt sich das Verhältnis bis 1870 um. Man kann das mit Recht die „Leserevolution" nennen, zumal wenn man auch die qualitative Veränderung des Lesens ins Auge faßt: aus der intensiven, vielfach wiederholten Lektüre weniger Bücher – wie der Bibel – wird das extensive Lesen vieler und immer anderer Druckwerke. Einer der Gründe ist natürlich die infolge des wirksamen Schulwesens erfolgreiche Alphabetisierung. Der andere und allgemeinere: die Ablösung der Welt der Tradition, der Welt, in der Stand und Sitte, die mündliche und anschauliche Überlieferung das Verhalten und – mit der Religion zusammen – die Selbst- und Lebensdeutung bestimmten, der Welt der Statik, in der die alten und bleibenden Wahrheiten zentral waren, der Welt der nahen und partikularen Kommunikation. Die neue Welt ist die des „persönlichen Standes", der Reflexion auf das Verhalten, der freien Wahl, der Selbst„bildung", die Welt der Änderungen und Fortschritte, für die das Neue und Zukünftige wie das jeweils Gegenwärtige wichtiger wird, die stärker auf universale und abstrakte Gemeinschaften und Normen bezogen ist, die Welt der freigesetzten Neugier. Darum ist sie eine

Welt der Sprache, darum hat sie einen steigenden Bedarf nach jeweils neuen Formulierungen des Selbst- und Lebensverständnisses jenseits der kirchlich-religiösen Deutung; die Lektüre gleicht die Orientierungsprobleme, die bei steigender Mobilität entstehen, aus.

Die bürgerliche Aufklärung und die bürgerliche Gefühlskultur stehen am Anfang dieser Entwicklung; sie zeigt sich zuerst in lebenspraktischer und in belletristischer und dann auch in einer allgemeinen, gelegentlich auch politischen Reflexionsliteratur. Die bürgerliche Bildungs- (und Ober-)schicht, vornehmlich der Stadt, ist der Kern, von dem die Leserevolution ausgeht und sich verbreitet; ihre Literatur ist im Gegensatz zur Hof- und Gelehrtenliteratur der alten Welt ausbreitungs-, ist „sinkfähig" (Engelsing). Die Schicht der Gebildeten-Leser dehnt sich bedeutend aus, liest mehr und – das ist am wichtigsten – bezieht andere Schichten in die neue Form der Wahrnehmung der Welt und der Auseinandersetzung mit ihr ein – nämlich durch Lesen. Die Buchproduktion steigt erheblich. Nach Zahl der Titel verdreifacht sie sich zwischen 1821 und 1843 (1805: 4181, 1821: 4505, 1843: 14059), zwischen 1801 und 1828 wächst sie um 28%, zwischen 1828 und 1845 um 153% – um ca. 700 pro Jahr. Sie sinkt dann zwar wieder bis zum Ende der 60er Jahre unter 10000, aber da die Höhe der Auflagen steigt, nimmt im ganzen die Buchproduktion zu. Technische, kaufmännische, verlegerische Neuerungen revolutionieren das Buchwesen. Die Ausbreitung der Konversationslexika – 1809 die erste Auflage des ‚Brockhaus' in 6 Bänden mit 2000, 1818/19 die fünfte in 10 Bänden mit 32000 Stück, bis 1870: 300000, und viele andere, wie ‚Meyer' und ‚Herder', seit den 30er/40er Jahren –, Publikationen in Lieferungen, verbilligte Ausgaben gehören dazu; seit der Jahrhundertmitte kann man von Großverlagen und Massenproduktion sprechen. Die Verbreitung von Büchern (und Zeitschriften) setzt im gebildeten Bürgertum ein bei den Lesegesellschaften, in denen Lesen und diskutierende Geselligkeit sich verbinden, und die Vereine des höheren Bürgertums behalten Bibliotheken und Zeitschriftenräume bei. Für die Zeit bis 1860 etwa aber wird dann die Leihbibliothek charakteristisch; sie gerade verbreitert das Lesepublikum außerordentlich, ohne schon schichtenspezifisch beschränkt zu sein. Danach tritt sie zurück; das Familienblatt, die Verbilligung des Buchkaufs, der Verlust der Leihbibliothek an Sozialprestige, die Expansion des Buchhandels seit der Jahrhundertmitte lassen das häusliche Lesen und den privaten Bücherbesitz in den gebildeten Schichten dominieren.

Sieht man auf den Inhalt der Produktion, so steigt einerseits der Anteil der Belletristik und Unterhaltung, zumal der „Almanache" und Romane – seit der Jahrhundertmitte gibt es eigene Roman-Zeitungen und den Fortsetzungsroman in Zeitungen, später auch in Zeitschriften –, andererseits der neuen ökonomisch-technischen „Sach"literatur und der Schul- und Kinderliteratur. Mit der Zunahme der Unterhaltung verstärkt sich der Bereich der Trivialliteratur; sie befriedigt das Stoff- und Unterhaltungsbedürfnis und die Neugier der Leser, so z. B. bei den durchaus nicht schlechten Prärie- und Reiseromanen Gerstäckers und Hackländers. Im ersten Viertel des Jahrhunderts ist das noch wenig schichtenspezifisch differenziert; die gewaltige Lesergruppe der Frauen gibt offenbar der Unterhaltungsliteratur auch in der Bildungsschicht noch ihre Resonanz; die Leihbibliotheken haben vom Niveau her eine egalisierende Wirkung; die Bestseller der ersten Jahrhunderthälfte, wie Walter Scott, wirken ähnlich. Dann freilich entwickelt sich die schärfere Trennung der Leser von Trivial- und anspruchsvoller Literatur, *grosso modo* – wenn auch mit Überkreuzungen – zwischen Bildungs- und Kleinbürgertum.

Die „Leserevolution" hat dann auch das Landvolk und die städtischen Unterschichten ergriffen. Dafür spielt in unserem Zeitraum, auf dem Lande vor allem, der Kolportage-(Hausier-)handel die entscheidende Rolle; er verbreitet sowohl die traditionelle religiöse Kalender- und Lebenshilfeliteratur wie, in billigen Heftchen, den „Kolportage"roman, Ritter-, Schauer-, Abenteuerroman, und nach der Jahrhundertmitte die Hintertreppengeschichten.

Dazu kommen dann die eigentümlich ambivalenten Tendenzen der Volksaufklärung und -pädagogik. Die Obrigkeit und die konservativen Kräfte sind bestimmt von der Sorge vor dem Lesen oder doch dem Zuviel-Lesen, denn das begünstige Sittenverfall und Revolution oder verstelle die Wirklichkeit mit Illusionen oder Ansprüchen, und daher stammen die Versuche zu direkter und indirekter Zensur. Aber diese negative Haltung reicht nicht. Aus der Gegnerschaft jedenfalls gegen „schlechte", gegen „schädliche" Literatur entsteht darum die Tendenz zur Förderung der „richtigen", der „guten" Literatur. Es sind vor allem konfessionelle Vereine, die sich in den 40er Jahren der Verbreitung von Volksschriften widmen und ihren Typ der Volksliteratur, etwa die Geschichten des katholischen Pfarrers Christoph von Schmid, gegen „Schundliteratur" durchzusetzen suchen und mit neuen „Kalendern", neuen Wissens- und Lebenshilfebüchern auch Kenntnisse, Neues, ja „Vernunft" in ihrem Sinne, verbreiten wollen. Auch das befördert die Ausbreitung des Lesens beim „Volk". Im ganzen kommt in der Kolportage wie der „guten" Gegenliteratur trotz aller Tradition die Unruhe der Epoche zum Ausdruck; der Vergleich mit anderswo dringt auch in die Landbevölkerung, die Unterschichten ein. Die Expansion der Zeitung verstärkt dann die Abschwächung traditioneller Mentalität durch die Konfrontation des Lesers mit Anderem und Neuem.

Ein Ergebnis der Leserevolution ist am Ende unseres Zeitraums, daß Massen von der Presse erreicht, in die öffentliche Meinung einbezogen werden. Aus einem Volk von Nicht-Zeitungslesern wird ein Volk von Zeitungslesern. Zugleich ist das ein selbständiger Prozeß: die öffentliche Meinung wird im 19. Jahrhundert zu einer wesentlichen Macht, und es ist die Presse, die sie repräsentiert und formt. Nicht mehr Gemeinde, Beruf und Kirche, sondern die Zeitung setzt den Menschen alltäglich und kontinuierlich mit dem Allgemeinen – ja wie Hegel meinte, mit dem Weltgeist – in Beziehung. Damit tritt der Mensch in ein neues Verhältnis zu seiner eigenen Zeit, zum Täglichen und Neuen anstelle des Gleichbleibenden, Sich-Wiederholenden, zu Wandel und Dynamik, zur räumlich fernen nationalen wie internationalen großen Welt, zu den Abstraktionen und Ideen jenseits der Anschauungswelt und der unmittelbaren Erfahrung der

Nähe, zu den öffentlichen Dingen, zur Politik. Und zugleich ist die Zeitung –
meine Zeitung – in einer Welt der großen Veränderungen und des politischen
Glaubens ein Stück Selbstbestätigung und Unterpfand von Hoffnung. Solche
Vermehrung von Kommunikation ist, auf der Basis technischer Intensivierung
und wirtschaftlicher Neuerungen (Schnellpresse und Telegraph), ein Grundzug
bei der Ausbildung der modernen, nicht mehr traditionellen und partikularisierten, der mobilen und zusammenwachsenden Gesellschaft.

Dabei war es zunächst der bürgerlich-liberale Elan, der Information, Diskussion, Reflexion, der Öffentlichkeit wollte und darum die Presse. Die etablierten
Mächte, die Regierungen z. B., liebten die Presse, die freie Presse, nicht; sie war
eine – schier unheimliche – Macht der Kritik, der Bewegung und Revolutionierung, war ein Stück des liberalen Systems. Aber auch sie konnten sich – trotz aller Zensur – der objektiven Macht der neuen, der veränderten Kommunika-
tionssituation, dem neuen Gewicht der öffentlichen Meinung nicht entziehen.
Auch sie traten auf den Boden des neuen Systems, den Markt der öffentlichen
Meinung und warben für sich – wie der erzkonservative Feind der Pressefreiheit
Metternich und sein fast genialer journalistischer Mitarbeiter Gentz, wie die
preußische Regierung und die katholische Kirche im Konflikt von 1837/38, wie
die preußischen Konservativen seit 1848 mit ihrer Kreuzzeitung, wie – mit außerordentlicher Meisterschaft – Bismarck, für den „Pressepolitik" seit seinem
Amtsantritt ein wesentliches Stück seiner Gesamtpolitik war.

Die Geschichte der Presse, der Zeitungen und politischen Zeitschriften, ist
eine Geschichte der Pressefreiheit wie eine Geschichte sich wandelnden Zei-
tungsstils. In der napoleonischen Zeit waren die Zeitungen ganz an Paris – den
‚Moniteur' – oder, in Wien und Berlin, an die Appeasementpolitik der Regierungen gebunden. Eine unabhängige politisch engagierte Meinungspresse hat
sich zuerst während der Freiheitskriege etabliert. Am berühmtesten war Joseph
Görres' nationaldemokratischer ‚Rheinischer Merkur' in Koblenz (1814), den
Napoleon, modern wie er war, als eine eigene „Großmacht" einschätzte – ein
Blatt alle 2 Tage auf 4 Seiten!; das Blatt ist, wie andere vergleichbare Zeitschrif-
ten, nach 1815 der Restauration zum Opfer gefallen. Karlsbader Beschlüsse und
Zensur, das Verbot kritischer Meinungsäußerung bestimmten das Schicksal der
Tagespresse, das Leiden der liberalen Publizisten, sie prägten das Bild der Ära
Metternich. Man muß hier freilich Einschränkungen machen. Zensur und Zensurpraxis hatten strenge und weniger strenge Phasen, hatten Lücken, und es gab
die Unterschiede zwischen den deutschen Staaten, das Ausweichen in immer andere Publikationsformen, Zeitschriften etwa, die Emigration und den Schmuggel. Der „Polizeistaat" war, verglichen mit unserem Jahrhundert, sehr unvollkommen, und zwischen Presse und Zensur gab es ein ständiges Auf und Ab. Die
Zensur hat die Oppositionellen juristisch und menschlich zu Opfern gemacht –
ein Sechstel der Abgeordneten von 1848 war davon betroffen gewesen –, sie hat
einen Teil der intellektuellen Opposition bis ins Irreale radikalisiert, sie hat die
kontinuierliche freie Aussprache der Öffentlichkeit verhindert. Aber die Ausbreitung der liberalen, der nationalen, der demokratischen Opposition, auch

und gerade durch die Presse, hat sie nicht unterdrücken, nicht verhindern können. Die politischen Parteien haben sich um Presseorgane herum etabliert.

Die Tageszeitungen der Restaurationszeit, neben offiziellen Hof- und Staatsorganen und den auf einem staatlichen Anzeigenmonopol beruhenden Anzeigern, den sogenannten „Intelligenz"blättern, waren zumeist politisch neutrale, ja abstinente, „farblose" Nachrichtenblätter, zunächst auf ihren Lokalbereich begrenzt. Nur die vom Verleger Cotta in Augsburg herausgegebene ‚Allgemeine Zeitung', reich an Inhalt, in einem ruhig objektivierten Stil, auf einem keineswegs unprofilierten Kurs der Mitte geschrieben, auch von Metternich zumal außenpolitisch benutzt, darum mit einem gewissen Freiheitsraum ausgestattet, auch in Österreich zugelassen, lavierend (1832 mußte sie auf ihren Pariser Mitarbeiter Heine verzichten) und sich behauptend, hatte überregionale Bedeutung. 1830/31 und dann wieder seit Ende der 30er Jahre kommt es, vom Jungen Deutschland und den Junghegelianern vor allem betrieben, zu einer ansteigenden Welle immer neuer und wechselnder publizistischer Neugründungen der Opposition – bis zu den ‚Halleschen Jahrbüchern' (1838–1843) oder der ‚Rheinischen Zeitung' (1842/43), die von rheinischen Großbürgern finanziert und von radikalen Intellektuellen wie Karl Marx geschrieben wurde. Und auch am Rande der Politik nimmt die Zahl von Zeitschriften und Journalen erheblich zu. Ein Teil der radikalen journalistischen Intelligenz wird in die Emigration getrieben, ein Teil vermag relativ radikale Organe in Deutschland durchzuhalten: Johann Georg August Wirths ‚Deutsche Volkshalle' in Konstanz, Karl Grüns ‚Mannheimer Abendzeitung', das ‚Mannheimer Journal', das ‚Westphälische Dampfboot' in Minden 1844–1848, Robert Blums ‚Sächsische Vaterlandsblätter' in Leipzig, und andere mehr. Genauso wichtig, ja wirkungsmächtiger war, daß größere Tageszeitungen, z.B. die Königsberger ‚Hartungsche Zeitung', die ‚Weserzeitung' in Bremen, die ‚Vossische Zeitung' in Berlin, die Hamburger ‚Neue Zeitung', einen entschiedener liberalen Kurs einschlugen und ihre Auflagen in den 40er Jahren erheblich steigerten, die ‚Vossische Zeitung' z.B. 1840–1847 um fast 100% auf 20000 Stück, die ‚Kölnische Zeitung' des Verlegers Neven Dumont, seit 1844 unter Leitung des Ex-Burschenschafters Karl-Heinz Brüggemann, gewann – mit ausgebautem Nachrichten- wie Kulturteil – überregionale Bedeutung, 1847 mit einer Auflage von knapp 10000 Stück. 1847 entsteht auch die erste – liberal-nationale – überregionale Parteizeitung, die ‚Deutsche Zeitung' von Gervinus in Heidelberg, die freilich die Revolution nicht überlebt. Ähnlich entwickeln sich liberale politische Zeitschriften, wie die ‚Deutsche Vierteljahresschrift' oder die, in den 50er/60er Jahren sehr einflußreichen, Leipziger ‚Grenzboten' (1841/42). Auch die nicht-liberalen „Parteien" haben ihre Zeitschriften, die Konservativen das Berliner ‚Politische Wochenblatt' seit 1831, die Katholiken die ‚Historisch-Politischen Blätter für das katholische Deutschland' (1838) – Organe, die sich an die gebildete politisch engagierte obere Mittelschicht wenden.

Die Revolution ist ein Jahr der alten wie neuen Zeitungen – in Österreich, dem klassischen Land der vormärzlichen Zensur, steigt ihre Zahl von 79 auf

388! –, Politik geht über Zeitungen, und sie werden jetzt von Massen gelesen. Diese Erfahrung war auch nach 1848 nicht mehr fortzuwischen. Der Staat konnte über Kautionen, Konzessionen und Gebühren, mit Polizei und Gerichten die Presse bedrängen – wie in den 50er Jahren –, die Zensur aber wurde nicht mehr eingeführt. Zahl und Auflagenhöhe nahmen weiter zu; in Bremen z. B. stieg das Verhältnis von Zeitung zu Bevölkerung von 1:23 1841 auf 1:5,6 1863; in Berlin erschienen 1862 32 Zeitungen, 6 davon zweimal täglich, und 58 Wochenblätter. Auch der Umfang wuchs und die Differenzierung nach Ressorts, Wirtschaft, Feuilleton, bis zum Fortsetzungsroman, und, nach dem Fortfall des Staatsmonopols, die Anzeigen nahmen zu. Volkszeitungen waren bescheidener und billiger als die großen Blätter, 3 statt 6 Taler im Jahr, aber eine Billigpresse wie in London und Paris gab es nicht. Die Mehrheit der Zeitungen blieb noch regional, wenn auch Nachrichtenagenturen und Korrespondenzen mehr Gleichartigkeit herstellten. Die ‚Kölnische Zeitung‘ mit der ganz erstaunlichen Auflage von 60000 Stück (1866) war die herausragende liberalnationale überregionale Zeitung, für das linksliberal-antipreußische Lager kam (seit 1856–1858) langsam Leopold Sonnemanns ‚Frankfurter Zeitung‘ dazu. Die Mehrheit der Zeitungen war gemeinbürgerlich liberal, gemäßigt oder radikal fortschrittlich; aber auch die Konservativen hatten, in Preußen mit der von Hermann Wagener hervorragend redigierten ‚Neuen Preußischen Zeitung‘, nach ihrem Emblem ‚Kreuzzeitung‘ genannt, ihr eigenes Organ, und der politische Katholizismus verfügte 1871 über 126 Zeitungen mit einer Auflage von über 320000. Schließlich dehnt sich das Zeitungswesen seit den 50er/60er Jahren mit den Kreis- und Kleinstadtzeitungen in die Provinz und auf das Land aus. Es ist die Presse gewesen, die das Land langsam in das „literarische" Leben, in sozialen Wandel, Politik und nationale Gesellschaft eingegliedert hat. Freilich, die Unterschicht – Arbeiter und Tagelöhner – wird auch von den volkstümlicheren Zeitungen schon auf Grund ihres Stils und ihres Bildungsstandards – mit dem ausführlichen Parlamentsbericht etwa – schwerlich erreicht.

Ebenso wichtig für die Entwicklung bürgerlicher Politik wie Kultur ist die Entwicklung eines – notwendigerweise – nationalen Zeitschriftenwesens, vielfach auch über Lesezirkel weiter verbreitet. Die Leserschaft verbreitert sich weit über den Kreis der Leser der Aufklärungszeitschriften und der klassisch-romantischen Literaturzeitschriften hinaus. Dazu gehören politische Zeitschriften der politischen Klasse, in der sich die verschiedenen Richtungen diskutierend artikulieren und sammeln – bei den Liberalen etwa neben den erwähnten, jetzt von Gustav Freytag geleiteten ‚Grenzboten‘, die berühmten ‚Preußischen Jahrbücher‘ (1858). Dazu gehören dann, nach belletristischen Unterhaltungsblättern des Vormärz, die politisch-kulturellen Revuen – wie ‚Westermanns Monatshefte‘ (1856) oder ‚Cottas Morgenblatt für die gebildeten Stände‘; gehören die satirischen Blätter nach englischem und französischem Vorbild – die Münchener ‚Fliegenden Blätter‘ (1845), der Berliner ‚Kladderadatsch‘ (1848, 1861 mit 39000 Exemplaren); gehören die zahllosen Organe für jedes Fach, jeden Beruf, jedes Spezialgebiet, die die Differenzierung und Arbeitsteilung der modernen

Gesellschaft spiegeln. Dazu gehören schließlich – nach einigen mit Holzschnitten „Illustrierten" Zeitungen – die Familien- und Unterhaltungszeitschriften vom Typ der 1853 in Leipzig durch Ernst Keil begründeten ‚Gartenlaube': 1863 mit 160000, 1866 mit 200000, 1875 (nach den Romanen der Eugenie Marlitt) mit 400000 Auflage, d.h. mit ca. 2 Millionen Lesern und einem festen Leserstamm unter den Schützen, Sängern und Turnern. Und solche Familienzeitschriften gab es, mit der ‚Gartenlaube' konkurrierend, mehr, so etwa ‚Über Land und Meer' oder – konservativ – ‚Daheim'. Diese neuen Zeitschriften waren unterhaltend, literarisch, informativ – über Natur, fremde Länder, Geschichte –, gemütvoll und keineswegs unpolitisch, sondern vor allem liberal und national und integrativ, wenn auch harmonisierend und ein wenig idyllisch und sentimental, ein Phänomen der entstehenden bürgerlich-kleinbürgerlichen Massenkultur, und nach 1871 mehr als vorher ihrer Traumwelten und ihrer Surrogate, keineswegs besonders deutsch, sondern eben bürgerlich und menschlich. Der Intellektuellenspott von heute ist billig, auch unsere Anti-Gartenlaubenwelt von Magazinen und Medien ist schwerlich realer.

Mit dem Aufstieg der Presse entsteht eine neue soziale Gruppe, die Journalisten, die zum Teil in die neue „politische" Klasse eingeschmolzen werden. Im Vormärz werden die nebenberuflichen von den hauptberuflichen Redakteuren verdrängt; die Mehrheit ist noch akademisch gebildet und promoviert – der damalige Zeitungsbetrieb verlangte die Beherrschung lebender Fremdsprachen –, viele auch mit gelehrten universitären oder literarischen Ambitionen, mit anderer Berufserfahrung, der Typ des philosophisch-politischen Intellektuellen. Nach der Revolution gehen die „Promovierten", die „Philologen", die Berufswechsler zurück; ausgebildete Juristen und Ökonomen und Leute, die bei der Zeitung anfangen, spielen eine größere Rolle. Der Beruf professionalisiert sich: der Berichterstatter gewinnt neben dem Meinungsmacher, der Lokalreporter und der Nachrichtenredakteur neben dem Leitartikler Raum. Für die politisch engagierten und ehrgeizigen Angehörigen der beamteten, der akademischen, der freien Intelligenz spielte der „nebenberufliche" Journalismus noch eine große Rolle; die journalistischen Fähigkeiten von Konservativen, wie Hermann Wagener oder Joseph Edmund Jörg, Liberalen wie Heinrich von Treitschke, Gustav Freytag, Eduard Lasker oder Leopold Sonnemann, Sozialisten wie Ferdinand Lassalle waren die Basis politischer Karrieren.

Die Journalisten identifizierten sich gern mit der Aufgabe der Presse, zu sagen, „was in allen Gemüthern treibt und drängt", „worüber alle einverstanden sind", als „Stimmführer" des Volkes zu fungieren und anerkannt zu werden, nicht „knechtisch" nur Tatsachen zu erzählen, sondern zu urteilen – wie Görres 1814 meinte; hier wird die Parteimeinung und das Allgemeine, was alle denken und was alle denken sollen, noch unbedenklich in eins gesetzt. Dieser Anspruch bestimmt auch den Typus des Journalisten, wie er mit dem „philosophisch-politischen Journalismus" nach 1830 vordrängt. Das Leben und die Literatur und andere Bereiche mehr werden politisiert, den philosophisch-politischen Normen unterstellt; neben die Männer der Kirche und der Universität, die Beamten und

die Dichter treten die Journalisten als Formulierer des Allgemeinen, als Protagonisten der Veränderung, als Avantgarde. Die Presse sei das „Organ des Ge-
sprächs der Zeit mit sich selbst", meinte der Jungdeutsche Robert Prutz, die Ta-
gesschriftstellerei appelliere von der vorhandenen „beschränkten" Meinung an
die „unbeschränkte" gebildete Meinung, an die Diskussion – und man war noch
liberal überzeugt, daß Demagogie und Lüge in solcher Diskussion verschwinden würden, daß sich das „wahre" Allgemeine herausstellen werde. Aber der
Meinungsjournalismus war auch der Versuch, Ideen zu propagieren und Anhänger zu werben. Jedenfalls waren Parteinahme, Urteil, kritische Reflexion für
den Journalisten typischer als Berichterstattung und Information; die veröffentlichte Meinung war darum mit der öffentlichen Meinung nur zum Teil identisch; bestimmte Realitäten, wie das Land oder das katholische Volk, waren fast
ausgeblendet, andere – wie die kirchlichen Aufklärungsgruppen der 40er Jahre
– überbelichtet. Nach 1848 gewinnt dann der neue Realismus – gegen philosophische Doktrinen und die Übermacht der kritischen Reflexion –, gewinnt das
Faktum an Gewicht. Erst eine Zeitung, die die Wirklichkeit spiegelt, kann, so
denkt man, wirklich eine realistische politische Meinung bilden.

Der Aufstieg der Presse und des Journalismus ist von einer ständigen Kritik
am Journalismus begleitet. „Der Narren gibt es überall, wer sonst nichts kann,
schreibt ein Journal", hatte der Aufklärer Knigge schon 1785 gemeint. „Wer
ernten wollte, ohne gesät zu haben, wurde Literat", meint Riehl nach 1848 und
analysiert wissenssoziologisch den „Proletarier der Geistesarbeit", die Opposition des Journalisten gegen den Staat und die bestehende Gesellschaft. Und die
robusteren Konservativen klagen, daß die Presse sich zu guten Teilen „in den
Händen der verkommensten Subjecte befindet, die religiös, sittlich und ökonomisch ruiniert auf nichts anderes als auf Auflösung und Umsturz speculieren"
oder realitäts- und erfahrungsblind sind (‚Historisch-politische Blätter‘ 1849).
Die Liberalen stellen dagegen den Glauben, daß unredlicher und unfähiger
Journalismus sich auf Dauer beim Publikum nicht halten könne. Lassalle formuliert dann die linke Kritik: die Journalisten – im übrigen lügenhaft, verkommen,
unfähig zum elementarsten Handwerk – reden in dem kapitalistischen Betrieb
Zeitung der größten Zahl der Käufer nach dem Mund, anstatt das Publikum
langsam zu einer großen Idee „hinaufzuheben". Mit dem Aufstieg der Presse
wurde der Streit um ihre „wahre" Funktion virulent.

Schließlich ist eine andere Kritik zu erwähnen, nicht an den Journalisten, sondern am Zeitungslesen, am Sich-Verlieren im Täglichen, im Vielerlei, am vor-
fabrizierten Verhältnis zur Welt, an der bloß vermittelten Erfahrung, wie sie von
Goethe über Burckhardt und Kierkegaard bis zu Nietzsche reicht. Der keineswegs konservative Immermann meinte in den 30er Jahren, daß die Lektüre der
Journale die Kultur verändert, einen wesentlichen Platz im Leben des Einzelnen
eingenommen und die Bedeutung der Familien zurückgedrängt habe; sie erzeuge die Prätention des Lesers, von allem unterrichtet zu sein und etwas zu verstehen, und mache damit die Oberflächlichkeit zum Signum der Zeit. Aber solcher
Art Medienkritik hat den Gang der Dinge nicht beeinflußt.

V. Die Revolution von 1848/49

1. Die Märzrevolution

Alle Spannungen und alle Hoffnungen des politischen und sozialen Lebens der Deutschen bündeln sich in dem Aus- und Aufbruch der großen deutschen Revolution von 1848/49.

Trotz der eschatologischen Revolutionsfurcht der Konservativen, trotz der Hungerrevolten von 1847: die Revolution in Deutschland kam unerwartet, und sie war nicht – von Aktivisten und Verschwörern – geplant; die Liberalen, die sie führten, hatten sie nicht gewollt, sie war nicht unausweichlich. Auslöser war die Februarrevolution in Paris. Die Auseinandersetzung der Bewegungs- und Beharrungskräfte war eine europäische Sache; auch die Deutschen lebten im Blick auf Europa, und auf Frankreich, das Modelland der Revolution zumal. Die Nachricht von den Pariser Ereignissen – am 24. Februar wurde der Thron von Louis Philippe auf dem Bastilleplatz verbrannt – war der Funke, der in die deutschen Spannungen einschlug und die Welle der Unruhe in Gang setzte. Das war der Anlaß. Aber die Revolution ist natürlich nicht importiert, sie ist auch ein deutsches Phänomen, aus deutschen Krisen und Problemen erwachsen, sie ist ein Teil der europäischen Revolution und hat doch ihre ganz spezifischen eigenen Inhalte und Ziele.

Was im März geschieht, das ist zunächst eine Kette von Revolutionen in den deutschen Einzelstaaten, zumal in den Hauptstädten, aber auch in manchen der größeren Provinzstädte, begleitet von sozialen Unruhen, vor allem auf dem Lande, teils gleichzeitig, teils nach Art einer Kettenreaktion überspringend; die Abläufe sind gleichartig und so die Forderungen, die vielen Revolutionen sind mittelbar und unmittelbar miteinander verbunden und bilden im Konsens von Wollen, Fühlen und Tun die eine deutsche Revolution, über die nicht nur geographisch sehr unterschiedlichen Schauplätze und Handlungszentren hinweg.

Typisch etwa der Revolutionsablauf in Baden. Am 27. Februar, unter dem Eindruck der Pariser Nachrichten, beschließt eine große Volksversammlung in Mannheim, auf der der Liberale Mathy und der Radikale Hecker noch gemeinsam auftreten, eine Petition zunächst an die Kammern. Man verlangt Volksbewaffnung, also Bürgerwehr, Miliz: das monarchische Heer soll nicht mehr das Waffenmonopol haben; man verlangt „Preßfreiheit", das Ende der Zensur, Freigabe der vollen politischen Öffentlichkeit, im Grunde: Ende des Parteiverbots; verlangt „Schwurgerichte", das heißt: Demokratisierung der Justiz, zumal bei politischen Vergehen – und: ein deutsches Nationalparlament. Das sind nicht mehr Forderungen, die nur Gesetze ändern; sie wollen das System, die Machtverhältnisse ändern, in Baden wie in Deutschland. Diese Forderungen sind in ähnlicher Form überall aufgenommen worden, es sind die klassischen „Märzforderungen". Am 1. März geht eine Deputation nach Karlsruhe, begleitet von einer Massendemonstration – das wird jetzt die Machtbasis einer Revolution: Stadtbürger, Gesellen, Arbeiter und Studenten, Bauern und Landleute aus dem ganzen Land, zum Teil mit der Eisenbahn herbeigeeilt, zum Teil bewaffnet, von großen Reden und dem Geist einer allgemeinen Verbrüderung beflügelt, tumultuös in der Nähe der Kammergebäude. Die zweite Kammer übernimmt die Märzforderungen und ergänzt sie: Verfassungseid des Heeres, Abschaffung der Feudalrechte, Ministerverantwortlichkeit. Der Großherzog widerstrebt zunächst, aber preußische Waffenhilfe lehnt er ab, und dann gibt er nach. Am 9. März bildet er aus den liberalen Parteiführern eine neue Regierung, die die Märzforderungen nicht nur anerkennt, sondern durchzuführen unternimmt. Das ist der neue Typus der „Märzregierung".

Überall im dritten Deutschland ist es ähnlich: Volksversammlungen; Demonstrationen, Adressen, Petitionen, Unruhe und Druck; die Regierungen wagen gemeinhin nicht, Polizei oder Militär einzusetzen; gelegentlich wird – wo Regierungen zögern oder nur halbe Konzessionen machen – ein Zeug- oder ein Rathaus gestürmt wie in München oder Frankfurt; an die klassischen Märzforderungen kristallisieren sich andere an: Neuwahlen, Liberalisierung des Wahlrechts, Verfassungsrevision, Bauernbefreiung. Die Monarchen nehmen zuletzt an, und sie setzen neue liberale Märzregierungen ein. Nur in München dankt der Monarch, Ludwig I. – autokratisch und nicht bereit, mit den neuen Kräften sich zu arrangieren –, zugunsten seines Sohnes Max ab.

Die Revolution griff auf die beiden Großstaaten über, die Bollwerke des alten Systems, auf Wien und Berlin zumal. Hier entschied sich vorerst das Schicksal der deutschen Revolution. In Wien hatte Metternich zunächst geglaubt, die französische Revolution und dann die italienische, international eindämmen zu können, und die Wiener, die wußten, was das kostete, stürmten die Banken, um Papiergeld einzulösen; aber das erwies sich als illusorisch, als die Revolution auf Deutschland und Ungarn übergriff. Die Wiener Liberalen, in Vereinen organisiert, brachten am 7. März eine Petition in Umlauf, die Studenten (die „Aula") eine etwas schärfer formulierte. Als die moderat oppositionellen niederösterreichischen Stände am 13. März über solche Forderungen berieten, kam es vor dem Landhaus zu einer Massendemonstration, zu Tumulten, einem Sturm auf das Landhaus. Das – zögernde – Eingreifen von Militär verschärfte nur die Spannung. In den Vorstädten kam es zu schweren Unruhen, einer Art „proletarischer" Revolution: Leihhäuser, Steuerämter und auch Fabriken wurden gestürmt, zum Teil auch Läden geplündert, Bürger und Bürgergarde stellten sich auf die Seite der Aufständischen; man forderte den Abzug des Militärs und den Rücktritt Metternichs. Die „Staatskonferenz" beugt sich. Man verzichtet auf die militärische Unterdrückung des Aufstands, man hat sein Selbstvertrauen verloren, ja beinahe die Handlungsfähigkeit, man läßt Metternich fallen, froh, ein Opfer gefunden zu haben – vielleicht kommt man mit einem reformkonservativen Kurs weiter, da wäre er nur hinderlich. Das Establishment ist brüchig und von inneren Gegensätzen erfüllt, das vergrößert die Chance der Revolution. Metternich hat nicht mit letztem Einsatz gekämpft, geschichtspessimistisch gibt er seine Sache verloren: er tritt zurück. Bei Nacht und Nebel flieht er, eben noch einer der mächtigsten Männer, nach England. Das Militär wird zurückgezogen, eine bürgerliche Nationalgarde und eine „Akademische Legion" werden genehmigt; ein zuerst hinhaltendes Verfassungsversprechen wird, nach einer neuen Belagerung der Hofburg, präzisiert; die Zensur wird aufgehoben. Die Regierung wird umgebildet, freilich nur im Rahmen des alten Beamtenestablishments.

Verlauf und Ergebnis der Märzwochen haben der Wiener Revolution einen spezifischen Charakter eingeprägt. Zum einen: in ihr spielte das radikale Element eine größere Rolle als anderswo. Die hauptstädtischen Massen der entstehenden Arbeiterschaft gaben der Revolution ein Teil ihres Gewichts, sie waren ein Potential der Radikalität. Nur in Wien sind die Studenten, vom Privilegien- und Kastenwesen des bisherigen Systems besonders betroffen, so selbständig und so führend hervorgetreten, radikaler als die bürgerliche Mitte, und sie haben mit der Akademischen Legion ihren Einfluß einstweilen konsolidiert. Das bedeutete, die Radikalen schieden nicht, wie sonst, aus der Führung der Revolution aus. Darum hat sich in Wien die Dialektik von Radikalismus und Gegenrevolution schärfer ausgeprägt als überall sonst – mit weitreichenden Folgen für die Deutschen insgesamt. Zum anderen: die Staatsführung machte zwar Konzessionen, vor allem stellte sie angesichts der drohenden Agrarrevolution die Agrarreform in Aussicht, aber es kam – einstweilen – nicht zu einem Märzministerium, das eine bürgerliche Reform im Rahmen der Monarchie in Angriff nahm. Gerade deshalb kam es in Wien nicht zu einer zeitweiligen Konsolidierung der Revolution – sie trieb mit Bürgerausschuß und Demokratischem Klub, Nationalgarde und Legion weiter, auch deshalb behielt die Linke ihre Position. Als die Regierung am 25. April eine Verfassung vom belgischen Typ und ein beschränktes Wahlrecht vorschlug, erhob sich wilder Protest: das konnte doch nicht Sache der Regierung sein; sie mußte am 15. Mai eine Nationalversammlung – zur Ausarbeitung der Verfassung – und das allgemeine Wahlrecht zusagen, der Nationalgarde und der Legion Zugeständnisse machen. Der Hof „floh" am 17. Mai aus dem radikalen Wien nach Innsbruck und gewann damit wieder ein Stückchen Handlungsfreiheit. Der Versuch der Regierung in Wien, die Macht der Studenten einzuschränken, scheiterte, statt dessen wurde ein „Sicherheitsausschuß" unter Führung des eher gemäßigt-radikalen Studenten Adolf Fischhof installiert – das war eine Art Nebenregierung. Die Regierung selbst wurde demokratisiert; einer der Führer der bürgerlich-demokratischen Opposition, ein Mann der Barrikade, Alexander Bach, wurde Justizminister.

Aber der Kaiserstaat war nicht nur von der Revolution in Wien erschüttert, sondern erst recht von den nationalen Revolutionen seiner Teilgebiete: der Bestand dieses Reiches überhaupt stand in Frage. Die italienischen Provinzen hatten sich erhoben und selbständig gemacht, Piemont hatte den Krieg eröffnet, England und Frankreich begünstigten die italienische Revolution. Das revolutionäre Ungarn schien sich aus dem Gesamtstaat herauszulösen. Auch in Prag

hat es im März eine Revolution gegeben. Sie war, wie überall, liberal-konstitu-
tionell, mit sozialen Einschlägen, aber sie war auch böhmisch: sie forderte Autonomie und Mitbestimmung der Stände und Vereinigung der Länder der Wen-
zelskrone, d. h. Anschluß Mährens und Schlesiens – diese Länder wollten davon
freilich wenig wissen. Anfangs wirkten Deutsche und Tschechen durchaus zusammen, Prag war ja noch eine stark deutsche Stadt. Aber diese Gemeinsamkeit
zerfiel, der nationale Gegensatz wurde zum Sprengsatz. Machtansprüche und
Bedrohungsgefühle, Gleichberechtigung oder Dominanz der Tschechen in einem autonomen Böhmen, soziale Spannungen, die angesichts der größeren
„Bürgerlichkeit“ der Deutschen einen nationalen Ton annahmen – das schob
sich in den Vordergrund; die ständische Adels„partei“, mehr böhmisch als tschechisch, verband sich mit den bürgerlich-tschechischen Kräften; das lief gegen
die deutsch-böhmischen Interessen. Entscheidend wurde dann, daß die Deutschen an der gesamtdeutschen Neuordnung teilnehmen wollten, die Tschechen
aber nicht, darüber konnte es keine Verständigung mehr geben; davon werden
wir gleich erzählen.

Die österreichische Regierung war angesichts der Revolution wie der Exi-
stenzkrise des Gesamtstaates in einer schwachen Position. Das bedeutete für die
Deutschen insgesamt: Österreich fiel einstweilen als handlungsfähige Macht, als
Gegner wie als Partner einer deutschen Politik aus.

Schließlich die Revolution in Preußen. Anfang März gab es Agitation und
Unruhen im Rheinland. Eine Versammlung von über 5 000 Menschen in Köln
(3. März) forderte, von dem kommunistischen Arzt Gottschalk bestimmt, nicht
nur das Übliche, sondern ganz radikal: Gesetzgebung und Verwaltung durch
das Volk und seine revolutionären Ausschüsse, ja Schutz der Arbeit, Sicherheit
der Lebensbedürfnisse; Militär löste die Demonstration auf. Daneben und dagegen gab es dann eine liberale und auch eine linksliberale Petition, zumal die liberale fand auch in anderen Provinzen Resonanz. Aber in Preußen kam es auf
Berlin an. Seit dem 7. März kam es hier zu einer Kette von erst kleinen, dann immer größeren Volksversammlungen „in den Zelten“ im Tiergarten, wo Adressen
mit den üblichen Forderungen verabschiedet wurden; die Unruhe wuchs; sozialrevolutionäre Protesttöne traten hinzu und die Empörung darüber, daß das Militär strategisch wichtige Punkte besetzt hatte. Am 13. März abends kam es zuerst zu Zusammenstößen zwischen Militär und Demonstranten, zu Barrikadenbau und Straßenkämpfen, schließlich zu den ersten Todesopfern. Bürgerdepu-
tationen forderten die Zurückziehung der Truppen; der König, unsicher und
unter dem Eindruck des Sturzes von Metternich, entschloß sich endlich zur
Verständigung: am 18. März verfügte er die Aufhebung der Zensur, die Einberufung des Vereinigten Landtags und versprach Verfassung und Reorganisation
des Bundes. Eine große Volksmenge vor dem Schloß, ursprünglich gewillt, auf
Annahme der Forderungen zu drängen, dankt dem König mit lauten Ovatio-
nen, aber die Bajonette irritieren, es ertönen einzelne Rufe nach dem Abzug der
Soldaten. Darauf geht Befehl an die Truppen, den Platz zu räumen, einzelne
ungezielte Schüsse lösen sich, der Ruf „Verrat“ und „Zu den Waffen“ ist die

Antwort – die Kämpfe beginnen von neuem. Das war freilich mehr als ein unglücklicher Zufall, Mißverständnis oder Kopflosigkeit. Das war der Grundkonflikt der Berliner Revolution, der Konflikt zwischen Zivil und Militär. Die Frage Abzug oder Verbleib der Truppen war die Frage nach Substanz und Seele der preußischen Monarchie, nach der unantastbaren Autorität des Königs, gegründet auf das Königliche Heer. Der Ruf „Militär weg" bedeutete: der König sollte dem Militärstaat abschwören, sollte Bürgerkönig werden – das revolutionierte die Grundlage des preußischen Staates.

Die ganze Bevölkerung Berlins war in Aufruhr, von Hausbesitzern bis zu Arbeitern. Hunderte von Barrikaden wurden errichtet, und es kam zu erbitterten Straßen- und Häuserkämpfen; es gab mehr als 230 Tote. Die Truppen drangen, zum Teil mit dem Einsatz von Artillerie, vor. Aber in der Nacht zum 19. März änderten sich die Entschlüsse. Der Befehlshaber, der General von Prittwitz, zweifelte an der Moral und der Fähigkeit seiner Truppen für den Straßenkampf, wollte die Stadt lieber von außen belagern. Der König, von den Ereignissen erschüttert, schwenkt um. Alles sei, so erklärt er in einem Aufruf ‚An meine lieben Berliner', ein unseliger Irrtum; er zieht die Truppen zurück, er kapituliert vor der Revolution. Am 19. März ehrt er die Toten der Revolution; die Bürgerwehr wird aus dem Zeughaus mit Waffen versehen und bewacht jetzt das Schloß. Der Bruder des Königs, der Prinz Wilhelm, der vielgehaßte Protagonist der Militärpartei, muß Berlin verlassen, nach England ausweichen. Der Zusammenbruch der alten Ordnung scheint eindeutig, die Revolution des Volkes hat die bisherige Autorität auch im stärksten Militärstaat Deutschlands niedergeworfen. Am 21. März reitet der König, mit Prinzen und Ministern, mit schwarz-rot-goldenen Armbinden feierlich durch Berlin; er verbittet sich zwar den Ruf: „Es lebe der Kaiser von Deutschland", aber neben der königlichen Gruppe geht der Tierarzt Urban mit langem Bart und wallenden Locken und trägt eine gemalte Kaiserkrone. In einer Rede bekennt sich Friedrich Wilhelm zur deutschen Einheit, zur Freiheit und zur Verfassung: „Preußen geht fortan in Deutschland auf." Sollte das der neue Beruf Preußens, der neue Beruf der Monarchie sein? Jedenfalls war es ein Versuch, unmittelbar nach der Niederlage eine Politik moralischer Eroberung einzuleiten, eine deutsche Politik. Am nächsten Tag präzisierte der König das Verfassungsversprechen; am 29. März berief er ein März-Ministerium unter Führung der beiden rheinisch-großbürgerlichen Liberalen Camphausen und Hansemann. Das war ein eigentümlicher Sieg des neuen preußischen Westens über den alten junkerlichen Osten. Das Ministerium sollte auf dem Wege der Vereinbarungen zwischen Königtum und bürgerlicher Bewegung Preußen in eine konstitutionelle Monarchie und eine bürgerliche Gesellschaft umformen. Als der König freilich am 25. März in Potsdam die Offiziere der Garde aufforderte, den Geist der Zeit voll anzuerkennen – „ich bin niemals freier und sicherer gewesen, als unter dem Schutze meiner Bürger" –, löste das Murren aus. Ultraroyalisten warteten auf den Befehl zur Gegenrevolution. Bismarck wollte sie mit Bauern und Militär organisieren, im Namen des Prinzen Wilhelm; einer der Generale wollte ihn darum wegen Hochverrats verhaften.

Aber der König nahm die Bereitschaft der Armee zur Gegenrevolution nicht an; die Offiziere, preußischer und monarchischer als ihr König, standen da wie „begossene Pudel". In dieser Divergenz zwischen König und Heer lag eine der Chancen der Revolution. Der König blieb bei seiner politischen Entscheidung, unsicher gewiß, aber zuerst setzte er auf eine deutsche Politik und darauf, die radikaleren Strömungen isolieren zu können.

Soviel zu den Ereignissen. Wir fragen noch etwas genauer nach den Zielen und nach den Trägern dieser Revolution. Die „Märzforderungen" sind, von Vorformulierern ausgesprochen, nur ein karger, nicht immer ganz verstandener, ein eher symbolischer Ausdruck dessen, was das Volk bewegte. Jeder mochte sich anderes unter diesen Forderungen vorstellen, mochte an andere Beschwernisse anknüpfen, andere Erwartungen an eine neue Ordnung hegen. Aber es gab ein gemeinsames Grundgefühl: den Unwillen über die bestehende Herrschaftsordnung, über diesen Staat. Das war der Obrigkeitsstaat, der Staat der bürgerlichen Bevormundung, der Ämter und der umständlichen Prozeduren, der Gerichte, der Staat der Soldaten, der Zöllner, der Gendarmen, der sich auf Befehl und Gehorsam, auf Verbot und Erlaubnis gründete, Pflichten setzte und wenig Rechte gewährte, der Staat, der Jugend und Studenten, Handwerker, Arbeiter, kleine Leute dauernd kontrollierte, maßregelte, schikanierte. Der Staat, der das freie Reden hinderte und die kritischen Wortführer der Volksstimmung mit Zensur, mit Prozeß, mit Emigration bedrohte. Der Staat der Steuern, zur Finanzierung von Hof und Militär vor allem, über die man zu wenig zu sagen hatte. Der Staat endlich der dynastischen und vor allem feudalen Privilegien, die drückten und das Gerechtigkeitsgefühl verletzten. Gewiß, politisch und rechtlich ging es den Deutschen weit besser als 1789. Sie waren weniger gedrückt und geduckt, weniger ungerecht behandelt, weniger ausgepreßt, Freiheit und Sicherheit waren größer, und die Achtung der Menschenwürde – es gab weniger Prügel –; Korruption und Verschwendung der Herrschaft waren entschieden geringer; aber – die Maßstäbe hatten sich geändert, das Selbstbewußtsein war gewachsen, das kehrte sich gegen das alte System. Es war ein lang aufgestauter, ein gärender Unmut, der nun zur Explosion kam. Der Unwillen war größer als die positive Zielbestimmung, aber die Herrschaftsordnung sollte freiheitlicher, sollte volkstümlicher werden, das war gewiß. Und Verfassung und Mitbestimmung waren die Symbolworte einer neuen Ordnung. Darum sammelte sich das Volk hinter den von schmaleren politischen Bürgerschichten vorgebrachten liberal-demokratischen Forderungen und verlieh ihnen revolutionäres Gewicht. Und das alles galt für die Staaten ohne wie für die mit Verfassung – auch sie waren obrigkeitlich, waren nicht-volkstümlich, nicht freiheitlich. Die frühen Verfassungen wirkten nicht, wie ihre Schöpfer gedacht hatten, als Ventile, das Verweigern der Verfassung wirkte nicht als Damm. Vor der Revolution wurde dieser Unterschied gleichgültig.

Verfassung also als Leitwert. Und dann: Nationalstaat. Das ist ganz erstaunlich. Denn das nationale Ziel war doch viel weniger konkret auf den Alltag bezogen; die Logik des Zusammenhangs von Freiheit und Einheit war für die

Normalbürger eher abstrakt, identitätsbekümmert waren doch nur die Gebildeten. Aber es ist ein Mißverständnis des Politischen, nur nach unmittelbaren Interessen und Erwartungen zu fragen. Für das städtische Volk war das nationale Ziel eine Selbstverständlichkeit geworden. Gewiß, der nationale Staat stand auch symbolisch für Freiheit und Bürgerstaat, gegen den bösen Bund und die heimische Obrigkeit zugleich. Aber die Nation war auch eine Wirklichkeit sui generis, ein Zweck an sich.

Zu diesen Zielen gehört die eigentümliche Stimmung der Revolution, von der alle Berichte voll sind: die Stimmung des Aufbruchs, des „Frühlings", wie man gerne sagte, der großen, wenn auch unbestimmten Erwartungen und Hoffnungen, daß nun alles neu werde und besser. Da sind Jubel, festliche Umzüge und Bankette, das Gefühl der Zusammengehörigkeit – man umarmt sich auf offener Straße –, der eigentümliche Drang, immer auf der Straße zu sein, in Bewegung sozusagen, der Wunsch etwas zu tun, etwas Gemeinsames vor allem, und da man nicht recht weiß, was, mündet das oft in den Wunsch, die Waffen zu ergreifen, Soldat zu sein, in die Bürgerwehr zu gehen. Die Erwartung einer neuen Zeit und die Bereitschaft zu handeln, das bestimmt nicht nur die Atmosphäre, sondern auch den Charakter dieser Revolution.

Wir fragen weiter nach den sozialen Zielen und Ursachen der Revolution, und das führt zur Frage nach ihren Trägern. Die Revolution ist begleitet von sozialen Bewegungen, ja verquickt mit ihnen. Am wichtigsten sind die bäuerlichen Unruhen dieser Märzwochen. In Österreich stand die Bauernbefreiung noch aus. Im Gebiet der Grundherrschaft, in Süd- und Mitteldeutschland, war die Ablösung der herrschaftlichen Lasten aufgeschoben, steckengeblieben, unvollendet; das galt in besonderem Maße für die Gebiete der Standesherren, zumal sie mit Hilfe ihrer öffentlichen Rechte vielfach noch eine Art Unterlandesherrschaft darstellten. Zugleich war aber in den Verfassungsstaaten des dritten Deutschland das Selbstbewußtsein, die Politisierung der Bauern, weiter gediehen. Im März erhebt sich in weiten Gebieten, zumal Südwestdeutschlands, der hessischen Staaten, dann auch Thüringens und Frankens, eine große Bauernrevolution. Sie richtet sich gegen den grundherrlichen Adel und gegen die großen Standesherren – die Hohenlohe und Neipperg, die Fürstenberg und Leiningen z. B. – besonders vehement, aber auch gegen die staatlichen Domänen-, Forst- und Steuerämter und – gegen die kreditgebenden Juden. Das läuft oft noch in den Formen des Bauernkriegs ab; spontane Demonstrationen, Zug vor das Schloß oder das Amtshaus, wo man die Herausgabe der Akten verlangt, um sie zu verbrennen; in Weinsberg erklären 500 Bauern, als ihnen ein verschüchterter Amtmann den Schlüssel zum Weinkeller anbietet: „Wir sind nicht gekommen, zu essen und zu trinken, wir wollen nichts, gar nichts, als die Akten verbrennen, die uns an den Bettelstab bringen, und dann wollen wir zum Könige und ihm unsere Not und Armut erzählen." Nicht immer geht es so ordentlich zu, es gibt auch Plünderungen, Zerstörungen, Brandstiftungen, Gewalt also, mit dem Ziel freilich, möglichst schnell die Kapitulation der staatlichen oder feudalen Gewalten zu erzwingen. In Nassau ziehen viele tausend Bauern nach Wiesbaden und verlangen die Überführung der fürstlichen Domänen in Staatseigentum und dann ihre Aufteilung – und manche kommen dann mit Geldsäcken auf die Ämter, um sich ihren Anteil zu holen; „Sicherheitsausschüsse" auf den Dörfern setzen Schultheißen und Förster ab. Die Bauern stellen hier, einstweilen, das Steuerzahlen ein, und sie eignen sich Waldnutzung und Jagdrecht an; ganze Dörfer ziehen dann, mit verrosteten Flinten oft, zu riesigen Treibjagden aus.

Diese Revolution des Landes ist eine Revolution der Bauern gegen die Herren und den Staat. Die dörfliche Armut, die sozialen Gegensätze im Dorf, sie spielen dabei keine Rolle; es sind nicht die Landarbeiter und nicht die unterbäuerlichen Schichten, die Revolution machen.

Die Agrarrevolution bleibt fast ganz auf die beschriebene Zone des alten Deutschland beschränkt. In Preußen bleibt das Land im wesentlichen ruhig, nur in Schlesien kommt es zu erheblichen Unruhen – mit Einschluß hier auch der kleinbäuerlichen Zwischenschichten. Aber Schlesien war die Provinz, in der die Bauernbefreiung am meisten durch Verzögerung und Einschränkungen aufgehalten war. In Österreich war die potentielle Agrarrevolution immerhin eine wirksame Drohung, die die Agrarreform erzwang.

Die Bauernrevolution wäre ohne die Stadtrevolution am Anfang nicht zustande gekommen. Sie war dann eine eigenständige soziale Revolution, mit eigenen Motiven und Zielen, mit eigener Dynamik. Aber politisch fügte sie sich in die liberale Bürgerrevolution ein. Bauern und Bürger wollten die alte feudale Ordnung abschaffen, wollten freies Eigentum. Freilich, die Vehemenz der Bauern war größer, ihre Methoden waren radikaler. Sie wollten bäuerliches Eigentum, aber um historische Eigentumsrechte, um Gesetz und Ordnung scherten sie sich dabei nicht. In einem Land, dessen Bevölkerung noch zu zwei Dritteln auf dem Lande lebte – und das keine Hauptstadt hatte –, waren Gewalt und Gewaltbereitschaft der Bauern ein wesentlicher Teil der Massenbasis und der Durchschlagskraft der bürgerlichen Revolution, auch wenn die Liberalen diese Gewalt nicht mochten. Die Märzminister haben auf der einen Seite sich von Aufruhr und erzwungenem Eigentumsverzicht distanziert – Heinrich von Gagern zerriß in der Kammer in Darmstadt eine solche Erklärung –, ja sie militärisch unterdrückt. Aber sie versprachen sofort, die bäuerlichen Forderungen nach Grundentlastung und Aufhebung der Adelsprivilegien zu erfüllen und nahmen das in Angriff. Die Bauern haben schnell erreicht, was sie wollten. Das hat eine ganz wichtige Folge: die Bauern scheiden aus der Revolution wieder aus. Sie denken in ihrem konkreten und lokalen, dörflichen Horizont und nicht im staatlich-nationalen der Städter, sie bleiben partikular. Als sie haben, was sie wollen, zeigt sich, daß sie der liberalen wie der demokratischen Politik, der Politik von Städtern eben, fremd gegenüberstehen. Im Frühjahr 1848 sind die Bauern einer der Treibsätze der Revolution, aber dann muß die Revolution ohne sie weiterleben, sich konsolidieren oder untergehen.

Auch bei den städtischen Revolutionen spielen sozialer Protest und sozialrevolutionäre Motive eine Rolle. Wir haben von den arbeitenden Klassen und der Not der Pauperismuskrise der 40er Jahre erzählt; noch klaffte die Schere zwischen Bevölkerungswachstum und stagnierendem Arbeitskräftebedarf, noch steckten Fabrik und Fabrikarbeiterschaft erst in den Anfängen. 1846/47 hatten infolge von Mißernten schwere Agrar- und Hungerkrisen Deutschland (und Europa) betroffen. Steigende Nahrungsmittelpreise, sinkende Kaufkraft, sinkender Absatz und sinkende Produktion im Gewerbe, Anstieg der Unterbeschäftigung – das war die durch eine industriell-kommerzielle Rezession verschärfte Lage. Dieser Hintergrund verschärfter Not war ein wesentlicher Faktor der Revolutionsbereitschaft und -neigung: es muß anders werden, die politischen und die sozialen Machtverhältnisse sind schuld an der Not, sie müssen geändert werden, das war eine verbreitete Meinung. Zur Revolution im März gehören sozial motivierte Unruhen der arbeitenden Klassen. Ein gut Teil ihres Protestes richtet sich – altmodisch – gegen Fabrik und Maschine: so in Mannheim, Hanau und Mainz, in Leipzig, Schmalkalden und anderen thüringischen Orten, in Solingen, Krefeld und anderswo im Rheinland; Maschinen werden gestürmt von Arbeitern und Handwerkern, Dampfschiffe und Eisenbahnanlagen von Fuhrleuten und Schiffern. Die Krefelder Seidenweber wollen im Rahmen einer Innung die Webstühle aufteilen, keiner soll mehr als vier haben: kleingewerbliche Privatisierung der Produktionsmittel. Aber das war alles stark lokal, kein großes Revolutionsprogramm gegen Staat oder bürgerliche Gesellschaft im ganzen, mehr Begleiterscheinung und Unterströmung als eine eigene Sozialrevolution. Die sächsischen, die bergischen und die Mehrheit der niederrheinischen Textilarbeiter z. B. blieben fast ganz ruhig.

Anderes ist in diesem Zusammenhang wichtiger. Die Arbeiter in den Großstädten nahmen teil an der Revolution, in Köln, in Mannheim, in Wien. In Berlin traten sie noch nicht bei der Versammlung vor dem Schloß auf, aber dann riefen Studenten die Arbeiter von Borsig herbei; sie ließen sich ihren Wochenlohn auszahlen, und dann kamen sie mit Äxten bewaffnet zum Barrikadenbau. Aber in der Folge sind die Fabrikarbeiter nicht mehr von der Masse der Tagelöhner und Armen zu unterscheiden: das war ein Reservoir von Unruhe, leichter bereit, über die Grenzen polizeilich-legaler Ordnung hinweg zu gehen, zu demonstrieren und auf die Barrikaden zu gehen. Aber das galt auch für die randbürgerlichen Handwerker, die proletarisierten Kleinmeister, die unruhigen Gesellen, die vom Niedergang des Handwerks und dem Aufstieg der Fabrik zugleich bedroht waren. Sie waren in besonderer Weise aktiv und mobil, neuen Ideen aufgeschlossen, oppositionell- sie gerade waren überall ein tragendes Element der Revolution. Unter den Toten der Berliner Märzkämpfe finden sich besonders viele Tischler, Schlosser und Schneider, in diesem Falle Handwerker, die an der Grenze zur Lohnarbeit standen. Diese unter- und randbürgerlichen Massen nehmen an der bürgerlichen Revolution teil, sie geben ihr Resonanz, Trieb- und Durchschlagskraft. Aber die soziale Not und die Unruhe der arbeitenden Klassen ist nicht die Ursache der Revolution.

Man kann auch sonst noch soziale Trägergruppen der Revolution ausmachen: die Intellektuellen etwa, die Journalisten, Literaten, Buchhändler, Extheologen und auch Studenten. Sie haben die Revolution nicht gemacht, aber als sie einmal da ist, spielen sie, zumal auf dem radikalen Flügel, ihre besondere Rolle. Unter den eigentlichen Bürgern sind generell an Aufruhr und Kampf die jüngeren und kleineren mehr als die etablierten, besitzenden und gebildeten beteiligt. Aber es bleibt eine gemeinbürgerliche Revolution.

Man hat von rechts wie links versucht, die Dinge anders zu erklären. Eigentlich, so meint man, machen die kleinen Leute, die Gesellen und Arbeiter, die Studenten, die Bauern die Revolution aus sozialen und nicht aus politischen Antrieben. Ja, eigentlich gibt es zwei Revolutionen: die vor allem sozial geprägte Revolution der Massen, die die Bresche schlagen, und die Revolution der Honoratioren, der Bürger von Besitz und Bildung, die dann mit dem liberalen Programm hinzutreten und sich an die Spitze setzen – um die Regierungen mit der nun einmal vorhandenen revolutionären Gewalt auf ihren Kurs zu zwingen, aber auch um die Revolution zu kanalisieren und einzudämmen, die Ordnung wiederherzustellen, den sozialen Umbruch abzuwenden. Aber das ist eine Konstruktion. Gewiß haben die liberalen Honoratiorenpolitiker die Revolution nicht gewollt, und gewiß wollen sie sie zugleich benutzen und kanalisieren; aber es gibt nicht zwei Revolutionen. Die politischen Forderungen sind von Anfang an die Hauptsache; die Oppositionsführer des Vormärz sind von vornherein die anerkannten Führer, sie sagen, was auch die Masse will. Die sozialen Kräfte und Interessen – zwischen Bauern, Handwerkern, Arbeitern – sind heterogen und nur in ihrem politischen Ziel geeint. Die sozialen Motive haben der Revolution Resonanz und Schwerkraft gegeben, und sie haben wesentlichen Anteil an ihrem Erfolg, sie haben sie eingefärbt. Das Politische ist nicht simpel vom Sozialen zu trennen, es geht um Priorität und Akzentuierung. Aber die Revolution war nicht primär die von ausgebeuteten und unterdrückten Klassen, sondern entsprang dem Anspruch einer weitgefaßten Bürgergesellschaft auf freiheitlich-volkstümliche Neuordnung von Staat und Gesellschaft. Wenn man von dieser Haupttatsache ausgeht, dann kann man freilich sagen, daß in den sozialen Antrieben der Märzrevolution die Tendenz steckte, über die liberalen Märzforderungen hinauszugehen. Da steckte ein radikaleres Potential. Die Erwartungen der Beteiligten an die Revolution waren jedenfalls in der Akzentsetzung unterschiedlich. Die egalitären Forderungen der Radikaldemokraten und die Forderungen der Sozialisten nach Sicherstellung der menschlichen Bedürfnisse fanden im städtischen Sozialprotest eine Basis. Das wurde ein Problem der Weiterentwicklung der Revolution. Die Führer des liberalen Bürgertums waren sich dieses Problems zumeist bewußt; sie fürchteten, von französischen Beispielen und der Krisendiskussion der 40er Jahre geleitet, die soziale Radikalisierung der Revolution. Die soziale Revolution war nicht das Faktum des März, aber sie war eine Möglichkeit. Diese Möglichkeit hat – in Sorge und auch Furcht – die Politik der Märzminister und der liberalen Mitte mitbestimmt. Das war die eigentliche Bedeutung des sozialen Komplexes.

Nehmen wir die Ergebnisse der Märzereignisse, so müssen wir drei Dinge festhalten.

1. Es ist erstaunlich, wie schnell und vollständig die alten Gewalten kapitulier-

ten; sie gaben auf, ohne entschlossene Gegenwehr; die Restauration brach wie
ein Kartenhaus zusammen. Selbstvertrauen und Widerstandsfähigkeit der alten
Gewalten waren von einem schier unwiderstehlichen Erdbeben wie gelähmt, ja
das Bewußtsein ihrer Legitimität schmolz dahin. Gewiß, die Revolution „machte
vor den Thronen Halt", wie jede erste Revolution in Europa; das entsprach dem
monarchischen Sinn der Mehrheit, den liberal-bürgerlichen Vorstellungen von
Kontinuität und Vereinbarung. Die Monarchie also blieb erhalten, in gewisser
Weise deshalb, weil sie so schnell kapituliert hatte. Sie war schwach, aber sie war
nicht grundsätzlich entmachtet; die Frage, wo denn die Macht jetzt und künftig
und auf Dauer liege, blieb in der Schwebe. Keiner der Monarchen dachte an
Gegenrevolution, aber die Monarchie blieb ein Potential der Gegenrevolution.
Einstweilen setzten die Monarchen – gegen eine Radikalisierung der Revolu-
tion – auf den konstitutionellen Kompromiß. Ehe man die Revolution tadelt,
weil sie vor den Thronen stehen blieb, muß man bedenken, daß die französische
Revolution von 1848 zwar die Monarchie abgeschafft hat, aber im cäsaristischen
Kaisertum Napoleons III. endet.

2. Der Sieg der Revolution – das war eine Kette von Siegen in den Einzelstaaten. Die Staaten – die Hauptstädte, die Regierungen, die Parlamente – waren
lauter kleine Zentren der Revolution, und überall gab es eine eigene Position zur
Konsolidierung der Revolution wie zur Neuordnung Deutschlands. Kurz, die
Revolution war dezentralisiert – wie es im staatenbündischen Deutschland nicht
anders zu erwarten war –, das wurde zu einer ihrer großen Belastungen.

3. Das Ergebnis der Märzrevolution ist nicht der Totalumsturz der Machtverhältnisse, der Monarchie, der Verfassung, wo es sie gab. Aber es ist eine fundamentale Reform, ein Systemwechsel. Es wird zur pragmatischen Selbstverständlichkeit, daß die vom Monarchen berufene Regierung in Übereinstimmung mit
dem Parlament regiert. Und die Regierungen nehmen die Erweiterung der politischen Freiheit, des Wahlrechts, der Rechte der Kammern, der Selbstverwaltung, die Reform der Justiz und die Agrarreform mit Energie in die Hand. Die
Märzminister hatten die Revolution nicht gewollt, und sie liebten sie nicht. Aber
allein die Gewalt hatte sie in die Führung getragen, allein die Revolution war die
Basis der nun erstrebten Evolution. Sie waren Geschöpfe der Revolution, aber
sie wollten nicht länger Revolutionäre sein, in ihrer Legitimität von der Revolution abhängig. Sie wollten die Revolution kanalisieren und konsolidieren. Das
war ihr Realismus, ihre Ambivalenz, ihre Tragik. Sie stellten sich auf den Boden
der Kontinuität und der Gesetzlichkeit – nicht auf den Boden der alles neu machenden Revolution; sie wollten Chaos und Radikalisierung verhindern; sie
wollten Ordnung und Reform zugleich, wollten die Revolution gerade dadurch
in dauernde Errungenschaften überführen, daß sie sie nicht weitertrieben. Die
Revolution soll zu Ende sein, es gilt, ihre Früchte einzubringen; die Revolution
hat gesiegt, es lebe die Reform – das war die liberale Strategie. Das war auch die
Strategie der Vereinbarung und des Kompromisses – aber sie schien angesichts
der Schwäche der alten Gewalten aussichtsreich wie nie. Die Strategie der sich
ausbildenden Linken – Fortsetzung der Revolution, um das Erreichte gegen die

alten Mächte zu sichern – schien geradezu lebensgefährlich; die Volksbewaffnung – so kalkulierten die Liberalen – sicherte genugsam gegen eine unwahrscheinliche Reaktion der geschwächten alten Mächte.

2. Der Weg zur Paulskirche

Die Revolution hat die deutschen Staaten revolutioniert. Aber sie zielte darüber
hinaus auf einen deutschen Nationalstaat und ein deutsches Parlament. Das war
– ohne Vorbild, ohne Anknüpfungspunkt – das Parlament der Revolution, war
ihr Geschöpf. Auf welchem Wege man zu dieser Nationalversammlung und zur
Neuordnung Deutschlands kommen wollte, darüber gab es unterschiedliche
Vorstellungen.

Am 5. März schon trafen sich in Heidelberg 51 Politiker, vornehmlich aus
dem Südwesten, um – kraft der Autorität der Revolution – die nächsten Schritte
zu beraten. Hier trat nun der Gegensatz zwischen Liberalen und Demokraten
sofort deutlich in Erscheinung. Hecker und Struve, die Demokraten, wollten
eine deutsche Republik, und sie wollten, daß die Nationalversammlung ‚allein‘
die Verfassung gebe und oberstes Staatsorgan sei. Heinrich von Gagern und die
Liberalen wollten eine konstitutionelle Monarchie, und sie wollten die Frage
nach der Kompetenz der Nationalversammlung und die Möglichkeit einer Vereinbarung mit den Regierungen offenhalten. Man ließ den Dissens unentschieden. Man forderte die Regierungen auf, Wahlen auszuschreiben, und man berief gleichzeitig eine neue Versammlung, aus allen jetzigen und früheren Abgeordneten vor allem, nach Frankfurt ein, die Wahlen vorbereiten und durchsetzen sollte. Das war ein revolutionäres Organ: das „Vorparlament". Kurz darauf
beschloß das bestehende gesamtdeutsche Organ, der Bundestag, inzwischen
von den Märzregierungen instruiert, einen „17er-Ausschuß" aus „Männern des
öffentlichen Vertrauens" zu berufen, der ab Ende März über eine Bundesreform
beriet. Der Versuch einiger liberaler Regierungen des Südwestens, und zumal
der Brüder Gagern, die deutschen Regierungen auf diplomatischem Wege für
eine sofortige Bundesreform und die Übertragung einer vorläufigen Exekutive
an Preußen zu gewinnen, scheiterte, vor allem an Bayern und Preußen. Das war
der Versuch, im Handstreich gleichsam und von oben, die revolutionäre Bewegung und die Regierungen schnell zu einem handlungsfähigen Ganzen zusammenzufassen – die Revolution ebensowohl zu konstitutionalisieren wie zu kanalisieren, auf kleindeutscher Grundlage. Das aber hatte keine Aussicht.

Zwischen dem 31. März und dem 3. April beriet das Vorparlament in der
Frankfurter Paulskirche: 574 Abgeordnete, noch immer vornehmlich aus dem
Südwesten, dem Süden und Westen; zwei Drittel der preußischen Vertreter kamen aus dem Rheinland; aus Österreich waren nur zwei anwesend. Aber niemand zweifelte an der moralischen Autorität der Versammlung. Hier stießen
nun liberale und demokratische Vorstellungen schärfer aufeinander. Die Liberalen wollten zuerst eine Vorentscheidung über ihr konstitutionelles Programm –

„Freiheit, Volkssouveränität und Monarchie", wie Gagern formulierte –; dieses Programm wollte man dann im Sinn einer „Vereinbarungs"strategie mit dem Bundestag durchzusetzen suchen, denn er sei „die einzige wirkliche bestehende Autorität in Deutschland". Struve stellte für die Radikalen den Gegenantrag: Abschaffung der Monarchie, Errichtung der Republik und zudem: Aufhebung der bestehenden Heere, des Berufsbeamtentums und – der Klöster, dazu „Schutz der Arbeit"; das Vorparlament sollte sich zur permanenten Institution machen und einem Vollzugsausschuß die Exekutive übertragen. Das war die Strategie der fortdauernden Revolution – gegen Vereinbarung mit Regierungen und Bundestag stellte sie die Etablierung eines revolutionären „Konvents", der alle Macht an sich ziehen sollte. Beide Gruppen aber verzichteten dann darauf, die Entscheidung der Nationalversammlung durch das nicht gewählte Vorparlament zu präjudizieren; das Prinzip der demokratischen Legitimität verhinderte solchen Vorgriff entschlossener Avantgardisten. Relativ rasch einigte man sich über die Wahlen. Außer den Ländern des Deutschen Bundes sollten Ost- und Westpreußen wählen; die Frage Posen ließ man offen. Man entschied sich für die Mehrheitswahl und für das gleiche und allgemeine, freilich indirekte Wahlrecht; im Protokoll war von allen „Selbständigen" die Rede, aber das Problem blieb unausdiskutiert. Der erneute Antrag der Linken, die Versammlung möge sich für permanent erklären, wurde mit 356 : 142 Stimmen wieder abgelehnt. Das war ein Sieg der Liberalen. Sie wollten nicht die Revolution weitertreiben, sondern deren Ziele durch Vereinbarungen und in Anknüpfung an die bestehenden Rechtsverhältnisse erreichen. Gewiß, die Nationalversammlung sollte „einzig und allein" über die Verfassung entscheiden – das war noch der Anspruch der Revolution; aber daß sie sich mit den Regierungen ins Benehmen setzte, war nicht ausgeschlossen. Die Linke forderte nun ultimativ, der Bundestag müsse sich von Mitgliedern, die an Ausnahmegesetzen mitgewirkt hatten, trennen; die Liberalen entschärften das Ultimatum zu einer Deklaration. Daraufhin verließen Hecker und 40 seiner Anhänger die Versammlung, die gemäßigte Linke aber um Robert Blum blieb. Hecker hatte mit seinem Schritt das Vorparlament sprengen und ihm so seine Legitimität nehmen wollen, das war mißlungen. Neben der Spaltung der bürgerlichen Bewegung in Liberale und Demokraten zeichnete sich jetzt die Spaltung der Linken in Gemäßigte und Extreme ab. Zwar kehrte Hecker – als der Bundestag die Ausnahmegesetze aufhob und den Rücktritt der „Mitschuldigen" ankündigte – noch einmal zurück; aber bei der Wahl eines 50er Ausschusses, der den Bundestag beraten und bei „Gefahr" das Vorparlament wieder einberufen sollte, fiel die extreme Linke durch, während man sonst noch gemeinsam von Gagern bis Blum wählte.

Das Vorparlament war nicht zum Revolutionskonvent geworden, es wollte Freiheit und Einheit mit den inzwischen ja „liberalisierten" alten Gewalten zusammen durchsetzen; das entsprach der vorherrschenden Stimmung der Märzrevolution. Aber das bedeutete auch den Verzicht darauf, in diesem Moment der Schwäche der Staaten eine liberal-nationale Neuordnung festzulegen und die Regierungen daran zu binden. Die Revolution blieb zwischen der einen nationalen Bewegung und den einzelstaatlichen Regierungen einstweilen „hängen". Gewiß war diese Politik der Liberalen realistisch, und sie hatte die Chance des Erfolgs. Aber das Scheitern zeigt dann, wie tragisch diese frühe Entscheidung schon war.

Die beiden extremen Alternativen, zwischen denen sich die Mehrheit bewegte, sind in den nächsten Wochen gescheitert. Eine liberale Neuorganisation des Bundes, wie sie z. B. der neue badische Bundestagsgesandte, der berühmte Liberale Welcker, plante, kam nicht zustande. Und der Verfassungsentwurf, den jener 17er Ausschuß immerhin bis Ende April ausgearbeitet hatte, wurde von den Regierungen der größeren Staaten ebenso abgelehnt wie von den „Parteien"; die Nationalversammlung sollte den Entwurf nur noch annehmen und einen von den Fürsten gewählten Kaiser bestätigen: das war eine Selbstentmachtung der Revolution und des Parlamentes, das war Reform des Bundes und Verzicht auf die Gründung eines Reiches, das ging nicht. Das Mißtrauen gegen den „Bund" blieb – auch nachdem die Liberalen dort das Sagen hatten. Ein Jesuitenkloster bleibe ein Jesuitenkloster, auch mit neuen Insassen, meinte Robert Blum. Deutschland war von den Regierungen her in diesen Wochen nicht neu zu organisieren.

Hecker und Struve auf der anderen Seite haben ihre Niederlage nicht hingenommen. Ihre badischen Anhänger hatten sich schon Mitte März als radikale Partei organisiert und eine „Reinigung" der Kammern von „gesinnungslosen und reaktionären Elementen" gefordert und weiter die Bildung vaterländischer Vereine der „Gutgesinnten", die das öffentliche Leben kontrollieren sollten. Das war die jakobinische Demokratie der Klubs, war Parteidiktatur. Am 12. April proklamierte Hecker, gestützt auch auf seine außerordentliche Popularität als Volksheld, in Konstanz die provisorische Regierung und den Kampf für die deutsche Republik – mit 6 000 Mann zog er nach Freiburg und glaubte, Bauern, Bürgerwehr, ja Soldaten zu gewinnen, aber am 20. April siegten die inzwischen mobilisierten südwestdeutschen Bundestruppen, der Aufstand brach zusammen. Hecker mußte ins Ausland fliehen, er ging seither in die süddeutsch-demokratische Legende ein: „Und sollt Euch einer fragen: / lebt denn der Hecker noch?, / so sollet Ihr ihm sagen: / der Hecker lebt noch. / Er hängt an keinem Baume, / er hängt an keinem Strick, / sondern an dem Traume / der deutschen Republik." Der Versuch einer zweiten Revolution war gescheitert. Aber der Bruch zwischen der Linken und den Liberalen war damit weiter und fast unheilbar verschärft. In den Augen der Mitte hatte dieser „Putsch" gezeigt, wohin das Weitertreiben der Revolution und die linke Politik überhaupt führe; Robert Blum, Sprecher der gemäßigten Linken, war verzweifelt, Hecker und Struve hätten das Volk „verraten" und mitten im Siegeslauf aufgehalten, weil ihr Minderheitenradikalismus die demokratische Legitimität der Linken diskreditierte und damit ihre Politik; Marx und Engels haben – weniger pingelig in der Frage nach der Mehrheit – die Aktion als aussichtslosen Putschismus genauso scharf verurteilt.

Inzwischen liefen die Wahlen zur Nationalversammlung an. Den vom Vorparlament gesetzten Rahmen des Wahlrechts füllten die Regierungen aus. Dabei ergaben sich manche Unterschiede, zumal in der Definition von „selbständig". Preußen schloß nur die Empfänger von Armenunterstützung aus, und ähnlich Braunschweig, Schleswig-Holstein und die hessischen Staaten; Sachsen zählte auch diejenigen nicht dazu, die Kost und Logis vom Arbeitgeber hatten, Österreich, Württemberg, Hannover und Baden teils die Dienstboten, teils die Tagelöhner, teils auch Handwerksgesellen. Man hat daraus später viel hergemacht, aber gemessen an den Maßstäben der Zeit waren die Einschränkungen nicht so groß; vermutlich waren kaum irgendwo weniger als 75% der Männer wahlberechtigt, oft 90%, im Durchschnitt vielleicht 80%. Die Tragweite einer Wahlrechtseinschränkung war den Handelnden noch nicht recht bewußt; die Linke nahm zunächst am Kriterium der Selbständigkeit keinen sonderlichen Anstoß, und es war gerade der adlig-großbürgerliche Vereinigte Landtag in Berlin, der es so großzügig auslegte. Das Wahlverfahren war zumeist indirekt (gelegentlich auch öffentlich). „Urwähler" wählten „Wahlmänner"; das begünstigte die Honoratioren. Die Wahlbeteiligung dann war, so weit wir bisher wissen, sehr unterschiedlich, zwischen 40 und 75%. In Böhmen haben sich die Tschechen nicht an der Wahl beteiligt, das war nicht ihre Sache. In 40 von 68 Wahlkreisen (in Mähren nur in 5 von 28) wurde gar nicht gewählt.

Die Wahlen fanden statt in einer eigentümlichen Übergangssituation. Es gab – jenseits der winzigen Schar der „Politiker" – keine festen Parteien, sondern nur die diffuse und sich erst langsam konsolidierende und differenzierende bürgerliche Bewegung und ihre Gegner. Mit der Märzrevolution war freilich wie in einem Nu eine politische Öffentlichkeit, war politisches Leben entstanden: Versammlung, Demonstration und Straße, Kommunikation, Mitteilung und Diskussion, Lesehallen, Klubs und Vereine, Petitionen und Adressen, Zeitungen, Flugblätter, Broschüren und Karikaturen – das breitete sich in Windeseile aus, das hat in Deutschland für ein Jahr das Klima intensiv gesteigerten politischen Lebens geschaffen. Für die Kandidatenaufstellung und die Wahlen spielten Versammlungen und Komitees eine Rolle und vor allem die liberal-demokratischen Vereine. Anfangs umfaßten die Vereine zumeist noch das ganze Spektrum der bürgerlichen Bewegung, dann erst differenzierten sie sich vor allem in „Konstitutionelle" und „Demokraten". Aber die Parteidifferenzierung, die Aus- und Abgrenzung war ein langsamer Prozeß, mit manchen Übergängen, und zur Zeit der Wahlen – Mitte April bis Mitte Mai – war er keineswegs abgeschlossen. Die Wahlen sind unter diesen Umständen, und nicht nur wegen des Verfahrens, in starkem Maße Persönlichkeitswahlen gewesen. Der Kreis der möglichen Kandidaten war beschränkt, die Koryphäen des Vormärz und die Honoratioren zumal der redenden Berufe hatten ein Prä, schon deshalb weil sie bekannt waren; in den Städten gab es natürlich auch Leute, die erst in der Revolution ins Licht der Öffentlichkeit getreten waren. Wichtig war auch außerhalb der großen Städte, aus welchem Ort eines Wahlkreises einer kam. Kurz, man stellte oft Kandidaten auf und wählte Abgeordnete, weil sie Persönlichkeiten waren; für die breite Mitte der normalen Revolutionsanhänger kam es dabei auf die besondere Parteirichtung nicht so sehr an. Darum waren die Abgeordneten zum guten Teil frei, welcher Fraktion sie sich anschließen wollten, vor allem dort, wo es keine harten Wahlkämpfe gegeben hatte. Ansehen war oft wichtiger als die politische Richtung; manchmal wurde der unterlegene Kandidat einfach als Stellvertreter des Gewinners gewählt – und die preußischen Wähler wählten in die Berliner Nationalversammlung etwas linkere Leute als nach Frankfurt, einfach weil das Kandidatenpersonal anders war. Wo es politische Wahlkämpfe gab, ging es überwiegend um den Gegensatz von Gemäßigten und „Entschiedenen", Liberalen und Demokraten. Daneben spielte – so in den Rheinlanden und in Bayern – der Einfluß der Katholiken über Klerus und Hirtenbriefe eine wichtige Rolle, freilich mehr bei den Urwahlen als dann bei den eigentlichen Abgeordnetenwahlen.

Aus diesen Wahlen ging das erste deutsche Parlament, die „Paulskirche" hervor. Es ist albern, von einem Parlament zu erwarten, daß es die soziale Struktur der Wählerschaft spiegelt, und zu kritisieren, wenn das nicht der Fall ist. Aber die soziale Zusammensetzung der 830 Abgeordneten und Ersatzleute ist schon interessant. Über 600, fast 75%, waren universitätsgebildet, die Mehrheit beamtete Juristen, 124 aus Lehrberufen, 184 aus den freien Berufen, davon 106 Advokaten. 312 waren Staats- und Kommunalbeamte und Richter, mit den Lehrern und Professoren 436 Beamte. Dagegen kamen nur 60 aus der gewerblichen Wirtschaft, 4 Handwerker darunter, und nur 46 aus der Landwirtschaft, ein Kleinbauer dabei; 85, also 10%, waren adlig. Also ein Akademiker-, ein Beamten-, ein Juristenparlament; „nur" 49 Professoren gehörten dazu, aber weil sie eine besonders wichtige Rolle spielten, ist auch die Rede vom Professorenparlament nicht unverständlich. Das war nicht das Ergebnis von Klassenwahlrecht oder Manipulation, das war die traditionelle soziale Rangordnung, die sich gerade beim allgemeinen Wahlrecht durchsetzte. Die Paulskirche war ein demokratisches Parlament und ein Honoratiorenparlament zugleich, und zwar nicht der „Bourgeoisie", sondern der Bildung. Es war symbolisch, daß der Professor Ernst Moritz Arndt und der Burschenschafter Heinrich von Gagern die ersten Präsidenten der Versammlung wurden. Auch die Demokraten wichen nur leicht – weniger bürgerlich beamtetes Establishment – von diesem Sozialcharakter ab. Interessant ist schließlich der Vergleich mit der am selben Tag gewählten preußischen Nationalversammlung: hier saßen mehr Vertreter nicht-akademischer mittlerer Schichten; der Grund war einfach: die bekannteren Honoratioren aus Vormärz und März waren lieber nach Frankfurt gegangen. Für die Wählerschaft endlich gilt, daß ihre politische Orientierung nicht einfach einem sozialen Status entsprach. Die Liberalen waren nicht Bourgeoisie und Honoratioren, und die Demokraten nicht die kleinen Leute, da gab es viele Überschneidungen; das soziale Spektrum der demokratischen wie der liberalen Vereine z.B. war zunächst einmal dasselbe.

Wie sah das politische Ergebnis aus? Hochkonservative und Sozialisten fehlten in diesem Parlament des allgemeinen und des Mehrheitswahlrechts. Der politische Katholizismus war unter den Abgeordneten nicht so stark wie in der politischen Öffentlichkeit des Revolutionsjahres, und die katholisch-kirchlichen Abgeordneten verteilten sich auf verschiedene Fraktionen – Radowitz, Döllinger, Ketteler und Buß auf der Rechten, August und Peter Reichensperger und Max von Gagern im Zentrum –; nur für die Fragen des Verhältnisses von Kirche und Staat bildeten sie einen interfraktionellen Klub. Die politischen Richtungen im Parlament gliederten sich nach Fraktionen, die ihren Namen nach den Gasthöfen bekamen, in denen sie tagten. Da war zunächst „die Rechte", das *Café Milani* (zuerst das *Steinerne Haus*): gemäßigte Konservative, für Wahrung des Bestehenden und Vereinbarung mit den Regierungen, stark föderalistisch und stark kirchlich. Im Oktober gehörten 40 Abgeordnete dazu, 23 aus Preußen, 7 aus Bayern, 6 aus Österreich. Dann kamen die Fraktionen des Zentrums, die Einheit und Freiheit gegen die Reaktion und die Ordnung gegen die Anarchie durchsetzen wollten. Das „rechte Zentrum", das *Casino,* war der konstitutionelle Flügel des Liberalismus: Anhänger eines pragmatischen Parlamentarismus, ausbalanciert mit einem absoluten Vetorecht der Krone, Anhänger des Ausgleichs zwischen Staat und Individuum. Sie fühlten sich als die eigentlichen „Realisten" gegenüber allen Utopisten, sie bauten auf das Vereinbarungsprinzip, denn nur mit den Regierungen konnte man nach ihrer Ansicht die Einheit erreichen. Im Konfliktfall waren sie darum notfalls bereit, bei den Freiheitsforderungen Einschränkungen hinzunehmen; und sie waren entschiedene Gegner der demokratisch-radikalen und egalitären Tendenzen der Linken. Das war die Partei Heinrich von Gagerns, der Mehrheit der prominenten Professoren – Dahlmann, Droysen, Waitz, Duncker, Haym, Welcker, Beseler u. a. – und auch der rheinischen Großbürger. Das *Casino* war die stärkste Fraktion, 120–130 mit den Sympathisanten, aber nicht mehr als ein Viertel der Versammlung; dennoch hat es Beratungen und Entscheidungen stark geprägt. Dann folgte das „linke Zentrum" im *Württemberger Hof,* der linke Flügel des Liberalismus, der Volkssouveränität und Parlamentsrechte – also auch die Souveränität der Paulskirche – stärker betonte und dem Monarchen nur ein suspensives Vetorecht zubilligen wollte, der die Individualrechte gegen Staat und historische Überlieferung stärker gewichtete, der – etwa in der Wahlrechtsfrage – am breiten bürgerlichklassenlosen Gesellschaftsideal des Frühliberalismus orientiert war. Robert von Mohl aus Württemberg, Heinrich Simon aus Breslau, Karl Biedermann aus Leipzig, Gabriel Riesser aus Hamburg, Franz Raveaux aus Köln waren herausragende Mitglieder; Ende Juni gehörten etwa 100 Abgeordnete dazu. Im Oktober hat sich die Gruppe in drei etwa gleichstarke Fraktionen geteilt. Nach rechts spaltete sich der *Augsburger Hof* ab und nach links *Westendhall* („Die Linke im Frack"); zusammen mit der verbleibenden Mitte waren das etwa 120 Abgeordnete. Schließlich kam die Linke, die Demokraten, die für Republik, für Volkssouveränität und wirkliche Herrschaft des Parlaments eintraten, für den revolutionären Neubau und gegen die Vereinbarungsstrategie, gegen die historischen Rechte und für ein hohes Maß von Egalität. Das waren einmal die gemäßigten Demokraten, der *Deutsche Hof,* die Partei Robert Blums, die das Mehrheitsprinzip und den Boden der Gesetzlichkeit anerkannten und auch zu Kompromissen

bereit waren, anfangs 100, später noch etwa 60 Abgeordnete; und zum anderen
der *Donnersberg*, die Freunde Heckers, die die Revolution notfalls weitertreiben
wollten, die badischen, pfälzischen, hessischen, sächsischen Radikalen, dazu
Jung-Hegelianer wie Arnold Ruge und in gewisser Weise Julius Fröbel, im ganzen gut 40.

Es ist erstaunlich, welche effektive Rolle diese ganz neuen Gebilde gespielt
haben; die Fraktionen mit ihren Programmen, Mitgliedschaften, Vorberatun-
gen, ja dem Fraktionszwang – wenn eine Sache zur „Parteisache" erklärt wurde,
durfte kein Mitglied dagegen stimmen, wohl aber sich enthalten – wurden zum
eigentlichen Träger des organisierten Parlamentslebens. Sie haben – in allem li-
beral-revolutionären Drang nach unendlicher Aussprache – der Paulskirche zu
einem brauchbaren Arbeitsstil, zum Funktionieren verholfen. Man darf freilich
Fraktionsbildung und Abgrenzung auch wieder nicht zu wichtig nehmen. Es gab
anfangs Doppelmitgliedschaften, es gab viele Wechsel, es gab viele Fraktionslo-
se, „Wilde". Die Abgeordneten fühlten sich durchaus als Inhaber eines freien
Mandats; das Parlament war auch ein fluktuierendes Gespräch; in vielen Einzel-
fragen gab es immer andere Trenn- und Verbindungslinien über alle Fraktions-
grenzen hinweg. Dann gab es auch eine starke Gemeinsamkeit – aus Vormärz-
erfahrung wie dem Bewußtsein gemeinsamer Aufgaben und gemeinsamer
Grundpositionen; das reichte gewiß vom rechten Zentrum bis zur gemäßigten
Demokratie. Robert Blum hat entschieden dagegen gearbeitet, aus den Diffe-
renzen einen Bruch werden zu lassen. Er selbst war in allen Lagern hochge-
schätzt, und ähnliches galt für den *Casino*-Mann Heinrich von Gagern, der –
auch bei der Linken – zur eigentlichen Autorität des Parlamentes (und selbstverständlich zu seinem Präsidenten) wurde.

Seit dem Herbst 1848 hat dann die großdeutsch/kleindeutsche Frage die
Fraktionen anders und neu gruppiert; die national-politische Frage überlagerte
die verfassungspolitischen Trennlinien; die kleindeutsch „Erbkaiserlichen" sammelten sich im *Weidenbusch*, die Großdeutschen, diesseits der Linken, in der
Mainlust.

Man kann die Trennlinien auch vorher schon anders ziehen. Manchmal war
die Trennung zwischen linkem und rechtem Zentrum deutlicher als die zwischen linkem Zentrum und demokratischer Linker. Der Begriff der Mitte ist relativ. Zieht man die Parteibewegung im Lande mit in Betracht und orientiert
man sich vor allem am Bild der Gesellschaft, dann wird das noch deutlicher.
Dann gibt es die Liberalen, die den Staat der Mittelschichten wollen – mit Zen-
suswahl, Monarchie und Vereinbarung; in ihn sollen die Unterschichten erst
hineinwachsen, insofern ist er ein „Klassenstaat auf Zeit" (Langewiesche); „Republik" ist für sie soziale Revolution, Herrschaft des Pöbels oder des Proletariats und seiner Demagogen. Und es gibt die „Republikaner" – diesseits der extremen Linken: sie wollen eine evolutionäre Modernisierung, soziale Reform
und eine offene Staatsbürgergesellschaft, in die die unterbürgerlichen Schichten
integriert sind. Die „Republik" – ein Synonym für ein freiheitlich volkstümlich
und sozial gerechtes Gemeinwesen, mag es auch eine Monarchie sein – soll die

Revolution sichern, aber auch beenden. Diese zwei „Lager" gibt es. Aber das Leben – im Parlament wie im Land – hält sich nicht an Einteilungen, damalige wie heutige; die linke Mitte ist Mitte und (monarchisch)-republikanisch zugleich, mit der rechten Mitte wie der gemäßigten Linken verbunden.

Die Paulskirche stand zunächst vor zwei Aufgaben. Sie sollte einen Staat gründen, und sie sollte eine Verfassung geben, Einheit und Freiheit stiften; das hing zusammen, aber es war eine doppelte Aufgabe. Aber in dem fließenden Zustand der deutschen Dinge brauchte die Paulskirche eine Exekutive, die handlungsfähig war im Übergang, um die Revolution zu sichern oder die Reform durchzusetzen, den Staat im Werden, die Verfassung im Werden. Das war das Programm der „provisorischen Zentralgewalt"; das war, jenseits aller Verfassungstheorie, durchaus politisch gedacht. Damit stellten sich aber zwei Fragen. Einmal: in welchem Verhältnis sollten die neue Gewalt und die Paulskirche zu den bestehenden Gewalten stehen? War die Paulskirche „souverän", eine solche Exekutive zu schaffen, oder sollte sie eine „Vereinbarung" mit den deutschen Regierungen anstreben? Und das war zugleich die Frage nach ihrem revolutionären Selbstverständnis und nach ihrer Strategie. Zum andern: welche Art von Exekutive war anzustreben? Die Entscheidung über die Art der Exekutive, ihr Verhältnis zur Nationalversammlung, mußte eine Vorentscheidung über die Verfassung des künftigen Staates sein, und darüber gab es Konflikte. Gagern hatte nach seiner Wahl zum Präsidenten am 19. Mai gesagt, daß die Versammlung eine Verfassung schaffen solle, „aus der Souveränität der Nation" – das einschlägige Wort „Volkssouveränität" hatte er nicht gebraucht –, die „Mitwirkung auch der Staatenregierungen zu erwirken" liege in ihrem „Beruf". Das steuerte einen Weg zwischen Souveränität und Vereinbarung. Und die Versammlung selbst stellte zugleich den Anspruch auf übergeordnete Souveränität gegenüber konkurrierenden Organen, den verfassunggebenden Versammlungen in Österreich und Preußen. Da zeichnete sich ein neuer Konflikt ab. Über Art und Einsetzung der Zentralgewalt entwickelte sich die erste große parlamentarische Auseinandersetzung (19./25. Juni). Die Linke forderte, aus eigener Macht einen parlamentarischen Vollzugsausschuß einzusetzen; die Rechte wollte nach Vereinbarung mit den Regierungen ein (föderales) Dreierdirektorium; der Vorschlag, dem preußischen König die Zentralgewalt zu übertragen, erregte „schallendes Gelächter". In dieser Situation kam Gagerns „kühner Griff": „Ich tue einen kühnen Griff und ich sage Ihnen: wir müssen die provisorische Zentralgewalt selbst schaffen und wählen." Das stellte die neue Gewalt auf die Basis demokratisch-parlamentarischer Souveränität. Aber, die Spitze sollte monarchisch-konstitutionell sein: kein republikanischer Präsident und kein Direktorium, sondern ein einziger „Reichsverweser", der wie ein Monarch dem Parlament gegenüber „unverantwortlich" war und ein Reichsministerium berief, das dem Parlament verantwortlich war und nur, solange es sein Vertrauen besaß, regieren konnte. Das war de facto ein parlamentarisches System. Endlich: als Reichsverweser schlug Gagern den österreichischen Erzherzog Johann vor, volkstümlich, mit bürgerlichen Lebensformen und in bürgerlicher

Ehe, seit der Napoleonzeit der deutschen Bewegung verbunden, „nicht weil, sondern obgleich er ein Fürst" sei. Das nahm auch die großdeutschen und die monarchisch-dynastischen Stimmungen auf. Der Sinn dieses Vorschlags war, Revolution und Vereinbarung zusammenzubinden: eine quasi-monarchische Reichsspitze auf parlamentarisch-demokratischer Basis, wobei die Zustimmung der Regierungen, nachträglich freilich, sicher zu sein schien. Das war Vereinbarungspolitik mit revolutionären Mitteln, das entsprach der Stimmung der Mehrheit der Paulskirche, die sich ja keineswegs als Konvent und Revolutionstribunal fühlte; das war auch auf Dauer eine aussichtsreiche Strategie, sofern – und solange! – man von der relativen Schwäche der Monarchie ausgehen konnte. Das Gesetz wurde mit 450 : 100 Stimmen angenommen, selbst ein Drittel der republikanischen Linken stimmte dafür; mit 436 : 112 Stimmen wurde der Erzherzog gewählt, 52 der dissentierenden Linken stimmten für – Gagern. Der Eindruck von Wahl und Amtsantritt war groß, die Stimmung euphorisch und begeistert. Gagern sprach gar vom Beginn einer neuen Zeitrechnung. Die Regierungen erkannten die Wahl an; der Bundestag demonstrierte antirevolutionäre Legalität, indem er seine Kompetenz an den eben gewählten Reichsverweser übertrug. Am 13. Juli nominierte dieser den Fürsten Karl Leiningen, Halbbruder der Königin Viktoria und einen der führenden deutschen „Whigs", zum Ministerpräsidenten; im Kabinett saßen vor allem rechte, aber auch linke Zentrumsleute, der Österreicher Anton von Schmerling war Innenminister und wurde der starke Mann der Regierung.

Mit der Bildung von Zentralgewalt und Regierung war die Paulskirche nun keineswegs auf ihr Hauptgeschäft, die Beratung und Verabschiedung einer Verfassung, beschränkt. Vielmehr zog die Existenz einer Regierung das Parlament notwendig in die fortgehende Tagespolitik, ihre großen inneren und äußeren Konflikte; das wurde so wichtig wie die Diskussion der Verfassung.

Die neue Reichsgewalt konnte sich auf die Autorität der Paulskirche und den Konsens der Deutschen stützen, aber sie hatte keine reale Macht: kein Geld und wenig Kredit, keine Büros, kein Papier, keine Sekretäre und erst recht keine nachgeordneten Behörden im Land. Und sie hatte natürlich kein Heer – nur eine durch und durch revolutionäre Regierung hätte versuchen können, das zu schaffen, mit wenig Aussicht auf Erfolg; allein in Ungarn ist das damals gelungen. Die neue Reichsgewalt hatte den Bundestag abgelöst; der war, wir sagten es, selbst für die moderate Mitte nicht mehr zu brauchen. Aber damit hatte sie sich von der institutionellen Realität der Deutschen, den Einzelstaaten „abgekoppelt" (Faber). Zur Durchsetzung ihrer Politik war sie auf den guten Willen der Einzelstaaten (und auch auf ihre Finanzbeiträge) angewiesen. Und der war nur von Fall zu Fall vorhanden, oder er war es auch nicht. Die Revolution drohte, zu ihren anderen Schwierigkeiten, am Problem des Föderalismus, dem Verhältnis von Zentrale und Partikularstaaten aufzulaufen. Das wurde gleich am Anfang schon deutlich. Der neue Kriegsminister, von Peucker, ein preußischer General immerhin, war zwar durchaus zur Kooperation mit den Regierungen bereit, aber zuerst forderte er doch, daß alle Truppen dem Reichsverweser „huldigen" und Reichsfarben anlegen sollten; das war ein symbolischer Akt, mit dem die Armeen, Kern der monarchischen und partikularen Macht, zu Teilen einer „Reichsarmee" deklariert worden wären. Die kleinen Staaten nahmen das an, aber Preußen und Österreich, Bayern und Hannover haben sich verweigert. Auch der von bürgerlich-nationaler, rechter wie linker Leidenschaft getragene Versuch, eine „Reichs"flotte aufzubauen, war kaum erfolgreicher. Tiefe Enttäuschung schließlich löste es aus, daß die Zentralgewalt von den außerdeutschen Mächten, mit Ausnahme der USA, nicht diplomatisch anerkannt wurde.

Die Paulskirche hatte mit der Regierung eine Instanz geschaffen, die auf eine breite moralische Autorität gestützt ein Faktor im politischen Prozeß dieses Jahres war, die Mehrheitsmeinung nach außen, in Verhandlungen und Deklarationen, dezidiert vertrat. Aber von der Macht hat sie so nur mühsam Fragmente gewonnen. Die Linke hat die Ohnmacht dieser Regierung, ihrer Minister und des Parlaments weidlich kritisiert und verspottet. Aber diese Schwäche war nicht Schuld der Regierung. Ihr Gewicht hing von der moralischen Autorität der Paulskirche und der relativen Schwäche der alten Gewalten ab.

Die zweite große Entscheidung, die sofort anstand, war die über den Weg der Verfassunggebung. Die Lage im Frühsommer schien offen. Die alten Gewalten lagen darnieder, Österreich schien im Zustand der Auflösung, die Autorität der Paulskirche war groß. Das konnte die Chance sein, die gesamtdeutschen Ziele der Revolution zu realisieren, in einem Machtvakuum Macht zu werden – und die Errichtung der Zentralgewalt war ein Schritt in dieser Richtung. Die Stunde schien günstig. Um sie zu nutzen, mußte man möglichst schnell zu einer Verfassung kommen, ehe eine Gegenrevolution oder eine zweite Revolution sich entwickelte, ehe sich die Gegensätze in der Paulskirche weiter verschärften. Die Stunde ist verstrichen.

Der vom Bundestag berufene 17er Ausschuß hatte – von Dahlmann geprägt – einen Verfassungsentwurf erarbeitet. Aber der verfiel der Ablehnung, den einen war er zu monarchisch, den anderen zu unitarisch; vor allem aber: er ließ der Nationalversammlung keine Gestaltungsfreiheit, und er konnte keinen konsensfähigen Vorschlag machen, wer denn „Erbkaiser" werden solle. Damit war aber auch die strategische Idee, zuerst die Staatsgewalt zu konstituieren und dann die Freiheit zu sichern, fehlgeschlagen. Mit einer schnellen Lösung war schwerlich zu rechnen. Und tat man nicht mit der Bildung der Zentralgewalt den notwendigen Schritt zur Macht? Schon am 24. Mai hatte man einen 30köpfigen Verfassungsausschuß eingesetzt – da er noch nicht über die Fraktionen gebildet war, hatte das rechte Zentrum eine Mehrheit. Der Ausschuß beschloß, mit der Beratung der Grundrechte zu beginnen. Am 3. Juli begannen die Verhandlungen im Plenum; sie dauerten über zwei Lesungen bis zum 20. Dezember, von den großen Debatten zur Tagespolitik immer wieder unterbrochen. Erst Ende Oktober fing man an, über die territoriale Organisation des neuen „Reiches" und über seine Organe zu debattieren.

Die Grundrechte also rücken an den Anfang, die eigentlich politischen Fragen werden aufgeschoben. Damit hat die Paulskirche im Wettlauf mit der Zeit Initiative und Handlungsmöglichkeit im Grunde verloren. Waren das die Theoretiker und die Professoren, die mit den großen Weltanschauungsdiskussionen anfingen, die über dem Problem der Freiheit des Einzelnen im Staat die großen Machtfragen verkannten und Einheit wie Freiheit dahingehen ließen – so wie rechte und linke Kritiker seither argumentiert haben? Man muß zunächst die Entscheidung verstehen. Grundrechte waren das Palladium der freiheitlich-volkstümlichen Neuordnung – gegen den Feudalismus und den absolutistischen Obrigkeits- und Polizeistaat, und gegen beides hatte sich doch die Revolution so vehement gerichtet. Grundrechte waren eine elementare, emotionale, populäre Realität, sie waren die Glaubensartikel der bürgerlichen Konfession und der Sinn des Verfassungsstaates. Sie waren keine deklaratorischen Programmsätze, sondern sie änderten das Leben und die Verhältnisse. Sie waren eine Waffe. Sie waren revolutionär, und sie waren realistisch. Und sie waren auch das Palladium der nationalen Einheit: sie sollten ja in ganz Deutschland gelten, vor allen Partikularrechten; sie sollten Freiheit des Einzelnen gesamtstaatlich sichern, das war der freiheitstiftende Sinn der Einheit – gegen Landesabsolutismus und Partikularismus. Das voranzustellen war, gerade wenn man die Erwartungen der Wähler mit beachtet, durchaus verständlich und legitim. Es gab noch andere Motive, taktischer und vielleicht politischer Art. Grundrechte waren ein Gebiet, wo es große Gemeinsamkeiten gab, wo man sich einigen konnte; manche hofften, daß sich die schwereren Fragen mit der Zeit besser lösen ließen; manche der kleindeutschen „Realisten", daß die preußische Lösung Zeit brauche, sich in den Gemütern durchzusetzen, und daß die anderen Alternativen erst erschöpft sein müßten. Und fast alle, Linke wie Rechte, sahen in den Grundrechten ein Mittel, eine soziale Revolution auf- oder abzufangen. Wir können das verstehen, und wir wollen nicht rechten. Aber es bleibt ein Fehlschlag, daß man die Stunde der relativen Stärke verstreichen ließ, die harten Fragen, was mit Österreich, was mit einem Kaiser, was mit dem Parlament und dem Wahlrecht werden sollte, den Sommer über aufsparte, nicht zur Entscheidung stellte und trieb. Alle Grundrechte blieben ja auf dem Papier, solange kein deutscher Staat bestand. Und je länger die großen Entscheidungen sich hinzogen, desto heftiger wurden die Widerstände, erst des Partikularismus und dann der Gegenrevolution. Freilich, wahrscheinlich hätten sich die harten Fragen im Sommer nicht entscheiden lassen, und wahrscheinlich hätte auch eine solche frühere Entscheidung die Chance der Revolution nicht wesentlich erhöht. Wir wissen es nicht. Aber man hat es nicht versucht.

3. Außerparlamentarische Bewegungen; konfessionelle und soziale Probleme

Plötzlich war in Deutschland ein intensives öffentliches politisches Leben entstanden; die Auflösung der alten Autoritäten entband neue Kräfte; alle Grundfragen des deutschen Lebens standen auf einmal zur Diskussion. Das hat dazu geführt, daß außerhalb der Parlamente und neben den Parteien eine Vielzahl von Bewegungen und Organisationen entstand, die Interessen, Wünsche und Positionen ausdrückten und mobilisierten. Das war eine neue Ebene des politischen Prozesses. Volksschullehrer, Gymnasiallehrer, Professoren, Dozenten, Studenten, Ärzte, Großgrundbesitzer, Handwerker, Arbeiter, Freihändler, Schutzzöllner, Katholiken, Protestanten – und viele mehr – kamen zusammen, bildeten Organisationen oder „Bewegungen", wollten sich Gehör verschaffen. Fast alle wandten sich mit ihren Wünschen und Petitionen an die Nationalversammlung. Und diese stand unter dem Druck solcher Bewegungen und in ständiger Wechselwirkung mit ihnen. Einige haben den Gang der Revolution wesentlich beeinflußt.

Da ist zunächst die Bewegung des Katholizismus. Eine Reihe von prononciert katholischen Abgeordneten war in die Paulskirche gewählt worden. Sie standen, im Gegensatz zum antirevolutionären konservativen Katholizismus der 40er Jahre, auf dem Boden des Verfassungsstaates, aber sie bildeten – wir sagten es – keine eigene Partei. Aber schon im Frühjahr bildete sich eine große katholische Bewegung: die ersten katholischen Tageszeitungen, ‚Rheinische Volkshalle' (Köln) und ‚Mainzer Journal', Versammlungen, Kongresse, Vereine, Petitionen. Am wichtigsten waren die „Piusvereine für religiöse Freiheit", zuerst am 23. März in Mainz gegründet; etwa 400 gab es im Oktober mit ungefähr 100000 Mitgliedern, meist unter der Leitung von Geistlichen, und über Zentralvereine miteinander verbunden. Sie setzten im August eine große Petitionsbewegung für die Freiheitsrechte der Kirche in Gang; 1142 Petitionen mit über 273000 Unterschriften gingen an die Paulskirche. Vom 3. bis 6. Oktober tagten sie auf einer Generalversammlung in Mainz, dem „geistlichen Parlament des katholischen Volkes", dem ersten deutschen Katholikentag, wie man später sagte. Franz Joseph Buß, der sich selbst als „Wühler", als Volksaufwiegler ironisierte, war der Präsident; Döllinger sprach über die politischen Forderungen, Ketteler über die sozialen Aufgaben des Katholizismus. Kurz danach tagte die erste deutsche Bischofskonferenz und erarbeitete ein kirchenpolitisches Programm; eine nationale Organisation der deutschen Kirche freilich, mit Primas und Synode, kam, als Rom ablehnte, nicht zustande. In dieser Bewegung kamen gewiß auch die nationalen und die liberal-demokratischen Tendenzen der Zeit zum Ausdruck. Aber der Kernpunkt war die Forderung nach Freiheit der Kirche vom Staat und im Staat. Vieles davon ging in die Grundrechte der Paulskirche ein. Gegen die Versuche der Radikalen, über die Trennung von Staat und Kirche auch die Macht der Kirche zu „brechen", sie aus der Gesellschaft zu verdrängen oder sie in ihrer inneren Struktur zwangsweise zu demokratisieren, setzten die Katholiken sich durch; selbst das Jesuitenverbot fiel zuletzt. Diese Bewegung hat katholische Massen mobilisiert und integriert, hat dem Katholizismus auch politisch seine starke Basis gesichert. Innerkatholisch hat sich die ultramontane, die streng hierarchische und nach außen sich abgrenzende Richtung verstärkt. Politisch fiel sie, auf Dauer, gegen die Linke ins Gewicht. Der Antiklerikalismus und der ordinäre Atheismus, den viele Demokraten mit ungehemmter Gesinnungsfreude propagierten und durchzusetzen suchten, mußten solche Abwehr provozieren; dem Katholizismus deshalb eine „Bremserrolle" zuzuschreiben, verwischt die Probleme. Am wichtigsten ist etwas ganz anderes. Diese Bewegung drückt eine Realität aus, die jenseits von Parlament und Parteien und Politik mächtig war, ein Stück Volksinteresse und -meinung; diese Realität war in den Parlamenten und dem, was sie verhandelten, kaum repräsentiert. Die konfessionellen Gegensätze und Leidenschaften waren eine erstrangige Realität; die Paulskirche hat sie – im ganzen – klug gebändigt und national gefiltert, aber im Lande waren sie, ausgesprochen und untergründig, viel stärker. Und die katholische Bewegung hat diese Gegensätze akzentuiert und verschärft. Die große nationalpolitische Alternative, groß- und/oder kleindeutsche Lösung, ist ganz eng mit konfessionellen Orientierungen verbunden, und Sympathien für den Erzherzog Johann oder den preußischen König erst recht, auch wenn das im Parlament nicht gesagt wurde. Buß konnte privat sagen, daß „unser Windischgrätz", der österreichische General, gegen Berlin ziehen könnte. Dergleichen war natürlich nicht Ergebnis der katholischen Bewegung. Aber man versteht die deutsche Revolution nicht, wenn man nicht die Tiefe des Konfessionsgegensatzes und die Tatsache, daß er weiter reichte als Parlament und Parteien, voll in Rechnung stellt. Das blieb eine entscheidende Belastung für eine liberal-demokratische wie für eine nationale Lösung der deutschen Frage.

Neben der konfessionellen Frage, und mehr noch als sie, waren es soziale Fragen, die Bewegungen jenseits der parlamentarisch-politischen Parteien in Gang setzten. Im März waren die sozialen Motive politisch überformt und eingebunden gewesen. Aber sie wirkten fort; die unterschiedlichen sozialen Interessen artikulierten sich schärfer und traten eigenständiger neben den politischen Gruppierungen hervor. Zwar, die stärkste soziale Bewegung, die der Bauern, schied, wir sagten es, im großen und ganzen aus der Revolution aus. Aber mit Handwerkern und Arbeitern war es anders.

Am 15. Juli trat in Frankfurt ein deutscher Handwerker- und Gewerbekongreß zusammen. Hier tönte das Handwerkerlied der Zeit in schrillen Tönen: gegen Gewerbefreiheit und Konkurrenz, gegen Kapitalismus und Industrie. Das Heilmittel war die Zunft und der schützende und intervenierende Staat; sie sollten Stabilität gegen die reißende Veränderung und die drohende Deklassierung sichern. Eigentlich wollte man zu vorindustriellen Verhältnissen zurück. Und die Handwerksgesellen, die von den Meistern getrennt tagen mußten, dachten darin ganz ähnlich. Der Kasseler Gewerbelehrer Karl Georg Winkelblech, der sich Marlo nannte, war der große Theoretiker und Wortführer der Bewegung, der ein harmonisch-solidarisches, genossenschaftliches Gesellschaftsmodell propagierte. Die Handwerksmeister waren auch gegen die „Republik" und für die Monarchie, das hieß: gegen die egalitären Radikaldemokraten und alle Eigentumsexperimente, aber das war keine Wendung nach rechts, das war gemein-liberal. Wichtig war: die Handwerker wollten, wie so viele, da nun doch die Bürger das Sagen hatten, eine Lösung der Fragen, die ihnen auf den Nägeln brannten: der sozialen und ökonomischen Fragen. Sie hatten andere Prioritäten als die von den Ideen der Verfassung und des Nationalstaats beherrschten Politiker. Und die Handwerker waren, wie überhaupt die kleinen Mittelschichten, sozialökonomisch vor allem konservativ; das trat in Diskrepanz zu ihrem gemäßigten oder demokratischen politischen Liberalismus.

Das trat nicht nur auf jenem Kongreß hervor, das können wir aus vielen sonstigen Äußerungen, vor allem aus dem lokalen und regionalen Bereich, entnehmen, und zumal aus einer Menge von Petitionen. Die liberalen Politiker gerieten in ein unaufhebbares Dilemma. Das Ideal der harmonischen Eigentümergesellschaft zerging im Zwang zu konkreten Entscheidungen; man konnte die in Fragen der Wirtschafts- und Sozialordnung zurückhaltende Politik des Vormärz nicht weiterführen. Wenn man über die Grundrechte beriet, über Konkurrenz und Niederlassungsfreiheit, mußte man grundsätzlich entscheiden. Die Liberalen der Paulskirche, mehr akademisch gebildet und weniger aus praktischen Berufen stammend, entschieden sich in der Mehrheit für Wettbewerb und Industrie, für die Konsequenzen der Modernität. Das mußte sie mehr noch als die Priorität, die sie der Verfassungs- und Nationalpolitik einräumten, einem Teil ihrer bürgerlichen Klientel entfremden. Ein ähnliches Problem ergab sich hinsichtlich der Selbstverwaltung. Gemeindebürger und Liberale waren gemeinsam gegen die Bürokratie gewesen, aber die Liberalen meinten die obrigkeitlich-autoritäre, die Gemeindebürger die modernisierende Bürokratie. Jetzt riefen die Städte – wie eh und je in den letzten Jahrzehnten – nach Beschränkung der Niederlassungs-, der Heirats-, der Gewerbefreiheit. Aber die Partei der Bürger und das Parlament des allgemeinen Standes konnten dem nicht entsprechen: sie entschieden, im Sinne der allgemeinen Freiheitsrechte, letzten Endes im Sinne von Fortschritt und Wachstum, prinzipiell für die Niederlassungsfreiheit; und indem man die Staatsaufsicht über die Ortspolizei, die doch über Gewerbe und Heirat, also alles Wichtige, das Sagen hatte, einführte, revolutionierte man alle Kommunen im alten Deutschland. In der Paulskirche stand der Volkswirtschaftliche Ausschuß diesen Meinungen der „Basis", die in zahlreichen Petitionen vorgetragen wurden, viel offener gegenüber, aber er blieb zumeist Minderheit. Immerhin, ein Heimatgesetz und eine Gewerbeordnung sollten das einzelne regeln; das war eine Konzession, war ein Vertrösten auf die Zukunft gegenüber der Rigidität des Prinzips. Aber das änderte nichts daran, daß soziale Basis und politische Repräsentation in Spannung standen, ja hier auseinanderbrachen. Das konnte in einer inhomogenen Gesellschaft wie der deutschen, mitten im sozialen Wandel und der tiefen Erfahrung einer Stagnationskrise gar nicht anders sein. Für die deutsche Revolution war es eine schwere Belastung.

Prinzipiell ähnlich, wenn auch weniger hart, war es mit dem Gegensatz zwischen Freihandel und Schutzzoll. Der „Allgemeine Deutsche Verein zum Schutze der vaterländischen Arbeit" hat über 3 700 Petitionen mit etwa 370 000 Unterschriften organisiert; die Freihändler konnten dagegen nur 20 000 aufbringen. Schutz der Arbeit: dafür war nicht nur die interessierte Industrie, dafür waren Handwerker, kleine Kaufleute, Bauern, ja auch Arbeiter, und die Unternehmer unterstützten im Rahmen einer solchen Koalition auch das allgemeine Wahlrecht, „ultrademokratische Ideen", wie ihre freihändlerischen Gegner kritisierten. Liberalismus und Schutzzoll schlossen sich gewiß nicht aus, aber das Akademikerparlament der Paulskirche war wie in der Gewerbe- so auch in der Handelspolitik gegen staatlichen Protektionismus, neigte zum Freihandel.

Die dritte große außerparlamentarische Gruppe ist die deutsche Arbeiterbewegung, die in der Revolution zuerst sozusagen auf die Bühne der gesamtdeutschen Geschichte tritt. Die Arbeiter, wir sagten es, waren noch keine einheitliche Klasse. In der Revolution sind nicht die Landarbeiter, die Eisenbahnarbeiter, die Heimarbeiter oder die Tagelöhner und auch nicht im spezifischen Sinn die Fabrikarbeiter führend gewesen, sondern die aus dem Handwerkertum kommenden „Handwerker-Arbeiter". Auch sie schwanken zwischen Traditionalismus und Utopie, Revolutionswillen und pragmatischer Anpassung, Maschinenstürmerei, Zunftschwärmerei, sozialer Reform und sozialer Revolution. Wir können, grob gesagt, drei Richtungen unterscheiden.

Da sind zunächst die eigentlichen Handwerksgesellen – eigentlich ambivalent, sozialkonservativ für Sicherheit durch Staat und Zunft, gegen die ökonomisch-sozialen Risiken, aber auch gegen die Beeinträchtigung ihrer Freiheit durch den Patriarchalismus der Meister und der Zunft und die Polizeiordnungen des Staates. Zwischen der alten konservativen Welt und einer sozialistisch getönten Welt der „Organisation der Arbeit" durch Staat und Gesellschaft wollen sie am liebsten das Beste aus beiden Welten und wollen Freiheit und Sicherheit zugleich. Ein Teil der Leute des Gesellenkongresses schließt sich über einen allgemeinen deutschen Arbeiterkongreß den sich organisierenden Arbeitern an.

Die zweite Gruppe sind die „Social-Demokraten", die sozialreformerische „Arbeiterverbrüderung". Überall in Deutschland entstanden seit dem März Arbeitervereine, zum Teil an ältere Organisationen anknüpfend, zum guten Teil aber neu, vor allem in Preußen, in Sachsen, in Württemberg, in Berlin, in Köln, in Frankfurt. Das, was in den Märztagen Nebenton gewesen war, das wurde nun Hauptsache: die Lösung der sozialen Frage, die „Organisation der Arbeit" durch staatliche oder gesellschaftliche Maßnahmen. Im April kam es, auch wegen der angespannten Wirtschaftslage, in norddeutschen Großstädten zu einer ganzen Reihe von Lohnstreiks. Im selben Monat bildete sich in Berlin ein „Zentralkomitee für Arbeiter", dem sich viele andere Arbeitervereine anschlossen. Ein Buchdruckergeselle, Stefan Born, jüdischer Herkunft, war der führende Kopf. Auf einem Arbeiterkongreß Ende August in Berlin – 31 Vereine und 3 Komitees waren vertreten – wurde die „Arbeiterverbrüderung" als Verband von Arbeitervereinen gegründet. Das Zentralkomitee ging nach Leipzig; die

Mehrzahl der Vereine schloß sich an; 1849 waren es 170 Vereine mit bis zu
15 000 Mitgliedern; auch die damals entstehenden ersten Gewerkschaften standen dieser Richtung nahe. Das Programm dieser Bewegung war keine ausgearbeitete Theorie, sondern war vor allem ein Appell an Solidarität und Brüderlichkeit. Born selbst hatte durchaus unter dem Einfluß von Marx gestanden. Aber er
stellt in den Mittelpunkt aller Bestrebungen die soziale Reform, und das entspricht der Stimmung der sich organisierenden Arbeiter. Wir Arbeiter, so meint
Born, mündig geworden, nehmen unsere Sache selbst in die Hand. Er will eine
„gesetzliche", eine geordnete Revolution, der Arbeiter sei von Natur die Stütze
der Ruhe und Ordnung; er wendet sich gegen die hohlen Deklamationen „wut-
schnaubender Schwärmer", gegen wilden Aktionismus, gegen das Ausspielen
der Klassengegensätze, gegen eine Radikalisierung der Revolution. Reform, das
heißt einmal Selbsthilfe: Genossenschaften, Gewerkschaften, Kassen und – Bildung; das verbindet die Bewegung über alles Wollen hinaus mit der bürgerlichen Wertwelt. Reform, das heißt zum andern: an die Stelle des Polizeistaates
soll ein „Sozialstaat" treten – mit einem gerechten Steuer- und Schulsystem, mit
Fürsorge und Förderung, mit der Anerkennung der Verbrüderung als gesetzlicher Körperschaft. Das hat seine politische Dimension, ist „soziale Demokratie", setzt Gleichberechtigung der Arbeiter voraus, den liberal-demokratischen
Staat und die Teilnahme aller am politischen Geschehen. Das entsprach dem,
was die Arbeiter wollten: sie wollten ja keine weltgeschichtliche Schlacht schlagen, sondern etwas mehr Brot, etwas mehr Gerechtigkeit, etwas mehr Menschlichkeit. Es war selbstverständlich, daß die Anhänger der „socialen Demokratie"
im Mai 1849 die Errungenschaft der Revolution, die liberale Verfassung, gegen
die anstürmende Gegenrevolution an der Seite der bürgerlichen Demokraten
verteidigten. Gewiß liegt der Ton dieser Bewegung auf der Reform. Aber so wie
die zunftbestimmte Vorstellung vom „gerechten Lohn" auch einen sozialrevolutionären Zug hatte, so darf man, zumal bei den Führern, nicht ganz übersehen,
daß soziale Demokratie potentiell auch ein Stück sozialer Revolution in sich
enthielt; „Reformismus" und Revolution waren nicht so klar voneinander getrennt. Von hinterher ist diese Bewegung – jenseits der marxistischen Polarisierung von Arbeiterklasse und Bürgertum – wichtig genug. Sie hätte vielleicht eine
andere, eine angelsächsische Geschichte der deutschen Arbeiterbewegung einleiten können.

Endlich ist da drittens die sozialrevolutionäre Bewegung, auch sie gewiß ein
Teil der entstehenden Arbeiterbewegung. Das waren Marx und Engels, das war
der Bund der Kommunisten – mit seinem Geflecht von Stützpunkten und Anhängern, Intellektuellen und Handwerkern vor allem. Aber: Marx und Engels
waren zunächst an einer eigenen Organisation der Arbeiter durchaus uninteres-
siert; auch der Kommunistenbund spielte für sie während der Revolution keine
Rolle. Marx agierte nicht in und mit einem Arbeiterverein, sondern mit seiner
‚Rheinischen Zeitung', die seit dem 16. Juni in Köln wieder erschien. Marx und
Engels verfolgten die Strategie, ganz und gar mit der radikalen Demokratie zu
gehen, die Revolution in deren Sinn, egalitär und gegen alle Kompromisse wei-

terzutreiben; sie wollten die radikalste Fraktion der Demokratie sein, vielleicht mit der Tendenz, sie zu unterwandern und zu benutzen – das Proletariat eine Art Avantgarde –, aber sie verzichteten gerade auf eigentliche Arbeiterforderungen. Diese Linie hatte bei den Arbeitern selbst wenig Resonanz; auch deshalb blieben die Kommunisten am Rande. Als Marx und Engels im Dezember von der Allianz mit den Demokraten abrückten und kommunistisch-soziale Forderungen propagierten, hatte das nur noch geringe Wirkung.

Die Liberalen sahen in solcher Bewegung eine große und akute Gefahr. Gewerbefreiheit und wirtschaftliche Einheit, das war schließlich doch ihr Rezept, das sollte den Pauperismus beseitigen; Schutz der Arbeit dagegen – wo eine solche Parole nicht einfach Klassenangst provozierte – mußte zum Polizeistaat und zur Unfreiheit führen. Aber ein anderer Einwand, ein anderes Gefühl war noch fundamentaler: das Aufbrechen der sozialen Frage gefährde den Kampf um politische Freiheit und Verfassung, schwäche die Einheit des Volkes gegenüber der Reaktion; darum sollte man dieses Problem, sofern man es nicht leugnete oder verdrängte, vertagen. Auch die Demokraten dachten da kaum anders. Zwar: sie erhoben radikal-egalitäre Forderungen, und sie benutzten die soziale Not zur Agitation nicht nur gegen das vorrevolutionäre, sondern vor allem gegen das bürgerliche Establishment. Sie waren – in gewisser Weise – die Partei der kleinen Leute, aber zum Problem der Industrie hatten sie eigentlich nichts zu sagen; auch sie traten für den Vorrang der Politik ein, auch sie sorgten sich vor der Spreng- und Hemmwirkung der sozialen Frage für ihre politische Revolution.

Ganz wichtig war aber dann die eigentümliche Vorstellung, die sich im Bürgertum von der sozialen Bewegung und den Möglichkeiten einer sozialen Revolution ausbreitete, die Sorge, ja die Angst vor dem sozialen Umsturz, vor dem „roten Gespenst". Die Ereignisse in Paris, der blutige Kampf zwischen unruhigen Arbeitermassen und dem Militär der Republik, die Erinnerung an die Jakobiner, die radikale Rhetorik der linken Demokraten, viel mehr als die der Arbeiter, begünstigten diese Angst. Das Proletariat und die Massen der Unselbständigen, so glaubten die Bürger, folgten nicht der Vernunft, sondern ihren nackten Interessen, seien von Demagogen manipulierbar, tendierten zur Anarchie und wollten das Eigentum beseitigen. Objektiv gab es kein Potential für eine soziale Revolution. Insofern war das überschießende Angst. Aber, die jakobinische Revolution konnte sich doch, ungesteuert gleichsam, wie 1793 aus der radikalen Demokratie entwickeln; insofern war die Angst der Bürger doch nicht unbegründet. Das wurde für den Fortgang der Revolution nicht unwichtig.

4. Deutschland und Europa

Die deutsche Revolution war auch ein europäisches und außenpolitisches Problem. Europa war noch immer Kontinent des ideologischen Bürgerkrieges, und es war die Frage, wie weit Gegner und Freunde der Revolution Partei ergreifen würden. Europa war ein Staatensystem mit einem scheinbar eingependelten

Gleichgewicht; es war keine Frage, daß ein neuer, potentiell starker Staat in Mitteleuropa, eine neue Großmacht, die Staatsräson aller anderen Mächte berühren mußte, wohl aber war es die Frage, ob ein solcher Staat überhaupt erträglich sei und wieweit sie den Willen und die Möglichkeit hatten, seine Gründung zu verhindern. Europa war auch ein Europa der Völker. Mitteleuropa war bis dahin dynastisch-historisch und föderativ organisiert gewesen; die revolutionäre Bildung eines deutschen Nationalstaates mußte Grenz- und Nationalitätenkonflikte aufwerfen: Konflikte mit den alten Staaten und Konflikte mit den jungen – staatlosen oder staatlich verfaßten – Völkern.

Zuerst die Großmächte. Rußland war der entschiedene Gegner der Revolution, und das blieb es, es war die große Macht der Gegenrevolution, es stützte sie in Preußen und wo sonst es konnte. Und auch machtpolitisch war Rußland gegen einen deutschen Nationalstaat, der entweder Österreich oder Preußen geschwächt hätte, der den russischen dynastischen Einfluß auf deutsche Klein- und Mittelstaaten ausschalten mußte, der die russische Position in Polen gefährdete. Auch der preußische König durfte nicht mit der Nationalbewegung paktieren. Die Drohung einer russischen Intervention hing ständig über der deutschen Revolution; das wußte jeder, und es war kein Zufall, daß die Politiker von den moderaten Liberalen bis zu den Radikalen entschieden antirussisch waren. Freilich, wo der Punkt lag, an dem Rußland eingreifen werde, und unter welchen gesamteuropäischen Bedingungen, das wußte niemand. Im Frühsommer war es noch nicht so weit.

Frankreich hat, zur Enttäuschung der Linken, keine revolutionäre Solidaritätspolitik getrieben. Der preußische Außenminister Arnim versuchte im Frühjahr ein Bündnis mit Frankreich zustandezubringen: französische Unterstützung Italiens, Wiederherstellung Polens, Eingliederung Schleswigs in den neuen deutschen Staat, das waren die Perspektiven. Die neue Regierung in Paris lehnte ab; Rücksicht auf die innere Lage und Abneigung gegen einen Krieg waren die Hauptgründe. Die französische Politik war zwar nicht aggressiv gegen die nationaldeutsche Bewegung, aber ein deutscher Nationalstaat war für sie natürlich eine irritierende Vorstellung; darum nahm man durchaus mit dem ideologisch so konträren Rußland Fühlung auf. Freilich, mit dem Juni 1848 schied Frankreich – jetzt deutlicher gegen einen deutschen Nationalstaat eingenommen – aus dem Kreis der aktiven Mächte einstweilen aus; das mochte für die Deutschen als Entlastung zählen.

In England gab es verschiedene Richtungen. Die Konservativen sahen in einem deutschen Nationalstaat – „that dreamy and dangerous nonsense called german nationality", meinte Disraeli – eine Gefahr für den europäischen Frieden. Die Königin und der Prinzgemahl, aus dem Hause Coburg, unterstützten und ermunterten eine moderat liberale (und durchaus antiradikale) und nationale Lösung unter preußischer Führung; Karl Leiningen stand in intensivem Briefkontakt mit dem Prinzgemahl. Weil das Haus Coburg zum Synonym für liberale Fürsten wurde, können wir von einer „Coburger" Politik sprechen. Palmerston, der leitende Minister, war, schon aus zoll- und handelspolitischen

Gründen, skeptischer, nicht deutschfreundlich, aber auch nicht eigentlich gegen eine liberal-nationale Neuordnung und, weil Österreich für England im Südosten eine europäische „Notwendigkeit" war, eher für eine Lösung unter preußischer Führung. Im Frühsommer hätte eine preußisch-liberale Lösung vielleicht englische Protektion, sogar gegen Rußland, gewinnen können. Aber dagegen stand der nationale Anspruch der Deutschen auf Schleswig. Das brachte die öffentliche Meinung wie die Regierung gegen den werdenden Nationalstaat auf: hier lag der konkrete Konfliktpunkt. Hier stellte sich England, wie auch Rußland, gegen die Frankfurter Versammlung. Hier stieß die Revolution mit Europa zusammen. Schleswig-Holstein wurde zum existentiellen Problem der Revolution.

Damit sind wir sogleich bei der anderen Hauptfrage, der Frage nach den Grenzen. Wer sollte zur Nation gehören – alle, die deutsch sprachen, und nur die? Alle, die historisch bisher zu den als deutsch geltenden Ländern gehörten? Was sollte mit Minderheiten – mit eigenen wie fremden – geschehen? Man wollte einen Nationalstaat gründen. Aber Deutschland war kein Nationalstaat; ethnische und historische Grenzen deckten sich nicht, und es gab so viele und breite Zonen der nationalen Durchmischung. Mit dem Auftritt der deutschen Nationalbewegung entstanden sofort die ersten nationalpolitischen Konflikte. Diese Konflikte waren Teil der europäischen Machtsituation, und sie beeinflußten den latenten Streit um die Führung in Deutschland, die Stellung Preußens, aber vor allem Österreichs in Deutschland. Darum sind sie für die Revolution so eminent wichtig gewesen – und nicht nur für das jetzt anhebende Jahrhundert des Nationalismus.

Drei Konflikte vor allem sind wichtig. Zuerst der um Schleswig-Holstein. Dort ging es vor der Revolution, wir haben davon erzählt, um die Eingliederung Schleswigs in den dänischen Gesamtstaat („eiderdänische" Lösung), die Beibehaltung seiner Verbindung mit Holstein oder seine Ausgliederung aus dem dänischen Gesamtstaat und den Anschluß an „Deutschland" – und die Frage war in den 40er Jahren zu einer Kernfrage der gesamtdeutschen Nationalbewegung geworden. Auf die revolutionäre Einverleibung Schleswigs in den dänischen Staat am 21. März 1848 proklamierten die Deutschen den Widerstand gegen solche Annexion wider altes Recht und bildeten eine provisorische Landesregierung; der König-Herzog wurde zwar nicht abgesetzt, aber seiner Funktionen enthoben. Diese Revolution machte nicht vor dem Thron Halt, auch die lutherischen Pastoren kehrten sich gegen die „Obrigkeit"; das lag daran, daß es eine nationale Revolution war. Der Bundestag noch erkannte die neue Regierung an, und Schleswig nahm an den Wahlen zur Nationalversammlung teil. Auf Bitten der provisorischen Regierung griff dann Preußen ein und besetzte Schleswig; der Bund legitimierte die Aktion: das war der Krieg mit Dänemark, nicht mehr ein Krieg der „Regierungen", sondern einer der Völker, und die Deutschen standen, von links bis rechts, in aller Leidenschaft dahinter. Ende Mai zogen sich die preußischen Truppen – im Zusammenhang mit englischen Vermittlungsbemühungen – auf Südschleswig zurück; die Frankfurter Nationalversammlung erklärte in wildem Protest Schleswig-Holstein zur „Sache der Nation", Preußen könne nicht allein entscheiden. Inzwischen war die Sache zu einer europäischen Frage geworden. Der Zar stellte sich – zumal aus seestrategischem Interesse – auf die Seite Dänemarks und drohte Preußen. Daraufhin schaltete sich auch England ein – interessiert am „Bosporus des Nordens" –; es wollte eine friedliche Lösung, und es wollte Rußland fernhalten. Der vernünftige Vorschlag der Engländer, Schleswig zu teilen, scheiterte an den Konfliktparteien, dazu war die nationale Leidenschaft viel zu erregt; die Deutschen wollten ein nationales Recht der dänischen Nordschleswiger auf Selbstbestimmung und Separation sowenig anerkennen, wie umgekehrt die Dänen, für beide galt in diesem Punkt nicht das Prinzip der Nationalität, sondern das des historischen Landes. Unter dem Druck der beiden Großmächte und der Erfolge der dänischen Seeblockade verhandelte Preußen über einen Waffenstillstand; am 26. August wurde er in Malmö abgeschlossen. Er war fast eine Kapitulation: Rückzug der preußischen Truppen, Ende der provisorischen Regierung, Annulierung ihrer Maßnahmen und Einsetzung einer anderen Regierung unter Mitwirkung Kopenhagens. Das löste erneut den flammenden Protest der öffentlichen Meinung und der Paulskirche aus, das war nationaler „Verrat", Verletzung der „nationalen Ehre". Das berührte zugleich das Verhältnis Frankfurts zu Preußen; denn Preußen hatte die „Vollmacht" zu solchen Verhandlungen bei weitem überschritten und die „Reichsregierung" ausgeschaltet – das war ein Schlag gegen die Paulskirche, ein Schlag gegen die Revolution. Aber die Paulskirche sollte den Waffenstillstand anerkennen. Man war in einem tiefen Dilemma. Die Machtlage ließ im Grunde weder Preußen noch Frankfurt eine andere Wahl, und Frankfurt war, ohne eigene Machtmittel, von Berlin abhängig. Für einen Teil der kleindeutschen Rechten kam hinzu, daß man Preußen nicht brüskieren wollte; man schrieb ihm doch eine führende Rolle bei der Lösung der deutschen Frage zu. Im Zuge solcher realistischer Überlegungen – und zudem unter dem Eindruck massiven englischen Drucks – schlug die Reichsregierung die Annahme des Waffenstillstands vor. Gegen das eigene nationale Gefühl beugte man sich der Macht der Tatsachen – man konnte nicht mit dem Kopf durch die Wand, konnte nicht mit der bloß moralischen Autorität die europäische Machtlage korrigieren. Dagegen stand das nationale Gefühl, das nationale Recht, das Festhalten an der eigenen Legitimation, der nationalen Selbstbestimmung. Das Ausland werde auf Deutschlands Zerrissenheit und Schwäche bauen, wenn man jetzt nicht handele, wie Recht und Ehre gebiete; wenn „der Löwe sich niemals zum Sprunge strecke", werde man glauben, er habe „sein Fell nur geborgt", ja, so sagte Robert Blum, man solle lieber in Ehren untergehen als solche Schmach hinnehmen. So redete vor allem die Linke. Dazu kam die berechtigte Sorge der Linken, ein Nachgeben gegenüber Preußen müsse die Revolution, müsse Frankfurt schwächen. Die Revolution, auch in der moderaten Form der Vereinbarungsstrategie, beruhte doch darauf, daß man mit der Fortsetzung der Revolution drohen konnte. Das würde man durch Annahme des Waffenstillstandes verspielen. Dahinter schien eine eigentümliche Alternative auf, die die radikalen

Linken auch deutlich aussprachen, Karl Marx z. B. Konnte man nicht – wie im Frankreich von 1792/93 – einen allgemeinen Volkskrieg gegen Dänemark, gegen das reaktionäre Rußland und – gegen Preußen entfesseln, mit dem preußischen Volk gegen die preußische Regierung sich stellen, wie es vieldeutig hieß? Konnte man so die Revolution nicht gleichzeitig retten und radikalisieren? Solche Alternative wieder erschien nicht nur der Rechten, sondern auch der Mitte ebenso gefährlich wie irreal. Zuletzt stand die Politik des Möglichen, des Kompromisses und der Anpassung gegen die Politik der Grundsätze, des Alles oder Nichts; diese Politik blieb oft genug rhetorische Demonstration; realistisch war sie nur, wenn man eine neue Revolution und einen großen Krieg anstrebte, dann war das eine Alternative. Aber für solche Konsequenz gab es keine Mehrheit, auch die gemäßigte Linke hat sie nicht wirklich gewollt. Die Linke hatte recht, die Revolution offenhalten zu wollen, aber in der Krise wußte auch sie keinen Weg. Am 5. September zuerst beschloß die Paulskirche mit der knappen Mehrheit (238 : 221) der Linken und eines Teiles der Rechten um Dahlmann, den Waffenstillstand auszusetzen. Die Regierung trat – im Stil des Parlamentarismus – zurück. Aber Dahlmann konnte mit der ansonsten inkohärenten Ablehnungskoalition keine mehrheitsfähige Regierung bilden. Angesichts der drohenden außenpolitischen Niederlage – und das wurde erleichtert durch einige dänische Konzessionen – änderten einige Abgeordnete der Mitte, darunter auch Schleswig-Holsteiner, ihre Meinung; am 16. September wurde der Waffenstillstand nun doch mit 259 : 234 Stimmen angenommen. Die alte Regierung, jetzt unter Führung Schmerlings, wurde neu installiert und mußte die durch und durch unpopuläre Politik vertreten. Das war die Tragik der Situation. Die Nationalversammlung war „umgefallen", indem sie eine realistische Entscheidung an die Stelle einer patriotischen Demonstration gesetzt hatte; für den Volkskrieg gab es bei weitem keine Mehrheit. Die Liberalen akzeptierten die Lage, damit verloren sie an Einfluß; die Linken scheiterten damit, die Revolution offenzuhalten. Insofern haben dieser nationale Konflikt und das Eingreifen der europäischen Flügelmächte diese Wegscheide der Revolution ganz wesentlich bestimmt. Von den außerordentlichen Wirkungen dieser Vorgänge auf die gesamte innere Situation in Deutschland werden wir gleich erzählen. Die Frage Schleswig-Holstein blieb nach Inkrafttreten des Waffenstillstands einstweilen in der Schwebe. In den nicht-deutschen Ländern aber wuchs trotz des Nachgebens die Unruhe über die Ansprüche dieses werdenden deutschen Nationalstaates.

Das zweite große nationalpolitische Problem war Posen. Die Revolution im März hatte hier nationalpolnische Züge; ein Nationalkomitee gewann weithin Autorität. Aber insgesamt schien zunächst eine übernationale Gemeinsamkeit zu dominieren. Die Führer des polnischen Aufstandes von 1846 wurden gleich amnestiert und zu Helden der Berliner Revolution. Ein freies Deutschland und ein unabhängiges Polen, das war die Stimmung zumal der Binnendeutschen. Die neue Märzregierung in Berlin versprach eine „nationale Reorganisation" in Posen im Sinne der Polen. Das entsprach auch der Politik des neuen Außenministers Arnim, der Preußen an die Spitze der Nationalbewegung setzen und gegen

Rußland Polen wiederherstellen wollte. Frankreich versagte sich dieser Politik, und der König wandte sich von ihr ab. Über die Frage der „Reorganisation" entbrannte in Posen nach einer kurzen Zeit liberaler Gemeinsamkeit der Kampf der Nationalitäten. Die Deutschen organisierten sich dagegen; die polnische Nationalbewegung bildete Milizen. Die preußischen Truppen wandten sich nach einigem vermittelnden Hin und Her gegen sie; am 9./10. Mai mußten sie kapitulieren. Die Regierung teilte Posen und begrenzte die Reorganisation auf den östlichen, polnischen Teil; im Juni verschob sie die Grenzlinie noch einmal; weite polnische Landesteile wurden zu einem deutschen Posen geschlagen. In der Provinz waren 12 Abgeordnete nach Frankfurt gewählt worden, sie wurden zunächst nur vorläufig zugelassen; der sich anbahnende Konflikt wurde vertagt. Denn man wollte beides: die Wiederherstellung eines freien Polen, das war klassische liberal-demokratische Überzeugung, und die Aufnahme des preußischen Ostens in das neue Deutschland. Die Illusion, daß die Internationale der Nationalbewegungen, der „Völkerfrühling", Konflikte gar nicht aufkommen lassen würde, zerstob sehr schnell. Man mußte zwischen den nationalen Interessen der Polen und denen der Deutschen im Osten entscheiden. Alle Vermittlungen waren schwierig, weil die Nationalitäten durcheinander wohnten. In einer großen und bewegenden Debatte (24./27. Juli) hat die Paulskirche diese Frage behandelt. Ein Teil der Linken trat hier sehr entschieden für Polen und die Polen ein. Angesichts der Bedeutung Polens für die europäische Freiheit seien die Deutschen verpflichtet, so Ruge, notfalls mit Gewalt die Wiederherstellung eines freien Polen zu betreiben; eine deutsche Minderheit müsse notfalls Opfer bringen. Einesteils verwies man auf das ethnische Prinzip, das die Nation begründe, also auf das Selbstbestimmungsrecht der Polen. Andernteils argumentierte man auch historisch-territorial gegen die Teilung des im ganzen doch polnischen Posen, so Robert Blum: wenn man Posen wegen der deutschen Minderheit teile, dann müsse man überall nicht-deutsche Nationalitäten: Dänen, Trentiner, Tschechen aus dem deutschen Verband entlassen. Aber die Mehrheit dachte anders. Der ostpreußische Abgeordnete Wilhelm Jordan, damals noch Demokrat, drückte es besonders scharf aus, „nicht obwohl, sondern weil" er Demokrat sei; er wandte sich gegen den „kosmopolitischen Idealismus", die „schwachsinnige Sentimentalität" des „Polenrausches" und propagierte dagegen einen „gesunden Volksegoismus" der Deutschen; hier ging es nicht mehr um die Rechte der Deutschen in Posen, sondern um die „naturhistorische Tatsache" der Überlegenheit der Deutschen über die Slawen. Polen solle und dürfe nicht wieder erstehen. Andere waren weniger wild; die Mehrheit dachte und redete nicht naturalistisch aggressiv wie Jordan. Aber sie plädierten für die deutschen Interessen und die der Deutschen. Mit großer Mehrheit, mit 342:31 Stimmen (vor allem der äußersten Linken), beschloß man die Eingliederung des westlichen Teiles von Posen; die Teilungslinie sollte neu gezogen werden, aber ein Reichskommissar veränderte sie noch einmal zu Ungunsten der Polen. Von der Wiederherstellung Polens hatte man sich abgewandt. Auch die Mehrheit der gemäßigten Linken hatte für das Dilemma keine Lösung; sie suchte das Problem zu vertagen. Wir wissen, auf welch verhängnisvollen Weg der Chauvinismus – wie ihn Jordan kundtat –, aber auch der entschiedene Nationalismus überhaupt geführt haben, gerade zwischen Deutschen und Polen. Man kann freilich nicht übersehen, daß hier ganz reale Konflikte bestanden, für die es in dieser Zeit keine Lösungen gab. Das Gegeneinander der Nationalitäten und Nationalismen war im Zeichen der nationalen Revolution unvermeidlich; auch die Polen beanspruchten Herrschaft über Deutsche. Der Konflikt war legitim, aber er war auch tragisch. Gerade im Osten hat das bei den Deutschen zu einem Bedrohtheitsnationalismus geführt, der auf andere Teile der Nation übergriff und zu einer der schweren Belastungen unserer Geschichte geworden ist.

Die dritte große nationalpolitische Frage war Böhmen. Palacky, der anerkannte Führer der entstehenden tschechischen Nation, hatte die Einladung des 5oer-Ausschusses abgewiesen: in einem deutschen Nationalstaat sei für ihn und seine Nation, sei für ein autonomes Böhmen kein Platz. Dagegen sei der österreichische Kaiserstaat für die kleinen Nationen in diesem Teil Europas der natürliche Schutz, zumal gegen Rußland; existierte er nicht schon längst, „man müßte im Interesse Europas, im Interesse der Humanität selbst sich beeilen, ihn zu schaffen". Und die Tschechen nahmen, wir sagten es, an den Wahlen zur Paulskirche nicht teil. Das war nicht nur der Selbstbestimmungsanspruch der Tschechen. Das war auch eine Absage an den Selbstbestimmungsanspruch der Deutschen – in Böhmen wie in Österreich – sie sollten dem neuen Nationalstaat nicht beitreten dürfen –, war Absage an Österreichs Führungsanspruch in Deutschland wie an den der großdeutschen Binnendeutschen auf Zugehörigkeit Österreichs. Der Slawenkongreß Anfang Juni in Prag, auf dem harte Worte gegen die Deutschen fielen – auch Palacky soll gesagt haben, Dresden und Leipzig seien rein slawische Städte, in denen die Deutschen sich eingenistet hätten – debattierte über eine proslawische Neuorganisation Österreichs außerhalb des gemeindeutschen Verbandes. Das alles mußte die nationalen Spannungen zu den Deutschen, zumal in Böhmen, erheblich verschärfen. Auch in Böhmen standen spätestens seit dem Frühsommer, wir werden davon noch erzählen, die Nationalitäten gegeneinander. Die Paulskirche nun hielt am deutschen Anspruch auf Böhmen, das Land des alten Reiches wie des Bundes, fest. Es gebe weder Bedingungen noch Berechtigung zu einer selbständigen nationalen Entwicklung, diese Meinung Gagerns war ziemlich allgemein. Das war anders als gegenüber den Polen, die über 50 Jahre das Freiheitsvolk gewesen waren. Dahinter stand die Überzeugung, daß die Deutschen Protagonisten von Freiheit und Fortschritt seien und mit ihrer überlegenen Kultur eine „welthistorische Mission" (August Reichensperger) gerade im Südosten hätten, und davon, daß das Leben und Durcheinanderleben der kleinen Völker nur in einem großen und natürlich deutschen Reiche geordnet werden könne. Auch die Linken dachten da zumeist nicht anders; auch Karl Marx war ja davon überzeugt, daß Böhmen zum deutschen Kultur- und Machtbereich gehöre und gehören müsse, mochten auch die Tschechen noch ein paar Jahrzehnte ihre eigene Sprache beibehalten; daß sie kein legitimes Recht darauf hatten, eine Nation zu sein, lag für ihn freilich daran, daß sie – reaktionär waren. Die Paulskirche wollte, gerade mit Blick auf Böhmen, das Problem der nationalen Minderheit im Nationalstaat durch eine großzügige Verfassung lösen. Ein liberales Minderheitenrecht sollte die freie national-kulturelle Entwicklung verbürgen; das neue Reich sollte auch für die nicht-deutschen „Stämme" ein wohnliches Haus sein. Den böhmischen Fragen gegenüber war man in Frankfurt selbstgewisser und friedlicher, zum Teil gerade unter dem Einfluß deutsch-böhmischer Abgeordneter; erst im Sommer wurde die Gegnerschaft gegen alle Bestrebungen des entschiedenen tschechischen Nationalismus schärfer.

Die Paulskirche wollte ein Doppeltes. Sie wollte kein altes Reichs- und Bundesgebiet preisgeben, nicht nur nicht, wenn es national durchmischt war, sondern auch, wenn es nicht deutsch war. Den Antrag der italienischen Abgeordneten aus dem Trentino (Welschtirol), ihr Land aus dem Bund zu entlassen – und also Tirol zu teilen – lehnte die große Mehrheit ab, auch die Demokraten plädierten nur für einen autonomen Status; und alle haben an der Zugehörigkeit des eigentlich niederländischen, aber zum Bund gehörenden Herzogtums Limburg zu Deutschland festgehalten. Und die Paulskirche wollte im Norden und Osten deutsche und auch nicht-deutsche Gebiete, die historisch zu deutschen oder deutsch dominierten Gebieten gehörten – Schleswig und wenigstens den größeren Teil von Posen – eingliedern. Auf andere Deutsche – im Elsaß oder im Baltikum – freilich hat man, von Randstimmen abgesehen, keinen Anspruch erhoben; so expansiv war der Nationalismus nun wieder doch noch nicht. Die Argumente dienten der Bestätigung dieser Ansprüche, sie überkreuzten sich, wechselten manchmal und waren logisch nicht stimmig. Das subjektive Recht, selbst über die nationale Zugehörigkeit zu bestimmen, galt nur für die in Frage stehenden Deutschen, und in den Streitfragen war das auch mit dem ethnischen Prinzip so. Das war natürlich fundamental; im Streitfall hielt man sich lieber an den historisch-territorialen Begriff der Nation – aber im Fall Schleswig argumentierte man anders als im Fall Posen. Im Unterschied zum späteren verhärteten Nationalismus hielt man an der liberal-toleranten Nationalitätenpolitik fest und meinte so, die Probleme der Mischzonen wie die nationalen Ungerechtigkeiten bewältigen zu können. Die Position der Deutschen in diesen Konflikten entsprach freilich dem gemeineuropäischen Nationalismus, war Teil seines Schicksals; auch die Dänen, die Polen, die Tschechen haben sich nicht anders verhalten. Auf Schuldzuweisungen muß man verzichten. Es war die Tragik der Situation.

Zum Problem Deutschland und Europa gehören auch die Ideen und Träume von imperialer Macht, die hinter den Vorstellungen vom Umfang des deutschen Nationalstaates aufscheinen. Man dachte an ein großes deutsches Reich, dem sich Randvölker und Randstaaten anschlossen, von der Schweiz, den Niederlanden oder gar Skandinavien bis zu den Ländern Südosteuropas, eine Hegemonie von der Nord- und Ostsee bis zur Adria und zum Schwarzen Meer, an See- und Handelsmacht auch. Es gab ein geradezu emphatisches Verlangen nach Macht und Großmacht. Dahlmann hat in der Septemberkrise gemeint:

„die Bahn der Macht ist die einzige, die den gärenden Freiheitstrieb befriedigen und sättigen wird. Denn es ist … nicht nur die Freiheit, die der Deutsche meint, es ist zur größeren Hälfte die Macht, nach der es ihn gelüstet." Gewiß, dahinter stand die Schleswig-Holstein-Erfahrung, daß Freiheit ohne Macht nicht zu bewahren sei. Und in den Grenz- und Nationalitätenfragen spielte das Sicherheitsinteresse Deutschlands eine bedeutende Rolle, das war nicht illegitim. Aber Macht war auch ein Selbstzweck. Dahlmann war noch moderat; es gab viel expansivere Rhetorik. Alle redeten von der deutschen Schmach und der deutschen Ehre; „Freiheit und Recht Deutschlands über jede andere Rücksicht", das war die Parole des völkerrechtlichen (außenpolitischen) Ausschusses. Kein „Kanonenschuß" dürfe, so der Demokrat Vogt, auf der Welt erschallen, ohne daß Deutschland dabei sei; Deutschland werde die erste Macht der Welt sein, wenn es einig sei; die „unsinnigen Forderungen" der Altgermanen beklagte der preußische Gesandte Bunsen. Zu den beliebten Redensarten gehörte auch die von der „Kraft des deutschen Schwertes", an die man appellierte; sie allein könne den Frieden sichern. Sehr allgemein war die Meinung, daß der Kampf zwischen Germanen und Slawen im Osten und Südosten ein „welthistorischer Tatbestand" sei, das hat die Möglichkeiten der Koexistenz nicht eben erleichtert. Der Krieg stand als Möglichkeit durchaus im Blick. Auf der Linken gab es die Begeisterung für den Volkskrieg „gegen die Barbarei des Ostens" (Vogt); wiedergeborene Völker bedürften „der Feuertaufe"; selbst Ruge, der einzige Pazifist und der Freund eines Völkerbundes, wollte zuerst noch den „letzten Krieg" gegen den Krieg, gegen Rußland. Das alles war natürlich auch viel Nachhol- und Kompensationsbedarf einer lange ohnmächtigen und geteilten Nation, die das Normale, daß nämlich große Staaten Macht haben, nun auch erringen wollte.

Dieser Nationalismus, diese Unruhe der Macht und der Machtambitionen, ist von der Rechten wie der Linken getragen worden. 1848 ist die Linke – mit Ausnahme von Ruge – nicht weniger nationalistisch gewesen als die Rechte, mit einigen kleinen Ausnahmen gegenüber Polen. Die Wucht des demokratischen Anspruchs, die Berufung auf das Volk und seine Macht erhöhte gerade die Stärke traditioneller Ansprüche ganz gewaltig. Und bei der Linken war das fast auffälliger, weil es nicht, wie bei einem Gutteil der Mitte und der Rechten, durch den Filter realpolitischer Erwägungen gedämpft war. Die Rhetorik, die 50 Jahre später „rechts" war, war damals noch eher links. Denn auch der Nationalismus war ja im Grunde noch ein linkes Phänomen.

Freilich, man darf all das nicht überschätzen, zumal im Lichte späterer Erfahrungen. Die Rhetorik war nicht die Praxis, und die Beschlüsse waren – von den akuten Grenzfragen abgesehen – moderater und realistischer als das manchmal wilde Reden. Trotz aller Ambitionen, das Kernziel war und blieb ein deutscher Nationalstaat und nicht ein Imperium. Und die Entscheidung, die zuletzt für den kleindeutschen Nationalstaat getroffen wurde, macht das ganz deutlich. Die Mehrheit hat doch das internationale Konfliktpotential damit entscheidend begrenzt. So unerträglich war dieses Deutschland für Europa nun wieder nicht.

5. Zwischen Radikalisierung und Gegenrevolution

Die liberale Revolution, die Revolution der bürgerlichen Mitte, hatte, so schien es, gesiegt. Sie hatte in den Einzelstaaten, in Parlamenten und Regierungen weithin das Sagen. Sie hatte mit Paulskirche und Zentralgewalt ein institutionelles Zentrum der gesamtdeutschen Revolution. Der nationale Staat, die liberale Verfassung, die bürgerliche Gesellschaft – sie schienen auf dem Wege zu sein. Die Strategie der Liberalen war jetzt die der Vereinbarung. Vereinbarung mit den bestehenden, aber selbst erneuerten Gewalten sollte die bisherigen Errungenschaften der Revolution sichern und gleichzeitig die bürgerliche Ordnung aufrechterhalten. Dahinter stand die Ablehnung eines schroffen Bruches mit der Vergangenheit, der Glaube an Evolution und Kontinuität, an Ordnung auch und Legalität. Dahinter stand die Furcht vor der weitergetriebenen Revolution, vor radikalen wie reaktionären Massen, vor jakobinischer Diktatur und Terror – wie 1793, vor sozialem Umsturz, vor einem neuen Cäsarismus. Das hat man den Liberalen seither oft vorgeworfen. Man braucht diese Furcht nicht zu teilen, geschichtliche Legitimität kann man ihr nicht absprechen. Dahinter stand nicht nur Klasseninteresse, sondern auch eine ganz realistische Einsicht: die bestehenden Gewalten konnten sich auf die Loyalität eines guten Teils des Volkes, zumal des ländlichen, noch durchaus stützen; Konfrontation und Weitertreiben der Revolution mußten zum Bürgerkrieg führen, und das war keine vernünftige Alternative. Der Vereinbarungsstrategie nun lag die Erwartung zugrunde, daß die alten Gewalten in den Hauptsachen zum Nachgeben gegenüber den liberalen Forderungen gezwungen seien, auch weil man dann gemeinsam die soziale Ordnung gegen eine „republikanisch"-radikale Wendung aufrechterhalten konnte. Dazu mußte man das moralische Gewicht der öffentlichen Meinung auch einsetzen können, man mußte an das Potential der Revolution appellieren können, durfte sich nicht ganz von ihr abnabeln, während man sie zugleich doch stillstellen wollte. Das war das Dilemma der Liberalen.

Die Situation der Liberalen war trotz ihrer Erfolge prekär. Die Reichsregierung hatte keine Machtmittel. Die Regierungen der Einzelstaaten gerieten bald in eine Zwischenposition zwischen Krone und Parlament. Die Vielzahl sich regender gegensätzlicher Interessen schwächte die Einheit der liberalen Bewegung; soziale Konflikte und soziale Enttäuschung minderten ihre Kraft. Die europäischen Verhältnisse kehrten sich in der Schleswig-Holstein-Frage gegen die Revolution. Die Lage und die Verteilung der Kräfte waren instabil. Vor allem wurden die Position der Liberalen und die Politik der Mitte seit dem Sommer 1848 von einer Doppelbewegung bedroht, den Versuchen der Linken, die Revolution weiterzutreiben und zu einer „zweiten" und wahren Revolution zu radikalisieren, und den Versuchen der Besiegten des März, sich wieder zu sammeln und die Gegenrevolution voranzutreiben. Beide Gruppen verfolgten ihre Ziele aus eigenem Antrieb, beide wollten das liberale System aus den Angeln heben, aber beide standen auch in Wechselwirkung, provozierten sich gegenseitig und propagierten die Furcht vor dem anderen Extrem. Beide suchten die Situation zu polarisieren; die Politik der Mitte wurde schwieriger.

Gewiß, politische Öffentlichkeit und politische Bewegungen waren noch überwiegend zur Mitte orientiert. Das galt für die Mehrheit der außerparlamentarischen Bewegungen, von denen wir gesprochen haben. Das galt auch für die Publizistik und die parteiorientierten politischen Vereine; sie nahmen noch durchweg zu und differenzierten sich jetzt deutlicher: rechtsliberal-„konstitutionell", linksliberal und gemäßigt demokratisch. Aber für den Fortgang der Ereignisse wurden die Extrempositionen wichtiger.

Die Konservativen, die noch in bürokratischen und militärischen Machtpositionen saßen oder Einfluß an den Höfen hatten, fingen sich wieder und begannen, in Österreich und Preußen zuerst, Strategien einer Gegenrevolution neu zu überlegen. Vor allem in Preußen traten sie an die Öffentlichkeit. Die Hochkonservativen um die Brüder Gerlach planten schon im April eine Zeitung, die dann im Juli als ‚Neue Preußische Zeitung' zustande kam, wegen ihres Emblems, des Eisernen Kreuzes, die ‚Kreuzzeitung' genannt. Das war das Organ des gegenrevolutionären Konservativismus. Die Junker organisierten die Verteidigung ihrer ökonomischen Interessen und ihrer Privilegien im „Verein zum Schutze des Eigentums und zur Förderung des Wohlstandes aller Klassen", später unverhüllter „Verein zur Wahrung der Interessen des Grundbesitzes" geheißen, der im August eine Generalversammlung abhielt, das Junkerparlament, wie man sagte. Im Juni wurde der „Preußenverein für das konstitutionelle Königtum" gegründet; ihm schloß sich ein ganzes Netz von solchen Vereinen an, auch Pastoralvereine, Vaterlandsvereine oder ähnlich geheißen, zumal auf dem Lande, die nun auch mit Adressen und Petitionen die Abgeordneten bearbeiteten. Auch die kirchliche Orthodoxie stand im Lager der Gegenrevolution. Besonders wichtig war natürlich das Militär; es bildete sich eine informelle Militärpartei, die die Armee zum Instrument der Gegenrevolution machen wollte – gegen Reformgenerale, die wie Peucker in Frankfurt und Pfuel in Berlin Kriegsminister waren. Das Offizierskorps stellte sich, Folge der Vormärzentwicklung, in der Mehrheit auf die Seite der Gegenrevolution und zog auch das Unteroffizierskorps mit. Die liberale Kritik an der Armee, auch die zivile Abneigung gegen eine effektive Wehrverfassung, half dabei kräftig mit; die Armee meinte, gegen unausgegorene Pläne auch ihre eigene Existenz und Schlagkraft gegenüber wirklicher Friedensbedrohung verteidigen zu müssen. Bezeichnend für die neue Lage war, daß einer der Wortführer dieser „Militärpartei", der Oberstleutnant Griesheim, Direktor des allgemeinen Kriegsdepartements und graue Eminenz des Kriegsministeriums, sich mit propagandistischen Flugschriften an die Öffentlichkeit wandte. Der Titel seiner vierten Flugschrift von Ende November wurde zum geflügelten Wort: ‚Gegen Demokraten helfen nur Soldaten'.

Auf der anderen Seite nun die Radikalen. Die Ereignisse vom März bis zu den Anfängen der Paulskirche hatten sie anscheinend überspielt; die Liberalen waren in Führung; die Aprilrevolution in Baden war gescheitert. Aber es gab weiterhin die radikalen Demokraten, die sich in Frankfurt um die Fraktion Donnersberg gruppierten. Sie wollten Republik und Volkssouveränität und egalitäre Demokratie gegen das bürgerliche Honoratiorentum; sie wollten, gegen Kompromiß und Vereinbarung und bloße Evolution, die Revolution weitertreiben, die Konservativen ganz ausschalten und die Liberalen an den Rand drängen; sie witterten früh die Gefahr der Gegenrevolution und wollten die Revolution verteidigen, gerade indem sie sie weitertrieben – das war ihre Art Realismus. Von der gemäßigten Linken um Robert Blum unterschieden sie sich in der Wahl der Mittel. Sie waren nicht nur parlamentarisch, sie waren aktionistisch; sie kritisierten das Parlament, sie wollten außerparlamentarische Kräfte mobilisieren; sie riefen nach der zweiten Revolution. Arnold Ruge, Abgeordneter des Donnersberg, bis er am 10. November aus dem Parlament austrat, rief in seiner Zeitschrift ‚Die Reform' offen dazu auf. Man rechnete mit dem Scheitern der Paulskirche, und für diesen Fall wollte man durch Propaganda, Organisation und Aktion die Vorbedingungen einer entschiedenen Demokratie schaffen, eine Art jakobinischer temporärer Diktatur der wahren Demokraten; das hatte totalitäre Züge, wie sie etwa im Verhältnis zu den Kirchen schon seit dem März zu Tage getreten waren. In den alten Großstädten, in Frankfurt, in Berlin, in Wien, war dieser Flügel, vom Sozialprotest städtischer Unterschichten mitgetragen, besonders stark. Pfingsten 1848, am 14.–17. Juni, trafen sich 200 Demokraten in Frankfurt zum ersten Demokratenkongreß. Julius Fröbel war der leitende Kopf; 89 Vereine aus 66 Städten waren vertreten, dazu eine Reihe von Abgeordneten des Donnersberg. Man beschloß die Organisation demokratischer Vereine zur Stärkung der „demokratisch-republikanischen Partei" und dazu einen Zentralausschuß in Berlin; Berlin galt als Zentrum der Entwicklung. Es gebe, so sagte man, „nur eine für das deutsche Volk haltbare Verfassung, die demokratische Republik, das heißt eine Verfassung, in welcher die Gesamtheit die Verantwortlichkeit für die Freiheit und Wohlfahrt des Einzelnen übernimmt". Das war gegen allen liberalen Glauben, war fast totalitär. Der Kommunist Gottschalk hatte dem Kongreß diese Formel vorgeschlagen, und der nahm sie an.

Die demokratischen Klubs und Vereine trennten sich endgültig von den liberalen, konsolidierten sich und breiteten sich aus, in der Rheinprovinz, in Rheinhessen, in Baden und Württemberg, in Sachsen und Mitteldeutschland, in Schlesien (hier auch auf dem Lande) vor allem. Die Demokraten agitierten nun lebhaft gegen die Liberalen, gegen das Versacken der Paulskirche und der anderen Parlamente in endlosen Beratungen, Kompromissen, in Schwäche; im Namen der unmittelbaren und wahren Demokratie, der Volksversammlungen und Vereinsbeschlüsse wandte man sich gegen das Parlament überhaupt, wollte ein quasi-imperatives Mandat, entzog den Abgeordneten mit Berufung auf eine veränderte Wählermeinung das Vertrauen. „Im Parla-Parla-Parlament, das Reden nimmt kein End", hat Herwegh später diese Stimmung lyrisch formuliert – ein eigentümlicher Vorklang auf spätere ganz anders gerichtete Parlamentskritik. Man wollte das Parlament unter Druck setzen, entmachten, ablösen. Man wollte eine zweite Revolution. Der soziale Protest von Unterschichten und kleinen Leuten, durch die Rezession verstärkt, nährte diese Agitation.

Diese Entwicklung nun kulminierte im September. Auslöser war die Annahme des Waffenstillstands von Malmö durch die Paulskirche. Die Preisgabe Schleswig-Holsteins und die Kapitulation vor Preußen, das schon als Anführer der kommenden Gegenrevolution galt, die Selbstentmachtung des Parlaments und das Abschneiden der Revolution lösten weithin Empörung aus. Im Rheinland und auch in Mittel- und Norddeutschland war es schon in der ersten Septemberhälfte zu Protestdemonstrationen gekommen. Entscheidend wurde Frankfurt. Die Radikalen, in der Stadt wie der Umgebung stark, hatten die Linke aufgefordert, die Paulskirche unter Protest zu verlassen, und das hieß: sich als Gegenparlament zu etablieren. Das hatte die gemäßigte Linke abgelehnt. Nach Demonstrationen vor der Paulskirche erklärte eine tausendköpfige Versammlung die Befürworter des Waffenstillstands zu Verrätern am deutschen Volk und sprach ihnen das Mandat ab. Gegen eine angekündigte bewaffnete Versammlung in der Innenstadt rufen Regierung und Frankfurter Senat österreichische, preußische und hessische Truppen zum Schutz der Paulskirche herbei. Am 18. September diskutiert das Parlament, in großer Erregung, über dieses Vorgehen; Demonstranten versuchen, das Gebäude zu besetzen, das wird vom Militär verhindert; aus der Demonstration entsteht Aufruhr – gegen den „Verrat", gegen das fremde Militär, gegen die Preußen; erst am Abend kann das Militär nach erbitterten Kämpfen den Aufstand niederringen, etwa 80 Tote sind, auf beiden Seiten, die Opfer. Zwei konservative Abgeordnete, der Fürst Lichnowsky und der General von Auerswald, werden von Aufständischen ermordet. Der Reichsverweser verhängt den Belagerungszustand. Auch in Köln und Düsseldorf, wo es unter dem Einfluß von Marx und Engels und des jungen Ferdinand Lassalle zu Demonstrationen kommt, verhängt die Regierung den Belagerungszustand.

Die Frankfurter Ereignisse hatten eine gewaltige Resonanz. Aus der Empörung über Schleswig-Holstein war, so sah es sich in den Augen der Mitte an, der Revolutionsversuch der roten Republikaner geworden, aus den Demonstrationen Gewalt und Terror, Anarchie und Mord; und das war für sie nicht eine traurige, schreckliche Begleiterscheinung des politischen Konflikts, sondern das Wesen der zweiten Revolution. Gerade der Abgeordnetenmord diskreditierte die ganze Linke, obwohl sie mit diesem Ausbruch von Wut keineswegs identifiziert werden konnte. Das verstärkte die Furcht vor neuer Revolution, verstärkte das Festhalten an der Ordnung. Am Rhein, in der Pfalz, in Hessen, in Baden, in Mitteldeutschland schienen Gärung und Aufstand zu drohen; die Meinung der Radikalen, daß allein das besitzende und gebildete Bürgertum in den Parlamenten noch das Sagen habe, mobilisierte erneut sozialen Protest von Massen. Die Reichsregierung setzte Reichskommissare ein und konzentrierte Truppen. Im nachhinein sieht sich die Gefahr einer neuen Revolution gering an, aber das ist bei gescheiterten Revolutionen gemeinhin so. Wäre der Putsch in Frankfurt gelungen – das war möglich –, dann wäre es vermutlich unter der Parole von nationaler Einheit und sozialer Demokratie zu einem allgemeinen Bürgerkrieg gekommen. Nur in Baden kam es wirklich zu einer neuen Revolution. Die Wunden des Aprilaufstandes waren nicht geheilt; den großen Hecker hatte die Paulskirche nicht als Abgeordneten zugelassen; die republikanischen Emigranten in der Schweiz und im Elsaß agitierten für die Sprengung des Frankfurter Parlaments, für die Republik der Vereinigten Staaten von Deutschland und stellten bewaffnete Freischaren auf. Struve, in der Annahme, der Putsch in Frankfurt sei gelungen, kam aus der Schweiz zurück und proklamierte am 21. September in Lörrach die deutsche Republik. Wohlstand, Bildung und Freiheit für alle, das war die soziale Parole; reiche Kaufleute und Juden sollten durch besondere Steuern die Revolution finanzieren. Das Unternehmen ergriff wieder das badische Oberland, aber nach vier Tagen hatte das badische Militär den Aufstand besiegt.

Reichsgewalt und Paulskirche haben sich in der Krise behauptet. Aber sie waren geschwächt. Die Linke hatte die Mitte angegriffen, und die Mitte war gegen die Linke vorgegangen. Die Mitte wollte Freiheit und Recht, aber sie wollte es in Sicherheit und Ordnung, sie wollte ihre Entscheidungsfreiheit gegen den Druck der Radikalen behaupten, ihre liberal-demokratischen Ziele nicht durch den Angriff auf Ordnung und Eigentum diskreditieren lassen. Sie wandte sich gegen die zweite, die permanente Revolution. Das vertiefte den Bruch. Die Mitte wollte sich behaupten, aber sie mußte, weil sie ohne eigene Macht war, mit den staatlichen Mächten zusammengehen; sie wurde in Wahrung von Gesetz und Ordnung – an die Seite der alten Mächte gedrängt. Das war gefährlich. Denn die Neigung der Einzelstaaten zum Kompromiß mit der Mitte ließ unter diesen Umständen nach; man brauchte auf sie offenbar weniger Rücksicht zu nehmen; gegen Demokraten halfen am Ende vielleicht doch nur Soldaten. Das war Auftrieb für die Gegenrevolution. Und bei der bürgerlich-bäuerlichen Mehrheit im Lande mochte sich der Akzent von Freiheit und Recht auf Sicherheit und Ordnung verlagern. Verbindungs- und Trennlinien verschoben sich. Aber die Mitte hatte nach dem Gesetz, nach dem sie angetreten, und in der Verstrickung der Schleswig-Holstein-Krise keine Wahl. Das war ein andermal die Tragik der Situation.

Trotz der Niederlage agitierten die Demokraten weiter, noch stärker als seit dem Sommer in Wechselwirkung mit der in Berlin und in Wien sich anbahnenden Gegenrevolution. Am 3. Oktober protestierte der demokratische Zentralausschuß gegen die Paulskirche; er forderte Wählerversammlungen, Annullierung der Mandate, Abberufung der Abgeordneten und Neuwahlen, und da das aussichtslos war, war das noch einmal die Forderung nach der zweiten Revolution. Als der zweite Demokratenkongreß vom 26. bis 31. Oktober in Berlin tagte – 260 Vereine aus 140 Städten waren jetzt vertreten –, war die Gegenrevolution in Berlin und Wien schon in vollem Anmarsch. Man erklärte das Mandat der Paulskirche für beendet. Aber ansonsten war man sich nicht mehr einig – über Ziele nicht und nicht über Wege. Gegensätze zwischen Sozialisten und nicht-sozialistischen Demokraten spalteten den Kongreß ebenso wie die Frage, was man für die Wiener Revolution tun könne. Auch der Versuch, alle deutschen Abgeordneten der äußersten Linken als eine Art Gegenparlament in Berlin zusammenzubringen, scheiterte. Eine konkrete Alternative zur Strategie der Liberalen hatte man nicht mehr; die extreme Linke zerfiel; Verzweiflung über die kommende Gegenrevolution breitete sich aus.

Im November war es dann die gemäßigte Linke in Frankfurt, die noch einmal den Anstoß zu einer gewaltigen Neuorganisation gab. Der „Zentralmärzverein" sollte die Linke im Parlament und im Land zum Kampf für die Märzerrungenschaften und die Demokraten gegen die Gegenrevolution zusammenschließen. Bis zum Frühjahr haben sich fast 500000 Menschen in 500 Ortsvereinen organisiert.

In dem Prozeß von Gegenrevolution und Radikalisierung verflechten sich drei Handlungsstränge; der gesamtdeutsche, der österreichische, der preußische; die Zentren des Geschehens sind Frankfurt, Wien, Berlin. Das wirkt wechselweise aufeinander, aber man muß die Stränge in ihrer eigenen Dynamik verstehen.

Die Entwicklung in Österreich wurde für die gesamtdeutsche Revolution von entscheidender Bedeutung. Das war merkwürdig genug, denn im Frühsommer 1848 schien Österreich fast paralysiert; die liberale und nationale Revolution schien doch das Ende des alten dynastisch-übernationalen Staates einzuleiten. Diese Entwicklung hatte verschiedene Zentren, auch wenn sie sich dann in Wien konzentrierte.

Zunächst Prag. Verfassung, Autonomie und eine eigene Regierung waren zugesagt, aber natürlich waren die Dinge im Frühsommer noch in der Schwebe. Das war ein Anlaß der Unruhe. Auf der Basis der Errungenschaften des März hatte sich ein Bündnis zwischen moderat liberalen bürgerlichen tschechischen Nationalisten und eher konservativen ständischen Aristokraten gebildet, das die Führung beanspruchte. Das mußte die Linke provozieren. Schließlich hatte sich der Gegensatz zwischen Deutschen und Tschechen verschärft. Die meisten Deutschen wollten die Gleichberechtigung der Sprachen nicht so verstehen, daß die Sudentenländer oder die Prager Universität zweisprachig würden, und die Tschechen wollten kein Zwei-Nationen-Land, sondern ein tschechisches Böhmen mit Minderheitenrechten. Vor allem: die Deutschen wollten im Gegensatz zu den Tschechen zu Gesamtdeutschland gehören und zu einem deutsch geführten Österreich. Sie fühlten sich von den tschechischen Ambitionen bedrängt; sie schufen sich ihre eigene Organisation, ja in den deutschen Randgebieten gab es die Tendenz, sich von den tschechischen Landesteilen zu trennen. Der Slawenkongreß in Prag – Anfang Juni –, ein Kongreß fast allein der österreichischen Slawen, bekräftigte die Absage an die Paulskirche und ihr Großdeutschland und die Absage an die großdeutschen Österreicher (wie die Absage an die ungarische Ständeversammlung und ihr Großungarn) und den Anspruch auf ein föderalisiertes Österreich, in dem nicht mehr die Deutschen allein die Führung haben, sondern die Slawen mitherrschen sollten. Er war nicht sehr erfolgreich, aber er löste scharfe Reaktionen aus. Am 12. Juni kam es in Prag zu einem Aufstand der Linken, Demokraten und Studenten, von arbeitslosen Baumwollarbeitern und Armen unterstützt, ohne klares Programm, aber für die Fortführung der Revolution, gegen die Gegenrevolution und vor allem gegen das noch präsente Militär. Der Militärbefehlshaber Windischgrätz lehnte alle Vermittlungen ab und ließ wohl sehr bewußt den Aufstand zuerst gewähren, um ihn dann um so massiver niederschlagen zu können. 400 Tote waren die Opfer blutiger Kämpfe, ehe die Aufständischen am 16. Juni kapitulieren mußten. Windischgrätz übernahm die Gewalt. Deutsche und Tschechen hatten zwar auf beiden Seiten gestanden, aber sozialradikale Ausschreitungen gegen vermögende deutsche Bürger wurden als antideutsch empfunden und verschärften die nationalen Spannungen. Windischgrätz stieß keineswegs auf Ablehnung. Das deutsche Bürgertum sah in ihm einen Schutz vor dem tschechischen Radikalismus. Und das antiradikale tschechische Bürgertum sah in seinem Sieg den Sieg des schwarz-gelben Österreich über das Schwarz-Rot-Gold der deutschen Nationaldemokratie, die man so radikal ablehnte, und über das schwarz-rot-goldene Wien zudem. Das ganze war noch nicht der erste große Sieg der Gegenrevolution, aber zum ersten Mal hatte die alte Macht des Militärs nicht nur eine radikale Revolution besiegt, sondern auch die liberal-nationale Revolution eingedämmt. Die Linke in Wien nahm das dann auch zu Recht als Niederlage der Revolution, aber mit den tschechischen Autonomisten und Föderalisten hatte auch sie nichts gemein.

Der zweite Schauplatz der Revolution war Italien. Die Italiener waren unter sich nicht einig; die Franzosen hatten nicht zum Schutz der Revolution eingegriffen. Es gelang den alten Institutionen des Kaiserstaates, die Armee in Italien zu verstärken; kroatische wie magyarische Führer erhofften sich von einer militärischen Unterstützung des Kaisers in Italien national-politische Vorteile, sozusagen einen Preis. Wie immer, am 27. Juli siegte das österreichische Vielnationenheer bei Custozza über die Piemontesen, unter Führung des 82jährigen Radetzky; der Radetzky-Marsch des Johann Strauß hat ihn unsterblich gemacht. Und Radetzky zog siegreich in Mailand ein und nötigte Piemont zum Waffenstillstand. Nur ein französisches Eingreifen hätte die Festigung der österreichischen Position verhindert und damit die Auflösung Österreichs weitergetrieben. Aber eine solche Politik konnte sich die nach der Niederwerfung des Arbeiteraufstandes im Juni erst wenig gefestigte republikanische „Diktatur" des Generals Cavaignac nicht leisten. Dieser Sieg in Italien gab dem Selbstvertrauen des Kaiserstaates und der ihn tragenden alten Mächte wieder Auftrieb; aber auch die öffentliche Meinung in Österreich wie im übrigen Deutschland begrüßte diesen Sieg vielfach als nationalen Sieg. Trotz fortdauernder Bindungen in Italien gewann der Kaiserstaat neue militärische Kraft. Der Sieg wurde die Basis der Wendung gegen Ungarn, in deren Verlauf zuerst gerade die Revolution in Wien niedergezwungen wurde, und das war der Anfang des Sieges der Gegenrevolution in Deutschland. Weithin hatte man im Sommer nicht nur mit der Paralyse, sondern mit der Auflösung Österreichs gerechnet; Schmerling in Frankfurt, überzeugter Österreicher und ein kluger Mann, rechnete mit der Abtrennung der Lombardei und Galiziens und mit einer Dreiteilung der Kerngebiete: Böhmen, Ungarn, Deutsch-Österreich mit je einem Erzherzog an der Spitze;

das hätte die Lösung des deutschen Problems erleichtert. Der Sieg in Italien veränderte die Perspektiven nicht nur der Beobachter, sondern des Staates selbst.

Die Frage Ungarn war ungelöst; Kaiser und Wiener Regierung hatten dort im Grunde nichts zu sagen. Das Land hatte als Ergebnis der Revolution seine eigene parlamentarische Regierung, seine Autonomie. Unabhängigkeit vom Gesamtstaat, Personalunion vielleicht, oder gänzliche Loslösung, ja Konfrontation – darauf schienen die Dinge zuzulaufen. Im Frühsommer lavierten Hof und Regierung, zumal man ungarische Truppen gegen Italien einsetzen wollte. Aber nach dem Sieg in Italien wandten sie sich entschiedener gegen die ungarische Separation. Hinzu trat ein neuer Konflikt: die Opposition der Nationalitäten, der ungarischen Nebenländer gegen den magyarischen Nationalismus. Die Magyaren – wie fast alle Nationalbewegungen der Zeit – hielten an ihren historischen Ansprüchen fest; sie wollten, bevölkerungsmäßig nur eine ganz knappe Mehrheit, die herrschende Nation sein. Sie wollten keine autonomen Gebiete im Rücken haben. Alle sollten – das war Symbol solcher Politik – magyarisch sprechen. Das richtete sich gegen Wien. Und die Magyaren fühlten sich dabei ganz im Recht, als Vorreiter von Freiheit und Fortschritt; allein das Magyarische eröffne den anderen Nationalitäten den Weg zur Politik. Kurz, die anderen sollten sich einfügen. Aber dagegen nun erhob sich der Widerstand der anderen Nationalitäten – der Kroaten, Serben, Rumänen vor allem –, die bis dahin außerhalb des politischen Lebens gestanden hatten. Die Absage der Ungarn an den Gesamtstaat und die Absage der Nationalitäten an den magyarischen Nationalismus überkreuzten sich; das wurde zum Grundfaktum der Machtlage in Mitteleuropa. Der von einem selbstgebildeten kroatischen Nationalkomitee in Agram vorgeschlagene Jellačić wurde vom Kaiser zum Banus, zum Statthalter für Kroatien ernannt. Nach einigem Hin und Her widerrief der Kaiser Ende August die Anerkennung der vollen Unabhängigkeit Ungarns, am 12. September überschritt Jellačić an der Spitze einer Armee die bis dahin gültige Demarkationslinie. Das bedeutete Krieg: Krieg der nationalen Minderheiten gegen die magyarische Mehrheit, Krieg des verbliebenen Gesamtstaates gegen das abtrünnige Ungarn, innerungarischer und gesamtösterreichischer Bürgerkrieg.

Die Loyalitäten, Allianzen und Gegnerschaften überkreuzen sich in dieser Situation aufs merkwürdigste. Die Anhänger Gesamtösterreichs, ob Deutsche, ob Slawen, ob Gegenrevolutionäre, ob moderat Liberale, ob Zentralisten oder slawische Autonomisten stehen gegen das magyarische Ungarn. Die Linke ist proungarisch. Sie glaubt an die Internationalität der Nationalisten, aber sie erkennt neben dem deutschen, dem polnischen, dem italienischen nur den magyarischen Nationalismus an, nicht den slawischen. Hier gilt die ideologische Scheidelinie zwischen Fortschritt und Reaktion. Aber so eindeutig war es nicht, ob der Fortschritt auf der Seite des ungarischen Kleinadels oder der entstehenden slawischen Führungsschichten war. Wie immer, der nationale Konflikt stürzte die Gegner des absolutistischen status quo ins Dilemma, überkreuzte die normalen Konfliktlinien. Das wurde zur Krise der Revolution in Österreich. Ehe wir das weiter verfolgen, müssen wir uns zunächst den Ereignissen in Wien zuwenden.

Die Revolution in Wien war entschieden liberal-demokratisch, und sie war national-deutsch. Seit April wurde das Schwarz-Rot-Gold, Abzeichen der studentischen Legion zunächst, im öffentlichen Leben herrschend. Die Tatsache, daß es keine Märzregierung gab und die Verfassungszusagen nur zögernd kamen, wie die Tatsache, daß die Hauptstadt mit Studenten, Intellektuellen und Ausländern, mit Arbeitern, Armen und stark politisierten und ökonomisch bedrohten Kleinbürgern eine Bastion des Radikalismus wurde, verhinderten, daß die Revolution sich liberal konsolidierte. Die „zweite Wiener Revolution" vom 15. Mai hatte, von der Akademischen Legion, den Arbeitervereinen und der Nationalgarde getragen, von der Regierung die unbedingte Zusage von Nationalversammlung und Verfassung erzwungen, zugleich aber zur Flucht des Hofes nach Innsbruck geführt. Die Versuche der Regierung, die Lage in Wien zu stabilisieren, scheiterten; die Macht der demokratischen Organisationen und ihres revolutionären Sicherheitsausschusses unter Adolf Fischhof, keinem Ultraradikalen, war zu groß. Es blieb das Nebeneinander von zwei Machtzentren, auch als die Regierung unter dem Druck der Linken Anfang Juli erneut umgebildet wurde und neben zwei anderen neuen Ministern der Demokrat Alexander Bach Justizminister wurde.

Wien stand freilich in einem latenten Gegensatz zu den Provinzen. Die Bauern und Kleinstädter waren durchaus Gegner des alten Systems, antifeudal zumal, aber sie waren nicht radikal. Und zum Teil hatten sich die intellektuellen Wortführer des Radikalismus mit seltener Begabung durch ihren Antiklerikalismus, Deutsch-Katholizismus und ihre Los-von-Rom-Stimmung beim katholischen Volk diskreditiert. Die Bauern verloren, nachdem die Agrarfrage gelöst war, das Interesse an der Revolution. Die Provinz war nicht republikanisch, war gemäßigt monarchisch, und seit dem Sommer wuchs die Abneigung gegen das radikale, das rote Wien.

Im Sommer wurde im Gesamtstaat, außer in Ungarn und Norditalien, ein Reichstag gewählt, nach dem Wahlrecht der Paulskirche. Am 22. Juli trat er in Wien zusammen. Von 389 Abgeordneten waren – das war die erste Realität, die nationale – 160 Deutsche, 190 Slawen, 39 Italiener, Rumänen etc. Nach der sozialen Schichtung waren es ca. 94 Bauern, 74 Beamte, 70 Ärzte und Rechtsanwälte, 24 Priester und 42 Adlige. Neben dem üblichen akademischen Element fiel die starke Vertretung der Landwirtschaft auf; die Bauern erschienen zum Teil noch in ihren heimatlichen Trachten. Politisch war die Lage anders als sonst, weil nationale und verfassungspolitische Orientierung sich überlagerten. Nur die Deutschen bildeten ein konservatives und liberales Zentrum und eine demokratische Linke (80 Abgeordnete). Im ganzen war auch dieses Parlament ein Parlament der Mitte. Die Verhandlungen waren schwierig, schon deshalb weil deutsch keineswegs von allen verstanden wurde. Die erste Tat dieser Versammlung war, auf Antrag des jungen schlesischen Abgeordneten Hans Kudlich, die Bauernbefreiung, die Aufhebung der Fronden und Lasten. Gegen die Linke entschied man für Entschädigung, aber sie war mäßig und wurde zum Teil vom Staat übernommen. Das war das Ende des Feudalsystems. Viele Bauern verließen danach den Reichstag. Die Regierung ließ den Beschluß vom Kaiser zum Gesetz erheben, das sollte das Mitwirkungsrecht der Krone sichern, aber solche Fragen blieben noch in der Schwebe. Der Reichstag wurde im ganzen nicht zum Aktionszentrum und nicht zu einem Machtfaktor. Er beriet die Verfassung. Ein Versuch der Linken im September, ihn für „permanent" zu erklären, zu Konvent und Exekutive zu machen, scheiterte an der Mitte und der Rechten. Revolution und Gegenrevolution im Oktober haben ihn dann weiter an die Peripherie gedrängt.

Im Sommer kehrten Kaiser und Hof schließlich wieder nach Wien zurück. Aber die Unruhen blieben. Es gab ein erhebliches Potential sozialer Unruhen – bei Arbeitern, Tagelöhnern, kleinen Handwerkern: die Revolution hatte zu Absatzrückgängen, Arbeitslosigkeit und Teuerung geführt, und öffentliche Notstandsarbeiten, bei denen über 50000 beschäftigt wurden, steigerten die Spannungen noch. Und es gab die politische Unruhe der radikalen Demokraten, die Sorge über die Langsamkeit des Reichstags und die Sorge vor der Reaktion der Militärs; ja jakobinische Radikale tendierten dahin, überall Feinde des Volkes aufzuspüren und zu verfolgen. Noch aber überkreuzten sich viele Fronten, wechselten die Konfliktthemen, noch war die Lage verworren. Im August kam es zu schweren Zusammenstößen über die Entlohnung der Notstandsarbeiter – mit 18 Toten und knapp 300 Verletzten. Es gelang der Regierung in der Folge, die Notstandsarbeiten nach außerhalb zu verlegen, die Nationalgarde unter ihre Kontrolle zu bringen, ja den Sicherheitsausschuß aufzulösen. Aber Mitte September kam es über Forderungen von kleinen Handwerkern und Arbeitslosen erneut zu schweren Zusammenstößen. Die Lage polarisierte sich. Auf der einen Seite steht der Radikalismus der Republikaner, mit den sozialen Protesten im Hintergrund, eine Volksfront derer, die die Revolution weitertreiben wollen, und derer, die mit Entschiedenheit aller Gegenrevolution entgegentreten wollen – und die hält trotz mancher Bruchlinien zusammen. Auf der anderen Seite stehen die Gemäßigten, Revolutionäre im März, aber jetzt vom Radikalismus Erschreckte, die in einer Art Thermidor-Stimmung konservativer und monarchischer werden, Anhänger der Ordnung. Sie werden zum Teil, weil die Radikalen das Schwarz-Rot-Gold der deutschen Einheit monopolisieren, wieder österreichischer, schwarz-gelber; Grillparzer ist ein Beispiel. Ein monarchisch-konstitutioneller Verein gewinnt in zwei Tagen 6000 Mitglieder. Solche Stimmungsneigungen nach rechts intensivieren im Gegenzug wieder den Radikalismus der Linken. Ende September bilden die radikalen Vereine ein zentrales Komitee.

Die deutsche Linke außerhalb Österreichs spürte sehr genau, daß in Wien sich zentrale Entscheidungen für Deutschland wie Europa vorbereiteten, und suchte sie zu beeinflussen. Hecker, Johannes Ronge, Julius Fröbel und Karl Marx waren im Spätsommer in Wien. Sie hatten den politischen Sinn für die Realität der Macht; Wien war, anders als Frankfurt, Ort wirklicher Entscheidung. „Wenn man nicht von Wien aus den demokratischen Bund der Vereinigten Staaten von Mitteleuropa gründe, dann rücke die Grenze Rußlands und des

Despotismus an Wien heran", meinte Fröbel, und Blums späteres Wort: „In Wien entscheidet sich das Schicksal Deutschlands" gab auch die Stimmung im Spätsommer schon wieder.

Auslösend für den großen Konflikt wurde die ungarische Frage. Jellačić ging Mitte September gegen Ungarn vor; eine ungarische Delegation, die den Reichstag um Intervention bitten sollte, wurde gar nicht gehört, die pro-ungarische Linke war Minderheit. Durch die Ermordung ihres Kommissars in Ungarn provoziert, ernennt die Regierung Jellačić zum Stellvertreter des Kaisers; nach einigen militärischen Rückschlägen befiehlt sie den Einsatz auch deutscher Truppen gegen Ungarn. Ein Teil gerade der Wiener Truppen meutert am 6. Oktober – deutsche und ungarische Freiheit gehören zusammen. Daraus entwickelt sich in Wien ein allgemeiner Aufstand: der Kriegsminister Latour wird gelyncht und an einer Laterne aufgehängt; es kommt zu wilden Kämpfen, die auch „linke" Organisationen überrollen und spalten; alle Vermittlungsversuche scheitern; der Reichstag befiehlt den Regierungstruppen, das Zeughaus zu räumen; der Hof und die Mehrheit der Minister fliehen; viele Abgeordnete verlassen den Reichstag; die Stadt kommt in die Hände der Aufständischen. Die demokratischen Vereine und ihr Zentralausschuß, Studenten- und Arbeiterausschüsse, eine neue Miliz mit roten Kokarden beherrschen die Straßen. Ein neuer Sicherheitsausschuß und der Gemeinderat übernehmen die Gewalt. Sie setzen einen „Oberbefehlshaber" ein, Wenzel Messenhauser, Leutnant und Schriftsteller, mehr Literat als Diktator; am Tag noch vor seiner Hinrichtung verhandelt er mit dem Burgtheater über die Aufführung eines sozialen Dramas. Der eigentliche militärische Führer wird der polnische General Bem, eine abenteuerliche Gestalt aus der Napoleonzeit. Am 17. Oktober treffen die Abgeordneten Blum und Fröbel und noch zwei weitere aus Frankfurt ein; sie werden Ehrenmitglieder der Akademischen Legion, mit Schwertern umgürtet; noch 200 Männer müßten „latourisiert" werden, so meinte Blum in wildem Pathos, ehe die Freiheit gerettet sei.

Diese Wiener Revolution war vielfältig in ihren Zielen: nicht mehr national, sondern international, nicht mehr liberal, sondern radikal. Nur das konnte die Revolution noch retten, das war der rationale Kern der Sache. Und dahinter stand auch der emphatische Glaube an eine permanente Revolution, die alles, was zur Ordnung von Staat und Gesellschaft und gar zur Kirche gehörte, abschaffen oder gar eine soziale Revolution herbeiführen wollte. Es war eine Minderheit, die jetzt herrschte, aber sie reichte mit ihrem rationalen Argument, man müsse die Revolution verteidigen, noch in die Mitte hinein. Die Revolution war auch ein – letzter – Versuch, den ganzen Staat von der Hauptstadt aus zu revolutionieren. Aber die Unterstützung des Landvolkes konnte sie nicht gewinnen. Die Bauern ließen sich nicht zum Landsturm aufbieten, von Wien gar. Und die Mehrheit der „Kleinbürger" war doch eher eingeschüchtert und passiv. Die deutsche Linke freilich stand mit allen Fasern ihres Herzens an der Seite der Wiener Revolution: „Wenn wir noch knien könnten, wir lägen auf den Knien, wenn wir noch beten könnten, wir beteten für Wien", so Ferdinand Freiligrath.

Aber sie konnte nichts Wirkliches tun. Und die Hoffnung auf ungarische Hilfe zerrann.

Diese „rote Revolution" war das lange erwartete Signal für die von Windisch-grätz geführte Gegenrevolution. Er vereinte seine Truppen mit den Kroaten Jel-lačićs, und in harten Kämpfen Ende Oktober – über 2 000 sind gefallen – wurde Wien „erobert". Die Reaktion der Wiener war eigentümlich und charakteristisch. Der Einzug der Gegenrevolution wurde begeistert mit Jubel und Hurra begrüßt, aus Opportunismus und Todesfurcht gewiß, aber auch aus Aufatmen. Der Gemeinderat, der eben noch Windischgrätz als den neuen Brutus tituliert hatte, der Natur- und Völkerrecht mit den Füßen trete, kroch auf den Knien, um ihm für die Rettung der Stadt, die Wiederherstellung der Ordnung und der wahren Freiheit zu danken – und für die dabei bewiesene Milde. Windischgrätz räumte mit der „Rotzbubenwirtschaft" auf. Der Präsident der französischen Republik, Cavaignac, gratulierte ihm für die „große Wohltat für Deutschland und Österreich, die auch Frankreich und ganz Europa einen ausgesprochenen Dienst" erwiesen habe. Das Strafregime war weniger hart, als man hätte erwarten müssen. 25 wurden hingerichtet, unter ihnen Robert Blum. Und die Paulskirche nahm das so, wie es gemeint war: als provokative Wendung gegen die Immunität der Abgeordneten und gegen die Paulskirche, im ganzen als Abkehr Österreichs von der gemeinsamen deutschen und liberalen Sache. Die gesamte Paulskirche war tief erregt und in Proteststimmung; Robert Blum wurde zum Märtyrer der liberal-demokratischen Revolution. Die Entsendung zweier Kommissare der Reichsregierung nach Wien wurde von Österreich jetzt als Einmischung zurückgewiesen; die Paulskirche war anscheinend ohnmächtig.

Warum siegte die Gegenrevolution gerade in Wien, gerade in Österreich – das doch fast ein halbes Jahr lang als schwächstes Glied unter den revolutionierten Staaten erschienen war? Alle Welt war erstaunt, daß der zusammengebrochene Koloß des Kaiserstaates sich so energisch wieder erhob. Waren es die „reaktionären" Slawen, über die Windischgrätz und Jellačić kommandierten, waren es die Bauern, die mittleren und kleinen Bürger, die die Wiener Revolution im Stich ließen und ins Lager der Reaktion abschwenkten? Solche Antworten sind zu kurz gegriffen. Aber die Frage ist deshalb so wichtig, ja sie ist eine Schlüsselfrage dieser Zeit, weil der Sieg der Gegenrevolution in Österreich die Basis für ihren Sieg in Deutschland gewesen ist. In Wien entschied sich zuerst das Schicksal Deutschlands. Darum ist die Frage nach den Ursachen so dringlich. Zunächst siegte die Gegenrevolution, weil der dynastisch-militärische Staat und seine Institutionen mehr Macht und mehr Reserven hatte, als der Sieg der liberalen Bewegung in Wien oder Prag und die Beschlüsse siegreicher Vereine und Komitees hatten vermuten lassen. Es gab die konservative Loyalität unpolitischer Massen von Soldaten, hier funktionierte das System von Befehl und Gehorsam einfach noch; der monarchische Sinn zudem und die Tradition der Institution, vor allem der Armee, die Bindungen an Autorität und Tradition waren eine Realität, die im Konfliktfall wieder aktualisiert wurde. Das galt auch für die Staatstradition der Zusammengehörigkeit der Länder des Gesamtreiches, in die auch die meisten der neuen, der liberalen Regierungsleute, außerhalb Ungarns, eintraten. „Der Staat" hatte mehr Rückhalt als die alten oder neuen Inhaber der leitenden Ämter. Der Staat war mehr als pure Macht, er war mehr als ein Kartenhaus, er hatte noch Legitimität, und das setzte Loyalitäten in Gang.

Gewiß siegte die Gegenrevolution auch, weil die Revolution sich aufgespalten hatte. Der Radikalismus der Hauptstadt hatte sich von der Provinz und von den bäuerlichen Massen isoliert. Die Revolution in Wien, mochte sie auch ein Verzweiflungsschritt sein, hatte keine Chance; von Wien aus war Österreich im Oktober nicht mehr umzugestalten. Die radikale Tendenz der Wiener Revolution über den ganzen Sommer hin hat die Konsolidierung einer liberalen Regierung unmöglich gemacht, aber auch eine solche Regierung hätte kaum die Revolution konsolidieren können. Natürlich hat diese radikale Tendenz auch die Mitte, vielleicht gar die Masse der Wiener Kleinbürger nach rechts gedrängt, hat die Angst vor den Schrecken der Anarchie, der Barrikadenleute, der Jakobiner erhöht und die Sorge um die Ordnung. Aber für den Ausgang der Dinge war das nicht entscheidend; Wien ist nicht von innen, sondern von außen erobert worden, ist erobert worden, weil die Armee intakt war, die Provinz ruhig blieb und der Nationalitätenkonflikt die Revolution schwächte und die alten Gewalten wieder nach vorn schob. Die prekäre Spaltung der Bürgerbewegung in den Radikalismus der Linken und die Vorsicht der Mitte, die sich gegenseitig gerade in Wien so steigerten, hatten den Sieg der Gegenrevolution erleichtert, aber das war nicht seine wesentliche Ursache. Auch wenn der Radikalismus einheitlicher und stärker gewesen wäre – ein Bündnis von Bürgern und Arbeitern – hätte er nicht gesiegt, er hatte keine Chance; und auch wenn in Wien alles moderater geblieben und es nicht die Wildheit der zweiten Revolution gegeben hätte, hätte die Gegenrevolution sich wie in Italien, wie in Prag durchgesetzt. Die Oktoberrevolution – die entschiedenste zweite Revolution, die es in Deutschland gab – hat nur bewirkt, daß dieser Sieg so früh eintrat und so vollständig war. Anders gesagt, weil zu der Herausforderung der ungarischen Separation und der magyarischen Unterdrückung der Nationalitäten die der zweiten Revolution trat, geriet der alte Staat in eine Notwehrsituation – wie sonst nirgends in Deutschland –, und das gerade mobilisierte seine noch vorhandenen Kräfte.

Entscheidend waren, darauf läuft diese Erörterung hinaus, die nationalen Konflikte, war die Tatsache der Doppelrevolution: daß die politischen (und sozialen) Konflikte von den nationalen überlagert und durchkreuzt wurden. Wir haben schon früher gezeigt: die nationalen Forderungen stellten den Gesamtstaat in Frage, wie auch die Einheit der historischen Länder, und sie standen in Spannung zu dem liberalen Programm, z. B. eines gesamtstaatlichen Parlaments, ja zur Volkssouveränität, wenn diese Souveränität doch bei den einzelnen Nationen lag. Die Revolution in Österreich, das waren in Wirklichkeit die Revolutionen der Nationen, denn jede von ihnen stellte die Frage nach der Struktur des Gesamtstaats, ja nach seinem Bestand, und zwar auf unterschiedliche Weise; sie waren keine Einheit. Darum legten sie sich gegenseitig auch lahm. Diese Frage nach dem Gesamtstaat war nun gerade im Rahmen der deutschen

Geschichte dadurch kompliziert, daß es dabei zugleich immer um die Frage nach der Stellung der Deutschen in diesem Reich ging. Der Kampf für den engeren Zusammenhalt des Reiches war gemeinhin zugleich ein Kampf für die Führungsposition der Deutschen, für ihre Rolle als Staatsvolk, und der Kampf der Nationalitäten um mehr Autonomie war auch ein Kampf gegen diese Führungsrolle der Deutschen; und im ungarischen Reichsteil galt entsprechendes für die Magyaren. Das bestimmte auch das politische Wollen der Deutschen. Sie wollten beides zugleich: zu Österreich gehören und zu Deutschland auch. Sie waren doch fast alle von der Legitimität und Erhaltenswürdigkeit des Gesamtstaates überzeugt, und sie wollten, jedenfalls im nicht-ungarischen Teil, die Führung behalten; auch das schien ihnen nicht nur eine selbstverständliche Machtforderung, sondern auch legitim, denn sie waren, über alle Gebiete verteilt, die bürgerlich fortschrittliche Nation. Aber diese Stellung geriet in der Revolution der Völker in Gefahr, und bei den Deutschen bildete sich so etwas wie eine Verteidigungsmentalität. Ihre Stellung in Österreich nun hing mit ihrer Stellung in Gesamtdeutschland zusammen; die Zugehörigkeit zu Deutschland sollte auch die Führung in Österreich sichern. Damit aber standen sie, wir haben es bei den böhmischen Ereignissen erörtert, im Gegensatz zu dem aufsteigenden Nationalismus der slawischen Völker. Anders gewendet: die deutsche, die magyarische und die slawische, erst die tschechische, dann die kroatische, Revolution hatten gegensätzliche nationale Ziele: einen deutsch geführten und gebundenen Gesamtstaat, die Separation eines magyarischen Großungarn, Erhaltung eines von Deutschland unabhängigen Gesamtstaates mit Autonomie der slawischen Völker und ihrer Mitwirkung an der Führung. An diesen Gegensätzen scheiterte sowohl eine liberal-föderale neue Gesamtorganisation des Staates wie seine Auflösung in die Hauptteile. Die slawischen Völker vor allem mußten Gegner der deutschen und der magyarischen Nationalrevolution sein, sie hatten ein besonders dringendes Interesse an der Erhaltung des alten Staates, nur sollte er weder deutsch noch magyarisch geführt sein; ihr Nationalismus war so legitim wie jeder andere, und der Vorwurf von Marx und Engels, er sei reaktionär gewesen, ist unberechtigt. Aber die nationalen Konflikte und die slawischen Interessen zumal führten dazu, die Funktion des alten Kaiserstaates neu zu legitimieren, ja zu vitalisieren; das mußte die Kräfte stärken, die in der Tradition, der Selbstverständlichkeit und Notwendigkeit des Gesamtstaates lebten. In der Unlösbarkeit der nationalen Konflikte war der Gesamtstaat so etwas wie das Parallelogramm der Kräfte; das war die Interessenbasis, die ihn trug. Freilich, in der Unlösbarkeit der Nationalkonflikte stärkte die Stellungnahme der slawischen Völker gegen Magyaren und Deutsche nicht nur den alten Gesamtstaat, sondern de facto eben auch die Gegenrevolution. Es waren die nationalen Konflikte, die der Gegenrevolution zum Sieg verholfen haben. Und sie waren, damals, unvermeidlich. Das war die wirkliche Tragik dieser Revolution.

Der Sieg über die Wiener Revolution war zunächst der Sieg über den Radikalismus. Windischgrätz, Cavaignac Wiens und kaiserlicher Offizier zugleich, Mann der Ordnung und Mann der traditionellen Legitimität, ist, gegen seine

Neigungen, legalistisch und gemäßigt verfahren; der Sieg konnte eine Weile als vernünftige Lösung, als Sieg von Ordnung, Sicherheit und Freiheit über Anarchie und Schrecken dastehen. Aber in Wahrheit war es doch die Mitte, die nun entscheidend geschwächt war. Die Mitte ist nicht einfach in die Arme der Reaktion abgeschwenkt, hat sich der Militärdespotie unterworfen, den Schrecken von oben dem Schrecken von unten vorgezogen. Und die Ereignisse haben nicht die Legitimität der Mitte und ihres Programms einer konstitutionellen Lösung der Versöhnung von Freiheit und Ordnung desavouiert – denn sie ist, wie gesagt, nicht aus Feigheit untergegangen oder aus Angst vor den Massen, sondern von den Nationalkonflikten zerrieben worden. Noch gab es die Mitte. Aber ihre Stellung war gewiß auf Dauer geschwächt; ihre Macht hatte auf der Möglichkeit beruht, auf die Revolution zurückzugreifen, wenn ihre Errungenschaften gefährdet waren. Sie war durch Radikalismus und Nationalkonflikt verbraucht. Die Macht lag jetzt wieder bei den alten Kräften; indem diese die Alternative von Anarchie oder obrigkeitlicher Ordnung propagierten, schwächten sie die Mitte weiter.

Nicht freilich der Militär der Gegenrevolution Windischgrätz, sondern sein fürstlicher Schwager, Felix Schwarzenberg, bildete die neue Regierung, ein großer Politiker, entschlossen und zielbewußt, mit Sinn für die Macht und Bereitschaft zum Risiko. Er war nicht ein Mann der Tradition und des status quo, er sah die Überlebtheit des Feudalismus und die Bruchstellen der Monarchie; die politischen Fähigkeiten seiner eigenen Klasse schätzte er gering ein, er realisierte, daß die sozialen und politischen Konstellationen jetzt andere waren. Seine Antwort war die Revolution von oben, die Politik der konservativen Modernisierung. Er übernahm in sein Kabinett die bedeutendsten bürgerlichen Politiker der bisherigen Regierung, Alexander Bach, der als Demokrat und als Mann der Barrikade begonnen hatte, und den Freiherrn von Bruck, einen rheinischen Kleinbürgerssohn, der, in Triest hängengeblieben, zum Großreeder aufgestiegen war. Am 2. Dezember wurde der regierungsunfähige Kaiser zur Abdankung bewogen und sein 18jähriger Neffe, Franz Joseph, zum Nachfolger bestimmt – von Gottes Gnaden und nicht auf Grund einer Konstitution, das war ein Symbol der wiedergewonnenen Handlungsfähigkeit. Die Regierung hielt einstweilen an dem Anschein fest, mit dem Reichstag den Übergang zum konstitutionellen Staat vollziehen zu wollen. Das schien angesichts der offenen deutschen Frage, der Paulskirche, der öffentlichen Meinung, der preußischen Konkurrenz wie auch im Blick auf Ungarn klug, das war gewiß Taktik, aber vielleicht wollte sich Schwarzenberg diese Option wirklich offenhalten. Der Reichstag tagte weiter, in Kremsier, und brachte die Beratungen der Verfassung zu Ende. Es war eine entschieden liberale Verfassung. Und es war ein bedeutender Versuch, den Föderalismus der historischen Länder, die Ansprüche der Nationen und die Interessen des Gesamtstaates unter einen Hut zu bringen. Innerhalb der Länder sollte es für die Nationalitäten regionale Kreise mit starker Autonomie geben; in den zentralen Institutionen hätten die Deutschen, teils wegen der Zahl der deutschen Länder, teils als überall präsente Minderheit, eine starke Position gehabt.

Aber die obrigkeitliche Monarchie wollte, als es zum Schwur kam, nicht eine vom Parlament ausgearbeitete Verfassung annehmen; das hätte die Machtverhältnisse umgekehrt. Bevor sie verabschiedet wurde, antwortete die Regierung mit dem Staatsstreich. Am 4. März wurde der Reichstag sang- und klanglos aufgelöst, und danach wurde eine Verfassung oktroyiert, durchaus monarchischer als die des Reichstags und etwas zentralistischer, aber zugleich mit einem durchgängigen System der Selbstverwaltung. Aber darauf kam es nicht an. Politisch entscheidend war zunächst, daß diese Verfassung die Unteilbarkeit Österreichs festschrieb; das setzte die Lösung der ungarischen Frage voraus, das war eine Demonstration gegen jede großdeutsche Teilung Österreichs. Daß diese Verfassung einen konstitutionellen Inhalt hatte, war Waffe im Kampf gegen die Paulskirche und Preußen und im Nationenkampf in Österreich. Die Verfassung war die Fassade, die den Willen zur Wiederherstellung des Absolutismus verbarg. Ihre Organe und die nötigen Wahlen kamen nie zustande; was herrschte, war der Ausnahmezustand; die liberal-konservative Lösung ging in Wahrheit in die Reaktion über.

Österreich war als deutsche und als europäische Großmacht wieder da; das hat für die Entwicklung der deutschen Revolution wie der deutschen Frage entscheidende Folgen gehabt. Schwarzenbergs Politik war die der österreichischen Staatsräson. Österreich sollte als Gesamtstaat erhalten bleiben, und als Großmacht natürlich; es sollte Führungsmacht bleiben, in Norditalien, im Südosten, in Deutschland, Österreich wollte sich nicht aus Deutschland herausdrängen lassen. Das war, in der gegebenen Lage, nicht mehr alte Gleichgewichtspolitik, sondern eine neue imperiale Machtpolitik, und Schwarzenberg war der Mann, sie mit Vehemenz zu führen.

Freilich, zunächst blieb Österreich noch in Italien wie in Ungarn gebunden. Die Unterwerfung der italienischen Provinzen – dort kam es zu einem neuen Krieg mit Piemont – zog sich bis ins späte Frühjahr hin (Schlacht bei Novara). Die Unterwerfung Ungarns scheiterte im Winter 1848/49 zunächst; im Frühjahr erklärte sich Ungarn ganz unabhängig. Österreich erbat, ungern durchaus, die Hilfe des Zaren; der hat sie aus ideologischen wie machtpolitischen Gründen gern gewährt. Bis zum August wurde Ungarn unterworfen. So war es die russische Armee, die die ungarische Revolution zerschlagen hat. Hilfe hatte Ungarn nicht zu erwarten; die Revolution war vorbei, England und Frankreich waren durchaus für ein starkes Österreich als Bollwerk gegen Rußland und ohne Sympathie für den Radikalismus des ungarischen Revolutionsführers Kossuth. Man kann fragen, ob Österreich nicht auch ohne russische Hilfe gesiegt hätte. Das ist wahrscheinlich, aber es hätte länger gedauert, und es hätte es von den deutschen Dingen abgezogen. So wurde Rußland zum Retter Österreichs, zum Bollwerk der Gegenrevolution. Österreich hat insofern seine Stellung als Großmacht eigentlich nur mit geliehener Macht wiedergewonnen, es war einstweilen mehr denn je an Rußland gebunden; das Strafgericht der Österreicher in Ungarn, über 100 Hinrichtungen und Hunderte von Haftverhängungen, nahm die öffentliche Meinung Westeuropas nachträglich gegen die brutalen Österreicher ein. Die deutschland- und außenpolitischen Folgen dieses russisch-österreichischen Zusammenwirkens waren gravierend – die Dankbarkeit, die Rußland von Österreich erwartete, konnte auf Dauer nicht mit der österreichischen Staatsräson identisch sein; davon werden wir später erzählen. Zurück zur Krise der Revolution.

Schließlich also die Entwicklung in Preußen. Die Berliner Nationalversammlung war weniger gelehrt und akademisch geprägt als die Frankfurter; es gab mehr Bauern und mehr Handwerker (je 46 von 402), mehr Vertreter des Gewerbes und mehr mittlere Beamte (34), weniger Professoren; aber auch hier spielten Richter, Kommunalbeamte, Lehrer und Geistliche die Hauptrolle. Politisch war auch hier die Mehrheit konstitutionell, aber der Schwerpunkt war nach links verschoben; das Parlament war weniger moderat, war entschiedener, auch weniger pragmatisch und zum Teil doktrinärer. Das linke Zentrum war stark und betont antifeudal; die Linke, gemäßigte und radikale, war mit zuletzt über 120 Abgeordneten die stärkste Fraktion, die sich um den ungekrönten König des Parlaments, den Juristen Benedikt Franz Waldeck gebildet hatte. Diese leicht verschobene Orientierung lag natürlich auch daran, daß die Lage dieses Gremiums einfacher erschien. Man wollte den Staat erneuern, man mußte ihn nicht gründen; man konnte das Ziel der Freiheit verfolgen, ohne auf die Frage der Einheit Rücksicht nehmen zu müssen, das minderte die Neigung zu Kompromissen. Damit hing dann auch etwas anderes zusammen: das Parlament entwickelte – gerade auch die Linke – einen eigentümlichen parlamentarisch-preußischen Partikularismus. Man war der Souveränität des preußischen Volkes verpflichtet, und die Beschlüsse der Paulskirche wollte man keinesfalls vorbehaltlos übernehmen. Hier trat eine der großen latenten Spannungen der Revolution ans Licht.

Das Schicksal der Revolution in Preußen entschied sich in der Auseinandersetzung von Krone, Regierung und Parlament einerseits, den außerparlamentarischen Bewegungen und Aktionen andererseits; beides stand in Wechselwirkung. Der König ging davon aus, daß die Nationalversammlung zur Vereinbarung der Verfassung berufen sei, darum hatte er den Vereinigten Landtag bei ihrer Berufung eingeschaltet; das war der monarchische Vorbehalt gegen die Verfassungssouveränität des Volkes. Die Linke berief sich eben auf diese Souveränität, auf der Basis der Revolution, während die Mitte versuchte, Revolution und Legalität, Souveränität und Vereinbarung zugleich in das Selbstverständnis wie in die Strategie der Versammlung einzubauen. Da lag der latente Konflikt zwischen Krone und Parlament. Dazu gab es nun in Berlin typische Probleme einer Haupt- und Großstadt, nämlich starke radikal-demokratische Bewegungen und Spannungen zwischen den arbeitenden oder arbeitslosen Unselbständigen und dem Bürgertum, hier repräsentiert durch die Bürgerwehr, die, weil jeder sich selbst bewaffnete, jene Schichten gerade ausschloß. Nachdem Anfang Juni der Prinz Wilhelm, Protagonist der Militärmonarchie, nach Preußen zurückgekehrt war und gar als Abgeordneter hervortrat und nachdem eine knappe Mehrheit der Nationalversammlung einen Antrag der Linken auf „Anerkennung der Revolution" hinhaltend abgeblockt hatte, sahen die Radikalen schon die drohende Gegenrevolution. Am 14. Juni kam es zu einem Sturm auf das Zeughaus. Weil die Bürgerwehr aufgab, haben Militäreinheiten dann diesen auch von der parlamentarischen Linken mißbilligten Aufruhr gebrochen; die Arbeiter wurden entwaffnet. Die Nationalversammlung wollte dennoch keinen „bewaffneten Schutz"; darüber stürzte das Ministerium Camphausen und wurde durch das moderat-liberale, aber im ganzen entschiedenere Ministerium Auerswald-Hansemann ersetzt. Trotzdem dachte der König auch an die Rückführung des Militärs; die Brüder Gerlach stellten Überlegungen über die Auflösung des Parlaments und die Gegenrevolution an. Aber das war einstweilen Zukunftsmusik.

Der Verfassungsausschuß der Versammlung verabschiedete – schnell im Vergleich zu Frankfurt – bis zum 26. Juli einen Entwurf, die sogenannte Charte Waldeck. Die sah ein stark parlamentarisches System vor; der König hatte nur noch ein aufschiebendes Veto; die erste Kammer war ein Kommunalparlament; die feudalen Rechte sollten entschädigungslos aufgehoben werden; Landwehr und eine milizartige Volkswehr sollten gestärkt werden, selbständiger und dem königlichen Kommando ferner. Das war entschieden liberal, aber nicht eigentlich radikal; aber die Konservativen sahen Anlaß, gegen solch „republikanische" Pläne zu agitieren.

Aber es war die Frage nach der Militärgewalt, die den Konflikt verschärfte. Die Nationalversammlung hatte eine Konstitutionalisierung der Armee bis dahin aufgeschoben; der König hatte im Mai in Posen schon seine Befehlsgewalt gegen den im Parlament verantwortlichen Kriegsminister abgeschirmt. Ein Zwischenfall in Schweidnitz am 31. Juli löste die Krise aus: Militär ging gegen Zivilisten vor, die für die Bürgerwehr demonstrierten; 14 Bürger wurden erschossen. Die Nationalversammlung forderte am 9. August, der Kriegsminister solle das Offizierskorps auf den konstitutionellen Rechtszustand und seine Verwirklichung verpflichten; wer das nicht wolle, solle ausscheiden. Der König und seine Umgebung lehnten das ab, als Eingriff in die Rechte der Exekutive, als Gesinnungszwang, als Angriff auf die letzte Bastion königlicher Macht; die Regierung lehnte den Beschluß ab, weil sie ihn für undurchführbar hielt und selbst entscheiden wollte, wie sie Verfassungsloyalität durchsetze. Die große Mehrheit beharrte auf dem Beschluß; die Regierung trat am 8. September zurück. Man mag fragen, ob das Parlament hier eine Gesinnungsdeklaration durchgesetzt hat und den Sturz einer liberalen Regierung dafür in Kauf nahm. Die Mehrheit sah in diesem Vorgehen die einzige Möglichkeit, die Gegenrevolution abzuwehren und einer zweiten Revolution zuvorzukommen; insofern war das eine überlegte Strategie. Jedenfalls, das setzte nun die Gegenrevolution endgültig in Gang. Der König beschloß am 11. September ein Kampfprogramm: Vertagung der Versammlung und Oktroi einer Verfassung; er ernannte den General Wrangel zum Oberbefehlshaber „in den Marken". Aber die Sache wurde noch einmal vertagt, noch schien die Revolution und ihr Potential stark. Der König ernannte ein Beamtenkabinett mit einem reformerisch gesinnten General, Pfuel, an der Spitze, und der gab, mutig durchaus, den strittigen „Antireaktionserlaß", wenn auch in etwas abgemilderter Form, heraus, das äußerste Zugeständnis, das ein Mann der Verständigung dem König noch einmal abringen konnte. Aber die Ausgleichspolitik scheiterte. Die Nationalversammlung hat in der Beratung der Verfassung deren parlamentarisch-demokratischen Charakter – auch im Blick auf die Armee – noch verschärft. Sie wollte nicht mehr Kompromiß und Ausgleich, sondern ihre Ziele und Ansprüche entschieden durchsetzen, auch mit dem Risiko des Konflikts. Damit hat sie freilich ihren Handlungsspielraum weit überschätzt. Die Rechte der Polizei und der Justiz sollten weiter beschränkt, die Todesstrafe sollte abgeschafft werden und ebenso, ohne Entschädigung, das feudale Jagdrecht. Dazu kamen Symbolhandlungen: der Adel sollte abgeschafft werden, dazu Orden und Titel und die Königsformel „von Gottes Gnaden". Das löste gewaltige Emotionen aus: der König mochte auf Kompetenzen verzichten, aber nicht auf seine göttliche Legitimation. Gegen dergleichen Entmachtung von König und Regierung, Armee und Adel, solchen Umsturz aller traditionellen Grundlagen Preußens, setzten der König und seine Umgebung nunmehr auf Widerstand: dem wollte man nicht tatenlos zusehen. Der König wird wieder ganz rigide antikonstitutionell. Konservative und hohes Offizierskorps holen ihn auf ihren Boden zurück (und befestigen damit ihre eigene Stellung); auch dieser zivilistische König will die Armee nicht der Verfassung unterwerfen. Militär- und Verfassungsfrage schießen zusammen, die Armee bereitet die Gegenrevolution vor, und der König löst sich von seinen zivilen Ministern.

Das ist die Hauptlinie des Konflikts. Sie wird nur verschärft und überlagert von den Ansätzen einer zweiten Revolution auch in Berlin, die nun zusätzlich die Spannung zwischen bürgerlicher Mitte und radikaler Linker aktualisiert. Ein Gesetz der Nationalversammlung vom 13. Oktober legitimiert allein die Bürgerwehr als bewaffnete Kraft des Volkes; das richtet sich gegen die informellen Verbände der Radikalen, gegen die „Straßendemokratie" (Valentin). Das löst Tumulte aus, auch die Bürgerwehr selbst zerfällt beinahe. Zudem kommt es seit dem 16. Oktober zu schweren Arbeiterunruhen: Kanalarbeiter zerstören ein Dampfpumpwerk, andere protestieren gegen Entlassungen. Das endet in blutigen Barrikadenkämpfen, die Bürgerwehr siegt, aber schon die Bestattung der 11 Toten führt zu einer neuen Demonstration der Radikalen gegen die Gemäßigten. Die Nationalversammlung lehnt einen Antrag Waldecks, die Regierung zur Intervention für die Wiener Revolution aufzufordern, mit 229:113 Stimmen ab; das empfindet die hauptstädtische Demokratie als Verrat, das führt zu neuen Demonstrationen, mit Fackeln und Sprechchören, jetzt auch gegen die parlamentarische Linke. Der Demokratenkongreß Ende Oktober erhöht die Unruhe. Die Bürgerwehr soll, am 31. Oktober, die Nationalversammlung schützen. Der um Ausgleich bemühte Pfuel, Minister auf Abruf von Anfang an, tritt am 28. Oktober zurück; der König beruft am 1. November den Grafen von Brandenburg zum Ministerpräsidenten und Otto von Manteuffel zum Innenminister. Das Verlangen der Nationalversammlung, auf diese Ernennung zu verzichten und eine „konstitutionelle" Regierung einzusetzen, lehnt der König ab. „Das ist das Unglück der Könige, daß sie die Wahrheit nicht hören wollen", so hat Johann Jacoby darauf geantwortet. Auch ein Vermittlungsversuch der Paulskirche und vor allem Gagerns, der die Verbindung zwischen kleindeutschen Liberalen und preußischem König nicht gefährden will, scheitert; der König bleibt bei seinem Entschluß. Das neue Ministerium ist das Ministerium der Gegenrevolution. Am 5. November wird die Nationalversammlung unter dem Vorwand, sie vor dem Druck der Straße schützen zu müssen, vertagt und nach Brandenburg verlegt. Die Versammlung widersetzt sich, tagt weiter, aber sie hat keine Machtmittel; die Bürgerwehr weigert sich zwar, sie aufzulösen, aber sie schützt sie auch nicht, und kein Volkswiderstand erhebt sich zu ihren Gunsten. Wrangel marschiert mit seinen Truppen in Berlin ein, der Belagerungszustand wird ausgerufen, die Bürgerwehr aufgelöst, die Nationalversammlung auseinandergetrieben. 227 Abgeordnete tagen noch am 15. November in einem Gasthaus und erklären, das Ministerium sei nicht berechtigt, Steuern zu erheben; das ist der Aufruf zum Steuerstreik, das übernehmen die demokratischen Organisationen in den Provinzen. Aber das schlägt fehl; gerade die Steuerpflichtigen sind eher für Ruhe und Ordnung. Nur vereinzelt kommt es zu Unruhen oder gar zu Meutereien der mobilisierten Landwehr. Der Staatsstreich hatte sich durchgesetzt ohne Bürgerkrieg, ohne Blutvergießen, ohne einen Schuß. Besiegt aber war nicht nur die Linke, sondern genauso die liberale Mitte, die Revolution des März.

Die am 27. November zusammengetretene Rumpfversammlung bleibt beschlußunfähig; am 5. Dezember wird sie aufgelöst; der König oktroyiert eine Verfassung. Obwohl die Armee es war, die die Gegenrevolution trug, endet diese nicht in einer Militärdiktatur; das war auch eine Folge der Tatsache, daß es keinen Widerstand, keinen Bürgerkrieg gegeben hatte. Der König, der die Parteiführer verhaften und einen vereinigten ständischen Landtag wiedereinführen wollte, nimmt davon Abstand; die Ultrakonservativen, Gegner jeder Verfassung, setzen sich so wenig durch wie die Gemäßigten, die zu einer konservativ revidierten Vereinbarung rieten. Die Realpolitiker haben das Sagen. Die oktroyierte Verfassung ist im großen und ganzen die „Charte Waldeck", für die zweite Kammer wird sogar das allgemeine Wahlrecht beibehalten, die erste Kammer freilich soll eine Kammer der großen Steuerzahler und Besitzer sein. Ja, das Ministerium zwang den König sogar zum Versprechen, die Armee künftig auf diese Verfassung zu vereidigen; das ging den Offizieren wahrhaft contre cœur, und manche murrten, ein zweites Mal würde das Heer den Staat nicht retten. Freilich, im Konfliktfall hatte die Regierung ein wirksames Verordnungs- und Notverordnungsrecht, das machte sie unabhängiger; und der Verfassungsoktroi zielte auf Revision der Verfassung, das sollte die erste Aufgabe der Kammern sein. Der Sinn dieser Politik war ein dreifacher. Man wollte Zeit gewinnen; man glaubte die Krise, auch im Blick auf eine Intervention aus Frankfurt, nur durch den Übergang zum konstitutionellen System auffangen zu können; man wollte alle Trümpfe für eine deutsche Politik in der Hand behalten, gerade Brandenburg war der Idee eines preußisch-deutschen Kaisertums sehr aufgeschlossen, aber dafür brauchte man eine Verfassung. Das Echo der Öffentlichkeit entsprach zum guten Teil diesem Kalkül. Die liberalen Gegner des Staatsstreichs und des Oktrois reagierten doch zum Teil positiv, die versteckten Bedingungen blieben unbemerkt, manche sahen nur einen Sieg über den Radikalismus und ignorierten, daß die Liberalen ebensosehr die Besiegten waren; die Kleindeutschen steckten in einem schier unauflöslichen Dilemma und wollten, als ihre Vermittlungen scheiterten, doch weiter noch auf Preußen setzen. Freilich, die Handlungsfähigkeit Preußens blieb im Winter 1848/49 einstweilen begrenzt, weil König und Regierung über die deutschen Fragen gegensätzlicher Meinung waren und sich so neutralisierten.

In Preußen ging es nicht, wie in Wien, um die Existenz des Staates, um Separation und Anarchie, um die Polarisierung der Extreme, sondern um die klassische Frage der Macht zwischen Krone und Parlament. Hätte Preußen eine konstitutionelle Geschichte gehabt, wären Kompetenz- und Machtverschiebungen zugunsten des Parlaments eher möglich gewesen. Aber so war es nicht. Und deshalb aktivierte die Politik der Nationalversammlung die Gegenkräfte und zumal die bisherige Basis des Staates, das Militär. So besiegt, wie die Versammlung meinte, war der König nicht. Aber eine verständigungsbereitere Politik der Liberalen war doch keine Alternative, das hatten die Konflikte um das Militär gezeigt. Ein Parlament, das sich nicht selbst aufgeben und zahnlos machen wollte, mußte auf die Dauer mit der Krone und den alten Mächten in Konflikt geraten, auch wenn es weniger provokativ geredet und entschieden hätte.

Die Gegenrevolution konnte sich nicht nur auf eine konservative Kamarilla stützen und auf die Armee, das adlige Offizierskorps und die streng disziplinierten Unteroffiziere und Soldaten. Dahinter stand auch der Zar, der den König ständig zur Gegenrevolution ermunterte und dessen Heer die Notfallreserve solcher Politik war. Dahinter stand auch der Sieg der Gegenrevolution in Wien: der preußische König hätte zwar vermutlich auch ohnedies so gehandelt, aber die Wiener Ereignisse haben doch auch die Situation in Berlin zugunsten der Gegenrevolution geändert. Aber dazu kam auch die innere Lage in Preußen selbst. Die konservativen Elemente, zumal auf dem Lande, waren in gewisser Weise erstarkt; Preußenvereine und Militäragitation hatten ihre Wirkung getan. Und es gab bei mittleren und kleineren Bürgern etwas, was wir Thermidorstimmung nennen können, Leute, die den Radikalismus, den sozialen Protest, die rote Revolution ernster nahmen, als sie wirklich waren, die aus Sorge, im Schwarz-Rot-Gold werde das Rot dominieren, wieder zum Schwarz-Weiß Preußens zurückkehrten. Tatsache war jedenfalls, daß sich auch in Berlin keine revolutionären Massen mehr solidarisch und aktiv für die Revolution erhoben, daß der Widerstandswille jetzt geringer war als die Mobilisierungskraft der Märzereignisse. Das war nicht nur Angst oder Opportunismus, das war auch Enttäuschung und war auch Resultat demokratischer Unruhe. Es wäre falsch zu sagen, daß das die Gegenrevolution bewirkt oder auch erst ermöglicht hatte. Aber es hat sie erleichtert.

6. Reichsverfassung und Kaisertum

Wir kehren zur Paulskirche zurück. Wir erinnern uns, zu einer schnellen Verfassungsgebung war es nicht gekommen, man hatte mit den Grundrechten angefangen. Erst am 20. Dezember sind sie nach zwei Lesungen verabschiedet worden. Erst seit Ende Oktober hat sich das Plenum mit den politischen Fragen der Verfassung, mit der Zugehörigkeit Österreichs, mit der Entscheidung über das Reichsoberhaupt befaßt, und diese Beratungen dauerten bis zum März 1849. Die politische Konstellation hatte sich gegenüber dem Sommer grundlegend geändert: Preußen und Österreich waren auf dem Wege der Gegenrevolution; die Paulskirche verlor an Gewicht und verlor an Freiheit, souverän über die Verfassung zu entscheiden und sie dann durchsetzen zu können. Die Verhandlungen des Parlaments im Winter waren ständig mit den wechselnden politischen Lagen und Machtverhältnissen gekoppelt und mit den zunehmenden Versuchen der Regierungen, die Lösung der Verfassungsfragen zu beeinflussen. Für den Charakter der Revolution, für ihr Wollen und ihre Probleme, wie für Fortgang und Ende bleiben diese Beratungen und ihre Ergebnisse von entscheidender Bedeutung.

Man hatte, wie gesagt, mit den Grundrechten angefangen. Sie sollten endlich die bürgerliche Gesellschaft und den Rechtsstaat schaffen und garantieren: individuelle Freiheits- und Eigentumsrechte und Rechtsgleichheit, Ende des Feudalsystems und des Polizeistaats, politische Bürger- und Öffentlichkeitsrechte. Soziale Rechte gab es nicht, die Verfassung war nicht auf dem Weg zur sozialstaatlichen Reform. Das hätte in den Augen der Liberalen die Freiheit beeinträchtigt. Im allgemeinen hat sich in den Entscheidungen die moderate Position durchgesetzt; gegen den naturrechtlichen Rationalismus hat man historische Rechte und Überlieferungen nach Möglichkeit geschont. Freilich, wir haben es erzählt, in den großen Streitfragen der Wirtschafts- und Sozialordnung und der Gewerbefreiheit z. B. und dem Niederlassungsrecht fiel die Grundentscheidung für die neue, die liberale Ordnung, wenn auch die konkrete Ausführung vertagt wurde. Die Verfassungsjuristen setzten sich gegen die „Volkswirte" durch. Ein wesentlicher Kompromiß wurde in den Schul- und Kirchenfragen erreicht. Die Radikalen sind mit ihren kirchenfeindlichen Ideen – der Zurückdrängung der Kirche und der von außen befohlenen Demokratisierung – an der Normalvernunft der Mehrheit und ihrer Scheu vor Religionsstreit gescheitert; selbst eine ihrer Lieblingsideen, das Jesuitenverbot, fiel zu guter Letzt. Die Kirche wurde in ihren eigenen Angelegenheiten selbständig und war – das setzten die Katholiken durch – nur den allgemeinen Gesetzen unterworfen, also keinen speziellen Kirchengesetzen. Die Möglichkeit der Zivilehe wurde geschaffen, die Schulaufsicht verstaatlicht; das waren liberale Positionen. Aber die Kirche wiederum behielt die Aufsicht über den immer noch zentralen Religionsunterricht; die Gründung privater, das hieß konkret: kirchlicher Schulen war möglich; vor allem sollte die (Volks)Schule Sache der Gemeinde sein, die war kirchen- und elternnäher als der ferne und bürokratische Staat. Kurz, das schien ein tragbarer Kompromiß in einer der das deutsche Leben so zerreißenden Grundfragen.

Das Deutschland, das die Paulskirche schaffen wollte, sollte ein Bundesstaat sein; deshalb vor allem war es ein „Reich", so gewiß in diesen Begriff die heiligen Erinnerungen einer historisch gesinnten Nation eingingen. Der Name „Bund" war reaktionär verbraucht. Es gab ein paar – linke – Unitarier, aber die ganz große Mehrheit wollte eine Föderation, und das Vorbild der Vereinigten Staaten spielte für alle, wenn auch in unterschiedlicher Auslegung, eine wichtige Rolle. Die Linken wollten am liebsten eine Föderation von Republiken, am liebsten in neu eingeteilten Reichskreisen jenseits der historischen Staaten. Aber das war nicht sehr realistisch. Wer die Monarchie wollte, und die konstitutionelle gar, mußte die Monarchen übernehmen – die konnte man in Deutschland nicht neu schaffen, man mußte von den gegebenen Einzelstaaten ausgehen. Und die föderale Pluralität Deutschlands war ja eine Tatsache, die weit über die Dynastien hinausreichte; gerade die Parlamente von 1848 haben bei allem Einheitsengagement das Eigenrecht der Einzelstaaten kräftig vertreten, es entstand fast so etwas wie ein Parlamentspartikularismus. Das Problem, wie man mit dem Ungleichgewicht der deutschen Staaten fertig werden sollte, mit denen, die zu groß, und denen, die zu klein für einen Bundesstaat waren, hat man gesehen, aber nicht lösen können. Die Mediatisierung von Kleinstaaten hat man erwogen, aber aufgegeben; Föderalisierung Preußens in seine Provinzen, gar Verzicht auf ein gesamtpreußisches Parlament, das waren Ideen, mit dem Übergewicht Preußens fertig zu werden, aber es blieben Ideen. Was man wollte, war ein Bundesstaat, und zwar ein Bundesstaat des unitarischen Typs, das heißt: bei Wahrung der Einzelstaatlichkeit sollte das Höchstmaß von Kompetenz beim Gesamtstaat liegen, und nicht umgekehrt. Es sollte zwei Kammern geben – neben dem demokratischen und unitarischen Volkshaus ein Staatenhaus; das von der Linken favorisierte Einkammersystem wurde abgelehnt. Dieses Staatenhaus sollte in der Gesetzgebung gleichberechtigt mit dem Volkshaus sein, so hat man gegen eine starke linke Mehrheit beschlossen; aber ein besonderes Gremium der Regierungen, einen Reichsrat, wie eine starke rechte Minderheit wollte, sollte es nicht geben. Das Staatenhaus wurde zur Hälfte von den Regierungen, zur Hälfte von den Volksvertretungen beschickt.

Das neue Deutschland sollte, natürlich, ein konstitutioneller Staat sein, mit einem Staatsoberhaupt, einer Regierung, einem Parlament. Die Frage war, wie Macht und Kompetenz zwischen diesen Organen zu verteilen seien, und darüber gab es, wie schon im Vormärz, gegensätzliche Meinungen. Zunächst ging es um die Rolle des Parlaments. Die große Mehrheit war, ohne sich explizit zu diesem Prinzip zu bekennen, für das parlamentarische Regierungssystem. Die Regierung sollte nur in Übereinstimmung mit der Mehrheit der Volksvertretung agieren können, und so verfuhr man auch ganz selbstverständlich im Verhältnis zwischen Reichsregierung und Paulskirchenparlament. Daß die Staatsspitze die Regierung einsetzte, war, weithin jedenfalls, noch unbestritten. Dahinter freilich gab es unterschiedliche und entgegengesetzte Leitvorstellungen. Die Linke wollte ein starkes Parlament und starke Kontrollrechte gegenüber der Regierung, aber sie dachte vielfach noch eher altmodisch dualistisch; daß jemand, der für die Freiheit gekämpft hatte, „Regierungsmann" geworden sei, bedauerte man oft mehr, als daß man es begrüßte; man sah das Verhältnis des Parlaments zur Regierung wie das des amerikanischen Kongresses zum Präsidenten. Die Rechte sorgte sich ganz im Gegensatz dazu vor einem „Parlamentsabsolutismus" – das zu wollen unterstellte sie den Linken – und davor, daß ein Übermaß von Kontrolle die Handlungs- und Regierungsfähigkeit des Staates verhindern werde. Auch sie wollte ein starkes Parlament, aber auch eine starke Regierung und eine starke Staatsspitze; die sollte das Parlament auflösen können und in der Außen- und Militärpolitik vor allem handlungskräftig sein. Neben der Verfassungstheorie spielte dabei der nationalpolitische Aspekt eine Rolle: die starke Exekutive sei als Integrationselement gegenüber den partikularen Kräften und in der Außenpolitik nötig. Die Linke witterte darin eher eine Gefahr für Freiheit und Demokratie; für sie hatte das Reichsparlament genug Integrationskraft. Aber diese Dinge wurden nicht ausdiskutiert. Konkret spitzte sich der Gegensatz zu zu der Frage, ob das Reichsoberhaupt ein absolutes oder nur ein suspensives, also aufschiebendes Veto gegenüber dem Parlament haben solle. Dahlmann ist mit besonderer Leidenschaft für das absolute Veto, „das Recht der rettenden Tat", eingetreten, ohne damit die parlamentarische Regierungsweise antasten zu wollen; dabei mag auch die realistische Erwägung eine Rolle gespielt haben, die Verfassung für den preußischen König annehmbar zu machen. Aber die klare Mehrheit, auch als taktische Gesichtspunkte der großdeutschkleindeutschen Fraktionsbildungen noch keine Rolle spielten, lehnte das ab. Sie wollte das suspensive Veto; das allein schien eine parlamentarische Regierungsweise wirklich zu garantieren. Auch diese Regelung übrigens schränkte die Macht des Parlamentes einigermaßen ein, zumal, wenn man das Auflösungsrecht des Reichsoberhauptes hinzunimmt, also sein Recht, an das Volk zu appellieren; im Konfliktfall konnte eine Entscheidung zwei bis drei Jahre aufgeschoben werden.

Ein weiterer Kernpunkt der künftigen Verfassung war die Frage des Wahlrechts. Das war ja schon vor der Revolution ein Hauptdissens zwischen den Parteien. Die rechten Liberalen, die die Mehrheit im Verfassungsausschuß hatten, wollten den Mittelschichten – mindestens für absehbare Zeit – den überwiegenden Einfluß sichern, sie seien der „Schwerpunkt des Staates". Die Freiheit des Individuums schien ihnen mit den natürlichen sozialen Ungleichheiten verbunden, nur so war der Despotismus der Massen zu verhindern; die politische Mitbestimmung sollte darum an Bildung und Einsicht gebunden werden, und die Besitzlosen sollten nicht über den Besitz verfügen. Das allgemeine Wahlrecht begünstige die Demagogie der Radikalen und die soziale Revolution wie auch die konservative oder cäsaristische Reaktion; es werde, so meinte Waitz, „zuerst die radikalsten und dann die servilsten Abgeordneten" produzieren. Diese Liberalen verzichteten zwar auf das von ihnen favorisierte indirekte Wahlrecht, aber das Wahlrecht sollte öffentlich, nicht geheim, ausgeübt werden, und die Unselbständigen, Handwerksgesellen, Fabrikarbeiter, Tagelöhner und Gesinde, sollten ausgeschlossen sein. Sie gingen also mit den Erfahrungen dieser Monate hinter das Wahlrecht der Paulskirche zurück; die Hälfte der preußischen Wähler der Paulskirche hätte nach einer damaligen Berechnung ihr Wahlrecht wieder eingebüßt. Das war natürlich Klasseninteresse. Aber das liberale Argument, das Wahlrecht politisch unreifer Massen bedrohe die Freiheit, war doch nicht unbegründet. In Frankreich führte es zur Diktatur Napoleons III. Und so teuer uns dieses demokratische Urrecht ist, es ist legitim zu fragen, ob Deutschland dazu 1848 schon in der Lage war. Als das allgemeine Wahlrecht 1867/71 eingeführt wurde, immer noch sehr früh im europäischen Vergleich, hat es sich gegen die Liberalen und gegen die Fortbildung des Verfassungsstaates zur Demokratie ausgewirkt. Aber das Konzept der liberalen Rechten war nicht mehrheitsfähig. Nur die Linke zwar war für das allgemeine, gleiche, direkte und geheime Wahlrecht, aber viele suchten nach Kompromissen. Diese Debatte wurde dann von den Ereignissen überholt. Als im Februar 1849 die Entscheidung anstand, konkurrierten Großdeutsche und Kleindeutsche um die Stimme der Linken. Mit 422:21 Stimmen wurde der im Sinn des rechtsliberalen Casinos abgefaßte Entwurf abgelehnt, und am 2. März nahm die Mehrheit das allgemeine, gleiche, direkte und geheime Wahlrecht an; seine großdeutschen Gegner stimmten zum Teil aus Taktik dafür, um dem preußischen König die Annahme der Krone unmöglich zu machen, andere in der Erwartung, das Gesetz werde später sowieso revidiert werden.

Schließlich ging es um die Frage des Staatsoberhauptes und der Staatsform. Die Linke war im Grundsatz republikanisch, gegen die Monarchie, wenn auch wirklicher Fürstenhaß – „Erst wenn der letzte Fürst am Darm des letzten Pfaffen aufgehängt...!" – nur am extremen Rand eine Rolle spielte. Aber auch ihre Mehrheit sah ein, daß die Monarchie in den Einzelstaaten, jetzt jedenfalls, nicht zu beseitigen war; es ging ihr darum vor allem um eine republikanische Reichsspitze, mochte das auch wiederum ein Fürstpräsident sein. Die Massen des Volkes waren außer im Südwesten, so kann man mit Grund vermuten, im ganzen noch monarchisch gesonnen. „Republik", wir haben es gesagt, das meinte nicht einen Begriff des Staatsrechts, das meinte freiheitliche Verfassung, Bürgerkönigtum, „Monarchie von Volkes Gnaden", „monarchische Republik", meinte wenig oder sogar keine Steuern und mehr Egalität. Aber Republik als Staatsform, das hatte keine Chance. Föderalisten spielten noch mit der Vorstellung von einem Dreierdirektorium, aber auch das war aussichtslos. Insofern liefen die Beratungen doch wieder zu auf die Monarchie, und zwar genauer auf ein Kaisertum, nicht eigentlich aus Reichsromantik und Mittelalternostalgie, sondern weil nur ein Kaiser über den Königen stand, die man schon hatte. Kaisertum, das konnte ein Wahlkaisertum sein, wie es das linke Zentrum bevorzugte; das mochte zwischen Preußen und Österreich alternieren. Oder es war erblich, wenn auch der erste Kaiser vom Parlament zu wählen war – das war die nationaldemokratische Seite der Monarchie –, das war die Idee des „Erbkaisertums". Aber der preußisch-österreichische Dualismus spaltete die Anhänger der Monarchie; die Frage der Staatsspitze war nicht mehr eine Frage der Verfassungstheorie, sondern hing von der Lösung der deutschen Frage ab.

Für die Verfassung wie für die Revolution überhaupt war politisch entscheidend die Tatsache, daß es in Deutschland zwei konkurrierende Großmächte gab und daß die eine von ihnen andere Länder weit jenseits der Grenzen des Deutschen Bundes und der deutschen Nation mit umfaßte. Wie sollte, so spitzte sich die Frage zunächst zu, Österreich zu dem neuen deutschen Reich gehören. Österreich war, trotz Randlage, trotz Metternich, ein selbstverständlicher Teil Deutschlands, daran gab es keinen Zweifel. Die erste Antwort war darum die großdeutsche. Österreich sollte mit seinen deutschen und böhmischen Ländern dem Reiche zugehören, aber nur mit ihnen, und diese sollten mit den anderen fremden Teilen des bisherigen Kaiserstaates nur mehr in Personalunion, also nicht in einer staatlichen Union, zusammenhängen. Die Verbindung des deutschen Österreich mit dem neuen Reich lief auf Teilung des alten Gesamtösterreich hinaus, auf Preisgabe seiner staatsrechtlichen Einheit. Das war der Entwurf des Verfassungsausschusses. So entschied am 27. Oktober das Plenum mit großer Mehrheit; nur 90 stimmten dagegen, neben konservativen Katholiken und einigen kleindeutschen Liberalen 41 Österreicher, die Schwarz-Gelben, mag man sagen. Die Mehrheit der Österreicher, 74, stimmte für die großdeutsche Lösung. Auch die Anhänger der preußischen Führung des neuen Reiches stimmten in der Mehrheit dafür. Man war, als man diese Lösung ausgearbeitet hatte, sehr allgemein der Meinung gewesen, daß Österreich als Gesamtstaat zerfallen werde, und dann wäre die Zugehörigkeit der deutschen und böhmischen Provinzen zu einem neuen Reich ja kein Problem mehr gewesen. Viele Abgeordnete verstanden diese Entscheidung auch als eine „Frage an Österreich", es solle sagen, was es wolle, solle Vorschläge machen. Die Alternative, die man sah, war die kleindeutsche Lösung, d. h. der Ausschluß Österreichs aus einem dann preußisch geführten Deutschland und eine staatenbündische Verbindung dieses Deutschland mit Gesamtösterreich; das war die Idee Heinrich v. Gagerns von einem „engeren" und einem „weiteren Bunde". Die vorgeschlagene großdeutsche Lösung mußte auf die Dauer zur Trennung der österreichischen Länder führen; eine Personalunion konnte das nicht aufhalten; ein Staat, und eine Großmacht gar, konnte nicht Staat, nicht Großmacht bleiben, wenn die eine Hälfte Teil einer anderen Großmacht war. Und ohne das deutsche Zentrum Wien hätten sich vermutlich die anderen Teilgebiete noch einmal voneinander getrennt, das Habsburgerreich wäre in Nachfolgestaaten zerfallen; die Führungsposition der Deutschen im Südosten Europas wäre bei dieser Konstruktion nicht haltbar gewesen. Aber in der Selbstverständlichkeit großdeutscher Gemeinsamkeit hatte man die Sonderlage einer übernationalen Großmacht erst wenig realisiert. Das galt auch für die Mehrheit der Deutschen Österreichs, wir haben davon gesprochen. Sie waren ambivalent und wollten Gegensätzliches zugleich: sie wollten sich mit Deutschland vereinen, ohne sich zu vereinen, weil sie sich doch von Gesamtösterreich auch nicht trennen wollten, es sei denn, es zerfiel von selbst. Das Dilemma der Realität und der möglichen Lösungen wurde erst langsam deutlicher.

Inzwischen hatte aber in Österreich die Gegenrevolution gesiegt. Auf die Frage, die die Verfassungsentscheidung der Paulskirche gestellt hatte, antwortete Felix Schwarzenberg am 27. November mit dem Kremsier Programm: Österreich müsse als staatliche Einheit fortbestehen. Damit war die großdeutsche Lösung, die Lösung der Teilung Österreichs, abgelehnt. Und Österreich hielt, wie Schwarzenberg Ende Dezember erklärte, an dem Anspruch fest, als „deutsche Bundesmacht" an der Verfassung mitzuwirken; auch die Idee, Österreich nur in Form eines weiteren Bundes mit dem übrigen Deutschland zusammenzuschließen, lehnte er also entschieden ab. Im März wurde diese Sache durch den österreichischen Staatsstreich vollends klar: die oktroyierte Verfassung legte die staatsrechtliche Einheit der deutschen und der nicht-deutschen Teile der Monarchie fest. Und in einer Note vom 9. März forderte Schwarzenberg den Eintritt Gesamtösterreichs in das neue Deutschland. Das war jetzt die dritte Alternative, die großösterreichische Lösung, die Idee eines 70-Millionen-Reiches. Dieses Reich sollte als Staatenbund organisiert werden, und das konnte angesichts der Nationalitäten auch gar nicht anders sein, mit einem Direktorium und ohne wirkliches Parlament. Nur ein Staatenhaus aus Delegierten der einzelstaatlichen Parlamente sollte es geben, in denen die Österreicher gemäß dem Bevölkerungsverhältnis von 38 : 32 Millionen die Mehrheit gehabt hätten; auch das sollte nur alle 3 Jahre tagen. Dieser Plan knüpfte zwar an gewisse imperiale Mitteleuropa-Ideen der Paulskirche über die deutsche Hegemonie im Südosten an, aber er war unannehmbar. Die nationaldemokratische Revolution wollte die Einheit der Deutschen in einem Nationalstaat und nicht die Aufnahme von vielen Millionen Nicht-Deutscher; sie wollte nicht einen Staatenbund, sondern einen Bundesstaat; nicht die Hegemonie Österreichs, das doch auch außenpolitisch ganz andere Interessen hatte, sondern die Souveränität der Deutschen; und sie wollte einen demokratischen, einen parlamentarischen Staat.

Diese letzten Konsequenzen waren freilich im Winter 1848/49 für die Abgeordneten noch nicht absehbar. Aber schon nach der ersten Ablehnung der großdeutschen Lösung durch Österreich im November gewann nun die kleindeutsche Alternative besondere Bedeutung. Das war, auch wenn manche der Kleindeutschen das vorausgesehen hatten, der Notweg, der alleine übrig zu bleiben schien. Aber die Anhänger der großdeutschen Lösung hofften noch auf einen Kompromiß, auf eine schließliche Konzession der österreichischen Regierung. Angesichts der Lage spalteten sich die Parteien der Rechten und der Mitte und gruppierten sich um; es bildeten sich neue Allianzen und neue Mehrheiten. Schmerling, Ministerpräsident noch, wurde zum Führer der großdeutschen Koalition, die sich im *Pariser Hof* sammelte, Gagern zum Führer der Kleindeutschen im *Weidenbusch*. Schmerling tritt am 15. Dezember als Ministerpräsident zurück, Gagern wird sein Nachfolger. Beide suchen in einem komplizierten parlamentarisch-diplomatischen Spiel auch die Unterstützung Österreichs und Preußens, und beide Mächte bemühen sich noch um die Entscheidung der

Paulskirche; sie ist noch ein Machtfaktor. Aber keine Gruppe hatte die Mehrheit. Das erwies sich, als das Parlament vom 19. bis zum 23. Januar ergebnislos über die Frage des Reichsoberhauptes diskutierte. Beide Gruppen waren zur Mehrheitsbildung auf die Linke angewiesen. Das war eine ganz neue Situation. Bei den Großdeutschen kommen unterschiedliche Gruppen und Motive zusammen. Da waren einerseits die echten Großdeutschen, aus Gefühl und Willen, etwa die Österreicher, die sich nicht aus Deutschland hinauswerfen lassen wollten, oder – schärfer formuliert – fürchteten, Gagerns Politik werde Millionen Deutsche der „slawischen Peitsche" ausliefern (Hartmann), all die, die meinten, Deutschland, habe ein „heiliges Recht" auf Österreichs deutsche Gebietsteile (Schmerling), Konservative, die für die geschichtliche Zugehörigkeit Österreichs und für das Vereinbarungsprinzip eintraten, ja außerhalb des Parlaments auch für Österreich als Macht der Gegenrevolution. Andererseits gab es dann diejenigen, die aus weniger unmittelbaren Motiven für die großdeutsche Lösung waren: die föderalistischen Anhänger von Trias und Direktorium, Partikularisten, süd- und westdeutsche Katholiken und die große Mehrheit der Demokraten und Republikaner. Sie waren zuerst und vor allem anti-borussisch, sie wollten keine preußische Führung und wollten nicht allein mit Preußen im neuen Reich sein. Aber dieses großdeutsche Grundgefühl konnte konkret nur sagen, was man nicht wollte. Eine politische Lösung angesichts der österreichischen Politik, und gar der großösterreichischen Alternative, hatte man nicht. Die Reaktion in Wien erschwerte die Position; Franz Joseph war kein Kandidat für einen „Kaiser der Deutschen". Und die großdeutsche Linke wollte den nationalen Staat – kein monarchisch-föderalistisches Reich, wie die großdeutsche Rechte, wollte im Grunde doch die Auflösung Österreichs.

Auf der anderen Seite die Kleindeutschen. Österreich war für die Binnendeutschen relativ fern und fremd; Preußen war nahe. Das Bild von Preußen, das man in Deutschland hatte, war ambivalent, so wie Preußen selbst ambivalent war. Preußen galt keineswegs als Hort einer aggressiven Machtpolitik, für Friedrich den Großen hatte vor allem die Linke Sympathie; die konservativen Altpreußen waren ja Gegner der Machtpolitik. Das Problem lag anders. Preußen war eine der Hochburgen der Reaktion und war ein Militärstaat; aber es war auch der Erbe der Reform, der Staat der Vernunft, wie Hegel und ein guter Teil von Europa es gesehen hatte. Und, das war nun wieder positiv, Preußen war, anders als Österreich, ein deutscher Staat. Die Kleindeutschen, Liberale vor allem, meinten nun, Preußen könne nicht auf Dauer der Reaktion verfallen, es sei reaktionär nur aus „Caprice" (Max Duncker), nicht seiner wirklichen Staatsräson nach. Es war doch der Staat der liberalen Bürokratie, des westdeutschen Bürgertums, des Zollvereins, der Wissenschaften. Und es war – das markierte eine tiefe emotionale Scheidelinie – der Staat des Protestantismus, und das hieß in den Augen der Mehrheit der Liberalen: der Basis von Freiheit und Geist. Die Wortführer der Kleindeutschen waren Nicht-Preußen oder Nicht-Altpreußen, Nord-, West- und Südwestdeutsche, wie Dahlmann und Hansemann, Gagern oder Pfizer. Die Kleindeutschen waren keine Großpreußen; sie waren von Preußen angezogen oder sahen in Preußen die einzige reale Macht, die eine nationale Einigung mitmachen und in die Hand nehmen könne. Aber sie wollten, daß Preußen „in Deutschland aufgehe", ja, sie rechneten damit, wenn der Hohenzollernkönig an die Spitze des Reiches treten werde. Das Unfertige der deutschen Großmacht erleichtere ihr es, wirklich ganz und gar eine deutsche Großmacht zu werden. Man sprach von Preußen als Reichsland oder von seiner Aufteilung in Provinzen; der Abgeordnete Reh meinte gar, er sei für das Erbkaisertum, weil sonst Preußens Selbstmord nicht möglich sei. Aber es war auch kein Schreckgespenst, wenn Preußen zunächst noch nicht in Deutschland aufging, sondern mächtig wurde; auch das würde, so meinte man, das spezifisch und exklusiv Preußische, das Alt- und Stockpreußische, was man nicht leiden konnte, zerstören. So waren die Hoffnungen. Da war viel Illusion; man verkannte die Stärke des alten wie auch des neuen parlamentarischen Preußentums. Aber es war keine Utopie, wie man nach 1871 zu meinen geneigt ist. Die Reichsidee der Kleindeutschen von 1848 jedenfalls war nicht die eines großpreußisch geprägten Militär- und Machtstaates.

Im Januar/Februar schien sich in den Verfassungsentscheidungen eine Koalition von Großdeutschen und Linken anzubahnen, die die kleindeutsche Lösung abblockte. Aber Österreichs Forderung nach dem Staatsstreich im März, die Forderung, als Gesamtstaat in das neue Reich einzutreten, sprengte diese Koalition. Schmerling distanzierte sich von Schwarzenberg; Welcker, der großdeutsche Liberale, ging zu den Kleindeutschen über, weil Österreich den Bundesstaat, das Parlament und die freiheitliche Verfassung unmöglich mache. Die Kleindeutschen gewannen linke Unterstützung. Zuletzt mußten sie dafür freilich verfassungspolitisch große Konzessionen machen. 15 Abgeordnete der Linken ließen sich für das Erbkaisertum gewinnen, nachdem 114 Abgeordnete des Zentrums sich verpflichteten, das suspensive Veto und das Wahlrecht in zweiter Lesung nicht mehr anzufechten; 86 versprachen zudem, sich nicht an einem späteren Versuch zur Revision der Verfassung zu beteiligen. Das war der „Pakt" zwischen Simon und Gagern. Der Zwang der großdeutsch-kleindeutschen Entscheidung hatte den Bruch zwischen der Mitte und der Linken überbrückt. Die Casino-Anhänger waren Realisten: die Einheit und die Tatsache, daß überhaupt etwas zustande kam, waren wichtiger als die ungeliebten demokratischen Konzessionen. Die Verfassung wurde angenommen; mit knapper Mehrheit, 267:263, wurde das Erbkaisertum beschlossen, auch 4 Österreicher hatten dafür gestimmt. Am folgenden Tag, dem 28. März, wurde Friedrich Wilhelm IV. von Preußen mit 290 Stimmen bei 248 Enthaltungen zum Kaiser der Deutschen gewählt. Viele handelten unter dem Gefühl des Zwangs, „ich wünsche sehnlichst das Gegenteil, aber besser ein kleines Deutschland als keines". Der Sieg der Kleindeutschen war ein Resultat dieser Not.

Die Paulskirche hatte also zum einen eine Verfassung verabschiedet. Sie hatte diese Kompetenz „allein" wahrgenommen; die Verfassung war nicht „vereinbart". Aber nach der ersten Lesung im Januar hatte Gagern sich an die Regierungen gewandt und um ihre Stellungnahme für die zweite Lesung gebeten. Die unitarischen wie die demokratischen Züge erregten bei den Regierungen Bedenken. Österreich, Bayern, Württemberg, Hannover und Sachsen lehnten den Entwurf mehr oder minder entschieden ab; die große Mehrheit der übrigen Staaten, und vor allem auch Preußen, stimmten ihm grundsätzlich zu, unbeschadet freilich vieler Änderungswünsche im einzelnen. Die Haltung Preußens spielte für die Kaiserwahl natürlich eine Rolle. Freilich, mit der Verabschiedung der Verfassung war der Spielraum für weitere Verhandlungen natürlich erheblich eingeengt.

Die Paulskirche hatte zum anderen sich für das Erbkaisertum entschieden und einen Kaiser gewählt. Der Kaiser der Deutschen, vom Parlament gewählt, das war ein Symbol dieser Revolution. Das war eine Monarchie, die nicht mehr auf Legitimität und Gottesgnadentum beruhte, sondern demokratisch durch Wahl begründet war; eine Monarchie aber auch, die dem demokratischen Prinzip des Wechsels entzogen, eben erblich war, und deren Inhaber, abweichend von demokratischen Herrschaftsprinzipien, im staatsrechtlichen Sinne „unverantwortlich" war. Das war der eigentümliche Ausdruck der Vermittlungs- und Kompromißpolitik der Liberalen, das sollte Freiheit und Ordnung, Demokratie, Volkswillen und Autorität zusammenbinden. Das war auch eine Chance der Monarchie, sich modern und neu zu legitimieren.

Die Wahl des preußischen Königs war angesichts der realen Lage in Deutschland nicht absurd; kein anderer kam nach dem Ausscheiden Österreichs in Frage. Die Frage stand im Grunde seit Beginn der Revolution an. Die kleindeutschen Liberalen hatten um Friedrich Wilhelm geworben; die Coburger Prinzen hatten ihm angesonnen, sich an die Spitze dieser Bewegung zu setzen – das neue Reich lasse sich mit einem Reichstag und einem Fürstenhaus besser regieren als mit einem demokratischen preußischen Landtag. Und der König hatte bisher geschwankt, er hatte mit dem Oktroi der Verfassung den konstitutionellen Weg für eine deutsche Politik Preußens durchaus offengehalten. Jetzt, im Frühjahr 1849, wirkten viele Kräfte auf ihn ein. Die Hochkonservativen sahen in Verfassung und Kaisertum Revolution, Usurpation, den Untergang Preußens. Die beiden Kammern, auch die erste, erklärten sich für die Annahme. Wichtiger war, daß ein Teil des Establishments, die Mehrheit der Minister, Offiziere, der Thronfolger, Nationalkonservative oder Großpreußen sich für die Annahme erklärten, freilich unter Bedingungen: Zustimmung der Fürsten, absolutes Vetorecht und ein anderes Wahlrecht. Man glaubte, daß die Nationalversammlung, um Einheit und Verfassung zu retten, darauf eingehen werde. Die Linke hatte genau das ja befürchtet, und die Rechte hatte es ins Kalkül gezogen. Aber der König lehnte ab. Er war durchdrungen von der Legitimität des Habsburgischen Kaisertums in Deutschland und durchdrungen erst recht von seinem Gottesgnadentum, das war unvereinbar mit dieser Parlamentskrone aus „Dreck und Letten", dem „Hundehalsband, mit dem man mich an die Revolution von 1848 ketten will"; und er wollte, auch wenn er das so kaum ausgesprochen hat, vom Heerkönigtum, von der königlichen Verfügung über die Armee nicht lassen. Man muß offenlassen, ob eine andere Entscheidung, also die Annahme unter

Bedingungen sich hätte durchsetzen lassen. Mit dem Widerstand der Linken, aber auch mit dem Widerstand Rußlands und Österreichs bis hin zum Krieg mußte man rechnen. Preußens Machtmöglichkeiten waren eng begrenzt. Aber das kam nicht auf den Prüfstand der Geschichte. Und der König hat nicht aus rational-politischem Kalkül abgelehnt. Er wollte sich nicht mit der wie immer gezähmten liberalen Revolution verbinden.

7. Das Ende

Mit der Ablehnung der Kaiserkrone durch Friedrich Wilhelm IV. war die Politik der neuen Mehrheit der Paulskirche, der kleindeutsch-liberalen Erbkaiserlichen gescheitert. Die Frucht der steckengebliebenen Revolution, Verfassung und Einheit, entglitt. Das Ende der Revolution ist rasch berichtet. Gagern und die Seinen hofften nach der erst mündlichen und etwas verklausulierten Ablehnung des Königs Anfang April noch auf eine Vermittlung, darauf, daß die Zustimmung der anderen Fürsten und eine Revision der Verfassung ihn doch noch umstimmen werde. Aber das schlug fehl; weder Friedrich Wilhelm IV. noch die Paulskirche ließen sich darauf ein. Die Nationalversammlung hatte die Verfassung am 28. März in Kraft gesetzt; zuletzt 29 Staaten haben sie anerkannt – freilich fehlten die großen: Österreich und Preußen, Bayern, Hannover und Sachsen. Die Paulskirche wollte keine Revision. Sie wollte jetzt einfach die Verfassung zur Geltung bringen, wie es in ihrer Aufforderung an Regierungen, Parlamente, Gemeinden und „das gesamte deutsche Volk" vom 4. Mai hieß. Aber die bisherige Mehrheit, ja das Parlament selbst zerfiel. Gagern, der einen legalen Kampf für die Reichsverfassung unterstützen wollte, verlor darüber das Vertrauen des Reichsverwesers, er trat am 10. Mai zurück; eine neue linke Mehrheit stellte sich auf die Seite der anlaufenden Reichsverfassungskampagne, der Reichsverweser aber stellte sich mit einem neuen konservativen Ministerium dagegen. Preußen erklärte am 14. Mai die Mandate seiner Abgeordneten für erloschen; Sachsen und Hannover folgten; die Österreicher hatten zumeist das Parlament schon vorher verlassen; viele Mitglieder, zumal des rechten Zentrums, traten jetzt aus. Das Parlament wurde zum Rumpfparlament mit einer linken Mehrheit; am 30. Mai verlegte es sich nach Stuttgart, aber am 18. Juni sperrte die liberale württembergische Regierung das Sitzungslokal und löste den Zug der letzten Abgeordneten durch Militär auf. Aber das alles war schon unwichtig geworden. Die Paulskirche wurde von einer neuen Welle der Gegenrevolution und dem letzten Versuch einer bewaffneten Revolution überrollt. In Preußen wurde am 26. April die zweite Kammer, die die Reichsverfassung angenommen hatte, aufgelöst, und es wurde mit Notverordnungen und Belagerungszustand regiert; das war ein neuer gegenrevolutionärer Staatsstreich. Die deutsche Linke, im Parlament wie außerhalb, machte die Durchsetzung der Reichsverfassung jetzt zu ihrer Sache; das mochte paradox erscheinen, weil die Linke doch gerade gegen diese Verfassung gewesen war und weil die Anhänger dieser Verfassung gegen die Linken waren; aber es war doch in einem tieferen Sinne legitim, denn die Verfassung, das war nun die Errungenschaft der Revolution, das war das Stück Freiheit und Einheit, das man gegen die Reaktion behaupten wollte. Die Verteidigung der liberalen und nationalen Revolution wurde jetzt die Sache der Linken; alle Energien der zweiten Revolution, auch die sozialrevolutionären, strömten in diesen Kampf ein. Vor allem der Zentralmärzverein und seine Gliedorganisationen haben diese „Reichsverfassungskampagne" seit April organisiert, zuerst mit Demonstrationen und Adressen – in Württemberg z. B. mußte der widerstrebende König die Verfassung am 25. April doch anerkennen –, aber je schlechter die Aussichten wurden, desto fließender wurden die Grenzen zwischen Demonstrationen, Widerstand und aktivem Kampf. Das war die Mairevolution, eine große traurige, wirkungslose Geschichte der Gescheiterten.

In Preußen gab es Unruhen und sogar einige wenige Meutereien der einberufenen Landwehr, vor allem im Westen; hier spielten radikale, demokratische und kommunistische Intellektuelle, wie Gottfried Kinkel, Friedrich Engels oder Fritz Anneke, spielten Arbeiter und Tagelöhner eine besondere Rolle. Aber die Bürgerwehr konnte sie zumeist unterdrücken; nur in Iserlohn wurde ein Aufstand von regulärem Militär niedergeschlagen, über 100 Tote waren die ersten Opfer. Das eigentliche Bürgertum war in seiner Mehrheit zu einem bewaffneten Aufstand nicht bereit, schon gar nicht zu einer neuen Sozialrevolution; Engels wurde auch von den Anhängern der Verfassungskampagne aus Elberfeld hinauskomplimentiert und abgeschoben.

Die eigentlichen Zentren dieser Revolution wurden Sachsen, die Pfalz und Baden. In Sachsen kam es Anfang Mai zu einem Aufstand gegen den gegenrevolutionären Kurs der Regierung; man bildete gar eine provisorische Regierung, die faktisch freilich auf Dresden beschränkt blieb. Arbeiter, Handwerker und Intellektuelle, darunter Richard Wagner und Gottfried Semper, Michael Bakunin und dann der Arbeiterführer Stefan Born, gehörten dazu; das mittlere Bürgertum stand im ganzen abseits. Preußische Truppen haben den Aufstand nach schweren Straßenschlachten niedergeworfen. In der Pfalz verkündete ein provisorischer Landesverteidigungsausschuß die Verteidigung der Reichsverfassung: „Wenn die Regierung zur Rebellion geworden, werden die freien Bürger der Pfalz zu Vollstreckern der Gesetze." Es gelang im wesentlichen das Land in die Hand zu bekommen; auch Soldaten gingen zu den Aufständischen über; am 17. Mai wurde eine provisorische Regierung proklamiert. Dieser Aufstand wurde sogleich eine Sache der ganzen radikalen Linken in Deutschland, ja in Mitteleuropa; von überall her kamen radikale Freischärler und Flüchtlinge, so auch aus Österreich und Polen. Anfang Juni konnten preußische Truppen die Revolution in wenigen Tagen niederschlagen; einer der Gründe dafür war, daß das Landvolk sich kaum an den Kämpfen beteiligt hat. Alle Revolutionäre strömten jetzt, aus Sachsen, der Pfalz, der Rheinprovinz und aus der Emigration, nach Baden. Obwohl die badische Regierung die Reichsverfassung angenommen hatte, entwickelte sich auch hier aus der Agitation der „Volksvereine" auf der alten

Linie des Struve/Heckerschen Radikalismus und aus Meutereien der Truppen Mitte Mai die neue Revolution; eine provisorische Regierung unter dem Mannheimer Anwalt Lorenz Brentano übernahm die Gewalt. Auch diese Revolution ist dann von preußischen Truppen schließlich niedergeschlagen worden, aber es dauerte Wochen, bis zum 23. Juli. Mit Standgerichten und Todesstrafen, Hochverratsprozessen und Zuchthaus setzten sie Ruhe und Ordnung durch; in der Festung Rastatt wurde jeder Zehnte erschossen. Obwohl es auch einen revolutionären Terror gegeben hat und viele „wüste Maulhelden" – dieser Gegenterror wurde zur langdauernden Erfahrung und Erinnerung des badischen Volkes, er löste eine ungeheure Erbitterung aus, er schloß anscheinend auf lange eine innere Befriedung aus. „Schlaf, mein Kind, schlaf leis' – dort draußen geht der Preiß – wir alle müssen stille sein – als wie dein Vater unterm Stein." Das wurde gesungen. Die Auswanderung, bei der wir freilich politische und soziale Motive nicht unterscheiden können, nahm wieder ganz erheblich zu.

Die Revolution war endgültig gescheitert, sie war zu Ende.

8. Die gescheiterte Revolution

Warum die deutsche Revolution gescheitert ist, diese Frage hat die Mithandelnden und Zeitgenossen und die Historiker seither in Atem gehalten; und weil dies Scheitern zwar nicht die, wohl aber eine Schicksalsstunde der Demokratie für uns gewesen ist und uns noch immer mit der Trauer über eine verlorene Möglichkeit erfüllt, ist das eine Frage, die über das gelehrte Bemühen und den Wunsch nach intellektueller Einsicht hinaus uns noch immer in unserem Selbstverständnis betrifft.

Geschichtliches Scheitern löst fast immer die Frage nach der Schuld oder Mitschuld der Gescheiterten aus. Haben sie versagt und in welcher Hinsicht; oder wer unter den Handelnden hat versagt; warum haben die Handelnden gegebene Chancen nicht ergriffen; hätte alles nicht anders laufen können, wenn nun diese und jene anders gehandelt hätten? Und obwohl wir wissen, daß wir eine Geschichte im Konjunktiv oder Optativ nicht schreiben können, behalten solche Fragen ihren Stachel. Die Antwort auf solche Gewissenserforschung der Träger des revolutionären Handelns heißt dann, zunächst in objektivierter Form: es war die Spaltung der bürgerlichen Bewegung in liberal-konstitutionelle und radikale Demokraten, die zu ihrem Scheitern geführt oder doch wesentlich beigetragen hat. Denn das schwächte die Revolution gegenüber den alten Mächten nachhaltig. Und wenn man über die Ursachen der Spaltung nachdenkt und über die unterschiedlichen, ja gegensätzlichen Ziele und gar die Strategien der Mitte wie der Linken in der Revolution, dann fängt man leicht an, Schuld zuzumessen. War es der Radikalismus der Radikalen, und vielleicht ihr utopischer Illusionismus, der die möglichen Chancen der Revolution vereitelt hat – man denke an den Zorn Robert Blums über Hecker und die badische Revolution, wovon wir erzählt haben. Oder war es die Vorsicht, der obrigkeitliche konservative Traditionalismus der Liberalen, ihre Klassenangst vor Demokratie und sozialer Veränderung, vor der „roten Revolution", die sie zum Kampf gegen die Linke, zur Kooperation mit den alten Gewalten oder zur Resignation getrieben hat? Haben sie damit den möglichen Sieg aus der Hand gegeben, die Erholung der alten Mächte, ja den Erfolg der Gegenrevolution ermöglicht, kurz: haben die Liberalen die Revolution vorzeitig, wenn nicht gar von vornherein aufgegeben oder gar „verraten"? Oder haben sie sich, das ist eine andere, ältere Schuldzuweisung, im Gehäuse der Theorien gefangen, ohne Sinn für Macht und Realität die Stunde des Handelns verstreichen lassen? Heute ist der Vorwurf gegen die Liberalen, die Mitte, die Bürger, auch wenn man auf die Verratsthese verzichtet, gängige Münze. Darum müssen wir uns ihm zuwenden. Die Liberalen waren Liberale, waren Mitte, sie waren nicht die Linke und sie wollten das nicht sein. Sie hatten andere Ziele als die Linken und eine andere Strategie; sie trieben eine Politik der Mitte, gegen die Linke gewiß, aber gegen die alten Mächte, den status quo wie die Gegenrevolution ebenso. Sie waren keine dezidierten Revolutionäre gewesen, sondern Revolutionäre wider Willen; sie machten vor den Thronen Halt; sie wollten die Revolution beenden und in Legalität überführen; die permanente Revolution als Basis ihrer Legimität und ihrer Macht war ihnen ein Greuel. Aber sie standen doch, und mehr als sie manchmal zugaben, auf dem Boden der Revolution; das was sie wollten – die neue Verfassung, die neue Gesellschaft, den neuen Staat – war eine wirkliche Revolutionierung des Bestehenden; und wenn sie die Errungenschaften der Märzrevolution und ihre gesamtdeutschen Ziele auch auf dem Wege der Reformen sichern oder realisieren wollten, Freiheit und Einheit auf einem Wege der Ordnung, so war die Revolution doch die Basis einer eminent beschleunigten Evolution. Die Liberalen wollten Dämme gegen das Chaos bauen, die Revolution begrenzen, gerade weil sie die Ziele, die sie mit der Revolution gemeinsam verfolgten, durchsetzen wollten. Man kann von den Liberalen, von den bürgerlichen Honoratioren, von den Anwälten einer Gesellschaft mittlerer Existenzen, von Eigentümern nicht erwarten, daß sie die sozialen und egalitären demokratischen Normen unserer Gesellschaft des 20. Jahrhunderts verfochten. Und es war ihr gutes Recht, ihre Vorstellung eines liberal-demokratischen Verfassungsstaates und einer bürgerlichen Gesellschaft gegen die – im umfassenden Sinne „republikanischen" – Konzepte festzuhalten und zu vertreten. Man kann die Furcht der Liberalen vor einer sozialen Revolution für übertrieben halten – angesichts der sozialen Kräfteverteilung in Deutschland –, aber unberechtigt war sie insofern nicht, als der jakobinisch-radikaldemokratische Flügel, aktivistisch und in bestimmten Regionen und Großstädten konzentriert, eine reale Macht war. Die Möglichkeit einer zweiten Revolution war durchaus real, und was sich daraus ergeben mochte, war ganz unabsehbar; das französische Beispiel von 1792/93 war da nicht aus der Luft gegriffen, und die Ausbrüche der Straßendemokratie mußten sie in ihrer Befürchtung bestärken. Der liberalen Zielsetzung und der doppelten Frontstellung zunächst entsprach das Kernelement der liberalen Strategie, die Vereinbarung; aber das war eigentlich eine Doppelstrategie: denn zur Vereinbarungspolitik gehörten auch revolutionäre Elemente. Das war in vielem eine Politik der kleinen Schritte, und der Kompromisse auch, ein Verzicht auf die Fortsetzung der Revolution, aber: ohne sie als Potential auszuschalten; die Lösung der Frage der Reichsgewalt ist dafür sehr typisch. Es war ein sanfter und allmählicher, nicht scharfer und abrupter, aber doch eben ein entschiedener Gang, der hier eingeschlagen wurde. Solange die Monarchen schwach waren und die Revolution in der Hand der Liberalen, war diese Strategie gewiß eine sinnvolle Möglichkeit; seit dem September wurde das zweifelhaft, aber die Schwierigkeiten der großdeutsch-kleindeutschen Frage gaben dieser Strategie noch immer ihr Gewicht. Kurz: Politik und Strategie der Liberalen sind durchaus verständlich und legitim. Die Liberalen haben sich auch nicht „nach rechts" bewegt, sie haben ihre Politik der Mitte festgehalten; was sich bewegt hat freilich, war das politische Spektrum, dadurch gewann ihre Politik einen anderen Stellenwert.

Wenn die Liberalen Legitimität für sich beanspruchen können, so kann das auch die Linke, und gewiß die „republikanisch"parlamentarische Linke. Ihre Ziele gingen über die der Mitte hinaus, und ihre Strategie war eine andere, weniger auf Vereinbarung und mehr auf Volksmassen und revolutionäre Legitimität setzend und mehr von der Sorge vor der Gegenrevolution als vor der linksextremen Radikalisierung der Revolution geleitet, die sie in einer Art Umarmungsstrategie – bei Ablehnung putschistischer Politik – glaubten auffangen zu können.

Nun kann man über diese unterschiedlichen Zielsetzungen und Strategien je nach den eigenen politischen Normen endlos diskutieren; eine wissenschaftliche Entscheidung ist da nicht möglich. Man kann aber nach dem Realitätsgehalt beider Konzeptionen und nach ihren Chancen fragen. Gewiß hatten die Liberalen die Mehrheit hinter sich, und das war in einer Bewegung, die sich auf Volk und Demokratie berief, gewiß nicht nur ein Argument der Realpolitik, sondern der revolutionären Legitimität. Das muß man gegen die selbstgesetzten Ansprüche einer avantgardistischen Minorität festhalten. Die Wähler und das Volk, sie sind nicht der Linie Heckers und seiner lautstarken Nachfolger gefolgt; das wußten Robert Blum und die gemäßigten Demokraten genau, aber auch sie vertraten nicht die Mehrheit. Nimmt man für das Gelingen einer Revolution eine höhere Legitimität als die der – dann meist als „angeblich" diskreditierten – Mehrheit in Anspruch, so bleibt die Frage, wie realistisch die jeweilige Strategie war. Die Mitte nahm für ihre Politik gerade diesen Realismus in Anspruch: sie hatte weit mehr als die Linken ein Bewußtsein auch der Schwäche der revolutionären Kräfte – das gab ihrem Verhalten etwas Hamlethaftes; ihr fehlte ein Stück überrealistisches revolutionäres Selbstbewußtsein. Diese realistische Einschätzung wurde gewiß dann ein Stück ihrer Schwäche. Aber hatten sie nicht recht? Die Masse des Volkes war noch – trotz aller „republikanischen" Regungen – monarchisch und einzelstaatlich orientiert; die Masse wollte nicht „mehr" Revolution. Die Möglichkeit einer gegenrevolutionären Mobilisierung von Massen gegen eine republikanische Revolution lag unmittelbar zu Tage; eine solche Revolution mußte also, so schien es, notwendig zum Bürgerkrieg führen, dessen Ausgang mehr als ungewiß war, ja indem er eine russische Intervention provozierte, das Ende aller Freiheit bedeuten konnte, mit einiger Wahrscheinlichkeit bedeuten würde. Das ist der oft verkannte Realismus der Vereinbarungsstrategie (und manche ihrer Verteidiger waren durchaus nicht zahm, wenn es darum ging, gegebenenfalls an den Einsatz revolutionärer Mittel zu denken). Kurz, neben den ideenpolitischen und den klassenbestimmten Argumenten für die Strategie der Mitte standen diese realpolitischen Argumente. Und der Kern der Kleindeutschen, der einen Sinn für die Machtverhältnisse von Staaten, wie immer sie innerlich verfaßt sein mochten, hatte, war auch aus realpolitischen Gründen überzeugt, daß die Revolution nur mit Preußen zum Erfolg kommen könne und man daher auf Vereinbarung setzen müsse. Die Chancen einer republikanischen Politik schienen – auch wenn man von der jakobinischen zweiten Revolution absieht, deren Aussichten immer unkalkulierbar waren – demgegenüber nicht groß. Konfrontation und Beharren auf der vollen Souveränität von Volk und Revolution hatten bei bürgerlich-bäuerlichen Mehrheiten und den inzwischen liberalen Regierungen der Einzelstaaten nicht soviel Aussichten; auch die Unterschichten waren dafür nicht voll zu mobilisieren. Das führt etwas dichter noch an die Frage nach den Alternativen – nicht denen, die wir uns ausdenken oder erträumen können, sondern denen, die wir real in der Situation vorfinden. Es gab zwei, sozusagen rechtsliberale Alternativen. Zunächst gab es die durchgreifende Reform des Bundes, de facto ohne Beteiligung der Nationalversammlung, wie sie der 17er Ausschuß vorgeschlagen hatte; das hätte vielleicht zu einer schnellen Konsolidierung geführt, aber das war gegenüber dem Anspruch der Revolution, dem Anspruch auf ein neues Reich ganz unangemessen; auch die angeblich so timiden Vereinbarungsliberalen haben das abgelehnt. Dann gab es die „Coburgische Lösung". Wenn Friedrich Wilhelm IV. im Frühjahr wirklich eine Vereinbarungspolitik mit dem deutschen Liberalismus eingeschlagen und Resonanz gefunden hätte, hätte daraus etwas werden können. Aber er hat es nicht getan; vermutlich war diese Lösung aber auch für die Liberalen damals noch unzumutbar, und die Klärung der großdeutsch/kleindeutschen Frage war nicht so weit, daß er bei einer tragfähigen Mehrheit Resonanz gefunden hätte. Fragt man nach der linken Alternative, so muß man zunächst feststellen: die Linke war keine Einheit, und sie hatte kein einheitliches strategisches Konzept. Die wirklich realistische Alternative auf seiten der radikalen Linken war eigentlich nur der große europäische Krieg gegen Rußland. Das wäre eine echte Chance gewesen, mit enormem Risiko freilich, und manche dachten in Kategorien einer Katastrophenpolitik; sie wollten die Sintflut riskieren, weil danach sie selbst kämen. Die beiden anderen Alternativen bleiben undeutlicher. Die eine war das Vorziehen der politischen Fragen der Verfassung vor der Grundrechtsdebatte, mit der die Paulskirche den für sie ungünstigen Wettlauf mit der Zeit hätte wenden können – wir haben berichtet, warum die Dinge liefen, wie sie liefen –; das verweist auf die massiven inneren Schwierigkeiten der Revolution, von denen wir gleich reden werden. Wahrscheinlich wäre eine andere Zeitfolge gleich am großdeutsch/kleindeutschen Problem aufgelaufen. Aber wissen können wir es nicht. Die andere Alternative war die Chance eines Mitte-Links-Bündnisses von Gagern bis Blum, also unter Ausschluß der extremen Linken. Dafür gab es Möglichkeiten. Das wäre statt der sanften eine schärfere Gangart der Frankfurter Politik gewesen. Die Paulskirche hätte ein Element des revolutionären Tribunals bekommen. Dagegen gab es Einwände: der Zusammenhang der gemäßigten mit der extremen Linken nahm das rechte Zentrum gegen eine solche Verbindung ein und hinderte auch die gemäßigte Linke, sie einzugehen; in den konkreten Fragen waren die Gegensätze stark. Diese Möglichkeit ist kaum erprobt worden. Aber ob sie Chancen gehabt hätte – frühe Konsensusentscheidungen, solange die Staaten noch schwach waren – ist ungewiß, ich halte es für unwahrscheinlich. Die Paulskirche war nicht zum revolutionären Tribunal zu machen. Wäre sie es gewesen, wäre sie in den Strudeln von Resonanzverlust, Bürgerkrieg und Gegenrevolution erst recht und noch früher vermutlich gescheitert.

Das stärkste Argument gegen die Liberalen ist natürlich, daß sie gescheitert sind. Die Vereinbarungspolitik erwies sich als nicht erfolgreicher als die Konfrontationspolitik der radikaleren Kräfte. Gewiß haben die Liberalen ihre Chance – die Chance von Vereinbarung, Legalität, Reform – überschätzt, und gewiß – das muß jetzt nach all der Verteidigung der Liberalen gesagt werden – hat ihre Politik gegen die Linke und herausgefordert durch die Linke wider Absicht der Stärkung und Erholung der alten Mächte, der Ordnungskräfte und des Militärs genutzt wie auch die gleichsam von selbst entstehende Thermidorstimmung des kleineren Bürgertums gegen zuviel Revolution gestützt. Die Mitte ist nicht der Reaktion in die Arme gesunken. Aber ihr Konflikt mit der Linken kam der Reaktion zugute. Die Vereinbarungspolitik aber, so sehr sie einer Stimmung der Mehrheit entsprach, verminderte und störte den Kontakt der Liberalen zu den Massen, entzog ihnen ein gut Teil ihrer volkstümlichen Basis (ohne daß die Radikalen diese dazugewinnen konnten). Die Nationalversammlung verlor ein gut Teil Zustimmung der Massen, ohne die der Regierungen erreichen zu können. Liberale wie Radikale wollten die Revolution retten. Da dieser Konflikt, von der Linken mehr als von der Mitte provoziert, aber doch von beiden Seiten betrieben, unausweichlich war, dürfen wir ihn als tragisch bezeichnen.

Nun mag man auch über das jetzt Gesagte noch streiten können und aus Sympathie für die „Republikaner" mehr Realisierungschancen entdecken oder aus Moralismus den Realisten als Anpassern sich widersetzen, ohne auf die Chance zu sehen. Das eigentlich Entscheidende im Gang unserer Überlegungen jetzt ist: die Revolution ist nicht am Zwiespalt zwischen Linken und Mitte gescheitert. Der Zwiespalt hat, gewiß, die Gegenrevolution begünstigt, die Polarisierung hat die Revolution, die vom Verrinnen der Zeit bedroht war, geschwächt; aber er war nicht die wesentliche Ursache für ihr Scheitern. Auch ein gemeinsames Vorgehen, eine revolutionäre „Volksfrontpolitik" hätte – jenseits des großen Krieges – keine besseren Chancen gehabt, weder ein gemäßigteres noch ein geschlosseneres Auftreten der Gesamtrevolution. Gewiß, es gab zuviel und zuwenig Revolution; zuwenig, um die alten Gewalten ganz zurückzudrängen – aber das wollten die Bürger in ihrer Mehrheit nicht und das hatte wenig Chancen –, und zuviel, weil die radikalen Demokraten die gemeinsame Front zerstörten und die Mitte im Effekt nach rechts drängten, die Revolution diskreditierten; und es war anfangs ja wirklich die Frage, ob die geschwächten Monarchien noch ein Partner seien und dann, ob die Mäßigung nicht auch den Kredit der Gemäßigten verzehrte. Aber entscheidend für den Ausgang war das nicht. Die Spaltung war, wie die Verabschiedung der Verfassung zeigt, nicht so tief, daß es nicht Brücken gab und gemeinsames Handeln. Aber das änderte nicht das Ergebnis, und auch eine frühere Verständigung hätte kaum etwas anderes bewirkt. Darum ist die Schuldzuweisung zwischen Republikanern und Liberalen im Grunde irrelevant. Ihr Gegensatz war legitim, unvermeidlich, tragisch. Daß die Revolution ohne diesen Gegensatz entscheidend und langfristig größere Chancen gehabt hätte, ist unwahrscheinlich.

Das Scheitern eines politischen Handelns, und einer Revolution also, muß nicht die Schuld der Scheiternden sein, nicht ihrer – vermeidbaren – Fehler, nicht ihrer unvermeidbaren Grundeinstellungen; die Besiegten sind nicht immer schuld an ihrer Niederlage. Die eigentliche Ursache des Scheiterns ist, daß die Widerstände zu vielfältig und zu groß waren, und so die Probleme, die zur Lösung anstanden, ist die Tatsache, daß gleichzeitig zu viele und zu gegensätzliche und sich überkreuzende Probleme anstanden. Die Revolution stieß auf den Widerstand der alten Mächte, das war klar; aber diese Mächte waren stärker, als es zunächst geschienen hatte: der monarchische Sinn und der Sinn für Legalität waren im Volk noch weit verbreitet; das Militär funktionierte noch und ging nicht, oder kaum, zur Revolution über. Die verfassungspolitische Gemeinsamkeit der Revolution wurde von den inneren Spannungen der deutschen Gesellschaft erschwert und geschwächt: von den sozialen Spannungen, vom Ausscheiden der Bauern aus der Revolution, von der zunehmenden Distanz zwischen den Politikern, den zentralen Eliten, für die die Verfassungsfragen die Hauptsache waren, und den sozialen und lokalen Interessen der Leute draußen, von der Diskrepanz zwischen liberaler Verfassungs- und liberaler Gesellschaftspolitik, von der Distanz der Paulskirche zu den elementaren Nöten, von den Gegensätzen der wirtschaftlichen und sozialen Interessen jenseits der politischen Gemeinsamkeit, kurz: die liberale Staatsbürgergesellschaft, die doch erst im Werden war, war von dem Partikularismus der deutschen Gesellschaft, die in sich noch so heterogen war, bedroht. Die sozialen Probleme der früheren Industrialisierungsphase waren schon mit der Durchsetzung der bürgerlichen Gesellschaft und des bürgerlichen Verfassungsstaates gleichzeitig. Und was an sozialer Spannung und Konfliktstoff der Revolution zugute gekommen war, wurde durch die Agrarreformen und die günstige Konjunktur 1848/49 abgebaut. Dazu kamen die untergründig so starken religionspolitischen Spannungen, zwischen den Konfessionen und zwischen den Kirchlichen und den Antikirchlichen. Das belastete den Aufschwung der Freiheit, als man ihn konkret realisieren wollte.

Wie die Freiheit hatte auch die Einheit ihre großen Probleme. Sie stieß mit den europäischen Mächten und dem neuen Nationalismus der Völker zusammen – Grenzen, Minderheiten, neue Großmachtposition –, und Schleswig-Holstein z. B. wurde zu einem herausragenden Faktor in der Geschichte des Scheiterns dieser Revolution, mußte dazu werden, denn die deutsche nationale Demokratie konnte so wenig auf ihre Ansprüche verzichten wie die dänische, so wenig wie die Großmächte auf ihre Gleichgewichtsinteressen. Und die Einheitsforderung stieß auf den alten wie den neuen Föderalismus und Partikularismus der deutschen politischen Welt, das Gegeneinander von Einzelstaat und werdendem Gesamtstaat. Sie stieß zudem auf das Problem des deutschen Dualismus: nationale Einheit gab es nicht ohne Österreich, nicht ohne Preußen, aber solange die als Staaten bestanden, stellte sich das Problem der Führung. Und es stellte sich das Problem, wie der deutsche Nationalstaat und der Anspruch der Nation auf Einschluß der Deutschen Österreichs und die Existenz dieses übernationalen Staates zu vereinbaren wären. Das war die Doppelung. Anders gesagt: die nationale Revolution der Deutschen stieß auf die partikularen Staaten, auf die europäischen Mächte, die benachbarten revolutionären Nationen und auf das übernationale Österreich.

Deutsche Einheit, deutsche Grenzen, deutsche Freiheit und ein Stück sozialer Gerechtigkeit, das waren schon vier Probleme, die gleichzeitig anstanden und die doch ältere (und insofern glücklichere) Nationen nacheinander zu lösen hatten versuchen können. Aber das war kein Zufall: ohne nationale Einheit konnte es keine bürgerliche Herrschaft geben und auch nicht ohne bürgerliche Gesellschaft. Freiheit und Einheit waren nicht zu trennen.

Es ist die Vielzahl der Probleme und ihrer Unlösbarkeiten gewesen, die zum Scheitern der Revolution geführt hat. Man wollte einen Staat gründen und eine Verfassung durchsetzen, beides zugleich, und das angesichts gravierender sozialer Spannungen. Auch in Frankreich, wo die Probleme einfacher waren, und auch in Italien ist die Revolution gescheitert; diese Tatsachen muß jedes Urteil über die deutsche Revolution mitreflektieren. Wenn man unter den einzelnen Ursachen für das Scheitern in Deutschland gewichten will, so muß man meiner Meinung nach sagen, daß es das großdeutsch/kleindeutsche Problem und das Problem des österreichischen Nationalitätenstaates und seiner nationalen Konflikte waren, die am meisten zählten. Sie haben schon eine schnelle Entscheidung im Sommer unmöglich gemacht, haben die ersten großen Siege der Gegenrevolution in Österreich ermöglicht, haben die Einheit der Revolution seit dem Herbst so erschüttert, daß ein gemeinsames Handeln nicht mehr möglich war, haben die Entscheidung dann auf Preußen zugespitzt. Sie letzten Endes haben die Revolution in den Wettlauf mit der Zeit gebracht, den sie nicht gewinnen konnte. Das mag als altmodisch gelten – aber diese spezifisch deutsche Vorprägung der nationalen Frage war der entscheidende Punkt.

Das Ergebnis der Revolution ist nicht nur das Scheitern. Die Revolution hat über alle Eliten hinweg eine nationale Öffentlichkeit geschaffen, eine nationaldemokratische Nation. Die Revolution hat die Ära Metternichs, die Ära der Restauration beendet und auch die wesentlichen Bestände der feudalen Gesellschaft beseitigt. Trotz des Scheiterns – die Zeit seither ist bürgerlicher geworden. Und der Übergang Preußens in die Reihe der Verfassungsstaaten paßt in diesen Zusammenhang. Der Aufstieg der Bürger war nicht auf Dauer abgeblockt, er war abgebremst, aber nach zehn Jahren setzte er wieder ein. Nichts war nach der Revolution mehr so, wieder so wie vorher. Aber die Krise zwischen Staat und Gesellschaft blieb unausgetragen; das belastete die deutsche Geschichte.

9. Nachspiel: Deutschland als Union der Staaten?

Die gescheiterte Revolution endete mit einem eigentümlichen Nachspiel. Denn wie Deutschland zu ordnen sei, das blieb auch für die Sieger noch eine offene Frage. Preußen machte den Versuch, die deutsche Frage auf kleindeutsch-nationalkonservativer Basis zu lösen. König und Regierung hatten die Absage an die Paulskirche nicht als Verzicht auf eine aktive deutsche Politik verstanden; nationalkonservative Ideen verbanden sich, zum Zorn der altpreußischen Ultras, mit den romantischen Tendenzen des Königs. Er wollte in Übereinkunft mit den Regierungen einen kleindeutschen Bundesstaat föderalistischen Typs unter preußischer Führung, eine vereinbarte Verfassung mit königlichem Veto und beschränktem Wahlrecht und einen weiteren Bund mit Österreich. Die Chancen für einen solchen Plan, der immerhin die deutschen und die europäischen Verhältnisse revolutioniert hätte, schienen nicht ganz schlecht: die Mittelstaaten waren von den preußischen Truppen abhängig; Österreich war noch in Ungarn und Italien gebunden. Aber der König und seine Berater verfolgten diese Politik nicht mit konzentrierter Entschlossenheit und mit wirklichem Willen zur Macht; sie wollten Österreich nicht radikal ausschalten; ihre Politik blieb zögernd und nachgiebig und ließ die Gunst der Stunde, wenn es sie denn gab, verstreichen.

Ende Mai zunächst schlossen Preußen, Sachsen und Hannover ein Bündnis, um diese Ideen zu realisieren: die Union, wie man bald sagte. Die Mehrheit der deutschen Staaten trat bei. Aber Bayern lehnte ab: es wollte im Interesse seiner eigenen Staatsräson keinen Ausschluß Österreichs und keine preußische Führung; der bayerische Minister von der Pfordten warnte vor der Zerlegung Europas in Nationalstaaten und vor dem zentralisierten Machtstaat, das war Revolution durch die Hintertür. Und Württemberg wich aus. Damit verlor die Union erheblich an Attraktivität. Sachsen und Hannover, die ihre Zustimmung an den Beitritt aller Staaten außer Österreich gebunden hatten, schieden Anfang 1850, als die Reichstagswahlen für die Union ausgeschrieben wurden, aus. Sie schlossen mit dem wieder voll aktiven Österreich ein Bündnis, das nun auf den Einschluß Gesamtösterreichs in eine Neuordnung Mitteleuropas zielte; das war die Absage an den Nationalstaat. Man wollte einen neuen Bund, mit einem Direktorium, einer Zollunion und sogar einem bißchen „Parlament", einem Organ, das von den einzelstaatlichen Parlamenten gewählt werden und alle drei Jahre, man denke, tagen sollte; trotz der Absurdität, meinte Schwarzenberg, lasse man sich herbei, bis auf einen bestimmten Punkt mit den Wölfen zu heulen.

Dennoch verfolgte Preußen die Unionspläne noch weiter. Im Januar 1850 wählten die Unionsstaaten auf der Basis des Drei-Klassen-Wahlrechts ein Parlament, das eine Verfassung verabschieden sollte: das Erfurter Parlament. Die Linke hatte diese Pläne abgelehnt und die Wahl boykottiert. Die Erbkaiserlichen, vor allem vom rechten, aber auch vom linken Zentrum, hatten sich Ende Juni in Gotha besprochen; darum hießen sie jetzt die „Gothaer". Sie stimmten zu, teils aus Überzeugung, teils aus Taktik: der „Zweck", den man mit der Reichsverfassung habe erreichen wollen, sei wichtiger als die „Form"; man müsse die Einheit auch um den Preis der Paulskirchenverfassung herzustellen suchen. Am 20. März trat dieses Parlament zusammen; Eduard Simson, der Wortführer der Paulskirchendelegation, die Friedrich Wilhelm die Krone angeboten hatte, war Präsident, Bismarck einer seiner Schriftführer. Es gab nur zwei Parteien, die Konservativen und die liberalen Gothaer; die hatten die Mehrheit. Man ging von der Paulskirchenverfassung aus; nach nur fünfwöchigen Verhandlungen wurde eine Verfassung verabschiedet. Das war eine konservative Version der „Reichsverfassung"; die Mehrheit wollte etwas zustande bringen und gab darum notfalls den Wünschen der Regierungen nach. Freilich, die Konservativen blieben Gegner dieser Verfassung, und die Mehrheit der Regierungen war noch keineswegs mit ihr einverstanden. Aber entscheidend war das Verhalten Österreichs. Österreich hatte sich bis zum Spätsommer 1849 konsolidiert, mit Hilfe Rußlands, der eigentlichen Großmacht der Gegenrevolution. Österreich erhob jetzt, entschiedener als lange, den Anspruch auf seine deutsche und mitteleuropäische Großmachtstellung; Schwarzenberg trieb Machtpolitik, realistisch, ohne Emotionen und ohne ideologische Rücksichten, entschieden, ohne Zögern; er scheute nicht den Konflikt mit der Macht, die Österreichs deutsche Stellung bedrohte, mit Preußen, er setzte nicht auf Verständigung, sondern er setzte auf Sieg. Er wollte die Union sprengen und den Eintritt Österreichs in die neue Organisation Deutschlands, das 70-Millionen-Reich, erzwingen; er wollte die Hegemonie Österreichs oder soviel davon wie möglich. Und jetzt waren die Chancen für ihn günstig. Denn nachdem die Revolutionsgefahr vorbei war, konnte man an die Sorge der Königreiche vor dem Souveränitätsverlust anknüpfen, der ihnen in einem preußisch geführten Bund unausweichlich drohte. Ein Kompromißvorschlag, der Preußen für das Aufgeben der Union und die Zustimmung zum 70-Millionen-Reich eine begrenzte Sonderstellung eingeräumt hätte, wurde von diesem abgelehnt. Die Zeichen standen auf Konflikt.

Zur Strategie Österreichs nun gehörte die These von der Kontinuität des Deutschen Bundes. Es organisierte im Mai 1850 einen Kongreß zu seiner Wiederherstellung und etablierte am 2. September einen Rumpfbundestag; Preußen und die Union boykottierten jenen Kongreß, bestritten diesem Rumpfgremium die Legalität. So standen sich im Spätsommer 1850 zwei Blöcke in Deutschland gegenüber.

Die Situation spitzte sich an zwei Problemen, im Grunde Erbschaften der Revolution, zu. 1. In Schleswig-Holstein hatte der im April 1849 noch einmal eröffnete Krieg im August wieder zu einem Waffenstillstand geführt. Unter dem Druck der Mächte, zumal Rußlands, und in der Furcht, der Zar werde sonst ganz auf die Seite Österreichs treten, hatte Preußen am 2. Juli 1850 Frieden geschlossen und die Herzogtümer aufgegeben. Die Zugehörigkeit Holsteins zum Deutschen Bund war erneut anerkannt worden; im sogenannten Londoner Protokoll hatten die Großmächte diese Regelung wie auch die Integrität des dänischen Gesamtstaates garantiert. Da sich in Holstein aber eine revolutionäre Statthalterschaft behauptete, bat Dänemark den Bund um Intervention. Österreich benutzte das, um die Reaktivierung des Bundes voranzutreiben; der Rumpfbundestag bereitete eine Intervention vor, Preußen aber widersetzte sich solchen Maßnahmen. 2. Auch in Kurhessen, formell einem Lande der Union, forderte die dortige Regierung die Intervention des Bundes. Diese Regierung, die mit Notverordnungen, Steuererhebungen und anderen gegenrevolutionären Praktiken gegen die Verfassung des Landes handelte, sah sich einem massiven Widerstand des Landtags, der Beamten, der Gerichte, ja der durch Verfassungseid gebundenen Offiziere gegenüber, der sogenannten „Renitenz"; die sollte gebrochen werden. Die österreichische Gruppe war zu solcher Intervention bereit, zum Einmarsch österreichischer und bayerischer Truppen. Das bedrohte nicht nur die Union, sondern auch die zivilen und militärischen Verbindungslinien Preußens nach Westen und schuf zugleich eine Verbindung über Hannover bis nach Holstein. Preußen stellte sich dagegen, obwohl es damit die Opposition gegen einen regierenden Monarchen stützte. Beide Seiten machten mobil. Die Entscheidung schien nur noch durch Krieg möglich.

Nun wurde der Konflikt eine Sache der europäischen Politik. Preußen hatte außenpolitisch keinen Bundesgenossen; der Zar hatte eine Vermittlungsrolle übernommen und übte, da er die Unionspolitik entschieden ablehnte, Druck auf Preußen aus. Als die Preußen schon einlenken wollten, suchte Österreich mit dem Entschluß zum Einmarsch in Kurhessen am 1. November, die Krise noch zu verschärfen, um eine klare Entscheidung gegen Preußen zu erzielen. Nach vielem Hin und Her im preußischen Entscheidungszirkel lenkte der König ein; der Druck des Zaren, seine Abneigung gegen das Unionsparlament, ja seine Scheu vor einem radikalen Bruch mit Österreich und den Königreichen trugen dazu bei; Radowitz, der Mann der Unionspolitik, mußte gehen. Dennoch drohte noch immer der Krieg, weil Österreich Preußen jetzt ultimativ zur Räumung Kurhessens aufforderte; Preußen antwortete mit der Generalmobilmachung, aber dann gab es nach. Im Vertrag von Olmütz vom 29. November gab Preußen die Unionspolitik ebenso auf wie seinen Widerstand gegen die Intervention in Hessen und Holstein; es mußte demobilisieren. Österreich setzte sich durch, ohne unmittelbar einen Preis zahlen zu müssen. Darum sprachen die Zeitgenossen und die liberalen Nachfahren von einer „Kapitulation", von der „Demütigung" Preußens, von der „Schmach" von Olmütz. Es war eine Niederlage. Aber, der Bund sollte erst nach neuen und freien Verhandlungen wieder restituiert werden, Österreichs bisherige Bundespolitik wurde also nicht bestätigt; und insbesondere konnte Schwarzenberg nicht schon den Eintritt Gesamtösterreichs in den deutschen Verband durchsetzen, und damit die österreichische Hegemonie. Auch das wurde vertagt, und das hieß im Ergebnis abgeblockt. Insofern war der preußische Verzicht auf die Union, trotz preußischer Niederlage, kompensiert. Der Friede war gesichert, der Versuch einer nationalen Revolution von oben gescheitert, die Frage der nationalen Einheit war einstweilen von der Tagesordnung abgesetzt, der Dualismus neu konsolidiert, und dazu die Vormacht des russischen Zaren.

Berühmt ist die Rede, mit der der Abgeordnete Bismarck diesen Vertrag verteidigt hat. Er verteidigte den Mut und die Moral des diplomatischen Rückzugs; und er ging zum Gegenangriff über: ein Krieg für die Union oder für Kurhessen sei absurd; „es ist leicht, mit dem populären Winde in die Kriegstrompete zu stoßen und sich dabei an seinem Kaminfeuer zu wärmen oder donnernde Reden zu halten". Zudem: Preußen werde in der Union durch die kleinen Staaten mediatisiert und man müsse mit der deutschen Macht, die Österreich nun einmal sei, verbunden bleiben. Das war rhetorisch-taktisch eine Meisterleistung im Sinne der Konservativen. Gewiß kommt darin auch die konservative Abneigung gegen die Union heraus. Aber wichtiger sind neue Gedanken, die an der Grenze des bisherigen Konservativismus liegen. Er bekennt sich zum staatlichen Egoismus, zur Politik, die vom eigenen Interesse geleitet ist und von nichts sonst; das sei die einzig gesunde Grundlage eines großen Staates. Das war gegen die Linke gerichtet: Staatsräson gegen Parteiräson. Aber solche Absage an eine Ideologiepolitik konnte sich auch gegen die Konservativen kehren. Das wurde im kommenden Jahrzehnt entscheidend.

VI. Zwischen Reaktion und Liberalismus: Bismarck und das Problem der deutschen Einheit (1849–1866)

1. Die Reaktion in Deutschland 1849–1859

Die Politik der deutschen Regierungen in den 5oer Jahren war die Politik der „Reaktion". Es war der Versuch, den konservativ-bürokratischen Obrigkeits- und Ordnungsstaat wieder fest zu etablieren und gegen allen Liberalismus und all die Tendenzen, die zur Revolution geführt hatten, abzuschirmen. Aber das war mehr als bloße Rückkehr zur Zeit vor der Revolution. Das war schon deshalb unmöglich, weil die Handelnden wie die Betroffenen Menschen nach der Revolution waren. Darum wurden die Mittel, die die Regierungen für jenes Ziel einsetzten, andere; sie wurden moderner, wurden manchmal selber revolutionär. Und nicht alle Ergebnisse der Revolution konnte man rückgängig machen, ja man wollte das gar nicht. Die Reaktion war, paradox gesagt, moderner als die Restauration nach 1815.

Die Reaktion ist in den einzelnen Ländern unterschiedlich abgelaufen. Aber sie war auch eine Einheit; und konkret war es der Deutsche Bund, der die einheitliche Linie der Reaktion durchzusetzen suchte. Die Verfassungen der Einzelstaaten sollten streng etatistisch und konservativ ausgerichtet, ihre liberalen und demokratischen Elemente kräftig zurückgestutzt werden. Die Einzelstaaten wurden aufgefordert, die Veränderungen der Revolutionsjahre wieder im Sinne des „monarchischen Prinzips" zu revidieren, vom Budgetrecht über den Verfassungseid des Heeres bis zu den demokratischen Wahlverfahren oder zur ausgebauten Pressefreiheit. Ein Ausschuß des Bundes, der „Reaktionsausschuß", sollte das überwachen; mit Mahnungen und Weisungen, mit Kommissaren auch, z.B. in Bremen und in Frankfurt am Main, setzte der Bund diese Linie durch. 1854 erließ er in diesem Sinne selbst ein Presse- und ein Vereinsgesetz für den ganzen Bund. Freilich zielte er noch stärker darauf ab, die Regierungen zu nötigen, „den Bruch mit der Revolution auf eigene Rechnung zu vollziehen und sich der Revolution gegenüber ernsthaft zu kompromittieren" (Bismarck); sie sollten die Feindschaft der öffentlichen Meinung nicht auf den Bund oder die Führungsmächte abwälzen können.

Die meisten Einzelstaaten nahmen die Verfassungsänderungen von 1848 zurück, teils durch Staatsstreichmaßnahmen, Kammerauflösungen, Änderung der Wahlgesetze und Oktroi, teils mit Hilfe gouvernementaler Kammern und massiver Wahlbeeinflussung; so in Sachsen, Hannover und den beiden Mecklenburg, in Thüringen, Nassau und Hessen-Darmstadt, so im Musterland der Reaktion, in Kurhessen, wo eine oktroyierte Verfassung noch hinter die von 1831 zurückging; hier dauerte auch der Kriegszustand bis 1854 an. Ähnlich war es auch in Württemberg, hier legte freilich die Regierung noch 1850 einen Verfassungsentwurf mit wichtigen liberalen Konzessionen vor; erst als die Kammer ablehnte, ging die Regierung zur Verfassung von 1819 zurück und über Staatsstreich und Neuwahlen zur Reaktion über. Dagegen hat die Monarchie in Baden, im Sinne einer Befriedungspolitik, auf Verfassungsänderungen verzichtet; die liberalen Beamten behielten ihre Positionen, und da es kein eigentlich konservatives Programm gab, ging der Regierungskurs nicht über Immobilität und milde Restriktion hinaus. In Bayern hat der Minister von der Pfordten bis 1852 noch eine konservativ-liberale Reformpolitik verfolgt und sich der allgemeinen Reaktion entzogen, teils aus partikularstaatlichem Selbständigkeitswillen, teils weil die Regierung die recht moderate liberale und konservative Opposition des Landtags nicht durch Oktroi oder andere Konfliktmaßnahmen à tout prix ausschalten wollte; 1852 wurde der Kurs mit der Berufung zweier Konservativer zum Innen- und zum Kultusminister auch hier reaktionärer, klerikal und polizeistaatlich, und zwischen Regierung und Kammer bestand Dauerkonflikt, den Auflösung und Vertagung nur mühsam verdeckten. In allen Staaten wurde über Gesetzgebung und Verwaltungsmaßnahmen die Autorität gestärkt, die Polizei, die Regierung, die bürokratische Verwaltung; die „öffentliche Sicherheit" wurde nicht nur gegen Aufruhr, sondern gegen Versammlungs-, Vereins- und Pressefreiheit aufs schärfste zur Geltung gebracht. Die Beamtenschaft wurde von radikalen Elementen „gereinigt", die Disziplin verschärft. Die Schule, zumal die Volksschule, die als ein Hort und Ursprung der Revolution galt, wurde besonders scharf kontrolliert, vor allem die Lehrerausbildung; sie sollte auf Einfachheit, Gehorsam und Kirchlichkeit umgestellt werden. Sozialisten und Demokraten, soweit sie nicht mit den vielen 1849 emigriert waren, wurden polizeilich überwacht und verfolgt, Volks- und Arbeitervereine unterdrückt, die Linke überhaupt wurde eingeschüchtert, so daß sie vielfach die Wahlen boykottierte. Das politische Klima war über Verwaltung, Gericht und Polizei das Klima des Druckes und der Konformität.

Freilich, die Mehrzahl der deutschen Länder bleiben Verfassungsstaaten, zurückgebildet gewiß, aber mit den konstitutionellen Institutionen und Verfahrensregeln. Das ist einer der wesentlichen Gründe dafür, daß die Reaktionszeit nach zehn Jahren zu Ende geht. Und erst recht wurde die soziale Errungenschaft der Revolution nicht zurückgenommen: die Bauernbefreiung. Die gutsherrlichen Privilegien werden von Hannover bis Österreich nicht wieder hergestellt; selbst in Preußen, wo es eine gewisse Restauration der Adelsrechte gibt, bleibt die Patrimonialgerichtsbarkeit abgeschafft. Und ähnliches gilt für die formale Gleichstellung von Adel und Bürger. Die Reaktion wußte, auch wo die Einsicht in die notwendige Modernisierung nicht ausreichte, daß der Staat solide soziale Fundamente brauchte. Darum versuchte man auch, die Unruhe der Handwerker durch die zeitweilige Einschränkung der Gewerbefreiheit zu dämpfen, ja selbst die Arbeiterschaft mit rudimentären Arbeiterschutzmaßnahmen zu befrieden; noch einmal gaben manche der außerpreußischen Staaten den Gemeindeforderungen nach Einschränkung der Niederlassungs- und Heiratsfreiheit nach. Auch die Selbstverwaltung blieb erhalten, nur in Österreich wurde ihre Einführung gestoppt; sonst wurde sie zwar durch Staatsaufsicht und Stärkung der kommunalen Exekutive gegenüber den Stadtverordneten eingeschränkt, zum Teil wurde das Wahlrecht plutokratischer, aber die Selbstverwaltung blieb doch eine Institution, aus der sich später ein neues politisches Leben entwickeln konnte.

Neben der Autorität und neben der sozialen Basis suchte die Reaktion ihr ideenpolitisches Fundament zu stärken; dem diente die Verbindung mit der Kirche, wo nötig mit den konservativ-gegenrevolutionären Kräften innerhalb der Kirche. Das Leben sollte verkirchlicht werden. Der Staat vermied Konflikte mit der katholischen Kirche oder suchte sie unter Verzicht auf die alten Staatskirchenrechte durch Konkordate zu bereinigen, so in Württemberg, in Hessen-Darmstadt, in Baden, hier freilich nach einem wilden Konflikt zwischen dem Freiburger Erzbischof und der Regierung, der mit Bann und Verhaftung geführt wurde – wir haben davon erzählt. Am stärksten war diese Tendenz in Österreich. Der Staat gab hier die josephinischen Kirchenrechte auf; die Kirche wurde in ihren eigenen Angelegenheiten frei, und in den gemischten Sachen hatte hauptsächlich sie das Sagen; der Staat überließ ihr im großen und ganzen die Schule, die Aufsicht und Verfügung über Bücher, die Kontrolle oder Ablösung von Lehrern, zumal in den Volksschulen; die katholischen Ehepartner waren der kirchlichen Ehegerichtsbarkeit unterstellt. Der Staat verpflichtete sich, kirchliche Maßnahmen gegen renitente Geistliche auszuführen, ja sogar, die Verbreitung kirchlich verbotener Bücher zu verhindern; seine Professoren hatten alles zu unterlassen, was mit der kirchlichen Lehre unvereinbar war (so war es auch in Baden). Die Praxis war zwar im allgemeinen weniger rigide, aber diese Normen waren ein Angriff auf alles, was die Zeit unter Liberalität verstand. Es war dann gerade diese Konkordatspolitik, an der die Einheit der Konservativen zerbrach; die emotionale Woge gegen diese Konkordate trug, in Baden und Württemberg zuerst, den Liberalismus hoch und zwang die Regierungen zum Kurswechsel der „Neuen Ära". In den stärker protestantischen Ländern, Preußen oder Hessen-Kassel, gab es ähnliche Bündnisse zwischen Regierung und hochkirchlich-protestantischer Orthodoxie, und ähnliche, wenn auch nicht ganz so lautstarke Empörung der Liberalen.

Eines muß man festhalten. Es war gerade die klein- und mittelstaatliche Reaktion, jenseits der drei großen süddeutschen Länder, die die oppositionellen Liberalen als besonders unerträglich empfanden. Angesichts des bürokratisch-„partikularistischen" Regiments des Ministers Dalwigk in Hessen-Darmstadt und seines Bündnisses mit dem Mainzer Bischof Ketteler meinte der Führer der dortigen Opposition 1859: „Lieber das schärfste preußische Militärregiment als diese kleinstaatliche Misere." Das war nicht untypisch, und das erklärt, warum die Mehrheit der Neupreußen von 1864/1866 die Annexion begrüßte – trotz der Konfliktpolitik Bismarcks.

Für den Fortgang der deutschen Geschichte besonders wichtig waren die Verhältnisse in den Großstaaten. Österreich war in den 50er Jahren der klassische Staat ohne Verfassung. Das war an sich mit dem Ende der Revolution noch nicht entschieden. Im März 1849 war mit der Auflösung des Reichstages eine Verfassung oktroyiert worden, und obwohl sie zunächst wegen der angespannten Lage nicht in Kraft trat, suchten die konstitutionellen und liberalen Minister, wie der eigentliche Autor dieser Verfassung, Stadion, wie Bruck, Schmerling, Kraus und Bach, Politik auf ihrer Basis zu machen. Schmerling begann mit den Justizreformen; die versprochene Selbstverwaltung wurde vorbereitet. Es gab ja auch konservative Motive für solche Lösungen; die Verfassung konnte der Integration und der Lösung der existenzbedrohenden Finanzmisere des Staates dienen. Aber beim Kaiser setzte sich, von dem alten Minister der Metternichzeit, Kübeck, und von hohen Militärkreisen getragen, die Gegenlinie durch. Im August 1851 wurde die „Ministerverantwortlichkeit" ausdrücklich aufgehoben und damit die kollegiale Form der Regierung; die Minister wurden gleichsam zurückgestuft. Die liberalen Minister traten, außer Bach, zurück. Am 31. Dezember 1851 wurde, nach Olmütz, nach dem Staatsstreich Napoleons III., mit dem sogenannten Silvesterpatent die Verfassung zurückgenommen und der monarchische Absolutismus auch rechtlich neu installiert. Und nach Schwarzenbergs plötzlichem Tod, 1852, wurde der Kaiser wirklich zum Selbstherrscher; in seiner Umgebung spielte vor allem das Militärkabinett unter dem Grafen Grünne eine hervorragende Rolle. Wir nennen dieses System den Neo-Absolutismus.

Das System war antiliberal, wie überall, ein Polizei- und Militärsystem; eine aus Eliteeinheiten des Militärs gebildete zentrale Gendarmerie überwachte das ganze Land, ja das Militär hatte auch gerichtliche Befugnisse; das war das nach dem Innenminister und alten Demokraten genannte „Bach'sche" System. In Wien und Prag galt bis zum September 1853 noch der Belagerungszustand, in anderen Revolutionsgebieten bis zum Mai 1854. Das System war bürokratisch. Die liberalen Reformen in Justiz und Selbstverwaltung, Presse- und Vereinswesen, wurden zurückgenommen, selbst die Trennung von Justiz und Verwaltung wurde zum Teil wieder rückgängig gemacht. Aber die Verwaltung wurde modernisiert und rationalisiert, und ebenso wenigstens das indirekte Besteuerungssystem; die Beamtenschaft wurde, besser bezahlt, effektiver, und sie war loyal. Das System war zentralistisch; die Kompetenz der historischen Länder wurde nach oben und unten, zum Teil durch neue Landeseinteilungen, verlagert; Macht und Kontrolle der Wiener Zentrale wurden wesentlich gesteigert. Die Sonderstellung Ungarns wurde nicht wieder hergestellt, aber auch seine Nebenländer gewannen keine eigene Stellung. Das System war das der etatistischen, nicht der feudalen Gegenrevolution.

Das System hat nicht nur den Staatsapparat modernisiert, sondern es zielte, anders als im Vormärz, auf eine Modernisierung der Gesellschaft. Die Bauernbefreiung wurde zu den den Bauern günstigen Bedingungen durchgeführt – das war eigentlich eine der großen Leistungen dieser Ära –; die ständisch-regionalen Mitspracherechte und -wünsche des Adels wurden abgewiesen. Der Unterrichtsminister, Graf Thun, böhmischer Föderalist eigentlich, hat das Schul- und Universitätswesen, das zum Teil den anderen deutschen Ländern nachhinkte, höchst erfolgreich und durchgreifend modernisiert. Auch das Recht wurde, im Sinne der Befreiung des Eigentums vor allem, reformiert. Die Regierung trieb – das war auch ein Stück Bonapartismus – zur Befriedigung der bürgerlichen Gesellschaft unter Leitung des Ministers von Bruck eine aktive und dynamische Wirtschaftpolitik: Ausbau der Infrastruktur, zumal der Eisenbahnen, Wegfall der Binnenzölle, Vereinheitlichung des Wirtschaftsgebietes, Förderung der Industrie, der Gründung von Aktiengesellschaften und Banken, weniger Protektionismus im Außenhandel, freiheitlichere Gewerbeordnung. Damals entstand eigentlich erst ein wesentlich deutsches wirtschaftliches Großbürgertum, das diesem System durchaus verbunden war, wenn auch die Frage des Protektionismus einen Teil von Industrie und Wirtschaft in eine Opposition gegen die Regierung trieb.

Das letzte Ziel dieser straffen und mit Energie verfolgten Politik des Neo-Absolutismus war die österreichische Großmachtstellung, die Erhaltung oder Durchsetzung des hegemonialen Anspruchs – in Deutschland, in Italien, im Südosten. Außen- und Innenpolitik waren darin verzahnt.

Das System stützte sich auf Heer und Beamtenschaft zuerst, auf Befriedigung der wirtschaftlichen Interessen sodann und schließlich auf das Bündnis mit der katholischen Kirche: das sollte gegen Liberalismus wie Nationalismus wie gegen die Autonomiebestrebungen der Länder helfen. Das Konkordat von 1855 machte den Katholizismus de facto zur Staatsreligion. Nennenswerten Widerstand gab es außerhalb Ungarns nicht. Der allgemeine Wirtschaftsaufschwung dämpfte Unzufriedenheit und sozialen Protest; das Bürgertum zog aus seiner Erfahrung der Radikalisierung wie der Niederlage der Revolution seine Konsequenzen; die Effektivität des Systems und der Polizei schienen es zu konsolidieren. Aber es ist doch nach einem Jahrzehnt gescheitert, und die Bruchlinien waren deutlich. Zum einen waren die liberal-konstitutionellen Tendenzen des Bürgertums nicht auf Dauer zu neutralisieren. Gerade die Konkordatspolitik ist es gewesen, die das deutsch-österreichische Bürgertum, katholisch, aber josephinisch und liberal, gegen das System mobilisiert hat. Auch im katholischen Österreich entstand eine ausgesprochene Kulturkampfatmosphäre. Daraus lebte der deutsch-österreichische Liberalismus. Das hatte auch eine nationale, eine deutschlandpolitische Seite: das Konkordat, so fürchtete man, werde Österreich aus Deutschland ausschließen, die pro-österreichischen Sympathien weiter vermindern.

Zum zweiten: der bürokratische Zentralismus war auf die staatliche Einheit Gesamtösterreichs abgestellt und insofern Gegner der nationalen und föderalen Tendenzen. Aber die Realität der Länder und Nationen und die wachsenden Nationalismen waren stärker als die Fiktion des übernationalen Staates. Die Kirche trat in den nicht-deutschen Ländern mit dem Adel zusammen doch für die Landes- und Nationalinteressen ein. Ungarn konnte nicht wirklich befriedet werden, und seine Nebenländer, Kroatien und die serbischen Provinzen, die

1848 auf Wien gehofft hatten, waren tief enttäuscht. Dazu kam, daß der zentralisierende Staat sich der Deutschen und des Deutschen bediente. Deutsch war die Sprache des inneren Amtsverkehrs; allein der deutsche Text von Gesetzen und Anordnungen war authentisch; jeder Beamte, jeder Richter, jeder Offizier mußte deutsch können. Die höhere Erziehung, z. B. die tschechischen Gymnasien oder die Universität Krakau, wurde stärker vom Deutschen bestimmt. Gewiß, diese Politik zielte auf den übernationalen Staat und eine einheitliche Staatsnation, und zu der Führungsriege gehörten auch ausgesprochen Slawophile wie der Minister Thun; aber sie wirkte doch zugunsten der Deutschen und der anpassungsfähigen und -willigen Gruppen, etwa unter den Tschechen. Kurz, der Zentralismus wurde gegen die Autonomiewünsche der Nation von Deutschen und mit ihnen durchgesetzt. Das hat die Nationalismen noch mehr gegen das System aufgebracht, hat den nationalen Konflikt mit dem Reichsvolk der Deutschen langfristig verschärft. Weil die Deutschen die Zentralisierer waren, wuchs die Opposition, ja der Haß gegen sie.

Endlich, und das war unmittelbar das Wichtigste: das System scheiterte an den Finanzen. Die Hypothek der Metternichzeit, die Kosten der Militäroperationen der Revolutionszeit und der Zeit danach, der Staatsanteil an der Entschädigung des Großgrundbesitzes, der Ausbau der Bürokratie und die öffentlichen Arbeiten – das summierte sich. Neue Steuern und andere Erhebungsmethoden und ihre Ausdehnung auf Ungarn erhöhten zwar nicht unbeträchtlich die Einnahmen, Sparmaßnahmen hielten die Ausgaben in Grenzen, die Konjunktur der 50er Jahre kam dem Staat zugute; aber das Defizit wurde nicht geringer. So schnell waren Staat und Gesellschaft nicht zu modernisieren. Die Verwaltung Ungarns blieb auch steuerlich ineffektiv. Der Finanzbedarf wurde durch Anleihen und schließlich durch den Verkauf der Staatseisenbahn zu immer ungünstigeren Bedingungen gedeckt. Aber die Armee konnte kaum modernisiert werden; jede Mobilisierung, z. B. während des Krimkriegs, brachte den Staat an den Rand des finanziellen Zusammenbruchs. Die Großmachtpolitik war finanziell ohne Basis; das System lebte über seine Verhältnisse. Und eine Wirtschaftskrise wie die von 1857 schlug voll auf die Staatsfinanzen durch. Die jüdischen Banken, auf denen das Anleihesystem beruhte, wurden – das war zum Teil auch eine Folge der diskriminierenden Konkordatspolitik – immer reservierter. 1859 konnten Gelder nur noch durch Zwangsanleihen bei einem Zinssatz von 5% und einem Ausgabekurs von 70% aufgebracht werden. Der italienische Krieg von 1859 mußte zur Krise des Systems führen; so konnte es nicht weitergehen.

Endlich die andere deutsche Großmacht: Preußen. Die Regierung der Gegenrevolution hatte im Dezember 1848 – und das war nicht nur Taktik –, eine Verfassung oktroyiert, mit der Maßgabe freilich, sie mit den Kammern wesentlich zu revidieren. Als die zweite Kammer, politisch eher moderat, im April 1849 die Reichsverfassung annahm, löste der König sie auf. Der Belagerungszustand wurde ausgerufen, und mit Hilfe einer Notverordnung wurde am 30. Mai das Drei-Klassen-Wahlrecht oktroyiert. Das war ein neuer Staatsstreich. Das Drei-Klassen-Wahlrecht war allgemein, aber ungleich: es sollte die ganze Gesellschaft gerade in ihren ungleichen Interessen repräsentieren; es war nicht altmodisch konservativ, weil es die Wähler nicht nach ständischen Gesichtspunkten einteilte, sondern nach dem bourgeoisen Prinzip der Steuerleistung. Aber es war unzeitgemäßer als das Zensuswahlrecht, denn es schuf eine neue, unbürgerliche Privilegienordnung. Vor allem war es öffentlich; das sollte – jenseits der moralischen Begründung, man solle seine Meinung offen bekunden – die „natürlichen Autoritäten" und insbesondere den Einfluß von Staat und Regierung auf die Wähler sicherstellen. Wie jedes Wahlrecht, so hat auch dieses in unterschiedlichen historischen Situationen unterschiedlich gewirkt; in den 60er Jahren war es die Basis der liberalen Opposition gegen Bismarck, und der war einer seiner schärfsten Kritiker. 1849 entsprach es einem rechtsliberal-konservativen Kompromiß. Nach diesem Wahlrecht wurde gewählt. 4,7% der Wähler gehörten zur ersten Klasse, stellten also ein Drittel der Wahlmänner, 12,6% gehörten zur zweiten, 82,7% zur dritten. Die Wahlbeteiligung war noch relativ hoch (35,4% in der ersten, 44,7% in der zweiten, 28,6% in der dritten Klasse, durchschnittlich 31,9%) – 1852 waren es nur noch 21,6%. Der Aufruf der Linken zum Wahlboykott wirkte sich nur auf die Wahlmännerwahlen der dritten Klasse aus. Die Mitte, auch durch die Mairevolution verschreckt, wählte; die Mehrheit lag nun durchaus weiter rechts. Die neugewählten Kammern erkannten die Wahlrechtsverordnungen an.

Mit diesen Kammern hat die Krone dann bis zum Februar 1850 eine Revision der Verfassung ausgehandelt; die Rechte der Krone: Veto, Notverordnungen, Ausnahmezustand wurden verstärkt. Das Militär wurde nicht in die Verfassung einbezogen; es wurde nicht auf sie vereidigt. Das besondere Verhältnis zwischen Monarch und Militär blieb erhalten; die Kommandogewalt wurde auf alle militärischen und personalpolitischen Akte ausgedehnt, sie war nicht Sache des dem Parlament verantwortlichen Kriegsministers, sondern Sache des unverantwortlichen königlichen Militärkabinetts. Das Militär war für die Ausübung, aber auch die Erklärung des Ausnahmezustands entscheidend. Die Regierung wurde vom Parlament vor allem im Blick auf dessen Budgetrecht unabhängiger. Der König hat diese Verfassung, widerwillig zwar, aber schließlich doch beschworen – und damit auf einen neuen direkten Staatsstreich verzichtet. Zur Verfassungsrevision gehörte schließlich (1854) die – lange hart umkämpfte – Neuorganisation der ersten Kammer. Sie war zunächst eine Besitzkörperschaft auf der Basis eines hohen Zensus, aber sie wurde zur Adelskörperschaft, zum Herrenhaus. Der König wollte eigentlich ein Haus des hohen Adels und der von ihm Ernannten, und er erwartete davon eine Verstärkung seiner Position. Aber der Junkeradel wollte seine eigene Kammer und setzte sich damit im wesentlichen durch. Der König sicherte letzten Endes die Privilegien des kleinen Landadels, und der stützte dafür seine Macht; das Verhältnis zwischen König und Junkertum, das ja nicht unverbrüchlich sein mußte, war so neu befestigt. Das Herrenhaus ist bis 1918 ein Stück preußischer Wirklichkeit geblieben. Es bestand in seiner großen Mehrheit aus erblichen und auf Lebenszeit berufenen Mitgliedern des Adels, darunter vor allem die präsentierten Vertreter des „alten und befestigten Grundbesitzes", von dem alle bürgerlichen Rittergutsbesitzer ausgeschlossen waren; dazu einige wenige Vertreter von Städten, Kirchen und Universitäten. Der König hatte das Recht zum sogenannten Pairsschub, also zur Ernennung neuer erblicher Mitglieder. Im ganzen aber war dieses Herrenhaus eine Interessenvertretung des Junkertums. Es hatte Anteil an der Gesetzgebung, es hatte de facto ein Vetorecht gegenüber der Regierung wie der Volkskammer. Das schlug allen bürgerlichen Vorstellungen vom Rechts- und Verfassungsstaat ins Gesicht.

Versuchen wir, dieses preußische System insgesamt zu charakterisieren. Auf der einen Seite ist die Monarchie wieder im Besitz der Staatsgewalt. Der König ist der Herr der Exekutive, der Militärgewalt, der auswärtigen Politik und des Ausnahmezustands; er beruft die Kammern und beeinflußt auf diese oder jene Weise ihre Zusammensetzung; der König ist der Herr des Verfahrens; er ist über seine Regierung die eigentliche Kraft der Initiative, ist das Zentrum der Politik. Militär und Bürokratie sind die Säulen dieser Herrschaft. Der Staat bleibt Königs-, Beamten- und Militärstaat. Und die politischen Privilegien des Adels, seine Mitentscheidungsmacht sind erhalten, ja über das Herrenhaus neu konsolidiert. Auf der anderen Seite ist Preußen nun aber doch ein Verfassungs- und Rechtsstaat, es ist nicht mehr absolutistisch. Es gibt verbürgte Grundrechte; es gibt Gewaltenteilung; es gibt eine Volksvertretung – trotz des Klassenwahlrechts, ist sie nicht eine Repräsentation von Ständen oder Interessengruppen, sondern eine Repräsentation des Ganzen; es gibt die Mitwirkung dieser Vertretung an der Gesetzgebung und am Budget, und es gibt ihr Vetorecht. Es gibt nicht die parlamentarische, wohl aber eine juristisch-politische Verantwortlichkeit der Minister. Und auf die Dauer war deshalb die Unabhängigkeit der Regierung vom Parlament nicht so absolut, wie es formal scheinen mochte. Die alten Mächte waren wieder im Besitz der Staatsgewalt, aber es war nicht mehr wie vor der Revolution; man hatte eine Verfassung, die Krone hatte mit der bürgerlich-konstitutionellen Bewegung einen Kompromiß geschlossen. Die Revisionen von 1850–1854 und die Regierungspraxis zudem haben diesen Konstitutionalismus konservativ überformt, ja gedehnt und manchmal bis an den Rand eines Scheinkonstitutionalismus deformiert. Das Schwergewicht der Politik lag bei Krone und Regierung, und die Konservativen konnten eine neue, institutionell modernere – aber eben konstitutionelle – Machtposition aufbauen. Aber in solcher Dehnung überlebte die Konstitution und damit die Möglichkeit einer sinngemäßeren Verwirklichung oder Erneuerung, einer anderen Verteilung der Gewichte.

Die Verfassungspraxis war reaktionär: vor allem mit Hilfe der massiv geübten Wahlbeeinflussung sicherte die Regierung die gouvernementale Zusammensetzung der zweiten Kammer (1855 z.B. 205 Gouvernementale, 147 andere; oder 181 konservative, 51 katholische, 48 rechtsliberale, 52 sonstige Abgeordnete). Sie waren stark von Beamten bestimmt. Das waren die sogenannten Landratskammern. Mit ihnen war eine konservative Gesetzgebung möglich; das schien eine Totalrevision der Verfassung oder gar einen Staatsstreich überflüssig zu machen. Manchmal erschien die Kammer fast wie eine nachgeordnete Behörde.

Das konservative Arrangement mit dem Verfassungsstaat schien konservativ zu funktionieren.

Die Reaktion in Preußen lief ansonsten ähnlich wie überall. Ein Polizeisystem entstand, für das der Berliner Polizeipräsident Hinckeldey zur berühmt-berüchtigten Symbolfigur wurde: Prozesse gegen Kommunisten und Demokraten, – Waldeck freilich wurde von den Gerichten freigesprochen; ein Überwachungssystem mit Spitzeln und Agenten, das, groteske Übersteigerung, weder vor den Gerlachs noch vor dem Thronfolger, ja nicht einmal vor dem König selbst Halt machte; Kontrolle der Presse über Zensur, Konzessionszwang und Steuern einerseits, eine eigene Pressepolitik andererseits. Die Beamtenschaft wurde stärker unter Kontrolle gestellt: das Disziplinarrecht wurde verschärft, und ebenso die Praxis. Liberal-konservative Regierungspräsidenten und Landräte wurden abgelöst; auch Richter wurden jetzt versetzt. Die Regierung verlangte nicht mehr Neutralität, sondern Unterstützung und positiven Einsatz für ihren Kurs. Karrieren waren von der richtigen Partei„gesinnung" und -aktivität abhängig; die „Conduitenlisten" hielten alles Wichtige fest. Der Begriff der „politischen Beamten" – Landräte, Staatsanwälte auf der unteren Ebene – wurde präzisiert; sie konnten im Gegensatz zu den anderen Beamten zur „Disposition" gestellt, praktisch aus dem Amt entfernt werden; sie waren an den Kurs des Ministeriums streng gebunden. Das hat, vor allem über Einstellung und Beförderung, gerade die jüngere Beamtenschaft in der Verwaltung konservativ umgeprägt, vor allem im Lande; die eigentlichen Ministerialbeamten, die Beamten in Kollegien und die Richter waren etwas weniger dem Druck von oben ausgesetzt. Die gerichtliche Überprüfung von Verwaltungsakten wurde weiter eingeschränkt; das Anklagemonopol der neuen Staatsanwälte – eine liberale Errungenschaft – wurde strikt an ministerielle Weisungen gebunden; politische und Preßvergehen wurden, wo irgend möglich, den Schwurgerichten entzogen. Die städtische Selbstverwaltung wurde stärker beaufsichtigt, und in der Rheinprovinz wurden jetzt gar Stadt und Land kommunalrechtlich getrennt. Die Schul- und zumal die Volksschulpolitik wurde konservativ korrigiert. All das sollte den Staatsapparat straffen, die Gesellschaft kontrollieren, disziplinieren, entpolitisieren. Daneben gab es eine Art „Entschädigungspolitik", die die verschiedenen Klassen mit dem neuen Kurs versöhnen sollte. Der Abschluß der Bauernbefreiung, jetzt auch für die Kleinbauern, wurde mit Hilfe von Rentenbanken vorangetrieben; die Handwerker sollten durch eine Gewerbenovelle besser „geschützt" werden; die neuen Fabrikinspektoren, 1853 gegen den Widerstand der liberalen Fabrikanten eingeführt, sollten der Einschränkung der Kinder- und Jugendarbeit Nachdruck verschaffen und Gesundheits- und Unfallgefahren bekämpfen. Als der Berliner Polizeichef Hinckeldey 1856 begraben wurde, waren Zehntausende dabei, denn der Mann der Reaktion war, z. B. in Fragen von Feuerschutz und sanitären Maßnahmen, auch der Mann der Armen gewesen. Das kapitalistische Bürgertum wurde durch die erleichterte Gründung von Aktiengesellschaften, durch die staatliche Bankpolitik und schließlich durch die Liberalisierung des Berggesetzes begünstigt. Freilich, der Adel gehörte, mehr als anderswo, zu den Nutznießern der Reaktionspolitik: zwar wurde der Zustand von vor 1848 nicht wiederhergestellt, aber mit der Rückgabe der gutsherrlichen Polizei und der Einsetzung der Dorfschulzen wurde im Osten die Junkerherrschaft auf dem Land neu konsolidiert, und einstweilen blieb auch die Steuerfreiheit erhalten. Gewiß, der Beamten- und Militärstaat Preußen war ein Rechts- und Verfassungsstaat, aber er war auch ein Staat der Junker. Die Stärke des feudalen Elements machte das Verfassungsproblem besonders brisant.

Ganz wichtig schließlich ist, daß die Reaktion in Preußen weniger als irgend sonst eine Einheit war. Auf der einen Seite stand die Richtung eines bürokratisch-autoritären Etatismus mit gewissen bonapartistischen, also auf Massenzustimmung abzielenden, Elementen; das war die Linie etwa des Ministerpräsidenten von Manteuffel. Der Staat sollte auf Heer und Beamtentum gegründet sein, nicht auf adlige und ständische Basis. Man wollte entschieden mit der Revolution brechen; darum sollte die Verfassung revidiert und interpretiert werden. Aber man sollte bei dieser Verfassung bleiben; man konnte auch mit ihr die Gesellschaft in den bürokratischen Staat einbinden und das Parteiwesen abblokken. Gegen diese bürokratische Reaktion stand, wenn man von neoabsolutistischen Tendenzen zu einer Regierung ganz ohne Parlament absieht, doktrinärer und entschiedener die feudale Reaktion, standen die Hochkonservativen, die Ultras: gegen den Absolutismus und für ständische Kammern und föderalistischen Staatsaufbau, für einen Staatsstreich und eine ständische Totalrevision der Verfassung, für auch die Wiederherstellung der gutsherrlichen Rechte. Manteuffel galt als ihr ärgster Feind, und sie hatte großen Einfluß auf den König; der fühlte sich freilich an seinen Eid auf die Verfassung gebunden, aber seinen Nachfolger mahnte er von seinem Eid gerade ab. Schließlich bildete sich 1851, anläßlich der geplanten Wiederherstelllung der Provinzialstände und der ständischen Kreistage, eine konservativ-liberale Gruppe von Diplomaten und Beamten um Moritz August von Bethmann-Hollweg, nach ihrem Organ die Wochenblattpartei genannt. Sie trat gegen den Bruch mit der Verfassung und auch gegen ihre Aushöhlung ein, gegen die Refeudalisierung und gegen die christlich-ständische Romantik und zugleich gegen Olmütz, gegen jede Verzichtspolitik Preußens in der deutschen Frage. Gewiß waren das Offiziere ohne Soldaten, aber auf die Soldaten kam es bei dem herrschenden Wahlsystem zunächst nicht so an, und diese Partei hatte ihr Gewicht, weil sie dem Thronfolger nahe zu stehen schien.

Die Verfassungsrevision war partiell ein Sieg der bürokratischen Etatisten gewesen; Hochkonservative wie Liberale waren die Unterlegenen. Aber die preußische Führung war unter diesen Umständen wenig einheitlich; es gab ein heftiges und dauerndes Hin und Her um Ohr und Entscheidung des Königs; im Grunde hat die Doppelalternative eines „rechten" Ministeriums Gerlach und eines „linken" Ministeriums Bethmann-Hollweg das Regime Manteuffel am Ruder gehalten. Aber diese Spannung zeigt die Bruchlinie innerhalb der Reaktion, die bald deutlicher wurden.

2. Deutsche Politik in den 50er Jahren

Die Reaktion war keine Rückkehr zu den Verhältnissen von 1848. Noch weniger war das im Blick auf die deutsche Frage möglich. Zwar wurden nach 1850 Bund und Bundestag wiederhergestellt. Aber es gab keine Rückkehr zur informellen Kooperation der beiden Führungsmächte Österreich und Preußen, wie sie unter Metternich geherrscht hatte. Die Revolution hatte den Dualismus neu entbunden. Die eine Zeitlang gleichsam stillgestellte Rivalität der beiden Mächte trat nun in den Vordergrund. Die Konfrontation über die Frage der Union war zwar vorübergegangen, aber Olmütz war, wie sich zeigte, nur ein Waffenstillstand. Auch das gemeinsame Interesse der Reaktion war nicht mehr stark genug, die konkurrierenden Machtansprüche zu neutralisieren.

Das neue Österreich hatte mit Schwarzenbergs Anspruch, mit allen Provinzen in den deutschen Verband einzutreten, mit der Idee also des 70-Millionen-Reiches, einen neuen Ton gesetzt. Bismarck, in diesen Jahren preußischer Gesandter am Bund, hat die österreichische Politik aus innenpolitischen Notwendigkeiten verstanden: die Zentralisierung des Reiches mache, weil sie Germanisierung sein müsse, eine „Belebung" seiner Beziehungen zu Deutschland notwendig, das heiße aber: seine Hegemonie. Das aber war für Preußen unerträglich, denn es hätte einen massiven Verlust von Macht, ja von Souveränität bedeutet. Auf der anderen Seite hatte Preußen mit Zollverein und Unionsplänen eine antiösterreichische, kleindeutsche, preußische Hegemonie jedenfalls als politische Möglichkeit ins Spiel gebracht. Wie immer die preußische Politik konkret gerade aussah, das war eine der bleibenden Optionen preußischer Deutschlandpolitik; jeder Realist mußte das einkalkulieren; ein Thronwechsel, eine liberale Regierung hätte es erst recht wahrscheinlich gemacht. Österreich blieb in Gefahr, aus Deutschland herausgedrängt zu werden. Das zu verhindern, mußte das defensive Ziel der österreichischen Politik sein, der Kontrapunkt zu der offensiven Erringung einer wirklichen Hegemonie.

In Olmütz war die Frage einer Reform des Deutschen Bundes an eine eigene Konferenz verwiesen worden, die vom Dezember 1850 bis zum Mai 1851 in Dresden tagte. Österreich scheiterte mit seinem Projekt des 70-Millionen-Reiches. Und Preußen scheiterte mit dem Versuch, eine norddeutsche Teilunion wenigstens zu etablieren und im Bund zu einer Art Duumvirat zu kommen. Daraufhin schwenkte Preußen zum status quo über, um wenigstens eine österreichische Hegemonie zu verhindern. Bund und Bundestag wurden in alter Form wiederhergestellt.

Ort der Deutschlandpolitik der beiden Großmächte war der Deutsche Bund. Österreich wollte ihn benutzen, wenn schon die Hegemonie unerreichbar war, um Preußen doch auf einer Art zweitem Platz zu halten. Es versuchte, seine Geschäftsordnungskompetenz als „Präsidialmacht" inhaltlich auszubauen, und es versuchte, den Bund selbst aktionsfähiger zu machen, seine Kompetenz zu erweitern und das lähmende Prinzip der Einstimmigkeit zu überwinden; es versuchte, die Furcht der Mittelstaaten vor Preußen, die 1849/50 wieder zugenommen hatte, auf seine Mühlen zu leiten. Eine Rückkehr zur Verständigung mit Preußen war zwar nicht ausgeschlossen, aber sie war weniger wahrscheinlich. Preußen hatte an einer aktiven Bundespolitik wenig Interesse. Gleichstellung mit Österreich war die Bedingung seiner europäischen Machtstellung, war das Kernstück seiner Staatsräson. Darum war es gegen eine Aktivierung des Bundes, gegen größere Befugnisse der Präsidialmacht, gegen die Verstärkung des Majoritätsprinzips, gegen mehr Kompetenzen des Bundes: das hätte Preußen aus dem Bund heraustreiben können. Darum beharrte es auf dem Prinzip der Einstimmigkeit in wichtigen Fragen, also auf seinem Vetorecht, beharrte auf der vollen Souveränität der Partikularstaaten, und dafür konnte es auch die Unterstützung der Mittelstaaten mobilisieren. Darüber half auch die Gemeinsamkeit der Reaktion nicht mehr hinweg. Österreich z.B. wollte beim Erlaß eines Bundespressegesetzes die Zuständigkeit des Bundes und der Bundesexekutive erweitern, auch um alle publizistischen Angriffe gegen Österreich und gegen den Bund in Preußen zu treffen. Preußen verbündete sich mit Bayern und verhinderte den österreichischen Gesetzesplan; das Gesetz blieb ohne stärkere Zentralisierung einigermaßen zahnlos. Und es gab andere Fälle dieser Art mehr.

Der Mann des Kampfes war Bismarck. Als Verteidiger von Olmütz, als Parteimann der Konservativen auf den Posten des Bundestagsgesandten berufen, entwickelte er sich schnell zum realistischen Verfechter des preußischen Machtinteresses, so wie er es sah. Er relativierte allmählich die konservative Prinzipienpolitik, die ideenpolitischen Solidaritäten; die Machtinteressen des eigenen Staates gewannen Vorrang; hatte er in seiner Olmützrede das „Staatsinteresse" gegen das – derzeit linke – Parteiinteresse ausgespielt, so kehrte sich diese Haltung nun auch gegen die konservativen „Parteiinteressen"; ja zuletzt bahnten sich Überlegungen an, mit „revolutionären" Mächten, wie dem Frankreich des dritten Napoleon, und revolutionären Mitteln die eigenen Ziele durchzusetzen. Das Verhältnis zwischen Österreich und Preußen sah er schon früh in den Kategorien eines essentiellen Konfliktes. Österreich müsse nach der Hegemonie in Deutschland streben: „dabei sind wir ihm im Wege, wir mögen uns an die Wand drücken, wie wir wollen; ein deutsches Preußen von 17 Millionen bleibt immer zu dick, um Österreich soviel Spielraum zu lassen, wie es erstrebt. Unsere Politik hat keinen anderen Exerzierplatz als Deutschland, und gerade diesen glaubt Österreich dringend für sich zu gebrauchen. Für beide ist kein Platz, also können wir uns nicht auf die Dauer vertragen. Wir atmen einer dem anderen die Luft vor dem Munde fort, einer muß weichen." Das war eine realistische Analyse, aber sie spitzte sich auch polarisierend zu: Machträson war hier die letzte Realität der Politik, und diese Machträson war, das Wort vom Exerzierplatz zeigt es, nicht nur defensiv, sondern auch offensiv und expansiv.

Gewiß, es gab andere Vorstellungen von preußischer Politik. Die Hochkonservativen gingen von der Verbundenheit mit Österreich aus, „Preußen und Österreich Hand in Hand, Deutschland sonst außer Rand und Band", wie Gerlach reimte, von einer neuen Heiligen Allianz, einem Bündnis der drei schwarzen Adler. Machtkampf war für sie nicht die oberste Realität; ihr preußisches Machtbewußtsein war gebändigter als bei Bismarck. Aber daß Preußens Machtrang hinter Österreich zurücktreten sollte, darauf wollten auch sie sich nicht einlassen. Die ideenpolitische Solidarität war nicht stark genug, den Dualismus stillzustellen. Auch die alte Triaspolitik lebte wieder auf, die Idee, das Gewicht der Mittelstaaten in der Spannung der Großmächte geschlossener zur Geltung zu bringen, den Bund so zu stärken, daß er die eigene Existenz sicherte wie die Großmächte zügelte. Aber das war einstweilen so wenig erfolgreich wie früher.

Faktisch und auf Dauer stagnierte die Bundespolitik der 50er Jahre. Bismarck verfolgte seine Linie der Gegnerschaft gegen Österreich in der schroffsten Weise; er blockte nicht nur jede von Österreich erstrebte Änderung ab, sondern verschärfte auch die kleinsten Konflikte immer ins Grundsätzliche. Der latente Antagonismus wurde offenkundig und permanent.

Neben dem Bund war der Zollverein die andere, nicht minder wichtige Ebene einer deutschen Politik, und so sehr Politik und Wirtschaftspolitik zusammenhingen, institutionell waren sie in diesen Jahren getrennt. Die großösterreichische Politik Schwarzenbergs war begleitet von einer zoll- und handelspolitischen Offensive, die der bedeutende Handelsminister von Bruck einleitete. Das war die Idee einer mitteleuropäischen Zollunion: Österreich als ganzes sollte in einen gesamtdeutschen Zollverbund eintreten. Der wirtschaftliche Zusammenschluß war für Bruck – wie umgekehrt früher für den preußischen Minister Motz – ein Weg zur politischen Einheit unter österreichischer Führung. Österreich wollte seinen politischen Vormachtanspruch auch wirtschaftspolitisch unterbauen; Preußen wäre gemäß diesen Plänen auch ökonomisch in ein österreichisch geführtes Mitteleuropa eingegliedert worden. Die Züge und Gegenzüge der Unionspolitik sind darum von zollpolitischen Vorstößen begleitet, und gerade nach Olmütz schien die Stunde für die österreichischen Pläne günstig. Die Idee eines mitteleuropäischen Wirtschaftsraumes – mit all den großen Perspektiven, die sich daraus ergaben – war auch ökonomisch attraktiv und fand große Resonanz, zumal Bruck bereit war, den österreichischen Markt durch Milderung des Protektionismus weiter zu öffnen. Konkret ging es um den Eintritt Österreichs in den Zollverein. Das war besonders für die Mittelstaaten, die trotz aller materieller Vorteile die preußische Übermacht im Zollverein fürchteten, auch politisch verlockend. Bayern und Sachsen waren es vor allem, die eine Zolleinigung mit Österreich propagierten, und mit der Möglichkeit, die Zollverträge 1853 nicht zu erneuern, hatten sie anscheinend ein Druckmittel in der Hand. Aber Preußen wehrte sich gegen den Eintritt Österreichs; es wollte sich den von ihm geführten Zollverein nicht entwinden lassen; es wollte kein wirtschaftspolitisches Olmütz. Es durchkreuzte die Pläne der proösterreichischen Gruppe, indem es zunächst hinhaltend verhandelte und dann einen Zollvertrag mit Hannover (und dann den sogenannten Steuerverein) abschloß. Damit hatte es ein lebensfähiges norddeutsches Zollgebiet und den Zusammenhang seiner West- und Ostprovinzen gesichert und de facto die deutschen Nord- und Ostseeküsten, die auch für den Süden wichtig waren, in der Hand. Wie schon früher hatten auch diesmal die starken finanziellen Vorteile die politische Reserve der Hannoveraner gegenüber Preußen überwunden. Als die Pro-Österreicher diesen Vertrag zu verwerfen drohten, kündigte Preußen im November 1851 von sich aus den Zollvereinsvertrag für 1854: nur mit dem Einschluß Hannovers sei es zum Neuabschluß bereit. Die anderen Mittelstaaten versuchten weiterhin den Eintritt Österreichs durchzusetzen und drohten mit der Gründung eines neuen Zollvereins ohne Preußen. Dieser Versuch ist gescheitert, teils weil die österreichischen Führungsansprüche und die Triaspolitik der Mittelstaaten nicht zusammenstimmten, vor allem aber, weil Österreich wirtschaftspolitisch zu wenig zu bieten hatte und die Zollvereinsstaaten stärker auf das preußische Wirtschaftsgebiet angewiesen waren. Die sächsische Regierung etwa war in Rücksicht auf ihre Industrie zum Zollkrieg gegen Preußen nicht in der Lage. Österreich revidierte Ende 1852 seine Konfrontationspolitik in der Zollfrage und setzte auf Ausgleich. Für 12 Jahre schloß es im Februar 1853 mit Preußen einen Handelsvertrag; erst 1860 sollte neu über die Frage einer Zolleinigung verhandelt werden. Daraufhin wurde der Zollverein erneuert. Das war zwar nur ein Waffenstillstand, aber doch im ganzen ein preußischer Erfolg. Das Schwergewicht des Zollvereins und der Wirtschaftsmacht Preußen hatten sich gegen die österreichisch-mittelstaatlichen Kombinationen durchgesetzt. Freilich, wie schon nach 1834: die Anerkennung der wirtschaftspolitischen Hegemonie Preußens hatte keine direkten Rückwirkungen auf die Politik; die wirtschaftliche Anlehnung an Preußen begünstigte sogar eher die politische Anlehnung der Mittelstaaten an Österreich. Wirtschaftspolitische und politische Fronten waren nicht identisch; wirtschaftspolitische und politische Entwicklungen hingen zwar eng zusammen, liefen aber doch nicht parallel.

3. Deutschland in Europa: Vom Krimkrieg zum italienischen Krieg

Trotz der preußisch-österreichischen Spannung waren die deutschen 50er Jahre zunächst eine Zeit der Ruhe. Das eigentlich bewegende Element, das auch die deutschen Dinge umgestaltet hat, waren die großen europäischen Krisen, der Krimkrieg und der italienische Krieg. Und viele Zeitgenossen, die Besiegten von 1848 ebenso wie Bismarck, waren nach den Erfahrungen der Revolutionsjahre davon überzeugt, daß die innen- wie die deutschlandpolitischen Zustände eigentlich nur von außen, durch die Wirkung außenpolitischer Krisen aufgesprengt werden könnten. Darauf hofften sie.

Nach der Revolution schien für die europäische Außenpolitik die Irritation durch die Volks- und Nationalbewegungen der beiden Revolutionsjahre einstweilen überwunden; sie war wieder Sache des regierenden Establishments geworden. Rußland war im östlichen und kontinentalen Europa zum Protagonisten der monarchisch-konservativen Ordnung und zur Vormacht geworden; in Olmütz hatte Preußen unter russischem Druck einlenken müssen; Österreich und Preußen schienen von Rußland abhängig. Lange schon stand Rußland in einem ideen- wie realpolitischen Weltgegensatz zu England und dem mit diesem im großen und ganzen verbundenen Frankreich, und generell, so schien es, standen die Ostmächte gegen die Westmächte. Aber es gab keine aktuellen Konfliktpunkte.

Die Lage änderte sich, als sich Napoleon III. durch einen Staatsstreich Ende 1852 zum Kaiser der Franzosen machte. Er wurde für die beiden nächsten Jahrzehnte zum eigentlichen Element der Unruhe in Europa. Er, Erbe der Revolution und Cäsar, der auf populare Legitimation mehr als andere angewiesen war, suchte die in Europa prinzipiell noch geltende Ordnung von 1815 zu revolutionieren, und zwar indem er sich zum Protagonisten des modernen Prinzips der Nationalität aufwarf; damit suchte er das Gewicht Frankreichs zu verstärken, ja eine Art von Quasi-Hegemonie zu etablieren. Das mußte das Gleichgewicht erschüttern und damit England irritieren, so sehr auch England nationale und liberale Kräfte in Europa, und die kleineren Nationen und Staaten zumal, protegierte. Das mußte vor allem die konservativen und übernationalen Mächte des Ostens provozieren; Napoleon wollte die Heilige Allianz zerstören und Polen befreien. Vor allem wollte er Italien einigen. Das bedrohte die Stellung Österreichs.

Die Anfänge der italienischen Krise wurden aber zunächst überlagert von einer neuen orientalischen Krise, wie sie seit der Zeit des ersten Napoleon die europäische Politik begleitete. Im Kern ging es um den Fortbestand, die Zurückdrängung oder die Aufteilung des osmanischen Reiches, und zugespitzt um die Frage, ob die Meerengen russisch dominiert oder neutral sein sollten. Das war ein zentrales weltpolitisches Problem, denn für Rußland ging es dabei um die politisch-strategische Sicherung des Schwarzen Meeres und handelspolitisch auch um Getreideexporte, und zugleich ging es um den Schlüssel zur Hegemonie; für England dagegen um den Seeweg nach Indien, die Freiheit des Mittelmeeres und die Erhaltung des Gleichgewichts. Beide Weltmächte fürchteten einen Machtgewinn des Gegners und suchten ihn zu verhindern. Es waren mehr die Furcht und die sich entwickelnden Situationen, die zum Krieg führten, als ein entschiedener Wille der Mächte. Der Zar wollte seinen Einfluß verstärken und benutzte dazu seine Stellung als Protektor der orthodoxen Christen im osmanischen Reich. Der Sultan widersetzte sich, von England gestützt, den russischen Forderungen; es kam zum Krieg. Rußland marschierte im Juli 1853 in die Donaufürstentümer, das spätere Rumänien, ein und vernichtete die türkische Flotte. Daraufhin griffen England, Frankreich – und Piemont – in den Krieg ein, sandten eine Flotte in das Schwarze Meer und landeten schließlich auf der Halbinsel Krim –, die dem Krieg den Namen gab. Der Krieg war international geworden. Ein merkwürdiger Krieg, ein Kabinettskrieg, altmodisch, mit beschränkten Zielen und mit beschränkten Mitteln, ein Krieg nicht der ideologischen Fronten, sondern der außenpolitischen Interessen: das parlamentarische England und das cäsaristische Frankreich verbanden sich zum Schutz der despotischen Türkei.

Dieser Krieg nun stellte für die deutschen Mächte die Frage nach ihrer Position. Die Westmächte drängten auf Beteiligung, auch um zu einem wirklichen Kriegsschauplatz zu kommen; und im Gegenzug suchte Rußland nicht minder nach Bündnispartnern oder positiven Neutralitätszusagen. Vor allem Österreich war machtgeographisch herausgefordert. Österreich war mit Rußland eng verbündet. Aber wenn es das russiche Ziel war, den Balkan zu befreien und national zu revolutionieren, dann gefährdete das den österreichischen Hegemonieanspruch im Südosten, die wirtschaftlich so wichtige Freiheit der Donau, ja seine Existenz als übernationales (und antinationalistisches) Reich. In Wien rangen drei Richtungen um die Entscheidung: eine pro-russische, hochkonservativ und antirevolutionär, die das Balkanproblem durch Einfluß-Teilung lösen wollte; eine neutralistische, die durch aktive Vermittlung die österreichische Hegemonie im Südosten sichern wollte; und eine pro-westliche, die durch ein Bündnis mit dem Westen die Übermacht Rußlands brechen, Österreichs Stellung auf dem Balkan sichern und den französischen Druck auf Italien abfangen wollte. Diese Richtung, unter Führung des Außenministers, des Grafen Buol, setzte sich zunächst durch. Im Sommer 1854 stellte Österreich – noch im Verein mit Preußen – Rußland ein Ultimatum; darauf räumte Rußland die Donaufürstentümer; österreichische und türkische Truppen rückten nach. Zusammen mit den Westmächten formulierte Österreich dann schärfer und offensiver neue Kriegsziele und forderte Friedensverhandlungen und faktisch einen russischen Rückzug, und als Rußland ablehnte, machte Österreich mobil und band durch seine Truppenkonzentrationen starke russische Kräfte. Österreich suchte durch solche Halb-Allianz mit dem Westen Rußland zum Nachgeben, den Westen zu annehmbaren Bedingungen zu bewegen, ohne selbst in den Krieg eintreten zu müssen. Im Dezember 1854 dann ging es scheinbar endgültig ins Lager des Westens über; es schloß einen Bündnisvertrag mit den Westmächten; es versprach, wenn Rußland nicht einlenke, den Eintritt in den Krieg. Die Solidarität der Monarchien war endgültig zusammengebrochen. Das Kalkül eines großen Krieges, des Übergangs von der Status-quo-Verteidigung zur hegemonialen Expansion ergriff einen Teil der österreichischen Politiker. Buol hoffte, Preußen an die Seite Rußlands treiben und dann mit französischer Hilfe niederringen zu können; „wir nehmen Schlesien, Sachsen wird wiederhergestellt, Frankreich mag die Rheinlande nehmen –, was liegt uns daran, ob sie deutsch oder französisch sind", das waren seine Träume. Allgemein erwartete man jetzt den großen Krieg, zu dem Österreichs Kriegseintritt den bisherigen Krieg gemacht hätte. Aber im März 1855 setzte sich in Wien die Anti-Kriegs-Partei durch. Der Anschluß an den Westen erwies sich als Illusion; so wenig entschieden Österreich pro-russisch sein konnte, so wenig entschieden pro-französisch. Der Westen hatte noch ein zusätzliches Kriegsziel aufgestellt, die Neutralisierung des Schwarzen Meeres. Das war so wenig wie der Status der Meerengen – nur darum ging es noch bei den Friedensverhandlungen – noch ein hinreichender Kriegsgrund. Die Militärs waren – mit guten Gründen – gegen einen Krieg, der Österreich zum möglichen Objekt eines russischen Angriffes mache, ja in einen

Existenzkampf verwickeln könne. Die Finanzlage sprach ebenso gegen einen Krieg. Es gab gute Gründe für den Nicht-Kriegseintritt. Aber nach der Vorgeschichte war es jetzt doch so: Österreich scheute, einstweilen jedenfalls, vor dem Krieg zurück. Das hat verhindert, daß aus dem begrenzten Krieg ein allgemeiner Krieg, ein „Weltkrieg" wurde. Aber die Lage Österreichs hat es nicht verbessert.

Auch in Preußen, das unmittelbar ja weniger betroffen war, gab es gegensätzliche Richtungen. Die hochkonservativen Prinzipienpolitiker waren für eine mehr oder minder intensive Kooperation mit Rußland. Der Ministerpräsident Manteuffel und andere waren für strikte Neutralität: der „Orient" sei für Preußen uninteressant; weder eine Niederlage noch ein Sieg Rußlands liege in seinem Interesse, sondern allein das Gleichgewicht; es müsse darum versuchen, die Rolle des ehrlichen Maklers zu spielen. Schließlich die „Wochenblattpartei" und auch der Thronfolger: man müsse nicht Prinzipien, sondern den eigenen Interessen folgen; man müsse für den Westen optieren, um mit seinem Rückhalt die Unionspolitik wieder aufnehmen zu können. Im Grunde lähmten diese Gegensätze innerhalb des Establishments die preußische Politik. Aber zunächst hatten die Diplomaten der Wochenblattpartei die Initiative. Der preußische Diplomat Pourtalès verhandelte in diesem Sinn im Dezember 1853 in London. Man wollte freie Hand zur Herausdrängung Österreichs aus dem Deutschen Bund; dafür wollte man, freilich mit Kautelen gegenüber dem Durchmarsch französischer Truppen, in das westliche Bündnis eintreten. England lehnte ab. Es wollte und konnte Österreich, das für den Krieg wichtiger war, nicht opfern. Aber die pro-westlichen preußischen Politiker gaben nicht auf; sie suchten im Frühjahr 1854 weiter den Anschluß an den Westen, pro-westliche Neutralität oder gar Kriegseintritt, weil sie glaubten, damit auch ohne förmliche Abmachungen eine Wiederaufnahme der Unionspolitik einleiten zu können. Der Gesandte Bunsen in London wollte den Krieg gegen Rußland, um Europa neu zu organisieren: ein Ende der Übermacht Rußlands und Beschränkung auf seine „natürlichen" Grenzen, Wiederherstellung Polens, Vergrößerung Österreichs wie Preußens und freie Hand für eine deutsche Politik Preußens; und darüber verhandelte er. Das Problem dieser Politik war, daß der potentielle Gegner Österreich sich ebenso dem Westen näherte und nicht unmittelbar einsichtig war, wie Preußen es hätte ausstechen können. Aber dieser Versuch endete im April und Mai 1854 mit dem Sturz der Wochenblattpartei; Bonin, der Kriegsminister, und Bunsen wurden entlassen. Die Hochkonservativen gewannen ihren Einfluß auf den König zurück; seine Tendenz zur ideenpolitischen Solidarität und zur Neutralität gewann die Oberhand. Freilich, Preußen steuerte am Rande einer Staatskrise: gegen die Entlassung des pro-westlichen Kriegsministers Bonin protestierte der Thronfolger; daraufhin wurde er von seinen Funktionen als Offizier suspendiert und beurlaubt; seine englische Frau hatte schon um Asyl in England nachgesucht. Aber mit der pro-westlichen Option war es zu Ende. Als die Westmächte und Österreich versuchten, Preußen wenigstens auf eine Erklärung zugunsten der Integrität der Türkei festzulegen, lehnte es ab, nicht weil es der Sache nach dagegen war, sondern weil es an einer anti-russischen Demonstration nicht teilnehmen wollte.

Das Hin und Her der österreichischen wie der preußischen Politik in dieser europäischen Frage war ständig auch von der Rücksicht auf die deutsche Frage geleitet: sei es um eigene Ziele offensiv durchzusetzen, sei es um gegnerische Ziele abzublocken. Im Frühjahr 1854 war es Österreich zunächst gelungen, Preußen und dann auch den Bund in einem Schutz- und Trutzbündnis auf eine gemeinsame Linie festzulegen, auf seine Friedensforderungen und auf die Räumung der Donaufürstentümer. Preußen sagte sogar für den Konfliktfall kriegerische Unterstützung zu; es hängte sich, aus Furcht vor einer Isolierung, „an die Rockschöße Österreichs" (Bismarck). Freilich, ein entscheidender Gegensatz blieb: Österreich suchte Preußen und die anderen Bundesstaaten in seine Interventionspolitik hineinzuziehen, während diese gerade auf fortdauernde Neutralität setzten und Österreich an dieser Linie hindern wollten. Das führte im Dezember 1854 zur Krise. Österreich war jetzt im Gegensatz zu Preußen dem Bündnis mit dem Westen beigetreten; der Krieg wurde offensiv und zielte auf eine Zurückdrängung Rußlands. Österreich beantragte, indem es sich auf das Schutzbündnis vom April 1854 berief, die Mobilisierung des Bundes unter seinem Oberbefehl. Es wollte den Rückhalt des Bundes. Denn es konnte seine aktive Politik im Südosten nur treiben, wenn es Preußen am Bund zumindest neutralisierte, ja im Grunde zum Partner der Westallianz machte. Darum wollte es den Bund aus der Neutralität in den erstrebten Krieg ziehen. Es versuchte, so sah es Bismarck, die Krise zu „germanisieren", um dann im Namen Mitteleuropas aufzutreten, „hinter seinem kranken Staatswesen die preußischen Taler und deutsche Bajonette rasseln zu lassen" und die Türken an der Weichsel zu verteidigen – aber all dies im Dienst seiner eigenen Interessen. Buol glaubte, trotz der preußischen Obstruktion werde sich ganz Deutschland „an dem Tag wie ein Mann erheben, an welchem ein österreichisches Dorf vom Feinde besetzt" werde. Aber das war in dieser Situation ein Irrtum. Die Mittelstaaten sahen in der österreichischen Politik Kriegstreiberei, Koalition mit dem antideutschen Frankreich, ja Bundesbruch; sie fühlten sich im Stich gelassen. Bismarck gelang es, diplomatisch überaus geschickt, die Mittelstaaten gegen den österreichischen Vorstoß einzunehmen. Das österreichische Ansinnen und die Einforderung der Bündnispflicht wurden abgelehnt. Man erklärte nur eine mehr formale Kriegsbereitschaft, aber nicht gegen Rußland, sondern zur Wahrung der Neutralität. Österreich schien am Bund in Acht und Bann zu geraten. Bismarck hatte die europäische Situation benutzt, um Preußens Stellung gegen Österreich zum erstenmal seit Olmütz innerhalb des Bundes wirklich zu befestigen, das war ein ,großer Erfolg. Gewiß, das war preußisches Macht- und Konkurrenzinteresse. Aber dahinter stand, und darauf stellte Bismarck ab, doch ein ganz reales Faktum: daß nämlich Österreich eine europäische Großmacht mit bedeutenden außerdeutschen Interessen war und Deutschland in diese ihm fremden Interessen hinein zu verwickeln genötigt war; daß Preußen dagegen eine beinahe rein deutsche Macht war, dessen europäische Interessen und Sicherheitsbedürfnisse mit denen des übrigen Deutschland weit eher identisch waren. Aber, ohne Preußen hätte das dritte Deutschland dem Drängen Österreichs nicht widerstehen können; insofern schien die deutsche Staatenwelt in der europäischen Politik auf Preußen angewiesen.

Im März 1856 – Rußland ist, wenn auch nicht total, geschlagen – schließen die Kriegführenden in Paris Frieden. Nicht mehr Österreich, das beide Seiten enttäuscht hat, ist der Vermittler, und erst recht nicht Preußen, dessen Politik als schwächlich gilt, sondern Frankreich, Napoleon III. Die Donaufürstentümer werden unter europäischer Garantie halb unabhängig, die Meerengen und das Schwarze Meer neutralisiert, die Türkei bleibt unabhängig.

Rußland ist eingedämmt, seine Balkanambitionen sind vertagt, der Bund der konservativen Ostmächte ist zerfallen. Diese Schwächung Rußlands hat dem übrigen Europa eine neue Bewegungsfreiheit gegeben; sie hat es ermöglicht, daß zuerst Frankreich und später Preußen-Deutschland zur führenden Macht auf dem Kontinent werden konnten. Zudem aber hört Rußland auf, Status-quo-Macht zu sein; es wird wie Frankreich, wie Preußen, außenpolitisch revisionistisch. Weltpolitisch hat England gesiegt, aber in Europa ist Frankreich diplomatisch der eigentliche Gewinner; es hat, vom Druck der Ostmächte befreit, an Gewicht gewonnen; Napoleon scheint der Schiedsrichter Europas. Während der englisch-russische Gegensatz, der zwischen „Walfisch" und „Bär", die Konstante der Weltpolitik bleibt, bahnt sich zwischen Frankreich und Rußland gar eine Annäherung an. Die Interessen der Mächte haben sich gegenüber den ideenpolitischen Solidaritäten durchgesetzt. Die europäische Ordnung von 1815 hat ihre quasi sakrosankte Geltung verloren; das ist eine wichtige Voraussetzung dafür, daß sich in den folgenden eineinhalb Jahrzehnten in Mitteleuropa und Italien überhaupt eine neue Ordnung etablieren konnte. Und auch die Lage der deutschen Mächte hat sich geändert. Österreich hat die Unterstützung Rußlands, auf der zuletzt seine deutsche und europäische Machtstellung beruht hatte, verloren, ja es hat sich die tiefe Feindschaft Rußlands zugezogen und den emotionalen Vorwurf des „Undanks" – das geht über die Rationalität hinaus, denn die Balkangegensätze waren noch keineswegs dominierend und die Gemeinsamkeit in der Polenfrage doch ein Faktum; aber Österreich hat im Westen keinen Partner gewonnen, es scheint isoliert. Die Möglichkeit, Norditalien aufzugeben und Rumänien zu erwerben, also sich ganz nach Südosten zu orientieren, hat Österreich ausgeschlagen. Preußen dagegen ist als neutrale „Groß"-macht bei der Friedenskonferenz fast ausgeschlossen, nur scheinbar in einer schwachen Position. Es hat, am Orient desinteressiert, wieder mehr freie Hand gewonnen. Es hat – unter mancherlei Schwankungen – die guten Beziehungen zu Rußland aufrecht erhalten, ohne sich dem Westen zu sehr zu entfremden. Für Rußland wird es anstelle Österreichs zur zweiten konservativen Hauptmacht; die Konstellation von Olmütz ist dahin. Der Druck des Westens auf das übrige Europa konzentriert sich nicht mehr auf das nahe Schleswig-Holstein, sondern auf die fernen Donaufürstentümer. Das ist eine weltpolitische Entlastung. Und endlich, Preußen hat im Deutschen Bund Erfolg gehabt.

Zwar, unmittelbar nach Friedensschluß näherten sich die Mittelstaaten wieder Österreich – die Obstruktionspolitik Bismarcks stieß sie vor den Kopf. Aber das Gefühl, daß der Bund außenpolitisch handlungsunfähig sei und darum in einer Krise stecke, war weit verbreitet; die Reform des Bundes kam auf die Tagesordnung, und die Erfahrung mit den europäischen Interessen Österreichs stellte die Frage nach einer spezifisch deutschen Außenpolitik neu; die Erfahrungen der Deutschen im Krimkrieg veränderten langfristig die Optionen jeder Deutschlandpolitik.

Der Krimkrieg hatte angefangen, die deutsche Situation aufzubrechen; noch stärker tat das der italienische Krieg von 1859. Das war nun nicht mehr ein Kabinettskrieg, sondern ein Nationalkrieg mit durchaus revolutionären Zügen. Die italienische Einigungsbewegung hatte im Königreich Piemont und Sardinien, zumal unter der Regierung des Grafen Cavour, ihren Protagonisten. Die Bildung eines italienischen Nationalstaates bedeutete die Vernichtung der österreichischen Stellung in Norditalien; das war keine Frage diplomatischer Verhandlungen und Kompromisse, sondern ein existentieller Gegensatz. Freilich, allein war Piemont und war die italienische Nationalbewegung zu schwach, um Österreich zu verdrängen. Die Frage wurde akut, weil Napoleon die Einigung Italiens wollte; er hat sie außenpolitisch und militärisch ermöglicht. Er ging von der Status-quo-Allianz mit England zu einer revisionistischen, ja revolutionären Außenpolitik über. Er wollte, wir sagten es, die nationale Frage benutzen, um die bisherige Ordnung Europas zugunsten Frankreichs zu verändern. Er dachte an einen italienischen Bund unter dem indirekten Protektorat Frankreichs, denn er glaubte, die Nationalbewegung in der Hand behalten zu können; er wollte Nizza und Savoyen von Piemont als territoriale Kompensationen, dahinter stand die Idee von den „natürlichen Grenzen"; er wollte über eine Schwächung Österreichs das Gewicht Frankreichs gegenüber Deutschland und jeder Lösung der deutschen Frage wesentlich erhöhen: Italienpolitik und – abgekürzt gesagt – Rheinpolitik Napoleons hingen zusammen.

Auf der anderen Seite beruhte Österreichs Stellung als europäische Großmacht seit 1815 auch auf seiner Stellung in Italien, ja die Teilung Italiens war ein wesentliches Stück seiner Existenz als übernationaler Staat. Insofern war die italienische Frage nicht eine Randfrage, sondern eine Kernfrage der österreichischen Stellung in Europa und damit auch des europäischen Gleichgewichts.

1858 schlossen Frankreich und Piemont ein Bündnis. Das war die Vorbereitung der Offensive, ja des Angriffs. Rußland, nicht eben ein Freund der Nationalpolitik, hatte nichts gegen eine Schwächung Österreichs in Italien und versprach Neutralität; England, aus Gleichgewichtsgründen eher pro Österreich, blieb passiv. Es gelang der meisterhaften Diplomatie Cavours, Österreich zum Krieg zu provozieren, zum Angreifer zu machen, und das war für die Haltung Preußens wie des Deutschen Bundes von großem Gewicht; nach einem Ultimatum wegen der piemontesischen Rüstungen eröffneten österreichische Truppen am 29. April 1859 den Krieg. In den Kämpfen mit den französisch-piemontesischen Heeren im Mai und Juni erlitten die Österreicher Niederlagen, am 4. Juni bei Magenta, am 24. bei Solferino, und verloren die Lombardei; das war nicht nur fehlendes Kriegsglück, sondern auch systembedingt: die Finanzmisere und die Adelsprotektion bei der Besetzung der hohen und höchsten Kommandostellen hatten die Kampfkraft der Armee wesentlich beeinträchtigt. Aber entschieden war der Krieg durch diese Schlachten noch keineswegs.

In diesen Konflikt nun war natürlich das übrige Deutschland von vorneherein mit verwickelt. Krieg und Kriegsschauplatz waren nahe. Eine deutsche Macht war, wenn auch außerhalb Deutschlands, in ihrem zentralen Bestand bedroht; eine Niederlage Österreichs konnte Deutschland nicht unberührt lassen. Wenn Frankreich die Poebene beherrschte und das europäische Gleichgewicht zu seinen Gunsten verschob, dann mußten sich die Gefahren am Rhein fast notwendig verdoppeln. Der italienische Krieg stellte die Frage der deutschen Sicherheit. Mußte man nicht den Rhein am Po verteidigen (Friedrich Engels)? All das war mehr als eine Frage der Staatsräson, die die Regierungen zu erwägen hatten; es war eine Frage der Nation. Die Österreicher waren ein Brudervolk und der Rhein eine sensible und symbolbeladene Lebenslinie der Deutschen. Sicherheitspolitik und nationale Leidenschaft hingen ineinander. Es war, anders als im Krimkrieg, schwer, neutral zu sein.

Aber ebenso selbstverständlich war die Frage, wie sich Deutschland zum italienischen Krieg stellen sollte, mit dem Gegensatz zwischen Österreich und Preußen verkoppelt; jede Entscheidung war von diesem Gegensatz mitgefärbt, und jede mußte massiv auf die innerdeutsche Gewichtsverteilung zurückwirken. Österreich hatte gleich zu Beginn der Krise Garantie und Hilfe des Bundes für seine italienischen Provinzen gefordert, denn wenn sie auch nicht zum Bundesgebiet gehörten, so wäre ihr Verlust doch eine Gefährdung des Bundes. Dagegen stellte sich Preußen. Es drohte, eine Majorisierung in dieser Frage sei Bundesbruch, und es werde in diesem Fall aus dem Bund austreten. Es erzwang im April das Festhalten des Bundes an der Neutralität und verhinderte auch im Mai eine auch nur defensive Mobilisierung. Die preußische Politik, wie immer ein Ergebnis unterschiedlicher Tendenzen, wollte sich nicht bedingungslos und gleichsam automatisch an die Seite Österreichs und in Gegensatz zu Frankreich und Rußland stellen. Aber man wollte sich auch nicht zum Werkzeug der französischen Politik gegen Österreich machen; man wollte die deutschen Sicherheitsinteressen am Rhein wie in Italien schützen. Die Konsequenz dieser doppelten Überlegung war: bedingte Unterstützung Österreichs bei angemessenen Gegenleistungen. Preußen wollte einen „Preis". Preußen wollte die Gleichstellung am Bundestag, den Oberbefehl am Rhein, den politischen und militärischen Primat in Norddeutschland. Das Kalkül lief im Juni auch auf bewaffnete Vermittlung hin, darauf, daß Preußen mit seiner intakten Armee nach einer gegenseitigen Schwächung Frankreichs und Österreichs in Italien den Frieden diktieren könne, als Retter Deutschlands, ja der österreichischen Position in Italien seinen Führungsanspruch neu geltend machen könne. Auch darum zögerte man mit jeder Zusage an Österreich. Österreich dagegen glaubte, daß Preußen sich so wenig wie das dritte Deutschland der Bundeshilfe entziehen könne; das wa

Pflicht und Recht sei, werde durch das eigene Interesse wie durch die öffentliche Meinung erzwungen werden. Darum wollte Österreich keine wirklichen Zugeständnisse machen.

Im Juni/Juli schien das preußische Kalkül dennoch aufzugehen. Die Mobilisierung begann, Preußen hatte Aussicht auf den erstrebten Oberbefehl; freilich, über die Bedingung, ob es im Auftrag des Bundes oder frei, als europäische Großmacht, agieren sollte, bestand noch Dissens. Ehe die Sache aber entschieden war, schlossen am 11. Juli in Villafranca Frankreich und Österreich einen Präliminarfrieden. Österreich trat die Lombardei an Napoleon ab – nicht aber Venetien –, und Napoleon gab sie an Piemont weiter. Napoleon verzichtete darauf, den Kampf zu Ende zu kämpfen; Sorge vor England und Rußland und einem langen Krieg, Sorge vor einer diplomatischen oder militärischen Intervention Preußens, Sorge vor der Verselbständigung der italienischen Nationalrevolution in Mittel- und Unteritalien und politische Rücksicht auf die Ultramontanen in Frankreich, die für die Existenz des Papstes und des Kirchenstaates fürchten mußten, all das spielte bei seiner Entscheidung eine Rolle. Und Österreich entschied sich, trotz und gerade angesichts der bevorstehenden Hilfe Preußens, für dieses Nachgeben. Gewiß spielte die Finanzmisere eine Rolle; aber der Hauptgrund war doch, daß es den Verzicht auf die Lombardei der, wie es meinte, massiven Einbuße seiner Stellung in Deutschland, dem Ende seines Hegemonieanspruches und einem Triumph Preußens vorzog. Österreich hatte eine schwere Niederlage in Italien hingenommen, aber es verhinderte einen Sieg Preußens. Das preußische Kalkül war gescheitert, gerade weil Österreich eine Niederlage hinnahm.

Dieses Hin und Her der großen politischen Entscheidungen nun ist begleitet von einer gewaltigen Diskussion des politischen Establishments und der Öffentlichkeit. Schon im Krim-Krieg war, vor allem in Preußen, die Frage der außenpolitischen Option über alle institutionelle Zuständigkeit und alles Herrschaftsmonopol auf die Außenpolitik hinweg zum Gegenstand leidenschaftlicher öffentlicher Meinungsäußerungen geworden. Das intensivierte sich nun während der italienischen Krise noch sehr viel mehr. Die gesellschaftlichen Kräfte brachten ihre Meinung mit Vehemenz zu Gehör, und damit im Grunde auch ihren Anspruch auf Mitentscheidung. Außenpolitik wurde zum Gegenstand auch der Innenpolitik. Damit standen plötzlich alle Fragen der Nation und der Verfassung auf der Tagesordnung; alles kam in Bewegung. Und wie es bei existentiellen Fragen der Politik so oft ist: die Fronten liefen plötzlich auch quer zu den bestehenden Parteien.

Man kann drei Lager unterscheiden. Zunächst die entschiedenen Anti-Österreicher; sie plädieren dafür, Preußen solle die Situation ausnutzen und Österreich aus Deutschland verdrängen. Bismarck, in Petersburg diplomatisch einigermaßen kaltgestellt, meinte, Preußen solle sich nicht durch ein nachgemachtes „1813" von Österreich „besoffen machen" lassen und fremde Kastanien aus dem Feuer holen; es solle im Schutze Rußlands und Frankreichs die deutsche Frage lösen, Süddeutschland annektieren, wo „uns alle am nächsten Tag begeistert unterstützen werden", besonders wenn der König das Königreich Preußen in Königreich Deutschland „umtaufe". Bismarck war vielleicht zu der Zeit noch ein großer Einzelgänger, aber seine konservativ-liberalen Gegner der Wochenblattpartei dachten in dieser Hinsicht ganz ähnlich, und ebenso kleindeutsche Liberale wie Constantin Rößler, radikale Demokraten wie Ludwig Bamberger und Arnold Ruge. Am schärfsten hat der Sozialist Ferdinand Lassalle es ausgedrückt: „Revidiert Napoleon die Karte Europas im Süden nach dem Nationalitätsprinzip, gut, so tun wir dasselbe im Norden. Befreit er Italien, so nehmen wir Schleswig-Holstein"; Frankreich und Deutschland müßten gerade als Kulturvölker gegen Österreich vorgehen; es müsse „zerfetzt und zerschmettert" werden – das ist radikal-national und zugleich auch großdeutsch gedacht –; im Geist Friedrichs des Großen müsse Preußen Deutschland einigen. Aber solche Stimmen waren die Minderheit.

Die große Mehrheit stellt sich auf die Seite Österreichs. Sie wird von einer großen nationalen Stimmung getragen: gegen die französische Hegemonie und Hegemonialtendenz; das überbrückt einstweilen den Gegensatz von Groß- und Kleindeutschen; man ist sich einig, den Österreichern, dem Brudervolk, zur Seite zu stehen; in alten und neuen Rheinliedern schlägt sich, wie 1840, diese Stimmung nieder („Oh Deutschland hoch in Ehren'). Zu dieser Mehrheit gehören die Hochkonservativen wie Gerlach und Stahl; Nationalkonservative wie Moltke, der Generalstabschef, der zusammen mit Österreich einen präventiven Nationalkrieg gegen Frankreich unter preußischer Führung für notwendig hält, freilich, um dadurch die preußische Führung zu sichern; zu dieser Mehrheit gehören natürlich die Katholiken, aber auch Liberale wie Heinrich von Gagern, der Kleindeutsche von 1848, und großdeutsche Demokraten wie Julius Fröbel, aber auch betont preußische Demokraten wie Waldeck; und endlich Sozialisten wie Marx und Engels: Napoleon ist der Repräsentant der Gegenrevolution, seine Vernichtung liegt im Interesse der Arbeiterklasse, das ist zugleich ein Schlag gegen Rußland; man muß die deutsche Westgrenze durch Anschluß an Österreich verteidigen.

Schließlich eine dritte und letzte, kleinere Gruppe: die kleindeutschen Realpolitiker, die wie die preußische Regierung Abwehr einer französischen Hegemonie, Hilfe für Österreich, aber Zugeständnisse an Preußen propagieren. Dazu gehören z. B. Hansemann und Max Duncker oder die Nicht-Preußen Rümelin, Bennigsen und Baumgarten. Schärfer zugespitzt meint Droysen: Österreich müsse in Italien engagiert bleiben, weil nur dann die deutsche Frage lösbar sei; und noch schärfer Treitschke: Preußen müsse Österreich in diesem Krieg helfen, gerade um Österreich den „empfindlichen Schlag" beizubringen.

In diese Debatte gehörte auch die eigentümliche Ambivalenz, mit der die liberal-nationale Bewegung der italienischen Nationalbewegung gegenüberstand. Sie war gerade in ihrer bürgerlichen und staatsbezogenen realpolitischen Ausprägung unter der Führung Cavours eigentlich ein Vorbild, und man stand ihr darum mit Sympathie gegenüber. Aber das nationale Eigeninteresse war stärker als Sympathien und Solidaritäten; der Kampf Italiens für Einheit und Unabhängigkeit bedrohte eben doch auch, so schien es, Deutschland, und er diente den selbstsüchtigen hegemonialen Interessen Napoleons oder wurde von diesem mißbraucht. Darum mußte das eigene nationale Interesse Vorrang haben.

Das Ergebnis des Krieges weckte zumeist Enttäuschung. Für die Mehrheit der Großdeutschen und die Österreicher natürlich erst recht war Preußen treubrüchig gewesen, ja Verräter an Deutschland: es hätte den „Kaufpreis" für die doch nur pflichtgemäße Unterstützung Österreichs zu hoch geschraubt; oder, wenn man denn seinen Anspruch auf Hegemonie anerkannte, es sei zu keinem Wagnis bereit gewesen. Aber ähnliche Vorwürfe richteten sich gegen Österreich: es habe vorschnell Napoleon nachgegeben, um nicht von Preußen gerettet zu werden; dann die radikale Zuspitzung: es sei ein Anachronismus mit seiner antinationalen Aristokratie und seinem Pakt mit den Ultramontanen. Konkret mündete dieses doppelte Mißtrauen in den Ruf nach einer Bundesreform, die nicht österreichischen und nicht preußischen Machtinteressen dienen sollte, sondern dem deutschen Sicherheitsinteresse. Dahinter wird, merkwürdig oft, die Sehnsucht nach dem großen, dem starken Mann laut – Cavour steht mehr als Napoleon im Hintergrund –, der die nationale Frage lösen soll, ja nach einem Cäsar, der auf dem Wege der Macht den gordischen Knoten zertrennt.

4. Die Neue Ära

Am Ende der 50er Jahre geht die eigentliche Reaktion nach einem Jahrzehnt zu Ende. Die liberale und die nationale Bewegung gewinnen wieder an Gewicht; zwischen ihnen und der Regierung scheinen sich Kompromisse anzubahnen, eine evolutionäre Entwicklung der Probleme der Verfassung wie des Nationalstaates. Man nimmt diese Periode oft nicht ernst genug; zwischen den Alternativen von 1848 und der Reichsgründung von oben gerät sie in den Schatten, aber auch sie war eine Alternative, und wir können daran die Möglichkeiten und Weichenstellungen der deutschen Geschichte besonders gut erkennen. Wir nennen diese Phase nach dem Schlagwort, das für den preußischen Thron- und Regierungswechsel sich einbürgerte, die „Neue Ära".

Im Oktober 1858 übernahm in Preußen der Kronprinz Wilhelm anstelle des geisteskranken Friedrich Wilhelm IV. die Regentschaft. Wiederum verbanden sich damit mancherlei – begründete wie unbegründete – Hoffnungen. Der Thronfolger war härter und nüchterner als sein Bruder, mehr auf Pflicht und Räson eingestellt. Er war durchaus preußischer, aber stärker dem Machtehrgeiz als den Ideologien verbunden, ein Gegner von Olmütz, den preußisch-deutschen Zielen der Wochenblattpartei nahe; darum war er ein Stück Hoffnung der kleindeutschen Nationalisten. Aber er, der Kartätschenprinz von 1848, war auch durch und durch Soldat, ein Mann des preußischen Militärstaats, und das führte dann zu dem großen Konflikt. Doch zunächst war es seine Gegnerschaft gegen die Hochkonservativen und die Reaktion, die hervortrat. Entgegen dem Testament Friedrich Wilhelms IV. leistete er bei Übernahme der Regentschaft den

Eid auf die Verfassung; da sie nun einmal da sei, so war seine Meinung, solle man sie auch halten und man solle sie nicht durch erzwungene Interpretationen verfälschen. Ein konservativ-liberales Kabinett, mit dem Fürsten Hohenzollern, dem 48er altliberalen Minister von Auerswald und dem Führer der Wochenblattpartei Bethmann-Hollweg vor allem, übernahm die Regierung, gegen die hochkonservative wie die bürokratisch-absolutistische Reaktion. Das war die Politik eines englischen Weges, wie sie von den Coburgern, von der Frau des Thronfolgers, Augusta, und ihren Verwandten und Beratern und von der liberalen Adelsfraktion in Preußen getragen wurde: es komme auf einen Ausgleich der Eliten an, eine Ausweitung der bisherigen Herrschaftsschicht, eine Integration von wenigstens Teilen des Bürgertums, um den Staat zu stärken und vor den Erschütterungen einer – sozialen – Revolution zu bewahren; auf Allianz mit den Liberalen und auf Reformen – gerade so könne man die monarchische und auch aristokratische Prägung der bestehenden Ordnung bewahren. Das war ein sinnvolles Programm mit guten Erfolgsaussichten und breiter Resonanz; das englische Beispiel machte es Fürsten und Adel wie gebildetem und besitzendem Bürgertum gleichermaßen attraktiv. Das war eine realistische Option. Freilich, die Bandbreite der Anhänger solchen Kurses war groß: das reichte von dezidierten Reformern bis zu solchen, denen nur die Ultras zu extrem waren, denen die ältere Generation zu altmodisch erschien, oder denen, die nur durch taktisches Entgegenkommen das gebildete und besitzende Bürgertum mit der bestehenden sozialen und politischen Ordnung versöhnen wollten. Wie immer, der Regent entwickelte in einer Ansprache das Programm dieser Neuen Ära. Die Regierung müsse den berechtigten Bedürfnissen und Forderungen der Zeit mit „sorglicher und bessernder Hand" Rechnung tragen; Preußen müsse im Schul- und Universitätswesen an der Spitze der Intelligenz stehen; die Religion – das richtete sich gegen die Hyperorthodoxie und das hörten die Liberalen besonders gern – dürfe nicht zum Deckmantel der Politik gemacht werden; Preußen müsse eine selbständige Außenpolitik führen. Dann aber hieß es: „In Deutschland muß Preußen moralische Eroberungen machen durch eine weise Gesetzgebung bei sich, durch Hebung aller sittlichen Elemente und durch Ergreifung von Einigungselementen wie der Zollverband es ist. Die Welt muß wissen, daß Preußen überall das Recht zu schützen bereit ist." Das schien eine klare Absage an den Kurs der Reaktion, der Preußen soviel Kredit in Deutschland gekostet hatte; der Regent schien endlich in liberale Vorstellungen von Preußens geschichtlichem Beruf in Deutschland einzutreten. Anderes, was Wilhelm auch sagte, von gesunden, kräftigen, konservativen Grundlagen des Staates, von der Notwendigkeit einer Heeresverbesserung, von der Absage an die liberale Vorstellung, die Regierung müsse sich fort und fort treiben lassen, neue Ideen zu entwickeln – das wurde nicht so deutlich wahrgenommen. Immerhin, es blieb ein konservativ-liberales und moderat-nationales Programm. Selbst Bismarck plädierte dem Regenten gegenüber dafür, den Kammern und der Presse freieren Spielraum zu gewähren, für ein einheitliches Zusammenwirken aller Organe und Kräfte des Landes, angesichts der Anforderungen der Zeit. Eine Art Versöhnung mit den Liberalen schien auch ihm ein wesentliches Mittel für die große hegemoniale Politik Preußens.

Die Regierung unternahm mancherlei zur Entspannung der bisherigen Konfliktsituation. Es gab ein Ämterrevirement – Bismarck z. B. wurde nach Petersburg verbannt –; die Kamerilla wurde kaltgestellt. Die nächsten Wahlen zur zweiten Kammer wurden nicht mehr staatlich „gelenkt", die Zahl der Konservativen schmolz daraufhin von 224 auf 16. Da die Demokraten die Wahl weiter boykottierten, gewannen die vorsichtigen und durchaus verständigungswilligen „Altliberalen" die Mehrheit. Zu dem am Bundestag schwelenden Dauerkonflikt um die kurhessische Verfassung – das kurhessische Regime war die provokativste Form der deutschen Reaktion – forderte Preußen nun mit der öffentlichen Meinung die Wiederherstellung der Verfassung von 1831 und setzte das, mit anderen Regierungen der Neuen Ära, mit heftigem Druck, bis hin zu Kriegsdrohungen, Ende 1862, nun schon unter ganz anderen innenpolitischen Voraussetzungen, auch durch. Aber zu den anstehenden entschiedenen Reformen kam es zunächst nicht, noch nicht. 1860 scheiterte eine Reihe von Reformentwürfen, z. B. zur Kreisordnung und zum Eherecht, vor allem am Herrenhaus; das Ende der Grundsteuerfreiheit der Junker wurde zwar mit Hilfe eines Pairsschubs noch durchgesetzt, aber mehr geschah nicht. Der Spielraum solcher Politik wurde enger. Das Lebensgesetz der Politik der Neuen Ära war, die Machtfrage nicht zu stellen; „nur nicht drängen" war die Parole, denn man wollte den König nicht ins Lager der Konservativen treiben. Die Altliberalen hofften auf die Zeit; aber im Zeichen des beginnenden Konfliktes über das Heer spielten Militär und Militärkabinett in der Umgebung des Königs eine wachsende Rolle. Ein den Liberalen besonders wichtiges Gesetz über die Ministerverantwortlichkeit kam nicht zustande, weil das Militärkabinett und der neue Kriegsminister Roon den König dazu brachten, die Vorlage wieder zurückzuziehen. Es erwies sich jetzt als wesentlicher, individuell-zufälliger Faktor, daß der Thronwechsel in Preußen kein Generationenwechsel gewesen war; der neue König war ein Mann aus den ersten Jahrzehnten des Jahrhunderts, das begrenzte den Kurswechsel entschieden.

Auch in anderen Ländern begann politisch eine neue Ära. In Österreich, wir werden gleich davon erzählen, endete nach der italienischen Niederlage der Neoabsolutismus. In Bayern, wo die Reaktion, wie gesagt, nicht so scharf wie sonst gewesen war, kam es nach der Wahl einer liberalen Mehrheit 1859 zu einem schweren Konflikt zwischen Kammer und Regierung; für den leitenden Minister von der Pfordten gab es nur eine Alternative von Staatsstreich, Auflösung der Kammer und Oktroi eines Neuen Wahlgesetzes oder Rücktritt; der König entschied, auch angesichts der Neuen Ära in Preußen, gegen den Konflikt – „Ich will Frieden haben mit meinem Volk" –; von der Pfordten trat zurück. Das leitete eine Phase moderat-liberaler Beamtenregierungen ein, die mit der liberalen Mehrheit des Landtags kooperierten. In Baden benutzte der Großherzog den Widerstand der liberalen Kammermehrheit gegen das Konkordat zu einem Regierungswechsel; der liberale Parteiführer Lamey wurde Innenminister;

die Liberalen wurden regierende Partei, ohne daß man direkt zum parlamentarischen System überging. Versöhnung und Reform, das war das Programm; das hing auch mit der deutschen Politik Badens und des Beraters des Großherzogs Franz von Roggenbach zusammen: eine liberal-nationale, föderalistisch-kleindeutsche Einigung war das Ziel; sie sollte durch Verhandlungen der Regierungen und den Druck der öffentlichen Meinung erreicht werden. Die Teilnahme der bürgerlichen Bewegung und der Parlamente an der politischen Willensbildung der Einzelstaaten war dafür Voraussetzung. Baden sollte ein Beispiel dafür sein, daß solche liberale Politik funktioniere; zugleich sollte diese Innenpolitik ihm den notwendigen Spielraum für seine Außenpolitik gewährleisten. In Württemberg kam es zwar zu keinem Regierungswechsel, aber die Reaktion hörte auf; die Regierung schlug eine Art mittlere Linie ein; und in Sachsen, in Hannover, in den beiden Hessen, dauerte zwar das konservative Regime fort, aber jetzt im allgemeinen durchaus gemäßigter. Überall gewann der Liberalismus enormen Auftrieb; die alte Linke trat wieder in die Politik ein und wurde Teil der einen großen liberalen Bewegung. Der „Fortschritt" und seine Partei, die Fortschrittspartei, die sich nach 1861 in vielen Ländern bildete, schienen auf dem Vormarsch.

Man kann fragen, warum sich in einer Reihe wichtiger Staaten ein solcher Wandel vollzieht, warum die scheinbar doch unerschütterte Reaktion nach knapp zehn Jahren zu Ende geht. Thron- und zum Teil auch Generationenwechsel spielen eine gewisse Rolle; auch unter den Monarchen entsteht eine liberal-konservative Gruppe, wie sie etwa neben Friedrich von Baden am deutlichsten von Ernst von Coburg repräsentiert wird. Im Establishment der Reaktion treten, wir sagten es, die Risse und Brüche schärfer hervor, in Preußen in der Spannung zwischen Hochkonservativen und Wochenblattpartei, in Österreich wie in den süddeutschen Ländern im Konflikt zwischen katholischer Kirche und Staat, den kein Konkordat dauerhaft schließen konnte; gerade in diesem Riß gewinnt der Liberalismus wieder Freiheit und Profil. Vor allem die Außenpolitik, zumal seit dem italienischen Krieg, und die deutsche Frage sodann sprengen die Einheit der Reaktion und treiben zu einer neuen Politik; die Konkurrenz der alten Mächte ist an die Macht des modernen Prinzips der Öffentlichkeit gewiesen, und auch eine konservative Regierung kann, wenn sie in der deutschen Frage etwas erreichen will, an der Öffentlichkeit und dem Werben um sie und an den gesellschaftlichen Kräften nicht mehr vorbei. In Österreich ist es die ökonomisch-finanziell katastrophale Lage des Staates, der seinen Anspruch auf Großmachtpolitik kaum mehr erfüllen kann, die die Regierung zum Verständigungsversuch mit den gesellschaftlichen Kräften zwingt. Aber mittelbar gilt das im Grunde überall. Ohne Basis des Konsenses, ohne „Frieden mit dem Volk" kann sich auch ein konservatives System auf die Dauer nicht halten, geschweige denn entfalten. Insofern, nur insofern freilich, holt die gesellschaftliche Entwicklung die staatliche Politik und die Politik der alten Mächte ein. Der Liberalismus, der mit dem Impuls der Reformen die Reaktionszeit überdauert hat, tastet sich jetzt über Reform' und über Liberal-Konservative wieder an die Macht heran.

Die Reaktionsgesetze werden gelockert; die alten liberalen Reformvorhaben auf dem Gebiete der Justiz, der Selbstverwaltung, des Presse- und Vereinswesens und die neuen: Schulreform und liberale Gewerbe- und Wirtschaftsreform, kurz: bürgerliche Freiheit und bürgerliche Gleichheit und liberale Marktgesellschaft werden vorangetrieben; die Niederlassungsfreiheit siegt jetzt endlich im Zeichen guter Konjunktur über die alte Enge der traditionellen Kommunen. All das gilt besonders für Bayern und für Baden.

Der „Fall" Baden ist, weil die Liberalen regierende Partei sind, besonders interessant. Hier verschärft sich der latente Kulturkampf; die Maßnahmen gegen die geistliche Schulaufsicht, vom Innenminister Lamey auch als taktisches Mittel gedacht, die Liberalen zusammenzuhalten, provozieren den Widerstand der Kirche; und weil die liberalen Wirtschafts- und Gewerbegesetze den Protest der protektionistischen und traditionalistischen Gruppen, vor allem auf dem Land und in den kleinen Städten erregen, verbindet sich das mit der Schul- und Kirchensache zu einer antiliberal-katholischen Opposition, die zudem nationalpolitisch noch die starken antipreußischen Sentiments mobilisieren kann. Und die Honoratiorenpolitik, die die liberale Politik letzten Endes doch war, provoziert natürlich auch populistisch-demokratische Opposition. Das badische Experiment, das einen stillen Verfassungswandel einleiten sollte, ist auf Anhieb nicht gelungen. Der Liberalismus erweist sich, schroff gesagt, als noch nicht regierungsfähig; er ist – vor den außerordentlichen Herausforderungen dieser Jahre – zu einheitlichem Handeln nicht in der Lage. Bei den Konflikten um Kirchenpolitik und Kulturkampf bildet sich ein entschiedenerer, kompromißloser und ein moderaterer Flügel, und dieser Unterschied spielt auch bei anderen Sachfragen eine Rolle; 1865 verselbständigt sich der entschiedenere Flügel. Gleichzeitig aber, und das ist wichtiger, vertieft sich die nationalpolitische Trennlinie zwischen den pro- und den antipreußischen Liberalen; 1865 muß Roggenbach, der Repräsentant einer liberal-gouvernementalen kleindeutschen Nationalpolitik als Außenminister zurücktreten; er hat keine ausreichende politische Basis mehr. Die Politik der liberalen Regierung entfremdet der Partei einen Teil ihrer Klientel, ja ihrer Träger, (und jede andere Politik hätte das genauso getan). Das war nicht normale Abnutzung. Es war die Inhomogenität der deutschen Gesellschaft, die die liberalen über die konfessionellen, die sozial-ökonomischen und die nationalpolitischen Konflikte einholte. Die Parteibasis und der Zusammenhang der Partei waren nicht stabil genug, um die Zusammenarbeit von Partei und Regierung tragen zu können. Das wäre anderswo im deutschen Süden kaum anders gewesen. Überall trennten sich, zumal unter dem Gewicht der deutschen Frage, nach 1864 die Demokraten wieder von den Liberalen; überall kämpften die Liberalen mit dem Dilemma der preußischen und der antipreußischen Optionen. In Baden endete das Experiment vom Liberalismus als regierender Partei 1866 einstweilen in der Rückkehr zu einer konstitutionellen Regierung, die über den Parteien agierte und das Parlament in eine sekundäre Rolle drängte. Diese Geschichte zeigt nicht, daß die liberale Hoffnung auf Übergang zu einem liberalen und quasi parlamentarischen Regierungssystem unmöglich war – dafür waren sechs Jahre nicht ausreichend –; sie zeigt freilich die Schwierigkeiten, die das angesichts der sich überkreuzenden Spannungen der deutschen Gesellschaft und zumal der nationalen Kräfte hatte. Aber wenn in Preußen z. B. der konservativ-liberale Kronprinz Friedrich dem König Wilhelm bei dessen ja durchaus erwogener Abdankung gefolgt wäre, hätte sich ein „englischer Weg" der deutschen inneren Verhältnisse wohl denken lassen.

Ganz wichtig schließlich, auch für die gesamtdeutsche Entwicklung, aber zugleich ein ganz anders gelagerter Sonderfall war Österreich. Hier führte die italienische Niederlage zum Zusammenbruch des Neoabsolutismus. Dieses System hatte Österreich außenpolitisch isoliert; es hatte eine deutsche Politik am Bund und in Konkurrenz zu Preußen, doch immerhin einem Staat mit Verfassung, erschwert, und es hatte die finanzielle Basis des Staates vollends zerrüttet oder doch seine innere Kraft nicht wiederherstellen können. Österreich brauchte eine Verfassung, um den Staat auf stärkere gesellschaftliche und ökonomische Kräfte gründen zu können und um deutsche Politik machen zu können, und es brauchte eine Versöhnung mit den nationalen Kräften der Monarchie, vor allem mit Ungarn. Daß beide Ziele zueinander in Spannung standen, machte einen Teil des Dilemmas der österreichischen Verfassungspolitik aus. Darum auch entwickelte sie sich als eine Abfolge von Experimenten. Zuerst, im Oktober 1860, versuchte der Kaiser, vor allem mit Blick auf Ungarn, es mit einem konservativen Föderalismus; die Länder sollten mit ihrer Autonomie wiederhergestellt werden; zur Beratung von Gesetzen und zur Bewilligung von Steuern sollte es einen Reichsrat geben, in dem neben ernannten Mitgliedern die Vertreter der aus Aristokratie und Oberklasse rekrutierten Landtage sitzen sollten. Dieses Programm stieß fast allgemein auf Widerstand. Den slawischen Vertretern vor allem und den Ungarn war es nicht föderalistisch genug, und die Ungarn wollten überhaupt eine Vereinbarung und keinen Oktroi. Den Deutschen wiederum, zumal den Liberalen, war es zu wenig gesamtstaatlich; nur in einem stärker zentralisierten Reich könne es eine wirkliche Konstitution geben; und es war ihnen zu konservativ: es liefere Österreich dem Adel und dem Klerikalismus aus und enthalte dem Steuerzahler das Budgetrecht vor. Eine Rolle spielte natürlich auch die Furcht der Deutschen, z. B. in Böhmen, fremden Nationalitäten ausgeliefert zu werden. Angesichts dieser Widerstände und der Aussichtslosigkeit einer Appeasementpolitik gegenüber Ungarn ergriff man nun die andere Alternative, eine stärker konstitutionelle und stärker zentralistische Lösung mit den deutschen Liberalen. Der Mann der Paulskirche, Schmerling, wurde leitender Minister. Das Februarpatent von 1861 machte den Reichsrat zu einem Gesamtstaatsparlament mit einem Herrenhaus und einem von den Landtagen gewählten Abgeordnetenhaus mit den vollen Rechten einer Legislative. Die Länder hatten ihre Landtage, und in ihrer Zusammensetzung wurde jetzt neben dem Großgrundbesitz das städtische Bürgertum begünstigt; gegenüber den Landbezirken war es weit überrepräsentiert; in Böhmen z. B. 4½mal so stark. Im engeren Reichsrat, der für die nicht-ungarischen Reichsteile – das wurde jetzt ein neuer staatsrechtlicher Begriff – zuständig war, hatte das Bürgertum 65 Sitze gegen 59 des Großgrundbesitzes. Das begünstigte, angesichts der ökonomisch-sozialen Verhältnisse, de facto durchaus die Deutschen. Dabei waren die deutschen Liberalen keineswegs deutsche Irredentisten; sie gerade wollten nicht eine Gruppe vertreten, sondern das Ganze, sie waren gesamtstaatlich gesinnt; aber objektiv entsprach das ihrem nationalen Interesse. Die gesamtstaatliche Lösung und die Führungsrolle der Deutschen hingen notwendig zusammen.

Die konstitutionell-liberale Verfassungspolitik hatte ihren innerösterreichischen Sinn. Aber sie war durchaus auch ein Teil der deutschen Politik Österreichs. Sie sollte Österreichs Legitimität und Resonanz beim Deutschen Bund, bei den Mittel- und Kleinstaaten und bei der deutschen Öffentlichkeit sichern, im Kampf gerade gegen die preußischen Ambitionen. Und die Tatsache, daß zwischen 1862 und 1865, während Preußen vom Verfassungskonflikt und dem reaktionären Regiment Bismarcks bestimmt war, in Österreich Schmerling mit einer liberalen Verfassung die Regierung leitete, spielte für den Fortgang der deutschen Frage natürlich eine große Rolle. Die österreichische Verfassungspolitik war mit der österreichischen Politik der Bundesreformen eng verknüpft. Viele mittelstaatlichen Politiker aus dem nicht-österreichischen, zumal dem katholischen Deutschland, Großdeutsche, überzeugt von der unaufhebbaren, natürlichen und notwendigen Zugehörigkeit Österreichs zu Deutschland und antiborussisch gestimmt, spielten in den Ministerien und in der hohen Verwaltung wie in der Regierungspropaganda eine besonders wichtige Rolle, so z. B. Ludwig von Biegeleben. Aber der Blick auf Deutschland konnte die Verfassung nicht konsolidieren.

Auch diese Verfassung stieß auf Opposition, und daran ist sie letzten Endes gescheitert. Die Ungarn boykottierten die neue Lösung; die Slawen, Tschechen und Polen zumal, der Adel und der Klerus, zum Teil auch die deutschen Alpenländer waren für ein viel stärker föderalistisches und konservatives System. Im engeren Reichstag waren die deutschen „Linken", das heißt die Liberalen, mit 118 Sitzen, wenn auch unter sich zerteilt, in der Mehrheit; Ruthenen, Italiener und Rumänen unterstützten sie zumeist, vor allem aus nationalitätenpolitischen Gründen; 70 gehörten zur strikten Opposition. 1863 zogen sich Polen und Tschechen unter Protest aus dem Parlament zurück. Das Verhältnis zwischen Regierung und Mehrheit blieb gespannt. Die Regierung hatte zwar gleich 1861 mit einem Protestantenpatent ihre besonders anstößige Kirchenpolitik revidiert, aber sie blieb an das Konkordat gebunden und an den Kaiser, mußte vorsichtig taktieren. Die üblichen liberalen Reformen kamen nur langsam vom Fleck. Eigentümlich war das tragische Ergebnis der Reaktionspolitik: der Antiklerikalismus wurde fast zum wichtigsten Ziel der – katholischen! – Liberalen; auch er hatte seinen deutschlandpolitischen Sinn: er sollte die liberale Verfemung Österreichs im übrigen Deutschland wegen des Konkordats beseitigen. Die österreichischen Deutschen gewannen für die antiklerikale Politik in den 60er Jahren die Unterstützung der mächtig werdenden deutsch-jüdischen Bürgerwelt; aber langfristig hat dieser Antiklerikalismus die Verfassungsentwicklung nicht gefördert, ja mehr als sonstwo in Deutschland die liberale Bürger- und Bildungswelt von den bäuerlichen und kleinbürgerlichen Massen entfremdet. Aber nicht daran scheiterte das Experiment. Entscheidend war, daß es dem Schmerling'schen System nicht gelang, das Problem Ungarn einer Lösung näherzubringen. Weder Druck noch Abwarten noch der Versuch, mit den ungarischen Nebenländern zu einer Verständigung zu kommen, führten zu einem Ergebnis, und der passive Widerstand der Ungarn verschärfte fortlaufend die Finanzmisere. Der Kaiser schwenkte angesichts des möglichen Krieges um Deutschland und Italien und angesichts sich abzeichnender Verständigungsmöglichkeiten mit Ungarn und eines magyarisch-kroatischen Ausgleichs wieder zur förderalistischen Linie zurück. Am 26. Juni 1865 trat Schmerling zurück und wurde im Juli durch den konservativ-klerikalen Grafen Belcredi abgelöst; die Februarverfassung und der Reichsrat wurden sistiert; der ungarische Landtag wurde einberufen, und mit einer versöhnlichen Thronrede wurden die Verhandlungen mit den Ungarn eingeleitet. Nach dem Neoabsolutismus war auch der konstitutionell-liberale Zentralismus, vor allem an Ungarn, aber auch an der Opposition der anderen nichtdeutschen Nationen und der Konservativ-Klerikalen gescheitert. Weil Österreich Großmacht war und Großmachtpolitik treiben wollte und weil es unter dem akuten Druck der Finanzmisere stand, konnte man weder eine Politik des Abwartens treiben noch gar eine fundamentale Neuordnung der ganzen Frage der Länder und Nationalitäten ins Auge fassen; man mußte sich mit Ungarn, dem alten Großungarn jetzt der Magyaren, verständigen. Als Österreich 1866 aus Deutschland ausschied, war das endgültig unausweichlich geworden.

Die Schwierigkeiten des übernationalen Kaiserstaates mit dem Liberalismus einer Neuen Ära aber waren letzten Endes nicht die der anderen deutschen Länder. Doch wir haben vorgegriffen. Wir wenden uns zuerst dem Zusammenhang der gesamtdeutschen Politik wieder zu.

5. Die deutsche Frage 1859–1863

Mit dem Ende der 50er Jahre wurde die deutsche Frage für die Deutschen, die Regierungen und die Öffentlichkeit, wieder zum Hauptthema. Der italienische Krieg hatte das deutsche Sicherheitsproblem neu und eindringlich gestellt. Preußen hatte in der Frage der Bundeshilfe seine Ansprüche neu und entschieden gestellt; Österreich hatte mit dem Abkommen von Villafranca sich klar für die Priorität der Deutschland-Politik entschieden; der Dualismus verschärfte sich. Auch für die übrigen Regierungen rückte mit der Neuen Ära und den neuen europäischen wie gesamtdeutschen Konstellationen die bisherige innenpolitische Priorität, die Reaktion, in den Hintergrund; die deutsche Frage war es jetzt, die ganz oben auf der Tagesordnung stand. Die öffentliche Meinung gewann in diesem Umbruch neues und großes Gewicht, und für sie stand erst recht die nationale Frage im Mittelpunkt. Da nun einstweilen niemand seine Erwartung auf eine nationale Revolution setzen konnte und auch niemand auf eine gewaltsame, kriegerische Lösung, spitzte sich die deutsche Frage zu auf die Frage nach der Reform des Deutschen Bundes. Das beherrschte die nächsten Jahre, zunächst anscheinend allein, ehe die deutsche Frage sich dann mit der Frage der europäischen Mächtepolitik unlöslich verband.

Deutsche Politik dieser Jahre, das ist ein Gewirr von Plänen, Aktionen und Gegenaktionen, Irritationen und Schwankungen; unsere Väter und Großväter haben das mit aller Leidenschaft, großdeutscher und kleindeutscher, erforscht und dargestellt. Das Thema hat in den Nachkriegsgenerationen an Gewicht verloren; die Frage des Verfassungs- und Herrschaftsgefüges, die Frage nach dem Verhältnis von Bürgertum und monarchischem, feudalem, militärischem Obrigkeitsstaat, die Freiheitsfrage also hat sich ins Zentrum geschoben, die Frage nach den ökonomisch-sozialen Bedingungen und Konflikten sodann. Aber diese Bundespläne bleiben auch für uns und für jede Geschichte der Deutschen von ganz epochaler Wichtigkeit. Es geht dabei im Grunde um die Frage nach den Alternativen zur Bismarck'schen Einigungspolitik: zur kleindeutsch-großpreußischen, machtstaatlich kriegerischen Reichsgründung, zum dadurch bedingten inneren Gefüge dieses Reiches und zur Einpassung der Liberalen, zur Ausbildung eines national-imperialen Machtstaates, der die Sprengkraft des deutschen Nationalismus in Europa nicht mehr einhegte, sondern eher mobilisierte; zum Ausscheiden Österreichs und zur ersten modernen Teilung der deutschen Nation. Gewiß ist die deutsche Politik nicht von den Parteibewegungen und nicht von der inneren Politik der Einzelstaaten zu trennen; gerade mit dem preußischen Konflikt steht sie in intensiver Wechselwirkung, und ebenso ist sie natürlich mit der Zollvereinspolitik verkoppelt. Eine chronologische Erzählung würde dieses Geflecht deutlich machen. Aber dazu haben wir hier nicht die Zeit. Um die Dinge durchsichtiger zu machen, wollen wir die Entwicklungsstränge und Probleme trennen, und wir wollen aus dem Komplex der Bundespolitik nur die typischen Lösungsmöglichkeiten, die im Zeitlauf nacheinander hervortreten, und die großen Entscheidungssituationen herausheben.

Wenn man davon ausgeht, daß alle Beteiligten eine Bundesreform für notwendig hielten, so fassen wir zunächst die preußische „Idee" der Bundesreformen ins Auge. Sie war gerichtet auf eine dualistische Hegemonie im Bund, Gleichberechtigung, ein alternierendes Präsidium, und jeweils Vorverständigung der Hegemonialmächte, Reform der Kriegsverfassung, um das deutsche Sicherheitsproblem besser zu lösen, und schließlich, zusätzlich oder alternativ, den Anspruch auf alleinige Hegemonie im Norden, also Einflußteilung an der Mainlinie, wobei Preußen letzten Endes auch freie Hand in Schleswig-Holstein und Kurhessen forderte. Diese Lösung hatte für die preußische Politik vor Bismarck klare Priorität; die andere Alternative, die Sprengung oder Lähmung des Bundes, war dagegen nur eine Notlösung. Zur Durchsetzung dieser Reform gegenüber Österreich gab es zwei Wege, nämlich nicht nur Konfrontation und Druck, sondern auch Kooperation. Angesichts z. B. der undurchsichtigen Pläne Napoleons III. hat die preußische Politik zeitweise eine Verständigung mit Österreich durchaus bevorzugt, auch Bismarck hat diese Möglichkeit einkalkuliert. Und Preußen hatte angesichts der außenpolitisch schwierigen Lage Österreichs durchaus etwas zu bieten, z. B. die Garantie der italienischen Restposition Österreichs in Venetien; insofern war Kooperation und Einflußteilung auch für Österreich nicht ohne Attraktion. Österreich nun wollte im Grunde seine führende Stellung in Deutschland nicht aufgeben und auch nicht reduzieren; es wollte Preußens Veränderungsbestrebungen soweit wie möglich abblocken, und es wollte, wenn dazu nötig, den Bund stärken. Freilich, vor der Alternative einer antipreußischen Konfrontationspolitik oder dem Kurs dualistischer Kooperation schwankte auch die österreichische Politik hin und her; zu einer dauerhaften Entscheidung kam es nicht. Zunächst schien es seit dem Herbst 1859 zu einer preußisch-österreichischen Annäherung zu kommen; im Juli 1860 war Preußen willens, Österreichs Position auch in Italien zu garantieren, und Österreich räumte der Bundesgenossenschaft mit Preußen Priorität ein. Aber diese Kombinationen haben sich bis zum Frühjahr 1861 wieder zerschlagen. Österreich scheute letzten Endes vor der Politik der Einflußteilung zurück; ein Grund dafür war, daß es fürchtete, dann mit immer weitergehenden preußischen Ansprüchen rechnen zu müssen – ein nicht ganz von der Hand zu weisendes Argument.

Gegen preußische wie österreichische Vorstellungen stehen die Triasvorstellungen der Mittelstaaten, die seit 1859 in Würzburg zu eigenen Konferenzen zusammentraten. Sie sind von einem preußisch-österreichischen Duumvirat ebenso erschreckt wie vom preußischen Hegemoniestreben und dem möglichen Ausschluß Österreichs. Sie wollen eine föderative Reform, die ihre Existenz sichert und zugleich die Bundeskompetenzen etwas verstärkt. So haben sie 1859 eine Vereinheitlichung des Rechts- und Justizwesens durch den Bund und die Mitwirkung von Delegierten der Landtage daran gefordert. 1861 dann verlangte Beust, der sächsische Ministerpräsident, eine stärkere Exekutive, und zwar ein Triumvirat, dazu eine Verstärkung der Kompetenzen des Bundes und eine Versammlung von Landtagsdelegierten als Bundesorgan, das war die Konzession der Mittelstaatspolitiker an die Nationalbewegung; doch war im Grunde diese Delegiertenversammlung umfunktioniert zu einem partikular-föderativen Organ. Aber diese Trias litt an den alten Widersprüchen: Bayern strebte eine Sonderrolle an, und immer wieder zeigte sich, wie fragil die Einheit dieser Gruppe in den entscheidenden Fragen war.

Nach dem Scheitern der österreichisch-preußischen Einigungsversuche im Sommer 1861 nähert sich Österreich wieder den Mittelstaaten. Auf der anderen Seite gewinnen kleindeutsche, liberal-nationale Unionspläne neuen Auftrieb. Vor allem der badische Minister Roggenbach wird ihr Protagonist. Im Juli 1861 wendet er sich an den preußischen König: eine Neugestaltung Deutschlands sei notwendig, mit Parlament und Verfassung, sie sei aber nur ohne Österreich möglich; Österreich solle durch eine militärische Garantie „entschädigt" und an ein engeres Deutschland gebunden werden. Das war im Grunde die Politik des Flügels der deutschen Nationalbewegung, der sich 1859 im Deutschen Nationalverein organisiert hatte, um solche Ziele öffentlich zu propagieren. Auch Bismarck hat sich in diesen Monaten geäußert: Preußen solle am Bund Anklage gegen die bisherige Politik des Bundes erheben, gegen den fürstlichen Partikularismus und das Versagen in den wirklichen Fragen der deutschen Sicherheit; solle Verhandlungen mit den einzelnen Regierungen über eine Neuordnung des Bundes in Angriff nehmen; solle ein Parlament in Aussicht nehmen, denn das sei gegen die divergierende dynastische Sonderpolitik als Organ der Integration notwendig; Parlament und föderalistische Regierungen würden sich schon gegenseitig ausbalancieren und einschränken. Das war ein anderer Ton, machiavellistischer, von Staatsräson, Sicherheitskalkül und preußischem Hegemonialstreben mit bestimmt. Motiv und Ziel waren andere als die der Nationalbewegung. Aber Bismarck erkannte diese Bewegung und die öffentliche Meinung als Macht, mit der man sich verbinden könne oder gar müsse, um das eigene Ziel zu erreichen; längerfristig deutete sich eine eigentümliche Allianz an. Auch der preußische Außenminister Bernstorff dachte – im Dezember 1861 – an eine preußisch geführte kleindeutsche Union, freilich – ohne Parlament. Aber zunächst verzichtete Preußen darauf, solche Politik ernsthaft zu verfolgen.

Gerade gegen solche Pläne rücken Österreich und die Mittelstaaten näher zusammen. Sie greifen die Idee einer Konferenz von Parlamentsdelegierten wieder auf, die ein Zivilgesetzbuch und eine Vereinheitlichung des Justizwesens beraten solle; das wäre ein Parlamentsersatz gewesen, der den Einzelstaaten nicht wirklich schaden konnte. Ende 1862 machen sie den Versuch, Preußen am Bund zu majorisieren; Preußen droht mit Austritt. Ja Bismarck, inzwischen Ministerpräsident, droht mit Krieg, wenn Österreich nicht die Parität im Bund und die Hegemonie im Norden anerkenne; Österreich müsse zwischen Preußen und den Mittelstaaten wählen – eine Drohung, die angesichts der europäischen Verhältnisse nicht sehr realistisch ist. Er bietet im Dezember 1862 statt der Dauerkonfrontation eine Politik der Machtteilung und Kooperation an, wenn Österreich den geforderten Preis zahlt. Das wäre eine Politik der konservativen, der gegenrevolutionären Solidarität gewesen, und Bismarck hat dieses ideenpolitische Argument durchaus benutzt. Denn die Konfrontationspolitik lief, paradox genug, auf seiten Preußens auf eine Nationalpolitik im Sinne der Liberalen oder gar mit ihnen heraus. Aber Österreich geht auf solche überraschende und große Perspektive nicht weiter ein. Immerhin, vor der Alternative eines preußischen Austritts, unterliegt der Majorisierungsantrag. Preußen bereitet einen Gegenangriff vor. Unter Führung des Konfliktministers Bismarck, der gerade davon gesprochen hatte, daß die großen Fragen der Zeit durch Eisen und Blut entschieden würden, erklärt es sich jetzt für ein Parlament, direkt und nach Volkszahl gewählt. Das war gegen das übernationale Österreich gerichtet, das ein solches Parlament nicht zulassen konnte. Damit erntete Preußen freilich zunächst nur Hohn und Spott, aber das nationale Parlament war eine revolutionäre Waffe, auch in der Hand der preußischen Regierung; das war eine große Perspektive für die Zukunft.

Zunächst übernimmt jetzt, 1863, aber Österreich die Initiative. Es ist die Stunde der Großdeutsch-Liberalen in Wien: sie wollen in einem großen Anlauf eine wirkliche Reform durchsetzen, und die soll die deutsche Frage lösen, so natürlich, daß Österreichs politische Existenz erhalten bleibt und seine Führung gesichert wird. Im Juli 1863 liegt das österreichische Programm in den Grundzügen vor. Der Bund bleibt föderal, aber die bundesstaatlichen Elemente sollen neben den staatenbündischen gestärkt werden, das heißt vor allem seine Kompetenzen und die Funktionsfähigkeit seiner Exekutive. Ein fünf- oder sechsköpfiges Direktorium, eine Fürstenversammlung und ein Bundesparlament, aus den Landesparlamenten gewählt und mit geringen Rechten, sind als Organe vorgesehen. Das ist ein großer Plan, Deutschland und Mitteleuropa neu zu ordnen, zwischen partikularer Souveränität und Gesamtinteresse, übernationalen Mitteleuropaideen und der Idee des Nationalstaates zu vermitteln, zwischen den Regierungen und der bürgerlich-popularen Bewegung auch – unter Verzicht freilich auf ein nationales Parlament. Als Eventuallösung wird für den Notfall ein Sonderbund ohne Preußen, ein umgekehrtes Kleindeutschland, ins Auge gefaßt. Der österreichische Kaiser lädt zur Beratung dieses Plans zu einem Frankfurter Fürstentag im August 1863 ein, ohne daß dem, wie der preußische König sofort verlangt, Ministerkonferenzen vorausgehen sollten. Berühmt ist, wie Bismarck den preußischen König mit leidenschaftlicher Mühe daran gehindert hat, diesen Fürstentag, diese „Geburtstagsfeier mit weißgekleideten Fürsten“, zu besuchen. Vom Standpunkt Preußens lief der Plan allein auf eine Stärkung des Bundes zugunsten Österreichs hinaus; Preußen wäre als eines von fünf Direktoriumsmitgliedern zurückgestuft worden. Aber darüber war vielleicht zu verhandeln. Bismarck aber will auch das gerade nicht. Gegen alle dynastische Solidarität und traditionelle Loyalität des Königs setzt er sich mit seinem Machtrealismus durch. Wilhelm sagt ab – mit dem eigentümlichen Argument, daß der König nur in Beratung mit seinem Minister handeln könne. Das war die konstitutionelle und ursprünglich liberale Verfassungstheorie, die der König des Konfliktes hier vorbrachte. Wäre der König nach Frankfurt gegangen, wäre Bismarck zurückgetreten. Der König hätte sich den großdeutschen Reformplänen kaum gänzlich entziehen können; eine sehr andere Wendung der deutschen Dinge wäre eingeleitet worden.

In Frankfurt nahm die Mehrheit der Mittelstaaten, außer Baden, das noch einmal föderalistisch gemilderte österreichische Projekt an. Preußen war strikt dagegen. Es forderte ein Vetorecht der Großmächte und paritätische Führung, und es forderte ein wirkliches Parlament. Das entsprach der öffentlichen Meinung, wie sie ein Abgeordneter in Frankfurt und der Nationalverein formulierten: eine Bundesreform ohne wirkliches Parlament war für die liberal-nationale Bewegung nicht akzeptabel. Gewiß, wenn gerade Bismarck ein Parlament forderte, so war das zunächst taktisch motiviert; das sollte Österreichs Pläne konterkarieren und nebenbei auch die innerpreußische Opposition beschwichtigen. Aber, wir sagten es, dahinter stand auch eine längerfristige Perspektive. Bismarck rief die Nation gegen die Fürsten an, eine Lösung der deutschen Frage schien auch ihm nur mit einem Parlament möglich; insofern stimmte er mit der Grundforderung der Liberalen überein. Das war eine ganz neue Situation, die die bisherigen Frontstellungen revolutionieren konnte. Es war kein Zufall, sondern ein Stück objektiver Identität der Interessen, wenn die Nationalbewegung

Preußen näher stand als jenen großdeutsch-mittelstaatlichen Reformplänen. Denn die waren letzten Endes nicht nationalstaatlich – dafür waren sie zu partikularistisch und zu großösterreichisch –, und sie waren – ohne wirkliches Parlament – auch nicht demokratisch. Man mag, das Schicksal der deutschen und mitteleuropäischen Nationalismen vor Augen, das Scheitern jener großdeutschföderalistischen Pläne bedauern. Die nationale und die demokratisch begründete Einheit, die die liberal-nationale Bewegung wollte, konnten sie nicht bringen. Eine Alternative waren sie nur, wenn man auf den Nationalstaat verzichtete, oder historisch gesagt: wenn man den Nationalstaat für eine historisch überspringbare Form der politischen Existenz hält.

Natürlich, für die Liberal-Nationalen war die Interessenidentität mit Preußen durch Bismarck gerade gestört, und daran konnte auch seine national-parlamentarische Demagogie nichts ändern. Aber man identifizierte Preußen nicht auf Dauer mit Bismarck; man glaubte, daß die preußische Staatsräson Preußen mit Notwendigkeit dazu führen werde, mit den stärksten Tendenzen der Zeit zu gehen, und letzten Endes, daß die Einheit die Freiheit weiterbringen müsse.

Die Reform also lief am hartnäckigen Widerstand Preußens auf. Die ursprüngliche österreichische Idee eines Sonderbundes scheiterte, wie überhaupt ein härteres Vorgehen gegen Preußen, an den Bedenken der Mittelstaaten. Ohne Preußen oder gar gegen es hatten sie keinen Mut, und in einem Sonderbund fürchteten sie doch wieder die österreichische Hegemonie. So blieb dieser Anlauf ohne Ergebnis. Und Österreich hat seine Pläne einstweilen nicht weiter verfolgt: die Schleswig-Holstein-Krise 1863/64 hat es dazu bewogen, sich für eine Zeitlang wieder der Kooperation mit Preußen zuzuwenden. Bundesreform und deutsche Frage schienen erst einmal auf Eis gelegt.

Deutschlandpolitik und Reform des Bundes, das war, wir sagten es, nicht nur Sache der Regierung, das war auch Sache der öffentlichen Meinungen, der großen politischen Bewegungen; und das war nicht nur Begleitmusik zu den Zügen und Gegenzügen von Regierungen, sondern beeinflußte, auch wenn das Gesetz des zwischenstaatlichen und bundespolitischen Handelns noch durchaus bei den Regierungen lag, deren Verhalten nicht unwesentlich. Und auch hier tritt das nationalpolitische Engagement der gesellschaftlichen Kräfte mit dem Ende der Reaktion gerade 1859 deutlich in den Vordergrund. 1859 wird der „Deutsche Nationalverein" gegründet, im Schatten des italienischen Krieges, der das Problem der deutschen Sicherheit und Einheit neu gestellt hatte, nach dem Vorbild der italienischen Società nazionale von 1856. Liberale und gemäßigte Demokraten aus verschiedenen deutschen Ländern taten sich zusammen, Rudolf von Bennigsen, liberaler Abgeordneter aus Hannover, Hans Viktor von Unruh, der Präsident der preußischen Nationalversammlung von 1848, Hermann Schulze-Delitzsch, der Genossenschaftsgründer und von seiner politischen Herkunft her Demokrat, waren maßgebliche Führer; Fedor Streit, ein Demokrat, wurde Generalsekretär, mit dem Sitz in Coburg. Das Programm des Vereins knüpfte an die Reichsverfassung von 1849 an: ein deutscher Nationalstaat mit Zentralgewalt, nationalem und gewichtigem Parlament und allgemeinem Wahlrecht, liberal-föderalistisch und kleindeutsch unter preußischer Führung; auch die moderateren Ideen der „Gothaer" Unionspolitiker von 1849/50 konnten sich in diesem Programm wiederfinden. Man suchte nach einem „italienischen Weg", denn, das war eine der Lehren der gescheiterten Revolution von 1848, die Einheit war in Mitteleuropa nicht unmittelbar durch das Volk herzustellen, sondern nur, so meinte man, im Zusammenwirken einer großen Popularbewegung mit einem oder mehreren der führenden Staaten. Der Verein sollte ein Agitations- und Propagandaverein sein, der über Publizistik und Kundgebungen die öffentliche Meinung beeinflussen sollte, für Freiheit und Einheit und gegen den Partikularismus wie gegen ausländische Drohungen und Bedrohungen, wie Napoleons Reden von den natürlichen Grenzen.

Der Verein hat, alle Grenzen zwischen den deutschen Staaten überschreitend, und das war legalistisch gesehen schon revolutionär, eine große Resonanz gefunden; er hat etwa 25 000 Mitglieder organisiert – der Bund konnte eine solche Bewegung nicht mehr unterdrücken, das war gegen die konstitutionellen Regierungen und im Zeichen der Neuen Ära nicht durchzusetzen. Der Verein blieb freilich ein Honoratiorenverein; schon die Tatsache, daß der Vereinsbeitrag ein Jahresbeitrag war, sicherte das. Das entsprach dem liberalen Stil von Politik; daran konnten auch die demokratischen Mitglieder der Führungsgremien, die mehr auf Massenunterstützung tendierten, nichts ändern. Dennoch, dieser Verein war zuerst einmal eine große spontane und populare Bewegung; das nationalpolitische Motiv verband alte Liberale und alte Demokraten, es war parteistiftend; der Verein brachte die öffentliche Meinung bei der Lösung der deutschen Frage im Sinne der Kleindeutschen wieder kräftig ins Spiel. Freilich, der Verein war ein Agitationsverein; er brauchte nicht zu handeln, nicht politisch zu entscheiden. Er brauchte die Gegensätze in den eigenen Reihen nicht auszutragen, konnte sie mit verbalen Kompromissen, mit Taktik und vorsichtigem Lavieren zu überbrücken suchen. Die kleindeutsch-propreußische Zielsetzung wurde nie ganz offen ausgesprochen. Die wirklichen Kleindeutschen glaubten, daß man sich angesichts des brutalen preußisch-österreichischen Dualismus entscheiden müsse, und zwar für Preußen; denn es sei die einzige Macht, die Deutschland einen könne, weil preußischer Selbsterhaltungstrieb und Ehrgeiz objektiv auf eine deutsche Nationalpolitik hinausliefen. Der Unterschied großpreußischer Machtpolitik und nationaler Einigungspolitik, wie ihn die Antiborussen ständig vor Augen stellten, trat für sie zurück; ja sie meinten, gerade und erst ein einheitliches Deutschland werde Preußen liberalisieren. Aber angesichts vieler antipreußischer Stimmungen, einer doch emotional noch großdeutschen Sympathie und der Abneigung, harte Gegensätze in der harten Sprache der Machtpolitik zu erörtern, salopp gesagt: weil es so wichtig war, wem der Schwarze Peter der deutschen Teilung zufiel, deshalb taktierte der Verein so vorsichtig. Aber das ersparte ihm das nationalpolitische Dilemma nicht. Und als Preußen seit dem Herbst 1862 unter Bismarck die Politik von Konflikt und Reaktion, Eisen und Blut trieb, geriet der Verein in den Wirbel des Niedergangs: Preußen verlor im liberalen Deutschland an Prestige; kaum ein Liberaler konnte sich (vor 1864 jedenfalls) mit einem so geführten Preußen eine nationale Politik vorstellen; Preußen schien sich seinem deutschen Beruf endgültig zu versagen. Die nationale Frage schien blockiert – denn weder Österreich noch die Mittelstaaten noch eine demokratische Revolution boten eine akzeptable oder realisierbare Alternative. Man konnte nur auf einen Regierungswechsel in Preußen hoffen. Erst nach 1864 bahnte sich, sehr langsam, da eine Änderung an.

Gegen die Kleindeutschen standen wie 1848, aber jetzt erneuert, die Großdeutschen. Und es ist wichtig, die Gewalt dieser fundamentalen Spannung wirklich zu realisieren: es ist in diesem Jahrzehnt die nationalpolitische Spaltung, die tiefer als alle anderen Gegensätze die Parteien durcheinanderwirbelt, alte Gegnerschaften überwindet, neue Bündnisse stiftet, neue Fronten schafft. Im Oktober 1862 wird im Zusammenhang mit den Bundesreformplänen des sich liberalisierenden Österreich gegen den Nationalverein der Deutsche Reformverein gegründet. Er sucht nun die popularen Kräfte gegen das kleindeutsch-erbkaiserliche Programm zu organisieren. Neben die universalistischen und die partikularistischen Gegner des Nationalstaates und neben die katholischen Antiborussen und Großdeutschen treten Liberale und Demokraten, nicht nur aus Österreich: die alten Politiker der Paulskirche, der konstitutionell-liberale und ursprünglich ja kleindeutsche Heinrich von Gagern, der linksliberale Moritz Mohl und Julius Fröbel, der 48er Radikale. Gerade in Bayern und Württemberg, in Hessen und Hannover hat dieser Verein eine breite Mitgliederbasis gefunden. Freilich, auf Dauer konnte diese eigentümliche Allianz von Konservativen, Klerikalen und Demokraten nicht wirklich halten. Das Programm der staatenbündischen Reform, der direktorialen Exekutive und des indirekt gewählten und fast machtlosen Parlaments, konnte den Gegensatz der Status quo-Anhänger und der liberal-demokratischen Protagonisten von großdeutscher Einheit und Macht nur verhüllen, aber nicht überbrücken. Das Ziel der Reform, die Bundesgründung von 1815 mit mehr Einheit und mehr Freiheit zu erneuern und Preußen und Österreich zu einen – leidenschaftlicher Traum der großdeutschen Patrioten –, war nicht zu erreichen; denn das entsprach nicht der Krise des Bundes, nicht der Krise der Zeit. Einig war man zuletzt nur im Negativen. Die Fremdheit zwischen dem österreichischen Kaiserstaat und der demokratisch-parlamentarischen Nationalidee war zuletzt unaufhebbar, und sie war 1866 dann noch stärker als die zwischen preußischem Militärkönigtum und der Nationaldemokratie. Als die Reformpolitik Österreichs wie die der Mittelstaaten nach 1863 scheiterte, verlor auch der Reformverein Ansehen und Wirksamkeit. Das Dilemma schien klar. Mit Österreich war keine nationale, mit Preußen keine liberale Lösung zu erreichen.

Die bundespolitischen Auseinandersetzungen von Kleindeutschen und Großdeutschen sind schließlich begleitet von den großen publizistischen und wissenschaftlichen Auseinandersetzungen der beiden Richtungen. Keineswegs beherrscht der offen oder latent propreußische Liberalismus das Feld. Neben den kleindeutschen Historikern z. B. spielen auch die großdeutsch-föderalistischen Historiker noch eine wichtige Rolle, der Frankfurter Böhmer, der Hannoveraner Onno Klopp, Constantin Frantz und der Redakteur der ‚Historisch-Politischen Blätter‘, der Bayer Edmund Jörg; sie alle greifen im Kampf gegen die „Verpreußung" Deutschlands auf die Historie zurück. Klopp schreibt 1860 über Friedrich II. als den „Verderber" der deutschen Geschichte, warnt vor der preußischen Eroberungsgier, dem Militär- und Zwangssystem und später vor den kleindeutschen Geschichts„baumeistern". Berühmt ist der Streit zwischen Heinrich von Sybel und Julius Ficker in Innsbruck über die deutsche Kaiserpolitik des Mittelalters; die Sybel'sche Kritik an der universalistischen und italienorientierten Politik der Kaiser und ihrer desintegrierenden Folgen für die Reichsorganisation, eine Kritik, die an den Normen des Nationalstaates mißt, und die Abwehr Fickers, der das Kaisertum gut historistisch aus seinen eigenen und nicht aus unseren Voraussetzungen erklären will. Das wissenschaftliche Recht lag bei Ficker; aber auch der verteidigte und legitimierte so seine politischen, nämlich großdeutsch-universalistischen Tendenzen. Das war nur eines der vielen Beispiele, wie politische Konflikte in der Form einer historischen Debatte ausgetragen wurden und wie der großdeutsch-kleindeutsche Gegensatz neben den realpolitischen auch die ideenpolitischen Fronten bestimmte.

Mindestens so gewichtig wie die Auseinandersetzung um Reform und Hegemonie im Deutschen Bund endlich ist der Kampf um die wirtschaftspolitische Einheit und Hegemonie, der Kampf um den Zollverein. Die Frage des Beitritts Österreichs zum Zollverein war 1853 vertagt worden; erst 1860 wollte man wieder verhandeln; Preußen hatte den Angriff auf seine wirtschafts- und handelspolitische Führung abwehren können. Aber die Frage stand nun zur Debatte. Das war eine Frage der großen Politik. Aber es war ebenso eine Frage der wirtschaftlichen Interessenlage. Preußen, ökonomisch stark und relativ fortentwickelt, sah sein Interesse in einem Freihandelssystem; nicht nur die Bürokratie, der Handel und die akademische Intelligenz vertraten diese Position, sondern auch die Mehrheit der Produzenten, die Getreide produzierenden und exportierenden Großgrundbesitzer im Nordosten und auch der größere Teil der Industrie, trotz der Widerstände etwa im Eisen- und Textilbereich. Österreich hatte dagegen über Jahrzehnte hinweg eine protektionistische Politik betrieben; die österreichische Wirtschaft, erst in der Anfangsphase der Industrialisierung, war von ihren vitalen Interessen her auf die Beibehaltung dieses Schutzzollsystems aus. Die weltwirtschaftliche Rezession von 1857 hatte beide Tendenzen verstärkt. Dazu kam, daß Österreich als Markt nicht besonders attraktiv war; die finanzielle Zerrüttung war weit fortgeschritten; der Krieg von 1859 führte quasi zu einem Kollaps.

Dennoch, die österreichische Politik hielt unter macht- wie wirtschaftspolitischen Perspektiven zäh an ihren Plänen fest. Bruck betrieb 1859 wieder intensiv den Eintritt Österreichs in den Zollverein; das lag im österreichischen Interesse, aber das bot auch wieder die Perspektive eines großen mittel- und südosteuropäischen Wirtschaftsraumes. Natürlich wäre ein Zollverein mit Einschluß Österreichs protektionistischer geworden, als es der Handelspolitik Preußens entsprach, aber Bruck war für Österreich auch durchaus zu Zollsenkungen bereit –

damit hat er freilich den entschiedenen Widerstand der österreichischen Textil- und Montanindustrie provoziert. Aber zunächst war alles eine Frage der Mächtepolitik. Die süddeutschen Staaten unterstützten wie Anfang der 50er Jahre aus bundespolitischen Gründen die österreichische Beitrittsoffensive; Preußen aber stellte sich ihr entgegen. Es lehnte 1860 sogar die vereinbarten Verhandlungen ab, weil ein positives Ergebnis nicht zu erwarten sei. Gleichzeitig begann Preußen Handelsvertragsverhandlungen mit Frankreich. Das war zunächst handelspolitisch naheliegend; denn Frankreich hatte gerade mit England einen Handelsvertrag (den Cobden-Vertrag) geschlossen, der den endgültigen Übergang zur Freihandelsphase der Weltwirtschaft markierte; davon konnte der Zollverein nicht unberührt bleiben. Aber der Wirtschaftsaustausch mit Frankreich war ökonomisch nicht vorrangig – ebenso stark, wenn nicht stärker, waren in Berlin wie Paris die machtpolitischen Motive. Preußen trieb diese Verhandlungen voran, um Österreichs Gegenaktionen zuvorzukommen, vor allem aber, um Österreichs Ausschluß zu besiegeln; denn Österreich konnte den freien Zustrom auch noch französischer Waren nicht hinnehmen und verlor zudem wegen der Meistbegünstigungsklausel alle Vorteile aus dem Handelsvertrag, den es 1853 mit dem Zollverein geschlossen hatte. Preußen, so mag man sagen, wollte, wenn schon die Militärhegemonie nicht erreichbar war, seine Wirtschaftshegemonie in Deutschland sichern und verstärken. Österreich mobilisierte in einer großen Gegenoffensive fast das ganze dritte Deutschland gegen die preußische Erpressung, anscheinend mit Erfolg. Aber im Gegenzug gegen solchen Druck paraphierten Preußen und Frankreich 1862 trotzdem den Vertrag, ein handelspolitisches Villafranca für Österreich.

Aber jetzt beginnt der eigentliche Entscheidungskampf. Österreich fordert nun kategorisch für 1865 seinen Eintritt in den Zollverein und darum die Ablehnung des französischen Vertrags. Zunächst scheint Preußen isoliert. Württemberg, Bayern, Hessen-Darmstadt und Nassau sind, vor allem aus bundespolitischen Motiven, entschiedene Parteigänger Österreichs; sie lehnen die Ratifizierung des Vertrages ab und wollen den Zollverein 1865 nur erneuern, wenn Österreich beitritt. Anderenfalls planen sie einen Sonderbund oder eine Triaslösung. Die Interessenten und die öffentliche Meinung, die jetzt die Wirtschaftsfragen aufnimmt, nehmen in bis dahin kaum gekanntem Maße an dem Entscheidungsprozeß Anteil; sie suchen die jeweiligen Regierungen zu beeinflussen. Die kleindeutschen Liberalen, der Nationalverein, der Kongreß deutscher Volkswirte, eine vornehmlich norddeutsche Freihandelslobby, treten entschieden für Preußen ein; der Deutsche Handelstag, in dem auch Österreich vertreten ist, entscheidet im Oktober 1862 in München sehr knapp mit 102:93 Stimmen für die preußische Lösung. Viele der mittelstaatlichen Interessenvertretungen sind gegen den französischen Vertrag, sind für den Beitritt Österreichs. Die österreichische Industrie hingegen erklärt sich in ihrer Mehrheit gegen den Beitritt Österreichs zum Zollverein und damit gegen eine Aufgabe des bisherigen Protektionismus; de facto hätte ein solcher Schritt die Industrialisierung Österreichs wesentlich gehemmt, ja zurückgeworfen; die zollpolitische Energie der Regierung wurde durch diese Opposition immer wieder geschwächt. Ungeachtet dieses Hin und Hers ratifiziert Preußen den französischen Vertrag am 2. August 1862; und es macht die 1865 anstehende Erneuerung des Zollvereins von der Zustimmung aller zu diesem Vertrag abhängig. Mit der Drohung, den Zollverein aufzulösen, setzt es alle unter Druck, und Bismarck nun geht sehr bewußt daran, die „materiellen Interessen" des deutschen Volkes für Preußen und den Zollverein und gegen Österreich zu mobilisieren. Im Ergebnis setzt sich Preußen durch. Die von Bayern favorisierte Triaslösung konnte nicht einmal Österreich protegieren. Die überwiegenden wirtschaftlichen Interessen verwiesen die Mittelstaaten auf Preußen, und die proösterreichische schutzzöllnerische Minderheit, etwa die württembergische Industrie oder überhaupt die süddeutsche Textilindustrie, konnte daran nichts ändern. Österreichs Versuch, z. B. Sachsen für die Auflösung des Zollvereins zu gewinnen, scheiterte; der antipreußische Minister Beust erklärte klar, daß ein Industriestaat wie Sachsen auf die Vorteile des Freihandels mit Frankreich und der Verbindung mit Preußen schlechterdings nicht verzichten könne. Die wirtschaftliche Tatsache, daß Preußen über etwa neun Zehntel der Berg- und Metallindustrie, zwei Drittel der Großindustrie, ja fast die Hälfte der Textilindustrie verfügte, schlug nun durch. Und Österreich hielt 1863/64 wegen der gemeinsamen Politik mit Preußen in der Schleswig-Holstein-Frage den Konfrontationskurs nicht durch. Auch zu einem möglichen Ausgleich im Sinne einer konservativen Solidarität der Großmächte kam es nicht. Die Zollunion war definitiv ausgeschlossen, ja der preußische Handelsminister hielt – gegen Bismarck – auch nur einen Handelsvertrag mit Österreich für wirtschaftspolitisch wie gesamtpolitisch schädlich und überflüssig. Der handelspolitische Kampf auf Leben und Tod endete mit dem Sieg Preußens. Österreichs Offensive scheiterte an der preußischen Gegenoffensive. Der Handelsvertrag, den Österreich schließlich 1865 doch mit Preußen und dem Zollverein schloß, besiegelte das.

Das war für die Lösung der deutschen Frage eine Vorentscheidung. Denn die deutsche Einigung basierte nicht nur auf Eisen und Blut, sondern nicht minder, mit einem berühmten Wort von Keynes gesagt, auf Eisen und Kohle. Freilich, eindeutig war diese Entscheidung nicht. Die Mittelstaaten glaubten weiter, zollpolitisch mit Preußen, bundespolitisch mit Österreich gehen zu können. Wir wissen aus der Entwicklung der EG, daß es keinen Automatismus zwischen Zollunion und politischer Union gibt. Wäre die deutsche Einigung z. B. erst nach 1873 akut geworden, so wäre sie auch im Rahmen des Zollvereins von dem neuen Interessenkonflikt zwischen Schutzzöllnern und Freihändlern begleitet worden, das zollpolitische Interesse hätte seine Eindeutigkeit verloren. Der Machtkampf blieb trotz der zollpolitischen Entscheidungen noch aufgespart; und er blieb entscheidend.

6. Politik und Gesellschaft: Wandlungen der Parteien

Gegenrevolution und Reaktion konnten eine Weile gestützt auf Armee und Polizei und den wieder disziplinierten Staatsapparat regieren, Politik sozusagen abgehoben von den gesellschaftlichen Bewegungen treiben, die Opposition disziplinieren, unterdrücken, ignorieren. Aber sie konnten das nicht auf Dauer. Das war kein totalitäres Zeitalter. Man konnte nicht gegen die Gesellschaft regieren, Steuern erheben, Loyalität und Motivation erwarten. Das eigentümlich kampflose Ende der Reaktion und der Übergang zur Neuen Ära machen das besonders deutlich. Aber alle Politiker der Reaktion wußten, daß der Schock der Niederlage die Bewegungspartei nicht auf Dauer lähmen würde und auch nicht die Furcht vor der radikalen, der roten Revolution. Und die Klügeren wußten, daß sie ihre Politik auf gesellschaftlichen Kräften abstützen müßten. Politik war auch von der gesellschaftlichen Lage und den Wandlungen der Gesellschaft zumal abhängig.

Wir erinnern uns, die 50er und 60er Jahre sind die große Phase des industriellen und gesamtwirtschaftlichen Aufschwungs, die Durchbruchszeit der industriellen Revolution und, trotz Einbrüchen und Krisen, die Zeit des beschleunigten Wachstums und der hohen Konjunktur. Das hat für alle Wirtschaftssektoren und für alle sozialen Schichten und damit für die Gesamtgesellschaft erhebliche Auswirkungen gehabt. Die Pauperismuskrise wird aufgefangen, die Schere zwischen Bevölkerungswachstum und stagnierendem Arbeitsmarkt schließt sich, die Lage der arbeitenden Klasse hat sich zwar erst in den 60er Jahren deutlich verbessert, aber sie war doch nach der Krise der 40er Jahre stabilisiert. Die Gefahr der sozialen Revolution wird geringer. Die Situation der Bauern und auch der kleinen Bauern verbessert sich. Auch die Krise des Handwerks flacht ab, und die neuen Genossenschaften werden ein Weg, über den sich das Handwerk modernisiert und mit der modernen Marktgesellschaft wenigstens teilweise aussöhnt. Für die bürgerliche Welt, die mittleren Klassen, wird die dynamisch sich entwickelnde Wirtschaft wichtiger; sie gewinnt über Beschäftigungsmöglichkeiten und über Vermögensanlagen, über die Ausbreitung des Aktienwesens, den Bau- und den Eisenbahnboom etc., ja über Spekulation zunehmenden Stellenwert im normalen Lebenshaushalt. Einkommen und Einkommensaussichten wachsen; die mittleren Schichten werden reicher. Im ganzen wird die Welt moderner, städtischer, industrieller, kommerzieller, weniger traditional, rationaler, mobiler, dynamischer. Die Klassenunterschiede werden deutlicher. Aus den bisherigen mittleren Bürgerschichten treten die Unternehmer, die Wirtschaftsbourgeoisie, sich profilierend heraus; ein Teil der ursprünglichen Kleinhandwerker geht in der Arbeiterschaft auf, die aus ihnen und den alten ländlichen und städtischen Unterschichten zusammenwächst. Die unbürgerliche Macht der Großlandwirtschaft, die gesellschaftliche Basis des Konservativismus, festigt und stärkt sich; die ökonomischen Erfolge der Modernisierung der Landwirtschaft kommen gerade der Junkerklasse zugute und geben ihren Herrschaftansprüchen auch in der modernisierten Welt einen neuen materiellen Rückhalt. Aber auch die mittlere Bürgergesellschaft wird nicht nur reicher, sondern sie verändert sich sozial; sie wird differenzierter, nach Lage und Tätigkeiten, Einkommen und Interessen und nach Wertvorstellungen. Also eine schnelle und von hinterher gesehen dicht zusammengedrängte soziale Modernisierung.

Darüber darf man freilich die Stärke, ja den Überhang von Traditionen, die unauffällig bleiben, weil sie nicht neu sind, nicht übersehen. Deutschland ist noch ein Land des Landes und der kleinen Städte; der Anteil der Industrie ist noch keineswegs dominierend, und die Mentalitäten ändern sich erst recht natürlich viel langsamer als die Wirtschaftsverhältnisse. Noch auch fühlen sich Unternehmer und Handwerker-Arbeiter zur bürgerlichen Gesellschaft, zu den mittleren Klassen, zum Mittelstand gehörig. Natürlich, das wissen wir mehr als 100 Jahre später besser, aber die Schriftsteller haben es schon damals beobachtet; diese moderne Welt wird auch unsicherer und unheimlicher; es gibt Verluste der Modernität und Krisen der Modernisierung, gerade wenn ökonomisch und sozial moderne Lagen mit traditionalen Mentalitäten und Institutionen zusammen existieren. Das war im Deutschland der zusammengedrängten Modernisierung der Fall; das ist seit der Krise der 70er Jahre bis 1933 zu einem wesentlichen Problem unserer politischen Kultur geworden. Aber in unseren zwei Jahrzehnten war das noch abgefangen; das war doch im wesentlichen eine Aufschwungphase: weil es keine Krise gab, nahm der Widerstand gegen die Modernität ab, das Vertrauen in sie zu.

Gewiß, die bürgerliche Welt und die modernen Wirtschaftsmächte wurden stärker; sie nahmen trotz der Erfolge der Großlandwirtschaft an Gewicht zu gegenüber den alten, adligen, militärischen und bürokratischen Machteliten. Indem die bürgerlichen Kräfte zur führenden oder doch mitführenden Trägergruppe der modernen Wirtschaftsgesellschaft wurden, wuchs die Spannung zwischen gesellschaftlichen Machtverhältnissen und dem im Grunde alten, vorindustriellen und vorbürgerlichen Herrschaftssystem. Aber das war kein einfaches und klares Gegensatzverhältnis; diese Spannung war nicht revolutionär. Sie war durch den wachsenden, wenn auch ungleichmäßig verteilten Wohlstand abgefangen. Und sie war durch die Differenzierungen der Bürgerschichten, durch die Nicht-Identität von Bürgern und Bauern und durch die krassen Gegensätze zwischen Bürgertum und Arbeiterschaft abgeschwächt. Bauern und Arbeiter waren gesellschaftliche Kräfte jenseits der Polarisierung von Bürgerwelt und Adelswelt. Kurz, das gesellschaftliche Kräfteparallelogramm war labil und ambivalent.

Insofern kam es für die Fragen der Machtverteilung zuletzt auf politische Prozesse und Entscheidungen an. Aber diese Entscheidungen hatten einen neuen Charakter; sie hingen enger als vorher mit den gesellschaftlichen Kräfteverhältnissen zusammen. Der Charakter der Politik ändert sich; das liberale Konzept von Politik vor allem wird schwieriger. Wo die Interessengegensätze schärfer werden, sich zu Krisen zuspitzen, verliert die Idee, Interessen durch Diskussion und Kompromiß auszugleichen und einen Konsens herzustellen oder durch Mehrheit zu entscheiden, an Gewicht; das „Gemeinwohl" mag etwas jenseits der Summe liberaler Individual- und Gruppeninteressen sein; der alte Staat, die neue Nation, das sozialistische Volk sind vielleicht eher geeignet, die Probleme der Zeit zu lösen. Jedenfalls, die einfachen Gegenüberstellungen von Bewegung und Beharrung, Krone und Volksvertretung reichten nicht mehr aus. Wie in Frankreich wird auch in Deutschland das Problem neuer Formen der Politik offenkundig: cäsaristisch-bonapartistisch, plebiszitär, nationalistisch, sozialistisch. Das Links-Rechts-Schema bleibt zwar bestehen, aber es wird doch vielfältig überkreuzt. Die Fragen, wie das soziale, wie das nationale Problem zu lösen seien und wie die Konflikte der modernen bürgerlichen Welt mit der Kirche, fordern die klassischen Frontbildungen heraus – weder das Ideal der Verrechtlichung der Macht noch das der Bewahrung von Stabilität von traditionellen Verhältnissen reichen dazu aus. Auch das Verhältnis von Zwecken und Mitteln gerät in Bewegung. Mußte man nicht, wenn Politik auf den Kampf von Klassen bezogen war, wenn es auf die Mobilisierung gesellschaftlicher Kräfte für die eigenen Ziele und gegen den politischen Gegner ankam, auf Klassenpolitik also oder eine Politik über den Klassen, mußte man dann nicht für konservative Ziele auch revolutionäre Mittel einsetzen und für revolutionäre Ziele konservative Mittel? Vor solchen Fragen wird die bisherige Art der Parteien, und werden ihre bisherigen Gegensätze alt; es entstehen neue Verbindungen und neue Versionen, ein neuer Liberalismus vor allem und – mit Bismarck – ein neuer Konservativismus.

Zu den gesellschaftlichen Veränderungen und zu den Veränderungen von Politik gehört endlich die große Veränderung des geistig-psychischen Klimas, der Lebens- und Weltinterpretation und des Lebensgefühls. Wir haben das früher im Zusammenhang mit der Religion, den Wissenschaften, den Künsten beschrieben: das Ende der idealistischen Philosophie, die Herrschaft der empirischen Wissenschaften, der Naturwissenschaften und der historischen zumal, und ihre Abnabelung vom romantisch-idealistischen Ursprung, das Pochen auf die Prinzipien von Erfahrung, Tatsächlichkeit, Experiment, der Positivismus; die Abschwächung der kirchlichen Religiosität, jedenfalls in den protestantischen Führungs- und Bildungsschichten, das Vordringen des Agnostizismus und zeitweise des Vulgärmaterialismus, das Vordringen der Ersatzreligionen auch, des Glaubens an die Familie, an die Arbeit, an die Kunst, an die Nation, an die Gesellschaft der Zukunft; die Wendung zur „Wirklichkeit", zum Realismus in der Kunst; Fortschrittsglaube und Gefühl der Entfremdung; die Spaltung bei der Sinndeutung des Lebens, auf der einen Seite optimistischer Entwicklungsglaube, den man nicht an seinen Plattheiten und Trivialitäten messen darf, sondern am Ernst der wissenschaftlichen, der technischen, der ökonomischen Weltbewältigung; auf der anderen Seite Pessimismus, Welttrauer und Sinnverlust, für die die Popularität Schopenhauers und die Erlösungsmusik Richard Wagners so wichtig werden. Man kann diese Tendenzen und Faktoren der Lebensinterpretation nicht einfach mit der ökonomisch-sozialen Entwicklung parallelisieren. Sie sind sui generis. Für die politische Orientierung werden sie so wichtig wie die materiellen Verschiebungen.

a) Die Liberalen

Es sind die großen politischen Bewegungen gewesen, die Parteien, die Gesellschaft und Politik zu vermitteln suchten. Im Zentrum der Parteiengeschichte dieser Jahrzehnte stehen in Deutschland zunächst die Liberalen. Die Liberalen sind die Besiegten von 1848/49; damit müssen sie sich auseinandersetzen. Man hat vielfach vom Rückzug des liberalen Bürgertums ins Private und von Entpolitisierung gesprochen, vom Rückzug in die Innerlichkeit oder der Hinwendung zu wirtschaftlichen Aktivitäten, einer Leidenschaft fürs Geldverdienen. Das ist ungenau, ja im wesentlichen falsch, ist moralisierende Literatenkritik. Gewiß gibt es die große Woge der Enttäuschung, der Resignation und Frustration, gerade bei durchschnittlichen Bürgern; Wilhelm Raabes Romane sind ein unverdächtiges Zeugnis dafür, und gewiß gibt es den erzwungenen Ausschluß aus der Politik. Aber als die Reaktion zu Ende geht, 1859, sind die angeblich aus der Politik ausgewanderten Liberalen alle wieder da, und eine neue Generation tritt dazu; die entstehende Wirtschaftsbourgeoisie unterstützt den Liberalismus. Die Geschichte vom Rückzug ist eine Legende.

Die Liberalen der 5oer Jahre setzen sich mit ihrer Niederlage auseinander und fragen nach ihren Gründen. Die Macht der Gegner und die Größe und die Mehrfältigkeit der Probleme gehören dazu; der Streit geht schon an, ob es das Zögern der Liberalen oder die Vehemenz der Radikalen gewesen sei, die das Erreichbare verscherzt habe, und welche Rolle die sozialen Probleme gespielt haben; aber man denkt noch stärker in politischen Kategorien und deutet die sozialen Spannungen primär politisch. Jedenfalls gilt die Niederlage nicht als endgültig; es war eine verlorene Schlacht, nicht der endgültig verlorene Krieg.

Ein Teil der Liberalen hält an den alten Vorstellungen fest, am Dualismus von Parlament und Regierung, am Ideal des moderaten Konstitutionalismus und an der Verständigungspolitik oder, schwächer, an der linksliberal-demokratischen Idee des Volksstaates und des Bündnisses von Bürgertum und Massen; er versucht damit die Erfahrung von Revolution und Niederlage zu bewältigen. Es gibt weiterhin Idealisten und Doktrinäre, die die Ideale reinhalten und nicht durch Kompromisse kompromittieren lassen wollen, die unerschütterlich daran glauben, daß Recht Recht bleiben müsse und daß es sich gegen die widerspenstige Realität durchsetzen werde.

Interessanter und auf die Dauer wichtiger sind diejenigen, die in der selbstkritischen Analyse des eigenen Scheiterns eine Neuorientierung vollziehen. Das ist die realistische Wende, die Wende zur „Realpolitik". In einer berühmten Schrift von 1853 (Grundsätze der Realpolitik, angewendet auf die staatlichen Zustände Deutschlands) hat der Journalist August Ludwig von Rochau die neue Position zuerst scharf zum Ausdruck gebracht, und das Schlagwort der nächsten Jahrzehnte, Realpolitik eben, zum politischen Begriff gemacht. Die Opposition des Vormärz, der Liberalismus der Paulskirche waren weltfremd, idealistisch, utopisch; sie haben sich in Theorien und Doktrinen bewegt und in prinzipiellen Auseinandersetzungen verbiestert, auf das Recht gepocht; sie haben ohne ausreichenden Sinn für das Mögliche und das Machbare die Stunde des Handelns verstreichen lassen. Was in der Politik zählt, ist allein die Wirklichkeit, sind die Tatsachen; nicht Ideen, sondern allein Kräfte sind es, die Deutschland einigen können. Die Politik hat es nicht mit Normen zu tun – so die polemische Zuspitzung –, sondern mit Erfahrung, und was die politische Erfahrungswelt konstituiert, ist die Macht, das „Naturgesetz" der Macht. Es ist machiavellischer Realismus – zumal wenn zu der Macht der Erfolg als Ziel und Maßstab der Politik genannt wird. Das wirkt manchmal zynisch, Machtrealismus gegen Normen; und wir wollen die moralischen Normen nicht so gänzlich beiseite gerückt wissen. Aber wir wissen doch auch, daß eine Politik des moralischen Anspruchs – z. B. auf die deutschen Ostgebiete – irreal werden kann, daß verantwortliche Politik sich auf die Realität einlassen muß. Eine Nostalgie nach der aufrechten Gesinnungspolitik der Ideale und Normen allein zerstört wirkliche Politik.

Man darf die zornige Konfrontation von Real- und Idealpolitik 1853 nicht überlasten. Es geht natürlich nicht darum, auf eigene Zielsetzungen zu verzichten und sich im Interesse des Machterwerbs den Gegebenheiten anzupassen. Es geht darum, die eigenen Ziele in eine realistische Langzeitperspektive einzuordnen und eine entsprechende Strategie zur Veränderung der Wirklichkeit zu entwickeln. Die Liberalen müssen an die Regierung kommen. Dazu müssen sie regierungsfähig werden. Dafür ist wichtig, was unter den „Kräften" zu verstehen ist, die allein in der Politik zählen sollen. Das sind nicht nur die politisch herrschenden Mächte. Das ist einmal, und das ist die Brücke zwischen Ideen und Realität, die öffentliche Meinung, die allgemeine Überzeugung; in ihr werden Recht und Idee zur materiellen Macht. Das ist zum anderen die gesellschaftlich vorwiegende Klasse. Denn sie muß auf die Dauer die politisch herrschende Klasse werden. Und das heißt in der Mitte des 19. Jahrhunderts natürlich: das Bürgertum. Seine Erwartungen und Ziele haben ihre Kraft nicht einfach darin, daß sie abstrakte Wahrheit sind, sondern darin, daß sie auf seinen Interessen und seinem ökonomisch-sozialen Gewicht gründen. Das gibt dem Liberalismus die Schubkraft, die Verhältnisse zu verändern; darum hat er den Wind der Zeit und die Tendenz der Geschichte im Rücken. Aber auf diese seine reale Interessenbasis muß der Liberalismus sich auch einlassen. Wenn der Liberalismus nicht allein auf Theorie und Prinzip beruht, dann muß er sich sehr viel dezidierter als je dazu bekennen, Bewegung der Bürger, der mittleren Klassen zu sein, auch wenn er seinen Anspruch auf klassenübergreifende Allgemeinheit nicht aufgibt.

In diesem Realismus ist der eigentümliche Optimismus nicht zu verkennen, der die eigenen Ideen in der Wirklichkeit selbst findet und auf dem Vormarsch sieht. Das ist die realistisch-empirische Umformung des älteren Idealismus. Das ist es aber auch, was die schwierige Grenze zwischen wirklichkeitsgerechter Politik und opportunistischer Anpassung aufrechterhält.

Die Wendung zum Wirklichen und Pragmatischen, gegen das abstrakte Sollen, die bloßen Ideale, das reine „Recht" entsprach der allgemeinen geistigen Tendenz der Zeit, der Abkehr von idealen Konstruktionen, von einem Gebäude von Regeln und Normen, von deduktiven Ableitungen. Es gibt im politischen

Liberalismus viele solche Wendungen zu Realität und Realpolitik. Rudolf Haym z. B., ein gemäßigter Konstitutioneller, hat in einem wirkungsvollen Buch ‚Hegel und seine Zeit‘ (1857), auf eine ganz andere, nämlich geistesgeschichtliche Weise diese Wendung vollzogen: indem er Hegel als Philosophen der preußischen Restauration erklärt, relativiert er ihn und löst die Politik und ihre Zielsetzungen sehr bewußt und entschieden von der abstrakten und spekulativen Vernunft wie von der vorhistorischen Naturrechtslehre und gründet sie statt dessen auf Erfahrung und Geschichte.

Zu dieser „realistischen" Wendung gehört die neue und nun noch intensivere Orientierung an der Erfahrungswissenschaft Geschichte; das ist das Verbindungsglied der idealistischen Tradition. An die Stelle des „phantastischen Idealismus" der Philosophie trete der „reale Idealismus" der Historie, so hat Max Duncker, Historiker und liberaler Politiker, den Vorgang beschrieben. Geschichte wird eine Zeitlang Führungswissenschaft zur Legitimation von Zielen oder Zuständen; sie liefert die Argumente; an sie appelliert man im politischen Streit; von ihr erwartet man eine Lösung. Sie zerstört die normativen Begründungen der Aufklärung wie der idealistischen Philosophie, aber sie verankert die Normen und Ziele neu in den historischen Bedingungen und Tendenzen. Die hier maßgebliche deutsche Historie der 50er und 60er Jahre wendet sich gegen Rankes „Objektivität" und gegen die Idee, daß der Zusammenhang der Weltgeschichte uns unerkennbar nur in Gott vermittelt sei, und sie wendet sich auch gegen einen bloßen Positivismus historischer Tatsachen (oder Gesetze). Sie ist „engagierte" Historie und will das sein. Es geht ihr um Normen und Werte, und genauer um die liberalen und nationalen Ziele. Die begründet sie aus dem Gang und dem Telos der Geschichte; denn Geschichte ist Fortschritt zur Freiheit, Fortschritt zur Nation. Das heißt konkret: die Geschichte zeugt gegen die Reaktion; sie ist auf der Seite der Liberalen. Der Aufstieg des Bürgertums und die Entwicklung zum nationalen Staat sind unaufhaltsam; der Staat muß liberal und national werden, um den Bedingungen dieser geschichtlichen Zeit zu entsprechen; nur so gewinnt er Elan und Kraft, nur so kann er funktionieren. Das ist noch einmal der eigentümliche historische Optimismus: die Macht wird den bürgerlichen Kräften zufallen. Diese engagierte Historie ist nicht allein, aber doch im wesentlichen kleindeutsch. Aber alle Liberalen begründen ihre Programme jetzt historisch. Das ist ein Teil des neuen Realismus. Das gibt die liberalen Ideen nicht preis, beileibe nicht; aber das läuft doch letzten Endes nicht auf Konfrontation zu den bestehenden Verhältnissen hinaus, sondern auf ihre Umbildung, auf ihre mähliche und kontinuierliche Veränderung; der liberale Historismus ist – im Unterschied zum sozialistischen – nicht revolutionär, sondern reformerisch.

Zur realistischen Wendung des Liberalismus gehört aber auch – und das ist sehr viel moderner und liegt nun jenseits der idealistisch vormärzlichen Traditionen – die Zuwendung zum Bereich der Wirtschaft. Wirtschaftliche Interessen, wirtschaftliches Wachstum, wirtschaftliche Krisen werden politisch-soziale Grundtatsachen, und sie werden als solche erkannt. Wirtschaftspolitik wird ein zentrales Stück Politik überhaupt. Die volkswirtschaftlich Interessierten bilden in den – liberalen – Parteien eigene Gruppen und Flügel von Gewicht; aber alle Politiker, alle politisch Interessierten, alle, die öffentlich diskutieren, realisieren jetzt die Bedeutung der Wirtschaft. Das ist ganz anders als im Vormärz.

Realität: Erfahrung, Tatsachen, Macht; öffentliche Meinung und gesellschaftliche Klassen als Mächte; dynamischer Aufstieg des Bürgertums und seiner Produktion; Geschichte, Wirtschaft – das sind die neuen Orientierungspunkte des sich verändernden Liberalismus. Die Begründungen verschieben sich. Was das für konkrete politische Ziele und für die Strategie bedeutet, davon wird gleich zu reden sein. Zunächst muß man sich noch anderes klarmachen. Natürlich umfaßte der Liberalismus weiterhin ein sehr breites Spektrum von politischen Positionen; es gab Flügel und Gruppen seit den 40er Jahren. Auch die Begründungen waren nicht einheitlich. Es gab die alten Positionen des Konstitutionalismus und des Dualismus und die verschiedenen Gewichtungen von Staat und Individuum, institutionellen Machtbegrenzungen und Volksrechten, und es waren keineswegs nur Koryphäen des Vormärz oder der Revolution, die so dachten, sondern auch neue und jüngere Leute. Es gab zwischen dem altmodisch werdenden „Idealismus" und dem neuen Realismus mancherlei Vermittlungsformen. Und von der neuen realistischen Basis konnte man eher rechte aber ebenso eher linke Konsequenzen ziehen, unterschiedliche Prioritäten setzen, stärker auf Kooperation mit den bestehenden Gewalten oder auf Konfrontation zielen. Das Wichtige aber ist zunächst gerade das Umgekehrte. Der Liberalismus von 1860 ist in aller Vielfalt eine Einheit, eine große zusammenhängende Bewegung; die Spaltungen des Vormärz und der Revolutionszeit treten zunächst deutlich hinter der Einheit zurück. Ja auch die Demokraten, die in den 50er Jahren, soweit sie nicht in die Emigration gezwungen waren, grollend und resigniert sich aus der Politik zurückgezogen hatten und auch die Wahlen boykottierten, schließen sich – von ein paar radikalen Einzelgängern abgesehen –, seit sie in der Zeit der Neuen Ära wieder in die Politik eintreten, mit den Liberalen zusammen: die gemeinsamen Ziele und die gemeinsamen Gegnerschaften überwiegen; die bürgerliche, die liberal-demokratische, die nationale Bewegung der Erben von 1848 ist zuerst und vor allem einmal eines, ist die alte und jetzt erneuerte Bewegungspartei.

Mit dem Ende der Reaktion, mit dem Beginn der Neuen Ära, tritt dieser Liberalismus aus seiner Rückzugsposition, aus seinem halben Schweigen beinahe, mit einem Schlag wieder an die Öffentlichkeit. Und er erweist sich als die führende Kraft der bürgerlichen Gesellschaft; seine Verzweigung in die verschiedenen Teile dieser Gesellschaft wird noch dichter und intensiver, und damit seine Resonanz.

Der Liberalismus hatte, mag man sagen, die Katheder und zum Teil auch die Kanzeln, die Künste und die Kontore für sich erobert (Seier). Der Liberalismus dominierte in den Stadtverwaltungen und den Handelskammern, in den Universitäten und Gymnasien, in den gelehrten Gesellschaften und in den anderen akademisch geprägten Vereinen und Klubs; er dominierte in den neu entstehenden nationalen Institutionen des gebildeten wie des wirtschaftenden Bürgertums, auf dem Handelstag, auf dem Städtetag oder auf dem Juristentag (und den älteren gelehrten Kongressen natürlich). Und wo nötig, gründeten die Liberalen neue eigene Organisationen, so Ende der 50er Jahre den Kongreß deutscher Volkswirte, der sich zur wichtigsten Lobby des Freihandels und des Manchesterliberalismus entwickelte, so den Protestantenverein von 1863, der den liberalen und nationalen antiorthodoxen kirchlichen Protestantismus sammelte. Die Liberalen bestimmten die großen volkstümlichen Organisationen, die jetzt wieder und erst eigentlich politisch agierten, die Gesangvereine, die Turner und die Schützen, die sich zu Beginn der 60er Jahre national zusammenschlossen und ihre großen nationalen Feste feierten. Coburg wurde wegen seiner liberalen Vereins- und Verwaltungspraxis ein Zentrum der neuen, gesamtdeutschen, liberalen Organisationen. Die Vormärztradition der Gedenkfeste und Denkmäler lebte wieder auf und beflügelte die liberale Bewegung. Die Schillerfeiern von 1859, die den freiheitlichen und nationalen, bürgerlichen und populären Dichter und Moralisten herausstellten – gegen den aristokratischen und unnationalen Goethe! – wirkten weit über die Bildungsschicht hinaus, etwa ins Handwerkertum; das war ein Symbol der neuen Aufbruchsstimmung. Neue Denkmäler für Schiller, für Stein, für Jahn wurden geplant und alte, steckengebliebene Pläne wiederaufgenommen, wie der Hermann im Teutoburger Wald oder das Denkmal für die Befreiung von 1813, das die Vertreter der deutschen Städte 1863 in Leipzig, nach 50 Jahren – unbefriedigt vom föderalistischen Fürstendenkmal Ludwigs I., der Kelheimer Befreiungshalle –, leidenschaftlich anmahnten. Daß Literatur und Wissenschaft, daß Studenten und Jugend liberal waren, verstand sich sozusagen von selbst. Dazu kam endlich die sich ausbreitende Publizistik, lokal, regional und national. Die Zeitungen und die Journalisten wurden in ihrer Mehrheit immer ausgesprochener liberal. Für die Selbstverständigung der Liberalen spielten die Zeitschriften eine besondere Rolle: das reichte von einer wissenschaftlichen Gründung wie der ,Historischen Zeitschrift' (1859), die der kleindeutsch Liberale Heinrich von Sybel bestimmte, über das Eliteorgan des moderaten konstitutionellen Liberalismus, die ,Preußischen Jahrbücher' (1858), denen Rudolf Haym und später Heinrich von Treitschke das Gesicht gaben, über die älteren ,Grenzboten', die Gustav Freytag zu einer der großen liberalen Zeitschriften machte, bis hin zu den Familien- und Hausblättern, von ,Westermanns Monatsheften' bis zur ,Gartenlaube'. Die Grundwelle bürgerlich-liberalen Meinens und Wollens war so in Institutionen, Organisationen, Publikationen gefaßt und artikuliert und breitete sich so weiter aus.

Politisch hat sich diese große liberale Bewegung zugespitzt in zwei neuen Organisationen. Das war zum einen der Nationalverein; von ihm haben wir im vorigen Abschnitt erzählt. Die andere Neubildung war die Deutsche Fortschrittspartei. In Preußen zuerst haben sich während des Verfassungskonfliktes die entschiedenen Liberalen als „Exekutive des Nationalvereins", als Deutsche Fortschrittspartei organisiert; wir werden davon erzählen. In den Mittelstaaten bildet sich 1861/62 fast überall eine entsprechende „Partei". Diese Parteien, die sich als eine Partei fühlten, hatten, anders als der ältere Liberalismus, ein konkretes, auf die Lage und die Probleme und Forderungen des Tages zugespitztes Programm und deutlichere Grenzlinien. Der alte Typus der Bewegung konzentrierte sich als Partei, auch wenn natürlich Spannungen und Richtungsunterschiede durch allgemeine Grundsätze und liberale Rhetorik mehr überdeckt als ausgeglichen waren. Und diese Partei fing an – anders als früher – die Fraktionen im Parlament mit den Gesinnungsgenossen im Lande erstmals, wenn auch noch durchaus locker, zu verbinden.

Überall wo es nicht mehr von der Regierung manipulierte, sondern freie Wahlen gibt, stellen die Liberalen die Mehrheit: 1858 in Preußen: 55% Altliberale, 1861: 40% Altliberale und liberales Zentrum und 29,5% Fortschrittler, 1862: 32% linkes Zentrum und 38% Fortschrittler, 1865: 30 und 40%. In Baden stellen die vereinigten Liberalen 1861 48 von 63 Abgeordneten; auch in Württemberg und den hessischen Staaten haben sie die Mehrheit.

Sozial gesehen beschränkte sich der Liberalismus nicht aufs gebildete und besitzende Bürgertum, sondern griff zumal über die volkstümlichen Organisationen der Sänger, Turner und Schützen – man schätzt die Zahl der Sänger auf 60000, die der Turner auf 170000 – und über die mehr populären Zeitungen und Zeitschriften auf relativ breite bürgerliche Schichten aus. Dennoch, als Partei blieben die Liberalen eine Honoratiorenpartei. Der Stil der Politik war der Stil einer politischen Elite, und so die Art, wie politische Entscheidungen zustande kamen. Das entsprach der Neigung dieser Elite, das entsprach aber auch der realen gesellschaftlich-politischen Situation in Deutschland. Die Haltung der Liberalen zu Volk und Masse war ambivalent; man brauchte die Unterstützung der Wähler, und wollte sie ja vertreten, aber eine ganz allgemeine Mobilisierung von Massen wollte man nicht. Man wollte nicht an elementare Emotionen und Interessen appellieren; in der Hinsicht glaubte man an Ideen und „geistige" Inhalte, an Erziehung und Aufklärung der Wähler. Man wußte nicht, ob man sich auf die Massen verlassen konnte, ob das aufgeklärte Volk, das zu repräsentieren doch die eigentliche Legitimation der liberalen Machtansprüche war, mit den realen Massen identisch sei. Als die Demokraten nach 1863 versuchten, Massen zu mobilisieren, sahen die Liberalen darin wieder die Methoden der jakobinischen Revolution. Die Liberalen wollten gewiß eine von popularen Kräften getragene Bewegung sein, und sie wollten auch mehr Teilnahme der Bürger am Staat und den öffentlichen Dingen – aber das alles doch in wohlgeordneten, kanalisierten Bahnen, geleitet von den gebildeten Honoratioren. Intensive Kontakte mit den Wählern und eine in dieser Richtung intensivierte Parteiorganisation – das war nicht Sache der liberalen Honoratioren, das war nicht der Stil ihrer Politik. Zwar, die Linken waren optimistischer, sie glaubten das Volk in der Hand zu haben, und sie glaubten darum, auch popularen Strömungen ohne Ängstlichkeiten einmal nachgeben zu können; die Rechten waren da skeptischer. Aber das war kein entscheidender Bruch. Im Grunde waren die Absichten und Befürchtungen der Liberalen gar nicht so wichtig, wie ihre Kritiker 100 Jahre später, durch und durch demokratisch und anti-elitär, meinen. Der Honoratiorenstil in der Politik entsprach der gesellschaftlichen Lage. Es gab in Deutschland kaum eine Politisierung von Massen, und das hat trotz Sozialdemokratie und Zentrum noch Jahrzehnte gedauert. Es gab viel unpolitische Apathie; Politik war noch Sache der Führungsschichten. Sieht man sich z. B. die Wahlbeteiligung in Preußen an, so steigt sie zwar mit Neuer Ära und Konflikt in allen drei Klassen an, bleibt aber in der dritten Klasse, also der Klasse der Masse, auf niedrigem Niveau und erreicht insgesamt nur etwa ein Drittel der Wahlberechtigten.

36. Wahlbeteiligung in Preußen in Prozent

	I	I	III	Total
1855	39,6	27,2	12,7	16,1
1858	50,2	37,1	18,5	22,6
1861	55,8	42,4	23	27,2
1862	61	48	30,5	34,3
1865	57	44	27,3	30,9

Auch der Konflikt also hat zu keiner massenhaften Mobilisierung geführt; und in der dritten Klasse waren die Stimmen für die Liberalen doch in der Mehrheit städtische, nicht ländliche Stimmen. Gewiß hat auch das indirekte Wahlsystem und die öffentliche Stimmabgabe die politische Führung der bürgerlichen Honoratioren gesichert. Aber im ganzen entsprach sie doch dem Zustand des Volkes.

Aus diesen Erwägungen muß man eine wichtige Folgerung ziehen: die Liberalen vertraten das politisch aktive, das im herrschenden System wahlberechtigte und auch faktisch wählende Volk. Über die „Massen" geboten sie nicht. Der Liberalismus stieß, nur zum Teil schon sichtbar, an seine Schranken: einen Teil der Bauern und des Landvolkes, einen guten Teil der Unterschichten und den größeren Teil des katholischen Volksteils. Das prägte dann auch die liberale Strategie; über die Möglichkeit zu einer außerparlamentarischen Offensive verfügte sie nicht.

Noch ein letzter Punkt ist für den Sozialcharakter der liberalen Partei bemerkenswert: diese Honoratiorenpartei blieb, erstaunlich genug, vom gebildeten Bürgertum bestimmt. Das besitzende und wirtschaftende Bürgertum, die neue Bourgeoisie, war in der Mehrheit liberal und wählte liberal, aber die führende Rolle in der Politik überließ es doch weithin noch den Angehörigen der Bildungsberufe. Die Abgeordneten im preußischen Landtag sind noch immer in der Mehrheit Beamte (50% 1862) und Juristen, dazu Vertreter der akademischen freien Berufe.

Fragt man nun nach den konkreten Zielen der Liberalen in diesen Jahrzehnten, so wird man zunächst betonen müssen, daß es die alten und klassischen Ziele des Liberalismus waren: der Rechts- und Verfassungsstaat, der Nationalstaat, die bürgerliche Gesellschaft. Das blieb so, das war die Kontinuität, die sie mit der vormärzlichen Tradition verband. Aber die Akzente und Perspektiven verschoben sich.

Gewiß, das Ziel der Liberalen war der liberale Staat, der Staat der Verfassung ohne wenn und aber, der Staat, in dem das Bürgertum endlich den ihm zustehenden und überwiegenden Anteil am politischen Entscheidungsprozeß bekommen sollte. Es ging dabei nicht um einen anderen Staat, um neue Verfassung, nicht um Demokratie. Und es ging, anders als im Vormärz, nicht so sehr und nicht letzten Endes um Stärkung des Parlaments im dualistischen Gegenüber zur Regierung. Worum es jetzt ging, das war die Liberalisierung des Regierungssystems; es ging um den Übergang zu liberalen Regierungen – auch wenn das noch nicht unmittelbar Regierung der liberalen Partei bedeuten mußte. Es ging darum, den bestehenden monarchischen Staat zu verbürgerlichen, die Krone auf den relativen Konsens mit der Parlamentsmehrheit festzulegen und den überwiegenden Einfluß des Adels, der „Junker" zumal, und des Militärs zu brechen; es ging darum, Absolutismus und Adelsherrschaft endgültig zu beenden. Man kann auch sagen: das englische Vorbild war jetzt maßgebend, nachdem das französische durch Revolution und Cäsarismus verbraucht und entwertet war.

Verstärkt hatte sich der Sinn für die Bedeutung des Staates; die Tendenz der vormärzlichen Rechtsliberalen wurde jetzt allgemeiner. Gewiß, es ging noch immer auch um die rechtlichen Einbindung und Beschränkung der Staatsmacht gegenüber dem Individuum und seinen Assoziationen und Selbstverwaltungsorganen, aber die frühliberale Dichotomie von Individuum versus Staat, dem die Gegenüberstellung von Volksvertretung versus obrigkeitlicher Regierung, Freiheit versus Autorität entsprach, sie trat doch zurück. Der Staat ist nicht ein notwendiges Übel und nicht bloßes Mittel der individuellen Interessen, er ist auch für sich selbst Zweck. Seine Funktion in der internationalen Machtordnung, in der Steuerung gesellschaftlicher Prozesse, in der Organisation von Bildung ist mehr als bloßer Rechtsschutz; das gibt ihm auch gegenüber den Individuen sein eigenes Recht. Ja der Staat ist Agent und Garant der Freiheit; diese alte Reformeuphorie behält ihre Wirkung oder gewinnt sie neu. Auch entschiedene, linke Liberale, wie der Preuße Twesten z. B., plädieren ganz anders als im Vormärz für die Notwendigkeit eines starken Staates und einer starken Exekutive. Aber sie ziehen daraus liberale Konsequenzen: die Stärke der Staatsmacht ist unter den gegenwärtigen Bedingungen nur durch erhöhte Partizipation möglich; was der Staat braucht, das ist gerade eine liberale Verfassung; sie beschränkt ihn nicht, sondern sie stärkt ihn. Andere, wie Treitschke, haben schon früh dem Staat eine überlegene Position gegenüber den ökonomisch-sozialen Interessen der Gesellschaft zugewiesen; das verwies wiederum auf eine starke Regierung. Dahinter regte sich der Zweifel, ob das Parlament als Ort des Interessenausgleiches oder der Bildung eines Mehrheitsinteresses die den Interessenkonflikten der Klassengesellschaft gegenüber allein sachgerechte Institution sei. Bei den Konservativ-Liberalen verwies auch die Sorge vor dem Mißbrauch der Freiheit, vor Revolution und Anarchie auf einen nicht schwachen und ordnungsfähigen Staat. Aber die Revolutionsfurcht war in diesen Jahrzehnten des Aufschwungs anders als im Vormärz kein weitverbreiteter und wichtiger Tatbestand.

Die alte Streitfrage des Wahlrechts blieb weiter in der Schwebe. Die Linken, Schulze-Delitzsch z. B., waren für das allgemeine Wahlrecht; die Wähler, so die optimistische Annahme, würden doch Besitz und Bildung wählen. Auch der Vormärz-Liberale Welcker dachte jetzt so; als Sicherung wollte er freilich das Wahlalter auf 30 bis 32 Jahre erhöhen. Bei den Rechten spielte der Zweifel an der Mehrheit, die Abneigung gegen Plebiszit und zuviel Demokratie weiter eine Hauptrolle; der plebiszitäre Cäsarismus Napoleons und auch die katholische Massenbewegungen hatten die Sorge vor den „reaktionären" Wirkungen des allgemeinen Wahlrechts verstärkt. Aber die Rechtsliberalen standen auch unter dem Druck aller derer, die aus welchen Gründen immer das allgemeine Wahlrecht einsetzen wollten.

Auch die nachrevolutionären Liberalen waren Nationalisten, und der Nationalismus war noch immer gegen die herrschenden Eliten und die herrschenden Zustände gerichtet, war links, war revolutionär. In dem großen Dilemma von Einheit und Freiheit, wie es 1848–1850 aufgebrochen war, verschoben sich die Gewichte vielleicht ein wenig zur Priorität der Einheit. Einheit galt als Voraussetzung der Freiheit; denn Freiheit konnte ohne nationale Sicherheit nicht bestehen und ohne ein großes Staatswesen mit einem großen öffentlichen Leben, großen Aufgaben und großer Verantwortung nicht über das Schatten- und Kümmerdasein in den Kleinstaaten mit ihren Konnexionen und Problemchen hinauskommen. Und die Einheit werde, so dachte man, indem sie Preußen militärisch entlaste, der Freiheit gerade gegenüber dem Militärstaat mehr Raum geben. Auf der anderen Seite setzte die nationale Einigung durch eine der beiden deutschen Großmächte gerade eine Liberalisierung voraus, nur ein liberaleres Preußen z. B. konnte moralische Eroberungen machen; Freiheit war auch Voraussetzung der Einheit. Die Hauptsache blieb, daß Einheit und Freiheit doch eng verbunden waren, zwei Seiten einer Medaille. Auch wer die zeitliche Priorität der Einheit ins Auge faßte, wollte die Freiheit nicht ad calendas graecas vertagen. Lange Zeit konnte sich kein Liberaler eine nationale Politik Preußens unter Führung Bismarcks vorstellen; wenn Bismarck so redete, war das nichts als die Demagogie des Reaktionärs. Erst nach Schleswig-Holstein, 1864, verschoben sich, langsam durchaus, die Gewichte; jetzt erschien es – zuerst einigen preußischen Liberalen – möglich, die Innenpolitik der Außenpolitik unter- oder besser: nachzuordnen, um durch Einheit zur Freiheit zu kommen. Jetzt wurde das Dilemma von Einheit und Freiheit akut und prekär. Von dem großdeutsch-kleindeutschen Dilemma, in dem die liberal-nationale Bewegung unweigerlich gefangen blieb, haben wir gesprochen. Die nationalpolitische Spaltung ließ sich nicht, etwa auf das Gegenüber von Nationalverein und Reformverein, isolieren; sie ergriff die ganze liberale Partei in Deutschland und hat zu ihren Existenzproblemen, ja ihrer Aufspaltung, wesentlich beigetragen; wir werden davon sprechen.

Ein zentrales Element des nachmärzlichen Liberalismus wurde das gespannte Verhältnis zur – katholischen – Kirche, wurde eine gewisse Kulturkampfneigung. Die ultramontane Umbildung des Katholizismus verschärfte die Spannung auf beiden Seiten. Die Liberalen, die sich als Führungsmacht der Zeit fühlten, blieben nicht nur defensiv, sondern gingen durchaus zur Offensive über; ihr Antiklerikalismus, der ja auch im katholischen Volksteil seine Resonanz hatte, entwickelte sich leicht zum Antikatholizismus. Die liberal-protestantische Interpretation der Geschichte – der Deutschen und der Freiheit – und der kleindeutsche Rückgriff auf die Reformation und das protestantische „Prinzip" verschärften, ja potenzierten den Gegensatz. Manchmal schien – wie in Österreich – der Kampf gegen die Kirche zum Hauptinhalt liberaler Politik zu werden. Freilich, in den 6oer Jahren ist das Thema, von Österreich und Baden und vielleicht Bayern abgesehen, im allgemeinen noch nicht so dominant; die scharfe und exklusive Abgrenzung zwischen Liberalen und Katholiken auch im alltäglichen Milieu ist noch nicht das Normale. Aber das Thema steht – mit all seinen Emotionen – auf der Tagesordnung. Die Frontstellung gegen den Katholizismus verwies die Liberalen ein andermal an die Seite des Staates. Der Staat war in einen Kampf gegen die „Übergriffe" der Kirche verwickelt, und die Liberalen stellten sich auf seine Seite oder suchten ihn allererst zu mobilisieren. Gewiß meinten die Liberalen, wenn sie den Staat, etwa in Schulsachen, gegen die Kirche anriefen, den liberalen Staat. Aber de facto konnten (oder wollten) sie nicht warten, bis es einen solchen Staat gab; so gingen sie, wo es möglich war, mit dem bestehenden Staat zusammen; das war auf die Dauer im Kampf um die Freiheit mehr als problematisch. Man weiß freilich, daß der Antiklerikalismus des Jahrhunderts auch in demokratischen Staaten, wie im Frankreich der 3. Republik, ins Militante umgeschlagen ist und ohne Skrupel seine Vorstellungen von staatlich verordneter Freiheit gegen die Freiheitsvorstellungen der Katholiken durchgesetzt hat. Aber in Deutschland konnte der Antikatholizismus die Basis für eine Verständigung mit dem bürokratischen Obrigkeitsstaat werden.

Schließlich: die Fragen der Wirtschafts- und Gesellschaftsordnung rückten, wir sagten es, im Zuge der ausgreifenden Industrialisierung ins Zentrum liberaler Politik. Im Zeichen des Wirtschaftsaufschwungs und der Überwindung der Pauperismuskrise setzten sich generell die auf Markt und Konkurrenz zielenden Prinzipien liberaler Wirtschaftspolitik – Gewerbe- und Verkehrsfreiheit und Freihandel vor allem – im wesentlichen durch; die Apostel des Freihandels und des Manchesterliberalismus im Führungskreis des Kongresses Deutscher Volkswirte, wie z. B. John Prince-Smith, waren zwar nicht für das ganze liberale Establishment repräsentativ – dazu waren sie mit ihrem Glauben an die freiheitsstiftende Kraft der Wirtschaftsfreiheit zu missionarisch, manchmal zu doktrinär oder zu einseitig an der Dominanz der Wirtschaftspolitik orientiert –; aber beinahe alle Liberalen waren doch überzeugt, daß eine freie Wirtschaft am besten geeignet sei, Stabilität und Wachstum zu garantieren, die anstehenden Probleme der Wirtschaft wie der Gesellschaft besser zu lösen und den Liberalismus als Lebensform und politische Kraft zu stärken. Diese politische Zielsetzung stärkte zunächst den Liberalismus. Das Programm war attraktiv, und die ökonomisch-sozialen Gegensätze zwischen großbürgerlichen und kleinbürgerlichen, modernen und traditionellen Kräften, die 1848 den Liberalismus so sehr belastet hatten, waren im Zuge des Wirtschaftsaufschwungs einstweilen entschärft, ja überwunden. Und die neuen Wirtschaftskräfte richteten sich mit Vehemenz noch gegen alle Reste staatlicher Bevormundung und Regelungsliebe, gegen die alles besser wissende Bürokratie und verlangten dagegen auch und gerade nach parlamentarischer Mitbestimmung. Je mehr freilich der Staat selbst die Grundsätze liberaler Wirtschaftspolitik übernahm, desto schwächer wurden die spezifischen ökonomischen Gründe und Motive, eine Liberalisierung des ganzen Systems zu fordern. Das verwies eher auf die Strategie der Kooperation als die der Konfrontation. Nur eine Minderheit der Liberalen wollte, daß man sich auf die materiellen Grundlagen des Fortschritts konzentrieren sollte. Die Mehrheit wollte doch die wirtschaftlichen Interessen in die freiheitliche Gesamtordnung des Staates einbinden, und für viele spielte dann doch die Tradition der – marktunabhängigen – Moral eine wichtige Rolle. Gneist, Treitschke oder Bluntschli – dessen ‚Deutsches Staatswörterbuch‘, zwischen 1857 und 1870 in elf Bänden erschienen, in gewisser Weise die Stellung des alten „Rotteck" einnahm – traten doch auch für die Aktivität des Staates ein: der Staat müsse die freigesetzten Interessen der einzelnen wie der Gruppen doch steuern, schon um der sozialen Folgen der Marktgesellschaft willen. Im ganzen kann man von einer Art Doppellinie sprechen: für die Freigabe der ökonomischen Interessen und des Marktes einerseits, für den Vorrang „geistiger" Werte und die Einbindung der Wirtschaft in den Staat andererseits. Das war nicht ganz ausgeglichen, das waren auch ideologisch-rhetorische Vorbehalte der Bildungsschicht – für die aktuellen Probleme der Zeit ging es primär doch um die Durchsetzung des Marktes.

Von der Stellung der Liberalen zur Arbeiterschaft und zur sozialen Frage werden wir später berichten. Generell wollten die Liberalen noch immer eine verbürgerlichte Gesellschaft mittlerer Schichten. Gewiß realisierte man stärker als im Vormärz die Existenz von Klassen, gewiß wollte man auch einzelne Gruppen gewinnen und vertreten, Interessen organisieren, gewiß mochte man auch sich selbst als Klasse verstehen. Aber die liberalen und konstitutionellen Ziele sollten alle Unterschiede innerhalb der Mittelschichten überbrücken; man verstand sich als die eine zusammengehörige bürgerliche Gesellschaft – und dazu gehörten auch die Bauern. Diese Einheit war viel wichtiger als mancherlei Unterschiede. Von daher war auch die Abgrenzung so wichtig, vor allem die Abgrenzung nach oben, gegen den Adel. Die Gegnerschaft der Bürger gegen den Adel – sofern der nicht bürgerliche Normen angenommen hatte – war noch elementar und kräftig. Das reichte vom Parlament bis in die ‚Gartenlaube‘, bis in den sozialen Alltag, die Vereine, den geselligen Umgang. Das galt auch für die entstehende Bourgeoisie, trotz mancher Tendenzen zu Ausgleich oder Anpassung, von denen wir früher erzählt haben. Gerade in Preußen ist die Opposition gegen die Junker, gegen Junkergeist und Junkerherrschaft, die Basis des politischen Machtkampfes gewesen; Bismarcks provokatives Auftreten polarisierte die politische Welt auch sozial und band die Liberalen zunächst erst recht zusammen. Man grenzte sich auch ab gegen die Unterschichten. Der liberale Führungsanspruch war der Anspruch einer aufsteigenden und aufgeklärten Klasse – das konnte man durchaus sagen –, liberale Politik war auch bürgerliche Klassenpolitik; aber, und darauf kommt es zunächst an, noch hielt der Liberalismus in seiner Mehrheit an der Verallgemeinerungsfähigkeit seines bürgerlichen Ideals fest; die Bürger waren der allgemeine Stand. Für die Nicht-Bürger sollte die liberale Politik und die ökonomische Entwicklung längerfristig die Chance bedeuten, in die Gleichberechtigung und die Teilnahme an der Politik aufzusteigen. So jedenfalls war das Ideal.

Die Liberalen wollten die Macht; sie wollten regieren. Wir fragen nach einer Strategie, mit der man dieses Ziel erreichen wollte. Die Wendung zur Realpolitik, das ist schon bei Rochau ganz deutlich, war eine Wendung gegen die Revolution, dieses Gemenge aus Utopie und Anarchie. Die Revolution, das hatte sich 1848/49 erwiesen, war, auch wenn dies oder das anders lief, kein realistisches Kalkül; „ein Volk, das täglich reicher wird, macht keine Revolution". Das bestätigte die alte liberale Abneigung. Der rechte Liberalismus zog daraus die Konsequenz einer verstärkten Kooperationspolitik. Politik – so meinte Rudolf Haym – bedürfe der Macht; die Liberalen, die noch nicht im Besitz der Macht seien, müßten Macht gewinnen; dazu müßten sie mit den bestehenden Mächten kooperieren, Kompromisse schließen, den Gegner gleichsam von innen durchdringen und zu sich herüberziehen, im Bündnis mit den alten Mächten regierungsfähig werden und sich durchsetzen – denn, das war der Grund für solchen Optimismus, die alten Mächte brauchten auf Dauer die neuen. Also Verständigung, Kompromisse, Konzessionen – das war die Politik der Altliberalen und der Neuen Ära. Reformismus als Strategie. Das konnte man freilich auch sehr viel weniger zaghaft, sehr viel entschiedener verfolgen. Aber immer bedeutete das: man wollte innerhalb des Systems bleiben, um es zu verändern, so freilich, daß es am Ende ein anderes System werden würde. Man wollte keine Politik des Alles oder Nichts, sondern die Stückwerkreform der kleinen und großen Schritte, man wollte nicht prinzipielle, sondern parlamentarische Opposition sein – das ist in allen deutschen Parlamenten der Unterschied zwischen der Situation von 1860 und der von 1840. Das war eine sinnvolle, realistische, keineswegs illusionäre und durchaus erfolgversprechende Politik; man brauchte nur auf das Beispiel Englands zu sehen.

Die linke Wendung – auch sie auf dem Boden des neuen Realismus – war die der Konfrontation, des entschiedenen Druckes und Kampfes im Parlament und in der Öffentlichkeit. In solchem defensiv oder offensiv begründeten Konflikt glaubten die Liberalen letzten Endes am längeren Hebel zu sitzen. Keine Regierung und kein Staat könne auf Dauer gegen die öffentliche Meinung, gegen das gebildete und besitzende Bürgertum und gegen das Volk, das es doch vertrat, regieren; die Tendenz der Zeit werde sich als stärker erweisen; der Staat könne sich nur mit der bürgerlichen Gesellschaft und also mit liberaler Verfassung und Regierung behaupten und den inneren Frieden wahren. Zu einer engeren Verbindung mit den Massen und ihrer Mobilisierung, einem radikal demokratischen Kurs, neigten die Liberalen, wir sagten es, nach den Erfahrungen mit der Revolution und den sozialen Problemen wie nach ihren Vorbehalten gegen Demokratie und Masse, nach ihrer Klassenposition und ihrem elitären Honoratiorenstil nicht. Nur der im Vormärz eher rechte Liberale Gervinus ist in den 50er Jahren entschieden zu einem demokratischen Kurs übergegangen. Auch die linken Liberalen, die egalitärer dachten und stärker den Kontakt mit Massen halten wollten, wie der Genossenschaftsgründer Schulze-Delitzsch, waren im Konfliktfall nicht Anhänger einer radikaldemokratischen Strategie. Das entsprach freilich der Wirklichkeit: Volk und Massen waren schwerlich weiter zu mobilisieren und standen auch nicht rückhaltlos hinter den Liberalen. Deren Strategie im Konfliktfall gründete im ganzen darum auf Hoffnung.

Der Liberalismus in Deutschland war zwischen Neuer Ära und dem Höhepunkt des preußischen Verfassungskonfliktes, zwischen 1859 und 1864, erstaunlich genug, eine Einheit. Es gab Richtungen und Flügel, in Preußen die verständigungsbereiten Altliberalen der Fraktion Vincke, und dann die entschiedenen Männer der Fortschrittspartei, dazwischen eine Fraktion des „linken Zentrums", die doch in den wesentlichen Entscheidungen des Konfliktes mit dem Fortschritt zusammenging; und solche Flügelbildung wiederholte sich in der Fortschrittspartei selbst, in Preußen wie in anderen deutschen Staaten, gemäßigter oder entschiedener, konstitutioneller oder demokratischer vor allem, und in den großen Fragen – Verfassung, Wirtschaft und Gesellschaft, Kirche, nationale Politik – oft unterschiedlich gemischt. Darin spiegelt sich, gerade wenn man Gesamtdeutschland ins Auge faßt, die Tatsache, daß die deutsche Gesellschaft noch stark partikularisiert war, wenig homogen. Es gab noch keine bürgerlichpolitische Nation, keine gemeinsame politische Kultur, auf der der Liberalismus aufruhen konnte. Die politischen und sozialen Erfahrungen und Zielsetzungen waren in den einzelnen Staaten, in den Regionen, in den sozialen Welten und den sozialen Schichten unterschiedlich, und die Divergenzen ließen sich nur schwer zusammenfügen und integrieren. Diese Heterogenität war eine Belastung des deutschen Liberalismus. Daß es Flügel gab, war natürlich; das mußte die Zusammengehörigkeit nicht sprengen. Aber die Heterogenitäten machten sie schwieriger, und sie begrenzten zweifellos die Reichweite des Liberalismus über das politisch aktive Drittel der Wähler hinaus. Gerade darum bleibt es erstaunlich, wie die gemeinsamen liberalen und nationalen Ziele eine große Zusammengehörigkeit schufen.

Es ist dann die nationalpolitische Differenz gewesen, die den Gesamtliberalismus in der Mitte der 60er Jahre wieder spaltet, die gesellschaftspolitischen Divergenzen und den alten Riß zwischen Liberalen und Demokraten politisch wieder aktualisiert. Außerhalb Preußens blockierten sich großdeutsche und kleindeutsche Tendenzen innerhalb des Liberalismus zum Teil und lähmten wie in Baden seine Entscheidungs- und Handlungsfähigkeit. Anderswo spalteten sich, vor allem im Zusammenhang mit der Schleswig-Holstein-Krise 1864, die Demokraten von den Liberalen ab. Württemberg ist der klassische Fall. Die großdeutsch-antiborussische Tendenz schoß hier mit der egalitär-popularen zusammen, mit einer anti-manchesterlichen Wirtschaftspolitik, der Abneigung gegen die moderate Strategie und dem Eintreten für das Bündnis mit der Arbeiterschaft. Ähnliches gab es auch sonst, vor allem etwa im Rhein-Main-Gebiet und in Sachsen. Auslösend war – trotz aller verfassungs- und gesellschaftspolitischen Spannungen – der Antiborussismus. Wo die Bewegungspartei unter starkem Druck stand – in Preußen unter der Regierung Bismarcks, in Baden und Bayern angesichts der konservativ-katholischen und zum Teil partikularistischen Gegenkräfte – blieb die Einheit bestehen.

Die Demokraten wollten eine große gesamtdeutsch-demokratische Volkspartei, popular und auf Massen gründend, Massen mobilisierend, die Schützen und Turner, die Arbeiter z.B., ja über die Idee des Wehrturnens zielten sie auf eine nationalrevolutionäre Volksmiliz; gerade in der Schleswig-Holstein-Krise 1863/64, als sich überall Schleswig-Holstein-Vereine bildeten, war das aktuell. Sie verstanden sich nationalrevolutionär und wollten im Grunde wie 1848 eine „Republik", wenn auch vielleicht und notgedrungen in monarchischer Form. Sie waren in ihrer großen Mehrheit schroff antiborussisch. Aber diese Partei und diese Strategie blieben ein Traum. Außerhalb von Württemberg, Sachsen und Frankfurt kam die Partei über ein sektenhaftes Dasein nicht hinaus; weder in der nationalen noch in der sozialen Frage konnten sich ihre potentiellen Anhänger auf ein Programm und einen gemeinsamen Kurs einigen. Eine realistische Alternative in den Fragen von Freiheit und Einheit stellte sie nicht dar.

Aber auch ungeachtet dieser Trennung mußte die nationale Politik die Liberalen spalten. Sie konnten die nationalpolitischen Alternativen nicht auf Dauer mit Wunschvorstellungen überdecken. Sie mußten sich mit den preußischen oder mit den antipreußischen Konservativen verbinden, oder sie konnten keine Politik mehr machen, mußten Politik auf einen unbestimmten Hoffnungstag der großen Veränderungen vertagen oder auf einen neuen Cäsar warten. Als Bismarck 1864 erkennbar den Weg einer nationalen Außenpolitik einschlug, stellte sich die immer vermiedene Frage nach der Priorität von Einheit oder Freiheit akut; das mußte die Liberalen, auch die Kleindeutschen, erneut spalten.

Die Liberalen waren zwar die führende Kraft der bürgerlichen, der politisch artikulierten Gesellschaft. Aber sie waren kaum die Mehrheit des Volkes – und das Vorhandensein nicht-liberaler Massen schränkte ihre Handlungsfähigkeit im Konfliktfall nicht unwesentlich ein. Sie verbanden in sich die inhomogenen Elemente der deutschen Gesellschaft; das machte ihre Einheit immer prekär. Aber es war das nationalpolitische Doppeldilemma: die Polarisierung großdeutsch-kleindeutsch und die Frage nach der Priorität von Einheit oder Freiheit, das ihre Geschlossenheit, die Handlungsfähigkeit einer führenden politischen Kraft in der Mitte der 60er Jahre einschränkte. Es war natürlich auch die Tatsache, daß die Ausnahme Bismarck bestimmte, was deutsche Politik sein konnte, sie ins Reagieren drängte und schließlich spaltete. Was ohne Bismarck geschehen wäre, was z.B., wenn Wilhelm I. 1862 zugunsten seines Sohnes Friedrich wirklich abgedankt hätte, wissen wir nicht. Die Liberalen wären ihrem Ziel, re-

gierende Partei zu werden, nähergekommen; vielleicht hätte es auch eine nationale Lösung gegeben, die stärker von ihnen geprägt gewesen wäre. Aber klar zu
erkennen ist eine liberale Alternative in den Wirrnissen der deutschen Frage und
angesichts der nationalen Revolution, die Bismarck ins Werk setzt, nicht.

b) Konservative und Katholiken

Bei den Hauptgegnern der Liberalen unter den Parteien können wir uns wesentlich kürzer fassen: hier hat sich nicht so viel Neues zugetragen und ausgebildet,
und für die entscheidenden Wendungen und Prägungen der deutschen Geschichte ist die Umbildung der Liberalen von unvergleichlich größerer Wichtigkeit als die der konservativen und katholischen Parteien, zumal ja die Stärke des
Konservativismus bei den Regierungen, die des Katholizismus in der Kirche lag.

  Die Konservativen bleiben als Partei zunächst eher in den alten Gleisen. Sie
kämpfen gegen die Revolution und gegen die Liberalen – die Ultras des Hochkonservativismus denken an Staatsstreich und Verfassungsrevision oder gar an
die Wiederherstellung eines ständischen Systems, und das alles in den Bahnen
ihrer alten Doktrinen und Theorien; die bürokratisch-etatistischen Konservativen denken – realpolitischer – in den Modellen des Neoabsolutismus oder der
reaktionären Eingrenzung der Verfassungszugeständnisse und der Manipulation der Parlamentswahlen. Auf die Dauer haben sich die Konservativen – nach
1848 vor allem in Preußen – auf die Tatsache eines konstitutionellen Systems
mit bestimmten Entscheidungsrechten des Parlamentes umgestellt; die politische
Philosophie Stahls begründete und legitimierte diese Wendung. Das konstitutionelle System konnte durchaus den Konservativen zugute kommen; denn es band
ja, zumal über die erste Kammer, die Krone sehr viel stärker als zuvor an das
Herkommen und an die Interessen der alten Eliten, vor allem also des Adels,
und es befestigte – wiederum über erste Kammer, über das Wahlrecht und über
Verfassungsgarantien – Einfluß und Rolle der Konservativen. Man mußte das
nur wahrnehmen. Also ein parlamentarischer Konservativismus, der das neue
System zur Festigung des eigenen Einflusses nutzt und jede Ausweitung bürgerlicher und parlamentarischer Rechte gegen Krone oder Adel zu verhindern
sucht. Aber da die Stellung der Konservativen nicht auf Wahlen, und jedenfalls
nicht auf freien Wahlen, beruht, kommt es auf populare Unterstützung nicht so
an; Autorität und Gesinnung sind das, was zählt. Am Rande entstehen dann moderne Richtungen eines Reformkonservativismus wie der der Wochenblattpartei.

  Die klügeren und moderneren Theoretiker und Publizisten unter den Konservativen erkennen den Zusammenhang jeder modernen Politik mit den sozialen Kräfteverhältnissen und ihren Verschiebungen und suchen darauf eine
neue, eine moderne konservative Politik zu begründen – so Wilhelm Heinrich
Riehl oder, schon vor 1848, Lorenz Stein mit seiner Idee des sozialen Königs-
tums oder der Kreuzzeitungsredakteur Hermann Wagener, später einer der An-
reger von Bismarcks Sozialpolitik. Es gab doch genügend starke soziale Grup-

pen, die im Grunde konservativ orientiert waren, Gegner des städtisch kommerziellen, industriellen, akademischen Bürgertums, Gegner der Modernisierung und der Marktgesellschaft: die Konservativen mußten die Mächte der Tradition und ihre Interessen mobilisieren, die alten Stände, Bauern und Handwerker zumal – und dann auch die vom Liberalismus bedrohte kirchliche Orthodoxie mit ihrem breiten Anhang im Volk. Auf Monarchie und Staatsapparat, patriarchalische Autorität von Adel und Kirche allein konnten sich die Konservativen, so meinten diese Modernisten, allein nicht stützen – auch wenn die deutsche Welt noch nicht die Welt der Massen und der Massenpolitik war. Als die Neue Ära und die vielen liberalen Organisationen in volle Blüte kamen, gründete der kluge Hermann Wagener die preußischen Volksvereine, um überall, zumal in den Städten, populäre Kräfte für die Konservativen zu organisieren. Aber das waren eher Antizipationen künftiger Entwicklungen; in der Autoritätswelt der Normalkonservativen spielte das nicht die entscheidende Rolle. Der Kampf um Reaktion und Verfassung, Liberalisierung der Regierung und Macht der Krone, Partikularstaat und deutsche Politik war wichtiger. In einem pragmatischen Sinne freilich gehörte, wir haben es gesagt, zur konservativen Politik der Regierungen der Reaktionszeit das „bonapartistische" Konzept einer wirtschaftlichen Befriedungspolitik: der Versuch, die Bauernbefreiung erfolgreich abzuschließen, die Handwerkerunruhe durch Einschränkungen oder Verzögerung der Gewerbefreiheit abzufangen, Ansätze zum Arbeiterschutz und anderen sozialpolitischen Maßnahmen, der Versuch auch, dem kapitalistischen Bürgertum durch Wirtschaftsförderung und Entbürokratisierung entgegenzukommen. Das lag natürlich ganz allgemein im Staatsinteresse, aber das hatte auch eine innenpolitische Funktion; es mochte die Herrschaftsordnungen vom Druck gesellschaftlicher Kräfte entlasten, ja diese ablenken. Eine florierende und gar wachsende Wirtschaft konnte auf Dauer das konservative System begünstigen. Aber das war, wie gesagt, mehr pragmatische Staatsklugheit als ein neues konservatives Rezept.

Neben den reformerischen Wochenblatt-Konservativen und ihrer Idee der Versöhnung der Eliten und neben den Sozialkonservativen mit ihren sehr realistischen Gesellschaftsanalysen – aber in ungleich stärkerem und auf Dauer durchschlagendem Maße – ist es Bismarck gewesen, der den alt werdenden Konservativismus, gegen dessen Willen, entschieden modernisiert hat. Er hat sich – in allen Bereichen der Politik – von der alten Ideenpolitik auch seiner konservativen Freunde abgekehrt; er hat, oft mit einem betont anti-idealistischen Zynismus, auf Realität und Interesse gesetzt. Er hat die modernen Bedingungen von Politik erkannt und anerkannt, die Notwendigkeit eines plebiszitär-populären oder parlamentarischen Konsensus, die Unwiderrufbarkeit demokratischer Mobilisierung und liberal-bürgerlicher Modernisierung, und natürlich, davon werden wir reden, die unüberholbare Realität der nationalen Bewegung und der nationalen Frage. Er hat die modernen Bewegungen in Gesellschaft und Politik nicht mehr ideenpolitisch abgelehnt und darum im Grunde negiert, sondern sie als Realität aufgenommen. Dann hat er versucht, sie in sein eigenes

Kalkül einzusetzen, seine, gewiß konservative, Politik mit ihnen zu machen, einen starken Staat und eine starke Regierung zu begründen und den Liberalismus einzuhegen, aber doch nun im partiellen Bunde mit diesen modernen Mächten und ohne Scheu, auch ganz unkonservative und moderne Mittel einzusetzen. Das mußte den Konservativismus revolutionieren. Seit den 50er Jahren vollzieht sich bei Bismarck, vor allem in Auseinandersetzung mit den Brüdern Gerlach, die allmähliche Abnabelung von den altkonservativen Theorien; Bonapartismus ist der Vorwurf seiner ursprünglichen Gönner, das ist die Chiffre, unter der sich jene Abkehr vollzieht. Es ist die Schachspiellogik des Machtrealisten, seine Unvoreingenommenheit gegenüber tatsächlichen und eben auch modernen Kräften, gegen den unwiderstehlichen Strom der Zeit, und endlich die Priorität, die er der preußischen Machträson vor metapolitischen konservativen Prinzipien einräumt, die Bismarck zunächst vom konservativen Parteipolitiker zu einem Mann am Rande seiner Partei und dann zwischen den Fronten machen. Auf Dauer hat das dann, nach 1866, auch den Konservativismus umgeformt.

Dann die Katholiken. Der politische Katholizismus blieb auch nach der Revolution eine gewaltige untergründige Macht, im Gegensatz zum alten oder neuen bürokratischen Etatismus wie zur Modernität, zum antiklerikalen und zumeist protestantischen Liberalismus. Ob und wie sich der Katholizismus als Partei formierte, das war freilich offen und hing von der jeweiligen Situation ab. An sich schien es in den 50er Jahren Sache der Kirche, des Klerus, des Episkopats, die katholischen Forderungen zu formulieren und zu vertreten. In dem sich weiter ausbreitenden katholischen Vereinswesen war Politik ausgeschlossen; die Vereine sollten und wollten unpolitisch sein, rein religiös. Und die Kooperationsbereitschaft der meisten Regierungen der Reaktionszeit schien eine besondere katholische Partei überflüssig zu machen; in Baden gar kämpfte die Kirche Anfang der 50er Jahre ihren wilden Kampf gegen den Staat ohne populare Unterstützung, ohne Partei.

Freilich, in Preußen hat auch die Reaktion den Gegensatz des protestantisch-konservativen Staates zum Katholizismus nicht ganz überwunden. Im preußischen Abgeordnetenhaus bildet sich, 1852, eine katholische Fraktion, zur Verteidigung der kirchlich-katholischen Rechte zunächst, unter Führung August Reichenspergers. Diese Fraktion, stark von rheinischen Honoratioren geprägt, steht auf dem Boden des Konstitutionalismus, der Verfassung, ihrer Rechte und Freiheiten, gegen die Reaktion der Junker wie der Bürokraten; 1853 werden sechs konservative Adlige, die diese Position nicht teilen, aus der Fraktion herausgedrängt. Das ist das Erbe des verfassungspolitisch liberalen Katholizismus. Freilich, diese Gruppe steht ansonsten im Gegensatz zu den Liberalen; sie tendiert zum moderaten Vermitteln. Im Verfassungskonflikt steht sie nicht auf seiten der Liberalen; das schwächt ihre Position sehr stark; sie vertritt noch nicht die Mehrheit der katholischen Wähler. Und 1866 war es nicht sicher, ob die „Partei" bestehen blieb.

Daß der politische Katholizismus in der großen nationalpolitischen Auseinandersetzung zumeist die großdeutsche Seite stützte, 1863 den Reformverein gegen den Nationalverein, haben wir gesagt. In Bayern, in Hessen-Darmstadt, in Nassau gehen katholische, partikularstaatliche („patriotisch" heißt das in Bayern), großdeutsch-antiborussische und konservative Orientierungen ineinander über. In Baden, wo es wenig katholisches Establishment gibt, entsteht aus dieser Verbindung Mitte der 6oer Jahre eine populistische katholische Bewegung, eine Art Volkspartei; der vom Klerus wie von der Bürokratie, und am meisten dann vom Liberalismus, vorangetriebene Kulturkampf schlägt jetzt endlich auf Massen durch: die Opposition so vieler Gruppen der „alten" Gesellschaft gegen die wirtschaftsliberale Gesetzgebung und der emotionale Antiborussismus verbinden sich hier. Die „klerikale" Volkspartei gegen die liberale und überwiegend kleindeutsche Bürgerpartei, das wird ein Modell, das in der besonderen Situation von 1870/71 dann gewaltige Wirkung entwickelt. Anders ist es noch in Württemberg: hier bleibt das großdeutsch-katholische Element einstweilen der politischen Demokratie, der Volkspartei, verbunden und separiert sich noch nicht. Anders schließlich ist es auch in Österreich. Hier haben Reaktion und Konkordatspolitik die Sturmwelle eines katholischen und antiklerikalen Liberalismus im städtischen Bürgertum entfesselt, etwas, was es sonst in Deutschland nicht gibt. Es gehört zum fast vergessenen Schicksal des deutschen Katholizismus und seiner politischen Orientierung, daß dieses liberale österreichische Element 1866 ausgeschieden ist.

c) Arbeiterbewegung und Arbeiterparteien

Das Schicksal des Liberalismus in diesen Jahrzehnten war von epochaler Bedeutung für das Schicksal der Deutschen, und es hat ihre Geschichte für ein halbes Jahrhundert geprägt. Aber auch der in den 6oer Jahren noch unscheinbare Prozeß, in dem sich die Arbeiterpartei, und zunächst zwei Arbeiterparteien, gebildet haben, war eine epochale Weichenstellung für die Folgezeit und verdient darum besonderes Interesse. Zwar, in allen europäischen Gesellschaften haben sich im Zuge der Industrialisierung Arbeiterparteien gebildet; insofern ist die deutsche Geschichte nichts Besonderes. Aber, in Deutschland geschieht das viel früher als anderswo. Das hat die Arbeiterbewegung geprägt und die deutsche Geschichte insgesamt. Das bedarf der Erklärung.

Wir erinnern uns an das, was wir früher über die gesellschaftliche Entwicklung erzählt haben. Nur langsam entsteht aus den handarbeitenden Klassen, aus ländlicher und städtischer Armut, aus Tagelöhnern, Heimarbeitern, Handwerksgesellen und Kleinmeistern eine Arbeiterklasse, das Proletariat, für das die Fabrikarbeiterschaft dominierend und prägend ist. Wichtiger als die Unterschiede wird langsam das Gemeinsame von Lage und Schicksal: Besitzlosigkeit und Angewiesenheit auf den Verkauf von Arbeitskraft und auf Lohn; die prinzipielle Ungesichertheit und die soziale Entrechtung, wie sie sich in der Auflösung alter Bindungen unter dem Prinzip der abstrakten Vertragsfreiheit herausbildet; die bleibende und krasse Chancenungleichheit, die die Verheißung der modernen Wirtschaftsgesellschaft, Leistung und Wettbewerb, konterkariert; der soziale und politische Ausschluß aus der bürgerlichen Gesellschaft. Langsam entsteht ein gemeinsames Gruppen-, ein Klassenbewußtsein. Man darf freilich nicht die späteren Verhältnisse und nicht die Theorien vom Proletariat auf die deutsche Situation der 50er und 60er Jahre zurückprojizieren. Noch ist Fabrikarbeit und gar Großbetrieb nicht dominierend; noch ist – gerade im Zuge einer gewaltigen Mobilität – das Fabrikarbeiterdasein nicht ererbt; noch spielen handwerkliche Betriebsformen und Qualifikationen, Normen und Erwartungen eine ganz große Rolle. Es sind Gesellen, kleine Meister, handwerklich geschulte Facharbeiter, wir können sagen: Handwerker-Arbeiter, nicht an- oder ungelernte Fabrikarbeiter und Tagelöhner, die die Anfänge der Arbeiterbewegung bestimmen. Aber die Erfahrungen mit dem neuen ökonomisch-sozialen System werden intensiver und die Suche nach Interpretation und Selbstverständigung desgleichen.

Die Anfänge der Arbeiterbewegung, im Vormärz und Revolution, lebten in der individuellen wie kollektiven Erinnerung der Beteiligten fort. Aber die Reaktion hatte mit den demokratischen Vereinen auch und gerade die Arbeitervereine, den Bund der Kommunisten wie die Vereine der Arbeiterverbrüderung entschieden unterdrückt, und bei der scharfen Handhabung der Vereinsgesetze war ein Ausweichen in scheinbar harmlosere Organisationen schwerlich möglich. Immerhin, in der Emigration und im Untergrund überlebten Reste der älteren Bewegung; und es bildeten sich, von den Regierungen nicht bekämpft, Hilfs- und Unterstützungskassen, die bei lokalen und punktuellen Streikaktionen der 50er Jahre eine Rolle spielten.

Mit der Neuen Ära entstehen wieder, schnell und rasch sich ausbreitend, Arbeitervereine; mindestens 225 zählt man in den frühen 60er Jahren. Es sind das die Arbeiterbildungsvereine, bürgerliche Gründungen für Arbeiter und mit ihnen, im Zusammenhang der liberal-demokratischen Bewegung, auf der Basis der gemeinsamen Opposition gegen das obrigkeitlich-feudale System. Und zwar sind es unter den Arbeitern gerade die Handwerker-Arbeiter, die sich hier organisieren; wo Fabrikarbeiter, zumal in Groß- und Mittelbetrieben, den Kern der Arbeiterschaft schon ausmachen, ist das Interesse an solcher Organisation deutlich geringer.

Was war, so müssen wir zunächst fragen, das liberale Konzept einer Arbeiterpolitik. Ganz allgemein glaubten die Liberalen, daß die Freisetzung der Gesellschaft und ihre freie Entfaltung zu wirtschaftlichem Wachstum, zu Fortschritt und letzten Endes zu Harmonie führe. Sie glaubten an die Selbstheilungskräfte der Gesellschaft; die sozialen Probleme galten ihnen als Übergangserscheinungen und Kinderkrankheiten, nicht als notwendiges Ergebnis der kapitalistischen Entwicklung oder gar der Klassengegensätze. Das war ihr zu Zeiten eigentümlich trivialer Optimismus. Noch war eine nicht in antagonistische Klassen zerfallende gemeinbürgerliche Gesellschaft ein Ideal; noch trug das altmodische Vertrauen in die individuelle Tüchtigkeit, in Fleiß, Sparsamkeit und Talent, in die Möglichkeiten des individuellen Aufstiegs, und die Realität bot dazu noch Anlaß. Sie glaubten nicht an die Macht kollektiver Lagen, und sie glaubten nicht an einen objektiven und dauernden Interessen- oder gar Klassengegensatz zwi-

schen Bürgertum und Arbeiterschaft, nicht daran, daß der Kampf zwischen diesen beiden Klassen um die politische oder gesellschaftliche Macht das wirkliche
Thema der Gegenwart oder der Zukunft sei. Das bedeutete nun im Blick auf die
Arbeiterschaft konkret zunächst zweierlei, einmal: freie Wirtschaft. Freizügigkeit, Gewerbefreiheit und auch Freihandel liegen nicht nur im Interesse des Bürgertums, sondern ebenso im Interesse der Arbeiter; es sind gerade Zunft und re-
gelungswütiger Staat, die die freie Verwendung der eigenen Arbeitskraft verhindern. Und bei den von Zünften und Kommunalverwaltungen und Polizei kontrollierten und behinderten Arbeitern hat das liberale Insistieren auf diesen Freiheiten durchaus Resonanz; der Staat soll endlich die Selbstorganisation der Arbeit freigeben. Zum anderen: das Bürgertum, gerade wenn es für Freiheit und
Einheit, Verfassung und Nationalstaat kämpft, kämpft für das allgemeine und
höchste Interesse aller, gerade auch der Arbeiterschaft. Im Konflikt der Zeit
kommt es auf die Einheit der einen großen Fortschrittsbewegung an. Jede Son-
derbewegung, jede Sonderorganisation von Arbeitern ist Spaltung und schwächt
die Bewegung; das ist die Lehre, so hat Schulze-Delitzsch seit 1862 immer wieder eingeprägt, die man aus der Niederlage der Revolution von 1848 ziehen
muß. Die Arbeiter sind ein Teil der liberal-nationalen Bewegung und nichts anderes; ihre wirtschaftlichen und politischen Interessen sind die des Fortschritts,
sind mit denen der Bürger identisch.

In diesem Rahmen der generellen Identität der Interessen erst steht dann ein
eigentliches Programm der Arbeiterpolitik. Es ist charakterisiert durch die Leitideen von Genossenschaft, Bildung und Selbsthilfe. Hermann Schulze-Delitzsch, Propagandist und Organisator des liberal-mittelständischen Genossen-
schaftswesens, ist in den späten 50er und in den 60er Jahren der anerkannte Protagonist einer liberalen Arbeiterpolitik. Genossenschaften sollten nicht nur die
Probleme der Handwerker und kleinen Kaufleute, sondern auch die der Arbeiter auf der Basis der bestehenden Gesellschaftsordnung lösen. Genossenschaften
sollten das Kapital „demokratisieren", dem Arbeiter am Kapital Anteil geben,
den Konflikt zwischen Kapital und Arbeit lösen; das entsprach dem harmonisti-
schen Gesellschaftsprogramm. Für die Arbeiter, so meinte Schulze-Delitzsch,
kamen vor allem die Konsumvereine in Frage, die einen Ansatz zur Entproletarisierung darstellten, und dann die Produktivgenossenschaften; sie sollten Arbeiter zu selbständigen Kleinunternehmern machen, sie sollten ein Gegengewicht gegen die monopolistischen Unternehmer darstellen, und sie sollten gerade dadurch auf Dauer auch einen allgemeinen Lohnanstieg sichern. Nun erwies
sich das freilich als Theorie; die Genossenschaften wurden vor allem Kreditge-
nossenschaften des kleinen Mittelstandes und dienten der Kapitalbeschaffung;
Konsumvereine und Produktivassoziationen traten schon bei Schulze-Delitzsch
und erst recht in der Praxis der neuen Genossenschaften zurück. Aber dergleichen beeinträchtigte das Programm und seine Attraktivität zunächst in keiner
Weise. Genossenschaft oder Assoziation, das war geradezu ein Zauberwort der
Zeit: das appellierte an individuelle Selbsthilfe und damit an Leistungswillen,
Selbstverantwortung und Selbstachtung, an die bürgerliche Sparideologie auch,

wie schließlich an die Solidarität, die in der Markt- und Konsumgesellschaft abhanden zu kommen schien; das entsprach einem tiefen emotionalen Bedürfnis; das erfüllte die Menschen mit einem ganz überrationalen Erwartungspathos. Auch Lassalle hat – bei aller wilden Polemik gegen Schulze-Delitzsch und seine kleinkapitalistischen Genossenschaften – die Produktivassoziation zu einem Kernstück seines Programms gemacht und damit gewirkt. Sozialgeschichtlich entsprach die Assoziationsidee der Lage der Arbeiterschaft im Übergang vom Handwerkertum zur Lohnarbeit; sie war im Grunde ein Handwerkerideal. Als Großbetrieb und Lohnarbeit weiter vordrangen und typisch wurden und auch die Idee des individuellen Aufstiegs an Attraktivität einbüßte, verlor auch die Idee der Produktivassoziation an Interesse.

Die Genossenschaftsidee war auch deshalb wirksam, weil alle praktischen Vorschläge zur Sozialreform bei Bürgern wie Arbeitern daran anknüpften. Mehr als die geringe Höhe der Löhne stellten die Risiken des Arbeiterlebens die eigentliche Existenzbedrohung dar. Dem wollte man durch Hilfs- und Unterstützungskassen begegnen, die, wie immer finanztechnisch organisiert, auf genossenschaftlicher Solidarität und Selbsthilfe aufbauten. Und auch andere Ideen liberal-bürgerlicher Sozialreform, wie sie z. B. der Centralverein für das Wohl der arbeitenden Klassen propagierte – betriebliche Alterskassen, paritätische Fabrikgerichte und andere Organisationen, die die bloße Disziplinierung durch Kooperation ersetzen wollten –, basierten auf solidarischer Selbstorganisation und Selbstbeteiligung.

Die liberalen Genossenschaften waren nicht als Modell für Gewerkschaften, also für Streikorganisationen gedacht. Hier waren die Liberalen ambivalent. Gemäß ihrer manchesterlichen Nationalökonomie waren sie davon überzeugt, daß Streiks sinnlos seien; wo die ökonomischen Voraussetzungen für eine Lohnsteigerung gegeben seien, würde sie auch ohne Streik eintreten, wo nicht, auch nicht durch Streik; ja Streiks würden die Lage nicht nur der Unternehmen, sondern auch der Arbeiter verschlechtern. Aber unter dem Freiheitsaspekt trat die Mehrheit der Theoretiker und Parlamentarier doch für die Koalitionsfreiheit ein; der Staat sollte sich nicht durch Verbote in die Arbeitsverhältnisse einmischen. Freilich, als die Frage des Koalitionsrechts akut wurde, standen die Liberalen schon unter dem Druck Bismarcks, der das Koalitionsrecht als Waffe gegen die Unternehmerbourgeoisie einzusetzen plante.

Das andere Zauberwort der liberalen Arbeiterpolitik war: Bildung. Bildung, das war nützliches, berufspraktisches Wissen, Qualifikation, war Basis des individuellen, des beruflichen Aufstiegs. Bildung, das war auch, humanistisch gedacht, Allgemeinbildung, Wissen von Gott und der Welt, Natur und Geschichte, Wirtschaft und Gesellschaft; das war Argumentationsfähigkeit, und das war auch zivilisiertes Betragen und Leben; das war die Basis erfolgreicher genossenschaftlicher Tätigkeit, vernünftiger Teilhabe an der Politik; das war Befreiung von den Fesseln der Unwissenheit und der Vorurteile, war das Entreebillet in die bürgerliche Gesellschaft, der Anfang von Integration und Zugehörigkeit, von Einbürgerung der Arbeiter. Bildung, das war für die Liberalen natürlich auch die

Einsicht in die grundsätzliche Harmonie von Kapital und Arbeit, die Abwegigkeit sozialistisch-kommunistischer Demagogie. Dahinter stand der liberale Glaube, daß Bildung überhaupt der Schlüssel zur Lösung der individuellen wie der gemeinschaftlichen menschlichen Lebensprobleme sei, Wissenschaft, Aufklärung, Rationalität. Das wollte man auch den Arbeitern vermitteln. Natürlich gab es Unterschiede. Die eigentlich Liberalen sahen in den Bildungsmängeln vor allem Ursachen der Not und – der Unzufriedenheit, sie betonten die Integrationsfunktion der Bildung. Die Demokraten betonten lieber die kritische Funktion des Wissens gegenüber den Traditionsmächten, zumal auch der Kirche; Wissen war Waffe und Macht, es sollte die Arbeiter zu gleichberechtigten und zu sich selbst bestimmenden Teilen der demokratischen Volksbewegung machen. Objektiv war diese Bildungsaktivität gewiß Übernahme bürgerlicher Bildungsinhalte, aber sie war mehr als das; sie war Einübung von Reflexion, war der Boden der Selbstverständigung. Daß die Führer der späteren Arbeiterparteien die doch nicht einfachen sozialistischen Theorien übernommen haben, beruht auch auf diesen Bildungsmotivationen und -aktivitäten. Die Arbeiterbildungsvereine, die nach dem Willen ihrer Urheber die Arbeiterschaft integrieren sollten, waren auch Katalysatoren auf dem Weg einer selbständigen politischen Arbeiterbewegung.

Das liberale Pathos der Bildung fand gerade in der gehobenen Arbeiterschaft große Resonanz. Die Handwerker-Arbeiter gerade haben die Bildungsnormen des Bürgertums mit Leidenschaft übernommen; das gehörte zu ihrem großen Erwartungshorizont. Das haben sie der entstehenden proletarischen Bewegung als Erbe der bürgerlichen schier unverlierbar eingeprägt.

Das liberale Konzept im ganzen zielte auf den tüchtigen Arbeiter, der Bürger werden wollte; und den erreichte es auch. Es entsprach durchaus einer Arbeiterschaft, die aus dem Handwerk kam und noch in handwerklich geprägten Arbeitsverhältnissen und Erwartungshorizonten lebte. Es waren die handwerklich qualifizierten und die besser bezahlten Arbeiter, die in den Vereinen aktiv waren. Insofern war diese Bewegung zunächst das Ergebnis einer Übergangssituation.

Die Liberalen also wollten die Arbeiter durch Selbsthilfe, Genossenschaften und Bildung und durch mancherlei Reformen einbürgern. Aber dabei gab es eine fundamentale Ambivalenz. Auf der einen Seite wollten sie die Arbeiterschaft in die eine große bürgerliche Freiheits- und Einheitsbewegung integrieren, sie auch als Druckpotential gegen die Regierungen in Anspruch nehmen. Auf der anderen Seite lebten sie in Sorge vor jeder Verselbständigung und Radikalisierung der Arbeiter. Das Maß dieser Sorge prägte zwei unterschiedliche Richtungen. Alle Arbeiterbildungsvereine standen unter bürgerlicher Patronage und waren auf die Einbindung in die bürgerliche Politik gegründet. Die einen wollten das sozusagen paternalistisch; sie sahen in den Arbeitern politisch, einstweilen jedenfalls, eine noch unmündige Gefolgschaft der bürgerlichen Bewegung; sie wollten die Führung, Politik für die Arbeiter machen, aber sie von der Politik ausschließen. Das war der Honoratiorenstil. Der Nationalverein z. B. erhob seinen Beitrag jährlich und schloß damit de facto Arbeiter aus; 1862 lehnte er einen Antrag „linker" Politiker ab, Beitragsmodalitäten und auch Beitragshöhe so zu ändern, daß Arbeiter eher die Möglichkeit zur Mitgliedschaft hatten: er wollte keine Abstriche am bürgerlichen Charakter der Organisation und der Führung. Und das ungeschickte Wort von Schulze-Delitzsch, von den Arbeitern als den geborenen „Ehrenmitgliedern" des Vereins machte das erst recht deutlich. Auch Schulze-Delitzsch meinte, daß die Arbeiter erst in einem längeren Prozeß – über einen „behäbigen" ersparten Wohlstand – und zu einem späteren Zeitpunkt in die aktive Teilnahme an der Demokratie hineinwachsen würden. Und ein gut Teil der Liberalen hatte, wir sagten es, nicht nur aus Klasseninteresse, sondern aus der berechtigten Sorge vor einer cäsaristisch-reaktionären Mobilisierung der Massen starke Reserven gegen das allgemeine Wahlrecht. Die anderen, die Demokraten, sahen die Arbeiter schon jetzt als gleichberechtigten Teil der großen Volksbewegung an und sprachen ihnen das Recht auf Selbstartikulation zu; sie wollten nicht nur gesellschaftliche Gleichberechtigung der Arbeiter, sondern auch politische. Anders gesagt, die Männer der Fortschrittspartei sahen ihr Verhältnis zu den Arbeitern als ein Lehrer-Schüler-Verhältnis; sie unterschieden sich danach, wie sie die Mündigkeit der Schüler beurteilten und anstrebten. Die Liberalen fürchteten die Gefahr einer linken Abspaltung und wollten die Arbeiter, wie jede Volks- und Massenbewegung, aus der Politik heraushalten, neutralisieren oder mindestens kanalisieren; die Demokraten wollten die Arbeiter als Teil der von ihnen erstrebten Massenbewegung mobilisieren. Aber auch sie wollten Integration der Arbeiter in die gemeinsame Volksbewegung, wollten jede Sonderorganisation der Arbeiter, weil sie dem gemeinsamen politischen Ziel schaden müßte, verhindern.

Es gab Bruchlinien – und nicht nur gegenüber den liberalen Paternalisten und Gegnern des allgemeinen Wahlrechts, das doch für die Arbeiter eine essentielle Frage war. Denn alle liberal-demokratische Arbeiterpolitik war harmonistisch und spielte den Interessengegensatz zwischen Arbeitern und Unternehmern herunter, und alle liberalen Konzepte übergingen im Grunde einen der entscheidenden Punkte der Arbeiterexistenz, die Höhe des Lohnes. Alle wollten die Arbeiter nach ihrem Bilde formen und trugen ihrem Selbst-Sein-Wollen wenig Rechnung. Und alle klammerten nach Möglichkeit die latenten politischen Spannungen aus.

Aber zunächst ist die Arbeiterbewegung, die am Ende der Reaktionsphase neu aufbricht, Teil der großen bürgerlichen Freiheitsbewegung. Der Gegensatz von Kapital und Arbeit dominiert noch nicht alles. Vor allem, die Arbeiter fühlten sich, wie die sozial engagierten Intellektuellen, als Teil der deutschen Einheitsbewegung; das sozial-demokratische Element war mit dem national-demokratischen eng verschwistert. Die Arbeiter galten – mit den Sängern und Turnern, unter denen sie auch vertreten waren – als „Pfeiler des werdenden nationalen Deutschland". Die Arbeiter, so hat das August Bebel später zuspitzend beschrieben, hätten in der Verwirklichung der deutschen Einheit ihr Ideal erblickt; Sozialismus und Kommunismus seien ihnen böhmische Dörfer gewesen.

Nationale Einheit erschien als unabdingbare Voraussetzung einer Lösung der sozialen Frage, schärfer: die nationaldemokratische Revolution als Voraussetzung der sozialen. Das einige und freie Deutschland und die Abschaffung der Klassenherrschaft hingen für Bebel und Liebknecht so eng zusammen wie für Lassalle. Das „heilige Recht" auf die Nation und die Zugehörigkeit zur Nation war eine in allen Arbeiterkundgebungen immer wieder ausgesprochene Selbstverständlichkeit und 1863/64 natürlich die Solidarität mit den Schleswig-Holsteinischen Brüdern. Der Ton war nicht anders als der des Nationalvereins. Auch die Überzeugung, daß die nationale Einheit einen zumindest zeitlichen Vorrang vor der sozialen Emanzipation habe, war unter den Arbeiterführern weit verbreitet – bis hin zu der Meinung, daß man durch Einheit zur Freiheit komme. Und dieses Ziel des demokratischen Nationalstaates war nicht nur wie bei Marx quasi funktional als Etappe der Weltgeschichte vorgesehen, sondern es war auch Ziel für sich selbst, war Herzensangelegenheit. Darum nun gewann der Gegensatz von kleindeutscher und großdeutscher Orientierung entscheidende Bedeutung für die Frühgeschichte der Arbeiterbewegung. Aber zunächst waren es sehr andere Gründe, die zur ersten Ablösung einer sozialistischen Partei von der liberal-demokratischen Gesamtbewegung führten.

Auf tritt Lassalle. 1862 hatte der Nationalverein eine Arbeiterdelegation auf die Londoner Weltausstellung geschickt, mit mäßigem Erfolg übrigens. Über der Frage eines öffentlichen Berichtes dieser Delegation konkretisierten sich an verschiedenen Orten Pläne, einen allgemeinen deutschen Arbeiterkongreß oder -tag einzuberufen. Eine große Arbeiterversammlung in Berlin (2. November 1862) – noch keineswegs antiliberal – bestimmte nach dem Vorbild der Arbeiterverbrüderung von 1848 Leipzig zum Kongreßort. Ein wiederum von einer Versammlung gewähltes Komitee in Leipzig übernahm die Führung der Kongreßbewegung; es distanzierte sich nun deutlich von den Grundsätzen der liberalen Arbeiterpolitik; es forderte eine selbständige politische Betätigung des Arbeiterstandes, der Lohnarbeiter. Die Liberalen waren von diesen Bestrebungen nicht begeistert; sie fürchteten um einen Teil ihrer Massenbasis und eröffneten unter Führung von Schulze-Delitzsch eine großangelegte, geradezu modern organisierte Propaganda- und Versammlungskampagne und mobilisierten die Arbeiterbildungsvereine gegen den Leipziger Kongreß. In dieser Situation von Spannungen, Spaltungen wandte sich das Leipziger Komitee – fast zufällig, einige Mitglieder waren von der Lektüre des ‚Arbeiterprogramms' beeindruckt – an den Schriftsteller Ferdinand Lassalle: er sollte den Gegensatz, in den man zu den Liberalen und zumal zu ihrem Papst Schulze-Delitzsch zu geraten im Begriff war, angemessen artikulieren. Lassalle reagierte auf diese Anfrage mit einem neuen Programm, dem ‚Offenen Antwortschreiben' vom 1. März 1863. Damit gab er der ganzen Entwicklung eine neue Richtung.

Ferdinand Lassalle, jüdischer Herkunft, war als philosophisch-juristischer und politischer Schriftsteller hervorgetreten, als radikal – und nationaldemokratischer Revolutionär und als Sozialist; 1848/49 hatte er im Rheinland im Umkreis von Marx gewirkt. Staat, Nation, Demokratie und soziale Frage, das waren seine Themen. Lassalle war mit seiner Konzeption einer radikal-demokratischen Politik gescheitert; der national-revolutionäre und demokratische Impetus, auch der neuen Fortschrittspartei, so analysierte er, war gebrochen; zu dem radikalen Schritt des Parlamentsstreiks z. B. und im Grunde zu einem Kurs mit dem Risiko der Revolution schien sie nicht bereit. Darum mußte sich ein revolutionärer Demokrat gegen den feigen „Bourgeois-Liberalismus" und seine Kompromißpolitik kehren. Darum setzte Lassalle jetzt auf eine Arbeiterpartei. Nicht soziale Forderungen also stehen bei ihm am Anfang, sondern die demokratische Forderung. Sie sucht sich einen Träger. Lassalle bringt nun auch in die radikaleren Arbeiterkreise eine neue Idee und eine neue Strategie. Im Zentrum steht für ihn das allgemeine Wahlrecht. Das ist das demokratische Urrecht; darum muß es zu allererst gehen; daran hängt auch die Lösung der sozialen Frage. Die Wirklichkeit des Kapitalismus ist bestimmt durch das „eherne Lohngesetz", das die Arbeiter am Existenzminimum und im Prozeß der Verelendung festhält und das Prinzip der Ausbeutung festschreibt. Alles Reden von Harmonie oder Ausgleich von Kapital und Arbeit ist hilfloses Geschwätz, ist Illusion. Dieses System soll gebrochen werden durch die Errichtung von Produktivassoziationen der Arbeiter selbst; das ist die Anknüpfung an die Genossenschaftsidee. Aber solche Assoziationen sollen über den Staat und aus Steuermitteln finanziert werden; nur dann sind sie existenzfähig und wirksam. Darum muß man den Staat demokratisieren, nur der demokratische Staat kann sozialer Staat sein; dazu bedarf es des allgemeinen Wahlrechts. Diese Forderungen laufen auf eine revolutionäre Umgestaltung hinaus. Staatskredit und Assoziation sind im Grunde nur Mittel auf dem Wege, den Staat selbst in eine Assoziation der arbeitenden Klassen zu verwandeln. Seine Demokratie des allgemeinen Wahlrechts und der Produktivassoziationen entspricht nicht der Vorstellung einer parlamentarischen Demokratie – auch wenn seine Anhänger die Wahlrechtsforderungen in dieser Tradition verstehen; seine Demokratie ist im Grunde Konvents- und Versammlungsdemokratie, ja plebiszitäre Diktatur.

An dieser hier verkürzt skizzierten Programmatik sind zunächst drei Dinge festzuhalten: 1., im Unterschied zu Marx, der Voluntarismus. Primär ist bei Lassalle trotz seiner Herkunft von Hegel nicht die Selbstbewegung der Gesellschaft auf ein Ende der Weltgeschichte zu, sondern die bewußte und willentliche Selbstverwirklichung der Arbeiterschaft. 2. Lassalle ist ein Anhänger des Staates; er setzt nicht auf das „Absterben" des Staates, und mit beißendem Hohn hat er das liberale Konzept vom „Nachtwächterstaat" karikiert. Der Staat ist notwendig; er vollendet die Entwicklung des Menschen – zur Freiheit. Lassalle ist Gegner des liberalen Individualismus; Freiheit ist eigentlich nicht auf die individuellen Rechte gegründet, Freiheit ist Solidarität; und die Arbeiter werden auch deshalb die eigentliche Macht der Demokratie, weil sie keine individuellen, keine besonderen Interessen haben, sondern sich ganz der „Gattung" hingeben. Von daher stammt auch eine Tendenz zum Totalitären: wenn der Staat Demokratie ist, hat er auch Recht und Macht; von daher auch die Sympathie für autoritäre Systeme auf cäsaristisch plebiszitärer Grundlage, sei es im Staat, sei es in der –

eigenen – Partei. Letzten Endes ist der Staat das eigentliche Instrument des So-zialismus. Der Staat, von dem Lassalle spricht, der die Eigentumsverhältnisse ändert, ist nicht der bestehende Staat, sondern der Staat der Zukunft, die Demokratie. Aber er macht doch den bestehenden Staat durchaus zum Adressaten sozialer Forderungen; nicht erst der sozialistische Staat der Zukunft, sondern schon der reale Staat der Gegenwart kann, wo er nicht Bourgeois-Staat ist, Funktionen auf dem Wege zur sozialistischen Demokratie übernehmen. Er hat den bestehenden Staat in seine Strategie einbezogen; seine Verhandlungen mit Bismarck wurzeln hier, und hier liegt auch eine der theoretischen Grundlagen für die späteren Tendenzen der Sozialdemokratie zum Reformismus. 3. Die demokratisch-sozialistischen Ideen sind verbunden mit der Idee der Nation. Lassalle ist entschiedener Nationaldemokrat, und gerade das ist ein Motiv, das ihn zur Arbeiterbewegung gebracht hat. Demokratie und Nation hängen darin zusammen, daß sie Selbstbestimmung nach innen und nach außen sind; das ist ihre Einheit. Und im Grunde gilt beides: die nationale Frage ist ein Hebel zur Demokratie; das prägt die Taktik. Aber letzten Endes ist der Sieg der Arbeiterklasse auch wieder Bedingung des nationalen Daseins, des einheitlichen und freien Volksstaates.

Innerhalb der sozialistischen Bewegung stellten die neuen Konzepte Lassalle's einen klaren Bruch mit Marx und dem eigentlichen Marxismus dar. Das sollte für die spätere zweite, mit Lassalle's Partei konkurrierende Arbeiterpartei weitreichende Folgen haben, und damit für die deutsche Sozialdemokratie.

Für die konkrete Situation von 1863 war anderes entscheidend. Lassalle hat die Arbeiterfrage nicht mehr als Bildungsfrage angesehen und auch nicht primär als wirtschaftlich soziale Frage, sondern als politische Frage; auch die modische Idee der Arbeiterassoziation hat er mit Entschiedenheit aufs Politische übertragen. Und er bricht mit den Liberalen. Die Arbeiterklasse muß sich von der Bourgeoisie und von der Fortschrittspartei trennen, denn die vertritt – trotz Verfassungskonflikt – nur ihre Klasseninteressen – und das Klassenwahlrecht. Dagegen müssen sich die Arbeiter als Partei organisieren, das allgemeine Wahlrecht durchsetzen und den Staat umbilden. Lassalle ging auch über diejenigen Arbeiter hinaus, die sich vom Liberalismus zu distanzieren begannen: er verwarf auch jedes Bündnis mit den Liberalen. Sie waren der Erzfeind. Das war in der Situation von 1863 das Neue. Lassalle's Auftreten sprengte die Einheit von Arbeiterbewegung und liberal-demokratischer Bewegung, ja auch ihre Allianz, und führte zur selbständigen Organisation einer sozialdemokratischen politischen Partei.

Das Leipziger Komitee übernahm schon am 17. März Lassalle's Programm. Am 23. Mai 1863 wurde in Leipzig der Allgemeine Deutsche Arbeiter-Verein (ADAV) gegründet; 11 Städte waren bei der Gründung vertreten. Das war ein zentralistisch organisierter Agitationsverein – vor allem für das allgemeine Wahlrecht, ein Verein der politischen Aktion in den Wahlkämpfen, der doch auch jenseits der Wahlen dauernd aktiv blieb, wirklich eine moderne politische Partei. In gewisser Weise war wichtiger als alle Ideologie die Tatsache, daß es eine organisierte Partei der Arbeiterschaft gab; das war das eigentlich Umwerfende und Neue. Lassalle war der erste Präsident der Partei, war, enthusiastischer und enthusiasmierender Redner, ihr charismatischer und diktatorischer Führer.

Lassalle brach mit seiner Idee in die bestehende „elementare" Arbeiterbewegung mit ihrer liberalen Prägung ein; er konfrontierte sie mit seinem neuen Konzept; er stieß sie ab, oder er überwältigte sie. So entstand die neue Partei. Und so war der wilde Konflikt und Konkurrenzkampf liberaler und lassalleanischer Organisationen nach 1862 das Hauptphänomen der politischen Geschichte der Arbeiterschaft. Die Arbeiterschaft selbst war gespalten – Lassalle oder Schulze-Delitzsch, so wurde der Kampf personalisiert, und mit der Formel Staatshilfe oder Selbsthilfe auch trivialisiert, denn Lassalle's Kritik an Schulze-Delitzsch war ja keine allgemeine Absage an die „Selbsthilfe", nur daß er sie politisch umdeutete. Aber die Auseinandersetzung brauchte symbolische Gegenbegriffe, und die fingen doch Emotionen und Stimmungen richtig ein.

Der ADAV entwickelte sich als Partei eines politischen Glaubens, als Partei, mit der man sich identifizierte, die Sinn stiftete und vermittelte und das ganze Leben prägte. In Hamburg etwa ist besonders deutlich, wie aus dem Agitationsverein sehr schnell ein Lebenszentrum, auch für die ganze Familie, wird. Das war gewiß auch eine Folge der charismatischen Figur Lassalle's. Vor allem nach seinem Tod, 1864, romantisch im Duell, entwickelte sich ein ausgesprochener Lassallekult, der den liberalen Personenkult mit Schulze-Delitzsch durchaus überbot. Die religiöse Struktur einer antikirchlichen, säkularen Heilsbewegung wird deutlich – Gedichte, Lieder, Feste, Symbolworte und Symbolhandlungen begleiten das Leben dieser Arbeiterbewegung. Beim Tod Lassalle's 1864 freilich gab es doch erst 3000 Mitglieder, und 1865 zerfiel die Partei fast in sektenartigen Konflikten um das Erbe Lassalle's und die diktatorische Parteiführung. Erst als 1866 Johann Baptist von Schweitzer die Führung übernahm, ergab sich eine gewisse Konsolidierung.

Ob freilich der Bruch zwischen Arbeiterschaft und liberalem Bürgertum schon endgültig war, das war noch nicht entschieden. Lassalle und seine Neugründung haben zunächst die liberal-soziale Arbeiterbewegung gerade konsolidiert. Die Liberalen entfalteten im Frühjahr 1863 eine große Kampagne gegen Lassalle; überall hielt Schulze-Delitzsch Vorträge; sein ‚Arbeiterkatechismus' wurde zu einem der populärsten und verbreitetsten Bücher der Zeit. Das hatte weitgehend Erfolg. Lassalle's Ideen waren doch exzentrisch und mußten viele Arbeiter vor den Kopf stoßen. Die Kritik an Bildung, Genossenschaft und Selbsthilfe betraf die höchsten Werte der organisierten Arbeiter, ihre Hoffnungen und die Basis ihrer Selbstachtung; das war unverständlich, gar ehrenrührig. Mit seiner Umformung der Arbeiterorganisationen zu Agitationsvereinen für das allgemeine Wahlrecht schien er die den Mitgliedern so teure Subkultur der Vereine ganz zu ignorieren. Die These, daß die Arbeiter bisher unmündig gewesen seien und sich jetzt erst und mit Hilfe von Lassalle mündig machen sollten, verletzte das Selbstgefühl. Und der Ruf nach Staatshilfe, auch vom gegenwärtigen Staat, und der Bruch mit der Fortschrittspartei, ja der Angriff, das klang doch nach Reaktion. Der liberale Vorwurf, Lassalle treibe die Arbeiter ins Lager der Reaktion, war eine schneidende Waffe; objektiv mochte der Abfall von den Liberalen, ob nun gewollt oder ungewollt, wirklich die Reaktion stärken. Die Lassallesche Agitation jedenfalls hat zunächst gerade die liberale Arbeiterbewegung gestärkt.

Freilich, sie hat auch eine gewisse Radikalisierung der Arbeitervereine zur Folge gehabt; sie traten für eine entschiedenere Politik des Liberalismus, des Nationalvereins, der Fortschrittspartei ein. Und sie wollten doch, gerade im Gegenzug zum ADAV, einen föderativen Zusammenschluß. Unter der Ägide des Frankfurter Demokraten Leopold Sonnemann schloß der Vereinstag Deutscher Arbeitervereine im Juni 1863 die liberalen Bildungsvereine zusammen. Das richtete sich gegen eine scharf profilierte selbständige Arbeiterbewegung und gar eine besondere Arbeiterpartei; das sollte die Arbeiter im Verband der liberal-demokratischen Bewegung halten; aber ein bißchen mehr Selbständigkeit wollten sie doch. Sie wollten spezifische Arbeiterprobleme schärfer betonen – auf die Dauer ließ sich auch das Problem des Arbeitskampfes nicht ausschließen –, und sie wollten eine Art koordinierter linker Flügel des Liberalismus sein.

Das Ringen der Liberalen und Demokraten um die sich organisierenden Arbeiter und die Auseinandersetzung der beiden nun entstandenen Gruppierungen, das bestimmte die Entwicklung der Arbeiterpolitik in den Jahren seit 1862/63.

Die außerordentlich wichtige Frage, welche Arbeiter sich liberal und welche sich sozialistisch orientierten, läßt sich nicht abschließend klären. Während die liberalen Arbeiter-Politiker bei der Mehrheit der organisierten Arbeitervereine ihre Stütze fanden, berief sich die neue Partei lieber auf offene Arbeiterversammlungen, in denen auch Nichtorganisierte und nicht nur die Handwerker-Arbeiter zu Wort kamen. Dennoch, in beiden Gruppen waren zunächst die Handwerker-Arbeiter in der Überzahl. Die Lassalleaner hatten zunächst in den dörflich-industriellen Bezirken Erfolg, wo es keine liberalen Organisationen und Arbeitervereine und keine starken Gemeindeverwaltungen gab; erst langsam sind sie dann in die eigentlichen Industriestädte, im Westen nach Duisburg, Solingen, ins Wuppertal, dann nach Düsseldorf und ins märkische Industriegebiet vorgedrungen. Sie hatten Erfolg, wo das Zusammentreffen einer konservativen Gewerbeordnung mit einer relativen politischen Freiheit die Gesellen antikapitalistisch und radikaldemokratisch mobilisiert hatte, wie in Hamburg und auch in Frankfurt; wo – wie in den preußischen Westprovinzen oder auch in Leipzig – die Konfrontation zwischen Arbeitern und liberalen Kommunalverwaltungen oder der staatlichen Bürokratie besonders scharf war; wo – wie in den verarmten Webergebieten Sachsens – die allgemeine Misere auf eine grundsätzliche Umwälzung als einzige Chance verwies; wo – wie in der Rheinprovinz – sozialistisch-kommunistische Traditionen und Mitglieder des Kommunistenbundes eine Rolle spielten. Sie hatten keinen Erfolg, wo die Liberalen organisatorisch und personell stark waren wie in Berlin, wo es eine starke liberaldemokratische Tradition gab wie in Württemberg; hier mag auch die landwirtschaftliche Verankerung der Arbeiterschaft eine Rolle gespielt haben; überhaupt wo – wie im Süden – die Klassenscheidungen geringer waren, wo der Antiborussismus stark war. Man sieht, die Motivationen überlagern sich, und fast alle solche Beobachtungen haben Ausnahmen; in Sachsen z. B. sind – trotz demokratischer Traditionen – beide Richtungen stark. Je länger je mehr und zumal seit 1866 war die pro- und antipreußische Scheidelinie wichtig.

Ganz wesentlich für die beiden Gruppen und den Fortgang ihrer Auseinandersetzung ist nun das nationalpolitische Problem. Die Arbeiterbewegung war in ihren beiden Formationen, wir sagten es, Teil der Nationalbewegung; sie war nationaldemokratisch. Lassalle war nationalpolitisch entschieden anti-österreichisch und darum pro-preußisch. Österreich müsse zertrümmert werden; nur die Deutsch-Österreicher sollten in den demokratischen Nationalstaat der Deutschen eintreten. Das übernimmt die Partei, und das heißt in der konkreten Lage: sie ist kleindeutsch. Die Gegnerschaft gegen den „Bourgeois-Liberalismus" hält die Gegnerschaft gegen den preußischen Staat in Schach. 1866 steht der ADAV in seiner großen Mehrheit auf seiten Preußens; nationale Einigung hat ihren eigenen Wert, ja man vertritt die Strategie des „Durch Einheit zur Freiheit". 1867 gibt die Partei gar im Wahlkreis Elberfeld die Parole aus, bei einer Stichwahl nicht den Liberalen, sondern – Bismarck zu wählen. Das war gewiß taktisch bedingt und auch innenpolitisch: Bismarck hatte das allgemeine Wahlrecht durchgesetzt und das Koalitionsrecht in Aussicht gestellt – aber es war doch auch für den nationalpolitischen Konsens charakteristisch. Freilich, gerade weil man mit der Lösung von 1866 in Einklang war, hat man dann um so schärfer die Forderungen der Arbeiterpartei und die Forderung, den Nationalstaat zum demokratischen Volksstaat zu machen, in den Mittelpunkt gestellt.

In der liberal-demokratischen Vereinsbewegung dagegen lebte die Tradition der 48er Demokratie weiter. Auch für sie waren die nationale Sache und die Demokratie, die soziale Demokratie, eigentlich identisch; aber die Wendung gegen die Feinde der deutschen Einheit und Freiheit, also nicht die gegen die Liberalen, hatte Priorität. In dieser Bewegung wurde nun auf die Dauer, zumal außerhalb Berlins und Altpreußens, der antipreußische Affekt und die großdeutschdemokratische Orientierung besonders stark. „Mit Preußen gegen Deutschland, mit Deutschland gegen Preußen", so interpretierte der 48er-Demokrat Wilhelm Liebknecht die Situation von 1866; das Ergebnis eines preußischen Sieges werde die Preisgabe der deutschen Randgebiete, die Zerreißung Deutschlands und seine Verwandlung in eine Kaserne sein. Wo diese Stimmung herrschte, zumal in Sachsen und im Süden, war die Arbeitervereinsbewegung Teil der großdeutschdemokratischen antipreußischen Volkspartei, und wie die Lassalleaner 1867 mit Bismarck gingen, so die sächsischen Arbeitervereinsmänner im Zweifel mit den konservativen sächsischen Partikularisten. Die antipreußische Orientierung hat die Mehrheit der liberalen Arbeiterbewegung politisch radikaler gemacht. Das hatte zwei Folgen. Die Opposition der Arbeiter gegen den Staat erhielt die konkrete Zuspitzung gegen den preußischen Staat, den Staat Bismarcks, den entstehenden deutschen Nationalstaat – nicht weil er Nationalstaat war, sondern weil er kleindeutsch, borussisch, militärisch, undemokratisch war. Das hat die emotionale Haltung der Arbeiterbewegung langfristig und tief geprägt. Der großdeutsch-demokratische Zug hat auch bestimmte Elemente der liberalen Tradition, z. B. den entschiedenen Anticäsarismus, der kommenden Arbeiterbewegung, gegen Lassalle, nachhaltig eingebildet. Kurzfristig hat die antipreußische nationalpolitische Orientierung die Zugehörigkeit der Arbeitervereine zum demokratisch volksparteilichen Flügel der bürgerlichen Bewegung, gerade in der Konkurrenz mit den Lassalleanern, befestigt und auch 1866 noch verlängert.

Beiden Richtungen also war die nationale Frage wesentlich. Aber sie beantworteten sie gegensätzlich, und zwar in doppelter Weise: propreußisch und im Bruch mit den Liberalen, großdeutsch und in Allianz mit den Demokraten. Die nationale Frage und die Frage von Bündnis oder Selbständigkeit hingen damals unlöslich zusammen.

Wir müssen in diesem Zusammenhang noch auf das Ende einer aussichtsreichen liberalen Arbeiterbewegung, auf die Gründung der Sozialdemokratischen Arbeiterpartei durch Bebel und Liebknecht 1868/69 eingehen. Die Position der Arbeitervereine radikalisierte sich, sozialpolitisch wie allgemeinpolitisch; mit der Trennung der Demokraten von den Liberalen ging auch die Mehrheit der Arbeitervereine ins demokratische Lager über. Aber die Tendenz der Vereine, das Soziale vom Politischen getrennt zu halten, ließ sich nicht durchhalten: die bürgerlichen Politiker lehnten ,Sozialismus' ab; die Arbeiter wollten ihn nicht verwerfen. Und deutsch wie sie alle waren, neigten sie zur prinzipiellen Klärung, dazu, nichts in der Schwebe zu lassen. Dazu kam die Konkurrenz der Lassalleaner: als reine Arbeiterpartei brachten sie die Vereinsbewegung mit dem Vorwurf, Anhängsel der Bourgeoisie zu sein, immer in Profilierungsnöte. Ganz entscheidend war – noch einmal – die nationale Frage. Die bürgerliche Verfassungshoffnung war reduziert, die preußische Lösung wahrscheinlich. Die Niederlage der Fortschrittspartei, die Schwäche des bürgerlich-großdeutschen Radikalismus nach 1866 verwies die mit ihm verbundenen Arbeiter auf eine eigene Organisation. Insofern ist die Gründung einer zweiten Arbeiterpartei ein Ergebnis der Polarisierung in der nationalen Frage, ein Ergebnis der nationalpolitischen Entscheidung von 1866. Freilich, dann war es auch die Konkurrenz der Lassalleaner und die Tatsache, daß wichtige Gruppen im ADAV sich von ihm abspalteten, die zu dieser Parteigründung führten. Als die bis dahin liberaldemokratischen Arbeitervereine sich zu einer eigenen Partei formierten, haben sie sich dann für den Sozialismus Marx'scher Prägung und für den Internationalismus seiner Internationalen Arbeiterassoziation entschieden. Man übernahm, eigentlich jenseits der eigenen Praxis, eine sehr viel radikalere Theorie; das war auch ein Ergebnis von Taktik und Situation, entsprach dem Konkurrenzdruck der Lassalleaner und dem Einfluß der Überläufer wie der Notwendigkeit, gegen die bisher verbündeten Demokraten nun den Klassenstandpunkt besonders herauszukehren; und das Bekenntnis zum Internationalismus war keineswegs als Ausscheiden aus der Nationalbewegung gemeint. Aber diese Entscheidung hat für diese Geschichte dann außerordentliche, prägende Wirkung gehabt.

In dem Konkurrenzkampf der Arbeiterorganisationen bahnte sich, unabhängig davon, noch eine andere Entwicklungslinie an: der neue Aufstieg von Gewerkschaften. Mitte der 60er Jahre, 1865 vor allem, gibt es mehr gewerkschaftlich organisierte und erfolgreiche Streiks als je. Jetzt schließen sich die ersten gesamtdeutschen Berufsgewerkschaften, Buchdrucker, Zigarrenarbeiter und Schneider zusammen. In der Diskussion über die Gewerbefreiheit wird auch die Frage des Koalitionsrechtes neu zum Thema. Die Lassalleaner haben diese ersten gewerkschaftlichen, durchaus sozialreformerischen Regungen als sinnlos abgelehnt; die Liberalen haben sie mit großer Reserve aufgenommen. Aber als sie erfolgreich sind, werden sie seit 1866 von den konkurrierenden politischen Organisationen und Parteien protegiert. So entwickeln sie sich. Das ist gerade im liberalen Lager interessant. Die Liberalen, die die politische Ablösung der Arbeiter verhindern wollen, müssen eine stärkere Interessenvertretung, eine entschiedenere soziale Akzentsetzung tolerieren; die liberale Arbeiterbewegung wird über die Gewerkschaftsorganisation sozialpolitisch aktiver. Das mußte auf Dauer einen Konflikt mit den Unternehmern produzieren und damit die politische Verbindung gerade gefährden. Und das galt auch, in Preußen z. B., für die Arbeiter, die nichts mit den großdeutsch-volksparteilichen Vorstellungen zu tun hatten.

Im Ganzen: in Deutschland hat sich früher als anderswo die Arbeiterbewegung von der bürgerlichen Bewegung getrennt und in politischen Parteien verselbständigt. Die liberale Arbeiterbewegung, zunächst durchaus aussichtsreich, ist seit 1863 durch die Gründung Lassalle's in Frage gestellt; nach 1866 kommt sie an ihre Grenze. Die so frühe, man kann sagen: verfrühte Bildung der politischen Arbeiterbewegung in Deutschland bedarf der Erklärung. Der soziale Konflikt zwischen Arbeitern und Bürgern trat deshalb hervor, weil er mit den beiden politischen Konflikten um Freiheit und Einheit so eng verflochten war, weil die demokratischen und nationalen Ziele noch nicht erreicht waren und weil der Kampf darum die Lage anders polarisierte. Gewiß, mit Lassalle bricht auch die Singularität eines großen Einzelnen in die Geschichte ein und setzt – auch für die Konkurrenz – die Richtung; ohne ihn wäre alles anders verlaufen. Aber es gab auch strukturelle Bedingungen. Die Handwerker-Arbeiter der 60er Jahre wollten in einen bürgerlichen Staat integriert werden; daß der Staat nicht bürgerlich genug war, war einer der Gründe, warum sie sich verselbständigten. Darum „schlug" Lassalle „ein", denn er hatte ein Programm, das demokratische (und dann soziale) Ziel auf eigene und radikale Art zu erreichen. Und auch für die Gründung der zweiten Arbeiterpartei war ein wesentlicher Grund, daß die Arbeiter wie die Volksbewegung von Gleichberechtigung politisch noch so weit entfernt waren; deshalb haben sie sich von der bürgerlichen Demokratie emanzipiert, deshalb schlug auch Marx ein. Aber dann ist es der nationalpolitische Konflikt – um großdeutsche und kleindeutsche Lösung und um das Verhältnis von Einheit und Freiheit – gewesen, der das Geschehen bestimmt hat. Lassalle's Partei hätte durchaus noch zerfallen können, aber die Entscheidung von 1866 und das Scheitern der nationalen Demokratie machten im Verein mit der Konkurrenz der Lassalleaner die Gegengründung von 1869 unausweichlich, und damit die Trennung der „sozialen" von der bürgerlich-liberalen Demokratie. Gewiß gibt es noch andere Gründe. Dazu gehört das Fehlen einer frühsozialistisch-anarchistischen Tradition wie in Frankreich. Dazu gehört die Tatsache, daß die Arbeiter, jedenfalls die protestantischen, sehr viel stärker als z. B. in England aus den Kirchen ausgewandert waren, daß sie weniger religiös-kulturell integriert, stärker vom Vulgärrationalismus geprägt und darum empfänglicher für sozialistische Ideen waren. Dazu gehört, daß es aufgrund des politischen Systems wie der späteren Industrialisierung keine etablierte Gewerkschaftsbewegung gab, die die Arbeiterbewegung auch über Arbeitskämpfe doch im Rahmen des liberalen Systems eine ganze Weile hätte halten können, wie in England. Aber die politische Konstellation in Deutschland war unmittelbar entscheidend.

Die eigentümliche Spannung dieses Gründungsjahrzehnts – zwischen Reformismus und Revolution, Gegenwartsbewältigung und Zukunftsglaube, Staatsvertrauen und Fundamentalopposition, Nationalismus und Internationalismus – blieb das Erbe der künftigen deutschen Arbeiterbewegung, das auch sie in Spannung hielt. Aber die verfrühten Gründungen waren es auch, die die Arbeiterbewegung in der bürgerlichen Gesellschaft und im nationalen Staat auf Dauer isolierten und die das liberal-demokratische Potential in Deutschland schwächten. Die nationale Frage hat auch hier ein tragisches Dilemma der deutschen Geschichte eingeleitet.

7. Der Verfassungskonflikt in Preußen und die Ministerpräsidentschaft Bismarcks

In Preußen münden die zahmen Ansätze der Neuen Ära nicht in eine mähliche und moderate Liberalisierung, sondern in den großen Konflikt über Heer und Verfassung. Das ist zwischen Revolution und Reichsgründung eines der epochalen Ereignisse der innerdeutschen Geschichte. Hier werden die Weichen der preußischen und deutschen Geschichte noch einmal neu gestellt. Hier befestigt sich die konservative Prägung des Staates aufs Neue. Das hat für das deutsche Reich von 1871 und für seine Geschichte bis 1918, ja darüber hinaus, entscheidende Bedeutung gehabt. Darum verdient dieser Konflikt besondere Aufmerksamkeit.

Schon bei Übernahme der Regentschaft 1859 hatte der Kronprinz Wilhelm eine Heeresreform angekündigt. Sie stand seit längerem auf der Tagesordnung. Es gab dafür drei Gründe. Vor allem die militärischen Kräfte der deutschen und europäischen Großmacht Preußen waren auch angesichts der Verteidigungs- und Sicherheitsprobleme ganz unzureichend ausgeschöpft; die Stärke der Armee war seit fast einem halben Jahrhundert konstant geblieben und nicht der Bevölkerungszunahme angepaßt worden. Während Preußen 1820 40 000 Soldaten weniger als Frankreich gehabt hatte, betrug die Differenz jetzt 200 000, und auch sonst hatten sich die Relationen ähnlich entwickelt, Österreichs Armee war durchaus stärker als die Preußens, Rußland verfügte gar über etwa eine Million Mann. Das Heer war der Garant der preußischen und der deutschen Sicherheit, und es war die Basis einer aktiven und gegebenenfalls expansiven preußischen Außen- und Machtpolitik. Die Anpassung der Armee an die veränderten europäischen Machtverhältnisse, ihre Modernisierung war nach zwei großen europäischen Kriegen der 50er Jahre auch im Vergleich mit anderen europäischen Ländern durchaus normal; sie war keine Laune des Regenten, sie war fällig. Dazu kam das Problem der Wehrgerechtigkeit. Die Zahl der Eingezogenen war seit 1814 nicht der von 11 auf 18 Millionen angewachsenen Bevölkerungszahl angepaßt worden; die Dienstzeit war für viele seit den 40er Jahren praktisch auf zwei Jahre herabgesetzt worden; aber zwei Drittel der Wehrfähigen wurden freigelost, weniger als ein Drittel mußte wirklich dienen. Und wer diente, gehörte dann noch 2 Jahre zur Reserve der Linie und 7 Jahre zur Landwehr 1. Aufgebots, d. h. zum Feldheer, wurde also bei Mobilmachungen wie im Krimkrieg, wie im italienischen Krieg, zusätzlich belastet. Innerhalb eines Jahrgangs wie im Verhältnis zwischen Älteren und Jüngeren war das eine erhebliche Ungerechtigkeit. Schließlich gab es das Problem der militärischen Qualität der Landwehr: die Qualifikation ihrer Offiziere war schlecht – zum Teil waren sie alt, zum Teil hatten sie nur kurz als Einjährige gedient –, ihre organisatorische Angliederung an das aktive Heer war nicht zufriedenstellend gelöst. Auch das war im Grunde unbestritten. Eine Straffung der Gesamtorganisation der aktiven und der Reserveeinheiten stand jedenfalls zur Debatte.

Eine Reform also stand an. Freilich, der unmilitärische Friedrich Wilhelm IV. hatte sich dafür nicht weiter engagiert. Insofern bleibt es ein Stück historischer Zufall, daß der neue Regent dem Militär sich so nahe fühlte, der Reform einen ganz hohen Stellenwert einräumte, sie mit besonderem Impetus in Gang setzte und ihr das Gepräge gab. Zu den Sachgründen für die Reform kamen aber nun massive politische Motive. Da war zum einen die alte Abneigung der Militärs gegen die Landwehr. Sie sei nicht nur militärisch relativ untauglich, sondern sie sei eine „politisch falsche Institution". Sie sei bürgerlich und notwendig unmilitärisch; der Landwehrmann sei eben nicht „Soldat"; seine Seele hänge an seinem Beruf und seiner Heimat, nicht an seiner Fahne; die Disziplin, dieses A und O der Kampffähigkeit, komme zu kurz, dagegen komme der Appell an patriotische Gesinnung und moralische „Potenzen" nicht auf. Und eine effektive und tatkräftige Führung im militärischen Kampf könnte nicht von Rechtsanwälten und Kaufleuten, sondern nur von Berufsoffizieren geleistet werden. Ja, die Landwehr sei politisch unzuverlässig, sei potentiell die Truppe der Revolution; und dabei verwiesen die gegenrevolutionären Militärs auf die ganz wenigen Meutereien der Landwehr von 1848/49; die Tatsache, daß die Landwehr in ihren ganz überwiegenden Majoritäten loyal gewesen und nicht Bürgergarde geworden war, wurde ignoriert. Roon, der alle diese Argumente am klarsten formulierte und jedenfalls politischen Blick hatte, spitzte das zu: im Zeitalter des allgemeinen Wahlrechts sei der Grundsatz, daß das Militär nicht debattiere, in einer au fond bürgerlichen Organisation wie der Landwehr bedroht; die Regierung mache sich von Erwägungen über die Zuverlässigkeit der Landwehr abhängig und verliere damit die notwendige Freiheit der Entscheidung. Kurz, die Landwehr, verbürgerlicht und politisiert, sollte nicht verbessert werden, sondern durch Umgliederung und Disziplinierung, andere Führung, Entbürgerlichung und Entpolitisierung sollte ihr ihre Eigenart genommen werden.

In ähnlicher Richtung lief die feste Meinung des Königs, daß für die Armee die dreijährige Dienstzeit absolut notwendig sei. Der Soldat müsse weg vom bürgerlichen Leben, müsse mit Leib und Seele Soldat werden, Disziplin und blinden Gehorsam, soldatischen Geist total verinnerlichen, nur dann könne der Monarch sich in jeder Situation auf das Heer verlassen, und das hieß: auch im Kampf gegen die Revolution. Militärischer Professionalismus und ein Stück Geist der Gegenrevolution verbanden sich beim König zu der, von den Experten keineswegs allgemein geteilten, fixen Idee, daß erst eine dreijährige Dienstzeit den Menschen zum Soldaten mache, er anderenfalls Bürger im Soldatenrock bleibe.

Hinter beiden Gesichtspunkten stand im Grunde die vorrevolutionäre Idee des Berufsheeres. Auch das Heer der allgemeinen Wehrpflicht sollte mit dem Ethos eines Berufsheeres erfüllt werden. Das Heer sollte nicht bürgerlich sein, es sollte von der Gesellschaft und ihrer Ordnung und der politischen Verfassung getrennt bleiben. Diese Kernidee entsprach der Stellung des Militärs, wie sie sich in Preußen seit der Reform und über die Revolution hin entwickelt hatte. Die Armee stand in Distanz, ja im Gegensatz zur bürgerlichen Welt. Das Offizierskorps war noch ganz überwiegend adlig – 750 adligen Offizieren bei Infanterie und Kavallerie standen 91 bürgerliche gegenüber; nur bei Artillerie und Pionieren war das Verhältnis 50:107 –, ja war eine eigene Kaste; Kadettenanstalten und der Vorrang militärischer Fachbildung vor der bürgerlichen Allgemeinbildung hatten solche Züge verschärft. Das Offizierskorps war in 45 Friedensjahren sehr stark nach innen orientiert, vom Geist der Gegenrevolution bestimmt: die Armee war Hüterin und Retterin von Monarchie und Ordnung – das schien oft wichtiger als ihre verteidigungs- und außenpolitische Funktion. Aber auch nach dem Sieg über die Revolution fühlte sie sich weiterhin bedroht, fühlte sich als Prätorianergarde der Monarchie, im feindlichen Strom der Zeit, gegen die andrängenden revolutionären Massen. Das hieß nicht, daß die Mehrheit der Offiziere hochkonservativ im Sinne der Kamarilla war und auf einen Staatsstreich zielte; aber, sie wollte Gegengewicht gegen die bürgerlichen, parlamentarischen, popularen Kräfte sein. Die Armee war auch im Übergang zum Verfassungsstaat außerhalb der Verfassung geblieben. Sie war Armee des Königs und das sollte sie bleiben. Sie war auf strikte Disziplin und auf absolute Treue zum „Kriegsherrn" gestellt, diesseits aller Politik und allen „Deliberierens", ob eine Sache gerecht, gut, verfassungsgemäß sei oder nicht. Das war ihre vorkonstitutionelle Basis. Und dazu gehörte die Kommandogewalt des Kriegsherrn. Der König hatte die Verfassung akzeptiert, gewiß, aber daran durfte niemand rühren. Die Entscheidung der wesentlichen Militärangelegenheiten war seine Sache allein, die er mit Hilfe seines Militärkabinetts ausübte; die Kompetenz des

„verantwortlichen" Kriegsministers stand fast unverbunden und im Grunde nachgeordnet neben der königlichen Kommandogewalt.

Im Ganzen: die Reform von 1813/14 schien versandet; die Armee war ein Staat im Staat geblieben und sollte es weiter sein. Die Armee der allgemeinen Wehrpflicht sollte den Geist des Berufs- und Königsheeres übernehmen. In diesem Sinne sollte die Armee Schule der Nation sein; nicht sie sollte sich den bürgerlichen Normen anpassen, sondern diese sollte sie vielmehr neutralisieren und abwehren. Wo die Militärs nicht nur defensiv dachten, sondern offensiv, wollten sie im Grunde die Idee der alten Reform umkehren; sie wollten die Nation disziplinieren und militarisieren, ohne die Armee zu verbürgerlichen, das Volksheer der – ländlichen – Massen zum Königsheer machen. Eigentlich sollte und wollte die Armee unpolitisch sein; aber im Bann ihrer Gegnerschaft gegen die bürgerliche Gesellschaft stand sie im Lager der Gegenrevolution.

Diese Tendenzen der Militärs mußten die anstehende Reform erschweren; sie stellten das eigentliche Konfliktpotential dar. Denn trotz ihrer Sonderstellung war die Armee im Verfassungsstaat wegen ihres Budgets auf das Parlament angewiesen, auf Zustimmung der zivilistisch-bürgerlichen Abgeordneten, ja auf Popularität bei den Wählern. Das war neu.

Der erste Kriegsminister der Neuen Ära, Bonin, hatte die Reform mit dem Parlament machen wollen; er hatte die Landwehr schonen wollen, weil ihre Abschaffung das Vertrauen des Volkes in die Armee beeinträchtigen werde, und er hatte die Verantwortung des konstitutionellen Ministers gegenüber dem Militärkabinett stärken wollen. Damit unterlag er beim König: der ging wie von einer feststehenden Tatsache davon aus, daß die Abgeordnetenkammer in Opposition zu der notwendigen Reform stehen werde; er ernannte im Dezember 1859 den General Roon zum Kriegsminister. Roon erarbeitete ein Reformkonzept: die Zahl der jährlich einzustellenden Rekruten sollte von 40000 auf 63000 erhöht werden, die Präsenzstärke des Heeres hätte sich von 150000 auf 220000 Mann erhöht. Das bedeutete eine Neuorganisation von Kadereinheiten und eine Vermehrung der Offiziers- und Unteroffiziersstellen. Die aktive Dienstzeit sollte erneut auf drei Jahre festgelegt werden. Dazu sollte eine Neuorganisation von Landwehr und Reserve kommen. Statt zwei Reservejahrgängen sollten künftig fünf der Linie zugeschlagen werden, d.h. der Landwehr 1. Aufgebots sollten drei Jahrgänge entzogen werden, die restlichen vier Jahrgänge dieser Landwehr sollten dem 2. Aufgebot zugeschlagen werden, das nur noch für Heimat- und Etappendienst vorgesehen war. An die Stelle der Landwehroffiziere sollten auf die Dauer von den Linienoffizieren gewählte Reserveoffiziere und auch Berufsoffiziere treten.

Daß aus dieser Reform ein existentieller Konflikt wurde, war zunächst – trotz der beschriebenen Tendenzen der Militärs – nicht abzusehen. Zahlenmäßig hielt sich der Plan Roons in Grenzen; auch der finanzielle Aufwand, man schätzte 9½ Millionen Taler im Jahr, war nicht exorbitant. Die Reaktion der Liberalen war keineswegs grundsätzlich negativ. Sie waren für die Verstärkung der Armee, denn die Armee war nicht nur das Instrument preußisch-deutscher

Sicherheit, sondern auch jeder deutschen Politik Preußens. Sie akzeptierten den Umfang der vorgesehenen Verstärkung und waren bereit, die Mehrkosten zu bewilligen. Gewiß hatten die Liberalen andere Vorstellungen von der Stellung der Armee in der Verfassung und in der Gesellschaft, gewiß wollten sie eine stärker bürgerliche Armee. Die Vermehrung der Kader von Offizieren, Unteroffizieren und länger dienenden Soldaten, und besonders bestimmte Nebenforderungen zugunsten von Garde und Kavallerie riefen Mißtrauen bei den Bürgern hervor; der Zorn über die Privilegien der Offizierskaste und die Privilegierung des Adels regte sich und der Verdacht, Junker und reaktionäre Offiziere wollten eine Parteiarmee aufbauen – nicht nur gegen die Revolution, die wollte man ja auch nicht, sondern – gegen das Land, gegen die liberale und bürgerliche Gesellschaft. Es gab den liberalen Mythos der Landwehr, nach dem gerade sie das Bürgerheer und das Palladium der Freiheit war; auf dem Höhepunkt des Konflikts 1862/63 haben die radikalen Liberalen solche militärdemokratischen Argumente noch einmal scharf vorgebracht: nicht das von einer Kriegerkaste geführte aktive Heer, sondern nur die Landwehr sei in Wahrheit das Volk in Waffen; sie sei nie und nimmer die Truppe der Revolution, wohl aber, und jetzt kehrten sie den Spieß um, die Truppe gegen den Staatsstreich. Aber solche Tendenzen und Stimmungen waren zunächst keineswegs entscheidend. Die Altliberalen der Neuen Ära waren „ihrer" Regierung gegenüber verständigungsbereit. Sie überschätzten die politische Bedeutung der Landwehr nicht und erkannten die militärische Kritik an ihren Mängeln an; kurz, über die Reorganisation von Landwehr und Reserve hätte man sich wohl einigen können. Der entscheidende Streitpunkt wurde die Dauer der Dienstzeit. Das war einmal eine sozusagen normale Kompensation für die Erhöhung der finanziellen Heereslasten, eine Kompensation, die natürlich auch bei den Wählern der Abgeordneten durchschlagen sollte. Zum anderen war das der Punkt, an dem man nun die Grenze setzte gegen den Aufbau eines Quasi-Berufsheeres des Königs, gegen die Militarisierung der Gesellschaft; weiter wollte man die Einbindung der Armee in die Gesellschaft nicht zurückbilden. Irgendwo wollte man doch noch den Bürger im Soldatenrock; man wollte die bestehende Gewichtsverteilung zwischen Armee und Gesellschaft nicht völlig verschoben wissen. Darum wehrte man sich gegen die überflüssige Last der dreijährigen Dienstzeit. Das war die durchaus defensive Position der Liberalen. Und gegenüber den politischen Motiven dieser Heeresreform hatten sie einfach recht. Ließen die Liberalen sich das gefallen, so bemerkte der hochkonservative Gerlach 1859, so hätten sie keine wahre Kraft.

Man kann fragen, ob die Liberalen nicht hätten nachgeben sollen, um ihren Einfluß zu bewahren. Auch eine dreijährige Dienstzeit war mit einem konstitutionellen System nicht unvereinbar; die französische Republik hat das später lang genug praktiziert. Aber ein solches Kalkül wäre illusionär gewesen. Denn die Liberalen hatten keine Aussicht, über ein Nachgeben in der Militärfrage Macht und Einfluß zu gewinnen. Es gab eine symbolische Grenze. Ohne sich selbst aufzugeben, konnten sie nicht auf das Mitspracherecht des Parlaments, nicht auf die Einordnung des Heeres in den konstitutionellen Staat und die bürgerliche Gesellschaft ganz verzichten.

Über die Reorganisation ließ sich darum zunächst keine Einigung erzielen. Die weiterhin verständigungswilligen Liberalen bewilligten der Regierung im Mai 1860 in einem sogenannten „Provisorium" die geforderten Finanzmittel. Sie setzten auf einen späteren Kompromiß, hofften, die zweijährige Dienstzeit auf die Dauer doch erreichen zu können und gaben sich der eigentümlichen, von der Regierung freilich genährten Illusion hin, es könne eine provisorische Reform geben, die man später gegebenenfalls zurückdrehen könne. Und 1861 haben die immer noch zögernden Liberalen ein solches Provisorium gar noch einmal bewilligt.

Nach dem ersten Scheitern des Reorganisationsgesetzes verschärfte sich der Konflikt; die Militärpartei in der Umgebung des Königs ging zu einer neuen Offensive über. Man wollte jetzt jede Mitsprache des Parlamentes in Militärangelegenheiten ausschließen. Die sogenannte Kommandogewalt wurde extensiv ausgelegt. Der König allein, so war die neue Kampfthese, könne über Truppenstärke und Organisation des Heeres, über Landwehr und Linie, die Zahl der Regimenter und die Zahl der Offiziere, Aushebung und Präsenzstärke, ja letzten Endes eigentlich auch über die Dienstpflicht oder doch ihre Modalitäten entscheiden und bedürfe darin nicht des Parlamentes; die Heeresvorlage, so Roon, modifiziere nur das geltende Wehrgesetz von 1814. Damit wurden die Heeresfrage, und genauer die pragmatischen Fragen nach Landwehr und Dienstzeit, zu einem Grundsatzkonflikt zwischen Königtum und „Revolution" erhoben. Königsheer oder Parlamentsheer, das sei in Wahrheit die Frage. Die antikonstitutionelle Tendenz der Reform wurde zu einem existentiellen Kampf um die Macht verschärft: gegen das Parlament und für den königlichen Absolutismus jedenfalls in Militärfragen. Die Ultras, wie der Chef des Militärkabinetts, Edwin von Manteuffel, und andere Hochkonservative, strebten den Umsturz der Verfassung und die wirkliche, notfalls auch blutige Gegenrevolution an. Aber alle wollten das kleine Stück parlamentarischer Mitbestimmung zurückdrängen. Das Heer sollte nicht auf Gesetz beruhen, sondern auf der Entscheidung des Königs. Das aber hieß die Verfassung revidieren, die Macht der Krone nicht nur verteidigen oder stabilisieren, sondern gegen das Parlament erweitern. Dahinter stand das Entweder-Oder-Denken der extremen Rechten. Aus dem bescheidenen Anspruch des Parlamentes auf gesetzgeberische Mitbestimmung und ein Stückchen Bürgerlichkeit des Heeres machten die Konservativen den Anspruch des Parlamentes auf Herrschaft über das Heer. Das waren gewiß letztmögliche Konsequenzen, das stand im Hintergrund des Konfliktes. Aber zunächst war es, angesichts auf der Hand liegender Kompromisse über Dienstzeit oder Landwehr, nicht um solch letzte Dinge gegangen. Kurz, es war eine Offensive der Militärpartei, die auf Polarisierung und Konfrontation setzte. Sie wollte das Parlament unterwerfen und in der konkreten Situation die liberal-konservative Regierung des Königs stürzen; sie wollte ganz konkret die Voreingenommenheit des Königs in der Dienstzeitfrage – die keineswegs alle teilten – benutzen, um einen Kurswechsel zu erzwingen. Die Revolution schien diesen Kreisen oft weniger schrecklich als der bestehende Zustand: aus dem „Schlammbad einer neuen Revolution" könne Preußen neu gestärkt hervorgehen, während es „ in der Kloake des doktrinären Liberalismus unrettbar verfaulen" müsse, meinte Roon; „Preußen wird rot, die Krone rollt in den Kot", das war das Urteil über die so harmlosen Ansätze zu einem moderat liberalen Kurs. Aber es ging nicht nur um die Krone, sondern auch um die Stellung des Militärs selbst. Das Militär beanspruchte, über die richtige Politik und die Erhaltung der bestehenden Machtverhältnisse zu entscheiden, auch gegen die zivile Regierung. Es setzte den König – z. B. mit den Reden von der Mißstimmung der Armee – unter Druck, suchte ihn auf den eigenen Boden zurückzuholen, damit er mit der Regierung der Neuen Ära breche.

Die Regierung versuchte, entsprechend der neuen Theorie über die Kommandogewalt zu handeln: Roon reorganisierte das Heer, installierte die neuen Einheiten und stellte sie gar demonstrativ der Öffentlichkeit vor. Er nutzte die Kompromißbereitschaft der Opposition und machte aus dem finanzpolitischen Provisorium ein militärpolitisches Definitivum.

Von Anfang 1861 bis zum September 1862 spitzt sich der Konflikt dramatisch und in aller Schärfe zu. Im Februar 1861 spaltet sich ein linker Flügel von den Altliberalen ab, wegen seiner ostpreußischen Basis „Jung-Litt(h)auen" genannt. Aus diesem Kreis wird am 6. Juni 1862 die Deutsche Fortschrittspartei gegründet, von der wir erzählt haben, die erste deutsche Programmpartei, die „Exekutive des Nationalvereins in Preußen", die entschiedene Liberale und alte 48er Demokraten vereinigt; Leopold von Hoverbeck und Max von Forckenbeck, Rudolf Virchow und Theodor Mommsen, Hermann Schulze-Delitzsch und Benedikt Waldeck, Johann Jacoby und Wilhelm Löwe-Calbe gehören zu ihren Führern. Diese Partei nun ist mehr als Opposition gegen den konservativen Kurs, und insofern ist sie neu. Aus der Enttäuschung über das Steckenbleiben der Reform und die Stagnation der deutschen Politik entsteht hier nun die Forderung nach liberalem Ausbau der Verfassung, nach Reform des Herrenhauses, nach Ministerverantwortlichkeit, letzten Endes nach einer liberalen Regierung. Bei den Neuwahlen vom Dezember 1861 schmelzen die Konservativen auf 14 Sitze; die Fortschrittspartei gewinnt auf Anhieb 119; dazwischen stehen 54 Mitglieder der – verfassungspolitisch eher konservativen – katholischen Fraktion, 91 Altliberale und rund 50 Mitglieder eines – liberalen – linken Zentrums. Im Kreise der Militärpartei herrscht Bürgerkriegsstimmung; geheime Einsatzbefehle ergehen; Manteuffel steuert auf Staatsstreich und Militärdiktatur zu. Daraus freilich wird nichts; der König will zwar die Verfassung militärpolitisch in seinem Sinne einfrieren, aber ansonsten nicht antasten; und die Liberalen wollen keine Revolution: sie glauben an die Überlegenheit von Gesetz und Recht, an die Strategie der legalen und parlamentarischen Opposition.

Aber die Opposition geht nun zum Konflikt über, zur Gegenoffensive. Sie will kein Provisorium mehr; sie fordert, auch um die Verschleierung der militärischen Neuorganisation zu verhindern, die Spezifizierung des bis dahin ganz pauschal vorgelegten Etats („31 Millionen Verpflegung, Bekleidung, Bewaffnung"), und das heißt, eine Erweiterung des parlamentarischen Budgetrechts. Der konservative Angriff auf das verbürgte Recht des Parlaments führt dazu, dieses Recht nun dadurch zu verteidigen, daß man es erweitert und verstärkt. Der König löst daraufhin am 11. März das Abgeordnetenhaus auf und ersetzt die Regierung der Neuen Ära am 14. März durch eine konservative. Aber die Neuwahlen ändern nichts Wesentliches. Es gibt jetzt 133 Anhänger der Fortschrittspartei und nach dem Zerfall der Altliberalen 96 Linksliberale; von 352 Abgeordneten zählen insgesamt 295 zu den Liberalen. Noch einmal schien ein Kompromiß möglich. Einer der großen liberalen Führer, Karl Twesten – er hatte Manteuffel einen „unheilvollen Mann in einer unheilvollen Stunde" genannt, war von diesem zum Duell gefordert und verletzt worden; es gehört zum Stil, daß er sich einer solchen Forderung nicht entziehen konnte – Twesten also stellt gemeinsam mit Sybel und Friedrich von Stavenhagen die Bewilligung in Aussicht, wenn die Regierung die zweijährige Dienstzeit zusage. Die Regierung scheint dazu bereit, fordert freilich Verstärkung der Langdienenden auf ein Drittel der Armee und die dauernde Festlegung von Heeresstärke und Finanzmitteln, also doch eine teilweise Zurückdrängung des Parlamentseinflusses. Aber das Parlament braucht darüber nicht zu entscheiden, denn der König lehnt ab. Für ihn war jetzt die Frage der dreijährigen Dienstzeit und die Mitbeteiligung des Parlamentes an der Heeresorganisation zur letzten Prinzipienfrage geworden; daran hielt er mit ungewöhnlichem Starrsinn fest. Nachgeben bedeutete Parlamentarisierung der Kommandogewalt, des Heeres, des Staates, „Mumifizierung" des Königtums, kalte Revolution, Königtum von Volkes Gnaden.

Jetzt, nachdem der Konflikt von den Konservativen so grundsätzlich zugespitzt worden war, galt dann auch das Umgekehrte. Setzte sich die Krone durch, so verschob das den bisherigen Verfassungskompromiß zu Gunsten der Königsherrschaft. Die Krone hatte die Staatsform und die Machtverteilung zum Thema der Entscheidung gemacht; gegen die kalte Revolution drohte der kalte Staatsstreich. Natürlich, vor dem Konflikt war das Militär von der Verfassung ausgenommen und stand im Gegensatz zur bürgerlichen Gesellschaft, das war nicht neu; aber in dem neuen Konflikt war jede Entscheidung für diesen Zustand eine Gewichtsverschiebung zu Gunsten von Militär und Königsgewalt. Es waren nicht die Liberalen gewesen, die die Frage der Heeresorganisation und des Heeresbudgets zur Machterweiterung des Parlamentes oder gar zur Parlamentarisierung der Regierung hatten benutzen wollen; sie waren anfangs durchaus defensiv. Aber der selbstverständliche Wille, den ihnen aufoktroyierten Konflikt auch durchzustehen und sich zu behaupten, führte dazu, daß es jetzt auch übers Militärpolitische hinaus um eine Weiterentwicklung der Verfassung ging; eine Selbstbehauptung des Parlamentes war objektiv ein Sieg, mußte seine Macht über alle konkreten Absichten der Liberalen auf bloße Wahrung des status quo hinaus zu Gunsten des Parlamentes verschieben. Der bisherige Zustand ließ sich im Konflikt nicht halten; man konnte ihn nur zu Gunsten der einen oder anderen Seite verschieben.

Der Heereskonflikt spitzte sich zu zum Budgetkonflikt und wurde damit erst recht zum Verfassungskonflikt. Die Kammermehrheit war entschlossen, das Militärbudget und damit den Haushalt im ganzen abzulehnen. Das war die Basis ihrer Macht, die wollte sie einsetzen. Die Liberalen gingen von der Überzeugung aus, daß die Regierung nicht ohne Budget regieren könne. Sie mußte es gegebenenfalls mit Neuwahlen versuchen, und wenn sie keine Mehrheit fand, mußte sie zurücktreten; der König mußte eine Regierung ernennen, die wieder in Übereinstimmung mit dem Parlament regieren konnte. Das war zwar nur eine Ausnahmeregel zur Lösung eines sonst unlösbaren Konflikts, aber es lief doch auf eine Änderung des Regierungssystems, auf eine gemäßigt parlamentarische Regierungsweise hinaus. Der König freilich und die Konservativen sahen die Dinge ganz anders: der König könne und müsse auch ohne parlamentarische Verabschiedung des Budgets weiter regieren; die Verfassung sage nicht, wie in einem solchen Konflikt zwischen Krone und Parlament zu entscheiden sei, sie habe da eine „Lücke"; das war die sogenannte „Lückentheorie", mit der Bismarck dann argumentierte. In dieser Lage habe der König als Geber der Verfassung, und nur er, ein Notrecht zur letzten Entscheidung. Und die Ultras wollten natürlich, jenseits all solcher Argumentationen, die Lage benutzen, um das Parlament auszuschalten oder doch entscheidend zu schwächen. Im September 1862, als der Kompromißversuch wegen der Dienstzeit am Starrsinn des Königs gescheitert war, spitzte sich die Krise zu. Die Ablehnung des Budgets stand jetzt unmittelbar bevor. Die Regierung hielt abermalige Neuwahlen für sinnlos; aber sie wollte, insgesamt jedenfalls, auch nicht ohne Budget regieren; das widerspreche der Verfassung. Der König fühlte sich von seinen Ministern verlassen. Nachgeben wollte er nicht, eher wollte er abdanken. Er entwarf eine Abdankungserklärung und berief seinen Sohn, den Kronprinzen Friedrich, zu sich. Der freilich redete entschieden gegen die Abdankung. Gleichzeitig kam Bismarck, inzwischen Gesandter in Paris, nach Berlin; er fühlte sich seit langem als Ministerkandidat; die Krise war seine Stunde, und Roon hatte ihm noch zusätzlich ein Signal gegeben mit dem berühmt gewordenen Telegramm: „periculum in mora: Dépêchez-vous". Nach einer langen Unterredung zwischen dem König und Bismarck in Babelsberg ernennt der ihn am 22. September zum Ministerpräsidenten. Die Abdankung ist hinfällig; ein Kampfkabinett wird gebildet.

Das war eine entscheidende Weichenstellung. Es ist schon des Nachdenkens wert, daß der Konflikt auf die Alternative Bismarck oder Abdankung des Königs zugetrieben war und daß diese Abdankung eine sehr reale Möglichkeit war. Natürlich drohte in Preußen keine Revolution; das Geschrei der Ultras war nicht ernst zu nehmen. Die militärisch-monarchische Struktur Preußens stand nicht vor dem Zusammenbruch. Was zur Debatte stand, war etwas weniger Kommandogewalt und Sonderstellung des Militärs, etwas mehr Verantwortung der Minister und etwas größerer Einfluß des Parlaments, eine langsame Verbindung der alten und neuen Eliten, Fortsetzung der Neuen Ära und ihres konservativ-liberalen englisch-coburgischen Kurses. Das war trotz aller Strukturzwänge auch in Preußen damals eine Möglichkeit. Und dafür stand auch der Kronprinz, der spätere Kaiser Friedrich. Er hat sich, aus guten persönlichen und politischen Gründen, nicht auf den Thron gedrängt; daß der Thronwechsel mehr als ein Vierteljahrhundert später erst eintrat, konnte freilich niemand im Ernst annehmen. Aber die Stunde eines anderen Kurses ist verstrichen. Es bleibt gegen allen Glauben an Strukturzwänge festzuhalten, daß damals auch eine ganz andere Richtung der preußischen und deutschen Geschichte möglich war – und daß eigentlich nur noch ein einziger Mann, Bismarck, die überlieferte Position der Monarchie ungebrochen halten und retten können sollte. Die individuelle Konstellation eines alten Königs, im überlieferten Heerkönigtum starr gefangen, eines liberaleren, aber familienloyalen Sohnes, und des „starken Mannes", Bismarck, hat die geschichtliche Entscheidung bestimmt, hat zwischen zwei strukturellen Möglichkeiten Preußens den Ausschlag gegeben. Darum ist das Individuelle hier so wichtig. Bei aller Bewunderung für die überragende Größe – und Leistung – Bismarcks: für den deutschen Liberalismus, die liberale Durchdringung des deutschen Lebens, war das eine tragische Weichenstellung.

Wir sind Bismarck seit der Revolution von 1848 und seit seiner Rede zur Verteidigung des Vertrags von Olmütz ein paarmal begegnet. Es ist hier nicht der Ort, die aufregende und faszinierende Biographie Bismarcks zu erzählen, bis zu jenen Tagen. Bismarck ist 1815 geboren, aus alter märkischer Junkerfamilie, mit einer dominierenden und wenig geliebten Mutter aus dem bürgerlichen Beamtentum. Nach einer wilden Jugend als Student und angehender Beamter scheidet er, voll Unabhängigkeitsdrang und antibürokratisch, aus dem Staatsdienst aus. Nach einer tiefen religiösen Krise kehrt er vom skeptischen Deismus im Zusammenhang mit seiner Verlobung mit Johanna von Puttkamer und dem Umgang im Kreis des pietistischen pommerschen Adels zum christlich-lutherischen Glauben zurück. Von der Existenz eines „bloßen" Gutsbesitzers gänzlich unbefriedigt, voller Ehrgeiz und Tatendrang, geht er „in die Politik", was nun jenseits von Beamten- oder Diplomatenlaufbahn in den Parlamenten möglich geworden war. Im Vereinigten Landtag zuerst und in der Revolutionszeit dann beginnt er seine politische Karriere als Parteimann, als hochkonservativer, junkerlicher Royalist und Gegenrevolutionär, der durch seine fast genialische, ebenso originelle wie provokative Rednergabe sofort auffällt. Nach der Revolution tritt er, von den Führern der Hochkonservativen protegiert, in die diplomatische Laufbahn ein, ist zuerst Bundestagsgesandter in Frankfurt, dann während der Neuen Ära in Petersburg und zuletzt in Paris. Er ist initiativ, scharfsinnig, einfallsreich, unbequem; er ist leidenschaftlich und unbedingt, egozentrisch und selbstgewiß, und doch im Kern seiner Existenz immer bedroht, nur seine Frau und die Religion geben ihm in diesen Bedrohungen Halt; Politik ist für ihn zuallererst Kampf; aber von einem tiefen christlichen Realismus durchdrungen, kritisch gegen alle Illusionen, ist er skeptisch gegenüber den Möglichkeiten des Individuums, der Grenzen des eigenen Handelns im Gang des großen Weltlaufs immer wieder sehr bewußt. Bismarck will in den Jahren vor 1862 im Grunde Minister werden, wenn nicht gar Ministerpräsident; er will Macht und Führung gewinnen, „seine Musik" machen, seine Ideen von Politik durchführen; der persönliche Ehrgeiz und die Sachleidenschaft hängen zusammen.

In den Frankfurter Jahren hat er sich von der Ideologie seiner hochkonservativen Freunde gelöst, im Grunde von seiner bisherigen Parteibasis; er wird, überspitzt gesagt, ein Mann zwischen den Fronten, ein Konservativer gewiß, noch, aber von einer neuen und modernen und bis dahin in Deutschland eigentlich unbekannten Art. Bismarck entwickelt seine Art von Realpolitik, kritisch (und manchmal zynisch) gegen Ideale, Theorien, Doktrinen und Prinzipien, und den damit verbundenen Starrsinn. In der Politik kommt es auf Interessen an, nicht auf Ideen; es sind die Staaten, ihre Wirklichkeit, ihre Interessen, ihre Machträson, um die es in der Politik geht, und das heißt für den handelnden Politiker zunächst: der eigene Staat, heißt: Preußen und das preußische Machtinteresse. Eine preußische Außenpolitik, die sich innenpolitisch motivierten Prinzipien unterwirft – der Legitimität, der Gegenrevolution, der internationalen Solidarität der Konservativen – lähmt sich selbst; das ist schlechte Außenpolitik. Sie dient nicht der Selbst- und Machtbehauptung, und nicht – das ist für Bismarck untrennbar damit verbunden – der möglichen Machtsteigerung und -erweiterung. Politik ist auch Machiavellismus und Schachspiel, und das widerspricht dem Vorrang der Ideenpolitik und der Frontposition im europäischen Bürgerkrieg. Staaten sind noch wirklicher als Parteien. Für Bismarck rückt – das ist zunächst nur eine Akzentverschiebung – das Interesse Preußens, gewiß des monarchischen, des konservativen Preußen, ganz in den Mittelpunkt; das bestimmt nun neu Gegnerschaften und Allianzen und bestimmt den Stil und die Vehemenz der Politik.

Seine Politik in Frankfurt ist darum nicht allein die Abwehr österreichischer Vorstöße, sondern eine klare, schroffe, dauernde Gegenoffensive. Mit einem ungewöhnlich unbefangenen Sinn, der Nüchternheit des Außenpolitikers, nimmt er die neuen Kräfte und Bewegungen der Zeit wahr und erwägt ohne Berührungsängste und ideologische Hemmungen, wie er sie in sein politisches Kalkül einstellen kann. Das gilt für das Frankreich Bonapartes und den sogenannten Bonapartismus, das gilt für die nationale Bewegung, der er eigentlich ganz fernsteht, das gilt für die sozialen Interessen und Kräfte – der Junker, der Bürger, der Unterschichten –; das gilt darum eben auch für revolutionäre Kräfte, Mittel und Methoden, für unkonventionelle Allianzen – für die Mobilisierung des nationalen und bürgerlichen Interesses gegen Österreich, des Interesses der Unterschichten gegen die Liberalen, für das Spiel mit den divergierendsten Interessen europäischer Mächte – dem Gleichgewichtsinteresse Englands und dem Hegemonieinteresse Frankreichs z. B. – im Dienste der eigenen Politik. Bismarck ist mit Leidenschaft Preuße – die Macht Preußens, Selbstbehauptung, Machterweiterung, Konsolidierung, das ist Kernbestand seiner Politik. Das im revolutionären Zeitalter, unter den Risiken der Revolutionen und mit ihren Mitteln durchzuführen, darum geht es. Bismarck ist Außenpolitiker aus Leidenschaft; die Machtbehauptung Preußens in Europa ist für ihn nur durch eine hegemoniale preußische Lösung der deutschen Frage möglich, gegen Österreich, aber zugleich im halben Einverständnis mit Europa oder doch unter seiner Duldung; denn die deutsche Frage ist ihm eine Frage der europäischen Machtverhältnisse. Im Grunde glaubt er sogar, daß die Existenz der Deutschen nur in einem neuen und einheitlichen Verband unter preußischer Führung europäisch zu sichern sei – das ist kein Nationalismus, das ist sein außenpolitischer Realismus. Man hat viel über das Verhältnis von Außen- und Innenpolitik hin- und hergeredet; unsere Großväter sahen Bismarck unter dem „Primat" der Außenpolitik; heute neigen viele zum Primat der Innenpolitik. Beides ist einseitig. Daß die Außenpolitik unter innenpolitischen Bedingungen stand und innenpolitische Funktionen erfüllen konnte, wußte Bismarck natürlich, und er hat das ganz bewußt in sein Kalkül eingestellt: seine nationale Außenpolitik z.B., sein Bündnis mit der nationalen Bewegung, ja noch simpler, sein Streben nach außenpolitischen Erfolgen hatte auch eine innenpolitische Entlastungsfunktion. Aber diese Außenpolitik folgte ebenso, und manchmal noch stärker, ihren eigenen Zwecken und Zielen und Gesetzen. Anders gesagt, Bismarck ist gewiß ein Stück Altpreußentum; das ist politisches Urgestein bei ihm. Er wollte den preußischen Königs- und Ordnungsstaat erhalten, die Macht auch des Militärs und die des Adels. Das färbte seine Hegemonialpolitik. Aber auf sie kam es an, und nicht zuerst auf die Konservierung einer bestehenden Ordnung. Das war es – und nicht ein besonders raffiniertes Manöver konservativer Machterhaltung – was ihn von seinen Standes- und Gesinnungsgenossen trennte und sein Bündnis mit der nationalen und zeitweise mit der liberalen Bewegung ermöglichte.

Bismarck ist, das muß man bei solcher Verkürzung sagen, viel schwieriger und komplexer und widersprüchlicher, als die alten Klischees verraten: der Mann von Blut und Eisen, der Machtmensch, der Heros der deutschen Einigung, der eiserne Kanzler, der geniale Junker, der große Diplomat, der Verantwortungspolitiker; schwieriger auch noch als die differenzierteren modernen Prägungen wie die vom klügsten und modernsten Vertreter seiner Klasse oder vom „weißen Revolutionär", so gewiß sie vieles treffen und einfangen. Bismarck ist – im deutschen 19. Jahrhundert – eine der ganz wenigen großen und bedeutenden Personen, ein politisches Genie, widerspruchs- und spannungsvoll, nicht mit einer Formel zu erschöpfen. Ihn begreifen heißt seine Geschichte begreifend erzählen.

Bismarck war schon vor 1862 als Ministerkandidat immer wieder im Gespräch. Seine Begabung und Energie, sein Weitblick und sein Mut, kurz sein Format, waren ganz unverkennbar. Aber dagegen stand das Mißtrauen, stand der Verdacht, er sei ein Mann skrupelloser Gewaltpolitik, unberechenbar und unbotmäßig, innen- wie außenpolitisch zu Abenteuern und Eskapaden geneigt, ein Karriere- und Machtmensch ohne Grundsätze, immer bereit, alles auf den Kopf zu stellen, mit Bajonetten zu regieren oder plötzlich mit den Liberalen zu paktieren. Das hatte beim alten wie beim neuen König und im größeren Teil des Regierungsestablishments wie dem ideologischen Flügel der Kreuzzeitungspartei Reserve gegen ihn hervorgerufen oder wachgehalten, und die Königin Augusta insbesondere war und blieb eine einflußreiche Gegnerin seiner Kandidatur.

Aber im September 1861 war die Staatskrise so scharf zugespitzt, daß der König sich über seine eigenen Bedenken – er hatte sie drei Tage vorher noch dem Kronprinzen gegenüber geäußert – und die seiner Umgebung hinwegsetzte. Denn Bismarck war der einzige Kandidat, der fähig schien und willens war, die Politik des Königs weiterzuführen, also die Heeresreform ohne Abstriche durchzusetzen und ohne Budget gegen das Parlament zu regieren. Bismarck, das war jetzt die letzte und einzige Karte des Königs gegenüber der Alternative der Abdankung. Bismarck hat den König auf eigentümliche Weise überzeugt. Er stellte sich „wie ein kurbrandenburgischer Vasall" seinem „Lehensherrn" bedingungslos zur Verfügung; er wollte bedingungslos für die Befestigung der königlichen Macht und gegen die drohende Parlamentsherrschaft eintreten. Eben darum kam er an die Macht. Er wollte kein „konstitutioneller Minister" sein: er werde für den König eintreten, auch wenn der gegen seinen Rat handele; insofern erübrige sich ein weiteres Regierungsprogramm. Also eine altertümliche, royalistisch-absolute Bindung an den König. Aber das hieß auch: er mußte sich nicht auf ein bestimmtes Programm verpflichten. Darin lag für die Zukunft gerade die Basis seiner Macht. Denn Bismarck wollte weder der Mann Roons und der Militärpartei sein noch eine am Hof konzipierte Außenpolitik machen. Er wollte im Rahmen einer strikten Loyalität zur Monarchie die Richtlinien der Politik selbst bestimmen. Er kam in der Krise zur Macht; indem er sich rückhaltlos dem König zur Verfügung stellte, schuf er sich selbst eine ganz eigene und im Grunde nur durch eine andere große Krise zu erschütternde Machtstellung.

Bismarck wollte 1862 Minister werden und Ministerpräsident. Nicht weil er den Konflikt führen, die „Periode der Diktatur" wahrnehmen wollte, sondern weil ihm, dem unheimlichen Außenseiter im Establishment, zwischen vielen Fronten und vielen Stühlen, nur in Konflikt und Krise sich die Chance bot, an die Schaltstelle der Macht zu kommen, „seine Musik zu machen". Nicht also weil er den Liberalismus bekämpfen wollte, sondern weil er die preußische Politik machen und als Hegemonialpolitik führen wollte. Aber konkret ging es nun zuerst um den Kampf mit dem Liberalismus, und in ihn stürzte der neue Minister sich mit Leidenschaft hinein. Er fing – in gewisser Weise von seinen Motiven her zufällig – an als engagierter Verteidiger des preußischen Militärkönigtums. Das schuf eine Anfangs- und Grundfiguration, die fortdauerte und prägend blieb, die nie mehr gänzlich zu überwinden war. Bismarck war viel mehr als Konfliktminister, vor 1862 wie nachher. Aber daß er als solcher anfing, blieb ein Grundfaktum seines politischen Wirkens. Bismarck hat den Konflikt nicht geschaffen und so jedenfalls nicht gewollt, aber daß er ihn mit aller Energie aufgriff, war nun doch wieder alles andere als zufällig. Das entsprach der Schicht seines Wesens, die wir als Altpreußentum bezeichnen mögen und die, so sehr er sie in modernste Formen transponierte, zum Urgestein seines politischen Wesens gehörte. Das war der monarchisch-landadlig-soldatische „Komplex", die Fremdheit gegenüber der städtisch-bürgerlichen, liberalen, parlamentarischen Welt. So sehr er in seiner Modernität diese Welt anerkannte, sie zu benutzen suchte oder mit ihr Bündnisse oder Kompromisse schloß, hier lag seine tiefste Identität. Darum ist durch Bismarck gerade, den Modernisierer aus unmodernem Ursprung, dieses Altpreußentum so stark und entscheidend in die moderne deutsche Geschichte hineingewachsen.

Bismarck begann noch mit dem Versuch eines Kompromisses. Er bot den Alt- und den Linksliberalen drei Ministersitze an; in der Heeresfrage freilich konnte er nur die Hoffnung bieten, den König mit der Zeit doch auf die zweijährige Dienstzeit festzulegen, die Bismarck persönlich bevorzugte. Das hätte eine neue Verbindung zwischen Regierung und Parlament schaffen können, und man kann dieser Idee nicht jede historische Chance zu einer Art englischer Entwicklung absprechen. Aber es ist verständlich, daß sich die Liberalen in der Situation des Konfliktes auf derlei nicht einlassen wollten; sie liefen Gefahr, zu Offizieren ohne Soldaten zu werden, sich zu Gefangenen Bismarcks zu machen. Die Kammer lehnte den Militärhaushalt ab. Bismarck kündigte am 30. September 1862 im Ausschuß an, er werde notfalls ohne Budget regieren, und er fügte hinzu, „die großen Fragen der Zeit werden nicht durch Reden und Mehrheitsbeschlüsse entschieden" – das sei der Fehler von 1848 gewesen –, sondern „durch Eisen und Blut". Diese Bemerkung erregte ein riesiges Echo, und sie ist zentrales Stück jedes Bismarckbildes geworden. Hatte er, der in den nächsten acht Jahren drei Kriege führte, provozierte oder jedenfalls nicht ungern annahm, sich damit nicht schon am Anfang als gewissenloser Gewaltpolitiker entlarvt? Bismarck war kein naturalistischer Anbeter von Eisen und Blut und von Macht; er dachte durchaus auch an die Grenzen der Macht und an die Notwendigkeit des Friedens. Was Bismarck meinte, war zunächst freilich und in dieser Zeit schlicht eine Wahrheit: daß politisch-staatliche Existenzfragen Fragen der Macht und der Armee seien; daß die deutsche Frage nur auf der Basis der preußischen Militärmacht weiterzubringen sei, es Konflikte gebe, denen man sich nicht entziehen könne. Er wollte mit seiner Bemerkung auch keineswegs provozieren oder brüskieren, sondern an die Abgeordneten appellieren, ja um sie werben. Die Liberalen waren ja keineswegs Gegner von Eisen und Blut. Der Mythos von 1813, der in der Militärdebatte eine so große Rolle spielte, war ihr Mythos; Krieg und Heer waren auch für sie ganz eindeutig noch legitime Mittel der Politik. Aber es kam jetzt darauf an, wer so etwas sagte, in welcher Situation und mit welchen Obertönen. Die Opposition hörte die Stimme eines Hasardeurs, der aus innenpolitischen Gründen außenpolitische Abenteuer und Erfolge suchte. Dieser Minister war ein „Sicherheitsrisiko" (Gall). „Höre ich aber einen so flachen Junker, wie diesen Bismarck, von Eisen und Blut sprechen, womit er Deutschland unterjochen will, so scheint mir die Gemeinheit noch durch die Lächerlichkeit überboten", so meinte damals der spätere Bismarck-Verehrer und Propagandist einer fast naturalistischen Machtpolitik, Heinrich v. Treitschke. Und gewiß war es auch die – fast brutal wirkende – Offenheit, mit der hier jenseits zivil pazifizierender und moralischer Rhetorik, wie sie üblich war, von den Realitäten gesprochen wurde, ungewöhnlich, unvorsichtig und schockierend. So mochte man denken, aber so redete man nicht. Trotz all dem darf man den Eisen- und Blut-

geruch hier nicht wegdisputieren. Indem Bismarck so redete, setzte er Machträson und reale Interessen gegen Normen und Recht; ja vielleicht sogar darüber; das mochte in bestimmten Situationen dem tragischen Ernst der Wirklichkeit entsprechen, aber so leicht konnte man auch als liberaler Realist sich nicht
gegen die Gewissenstendenz der Zeit setzen, die doch auf Verrechtlichung der
Welt und auf Frieden wenigstens als Ideal ausging.

Die Regierung regierte fortan ohne Budget. Die Liberalen protestierten. Die
Regierung erklärte Beschlüsse des Landtags für ungültig, die Abgeordneten das
Handeln der Regierung für verfassungswidrig. Die Regierung sah in jedem
Nachgeben eine Preisgabe der königlichen Prärogativen und der Kommandogewalt. Die Liberalen sahen im Vorgehen der Regierung nackte absolutistische
Gewalt, Abschaffung von Rechtsstaat und Recht, den schleichenden Staatsstreich. Mit dauernden und auch gezielten Provokationen des Parlamentes und
der Öffentlichkeit hat Bismarck den Konflikt bewußt weiter verschärft und auch
emotionalisiert. Die Regierung griff – gerade auf Initiative Bismarcks – die anderen Minister waren zum größeren Teil wenig bedeutende oder gar selbständige Figuren – zu immer schärferen Unterdrückungsmaßnahmen gegen die Opposition und ihre einzelnen Mitglieder. Die Beamten wurden überwacht, schi-
kaniert, gemaßregelt, gerichtlich verfolgt, mit dem Verlust ihrer beruflichen und
finanziellen Existenz und ihrer bürgerlichen Ehre bedroht. Durch Umsetzungen und rücksichtslosen Einsatz der Staatsanwälte sollte auch die Justiz endlich
auf Regierungskurs gebracht werden. Die Masse der Unterdrückungsmaßnahmen, ihre ostentative Willkür und die von Bismarck gewollte Personalisierung
des politischen Kampfes haben beim gebildeten Bürgertum eine tiefe und lang-
dauernde Erbitterung ausgelöst, die im linken Liberalismus über die Reichsgründung jahrzehntelang hinausreicht. Eine Presseverordnung vom 1. Juni 1863
strangulierte mit allen nur denkbaren Verbotsvorschriften die Presse; das war
„ein Angriff auf das Allerheiligste unseres Volkstums" (Treitschke), auch der
Kronprinz äußerte öffentlich seinen Protest; später mußte sie, da die Kammer
die verfassungsmäßige Zustimmung – natürlich – versagte, zurückgenommen
werden. Der Landtag, in dem Regierung und liberale Mehrheit ständig aufein-
anderprallten, wurde 1863 zuerst vertagt und dann aufgelöst. Aber die Neuwahlen brachten trotz massiven Druckes der Regierung den Liberalen wiederum einen triumphalen Erfolg – über zwei Drittel der Sitze – und der Fortschrittspartei
allein 141. Der Konflikt wurde jetzt zu einer Art Stellungskrieg. Die Kammer
konnte die Regierung auch in wesentlichen Fragen hindern, so etwa ihr eine Anleihe für ihre Schleswig-Holstein-Politik abschlagen. Bismarck versuchte, Parlament und Opposition zu ermüden und zu zermürben, indem er einfach mit dem
Staatsapparat regierte, vieles verzögerte, den Landtag lange Zeit nicht einberief.
Aber der Konflikt dauerte an. Am 9. Mai 1866 – kurz vor dem Krieg – löste die
Regierung den Landtag wiederum auf.

Gewiß saß die Regierung vorerst am längeren Hebel. Sie regierte, sie war im
Besitz der staatlichen Machtmittel. Aber ob sie auf unabsehbare Zeit überlegen
war, war mehr als fraglich. Jeder außenpolitische Mißerfolg hätte sie schwer er-

schüttert, ja vielleicht ihr Ende bedeutet. Und auf die Dauer mußte sie versuchen, schon wegen ihrer deutschen Politik, aus dem Konflikt herauszukommen. Auf Dauer hing die Außen- und Militärpolitik mit der Finanz- und Steuerpolitik zusammen, und die war kaum gegen Parlament und bürgerliche Gesellschaft zu machen. Welche Möglichkeiten gab es, den Konflikt zu beenden? Die Kompromißchancen waren gering. Im Mai 1863 hätte die Opposition auch Beschränkungen des Budgetrechts, de facto einen feststehenden Militäretat („Äternat") hingenommen, wenn die Krone die zweijährige Dienstzeit und ein formelles Gesetz über die Heeresorganisation zugestanden hätte. Aber der Konflikt ging schon und noch zu tief; der König widersetzte sich allem, was nach Machterweiterung des Parlamentes auch nur aussah. Und der linke Flügel der Fortschrittspartei sah im Grunde eine Möglichkeit zur Verständigung nur noch nach einer Ablösung der Konfliktregierung Bismarcks, eine Meinung, der sich nach dem Scheitern der Kompromißversuche die große Mehrheit der Liberalen anschloß.

Die Liberalen blieben bei ihrem Widerstand gegen die Militär- und Budgetpolitik, ja den Verfassungsbruch der Regierung ganz im Rahmen der Legalität. Sie boykottierten nicht die Kammerverhandlungen; sie verweigerten nicht die Zustimmung zu anderen Gesetzen und Verträgen, etwa im Bereich der Wirtschafts- und Zollpolitik. Sie appellierten nicht an „Massen"; sie steuerten nicht auf Revolution zu. Das entsprach ihrer Abneigung gegen eine Revolution und hing mit der besonderen Lage des Liberalismus zusammen, von der wir früher erzählt haben. Die Liberalen waren nicht einfach das Volk – die Wahlbeteiligung in der dritten Klasse war nicht hoch –, ihre gesellschaftliche Basis also war schmal. Eine Revolution war aussichtslos; weder die Bauern noch die Arbeiter und die Armen hätten sie gestützt, und die eigentliche Bourgeoisie war nicht revolutionär. Das hing auch damit zusammen, daß die Opposition wirtschafts- und zollpolitisch mit der Regierung im wesentlichen einer Meinung war. Es ist ganz entscheidend, sich klarzumachen, daß es da keine – „materielle" – Frage gab, mit der sich Massen gegen die Regierung mobilisieren ließen. In England z. B. hatte die Bewegung zur Liberalisierung des politischen Systems in den 30/40er Jahren mit der Agitation gegen die Kornzölle ein handfestes materielles Argument gehabt, das selbst die Arbeiterbewegung und die Chartisten auffing. Das aber fehlte in Deutschland: die großen Getreideproduzenten, die Mehrheit des Industrie- und Handelsbürgertums, die Konsumentenmassen und Regierung und Verwaltung waren alle für den Freihandel. Ja, die Wirtschafts- und Zollvereinspolitik der Regierung hat die Konfliktopposition sozusagen unterlaufen: die substantiellen Erfolge der Regierung auf der Basis eines breiten Konsenses mußten den Block der Opposition auflockern. Und die im ganzen gute Konjunktur der Zeit des Wirtschaftsaufschwungs, die auch die verschiedenartigen sozialen Proteste zahmer gemacht hatte, grenzte den Konflikt zwischen Parlament und Regierung, bürgerlicher Gesellschaft und Staat ein, begrenzte die Oppositionsmöglichkeiten des Liberalismus. Gesellschaftlich war der Konflikt ein Kampf des Bürgertums gegen das Junkertum, die Säule der Militärmonarchie, wie sie sich im Herrenhaus ständig artikulierte, und so wurde er auch empfunden. Aber dieses Bürgertum war im Gesamtvolk nicht so stark, wie es manchmal schien. Das prägte die doch vorsichtige Strategie der Opposition. Die Liberalen wollten im Grunde die Krone dazu bewegen, ihr altes Bündnis mit den Junkern zu kündigen und die Allianz mit den Liberalen einzugehen. Auch das verpflichtete sie zu striktem Legalismus, gegen alle totale Obstruktion oder Konfrontation. Aber auch wenn sie nicht über „die Massen" verfügten, so vertraten sie doch die eigentlich aufsteigende Schicht, das Bürgertum; das begründete ihr Selbstbewußtsein und ihren Anspruch. Sie glaubten, jetzt wie ehemals, an das Mittel des „Rechts", das auf die Dauer wirken müsse; denn Krone und Staat könnten – wiederum auf Dauer – nicht im Widerspruch zu den stärksten gesellschaftlichen und ökonomischen Kräften verharren, Preußen werde sich mit einer antiliberalen und antinationalen Politik ins Abseits bringen, ja sich sein Grab schaufeln; und so falsch waren diese Annahmen nicht, kein geringerer als Bismarck hat sie im Grunde geteilt. Immerhin, das Ziel der Liberalen blieb, anders als die Konterrevolutionäre meinten, doch begrenzt; sie forderten nicht die volle Parlamentarisierung des Staates, sondern einen parlamentarisierten Konstitutionalismus nach Art der Neuen Ära, der coburgisch-frühviktorianischen Vorstellungen, nach Art des Modells, das man gerade in Baden ausprobierte. Freilich, für die Konservativen war auch das schon eine entscheidende Verschiebung der Verfassungs- und Machtgewichte; objektiv und langfristig gesehen hatten sie damit nicht unrecht.

Auf der anderen Seite Bismarck. Man geht in die Irre, wenn man ihn allein aus der Perspektive der Liberalen als Konfliktminister sieht. Gewiß, er hat diesen Konflikt mit aller Härte und Schärfe durchgeführt, aber er wollte ihn beenden. Er wollte die Macht der preußischen Krone behaupten und den spezifisch preußischen Charakter des starken Staates, aber er hatte durchaus erkannt, daß das nur durch Teilung der Macht mit einem Teil der Opposition, also durch deren Mitbeteiligung möglich war; für ihn war das kein Zweck, sondern „nur" ein Mittel zum Zweck, nichtsdestotrotz, eine solche Politik mußte die Lage wesentlich verändern. Und seine Deutschlandpolitik war, so hatte er allmählich eingesehen, nur mit liberal-nationalen Kräften zu machen. In dieser Hinsicht war das liberale Programm seiner Meinung nach das einzig zeitgemäße und zukunftsreiche. Weil das so war, nahm Bismarck den Liberalen, wie Gall treffend gesagt hat, dieses Programm weg; gegen die österreichischen Reformpläne von 1863 setzte er sich für die Ziele – der Fortschrittspartei, also der entschiedenen innerpreußischen Opposition, ein. Das war schon paradox. Hier tritt nun die enge Verflechtung von Innen- und Außenpolitik bis in die einzelnen Phasen hinein in Funktion. Bismarck hat nicht, wir sagten es, seine deutsche Politik getrieben, um aus der innenpolitischen Blockade, dem auf die Dauer auch für die Krone unerträglichen Patt, herauszukommen und sie zugunsten der Krone zu beenden. Aber er setzte natürlich darauf, durch nationale Politik und außenpolitische Erfolge die innenpolitische Lage zu verändern, die starre Front aufzubrechen. Das war eine einkalkulierte und durchaus erwünschte Wirkung solcher Politik. Bismarck glaubte nach seinem Amtsantritt, die nationalen (und gemäßigten) Liberalen bald zu sich herüberziehen zu können. Teils offen, teils versteckt hat er ihnen Angebote zur Kooperation gemacht, die von der Außenpolitik bis zu Bereichen der Innenpolitik jenseits der Militärfrage reichten. Damit ist er gescheitert, zumal 1863 und dann wieder 1865. Gerade in dieser Situation der Erfolglosigkeit, in die Enge getrieben, hat Bismarck besonders heftig und aggressiv gegen die Liberalen reagiert; die Intensivierung des Konflikts hängt auch jeweils mit enttäuschten Hoffnungen zusammen. Dazu kam aber ein weiteres. Bismarck lehnte die Staatsstreichpläne der Manteuffel und Konsorten, die gegenrevolutionär auf einschneidende Revision der Verfassung zielten, ab; die Vorstellung einer quasi-absolutistischen Unterwerfung oder Zähmung der Opposition hielt er für zukunftslos. Aber gegen eine solche ultrakonservative Option und ihre Verfechter in der Umgebung des Königs mußte er seine Stellung halten, mußte den Verdacht, Kompromiß und Verständigung mit den Liberalen zu suchen oder gar nationalpolitisch ihrer Linie zu folgen, entkräften, mußte sich als unbeugsamer Verfechter der Krone und harter Gegner der Opposition darstellen. Auch das erklärt einen Teil der Schärfe, verbal und administrativ, mit der er gegen die Liberalen vorging: das sollte die Anhänger der Staatsstreichlösung ausmanövrieren. 1864, nach dem Sieg über Dänemark, ist es ihm gelungen, solche Versuche abzuwehren; 1865 freilich haben die Militärs erreicht, daß der König – und nicht nur die Liberalen – die von Bismarck geplanten Kompromißversuche ablehnte. In diesen Zusammenhang gehört endlich, daß auch Bismarck Erwägungen über einen Staatsstreich, nun freilich ganz anderer Art, angestellt hat, zuerst im Mai 1863, dann im Juni 1864; er dachte an die Einführung des allgemeinen Wahlrechts. In diesem Zusammenhang stehen seine erstaunlichen Gespräche mit Ferdinand Lassalle. In ihrer Gegnerschaft gegen Bourgeoisie und Liberalismus trafen sich der Konservative und der Sozialist; beide hatten zudem staatssozialistische Neigungen. Bismarck, konservativer Revolutionär, der er eben auch war, zog den Einsatz eines revolutionären Mittels wie des allgemeinen, des demokratischen Wahlrechts durchaus in Betracht. Das mochte auf eine bonapartistische Politik, einen plebiszitären Cäsarismus hinauslaufen. Kein „normaler" Konservativer hatte bisher so zu denken gewagt. Aber daraus wurde einstweilen nichts. Lassalle war keine Macht, und ob eine solche Lösung damals im monarchischen Preußen Aussichten hatte, war doch sehr fraglich. Aber ein Drohpotential gegen die Liberalen waren solche Ideen durchaus. Auch Bismarcks nationalpolitische Forderung nach einem gesamtdeutschen Parlament auf der Basis des allgemeinen Wahlrechts war nicht so sehr ein Bündnisangebot an die nationale Demokratie als vielmehr der Versuch, mit Verlockung und Drohung die bürgerliche liberal-nationale Bewegung zu einem Bündnis zu bewegen. Zunächst also kam es in Bismarcks Konfliktstrategie darauf an, die Pattsituation durch eine nationale und erfolgreiche Außenpolitik aufzubrechen. Dafür gewann er zwar nicht die Zustimmung der alten Hochkonservativen und der Staatsstreichanhänger, wohl aber die der etatistischen Militärs – wie Roon – und des Königs. So wie ein außenpolitischer Mißerfolg Bismarcks seine Lage vermutlich unhaltbar gemacht hätte, so mußte ein außenpolitischer Erfolg sie verbessern.

Das wurde nun das Problem der Liberalen. Denn die liberale Partei war ja auch die national-deutsche Partei. Wenn Freiheit und Einheit in unlöslicher Verbindung standen, mußten Fortschritte in Richtung auf Einheit die Politik der Freiheit notwendig beeinflussen. Die Liberalen hätten vielleicht bei Beginn des Konfliktes eher nachgegeben, wenn es eine tatkräftige deutsche Politik Preußens gegeben hätte, und sie hätten einigermaßen sicher sein können, daß die reorganisierte Armee für eine solche Politik eingesetzt würde. Als der Konflikt schärfer und schärfer wurde, schwand diese Möglichkeit einstweilen dahin. Denn die nationale Politik der kleindeutsch-preußischen Liberalen war auf dem Konzept der moralischen Eroberungen Preußens gegründet, auf der moralischen Autorität der preußischen Verfassung, der Erwartung einer Politik wenigstens von der Art der Neuen Ära. Die Konfliktpolitik Bismarcks aber zerschlug nicht nur die liberalen, sondern eben auch diese nationalen Hoffnungen; gerade darum waren die Liberal-Nationalen so tief erbittert. Das nationale Programm der Liberalen war antipartikularistisch, antifeudal, war konstitutionell; Preußen entzog sich seinem „Beruf", es schied als Protagonist der nationalen Lösung anscheinend aus. Aber diese Lage und diese Lagebeurteilung änderten sich, als Bismarck mit der Lösung der Schleswig-Holstein-Frage 1864 erkennbar eine nationale Politik einschlug und damit Erfolg hatte. Es zeigte sich, daß nationale Politik auch anders möglich war als in den Bahnen des Liberalismus. Jetzt öffnete sich die Schere zwischen Einheit und Freiheit. Seit Schleswig-Holstein fingen einige der liberal-nationalen Fortschrittspolitiker an unsicher zu werden. Sie traten für die preußische Annexion der Herzogtümer ein; Treitschke etwa hat das propagiert. Der Militärstaat an der Grenze werde, wie in Italien, „Kern und Ausgangspunkt einer modernen Staatsbildung" werden, also des Nationalstaates. Das war ein neuer Ton: das Dilemma zwischen Freiheit und Einheit hatte sich aufgetan, und einige plädierten für die Priorität der Einheit, nun einstweilen auch ohne „moralische" Eroberung. Theodor Mommsen, ein entschiedener Liberaler, meinte 1865, die gegenwärtige Alternative sei doch: Unterordnung unter den – ungeliebten – deutschen Großstaat Preußen oder der Untergang der Nation. Das war nicht Kapitulation oder Umfall vor der Politik des Erfolges. So einfach war das nicht. Die preußischen Liberalen sahen, wir haben darauf früher schon hingewiesen, einen ganz fundamentalen, freilich auch dialektischen Zusammenhang von Einheit und Freiheit, der gerade im Konflikt besonders aktuell war. Sie meinten, daß die überlieferte Struktur des preußischen Militärstaates sich nur auflockern und liberalisieren lasse, wenn Preußen von den überproportionalen Militärlasten befreit würde, die es für die Verteidigung ganz Deutschlands trug – wenn es also Teil eines deutschen Nationalstaates werde. Deutsche Einheit war darum ein Weg, der Weg zu mehr Bürgerlichkeit und zu freieren Verfassungszuständen auch in Preußen. Das war eine legitime Überlegung, die einen Teil der Liberalen einer entschiedenen und erfolgreichen Einigungspolitik gegenüber zu Kompromissen bereit machte, oder sie in der Blockierung der liberalen wie nationalen Hoffnungen und in dem sich auftuenden tragischen Dilemma von Einheit und Freiheit zu solchen Kompromissen motivierte. Das setzt 1864 erst zaghaft an und ist bis zum Ausbruch des Krieges von 1866 noch keineswegs durchgedrungen. Aber das war eine Tendenz, die auf Abbau des Konfliktes zulief und Bismarcks Strategie entgegenkam. Sie mochte sein Werben um die nationale Bewegung intensivieren.

8. Die Entscheidung über Deutschland: Deutsche und europäische Politik 1863–1866

Seit dem Krimkrieg und dem italienischen Krieg war die europäische Lage von der Politik Napoleons bestimmt. Er wollte das bestehende europäische Mächtesystem revidieren, zumal mit Hilfe der Nationalbewegungen; das sollte das Gewicht und Prestige Frankreichs erhöhen und ihm – wie gerade in Nizza und Savoyen – auch territoriale Kompensationen einbringen. Und da natürlich jede Machtverschiebung in Deutschland, und gar die Bildung einer neuen deutschen Großmacht, die Nachbargroßmacht Frankreich nicht gleichgültig lassen konnte, sprachen auch objektive Gründe dafür, daß die deutsche Frage eine zentrale Rolle in seiner unruhigen Politik spielte; jede Lösung dieser Frage, jede Veränderung im Verhältnis der deutschen Mächte, hatte es zuerst und vor allem mit Napoleon zu tun. Darum warben die deutschen Mächte in ihrem Konkurrenzstreben seit 1859 um Napoleons Gunst. Freilich, Napoleons Politik, die so auf Revision und Machtgewinn, ja Hegemonie aus war und Unruhe produzierte, ja das englische Glacis, Belgien und den Rhein zu bedrohen schien, erregte das Mißtrauen Europas und vor allem Englands: ‚a nation so warlike as the French‘, meinte der Außenminister Lord Russell, wurde der eigentliche Störfaktor des Gleichgewichts. Rußland war zwar noch in einer informellen Halballianz mit Frankreich, aber sein Mißtrauen wuchs.

Diese europäische Situation kam unter den deutschen Mächten vor allem Preußen zugute. Österreich blieb gegenüber Rußland wie Frankreich und seinem Juniorpartner Italien isoliert. Preußen dagegen stand einerseits gut mit Frankreich, trotz der Sorgen Napoleons, die zum Frieden von Villafranca geführt hatten, denn die latente Gegenstellung gegen Österreich blieb eine starke gemeinsame Interessenbasis. Auf der anderen Seite profitierte es vom wachsenden Mißtrauen Rußlands wie Englands gegen Napoleon; zwar hatte weder England noch Rußland eine expansive Nationalpolitik Preußens unterstützt, und der Verfassungskonflikt machte zudem eine engere Bindung Englands an Preußen ganz unmöglich; aber Preußen konnte teils auf Wohlwollen, teils auf Neutralität der Flügelmächte hoffen; die Situation von Olmütz, wo es sie beide gegen sich gehabt hätte, war vorüber, denn nicht Preußen mehr, sondern Napoleon bedrohte das Gleichgewicht. Freilich, solange die französisch-russische Halballianz noch dauerte, gab es auch für Preußen keine Freiheit zu einer Neugestaltung der deutschen Dinge. Darum war seine Ausgleichspolitik, Parität mit

Österreich gegen Garantie von dessen europäischer Stellung zu erreichen, auch ein Ergebnis der europäischen Lage.

Diese Konstellation verändert sich nun 1863, als ein Aufstand der Polen gegen Rußland ausbricht. Daraus entwickelt sich eine europäische Krise. Der Aufstand war, sofern es um eine relative Autonomie ging, nicht ganz aussichtslos, zumal es in Petersburg eine liberale Appeasementrichtung gab. Und Napoleon setzte sich aus vielen, auch innenpolitischen Gründen für Polen ein, vermied freilich aus Rücksicht auf Rußland jeden Anschein einer Intervention. Aber propolnische und profranzösische Richtung in Petersburg hingen zusammen. Bismarck hat diese polnische Krise mit äußerstem Geschick genutzt; von Hause aus kein Nationalist wandte er sich aus Machträson mit aller Schärfe – und einem Schuß junkerlicher Brutalität – gegen die nach Selbständigkeit strebenden Polen wie gegen die Polenfreunde. Von dem Aufstand war auch Preußen betroffen, unmittelbar, weil er auf seine Ostprovinzen übergreifen konnte, mittelbar, weil eine polnische Unabhängigkeit den preußischen Staatsbestand gefährdet hätte. Das war der lange Schatten der Teilung; ein unabhängiges Polen werde, so meinte Bismarck, „ein französisches Lager an der Weichsel". Preußen mobilisierte Truppen, und Bismarck brachte Rußland zu einer Vereinbarung, der sogenannten Alvenslebenschen Konvention, über gegenseitige auch grenzüberschreitende Hilfe bei Verfolgung der Aufständischen. Das war freilich nicht der eigentliche Sinn dieser Aktion. Es handelte sich vielmehr um eine prorussische und antiliberale Aktion, die vor allem die russisch-französische Annäherung durchkreuzen und die profranzösischen und propolnischen Appeasementkräfte in Petersburg um den Außenminister Gortschakow ausmanövrieren sollte, was zugleich Rußland in Westeuropa diskreditieren mußte. Das galt nun im übrigen Europa als „Intervention", und Napoleon setzte sich an die Spitze einer von der öffentlichen Meinung des Westens getragenen Protestbewegung gegen diesen „Neutralitätsbruch" und suchte sie zu einer diplomatischen Offensive – nicht gegen Rußland, sondern gegen Preußen –, ja zu massivem Druck zuzuspitzen. Er näherte sich Österreich. Die Kaiserin Eugenie stellte einem österreichischen Diplomaten eine große Revision der Landkarte in Aussicht: Venetien an Italien, Schlesien an Österreich, das linke Rheinufer an Frankreich, ein neues Polen, Vergrößerung Preußens im Norden – abenteuerlich gewiß, aber doch bei allen Beteiligten ernstgenommen. England aber war gegen eine Isolierung Preußens; es wollte vielmehr die Verbindung zwischen Frankreich und Rußland stören. Und Bismarck verzichtete angesichts des diplomatischen Drucks auf die Durchführung der Konvention; sie war inzwischen auch nicht mehr nötig, sie hatte ihre Schuldigkeit getan. Insofern stieß Napoleons Protest ins Leere. Er konnte sich einer klaren propolnischen und antirussischen Wendung nicht mehr entziehen. Das Ergebnis all dieser Schachzüge: Napoleon erlitt eine Niederlage. Er hatte sich gegen seine potentiellen Partner Preußen und Rußland wenden müssen; der Dissens mit England war verschärft. In Rußland setzte sich – auch weil der Aufstand fortdauerte und weil die westliche Unterstützung tief emotionale Gegenreaktionen provozierte – die harte und altmodische, nicht-panslawistische Linie durch, das heißt ein antifranzösischer und propreußischer Kurs. Die russisch-französische Verbindung war so gut wie dahin, und damit der mögliche Zweifrontendruck auf Preußen, für 27 Jahre immerhin. Preußen war machtpolitisch gestärkt; für Rußland garantierte es Polen, für England Belgien. Die Distanz Rußlands wie Englands gegen Napoleon war gewachsen; er verlor seine Schiedsrichterrolle in Europa. England befreundete sich mit der Idee einer machtpolitischen Konsolidierung Deutschlands; Rußland – weiterhin Gegner Österreichs – erweiterte seine wohlwollende Neutralität gegenüber Preußen auch auf eine preußische Lösung der deutschen Frage. Preußens Spielraum war gewachsen: es war der mögliche Partner der beiden Flügelmächte und ihrer antinapoleonischen Eindämmungspolitik. Freilich, seinen anderen möglichen Partner, Napoleon, den Bundesgenossen bei der nationalen Revision Mitteleuropas gegen Österreich, hatte es sich einstweilen ernstlich entfremdet; in der Perspektive von 1863 war der Erfolg der Bismarckschen Politik nicht so groß, wie er von 1866 oder 1871 her erscheint.

Die öffentliche Meinung in Preußen und Deutschland freilich, zwar durchaus nicht für die „Freigabe" der preußischen Polen, aber entschieden antirussisch, befand sich in schärfstem Gegensatz zur Politik Bismarcks; in ihren Augen hatte er sich skrupellos zum Helfer der zaristischen Despotie gemacht und Blutschuld auf sich geladen oder nichts anderes als Abenteurer- und Seiltänzerpolitik getrieben.

Unmittelbar nach den polnischen Ereignissen entwickelte sich die nächste große europäische und deutschlandpolitische Krise. Das dornige Problem Schleswig-Holstein kam wieder auf die Tagesordnung. 1852 war die Frage, wir haben davon erzählt, durch die sogenannten Londoner Protokolle international geregelt worden: der dänische Gesamtstaat sollte erhalten bleiben; in allen Landesteilen, auch in Holstein und Schleswig, sollte darum die weibliche Erbfolge gelten; der Kandidat aus der männlichen Linie, der Herzog von Augustenburg, verzichtete auf seine Ansprüche; zugleich blieb aber die Sonderstellung nicht nur Holsteins, sondern vor allem auch Schleswigs garantiert. Aber solche internationale Abmachungen konnten weder den deutschen noch den dänischen Nationalismus neutralisieren. Die Eiderdänen betrieben die allmähliche Einverleibung Schleswigs in das eigentliche Königreich Dänemark und seine Trennung von Holstein; ein „Patent" vom März und die neue Gesamtstaatsverfassung vom November schrieben das 1863 fest, und der neue König, Christian IX., der sogenannte Protokollprinz, bestätigte unmittelbar nach seiner Thronbesteigung im November diese gerade erlassene Verfassung. Das war ein Bruch der europäischen Vereinbarungen.

Das löste den wilden Protest der deutschen Nationalbewegung aus. Hatte man jetzt nicht auch international freie Hand, zumal auch andere völkerrechtliche Voraussetzungen zur Anerkennung des neuen Königs, z.B. die Zustimmung der holsteinischen Stände, fehlten? Man forderte die Loslösung der Herzogtümer von Dänemark. Der Sohn jenes Augustenburgers, der verzichtet hatte, erhob nun in eigenem Namen Erbansprüche, und da er als deutsch und liberal galt, wurde er, so altmodisch dynastisch-legitimistisch seine Ansprüche waren, zum Kandidaten der liberalnationalen Bewegung. Die Liberalen wurden die Partei des „Augustenburgers"; mit Leidenschaft und Enthusiasmus trat man für sein Recht ein. Endlich, so schien es, war hier eine Chance, die nationale Sache voranzubringen. Eine gewaltige Agitation kam in Gang, und überall fanden Kundgebungen statt; überall wurden Schleswig-Holstein-Vereine gegründet; zum ersten Mal seit 1849 war das wieder eine große Volks- und Massenbewegung; aller aufgestaute politische Wille und alle Tatenlust strömte in sie ein. Großdeutsche und Kleindeutsche, Nationalverein und Reformverein, Liberale und Demokraten, alle waren darin einig; es war eine Sache der Nation und eine Sache des guten Rechtes zugleich. Ein deutscher Abgeordnetentag in Frankfurt mit fast 500 Abgeordneten forderte Ende 1863 die Loslösung der Herzogtümer von Dänemark unter dem Augustenburger. Aber auch die deutschen Mittelstaaten stießen ins selbe Horn; so weit ging ihre nationale Politik schon; und ein neuer Mittelstaat im Norden konnte den Bund und ihre eigene Stellung zwischen den Großmächten nur verstärken.

Demgegenüber nahm die preußische Regierung eine völlig andere Position ein. Sie trat für die Londoner Protokolle ein und für die Anerkennung Christians IX., stellte sich also ganz auf den juristischen Boden des europäischen Vertrags- und Völkerrechts; sie forderte lediglich, daß der neue dänische König die 1852 eingegangenen Verpflichtungen auch einhalte. Das hatte mehrere Motive. Bismarck war davon überzeugt, daß jede realistische Politik in dieser Frage von den europäischen Verträgen ausgehen mußte, denn an sie waren alle Mächte gebunden; alles andere war nationale Illusion und mußte wieder wie 1848/49 die Intervention Rußlands wie Englands provozieren. Er sah die Gefahr einer Verbindung Paris – Petersburg, zumal der Zar einen weiteren Thronkandidaten, den mit ihm verwandten Herzog von Oldenburg, favorisierte, und das war mittelstaatlich-nationale Politik. Darüber hinaus und langfristig konnte Preußen an der Entstehung eines neuen Mittelstaates an seiner Nordgrenze kein Interesse haben. Wenn sich etwas ändern sollte, lag im Grunde nur eine Annexion der Herzogtümer in seinem Interesse. Im Grunde sah Bismarck nur eine kriegerische Lösung. Und große Veränderungen mußten auch innere Veränderungen zur Folge haben. Aber er durfte weder außenpolitisch den europäischen noch innenpolitisch den konservativen Boden verlassen – darum also die Politik des anscheinend strikten völkerrechtlichen Legalismus. Diese Politik Bismarcks machte ihn in den Augen der Öffentlichkeit zum Verräter der nationalen Sache, ja selbst des Bundesrechtes. Aber es gelang ihm, Österreich, dem er eben noch mit der Absage an den deutschen Fürstentag eine so schwere Niederlage beigebracht hatte, auf seine Seite zu ziehen. Österreich hatte seine Gründe. Als europäische Macht, deren Bestand auf europäischen Verträgen beruhte, mußte es sich auch im Konfliktfall an das Vertragsrecht halten. Und es war die Frage, ob ein nationaler und liberaler Kandidat wie der Augustenburger eigentlich in seinem Interesse lag. Dazu kam, daß der österreichische Außenminister Rechberg nach dem Mißerfolg seiner deutschen Politik im Gegensatz zu den liberalen Großdeutschen, die auf den Augustenberger setzten, auf Kooperation und Verständigung mit Preußen umschwenkte. Und da Österreich, solange es deutsche Politik machen wollte, in der Schleswig-Holstein-Frage nicht zurückstehen konnte, ging es jetzt mit Preußen. Dennoch, Österreich ließ sich damit, ohne konkrete Abmachungen über Schleswig-Holstein zu treffen oder gar die letzten Absichten Preußens zu durchschauen, auf eine Politik ein, die von Preußen gemacht wurde, die weit ab von seinen eigenen Interessen lag, ja ihnen widersprach und die ihm seine eigentlichen Bundesgenossen, die Mittelstaaten, entfremden mußte. Es war ein Meisterstück Bismarckscher Diplomatie, Österreich so in seine eigene Politik zu locken und einzuspannen.

Zunächst kam es zu einer Konfrontation im Bund. Die Mittelstaaten wollten sich nicht auf die Londoner Verträge und die Rechtsgültigkeit der dänischen Thronfolge einlassen, sie wollten gegen die unrechtmäßige Herrschaft Christians IX. in Holstein mit „Bundesintervention" oder „Okkupation", im Grunde mit Krieg, vorgehen, während die Großmächte „nur" die „Exekution" gegen den rechtmäßigen König und Herzog wollten, weil er die vertragswidrige Verfassung nicht zurücknahm. Das war die juristische Zuspitzung ganz gegensätzlicher politischer Konzepte. Preußen und Österreich drohten mit Auflösung des Bundes und setzten mit einer Stimme Mehrheit und gegen den vehementen Widerstand der Mittelstaaten ihre Rechtsansicht und Politik durch. Holstein wurde von Bundestruppen besetzt. Am 1. Februar begannen Österreich und Preußen die „Pfandbesetzung" Schleswigs und rückten im März auch nach Jütland ein, während die Auseinandersetzung am Bund über Kriegsgrundlage und Kriegsziel immer noch weiterging. Bismarck und Roon, die einen Prestigeerfolg haben wollten, setzten gegen die örtlichen Befehlshaber die dann berühmt gewordene Erstürmung der Düppeler Schanzen am 8. April 1864 durch.

Inzwischen waren die europäischen Mächte nicht untätig geblieben. Ihnen ging es natürlich nicht um die Eider, sondern, geographisch gesprochen, um Sund, Weichsel und Rhein, um die Machtgewichte in Europa. Rußland wollte verhindern, daß der Revisionist Napoleon die „Büchse der Pandora" öffne, die nationale Revolutionierung Europas einleite, im Norden interveniere oder sich mit Bismarck verbände; und es wollte, in konservativer Solidarität und Sorge vor liberaler Deutschlandpolitik, einen Sturz Bismarcks und darum seine Niederlage verhindern. In England gab es zwei Richtungen. Der leitende Minister Palmerston war prodänisch und wollte Preußen eindämmen, aber ohne Napoleons Hilfe in Anspruch zu nehmen und ihm damit Vorteile am Rhein zu verschaffen; andere Teile des englischen Regierungsestablishments und die Königin waren gegen jede Intervention. Beide Flügelmächte aber waren im Grunde für den status quo; Napoleon dagegen wollte die Krise zur Veränderung nutzen. Auf einer Konferenz in London wurde seit dem 25. April über die diplomatische Lösung der Krise beraten. Diese Konferenz ist damit gescheitert. Dänemark lehnte hartnäckig und in illusionistischem Vertrauen auf eine prodänische Intervention alle Kompromisse, so auch eine Teilung, ab. Die drohende englische Intervention kam nicht zustande: sie fand nicht die Unterstützung Europas; das einzige Militärpotential, das zählte, war das französische; das wollte England nicht um den Preis einsetzen, den Napoleon fordern mußte: er konnte nicht einen antinationalen Krieg für die Londoner Protokolle führen, sondern nur einen europäischen Krieg, zugleich in Italien und am Rhein. Und in England setzte sich, von der öffentlichen Meinung getragen, die durch die Vertragstreue der deutschen Mächte gerade unprovoziert blieb, die Friedenspartei durch, Palmerston unterlag der Königin. Die Hauptgefahr für das Gleichgewicht lag nicht bei Preußen und am Sund, sondern bei Rußland und Frankreich; darum konnte England nachgeben. Rußland verzichtete auf Wahrung des status quo, weil die Sorge vor Napoleon und um seine Eindämmung und der Wunsch, Preußen und Bismarck an seiner Seite zu halten, stärker waren; und Bismarck benutzte durchaus die Möglichkeit, sich mit Napoleon zu verständigen, als Druckmittel. Frankreich endlich konnte weder die vorbehaltlose Unterstützung der Flügelmächte gewinnen, noch für sein Eintreten für das nationale Selbstbestimmungsrecht Kompensationen erreichen. Die Londoner Protokolle wurden hinfällig. Ende Juni wurde der Krieg, ohne Protest auch nur einer der Großmächte wieder aufgenommen; er endete mit dem Sieg der deutschen Mächte. Im Friedensvertrag (1. August/30. Oktober) tritt Dänemark Schleswig-Holstein an Österreich und Preußen ab, die es einstweilen als Kondominium übernehmen.

Das war ein merkwürdiger Krieg gewesen. Es ist simplifizierend, ihn aus der Perspektive von 1866 und 1870 als Annexions- und Hegemonialkrieg zu beschreiben. Die Gegensätze waren seit langem gegeben, und es war unmittelbar die dänische Politik, die sie zur Krise und zum Kriege forttrieb. Freilich, Bismarck nahm dann Krise und Krieg gerne an und trieb beides initiativ weiter und formte es in seinem Sinne um. Der Krieg blieb ein altmodischer Kabinetts- und Koalitionskrieg. Es war zunächst gerade kein Nationalkrieg, er wurde geführt im Gegensatz zur popularen Bewegung; Bismarck hat ihn nicht nationalisiert, sondern umgekehrt gerade internationalisiert. Gerade damit freilich hat er die internationalen Verwicklungen vermieden und die Frage endgültig zu einer nur mehr nationaldeutschen gemacht, eines der großen nationalpolitischen Ziele von 1848 durchgesetzt. Gerade indem er sich auf den Boden der europäischen Verträge von 1852 – gegen die nationale Bewegung doch gerichtet – stellte, hat Bismarck Österreich hinter sich gebracht und eine prodänische Front der Großmächte wie 1848/49 verhindert oder auseinandergesprengt. Gegen allen nationalen Protest, die Mittelstaaten, den Augustenburger hat er diese nationale Sache auf seine Weise zum Erfolg geführt.

Die europäische Konsequenz war nicht minder wichtig als die deutschlandpolitische. Rußland war neutral geblieben und war nicht wieder mit Frankreich gegangen, es blieb Preußen und seiner möglichen deutschen Politik gegenüber – wohlwollend vielleicht – neutral. Aber das Neue war die Position Englands. Nicht nur war Englands Kontinentalpolitik jetzt vorrangig von der Gegnerschaft gegen Napoleon, seine hegemonialen Tendenzen und seine Unruhe bestimmt. Das entlastete Deutschland, Preußen wie Österreich. Aber mehr noch: dort änderte sich die politische Stimmung. Zwar: es gab eine starke Antipathie gegen das jetzt antiliberal regierte Preußen. Aber die Politik der halben und ganzen, versuchten und durchgeführten Interventionen, die Politik Palmerstons war diskreditiert. England verhält sich jetzt dem Kontinent gegenüber neutral; es wendet sich vom Kontinent ab. Es zieht sich auf seine eigenen und seine imperialen Probleme zurück. England ist als potentieller Gegner einer deutschen Politik Preußens ausgeschieden. Das hatte es seit 300 Jahren in der Mitte Europas nicht gegeben: daß man mit der Neutralität der beiden stärksten europäischen Flügelmächte in den deutschen Dingen rechnen konnte. Das ist weltpolitisch der Grund, warum Österreich und Preußen 1866 im Grunde fast allein mit Napoleon zu rechnen hatten, warum nur ihm noch einmal eine Quasi-Schiedsrichterrolle zuzufallen schien.

Die öffentliche Meinung in Deutschland nahm das Ergebnis ambivalent auf. Auf der einen Seite war man gegen den von Preußen und Österreich diktierten „falschen" Charakter dieses Krieges, gegen die Vergewaltigung des Selbstbestimmungsrechtes der Schleswig-Holsteiner, die ihren Augustenburger wollten. Auf der anderen Seite wirkte der Erfolg, der nun doch unbestreitbar nationaler Erfolg war. Ein Teil der preußischen Liberalen, Linke wie Rechte, von Waldeck über Mommsen bis zu Droysen, Treitschke und Sybel, von den ‚Grenzboten' bis zu den ‚Preußischen Jahrbüchern', änderte die Position und wurde Anhänger der preußischen Annexion; sie schien ein geeignetes Mittel zu einer Gesamtlösung der deutschen Frage. Das Urteil über Bismarcks Politik begann sich zu ändern; mitten in den innenpolitischen Konfrontationen zeigte sich eine Möglichkeit nationalpolitischen Konsenses.

Der Konflikt um die „Beute" von 1864, um das Kondominium, hat bekanntlich zum Krieg von 1866 geführt, dazu, daß über die deutsche Frage und den deutschen Dualismus mit Waffengewalt entschieden wurde, daß Österreich aus Deutschland ausschied und das Reich preußisch gegründet wurde. Aber das war keine notwendige, keine einsinnige Entwicklung. Das war auch nicht die eindeutige und einzige Linie der Bismarck'schen Politik. Sie steuerte nicht geradewegs auf die kleindeutsche Reichsgründung zu. Es gab, auch jenseits bloß taktischer Manöver und Gedankenspiele, Alternativen und Optionen; es gab die Möglichkeiten eines dualistischen Ausgleichs auf der Basis einer Teilung von Einflußsphären.

Fassen wir zunächst die Ausgangs- und Interessenlage der beiden Mächte ins Auge. Preußen wollte die Annexion der Herzogtümer. Oder, wenn man denn wegen Österreichs, der Mittelstaaten oder der öffentlichen Meinung, auf den Augustenburger Rücksicht nehmen mußte, dann sollte der neue Mittelstaat doch militärisch und wirtschaftlich Preußen eingegliedert sein. In diesem Sinn hat Bismarck im Sommer 1864 und wieder im Februar 1865 mit dem Augustenburger verhandelt. Das alles war ein Schritt auf dem Weg zur norddeutschen Hegemonie Preußens. Darüber hinaus wollte Bismarck die Schleswig-Holstein-Frage zum Hebel seiner weiteren deutschen Politik benutzen. Das war gewiß preußische Großmachtpolitik, auf Machtgewinn und auch auf Expansion Preußens gerichtet. Aber diese Politik war in ihren Mitteln und auch in ihren Zielen mehrgleisig. Es gab die Tendenz, Österreich aus Deutschland herauszuwerfen, und die Möglichkeit, zu einem Ausgleich zu kommen. Es gab die Möglichkeit diplomatischer Lösungen (und Siege), und es gab die ultima ratio des Krieges. Bismarck war mehr als ein kluger Diplomat, er war ein – wenn man das abgegriffene Wort doch einmal verwenden darf – dämonischer Machtpolitiker, er war ein „Tiger", und man kann ihn nicht, wie man Heinrich von Sybels offizieller Geschichte der Reichsgründung vorgeworfen hat, zur „Hauskatze" stilisieren. Er wollte letzten Endes schon die preußische Hegemonie in Deutschland, die für Preußen in Europa mögliche Machtstellung – wenn es sich so ergab, auf Kosten Österreichs. Aber er war auch ein Realist und ein endlichkeitsbewußter Politiker. Was immer seine Wunschziele sein mochten, seine Politik blieb immer bezogen auf Lagen und reale Möglichkeiten; er mochte versuchen, Lagen zu formen, aber er hat nie geglaubt (und sich angemaßt), über künftige Entwicklungen souverän entscheiden oder sie vorweg planen zu können.

Im Sommer 1864 schon hat Bismarck mit dem österreichischen Außenminister Rechberg über eine weitreichende Verständigungslösung verhandelt. Österreich sollte in einem gemeinsamen Krieg gegen Frankreich die Lombardei wieder gewinnen; Schleswig-Holstein sollte dann endgültig preußisch werden – also Machterweiterung Preußens im Norden, Österreichs in Italien. Die Stellung Österreichs in Italien hing mit der in Deutschland zusammen. Das war ein merkwürdiges, altmodisches und vornationales Kalkül der Machtpolitik, aber die Idee großer geographischer Revisionen taucht in dieser Zeit ja immer wieder noch auf. Bismarck hat diesen Plan nicht mit vollem Einsatz betrieben; er war für ihn wohl auch ein Mittel der Taktik, ein Spiel mit einer Politik konservativer Solidarität. Dahinter stand die Möglichkeit einer preußischen Garantie für Österreichs europäische Position, bei entsprechenden Gegenleistungen. Man wird freilich zweifeln können, ob Bismarck einer solchen Politik – gegen Frankreich und gegen die mächtigste Tendenz der Zeit – eine hohe Realisierungschance einräumte. Immerhin, er hat damit experimentiert. Damals freilich sind diese Überlegungen an den Monarchen gescheitert. Franz Joseph wollte nicht eine italienische (und gar unsichere), sondern eine deutsche Kompensation, Wilhelm scheute vor der Annexion Schleswig-Holsteins noch zurück und wollte ein Stück preußischer Hegemonie im Bund. Immerhin, es schien doch Möglichkeiten des Kompromisses und der Einflußteilung zu geben.

Österreich war 1864 in eine fast absurde Lage geraten. Es war an Preußen gebunden und bekämpfte doch dessen Annexionstendenz, und es war seinen natürlichen Bundesgenossen, den Mittelstaaten, entfremdet. Schleswig-Holstein war eine auch strategisch unhaltbare Außenposition. Als Großmacht hatte es im europäischen Mächtespiel wenig Bewegungsfreiheit. Eine Allianz mit Frankreich wäre nur bei Preisgabe Venetiens erreichbar gewesen; dazu war es einstweilen nicht bereit. Eine Verständigung mit Rußland schied schon wegen der konkreten Konkurrenz um Rumänien aus, von den weitergreifenden Gegensätzen nicht zu reden. Die Verständigung mit Preußen war nur bei Preisgabe der Position im Norden und eines Teiles der deutschen Hegemonie möglich. Das mochte einen Gewinn an Sicherheit in Europa bringen. Aber letzten Endes und auf Dauer war Österreich dazu auch nicht (oder noch nicht) entschlossen. Weil es so an allen Fronten an seinen Positionen festhielt, konnte es keinen Alliierten gewinnen. Preußen gegenüber schwankte es. Im Zusammenhang mit der Schleswig-Holstein-Krise war es zur Kooperation mit Preußen übergegangen, und ganz erfolglos war diese Politik ja nicht gewesen. Rechberg hat versucht, sie auch nach dem Sieg noch fortzusetzen; sie hatte angesichts der prekären Sicherheitslage Österreichs wie seiner Finanzsituation ihre Vorteile; das mögliche Bündnis mit den Mittelstaaten war brüchig, die Schleswig-Holstein-Bewegung zu liberal, und noch immer drohte der Zar mit einer oldenburgischen Kandidatur. Und Rechberg hatte abgesehen vom realistischen Ausgleich auch etwas für altkonservative Solidarität übrig. Aber sie kam, wir sagten es, im Sommer 1864 nicht zu konkreten Ergebnissen. Als es Rechberg nicht gelang, eine Zusage Preußens für den Eintritt Österreichs in den Zollverein zu erlangen, schien die Kooperationspolitik an der hartnäckigen Unnachgiebigkeit Preußens, das diese seine Machtposition mit allen Mitteln verteidigte, gescheitert. Rechberg mußte zurücktreten. Er jedenfalls war nicht mehr der richtige Mann für einen Ausgleich. Erst nach vielen Schwankungen ging Österreich zur Politik der Konfrontation über. Bismarck zog daraus die Konsequenz, daß die Politik des Ausgleichs gescheitert sei, daß konservative Solidaritätspolitik in der deutschen Frage und preußisches Interesse nicht zu verbinden seien, das verwies ihn ein andermal auf die liberal-nationale Bewegung. Aber es kam auf die Situation an.

Österreich ging zunächst zurück zur Kandidatur des Augustenburgers. Aber die preußische Version eines Vasallenstaates lehnte es ab. „Lieber würde er Kartoffeln bauen, als Regent dieses Staates werden", meinte Biegeleben, der leitende Beamte der österreichischen Diplomatie. Die Krise spitzte sich im Frühsommer 1865 zu. Österreich unterstützte als Besatzungsmacht die lautstarke augustenburgische Bewegung, auf deren Seite auch die verwaltende Landesregierung stand. Auch die Mittelstaaten drängten mit ihren Aktionen am Bund ganz auf die augustenburgische Lösung. Die Großmächte stritten über die Einberufung einer Ständeversammlung und ihre Modalitäten. Ein preußischer Kronrat, am 29. Mai, beschloß, nunmehr eindeutig die volle Annexion anzusteuern, auch auf das Risiko eines Krieges hin. Das war die endgültige Abkehr von der (alt)konservativen Idee einer Doppelherrschaft. Aber Bismarck wandte eine endgültige Entscheidung zum Krieg noch ab. Auch er fand das Kondominium vor der Haustür unerträglich. Er schloß den Krieg als Mittel seiner Politik mitnichten aus, und er tat alles, die außen-, die national- und die innenpolitischen Bedingungen für einen Krieg so günstig wie möglich zu gestalten; aber er schloß auch die Möglichkeit nicht aus, mit scharfem Druck die eigenen Ziele friedlich zu erreichen. Die Situation war für einen Krieg nicht, noch nicht, günstig, zumal wenn solcher Krieg auch das innerpreußische Patt überwinden sollte, ja die inneren Gegensätze umkehren sollte, wie Bismarck es wollte. Die europäische Lage war zwar nicht absolut ungünstig, aber Frankreich war noch nicht neutralisiert; das war die unabweisbare Vorbedingung, wenn man das Risiko des offenen Konfliktes riskieren wollte. Die deutsche öffentliche Meinung war nicht, noch nicht, für eine Konfliktpolitik mobilisierbar; die nationale Bewegung war proaugustenburgisch; die von Bismarck erstrebte Annexion galt ihr als preußisch-partikularistisch. Solange eine friedliche Verständigung noch möglich schien und die letzte Nötigung zum Krieg fehlte, war dieser Krieg ohne nationale Legitimation. Aber ohne populare Basis war nach Bismarcks Einsicht eine Politik der Annexion und des Krieges nicht möglich, ohne Aussicht auf Erfolg. Schließlich wollte sich Bismarck in den internen Machtkämpfen erst endgültig gegen die ultrakonservative Staatsstreichpartei durchsetzen und den Chef des Militärkabinetts, Manteuffel, ausschalten, ehe er die Schleswig-Holstein-Frage neu anging; erst im August 1865 wurde Manteuffel zum Militärgouverneur in Schleswig ernannt und so aus dem Zentrum der Macht entfernt. Diese Erwägungen bestimmten 1865 Bismarcks Politik.

Kriegsdrohungen und Ultimaten führten noch einmal zu einem Ausgleich zwischen Österreich und Preußen, dem Gasteiner Vertrag vom 14. August 1865. Die Verwaltung der Herzogtümer wurde provisorisch geteilt, in Schleswig preußisch, in Holstein österreichisch, mit Sonderrechten für Preußen. Das war zuerst ein Erfolg Bismarcks. Er hatte zwar ursprünglich die Souveränität teilen wollen, fand dann aber die neue Lösung durchaus akzeptabel: sie hielt die Zukunft offen und barg neue Konfliktstoffe. Er hatte Österreich wieder zur Kooperation bewogen und erneut zur Übernahme der unhaltbaren Positionen im Norden. Daß Österreich sich auf dieses appeasement einließ, lag einmal an dem drohenden Bankrott, der eine Mobilisierung der Armee höchst gefährlich gemacht hätte. Zum anderen lag es an einem generellen Kurswechsel in Wien: der verfassungs- wie deutschlandpolitische Kurs Schmerlings, liberal-großdeutsch und antipreußisch, wurde aufgegeben. Der neue Ministerpräsident Belcredi suchte in Österreich selbst die Verständigung mit Ungarn; deutschlandpolitisch schien ihm und seiner Richtung die Alternative zum appeasement zu riskant, man fürchtete mit dem Eintreten für den Augustenburger den Liberalismus in Deutschland zu sehr zu stärken, ja, und das schien am gefährlichsten, in Preußen. Aber die preußisch-österreichische Verständigung blieb Episode. Bismarck wäre zu einem dauerhaften Ausgleich allenfalls bereit gewesen, wenn allein Österreich wesentliche Konzessionen gemacht hätte, also Holstein aufgegeben und deutschlandpolitisch der Teilung zugestimmt hätte. So aber blieb Gastein nur ein Ausgleich auf Zeit.

Die öffentliche Meinung und die Mittelstaaten protestierten fast einhellig, und zwar, weil Preußen in dieser Frage lange abgeschrieben war, vor allem gegen Österreich: es hatte den Augustenburger fallen lassen und die emotional doch so wichtige Einheit der Herzogtümer – up ewig ungedeelt – dazu. Aber die neue Regelung erwies sich schon bis Anfang 1866 als unhaltbar. Für Preußen war sie im Grunde nur ein Schritt zur Annexion gewesen, für Österreich ein äußerstes Zugeständnis. Die augustenburgische Bewegung war es konkret, die die Mächte schnell wieder auseinandertrieb. Österreich begünstigte sie in Holstein; Preußen protestierte und beanspruchte ein Einspruchsrecht. Bismarck benutzte alle Reibungen, um den Konflikt weiter zu verschärfen. Preußen fand, daß Österreich den Boden der Abmachungen verlassen habe. Die Krise lief auf Krieg zu. Ein preußischer Kronrat vom 28. Februar 1866 beschloß, den „unausweichlichen Krieg" für die Stellung Preußens in Deutschland, mindestens im Norden, zwar nicht direkt herbeizuführen, wohl aber außenpolitisch durch Verhandlungen mit Napoleon und Italien weiter vorzubereiten. Und der österreichische Ministerrat hatte, eine Woche vorher schon, beschlossen, dem Krieg nicht auszuweichen. Preußen also war entschlossen, für eine Verstärkung seiner Machtposition notfalls zu kämpfen, und Österreich war ebenso entschlossen, seine Position mit den Waffen zu verteidigen, selbst auf die Gefahr eines neuen Krieges in Italien hin.

Preußens Wille zum Krieg war eindeutig. Er entsprang zunächst der „Staatsräson", dem preußischen Machtinteresse. Aber Krieg und Kriegswille waren von den deutschen Fragen, waren vom nationalen Interesse der Deutschen nicht zu trennen. Ein Krieg, so meinte Bismarck, sei heute nicht willkürlich und nicht ohne die öffentliche Meinung zu beginnen, und er sei erfolgreich nur mit einem nationalen Ziel zu führen. Man müsse darum die Identität von preußischem Interesse und nationalem Bedürfnis auch dartun. Das aber war nun kein Vorwand; das war mehr als Taktik und Propaganda, mehr als nachträgliche Legitimation eines Kriegswillens mit den geschickt manipulierten Argumenten der Zeit, mehr als das geschickte Werben um die Bundesgenossenschaft der modernen Mächte der Öffentlichkeit und der popularen Kräfte. Das alles war es auch, und es gehört zur Größe des Konservativen Bismarck, der doch eigentlich in der Tradition der Kabinettspolitik stand, diesen modernen Stil der Politik klar erkannt zu haben und sich auf ihn einzustellen. Für Bismarck waren gewiß preußische Interessen primär, er war ein Mann des Staates und der Staaten. Aber er war davon überzeugt, daß die preußischen Interessen mit den deutschen Sicherheitsinteressen identisch seien. Wenn Preußen an die Spitze von Deutschland trat, so lag das auch im deutschen Interesse. Der Krieg war für Bismarck ein preußischer Krieg und ein nationaler zugleich, das war ein integrierendes Element seiner Politik. Und die preußischen Liberalen dachten in dieser Hinsicht kaum anders.

Die Folgerungen, die Bismarck aus diesem Ansatz zog, waren freilich revolutionär. Er zielte auf eine Allianz mit der Nationalbewegung. Er wollte die „Allianz mit dem Volk", um Österreich seine hegemoniale Stellung zu nehmen und die bisherige Organisation Deutschlands überhaupt aufzusprengen. Das Mittel dazu sollte die Bundesreform sein. Am 9. April 1866 hat Bismarck den Antrag zur Reform des Deutschen Bundes gestellt: aus der Bundesversammlung sollte ein Parlament werden, und dieses Parlament sollte aus allgemeinen und gleichen Wahlen hervorgehen. Ein direkt gewähltes Parlament aber, das war, wir haben es öfter gesehen, der Ausschluß Österreichs. Das war ein cäsaristischer Weg, die Mobilisierung der Nationalbewegung, die Revolution von oben. Damit wollte Bismarck Österreich niederringen; damit wollte er die europäischen Mächte von einer Intervention abschrecken; damit wollte er die preußische Führung etablieren. Man müsse, so hat er später kommentiert, in einem äußersten Notfall sich auch revolutionärer Mittel bedienen; er habe „die damals stärkste der freiheitlichen Künste", das allgemeine Wahlrecht „in die Pfanne hauen" müssen, um die europäischen Mächte von Versuchen abzuschrecken, „die Finger in unsere nationale Omelette zu stecken". Aber das hatte auch eine deutschland- und innenpolitische Richtung: das sollte die Mittelstaaten und die Liberalen, die ja keineswegs für das allgemeine Wahlrecht schwärmten, unter Druck setzen. Gerade das war in dieser Situation aber erfolglos. Einstweilen gab die öffentliche Meinung dem Mann des Konfliktes und dem Vergewaltiger Schleswig-Holsteins keinen Kredit. Nicht nur Großdeutsche, norddeutsche Partikularisten und Klerikale, sondern auch augustenburgische und kleindeutsch-süddeutsche Liberale sahen in Bismarcks Vorschlag nur einen „Schelmenstreich", mit dem er sich Beifall für seine hinterhältige Eigensucht erschleichen wollte. Und die Mittelstaaten, die Bismarck zu gewinnen versuchte, lehnten ab. Ein Parlament, das Österreich herausdrücken mußte, war für sie kein Gegenstand der Verhandlungen; sie wurden näher an Österreich herangedrängt. Letzte Versuche, im Sinne der Triaspolitik zu vermitteln, wie sie vor allem von Bayern ausgingen, scheiterten.

Der mögliche Krieg, zu dem die deutschen Mächte bedingt entschlossen schienen, hatte neben dieser deutschlandpolitisch-nationalen Dimension natürlich die international europäische Dimension; er hing ganz und gar mit der internationalen Machtkonstellation zusammen. Preußen zunächst bereitete den Krieg auch international vor. Am 8. April schloß es mit dem Königreich Italien ein Angriffsbündnis, auf drei Monate befristet. Italien verpflichtete sich, in einen Krieg mit Österreich einzutreten; Preußen hatte es in der Hand, diesen Krieg auszulösen. Das war, sozusagen außenpolitisch, das Bündnis mit der nationalen Revolution: denn Italien wollte die Vollendung seines Nationalstaates, wollte von Österreich endlich auch Venetien. Aber entscheidend für die Großwetterlage waren die Großmächte. Wir erinnern uns: England und Rußland waren in der deutschen Frage relativ disengagiert, außerhalb Europas oder mit inneren Angelegenheiten beschäftigt, und beide sahen eher in Napoleon Gefahr und Unruhe, nicht aber bei den deutschen Mächten; Rußland war eher propreußisch, England immerhin nicht antipreußisch. Freilich, auch Preußen konnte sich der russischen Haltung nie ganz sicher sein; da blieb auch in Bismarcks Kalkül immer ein Rest von Risiko.

Österreich hatte – im Unterschied zu der Situation von 1849/50, zur Situation von Olmütz – seit dem Krimkrieg die Unterstützung Rußlands eingebüßt; eine Verständigung mit Rußland, wenn sie denn überhaupt möglich war, schied für Österreich aus: sie hätte ihm jetzt neben großen Opfern die Feindschaft Frankreichs und Italiens, Preußens und Rumäniens und die der öffentlichen Meinung in Deutschland eingebracht; das war keine Option.

Alles kam auf Napoleon, auf Frankreich an. Es konnte neutral bleiben oder es konnte intervenieren, es konnte die eine oder die andere Seite so stärken, daß sie – mit oder ohne Krieg – sich durchsetzte. In jedem Fall wollte es den deutschen Konflikt benutzen, um seine kontinentale Macht- und Vormachtposition zu verstärken. Die Stellung Frankreichs in Europa, das war das Thema des großen Spiels; die deutsche Frage war dabei nur Anlaß und Teilaspekt. Beide deutschen Mächte versuchten, sich Napoleons zu versichern. Napoleon nun war in seinen außenpolitischen Entscheidungen nicht frei. Als Sohn der Revolution, als plebiszitärer Cäsar, war und blieb er mehr als andere auf Popularität und außenpolitische Erfolge angewiesen, und das hieß vor allem: er mußte den wachsenden und reizbaren Nationalismus der Franzosen befriedigen. Persönlich verfolgte er vor allem zwei Ziele. Er wollte die Einigung Italiens mit der Eingliederung Venetiens endlich abschließen; das war – subjektiv – das stärkste Motiv; das wollte er vor seinem Tod erreichen. Und er wollte, falls es in Deutschland zu einer Machtverschiebung kam, „Kompensationen". Es war nicht so, wie man in Deutschland dann drei Generationen lang gemeint hat, daß sein letztes und eigentliches Ziel die Rheingrenze war. Aber er hat, weil „die Augen ganz Frankreichs auf den Rhein gerichtet waren", wie er zum preußischen Gesandten sagte, mit dem französischen Nationalismus rechnen müssen, und er hat diese Rheinperspektive immer wachgehalten. Und wenn nicht der Rhein, etwa ein rheinischer Pufferstaat unter französischer Protektion, dann kamen doch andere Kompensationen, Grenzverschiebungen in der Pfalz und an der Saar in Betracht. Und natürlich: die Bildung eines deutschen Nationalstaates, einer neuen mitteleuropäischen Großmacht, konnte ganz und gar nicht im Interesse auch nur irgendeines französischen Politikers liegen. In der konkreten Situation wollte Napoleon keine Verständigung zwischen Preußen und Österreich; das hätte Venetien österreichisch gelassen und Frankreich aus einer Neuordnung Mitteleuropas ausgeschlossen. In einer schwer durchsichtigen Diplomatie suchte er, beide Mächte gegeneinander auszuspielen, beide auf die Hilfe Frankreichs hoffen zu lassen, von beiden Kompensationsversprechungen zu erreichen.

Bismarck brauchte kein Bündnis mit Frankreich, aber er brauchte die französische Neutralität. Und es schien ihm zunächst zu gelingen, sich dieser Neutralität, die zunächst natürlich dem machtpolitischen Interesse Frankreichs entsprach, auch zu vergewissern. Er wollte dafür möglichst keinen „Preis" zahlen, aber er ließ, ohne sich festzulegen, Napoleon auf eine Kompensation, vielleicht Luxemburg, hoffen. Napoleon war es auch, der Italien zur Annahme des preußischen Bündnisvorschlags drängte; damit schien er beinahe gegen Österreich festgelegt und sein Drohpotential gegenüber Preußen reduziert. Die Aussicht, daß unter französischem Patronat Schleswig-Holstein an Preußen, Venetien an Italien fallen würde, schien eine Art Suprematie Frankreichs zu sichern. Freilich, Napoleon ließ sich nicht auf Abmachungen ein, er behielt sich die Freiheit seiner Entscheidungen vor, das war die Unsicherheit, mit der Preußen dauernd rechnen mußte. Und die österreichische Option war für Frankreich durchaus verlockend. Das preußisch-italienische Bündnis mochte auch die französische Hegemonie gefährden. Vor allem aber, so dachten die französische Öffentlichkeit und viele der Berater Napoleons, der Rhein war doch wichtiger als Italien oder das Nationalitätenprinzip, und darum war eigentlich Österreich der bessere Bundesgenosse – es war der geeignete Partner für noch einmal große Tausch-

Andeutungen über Venetien, Schlesien und den Rhein. Im Mai suchte Österreich nach definitiver Verständigung mit Frankreich. Es war bereit, Venetien aufzugeben, wenn Italien Neutralität zusage; aber Italien lehnte – entgegen den französischen Verständigungsbemühungen – ab, es wollte mehr als einen diplomatisch errungenen Sieg, es forderte, im Interesse der nationaldemokratischen Legitimation, ein Plebiszit; das mußte Österreich ablehnen. Napoleon schlug vor, einen internationalen Kongreß zur Vermittlung und zur Regelung von „Kompensationen" einzuberufen; Bismarck hätte sich dem schwer entziehen können, obwohl ein solcher Kongreß sein ganzes Kalkül und alle wirklichen preußischen Hoffnungen durchkreuzt hätte. Aber die anderen Mächte blieben reserviert, und Österreich lehnte, im Blick auf Italien, ab. Das war eine Entscheidung hin zum Kriege. In letzter Minute, unmittelbar vor Ausbruch des Krieges, kam es am 12. Juni dann zu einem französisch-österreichischen Geheimvertrag. Österreich sagte, auch für den Fall seines Sieges, die Abtretung Venetiens zu; Frankreich versprach, neutral zu bleiben und Italien doch noch zur Neutralität zu bewegen; Österreich sollte sich, wie auch die Mittelstaaten, in Deutschland vergrößern, aber nicht bis zur vollen Hegemonie; ein Rheinstaat innerhalb des Bundes wurde ins Auge gefaßt. Österreich glaubte, eine hohe Siegeschance zu haben; Napoleon rechnete wie alle mit einem längeren Krieg, und er rechnete darauf, die entscheidende Rolle zu spielen, da doch alle auf ihn angewiesen waren.

Das war die internationale Lage im Frühsommer 1866. Und Bismarck hat auch im Blick auf sie mit der nationalrevolutionären Karte gespielt. Er hat russischen und französischen Diplomaten gegenüber gedroht, einen revolutionären Nationalkrieg zu entfesseln, wenn Frankreich eingreife; und diese Drohung meinte er ernst.

Bei den Verhandlungen der deutschen Mächte ging es nicht, wie der kleindeutsche Nationalismus später manchmal gemeint hat, um eine deutsche Politik Preußens und eine „undeutsche" Österreichs. Beide Staaten verfochten ihre Machtinteressen und in deren Rahmen ihre deutschlandpolitischen Vorstellungen. Aber die österreichische Staatsräson war sozusagen altmodischer und konnte noch eher und leichter in Kategorien von Landumverteilung denken; die preußische war objektiv moderner und konnte darum eher in Übereinstimmung mit den Tendenzen zur nationalen Selbstbestimmung treten.

Die preußische Politik in der Krise war der österreichischen überlegen, sie war entschieden, initiativ, genau kalkuliert; die österreichische Politik hatte gelegentlich etwas Hilfloses. Aber das lag nicht allein an den Politikern, das war ein Ergebnis der Lage; Preußen war – nicht nur, aber auch –, weil es im Angriff war, in seinen Bewegungsmöglichkeiten eindeutig im Vorteil. Österreich war, wie der Zar einleuchtend gesagt hat, im Frühjahr 1866 „zum Krieg resigniert". Schon am 21. April hatte es angesichts der italienischen Rüstungen seine Grenztruppen mobilisiert. Ein Stillhalteabkommen konnte es nicht durchsetzen. Und Österreich brauchte sechs bis acht Wochen, um kriegsbereit zu sein, Preußen dagegen nur drei.

Es gab einen letzten privaten Vermittlungsversuch eines sächsisch-preußischen Adligen, Anton von der Gablenz, der auf Teilung der deutschen Hegemonie an der Mainlinie hinauslief. Bismarck hat das zuerst aufgegriffen und noch einmal durchgespielt, vielleicht freilich nur, um die Skrupel, die sein König gegen den Krieg noch hatte, zu überwinden. Jedenfalls war es nur der österreichische Kaiser, der diese Vermittlung ablehnte: das Mißtrauen gegen Bismarck war übermächtig geworden, und nicht einmal Venetien wäre gesichert gewesen. Aber Bismarck war dieses Scheitern dann auch sehr recht. Am 1. Juni 1866 brachte Österreich die Schleswig-Holstein-Frage vor den Bundestag und berief gleichzeitig in Holstein, seiner „Besatzungszone", die Stände ein. Das war ein entschiedener Schritt zum Krieg. Preußen protestierte und marschierte am 9. Juni in Holstein ein. Das war Selbsthilfe, das war bundeswidrig. Am 10. Juni legte Preußen seinen nun detaillierten Plan zur Reform des Bundes vor, eines Bundes ohne Österreich. Das war natürlich nichts anderes mehr als eine Demonstration, die Demonstration des national und konstitutionell legitimierten Kriegsziels. Am 11. Juni beantragte Österreich wegen des militärischen Vorgehens Preußens die Mobilisierung des nicht-preußischen Bundesheeres; am 14. Juni wurde dieser Antrag angenommen. Bayern, Württemberg, die hessischen Staaten, Sachsen, Hannover und einige kleinere Staaten stimmten für Österreich, die Mehrheit der kleinen Staaten Nord- und Mitteldeutschlands dagegen; Baden enthielt sich der Stimme. Preußen erklärte den Bund für erloschen; ein Ultimatum an Sachsen, Hannover und Kurhessen wurde von diesen Staaten abgelehnt; am 15. Juni marschierte Preußen in diese Staaten ein; am 16. beschloß der Bundestag, nun auch mit der Stimme Badens, die Bundesexekution. Die gegensätzlichen Interessen schienen nur noch durch Gewalt ausgleichbar. Aus dem kalten Krieg wurde endgültig ein heißer Krieg.

Die öffentliche Meinung hatte natürlich an dieser Entwicklung aufs intensivste Anteil genommen. Der drohende Krieg war unpopulär. Überall gab es Volksversammlungen und Proklamationen gegen den „Bruderkrieg"; auch in Preußen gab es keine Kriegsbegeisterung. Die Konservativen der Kreuzzeitung sahen die Interessen Preußens wie Österreichs für gleichwertig an; selbst bei einem Sieg, so beschwor Gerlach Bismarck, drohe uns „schweres Verderben". Die Liberalen wollten entweder die Einheit ohne Krieg. Oder, wenn sie den Krieg nicht ausschlossen, so wollten sie doch nicht diesen Krieg, den Krieg eines Preußen, das alle liberalen Hoffnungen seit 1848 so schroff enttäuscht hatte, den Krieg der verhaßten Konfliktregierung, den Krieg Bismarcks, den er nur zu seinen Zwecken führte und als Ausweg aus dem Konflikt. Kurz, auch wer für den nationalen Verfassungsstaat den Krieg nicht scheute, konnte sich mit dem reaktionären Preußen doch weder identifizieren noch auch nur liieren. Bismarcks nationaldemokratische Parole konnte nicht wirken, nicht mehr, nach den Konfliktjahren, und noch nicht. Die mittelstaatlichen Liberalen waren ratlos: jeder Sieg war eine Niederlage. In Bayern, in Württemberg, in Sachsen fürchtete man die preußische Hegemonie, fürchtete man die Franzosen, als deren Werkzeug Bismarck galt, fürchtete man die Teilung an der Mainlinie. Lassalle's Arbeiterverein freilich war für Bismarcks Krieg; denn Bismarck war für das allgemeine Wahlrecht, und sie vertrauten der nationalrevolutionären Dynamik. Am 16. Juni demonstrierten Arbeiter für die Fahne Bismarcks und Garibaldis, und Bismarck entließ den Präsidenten des Vereins, Schweitzer, aus dem Gefängnis; seine Zeitung, der ‚Sozialdemokrat‘, bekam ein Darlehen.

Was war das für ein Krieg? Gewiß nicht ein Krieg, so hat Moltke gesagt, „aus Notwehr gegen die Bedrohung der eigenen Existenz"; er entsprang nicht einem „Sturm" des Volkes, sondern war ein „im Kabinett als notwendig erkannter, längst beabsichtigter und ruhig vorbereiteter Krieg, nicht für Landerwerb oder materiellen Gewinn, sondern für ein ideelles Gut", so begriff Moltke die preußische Hegemonie. Also zuerst ein Kabinettskrieg, ein Staatenkrieg, ein Hegemonialkrieg. Preußen hat diesen Krieg gewollt, Bismarck hat ihn herbeigeführt: aus einem elementaren Staats- und Machtinteresse stellte sich Preußen gegen Österreich, lehnte zuletzt sich gegen den Bund auf. Preußen mußte als „halbe" und geteilte Großmacht auf Veränderung drängen; nur das konnte seine Existenz dauerhaft konsolidieren. Die Grenze zwischen Selbstbehauptung und Machterweiterung war notwendig und fließend. Die Eindeutigkeit, mit der die preußische Politik dann auf Machterweiterung zielte, war freilich das Werk Bismarcks. Das lief, nicht von Anfang an, aber zuletzt doch fast notwendig auf den Krieg hinaus. Anders war seine Hegemonialpolitik nicht durchzusetzen, denn Österreich wollte keinen Abstrich von seiner Führungsposition hinnehmen – auch weil ihm schließlich die Aufgabe seiner Stellung und seiner Ansprüche in Deutschland als Aufgabe der eigenen Großmachtstellung überhaupt erschien, als Anfang vom Ende. Der Machtwille Preußens und der Selbstbehauptungswille Österreichs also stießen aufeinander; die Spannungen des deutschen Dualismus endeten in diesem Krieg. Das mußte nicht notwendig so kommen. Österreich war jetzt nur noch zum Kriege resigniert; Preußen war die treibende, dynamisch-initiative, die kriegsentschlossene Macht. Aber dieser Krieg war historisch auch nicht unwahrscheinlich, nicht vom Zaune gebrochen, nicht das Ergebnis mutwilliger oder leichtsinniger Politik. Der Krieg war für alle politisch Handelnden, ja für alle Zeitgenossen noch ein durchaus legitimes Mittel der Politik, mit dem man letzte und auch vorletzte Ziele notfalls durchzusetzen suchte; der Krimkrieg und der italienische Krieg waren, sehr verschieden gelagert, Beispiele gewesen. Die Menschheit war nicht moralistisch auf das Problem der Kriegsschuld fixiert. Der 100 Jahre alte preußisch-österreichische Dualismus war ein Machtphänomen, bei dem eine kriegerische Lösung niemals jenseits des Horizonts der Handelnden gewesen war. Von daher war der Krieg ein existentieller Zusammenstoß zweier politischer Machtansprüche mit eigener Legitimität, die sich letzten Endes als unvereinbar erwiesen. Auch Österreich handelte ja nicht eigentlich in Notwehr. Die Frage, ob der Krieg „gerecht" genannt werden konnte, war nicht zu beantworten. Das war, trotz der 1866 jedenfalls klaren Verteilung von offensiver und defensiver Tendenz, die tragische Dimension dieses Krieges. Sie ging auch über die Person Bismarcks wie über die Wiener Politiker hinaus. Aber dieser Kabinetts- und Hegemonialkrieg war doch auch ein Nationalkrieg oder – da Nation und Volk ja distanziert blieben – ein Einigungskrieg. Es gab ein revolutionäres Recht der deutschen Nation auf einen Nationalstaat, ein Recht auf Revolutionierung des Bundes, weil die Reform des Bundes sich als unmöglich erwies. Dieses Recht war nur zu realisieren durch den Ausschluß Österreichs, dessen Existenz den Nationalstaat unmöglich machte, und es stieß sich darum mit dem genauso legitimen Recht Österreichs, zu Deutschland zu gehören, der Deutschen, mit Österreich in einem politischen Verband zu leben. Das war ein andermal die Tragik im Aufeinanderprall entgegengesetzter Legitimationen. Aber das nationalrevolutionäre Recht blieb ein Recht. Indem Preußen sich zum Promotor dieses Rechtes machte, gewann es die nationale Legitimität seines Bundesbruches, seines Krieges.

Die Chancen der kriegführenden Parteien waren in den Augen der Zeitgenossen keineswegs eindeutig. Preußen war der Bevölkerungszahl nach viel schwächer, sein Staatsgebiet war durch feindliche Staaten geteilt, sein Heer kriegsungewohnt. Österreich freilich hatte einen Doppelkrieg in Deutschland und Italien zu führen und in Deutschland einen Koalitionskrieg mit den unkoordinierten Heeren der Mittelstaaten, und es mochte in mancher Beziehung rückständiger sein als Preußen. Aber man rechnete allgemein mit einem langen Krieg, manchmal mit einem neuen siebenjährigen Krieg, und man rechnete mit einem Eingreifen europäischer Mächte. Preußens Lage galt keineswegs als günstig. Die Berliner Börse setzte – obwohl der Konfliktminister Bismarck die Finanzierung des Krieges durch seinen Bankier Bleichröder gesichert hatte – auf den Sieg Österreichs. Kurz, und das vergaß man nach dem Siege schnell, Bismarck war ein hohes Risiko eingegangen.

Unter den politischen Strategien, die Bismarck für diesen vermutlich langen Krieg ins Auge faßte, verdient eine unsere besondere Aufmerksamkeit. Das war der Plan, die nationale Revolution der Völker gegen den Habsburgerstaat zu mobilisieren. Man war in Berlin glänzend informiert, man hatte Kontakte mit Revolutionären und Emigranten, und man hatte Agenten. Das hat man 1866 intensiviert, man bereitete die Revolution und die „Diversion" vor, vor allem bei den Ungarn und bei den Südslawen. Ungarische und italienische Legionen werden, später auch mit Kriegsgefangenen, in Schlesien aufgestellt; Garibaldi soll nach Dalmatien und dann nach Ungarn ziehen, und das soll das Königreich Italien zum Stoß auf Wien antreiben; auch von Belgrad und Bukarest aus wird ähnliches vorbereitet. In einer Proklamation an die Tschechen, die man mit einem anarchistisch-sozialistischen Flüchtling entworfen hatte, wird ihnen eine nationale Position wie den Ungarn verheißen; ja für den Fall, daß der Zar nicht ruhig bleibt, faßt man einen polnischen Aufstand ins Auge. Gewiß, Bismarck wollte das Habsburgerreich nicht vernichten; das waren Drohmanöver, die es zum Nachgeben zwingen sollten. Aber Bismarck hielt doch auch den äußersten Fall des existentiellen Konfliktes für möglich und bereitete sich darauf vor. Im Kampf auf Leben und Tod, so meinte er, müsse er seine Alliierten nehmen, wo er sie finde. Der konservative Monarchist Bismarck, der Preuße, der doch dem Nationalismus so distanziert gegenüberstand, verband in dieser Situation sich mit allen nationaldemokratischen Revolutionen. Das war seine Realpolitik.

Der Krieg dauerte wider Erwarten nur kurz. Nachdem Preußen sehr schnell, bis zum 29.Juni, die Hannoversche und die kurhessische Armee, die doch seine West- und Osthälfte trennten, geschlagen hatte, kam es schon drei Wochen nach Kriegsbeginn, am 3.Juli, zum entscheidenden Sieg der Preußen über die Österreicher in der Schlacht von Königgrätz. Das strategische Konzept des preußischen Generalstabschefs Moltke, das er nicht ohne Mühe durchgesetzt hatte, sah vor, daß drei Armeen getrennt nach Böhmen marschierten und sich erst auf dem Schlachtfeld vereinten; „getrennt marschieren, vereint schlagen", das führte zum Erfolg. Es gelang, den strategischen Vorteil der Österreicher, die innere Linie, auszumanövrieren, ja Immobilität und Fehler der Österreicher ermöglichten es den Preußen, vor der Schlacht auch die taktisch besseren Ausgangspositionen zu gewinnen. Zwar wurde die Schlacht nicht zur Umfassungs- und Vernichtungsschlacht; die Masse österreichischer Truppen entkam, aber der Sieg war eindeutig und ausreichend. Die Preußen verloren, obwohl sie angriffen, nur 9000 Mann, die Österreicher 25000. Daß die Österreicher in Italien zu Lande (Custozza 24.Juni) gesiegt hatten und auf See (Lissa 20.Juli) noch einmal siegten, fiel demgegenüber nicht ins Gewicht; und auch die folgenden preußischen Siege über die süddeutschen Armeen, zumal in Bayern, spielten keine wesentliche Rolle mehr.

Fragt man nach den Ursachen für diesen schnellen und überraschenden Sieg, so kann man sagen: es war der Sieg der modernen Armee eines modernen Staatswesens über die altmodische Armee eines altmodischen Staatswesens. Die österreichische Armee war altmodisch organisiert; es gab noch keine Divisionen; die Befehlsstruktur war schwerfällig, die Rolle des planenden Generalstabs unklar, die Führung unelastisch. Die jahrzehntelange Finanzmisere des Reiches zeigte ihre Wirkung; die Dienstzeiten waren oft fiktiv gewesen und der Ausbildungsstand entsprechend schlechter; die Effektivität war beeinträchtigt. Bei der Führung spielten dynastisch-feudale Gesichtspunkte eine größere Rolle als Sachkompetenz und Leistung. Ein Erzherzog, Albrecht, erhielt den Oberbefehl in Italien, weil man dort mit einem Sieg eher rechnete und ihn nicht der Niederlage gegen Preußen aussetzen wollte; Benedek, der allein in Italien Erfahrung hatte, erhielt gegen seinen Willen den Oberbefehl in Böhmen. Die Struktur des Staates schlug in solchen Entscheidungen durch, und das ist mindestens so wichtig wie das individuelle Moment, daß jeder gegen ein militärisches Genie wie Moltke einen schweren Stand haben mußte. Endlich wirkte sich die strukturelle Schwäche des Deutschen Bundes zu Ungunsten Österreichs aus; die Mittelstaaten blieben auch im Krieg partikularistisch; die Bayern kamen nicht nach Böhmen; es gab kein Gesamtkonzept; das Problem des Koalitionskrieges blieb unbewältigt.

Auf der anderen Seite stand die Modernität Preußens, und das war mehr als die bloße Abwesenheit jener Mängel. Die Armee war gut organisiert und gut ausgebildet; die Initiative der Unterführer, die funktionale Kooperation und die klaren Befehlswege ergänzten sich; die Generalstabsoffiziere waren auch taktisch gut geschult; die Planungskompetenz des Generalstabs war, auch in Preußen freilich gegen große Widerstände der Troupiers und des Hofes, einigermaßen durchgesetzt worden; der Generalstabschef war der eigentliche Feldherr. Moltke war ein militärisches Genie, aber er war auch das Produkt eines spezifischen Preußentums: an Clausewitz geschult, baute er auf eine ganz realistische rational-sachliche Analyse des Krieges; fern allem Prestigedenken war er vom klaren Ziel der Vernichtung der feindlichen Kräfte durch Umfassung geleitet; der Feldzug war auf rationale Voraus- und Durchplanung gegründet. Das war die Grundlage seiner seit dem ersten Napoleon nicht mehr gesehenen strategischen Leistungen, die Grundlage dafür, daß noch einmal ein Krieg durch eine einzige große Schlacht entschieden wurde. Die Preußen waren besser bewaffnet; sie hatten zwischen 1849 und 1866 die ganze Armee mit dem Zündnadelgewehr ausgestattet, das im Liegen bedient werden konnte und sieben Schüsse in einer Minute abgab – die bisherigen Gewehre brachten es auf zwei –, wenn es auch weniger weit reichte und manche anderen Defekte hatte. Die Preußen waren weitaus beweglicher, vor allem, weil sie ganz modern ihr gut ausgebautes Eisenbahnnetz militärisch nutzten. Moltke hatte seit den 1840er Jahren schon in allen Planungen und Manövern die strategischen Möglichkeiten der Eisenbahn verwandt. Das hat alle bisherigen Begriffe von Kräften, Entfernungen und Zeiten revolutioniert. 1866 standen den Preußen sechs Eisenbahnlinien zur Mobilmachung zur Verfügung; die Österreicher hatten eine, die sie nicht einmal effektiv nutzten. Moltke hatte seine Armee schon nach Böhmen geschickt, ehe die Österreicher überhaupt ihre Kräfte konzentrieren konnten. Und ähnliches gilt für den Telegraphen; Moltke hat mit ihm von Berlin aus den Krieg bis fast unmittelbar vor der Schlacht dirigiert.

Der Eindruck des Sieges von Königgrätz in Europa war enorm. „Casca il mondo", das war der Kommentar des Papstes. Alle Erwartungen waren umgestürzt. Vor allem das Kalkül Napoleons, in einem langen Krieg zum Schiedsrichter zu werden, war über den Haufen geworfen. Aber der Fortgang des Krieges wurde gerade deshalb sofort zum internationalen Problem. Österreich ersuchte Napoleon, zunächst in Italien, um Vermittlung; seit dem 5. Juli führte Napoleon diese Verhandlungen. Freilich, zu einem Waffenstillstand kam es noch nicht; man verhandelte, aber man mußte auch damit rechnen, daß die Preußen in Wien einmarschieren würden. Preußen und Italien, den Siegern, drohte die Intervention Frankreichs, und Napoleon setzte diese Drohung durchaus als Druckmittel ein. Objektiv allerdings war die Interventionsgefahr nicht so groß. Die französischen Rüstungen waren schlecht; Napoleon war schwer krank, er fürchtete eine nationalrevolutionäre Wendung der Deutschen unter preußischer Führung gegen Frankreich; und er sah die Schwierigkeit, Frankreich, den Repräsentanten des nationalen Prinzips in Europa, an die Seite des über- und antinationalen Österreich zu führen. Dennoch, die Situation war offen. Napoleons Außenminister, Drouyn de l'Huys, steuerte auf eine Allianz mit Österreich zu. Das Gefühl, das Thiers bald darauf im Blick auf die Gründung des Norddeutschen Bundes ausdrückte: seit 400 Jahren habe Frankreich keine solche Niederlage mehr erlitten, war weit verbreitet. Bismarck hat sofort nach Königgrätz realisiert, daß der Friede international nur zu haben sei, wenn Preußen Österreich schone, keinen Siegfrieden anstrebe, sondern einen Verständigungsfrieden. Am 14. Juli kam es zwischen Preußen und Frankreich zu einer Vereinbarung über den Frieden. Anschluß Venetiens an Italien, das war klar; dann Auflösung des Deutschen Bundes und Ausschluß des sonst in seinem Bestand garantierten Österreichs aus Deutschland; Anerkennung eines von Preußen geführten Norddeutschen Bundes; die preußische Annexion Schleswig-Holsteins, eine Abstimmung im Nordteil Schleswigs blieb der nationalitätenpolitische Vorbehalt; unausgesprochen weitere Annexionen in Norddeutschland: Hannover, Kurhessen, Nassau; und schließlich das Recht der unabhängigen süddeutschen Staaten, einen international unabhängigen Südbund zu bilden. Das war eine Dreiteilung Deutschlands und eine Begrenzung Preußens auf die Mainlinie. Das war der Preis, den Bismarck zu bezahlen hatte, damit Napoleon nicht intervenierte und die preußischen Annexionen in Norddeutschland duldete. Freilich, Bismarck hatte auch seine eigenen Gründe, an der Mainlinie stehen zu bleiben; das norddeutsche Großpreußen zu konsolidieren, war eine Aufgabe, die einstweilen durch die Verbindung mit dem preußenfeindlichen Süden auch erschwert worden wäre. Aber das war jetzt nicht ausschlaggebend. Man konnte im Angesicht Europas nicht mit dem Kopf durch die Wand. In den Augen Napoleons waren das moderate Bedingungen, die seiner Rolle als Vorkämpfer eines Europas der Nationen nicht widersprachen und Frankreich vielleicht einigen Einfluß auf die unabhängige Südzone sichern mochten, vielleicht gar eine Art von Dankbarkeit, nicht nur der italienischen, sondern auch der deutschen Nationalbewegung. Er hatte ein Engagement für Österreich, um das zwischen dem 4. und 10. Juli in Paris intensiv gerungen wurde, endgültig abgelehnt. Das hätte vielleicht dem französischen Machtinteresse besser entsprochen, aber nicht dem Legitimationsprinzip der napoleonischen Herrschaft. Insofern hatte Napoleons Entscheidung ihre innere Logik.

Auf der Basis dieser Verständigung hat Bismarck die Friedensverhandlungen mit Österreich rasch zu Ende geführt. Österreich war, geschlagen, zu diesem Friedensschluß bereit. Nachdem sich Frankreich mit Preußen arrangiert hatte, blieb ihm nichts anderes übrig. Dennoch entstand eine sehr charakteristische Schwierigkeit. Der preußische König, altmodisch, herkömmlich denkend, wollte eine „Züchtigung" des besiegten Gegners, Landabtretungen Österreichs oder zumindest seines norddeutschen Hauptalliierten, Sachsens. Und andererseits widerstrebte es seinem dynastischen Gefühl, Mitfürsten, wie die von Hannover, Kurhessen und Nassau, wie Bismarck wollte, einfach zu entthronen, ihre Länder zu annektieren. In heftigen Auseinandersetzungen – er hat sie in seinen Memoiren klassisch dramatisiert – hat Bismarck sich, vom Kronprinzen unterstützt, durchgesetzt. Er folgte dem kühlen Kalkül der Staatsräson, gegen alle traditionellen Vorstellungen, daß am Ende eines Krieges Landabtretungen stehen müßten. Politik habe „nicht die Aufgabe der Nemesis", sie müsse sich vielmehr allein daran orientieren, was „für den preußischen Staat eine Notwendigkeit" sei. Amputierte Teilstaaten im neuen Norddeutschen Bund hielt er für wesentlich gefährlicher als die volle Annexion, zu der ihn auch sein preußischer Machtsinn trieb; im Falle Sachsens kam dazu, daß Frankreich wie Österreich auf seiner Unversehrtheit bestanden. Erst recht war er gegen jede Amputation Österreichs; denn er dachte in weitsichtigem Kalkül an den Frieden und die künftigen Entwicklungen: Österreich blieb europäische Großmacht und sollte es bleiben, und Preußen mußte sich eine künftige Verbindung mit dieser Macht offenhalten; er wollte keine Erbfeindschaft und keinen Revanchismus provozieren. So zeigte dieser Frieden ein typisches Doppelgesicht Bismarckscher Politik: ganz unkonventionell die Schonung der Südstaaten und Österreichs, denn sie waren die Bundesgenossen von morgen. Ganz unkonventionell aber auch die radikale Vernichtung der Nordstaaten durch Annexion, eine napoleonische Totalrevision der Landkarte gegen alle Legitimität und alle historischen Rechte. Das war noch einmal Abkehr von allen konservativen Prinzipien. Hier war nationale Revolution, vergleichbar mit der Beseitigung der italienischen Dynastien im Zuge der Einigung Italiens, Annexionen aus großpreußischer Staatsräson, aber doch auch durch das nationale Verlangen nach Einheit legitimiert – noch einmal preußisch und national zugleich. So entstand ein neues Preußen. Am 26. Juni wurde auf der Basis der preußisch-französischen Vereinbarungen der Vorfriede von Nikolsburg geschlossen. Das nötigte auch Italien, sich mit Venetien zu begnügen und auf seine Revisionsforderung in Trient und Südtirol zu verzichten.

Mit dem Vorfrieden war die internationale Krise freilich noch nicht endgültig gelöst. Napoleon war zunächst auf die Kompensationsfrage nicht eingegangen und hatte Andeutungen des preußischen Gesandten nicht aufgegriffen. Aber dann setzten sich die nationalistischen Kompensationspolitiker in Paris wieder stärker durch. Benedetti, der französische Gesandte in Berlin, sprach am 16. Juli von Grenzrevisionen an der Saar und in der Pfalz – das waren die Grenzen von 1814 – und vom Anschluß Luxemburgs. Bismarck verhielt sich dilatorisch. Am 5. August war dann von der bayerischen Pfalz und dem linksrheinischen Hessen die Rede; auch in Frankreich waren, wie man sieht, die Traditionen des Territorialerwerbs noch stark. Das nun wies Bismarck kategorisch ab, kein deutsches Dorf könne und werde man abtreten; und darüber waren sich alle, vom König Wilhelm bis zum antipreußischen Radikaldemokraten Wilhelm Liebknecht einig. Für Bismarck wäre das das Ende jeder nationalen Politik Preußens gewesen, und eine schwere diplomatische Niederlage; er hat dagegen wieder mit dem nationalrevolutionären Krieg auf der Basis der Reichsverfassung von 1849 gedroht und mit der Revolutionierung des Habsburgerreiches. Er rechnete freilich auf ein Einlenken Napoleons, und der zog dann auch am 12. August zurück; alles seien Mißverständnisse; der chauvinistische Außenminister wurde entlassen. In den weiteren Verhandlungen war zwar von französischen Kompensationen in Luxemburg und Belgien noch die Rede, aber Bismarck legte sich nicht fest. Frankreich bot für eine preußische Unterstützung sogar eine Allianz an, aber die war, nachdem der Krieg vorbei war, für Preußen wertlos, ja, weil sie Rußland und England provoziert hätte, schädlich. Und was Bismarck hätte fordern können, den Anschluß des deutschen Südens, das konnte Frankreich nicht gewähren, und das war auch angesichts der deutschen wie der europäischen Lage unerreichbar. Frankreich war nicht mehr wie am Ende des Krimkriegs und im italienischen Krieg Sprecher (West)Europas, es war von England isoliert; das engte den Handlungsspielraum Napoleons ein und erweiterte den Bismarcks.

Noch einmal, das muß man gegen die lange Tradition des antifranzösischen Nationalismus in Deutschland sagen; es war ganz selbstverständlich, daß Frankreich auf Machtverschiebungen in Mitteleuropa reagieren mußte. Und Kompensationen waren noch nicht ganz so anrüchig wie im demokratischen Zeitalter. Aber natürlich ist der durchaus aggressiv-reizbare Nationalismus der Franzosen, so wenig wie der der Deutschen, zu bestreiten.

Napoleon glaubte mit dem erweiterten Preußen leben zu können; die nationale Reorganisation war ja auch ein Faktor der Ordnung und des Gleichgewichts; allein die Nationalstaaten könnten, so meinte er einmal, die Stellung Europas zwischen den Giganten der Zukunft, Rußland und den Vereinigten Staaten, aufrecht erhalten. Er sah im Ausgang des Krieges darum keine Niederlage; er wollte als Protektor der neuen Ordnung erscheinen, und Bismarck hat alles getan, um das Verhältnis zu Napoleon in solch positivem Sinne offenzuhalten. Anders die radikalen Nationalisten. Sie sahen, wie Thiers, in diesem Ausgang eine Katastrophe. Das Sicherheitsbedürfnis und der Sinn für Machtgewichte spielten hier ebenso eine Rolle wie die eigentümliche Bedeutung des Prestiges und des kollektiven Ruhmgefühls. Darum konnte das merkwürdige Sentiment entstehen, das sich in dem Ruf „Rache für Sadowa", das war Königgrätz, verdichtete. Zwischen diesen beiden Positionen entwickelte sich die französische Deutschlandpolitik der nächsten fünf Jahre.

Schließlich hat auch Rußland noch versucht, in die Neuordnung Mitteleuropas einzugreifen. Rußland suchte, antirevolutionär und dynastisch, den Sturz ganzer Dynastien zu verhindern. Der Zar bekundete seine Enttäuschung über die nationalrevolutionäre Kriegspolitik seiner preußischen Verbündeten und den „demokratischen" Charakter des neuen Bundes; der leitende Minister, Gortschakow, war trotz aller russisch-preußischen Verbundenheit profranzösisch und in dieser Lage eher auf seiten Österreichs. Rußland suchte Österreich eine süddeutsche Position zu erhalten. Gegen das Vermittlungsmonopol Napoleons schlug Rußland einen Kongreß der Mächte vor. Das hätte die ganze konsolidierte Lösung und Bismarcks Politik ins Wanken gebracht. England lehnte ab und Bismarck auch; er drohte einerseits erneut mit der nationalen Revolutionierung des Südostens und Ostens, winkte aber andererseits damit, die russischen Forderungen nach einer Revision der Neutralisierung des Schwarzen Meeres zu unterstützen, und versprach, die mit dem Zarenhaus verwandten deutschen Dynastien zu schonen. Rußland ließ den Plan fallen. Es war zu schwach, angesichts der Passivität Englands und der Ambivalenz Frankreichs, den Umsturz des bisherigen Systems zu verhindern. Und die preußische Neuordnung Mitteleuropas war, wenn schon nationalrevolutionär, immer noch akzeptabler als eine napoleonische, denn sie war antipolnisch und au fond doch eher konservativ.

England endlich hatte jetzt seine neue Politik der Nicht-Intervention durchgehalten. Und trotz mancher Antipathie gegen Preußen lag eine Konsolidierung Deutschlands gegenüber den kontinentalen Flügelmächten im wohlerwogenen Interesse Englands. Wenn der Dualismus nicht hielt, war die preußische Führung stabiler als die österreichische. Noch war das Gleichgewicht nicht von Preußen, nicht von Deutschland gefährdet, sondern vom napoleonischen Frankreich, dem Unruhestifter des Jahrzehnts, und langfristig von einem wieder erstarkenden Rußland.

Kurz, die europäischen Mächte haben sich im Ergebnis ohne Intervention mit der Neuordnung der deutschen Dinge abgefunden, abfinden müssen.

Gemäß dem Vorfrieden wurde schnell auch der Friede am 23. August in Prag abgeschlossen. Er garantierte, dem Wunsche Frankreichs entsprechend, die Unabhängigkeit der Südstaaten international. Aber die Idee eines eigenen Südbundes, die Napoleon wie Österreich favorisierten, war inzwischen schon nicht mehr akut. Baden und Württemberg waren – das alte Dilemma der Triaspolitik – gegen eine von Bayern erstrebte Suprematie; Baden war überhaupt gegen eine Abkapselung nach Norden. Bismarck hatte an einem solchen Bund kein Interesse. Er hatte die französischen Kompensationswünsche benutzt, um bei den Friedensverhandlungen mit den süddeutschen Staaten geheime „Schutz- und Trutzbündnisse" abzuschließen: eine gegenseitige Garantie der territorialen und politischen Integrität und die Unterstellung aller Truppen unter den Oberbefehl des preußischen Königs im Verteidigungsfalle; das war nicht gegen ein revisionistisches Österreich, sondern gegen ein intervenierendes Frankreich gerichtet.

9. Ergebnisse

Das Ergebnis der Entscheidungen von 1866 war zunächst die Niederlage Österreichs. Es hatte seine Stellung als Herrschaftsmacht in Oberitalien, als Ordnungsmacht im Donauraum und als Führungsmacht in Deutschland zugleich aufrechterhalten wollen; das hatte es überfordert. Denn es hatte in Europa keine auch nur irgend zureichende Deckung mehr und es war innenpolitisch – verfassungs-, finanz- und nationalitätenpolitisch – in einer fortdauernden existentiellen Krise. Auch wenn die Zeitgenossen seine Niederlage nicht vorausgesehen hatten, im nachhinein war sie nur zu verständlich.

Österreich mußte aus Deutschland ausscheiden. Endgültig war die Idee eines „Reiches" im Sinne universalistischer Herrschaft, das Erbe des römischen Reiches, wie es das Habsburgerreich doch noch repräsentierte, untergegangen, und weder Bismarck noch irgendein Nationalliberaler wollten ein solches Reich wieder erneuern. Untergegangen war auch der Deutsche Bund von 1815. Er hatte sich auf Grund seiner staatenbündischen Ordnung und auf Grund des deutschen Dualismus als unfähig erwiesen, sich weiterzuentwickeln, die Probleme der Zeit zu lösen, die Ansprüche der Gesellschaft auf Sicherheit, verfassungsmäßige Ordnung, Wirtschafts- und Rechtseinheit zu erfüllen. Kaum einer trauerte ihm nach.

Österreich schied aus Deutschland aus, die deutschen Österreicher verließen den nationalen Verband der Deutschen. Das war das Ende einer fast tausendjährigen Geschichte. Das war die erste moderne Teilung der Nation. Freilich und paradox genug, es war zugleich die Etablierung einer deutschen Nation – durch die Absage an das übernationale Österreich und das Konzept, Deutschland nur als Teil eines übernationalen mitteleuropäischen Staatswesens politisch existieren zu lassen. Es ist ein Kernpunkt der Tragik der deutschen Geschichte, daß sich die Deutschen als politische Nation nur durch Teilung haben konstituieren können. Trauer, Bitterkeit und Enttäuschung haben damals und später dann diese Entscheidung begleitet, und das Gefühl der Trauer – jenseits allen Revisionismus – über diesen tragischen Weg der deutschen Geschichte kann einen bis heute ergreifen. Im nicht-österreichischen Deutschland ist die Wunde dieser Teilung nach 1871 anscheinend schnell verheilt, langsamer auch, so schien es, in Österreich; aber hier ist sie unter den Nationalkonflikten dann wieder voll aufgebrochen. Und nach 1918 ist sie zum Trauma der nationalen Existenz aller Deutschen wieder geworden und hat unsere gemeinsame Geschichte unendlich bewegt. Der Österreicher und Deutsche Adolf Hitler ist eine späte Geburt jener Teilung von 1866, die in ihm nach mehr als einem halben Jahrhundert ihren unheilvollen Schatten auf die Geschichte der Deutschen, der Europäer, der Menschheit geworfen hat. So leicht entläßt uns eine große geschichtliche Entscheidung, eine so tragische Wende nicht.

Spaltung der Nation, Ausschluß Österreichs – dahinter steht auch eine Anklage gegen Bismarck, gegen Preußen, gegen die Kleindeutschen. Denn daß diese Entscheidung auf einem Krieg Preußens beruhte, darüber kann ja ein Zweifel nicht sein. Aber, so muß man überlegen, was waren die Alternativen, die sich bei einem österreichischen Sieg oder auch nur einem Fortbestand des status quo ergeben hätten. Das war im Grunde ein großdeutsch-mitteleuropäisches Föderativsystem, wie es damals und bis in die 70er Jahre hin grollend und kritisch der föderalistische Publizist Constantin Frantz propagierte und wie man es im Zuge der Kritik am nationalistischen Irrweg der Deutschen nach 1945 wieder als bessere Möglichkeit präsentiert hat. Aber, ein solches System versprach wenig Stabilität und wenig Integrationskraft. Ohne starke Spitze und ohne wirkliches Parlament hätte es kaum die inneren Konflikte lösen, die Ansprüche der Gesellschaft auch nur relativ befriedigen können. Es wäre nicht anders als das Österreich-Ungarn von 1867 in den Strudel der Nationalitätenkämpfe geraten. Das Jahrhundert war nun einmal das Jahrhundert der Nationen, es lief gegen multinationale Gebilde; die Auflösung Österreich-Ungarns in „Nachfolgestaaten" war ja kein Zufall. Und ob endlich Europa eine wenn auch lockere Zusammenfassung der mitteleuropäischen Kräfte, bei der doch aus zwei Großmächten eine geworden wäre, hingenommen hätte, muß ungewiß bleiben. Kurz, solche Erwägungen sprechen gegen die Dauerhaftigkeit einer föderal-universalistischen Lösung. Die Deutschen empfanden, wie die Italiener und dann all die Nationen des Ostens und Südostens, einen Nachholbedarf, und der galt dem Nationalstaat. Es sind postnationale Träumereien zu meinen, der nationaldemokratische Wille der Deutschen hätte sich durch ein förderalistisches Mitteleuropa beruhigen und befriedigen lassen. Die Überwindung nationalstaatlicher Ordnung ist offenbar erst möglich geworden, wo solche Ordnung existierte und konsolidiert war. Auch und gerade wenn man nicht den Schlachtensieg und die geschaffenen Tatsachen heilig zu sprechen geneigt ist, die kleindeutsche Lösung hatte die Logik der geschichtlichen Wahrscheinlichkeit für sich. Einem Gegner Bismarcks wie Preußens, der einen wachen Sinn für die Weltgeschichte hatte, nämlich Karl Marx, war das ganz klar. Aber die geschichtliche Logik dieser Lösung mindert nicht ihre Tragik.

Unmittelbar hat die Teilung der deutschen Nation für Österreich und die Deutschen Österreichs ganz erhebliche Folgen gehabt. Auch für den inneren Bestand und die Existenzfähigkeit Österreichs war 1866 ein Unglück. Gewiß hat die „Monarchie" – und das gilt auch angesichts aller nostalgischen Verklärung – großartig noch mehr als 50 Jahre weiterbestanden. Aber ihre Probleme wurden seit dem Ausscheiden aus Deutschland noch unlösbarer. Eine zentralistische und deutsch bestimmte Reorganisation des Reiches war nun endgültig unmöglich. Zu einer föderativen Lösung unter Einschluß der slawischen Völker, zu einem „Trialismus" aber kam es auch nicht, sondern zum deutsch-magyarischen Dualismus. Die Niederlage von Königgrätz gefährdete keinen Augenblick den Zusammenhalt des Kaiserstaates; auch die Ungarn benutzten sie nicht, um auszuscheren. So stabil war der Staat immerhin. Der Ausgleich mit Ungarn von 1867 wurde das Ergebnis der Niederlage von 1866; aus dem österreichischen Kaiserreich wurde die Doppelmonarchie. Nach der Niederlage ließ der Kaiser den glücklosen föderalistisch-slawophilen Minister Belcredi fallen; der tatkräftige bisherige sächsische Minister Beust trat an seine Stelle. Beust hoffte noch, den Kampf um die Hegemonie Deutschlands neu aufnehmen zu können; das stand für ihn im Vordergrund. Dazu brauchte er nicht nur die Ungarn, sondern auch die Deutsch-Liberalen Österreichs, denn über sie wollte er sich die Verbindung zu den deutschen Mittelstaaten aufrechterhalten. Aber darum war auch er für den dualistischen Ausgleich und gegen eine pro-slawische Föderation. Der reorganisierte Staat stützte sich auf die beiden stärksten Nationen, die Deutschen und die Magyaren. Wien gab den Autonomieforderungen der Magyaren weitgehend nach; sie blieben im Reich, aber sie wurden Reichsvolk. Es waren gerade die Magyaren, die nicht nur in ihrem ungarischen Machtbereich, sondern auch in der nicht-ungarischen Reichshälfte, in „Cisleithanien", jede Föderation, die den Slawen Gleichberechtigung oder Mitbestimmung gewährte, ausschließen wollten – denn auch das hätte die magyarische Dominanz in der ungarischen Reichshälfte untergraben müssen. Ja, der führende magyarische Politiker des Ausgleichs, der Graf Andrássy, wollte gerade deshalb die Verbindung Ungarns mit Österreich, einem deutsch geführten Österreich, um die magyarische Herrschaft in Ungarn zumal gegenüber den Slawen zu sichern. Kurz, der Dualismus beruhte auf der Vormacht der Magyaren und der Deutschen und dem weitgehenden Ausschluß der Slawen von der Macht auf beiden Seiten. „Wir Magyaren werden mit unseren, ihr Deutsche mit Euren Slawen fertig", soll Andrássy gesagt haben. Darum gab es eine unausgesprochene Allianz der Deutschen mit den magyarischen Nationalliberalen; besonders die Deutschen in Böhmen, die die Übermacht der Tschechen fürchteten, standen entschieden auf dieser Linie. Und die Magyaren legten den „Ausgleich" auch grundsätzlich so aus, daß die Nicht-Föderation Cisleithaniens seine Voraussetzung sei. Das blockierte auf die Dauer alle anderen Lösungen.

Österreich und die Deutschen in Österreich standen seit 1866/67 unter einer doppelten Hypothek, und daran haben sie mehr als 50 Jahre zu tragen gehabt. Die eine war der Dualismus. An die Stelle des österreichisch-preußischen war – innerstaatlich sozusagen – der österreichisch-ungarische Dualismus getreten; er bestimmte jetzt die politische und die wirtschaftliche Existenz. Er funktionierte mehr schlecht als recht, stellte ein immerwährendes, von Provisorium zu Provisorium sich fortschleppendes, nie definitiv gelöstes Dauerproblem dar, er hat die Handlungs- und erst recht die Reformfähigkeit dieses Staates entscheidend gelähmt und seine Lebensfähigkeit beeinträchtigt. Die zweite Hypothek war, daß eine irgendwie föderalistische Lösung des Zusammenlebens von Slawen und Deutschen in der eigenen, der cisleithanischen Reichshälfte nicht zustande kam. Die Deutschen hatten hier nicht die beherrschende Stellung, die die Magyaren in der ungarischen Reichshälfte hatten. Die zeitweise erwogene Möglichkeit, dies Österreich von den Polen zu entlasten und dadurch den Deutschen gegenüber Tschechen und Südslawen die Mehrheit zu sichern, kam nicht zum Zuge. Cisleithanien blieb ein altertümliches Konglomerat von Ländern, künstlich und mit wenig Kohäsion und ohne nationalen Appell, wie er im Zeitalter der Nationen so wichtig wurde. Die Sonderstellung der Länder blieb erhalten und die Regierung in Wien, vor allem gesamtstaatlich orientiert, blieb auf die Slawen angewiesen. Die Deutschen waren das Reichsvolk, gewiß, aber sie waren auch eine Nationalität unter anderen und wurden es mehr und mehr; sie fühlten sich in ihrer Position bedroht und waren es manchmal und reagierten auch aggressiv – wie alle. Diese ihre Doppelstellung zwischen Reichsvolk und Nationalität und die daraus entspringende Ambivalenz verschärften das Nationalitätenproblem auch der österreichischen Reichshälfte und machten es im Grunde unlösbar. Das hätte sich ohne 1866 vielleicht anders entwickelt. Aber die Tatsache, daß eine föderalistisch-multinationale Lösung des österreichischen Reichsproblems nach 1866 nicht zustande gekommen ist, wirft doch ein Licht auf die geringe Chance, die eine generelle Föderalisierung Mitteleuropas und eine föderal-universalistische Lösung der deutschen Frage 1866 gehabt hätte.

Die Entscheidung von 1866 hat die großdeutsche Lösung der deutschen Frage unmöglich gemacht, hat Österreich aus Deutschland ausgeschlossen, die Nation geteilt. Zunächst freilich war das Ergebnis nicht nur eine Zweiteilung Deutschlands und der deutschen Nation, sondern eine Dreiteilung; das nicht-österreichische Deutschland war in den Norden und den Süden geteilt. Bismarck hatte das erste Ziel der preußischen Machtpolitik erreicht, die Hegemonie Preußens im Norden. Dafür hatte er die aktive oder passive Zustimmung der Großmächte gefunden. Und Preußen hat durch die – rücksichtslosen – Annexionen von Schleswig-Holstein, Hannover, Kurhessen, Nassau und auch der Reichsstadt Frankfurt seine neugewonnene Stellung konsolidiert. Mit dem norddeutschen Föderalismus war es zu Ende. Protest und Vorbehalt gegen die Annexion blieben im ganzen – trotz einer welfischen Opposition in Hannover und einer demokratisch-reichsstädtischen in Frankfurt – gering. Preußen besaß zum ersten Mal ein zusammenhängendes geschlossenes Territorium. Seine dominierende Stellung im Norden war trotz der Schonung Sachsens absolut. Dieser Norden wurde, auf der Grundlage der früheren Bundesreformvorschläge Bismarcks, als Norddeutscher Bund organisiert, als ein zentralistisch-föderalistisches und konstitutionelles Staatsgebilde. Einstweilen machte die preußische Neuordnung Deutschlands an der Mainlinie halt. Das war das Ergebnis der europäischen wie der deutschlandpolitischen Machtkonstellation. Aber es gab dafür auch andere, innere Gründe: man müsse der neuen norddeutschen Ordnung „diejenige Begrenzung ... geben, welche ihr eine feste Verschmelzung sichern werde"; das katholisch-süddeutsche „Element" werde sich von Preußen aus „noch für lange Zeit nicht gutwillig regieren lassen",so begründete Bismarck die Mainlinie.

Deutschland also war dreigeteilt. Preußen war zwar über sein ursprüngliches erstes Ziel, die Hegemonie im Norden, schon durch den Ausschluß Österreichs aus Deutschland hinausgelangt. Aber die Zukunft des Verhältnisses des preußisch geführten Nordens zum Süden blieb einstweilen offen. Ein Zusammenschluß, ein „Anschluß" des Südens blieb ein Ziel preußischer wie nationaler Politik, aber ein Ausgriff Preußens auf den Süden war zunächst zumindest zurückgestellt; die europäischen Machtverhältnisse hatten das verhindert.

Gewiß, der Zusammenschluß von Norden und Süden stand auf der Tagesordnung; er war eine Möglichkeit, und starke Tendenzen liefen darauf zu. Die Schutz- und Trutzbündnisse z.B. waren „ewig", also unkündbar; zwar waren sie formal nur Defensivallianzen, aber die Abgrenzung zwischen Verteidigungskrieg und z.B. einem Präventivkrieg war damals noch fließender als später; auf die Dauer liefen diese Bündnisse auch auf eine Angleichung der Militärorganisationen heraus. Damit war nicht nur, wie ja schon lange, zollpolitisch, sondern nun auch militärpolitisch die Mainlinie überschritten, der Süden an den Norden gebunden. Das entsprang nicht einfach preußischer Machtpolitik, sondern den legitimen Sicherheitsinteressen des Südens. Und Bismarck setzte bei seiner weiteren Deutschlandpolitik durchaus auf Einigung; die Mainlinie war für ihn keine „Mauer", sondern ein „Gitter". Aber es war keineswegs so, wie man im Rückblick von 1871 meinen möchte, daß die Teilung längs der Mainlinie nur ein retardierendes Moment war und die Entwicklung der folgenden fünf Jahre stracks auf die Reichsgründung zugelaufen wäre. Es gab außerordentliche Widerstände und Hemmnisse. Die partikularen Mächte und die antiborussischen Volksstimmungen waren stark: Steuerzahlen, Soldatsein und Maulhalten, das war z. B. für die Württemberger Demokraten oder auch die bayerischen Patrioten die Essenz des preußischen Staates und eines preußisch geführten Deutschland. Weder die Militärbündnisse noch der Zollverein erwiesen sich als Vehikel, die Einigung kurzfristig voranzutreiben. Die Chancen für einen Anschluß des Südens sind nach 1866 zunächst nicht gestiegen, sondern gesunken. Die Vorstellungen, wie man diese Hindernisse überwinden könne, waren unterschiedlich und gegensätzlich. Die Anhänger der Einigung dachten an lange Fristen, die ein friedliches Zusammenwachsen brauchte, so auch Bismarck; ihm war zudem klar, wie sehr jeder „Fortschritt" von konkreten Situationen und Konjunkturen abhängig war. Die Alternative, es beim erreichten Zustand, zumindest einstweilen zu belassen, war durchaus real. Schließlich schien auch die europäische Lage große Bewegungen und Veränderungen einstweilen auszuschließen. Frankreich und auch Rußland hatten bis 1866 im Grunde nur mit einer anderen Machtverteilung in Deutschland gerechnet und dabei auf Preußen gesetzt. Jetzt erst war für sie die Perspektive der deutschen Einigung wirklich aktuell. Dem mußte sich Frankreich widersetzen; das entsprach seinen Sicherheitsinteressen wie seinem reizbaren Nationalismus; das entsprach auch der Tatsache, daß Napoleon auf Erfolge angewiesen war. Napoleon schlug jetzt eine Politik der Eindämmung Preußens ein und suchte zusammen mit Österreich Preußen im Süden auszumanövrieren. Das mochte wieder auf einen Krieg zulaufen, und Bismarck hat einen solchen Krieg durchaus in sein Kalkül einbezogen, aber anders als vor 1866 hat er ihn keineswegs schon für fast unausweichlich gehalten.

Freilich, Bismarck und Preußen hatten sich 1866 enger als je mit der nationalen Bewegung verbunden, auf die nationale Revolutionierung des europäischen Staatensystems gesetzt. Der Kabinettskrieg von 1866 war im Ergebnis doch ein Nationalkrieg geworden. Das hatte Folgen. Bismarck hatte nicht mehr die Freiheit, sich von der deutschen Frage abzuwenden, er war zum Gefangenen seines politischen Erfolges (Taylor) geworden. Das war das dynamische Element der Zukunft. Die Mainlinie konnte schwerlich etwas Endgültiges bleiben, auch wenn die Gründung eines kleindeutschen Nationalstaates weder deutschland- noch mächtepolitisch schon eine sichere Sache war. Preußen war eine konservative Macht. Aber es war auch eine moderne Macht, mit all den Ressourcen, die die Modernität schuf oder mobilisierte. Darum war es stärker als die Mächte der Tradition, der Bund und das Habsburgerreich. Darum konnte es sich über den Graben zwischen konservativen und liberalen Kräften hinweg, mit der anderen modernen Macht der damaligen Welt, der nationalen Bewegung, verbinden.

Schließlich, Krieg und Sieg änderten die innenpolitische Lage vor allem in Preußen und änderten das deutsche Parteiengefüge. Die Deutschlandpolitik der Regierung war weitgehend doch die, die die Liberalen seit 1848 gefordert hatten. Das konnte einen neuen Konsens zwischen Regierung und Opposition begründen. Die öffentliche Meinung schlug um, und das zeigte, wie unsicher die Wählerbasis der Liberalen war. Bei den Wahlen am 3. Juli, am Tage von Königgrätz, stieg die Zahl der konservativen Mandate von 35 auf 136; die Liberalen, die die Kriegsausgaben hatten ablehnen wollen, sanken von 247 auf 148 Mandate. Nach dem Sieg brachte Bismarck eine „Indemnitäts"vorlage ein. Er ersuchte um die nachträgliche Ermächtigung für die ohne normalen Etat getätigten Ausgaben der Regierung; damit erkannte er das Budgetrecht des Parlamentes an, ohne auf die Lückentheorie zu verzichten, und zugleich legalisierte er damit auch die umstrittene Heeresreform und die entscheidende Bedeutung der monarchischen Kommandogewalt. Ob ein solcher Beschluß die Regierungspraxis in der Konfliktzeit billigte oder gerade nicht billigte, indem man ihr nur nachträglich „Absolution" und Zustimmung gewährte, das blieb offen, beide Deutungen waren möglich. Gegen vielerlei Widerstand von rechts und links hat das Parlament diese Vorlage angenommen. Bismarck hatte sich mit diesem Vorgehen gegen eine Ausnutzung des Sieges zu einem Staatsstreich entschieden, gegen Widerstände im regierenden Establishment, gegen die altpreußische Reaktion, gegen eine Rückbildung der Verfassung. Er hatte sich auch gegen eine bonapartistische Lösung und Versuchung, gegen ein direkt cäsaristisches Regiment entschieden, wie es manche Liberale von ihm befürchteten. Und er hatte sich schließlich gegen eine Fortführung des Konfliktes bis zur Kapitulation der Liberalen entschieden. Er hat seinen Sieg nicht ausgeschlachtet, er hat seinen außenpolitischen Erfolg nicht zur Fortführung seiner bisherigen Innenpolitik benutzt; die Meinung der liberalen Opposition, seine Außenpolitik sei nur ein Instrument seiner Konfliktpolitik, bestätigte sich gerade nicht. Ja, er hat sich von den Ideologien und Frontbildungen, in denen er gestern noch stand, getrennt. Er entschied sich, auch nach Gesprächen mit den außerpreußischen Führern des Nationalvereins, Bennigsen und Miquel, und mit Führern der preußischen Fortschrittspartei wie Twesten und von Unruh, für diese Form der Verständigung mit den Liberalen. Der Konflikt konnte nicht ewig dauern. Sein Bündnis mit der Nationalbewegung mußte innenpolitische Konsequenzen haben. Nur so konnte er seine nationale Politik weiterführen. Gewiß war die Regierung jetzt in einer Position der Stärke. Aber Bismarck wollte nicht parlamentarischen Sieg demonstrieren, sondern über Formelkompromisse einen einvernehmlichen Friedensschluß erreichen. Die Machtfrage blieb in der Schwebe.

Man hat in diesem Abschluß des Konfliktes oft allein die Niederlage des Parlamentes gesehen, die endgültige Befestigung des Obrigkeitsstaates und der Militärmonarchie; Konservative freilich haben umgekehrt das Einschwenken Bismarcks auf die prinzipielle Basis des parlamentarischen Systems kritisiert. In Wahrheit ist die Indemnität zuerst und vor allem ein Kompromiß. Man mag einwenden, daß die hochkonservative Idee des Staatsstreiches auf Dauer keine haltbare Lösung gewesen wäre und darum Bismarcks Verzicht kein wirkliches Entgegenkommen. Aber Fortführung des Konflikts oder cäsaristische Lösungen waren nicht so unrealistisch. Man mag einwenden, daß in den ursprünglichen Kernfragen des Konfliktes die Krone sich durchsetzte. Die Armee wurde nicht verbürgerlicht und nicht in den Verfassungsstaat eingefügt; ihre Sonderstellung in Staat und Gesellschaft wurde eher festgeschrieben oder paradoxer noch: die Siege der nicht-verbürgerlichten Armee gerade haben die Kluft zwischen ihr und der Gesellschaft geschlossen; das Militär mußte nicht mehr verbürgerlicht werden, um in der Gesellschaft bestehen zu können; das leistete vielmehr der Erfolg. Der Militärstaat hat sich mit seinem Machtgefüge, mit monarchischer Kommandogewalt und feudalen Elementen behauptet, und die Liberalen mußten diesem Militärsystem nachträglich auch die finanziellen Mittel bewilligen. Das war, gewiß, eine Niederlage des liberalen Bürgertums. Das war die Folge des einmaligen Zusammentreffens dreier Faktoren: der strukturellen Machtgegebenheiten in Preußen, der persönlichen Konstellation zwischen gerade diesem König Wilhelm und gerade diesem leitenden Minister Bismarck, und, letztlich entscheidend, dem so außerordentlichen außenpolitischen und militärischen Sieg des so regierten Staates. Noch einmal, es war eine Niederlage der parlamentarischen Tendenzen, ein Erfolg von Krone und Regierung in deren Abwehr; das labile Gleichgewicht der politischen Kräfte verschob sich zu ihren Gunsten.

Aber das ist nur die halbe Wahrheit. Es ging nicht um die Unterwerfung der Bürger, sondern es ging um ein Bündnis zwischen Krone und Bürgertum, nicht mehr zu den Bedingungen der Neuen Ära, gewiß nicht, aber doch um ein Bündnis. Die Regierung verzichtete auf die letzte Entscheidung, auf die „Klärung" der Machtfrage. Es gab keine Kapitulation. Darum blieb der Weg zu einem eher parlamentarischen System offen. Es war Aufschub und Vertagung; für die Liberalen mit der Idee, mit Bismarck oder nach Bismarck, dem Ausnahmemann, den man ertragen mußte, mehr von den eigenen Zielen durchzusetzen. Ob über das System mit diesem Ausgang des Konfliktes entschieden war, endgültig gar, oder ob das System entwicklungsfähig und reformierbar war, das gerade blieb offen. Darum war dieses Ende des Konfliktes doch vor allem ein Kompromiß.

Dieser Lösung entsprach auch die andere große verfassungspolitische Neuordnung, die Verfassung des Norddeutschen Bundes. Diese Verfassung, maßgeblich von Bismarck bestimmt, war wiederum Waffenstillstand und Kompromiß. Sie hat föderalistische und parlamentarische Prinzipien gegeneinander ausbalanciert. Sie hat gewiß die Parlamentsmacht durch einen föderalistischen Bundesrat und die Position der Regierung stark eingeschränkt, ja blockiert, aber sie hat auch ein dynamisches Parlament auf der Grundlage des allgemeinen Wahlrechts geschaffen und konsolidiert. Sie hat eine nicht-parlamentarische Herrschaftsordnung auf Zeit gesichert, aber sie hat auch ein dualistisches Gleichgewichtssystem installiert, das viele Entwicklungsmöglichkeiten gerade des Parlamentes bot. Aber das sind schon die Fragen einer späteren Zeit, nach der, die wir hier behandeln.

Einen letzten Punkt müssen wir noch erörtern: die Umbildung des deutschen Parteiengefüges unter dem Eindruck des preußischen Sieges von 1866. Zuerst: die Konservativen gehen in ihrer Mehrheit auf Distanz zu Bismarck. Sie wenden sich gegen sein Paktieren mit der Nationalbewegung und gar sein Einschwenken auf einen nationalrevolutionären Kurs, gegen seine cäsaristisch-bonapartistischen Neigungen; gegen seine Versöhnungs- und Bündnispolitik gegenüber den Liberalen, dagegen, den Teufel der demokratischen Revolution mit dem Beelzebub der nationalen zu überwinden. Ernst Ludwig von Gerlach steigert all die Prinzipien und Emotionen eines alten Konservativen; er opponiert gegen die antiösterreichische Zerreißung Deutschlands, die widerrechtliche Sprengung des Bundes, die gottlosen Annexionen („Kronenraub und Nationalitätenschwindel"). Bismarck ist der Revolutionär – ob „weiß" oder andersfarbig ist da gleichgültig. Die Normalkonservativen sind weniger prinzipienfest und auch großpreußischer, aber sie sind im Grunde gegen die Indemnität, selbst wenn sie widerwillig dafür stimmen, gegen die cäsaristischen Tendenzen, gegen zuviel nationale Politik, sie sind borussisch-partikular. Sie wollen keine Kompromisse mit den Liberalen, die sie um den gerade erreichten „Sieg" bringen, keine Umarmungs- und Versöhnungspolitik; sie wollen nicht die unbedingten Gefolgsleute Bismarcks sein. Dieser Mann ist ihnen zu modern und zu fremd; er ist abgefallen, und er ist nicht mehr einer der Ihren. Sie gehen in Opposition. Die konservative Partei spaltet sich; in eine oppositionelle Richtung, die spezifisch preußischen Altkonservativen, und in eine ganz gouvernementale Richtung, die auch den Liberalen gegenüber zu Konzessionen bereit ist: die „Freikonservative" Partei, die Partei „Bismarcks sans phrase". Die Konservativen der annektierten Länder, zumal die „Welfen" in Hannover, wie die der anderen nord- wie süddeutschen Länder stehen sowieso in Opposition zu Bismarck.

Die Katholiken, zuerst in apokalyptischer Stimmung über die Niederlage von 1866, bleiben in der Mehrheit antiborussisch und Gegner des antiklerikalen Liberalismus, und das potenziert sich, als der rechte Liberalismus und Bismarck zusammenrücken. Aber sie stellen sich auf den Boden der Tatsachen – des Norddeutschen Bundes und des Ausschlusses Österreichs aus Deutschland. Im Süden freilich, in Baden und Bayern zumal, sind sie der Kern der antipreußischen und antiliberalen Parteibildungen.

Am wichtigsten endlich war die Neuorientierung im liberalen Lager. Im preußischen Landtag gingen die Hälfte der Abgeordneten der Fortschrittspartei und zwei Drittel des linken Zentrums von der Konfrontation zur Kooperation mit Bismarck über. Sie stimmten dem Indemnitätsgesetz zu. Sie nahmen Bismarcks so erstaunliches Friedens- und Kompromißangebot an, nachdem, wie Twesten formulierte, die Geschichte selbst seinem Ministerium die Indemnität erteilt habe. Und es waren durchaus entschiedene Kämpfer der Fortschrittspartei, Twesten und Forckenbeck, Unruh und Lasker, die so dachten. Sie wollten nicht weiter unbedingte und eben unfruchtbare Opposition machen, sondern etwas Positives bewirken. Sie wollten mit Bismarck nationale Politik machen, und sie wollten in Kooperation mit der Regierung, und zumal beim inneren Ausbau des neuen Bundes, das von ihren liberalen Zielen durchsetzen, was jetzt möglich war. Die Liberalen der Annexionsgebiete und die der anderen norddeutschen Bundesstaaten schlossen sich diesem neuen Kurs an. Daraus entstand eine neue Fraktion des Liberalismus und dann eine neue Partei, die Nationalliberale Partei. Das ist einer der großen Wendepunkte in der Geschichte der deutschen Parteien, der Geschichte der Demokratie in Deutschland. Charakteristisch für diese Entscheidungswendung wurde ein berühmter Aufsatz von Hermann Baumgarten, ,Der deutsche Liberalismus. Eine Selbstkritik', der im Spätjahr 1866 erschien. Nicht der Liberalismus, sondern Preußen, der Staat der Krone und des Militärs, habe sich als Wegbereiter der nationalen Einheit erwiesen, so der realistische Einsatz. Und dieser Staat sei nicht ohne weiteres in einen parlamentarischen Staat umzuwandeln. Die Strategie des Liberalismus, durch Freiheit zur Einheit zu kommen, sei gescheitert. Aber die Wurzel der deutschen Misere – und auch die der Schwäche des Liberalismus – sei gerade der deutsche Partikularismus. Darum sei die deutsche Einheit auch für die deutsche Freiheit absolut notwendig und müsse, angesichts der gegebenen Lage, Priorität beanspruchen. Und dann der andere Kernpunkt der „Realpolitik": Politik lasse sich nicht auf der Basis normativer Ideen treiben. Konkret komme es jetzt für die Liberalen darauf an, nicht abseits und in Opposition zu stehen, die eigenen Träume gegen die Wirklichkeit festzuhalten, sondern an der Gestaltung der Dinge mitzuwirken und so allmählich das zu werden, was man noch nicht sei: regierungsfähig; dann werde man eine Macht werden. Dazu schließlich das dritte Moment der Realpolitik jener Jahrzehnte: ein starker Staat und eine starke Staatsführung seien notwendig; das müsse der Liberalismus, auch wenn es ihm schwerfalle, endlich lernen. Daneben stand noch eine eigentümlich defaitistische Ideologisierung der Lage: das Bürgertum versage, es sei noch keine politische Klasse; es müsse noch auf lange hin sich den alten Mächten und der Führung der alten politischen Schicht, nämlich des Adels, anschließen.

War das der „Sündenfall" des Liberalismus oder seine Kapitulation, opportunistische Anpassung an den Erfolg, Option für die Macht und gegen das Recht, für zwar die Einheit, aber gegen die Freiheit? War das die Versöhnung mit dem Obrigkeitsstaat, die die Zukunft des Liberalismus für lange Zeit verspielt und seinen Niedergang eingeleitet hat, den deutschen „Sonderweg" abseits der westlich demokratischen Entwicklung besiegelt hat? So lauten, zumal seit Hitler und dem Untergang des Deutschen Reiches, die kritischen Fragen und Vorwürfe.

Wer sie erhebt, verweist gerne auf ökonomische und soziale Interessen, die das liberale Bürgertum an die Seite des alten Establishments getrieben und seinen Freiheitswillen nachhaltig domestiziert hätten: das ökonomische Interesse an der Einheit und am wirtschaftlichen Erfolg, die Furcht vor der sozialen Revolution und der Demokratie; oder man schreibt diese Interessen noch genauer den groß- und mittelbürgerlichen Kräften zu, die sich von den weiterhin oppositionellen und liberalen „Kleinbürgern" separiert hätten. Daran ist soviel richtig, daß langfristig, mit zunehmendem Wohlstand wie auch zunehmend scharfen Klassenkämpfen, das Bürgertum konservativer wurde. Aber das ist eine Perspektive späterer Jahrzehnte. Für die nationalliberale Entscheidung von 1866 spielen die Interessen keine wesentliche Rolle. Sie waren nicht eindeutig; die soziale Revolution war in diesen Jahren gerade nicht das Schreckgespenst; der Kompromiß hat bekanntlich im Ergebnis auch das allgemeine Wahlrecht eingeschlossen. Nicht nur die immer schon „rechten" Liberalen schwenkten auf den neuen Kurs ein – so gewiß sie das in ihrer großen Mehrheit taten –, vielmehr unterstützten auch ganz entschiedene Linke, ja alte Radikale der Revolutionszeit wie Kinkel oder Ruge in dieser Lage Bismarcks Politik. Die Entscheidung war eine politische Entscheidung – so gewiß z. B. Wirtschaftswachstum und zollpolitischer Konsens zu ihrem Hintergrund gehören. Das Dilemma von Einheit und Freiheit, das die Liberalen Jahrzehnte lang hatten vermeiden wollen, war akut geworden. Und in diesem Dilemma entschieden nun die Nationalliberalen für die Priorität der Einheit. Sie haben nicht die Nation verabsolutiert; sie haben – im Gegensatz zunächst zur Rechten wie zur Linken – das Ausscheiden der österreichischen Deutschen hingenommen oder gar begrüßt. Aber sie wollten den Nationalstaat. Dieses nationale Programm, der Wille zur Einheit, war, man muß es wiederholen, ein Stück bürgerlichen Aufstiegs- und Freiheitswillens – gegen alle Art von Reaktion, wie die Turner noch 1872 auf ihrem Denkmal für Jahn schrieben. Die nationale Parole war auch 1866 noch durchaus antifeudal, durchaus progressiv. Die Einheit der Nation war noch der Inbegriff des allgemeinen politisch-liberalen Fortschritts. Wir haben von dem Glauben gesprochen, daß die Machterweiterung Preußens zum Nationalstaat ein Schritt zu seiner Liberalisierung sei, weil es die seine innere Struktur so sehr bestimmende militärische Überlastung abbauen werde. Und das Baumgartensche Argument lief im Grunde darauf hinaus: nicht in den alten Partikularstaaten, wohl aber in einem neuen Nationalstaat würde die Ablösung der alten Eliten möglich werden. Einheit war ein Weg zur Freiheit. Und man glaubte optimistisch an eine Zwangsläufigkeit des Fortschritts. Darum konnte man sich strategisch auf das Konzept der „Vertagung" einlassen. Einheit im Ausgleich mit dem preußischen Staat und der „Ausnahme" Bismarck; die Freiheit kam damit mittel- und langfristig auch weiter, und was vertagt war, ließ sich nachholen.

Anders gewendet: die Liberalen haben keineswegs ihre Ziele aufgegeben. Sie haben auf ihren Führungsanspruch – der Liberalismus als regierende Partei – einstweilen verzichtet; sie waren zu Kompromissen mit der überkommenen Ordnung bereit, haben sich einstweilen mit begrenzten Zielen begnügt; aber sie wollten den Ausbau des Verfassungsstaates und die Fortentwicklung der bürgerlichen Gesellschaft, innerhalb des vor-liberalen und vor-bürgerlichen Systems jetzt, aber doch so, daß sie maßgeblichen Anteil gewannen. Sie wollten durch Partnerschaft und Anteil an der Macht bei der Verwirklichung ihrer Ziele weiterkommen, weiter jedenfalls, als sie die pure Gegnerschaft und Konfrontation gebracht hatte. Das war kein kruder Opportunismus, das war ihr Realismus. Denn die Drohung mit einer Revolution stand ihnen – angesichts der Erfolge Bismarcks und angesichts eines Volkes, das täglich reicher wurde – nicht zur Verfügung. Diese liberale Wendung war nicht nur, wie man gesagt hat, ein Ergebnis der Entwicklung des gemäßigten Liberalismus seit den 40er Jahren, sie war vielmehr auch eine sachlich legitimierte und vernünftige Entscheidung in der neuen Situation von 1866.

Man mußte auch überlegen, was denn die Alternativen waren. Das war ein ultrakonservativer Staatsstreich oder eine cäsaristische Diktatur Bismarcks – sein Spiel mit dem allgemeinen Wahlrecht hatte, als die populäre Stimmung umgeschlagen war, durchaus auch eine potentiell antiliberale Stoßrichtung –; das konnte kein Liberaler wollen. Daß der Sieger Bismarck ein so erstaunliches Friedensangebot machte, statt Unterwerfung Verständigung anzielte, war doch auch ein Beweis für die reale Macht des Liberalismus; es war kaum zu rechtfertigen, das Angebot zum Mitspielen auszuschlagen. Die andere Alternative war die des Verharrens in der Opposition; das war, was die Gegner des Kompromisses taten, das war die Politik des verbleibenden Restes der Fortschrittspartei, der seine Freiheitsforderungen und seine unbedingten Ideale nicht um das Linsengericht der nationalen Einheit oder der von Bismarck dominierten liberal-konservativen Kompromisse zurückstellen oder aufgeben wollte. Diese Politik hat, im Nachhinein betrachtet zumal, ihre eigene Legitimität. Aber, so konnten die Nationalliberalen argumentieren: das war – bei allem verbalen Radikalismus – doch nur die Hinnahme der bestehenden Verhältnisse, der Verzicht auf mitgestaltendes politisches Handeln, der moralische Protest gegen Bismarcks Gewaltpolitik, reine Gesinnungspolitik, die keine Verantwortung mit all deren Lasten und Ambivalenzen übernahm. Denn die alte Fortschrittspartei konnte und wollte keine Revolution machen, und sie hatte – sonst strategisches Ziel einer Opposition – keinerlei Aussicht, je Mehrheit zu werden. Das war in den Augen der Nationalliberalen keine Politik. Der Kompromiß entsprach der Lage, den Kräfteverhältnissen und den eigenen Möglichkeiten, ohne daß man auf Dauer die eigenen Ziele aufgeben mußte. Nationalstaat und Verfassungsstaat entstammten ja derselben Wurzel. Der Kompromiß war entwicklungsfähig.

Freilich, und das muß nun auch gesagt werden, in diesem Kompromiß lagen nun auch große Gefahren; langfristig konnte die Entwicklung auch ganz anders verlaufen, als die Liberalen hofften; ihr eigentümlicher Optimismus mußte sich nicht bestätigen. Das Argument der Gegner des Kompromisses, der Waldeck, Schulze-Delitzsch, Jacoby, die den Kern der verbleibenden Fortschrittspartei ausmachten, hatte sein Gewicht: es sei der Höhepunkt des Bismarckschen Machiavellismus, den Gegner durch Teilhabe am Erfolg zu korrumpieren; das müsse den Liberalismus denaturieren. Der Kompromiß ermöglichte und begünstigte eine Akzentverschiebung im liberalen Wertsystem: von Freiheit und Recht auf Einheit, Ordnung und Macht. Der Realismus konnte zum Selbstläufer werden, zum bloßen Glauben an Erfolg und Macht; der Kompromiß konnte weit über seine Bedeutung als realpolitische Strategie ideologisiert werden, als ideale Lösung, als Erfüllung der deutschen Geschichte und ihres besonderen Weges. Die zeitweilige Hinnahme des Obrigkeitsstaates konnte in seine Rechtfertigung umschlagen. Die Meinung, der Sieg Preußens sei ein Sieg des protestantisch-bürgerlichen Freiheits„prinzips", war ein Stück solcher Ideologie. Die erstrebte „Entlastung" Preußens mochte auch in der Militarisierung der ganzen Nation enden. Das neue Reich mochte, statt den Wechsel der Eliten zu befördern, gerade die alten Eliten stärken. Die Vertagung liberaler Grundforderungen konnte dazu führen, daß man letzten Endes auf sie verzichtete. Kurz, der Kompromiß war nicht nur im liberalen Sinn entwicklungsfähig. Daß die liberalen Hoffnungen und Erwartungen sich auf Dauer nicht oder doch nur sehr zum Teil erfüllt haben, macht unser Urteil über die Entscheidungen von 1866 so schwierig. Die neue Politik bot den Nationalliberalen Möglichkeiten, und sie haben für mehr als ein Jahrzehnt versucht, diese Möglichkeiten im Sinne ihrer Freiheitsziele zu realisieren. Sie haben diese Möglichkeiten wohl überschätzt, die Gefahren unterschätzt. Aber die Scheiternden sind nicht immer die Schuldigen. 1866 war ihr Urteil im ganzen doch nicht unrealistisch. Daß sie scheiterten, war ihre Tragik.

Die Zeitgenossen, rechte wie linke zumal, haben die Ereignisse von 1866 als Revolution verstanden, als deutsche Revolution und als Revolution von oben, als Bismarcks Revolution. Bismarck hat die staatliche Ordnung Mitteleuropas und Deutschlands revolutioniert. Er hat zwei viele Jahrhunderte alte Tatbestände der Geschichte der Deutschen zu ihrem Ende geführt: die Zugehörigkeit der Österreicher und die partikularstaatliche Organisation Deutschlands. Er hat, endgültig freilich erst 1871, die Machtlage auf dem europäischen Kontinent entscheidend verändert; das war eine Revolutionierung der internationalen Beziehungen überhaupt. Gewiß, das alles schloß eine lange Entwicklung ab, aber es war doch umstürzend neu. Zugleich, und das gibt der Rede von der Revolution erst den rechten Sinn, ist auch die innere Ordnung, sind auch die herrschenden Normen der Politik grundlegend verändert und neugestaltet worden. Bismarck hat die Selbstbehauptung und Machtsteigerung Preußens mit dem Strom der Zeit erreicht; er hat sich selbst an die Spitze einer allgemeinen und großen Bewegung, die nicht die seiner Ursprungswelt war, gesetzt. Er hat das Gleichgewicht der gesellschaftlichen Kräfte der Zeit in der preußischen und norddeutschen Neuordnung institutionell verankert. Damit wollte er den Staat und seine Regierung stärken, die Macht sichern und erhalten. Bismarck verband sich mit der nationalen Bewegung. Das war, wir haben es gesagt, mehr als Taktik, und 1866 schon gar. Das war das Bündnis mit der Macht der Zeit, ohne die nichts mehr ging. Nation war das dominierende Prinzip der Zeit. Indem Bismarck diese Einsicht zur Maxime seiner Politik erhob, leitete er die große Umformung des deutschen Nationalismus ein. Nationalismus wird aus einer Oppositionsideologie zu einer Integrationsideologie. Das Prinzip der Nation ist es, was die bürgerliche Gesellschaft, von deren Heterogenität wir so viel gesprochen haben, integriert und mit dem Staat, der sich auf die Bahn des werdenden Nationalstaats begeben hat, verbindet. Auch das ist eine revolutionäre Wendung.

Wir sind am Ende unserer Geschichte. Wie ihr Anfang steht auch dieses Ende noch einmal im Zeichen einer Revolution von oben. Sie beendet noch einmal und anders die föderalistische, universalistische, großdeutsche Tradition des alten Reiches, den deutschen Dualismus und den Deutschen Bund. Und sie beendet auch die Existenz des alten Preußen. 1866 ist eine Epoche der Geschichte der Deutschen. Das Ende ist auch ein neuer Anfang, prägt ihn und ist von ihm geprägt. Denn so ist Geschichte. Was endete freilich, war eine vierhundertjährige Geschichte; was anfing, der deutsche Nationalstaat, ist nach nur acht Jahrzehnten wieder untergegangen. Das mußte nicht so sein. Die neue Gründung war nicht auf Sand gebaut und nicht gegen die Geschichte. Das schnelle Ende raubt ihr nichts von ihrer Legitimität. Die neue Gründung stand freilich auch im Schatten der gescheiterten Revolution von 1848; sie war die Gründung Bismarcks und – trotz des Bündnisses – nicht die Gründung der Liberalen. Darin lag ihr Krisenpotential, ihre Widersprüchlichkeit, ihre Gefahr; das waren nicht Fehler, nicht Schuld, das war ein Ergebnis der tragischen Entwicklung der deutschen Geschichte. Keine Geschichte ist ohne Tragik, die deutsche schon gar nicht. Aber viele Entwicklungen waren möglich, und andere als die, die wirklich eingetreten sind. Die Zukunft war belastet und umschattet, und sie war, wie immer, verhängt. Aber sie war offen.

Nachwort

Beim Abschluß dieses Buches, das mich Jahre meines Lebens begleitet hat, erfüllt mich nicht nur Erleichterung, sondern ein tiefes Gefühl der Dankbarkeit. Was wir sind und was wir wirken, sind und wirken wir nicht aus uns selber. Wir stehen in der Kontinuität und Kommunität der Historiker, unserer Vorgänger, unserer Lehrer, unserer Kollegen, unserer Schüler, die uns vorgearbeitet und belehrt haben, die uns anregen und provozieren, kritisieren und revidieren, auch und gerade ganz jenseits der unmittelbaren Stoffe und Probleme eines solchen Buches. Darum haben meine Freunde wie meine wissenschaftlichen Gegner einen großen Teil an diesem Buch, mehr als sie wissen. Wir leben in akademischen Institutionen, an denen wir, jetzt mehr als ehedem, leiden und denen wir Buch-Schreib-Zeit abringen müssen, und die doch unsere Arbeit erst ermöglichen. Wir leben in einer Gesellschaft und in einem Staat der Freiheit und des Friedens, die uns tragen und ertragen, das ist ein nicht selbstverständliches Glück, das uns mit Dank erfüllt. Wir leben aus einer Herkunft und einer Lebensgeschichte, an der viele und vieles teilhaben, die uns so individuell geprägt haben, wie wir sind; wir leben in Umständen, die uns bei Vernunft und bei Kräften sein lassen, in Freundschaften, die uns bereichern. Und über alle Welt- und Geschichtstrauer hinweg gibt es das Glück der begriffenen Geschichte, über alles Zweifeln hinweg das Glück, etwas für abgeschlossen zu halten und sich davon trennen zu können. Ja wir leben, angefochten gewiß, in der Hoffnung auf eine Fortdauer der Welt und unserer Welt, die unser Wirken trägt. Und wir leben von der Hoffnung auch, daß es über unsere subjektiven Perspektiven hinweg etwas Objektives gibt, die Wahrheit, der wir uns nähern und die uns von unseren Subjektivitäten entlastet. Für all das bin ich dankbar.

Neben dem Dank an meine Mitarbeiter und Helfer, die mir nicht weniges erleichtert haben, möchte ich vor allem zweierlei Dank sagen. Ich danke dem Institute for Advanced Study in Princeton, in dem ich 1978 dieses Buch angefangen habe, ein akademischer Himmel gewiß, in dem man zu Hause ist, befreit und beflügelt; ohne das Institute – und ohne Felix Gilbert und John Elliot, Albert Hirschman und Harry Woolf und viele andere – wäre ich nicht zur Denk-Ruhe und zu den Denk-Spielen gekommen, die ein solches Buch braucht. Und ich danke meiner Frau und unseren Kindern, die auf vieles haben verzichten müssen und das nicht nur ohne Murren getragen haben, sondern Entlastung, Gegenhalt und Glück zugleich gewesen sind und sind. Ihnen verdankt das Buch am meisten.

Ostern 1983   *Thomas Nipperdey*

Literaturhinweise

Diese Hinweise sollen dem Leser, der mehr erfahren will, vor allem dem unzünftigen Leser, weiterhelfen. Es sind nur Bücher, keine Aufsätze aus Zeit- und Festschriften, aufgenommen; im allgemeinen ist die letzte Auflage genannt; Übersetzungen sind nur mit deutschem Titel angegeben.

Allgemeine Literatur

Propyläen Geschichte Europas: Bd. 4. *E. Weis,* Der Durchbruch des Bürgertums (1776–1847). 1978. Bd. 5. *Th. Schieder,* Staatensystem als Vormacht der Welt (1848–1918). 1977. – Handbuch der europäischen Geschichte (Hrsg. Th. Schieder), Bd. 5. *W. Bußmann* (Hrsg.), Europa von der Französischen Revolution zu den nationalstaatlichen Bewegungen des 19. Jahrhunderts. 1981 (darin auch der Abschnitt über Deutschland vom Herausgeber). – The Rise of Modern Europe: Bd. 13. *F. B. Artz,* Reaction and Revolution (1814–1832). 1953. Bd. 14. *W. L. Langer,* Political and social upheaval (1832–1852). 1969 (hervorragend). Bd. 15. *R. C. Binkley,* Realism and nationalism (1852–1871). 1958. The New Cambridge Modern History: Bd. 9. *C. W. Crawley* (Hrsg.), War and Peace in an Age of Upheaval (1793–1838). 1965. Bd. 10. *J. P. T. Bury* (Hrsg.), The Zenith of European Powers (1830–1870). 1960 (mit sehr guten Abschnitten auch zu einzelnen Kulturbereichen). – *W. Näf,* Die Epochen der neueren Geschichte, Bd. 2. (NA, TB 1970). – *Ch. Morazé,* Das Gesicht des 19. Jahrhunderts. 1959. – *E. J. Hobsbawm,* Europäische Revolutionen (1789–1848). 1978. – *ders.,* Die Blütezeit des Kapitals (1848–1875). 1977 (europäische Geschichte, universal, anregend; unorthodox marxistisch).

Handbuch der deutschen Geschichte. Hrsg. O. Brandt, A. O. Meyer, L. Just: Bd. 3/I.a. *K. v. Raumer, M. Botzenhart,* Deutsche Geschichte im 19. Jahrhundert. Deutschland um 1800: Krise und Neugestaltung. Von 1789–1815. 1980. Bd. 3/ I.b. *K.-G. Faber,* Deutsche Geschichte im 19. Jahrhundert. Restauration und Revolution. Von 1815–1851. 1979 (beste neuere Handbuchdarstellungen, mit sehr gutem Literaturüberblick). Bd. 3.II. *W. Bußmann,* Das Zeitalter Bismarcks. ⁴1968.

H. v. Treitschke, Deutsche Geschichte im 19. Jahrhundert. 5 Bde. 1879–1894. (NA, TB 1981) (bis 1847; trotz nationalistisch kleindeutscher Parteilichkeit immer noch lesbar und nicht völlig überholt, reich an kulturgeschichtlichen Beobachtungen). – *H. v. Sybel,* Die Begründung des Deutschen Reiches durch Wilhelm I. 7 Bde. 1889–1894 (offiziös, vor allem diplomatiegeschichtlich). – *F. Schnabel,* Deutsche Geschichte im 19. Jahrhundert. Bde. 1–4, 1929–37. (NA, TB 1964/65) (erster moderner Versuch einer Synthese, großartig besonders in den ideen-, kirchen- und wissenschaftsgeschichtlichen Teilen; die Ereignisgeschichte nur bis 1819; sonst bis in die 40er Jahre). – *E. Marcks,* Der Aufstieg des Reiches (1807–1871/78). 2 Bde. 1936 (die letzte ausgereifte und moderate Form einer „kleindeutschen" Historie). – *H. v. Srbik,* Deutsche Einheit. Idee und

Wirklichkeit vom Heiligen Reich bis Königgrätz. 4 Bde., 1935–1942 (die „großdeutsche" Gegenperspektive). – H. Holborn, Deutsche Geschichte in der Neuzeit. Bd. 2: Reform und Restauration, Liberalismus und Nationalismus (1790–1871). 1959 (dt. 1970) (das klassische Werk eines liberalen Emigranten, zuerst an angelsächsische Leser gerichtet). – *G. Mann,* Deutsche Geschichte des 19. und 20. Jahrhunderts. 1964 (vor allem ab 1848). – *E. R. Huber,* Deutsche Verfassungsgeschichte seit 1789. Bd. 1: Reform und Restauration 1789–1830. ²1975. Bd. 2: Der Kampf um Einheit und Freiheit. 1830–1850. ²1978 (auf Grund eines weitgefaßten Verfassungsbegriffs eine ganz umfassende Darstellung der inneren politischen Geschichte Deutschlands, ebenso reich an Detail wie an großen Linien und Problemen, scharfsinnig in Analyse und Synthese; unentbehrlich). – Lehrbuch der deutschen Geschichte: Bd. 5. *J. Streisand,* Deutschland von 1789 bis 1815. ⁵1981. Bd. 6. *K. Obermann,* Deutschland von 1815–1849. ⁴1976. Bd. 7. *E. Engelberg,* Deutschland von 1849 bis 1871. 1972 (die maßgebenden Darstellungen aus der DDR). – *H. Bleiber* (Hrsg.), Bourgeoisie und bürgerliche Umwälzung in Deutschland (1789–1871). Berlin (Ost) 1977. – *Th. S. Hamerow,* Restoration, Revolution, Reaction. Economics and Politics in Germany 1815–71. 1958. – *J. L. Snell,* The Democratic Movement in Germany 1789–1914. 1970. *O. Brunner, W. Conze, R. Koselleck* (Hrsg.), Geschichtliche Grundbegriffe. Historisches Lexikon zur politisch-sozialen Sprache in Deutschland. Bisher Bde. 1–4, 1972 ff. (behandelt vor allem den Wandel der Begriffe vom späten 18. Jahrhundert bis zur 2. Hälfte des 19. Jahrhunderts; für alle politischen wie sozialen Fragen unentbehrlich).

E.-W. Böckenförde (Hrsg.), Moderne deutsche Verfassungsgeschichte. 1815–1918. 1972. – *E. R. Huber* (Hrsg.), Dokumente zur deutschen Verfassungsgeschichte, Bde. 1 und 2 (1803–1918). ³1978/²1964. – *H. Heffter,* Die deutsche Selbstverwaltung im 19. Jahrhundert. ²1969. – *H. Hattenhauer,* Geschichte des Beamtentums. 1980. – *ders.,* Die geistesgeschichtlichen Grundlagen des geltenden deutschen Rechts. Zwischen Hierarchie und Demokratie (19./20. Jahrhundert). ²1980 (keineswegs nur geistesgeschichtlich). – *R. Höhn,* Verfassungskampf und Heereseid. 1938. – *E. R. Huber,* Heer und Staat. ²1943. – *G. Ritter,* Staatskunst und Kriegshandwerk. Bd. 1. Das Problem des „Militarismus" in Deutschland (1740–1890). ³1965. – *G. A. Craig,* Die preußisch-deutsche Armee 1640–1945. 1960. – *K. Demeter,* Das deutsche Offizierskorps in Gesellschaft und Staat 1650–1945. ⁴1965. – *M. Messerschmidt,* Die politische Geschichte der preußisch-deutschen Armee. 1975 (Handbuch zur dt. Militärgeschichte). – *ders.,* Die preußische Armee; *W. Petter,* Deutscher Bund und deutsche Mittelstaaten; E. Graf v. Matutschka, W. Petter, Organisationsgeschichte der Streitkräfte. 1976 (Handbuch zur dt. Militärgeschichte).

M. Walker, German Hometowns. Community, State and General Estate, 1648 to 1871. 1971 (bedeutendes Werk zur allgemeinen Geschichte von Gesellschaft, politischer Ordnung und Mentalität).

W. Mommsen, Stein, Ranke, Bismarck. Ein Beitrag zur politischen und sozialen Bewegung des 19. Jahrhunderts. 1954 (wichtig; keineswegs drei biographische Studien).

P. J. Katzenstein, Disjoined partners. Austria and Germany since 1815. 1976 (spezielle Behandlung eines der großen Themen der deutschen Geschichte; nicht ohne Einseitigkeit).

Ausgewählte Geschichten von Ländern und Regionen

H. Herzfeld (Hrsg.), Berlin und die Provinz Brandenburg im 19. und 20. Jahrhundert. 1968 (auch für Preußen überhaupt). – *B. Schumacher,* Geschichte Ost- und West- preußens. ⁵1959. – *R. Kötzschke, H. Kretzschmar,* Sächsische Geschichte. NA 1965. – *H. Patze, W. Schlesinger* (Hrsg.), Geschichte Thüringens, Bd. 4 und 5. 1972. – *O. Brandt,* Geschichte Schleswig-Holsteins. ⁸1981. – *P. E. Schramm,* Hamburg, Deutschland und die Welt (zwischen Napoleon und Bismarck). 1943. – *G. Bessell,* Bremen, die Geschichte einer deutschen Stadt. ²1955. – *G. Schnath,* Vom Sachsen- stamm zum Lande Niedersachsen. 1976. – *F. Petri, G. Droege* (Hrsg.), Rheinische Geschichte, Bd. 2: Neuzeit. ³1980, Bd. 3: Wirtschaft und Kultur im 19./20. Jahrhun- dert. 1979. – *K. Demandt,* Geschichte des Landes Hessen. ²1972. – *Badische Geschich- te.* Vom Großherzogtum bis zur Gegenwart. 1979. – *A. Dehlinger,* Württembergs Staatswesen in seiner geschichtlichen Entwicklung bis heute. 2 Bde. 1951/53. – *K.* und *A. Weller,* Württembergische Geschichte im südwestdeutschen Raum. ⁹1981. – *M. Spindler* (Hrsg.), Handbuch der bayerischen Geschichte. Bd. 4,1 und 4,2: Das neue Bayern 1800–1970. 1974/75. – *C. A. Macartney,* The Habsburg Empire 1790–1918. 1968. – *R. A. Kann,* Geschichte des Habsburgerreiches 1526–1918. 1977. – *K. Bosl* (Hrsg.), Handbuch der Geschichte der böhmischen Länder. Bde. 2 und 3. 1974/1968.

I. Der große Umbruch

W. Andreas, Das Zeitalter Napoleons und die Erhebung der Völker. 1955. – *E. Feh- renbach,* Vom Ancien Régime zum Wiener Kongreß. 1981. – *W. v. Groote* (Hrsg.), Napoleon I. und die Staatenwelt seiner Zeit. 1969. – *H. O. Sieburg* (Hrsg.), Napoleon und Europa. 1971. – *F. Meinecke,* Das Zeitalter der deutschen Erhebung 1795–1815. NA 1963. – *M. Freund,* Napoleon und die Deutschen. Despot oder Held der Freiheit? 1969. – *K. O. v. Aretin,* Vom Deutschen Reich zum Deutschen Bund. 1980. – *H. Ber- ding, H.-P. Ullmann* (Hrsg.), Deutschland zwischen Revolution und Restauration. 1981.

R. Aris, History of Political Thought in Germany from 1789 to 1815. ²1965. – *J. Droz,* Le romantisme allemand et l'Etat. Résistance et collaboration dans l'Allemagne napo- léonienne. 1966. – *O. Tschirch,* Geschichte der öffentlichen Meinung in Preußen (1795–1806), 2 Bde. 1933/34. – *G. Kunze,* Die religiöse und nationale Volksstim- mung in Preußen 1813–1815. 1940.

K. O. v. Aretin, Heiliges Römisches Reich 1776–1806. 2 Bde. 1967. – *K. D. Hömig,* Der Reichsdeputationshauptschluß vom 25. Februar 1803 und seine Bedeutung für Staat und Kirche 1803. 1969. (bes. Württemberg). – *R. v. Oer,* Der Friede von Preß- burg. 1965. – *R. Wohlfeil,* Spanien und die deutsche Erhebung 1808–1814. 1965. – *H. Heitzer,* Insurrectionen zwischen Weser und Elbe 1806–1813. Berlin (Ost) 1959 (einseitig).

F.-L. Knemeyer, Regierungs- und Verwaltungsreformen in Deutschland zu Beginn des 19. Jahrhunderts. 1970. – *H. Haussherr,* Verwaltungseinheit und Ressorttrennung vom Ende des 17. bis zum Beginn des 19. Jahrhunderts. ²1970.

R. v. Oer, Die Säkularisation 1803. (Quellensammlung) 1970. – *A. Langner* (Hrsg.), Säkularisation und Säkularisierung im 19. Jahrhundert. 1978. – *R. Büttner,* Säkulari- sation der Kölner geistlichen Institutionen. 1971. – *D. Stutzer,* Die Säkularisation

1803. Der Sturm auf Bayerns Kirchen und Klöster. 1978. – *M. Müller,* Säkularisation und Grundbesitz. Zur Sozialgeschichte des Saar-Mosel-Raumes 1794–1813. 1980.

W. M. Simon, The Failure of the Prussian Reform Movement, 1807–1819. 1955. – *H. Rosenberg,* Bureaucracy, Aristocracy and Autocracy: The Prussian Experience 1660–1815. 1968 (sehr kritisch gegenüber den Reformen). – *E. Klein,* Von der Reform zur Restauration. Finanzpolitik und Reformgesetzgebung des preußischen Staatskanzlers Karl August von Hardenberg. 1965. – *R. Koselleck,* Preußen zwischen Reform und Revolution. Allgemeines Landrecht, Verwaltung und soziale Bewegung von 1791 bis 1848. ³1981 (grundlegend; auch für II und III). – *R. Ibbeken,* Preußen 1807–1813. Staat und Volk als Idee und in Wirklichkeit. 1970. – *W. Hubatsch,* Stein-Studien (Die preußischen Reformen des Reichsfreiherrn Karl vom Stein zwischen Revolution und Restauration). 1975. – *ders.,* Die Stein-Hardenbergschen Reformen. 1977 (Forschungsergebnisse).

G. Ritter, Stein. ⁴1981. – *H. Haussherr,* Hardenberg. Eine politische Biographie. Teil 1 (1750–1800), Teil 3: Die Stunde Hardenbergs (1810ff.). ²1963/65 – *P. G. Thielen,* Karl August von Hardenberg 1750–1822. 1967. – *E. Kessel,* Wilhelm von Humboldt, Idee und Wirklichkeit. 1967.

Th. Winkler, J. G. Frey und die Entstehung der preußischen Selbstverwaltung. NA 1957. – *G. F. Knapp,* Die Bauernbefreiung und der Ursprung der Landarbeiter in den älteren Teilen Preußens. 2 Bde. ²1927. – *H. Schissler,* Preußische Agrargesellschaft im Wandel. 1978 (einseitig kritisch). – *R. Wohlfeil,* Vom stehenden Heer des Absolutismus zur allgemeinen Wehrpflicht. 1964 (Handbuch zur dt. Militärgeschichte). – *H. Stübig,* Armee und Nation. Die pädagogisch-politischen Motive der preußischen Heeresreform 1807–1814. 1971. – *R. Stadelmann,* Scharnhorst. 1952. – *R. Höhn,* Scharnhorsts Vermächtnis. ²1972. – *H. König,* Zur Geschichte der bürgerlichen Nationalerziehung in Deutschland zwischen 1807 und 1815. 2 Bde. Berlin (Ost) 1972/73. – *C. Menze,* Die Bildungsreform Wilhelm von Humboldts. 1975.

E. Fehrenbach, Traditionale Gesellschaft und revolutionäres Recht. Die Einführung des Code Napoléon in den Rheinbundstaaten. ²1978. – *W. Schubert,* Französisches Recht in Deutschland zu Beginn des 19. Jahrhunderts. 1977. – *O. Connelly,* Napoleon's Satellite Kingdoms. 1965. – *H. Berding,* Napoleonische Herrschafts- und Gesellschaftspolitik im Königreich Westfalen 1807–1813. 1973. – *M. Lahrkamp,* Münster in napoleonischer Zeit 1800–1815. 1976 (gute Fallstudie). – *W. Bilz,* Die Großherzogtümer Würzburg und Frankfurt. Eine Studie über die Rheinbundzeit. 1969. – *R. G. Haebler,* Ein Staat wird aufgebaut. Badische Geschichte 1789–1818. 1948. – *E. Hölzle,* Württemberg im Zeitalter Napoleons und der deutschen Erhebung. 1937. – *K. O. v. Aretin,* Bayerns Weg zum souveränen Staat. Landstände und konstitutionelle Monarchie 1714–1818. 1976 (Aufsätze). – *F. Hausmann,* Die Agrarpolitik der Regierung Montgelas. 1975. – *H. H. Hofmann,* Adelige Herrschaft und souveräner Staat. Studien über Staat und Gesellschaft in Franken und Bayern im 18. und 19. Jahrhundert. 1962. – *D. Karenberg,* Die Entwicklung der Verwaltung in Hessen-Darmstadt 1790–1830. 1964. – *R. Oberschelp,* Niedersachsen 1760–1820 (Wirtschaft, Gesellschaft, Kultur). 2 Bde. 1982.

H. Rößler, Österreichs Kampf um Deutschlands Befreiung (1805–1815), 2 Bde. ²1947. – *ders.,* Graf J. Ph. Stadion, Napoleons deutscher Gegenspieler. 2 Bde. 1966.

P. Hoffmann, K. Obermann, H. Scheel, F. Straube (Hrsg.), Der Befreiungskrieg 1813. Berlin (Ost) 1967.

H. v. Srbik, Metternich. 2 Bde. 1925. NA 1957. – Bd. 3 (Forschungsdiskussion) 1954 (auch für III grundlegend). – *E. E. Kraehe*, Metternichs German Policy I. The contest with Napoleon 1799–1814. 1963. – *H. Kissinger*, Großmacht Diplomatie. Von der Staatskunst Castlereaghs und Metternichs. 1972. (A world restored. Castlereagh, Metternich and the Restoration of Peace. 1957). – *A. G. Haas*, Metternich. Reorganisation and Nationality (1813–1818). 1963. – *K. Griewank*, Der Wiener Kongreß und die europäische Restauration 1814/15. ³1963. – *H. Schaeder*, Autokratie und Heilige Allianz. NA 1963. – *H. Duchhardt*, Gleichgewicht der Kräfte, Convenance, europäisches Konzert. 1976. – *G. de Bertier de Sauvigny*, La Sainte Alliance. 1972.

II. Alte und neue Gesellschaft

H. Aubin und W. Zorn (Hrsg.), Handbuch der deutschen Wirtschafts- und Sozialgeschichte. Band 2. 1976 (umfassend, mit reicher Bibliographie für die einzelnen Sektoren). – *W. Sombart*, Die deutsche Volkswirtschaft im 19. Jahrhundert. ⁶1923 (anschaulich). – *H. Mottek*, Wirtschaftsgeschichte Deutschlands. Bd. 2: Von der Zeit der Französischen Revolution bis zur Zeit der Bismarckschen Reichsgründung. Berlin (Ost) 1969. – *K. Borchardt*, Grundriß der deutschen Wirtschaftsgeschichte. 1978. – *F.-W. Henning*, Wirtschafts- und Sozialgeschichte. Bd. 1: Das vorindustrielle Deutschland 800–1800. 1978; Bd. 2: Die Industrialisierung in Deutschland 1800–1914. 1978. – *H. Kellenbenz*, Deutsche Wirtschaftsgeschichte. Bd. II: 1800–1945. 1981.

W. G. Hoffmann, Das Wachstum der deutschen Wirtschaft seit der Mitte des 19. Jahrhunderts. 1965 (statistisch; grundlegend). – *W. Fischer, J. Krengel, J. Wietog*, Sozialgeschichtliches Arbeitsbuch 1: Materialien zur Statistik 1815–1870. 1982.

V. Hentschel, Deutsche Wirtschafts- und Sozialpolitik 1815–1945. 1980. – *E. Klein*, Geschichte der öffentlichen Finanzen in Deutschland 1500–1870. 1974. – *A. Spiethoff*, Die wirtschaftlichen Wechsellagen. 2 Bde. 1955. – *R. Spree*, Wachstumstrends und Konjunkturzyklen in der deutschen Wirtschaft 1820 bis 1913. 1978. – *G. Bondi*, Deutschlands Außenhandel. Berlin (Ost) 1958. – *M. Kutz*, Deutschlands Außenhandel 1789–1834. 1974. – *B. v. Borries*, Deutschlands Außenhandel 1836 bis 1856. 1970. – *K. E. Born*, Geld und Banken im 19. und 20. Jahrhundert. 1977.

H. Matis, Österreichs Wirtschaft 1848–1913. 1972.

F. Lütge (Hrsg.), Die wirtschaftliche Situation in Deutschland und Österreich um die Wende vom 18. zum 19. Jahrhundert. 1964.

W. Köllmann, Sozialgeschichte der Stadt Barmen im 19. Jahrhundert. 1960 (exemplarisch).

W. Pöls (Hrsg.), Deutsche Sozialgeschichte. Dokumente und Skizzen. I: 1815–1870. 1973. – *A. Nitschke* (Hrsg.), Verhaltenswandel in der industriellen Revolution. 1975. – *W. Köllmann* (Hrsg.), Quellen zur Bevölkerungsstatistik Deutschlands 1815–1875. 1980. – *W. Köllmann und P. Marschalck* (Hrsg.), Bevölkerungsgeschichte. 1972. – *W. Köllmann*, Bevölkerung in der industriellen Revolution. 1974. – *A. E. Imhof*, Die gewonnenen Jahre – Von der Zunahme unserer Lebensspanne seit dreihundert Jahren. 1981. – *K.-J. Matz*, Pauperismus und Bevölkerung. 1980. – *K. Blaschke*, Bevölkerungsgeschichte von Sachsen bis zur industriellen Revolution. 1967. – *E. W. Buchholz*, Ländliche Bevölkerung an der Schwelle des Industriezeitalters. Der Raum Braunschweig als Beispiel. 1966. – *A. v. Nell*, Entwicklung der generativen Strukturen bürgerlicher und bäuerlicher Familien von 1750 bis zur Gegenwart. 1973.

M. Walker, Germany and the Emigration. 1964. – *P. Marschalck,* Deutsche Übersee-wanderung im 19. Jahrhundert. 1973. – *G. Moltmann* (Hrsg.), Deutsche Amerikaaus-wanderung im 19. Jahrhundert. 1976. – *W. v. Hippel,* Die Massenauswanderung aus Württemberg 1815–79. 1981. – *W. D. Kamphoefner,* Westfalen in der neuen Welt (Sozialgeschichte der Auswanderung). 1982.

L. Stone, The Family, Sex and Marriage in England 1500–1800. 1977 (exemplarisch). – *E. Shorter,* Die Geburt der modernen Familie. 1977 (eigenwillig). – *M. Mitterauer, R. Siedler,* Vom Patriarchat zur Partnerschaft. 1977 (sehr allgemein). – *I. Weber-Kellermann,* Die deutsche Familie. Versuch einer Sozialgeschichte. 1977. – *B. Beuys,* Familienleben in Deutschland. Neue Bilder aus der deutschen Vergangenheit. 1980 (populär). – *H. Möller,* Die kleinbürgerliche Familie im 18. Jahrhundert. 1969 (ausge-zeichnet). – *H. Rosenbaum,* Formen der Familie (Deutschland, 19. Jahrhundert). 1981. – *dies.* (Hrsg.), Familie als Gegenstruktur zur Gesellschaft. ²1978. – *N. Bulst u. a.* (Hrsg.), Familie zwischen Tradition und Moderne. 1981 (Deutschland und Frankreich, 16./20. Jahrhundert). – *J. Kocka,* Familie und soziale Plazierung. 1980. (18./19. Jahrhundert, westfälische Beispiele).

Ph. Ariès, Geschichte des Todes. 1980.

Ph. Ariès, Geschichte der Kindheit. 1975. – *I. Hardach-Pinke, G. Hardach* (Hrsg.), Deutsche Kindheiten 1700–1900. 1978 (Autobiographische Zeugnisse). – *I. Hardach-Pinke,* Kinderalltag (in autobiographischen Zeugnissen 1700 bis 1900). 1981. *A. Adolphs,* Kinderarbeit im 19. Jahrhundert. NA 1979. – *J. R. Gillis,* Geschichte der Ju-gend (von der 2. Hälfte des 18. Jahrhunderts bis zur Gegenwart). 1980. – *H. H. Mu-chow,* Jugend und Zeitgeist, Morphologie der Kulturpubertät. 1962.

U. Gerhard, Verhältnisse und Verhinderungen. Frauenarbeit, Familie und Rechte der Frauen im 19. Jahrhundert. 1978 (feministisch progressiv). – *M. Twellmann,* Die deutsche Frauenbewegung. Ihre Anfänge und erste Entwicklung 1843–1889. 1976. – *B. Greven-Aschoff,* Die bürgerliche Frauenbewegung in Deutschland. 1981.

J. Kuczynski, Geschichte des Alltags des deutschen Volkes. Bd. 1–5, Berlin (Ost) 1981 ff. – *W. Treue,* Illustrierte Kulturgeschichte des Alltags. 1952.

W. Abel, Stufen der Ernährung. Eine historische Skizze. 1981. – *E. Heischkel-Artelt* (Hrsg.), Ernährung und Ernährungslehre des 19. Jahrhunderts. 1976. – *H. J. Teute-berg, G. Wiegelmann,* Der Wandel der Nahrungsgewohnheiten unter dem Einfluß der Industrialisierung. 1972.

M. v. Boehn, Die Mode. Menschen und Moden im 19. Jahrhundert. 1929, ²1982. – *E. Thiel,* Geschichte des Kostüms. Die europäische Mode von den Anfängen bis zur Gegenwart. ⁴1980.

Städtebauliche Konzeptionen vom Beginn der industriellen Revolution bis zum 1. Weltkrieg. 1964. – *L. Grote* (Hrsg.), Die deutsche Stadt im 19. Jahrhundert. 1974. – *L. Niethammer* (Hrsg.), Wohnen im Wandel, 1979. – *V. Gäntzer,* Ländliches Wohnen vor der Industrialisierung. 1980. – *D. Stemmrich,* Die Siedlung als Programm. Unter-suchungen zum Arbeiterwohnungsbau. 1981.

W. Löschburg, Von Reiselust und Reiseleid. Eine Kulturgeschichte. 1977. – *J. Reulek-ke, W. Weber* (Hrsg.), Fabrik-Familie-Feierabend. Beiträge zur Sozialgeschichte des Alltags im Industriezeitalter. 1978. – *G. Huck* (Hrsg.), Sozialgeschichte der Freizeit. 1980.

L. Schneider, Der Arbeiterhaushalt im 18. und 19. Jahrhundert. 1967.

A. Fischer, Geschichte des deutschen Gesundheitswesens. 2 Bde. 1933. – *E. Seidler,* Geschichte der Pflege des kranken Menschen. ⁵1980. – *M. Foucault,* Die Geburt der Klinik. Eine Archäologie des ärztlichen Blicks. 1973. – *H. Schadewaldt,* Studien zur Krankenhausgeschichte im 19. Jahrhundert. 1976. – *W. Artelt, W. Rüegg* (Hrsg.), Der Arzt und der Kranke in der Gesellschaft des 19. Jahrhunderts. 1967. – *J. Brüggemann,* Der Blick des Arztes auf die Krankheit im Alltag 1779–1850. 1982. *W. Artelt* (Hrsg.), Städte-, Wohnungs- und Kleidungshygiene des 19. Jahrhunderts in Deutschland. 1969.

F. Lütge, Geschichte der deutschen Agrarverfassung vom frühen Mittelalter bis zum 19. Jahrhundert. 1967. – *W. Abel,* Geschichte der deutschen Landwirtschaft vom frühen Mittelalter bis zum 19. Jahrhundert. 1967. – *G. Franz,* Geschichte des deutschen Bauernstandes vom frühen Mittelalter bis zum 19. Jahrhundert. 1976. – *H. Haushofer,* Die deutsche Landwirtschaft im technischen Zeitalter. 1963. – *E. Klein,* Geschichte der deutschen Landwirtschaft im Industriezeitalter. 1973. – *F.-W. Henning,* Landwirtschaft und ländliche Gesellschaft in Deutschland. Bd. 2: 1750–1976. 1978. – *W. Abel,* Agrarkrisen und Agrarkonjunktur in Mitteleuropa vom 13. bis zum 19. Jahrhundert. 1966. 1978. – *H. W. v. Finckenstein,* Die Entwicklung der Landwirtschaft in Preußen und Deutschland 1800–1930. 1960.

Chr. Dipper, Die Bauernbefreiung in Deutschland 1790–1850. 1980. – *W. v. Hippel,* Die Bauernbefreiung im Königreich Württemberg. 1974. – *R. Gross,* Die bürgerliche Agrarreform in Sachsen in der 1. Hälfte des 19. Jahrhunderts. Weimar 1968. – *H. Winkel,* Die Ablösungskapitalien aus der Bauernbefreiung. 1968.

G. Franz (Hrsg.), Bauernschaft und Bauernstand 1500–1970. 1975. – *U. Jeggle,* Kiebingen – eine Heimatchronik. Zum Prozeß der Zivilisation in einem schwäbischen Dorf. 1977 (exemplarisch). – *H. J. Rach, B. Weissel,* Bauern und Landarbeiter im Kapitalismus in der Magdeburger Börde (dörflicher Alltag, Magdeburger Börde, 18./20. Jahrhundert). Berlin (Ost) 1980. – *J. Mooser,* Bäuerliche Gesellschaft im Zeitalter der Revolution 1789–1848. Zur Sozialgeschichte des politischen Verhaltens ländlicher Unterschichten im östlichen Westfalen. Diss. 1978 (erscheint 1983).

Th. Vormbaum, Politik und Gesinderecht im 19. Jahrhundert (vornehmlich in Preussen 1810–1918). 1980.

H. Rubner, Forstgeschichte im Zeitalter der industriellen Revolution. 1967.

K. Borchardt, Die Industrielle Revolution in Deutschland. 1972. – *D. S. Landes,* Der entfesselte Prometheus. Technologischer Wandel in Westeuropa von 1750 bis zur Gegenwart. 1973. – *F.-W. Henning,* Die Industrialisierung in Deutschland 1800 bis 1914. 1973. – *W. Fischer,* Wirtschaft und Gesellschaft im Zeitalter der Industrialisierung. 1971 (Aufsätze). – *ders.,* (Hrsg.), Wirtschafts- und sozialgeschichtliche Probleme der frühen Industrialisierung. 1968. – *O. Büsch* (Hrsg.), Untersuchungen zur Geschichte der frühen Industrialisierung. 1971. – *ders.,* Industriealisierung und Gewerbe im Raum Berlin-Brandenburg 1800–1850. 1971 (exemplarisch). – *L. Graf Schwerin v. Krosigk,* Die Zeit des Feuers. Der Weg der deutschen Industrie. 3 Bde. 1957–59. – *W.-O. Henderson,* The Rise of German Industrial Power 1834–1914. 1975.

E. Ch. Singer, History of Technology, 1–6, 1954 ff. – *F. Klemm,* Technik, eine Geschichte ihrer Probleme. 1954. – Ein Jahrhundert Technik. 100 Jahre VDI. 1956.

W. O. Henderson, The State and the Industrial Revolution in Prussia 1740–1870. 1958. – *U. P. Ritter,* Die Rolle des Staates in den Frühstadien der Industrialisierung. Die preußische Industrieförderung in der ersten Hälfte des 19. Jahrhunderts. 1961. –

J. Mieck, Preußische Gewerbepolitik in Berlin 1806–1844. Staatshilfe und Privatinitiative zwischen Merkantilismus und Liberalismus. 1965. – *W. Fischer*, Der Staat und die Anfänge der Industrialisierung in Baden 1800–1850. 1962. – *K. O. Scherner und D. Willoweit* (Hrsg.), Vom Gewerbe zum Unternehmen. Studien zum Recht der gewerblichen Wirtschaft im 18. und 19. Jahrhundert. 1982. – *W. Fischer*, Unternehmerschaft, Selbstverwaltung und Staat. Die Handelskammern in der deutschen Wirtschafts- und Staatsverfassung des 19. Jahrhunderts. 1964.

H. Blumberg, Die deutsche Textilindustrie in der industriellen Revolution. 1965. – *A. Schröter, W. Becker*, Die deutsche Maschinenbauindustrie in der industriellen Revolution. 1962. – *H. Wagenblaß*, Der Eisenbahnbau und das Wachstum der deutschen Eisen- und Maschinenbauindustrie 1835–1860. 1973. – *R. Fremdling*, Eisenbahnen und deutsches Wirtschaftswachstum 1840–1879. 1973. – *D. Eichholtz*, Junker und Bourgeoisie in der preußischen Eisenbahngeschichte vor 1848. Berlin (Ost) 1962. – *K. Fuchs*, Vom Dirigismus zum Liberalismus. Die Entwicklung Oberschlesiens als preußisches Berg- und Hüttenrevier. 1970. – *J. J. Beer*, The Emergence of the German Dye Industry. 1959. – *F.-W. Henning*, Entwicklung und Aufgaben von Versicherungen und Banken in der Industrialisierung. 1980.

H. Helbig (Hrsg.), Führungskräfte der Wirtschaft im 19. Jahrhundert, 1790–1914, 2 Bde. 1973/1976. – *J. Kocka*, Unternehmer in der deutschen Industrialisierung. 1975. – *F. Zunkel*, Der Rheinisch-Westfälische Unternehmer 1834–1879. 1962. – *T. Pierenkemper*, Die westfälischen Schwerindustriellen von 1852–1913. 1979.

R. Braun, Sozialer und kultureller Wandel in einem ländlichen Industriegebiet im 19. und 20. Jahrhundert. 1965 (Schweizer Region; exemplarisch). – *W. Brepohl*, Industrievolk im Wandel von der agraren zur industriellen Daseinsform, dargestellt am Ruhrgebiet. 1957.

R. Wissell, Des alten Handwerks Recht und Gewohnheit. Neuausgabe, bisher 1–3, 1978–81. – *R. Stadelmann, W. Fischer*, Die Bildungswelt des deutschen Handwerks um 1800. 1955. – *W. Fischer*, Handwerksrecht und Handwerkswirtschaft um 1800. 1955. – *K. Abraham*, Der Strukturwandel im Handwerk in der 1. Hälfte des 19. Jahrhunderts. 1955. – *J. Bergmann*, Das Berliner Handwerk in den Frühphasen der Industrialisierung. 1973. – *W. Abel* (Hrsg.), Handwerksgeschichte in neuerer Sicht. ²1978. – *K. H. Kaufhold*, Das Gewerbe in Preußen um 1800. 1978.

W. Abel, Massenarmut und Hungerkrisen im vorindustriellen Europa. 1974. – *W. Fischer*, Armut in der Geschichte. 1982. – *R. Engelsing*, Zur Sozialgeschichte deutscher Mittel- und Unterschichten. ²1978. – *A. Kraus*, Die Unterschichten Hamburgs in der ersten Hälfte des 19. Jahrhunderts. 1965. – *H. Mommsen, W. Schulze* (Hrsg.), Vom Elend der Handarbeit. Probleme historischer Unterschichtenforschung. 1981.

J. Kuczynski, Geschichte der Lage der Arbeiter unter dem Kapitalismus, Teil I, Die Geschichte der Lage der Arbeiter in Deutschland von 1789 bis zur Gegenwart, Bd. 1–11. Berlin (Ost) 1961–67 (materialreich, aber irreführend). – *H. Zwahr*, Zur Konstituierung des Proletariats als Klasse. 1978 (am Beispiel Leipzigs; bedeutend; marxistisch). – *K. Tenfelde*, Sozialgeschichte der Bergarbeiterschaft an der Ruhr im 19. Jahrhundert. 1977. – *H. Schomerus*, Die Arbeiter der Maschinenfabrik Esslingen. ²1981. – *P. Borscheid*, Textilarbeiterschaft in der Industrialisierung. 1978 (Württemberg). – *H. Pohl* (Hrsg.), Forschungen zur Lage der Arbeiterschaft im Industrialisierungsprozeß. 1978. – *W. Conze, U. Engelhardt* (Hrsg.), Arbeiter im Industrialisierungsprozeß. Herkunft, Lage, Verhalten. 1979. – *W. Conze, U. Engelhardt* (Hrsg.), Arbeiterexistenz im 19. Jahrhundert. 1981. – *W. Wortmann*, Eisenbahnbauarbeiter im Vormärz. 1972 (Minden-Ravensberg 1844–1847).

K. Tenfelde, H. Volkmann (Hrsg.), Streik. Zur Geschichte des Arbeitskampfes in Deutschland während der Industrialisierung. 1981.

K. Jantke, Der Vierte Stand. Die gestaltenden Kräfte der deutschen Arbeiterbewegung im 19. Jahrhundert. 1955. – *K. Jantke, D. Hilger* (Hrsg.), Die Eigentumslosen. Der deutsche Pauperismus und die Emanzipationskrise in Darstellungen und Deutungen der zeitgenössischen Literatur. 1965. – *W. Fischer, G. Bayer* (Hrsg.), Die soziale Frage. 1967. – *E. Pankoke,* Sociale Bewegung – Sociale Frage – Sociale Politik. 1970.

L. H. A. Geck, Die sozialen Arbeitsverhältnisse im Wandel der Zeit. 1931. – *O. Neuloh,* Die deutsche Betriebsverfassung und ihre Sozialformen bis zur Mitbestimmung. 1956. – *H. J. Teuteberg,* Geschichte der industriellen Mitbestimmung in Deutschland. 1961. – *G. Adelman,* Die soziale Betriebsverfassung des Ruhrbergbaus vom Anfang des 19. Jahrhunderts bis zum ersten Weltkrieg. 1962. – *L. Puppke,* Sozialpolitik und soziale Anschauungen frühindustrieller Unternehmer in Rheinland/Westfalen. 1966. – *G. Bernert,* Arbeitsverhältnisse im 19. Jahrhundert. 1972 (Arbeitsrecht). – *Chr. Sachse, F. Tennstedt,* Geschichte der Armenfürsorge. 1980. – *F. Tennstedt,* Sozialgeschichte der Sozialpolitik in Deutschland vom 18. Jahrhundert bis zum 1. Weltkrieg. 1981.

M. Richarz (Hrsg.), Jüdisches Leben in Deutschland. Bd. 1: Selbstzeugnisse zur Sozialgeschichte 1780–1871. 1976. – *H. Liebeschütz, A. Paucker* (Hrsg.), Das Judentum in der deutschen Umwelt 1800–1850. Studien zur Frühgeschichte der Emanzipation. 1977. – *M. Richarz,* Der Eintritt der Juden in die akademischen Berufe. Jüdische Studenten und Akademiker in Deutschland 1678–1848. 1974. – *W. E. Mosse u. a.* (Hrsg.), Revolution and Evolution. 1848 in German-Jewish History. 1982. – *J. Toury,* Der Eintritt der Juden ins deutsche Bürgertum. 1972. – *ders.,* Soziale und politische Geschichte der Juden in Deutschland 1847–1871. 1977. – *S. Mayer,* Die Wiener Juden. 1917. – *R. Rürup,* Emanzipation und Antisemitismus. 1975. – *E. Sterling,* Judenhaß. Anfänge des politischen Antisemitismus in Deutschland 1815–1850. 1969 (materialreich, aber in den Proportionen verzerrt).

R. Braun (Hrsg.), Gesellschaft in der industriellen Revolution. 1973.

H. H. Gerth, Bürgerliche Intelligenz um 1800. Zur Soziologie des deutschen Frühliberalismus. NA 1976. – *H. Henning,* Sozialgeschichtliche Entwicklungen in Deutschland von 1815–1860: I. Das Bildungsbürgertum. 1977. – *R. S. Elkar,* Junges Deutschland im polemischen Zeitalter. Das schleswig-holsteinische Bildungsbürgertum in der ersten Hälfte des 19. Jahrhunderts. 1979 (exemplarisch, Titel irreführend).

H. Gollwitzer, Die Standesherren (1815–1918). 1964. – *R. Schier,* Standesherren. Zur Auflösung der Adelsherrschaft in Deutschland 1815–1918. 1978. – *H. Reif,* Westfälischer Adel 1770–1860. Vom Herrschaftsstand zur regionalen Elite. 1979. – *H. Stekl,* Österreichs Aristokratie im Vormärz. 1973.

III. Restauration und Vormärz

P. Wentzcke, G. Heer, Geschichte der Deutschen Burschenschaft. 4 Bde. 1919–1939. – *K. A. v. Müller,* K. L. Sand. ²1925. – *E. Büssem,* Die Karlsbader Beschlüsse von 1819. 1974.

F. Valjavec, Die Entstehung der politischen Strömungen in Deutschland 1770–1815. (ND, TB 1978). – *H. Brandt,* Landständische Repräsentation im deutschen Vormärz. Politisches Denken im Einflußfeld des monarchischen Prinzips. 1968. – *H. Boldt,*

Deutsche Staatslehre im Vormärz. 1975. – *F. Müller,* Korporation und Assoziation. Eine Problemgeschichte der Vereinigungsfreiheit im deutschen Vormärz. 1965. – *F. Schneider,* Pressefreiheit und politische Öffentlichkeit. Studien zur politischen Geschichte Deutschlands bis 1848. 1966. – *H. Boberach,* Wahlrechtsfragen im Vormärz. 1959.

K. Epstein, Die Ursprünge des Konservativismus in Deutschland 1770–1806. 1973. – *H. G. Schumann* (Hrsg.), Konservativismus. 1974. – *M. Greiffenhagen,* Das Dilemma des Konservativismus in Deutschland. 1977 (pointiert kritisch). – *G. K. Kaltenbrunner* (Hrsg.), Rekonstruktion des Konservativismus. ³1978. – *S. Neumann,* Die Stufen des preußischen Konservativismus. 1930. – *C. Schmitt,* Politische Romantik. ³1968. – *G. Mann,* Friedrich v. Gentz. 1973. – *H. Weilenmann,* Untersuchung zur Staatstheorie Karl Ludwig v. Hallers. 1955. – *D. Grosser,* Grundlagen und Struktur der Staatslehre F. J. Stahls. 1963. – *H.-J. Schoeps,* Das andere Preußen. Konservative Gestalten und Probleme im Zeitalter Friedrich Wilhelms IV. ⁵1981. – *W. Scheel,* Das Berliner Politische Wochenblatt und die politische und soziale Revolution in Frankreich und England. 1960.

L. Gall und R. Koch (Hrsg.), Der europäische Liberalismus im 19. Jahrhundert. Texte zu seiner Entwicklung. 4 Bde. 1981. – *L. Gall* (Hrsg.), Liberalismus. ²1980. – *L. Krieger,* The German Idea of Freedom. 1957. – *J. Sheehan,* German Liberalism in the Nineteenth Century. 1978 (grundlegend). – *L. Gall,* Benjamin Constant. Seine politische Ideenwelt und der deutsche Vormärz. 1963. – *E. Angermann,* Robert von Mohl, 1799–1875. 1962. – *P. Wentzcke und W. Klötzer,* Deutscher Liberalismus im Vormärz (H. v. Gagern, Briefe und Reden). 1958. – *P. Lenz,* Fr. List. 1967. – *K. Eder,* Der Liberalismus in Altösterreich. 1955. – *G. Franz,* Liberalismus. Die deutschliberale Bewegung in der habsburgischen Monarchie. 1955. – *E. Winter,* Frühliberalismus in der Donaumonarchie (1790–1868). 1968. – *H. Sedatis,* Liberalismus und Handwerk in Südwestdeutschland. 1979. – *J. Köster,* Der Rheinische Frühliberalismus und die soziale Frage. 1938.

Fr. Meinecke, Weltbürgertum und Nationalstaat. 1909. ²1962. – *O. Vossler,* Der Nationalgedanke von Rousseau bis Ranke. 1937. – *R. Wittram,* Das Nationale als europäisches Problem. 1954. – *E. Lemberg,* Nationalismus. 2 Bde. 1964. – *G. L. Mosse,* Die Nationalisierung der Massen. (Von den Befreiungskriegen bis zum dritten Reich). 1976. – *P. Joachimsen,* Vom deutschen Volk zum deutschen Staat. Eine Geschichte des deutschen Nationalbewußtseins. ³1956. – *G. Kaiser,* Pietismus und Patriotismus im literarischen Deutschland. 1961. – *M. Jolles,* Das deutsche Nationalbewußtsein im Zeitalter Napoleons. 1936. – *A. Kemiläinen,* Auffassungen über die Sendung des deutschen Volkes (um 1800). 1956. – *W. v. Groote,* Die Entstehung des Nationalbewußtseins in Nordwestdeutschland 1790–1830. 1955. – *O. Dann* (Hrsg.), Nationalismus und sozialer Wandel. 1978. – *R. H. Thomas,* Liberalism, Nationalism and the German Intellectuals 1822–1847. 1951. *W. Carr,* Schleswig-Holstein 1816–1848. A Study in National Conflict. 1963. – *I. Veit-Brause,* Die deutsch-französische Krise von 1840. 1967. – *M. Laubert,* Die preußische Polenpolitik von 1772–1914. ²1942 (nationalistisch). – *M. Broszat,* 200 Jahre deutsche Polenpolitik. 1963.

W. Conze, (Hrsg.), Staat und Gesellschaft im deutschen Vormärz 1815–1848. ³1978.

W. Bleek, Von der Kameralausbildung zum Juristenprivileg. Studium, Prüfung und Ausbildung der höheren Beamten des allgemeinen Verwaltungsdienstes in Deutschland im 18. und 19. Jahrhundert. 1972. – *B. Wunder,* Privilegierung und Disziplinierung. Die Entstehung des Berufsbeamtentums in Bayern und Württemberg

1780–1825. 1978. – *J. R. Gillis,* The prussian bureaucracy in crisis 1840–60. 1971. – *W. Schärl,* Die Zusammensetzung der bayerischen Beamtenschaft von 1806 bis 1918. 1955. – *N. v. Preradovich,* Die Führungsschichten in Österreich und Preußen 1804–1918. 1955.

H. Schneider, Der preußische Staatsrat. 1952. – *K.-G. Faber,* Recht und Verfassung. Die politische Funktion des rheinischen Rechts im 19. Jahrhundert. 1970. – *ders.,* Die Rheinlande zwischen Restauration und Revolution. Probleme der rheinischen Geschichte von 1814 bis 1848 im Spiegel der zeitgenössischen Publizistik. 1966. – *R. Schütz,* Preußen und die Rheinlande. Studien zur preußischen Integrationspolitik im Vormärz. 1979. – *W. Schulte,* Volk und Staat. Westfalen im Vormärz und in der Revolution 1848/49. 1954.

E. W. Böckenförde (Hrsg.), Probleme des Konstitutionalismus im 19. Jahrhundert. 1975. – *W. v. Rimscha,* Die Grundrechte im süddeutschen Konstitutionalismus. 1973. – *K. H. Friauf,* Der Staatshaushaltsplan im Spannungsfeld zwischen Parlament und Regierung. Bd. 1 (Frühkonstitutionalismus). 1968. – *H. Kramer,* Fraktionsbindungen in den deutschen Volksvertretungen 1819–1848. 1968. – *E. Franz,* Bayerische Verfassungskämpfe (1818–1849). 1926. – *H. Ostadal,* Die Kammer der Reichsräte in Bayern von 1819–1848. 1968. – *G. Bradler, F. Quartal* (Hrsg.), Von der Ständeversammlung zum demokratischen Parlament. Die Geschichte der Volksvertretungen in Baden-Württemberg. 1982. – *A. Reinhart,* Volk und Abgeordnetenkammer in Baden zur Zeit des Frühliberalismus (1818–1831). 1956. – *S. Büttner,* Die Anfänge des Parlamentarismus in Hessen-Darmstadt. 1969. – *M. Bullik,* Staat und Gesellschaft im hessischen Vormärz. Wahlrecht, Wahlen und öffentliche Meinung in Kurhessen von 1830–1848. 1972. – *G. Schmidt,* Die Staatsreform in Sachsen in der ersten Hälfte des 19. Jahrhunderts. 1966. – *K. Kolb, J. Teiwes,* Beiträge zur politischen Sozial- und Rechtsgeschichte der hannoverschen Ständeversammlung von 1814–1833 und 1837–1849. 1977.

J. Marx, Die österreichische Zensur im Vormärz. 1959.

W. O. Henderson, The Zollverein. ³1968. – *A. H. Price,* The Evolution of the Zollverein. 1949. – *E. Wienhöfer,* Das Militärwesen des Deutschen Bundes und das Ringen zwischen Österreich und Preußen um die Vorherrschaft in Deutschland 1815–1866. 1973.

V. Eichstädt, Die deutsche Publizistik von 1830. 1933. – A. Eisermann (Hrsg.), Politische Avantgarde 1830–1840. Eine Dokumentation zum jungen Deutschland. 2 Bde. 1972. – *E. Kliewer,* Die Julirevolution und das Rheinland. 1963. – *K. Baumann* (Hrsg.), Das Hambacher Fest. 1957. – *C. Foerster,* Der Preß- und Vaterlandsverein von 1823/33. Sozialstruktur und Organisationsformen der bürgerlichen Bewegung in der Zeit des Hambacher Festes. 1982.

H. Fenske (Hrsg.), Vormärz und Revolution 1840–1849. (Quellensammlung). 1976. – *H. Rosenberg,* Politische Denkströmungen im Vormärz. 1972. – *P. Wende,* Radikalismus im Vormärz. 1975. – *R. Koch,* Demokratie und Staat bei J. Fröbel 1805–93. 1978 (vornehmlich zum Vormärz). – *E. Silberner,* J. Jacoby. 1976. – *H. Stuke,* Philosophie der Tat. 1963 (Junghegelianer und wahre Sozialisten). – *W. J. Brazill,* The Young Hegelians. 1970. – *W. Klutentreter,* Die „Rheinische Zeitung" von 1842/43. 2 Teile. 1966/67. – *W. Schieder,* Anfänge der deutschen Arbeiterbewegung. 1963. – E. Schraepler, Handwerkerbünde und Arbeitervereine 1830–1853. 1972. – *D. Dowe,* Aktion und Organisation. Arbeiterbewegung, sozialistische und kommunistische Bewegung in der preußischen Rheinprovinz 1820–1852. 1977. – *Geschichte der deut-*

schen Arbeiterbewegung, Bd. 1. Berlin (Ost) 1966 (autoritativ für die DDR). – *E. Sil-berner,* Moses Heß. 1966.

F. Keinemann, Preußen auf dem Wege zur Revolution (1840–47). 1975. – *H. Rothfels,* Th. v. Schön, Friedrich Wilhelm IV. und die Revolution von 1848. 1937. – *E. Lewal-ter,* Friedrich Wilhelm IV. 1938.

IV. Glauben und Wissen, Bildung und Kunst

W. H. Bruford, Deutsche Kultur der Goethezeit (1770–1830). 1965 (ausgezeichnet). – *K. Buchheim,* Deutsche Kultur zwischen 1830 und 1870. 1966 (eher politische Ge-schichte). – *G. Böhmer,* Die Welt des Biedermeier. 1968. – *D. Sternberger,* Panorama oder Ansichten vom 19. Jahrhundert. 1974. – *ders.,* Gerechtigkeit für das 19. Jahrhun-dert. 1975.

H. Hermelink, Das Christentum in der Menschheitsgeschichte. 2 Bde. (1789–1870). 1951/53. – *K. D. Schmidt, E. Wolf* (Hrsg.), Die Kirche in ihrer Geschichte. Ein Hand-buch (alle Teile einzeln erschienen), darin: *F. Heyer,* Die katholische Kirche (1648–1870). 1963; *K. Kupisch,* Die deutschen Landeskirchen im 19. und 20. Jahr-hundert. ²1975; *W. Anz,* Idealismus und Nachidealismus. 1975; *F. Flückiger,* Die pro-testantische Theologie des 19. Jahrhunderts. 1975. – *E. Beyreuther,* Die Erweckungs-bewegungen. ²1977. – *E. R. Huber, W. Huber* (Hrsg.), Staat und Kirche im 19. und im 20. Jahrhundert (Dokumente) 2 Bde. (1800–1890). 1973/76. – *M. Schmidt, G. Schwai-ger* (Hrsg.), Kirchen und Liberalismus im 19. Jahrhundert. 1976.

H. Jedin (Hrsg.), Handbuch der Kirchengeschichte. Bd. VI, 1 und 2 (1789–1914). ²1978/75 (Kathol. Kirche). – *L. Scheffczyk* (Hrsg.), Theologie im Aufbruch und Wi-derstreit. Die deutsche katholische Theologie im 19. Jahrhundert. 1965. – *A. Rauscher* (Hrsg.), Deutscher Katholizismus und Revolution im frühen 19. Jahrhundert. 1975. – *G. Franz,* Kulturkampf. Staat und Kirche in Mitteleuropa vor der Säkularisation bis zum Abschluß des preußischen Kulturkampfes. 1954. – *E. Heinen,* Staatliche Macht und Katholizismus in Deutschland. Bd. 1: Dokumente des politischen Katholizismus von seinen Anfängen bis 1867. 1969. – *W. Lipgens,* Ferdinand August Graf Spiegel und das Verhältnis von Kirche und Staat (1789–1835). 2 Teile. 1965. – *H. Schroers,* Die Kölner Wirren 1837. 1927. – *R. Lill,* Die Beilegung der Kölner Wirren (1840–1842). 1962. – *J. Dorneich,* F. J. Buß und die katholische Bewegung in Baden. 1979. – *J. Becker,* Liberaler Staat und Kirche (Baden 1860–70). 1973. – *E. Winter,* Der Josephinismus. Die Geschichte des österreichischen Reformkatholizismus 1740–1848. ²1962. – *E. Hosp,* Kirche Österreichs im Vormärz 1815–50. 1971. – *A. K. Huber,* Kirche und deutsche Einheit im 19. Jahrhundert. Ein Beitrag zur österrei-chisch-deutschen Kirchengeschichte. 1966. – *A. Rauscher* (Hrsg.), Der soziale und politische Katholizismus. Bd. 1: Entwicklungslinien in Deutschland 1803–1963. 1981. – *K. Buchheim,* Ultramontanismus und Demokratie. Der Weg der deutschen Katho-liken im 19. Jahrhundert. 1963 (einseitig). – *L. Lenhart* (Hrsg.), Idee, Gestalt und Ge-stalter des ersten deutschen Katholikentages in Mainz 1848. 1949.

E. Hirsch, Geschichte der neuern evangelischen Theologie im Zusammenhang mit den allgemeinen Bewegungen des europäischen Denkens. 5 Bde. ⁴1968 ff. – *K. Barth,* Die protestantische Theologie im 19. Jahrhundert. ³1960. – *W. Elliger* (Hrsg.), Die evangelische Kirche der Union. Ihre Vorgeschichte und Geschichte. 1967. – *R. M. Bigler,* The Politics of German Protestantism. The Rise of the Protestant Church Elite in Prussia 1815–1848. 1972. – *W. O. Shanahan,* Der deutsche Protestan-tismus vor der sozialen Frage 1815–1871. 1962. – *F. W. Kantzenbach,* Die Erwekkungsbewegung. 1957. – *H. Lehmann,* Pietismus und weltliche Ordnung in Württemberg vom 17. bis 20. Jahrhundert. 1969. – *M. Brecht, F. de Boor* (Hrsg.), Die evangelischen Kirchen und die Revolution von 1848. 1980. – *W. Lütgert,* Die Religion des deutschen Idealismus und ihr Ende. 4 Bde. 1923 ff. (materialreich). – *F. Mauthner,* Der Atheismus und seine Geschichte im Abendlande. 4 Bde. 1920–23. – *O. Chadwick,* The secularization of the European mind in the 19th century. 1975.

Th. Ballauf und K. Schaller, Pädagogik. Eine Geschichte der Bildung und Erziehung. Bde. 2 u. 3. 1970/72.

W. Roeßler, Die Entstehung des modernen Erziehungswesens in Deutschland. 1961. – *K. L. Hartmann, F. Nyssen, H. Waldeyer* (Hrsg.), Schule und Staat im 18. und 19. Jahrhundert. 1974. – *D. K. Müller,* Sozialstruktur und Schulsystem, Aspekte zum Strukturwandel des Schulwesens im 19. Jahrhundert. 1977. – *P. Lundgreen,* Sozialgeschichte der deutschen Schule (1770–1918). 1980.

Österreichische Bildungs- und Schulgeschichte von der Aufklärung bis zum Liberalismus. 1974.

A. Flitner, Die politische Erziehung in Deutschland (1750–1880). 1957.

E. Spranger, Zur Geschichte der deutschen Volksschule. 1949. – *J. Neukum,* Schule und Politik. (Bayerische Volksschule 1818–48). 1969. – *A. J. La Vopa,* Prussian School Teachers 1763–1848. 1980.

H. W. Brandau, Die mittlere Bildung in Deutschland. 1959. – *J. Derbolav* (Hrsg.), Wesen und Werden der Realschule. 1960. *H. Blankertz,* Bildung im Zeitalter der großen Industrie. (Berufsbildung). 1969. – *J. Zinnecker,* Sozialgeschichte der Mädchenbildung. 1973. – *Fr. Paulsen,* Geschichte des gelehrten Unterrichts. Bd. 2. [3]1921 (Nachdruck 1960). – *K.-E. Jeismann,* Das preußische Gymnasium in Staat und Gesellschaft. (1787–1817). 1974. – *Fr. Blättner,* Das Gymnasium. 1960. – *M. Kraul,* Gymnasium und Gesellschaft im Vormärz. 1980.

H. Schelsky, Einsamkeit und Freiheit. Idee und Gestalt der deutschen Universität und ihrer Reformen. [2]1971. – *Ch. E. McClelland,* State, Society and University in Germany 1700–1914. 1980. – *J. Ben-David,* Fundamental research and the universities: some comments on international differences. 1968. – *ders.,* The scientist's role in society. 1971. – *A. Busch,* Die Geschichte des Privatdozenten. 1959. – *K.-H. Manegold,* Universität, Technische Hochschule und Industrie. 1970.

H. J. Störig, Kleine Weltgeschichte der Wissenschaften. [3]1970. – *J. D. Bernal,* Die Wissenschaft in der Geschichte. 1971.

S. F. Mason, Geschichte der Naturwissenschaft. 1961. – *P. Mathias* (Hrsg.), Science and Society 1600–1900. 1972. – *W. Treue, K. Mauel* (Hrsg.), Naturwissenschaft, Technik und Wirtschaft im 19. Jahrhundert. 2 Bde. 1976. – *G. Mann* (Hrsg.), Biologismus im 19. Jahrhundert. 1973. – *P. Diepgen,* Geschichte der Medizin. Bd. II, 1. 1955. – *Ch. Lichtenthaeler,* Geschichte der Medizin. 2 Bde. 1974. – *H. Schipperges,* Utopien der Medizin. Geschichte und Kritik der ärztlichen Ideologie des 19. Jahrhunderts. [2]1971.

Fr. Meinecke, Die Entstehung des Historismus (1936). 1959. – *F. Rothacker,* Einleitung in die Geisteswissenschaften. [2]1930. – *A. Baeumler,* Das mythische Weltalter. 1965. (Die Deutung des Altertums von Winckelmann bis zu Bachofen und Nietzsche). – *C. Anton,* Vom Historismus zur Soziologie. o. J. – *J. Wach,* Das Verstehen (Geschichte der hermeneutischen Theorie im 19. Jahrhundert). 3 Bde. 1926–33, 1960.

– *F. Wieacker,* Privatrechtsgeschichte der Neuzeit. ²1967 (exemplarisch). –
G. P. Gooch, Geschichte und Geschichtsschreiber im 19. Jahrhundert. 1964. –
H. v. Srbik, Geist und Geschichte vom deutschen Humanismus bis zur Gegenwart.
2 Bde. ²1964. – *K.-H. Metz,* Grundformen historiographischen Denkens. 1979. (Teil I
über Ranke und die „Vorgeschichte" des Historismus). – *J. Rüsen,* Begriffene Geschichte (Droysen). 1969. – *J. Streisand* (Hrsg.), Die deutsche Geschichtswissenschaft
vom Beginn des 19. Jahrhunderts bis zur Reichseinigung. Berlin (Ost). 1963. – *D. Bla-
sius, E. Pankoke,* Lorenz von Stein. 1977. – *V. Geramb,* W. H. Riehl. 1954. – *H. Winkel,* Die deutsche Nationalökonomie im 19. Jahrhundert. 1977. – *S. Avineri,* The Social and Political Thought of Karl Marx. 1968. – *P. Stadler,* Karl Marx. ³1963. –
D. McLellan, Karl Marx, 1974. – *J. Ritter,* Hegel und die französische Revolution.
²1965. – *K. Löwith,* Von Hegel zu Nietzsche. Der revolutionäre Bruch im Denken
des 19. Jahrhunderts. ⁷1978.

R. Benz, Die Zeit der deutschen Klassik. 1953. – Die deutsche Romantik. ⁵1956. –
H. de la Motte-Haber (Hrsg.), Das Triviale in Literatur, Musik und bildender Kunst.
1972.

C. Dahlhaus, Die Musik des 19. Jahrhunderts. 1980. – *J. Gregor,* Kulturgeschichte der
Oper. ²1950.

H. Beenken, Das neunzehnte Jahrhundert in der deutschen Kunst. Aufgaben und Ge-
halte. 1944 (trotz zeitbedingter Schwächen noch immer beachtlich). – *H. Sedlmayr,*
Verlust der Mitte. Die bildende Kunst des 19. und 20. Jahrhunderts als Symbol der
Zeit. (1948). ⁸1965. – *K. Lankheit,* Revolution und Restauration. 1965. – *R. Zeitler,*
Die Kunst des 19. Jahrhunderts (Propyläen-Kunstgeschichte Bd. 11). 1966.

H. R. Hitchcock, Architecture, 19th and 20th centuries. 1958. – *Historismus und bildende Kunst.* Vorträge und Diskussionen. 1965. – *G. Germann,* Neugotik. Geschichte
ihrer Architekturtheorie. 1974. – A. Mann, Die Neuromantik. 1966.

Fr. Novotny, Painting and Sculpture in Europe 1780–1880. 1960. – *H. v. Einem,*
Deutsche Malerei des Klassizismus und der Romantik 1760–1840. 1978. – *Fr. Baumgart,* Idealismus und Realismus 1830–1880. Die Malerei der bürgerlichen Gesellschaft. 1975. – *W. Hofmann,* Das irdische Paradies: Kunst im 19. Jahrhundert. 1960.

F. Schultz, Klassik und Romantik der Deutschen. ³1959. – *Fr. Martini,* Deutsche Literatur im bürgerlichen Realismus 1848–1898. ⁴1981. – *V. Zmegač,* Geschichte der
deutschen Literatur vom 18. Jahrhundert bis zur Gegenwart. (Vor allem I,2 1979 und
II,1 1980). – *W. Kohlschmidt,* Geschichte der deutschen Literatur im Spannungsfeld
zwischen Restauration und Revolution 1815–1848. 2 Bde. 1971/72. – *Fr. Sengle,* Bie-
dermeierzeit. Deutsche Literatur im Spannungsfeld zwischen Restauration und Revolution 1815–1848. 3 Bde. 1971–1980. – *B. v. Wiese* (Hrsg.), Deutsche Dichter des
19. Jahrhunderts. Ihr Leben und Werk. ²1979. – *Fr. Sengle,* Das historische Drama in
Deutschland. Geschichte eines literarischen Mythos. 1969.

H. Knudsen, Deutsche Theatergeschichte. ²1970.

J. Rarisch, Industrialisierung und Literatur. Buchproduktion, Verlagswesen und
Buchhandel in Deutschland im 19. Jahrhundert. 1976. – *G. Jäger, J. Schönert* (Hrsg.),
Die Leihbibliothek als Institution des literarischen Lebens im 18. und 19. Jahrhundert.
1980. – *R. Engelsing,* Analphabetentum und Lektüre. Zur Sozialgeschichte des Lesens
in Deutschland zwischen feudaler und industrieller Gesellschaft. 1973. – *ders.,* Massenpublikum und Journalistentum im 19. Jahrhundert in Nordwestdeutschland. 1966.
– *R. Schenda,* Volk ohne Buch. Studien zur Sozialgeschichte der populären Lesestof-

fe 1770–1910. 1977. – *M. Lindemann,* Deutsche Presse bis 1815. 1969. – *K. Koszyk,* Deutsche Presse im 19. Jahrhundert. 1966. – *J. Kirchner,* Das deutsche Zeitschriftenwesen, seine Geschichte und seine Probleme. 2 Bde. 1958/1962. – *K. Paupé,* Handbuch der österreichischen Pressegeschichte. 2 Bde. 1960/66.

V. Die Revolution von 1848

V. Valentin, Geschichte der deutschen Revolution 1848–1849. 2 Bde. (1930–31). NA 1977. – *P. Wentzcke,* 1848. Die unvollendete deutsche Revolution. 1938. – *W. Mommsen,* Größe und Versagen des deutschen Bürgertums. ²1964. – *R. Stadelmann,* Soziale und politische Geschichte der Revolution von 1848. ²1970 (wie Mommsen noch immer sehr wichtig). – *Die bürgerlich-demokratische Revolution* von 1848/49 in Deutschland. 2 Bde. Berlin (Ost) 1972. – *W. Klötzer, R. Moldenhauer, D. Rebentisch* (Hrsg.), Ideen und Strukturen der deutschen Revolution 1848. 1974.

R. Kißling, Die Revolution im Kaisertum Österreich 1848–49. 2 Bde. 1948. – *J. Marx,* Die wirtschaftlichen Ursachen der Revolution von 1848 in Österreich. 1965. – *W. Häusler,* Von der Massenarmut zur Arbeiterbewegung. Demokratie und soziale Frage in der Wiener Revolution 1848. 1979 (einseitig). – *Fr. Prinz,* Prag und Wien 1848. 1968. – *S. Z. Pech,* The Czech Revolution of 1848. 1969. – *L. Zimmermann,* Die Einheits- und Freiheitsbewegung und die Revolution von 1848 in Franken. 1951. – *K. Repgen,* Märzbewegung und Maiwahlen des Revolutionsjahres 1848 im Rheinland. 1955. – *D. Langewiesche,* Liberalismus und Demokratie in Württemberg zwischen Revolution und Reichsgründung. 1974. – *B. Mann,* Die Württemberger und die deutsche Nationalversammlung 1848/49. 1976. – *R. Weber,* Die Revolution in Sachsen 1848/49. Berlin (Ost) 1970.

F. Eyck, Deutschlands große Hoffnung. Die Frankfurter Nationalversammlung 1848–1849. 1973. – *M. Botzenhart,* Deutscher Parlamentarismus in der Revolutionszeit 1848–1850. 1977. – *W. Hock,* Liberales Denken im Zeitalter der Paulskirche. Droysen und die Frankfurter Mitte. 1957. – *P. Wentzcke* (Hrsg.), Ideale und Irrtümer des ersten deutschen Parlaments 1848–1849. 1959.

H. Gebhardt, Revolution und liberale Bewegung. Die nationale Organisation der konstitutionellen Partei in Deutschland 1848/49. 1974. – *J. Paschen,* Demokratische Vereine und preußischer Staat 1848/49. 1977. – *H. Best,* Interessenpolitik und nationale Integration 1848/49. Handelspolitische Konflikte im frühindustriellen Deutschland. 1980. – *P. H. Noyes,* Organization and Revolution. Working-Class Associations in the German Revolution of 1848–1849. 1966. – *F. Balser,* Sozial-Demokratie 1848/49 – 1863. Die erste deutsche Arbeiterorganisation „Allgemeine Arbeiterverbrüderung" nach der Revolution. 2 Bde. ²1972 (wichtig auch für VI). – *K. Griewank,* Deutsche Studenten und Universitäten in der Revolution von 1848. 1949.

A. Scharff, Die europäischen Großmächte und die deutsche Revolution. 1942. – *G. Gillessen,* Lord Palmerston und die Einigung Deutschlands. 1961.

R. Buchner, Die deutsch-französische Tragödie 1848–1864. 1965. – *L. C. Jennings,* France and Europe in 1848. 1973. – *G. Moltmann,* Atlantische Blockpolitik im 19. Jahrhundert. 1973 (USA und deutscher Liberalismus). – *V. Weimar,* Der Malmöer Waffenstillstand von 1848. 1959. – *K. A. P. Sandiford,* Great Britain and the Schleswig Holstein Question 1848–1864. 1975 (wichtig auch für VI). – *G. Wollstein,* Das „Großdeutschland" der Paulskirche. 1977. – *R. A. Kann,* Das Nationalitätenproblem der Habsburgermonarchie I. ²1964.

VI. *Zwischen Reaktion und Liberalismus: Bismarck und das Problem
der deutschen Einheit (1849–1866)*

A. J. P. Taylor, The struggle for Mastery in Europe 1848–1918. 1954. – *W. E. Mosse,*
The European Powers and the German Question 1848–1871. 1958.

J. Redlich, Das österreichische Staats- und Reichsproblem. Geschichtliche Darstellung der inneren Politik der Habsburgischen Monarchie von 1848 bis zum Untergang des Reiches. 2 Bde. 1920/26. – *A. Wandruszka, P. Urbanitsch* (Hrsg.), Die Habsburgermonarchie 1848–1918. Bisher 3 Bde. 1973/75/80.

Th. S. Hamerow, The social foundations of German unification, 1858–1871. 2 Bde.
1969/72 (wichtig, wenn auch einseitig). – *H. Böhme,* Der Weg zur Großmacht. Studien zum Verhältnis von Wirtschaft und Staat während der Reichsgründungszeit
1848–1881. ²1972. – *ders.,* (Hrsg.), Probleme der Reichsgründungszeit 1848–79.
1968. – *H. Fenske* (Hrsg.), Der Weg zur Reichsgründung 1850–1870 (Quellensammlung). 1977.

E. Eyck, Bismarck. 3 Bde. 1941/44. – *A. J. P. Taylor,* Bismarck. Mensch und Staatsmann. NA 1981. – *G. A. Rein,* Die Revolution in der Politik Bismarcks. 1957. –
O. Pflanze, Bismarck and the development of Germany. The Period of Unification
1815–1871. 1963. – *W. Mommsen,* Bismarck. Ein politisches Lebensbild. 1959. –
L. Gall, Bismarck. Der weiße Revolutionär. ⁵1981.

G. Grünthal, Parlamentarismus in Preußen 1848/49 – 1857/58. 1982. – *H.-H. Brandt,*
Der österreichische Neoabsolutismus. Staatsfinanzen und Politik 1848–1860. 2 Bde.
1978 (umfassende Strukturgeschichte seit 1830). – *E. Winter,* Revolution, Neoabsolutismus und Liberalismus in der Donaumonarchie. 1969. – *H. G. Holldack,* Untersuchungen zur Geschichte der Reaktion in Sachsen 1849–55. 1931. – *R. Wöltge,* Die
Reaktion im Königreich Hannover 1850–1857. 1933. – *M. Traub,* Beiträge zur württembergischen Geschichte in der Reaktionszeit. (1849–1859). 1937.

E. E. Kraehe, A History of the German Confederation 1850–1866. 1948. – *H. Rumpler,* Die deutsche Politik des Freiherrn von Beust 1848–50. 1972. – *H.-J. Schoeps,* Von
Olmütz nach Dresden 1850/51. 1972. – *A. O. Meyer,* Bismarcks Kampf mit Österreich am Bundestag in Frankfurt 1851–1859. 1927. – *W. P. Fuchs,* Die deutschen Mittelstaaten und die Bundesreform 1853–1860. 1934. – *F. Greve,* Die Politik der deutschen Mittelstaaten und die österreichischen Bundesreformbestrebungen bis zum
Frankfurter Fürstentag. 1938. – *E. Franz,* Der Entscheidungskampf um die wirtschaftliche Führung Deutschlands 1856–1867. 1933.

K. Borries, Preußen im Krimkrieg 1853–1856. 1930. – *F. Eckhart,* Die deutsche Frage
und der Krimkrieg. 1931. – *W. Baumgart,* Der Friede von Paris 1856. 1972. –
D. W. Schroeder, Austria, Great Britain and the War. 1972. – *B. Unckel,* Österreich
und der Krimkrieg. 1969. – *E. Schüle,* Rußland und Frankreich 1856–1859. 1953. –
Ch. W. Hallberg, Franz Joseph and Napoleon III. 1852–1864. 1955. – *E. Portner,* Die
Einigung Italiens im Urteil liberaler deutscher Zeitgenossen. 1959.

W. Grube, Die neue Ära und der Nationalverein. 1933. – *W. Real,* Der deutsche Reformverein. 1966.

L. Gall, Der Liberalismus als regierende Partei. Das Großherzogtum Baden zwischen
Restauration und Reichsgründung. 1968.

A. Lees, Revolution and reflection. Intellectual change in Germany during the 1850's.
1974. – *M. Behnen,* Das preußische Wochenblatt 1851–1861. 1971. – *E. Fischer,*

Th. v. Bethman Hollweg. 1937. – *W. Saile*, Hermann Wagener und sein Verhältnis zu Bismarck. Ein Beitrag zur Geschichte des konservativen Sozialismus. 1958.

A. M. Birke, Bischof Ketteler und der deutsche Liberalismus. 1971.

O. Westphal, Welt- und Staatsauffassung des deutschen Liberalismus 1858–1863. 1919 (eindringlich; antiliberal). – *H. Rosenberg*, R. Haym und die Anfänge des klassischen Liberalismus. 1933. – *H. Seier*, Die Staatsidee Heinrich von Sybels 1862/71. 1961. – *J. P. Eichmeier*, Anfänge liberaler Parteibildung, 1847–1854. 1868. – *G. Eisfeld*, Die Entstehung der liberalen Parteien in Deutschland 1858–1870. 1969. – *V. Hentschel*, Die deutschen Freihändler und der volkswirtschaftliche Kongreß 1858–1885. 1975. – *R. Weber*, Kleinbürgerliche Demokraten in der deutschen Einheitsbewegung 1863–66. Berlin (Ost) 1962. – *K. Gerteis*, Leopold Sonnemann. 1968. – *D. G. Rohr*, The Origin of Social Liberalism in Germany. 1963.

G. Runge, Die Volkspartei in Württemberg von 1864–1871. 1970. – *W. Conze*, Möglichkeiten und Grenzen der liberalen Arbeiterbewegung in Deutschland. Das Beispiel Schulze-Delitzschs. 1965. – *T. Offermann*, Arbeiterbewegung und liberales Bürgertum in Deutschland 1850–1863. 1970.

W. Conze, D. Groh, Die Arbeiterbewegung in der nationalen Bewegung. Die deutsche Sozialdemokratie vor, während und nach der Reichsgründung. 1966. – *S. Na'-aman*, Demokratische und soziale Impulse in der Frühgeschichte der deutschen Arbeiterbewegung 1862/63. 1969. – *ders.*, Die Konstituierung der deutschen Arbeiterbewegung. 1975. – *ders.*, Lassalle. Deutscher und Jude. ²1971. – *G. Mayer*, Die Trennung der proletarischen von der bürgerlichen Demokratie in Deutschland 1863–70 (1911; jetzt in: G. Mayer, Radikalismus, Sozialismus und bürgerliche Demokratie, hrsg. v. H.-U. Wehler. 1969). – *ders.*, J. B. von Schweitzer. 1909. – *K. Birker*, Die deutschen Arbeiterbildungsvereine 1840–70. 1973. – *U. Engelhardt*, „Nur vereinigt sind wir stark." Die Anfänge der deutschen Gewerkschaftsbewegung 1862/63 bis 1869/70. 1977.

E. N. Anderson, The Social and Political Conflict in Prussia 1858–1864. 1954. – *H. A. Winkler*, Preußischer Liberalismus und deutscher Nationalstaat. Studien zur Geschichte der deutschen Fortschrittspartei 1861–1866. 1964. – *A. Hess*, Das Parlament, das Bismarck widerstrebte. Zur Politik und sozialen Zusammensetzung des preußischen Abgeordnetenhauses der Konfliktzeit 1862 bis 1866. 1964. – *K. H. Börner*, Die Krise der preußischen Monarchie von 1858–1862. Berlin (Ost) 1976.

H. Rosenberg, Die nationalpolitische Publizistik Deutschlands vom Eintritt der Neuen Ära in Preußen bis zum Ausbruch des deutschen Krieges. 2 Bde. 1935.

E. Zechlin, Bismarck und die Grundlegung der deutschen Großmacht. 1960. – *H. Geuss*, Bismarck und Napoleon III. 1959. – *O. Becker*, Bismarcks Ringen um Deutschlands Gestaltung. 1958 (Schwergewicht nach 1866).

G. Mühlpfordt, Die polnische Krise von 1863. Die Begründung der russisch-preussisch-deutschen Entente der Jahre 1863–71. 1952. – *H.-W. Rautenberg*, Der polnische Aufstand von 1863 und die europäische Politik im Spiegel der deutschen Diplomatie und der öffentlichen Meinung. 1979. – *H. J. Daebel*, Die Schleswig-Holstein Bewegung in Deutschland 1863/64. 1969. – *Ch. W. Clark*, Franz Joseph and Bismarck. The diplomacy of Austria before the war of 1866. 1934. – *R. Stadelmann*, Das Jahr 1865 und das Problem von Bismarcks deutscher Politik. 1933. – *E. A. Pottinger*, Napoleon III. and the German crisis 1865–1866. 1966. – *H. Burckhardt*, Deutschland, England, Frankreich. Die politischen Beziehungen Deutschlands zu den beiden westeuropäischen Großmächten, 1864–1866. 1970. – *A. Mitchell*, Bismarck and the French Nation 1848–1890. 1971.

E. Kessel, Moltke. 1957. – *G. A. Craig*, Königgrätz. 1966.

A. Wandruszka, Schicksalsjahr 1866. 1966. – *E. Franzel*, 1866. Il mondo casca. Das Ende des Alten Europa. 2 Bde. 1968. – *R. Dietrich* (Hrsg.), Europa und der norddeutsche Bund. 1968. – *P. Berger* (Hrsg.), Der österreichisch-ungarische Ausgleich von 1867. Vorgeschichte und Wirkungen. 1967. – *Der österreichisch-ungarische Ausgleich von 1867*. Seine Grundlagen und Auswirkungen. 1967. – *H. Bartel, E. Engelberg* (Hrsg.), Die großpreußisch-militaristische Reichsgründung 1871. Berlin (Ost) 1971. – *Th. Schieder, E. Deuerlein* (Hrsg.), Reichsgründung 1870/71. Tatsachen – Kontroversen – Interpretationen. 1970.

Personenregister

Werke von Gordon A. Craig im Verlag C. H. Beck

Deutsche Geschichte 1866–1945

Vom Norddeutschen Bund bis zum Ende des Dritten Reiches
Aus dem Englischen von Karl Heinz Siber
49. Tausend 1983. 806 Seiten. Leinen

„Die wichtigste Gesamtdarstellung des deutschen Nationalstaates, die seit langem erschien." *Frankfurter Allgemeine Zeitung*

„Die Dichte des gleichwohl exemplarisch gerafften Stoffes, die Fülle der Gesichtspunkte ... und die Abgewogenheit des historischen Urteils erweisen Craig als einen behutsamen, zwischen divergierenden Forschungspositionen vermittelnden Historiker." *Hans Mommsen, Der Spiegel*

„Hier schreibt ein intimer Kenner Deutschlands und der Deutschen so einfühlsam und überzeugend im Urteil, wie es bei der Delikatesse und Komplexität des Gegenstands kaum übertroffen werden kann." *Bernd Rudolph, Der Tagesspiegel*

„Distanz und Wohlabgewogenheit kennzeichnen Craigs Werk."
Fritz Stern, Die Zeit

Geschichte Europas 1815–1980

Vom Wiener Kongreß bis zur Gegenwart
Aus dem Englischen von Marianne Hopmann
Einbändige Sonderausgabe. 1983
707 Seiten mit 101 Abbildungen. Leinen

„... in diesem für ein breiteres Publikum geschriebenen Buch finden wir die Tugenden der früheren Werke Gordon Craigs: Die Klarheit und Ausgewogenheit der Darstellung verbindet sich mit einer zuverlässigen Beherrschung der so weit verzweigten zeitgeschichtlichen Forschung. Die Schilderung ist übersichtlich und doch faktenreich, mit originellen Akzenten und Beobachtungen, besonders auch wieder zu den Problemen der deutschen Geschichte vor und nach 1945 ..."
Karl Dietrich Bracher, Die Welt

Über die Deutschen

Aus dem Englischen von Hermann Stiehl
55. Tausend 1983. 392 Seiten. Leinen

„... eine ganz ungewöhnliche Mischung von intimer Kenntnis und Sympathie einerseits und von durch gelebte Nähe nicht getrübte schärfste Kritik andererseits."
Frankfurter Allgemeine Zeitung

Werke zur Geschichte des 19. und 20. Jahrhunderts im Verlag C. H. Beck

Hermann Glaser/Walther Pützstück (Hrsg.)

Ein deutsches Bilderbuch 1870–1918

Die Gesellschaft einer Epoche in alten Photographien
1982. 320 Seiten mit 425 Abbildungen
Format 23 × 33 cm. Leinen

Wolfgang Ruppert

Die Fabrik

Geschichte von Arbeit und Industrialisierung in Deutschland
1983. 311 Seiten mit 284 Abbildungen
Format 20,5 × 22,3 cm. Leinen

*Hermann Glaser/Wolfgang Ruppert
Norbert Neudecker (Hrsg.)*

Industriekultur in Nürnberg

Eine deutsche Stadt im Maschinenzeitalter
1983. 375 Seiten mit 328 Abbildungen, davon 15 farbig
Format 21 × 27 cm. Broschiert und Leinen

Ingeborg Weber-Kellermann

Frauenleben im 19. Jahrhundert

Empire und Romantik, Biedermeier, Gründerzeit
1983. 240 Seiten mit etwa 265 Bildern, davon 17 in Farbe
Format 22 × 27,5 cm. Leinen

James J. Sheehan

Der deutsche Liberalismus

Von den Anfängen im 18. Jahrhundert bis zum Ersten Weltkrieg
1770–1914
Aus dem Englischen von Karl Heinz Siber
1983. Etwa 480 Seiten. Leinen

Max Spindler (Hrsg.)

Bayerische Geschichte im 19. und 20. Jahrhundert 1800–1970

Ungekürzte Sonderausgabe von Band IV des „Handbuchs der
bayerischen Geschichte". 1978.
Zwei Teilbände zusammen 1 398 Seiten. Broschiert in Kassette